LES FONDEMENTS DE LA PENSÉE POLITIQUE MODERNE

Bibliothèque de « L'Évolution de l'Humanité »

QUENTIN SKINNER

LES FONDEMENTS DE LA PENSÉE POLITIQUE MODERNE

*Traduit de l'anglais
par Jerome Grossman
et Jean-Yves Pouilloux*

Ouvrage publié avec le concours
du Centre national du Livre

Albin Michel

© Éditions Albin Michel, S.A., 2009

Préface

Dans ce livre, je vise avant tout trois objectifs. Le premier consiste tout simplement à résumer les textes principaux de la pensée politique, de la fin du Moyen Âge aux débuts de l'ère moderne. Je parlerai donc successivement des grands écrits politiques de Dante, Marsile de Padoue, Machiavel, Guichardin, Érasme et More, Luther, Calvin et leurs disciples, Vitoria et Suárez, ainsi que des théoriciens constitutionnalistes français avec Bèze, Hotman, Mornay, et surtout Bodin. Il s'agit, je crois, de la première tentative d'analyser le passage de la théorie médiévale à la pensée moderne dans ce domaine depuis la publication de *L'Essor de la philosophie politique au XVIe siècle* par Pierre Mesnard. Cette étude est bien évidemment un grand classique dont je ne peux espérer égaler l'érudition, ni en amplitude ni en profondeur. Mais la première édition de ce livre date de plus de quarante ans, et bien des percées importantes ont été effectuées depuis. De nombreuses rééditions, comportant souvent des avancées savantes considérables, ont vu le jour, ainsi qu'un vaste corpus dérivé dont les apports ont été encore renforcés par les commentaires, multiples et pertinents, émis à propos des textes majeurs. C'est pourquoi il a paru utile d'effectuer une mise à jour sur cette même période, en prenant autant que possible en compte les résultats les plus intéressants des recherches récentes.

Mon deuxième objectif consiste à offrir, au travers des textes théoriques de ces époques, un éclairage historique plus général sur la manière dont s'est formée la conception moderne de l'État.

Exprimer cette ambition revient à expliquer les limites chronologiques de ce livre : si cette histoire commence au XIIIe siècle pour s'achever à la fin du XVIe, c'est parce que, comme j'essaierai de le montrer, il s'agit du moment où l'on peut voir se former progressivement une telle conception moderne de l'État[1]. La transition décisive est celle du passage de l'idée du souverain « défendant son état » (c'est-à-dire ni plus ni moins que préservant sa place) à celle de l'existence d'un ordre légal et constitué séparé, celui de l'État, que le souverain a le devoir de défendre. En conséquence de cette transformation, c'est le pouvoir de l'État, et non celui du souverain, qui se trouve considéré comme base du gouvernement. Et par suite, l'État peut se concevoir en termes nettement modernes : comme source unique de la loi et de la force légitime sur son territoire propre, et comme seul convenable objet d'allégeance pour ses citoyens[2].

Après avoir évoqué les circonstances historiques qui ont présidé à ce changement de conception, je conclurai brièvement en passant de l'histoire à la sémantique historique, c'est-à-dire du concept d'État au mot « État ». Il me semble en effet que le meilleur signe de l'appropriation consciente par une société d'un nouveau concept se trouve dans la formation d'un nouveau vocabulaire, dont les termes permettent d'articuler et de commenter ce concept. Or dès la fin du XVIe siècle, et au moins en Angleterre et en France, on commence à rencontrer les mots « State » et « État » dans leur acception moderne, et je vois donc là une confirmation décisive de ma thèse centrale.

En troisième lieu, je souhaite proposer une approche particulière de l'étude et de l'interprétation des textes historiques. J'ai déjà soutenu cette approche dans une série d'articles publiés ces douze

---

1. Ma conclusion tentera de l'expliciter, je ne considère pas *notre* conception précise de l'État comme acquise. Les penseurs que j'évoque se perdaient d'ailleurs dans les rapports entre peuple, souverain et État, et il leur manquait bien entendu l'idée de la relation nation/État née des Lumières.

2. Pour cette célèbre définition, voir Max Weber, *Economy and Society*, éd. Guenther Roth et Claus Wittich, 3 vol. (New York, 1968), vol. I, p. 56.

dernières années, et il n'y a guère lieu d'en répéter ici les arguments[1]. Si ma méthode possède quelque bien-fondé, j'espère que celui-ci apparaîtra au fur et à mesure de son application dans le corps du livre lui-même. Mais ce qui est en jeu peut sommairement s'illustrer en comparant mon approche à celle, plus traditionnelle, utilisée par exemple par Pierre Mesnard, qui traite essentiellement du sujet comme histoire des « textes classiques », les chapitres se succédant sur les grandes œuvres de Machiavel, Érasme, More, Luther, Calvin et autres figures majeures. De mon côté, je cherche à mettre moins exclusivement en valeur les principaux théoriciens que la matrice sociale et intellectuelle générale dont sont issus leurs travaux. Je commence par évoquer ce qui m'apparaît comme les éléments les plus caractéristiques des sociétés dans et pour lesquelles ils ont écrit ; il me semble en effet que c'est la vie politique elle-même qui forme les grands problèmes dont traitera le théoricien, en rendant certains champs objets de problèmes et les questions correspondantes objets de débat. Ce qui ne veut pas dire que je considère ces superstructures idéologiques comme le simples résultats de leur détermination sociale : il n'est pas moins essentiel de prendre en compte le contexte intellectuel dans lequel les principaux textes ont été produits, contexte fait des écrits antécédents et des idées acquises sur la société politique, ainsi que de contributions courantes, plus éphémères, à la pensée sociale et politique. Il est en effet patent que la nature et les limites du vocabulaire normatif utilisé à une époque donnée peuvent contribuer à montrer comment une question particulière se distingue pour devenir objet de discussion. J'ai ainsi cherché à écrire moins l'histoire des textes classiques que celle des idéologies, et pour cela à construire un cadre général dans lequel peuvent s'inscrire les livres des grands théoriciens.

---

1. Pour le lecteur intéressé, la liste de ces articles figure dans la bibliographie en fin de volume. Il faut ajouter que, pour parvenir à mes idées sur la nature de l'interprétation, j'ai été très influencé par divers auteurs dont les œuvres sont également citées. Je voudrais souligner en particulier ma dette envers les thèses de R. G. Collingwood, mon admiration pour les travaux d'Alasdair MacIntyre sur la philosophie de l'action et sur l'histoire des concepts moraux, ainsi que, plus spécifiquement, ce que je dois aux écrits méthodologiques de Martin Hollis, J. G. A. Pocock, et plus encore John Dunn.

On pourra se demander pourquoi adopter cette approche quelque peu contournée, et j'aimerais esquisser une réponse pour conclure ces préliminaires. Une de mes réserves vis-à-vis de la méthode traditionnelle « textualiste » tient à ce que ses représentants, tout en prétendant en général écrire l'histoire des théories politiques, ne nous ont que rarement proposé de véritable histoire. L'historiographie récente nous répète à juste titre que, si l'on veut comprendre les sociétés anciennes, il faut restituer leurs diverses *mentalités* aussi complètement que possible ; or on voit mal comment espérer parvenir à une telle compréhension historique des idées politiques en s'en tenant pour l'essentiel à des personnages qui débattaient des problèmes de la vie politique à des niveaux d'abstraction et d'intelligence inaccessibles à leurs contemporains. En revanche, en replaçant ces textes classiques dans leur contexte idéologique propre, on pourra peut-être décrire de manière plus réaliste comment se conduisait dans les faits la pensée politique sous ses diverses formes aux époques anciennes. À supposer que son application soit convaincante, je prétends donc que cette approche est à même de fournir un commencement d'histoire des théories politiques qui posséderait un caractère réellement historique.

Cette démarche nous permet également de mettre à jour quelques-uns des liens entre théorie et pratique de la politique. On constate souvent que les politologues attribuent un rôle assez marginal aux idées et principes politiques dans l'explication du comportement politique. Il est tout aussi clair que, tant que les historiens de la pensée politique se borneront à interpréter un canon de textes classiques, il restera difficile de resserrer les liens entre théorie politique et vie politique. Mais s'ils parviennent à se considérer comme penseurs de l'idéologie, il pourrait être possible d'entrevoir en quoi l'explication du comportement politique dépend de l'étude des idées et principes politiques, et ne saurait valablement être entreprise sans y faire référence.

Ces interactions se devineront peut-être dans le déroulement de ce livre, mais je veux pour le moment en venir à ceci, qui est plus général : prenons un acteur politique désireux de s'engager dans une voie bien précise qu'il est tout aussi désireux, pour parler comme Weber, d'exposer comme légitime. Cet agent aura donc les meilleures raisons de faire en sorte que son comportement puisse être décrit dans un vocabulaire reconnu comme normatif au sein de sa société, un vocabulaire susceptible de légitimer son action tout en la décrivant. On peut alors penser, comme nombre de politologues, que le lien qui apparaît ici entre idéologie et action politique est de nature purement instrumentale[1]. Notre agent a un projet qu'il veut légitimer : il professe donc précisément les principes susceptibles de décrire au mieux ce qu'il fait, et ce dans des termes moralement admissibles ; du fait que le choix de ces principes relève exclusivement d'une démarche *a posteriori*, l'analyse de son comportement ne saurait en aucune manière dépendre des principes ainsi professés, quels qu'ils soient. Mais c'est là méconnaître le rôle du vocabulaire normatif employé par toute société pour décrire et évaluer sa vie politique. Prenons par exemple la situation d'un agent voulant qualifier l'un de ses actes d'honorable : sa description sera forcément aussi un éloge ; selon Machiavel, le champ des agissements aptes à porter un tel chapeau avec quelque plausibilité risque d'ailleurs, moyennant un peu d'ingéniosité, de se révéler étonnamment vaste. Mais ce mot d'honorable, on ne pourra *jamais* l'employer à propos d'une situation machiavélienne : car son emploi requiert une situation préétablie qui conditionne sa crédibilité. Si l'on veut faire reconnaître son comportement comme celui d'un homme d'honneur, il faut donc restreindre ses actes à un rayon bien défini. Par conséquent, si l'acteur veut justifier ce qu'il fait tout en faisant ce qu'il veut, il ne peut se contenter d'adapter son discours normatif à la forme de ses projets : il lui faut dans une certaine mesure adapter ses projets au discours normatif existant.

Le lecteur aura compris pourquoi je soutiens que, si l'on devait écrire l'histoire des théories politiques principalement comme histoire des idéologies, on pourrait gagner une meilleure compréhension des liens entre théorie politique et pratique politique. Il apparaît en effet ici que, en reprenant le vocabulaire normatif dont

---

1. L'étude détaillée d'un postulat de ce genre figure dans Skinner, 1974a.

dispose un agent donné pour décrire son comportement politique, on désigne simultanément une des contraintes s'exerçant sur ce comportement lui-même. On peut en déduire que les raisons d'adopter telle ligne d'action s'expliquent en partie en référence à ce vocabulaire, puisqu'il fait à l'évidence partie de ses déterminants. Il en découle que, si nous devions orienter nos recherches vers l'étude de ces vocabulaires, nous pourrons illustrer plus précisément la manière dont l'étude de la pensée politique permet d'expliquer le comportement politique.

Mais je crois surtout qu'il nous faut nous concentrer sur l'étude des idéologies parce que cela nous permettrait de retourner aux textes classiques eux-mêmes en étant mieux armés pour les comprendre. Étudier le contexte d'un écrit majeur de philosophie politique ne consiste pas simplement à rassembler toujours plus de renseignements sur son étiologie ; je dirais qu'il nous faut aussi tenter de pénétrer dans la pensée de l'auteur, plus avant que nous ne saurions le faire en nous contentant de « lire et relire » le texte lui-même, comme nous y invitent habituellement les partisans de l'approche « textualiste[1] ».

Que pouvons-nous donc saisir au juste par cette approche, qui nous aurait échappé à la simple lecture des textes classiques ? Je pense globalement qu'elle nous permet de caractériser l'*acte* que commettaient leurs auteurs en les écrivant. On peut commencer à voir non plus seulement les arguments qu'ils présentaient, mais aussi les questions auxquelles ils cherchaient à répondre, et leur position envers les hypothèses et conventions dominantes dans le débat politique, leur attitude d'acceptation et de soutien, de mise en cause et de rejet, ou même de dédain polémique. Nous ne pouvons espérer atteindre ce niveau de compréhension en nous bornant aux textes eux-mêmes. Pour les voir comme réponses à des questions précises, il nous faut connaître la société où ils ont été écrits ; et pour évaluer avec justesse la tendance et la force de leurs arguments, il nous faut connaître le vocabulaire politique général

---

1. Pour cette injonction, voir J. P. Plamenatz, *Man and Society*, 2 vol. (Londres, 1963), vol. I, p. X.

de l'époque. Néanmoins nous devons acquérir ce niveau de compréhension si nous voulons interpréter les textes classiques de façon convaincante ; car comprendre les questions qu'affronte un auteur et ce qu'il fait des concepts dont il dispose équivaut à comprendre ses intentions premières dans l'acte d'écrire, et consiste donc à élucider ce qu'il aurait vraiment voulu dire dans ce qu'il a dit – ou n'a pas dit. En cherchant à situer ainsi un texte dans le contexte qui lui revient, ce n'est pas seulement un décor qui se propose à l'interprétation : c'est l'acte d'interprétation lui-même qui commence.

Prenons un bref exemple : dans *Deux traités du gouvernement civil*, John Locke ne fait aucune allusion à la prétendue force normative de l'ancienne constitution anglaise. Compte tenu de la conception dominante à l'époque quant à l'obligation politique, ses contemporains ne pouvaient guère voir là qu'une extraordinaire lacune. On peut donc s'interroger sur l'attitude de Locke à cet égard, et tenir qu'il traitait par le mépris l'une des formes les mieux reconnues et les plus prestigieuses du raisonnement politique qui lui était proposé. N'aurait-il pas souhaité dire à ses premiers lecteurs que le discours de la prescription n'était même pas digne d'examen, et manifester sa position par le silence ? Il s'agit là évidemment d'un exemple caricatural, mais il illustre bien mes deux grandes thèses : on ne peut guère prétendre avoir compris Locke sur ce point sans avoir réfléchi à ses intentions ; et on ne peut guère espérer le comprendre à moins d'être à l'écoute non seulement de son texte, mais aussi de son contexte.

Le lecteur se demandera peut-être si la mise en œuvre de cette méthodologie m'a apporté de nouveaux résultats. J'en soulignerai deux. La première partie tend à montrer à quel point le vocabulaire de la pensée morale et politique de la Renaissance prend sa source dans le stoïcisme romain. Garin, par exemple, a beaucoup travaillé sur les origines platoniciennes de la philosophie politique de la Renaissance ; et plus récemment Baron et Pocock, en particulier, ont insisté sur la contribution des doctrines aristotéliciennes à la formation de l'humanisme « citoyen ». Mais je ne pense pas qu'on ait pleinement apprécié l'influence des valeurs et croyances stoïciennes sur la pensée politique dans l'Italie de la Renaissance, et sur celle de l'Europe moderne en général. Il ne me semble pas non plus qu'on ait tout à fait reconnu à quel point cette influence peut modifier nos vues sur la relation entre Machiavel et ses prédécesseurs, et par conséquent notre interprétation de ses objectifs et de ses intentions en tant que penseur politique. De même, j'ai cherché dans la deuxième partie à dévoiler les sources du vocabulaire caractéristique de la pensée politique de la Réforme. J'y insiste notamment sur ceci : les luthériens autant que les calvinistes radicaux se fondaientt sur un schéma de pensée dérivé de l'étude du droit romain et de la philosophie morale scolastique. On a beaucoup écrit ces dernières années sur la formation de « la théorie calviniste de la révolution ». Je prétends qu'à proprement parler il n'existe pas de telle chose. Les révolutionnaires des débuts de l'Europe moderne étaient sans nul doute le plus souvent des calvinistes déclarés, mais on n'a pas assez souligné que leurs théories baignaient presque entièrement dans le langage juridique et moral de leurs adversaires catholiques.

Remerciements

La première version de cet ouvrage a été rédigée alors que j'appartenais à l'Institut d'études avancées *(Institute for Advanced Studies)* de Princeton. Je demeure grandement redevable à cette haute institution pour la précieuse collaboration de trois ans qu'elle m'a confiée, ainsi qu'à mes collègues de là-bas, et par-dessus tout à Clifford Geertz et Albert Hirschman, pour leur exemple stimulant et leur soutien enthousiaste.

De même, je demeure grandement redevable à tous mes amis et collègues qui ont lu le manuscrit de mon livre, et m'ont offert commentaires et critiques dont j'ai presque toujours pu tenir compte dans mon texte final. J'espère ne pas me montrer désobligeant en relevant trois noms d'importance particulière. John Dunn et John Pocock m'ont prodigué à chaque stade leur appui et leurs conseils incessants. Tous deux ont lu le manuscrit dans son intégralité, me permettant grâce à leur bienveillance indéfectible de profiter de leur extraordinaire érudition. De même, Susan James a lu chaque chapitre dans ses états successifs, améliorant par là mon texte au-delà de toute expression, et m'aidant de toutes les manières imaginables, comme elle n'a cessé de le faire depuis lors.

Je dois également témoigner de ma reconnaissance envers les diverses institutions qui m'ont aidé dans mon travail. La Faculté d'histoire de l'Université de Cambridge a toujours fait preuve à mon égard de la plus grande générosité, et plus que jamais en m'accordant un congé de trois ans me permettant d'assumer mes fonctions à l'Institut d'études avancées. À son tour, celui-ci m'a assuré des conditions de travail parfaites et un secrétariat sans défaut. Mes remerciements vont aussi aux personnels de la British Library, de la bibliothèque Firestone de Princeton, et de la bibliothèque de l'université de Cambridge. Une grande part de mes recherches se sont déroulées dans les salles des livres rares de ces collections, où j'ai toujours été reçu avec une courtoisie et une patience sans faille.

La parution de cet ouvrage en français, événement qui m'enchante au plus haut point, me fournit une occasion bienvenue pour ajouter deux mots de remerciement. L'un va bien sûr à mes deux traducteurs, Jerome Grossman et Jean-Yves Pouilloux. J'ai lu leur version avec la plus grande admiration, et leur dois beaucoup pour avoir entrepris une si vaste tâche et s'en être acquittés avec tant d'adresse. Je dois enfin remercier Jeremy Mynott, des Presses universitaires de Cambridge, qui a été le premier éditeur de cet ouvrage à sa parution, travail qu'il a accompli avec une efficacité et un tact incomparables. Jeremy Mynott est depuis lors devenu Directeur général des Presses, mais en dépit des contraintes permanentes pesant sur son emploi du temps et sur sa patience, il n'a jamais cessé de prendre soin de ma propre production académique, ni de m'apporter son aide et ses conseils indispensables. Je suis heureux d'avoir la chance de les remercier, lui et toute son équipe, pour leurs services parfaits.

Notes sur le texte

1) *Références.* Je cherche à éviter autant que possible les notes de bas de page. Il fallait bien pourtant que les sources et autres références fussent identifiables au premier regard. J'ai adopté la solution suivante : lorsque je cite à partir d'une source originale, j'en mentionne l'auteur et le titre immédiatement avant la citation, et la pagination immédiatement après entre parenthèses ; lorsque je reprends un ouvrage académique moderne, j'en donne aussitôt après l'auteur, la date de l'ouvrage et la pagination, le tout entre parenthèses ; les références complètes de tous les ouvrages utilisés figurent dans les bibliographies. Je dois reconnaître que ce dispositif enferme mon écriture dans un carcan qui lui retire toute possibilité, même lointaine, de prétendre à l'élégance. Mais dans un ouvrage comportant d'aussi nombreuses citations, l'unique alternative reviendrait à défigurer la page en multipliant les notes jusqu'à l'insupportable.

2) *Éditions.* Pour ce qui est des sources originales, je me sers en général de l'édition qui me semble la plus aisément accessible. Cependant, lorsqu'il existe une édition récente du texte comportant un appareil critique novateur, je lui donne systématiquement la préférence. Les lignes de Shakespeare sont celles de l'édition de W. J. Craig, publiée chez Oxford en 1905.

3) *Traductions.* En principe, j'ai recours aux traductions existantes, sauf lorsqu'elles paraissent sensiblement défectueuses. Dans le cas de textes rédigés en une autre langue que l'anglais, et non déjà traduits, j'en ai effectué la traduction. J'ai également rendu tous les

titres en anglais : le lecteur désireux de retrouver les titres originaux des ouvrages étrangers dont je traduis des passages pourra se reporter aux bibliographies des sources primaires.

4) *Bibliographies*. À la fin du volume figurent deux bibliographies, qui ne sont que de simples listes : d'une part, les sources premières dont traite le texte et, d'autre part, les travaux où j'ai puisé des éléments précis ; il ne faut donc y voir aucun souci d'exhaustivité quant au vaste corpus concernant la pensée politique de cette époque.

5) *Noms propres*. Je suis la règle conventionnelle, bien qu'assez peu cohérente, consistant à angliciser les noms de gouvernants et de villes, tout en conservant les noms d'auteurs dans leur forme originale. Je parle ainsi de Francis I (et non de François Ier), mais de Jean Calvin (et non de John). Un problème particulier se pose avec ceux des auteurs du Moyen Âge et de la Renaissance qui aimaient à reprendre l'aspect classique de leur nom. En général, je suis retourné vers les formes vernaculaires, parlant ainsi de Marsiglio de Padoue (et non Marsilius) et de John Mair (et non Major). Cependant, dans certains cas, l'usage de la version classique est devenu si courant qu'il eût été absurde de procéder de la sorte ; aussi, dans ces cas-là, j'ai opté pour la facilité de lecture plutôt que pour la cohérence. Par exemple, je parle de Philipp Melanchthon (et non de Philipp Schwartzerd) et de Justus Lipsius (et non de Joost Lips)[1].

6) *Modernisation*. J'ai recherché la modernisation aussi souvent que possible. Les dates sont celles du calendrier grégorien, l'année commençant le 1er janvier. Toutes les citations de sources primitives ont été modernisées en orthographe et en ponctuation. Les formulations archaïques sont transposées en leurs équivalents modernes (« faits » et non « faicts »), ainsi que les titres d'ouvrages, même pour les citations d'éditions récentes ayant respecté l'orthographe et la ponctuation d'origine. Je reconnais bien volontiers que cette attitude peut être ressentie comme portant atteinte aux bonnes mœurs

---

1. Pour la traduction française, nous nous sommes conformés à l'usage le plus courant, tout aussi peu cohérent qu'en anglais. Mais nous avons parfois adopté ce qui semble, peut-être, le plus élégant (*NdT*).

universitaires, mais sinon on finirait par montrer les auteurs en question sous un jour si daté que leurs arguments perdraient abusivement de leur portée réelle auprès du lecteur.

7) *Terminologie*. Il existe des termes clés qui posent des problèmes de traduction particuliers : je me suis fixé pour règle de suivre d'aussi près que possible la traduction ayant cours à l'époque. Mais cela implique que certains de ces termes doivent s'entendre dans leur signification ancienne, qui diffère parfois quelque peu de leur sens communément reconnu aujourd'hui. J'en donnerai trois exemples importants :

(a) *Princeps* et *Magistratus* : conformément à la tradition du XVe siècle, ces termes sont rendus respectivement par « prince » et « magistrat ». Mais à cette époque, ces mots portaient toujours les connotations du latin, beaucoup plus amples et qui se sont perdues depuis. Le mot « prince » désignait ainsi souvent un roi ou un empereur aussi bien qu'un prince ; et sous le vocable « magistrat » on trouvait une classe d'officiers de justice bien plus variée qu'aujourd'hui. Par souci de cohérence, j'utilise le plus souvent ces mots dans leur sens ancien, large, y compris dans mon propre texte.

(b) *Respublica* : le terme était parfois employé tout simplement pour dire « République » – mot repris ici lorsque le contexte rend son utilisation naturelle. Mais on s'en servait parfois aussi pour désigner des royaumes ou des principautés, ce qui a conduit divers spécialistes contemporains à le traduire par « État » jusque dans des éditions de textes des années 1400-1550, anachronisme trompeur puisque aucun auteur n'a utilisé le mot de « État », dans un sens approchant celui où nous l'entendons, avant le milieu du XVIe siècle. Dans ces cas, nous avons donc suivi la pratique seiziémiste consistant à traduire *Respublica* par « chose publique » ; on pourra y trouver un parfum mandarinal, mais c'est, je crois, la seule manière de demeurer cohérent, aussi bien que de rappeler constamment ce fait que, au cours de la période étudiée, le terme *Respublica* portait nombre de connotations – surtout relatives au bien commun – qui se sont par la suite estompées dans l'atmosphère toujours plus individualiste où se déroule désormais le débat sur nos institutions politiques.

(c) *Studia humanitatis*. Des érudits modernes ont traduit cette notion cicéronienne par « les humanités », ses dérivés par « l'humanisme », « les humanistes », etc., finissant par utiliser ces termes avec une regrettable imprécision. En réaction, afin d'éviter d'aggraver la confusion, divers spécialistes ont récemment proposé d'éliminer le mot « humanisme » de toutes les nouvelles études sur la pensée de l'époque. Denys Hay, par exemple, tente de le supprimer complètement dans son essai sur la Renaissance italienne (voir Hay, 1961, p. 8). Ici encore, il me semble – dans le prolongement des études fondatrices de Paul Kristeller – que la réponse ne peut consister à faire comme si le terme n'existait pas, mais plutôt à l'employer strictement dans sa signification originale de la Renaissance, désignant simplement les protagonistes et élèves d'un groupe spécifique de disciplines axées sur l'étude de la grammaire, de la rhétorique, de l'histoire et de la philosophie morale. Dans cette acception, je crois le terme aussi précieux que pertinent, et me sens donc autorisé à en user librement, en m'efforçant de toujours le limiter à ce sens restrictif vieilli.

Note des traducteurs

À l'exception de celle-ci, les traducteurs se sont efforcés d'éviter les notes des traducteurs. Cependant, ils ont dû parfois céder à la nécessité.

Pour un texte aux sources aussi riches et multiples, il était tentant d'y remonter afin de les reproduire ou de les traduire directement ; il était également tentant de citer les traductions françaises existantes et reconnues. Mais la pensée de Quentin Skinner se construit à l'aide des éditions qu'il a retenues, et il nous a semblé que prendre ce parti risquait de la trahir. Aussi avons-nous opté, à de rares exceptions près, pour la solution intellectuellement inconfortable consistant à traduire au mieux de nos aptitudes les citations telles qu'elles figurent dans le texte anglais, même lorsque l'original est en français. Les paginations sont systématiquement celles qu'indique l'auteur.

Un avantage accessoire de cette solution réside en ce qu'elle assure la cohérence des renvois. La presque totalité des sources est répertoriée à la Bibliothèque du Congrès dans les éditions auxquelles se réfère l'auteur ; un service de photoreproduction y est disponible (www.loc.gov). On pourra également consulter utilement le site de l'université de Cambridge, MA (www.cambridge.edu/general.html), ainsi que le catalogue unifié des universités de Suisse occidentale (www.rerc.ch).

Le texte ici proposé résulte de l'étroite et amicale complicité entre les traducteurs qui, avec ce travail mené en commun, tiennent par leur marque conjointe à souligner leur identité de vues et leur solidarité de styles.

I

La Renaissance

Première partie

Les origines de la Renaissance

1.

L'idéal de liberté

La cité et l'empire

Dès le milieu du XIIe siècle, l'historien allemand Othon de Freising (Otto von Freising) remarquait l'émergence d'une nouvelle forme d'organisation sociale et politique en Italie du Nord. Il soulignait notamment que la société italienne semblait avoir perdu son caractère féodal, et découvrait que « presque toute la terre a été divisée entre les cités » et qu'« on trouverait difficilement quelque homme noble ou grand dans tout le territoire alentour qui ne reconnaisse l'autorité de sa cité » (p. 127). Un autre trait le frappait comme plus subversif encore : les cités avaient généré une structure de vie politique qui n'avait plus aucun rapport avec le postulat considérant la monarchie héréditaire comme la seule forme sensée de gouvernement. Elles étaient devenues « si avides de liberté » qu'elles s'étaient constituées en républiques indépendantes, gouvernées chacune « par la volonté de consuls plutôt que de souverains » qu'elles « remplaçaient presque tous les ans » afin de limiter leur « soif de pouvoir » et de préserver la liberté du peuple (p. 127).

Le premier cas recensé d'une cité italienne élisant une telle forme de gouvernement consulaire est celui de Pise, en 1085 (Waley, 1959, p. 57). Le système s'est ensuite rapidement étendu en Lombardie et en Toscane, et l'on voit apparaître des régimes similaires à Milan en 1097, à Arezzo l'année suivante, et à Lucques, Bologne et Sienne avant 1125 (Waley, 1959, p. 60). Une nouveauté importante survint au cours de la seconde moitié du siècle : à la loi des consuls on substitua une forme plus stable de gouvernement électif, reposant sur la figure centrale du *podestà*, ainsi dénommé parce qu'il était investi du pouvoir suprême *(potestas)* sur la cité. Le *podestà* était habituellement citoyen d'une autre cité, afin d'assurer que son impartialité dans l'administration de la justice ne soit pas suspecte du fait de relations ou d'allégeances locales. Élu par mandat du peuple, il gouvernait généralement avec l'avis de deux grands conseils, dont le plus important pouvait compter jusqu'à six cents membres, le conseil restreint ou secret se limitant en général à une quarantaine de notables (Waley, 1969, p. 62). Le *podestà* jouissait de pouvoirs étendus dans la cité, puisqu'il devait trancher en matière judiciaire comme administrative, et aussi la représenter au premier chef vis-à-vis de l'étranger. Mais l'élément crucial du système résidait dans le fait que son statut était constamment celui d'un fonctionnaire salarié, et jamais celui d'un souverain indépendant. Pendant la durée de son contrat (rarement plus de six mois), il demeurait responsable devant l'organe citoyen qui l'avait élu. Il ne possédait pas le pouvoir d'initiative en matière politique et devait se soumettre en fin d'exercice à un examen formel de ses comptes et de ses jugements afin d'obtenir la permission de quitter la cité, son ancien employeur (Waley, 1969, pp. 68-69).

Vers la fin du XIIe siècle, cette forme de gouvernement républicain avait gagné presque toutes les grandes cités d'Italie du Nord (Hyde, 1973, p. 101). Accédant ainsi à un certain degré d'indépendance de fait, elles comptaient pourtant toujours en droit au nombre des vassaux du Saint Empire romain. Les empereurs germaniques revendiquaient leurs droits sur l'Italie depuis l'époque de Charlemagne dont l'empire, au début du IXe siècle, chevauchait la Germanie et l'Italie du Nord ; le Xe siècle avait vu ces revendications s'exacerber, Othon le Grand prenant notamment la décision de rattacher le *Regnum Italicum* à ses possessions germaniques[1].

---

1. Le terme de *Regnum Italicum* désigne donc seulement la partie de l'Italie du Nord correspondant au royaume lombard du haut Moyen Âge, réintégré par Othon le Grand à l'Empire germanique en 962. C'est cette seule région que désignent les penseurs des cités-républiques italiennes lorsqu'ils parlent du *Regnum Italicum*, à l'instar des diverses mentions

Avant que Frédéric Barberousse n'accède au trône impérial au milieu du XIIe siècle, les empereurs s'étaient trouvé deux raisons particulières d'insister sur le statut concret du *Regnum* d'Italie du Nord comme simple province de l'Empire. D'un côté, selon les termes d'Othon de Freising, les cités commençaient à narguer l'autorité de l'empereur et à « recevoir avec hostilité celui qu'elles devraient accueillir comme leur propre aimable prince ». De l'autre, ajoute ingénument Othon, si l'empereur parvenait à soumettre toute l'Italie du Nord, il se rendrait maître « d'un véritable jardin des délices », tant les cités de la plaine lombarde avaient alors « surpassé tous les autres États du monde en richesse et en puissance » (pp. 126, 128). S'ajoutant aux vénérables revendications de la juridiction impériale, cet espoir de richesses faciles déboucha sur près de deux siècles de batailles menées par une succession d'empereurs germaniques, à commencer par la première expédition de Frédéric Barberousse en 1154, afin d'imposer leur domination sur un *Regnum Italicum* dont les principales cités combattaient avec une égale détermination pour leur indépendance.

Les deux premières expéditions de Frédéric Barberousse lui permirent pratiquement de contrôler l'ensemble de la Lombardie. Milan était alors la plus grande des cités et la plus farouchement indépendante : il commença par attaquer ses alliés, puis, lors de sa seconde expédition, assiégea Milan elle-même, la prit et la rasa en 1162 (Munz, 1969, pp. 74-75). À ce moment-là, il avait déjà tiré avantage de ses premières victoires en convoquant la Diète générale de Roncaglia, en 1158, et en y proclamant sans ambages sa souveraineté sur l'ensemble du *Regnum Italicum* (Balzani, 1926, p. 427). Mais ce succès lui-même fit contre Barberousse l'unité de ces cités traditionnellement rebelles. Dès 1167, Milan reprenait le flambeau et répondait à ses prétentions en créant une Ligue lombarde qui réunit bientôt vingt-neuf autres cités (Waley, 1969, p. 126). De

---

qu'en fait Marsile de Padoue dans son *Défenseur de la Paix*. Il est donc erroné de traduire ce terme (comme Alan Gewirth dans son édition du *Défenseur de la Paix*, pp. 4 et sq.) par « l'État italien » : en dehors de l'anachronisme que comporte le mot d'« État », il tend à faire penser que Marsile parle de toute la région de l'Italie moderne, ce qui n'est jam

retour en 1174 afin de rétablir son autorité, Barberousse se heurta aux forces combinées de la Ligue, qui surent infliger aux armées impériales une défaite aussi heureuse que décisive, à Legnano, en 1176 (Munz, 1969, pp. 310-311). Après quoi ne restait d'autre option que le compromis avec la Ligue ; à la paix de Constance, en 1183, l'empereur renonçait de fait à tout droit de se mêler des affaires intérieures des cités lombardes (Munz, 1969, pp. 361-362).

Ce fut ensuite Frédéric II qui tenta de concrétiser l'idée du Saint Empire romain en reprenant le contrôle du *Regnum Italicum* : il en annonça le grand dessein à la Diète générale de Plaisance, en 1235, appelant d'un ton comminatoire les Italiens à « regagner l'unité de l'Empire » (Schipa, 1929, p. 152). À nouveau, il parvint dans un premier temps à imposer ses vues aux cités. Ayant pris Vicence en 1236, il obtint par là la reddition de Ferrare l'année suivante, et écrasa les armées de la Ligue reconstituée, à la fin de 1237 à Cortenuova (Van Cleve, 1972, pp. 398-407). Mais, de nouveau, l'ampleur de ses succès ne servit qu'à ressouder ses ennemis, sous la conduite des implacables Milanais (Van Cleve, 1972, pp. 169, 230, 392). Ils reprirent Ferrare en 1239 et enlevèrent le port impérial de Ravenne la même année ; la décennie suivante les vit étendre la guerre à travers toute la Toscane comme en Lombardie (Schipa, 1929, pp. 155-156). Bien qu'essuyant un certain nombre de revers, ils finirent par réduire les rêves des tenants de l'Empire à un tas de décombres : en 1248, à la prise de Vittoria, l'empereur perdit la totalité de son trésor ; en 1249, lorsque les forces de la Ligue reconquirent Modène, c'est son fils qui fut capturé ; et à la fin de l'année suivante, Frédéric lui-même mourut (Van Cleve, 1972, pp. 510-512 ; Schipa, 1929, pp. 162-164).

Le début du XIVe siècle vit deux nouvelles tentatives des empereurs germaniques pour faire valoir leur droit à diriger le *Regnum Italicum*. Ce fut d'abord Henri de Luxembourg, le héros de Dante, qui entra en Italie en 1310 (Armstrong, 1932, p. 32). Comme ses prédécesseurs, il connut tout d'abord une série de victoires, matant les rébellions de Crémone et Lodi et assiégeant Brescia en 1311, avant de parvenir jusqu'à Rome en 1312 pour se faire couronner par le pape (Bowsky, 1960, pp. 111-112, 114-118, 159). Une fois encore, son triomphe rassembla ses ennemis, cette fois sous la conduite de Florence, principal avocat des libertés républicaines depuis que Milan avait succombé au despotisme des Visconti de la précédente génération. Les Florentins réussirent à susciter les révoltes de Padoue, Gênes et Lodi, et à expulser les forces impériales de leur propre cité à la fin de 1312 (Armstrong, 1932, p. 38). L'issue fut à nouveau désastreuse pour la cause impériale : l'empereur attendit pendant près d'un an les renforts en vue d'un nouvel assaut contre Florence ; à l'orée de sa campagne, il mourut, et ses armées se débandèrent aussitôt (Bowsky, 1960, pp. 173-174, 204-205). Il était dès lors évident que jamais l'Italie ne se soumettrait à la domination de l'Empire, et la dernière velléité, celle de Louis de Bavière insistant sur ses droits en 1327, connut un échec pitoyable : devinant que ses maigres ressources n'atteindraient jamais à la hauteur de ses grandioses desseins, les cités firent simplement le gros dos, évitèrent tout affrontement majeur, et virent sans surprise les soldats sans solde de l'empereur s'évanouir dans la nature (Offler, 1956, pp. 38-39).

Ce long combat permit certes aux cités lombardes et toscanes de bouter l'empereur hors du champ de bataille, mais aussi de se forger un arsenal d'armes idéologiques qu'elles utilisaient pour tenter de légitimer leur persistante résistance à l'égard de leur suzerain en titre. En réponse aux exigences impériales, elles opposaient pour l'essentiel leur droit à préserver leur « liberté » face à toute ingérence extérieure. On a douté récemment, il est vrai, du degré de conscience sous-tendant le développement de cette idéologie. Holmes soutient ainsi que les cités ne sont jamais parvenues à articuler leur idée de « liberté » autrement qu'« en un sens vague et ambigu » (Holmes, 1973, p. 129). Mais on peut aussi penser que c'est là sous-estimer la précocité de leur conscience civique. De nombreuses déclarations officielles montrent que les partisans des cités distinguaient deux idées claires en défendant leur « liberté » envers l'Empire : d'une part celle de leur droit à conduire leur vie politique sans aucune ingérence extérieure, ce qui établissait leur souveraineté ; et d'autre part celle de leur droit concomitant à se gouverner comme bon leur semblait, ce qui défendait leurs constitutions républicaines.

Dans deux importants essais sur la pensée politique florentine du XIVe siècle, on retrouve ainsi la manière dont le mot « liberté » s'est associé à la fois à l'indépendance politique et à l'autorité républicaine. Étudiant les lettres diplomatiques florentines datant de l'invasion d'Henri VII, en 1310, Bueno de Mesquita établit que, lorsque les Florentins prirent l'initiative de s'opposer à l'empereur en proclamant « la liberté de la Toscane », ils se souciaient surtout de « s'affranchir du joug que faisait peser la domination germanique » et de réaffirmer leur droit à se gouverner eux-mêmes (Bueno de Mesquita, 1965, p. 305). D'autre part, Rubinstein montre que les notions de *libertas* et de *libertà* ont été employées « presque comme termes techniques de la politique et de la diplomatie florentine » au cours du XIVe siècle, et qu'on les utilisait presque toujours pour évoquer ces mêmes idées d'indépendance et d'autonomie (Rubinstein, 1952, p. 29). Et cette analyse distinctive de la « liberté » n'était pas non plus une invention du *trecento* : on voit invoquer ces mêmes idéaux dès 1177, dans les premières tractations entre les cités italiennes, l'empereur et le pape, à la suite de la défaite finale des armées de Barberousse face aux forces de la Ligue l'année précédente. En rendent compte les *Annales* de Romuald, qui décrivent dans le cours des débats une émouvante apostrophe des ambassadeurs de Ferrare invoquant « l'honneur et la liberté de l'Italie », et affirment que les citoyens du *Regnum* « préféraient une mort glorieuse pour la liberté à une vie misérable dans la servitude ». Il était clair pour ces ambassadeurs que l'idée de liberté recouvrait deux notions bien délimitées : la liberté désignait d'abord leur indépendance à l'égard de l'empereur, puisqu'ils précisaient : « nous serons en mesure d'accepter la paix de l'Empereur » à condition « que notre liberté demeure inviolée ». Et la liberté désignait aussi leur droit à maintenir leur forme de gouvernement, puisqu'ils ajoutaient que, bien que n'ayant « nullement la volonté de dénier à l'Empereur aucune de ses antiques prérogatives », ils se devaient de proclamer : « Cette liberté que nos ancêtres nous ont léguée, nous ne pouvons en aucun cas y renoncer, sauf au prix de notre propre vie » (pp. 444-445).

Il y avait toutefois une incontestable faiblesse dans ces affirmations de la *libertas* à l'encontre de l'Empire : les cités ne disposaient d'aucun moyen de leur donner force de loi. À la source de cette difficulté se trouvait le fait que, depuis que les universités de Ravenne et Bologne avaient repris l'étude du droit romain, à la fin du XIe siècle, le code civil romain était devenu le cadre général de la théorie et de la pratique juridiques dans tout le Saint Empire romain ; et depuis que les jurisconsultes avaient entrepris l'étude et la glose des textes anciens, le principe cardinal de l'interprétation juridique – qui était aussi le caractère définissant l'école dite des « glossateurs » – consistait à suivre avec une fidélité absolue les termes du *Code justinien* et d'en appliquer aussi littéralement que possible les résultats aux circonstances de l'époque (Vinogradoff, 1929, pp. 54-58). Or les anciens traités de droit ne laissaient planer aucun doute, on y lisait en toutes lettres que le *princeps*, en qui les jurisconsultes s'accordaient à reconnaître le saint empereur romain, devait être tenu pour le *dominus mundi*, le seul souverain du monde. Par conséquent, tant que les méthodes littérales des glossateurs demeuraient en usage pour interpréter le droit romain, il était impossible aux cités de revendiquer une quelconque indépendance de droit vis-à-vis de l'Empire, tandis que les empereurs disposaient de la plus forte base juridique possible dans leurs campagnes visant à soumettre les cités (Vinogradoff, 1929, pp. 60-62).

Le problème se présenta dans toute son acuité dès les débuts du conflit entre cités et Empire : les quatre principaux Docteurs de la loi de Bologne, non contents d'accepter de participer à la commission qui devait rédiger en 1158 les décrets de Roncaglia de Frédéric Barberousse, se firent avec complaisance les défenseurs de son droit à régner souverainement sur les cités italiennes[1]. Ils

---

1. Voir Vinogradoff, 1929, p. 61. L'idée selon laquelle il fallait voir dans les décrets de Roncaglia l'expression du *merum Imperium*, notion de droit romain, a été ruinée puisque ceux-ci concernaient largement des droits féodaux et autres droits régaliens. Il est cependant indubitable que l'influence des juristes bolonais sur la commission contribua à conférer aux décrets leur ton absolutiste. Ces questions sont traitées et accompagnées d'une bibliographie dans Munz, 1969, pp. 167-169. Pour les décrets eux-mêmes, voir dans la bibliographie des sources premières *Diet of Roncaglia . Decrees*.

voyaient en l'empereur « le gouvernant suprême en tout temps sur tous ses sujets en tous lieux », et affirmaient que même à l'intérieur des cités, il détenait « le pouvoir de créer tous les magistrats pour l'administration de la justice » et « de les révoquer s'ils négligeaient leurs devoirs » (pp. 245, 246). Ces allégations avaient bien sûr pour effet de dénier aux cités jusqu'au moindre pouvoir de nommer ou de surveiller leur propre *podestà*, et de dépouiller leurs exigences de liberté de tout semblant de légalité.

Pour que les cités aient une chance de conférer une assise légale convenable à leurs revendications envers l'Empire, il fallait évidemment qu'un changement fondamental intervienne dans l'attitude de leurs propres jurisconsultes à l'égard des anciens traités de droit. Les glossateurs ne furent jamais capables de prendre un tel virage ; ils continuèrent à identifier l'empereur au *princeps* du *Code justinien*, et à l'investir du même ensemble de pouvoirs légaux. Pourtant, face à de nouvelles menaces de l'Empire, cet indispensable changement de perspective parvint à s'effectuer au début du XIVe siècle. La grande figure en fut le fondateur de l'école dite des post-glossateurs, Bartole (Bartolo da Sassoferrato, 1314-1357), peut-être le jurisconsulte le plus original du Moyen Âge.

Natif du *Regnum Italicum*, Bartole fit ses études à Bologne, puis enseigna le droit romain dans diverses universités toscanes et lombardes (Woolf, 1913, pp. 1-2). Il prit clairement position en faveur d'une réinterprétation du code civil romain, visant à fournir aux communautés lombardes et toscanes les moyens de défendre leur liberté à l'encontre de l'Empire sur le plan juridique, au-delà de la simple rhétorique. Il en résulta non seulement le début d'une révolution dans l'étude du droit romain (consolidée plus tard par son illustre disciple Baldo), mais aussi un grand pas vers l'établissement de cette idée décidément moderne : la pluralité d'autorités politiques souveraines, séparées entre elles aussi bien qu'indépendantes de l'Empire.

La thèse cardinale des glossateurs, selon laquelle, lorsque le droit ne cadre manifestement plus avec les faits dont il répond, il convient d'adapter ceux-ci afin qu'ils correspondent à une interprétation stricte du droit, était désormais abandonnée par Bartole, qui soutenait le principe selon lequel en cas de conflit entre droit et faits, c'est le droit qui doit être mis en conformité avec les faits (Woolf, 1913, p. 5). Il le dit lui-même dans ses commentaires sur le *Code*, « ce ne devrait pas surprendre si je manque à suivre les mots de la Glose lorsqu'ils me semblent contraires à la vérité, ou contraires soit à la raison, soit au droit » (vol. VIII, p. 195).

Ce changement eut pour effet de rendre possible une complète inversion des titres juridiques de l'Empereur sur les cités italiennes. Certes, Bartole commence son commentaire sur le Code en concédant qu'en droit l'Empereur est l'unique *dominus mundi* (vol. VII, p. 7). Il va même jusqu'à admettre, avec les glossateurs, que l'Empire forme techniquement l'unique entité juridictionnelle en Europe, les royaumes indépendants, ou *regna*, n'étant rien de plus que des provinces impériales, tandis que les cités et républiques, ou *civitates*, sont l'équivalent des cités de la Rome impériale (vol. VII, p. 7). Mais il observe ensuite que même si l'empereur peut prétendre *de iure* au titre d'unique souverain du monde, il existe « bien des peuples qui *de facto* ne lui obéissent pas ». Il est clair que Bartole pense ici particulièrement à l'Italie, puisqu'il note : « les lois impériales ne lient pas les Florentins, par exemple, ni d'autres qui se refusent de fait à obéir aux décrets de l'empereur » (vol. VII, p. 7). Plus tard, dans son commentaire sur le *Digeste*, il revient sur le même point, en traitant du pouvoir de déléguer : accordant au seul Empereur la maîtrise *de iure* du *merum Imperium*, suprême pouvoir de légiférer, il ajoute immédiatement que « de nos jours tous les gouverneurs des cités dans toute l'Italie » prennent en fait sur eux d'exercer les mêmes pouvoirs législatifs (vol. V, p. 69).

Techniquement certes, reconnaît Bartole, un pareil comportement de la part des Florentins est sans doute irrégulier et contraire à la loi (vol. IX, p. 64). Mais il semble peu judicieux d'en déduire, à la suite de Keen, que Bartole s'en tient à justifier l'autorité universelle de l'empereur, et répugne au fond à attribuer aux cités des pouvoirs indépendants (Keen, 1965, p. 115) : c'est là sous-estimer la portée de sa proposition de base selon laquelle la loi doit obéir aux faits. Dès lors que Bartole allie cette affirmation à l'observation que les cités italiennes abritent « des peuples libres » qui « ont en fait la capacité de faire des lois et des actes dans toutes les manières qu'elles choisissent », il n'hésite pas à poursuivre pour ouvrir une perspective toute nouvelle dans l'analyse conventionnelle du *merum Imperium* : la situation *de facto*, nous dit-il, est de celles que la loi, donc l'empereur, doivent désormais être prêts à reconnaître (vol. IX, p. 64).

Peut-on dire que les cités italiennes ont le droit de promulguer et d'appliquer leurs propres lois ? C'est le premier point à propos duquel Bartole prend position sans ambiguïté, surtout dans son commentaire sur le *Digeste*, sous couvert d'analyser le statut des juges du droit public (vol. VI, p. 411). Il y soulève entre autres la question de savoir « si une cité isolée est susceptible de prendre des sanctions » en cas de « conduite infamante » de la part de ses magistrats. À cela il répond d'abord, dans le style conventionnel des glossateurs, qu'« il semble qu'elle ne le peut car une cité ne peut acter en pareilles matières » (vol. VI, p. 423). Mais il fait ensuite valoir que « les cités qui ne se reconnaissent pas de supérieur appliquent en fait des peines et prennent des arrêts » dans ces circonstances (vol. VI, p. 422) ; puis il explique que l'on ne peut résoudre ce dilemme qu'en invoquant le principe fondamental selon lequel la loi doit s'accommoder des faits ; ce qui lui permet de conclure que « dans le cas des cités de l'Italie d'aujourd'hui, et notamment celles de la Toscane qui ne se reconnaissent pas de supérieur, j'estime qu'elles constituent par elles-mêmes un peuple libre, et possèdent par là en elles-mêmes le *merum Imperium*, ayant sur leur propre peuple autant de puissance qu'en possède généralement l'Empereur » (vol. VI, p. 423).

On retrouve ce même point, avec plus de force encore, dans le commentaire de Bartole sur le *Code*, lorsque l'auteur se demande « si une longue période de temps sert à confirmer un contrat » (vol. VII, p. 159). Après une analyse générale, il va comme à son habitude examiner la question dans le contexte des cités italiennes, et l'élargir en se demandant si le *merum Imperium* qu'elles se sont de fait arrogé peut prétendre y avoir une quelconque base légale. La réponse classique, admet-il d'abord, est que « si les cités exercent en effet le *merum Imperium* », il est essentiel « qu'elles puissent montrer qu'elles détiennent cette concession de l'Empereur » (vol. VII, p. 160) ; mais sa propre réponse est encore une fois sujette au principe d'accommodation de la loi aux faits, ce qui l'amène à tenir pour crucial le fait que « *de facto* les cités ont exercé le *merum Imperium* depuis très longtemps », et donc à conclure : « même si elles ne peuvent apporter la preuve d'une telle concession de l'Empereur, j'allègue que, du moment qu'elles peuvent apporter la preuve qu'elles ont de fait exercé le *merum Imperium*, alors leur droit à l'exercer est valable » (vol. VII, p. 160).

Cette défense des cités italiennes et de leur *Imperium* comporte implicitement la position politique clairement révolutionnaire, selon laquelle elles devraient se voir reconnaître comme entités souveraines entièrement indépendantes. Bartole finit par énoncer cette conclusion dans une épigramme que l'on peut tenir pour l'essence de sa critique envers les glossateurs et autres partisans de l'Empire : il y déclare que, du moment que les cités sont gouvernées par des « peuples libres » exerçant leur propre *Imperium*, on peut effectivement les considérer comme *sibi princeps*, *princeps* en elles-mêmes. À partir de là, il ne restait qu'un petit pas à franchir pour étendre la doctrine des cités italiennes aux royaumes d'Europe du Nord, et pour soutenir que *Rex in regno suo est Imperator* – tout roi en son royaume est équivalent en autorité à l'empereur. On trouvait déjà cette idée chez Uguccio et d'autres canonistes, lesquels souhaitaient faire prévaloir les droits des États séculiers sur ceux de l'Empire, et ce dans le cadre de leur campagne anti-impérialiste menée pour le compte de l'Église. Mais il revint à Bartole et à Baldo – ainsi qu'aux légistes français sous Philippe le Bel – de prendre l'initiative révolutionnaire d'introduire cette même doctrine dans le droit civil et, ainsi, de faire un premier pas décisif vers l'articulation du concept moderne de l'État (Riesenberg, 1956, pp. 82-83).

Parvenu à cette conclusion, Bartole pouvait désormais accomplir sa grande mission idéologique en faveur des cités italiennes : donner une assise juridique adéquate à la double revendication de liberté qu'elles avaient cherché à faire valoir au cours de leur longue lutte contre l'Empire. D'abord était articulé le concept de *sibi princeps*, visant à justifier l'idée de la liberté des cités au sens où elles se trouvaient dégagées de toute influence licite dans la conduite interne de leurs affaires politiques. C'est dans son commentaire sur le *Digeste* que Bartole insiste le plus fortement sur cette affirmation, dans le passage où il analyse cette clé de la souveraineté qu'est le droit de déléguer une compétence à des juges de rang inférieur (vol. I, p. 428). Traitant du sujet en relation avec les cités, et après avoir concédé que la délégation n'est pas possible dans « les cités qui se reconnaissent un maître », puisqu'« elles sont obligées de se soumettre à l'Empereur », il nous dit que la situation est toute différente « dans le cas de cités refusant de reconnaître l'autorité de l'Empereur », puisqu'« elles ont la capacité d'acter » et d'organiser leur gouvernement comme bon leur semble. La raison en est que « en pareil cas la cité elle-même constitue un *sibi princeps*, un Empereur en elle-même » (vol. I, p. 430).

Enfin, Bartole se sert de la même idée pour étayer juridiquement l'autre revendication des cités concernant leur liberté au sens du choix de leurs dispositions politiques propres, et tout particulièrement de leur droit à maintenir leur mode établi de gouvernement républicain autonome. Toujours dans le commentaire sur le *Digeste*, Bartole établit les bases essentielles de ce principe en étudiant le droit d'appel (vol. VI, p. 576). Il esquisse d'abord la hiérarchie conventionnelle de l'appel, des juridictions inférieures aux ressorts supérieurs, culminant avec le recours à la figure suprême du *princeps* ou empereur. Il constate alors qu'il pourrait bien se trouver une cité libre dont le fonctionnement ne pourrait s'accommoder de ces règles classiques ; ce serait le cas d'une cité qui, comme Florence, réclamerait sa liberté non seulement en « ne se reconnaissant aucun maître », mais aussi en « élisant son propre chef et n'ayant point d'autre gouvernement ». En pareil cas, la question qui se pose est : « qui alors jugera des appels ? » Et Bartole de répondre qu'« en pareil cas le peuple lui-même doit se faire juge des appels, ou bien une classe particulière de citoyens désignés par leur gouvernement », la raison en étant encore que « en pareil cas le peuple lui-même forme le seul souverain que l'on puisse trouver, et forme ainsi un *sibi princeps*, Empereur en lui-même » (vol. VI, p. 580).

Les cités et le pape

Tout au long de leur lutte contre l'Empire, les cités italiennes avaient eu le Saint-Siège pour principal allié, et ce depuis le pape Alexandre III après que Barberousse eut refusé de reconnaître son élévation au trône pontifical en 1159 (Balzani, 1926, pp. 430-432). À la fondation de la Ligue des cités lombardes, en 1167, Alexandre leur donna de l'argent et les incita à construire une ville fortifiée, qui fut en toute logique appelée Alexandrie, pour verrouiller l'itinéraire de l'empereur (Knapke, 1939, p. 76). Puis, quand la Ligue se reconstitua contre Barberousse en 1174, c'est Alexandre qui mena l'assaut, avant d'appeler aux négociations qui aboutirent en 1183 à la paix de Constance (Knapke, 1939, pp. 77-78). On retrouve la même alliance face aux invasions de Frédéric II dans les années 1230. En 1238, Grégoire IX conclut un traité contre l'Empire avec Gênes et Venise ; l'année suivante, il excommunia l'empereur et réitéra formellement son alliance avec la Ligue lombarde (Van Cleve, 1972, p. 419 ; Waley, 1961, pp. 145, 148-149). Innocent IV, son successeur élu en 1243, poursuivit la même politique : il envoya les forces pontificales attaquer les garnisons impériales en Lombardie, et reprit les négociations avec les cités toscanes pour renforcer sa croisade anti-impérialiste (Schipa, 1929, p. 157) – c'est alors qu'on commença à utiliser en Toscane le terme de « Guelfes » pour désigner les alliés du pape. Il s'ensuivit en 1244 une trêve avec l'empereur, mais, dès que celui-ci laissa entendre qu'il souhaitait en modifier les termes, Innocent IV l'excommunia, convoqua un concile qui le déclara déposé, et dans le même temps conduisit les cités toscanes à la série de victoires militaires qui, en 1250, mit fin à l'agression impériale (Van Cleve, 1972, pp. 484-486 ; Partner, 1972, p. 256).

Cette alliance présentait toutefois un risque dont les cités prirent bientôt conscience à leurs dépens : les papes se découvrirent l'ambition de gouverner eux-mêmes le *Regnum Italicum*. Cela apparut au grand jour dans les années 1260, au moment où le fils illégitime de Frédéric II, Manfred, tenta de reprendre la politique italienne de son père, à partir de Naples dont il était roi. Urbain IV rétorqua en excommuniant Manfred en 1263, et fit appel à Charles Ier d'Anjou pour le combattre en tant que champion de l'Église (Runciman, 1958, pp. 65, 70, 81). Parvenu à Rome avec ses armées à la fin de 1265, Charles obtint une victoire décisive à Bénévent au début de l'année suivante, lors d'une bataille où Manfred fut tué et ses forces dispersées (Runciman, 1958, pp. 88-95). Le dernier fils vivant de Frédéric, Conradin (Conrad V), essaya bien de contre-attaquer depuis l'Allemagne en 1267, mais Charles infligea alors, avec une certaine chance, une ultime défaite aux armées impériales à Tagliacozzo ; cette issue laissa la papauté en situation de puissance dominante sur de vastes régions du nord aussi bien que du centre et du sud de l'Italie (Runciman, 1958, pp. 105, 108-112).

À cette date, les souverains pontifes s'étaient aussi déjà engagés plus directement dans la poursuite de leurs ambitions temporelles, en cherchant à manipuler la politique intérieure des cités du nord de l'Italie. C'est en Lombardie qu'on assista aux premières manœuvres : Ezzelino da Romano, principal allié des impériaux, avait réussi dans les années 1240 à s'y tailler un territoire de dimensions sans précédent, comprenant Vérone, Padoue, Ferrare et l'essentiel des campagnes alentour (Hyde, 1966a, p. 199). En 1255, Alexandre IV lança contre lui une croisade à la tête de laquelle il désigna Philippe, archevêque de Ravenne. Celui-ci libéra Padoue dès 1256, et parvint au bout de trois années de combat à défaire et à capturer Ezzelino (à Adda en 1259), victoire qui renforça considérablement la domination pontificale sur les cités lombardes de l'Est (Allen, 1910, pp. 76-87). Les pontifes tournèrent ensuite leur regard vers la Toscane et l'Italie centrale : conscient de la position stratégique d'Orvieto, à mi-chemin entre Florence et Rome, Clément IV y porta un tel intérêt qu'il finit par y installer la Curie, en 1266, politique que poursuivirent Grégoire X en 1272, puis Martin IV et Nicolas IV ponctuellement vers la fin du siècle (Waley, 1952, p. 48). Entre-temps, les papes commençaient également à étendre leur emprise sur les principales cités de Toscane : en 1281, Martin IV concluait une alliance avec la Ligue guelfe, par laquelle Florence, Sienne et Volterra se voyaient octroyer le droit de lever les taxes pontificales, ce qui les liait totalement à sa cause (Previté-Orton, 1929, p. 202) ; au cours de la décennie suivante, Boniface VIII se mit à jouer sur les diverses factions florentines, dans l'espoir de prendre le contrôle de la cité, afin d'accroître ses revenus et de renforcer la frontière nord de ses territoires (Boase, 1933, p. 84). En 1300, les Florentins envoyèrent une ambassade protester contre ces machinations (on dit que Dante en fit partie) : Boniface répliqua en excommuniant la *Signoria* tout entière et en appelant Charles II d'Anjou à s'emparer de la ville, favorisant ainsi le coup d'État qui, en 1301, renversa le gouvernement hostile des « Blancs » (Armstrong, 1932, pp. 12-14 ; Boase, 1933, pp. 249-250). Enfin, à la même époque, les pontifes parvinrent à établir leur autorité sur la Romagne, principal bastion traditionnellement pro-impérialiste. Lorsqu'en 1273 Grégoire X appuya avec succès la candidature de Rodolphe Ier de Habsbourg au trône impérial, l'une des conditions exigées fut que l'Empire cédât toute la région entourant Bologne ainsi que la Romagne, placées sous administration pontificale directe. Les négociations aboutirent en 1278, et les deux provinces furent alors formellement annexées par Nicolas III (Larner, 1965, pp. 40-42). À la fin du XIIIe siècle, le Vatican était ainsi parvenu à s'assurer le pouvoir temporel direct sur une vaste partie de l'Italie centrale, de même qu'une influence considérable sur la plupart des principales cités du *Regnum Italicum*.

À ces politiques correspondait la formation d'une idéologie destinée à légitimer les plus agressives des prétentions pontificales au pouvoir *in temporalibus*. Cette évolution trouve sa source intellectuelle dans les années 1140, quand Gratien systématise l'ensemble des décrets pontificaux, posant les fondements du code de droit canon (Ullmann, 1972, pp. 179-180). Suivit alors une série de papes-jurisconsultes qui continuèrent à préciser et à étendre la base juridique sur laquelle s'appuyait la papauté pour réclamer l'exercice de ce qu'elle appelait *plenitudo potestatis*, ou plénitude du pouvoir temporel autant que spirituel. Le premier fut Alexandre III, élève de Gratien à Bologne, qui contra efficacement les efforts de Barberousse visant à transformer l'Église en simple patriarcat de l'Empire (Pacaut, 1956, pp. 59-60, 179-181). Puis vint Innocent III, élève d'Uguccio que l'on tient aujourd'hui pour le plus important interprète de la théorie canoniste de la suprématie pontificale en matière temporelle (Watt, 1965, p. 72 ; Ullmann, 1972, p. 209). On retrouve les mêmes doctrines développées par Innocent IV au milieu du XIIIe siècle, notamment dans son décret *Ad Apostolice Sedes*, premier exposé systématique par un canoniste de la thèse selon laquelle la société chrétienne serait par essence un corps unique ayant le pape pour chef ultime (Watt, 1965, p. 72). Enfin, Boniface VIII réitère à la fin du siècle les mêmes thèmes, dans un style flamboyant tout à fait unique, notamment dans sa célèbre bulle de 1302, *Unam Sanctam* (Boase, 1933, p. 317). Celle-ci commence par réaffirmer comme d'habitude que dans la société chrétienne « il existe deux épées, la spirituelle et la temporelle », mais elle ajoute aussitôt qu'« il faut que l'une des épées soit subordonnée à l'autre, et donc que le pouvoir temporel soit subordonné au pouvoir spirituel », et elle s'achève sur une note plus altière encore, en énonçant clairement que le vicaire du Christ doit être l'ultime détenteur du pouvoir temporel autant que du pouvoir spirituel, puisque « le pouvoir spirituel possède l'autorité d'instituer le pouvoir terrestre, et de s'en faire juge, dût-il manquer à se comporter comme il se doit » (p. 459).

Confrontées à une papauté dont les pratiques et la propagande gagnaient en agressivité, un certain nombre de cités italiennes se mirent à renâcler. Une première réaction eut lieu en Lombardie, centre primitif des libertés communales. En 1266, la cité de Padoue engagea une querelle majeure avec les Églises locales, qui refusaient de payer leurs impôts ; en 1282, elle priva de fait le clergé padouan de toute protection juridique (Hyde, 1966a, p. 239). De semblables dissidences commencèrent bientôt à se manifester à travers la Toscane et l'Italie centrale. À Orvieto, une révolte se produisit en 1281 contre la présence de la Curie, avant une autre insurrection nettement plus dangereuse en 1284 (Waley, 1952, pp. 52-58). À Florence, on dénonça en 1285 les juridictions ecclésiastiques et les immunités cléricales ; en 1296, Pise s'attaqua aux privilèges du clergé local (Boase, 1933, pp. 85, 87). La faction des « Blancs », à

Florence, s'efforça au cours de toute cette période d'échapper aux ingérences du pape, et après le coup d'État de 1301 elle fit alliance avec Pistoia dans l'espoir de déstabiliser la faction propontificale des « Noirs » (Herlihy, 1967, p. 226). Enfin, l'administration pontificale directe sur la Romagne fut constamment sous pression au cours des dernières décennies du siècle. À Faenza, des soulèvements se produisirent dès l'arrivée du *podestà* pontifical en 1278, l'agitation reprit à Forli et à Bologne en 1284 et les révoltes se multiplièrent dans la province entière tout au long des années 1290 (Larner, 1965, pp. 44-47).

Tout en opposant cette résistance accrue au Vatican, diverses cités lombardes et toscanes se mirent à élaborer un discours politique destiné à légitimer leur refus des pouvoirs et immunités que réclamait l'Église. Ce fut surtout le cas à Florence, gardien autoproclamé des « libertés toscanes », et à Padoue, principal défenseur des valeurs républicaines en Lombardie depuis le rétablissement de son gouvernement municipal en 1256.

Une manière évidente de s'en prendre aux prétentions temporelles de l'Église consistait à en appeler à l'empereur comme contrepoids au pape : il était en effet possible de donner tout simplement satisfaction à l'Empire sur son éternelle demande de voir reconnu le *Regnum Italicum* comme partie du Saint Empire romain, puis d'argumenter que le pontificat ne pouvait être en aucun cas le souverain légitime de la Lombardie et de la Toscane, puisque cela aurait constitué une violation des droits de l'empereur. Au début du XIVe siècle, il était fort tentant d'adopter cette stratégie, l'incursion d'Henri de Luxembourg en Italie en 1310 apparaissant, un bref moment et une fois encore, de nature à transformer en réalité l'idéal de l'Empire médiéval.

L'un des auteurs politiques à suivre cette ligne d'argumentation fut l'historien florentin Dino Compagni (env. 1255-1324), dans sa Chronique de l'époque. Il y soutenait qu'un gouvernement dirigé par l'empereur serait « des plus justes », affirmait que le but d'Henri de Luxembourg se limitait, en entrant en Italie, à « faire la paix », et signifiait aux « Noirs » propontificaux de Florence la perspective menaçante que, à moins d'un changement d'allégeance de leur part, « l'Empereur avec sa puissance » les ferait « capturer et dépouiller par terre et par mer » (pp. 223, 259). Mais le plus important, et de loin, des auteurs florentins de ces années-là à apporter son entier soutien à l'empereur pour contrer le pape, ce fut Dante dans son traité *De monarchia*, très probablement écrit entre 1309 et 1313, au moment où les espoirs des impérialistes étaient au plus haut[1]. Fondamentalement, Dante plaide pour le rétablissement de « la quiétude et la tranquillité de la paix », estimant que « la paix universelle est le plus excellent moyen d'assurer notre bonheur » (pp. 8, 9). S'interrogeant ensuite sur l'absence de paix et de tranquillité dans l'Italie de son époque, il y trouve deux causes principales : la première, à laquelle s'attache le livre II de l'œuvre, est la négation de la légitimité de l'Empire ; l'autre, objet du livre III, est décrite comme la fausse croyance « que l'autorité de l'Empire repose sur l'autorité de l'Église ». À ce propos, Dante range les papes parmi les premiers de ceux « qui s'opposent à la vérité », puisqu'ils refusent d'admettre que le Saint-Siège ne possède aucun pouvoir temporel infus, et ne peuvent donc reconnaître que « l'autorité de l'Empire ne dépend de l'Église en aucune façon » (pp. 64, 67, 91).

Dans *La Divine Comédie*, Dante fait porter ses ultimes considérations sur ces problèmes bien au-delà du domaine politique, exaltant l'idéal de régénération religieuse et la nécessité de changer d'âme comme seuls moyens de sauver le monde[2]. Cependant, avant de concevoir son immense poème vers 1313, la réponse qu'il proposait se situait bien sur un plan strictement politique. Son *De monarchia* appelle à placer une confiance absolue dans la figure de l'Empereur, seule force d'unité en mesure de vaincre les factions italiennes et d'apporter la paix. Le livre introductif est donc consacré à défendre cette solution, en avançant qu'il est essentiel d'accepter un souverain unique et universel si l'on veut remédier

---

1. Le débat sur les dates du *De monarchia* de Dante est traité chez Reeves, 1965, p. 88.
2. Cela conduit D'Entrèves à soutenir que l'essai *De monarchia* ne représente qu'une phase intermédiaire dans l'évolution de la pensée de Dante, qu'il finit par rejeter et dépasser dans ses travaux tardifs. Voir à ce sujet D'Entrèves, 1952, notamment pp. 62-74. La thèse inverse de l'unité fondamentale de la pensée de Dante est soutenue par Limentani, 1965, notamment pp. 128-131.

aux désordres du *Regnum Italicum*. Dante commence par disserter de manière formelle, dans un style qui évoque un peu Averroès, en appelant à la haute valeur de l'unité et à la supériorité du tout sur les parties (pp. 9-14). Mais il introduit alors deux arguments purement politiques amenant à la même conclusion : en premier lieu, la suzeraineté de l'empereur optimiserait l'exercice de la justice, du fait qu'« il peut se produire une dispute entre deux princes » de nature à exiger l'arbitrage d'« une tierce personne jouissant d'une juridiction supérieure qui de droit les gouverne tous les deux » (p. 14). Ensuite, plus encore en ligne avec l'idéologie dominante des cités, Dante nous dit que le gouvernement de l'empereur maximiserait aussi la liberté, « le don le plus précieux de Dieu à la nature humaine », puisque « c'est seulement sous la Monarchie que l'homme dépend de lui-même et ne dépend pas d'un autre » (p. 19).

Comme l'a bien montré Gilson, cette défense de l'empire se fonde sur un ensemble de prémisses remarquablement radicales, car elle suppose une séparation complète entre les sphères de la philosophie et de la théologie, et donc de la nature et de la grâce. Dante rejette explicitement l'hypothèse orthodoxe de l'existence d'un « but final » de l'humanité, celui de l'éternelle béatitude, et donc de la nécessité correspondante d'une suzeraineté unique sur la société chrétienne, celle de l'Église. Il affirme au contraire la nécessité de *duo ultima*, deux buts ultimes : le salut dans la vie à venir, que l'on atteint par l'adhésion à l'Église, mais aussi le bonheur dans la vie présente, auquel on parvient sous l'emprise de l'Empire – lequel se voit ainsi traiter comme puissance à la fois égale à, et indépendante de, l'Église (Gilson, 1948, pp. 191-194).

Il est communément admis que si cette illustration de l'Empire présentait quelque novation sur le plan théorique, elle était dans les faits désespérément anachronique, ne constituant guère plus que « la vision d'un idéaliste » hors de contact avec les réalités politiques (Ullmann, 1949, p. 33). Il est bien sûr exact que ni Henri de Luxembourg ni aucun de ses successeurs ne parvinrent jamais à reprendre le contrôle du *Regnum Italicum* ; mais on peut aussi avancer que le procès en anachronisme ignore en partie le contexte de l'œuvre de Dante, et notamment la nature du dilemme que le

De monarchia était manifestement destiné à résoudre (Davis, 1957, pp. 169-170). Dante était exilé de Florence depuis le coup d'État de 1301, fomenté par les aristocrates « Noirs » de connivence avec Boniface VIII. L'une de ses grandes espérances était donc de trouver un chef crédible sous la bannière duquel rassembler les exilés et renverser le gouvernement propontifical de la cité. Bien évidemment, un tel champion n'aurait pu que posséder une forte image de légitimité, afin d'apparaître comme point de ralliement immédiat et incontournable, de même qu'une grande puissance purement militaire, afin d'avoir quelque chance de succès. Compte tenu de ces contraintes, il n'est pas du tout étonnant que Dante, au moment même où Henri VII marchait sur l'Italie, ait choisi de mettre tous ses espoirs dans l'empereur pour libérer le *Regnum Italicum* de la domination persistante d'un pape abhorré – tenir cette attitude pour irrationnelle relèverait manifestement de la courte vue.

Il ne fait en revanche pas de doute que, aux yeux des républiques lombardes et toscanes, plus jalouses que jamais de leurs libertés, la proposition de Dante ne pouvait guère apparaître comme la solution rêvée à leurs difficultés. Bien que leur permettant de dénier au pape le droit de se mêler de leurs affaires, en contrepartie elle les estampillait de nouveau comme vassales du Saint Empire romain. À l'évidence, ce dont elles avaient par-dessus tout besoin était d'une forme d'argumentation politique les autorisant à faire valoir leurs libertés face à l'Église, sans pour autant les engager à les abandonner à quiconque. De même que Bartole s'était employé à défendre leur indépendance de l'empereur, elles étaient en quête d'une forme parallèle d'argumentation proclamant leur indépendance du Pape.

C'est à Padoue, principale république lombarde, que fut formulée la première réponse à ce problème, peu après que l'échec de l'expédition de 1310-1313 eût exclu toute solution du type préconisé par Dante. Et la plus importante contribution fut celle de Marsile de Padoue (env. 1275-1342) dans son célèbre traité *Defensor pacis*, achevé en 1324 (p. 432). Cette réponse fait l'objet du second, et de loin le plus volumineux, des deux Discours qui forment le *Defensor pacis*, et constitue indéniablement un grand bond dans la pensée. Mais elle était aussi le résultat direct du contexte précédemment évoqué, en ce sens qu'elle fournissait aux cités et républiques du *Regnum Italicum*, de façon manifestement consciente, le genre d'assise idéologique dont elles avaient précisément le plus urgent besoin, dans cette conjoncture, pour défendre leurs libertés traditionnelles à l'encontre du souverain pontife.

La réponse de Marsile réside pour l'essentiel dans cette affirmation simple mais osée : les chefs de l'Église se sont complètement mépris quant à la nature de l'Église elle-même, en la tenant pour une institution de nature à exercer une quelconque forme de « juridiction coercitive », juridique, politique ou autre (pp. 168, 181). Les onze premiers chapitres du second Discours sont consacrés à contester l'ensemble du clergé, tous les « prêtres ou évêques et leurs suppôts » qui répandent cette idée fausse afin « d'imposer leur injuste despotisme aux fidèles Chrétiens » (p. 98). Marsile rejette tout d'abord la prétention de l'Église à être exemptée de la fiscalité ordinaire, privilège qui avait déjà conduit, on l'a vu, à un fort mécontentement dans les cités, et que Boniface VIII avait défendu avec véhémence en 1296 dans sa bulle *Clericis Laicos* : il y réclamait pour toutes les « personnes d'Église » l'exemption, et leur interdisait formellement de verser aux laïcs toute portion, « moitié, dixième, vingtième ou autre » de leur revenu, et menaçait d'excommunier tout chef séculier tentant d'enfreindre ces droits putatifs (p. 457). Marsile répond que cela constitue un renversement complet des enseignements du Christ : lorsqu'on lui montra l'argent du tribut, celui-ci fit connaître « par la parole et par l'exemple » qu'il nous fallait selon lui rendre à César ce qui est à César (p. 119) ; ce faisant, il établissait clairement qu'il « nous voulait sujets en propriété du souverain séculier », et qu'il repoussait toute idée qu'il fût « impropre à ses successeurs dans l'office ecclésial de payer le tribut » (pp. 119, 120). Puis Marsile avance que la même objection s'applique aux exigences du clergé visant à l'exempter de l'autorité des tribunaux civils, et à posséder le droit d'« intervenir dans les jugements coercitifs séculiers » (pp. 125, 168) : cela serait encore contraire à l'enseignement du Christ et des apôtres. Marsile en appelle notamment au treizième chapitre de l'épître de saint Paul aux Romains, un texte destiné à jouer plus tard un rôle central dans les débats de la Réforme sur l'adéquation des relations entre autorités séculières et Église. Selon saint Paul, insiste-t-il, chacun doit être « soumis aux puissances supérieures », puisque « les puissances sont ordonnées par Dieu », et que « quiconque s'oppose à la puissance s'oppose à l'ordonnance divine » ; cette doctrine, nous dit Marsile, implique qu'aucun membre de l'Église ne saurait prétendre à aucun régime particulier auprès des tribunaux, car « tous les hommes, sans exception » sont « semblablement sujets dans le jugement coercitif aux juges ou aux souverains séculiers » (p. 130 ; cf. p. 140).

En termes anachroniques, on pourrait dire que cette argumentation aboutit à une vision curieusement « luthérienne » que Marsile pense légitime d'adopter sur le clergé et l'Église. Il souligne que le Christ a délibérément écarté « ses apôtres et disciples et leurs successeurs, évêques ou prêtres » de l'exercice de toute « autorité coercitive ou administration terrestre » (p. 114). Il en conclut que l'Église du Christ ne peut en rien être tenue pour un corps juridictionnel ; elle ne peut être qu'une congrégation, une *congregatio fidelium*, rassemblement volontaire du « corps entier des fidèles qui croient et invoquent le nom du Christ » (p. 103). Par suite, la seule autorité que Dieu puisse avoir entendu confier au prêtre « dans l'exercice de son office » consiste « à enseigner et à pratiquer » – autorité qui ne lui confère bien entendu « aucun pouvoir coercitif sur quiconque » (p. 155). À l'issue de l'offensive de Marsile contre les immunités et juridictions de l'Église, on trouve donc une théorie de l'Église d'un congrégationalisme sans mélange, doctrine unique à cette époque dans la pensée médiévale (Reeves, 1965, p. 101).

Après cette dénonciation générale de la condition cléricale, Marsile aborde le thème principal de son second Discours, à savoir la contestation de la *plenitudo potestatis* revendiquée par le Vatican (p. 313). Comme il l'admet lui-même, on peut facilement deviner à quelles conclusions il va parvenir, puisqu'il a déjà écrit que c'est une idée fausse que d'attribuer à l'Église de quelconques pouvoirs juridictionnels (pp. 113, 268). Puis il esquisse les conséquences de cette conviction, et cherche notamment à montrer que « lorsque

L'IDÉAL DE LIBERTÉ 49

l'évêque de Rome, ou un autre, s'attribue la plénitude du pouvoir envers un gouvernant, une communauté ou un individu, une telle revendication est malvenue et funeste, et va au-delà, ou plutôt à l'encontre, des Saintes Écritures et des démonstrations humaines » (p. 273).

Marsile commence par distinguer cinq des principaux aspects de la *plenitudo potestatis* papale, à savoir la revendication des droits suivants : établir « les définitions des significations » des Écritures ; convoquer les conciles généraux de l'Église ; excommunier ou frapper d'interdit tout « souverain, prince ou pays » ; pourvoir à « toutes les fonctions ecclésiales dans le monde » ; et enfin, décider des caractéristiques déterminatives de la foi catholique (pp. 272-273). Il va ensuite s'attaquer à ces éléments de l'idéologie pontificale sous deux angles différents.

Tout d'abord, il s'oppose à l'idée de la monarchie pontificale en soutenant la doctrine du conciliarisme, selon laquelle, dans l'Église, le pouvoir exécutif suprême est détenu non par le pape mais par « un concile général composé de tous les chrétiens », y compris les « non-prêtres » (pp. 280, 285). Cela le conduit à réfuter sur trois points la thèse du Vatican concernant la plénitude de son propre pouvoir : il maintient que la « détermination des questions incertaines » dans les Écritures, « l'autorité d'excommunier tout souverain » et la « réglementation du rituel de l'Église » et autres manifestations de la foi sont toutes matières en quoi « seul le concile général, et non aucun évêque ou prêtre ou groupe particulier », possède l'autorité pour légiférer (pp. 282, 292-293). Cela, nous est-il dit, apparaît clairement à la fois dans le texte des Écritures et dans les premières traditions de l'Église, qui révèlent que ce furent seulement « les évêques romains tardifs » qui commencèrent « à assumer une plus grande autorité », et ainsi « émirent des décrets et en assurèrent l'observance dans l'Église universelle » (p. 271).

L'autre angle d'attaque de Marsile contre la suprématie des papes consiste à attribuer un rôle inédit aux droits de l'autorité séculière sur l'Église. Il a déjà indiqué qu'aucun membre de celle-ci n'est compétent pour exercer une quelconque « juridiction coercitive » en vertu de son office (pp. 100, 113). Il s'ensuit que tout pouvoir coercitif qui pourrait se révéler nécessaire à la bonne marche de la vie chrétienne ne peut de droit être exercé que par « le législateur humain fidèle » exclusivement, terme qui désigne chez Marsile le plus haut pouvoir séculier à l'intérieur de chaque royaume ou cité (p. 287). Parvenu à cette déduction, sommet de son second Discours, il se trouve en mesure de mettre en pièces ce qui reste des prétentions de la papauté à la plénitude de son pouvoir. Il trouve d'abord un corollaire dans l'idée que le droit « à procéder aux nominations et à les approuver, et à établir tous offices » dans l'Église, y compris l'office du « pontife romain », doit appartenir non à l'évêque de Rome, qu'il agisse seul ou avec son collège de cardinaux, mais entièrement à « l'autorité du législateur fidèle », qui seul possède le pouvoir « de nommer à la prêtrise et aux autres ordres sacrés » (pp. 287-290). Il ajoute alors que le droit « à convoquer un concile général » et de « dûment l'assembler, solenniser et consommer » doit lui aussi appartenir « non à quelque prêtre ou collège de prêtres », mais entièrement « au législateur humain fidèle » (p. 287). Seule cette autorité est investie du pouvoir « de convoquer ou d'ordonner un tel concile, d'y nommer et désigner les personnes adéquates, d'ordonner l'observance de ses décisions et décrets, et de punir leurs transgresseurs » (p. 292). Marsile ayant déjà conclu par ailleurs que tous les autres aspects de la *plenitudo potestatis* appartiennent de bon droit au concile général de l'Église, le fait d'élever ainsi le législateur à une position où il contrôle le concile a pour effet final de libérer le pouvoir séculier de tout vestige d'influence ecclésiastique.

Avec ce transfert de la *plenitudo potestatis* du pape au « législateur humain fidèle », Marsile parachève sa principale tâche idéologique dans le second Discours du *Défenseur de la paix*. Il affirme avoir démontré que, au sein de chaque cité ou royaume indépendant, le législateur est l'unique figure à posséder légitimement la « juridiction coercitive » complète sur « tout individu mortel quel que soit son statut » (pp. 427-428). Il affirme aussi avoir en conséquence discrédité les tentatives « des évêques romains et de leurs complices » en vue de s'assurer le nord de l'Italie, réduites à une suite « d'usurpations et de mainmises » de juridictions devant en bon droit appartenir exclusivement aux autorités séculières (pp. 95, 98, 101). Il peut ainsi apporter à l'idéologie des cités sa contribution décisive en justifiant leur complète indépendance *de iure* à l'égard de l'Église, et stigmatiser les efforts de celle-ci pour les dominer et diriger leurs affaires comme « despotisme injuste » et « abus pervers » ayant « affligé le *Regnum Italicum*, le maintenant, et encore aujourd'hui, éloigné de la tranquillité et de la paix » (pp. 95, 98, 344). À cela correspond la morale de l'ouvrage, et la clef pour en comprendre le titre : quiconque aspire à défendre la paix en Italie du Nord doit être par-dessus tout l'ennemi juré des prétendus pouvoirs juridictionnels de l'Église.

2.

Rhétorique et liberté

L'ESSOR DES DESPOTES

La propagation de ce que Sismondi appelait « cette flamme brillante de la liberté » à travers les cités italiennes ne fut hélas qu'un feu de paille (Sismondi, 1826, vol. 3, p. 245). Dès la fin du XIIIe siècle, la plupart des cités étaient déchirées entre factions internes au point de se trouver forcées d'abandonner leurs constitutions républicaines, de se livrer au pouvoir fort d'un *signore* unique, et, au nom de la paix civile, de passer d'une forme de gouvernement libre au despotisme.

À la racine de cette érosion de la liberté républicaine, on trouve la division en classes qui commença à se développer au début du XIIIe siècle (Jones, 1965, p. 79). Le négoce, dont le rythme s'accélérait, porta au premier plan de nouvelles classes d'hommes, *gente nuova*, qui s'enrichissaient en commerçant dans la cité et la *contada* alentour (Jones, 1965, p. 95). En dépit de leur opulence grandissante, ces *popolani* n'avaient toutefois pas voix au chapitre dans les conseils gouvernant leurs cités, qui demeuraient solidement aux mains des grandes familles aristocratiques (Waley, 1969, pp. 187-197). En s'élargissant, ces divisions entraînèrent progressivement une inquiétante augmentation de la violence civile, les *popolani* se battant pour être reconnus tandis que les nobles luttaient pour préserver leurs privilèges oligarchiques.

Ainsi frustrés, c'étaient les *popolani* qui déclenchaient en général les hostilités, le plus souvent en créant leur propre conseil, ou *popolo*, conduit par leur propre chef élu le *Capitano del popolo*. Ils entendaient ainsi mettre directement en cause la forme traditionnelle de gouvernement par le *podestà*, puisque celui-ci était en général le représentant des principales grandes familles. De tels conseils furent établis à Lucques et à Florence en 1250, à Sienne en 1262, puis dans la plupart des grandes cités lombardes et toscanes (Pullan, 1973, pp. 116-118 ; Waley, 1969, pp. 185-192). Ayant ouvert cette brèche dans le monopole gouvernemental de la noblesse, les *popolani* passaient ensuite habituellement à une action encore plus agressive, prenant en force une série de mesures visant à limiter, voire à empêcher l'accès des nobles aux fonctions du pouvoir politique. Ce fut par exemple le cas à Florence en 1282 : la faction des « Blancs », représentant les *popolani*, parvint à supplanter la faction aristocratique des « Noirs », avant d'établir en 1293 une constitution qui excluait systématiquement l'ancienne noblesse du gouvernement des prieurs (Becker, 1960, p. 426). Le même modèle fut bientôt repris ailleurs ; la proche cité de Sienne en offre un exemple, où le *popolo* confisqua au *podestà* la totalité de son pouvoir en 1287, exila une grande partie de la noblesse, et fonda le « Conseil des neuf gouverneurs », oligarchie marchande qui dirigea dès lors la cité sans interruption jusqu'en 1355 (Bowsky, 1962, pp. 368, 370, 374).

Toutefois, plus les *popolani* se battaient pour être reconnus, plus forte se faisait l'opposition de l'ancienne noblesse et de ses alliés. Ainsi, dès que les *popolani* commencèrent à protester contre leur exclusion du gouvernement, on assista à la naissance d'une violence civile endémique. L'un des exemples les plus célèbres en est Vérone, où les Montecchi (modèles des virulents Montaigus dans le *Roméo et Juliette* de Shakespeare), en lutte pour le compte des *popolani*, se heurtèrent pendant plus de vingt ans à l'opposition acharnée de l'ancienne noblesse, avant de parvenir à prendre le contrôle de la cité en 1226 (Allen, 1910, pp. 45-52). Mais la violence intérieure prit un tour encore bien plus âpre lorsque les *popolani* eurent réussi à mettre en place leurs propres régimes. Ainsi, à Florence, le gouvernement des « Blancs » fut immédiatement combattu puis renversé en 1301 par la faction noble des « Noirs » sous la conduite de Corso

Donati. Et ainsi, à Sienne, l'administration des *popolani* fut soumise à une rude attaque en 1318, et à une autre en 1325, toutes deux menées par les Tolomei, puissante famille noble évincée par le coup d'État de 1287 (Bowsky, 1967, pp. 14, 16).

Dans ce contexte d'aggravation des querelles civiles, il n'est guère étonnant que, dès la fin du XIIIe siècle, une majorité parmi les cités du *Regnum Italicum* aient fini par conclure, plus ou moins volontairement, que leur meilleure chance de survie consistait à accepter la férule dure et unifiante d'un seul *signore* en lieu et place d'une « liberté » aussi chaotique (Hyde, 1973, p. 141 ; Waley, 1969, p. 237). Ferrare fut la première des cités à tenter avec succès l'expérience du règne héréditaire d'une seule famille : en 1264, les Etensi réussirent une transition en douceur entre le pouvoir de fait sur la cité d'Azzo d'Este et celui, de droit, de son fils Obizzo, ce dernier étant installé en tant que « seigneur permanent » de Ferrare sous le prétexte du « consentement de tous ». À Vérone, première des cités importantes à suivre le mouvement, le processus commença en 1262 avec l'élection de Martino della Scala comme *Capitano del popolo*. Mettant sa situation à profit pour prendre sur la cité un ascendant largement personnel, il parvint à y fonder une dynastie : il fut assassiné en 1277, mais son frère Alberto se vit immédiatement reconnaître comme Seigneur de Vérone et Capitaine général à vie ; et à sa mort en 1301, son fils Bartolomeo (le premier protecteur de Dante après son exil de Florence) lui succéda comme *podestà* héréditaire de la cité (Allen, 1910, pp. 94-96, 124, 141-143). Après ces expériences, le système de gouvernement par les *signori* se répandit rapidement à travers le *Regnum Italicum*. Dans les années 1270, les Buonaccolsi s'assurèrent le contrôle de Mantoue en exploitant la position du *Capitano del popolo* ; et, dès la fin de la décennie suivante, on trouvait des seigneuries similaires à Trévise avec Gerardo da Cannino, à Pise avec le comte Ugolin, à Parme avec Ghiberti da Correggio, et à Plaisance avec Alberto Scotti (Brinton, 1927, pp. 41-43 ; Previté-Orton, 1929, p. 203 ; Armstrong, 1932, pp. 33, 45). Au cours de la même période, enfin, l'administration pontificale directe sur la Romagne se vit largement contester par l'ascension de despotes locaux : Guido da Polenta devint *podestà* de

Ravenne en 1286, position d'où il gouverna la cité pendant près d'une décennie (Larner, 1965, pp. 51-52) ; de façon semblable, la famille Malatesta parvint à la tête de Rimini dans les années 1280, éliminant ses derniers rivaux avant 1295, et établissant son droit héréditaire à gouverner (Jones, 1974, pp. 31-33, 47). Dante avait donc entièrement raison d'observer dans le *Purgatoire*, bien que dans une formulation sans doute tendancieuse, que « toutes les cités de l'Italie » étaient alors devenues « pleines de tyrans » (p. 63).

Avec l'arrivée des *signori*, on voit émerger un nouveau style de théorie politique, un style où le panégyrique chante les *signori* comme porteurs d'unité et de paix (Bueno de Mesquita, 1965, pp. 321-328). Parmi les premiers représentants du genre, on trouve Ferreto de Ferreti (env. 1296-1337), membre du cercle pré-humaniste des *literati* à Padoue, qui composa un long récit en vers latins de *La Grandeur des Della Scala* peu après leur conquête du pouvoir en 1328 (vol. I, p. XIII ; Hyde, 1966a, p. 282). Le but de son éloge étant de légitimer leur gouvernement, Ferreti ne mentionne nulle part la liberté des Padouans célébrée par Marsile peu auparavant. Il consacre au contraire une bonne partie de son deuxième livre à déplorer la « turbulence » et le « désordre » de la cité avant l'arrivée des Della Scala, tout en soulignant que le grand désir des citoyens avait toujours été celui de la paix (vol. I, pp. 28 *sq.*). Le gouvernement mis en place par Cangrande étant incontestablement plus stable que la république qu'il avait supplantée, cette insistance sur la paix plutôt que sur la liberté comme valeur politique fondamentale avait pour effet de le dépeindre en véritable libérateur d'une Padoue affranchie de son héritage de chaos et de mauvaise administration. Ferreti croyait donc pouvoir conclure son poème en exprimant sans complexe l'espoir que les descendants de Cangrande « continueraient de porter le sceptre pendant de longues années à venir », maintenant ainsi le peuple dans la paix et la tranquillité (vol. I, p. 100).

Cette transition du gouvernement *in libertà* (« en liberté ») au gouvernement *a signoria* (« à seigneurie ») se déroula dans la plupart des cités du *Regnum Italicum* en douceur et rapidement, sans aucun doute en raison de la lassitude à l'égard de la guerre provoquée par le contexte de querelles et de luttes de factions incessantes. Cette règle connut cependant plusieurs exceptions importantes. Certaines des cités s'employèrent à résister énergiquement à l'ascension des despotes, parfois avec succès, se forgeant au cours des événements une conscience supérieure de la valeur particulière de l'indépendance politique et de l'auto-gouvernement républicain.

Milan fut la première cité à ériger une défense déterminée de sa constitution républicaine. En 1259, les *popolani* chassèrent leurs opposants et firent appel à Martin della Torre comme « *signore* du peuple » : suivirent près de vingt années de combats entre exilés et tenants de la seigneurie. Ce n'est que lorsque les exilés acceptèrent leur propre chef, Otton Visconti, en tant que « seigneur perpétuel de Milan » après sa victoire finale de 1277 sur les forces du régime della Torre, que la République milanaise fut définitivement dissoute (Sismondi, 1826, vol. III, pp. 260, 435-437). De façon similaire, mais pendant plus longtemps encore, Padoue entra en lutte peu après. Le danger venait ici de la cité voisine de Vérone, où les della Scala avaient consolidé leur pouvoir et cherchaient à s'étendre. Alberto della Scala déclencha une guerre contre Padoue en 1277, mais une paix de compromis fut trouvée en 1280 (Hyde, 1966a, pp. 227-228). Cangrande della Scala revint à la charge en 1312, mais se retrouva de nouveau face à une opposition déterminée, conduite par des républicains convaincus tels qu'Alberto Mussato, qui se refusaient à envisager de remettre la cité entre les mains d'un tyran (Hyde, 1966a, pp. 256-257, 266). Il fallut quinze ans d'affrontements, au cours desquels Mussato et ses compagnons d'armes furent proscrits par leurs compatriotes plus pusillanimes, pour que Cangrande puisse enfin s'emparer du pouvoir en 1328 (Hyde, 1966a, pp. 267, 275, 278). Mais c'est bien sûr Florence qui en fit le plus à cette époque pour s'opposer à l'avancée du despotisme. On l'a vu, les Florentins réussirent à surmonter toutes les atteintes extérieures à leur indépendance au cours du XIIIe siècle. Attaqués par Manfred dans les années 1260, ils s'allièrent à Charles d'Anjou et écartèrent rapidement la menace (Schevill, 1936, pp. 139-144). Plus tard, quand Arezzo s'allia contre eux avec les forces de l'Empire, ils ripostèrent en remportant une victoire majeure à Campaldino, en

1289 – bataille à laquelle le jeune Dante aurait bien pu prendre part (Larner, 1971, p. 208). Et lorsque l'empereur marcha sur l'Italie en 1310, non contents de repousser ses tentatives d'assiéger leur propre ville, les Florentins menèrent la contre-attaque qui devait bien vite amener cette expédition à une issue ignominieuse.

Dans chaque cas, ces efforts pour résister à la montée des *signori* s'accompagnaient du développement d'une idéologie politique visant à justifier et à mettre en valeur les vertus particulières de la vie civile républicaine. On peut estimer que l'émergence de cette idéologie à la fin du *duecento* et au début du *trecento* n'a pas été suffisamment reconnue par les historiens de la pensée de la Renaissance[1]. Hans Baron, notamment, a cherché à montrer que nul n'avait jamais avancé de défense de la liberté républicaine avant les « humanistes civiques » florentins au début du *quattrocento* (Baron, 1966, pp. 49, 58). Plusieurs autres historiens des débuts de la Renaissance ont récemment réitéré cette affirmation. Hyde déclare ainsi que face à la nécessité de défendre leur liberté contre les despotes à la fin du XIIIe siècle, les cités ne disposaient de recours à aucune idéologie, puisque leurs présupposés sociaux et politiques dominants étaient « de nature aristocratique et chevaleresque plutôt que civique », et qu'« il n'existait pas d'ensemble d'idéaux alternatif vers quoi le citoyen pût se tourner », en dehors de ceux d'une vie religieuse ascétique (Hyde, 1973, p. 171). De façon semblable, Holmes indique que « les obstacles à la création d'une idéologie civile indépendante » à la fin du XIIIe et au début du XIVe siècle se révélèrent si grands que les cités ne réussirent jamais à articuler un tel modèle de valeurs avant l'avènement de la « révolution humaniste » à Florence au début du XVe siècle (Holmes, 1973, pp. 111, 124, 131).

---

1. L'important essai de Rubinstein sur le contexte intellectuel de la pensée politique de Marsile de Padoue constitue une exception remarquable. Je ne partage pas entièrement son analyse, qui me semble traiter de manière trop indifférenciée deux traditions différentes et souvent divergentes des débuts du *trecento*, l'une dérivée de l'étude de la rhétorique, l'autre de l'argumentation scolastique. Je tenterai dans la suite de distinguer ces différentes lignes de pensée. En tout état de cause, l'exposé de Rubinstein est brillant et érudit, et j'en ai tiré un grand bénéfice.

Ce sont certes là des positions orthodoxes, mais elles donnent une vue trompeuse du développement de la pensée politique de la Renaissance. À la fin du XIIIe siècle, les protagonistes de l'auto-gouvernement républicain disposaient en réalité de deux traditions d'analyse politique distinctes. L'une s'était développée sur la base de l'étude de la rhétorique, domaine principal d'enseignement, avec le droit et la médecine, dans les universités italiennes depuis leur fondation au XIe siècle. L'autre était issue de l'étude de la philosophie scolastique, introduite de France en Italie dans la seconde moitié du XIIIe siècle. Chacune de ces traditions permettait aux protagonistes de la « liberté » républicaine de conceptualiser et de défendre la valeur particulière de leur expérience politique, et notamment d'affirmer que le mal factieux n'était pas incurable, donc que la défense de la liberté pouvait être compatible avec le maintien de la paix. Si l'on souhaite comprendre l'évolution de ces thèmes centraux de la théorie politique de la Renaissance, il semble essentiel de remonter au-delà des œuvres humanistes du *quattrocento* pour étudier leurs origines dans ces deux lignes de pensée pré-Renaissance.

Le développement de l'*Ars dictaminis*

Pour comprendre le processus par lequel l'étude de la rhétorique dans les universités italiennes donna naissance à une forme influente d'idéologie politique, il nous faut commencer par considérer les objectifs concrets sous-tendant l'enseignement de la rhétorique lui-même. Le but essentiel de l'éducation rhétorique consistait à doter l'étudiant d'un bagage fort lucratif : la capacité de rédiger lettres officielles et autres documents analogues avec le maximum de clarté et de force de persuasion. L'idée sous-jacente selon laquelle la correspondance constituait une technique en soi, susceptible de codification en règles et d'apprentissage par cœur, se développa dans un premier temps à Bologne au début du XIIe siècle, simple rejeton des principales formations dispensées par l'Université, celles d'avocat et de juge[1]. À cette époque, le grand maître de la rhétorique à Bologne se nommait Adalbert de Samarie, qui semble avoir été le premier à se présenter spécifiquement comme *dictator*, ou instructeur, dans l'*Ars Dictaminis* (Murphy, 1974, p. 213). C'est manifestement entre 1111 et 1118 qu'il rédigea son œuvre principale, un guide intitulé *Préceptes de la Correspondance* (Haskins, 1929, p. 173). Une génération seulement après lui, les règles qu'il avait établies s'étaient transformées en un système strict dont le principe de base énonçait que toute lettre formelle devait être construite et pouvoir se résoudre en cinq parties distinctes. Premier manuel à mettre en avant ce schéma, le traité anonyme intitulé *Principes de la correspondance* semble avoir été rédigé à Bologne vers 1135[2]. La même classification en cinq volets devait par la suite se retrouver presque à l'identique chez tous les grands rhétoriciens jusqu'à la fin du Moyen Âge (Haskins, 1929, pp. 182-187).

Tout en formulant des règles générales, les *dictatores* eurent dès les premiers temps le souci de faire savoir comment appliquer concrètement leurs recommandations. À cette fin, ils ajoutaient à leurs manuels des *dictamina*, collections de lettres types visant à illustrer le bon usage de leurs préceptes. C'est encore Adalbert de Samarie qui fut le pionnier de cette méthode, en incluant à la fin de l'un de ses traités théoriques une annexe de quarante-cinq *formulae*, ou lettres types, en exemples de ses règles[3]. Des *dictatores*

---

1. Voir à ce sujet Wieruszowski, 1971b, p. 361. Haskins avait vu en Albéric, moine de Mont-Cassin écrivant dans les années 1080, le premier professeur dans l'art appliqué de la correspondance (Haskins, 1929, pp. 171-172). Wieruszowski lui conteste ce titre, arguant que l'approche d'Albéric reposait toujours sur l'usage de modèles classiques et non sur la formulation de règles transmissibles indépendamment de ces autorités. Voir Wieruszowski, 1971a, p. 334, et 1971b, p. 361.

2. Cette datation de Haskins (Haskins, 1929, p. 181) a été adoptée par Murphy tant dans sa Bibliographie (Murphy, 1971a, p. 60) que dans sa récente édition de l'œuvre (1971b, p. 3). Wieruszowski pense cependant que ce livre doit dater « d'après 1140 » (Wieruszowski, 1971a, p. 335 et note). Murphy (1974, pp. 220-226) a par ailleurs étudié et illustré le système de la composition en cinq parties.

3. Voir Haskins, 1929, pp. 174, 177. Pour un semblable ensemble de lettres, voir les *Préceptes* d'Adalbert, pp. 43-74.

comme Hugues de Bologne ou Henri Frankigena, écrivant tous deux dans les années 1120, reprirent aussitôt ce schéma (Haskins, 1929, pp. 178, 180). On voit par la suite apparaître un grand nombre de ces *dictamina* tout au long du XIIe siècle, avec pour point d'orgue deux célèbres contributions au genre, celles de Boncompagno da Signa (env. 1165-1240) qui était peut-être le plus original – et sans aucun doute le plus hâbleur – des maîtres exerçant à Bologne au début du XIIIe siècle. Achevé en 1215, son premier traité s'intitulait *L'Ancienne Rhétorique* et s'achevait sur un recueil de lettres types à l'usage des « gentilshommes, cités et peuples » (Paetow, 1910, pp. 76-77). Son autre *dictamen*, publié en 1235, portait le titre imposant de *La Nouvelle Rhétorique entre toutes* et proposait à l'étudiant une invraisemblable variété de modèles, tous découpés en sections répondant aux règles qui gouvernaient la bonne subdivision des lettres officielles. L'exemple du livre V fournit ainsi un exposé complet de toutes les « formes d'exorde » possibles (p. 262) : on y trouve douze paragraphes introductifs pour écrire au Pape, cinq pour écrire à un cardinal, deux pour un évêque et quatre pour l'empereur, avec des envois types destinés aux sénateurs des cités, aux podestats, aux consuls, aux professeurs, aux maîtres d'école, et à toute personnalité à qui un fonctionnaire ou citoyen peut un jour ou l'autre avoir à écrire officiellement (pp. 262-273).

C'est par l'intermédiaire de ces modèles, ou *formulae*, que les *dictatores*, abandonnant l'idée qu'ils n'inculquaient que de simples règles de rhétorique formelle, commencèrent à s'impliquer délibérément dans les affaires juridiques, sociales et politiques des cités italiennes, et cela principalement par deux biais. Au milieu du XIIe siècle, il était devenu habituel que les lettres présentées dans les traités sur l'*Ars Dictaminis* fussent consacrées à des sujets d'intérêt pratique immédiat pour les étudiants qui suivaient le cours. Jusquelà, l'intention première consistant à montrer la mise en pratique des règles rhétoriques, les *dictatores* avaient tendu à prendre pour exemples des sujets abstraits, voire abscons. Or, à ce moment-là, ils entreprirent systématiquement de procurer au contenu de leurs modèles une valeur et une pertinence plus proches de leurs élèves dans leur vie personnelle ou dans leur future carrière. On trouve un des premiers exemples de cette tendance nouvelle dans le *Dictamen* d'un maître florentin anonyme datant des années 1150 : il comprend divers modèles de lettres d'un étudiant à sa famille, l'assurant de ses progrès constants dans la connaissance et lui réclamant davantage d'argent (Wieruszowski, 1971a, pp. 336-339) ; il comprend aussi deux lettres de nature directement politique, l'une préconisant la meilleure manière de convaincre une communauté de lever un contingent de cavaliers et d'archers, l'autre expliquant comment approcher les magistrats d'une autre cité en vue de faire punir un de leurs citoyens pour un vol commis au détriment de la communauté demanderesse (Wieruszowski, 1971a, pp. 340-311, 343). Cette tendance des *dictatores* à se servir de leurs *formulae* pour donner leur avis sur les problèmes de la vie de la cité s'affirma nettement au cours du siècle suivant. Avant le traité de Mino da Colle sur *Les Arts de la correspondance* dans les années 1290, avant les cours de Giovanni de Bonandrea à Bologne après 1302, on voit ces deux auteurs se concentrer dans leurs *dictamina* sur les besoins et problèmes quotidiens des étudiants, des professeurs, des marchands, des juges, des prêtres, des fonctionnaires, et de toutes les autres classes dirigeantes des républiques (Wieruszowski, 1971b, pp. 360, 365-356 ; Banker, 1974, pp. 155-157).

L'*Ars Dictaminis* connut son autre grand développement au début du XIIIe siècle. Il devint alors coutumier de combiner l'enseignement de la correspondance à celui du discours public formel, dit *Ars Arengendi* ou art de la harangue. C'est ainsi que les *dictatores* se mirent à offrir des modèles de discours en sus de leurs modèles de lettres dans les annexes de leurs traités théoriques. Premier grand rhétoricien à proposer ces deux arts en combinaison, Guido Faba (env. 1190-1240), élève et rival de Boncompagno à Bologne, donna dans les années 1230 une collection de *Discours et Épîtres* qui comportait un grand nombre d'exemples de harangues et de lettres (Kantorowicz, 1941, pp. 256, 275). Après cela, la combinaison des deux arts se fit très vite orthodoxie, comme on le voit dans ces deux traités majeurs que sont la *Rhétorique* de Brunetto Latini et la *Brève Introduction* de Giovanni de Bonancrea, tous deux largement utilisés à la fin du siècle (Banker, 1974, p. 157). Une telle évolution dans l'usage des exemples rhétoriques ne manquait pas de conséquences pratiques, *a fortiori* dans une société où la totalité des affaires juridiques, politiques et diplomatiques se traitaient par l'intermédiaire du verbe et du débat organisés, les *dictatores* accédant ainsi à une participation discrète mais systématique aux grandes questions publiques du jour. La combinaison de l'*Ars Arengendi* et de l'*Ars Dictaminis* conduisit donc l'enseignement de la rhétorique, ainsi que l'image que les rhétoriciens se faisaient d'eux-mêmes, à prendre un tour de plus en plus public et politique (Kantorowicz, 1943).

Une fois que l'enseignement de la rhétorique se fut approprié ce contenu politique incident mais considérable, la distinction entre exposé sur l'*Ars Dictaminis* et commentaire direct sur les affaires civiles se fit mince. En toute logique, nombre de *dictatores* et de leurs élèves franchirent le pas dans la première moitié du XIIIe siècle, où leur intérêt caractéristique envers les lettres et discours types trouva pour s'exercer divers terrains nouveaux, plus ouvertement propagandistes, ce qui fit apparaître deux nouveaux genres bien distincts dans la pensée sociale et politique.

Et tout d'abord un nouveau style de chronique citadine (cf. Hyde, 1966b). Bien entendu, les cités avaient vu naître bien des annalistes au cours du XIIe siècle, mais il s'agissait invariablement de clercs dont l'attention tendait à se concentrer sur l'illustration des œuvres de la divine providence dans les affaires politiques et tout spécialement militaires (Fisher, 1966, pp. 144, 156-161). Au début du XIIIe siècle, usée jusqu'à la corde pourrait-on dire, cette tradition subit progressivement une transformation radicale, car nombre de jurisconsultes, *dictatores*, et autres laïcs influents dans les arts de la rhétorique, commencèrent pour la première fois à s'intéresser à l'histoire de leurs cités. On vit ainsi surgir une forme entièrement neuve d'historiographie civile, plus rhétorique dans la manière et plus délibérément prosélyte dans le ton que tout ce qu'on avait pu envisager auparavant (Wieruszowski, 1971d, p. 613).

Parmi les premiers, Boncompagno da Signa nous fournit un exemple de cette évolution dans son compte rendu du *Siège d'Ancône*, sans doute rédigé entre 1201 et 1202 (Hyde, 1966a, p. 287) et qui décrit un épisode de la campagne de Barberousse (1173). Boncompagno a beau se présenter dans la préface sous l'habit classique du chroniqueur urbain, il est manifeste que ses sentiments et ses méthodes d'historien doivent tout à son passé d'enseignant dans l'*Ars Dictaminis*. On le voit bien tout d'abord à la manière dont il décide de narrer l'événement : ce n'est plus la forme traditionnelle descriptive qui prévaut, mais plutôt une manière d'exercice rhétorique, où près de la moitié du texte est constituée de discours types attribués fictivement aux principaux protagonistes. Dans le choix de ses sujets, Boncompagno révèle plus encore son passé et ses préoccupations de *dictator*. Sa démarche essentielle consiste manifestement à exploiter les conventions familières de la chronique de manière à se procurer un moyen plus direct que le *Dictamen* afin d'exprimer ses convictions politiques. Il s'ensuit que les oraisons formelles autour desquelles il construit sa narration présentent toutes un caractère propagandiste marqué, visant autant à promouvoir leur auteur comme pourvoyeur d'utiles conseils politiques qu'à inculquer l'idéologie caractéristique des cités. Une oraison se consacre ainsi à encourager le corps des citoyens à prendre les armes de sa propre initiative, une autre à faire valoir la nécessité pour les cités de se venir mutuellement en aide, une autre encore à célébrer l'idéal de la liberté républicaine (pp. 24, 40, 43). En fait, le discours exaltant la liberté forme la pièce maîtresse du texte de Boncompagno. Il est prononcé par un citoyen âgé, s'adressant à l'assemblée du peuple d'Ancône au moment où les émissaires de l'empereur sont venus proposer de lever le siège contre paiement d'une rançon adéquate. Le peuple est indécis : on manque de vivres, et la victoire n'est pas assurée (p. 23). C'est alors que le vieil homme prend la parole. Il rappelle aux citoyens qu'ils « descendent de la noblesse de l'ancienne Rome », et que « jusqu'à ce moment » ils ont toujours été prêts « à se battre pour préserver leur liberté » (p. 24). Il les exhorte à « tenir bon et se battre en hommes, car c'est dans les plus grandes batailles que le triomphe est glorieux » (p. 26). Et il termine en dénonçant « l'efféminination et la pusillanimité », leur promettant « l'opprobre éternel » s'ils permettent volontairement qu'on leur prenne leur liberté et leur cité (pp. 26-27).

Ce nouveau genre de chronique fut bientôt imité et développé par un certain nombre d'autres rhétoriciens, en particulier Rolandino de Padoue (env. 1200-1276), ancien élève de Boncompagno à Bologne (Hyde, 1966a, pp. 198, 287). Au début des années 1260, Rolandino rédigea une ambitieuse *Chronique de Padoue*, prenant pour thème l'ascension et la chute d'Ezzelino da Romano, suzerain de la cité. L'ouvrage est de construction purement rhétorique, ponctué à chaque moment marquant de lettres et discours dans la manière typique de l'*Ars Dictaminis*. À la naissance d'Ezzelino, l'évêque Gérard salue l'événement dans un discours type sur l'idéal du gouvernement divin (pp. 41-42). Quand Ezzelino révèle ses premières ambitions, il les énonce dans une lettre-type (p. 49). Déposé en 1230, le podestat de Vérone donne au peuple de Padoue une oraison modèle dénonçant le pouvoir des tyrans (pp. 55-56). Et en 1256, arrivant pour conduire la croisade du Pape contre Ezzelino, l'archevêque de Ravenne adresse aux Padouans un discours type les exhortant à combattre pour recouvrer leur liberté (p. 106). Comme le montrent ces exemples, Rolandino s'attachait de façon plus criante encore que Boncompagno à exploiter le format familier de la chronique pour délivrer un message politique direct. C'est en fait sa *Chronique* tout entière qui est conçue comme une célébration de la liberté républicaine : nécessité d'en traiter comme valeur politique centrale, nécessité de se battre pour elle lorsqu'elle se trouve menacée. Cet objectif idéologique dominant est manifeste dès le tout début, lorsque Rolandino, à la naissance d'Ezzelino, incite Gérard à s'enflammer pour la liberté, et lui dire que « les tyrans ne doivent être tenus en nulle révérence » (p. 42). On retrouve le même thème dans l'oraison du *podestà* de Vérone déposé, à qui il est fait proclamer que le renversement de son régime républicain va « à l'encontre de toute raison et de la volonté de Dieu » (p. 56). Et ce même engagement se répète encore au point culminant de la narration, lorsque le texte fait enjoindre à l'archevêque de Ravenne, dans son discours aux Padouans, de « combattre pour défendre la liberté de leur patrie » avec tant « de vigueur et de courage » que « le renom de leur victoire se répande partout dans le monde entier » (p. 107).

Le deuxième genre d'écrits politiques directement issu de l'*Ars Dictaminis* est celui des livres de conseils destinés à éclairer les podestats et magistrats de la cité. Le premier exemple connu en est un traité anonyme en latin, intitulé *L'Œil pastoral*, que Muratori date de 1222 (p. 93). Mais la contribution la mieux connue et la plus vaste à ce genre au stade naissant de son développement est celle de Jean de Viterbe, *Le Gouvernement des cités*, qu'il rédigea dans les années 1240 après avoir fait partie des juges du podestat de Florence (Hertter, 1910, pp. 43-72).

L'apparition de ces traités marque une spectaculaire avancée dans l'*Ars Dictaminis*. Las de devoir biaiser pour exprimer leurs vues sur la conduite des affaires, leurs auteurs cessent désormais de prendre pour prétexte l'enseignement des arts de la rhétorique, et commencent au contraire à se présenter ouvertement comme les conseillers politiques naturels des gouvernants et des cités. Tout aussi las de ne s'adresser qu'à de simples étudiants susceptibles de faire plus tard des magistrats, ils visent maintenant directement par leurs traités les magistrats eux-mêmes. Cette nouvelle approche va être bien vite largement copiée, pour exercer par la suite une influence constante dans le développement de la pensée politique de la Renaissance. On peut dans une certaine mesure reconnaître la marque des thèmes couverts par ces traités primitifs jusque dans les plus complexes des contributions ultérieures au genre, notamment dans *Le Prince* de Machiavel. Un cas précis de cette continuité nous est fourni par la fin de *L'Œil pastoral*, où il est question de savoir si le *podestà* doit toujours agir dans le strict respect de la justice, ou s'il doit parfois savoir empreindre ses jugements de clémence ou de sévérité (pp. 124-125). Évoquant le même dilemme, Jean de Viterbe consacre trois de ses principaux chapitres à se demander si le *podestà* « doit vouloir être craint plutôt qu'aimé », ou bien « aimé bien plus que craint » (p. 262). Il constate que « ceux qui veulent être craints » mettent en avant que « par la sévérité et la cruauté » ils peuvent « maintenir plus facilement la paix et la tranquillité dans la cité », tandis que « ceux qui veulent beaucoup plus être aimés » répliquent : « c'est vileté de l'âme » que de rejeter systématiquement la clémence (pp. 262-263). Plus catégoriquement que la conclusion similaire de *L'Œil pastoral*, Jean de Viterbe nous dit que « ceux qui se font craindre par leur excessive cruauté sont absolument en tort » puisque « la cruauté est un vice », et « par conséquent un péché », qui ne saurait avoir de place au sein d'un bon gouvernement[1].

Cependant, ces premiers recueils d'avis jouèrent un rôle plus important encore dans la préfiguration de la littérature du « miroir des princes » à venir, par l'emphase qu'ils plaçaient sur la question des vertus que devait posséder le bon gouvernant. *L'Œil pastoral* s'achève sur la figure de la Justice se lançant dans une « invective » contre les vices habituels chez les podestats, et les exhortant « à suivre le droit chemin et à n'en jamais dévier » (pp. 125-126). Le même thème est repris beaucoup plus longuement par Jean de Viterbe dans deux des principaux passages du *Gouvernement des cités*. Le premier établit une impressionnante liste des vices qu'il est conseillé aux podestats d'éviter, allant de l'ivrognerie, de l'orgueil et de la colère à la vénalité et à l'acceptation de cadeaux (pp. 235-245). L'autre passage, précédé de l'observation qu'« il ne suffit pas de s'abstenir du mal sans faire aussi le bien », va énumérer « les vertus que le magistrat doit cultiver par-dessus tout ». Il lui faut en premier lieu craindre Dieu et honorer l'Église, puis gouverner tous ses actes selon les quatre vertus cardinales, identifiées – dans la manière qui sera typique des moralistes de la Renaissance – comme la prudence, la magnanimité, la tempérance et la justice (pp. 245-253).

Tout en représentant un courant nouveau et influent, ces recueils d'avis demeurent pourtant largement dérivés et fondamentalement tributaires des conventions établies de l'*Ars Dictaminis*. On le voit bien dans l'usage considérable de discours et lettres types comme moyens de faire connaître les vues politiques de base de leurs auteurs : quand Jean de Viterbe aborde la question du choix d'un nouveau *podestà*, sa réponse prend la forme de la lettre type expédiée par la cité au candidat retenu (p. 222) ; et pour conseiller ce dernier quant à la meilleure manière de répondre à une telle

---

1. *Le Gouvernement des cités*, p. 264. Voir semblablement *L'Œil pastoral*, p. 124.

invite, il propose deux nouveaux modèles de lettres, l'un pour refuser le poste et l'autre pour l'accepter (p. 222). Enfin, quand il en vient à prodiguer ses recommandations aux intéressés à propos de la conduite de leur gouvernement, tout comme l'auteur de *L'Œil pastoral*, il leur fournit toute une série de modèles d'oraisons utilisables en toutes occasions. On y trouve des discours du *podestà* à son Conseil, des discours des conseillers en réponse, des discours du *podestà* sur le départ à son successeur, et des discours de celui-ci en réponse[1]. Les objectifs étant plus ouvertement politiques que dans toutes les traditions antérieures des écrits rhétoriques, ces auteurs continuent toutefois de considérer la structure du gouvernement civil entièrement dans la perspective de l'enseignement de ces arts.

La naissance de l'humanisme

S'il existe incontestablement un important aspect de continuité entre les premiers recueils d'avis aux podestats et, plus tard, le développement d'un style politique rhétorique parmi les humanistes de la Renaissance, il serait erroné d'en déduire un simple lien de descendance entre la première et la seconde de ces traditions de pensée. Ce serait négliger l'influence d'une forme de théorie rhétorique nouvelle, délibérément humaniste, importée de France en Italie dans la seconde moitié du XIIIe siècle, et qui eut pour effet d'interrompre et de transformer les conventions établies de l'*Ars Dictaminis* (Kristeller, 1965, p. 4).

Les mutations qui affectent à cette époque l'étude de la rhétorique en Italie ont pour fondement l'idée que cette matière doit s'enseigner non pas seulement en inculquant des règles *(artes)*, mais aussi par l'étude et l'imitation des bons auteurs classiques *(auctores)*. Jusque-là, pour reprendre la formule de Paetow, le programme d'études de l'*Ars Dictaminis* ne dépassait généralement pas le niveau d'un vulgaire cours de gestion (Paetow, p. 1910, p. 67). On insistait

---

1. *L'Œil pastoral*, pp. 96-97, 99-101 ; *Le Gouvernement des cités*, pp. 230, 232, 280.

massivement sur l'apprentissage des règles de la composition, en ne réservant qu'un mince espace à l'idée plus « humaniste », en vogue à la même époque dans les écoles épiscopales françaises, selon laquelle il fallait également étudier les poètes et orateurs anciens, modèles du meilleur style littéraire (Haskins, 1929, p. 170 ; Banker, 1974, p. 154). Cette approche utilitariste dure trouve un point d'orgue à Bologne sous Boncompagno da Signa, qui dénonce explicitement la méthode française d'enseignement de la rhétorique à travers les *auctores* comme « superstitieuse et fausse » (Wieruszowski, 1971c, p. 594). Au début d'un de ses manuels, *La Paume*, il met un point d'honneur à se vanter « [de ne pas se souvenir] d'avoir jamais lu Cicéron » en tant que guide de technique rhétorique (p. 106)[1] ; et ses écrits montrent qu'il n'envisageait le sujet qu'en termes pratiques : un de ses manuels, *La Myrrhe*, est entièrement consacré aux règles de rédaction de testaments ; un autre, *Le Cèdre*, recommande exclusivement des procédures pour mettre en place les statuts et règlements locaux (Paetow, 1910, p. 76).

Même si l'approche de Boncompagno devint orthodoxie, l'autre conception de l'instruction rhétorique, plus humaniste, ne s'éteignit jamais totalement. Elle survécut même en Italie, dans certains collèges, tout en continuant à s'épanouir en France au cours du XIIIe siècle (Wieruszowski, 1971c, p. 423 ; 1971d, pp. 601-604). Bien que la scolastique y fût prédominante, l'Université de Paris demeura l'un des grands foyers pour ce type d'études (Rand, 1929, pp. 256, 266) ; Jean de Garlande en était le principal *dictator*, qui enseigna sans interruption l'*Ars Dictaminis* de 1232 jusqu'à sa mort, vingt ans plus tard. Sa méthode pédagogique s'ancrait solidement dans les textes classiques représentatifs, dont certains poèmes et discours étaient intégralement repris comme exemples de

---

1. Le contexte montre à l'évidence que Boncompagno veut dire qu'il n'a jamais travaillé l'œuvre de Cicéron avec ses étudiants et non qu'il n'a jamais lui-même lu Cicéron, ce que semblent penser tant Paetow que Murphy (Paetow, 1910, p. 77 ; Murphy, 1974, p. 254). Dans l'ensemble, on peut dire que Murphy sous-estime la stature et les apports de Boncompagno. Paetow (1910, pp. 74-79) et Wieruszowski (1971c, p. 426 ; 1971d, p. 594) présentent des vues quelque peu différentes.

rhétorique (Paetow, 1910, pp. 17, 85). Mais le lieu le plus central de l'enseignement de la rhétorique dans la manière humaniste était Orléans. Ici, c'était Bernard de Meung qui présidait à l'*Ars Dictaminis*, depuis 1200 environ. Lui aussi souhaitait associer étroitement rhétorique et textes latins, et il établit une tradition éducative fondée non sur l'explication des règles rhétoriques mais bien sur l'étude du *De l'invention* de Cicéron et du traité du Pseudo-Cicéron, *De la théorie de la parole publique* (Haskins, 1929, p. 191 ; Banker, 1974, p. 154).

Pendant la deuxième moitié du XIIIe siècle, un certain nombre de futurs *dictatores* italiens importants furent éduqués en France et imprégnés de cette très différente approche du sujet ; de retour dans leur pays, ils propagèrent ces méthodes d'enseignement au sein des universités italiennes. Jacques Dinant fut l'un des premiers à emprunter cette voie : ayant étudié la rhétorique et la littérature latine en France, il vint enseigner l'*Ars Dictaminis* à Bologne vers la fin du XIIIe siècle (Wilmart, 1933, pp. 120-121) ; le traité d'*Ars Arengendi* qu'il rédigea à cette époque dans le cadre de son enseignement était presque entièrement formé selon *De la théorie de la parole publique* du Pseudo-Cicéron (Wilmart, 1933, pp. 113-114 ; Banker, 1974, p. 154). Mais le grand pionnier de cette approche, c'est Brunetto Latini (env. 1220-1294) Parti vivre en France en 1260 après la victoire des Siennois à Montaperti, qui l'obligea à s'exiler de sa Florence natale (Carmody, 1948, p. XV), il découvrit alors les écrits rhétoriques de Cicéron tout en étudiant ses traités théoriques des arts rhétoriques (Wieruszowski, 1971d, p. 618). Quand il revint à Florence, en 1266, cet acquis conféra à ses propres écrits sur l'*Ars Dictaminis* un aspect beaucoup plus littéraire et classique ; non seulement donna-t-il la première version italienne de trois des principaux discours publics de Cicéron, mais il traduisit aussi et commenta le traité *De l'invention*, qualifié par lui de plus grande œuvre jamais écrite sur la rhétorique (Davis, 1967, pp. 423, 432 ; East, 1968, p. 242).

Cette méthode d'étude de l'*Ars Dictaminis* à travers les *auctores* classiques devint bientôt la nouvelle orthodoxie. On le voit même à Bologne, jusque-là bastion de l'approche utilitariste, voire philistine, des arts rhétoriques : dès les années 1270, Fra Guidotto da Bologna traduisait *De la théorie de la parole publique* en italien, et s'en servait comme manuel pour enseigner l'*Ars Dictaminis* (Wieruszowski, 1971b, pp. 370-371). Bono de Lucques (Bono da Lucca), au cours de la même décennie, assuma comme principe central de son enseignement à Bologne que toute l'étude de la rhétorique devait être « puisée à la source cicéronienne » (Wieruszowski, 1971b, p. 364). Le nouveau mouvement atteignit son zénith au début du XIVe siècle, avec le traité de Giovanni de Bonandrea (1296-1321), *Brève introduction à l'art de la correspondance*, incarnation de la nouvelle approche humaniste (Murphy, 1971a, p. 63). Presque entièrement décalqué des *De l'invention* de Cicéron et *De la théorie de la parole publique* du Pseudo-Cicéron, il procura selon Banker à son auteur « la place prédominante dans l'instruction rhétorique » non seulement à Bologne, mais aussi dans toutes les universités d'Italie (Banker, 1974, p. 159).

Dès lors que l'enseignement de la rhétorique se trouva fondé sur l'étude des exemples et des grands auteurs classiques, on vit émaner des universités italiennes un nouveau souffle intellectuel. Ces étudiants, qui avaient commencé par apprendre l'*Ars Dictaminis* en tant que simple partie de leur formation juridique, s'intéressaient de plus en plus aux poètes, orateurs et historiens classiques qu'on leur demandait d'étudier comme modèles stylistiques. Ils se mirent de fait à considérer ces auteurs non plus simplement comme des maîtres ès figures de style variées, mais comme des personnages consistants dont les œuvres méritaient de plein droit étude et imitation[1]. Ces jurisconsultes du début du XVe siècle qui s'étaient imprégnés de la valeur littéraire des classiques et non plus seulement de leur utilité, peuvent être tenus pour les premiers vrais humanistes, les premiers auteurs « dont surgit la lumière », pour reprendre Salutati, au milieu des ténèbres de leur époque (Wieruszowski, 1971c, p. 460).

---

1. Voir Ullman, 1941, p. 218, et Wieruszowski, 1971d, p. 620. On peut entrevoir dans ce lien entre *Ars Dictaminis* et naissance de l'humanisme une réponse à Weiss lorsqu'il se demande pourquoi tant parmi les premiers humanistes étaient juristes. Cf. Weiss, 1947, pp. 4-7.

Salutati le note dans son panégyrique consacré à ces premiers partisans de la renaissance des lettres, c'est à Arezzo et à Padoue que les rayons de l'humanisme brillaient le plus fort. On connaît peu de chose sur les origines de l'humanisme à Arezzo, car les œuvres de Geri, principal poète et intellectuel de ce temps, ont pratiquement toutes disparu (Wieruszowski, 1971c, p. 460). Mais les mérites intrinsèques et l'importance historique de ce que l'on appelle le cercle des « pré-humanistes » à Padoue dans les premières années du XIV⁰ siècle ne font aucun doute (Weiss, 1947, p. 6). La première figure éminente de ce groupe fut le juge Lovato Lovati (1241-1309), dont Pétrarque lui-même indique dans son *Des choses mémorables* qu'il était « évidemment le plus grand poète que notre pays ait connu » jusqu'alors (p. 84). Son œuvre majeure consista à ressusciter les tragédies de Sénèque et à en étudier tout particulièrement la métrique (Weiss, 1951, pp. 1 -23). Et son cercle comptait au nombre de ses jeunes membres divers poètes et intellectuels remarquables, tels que Rolando da Piazzola, grand pourvoyeur de vers latins, et Ferreto de Ferreti, que nous avons déjà rencontré en tant qu'auteur de l'une des premières célébrations des *signori* et de leur cause (Weiss, 1947, pp. 7, 11-12). Mais le plus important des disciples de Lovati fut sans conteste le jurisconsulte Alberto Mussato (1261-1329) qui, on l'a vu, prit une part majeure dans la politique de Padoue au cours de la longue lutte contre Cangrande de Vérone. Mussato écrivit deux histoires de son propre temps, toutes deux inspirées des écrits de Tite-Live et de Salluste sur la Rome républicaine. La seconde, et la plus ambitieuse, *Histoire des faits des Italiens après la mort de l'empereur Henri VII*, était inachevée lorsqu'il mourut en exil, en 1329 (Hyde, 1966a, pp. 297-8). Mais son œuvre maîtresse est *Ecerinis*, pièce en vers latins que Weiss décrit comme « le premier drame profane écrit depuis l'ère classique » (Weiss, 1947, p. 10), inspirée de la dramaturgie de Sénèque et rédigée en 1313-1314 (Hyde, 1966a, pp. 298-299). On y reconnaît l'œuvre d'un poète et rhétoricien humaniste, et sa qualité est telle que Mussato a pu être salué comme « père du théâtre de la Renaissance » (Ullman, 1941, p. 221).

Tout en marquant les débuts du renouveau des lettres, ce mouvement eut une influence considérable sur l'évolution de la pensée politique de la Renaissance. On peut surtout le constater sous deux aspects : tout d'abord, les travaux de ces *literati* pré-humanistes revêtaient souvent par eux-mêmes un caractère politique affirmé, et cette motivation se voit clairement chez les poètes d'Arezzo au XIIIe siècle. Le meilleur exemple en est l'œuvre de Guido d'Arezzo qui rédigea dans les années 1260 un pamphlet contre les Florentins, accusés d'abandonner leurs idéaux en matière civile, notamment en encourageant le jeu calamiteux des factions, ces fautes permettant d'expliquer leur défaite désastreuse de Montaperti en 1260 (Rubinstein, 1942, p. 218). Mais la plus franche tentative d'employer cette nouvelle culture des lettres au service des républiques fut celle des pré-humanistes de Padoue, en particulier Alberto Mussato, encore lui, qui se considérait ouvertement tout autant comme un homme politique et un tribun que comme un poète et un intellectuel. Tout le propos de son *Ecerinis*, il l'explique lui-même en introduction, consiste à « investir la tyrannie d'invectives et de doléances » et à mettre en valeur le prix de la liberté et de l'indépendance (p. 5). La pièce a pour thème la grandeur et la chute d'Ezzelino, tyran de Padoue, et fait copieusement allusion à la menace plus immédiate que faisait alors peser Cangrande sur la liberté de la cité. Elle commence par raconter les origines diaboliques d'Ezzelino, puis décrit avec force détails horribles « la tyrannie sauvage » de son règne, marqué de « prisons, croix, torture, mort et exil » (p. 37). Le sommet est atteint avec la reprise de Padoue des mains du tyran, après quoi le chœur célèbre « la destruction de la folie sauvage de la tyrannie et le retour à la paix » (pp. 50, 59). Aux abois, la cité salua aussitôt les mérites mobilisateurs de la pièce sur le plan politique : en 1315, la commune organisa une cérémonie pour présenter à Mussato une couronne de laurier, inaugurant ainsi ces couronnements de grands poètes fréquents au temps de la Renaissance, et prit un décret imposant que la pièce soit lue chaque année à voix haute devant le peuple assemblé (Weiss, 1947, p. 1 ; Rubinstein, 1965b, p. 63).

Mais il y a un autre angle sous lequel on repère l'effet de cette nouvelle culture des lettres sur l'évolution de la pensée politique, moins directement mais de façon beaucoup plus influente. Les nouvelles influences classiques permirent en effet d'enrichir et de renforcer les deux genres d'écrits politiques reconnus, eux-mêmes précédemment issus au XIIIe siècle de l'étude de la rhétorique, en les aidant à se faire à la fois plus subtils dans la présentation et plus explicitement militants dans le ton.

Il y eut à cela une part de jeu purement littéraire. On l'observe d'abord dans certaines chroniques datant de la fin du XIIIe siècle, dont un exemple notoire nous est fourni par Brunetto Latini dans la partie historique de son grand œuvre, *Li Livres dou trésor*, rédigé en français[1] pendant son exil des années 1260 (Carmody, 1948, p. XVII). Bien qu'empruntant la forme encyclopédique traditionnelle, le livre de Latini recouvre manifestement la réflexion d'un *dictator* de la nouvelle école, associant de longues citations de Platon, de Sénèque, de Salluste, de Juvénal, et plus encore de Cicéron, à des considérations et avis plus conventionnels. Autre exemple, la *Chronique* de Florence de Dino Compagni au XIVe siècle ; Compagni, juriste et homme politique, avait dans sa jeunesse été formé à l'*Ars Dictaminis* (Ruggieri, 1964, pp. 167-169). Traitant des années paroxystiques allant de 1270 à 1312, il présente les événements avec un talent littéraire incontestable, tout en respectant le style rhétorique, parsemant son récit de discours convenus, apostrophes ironiques, lamentations théâtrales, concernant la perte de la liberté à Florence (par ex. pp. 5, 24, 78, 92, 259). On peut enfin discerner les mêmes influences classiques dans la remarquable histoire et illustration de Milan par Bonvesin della Riva, en 1288, *Gloires de la cité de Milan*. Il était professeur de rhétorique, et si son ouvrage est sous bien des aspects inimitable, il demeure sans nul doute un témoignage de l'ambiance littéraire que nous avons ébauchée, avec de nombreuses « exclamations » contournées et apostrophes allitératives dans le plus haut style rhétorique (par ex. pp. 123, 174-176).

---

1. C'est-à-dire en langue d'oïl *(NdT)*.

L'autre genre, remontant à une époque antérieure au XIIIe siècle, était comme on l'a vu celui des manuels destinés aux podestats et magistrats civils : on peut y repérer ce même élément de maîtrise littéraire accrue. Le meilleur exemple en est fourni par la troisième et dernière partie des *Livres dou trésor* de Latini, intitulée « Le Gouvernement des cités » (p. 317). Il s'agit de l'habituel recueil d'avis, dont le contenu est dans une large mesure tiré directement du traité homonyme de Jean de Viterbe. Toutefois, aux modèles courants de discours et de lettres[1], Latini ajoute une dose conséquente de théorie rhétorique cicéronienne et de philosophie morale aristotélicienne, le tout dans le style classique désormais à la mode[2]. Cela a pour effet d'établir une série de liens, beaucoup plus serrés que ce que permettait l'ancienne littérature « miroir des princes », entre « la science du bien parler et celle du bien gouverner », que Latini accouple adroitement dans son chapitre introductif (p. 17). Il croit alors pouvoir poser, avec de larges allusions à Cicéron, que « la science maîtresse en relation au gouvernement des cités est celle de la rhétorique, c'est-à-dire la science du discours » (p. 317 ; voir Davis, 1967, p. 423). Ces nouvelles certitudes eurent un tel impact que Latini se vit bientôt considérer (Giovanni Villani le notera dans sa *Chronique* une génération plus tard) non pas seulement comme « maître consommé de la rhétorique », mais encore comme « grand philosophe », étant « le premier à enseigner le raffinement aux Florentins ainsi que l'art de parler bien et de gouverner les Républiques selon les règles politiques appropriées[3] ».

---

1. La dernière partie du livre III des *Livres dou trésor* comprend un modèle de lettre proposant un poste à un futur *podestà* ; deux modèles de réponses possibles, l'une pour accepter et l'autre pour refuser ; divers modèles de discours du *podestà* à sa prise de fonctions ; un modèle de discours à prononcer lorsque survient la guerre ; et un modèle de discours d'adieu. Voir pp. 396-397, 388-389, 401-404, 419-420.

2. Les premiers chapitres du livre II des *Livres dou trésor* sur « la nature des vertus et vices selon l'*Éthique* » (p. 175) sont entièrement une paraphrase d'Aristote (voir Davis, 1967, p. 423). Les premiers chapitres du livre III, « consacrées au bon parler » (p. 317) sont entièrement une paraphrase du *De l'invention* de Cicéron. Cf. East, 1968, p. 242.

3. Cf. Villani, *Chronique*, livre VII, section 10, p. 174. Davis, 1967, p. 423, traduit la phrase finale par « gouverner […] selon la science de la politique ». Le texte original dit

76 LES FONDEMENTS DE LA PENSÉE POLITIQUE MODERNE

Cependant, l'enseignement le plus significatif à tirer de ces traités et chroniques réside dans le caractère de plus en plus systématique des arguments politiques avancés. On l'a vu, leurs auteurs les ont rédigés alors que les cités étaient confrontées à la progression rapide des *signori* et à une perte de confiance concomitante envers leurs systèmes électifs de gouvernement. Face à la possible extinction d'une tradition politique tout entière, ils réagissent en proposant la première défense globale des valeurs politiques caractéristiques de la république des cités. S'étant approprié le corpus littéraire et rhétorique précédemment esquissé, ils vont développer une idéologie visant bien sûr à soutenir la liberté comme valeur centrale de la république, mais aussi à analyser les origines de sa vulnérabilité ainsi que les moyens les plus efficaces pour la maintenir en vie. C'est vers la structure de cette idéologie qu'il nous faut donc maintenant nous tourner.

La défense de la liberté par la rhétorique

Tous ces auteurs prennent l'idéal de liberté pour point de départ, dans son sens traditionnel d'indépendance extérieure et d'autogouvernement interne. Il est inexact que, comme le soutiennent Witt et d'autres, personne n'ait jamais cherché à se faire le héraut des libertés républicaines contre les formes monarchiques de gouvernement avant la fin du *trecento*, le XIVe siècle (Witt, 1971, pp. 175, 192-193). On voit en effet un siècle plus tôt Bonvesin della Riva dire à propos de Milan que « la cité mérite d'être saluée pour sa liberté », et même prétendre, avec quelque optimisme dans le contexte nouveau des Visconti, que « en dépit des nombreuses tentatives de tyrans extérieurs pour l'occuper », la cité les avait toujours repoussés avec succès (p. 155) Mussato fait preuve d'un semblable souci envers les valeurs républicaines de Padoue au début de son *Histoire des Italiens*, dans laquelle il affirme qu'après le

---

« *secondo la politica* ». Les traducteurs français proposeraient volontiers « selon les lois de la politique », voire, plus abruptement, « en accord avec la politique » *(NdT)*.

renversement de la tyrannie d'Ezzelino le retour de la république apporta aux citoyens la forme de gouvernement « la plus honnête et la plus juste » qu'ils aient jamais connue (col. 586, 588). Plus loin, il reprend la même affirmation au cours d'une hautement rhétorique « invective contre le peuple de Padoue », dans le Livre IV, où il reproche à ses concitoyens d'avoir permis la perte de Vicence et proclame que, pour sa part, il s'est toujours consacré « à maintenir la liberté de notre cité natale » (col. 614). Mais c'est chez Latini, dans ses *Livres dou trésor*, que l'on trouve la plus nette expression d'une préférence pour la liberté républicaine par rapport à toute autre forme de gouvernement. Au début du livre II, il pose sans ambages que « les gouvernements sont de trois types, le premier est celui des rois, le deuxième celui des aristocraties, et le troisième celui des peuples, et le troisième est de loin meilleur que les deux autres » (p. 211). Il établit par la suite, en traitant du « gouvernement des cités », une comparaison désobligeante entre républiques et monarchies. Tout gouvernement basé sur « la soumission aux lois des rois et autres princes » est dit impliquer « la vente des offices à ceux qui en offrent le meilleur prix, avec peu d'égards pour le bien et la prospérité des habitants » ; ce qui est entièrement différent « du type de gouvernement des cités qu'on trouve en Italie », où « les citoyens, les habitants et la communauté choisissent leur propre *podestà* ou *signore*, avec pour résultat que « le peuple de la cité et tous ses protégés en tirent le plus grand bénéfice possible » (p. 392).

Ces auteurs ne se contentent cependant pas de mettre simplement en valeur la liberté républicaine face aux despotismes voraces de leur époque. Ils se posent également la question de savoir pourquoi ces *signori* parviennent à obtenir tant de succès, au point que toutes les constitutions républicaines traditionnelles se trouvent menacées, voire sapées. Tous s'accordent à penser que, au fond, la réponse tient au dangereux affaiblissement des cités par leurs factions internes. Bonvesin pointe du doigt « la corrosion par l'envie », et l'absence de toute « concorde civile » qui en résulte, comme premier « vice particulier » du gouvernement milanais (pp. 170, 174). La description qu'il fait de la cité s'achève sur une violente « exclamation » rhétorique s'élevant contre son « absence de quiétude », dénonçant ses principaux citoyens pour avoir « bandé toute leur puissance contre leur propre peuple », essayant « de le dominer à la manière d'un vil tyran » et « imitant le crime de Lucifer » en les poussant à se battre entre eux (p. 175). Au début de sa *Chronique*, Compagni insiste de même sur le fait que « les luttes pour les charges » parmi les Florentins « fiers et querelleurs » ont été à la racine des conflits qui « ont détruit cette si noble cité » (pp. 3, 5). Quant à Latini, il se fait plus véhément encore sur ce point, déplorant que « les guerres et les haines » se soient désormais « à ce point multipliées parmi les Italiens » et aient « conduit à de telles divisions dans presque toutes les cités entre les différentes factions des habitants » que « quiconque aujourd'hui réussit à gagner l'amour d'une partie gagne automatiquement la haine de l'autre » (p. 394 ; voir aussi p. 45).

À la perte de la liberté civile, ces auteurs voient une deuxième cause dans l'augmentation de la richesse privée, que certains traitent même comme le facteur principal du factionnisme[1] politique. La conviction sous-jacente à ce diagnostic (à savoir que la poursuite du gain privé est contradictoire avec la vertu publique) a fait l'objet d'une analyse détaillée de Hans Baron dans son étude « Pauvreté franciscaine et richesse civile » (Baron, 1938b). Baron considère l'aversion pour le luxe, luxe qui se répand dans l'Italie de la fin du XIIIe siècle, comme étant principalement « la conséquence de l'influence franciscaine » (pp. 2, 4). Cette perspective lui paraît renforcée en premier lieu par la défiance stoïcienne à l'égard de l'opulence, ainsi que par l'idée concomitante selon laquelle il conviendrait de s'appliquer à « renforcer la puissance nationale par la simplicité dans la vie civile » (p. 15). On trouverait, selon Baron, pour la première fois cet état d'esprit à Florence, en particulier dans l'œuvre de Boccace, au cours de la seconde moitié du XIVe siècle. Il voit ensuite cette tendance à dénigrer l'acquisition de richesses être dépassée dans les premières années du XVe siècle, notamment dans les œuvres de grands « humanistes civiques » tels que Leonardo

---

1. Le mot « factionnisme » s'entend ici par analogie avec « clanisme », plus usuel (*NdT*).

Bruni et Francesco Barbaro (pp. 18-20) : non seulement ceux-ci prétendaient-ils qu'on ne peut établir de lien entre croissance de l'opulence privée et déclin de la moralité publique, mais ils allaient jusqu'à soutenir que la possession de richesses privées peut fort bien constituer pour un citoyen actif un moyen des plus précieux pour conduire une vie publique vertueuse.

On rencontre dans cette analyse plusieurs éléments peut-être quelque peu douteux. L'idée que l'accroissement de la richesse puisse être une bénédiction peut difficilement s'attribuer aux « humanistes civiques » du *quattrocento*, puisque l'on trouve déjà la même affirmation, avancée avec une flagornerie confinant à la vulgarité, chez Bonvesin dont la description de la grandeur de Milan regorge d'exclamations et de statistiques vantant « la glorieuse prospérité » et « l'abondance de toutes bonnes choses » dans la cité (pp. 92, 171 ; cf. Hyde, 1955, pp. 327-328, 337). Le mépris du luxe, incontestablement manifesté par la plupart des moralistes italiens à la fin du XIIIe siècle (au contraire de Bonvesin), ne peut lui non plus être attribué exclusivement à l'influence de ce que Baron appelle « la spiritualité chrétienne[1] ». Il est au contraire évident que les craintes exprimées par des auteurs tels que Compagni, Mussato ou Latini sont déjà l'expression de convictions stoïciennes plutôt que franciscaines, et qu'elles ont en particulier pour fondement la si pertinente peinture par Salluste du naufrage de la République romaine dans le despotisme de l'Empire. Dans la désagrégation du gouvernement florentin des années 1290, Compagni voit la trace non seulement de « l'orgueil et la rivalité pour les offices », mais aussi du fait que « les esprits des faux *popolani* » ont été « corrompus pour faire le mal au nom du gain » (p. 139). De même, Latini prend pour axiome que « ceux qui convoitent les richesses détruisent les vertus », et cite Juvénal : « la richesse engendre les mauvaises habitudes » (p. 299). Mussato, lui, emprunte massivement aux grands stoïques pour dépeindre « la captivité et la mort » de Padoue entre

---

1. C'est ce que dit Baron (1933b) aux pages 5 et 15. Mais à la page 4 il mentionne la défiance de Latini à l'égard de la richesse, désignant cette attitude comme celle des « stoïciens médiévaux », concession qui semble quelque peu contredire sa thèse générale.

les mains de Cangrande, destin de cette république en 1328 (col. 766, 768). Sans sous-estimer le rôle des « factions internes » et des « ambitions mortifères », il suit les grandes lignes de Salluste en mettant en évidence les effets maléfiques de la « cupidité morbide », de « l'appétit pour l'argent », et de la perte de responsabilité civique qui s'ensuit[1]. Il fait remonter les origines de la chute de Padoue au moment où ses citoyens les plus en vue commencèrent « à se tourner vers l'usure », permettant ainsi « à la justice sacrée d'être supplantée par l'augmentation de leur avarice ». C'est ainsi que la cité se trouva « gagnée aux chemins de la fraude et de la trahison », de sorte que « les bonnes actions furent présentées comme forfait et égoïsme ». Il en résulta inéluctablement, enfin, que « les rênes de tout le gouvernement furent arrachées » et la liberté de la cité éteinte (col. 716).

Après avoir ainsi diagnostiqué les deux menaces majeures que doit affronter la liberté républicaine, nos auteurs passent à une autre grande question : comment les idéaux traditionnels des cités peuvent-ils être préservés le plus efficacement ? Ils y répondent très simplement : les citoyens doivent mettre de côté tout intérêt personnel ou partisan, et apprendre à identifier leur bien propre au bien de leur cité dans son ensemble. Compagni défend cet idéal en rendant compte d'un discours qu'il a lui-même prononcé lors de sa nomination au sein des prieurs du gouvernement florentin, en 1301. Il y appelle pour l'essentiel ses concitoyens à « s'aimer les uns les autres en chers frères » et à considérer « l'amour et le bien de notre cité » comme valeur suprême (pp. 92-93). De même, l'une des « exclamations » de Bonvesin appelle les Milanais à placer le bien de leur cité au-dessus de toute fidélité partisane, et à comprendre que « seule la paix vous apportera la prospérité » (p. 174). Latini, quant à lui, revient constamment sur ce sujet dans ses *Livres dou trésor*. Dans le livre II, parlant des idées d'Aristote sur « le gouvernement de la cité », il met d'abord en évidence que « si chaque homme suit sa propre volonté, le gouvernement de la vie des hommes s'en trouve détruit et complètement dissous » (p. 223).

---

1. Mussato, col. 586-587, 716. Rubinstein, 1957, pp. 169-170, 172-173, démontre que, ici, Mussato paraphrase en fait Salluste.

Toujours dans le livre II, traitant des conceptions de divers philosophes de l'Antiquité, il loue tant Platon que les stoïciens pour nous rappeler que « nous ne sommes pas nés que pour nous-mêmes » et que « nous devons tenir le bien commun au-dessus de toute autre chose » (p. 291 ; voir aussi pp. 224, 267). Dans le livre III, où il fait connaître son opinion aux gouvernants des cités, il affirme enfin que de même que le peuple « devrait se consacrer nuit et jour au bien commun de sa cité », de même ses gouvernants doivent s'assurer « de ne jamais rien faire qui ne soit pour le bénéfice manifeste de la cité tout entière » (pp. 392, 418).

Évidemment, cela amène à poser la question centrale, celle de savoir comment parvenir à une telle unité entre les intérêts d'une cité et ceux de ses différents citoyens. À cela les auteurs que nous évoquons apportent une réponse qui, développée par les humanistes de la Renaissance italienne, devait constituer le fondement de l'une des traditions intellectuelles majeures de l'analyse de la vertu et de la corruption dans la vie civile. On peut dire que, dans la construction de la théorie politique moderne, ce sujet a connu deux grandes approches. L'une met en avant que le gouvernement est efficace lorsque ses institutions sont fortes, et corrompu lorsque le fonctionnement de son dispositif est défaillant ; Hume est le plus éminent représentant de cette tendance. L'autre approche prétend au contraire que si les hommes à la tête des institutions gouvernementales sont corrompus, les meilleures institutions au monde ne pourront les corriger ni les contraindre, tandis que si les hommes sont vertueux, la santé des institutions ne revêtira qu'une importance secondaire. Selon cette tradition – qui est celle dont se réclament Machiavel et Montesquieu –, ce n'est pas tant la mécanique gouvernementale qu'il faut avant tout soutenir, mais plutôt un *esprit* approprié au sein du gouvernement, du peuple et des lois. C'est ce second point de vue que partagent les rhétoriciens des débats qu'ils ont été les premiers à introduire dans la pensée politique moderne primitive.

Le reflet de ce parti est présent dans chacun des grands thèmes qu'ils abordent avec la question concrète de savoir comment assurer le bien commun. Ils commencent par traiter avec un sérieux tout particulier des problèmes de la promotion d'hommes vertueux aux postes leur donnant autorité sur le peuple. La réponse commune sera radicale : il convient de dépasser la noblesse traditionnelle et de rendre éligibles des hommes de toutes les classes de la société, à la seule condition qu'ils possèdent une largeur de vues suffisante pour s'opposer à la domination de tout intérêt partisan. C'est là l'échelle de valeurs dont se réclame Compagni en défendant le Priorat florentin renversé par le coup d'État de 1301 : il dénonce les nobles « Noirs » pour leur factionnisme, et affirme que les « Blancs », les *popolani*, étaient tous de vrais patriotes « dévoués au bien commun et à l'honneur de la République » (p. 126 ; cf. Becker, 1966, p. 678). Latini témoigne des mêmes dispositions, mettant l'accent sur l'idée sous-jacente que le seul critère de la vraie noblesse doit être de posséder la vertu. Au livre II des *Livres dou trésor*, il ouvre sa « comparaison des vertus » en parlant de « ceux qui se complaisent dans la noblesse de leur lignage et s'enorgueillissent de leurs grands ancêtres » (p. 294 sq. ; cf. Davis, 1967, p. 434). À cela il oppose aussitôt la conviction typiquement stoïcienne que toutes les prétentions de cet ordre sont absurdes, puisque « la vraie noblesse, comme le dit Horace, n'est rien d'autre que la vertu » (p. 296 ; cf. Holmes, 1973, p. 128). Même si un homme a hérité d'un grand nom, insiste-t-il, « il n'y a aucune noblesse en lui s'il conduit une vie malhonnête » (p. 296) ; et inversement, maintient-il, « on ne doit pas tenir compte du pouvoir d'un homme ou de son lignage » en songeant à le choisir comme *podestà* ou comme magistrat, car les seules considérations valables doivent porter sur « la noblesse de son cœur et le caractère honorable de sa vie » (p. 393). Dante fait écho aux mêmes idées dans le quatrième livre du *Banquet*, et l'on peut relever à cet égard qu'il était lui-même élève de Latini, qu'il désigne dans l'*Enfer* comme son maître et dont il parle avec admiration de l'enseignement qu'il en a reçu (p. 159 ; cf. Davis, 1957, pp. 74, 86). Il traite longuement de la noblesse, commençant par évoquer la conviction, qu'il tient pour l'opinion de « presque tous », selon laquelle le seul critère de noblesse serait « la possession d'une richesse ancienne » (p. 240) ; il en fait justice au motif que toute richesse « est vile par nature », et donc « étrangère à la nature de la noblesse » (pp. 276, 279) Il s'interroge aussi sur l'idée selon laquelle est noble « quiconque est le fils ou le petit-fils d'un homme de valeur, même si lui est fait de néant » (p. 258), idée qu'il considère comme une erreur plus grave encore puisqu'un tel personnage « n'est pas seulement vil », mais il est « le plus vil entre tous » pour ne pas suivre les bons exemples dont il dispose (p. 259). Il conclut enfin, après vingt chapitres de subtilités compliquées, que tout simplement « là où est la vertu, là est la noblesse » (p. 322). Comme chez Latini, la discussion débouche sur ce résultat radical que la qualité de noblesse, valant titre pour permettre à un homme d'être le chef de son peuple, doit être considérée comme un caractère purement personnel, un accomplissement individuel plutôt que relever de l'appartenance à ces familles se trouvant être anciennes ou riches.

L'autre préoccupation majeure de ces auteurs consiste à se demander quels conseils donner aux podestats et autres magistrats dûment élus et installés dans leur charge. C'est à ce stade qu'ils révèlent le plus clairement leur conception selon laquelle ce qui importe le plus pour un bon gouvernement n'est pas tant le montage des institutions, mais bien l'esprit et la vision des hommes qui les animent. L'analyse de la structure administrative des cités n'est pratiquement pas abordée : nos auteurs portent toute leur attention sur la question de savoir quelle attitude le magistrat doit adopter en vue d'assurer la poursuite constante du bien commun de la cité.

Il est vrai que Compagni s'intéresse assez peu à ce dernier aspect, qui se trouve hors du champ d'un propos essentiellement historique. Bonvesin non plus, dont la tâche est principalement descriptive et qui se contente d'émettre le vœu pieux que « les prières des hommes avisés » puissent amener Dieu à donner la paix à Milan et à mettre fin au factionnisme (pp. 171, 176). Quant aux auteurs du « miroir des princes », Latini, Jean de Viterbe et l'auteur anonyme de *L'Œil pastoral*, il n'est pas exagéré de dire que le thème central de tous leurs traités, si semblables, est formé de l'ambition de prodiguer à leurs dirigeants et magistrats les meilleurs conseils de conduite personnelle.

Cette préoccupation conduit à nettement redéfinir la typologie classique des vertus cardinales, en l'accompagnant de l'obligation faite à chaque gouvernant, pour reprendre Latini, « d'assurer que son gouvernement embrasse toutes ces vertus et évite tous les risques » (p. 417). À cet égard, il est important de noter que Latini faisait partie de la première génération d'auteurs disposant d'une traduction latine de l'*Éthique à Nicomaque* d'Aristote. Il pouvait puiser abondamment à cette source pour proposer, quant aux qualités nécessaires à tout bon chef, une analyse plus élaborée qu'aucun de ses prédécesseurs. Ce chef doit être prudent, « première des vertus » qui englobe la prévoyance, l'attention et le savoir (pp. 231, 243). Il doit être tempérant, ce qui est présenté comme impliquant l'honnêteté, la sobriété et la continence (pp. 248, 253-254). Il doit posséder fermeté ou force, de sorte à pouvoir atteindre à « la magnificence dans la guerre et dans la paix », ainsi que constance et patience « face aux assauts de l'adversité » (pp. 259, 260). Il doit enfin avoir le sens de la justice, qualité extrêmement complexe censée comprendre libéralité, religiosité, pitié, innocence, charité, amitié, révérence et désir de concorde (pp. 271, 291-292).

Latini et ses prédécesseurs se singularisent toutefois davantage lorsqu'ils en viennent à considérer les vices dont il faut particulièrement se garder dans la bonne conduite du gouvernement. Le premier point sur lequel insiste Latini est que le gouvernant ne doit jamais se contenter d'apparaître comme possédant les vertus du commandement ; on trouve cet argument d'abord au livre II, dans « la comparaison des vertus », puis au livre III au cours de la grande discussion sur « le gouvernement des cités ». Le souverain désirant maintenir son pouvoir, soutient Latini, « doit être vraiment celui qu'il souhaite paraître », car il se « tromperait grossièrement » s'« il tentait de gagner la gloire par des méthodes hypocrites ou des mots mensongers » (p. 303 ; cf. pp. 394, 417). Deuxième vice à éviter selon Latini, le péché de parcimonie et d'avarice. Jean de Viterbe avait déjà dit de ces défauts (p. 240) qu'ils étaient « la mère de tous les vices », et Latini confirme que tout gouvernant a le devoir d'assurer que son fonctionnaire soit payé « de manière à ce qu'il ne puisse être taxé d'avarice » (p. 413). Ensuite, Latini consacre une attention particulière à un sujet que, on l'a vu, Machiavel devait plus tard populariser, et dont l'auteur de *L'Œil pastoral* ainsi que Jean de Viterbe avaient déjà longuement traité : selon les termes de Latini, le débat se situe « entre ceux qui préfèrent être craints plutôt qu'aimés, et ceux qui désirent être aimés plutôt que craints » (p. 414). Il répond quant à lui, dans la ligne de ses prédécesseurs du genre « miroir des princes », que tout souverain infligeant « brutales souffrances et tourments aigus » commet une faute de prudence autant que de morale (p 414). Latini endosse cette maxime de Cicéron selon laquelle « la plus grande chose chez un gouvernant est la clémence et la pitié, tant que cela demeure lié à ce qui est juste » ; citant encore Cicéron, il prévient aussi que « la peur ne protègera guère longtemps votre règne », alors que « rien n'aide davantage à conserver son pouvoir que d'être aimé » (pp. 302, 415). Enfin et par-dessus tout, il suit autant *L'Œil pastoral* que Jean de Viterbe pour conclure que le plus haut des devoirs du gouvernant doit toujours consister à servir de modèle de probité, évitant à tout prix les tentations de l'imposture et de la trahison. Cela, nous est-il dit, s'applique même en temps de guerre, car « il ne faut accorder aucun crédit à ceux qui prétendent que l'on peut obtenir la victoire sur l'ennemi par la ruse aussi bien que par la force » (p. 268) ; et en temps de paix, la défense « d'une vraie confiance en Dieu et en ses concitoyens » est tenue pour la vertu la plus éminente, étant « la somme de toutes les autres » dès lors que « sans bonne foi ni loyauté il ne peut y avoir maintien de ce qui est juste » (p. 394).

Cet intérêt envers la vertu politique était destiné à devenir plus tard une des caractéristiques marquantes de la pensée politique de la Renaissance. Deux siècles et demi s'écoulèrent avant que Machiavel consacre ses chapitres les plus célèbres du *Prince* (décrivant « Des choses par lesquelles les hommes, principalement les princes, acquièrent blâme ou louange ») aux mêmes thèmes (p. 90). Comme Latini et ses prédécesseurs, Machiavel se demande d'abord si le prince doit posséder vraiment, ou seulement sembler posséder, « les qualités tenues pour bonnes » (p. 91) ; puis il se demande s'il faut être généreux ou parcimonieux, cruel ou compatissant, et enfin s'il faut toujours chercher à honorer sa parole (pp. 92, 95, 99). Et encore comme nos auteurs, Machiavel convient que la question centrale est de savoir comment le Prince se trouve le mieux à même d'espérer « conserver son état », et jusqu'à quel point conduire une vie politique vertueuse permet de parvenir à cette fin. Une seule différence sépare cet exposé de ceux que nous venons d'évoquer : là où Latini et ses prédécesseurs soutiennent que les impératifs de la prudence et de la vertu seront toujours identiques, Machiavel introduit une démarcation fondamentale entre poursuite de la vertu et succès dans les affaires politiques.

3.

Scolastique et liberté

Le chapitre précédent s'est employé à retracer le processus par lequel l'étude traditionnelle de l'*Ars Dictaminis* se transforma progressivement au cours du XIIIe siècle en une idéologie politique susceptible de soutenir les cités et leurs libertés menacées. Le présent chapitre traitera de la manière dont, quelque temps après, les mêmes besoins idéologiques se trouvent peu à peu satisfaits dans un style opposé mais non moins influent, grâce à l'introduction en Italie des thèmes et des méthodes de la pensée politique scolastique.

L'INFLUENCE DE LA SCOLASTIQUE

Le rôle de la scolastique dans le développement de la théorie politique de la Renaissance a fait l'objet de nombreux débats. Ullmann et d'autres ont récemment avancé que le scolasticisme aurait « annoncé l'humanisme », et ont même cru voir un lien de filiation direct entre les théories politiques de Marsile et celles de Machiavel (Ullmann, 1972, p. 268 ; voir aussi Wilks, 1963, p. 102). On aura cependant compris que c'est là suivre une voie abusivement rectiligne, car cela revient à négliger la contribution essentielle à l'émergence de l'humanisme qu'ont apportée les plus anciennes traditions de l'enseignement rhétorique que nous venons d'examiner. Pourtant, il s'agit d'un correctif précieux à l'opinion convenue – exprimée par exemple chez Hazeltine – selon laquelle la philosophie scolastique du droit et de la politique n'aurait absolument rien apporté au « grand éveil intellectuel » attribué aux humanistes, ses adeptes s'étant tenus complètement « à l'écart de l'esprit et du but de la Renaissance » (Hazeltine, 1926, p. 739). Comme tentera de le montrer le présent chapitre, l'épanouissement tardif mais brillant des études scolastiques dans les universités italiennes contribua en réalité de façon fondamentale à l'évolution de la pensée politique de la Renaissance.

Les fondements de l'école scolastique furent d'abord posés par la redécouverte progressive des grandes œuvres philosophiques du corpus aristotélicien. Un nombre considérable de textes d'Aristote, souvent conservés en traduction arabe, commencèrent à filtrer en Europe au début du XIIe siècle à travers le califat de Cordoue (Haskins, 1927, pp. 284-290). Grâce aux efforts de clercs comme l'évêque Raymond de Tolède, ces écrits virent bientôt le jour en traduction latine, ce qui conduisit rapidement à transformer les programmes d'enseignement des arts libéraux dans la plupart des universités d'Europe septentrionale (Knowles, 1962, pp. 188, 191). Les premiers textes aristotéliciens ainsi diffusés furent ceux de l'œuvre logique, mais dès le milieu du XIIIe siècle on disposait aussi des traités moraux et politiques. En 1243, Hermannus Alemannus traduisit en partie l'*Éthique à Nicomaque*, et une traduction complète de ce texte fut établie par le dominicain Guillaume de Moerbeke avant la fin de la décennie. Enfin la première traduction latine de la *Politique*, toujours par Guillaume de Moerbeke, fut achevée peu après 1250 (Knowles, 1962, pp. 191-192).

Au regard des conceptions dominantes augustiniennes de la vie politique chrétienne, la philosophie morale et politique d'Aristote parut tout d'abord non seulement étrangère, mais même menaçante[1]. Saint Augustin avait dépeint la société politique comme un ordre imposé par Dieu aux hommes déchus en réparation de leurs péchés. Au contraire, la *Politique* d'Aristote considère la *polis* comme une création purement humaine, destinée à satisfaire des fins purement terrestres. Mieux encore, la vision que se faisait

---

1. Une remarquable analyse des antagonismes entre les conceptions augustinienne et aristotélicienne de la vie politique nous est donnée par Wilks, 1963, pp. 84-117.

Augustin de la société politique dérivait simplement d'une eschatologie dans laquelle la vie passagère en ce monde n'était guère plus qu'une préparation à la vie à venir. Au livre I de la *Politique*, Aristote parle au contraire de l'art « de vivre et de bien vivre » dans la *polis* comme d'un idéal en soi, sans la moindre allusion à de quelconques buts sous-jacents qu'il faudrait invoquer pour l'investir de sa véritable signification (pp. 9-13).

C'est donc un fait d'énorme importance pour le développement d'une vision politique moderne, naturaliste et séculière, que les premiers sentiments d'hostilité – et la condamnation – qui avaient accueilli la redécouverte des écrits moraux et politiques d'Aristote aient pu être battus en brèche. Au contraire, on assista à une tentative visant à concilier la vision aristotélicienne d'une vie civile autosuffisante et les préoccupations plus détachées de ce monde qui étaient celles de la chrétienté augustinienne. Ce mouvement prit naissance à l'Université de Paris, où le sujet fit l'objet de la plus vive controverse entre les nouveaux ordres enseignants de l'Église. Il est vrai que les franciscains, et notamment Bonaventure, continuèrent à combattre ces propensions syncrétiques, mais leurs rivaux dominicains entamèrent bientôt l'élaboration de tout un système philosophique érigé sur les deux piliers des pensées grecque et chrétienne (Gilson, 1955, p. 402). Pionnier majeur : Albert le Grand (v. 1200-1280), qui enseignait à Paris tout au long des années 1240 (Gilson, 1955, p. 277). Mais le plus célèbre ténor de la nouvelle approche est son disciple Thomas d'Aquin (v. 1125-1274), dont les cours à Paris débutèrent dans les premières années 1250, et qui y retourna de 1269 à 1272 (Gilson, 1924, pp. 2-3). À sa mort, deux ans plus tard, Thomas avait achevé l'intégralité de son imposante *Somme théologique*, à l'exception de sa troisième partie, philosophie chrétienne globale fondée sur ce que Knowles appelle « l'acceptation complète » de la pensée morale et politique aristotélicienne (Knowles, 1962, p. 264).

Traitant de la *Politique* dans la *Somme théologique* et dans son ouvrage inachevé *Du gouvernement royal*, Thomas d'Aquin cherche naturellement à adapter les vues d'Aristote, concernant les lois et la société civile, aux dispositions prévalant dans son Europe du Nord féodale et monarchique. Il était toutefois évident, en particulier pour des théoriciens comme Marsile de Padoue, que les préoccupations propres à Aristote étaient en fait plus proches des problèmes de républiques de taille modeste, telles que celles du nord de l'Italie. Bien que les universités italiennes n'aient joué aucun rôle dans le retour à Aristote, il n'est donc pas étonnant de constater que, dans ce pays, sa philosophie morale et politique ait sans tarder acquis une influence croissante sur la pensée politique (Kristeller, 1961, p. 36).

En Italie, l'influence de la *Politique* trouva surtout à s'exercer à travers deux canaux. Tout d'abord, et peut-être sous l'influence des nouvelles écoles françaises, les jurisconsultes romains de Bologne se mirent à intégrer les concepts et méthodes de la théorie politique aristotélicienne dans leurs gloses et commentaires. Bartole (Bartolo da Sassoferrato) fut l'un des premiers grands jurisconsultes à utiliser cette approche scolastique. Tout en réinterprétant les textes juridiques anciens, comme on l'a vu, de manière à favoriser l'indépendance des cités, Bartole rédigea divers essais politiques fortement marqués par la *Politique* d'Aristote, à la fois dans la doctrine et dans le style d'argumentation. Particulièrement nette dans l'*Essai sur le gouvernement de la cité*, cette filiation apparaît aussi clairement dans l'*Essai sur les Guelfes et les Gibelins* et dans le célèbre *Essai sur la tyrannie*. Il semble important d'insister sur ce point, car on peut avancer qu'il a été sous-estimé même par les plus fins connaisseurs des œuvres de Bartole. Ainsi Ullmann parle-t-il du droit romain comme « source exclusive » de la philosophie juridique et politique de Bartole (Ullmann, 1965, p. 214). Et Woolf va-t-il jusqu'à déclarer que celui-ci n'aurait jamais considéré Aristote comme « investi en aucune façon d'une autorité particulière » (Woolf, 1913, pp. 385-386). Ces affirmations peuvent induire en erreur, puisqu'en réalité Bartole cite Aristote à maintes reprises dans son œuvre, dont la vocation consiste d'ailleurs, Bartole le souligne lui-même, à construire une théorie aristotélicienne de la société politique afin de poser le diagnostic des faiblesses internes des cités italiennes et de tenter de leur porter remède.

Autre voie de pénétration en Italie de la théorie morale et politique aristotélicienne : le contact direct avec le cursus scolastique dispensé à l'Université de Paris. Après le milieu du XIIIe siècle, Paris attira un nombre croissant d'étudiants italiens. Certains d'entre eux – comme Thomas d'Aquin lui-même – s'y établirent pour étudier et pour enseigner, mais d'autres retournèrent dans leur pays afin de propager les principes de la scolastique, toujours à peu près inconnue dans les universités italiennes. Parmi les premiers auteurs politiques à suivre ce chemin, on rencontre Remigio de Girolami (décédé en 1319), qui, préparant une licence de théologie à Paris dans les années 1260, suivit presque certainement les cours de Thomas d'Aquin. Il rentra ensuite à Florence, sa ville natale, pour enseigner pendant de nombreuses années à titre de *lector* dans l'école dominicaine dépendant de Santa Maria Novella, où il se pourrait bien que le jeune Dante ait été son élève (Davis, 1957, pp. 74, 81). Tout en rédigeant de volumineux sermons et commentaires, Remigio fut l'auteur de deux essais politiques de caractère parfaitement thomiste et aristotélicien, tous deux adressés à ses concitoyens florentins à la lumière du coup d'État de 1301. Le premier date de 1302 et s'intitule *Le Bien commun* ; l'autre, achevé deux ans plus tard, s'appelle *Le Bien de la paix* (Davis, 1960, pp. 668, 670). Ptolémée (ou Bartolomé, ou Bartolomeo) de Lucques († 1327) est un autre moraliste dominicain adepte de cette tendance intellectuelle ; étudiant lui aussi à Paris dans les années 1260, il nous raconte lui-même dans son *Histoire ecclésiastique* qu'il avait « de très fréquentes conversations » avec Thomas d'Aquin (col. 1169). Par la suite, de retour en Italie, il finit par être nommé évêque de Torcello. Son ouvrage politique le plus important, sans doute écrit entre 1300 et 1305, se présente ouvertement comme la suite de l'œuvre inachevée de Thomas d'Aquin, *Du gouvernement royal*. Jusqu'à la fin du Moyen Âge on pensait que l'ensemble de ce traité était de Thomas d'Aquin, mais en réalité Bartolomé était l'auteur de la plus grande partie du livre II ainsi que de l'intégralité des livres III et IV (p. 270). Mais le plus considérable philosophe de la politique qui contribua à l'importation des concepts aristotéliciens en Italie fut Marsile de Padoue. Fils d'un jurisconsulte de la ville, éduqué à l'université locale, Marsile s'en alla à Paris à une date inconnue, puis y demeura pour enseigner jusqu'à devenir recteur de l'Université en 1312 (Gewirth, 1951, p. 20). Nous l'avons vu, son texte majeur, le *Defensor pacis*, était terminé en 1324. Nous avons également déjà évoqué le second des deux Discours qui composent le livre, où Marsile s'attache à défendre la liberté des cités pour contrer les intrusions de l'Église. Mais il faut maintenant aborder les doctrines plus séculières, strictement politiques, des Discours introductifs où Marsile[1] décrit le fonctionnement interne des cités, cherche à identifier les causes de leur faiblesse chronique, et poursuit en développant une théorie de la souveraineté populaire ouvertement et systématiquement aristotélicienne, bien plus qu'aucune autre avancée auparavant.

La défense de la liberté par la scolastique

Comme chez les rhétoriciens déjà évoqués, l'engagement politique fondamental de tous ces théoriciens de la scolastique était l'idéal de l'indépendance politique et de l'auto-gouvernement républicain. Marsile entame son *Defensor pacis* en déplorant que « les natifs d'Italie » de son temps sont « privés d'une vie suffisante », car ils sont forcés de subir « le joug brutal des tyrans au lieu de la liberté » (p. 4). Bartole adopte une position semblable dans le *Traité du gouvernement civil*. Après avoir remarqué que le premier régime

---

1. Le premier Discours du *Défenseur de la paix* a souvent été attribué à Jean de Jandun, l'un des maîtres de Marsile à Paris, plutôt qu'à Marsile lui-même (voir par exemple Lagarde, 1948, pp. 31-33, et les références mentionnées chez Gewirth, 1948, p. 267 et note). Il existe de bonnes raisons internes pour douter de cette assertion, car les arguments du premier Discours s'écartent largement de ceux défendus par Jean de Jandun dans ses écrits politiques connus (cf. Gewirth, 1948, pp. 268 *sq.*). En outre, si mon interprétation du *Defensor pacis* est correcte, elle peut fournir une raison supplémentaire pour douter de la paternité de Jean. Je tiens que le propos essentiel de Marsile dans le premier Discours consiste à analyser et à tenter de soutenir la forme de souveraineté populaire constituée dans les cités italiennes telles que sa Padoue natale. Si cela est juste, il devient extrêmement improbable que Jean de Jandun, fort peu au fait de ces questions, ait pu être l'auteur du premier Discours. Il est beaucoup plus vraisemblable que Marsile, qui vit sa cité passer de la république à la tyrannie dans les quatre années suivant la publication du *Defensor*, était bien l'auteur du traité en son entier.

établi « à Rome après l'expulsion des rois » était un système républicain « fondé sur la charpente du peuple » (p. 417), il affirme clairement que cette même forme de gouvernement est celle qui convient le mieux aux cités italiennes de son propre temps. Dans la veine aristotélicienne, il admet bien que « la question de ce qui constitue le meilleur type de gouvernement » ne peut être réglée sans connaître « le degré de grandeur » de l'État concerné, et aussi que « dans un vraiment grand État » il puisse être nécessaire d'instaurer le gouvernement des rois (pp. 418, 419, 420). Mais il critique vivement la conception de saint Thomas d'Aquin, selon laquelle la monarchie serait toujours la meilleure forme de gouvernement : il estime qu'il ne fait aucun doute que « dans les cités de dimensions modestes le type le plus approprié de gouvernement est celui du corps tout entier du peuple » (p. 419) ; et il donne en exemple la cité de Pérouse (où il passa une grande partie de sa vie professionnelle) comme celui d'un lieu où « le gouvernement est en paix, et la cité grandit et prospère » grâce à l'excellence de ses institutions républicaines[1]. Bartolomé, poursuivant *Du gouvernement royal*, prend le même parti avec la même critique de Thomas d'Aquin. Tandis que celui-ci, au début de son traité, distinguait entre gouvernement « régalien » et gouvernement « tyrannique » pour poser ensuite que, si la tyrannie était le pire des types de pouvoir, la monarchie héréditaire était le meilleur (pp. 225, 233), Ptolémée choisit de distinguer entre gouvernement « despotique » et gouvernement « politique », définissant le régime « politique » comme celui où le gouvernement est « conduit selon la loi » et « pour le compte de la plus grande partie du peuple » (p. 283). Cela l'amène à renverser la préférence de Thomas d'Aquin, puisque, dit-il lui-même, il lui faut bien « compter les régimes "régaliens" au nombre des "despotismes", et à avancer qu'il convient toujours de

---

1. On peut aussi se référer au début du *Traité de la tyrannie*, où Bartolo affirme que, de même que la tyrannie est la plus mauvaise forme de gouvernement, le gouvernement par le peuple *(directe regimen)* doit en être la meilleure (p. 322). D'autre part, on trouvera chez Riesenberg (1969, pp. 246-247) une utile analyse des diverses manières dont les jurisconsultes italiens du XIVe siècle ont en général soutenu l'idéal d'une citoyenneté active.

privilégier une forme élective de régime « politique » (p. 391). Il concède qu'il n'est pas toujours possible d'établir un tel type de régime libre et autonome, car « certaines régions du monde sont mieux aptes à la servitude qu'à la liberté » (p. 287) ; mais il maintient que dans tout pays dont les habitants « possèdent un esprit viril, du courage dans leurs cœurs, et la foi en leur intelligence », un pareil système « politique » constitue non seulement la meilleure mais aussi la plus naturelle des formes de gouvernement (p. 381). Et il est fier de proclamer en conclusion que c'est la raison pour laquelle « ce type de régime s'épanouit par-dessus tout en Italie », pays où le peuple chérit à ce point sa liberté que, affirmation louangeuse mais plutôt optimiste, « personne n'y peut exercer de pouvoir perpétuel ni gouverner de manière tyrannique » (p. 381).

Cette préférence pour la république est sous-tendue par une nouvelle vision de la Rome antique et de son histoire, vision à peine suggérée chez les auteurs rhétoriciens précédents. Les théoriciens de la scolastique commencent désormais à considérer la période républicaine, et non plus l'Empire, comme l'ère de plus grande excellence à Rome. Ils adoptent par conséquent une attitude nouvelle envers les grandes figures de la République tardive, en particulier Caton et Cicéron. On avait auparavant tenu uniquement ces hommes pour des sages stoïciens, et donc pour des modèles de détachement vis-à-vis des tourmentes de la vie politique. On les reconnaît maintenant au contraire comme grands patriotes, parangons de vertu civile, conscients des dangers planant sur la liberté de la République et cherchant à la préserver contre les attaques de la tyrannie.

On doit à Hans Baron d'avoir répandu l'idée qu'avant le début du *quattrocento* il n'aurait existé aucune expression d'une préférence pour la république dans la pensée politique italienne, et donc aucune évaluation de la « doctrine civile » de Cicéron ni de son engagement en faveur des valeurs politiques républicaines[1]. On

---

1. Voir Baron, 1966, p. 121. On trouve d'autres expressions de la même conviction par exemple chez Rubinstein, 1942, 1958, p. 200 ; Holmes, 1973, p. 129 ; Witt, 1971,

peut cependant opposer à cela que les principaux éléments de cette conscience historique humaniste étaient en réalité réunis avec l'introduction en Italie de la théorie politique scolastique, près d'un siècle plus tôt[1]. Marsile considère déjà Cicéron non comme un sage stoïque, mais plutôt comme un prudent responsable public, dont il trouve le comportement lors de la conspiration de Catilina particulièrement louable (pp. 56-57). Remigio, dans *Le Bien commun*, fait l'éloge à la fois de Caton et de Cicéron pour leur patriotisme républicain, et fait montre d'une défiance équivalente à l'égard de Jules César et de sa vision de l'Empire (p. 68 ; Davis, 1960, p. 666). Dans le *Traité du gouvernement des cités*, Bartole nous rappelle que c'est sous la République, et non sous l'Empire, « que la cité de Rome atteignit à la grandeur » (p. 420). Quant à Bartolomé de Lucques, il consacre plusieurs chapitres de son *Gouvernement royal* à exprimer son admiration envers la République romaine et son égale réserve à l'égard de l'Empire qui lui succéda[2]. Il approuve Caton de s'être opposé à l'intronisation du principat et d'avoir rejoint ses concitoyens pour tenter de préserver leur héritage républicain (pp. 284-285). Il admire le système républicain d'élection annuelle à toutes les principales fonctions, et applaudit les consuls « pour avoir gouverné le peuple de manière "politique" » (p. 353). Il distingue tant Caton que Cicéron pour « l'exemple qu'ils

---

p. 171. Baron lui-même était initialement plus circonspect (et donc historiquement plus exact) dans son ancien article sur « l'esprit civique ». Voir Baron, 1938a, notamment p. 84.

1. Davis (1967, p. 427) l'a déjà remarqué, on peut même trouver certains éléments de cette perspective encore auparavant, lorsque Latini décrit la chute de la République romaine dans ses *Livres dou trésor*. Latini considère la conjuration de Catilina comme le début de la fin de la liberté romaine (p. 44). Il rend donc hommage à Caton pour s'être attaqué à la complicité supposée de César dans le complot, en faisant un de ses principaux exemples de la grande rhétorique en action (pp. 348-351). Et il fait l'éloge de Cicéron, non seulement en tant que « l'homme le plus éloquent au monde », mais aussi en tant que le grand patriote « qui par sa grande sagesse » comme consul « a su vaincre la conspiration » de Catilina contre la liberté du peuple (p. 44). Dans une intéressante série d'articles, Davis apporte ces éléments et d'autres pour contester la thèse de Baron sur l'originalité de l'« humanisme civique » du *quattrocento*.

2. Cet exemple contraire aux thèses générales de Baron est le seul qu'il reconnaisse de lui-même. Cf. Baron, 1966, pp. 55, 57.

donnent de l'amour de [leur] pays », et montre une hostilité marquée envers Jules César, accusé « d'usurper le pouvoir suprême » et « de transformer un régime vraiment "politique" en un principat despotique et même tyrannique » (pp. 313, 362).

Tout en exprimant une forte préférence pour la liberté républicaine, ces auteurs ont tous une conscience aiguë de la tendance dominante des libres institutions des cités républicaines à passer sous la férule des tyrans. Marsile commence ainsi par déplorer – Machiavel le fera plus tard presque dans les mêmes termes – que l'Italie soit « ballottée de tous côtés par les querelles et presque détruite, et qu'elle puisse donc être facilement envahie par quiconque veut la prendre » (p. 4). Et Bartole reconnaît dans son *Traité du gouvernement des cités* que « l'Italie est aujourd'hui pleine de tyrans », auxquels il reproche d'avoir établi une forme de gouvernement si dégénérée qu'Aristote ne l'avait même pas envisagée (pp. 418, 427). Il en résulte « un état des affaires complètement monstrueux » dans lequel « il existe de très nombreux tyrans, dont chacun est puissant dans une région différente, tandis qu'aucun n'est assez puissant pour s'imposer aux autres » (p. 418).

Une des grandes questions que posent ces théoriciens est ainsi de savoir pourquoi le système de gouvernement qu'ils admirent tant s'est montré si fragile face à la montée des despotes. Ils n'accordent pratiquement aucune attention à cette idée, si importante dans les écrits rhétoriques dont nous avons traité, selon laquelle l'enrichissement privé aurait été un facteur de corruption politique. Ils tendent au contraire à partager l'opinion souvent tenue pour être apparue au début du XVe siècle, opinion selon laquelle, dans les termes de Bartole, la richesse privée « tend à promouvoir la vertu », car « elle tend à promouvoir la magnanimité, qui est une vertu, comme en convient saint Thomas lui-même » (vol. IX, p. 117). Ils se rangent toutefois clairement aux côtés des rhétoriciens pour affirmer que la plus dangereuse faiblesse des cités réside en leur extrême factionnisme, leurs discordes continuelles, et l'absence de paix interne. Et ils affichent leurs sources thomistes et aristotéliciennes de manière à faire ressortir cet argument connu, mais sous un angle original et nettement plus catégorique.

Leur commune affirmation de base consiste à dire que parvenir à la paix et à la concorde, *pax et concordia*, représente la plus haute valeur de la vie politique. On a vu qu'un des libelles de Remigio s'intitule d'emblée *Le Bien de la paix* ; il s'ouvre avec la déclaration que « la paix est le but premier et le plus grand bien du peuple » (p. 124). Le caractère central de la paix apparaît également dans le titre du grand œuvre de Marsile, lequel commence par une apostrophe raffinée sur « la tranquillité ou la paix », condition à laquelle nous destineraient selon lui le Christ et ses Apôtres (pp. 3-4). Bartole adopte la même position à plusieurs moments essentiels de son œuvre politique. Il fait débuter son *Traité du gouvernement des cités* par l'affirmation que « le but principal » dans l'acte de gouverner doit toujours être « la paix et l'unité », et répète dans son *Traité sur la tyrannie* que « le but principal dans une cité », et donc le devoir principal du bon gouvernant, doit toujours consister « à maintenir les citoyens dans la paix et la quiétude » (pp. 325, 418).

Dans son analyse du *Defensor pacis*, D'Entrèves montre quelque étonnement à ce que Marsile ait pris cet idéal de paix pour point de départ (D'Entrèves, 1939, p. 50). Mais cela cesse de surprendre, dès lors que l'on veut bien se souvenir des racines aristotéliciennes de la pensée de Marsile, ainsi que de son attachement à expliquer la perte de la liberté dans les cités de son époque. Aristote avait déjà établi, et Thomas d'Aquin répété, que le maintien de la paix fournissait « les moyens de soutenir le bien et la sécurité du peuple[1] ». Marsile ne fait que reprendre cette hypothèse au début du *Defensor*, quand il affirme que le bon gouvernement et « l'aisance de la vie » doivent être vus avant tout comme « les fruits de la paix et de la tranquillité » (pp. 3, 5). La raison pour laquelle cette affirmation est si centrale dans son argumentation est justement qu'il cherche à expliquer pourquoi la liberté des cités italiennes se trouve partout menacée, voire supprimée. Il suppose que, de même que le bon gouvernement est fruit de la paix, la tyrannie doit bien être fruit de la négation de la paix, puisque la tyrannie est la négation du bon

---

1. Ce sont les termes de Thomas d'Aquin dans la partie du *Gouvernement royal* qu'il a réellement écrite, p. 226.

gouvernement (pp. 3-5). Or la négation de la paix, ou « l'opposé de la tranquillité », est un état « de discorde et de querelle » (p. 4). Il en conclut que la clé pour expliquer pourquoi le *Regnum Italicum* est « gravement bouleversé par toutes sortes de malheurs et de troubles » consiste à examiner les causes de leurs discordes chroniques et de leur factionnisme permanent, qui l'empêchent alors de goûter aux « doux fruits de la paix » (p. 4)[1].

En conséquence de cette conviction aristotélicienne d'une relation directe entre factions et tyrannie, tous les théoriciens scolastiques tendent à traiter le problème de la discorde civile comme le danger principal menaçant la liberté des cités et républiques. À l'instauration de cette discorde ils voient deux principales conditions. La première, à laquelle Marsile s'intéresse de près, est l'établissement d'une division à l'intérieur du Conseil de gouvernement d'une cité. Cette situation s'était multipliée dans les faits avec l'élection de *Capitani del popolo* en vue de contrer le pouvoir exclusif des *podestà* dans la seconde moitié du XIIIe siècle. Comme le souligne Marsile, le danger inhérent aux pratiques de ce genre est que le citoyen ordinaire « n'a plus aucune raison de comparaître face à un des gouvernants plutôt que face à un autre ou à d'autres ». Il en résulte non seulement la confusion, mais aussi l'injustice, puisque « s'il comparaît devant l'un d'entre eux, ignorant les autres », il peut se retrouver acquitté par celui-là mais « condamné par les autres pour outrage » (p. 82). Cela ne peut conduire qu'à « la division et l'opposition des citoyens, à ce qu'ils se combattent et se séparent, et enfin à la destruction de l'État », car personne ne pourra plus s'accorder sur celui à qui l'on doit légitimement obéir (p. 83).

Mais le plus grand danger sur lequel ces auteurs mettent l'accent est celui de la prévalence de factions et de discordes entre les

---

1. Si cette analyse de la notion de *pax* chez Marsile est valide, alors Rubinstein se trompe lorsqu'il dit que, dans la pensée politique du début du XIVe siècle, les notions de *pax et concordia* étaient toujours tenues pour « l'effet le plus désirable du bon gouvernement » (Rubinstein, 1958, p. 187). L'argument de Marsile serait plutôt que le bon gouvernement est un effet soumis à la condition de la *pax*. On trouve une analyse complète du rôle de la paix dans la théorie politique de Marsile chez Gewirth 1951, pp. 94-115.

citoyens eux-mêmes. Dans son libelle sur *Le Bien commun*, Remigio déplore que la prophétie de saint Paul sur une ère de conflits soit « clairement accomplie ces temps-ci par l'homme moderne, et par-dessus tout en Italie ». Non contents d'y « négliger le bien commun », les citoyens « dévastent et détruisent sans cesse des villages, des villes, des provinces et le pays entier par leurs hostilités démesurées » (p. 59). Marsile souligne de façon semblable que lorsque « les conflits et les dommages survenant entre les hommes » ne sont pas « vengés ou mesurés par une norme de justice », il en résulte forcément « que les hommes assemblés se combattent et se séparent, et finalement la destruction de l'État » (p. 64). Quant à Bartole, il consacre tout son *Traité sur les Guelfes et les Gibelins* à analyser le problème du factionnisme endémique dans les cités. En appelant à l'autorité de Thomas d'Aquin, il concède qu'il peut parfois être légitime de soutenir une faction si elle a pour but « de renverser une tyrannie » et « d'atteindre à un juste gouvernement » (p. 415). Cependant il affirme que lorsque ces partis n'existent pas « pour le bien public », mais ne sont formés que « pour évincer un autre parti du gouvernement », alors « leur formation doit être interdite sans détours », car ils constituent le plus grand danger pour un ordre et une paix justes (p. 415).

Pour tous ces auteurs, la question essentielle est donc de savoir comment éviter le factionnisme et la discorde et maintenir la paix. Sur ce point, ils sont à peu près d'accord avec la réponse des théoriciens de la rhétorique que nous avons évoqués, c'est-à-dire que tout intérêt partisan doit être mis de côté, et le bien de chaque individu identifié à celui de la cité dans son ensemble, l'objectif consistant à assurer, comme Marsile le demande souvent, que « le bénéfice commun » soit « recherché et atteint » à tout moment (p. 72 ; cf. pp. 5-6, 42). C'est là une pétition de principe banale, mais ils l'expriment dans un style original et emphatique en introduisant une ambiguïté délibérée dans l'analyse scolastique du concept de « bien commun ». On en trouve le meilleur exemple dans l'adaptation, par Remigio, de Thomas d'Aquin, qui a pour effet de produire une doctrine politique que Kantorowicz a qualifiée de « proto-hégélianisme thomiste » (Kantorowicz, 1957, p. 479). Thomas d'Aquin l'a établi au début du *Gouvernement royal*, « un régime ne peut être tenu pour juste et légitime à moins d'être établi pour le bien commun du peuple » (p. 224). D'un tour de passe-passe à peine visible, Remigio s'arrange pour transformer cette doctrine en un impérieux appel au loyalisme civique, en traitant la notion d'agir « pour le bien de la cité » *(pro bono communis)* comme étant interchangeable avec celle d'agir « pour le bien des membres de la communauté » *(pro bono communi)* [Rubinstein, 1958, p. 185] ; puis il utilise cette position fortement « corporatiste », selon l'expression de Davis, hypothèse de base de son argumentation dans *Le Bien de la paix* (Davis, 1960, p. 670). Il pose notamment la question de savoir s'il est justifiable, afin de maintenir la paix entre les cités, de négliger les dommages causés aux particuliers (Davis, 1959, p. 107). Il prend le cas de quelqu'un dont le bien est confisqué par les citoyens d'une autre cité, et se demande quelle sorte de réparation peut être recherchée en de telles circonstances ; et il répond que, le bien-être de la cité étant sans commune mesure avec les droits de quelque individu que ce soit, il peut alors être nécessaire de passer outre entièrement au dommage si la seule alternative revient à rompre la paix entre les deux cités concernées[1].

Cependant, comme chez les rhétoriciens, la proclamation de cet engagement de principe laisse encore ouverte la question centrale : comment peut-on établir en pratique une telle unité entre le bien de la cité et le bien de chacun de ses citoyens ? C'est à ce point du débat que l'on rencontre une opposition complète entre les théoriciens de la scolastique et les auteurs que nous avons déjà étudiés. On l'a vu, les rhétoriciens se concentraient à ce propos sur l'idée de « vraie noblesse », avec pour objectif de déterminer la gamme de qualités qu'il convient de rechercher chez les gouvernants afin de

---

1. Pp. 134-135. On retrouve la même position de principe par exemple chez Bartolomé, *Le Gouvernement royal*, p. 364, et chez Bartolo, *Traité de la tyrannie*, p. 327. Comme le montre Rubinstein, l'idée selon laquelle « le gouvernant » et « le bien commun » devraient se confondre est également centrale à l'iconographie de la célèbre fresque de Lorenzetti sur « le bon gouvernement », à Sienne. Voir Rubinstein, 1958, notamment p. 181. Et l'on retrouve la même position chez Remigio aussi, notamment dans *Le Bien commun*. Pour des analyses sur ce thème, voir Egenter, 1934, et Minio-Paluello, 1956.

s'assurer qu'ils soient sincèrement dévoués au bien commun. Les scolasticiens montrent en revanche beaucoup moins d'intérêt pour ce sujet, et lorsque d'aventure ils l'abordent c'est avec un point de vue tout différent. Cela est évident dans le chapitre de Marsile sur l'élection des gouvernants, mais l'exemple le plus parlant nous est fourni par Bartole lorsqu'il traite du concept de noblesse à la fin de son commentaire sur le *Code* (vol. VI, pp. 114 s.). Partant de l'affirmation de Dante selon laquelle la vertu constitue la seule forme de noblesse (p. 116), Bartole admet que cela peut être une définition correcte de ce qu'il appelle noblesse « spirituelle » ou « théologique » : un homme peut être noble « aux yeux de Dieu » simplement « parce qu'il est vertueux et sera donc sauvé » (p. 118). Mais il maintient que, bien qu'il soit nécessaire d'être « révérencieux à l'égard de la mémoire d'un si grand poète », il n'en demeure pas moins que l'analyse de Dante est erronée sur deux points (p. 117). En premier lieu, il estime que Dante exagère en insistant pour dissocier la noblesse de la richesse héritée : on l'a vu, Bartole pense que la richesse peut être facteur de vertu, et il croit aussi que « tout ce qui tend à promouvoir la vertu tend à promouvoir la noblesse » ; il en conclut donc, en accord avec des moralistes conservateurs tels que Da Nono qu'il doit y avoir au moins un certain lien entre posséder des richesses et parvenir à la noblesse[1]. En second lieu, il avance que la définition de Dante est simpliste, car elle omet le fait que le concept de noblesse est en partie juridique. Une femme peut devenir noble par mariage, tandis qu'un homme peut devenir noble simplement parce qu'« un prince peut décider, de par son bon vouloir ou de par la loi, de lui conférer un titre de noblesse » (p. 118) – ce qui arriva à Bartole lui-même quand l'empereur Charles IV le fit comte en 1355 (Sheedy, 1942, p. 105). Selon Bartole, il en découle qu'il faut savoir reconnaître non seulement la noblesse « divine », mais aussi la noblesse « civile », « qui a

---

1. Voir Bartole, vol. VI, p. 117. Les autorités qu'il mentionne à ce propos sont Thomas d'Aquin et Aristote dans l'*Éthique à Nicomaque*, livre IV. À propos de Giovanni Da Nono, voir Hyde, 1966b, pp. 107-109, et, à propos de ses vues sur la noblesse, voir Hyde, 1966b et Hyde, 1966a, pp. 64-65.

été inventée par nous pour être semblable à, et une imitation de, la noblesse divine » (p. 118). Mais cela signifie alors qu'on ne peut identifier simplement noblesse et vertu, comme le voudrait Dante, car ce serait oublier cette évidence que de véritables titres de noblesse civile peuvent parfois être acquis ou reçus en héritage par des personnes qui n'en sont pas naturellement dignes. Et Bartole d'en conclure qu'on ne peut éviter d'accepter le fils d'un roi comme noble, « même s'il se trouve être réprouvé et infâme », puisque « cela que l'on possède par la naissance, personne ne peut jamais l'ôter » (p. 118).

Mais la principale opposition entre les théoriciens de la scolastique et les écrivains de la rhétorique qui les précédaient réside dans le type de conseils politiques qu'ils croient devoir dispenser. Les scolastiques tiennent manifestement, et dans le cas de Remigio déclarent explicitement, que les arts de la rhétorique n'ont qu'une portée marginale dans la vie politique, car ils ne proposent guère plus qu'une formation aux techniques de « l'ornement verbal » (Davis, 1965, p. 431 ; voir McKeon, 1942, p. 23). Ces auteurs ne consacrent donc que peu d'efforts à l'exercice favori des rhétoriciens, consistant à recommander aux gouvernants et magistrats les meilleures façons de parler, d'écrire et de se comporter en général pour être aussi convaincant que possible. Ils tendent plutôt à porter l'essentiel de leur attention sur la mécanique du gouvernement, et se présentent moins comme moralistes que comme analystes politiques, plaçant leurs espoirs moins dans la vertu des individus que dans l'efficacité des institutions en tant que meilleurs moyens de promouvoir le bien commun et le règne de la paix.

On l'a vu, ils désignent la prévalence du factionnisme comme principal danger pour la paix ; les réformes majeures qu'ils préconisent sont toutes conçues pour minimiser le risque de troubles factieux. Il est sans doute important, en particulier dans le cas du *Defensor pacis*, de souligner la centralité des intérêts concrets en jeu. Ainsi, comme Lagarde (1948) ou Wilks (1963), on a souvent parlé du premier Discours de Marsile en l'isolant des circonstances dans lesquelles il fut composé. Pourtant, si l'on considère son contexte politique immédiat, il devient évident que Marsile n'écrivait pas seulement une œuvre abstraite de théorie constitutionnelle. Tout en les considérant comme valides indépendamment des circonstances, il avançait également un ensemble de propositions politiques concrètes manifestement entendues en premier lieu pour résoudre les problèmes concrets des cités de l'Italie. Par ailleurs, ces intérêts immédiats prennent d'autant plus de poids qu'ils nous permettent de mieux mesurer la portée de l'œuvre de Marsile. Certains commentateurs ont simplement considéré le premier Discours comme une théorie générale et ont cru devoir déplorer, comme Lagarde, la « faiblesse » des idées constitutionnelles de Marsile (1948, pp. 199-200). Mais dès que l'on découvre le contexte dans et pour lequel il travaillait, il devient possible de trouver à l'originalité de Marsile une signification plus positive. Ce que l'on découvre vraiment, chez Bartole autant que chez Marsile, ce n'est pas seulement le diagnostic habituel du factionnisme comme menace principale envers les libertés des cités, mais aussi une réponse nouvelle et radicale à la question de savoir comment assurer au mieux ces libertés.

Rappelons-le, Marsile met un accent particulier sur un aspect de ce problème central du factionnisme, celui du danger qu'il y a à permettre la division des pouvoirs à l'intérieur des conseils de gouvernement des cités. L'un des objectifs majeurs de son premier Discours est donc de proposer un moyen d'éviter cette difficulté, et la solution qu'il y voit est tout simplement de ne jamais diviser la magistrature. Selon lui, l'expérience montre qu'il est impossible, « si l'on veut conserver la justice et la prospérité civiles », à « aucune cité ou aucun État d'avoir des gouvernants ou magistrats multiples » qui ne soient « pas subordonnés les uns aux autres » (p. 82). Il soutient donc que même si le gouvernement peut être constitué de « plusieurs hommes », il doit demeurer « numériquement un gouvernement unique en termes de fonctions », assurant ainsi une « unité numérique » dans « chaque action, jugement, sentence ou commandement émanant d'eux » (p. 81 ; cf. Gewirth, 1951, pp. 115-125).

Cependant, on l'a déjà vu, le factionnisme que les scolastiques redoutent le plus est la formation de partis rivaux par des groupes antagonistes de citoyens. Par conséquent, la principale question qu'ils soulèvent est de savoir comment éviter cette situation-là. Bartole et Marsile proposent une solution tout à fait radicale : il convient que « le souverain » soit l'ensemble du peuple lui-même, de sorte que, en principe, ces guerres meurtrières ne puissent survenir. On avance parfois, comme Wilks et dans ses termes, qu'en appelant à un « législateur humain » unique et unifié, Marsile « pense manifestement à l'Empereur romain universel » (Wilks, 1963, p. 195). Cela paraît faire peu de cas du contexte essentiellement civique de la pensée politique de Marsile ; dans sa manière de présenter les choses, il est évident que celui-ci se réfère essentiellement aux cités républicaines d'Italie. Non seulement il identifie la figure du législateur « au peuple ou à l'ensemble des citoyens, ou à leur plus grande partie[1] », mais il ajoute que la volonté du législateur doit être « formulée expressément en assemblée générale des citoyens », assemblée qu'il tient pour le forum investi de la plus haute autorité pour débattre de toutes les affaires juridiques et politiques (p. 45). On retrouve dans l'œuvre politique de Bartole la même position « populiste » en termes encore plus clairs, en particulier dans le *Traité du gouvernement des cités*. Dans toute cité excepté dans les plus grandes, nous dit-il, la meilleure forme de gouvernement doit toujours être « un régime populaire » où « toute la juridiction de la cité demeure aux mains du peuple dans son entier » (p. 420).

Marsile et Bartole poursuivent leur illustration de cette thèse centrale d'une manière qui les conduit à réévaluer à la base les hypothèses scolastiques dominantes sur la souveraineté populaire. Dans la *Somme théologique*, Thomas d'Aquin avait écrit que, même si le consentement du peuple est essentiel dans l'établissement d'une société politique légitime, l'acte d'installer un souverain implique de la part des citoyens une aliénation (et non une simple délégation) de leur autorité souveraine de base. Tant Marsile que

---

1. Un exament complet de la notion de « plus grande partie » chez Marsile est fourni par Gewirth, 1951, pp. 182-199. Le même auteur traite des relations entre cette notion et le contexte civique de la pensée de Marsile (1951, notamment pp. 27-29 et 187).

Bartole soutiennent la cause opposée. Marsile pose que « tout le corps des citoyens » demeure le législateur souverain à tout moment, « qu'il fasse ou non les lois lui-même ou en confie la rédaction à quelque personne ou personnes que ce soit » (p. 45). On a parfois vu là l'expression d'une radicalité unique en son genre dans la défense de la souveraineté populaire. Ainsi Gewirth établit-il ici une claire distinction entre la doctrine de Marsile et celle des jurisconsultes civils, tenus pour avoir évité toute incitation à penser que « le contrôle actif et continu des lois et du souverain » devrait résider à tout moment entre les mains du peuple (Gewirth, 1951, p. 253). Cette opposition paraît toutefois quelque peu surfaite. Il est en général vrai que les jurisconsultes civils rejettent toute idée de souveraineté populaire inaliénable, mais cela n'est pas vrai chez Bartole, qui adopte clairement le point de vue plus radical de Marsile. Sur ce point, il est sans équivoque lorsqu'il défend « ces cités qui *de facto* ne se reconnaissent aucun supérieur dans les affaires temporelles, et possèdent donc l'*Imperium* en elles-mêmes » (vol. VI, p. 669). Dans une telle cité, soutient Bartole, la situation juridique des citoyens est telle qu'« ils sont leur propre *princeps* », de sorte que tout « droit de juger » détenu par leurs souverains et magistrats « ne leur est que délégué *(concessum est)* par le corps souverain du peuple » (vol. 6, p. 670).

Également dans la *Somme théologique*, Thomas d'Aquin avait avancé que, du fait que le peuple aliène toujours sa souveraineté dans l'acte d'installer un gouvernement, il s'ensuit que tous les gouvernants doivent être des souverains à part entière, chacun étant *legibus solutus*, exempt de toute obligation formelle de se soumettre aux lois positives. La même idée se retrouve en général chez les jurisconsultes civils lorsqu'ils traitent de la *Lex Regia*, de même que chez de proches disciples de saint Thomas tels qu'Egidio Colonna (v. 1243-1316), lequel écrit dans son *Gouvernement des princes* que « si l'on parle en droit positif, il est bien préférable pour un peuple d'être gouverné par le meilleur roi que par les meilleures lois » (p. 533). Mais ici, à nouveau, Marsile et Bartole soutiennent la thèse inverse. Marsile tient en effet que, même si le peuple accepte de transférer son droit exécutif de souveraineté à un gouvernant ou à un magistrat suprême, ce dirigeant ne peut jamais devenir « le législateur au sens absolu, mais seulement dans un sens relatif et pour un temps donné ». L'autorité ultime doit à tout moment demeurer aux mains du peuple lui-même, qui peut toujours contester, voire révoquer ses chefs s'ils manquent d'agir selon les pouvoirs strictement limités qui leur ont été conférés (pp. 45, 88). Dans son commentaire sur le *Digeste*, Bartole parvient à la même conclusion tout en détaillant les limites qui doivent s'imposer à tous les gouvernants et hauts magistrats. Aucun gouvernant, nous dit-il, ne peut « rendre aucune sentence » ni « suspendre l'exécution d'aucun jugement », ni « modifier aucune loi ni ordonnance », ni « prendre aucune mesure légale contraire à celles agréées par le peuple en son corps entier ». Bref, aucune action ne peut être entreprise même par les plus hauts magistrats à moins qu'ils n'aient d'abord « gagné l'autorité du peuple ou au moins une majorité de leur Conseil de gouvernement » (vol. VI, p. 670).

Bartole et Marsile estiment tous deux que le peuple, par souci de simplicité, souhaitera déléguer dans les faits son autorité souveraine à une *pars principans*, ou « partie gouvernante » l'exerçant pour son compte. Ce qui mène à une nouvelle difficulté qu'ils doivent bien finir par affronter : si les citoyens sont le législateur tandis que la *pars principans* conduit en pratique le gouvernement de la cité, alors comment assurer que les actes de la *pars principans* soient réellement maintenus sous le contrôle ultime du corps populaire souverain ?

Et tous deux règlent la question de façon parfaitement identique. Ils proposent trois contraintes qui doivent être imposées à chaque gouvernant ou magistrat afin de les empêcher d'ignorer la volonté du peuple et de sombrer ainsi dans la condition de tyrans. La première contrainte nous est résumée par Marsile sous la forme d'une règle selon laquelle, « pour que la vie sociale se déroule convenablement, il est absolument meilleur pour le bien-être commun que chaque monarque soit nommé en une élection nouvelle plutôt que par succession héréditaire » (p. 71). Bartole endosse la même exigence, ajoutant dans son *Traité de la tyrannie* cette réserve qu'aucune élection ayant lieu « dans la peur » ne peut être tenue pour valide, puisque « la juridiction doit toujours être transférée volontairement » (p. 323). Le danger auquel ils pensent tous deux est celui de voir, comme le dit Marsile, « des rois non élus gouverner des sujets moins volontaires, car ils seraient plus enclins à oublier que leur statut réel est celui de fonctionnaires élus appointés comme administrateurs de la loi « pour le bénéfice commun » (p. 32). Il s'ensuit, ajoute-t-il, « en accord avec la vérité et avec la pensée manifeste d'Aristote », qu'un processus électoral doit toujours être préféré afin d'assurer « une norme de gouvernement plus certaine » (p. 33).

Deuxième contrainte qu'ils posent tous deux : restreindre au minimum possible la discrétion laissée au souverain dans l'administration de la loi. Le problème auquel ils pensent ici, très fréquent dans les cités républicaines, est notamment mis en avant par Bartole à la fin du *Traité de la tyrannie*. Il ne suffit pas d'élire quelqu'un qui apparaît comme un souverain approprié si on lui permet alors de gouverner à sa propre discrétion : ce serait risquer qu'il se mue en « un tyran silencieux ou caché », car après son élection il pourrait « acquérir tant de puissance qu'il soit en mesure de conduire les affaires de la cité à son entière convenance » (p. 326). La solution, admet Marsile, est d'assurer que tout jugement civil « soit rendu selon la loi » plutôt que « selon la discrétion du juge », afin de garantir que les affaires gouvernementales soient préservées autant que possible des intrusions « de l'ignorance et de l'émotion pervertie » (p. 40). Marsile précise un peu plus loin cette règle générale, sous la forme typique d'un appel à l'autorité d'Aristote : « Comme il le dit dans la *Politique*, livre V, chapitre VI : "moins les souverains contrôlent de choses" (extérieures à la loi bien sûr), "plus longtemps durera chaque gouvernement, car ils deviennent moins despotiques, ils sont plus modérés dans leurs manières et sont moins haïs de leurs sujets" » (p. 43).

La dernière contrainte dont traitent Marsile et Bartole consiste en un système complexe de contrôles à imposer à tous les magistrats et conseils exécutifs, en vue d'assurer qu'ils demeurent en permanence attentifs aux vœux des citoyens qui les ont élus. Marsile évoque la question dans le cours d'une réponse à d'éventuelles objections à sa théorie de la souveraineté populaire (pp. 54-55). Previté-Orton a été le premier à observer qu'il en résulte une description générale des procédures constitutionnelles réellement appliquées dans les cités républicaines qui subsistaient à l'époque de Marsile (Previté-Orton, 1935, p. 149). Dans son commentaire sur le *Code*, Bartole dessine un système très similaire avec un luxe de détails[1]. Il envisage une structure de gouvernement pyramidale fondée sur la volonté du peuple. La base en est le *Parlamentum* ou conseil général élu par tous les citoyens. Cette assemblée élit alors un conseil restreint autour du « recteur » ou magistrat suprême. Et ce groupe à son tour appointe autant de fonctionnaires que nécessaire pour gérer les aspects techniques du gouvernement (p. 37). L'objectif est de concevoir un système qui soit immédiatement efficace et responsable. Son efficacité est garantie par le fait que la conduite matérielle des affaires de la cité est aux mains de divers experts administratifs. Sa responsabilité est garantie par le fait que le pouvoir ultime pour élire et révoquer tant le recteur que le conseil exécutif demeure aux mains du *Parlamentum* qui, selon la formule de Bartole, n'est rien d'autre que « l'esprit du peuple » (vol. IX, p. 37 ; cf. Ullmann, 1962, pp. 717, 720-721).

La théorie de la souveraineté populaire élaborée par Marsile et Bartole était destinée à jouer un rôle majeur dans la formation de la version la plus radicale du constitutionnalisme moderne à ses débuts. Déjà, ils sont prêts à affirmer que la souveraineté est entre les mains du peuple, que celui-ci peut la déléguer mais jamais l'aliéner, et donc qu'aucun souverain légitime ne peut jamais jouir d'un statut plus élevé que celui d'un officier appointé, élu et révocable par ses propres sujets. Il suffisait d'appliquer les mêmes principes au cas d'un *regnum* qu'à celui d'une *civitas* pour obtenir l'articulation complète d'une théorie résolument moderne de la

---

1. Voir *Works*, vol. IX, pp. 36 *sq*. Ullmann (1962) présente une analyse complète du système idéal de gouvernement vu par Bartole (pp. 715-726). Il remarque à la fois le « très vaste accord » entre les théories de Bartole et de Marsile sur ce point, et le fait que Bartolo en donne une description plus précise et détaillée. Voir pp. 726-733. Je dois beaucoup à cet important article.

souveraineté populaire dans l'État séculier. La transition est évidemment intervenue de façon progressive, mais on en discerne déjà les prémisses chez Guillaume d'Ockham, puis elle se développe dans les théories conciliaristes de Pierre d'Ailly et de Jean Charlier Gerson, et enfin au XVIᵉ siècle à travers les écrits d'Almain et de Mair, passant ensuite à l'ère de la Réforme et au-delà.

Si elles ont exercé cette influence à long terme, les théories de Marsile et de Bartole ont aussi revêtu une signification idéologique immédiate dans les cités républicaines de leur époque. Ils présentaient certes la plus complète et la plus systématique défense de la liberté républicaine à l'encontre de la montée du despotisme ; mais ils proposaient en outre une manière ingénieuse de s'opposer par l'argumentation aux apologues de la tyrannie, et cela dans leurs termes mêmes. On l'a vu, le principal élément avancé en faveur des despotes du *duecento* tardif et de leurs successeurs consistait à dire que, tandis que le maintien de la liberté républicaine tendait à conduire au chaos politique, on pouvait toujours compter sur le gouvernement d'un *signore* unique pour garantir la paix. Thomas d'Aquin lui-même adopte cette échelle de valeurs dans *Du gouvernement royal*. Affirmant que « toutes les cités et provinces qui ne sont pas gouvernées par une seule personne se déchirent entre factions et vont divaguant sans jamais atteindre la paix », il ajoute que « dès lors qu'elles viennent à être gouvernées par un souverain unique, elles gagnent la paix, s'épanouissent dans la justice et jouissent d'une abondance de richesses » (p. 227). C'est contre cette orthodoxie que la défense de la liberté républicaine construit par Marsile et Bartole doit être entendue. Ils admettent bien que le maintien de la paix est la valeur fondamentale dans la vie politique, mais nient que cela soit incompatible avec la conservation de la liberté. Le mot de la fin qu'ils lèguent à leurs contemporains est donc qu'ils peuvent jouir des bienfaits de la paix sans devoir pour autant subir la perte de leur liberté : l'élément clé en étant que le rôle de « défenseur de la paix » soit assumé par le peuple lui-même.

Deuxième partie

La Renaissance italienne

4.
La Renaissance à Florence

Rédigeant son dialogue *De la vie civile* au milieu des années 1430, Matteo Palmieri exposait fièrement la position de prééminence culturelle atteinte par sa Florence natale au cours de sa propre existence. « Toute personne réfléchie doit remercier Dieu pour lui avoir permis de naître dans ce nouvel âge, si plein d'espoirs et de promesses, qui déjà jouit du plus vaste déploiement de nobles talents que le monde ait connu dans les mille ans écoulés » (pp. 36-37). Bien sûr, Palmieri pensait d'abord aux réalisations des Florentins dans le domaine de la peinture, de la sculpture et de l'architecture – celles notamment de Masaccio, Donatello et Brunelleschi. Mais il avait aussi à l'esprit l'extraordinaire profusion de la philosophie morale, sociale et politique qui prévalait à Florence à la même époque – mouvement lancé par le chancelier humaniste Salutati, puis prolongé par les membres dominants de son cercle, comme Bruni, Poggio ou Vergerio, et repris par la suite par divers jeunes auteurs qui subirent manifestement leur influence, tels que Alberti, Manetti, Valla et Palmieri lui-même.

On s'est naturellement demandé pourquoi ce concentré d'études morales et politiques se rencontre précisément à Florence et au sein de cette génération-là. C'est Hans Baron, dans son traité sur *La Crise de la Renaissance primitive en Italie (The Crisis of the Early Italian Renaissance)*, qui apporte la réponse la plus couramment admise ces derniers temps dans les milieux académiques[1].

---

1. Voir Baron, 1966. Étant en désaccord avec nombre de ses conclusions spécifiques, il est d'autant plus important pour moi de souligner l'immense portée de l'œuvre pionnière

Il voit essentiellement dans le développement des idées politiques au début du *quattrocento* une réponse à la « lutte pour la liberté civile » que les Florentins furent contraints d'engager contre une série de despotes agressifs durant toute la première moitié du siècle (Baron, 1966, pp. 28, 453).

On assiste à la première phase de ce conflit lorsque GianGaleazzo (Jean-Galéas) Visconti, duc de Milan, déclare la guerre à Florence en mai 1390 (Bueno de Mesquita, 1941, p. 121). GianGaleazzo avait déjà réussi à se rendre maître de toute la Lombardie dans les années 1380, profitant de ses interventions dans les guerres menées par la Maison de Carrare pour s'emparer de Vérone, Vicence et Padoue dès 1388 (Baron, 1966, p. 25). Il chercha ensuite à isoler et à encercler Florence, faisant d'abord mouvement de l'ouest, prenant Pise en 1399 et acceptant la reddition de Lucques peu après (Bueno de Mesquita, 1941, p. 247). Puis il la menaça par le sud, enlevant Sienne en septembre 1399 et Assise, Cortone et Pérouse au cours de l'année suivante (Buena de Mesquita, 1941, pp. 247-248). Il tentera enfin une attaque par le nord, infligeant une défaite décisive aux Bolonais, derniers alliés des Florentins, à Casalecchio en juin 1402 (Bueno de Mesquita, 1941, p. 279).

Seul un miracle sauva Florence à ce moment de péril extrême, puisque GianGaleazzo mourut d'une fièvre au moment précis où il se préparait à frapper la cité elle-même, en septembre 1402 (Bueno de Mesquita, 1941, p. 298). Les Florentins ne vont pourtant disposer que d'un faible répit avant de devoir affronter une menace nouvelle et plus grave encore envers leurs libertés traditionnelles. L'agresseur s'appelle maintenant Filippo Maria Visconti, duc de Milan et fils du précédent. Dans la manière de son père, il commença par s'assurer du nord de l'Italie, prenant Parme et Brescia en 1420 et annexant Gênes au duché de Milan en 1421 (Baron, 1966, p. 372). Puis il fit mouvement vers Florence, d'abord avec la

---

de Baron sur les humanistes du début du *quattrocento*. Je dois énormément non seulement à ses travaux techniques sur la datation de leurs ouvrages, mais aussi à son analyse de leurs doctrines et à son insistance salutaire sur la centralité de leur contribution à la pensée politique de la Renaissance.

prise de Forli et des villes avoisinantes, en 1423 (Baron, 1966, p. 376), ce qui conduisit les Florentins à déclarer la guerre et à se lancer dans un conflit qui dura presque sans interruption jusqu'en 1454, lorsque Cosme de Médicis réussit enfin à négocier une paix faisant état de la volonté milanaise de reconnaître, et si nécessaire de défendre, le statut indépendant de la république de Florence.

Selon l'analyse de Baron, cet arrière-plan politique permet d'expliquer les deux aspects les plus frappants du débat social et politique dans la Florence du début du XVᵉ siècle. Ces événements justifieraient l'implication si profonde de tant d'auteurs florentins dans les questions de théorie politique au cours de cette période. Cette « résistance solitaire » de Florence contre les despotes, et notamment « la confrontation florentino-milanaise » de 1402, nous est présentée comme le catalyseur ayant précipité cette conscience nouvelle, plus forte, des affaires politiques (Baron, 1966, pp. 444-446). Et ces mêmes événements sont encore censés rendre compte du sens particulier pris par la réflexion politique des Florentins à ce moment, consacrée notamment aux idéaux républicains de liberté et d'engagement civique. Baron considère la crise de 1402 comme la cause d'« une révolution dans la pensée politico-historique des Florentins », avançant que « la défense de l'indépendance de Florence à l'égard de GianGaleazzo » aurait exercé « une influence profonde » sur « le renforcement du sentiment républicain » (Baron, 1966, pp. 445, 448, 459). L'effet ultime de « la crise politique en Italie » dans les premières années du XVᵉ siècle aurait donc été de donner naissance à « un nouveau type d'humanisme », un humanisme enraciné dans « une nouvelle philosophie de l'engagement politique et de la vie active » et consacré à la célébration des libertés républicaines de Florence (Baron, 1966, p. 459).

Cette théorie sur les origines de l'« humanisme civique », comme l'appelle Baron, est maintenant largement acceptée. Ainsi Martines écrit-il que Baron « a démontré » que « la naissance de l'humanisme civique fut en grande partie tributaire de l'épreuve infligée par GianGaleazzo Visconti » (Martines, 1963, p. 272). Becker convient que Baron « a présenté de façon convaincante » ce lien « entre évolution culturelle et vie publique à Florence » (Becker,

1968, p. 109). Et Baron lui-même notait récemment « le large accord » autour de sa thèse selon laquelle les guerres contre Milan « ont fini par mener à la naissance dans la Florence du *quattrocento* d'un humanisme à vocation politique et conscient des intérêts de la communauté » (Baron, 1968, p. 102).

Et pourtant deux facteurs, tous deux essentiels pour comprendre l'humanisme de la Renaissance, doivent nous conduire à mettre en cause la position de Baron. En premier lieu, parlant de la crise de 1402 comme d'un « catalyseur dans l'émergence d'idées nouvelles », Baron sous-estime la portée du fait que ces idées n'étaient en réalité nullement nouvelles, mais bien héritées des cités de l'Italie médiévale (cf. Baron, 1966, p. 446). Autre problème, en mettant en avant les qualités particulières de l'humanisme « civique », Baron néglige également la nature des liens entre les auteurs florentins du début du *quattrocento* et le mouvement plus large de l'humanisme pétrarquien, qui s'était déjà développé au cours du XIVe siècle. Le but essentiel de ce chapitre sera donc d'étudier tour à tour ces deux sujets, en tentant de les relier à une image plus vaste de l'évolution des idées politiques dans la Renaissance florentine.

L'ANALYSE DE LA LIBERTÉ

La première difficulté majeure que l'on rencontre dans les thèses de Baron sur l'humanisme « civique » peut se résumer de la façon la plus simple en disant qu'elles sous-estiment la mesure dans laquelle les auteurs florentins du début du *quattrocento* suivaient les traces des *dictatores* médiévaux[1]. Un élément de continuité important entre ces deux groupes, mis notamment en évidence par Kristeller,

---

1. J'ai une dette évidente sur ce point envers les essais fondateurs de P. O. Kristeller sur le développement de l'humanisme. C'est lui qui, le premier, a émis cette observation cruciale que « les humanistes, loin de représenter une classe nouvelle, étaient les héritiers et successeurs professionnels des rhétoriciens du Moyen Âge, appelés *dictatores* ». Cette remarque se trouve dans Kristeller, 1956, p. 564, et d'autres développements aux pages 262, 560-561. Le rôle de l'œuvre de Kristeller dans la critique des thèses de Baron a été fort bien explicité par Jerrold Seigel, 1966, p. 43, et 1968, pp. 204-205.

est que leurs membres possédaient en général la même formation juridique, et donc adoptaient des trajets professionnels très semblables, que ce soit dans l'enseignement de la rhétorique dans les universités italiennes ou, plus fréquemment encore, dans l'administration au service des cités ou de l'Église. Cela s'applique sans aucun doute à la carrière de Coluccio Salutati (1331-1406), vieil homme d'État du groupe des humanistes florentins du début du XVe siècle. Il apprit d'abord l'*Ars Dictaminis* à Bologne grâce à Pietro de Muglio, puis mit à profit ses qualités professionnelles en tant que chancelier de plusieurs cités toscanes, à commencer par Todi en 1367, avant d'aller à Lucques en 1370 et enfin à Florence de 1375 à sa mort (Donovan, 1967, p. 195 ; Ullman, 1963, pp. 9-10). Trois de ses plus proches disciples suivirent une trajectoire identique : Bruni, Vergerio et Poggio Bracciolini. Leonardo Bruni (1369-1444), après des études de droit, de rhétorique et de grec à Florence dans les années 1390, entra comme secrétaire à la Curie romaine en 1406, retourna à Florence après 1415, et finit chancellier de la République de 1427 à sa mort (Martines, 1963, pp. 163, 165). Pier Paolo Vergerio (1370-1444) suit un chemin très similaire : formation en droit civil à Florence dans les années 1390 et secrétaire à la chancellerie pontificale en 1405 (Robey, 1973, p. 34 ; Baron, 1966, p. 130). De même, Poggio Bracciolini (1380-1459) étudie le droit civil à Bologne et à Florence dans les années 1390, après quoi il entame une longue carrière de *dictator* auprès de la Curie romaine en 1404 (Martines, 1963, pp. 123-124). Enfin, on retrouve le même schéma dans les vies de nombreux humanistes de la jeune génération appartenant à la mouvance directe du cercle de Salutati, par exemple Alberti, Manetti et Palmieri. Leon Battista Alberti (1404-1472) étudia le droit canon à Bologne dans les années 1420, y obtint un doctorat en 1428 et devint secrétaire pontifical en 1434 (Grayson, 1957, pp. 38-43). Giannozzo Manetti (1396-1459) reçut à Florence un enseignement juridique et humaniste, servit pendant plus de vingt ans dans divers comités et conseils de la République, rejoignit ensuite la Curie romaine, et termina sa vie comme secrétaire du roi de Naples (Martines, 1963, pp. 179-184, 190-191). Quant à Matteo Palmieri (1406-1475), son itinéraire public à

Florence fut similaire mais plus réussi encore puisqu'il fut ambassadeur dans huit missions différentes et officiellement mandaté plus de soixante fois par la cité au cours d'une carrière couvrant près d'un demi-siècle de travail juridique et administratif (Martines, 1963, p. 192).

Mais les similarités les plus frappantes entre les *dictatores* médiévaux et les humanistes florentins du début du XVe siècle résident dans la nature des sujets qu'ils choisissent de traiter dans leurs œuvres morales et politiques. Tout comme leurs prédécesseurs, les humanistes s'investissent principalement dans l'idéal de liberté républicaine, focalisant leur attention sur sa mise en danger et sur la meilleure manière de préserver cette liberté.

Il importe bien entendu de ne pas exagérer les ressemblances entre *dictatores* primitifs et humanistes plus tardifs. Si l'on veut bien considérer d'abord les arguments que tendent à présenter les auteurs du début du *quattrocento* lorsqu'ils parlent des dangers qui menacent la liberté, on constatera que, tout en posant souvent les mêmes questions que leurs prédécesseurs, ils parviennent en général à des réponses très différentes. Ainsi, à la différence des *dictatores*, les humanistes ne prêtent plus guère attention aux dangers du factionnisme. Voilà bien un changement de perspective, auquel on peut trouver une cause dans le fait que, ayant promulgué une nouvelle Constitution en 1382 à la suite de la révolte des Ciompi intervenue quatre ans plus tôt, Florence était entrée dans une période inhabituellement stable de domination oligarchique qui devait durer plus d'une génération (Bec, 1967, p. 34). Si l'on va jusqu'aux années 1430, on retrouve à nouveau la crainte de la renaissance des factions, par exemple dans le traité de Palmieri sur *La Vie civile* (pp. 110-113). Mais en considérant la génération précédente des humanistes, on trouve cette idée complaisante selon laquelle les difficultés constitutionnelles de la République auraient été surmontées, et ce dans le monde réel. Ainsi, dans son *Panégyrique* de Florence rédigé entre 1403 et 1404[1], Bruni a-t-il un

---

1. Il s'agit là de la datation proposée par Baron mais, comme pour la datation du *Dialogue* de Bruni, la question est sujette à controverse parmi les spécialistes. Seigel, cher-

trait d'un optimisme singulier : non content de mettre en doute toute manifestation de survivance du factionnisme, il va jusqu'à prétendre que « nous avons réussi à équilibrer tous les secteurs de notre cité de telle manière à produire l'harmonie dans tous les aspects de la République » (p. 259 ; cf. Witt, 1976, notamment p. 264).

Ce regain de confiance a entre autres pour effet, dans la plupart des écrits politiques de Salutati et de son cercle, que l'un des sujets majeurs dont parlaient les anciens *dictatores* se voit pratiquement ignorer. L'omniprésence des factions avait amené les anciens théoriciens à penser que la poursuite étroite d'intérêts individuels ne pouvait qu'être contraire au maintien du bien commun. On l'a vu, cela les conduisait à s'attaquer au premier chef à la question de savoir comment concilier les droits individuels des citoyens et le bien-être de la communauté dans son ensemble. Chez des auteurs comme Bruni, on parvient par contraste à cette idée reçue, assez facile, selon laquelle il ne s'agirait là que d'un problème pouvant largement se résoudre seul. Dans son *Oraison* de 1428, cet auteur se félicite ainsi de l'esprit d'initiative des marchands florentins, en indiquant clairement que, du moment que chaque personne poursuit ses propres intérêts « avec assiduité » et « célérité dans ses occupations », on peut tenir pour assuré que cette attitude éclairée en

---

chant à minimiser la portée de la crise de 1402 sur la formation de l'humanisme « civique », a tenté de réintroduire l'hypothèse traditionnelle selon laquelle le *Panégyrique* aurait été écrit avant la crise de 1402, sans doute en 1400-1401 (Seigel, 1966, notamment pp. 19-23). Baron, tout acquis à la théorie de l'influence prépondérante de la crise de 1402 sur les idées de Bruni, maintient au contraire que ce texte ne peut avoir été rédigé avant l'été de 1403, et qu'il fut plus probablement achevé en 1404 (Baron, 1967, et surtout 1955, pp. 69-113). Ce point ne me semble pas d'un intérêt historique capital, pas plus que le débat similaire sur les *Dialogues* de Bruni. Baron, il est vrai, a su mettre en avant des arguments solides pour dater les deux ouvrages des années immédiatement postérieures à la crise de 1402. Il serait toutefois illusoire de supposer que cela contribue à étayer la théorie selon laquelle les écrits de Bruni à cette époque comportent diverses idées neuves qui ne pourraient que découler de la crise de 1402. Comme je chercherai sous peu à le montrer, si l'on s'intéresse aux liens entre Bruni et la pensée politique italienne des époques précédentes, on rencontre de nombreuses idées semblables dans diverses œuvres humanistes et pré-humanistes incontestablement rédigées bien avant 1402.

affaires bénéficiera au bout du compte à la République dans son entier (p. 4).

Autre ancienne source de préoccupation à propos du maintien de la liberté politique : l'idée que l'augmentation de la richesse privée puisse constituer un facteur de corruption dans la vie politique ; déjà rencontrée chez des auteurs comme Latini et Mussato, on retrouvera la même crainte chez Machiavel et Guichardin au siècle suivant. Pourtant, cette possibilité ne semble, une fois encore, guère affecter nos humanistes du début du *quattrocento*. Ils tendent au contraire à tirer gloire de l'opulence et de l'industriosité des marchands florentins, voyageurs infatigables parvenus jusqu'en un lieu aussi lointain que l'Angleterre, que nous décrit Bruni dans ses *Oraisons* de 1428 comme étant « une île située dans l'océan presque sur le bord du monde » (p. 4). Plus encore, ils soulignent habituellement que cette incessante quête du gain constitue une véritable bénédiction pour la République. Le traité *De l'avarice et de la luxure* rédigé par Poggio Bracciolini en 1428-1429 comporte un plaidoyer en faveur de l'idée selon laquelle « l'argent est le nerf de la vie dans la chose publique, et en même temps ceux qui ont l'amour de l'argent sont les propres fondations de la chose publique elle-même » (pp. 12-14 ; cf. Garin, 1965, pp. 43-44). On voit souvent transparaître les mêmes sentiments dans *La Vie civile* de Palmieri, ainsi que dans le dialogue d'Alberti sur *La Famille* datant du début des années 1430[1]. On reconnaît plus de prudence à Alberti, qui nous rappelle que « rien ne compromet davantage notre réputation et notre honneur que l'avarice » (p. 166), mais lui-même convient que la richesse est essentielle pour « acquérir et conserver le bonheur », et il insiste particulièrement sur ce point que « les avoirs personnels des citoyens sont de la plus grande utilité » en relation au bien public, car on peut les prendre en compte « pour satisfaire aux besoins de notre pays », notamment « quand la patrie traverse les plus grandes épreuves » (pp. 147-148).

---

1. Pour la datation de *La Famille* d'Alberti, voir Baron, 1966, p. 348. À propos de la richesse chez Palmieri, voir notamment pp. 118-121, 128-131, 146-147.

Demeurant relativement indifférents à l'égard de ces craintes traditionnelles concernant le maintien de la liberté, les humanistes du début du XVᵉ siècle vont mettre en évidence un danger potentiel fort différent, à peine noté par leurs prédécesseurs. Selon eux, la première menace pesant sur l'intégrité de la république de Florence résiderait dans le fait que les citoyens ne seraient plus prêts à se battre pour défendre leur liberté contre les empiétements de la tyrannie, mais préféreraient au contraire placer cette lutte entre les mains de mercenaires armés stipendiés et à la fiabilité nulle.

À l'arrière-plan de cette nouvelle angoisse, il faut tenir compte du changement dans les conditions de la vie civile et militaire à Florence au XIVᵉ siècle. Les affaires commerciales se faisant de plus en plus complexes, il devenait de plus en plus difficile pour les citoyens riches de faire face à leurs obligations traditionnelles de service militaire[1]. Pendant la guerre contre Sienne dans les années 1260, la cité avait pu compter dans ses rangs jusqu'à huit cents cavaliers équipés de pied en cap (Bayley, 1961, p. 8). Mais dès l'époque de la campagne contre Lucques, quelque quatre-vingts ans plus tard, leur nombre avait fondu à quarante à peine (Bayley, 1961, p. 15). Entre-temps, la pente naturelle avait consisté à se reposer de plus en plus sur une cavalerie de mercenaires, dont plus de deux mille étaient régulièrement employés par la cité au milieu du XIVᵉ siècle (Bayley, 1961, p. 15). Mais les Florentins devaient bientôt se rendre compte que ces troupes stipendiées pouvaient tout autant représenter une menace envers leur indépendance qu'un moyen de la défendre. Un premier avant-goût de ce danger se manifesta au siège de Pise, en 1362. Les soldats professionnels florentins exigèrent soudain le doublement de leur solde et, devant le refus qui leur était opposé, trois de leurs capitaines se retirèrent aussitôt, emmenant avec eux plus de mille combattants (Bayley, 1961, p. 12). Une semblable défection, plus grave encore, se produisit au

---

1. Certains auteurs ont récemment mis en doute que ce déclin ait vraiment été aussi soudain qu'on l'admet habituellement. Voir Mallett, 1974, p. 13, et Waley, 1969, p. 135. Voir aussi l'affirmation de Mattingly (1961) selon laquelle les attaques des humanistes envers le système mercenaire étaient infondées.

début de la guerre contre Milan, en 1424, lorsque l'un des principaux condottieres, Niccolo Piccinino, déserta Florence avec toute son armée pour se rallier à Milan, amenant ainsi la République au bord du gouffre (Bayley, 1961, p. 57).

À cette nouvelle menace de chantage politique, les humanistes répondirent par une série de tirades de plus en plus violentes à l'encontre de l'emploi de mercenaires. On en trouve une des premières et des plus éloquentes dans le recueil de *Lettres familières* que Pétrarque commença de compiler dans les années 1350 à partir de sa correspondance (Wilkins, 1961, pp. 37-88, 206). Il y déplore le fait que « nos armées sont peuplées de voleurs et de brigands » qui « s'en prennent plus souvent à leurs alliés qu'à leurs ennemis ». Ils « fuient avant même de combattre », leur port « est moins martial qu'efféminé », et « tout en aimant le mot de guerre ils haïssent la guerre elle-même », puisque leur seul vrai souci est celui de percevoir leur solde (pp. 151-152). Salutati reprend cette complainte dans une lettre de 1383 sur la conduite des affaires à Florence. Il trouve ignominieux que la cité ne soit plus défendue par ses propres citoyens, mais laissée aux mains d'hommes « que l'on peut à peine appeler des hommes », qui ne portent aucun intérêt à la liberté des républiques, mais ne sont qu'avides de butin et de poursuivre leurs « crimes licencieux[1] ». Quant à Alberti, traitant du sujet près d'une génération plus tard dans son *Momus*, il en parle avec une ironie presque résignée. Momus personnifie la face sombre de la nature humaine ; aux débuts de sa carrière satanique, il nous est dépeint essayant de suborner les militaires de son temps – mais très bientôt frustré, car il découvre que leur corruption est d'ores et déjà totale (cf. Tenenti, 1974).

Les humanistes du début du *quattrocento* proposaient pour solution de remettre en vigueur l'idéal d'un corps de citoyens armé et indépendant, idéal préconisé par Aristote au livre III de la *Politique*. Ils soutiennent que la défense de Florence, tout autant que son

---

1. Salutati, *Epistolario*, éd. Novati, vol. II, p. 85. Toutes les citations de la correspondance de Salutati proviennent de cette édition, sauf lorsqu'il est précisé que c'est l'édition de Rigacci qui est utilisée.

gouvernement, doit être assurée par des hommes prêts à offrir non seulement leur talent politique, mais au besoin leur vie, pour maintenir la République et sa liberté. On voit déjà Salutati se faire l'avocat de ces valeurs dans les années 1360[1], mais c'est à Leonardo Bruni que l'on doit l'exposé le plus complet de cet idéal : il y fait constamment référence à travers son œuvre politique. À la fin de son *Panégyrique* de Florence, il soutient que tout citoyen doit se tenir prêt « à prendre les armes pour préserver la liberté » (p. 260). En 1422, il conclut son traité *Sur le service militaire* en critiquant « l'amour de l'argent » comme raison de combattre, car selon lui « le but d'un soldat doit être d'acquérir de la gloire et non de la richesse » (pp. 387-388).

Et il nous donne à admirer l'exemple de nombreux éminents citoyens s'étant montrés prêts à risquer leur vie pour le salut de leur cité. Sa *Vie de Dante* commence par faire état, sur un mode particulièrement élogieux, du fait que le jeune poète « s'est battu vaillamment pour son pays » lors de « la grande et fameuse bataille de Campaldino » (p. 83). Son *Panégyrique* rend compte d'une victoire de la République sur Volterra, au bon vieux temps du milieu du XIIIe siècle, et rend hommage à ces citoyens qui avaient « agi par eux-mêmes sans l'aide de supplétifs étrangers, se battant pour leur propre compte et luttant de toutes leurs forces pour la gloire et la dignité » (p. 255). Quant à l'*Oraison* rédigée en 1428 pour les funérailles de Nanni Strozzi, général florentin tué au combat contre les Milanais, un des buts essentiels que vise son éloge (largement inspiré de Thucydide) consiste à illustrer « la grande différence qu'il y a entre les soldats étrangers et ceux qui se battent par amour de leur cité » (p. 6). Décrivant l'embuscade fatale à Strozzi et à ses hommes, il souligne d'abord comment parmi eux les mercenaires « capitulèrent aussitôt, ne tenant rien pour plus important que leur salut ». Ce lâche comportement est opposé ensuite aussi nettement que possible à la bravoure de Strozzi lui-même. « Prêt à mettre l'amour de son pays avant son propre salut », il se

---

1. Voir par exemple Salutati, *Epistolario*, I, 26-27.

jeta aussitôt dans la bataille, et « parvint un temps à contenir l'assaut de l'ennemi » avant de tomber, blessé à mort (p. 6).

Considérant les menaces envers la liberté politique, les humanistes des débuts du *quattrocento* parviennent ainsi à un ensemble de conclusions nettement démarquées de celles de leurs prédécesseurs. Mais si nous nous tournons maintenant vers leur analyse du concept de liberté politique lui-même, nous allons découvrir un grand nombre de ressemblances manifestes entre leur vision et celle des penseurs précédemment évoqués.

Les humanistes définissent en premier lieu la notion de liberté de façon traditionnelle et bien établie. Pour eux, le terme est habituellement empreint à la fois d'indépendance et d'autogouvernement ; bref, la liberté c'est en même temps être libre de toute intervention extérieure et être libre de prendre une part active dans la gestion de la communauté. Hans Baron se trompe lorsqu'il considère que ces vues font partie d'une « idéologie nouvelle » qui aurait été « générée » au cours « des longues guerres contre la tyrannie » dans la première moitié du XVe siècle (Baron, 1966, pp. 28-29, 418-419). L'analyse des humanistes véhicule en réalité divers thèmes qui, on l'a vu, se trouvent déjà dans des négociations diplomatiques, des chroniques des cités et autres formes de propagande remontant au moins au milieu du XIIIe siècle[1].

Le premier aspect reconnu par les humanistes dans cette définition traditionnelle de la « liberté » est l'idée de préserver le reste d'intégrité des cités et républiques subsistantes contre toute ingérence supplémentaire des *signori*. Salutati nous en donne une illustration magnifique dans la lettre officielle par laquelle il répond en 1390 à la déclaration de guerre de GianGaleazzo. On lit dans la péroraison : « nous allons maintenant prendre les armes pour défendre notre liberté comme la liberté d'autres, que vous opprimez lourdement sous le joug de votre tyrannie, dans l'espérance que la justice éter-

---

1. La dette des « humanistes civiques » envers ces écrits antérieurs a fort bien été mise en valeur par Rubinstein, 1968, notamment p. 449, et plus récemment par Struever, 1970, p. 117. La notion de « liberté », dans les deux sens évoqués ici, à travers le XIVe siècle à Florence, et notamment pendant la crise constitutionnelle des années 1370, est traitée chez Brucker, 1962, notamment p. 73, et chez Becker, 1962, notamment pp. 395-396.

nelle de la Majesté divine préservera notre liberté et verra la misère de la Lombardie, et ne préférera pas l'ambition d'un simple mortel à la liberté de tant de peuples » (col. 817). Salutati et ses disciples persistèrent dans cette attitude de chiens de garde de l'indépendance politique de Florence pendant toute la période de guerre avec Milan, Leonardo Bruni clamant ainsi notamment dans son *Panégyrique* de Florence que « nos citoyens prônent très grandement la liberté de tous les peuples, et sont donc ennemis absolus de tous les tyrans » (p. 245), avant de rappeler les nombreuses occasions où les Florentins avaient délibérément « affronté les dangers pour la sûreté et la liberté d'autres peuples » (p. 256). Louant la République pour avoir « sauvé le peuple de Lucques et battu les Pisans » au siècle précédent, il remarque que « toute l'Italie serait tombée au pouvoir » de GianGaleazzo dans la décennie précédente si Florence ne s'était « élevée pour la liberté de l'Italie », n'avait soutenu le choc « avec la plus grande valeur et la plus grande force », et ainsi « libéré toute l'Italie du danger de servitude » (pp. 256, 258).

L'autre signification du mot « liberté » que les humanistes persistent à mettre en avant est celle de maintenir une constitution libre permettant à chaque citoyen de s'engager activement et en toute égalité dans les affaires de l'État. Parfois, Bruni évoque cet aspect comme étant « la vraie liberté », et la Constitution de Florence lui paraît d'autant plus excellente qu'elle garantit ce droit dans les faits. Il en parle d'abord à la fin de son *Panégyrique*, en disant que la souveraineté du Conseil populaire de la cité garantit que « le peuple et sa liberté prédominent sur tout », avec pour résultat que « le maintien de la liberté n'est nulle part ailleurs aussi bien assuré » qu'à Florence (pp. 260, 262). Mais c'est dans l'*Oraison* sur Strozzi que figure son principal développement sur ce sujet, à commencer par un nouvel hommage aux Florentins et à l'excellence de leur gouvernement. L'écrasante supériorité de la Constitution de Florence consisterait ainsi « à rendre également possible à tous de prendre part aux affaires de la République », ce qui conduit à garantir que « tout vise dans la pleine mesure du possible à maintenir la liberté ainsi que l'égalité de tous les citoyens ». Libres de critiquer et de contrôler leur gouvernement, puisque « nul ne doit se trouver dans la crainte du pouvoir ou de la capacité de nuire d'un autre », les citoyens sont également exempts du danger de se voir réduire en esclavage par un régime tyrannique, puisque l'engagement de tous assure que « le maîtrise de la cité ne peut jamais tomber aux mains d'une personne ou d'un groupe » (p. 3).

Un autre point concomitant sur lequel les humanistes souscrivent aux vues des anciens *dictatores* quant à la notion de liberté politique est la préférence qu'ils expriment sans ambiguïté en faveur de la république par rapport à toute autre forme de gouvernement. Hans Baron traite ce sujet-là aussi de manière quelque peu discutable. Tenant pour acquis que l'adhésion « à la conception médiévale de la monarchie impériale » constituait une « conviction traditionnelle » des penseurs politiques italiens au cours de toute la période antérieure au début du XVe siècle (Baron, 1966, pp. 160, 242), il en vient donc à parler d'un complet « clivage » entre ces vues anciennes et « la nouvelle vision » développée par les « humanistes civiques » des débuts du *quattrocento*, que leur « critique de la monarchie impériale » mettrait en vive opposition vis-à-vis de « ces traits du siècle précédent[1] ». Pourtant, on l'a vu, le rejet de l'empire, associé à la conviction de la supériorité du système républicain de gouvernement sur tout autre dans le *Regnum Italicum*, se rencontre dès les écrits politiques de Latini dans les années 1260, ainsi que dans les chroniques de Mussato, les commentaires de Bartole, et le traité du gouvernement de Ptolémée de Lucques, dans la première moitié du siècle suivant. Il serait donc plus exact de considérer que ceux que l'on appelle « humanistes civiques » puisaient à une source abondante de sentiments antimonarchiques, en cherchant une fois encore, au début du XVe siècle, à mettre en avant les avantages du système républicain.

Premier des « humanistes civiques » à s'attaquer explicitement à la valeur de la monarchie, Salutati publia une lettre sur ce sujet dès

---

1. Baron, 1966, pp. 49, 58, et Witt, 1969, p. 450 avancent qu'avant l'œuvre politique de Salutati on ne rencontre aucune « conception de la république fondée sur l'importance psychologique de la liberté ».

1376, pour la compléter par une nouvelle lettre en faveur de la liberté républicaine en 1392 (II, 386-393 ; voir Witt, 1969, pp. 452-455). Bruni reprend avec enthousiasme cette position dans son *Oraison* sur Strozzi, qui contient une attaque en règle contre « ceux qui préfèrent la forme de gouvernement monarchique ». Son principal argument est que les rois ne peuvent espérer être bien servis, puisque « les hommes de bien leur sont plus suspects que les hommes de peu, pour cette raison que la valeur chez tout autre qu'eux-mêmes leur est toujours une menace » (p. 3). Alberti réitère cette affirmation dans ses dialogues sur *La Famille*, en traitant des affaires de « la bonne administration » : il souligne que « dans les cours princières les bons sont toujours moins nombreux que les hypocrites, les flatteurs et les envieux », avec ce résultat que « la vertu n'est que rarement bien récompensée » par les princes ou les rois (p. 245). La morale qui en découle, comme Bruni l'avait déjà déclaré dans son *Oraison*, est que « la forme populaire de gouvernement » doit être tenue pour « seule forme légitime », car non seulement « elle rend possibles la véritable liberté et l'égalité devant la loi à tout le corps des citoyens », mais aussi « elle permet à la culture des vertus de s'épanouir sans faire naître de soupçons » (p. 3).

Il est vrai, cependant, que l'on trouve chez Bruni, dans son éloge de la vie politique républicaine, au moins un élément original et de la plus grande portée. Il s'agit de sa conception des relations qu'il devine entre liberté et grandeur des communautés. La république, nous dit-il dans l'*Oraison*, a cette vertu spéciale que « l'espoir de s'élever dans la considération publique, de construire une carrière par ses seuls efforts, est le même pour tous » (p. 3). Cette égalité prend son sens dans le fait que, selon Bruni, les hommes « s'affairent et s'élèvent dès que l'espoir d'honneurs se présente à eux, tandis qu'ils tombent dans l'apathie dès qu'il leur est retiré » (pp. 3-4). En conséquence, « dès lors que la capacité de parvenir aux honneurs et de rechercher la puissance se présente à un peuple libre », on peut s'attendre que ce facteur, plus que tout autre, « aura pour effet de mettre en jeu tous ses talents » (p. 4). Il existerait donc la plus étroite des relations entre la promotion d'une éthique de la compétition et de l'engagement parmi les citoyens, et le maintien d'une communauté forte et efficace. Cette conviction s'exprime tout à fait clairement à la fin de l'*Oraison*, où Bruni observe qu'« il n'est pas du tout surprenant » que Florence « soit si remarquable par ses talents et son industrie », du fait que « cet espoir d'honneurs se présente en effet, et ces énergies se libèrent en effet, parmi tous les citoyens de notre cité » (p. 4). Peu de temps après, en 1438, Poggio Bracciolini parvenait avec tout autant de complaisance à la même conclusion dans une lettre à Filippo Maria Visconti. Il assure d'abord au duc que « la possession de la liberté », associée à la capacité de tous les citoyens « d'agir ensemble en sa faveur », explique que le peuple de Florence « soit motivé et enthousiaste » à un degré inhabituel « pour s'engager dans la poursuite des vertus », et il termine en affirmant que c'est la raison pour laquelle aucune des « nombreuses célèbres et magnifiques cités d'Italie » n'a jamais pu surpasser Florence, « que ce soit en talent, en culture, en science, en modération, en mœurs ou en vertus » (pp. 183-184).

Si cette analyse des liens entre liberté et puissance constitue une nouveauté, elle se fonde manifestement sur deux des principales thèses que nous avons rencontrées dans les écrits des *dictatores* médiévaux. En premier lieu vient l'affirmation selon laquelle la promotion d'une forme saine et honnête de vie politique dépend moins du perfectionnement de la machinerie étatique que du développement des énergies et de l'esprit civique des citoyens. Nous avons déjà remarqué cette conviction dans divers recueils d'avis aux podestats du XIIIe siècle, et elle sous-tend toujours une œuvre comme le *Panégyrique* de Florence de Bruni. Évoquant la grandeur de la République, Bruni l'attribue encore à ce qu'« il n'y a pas eu de recherche du loisir de la part des citoyens », lesquels « n'ont pas cru juste de vivre une vie de tranquillité », mais se sont « constamment employés au service de la cité », s'opposant à ses ennemis « et se consacrant à soutenir ses libertés traditionnelles » (p. 252).

L'autre thèse traditionnelle à laquelle les humanistes continuent d'adhérer est celle qui consiste à mesurer la valeur d'un citoyen non pas selon la hauteur de son lignage ou l'étendue de sa richesse, mais plutôt selon sa capacité d'accroître sa compétence, d'acquérir un juste sens de l'esprit public, et ainsi de déployer son énergie au service de la communauté. Tout comme leurs prédécesseurs, les humanistes englobent cette valeur dans la proposition selon laquelle la vertu constitue l'unique vraie noblesse. Jeune professeur de droit à Florence, apparemment en contact étroit avec les cercles humanistes de la cité, Buonaccorso da Montemagna (v. 1392-1429) a peut-être été le plus fin interprète de cette position dans le débat sur le concept de noblesse (Mitchell, 1938, p. 176 ; voir Baron, 1966, p. 420). La *Controverse sur la noblesse* de Buonaccorso fut achevée en 1428, et traduite en anglais vingt ans plus tard par John Tiptoft, comte de Worcester, alors étudiant en latin et grec à Florence (Mitchell, 1938, p. 177. Il est intéressant de citer la version de Tiptoft, car il s'agit d'un des premiers traités humanistes parus en langue anglaise). La *Controverse*, ou comme Tiptoft préfère l'appeler, la *Déclamation*, prend la forme d'un débat entre deux jeunes gens, tous deux désireux d'épouser Lucretia, fille d'un noble romain « couvert de richesses, d'honneurs et d'amitiés » (p. 215). Lucretia dit à son père qu'elle acceptera celui de ses soupirants qui se montrera « le plus noble ». Chacun d'eux prononce donc un discours pour mettre en valeur sa propre noblesse. Le premier, Cornelius, donne une brève allocution où il se targue de « la haute gloire » de ses fameux ancêtres et de sa propre « abondance de richesses » (pp. 217, 221). L'autre, Gaius, présente un exposé bien plus long et solennel – mais quelque peu suffisant –, s'en prenant à l'idée que se fait Cornelius de la noblesse, « assise sur le sang et la richesse » (p. 226). La vraie noblesse, oppose-t-il, « réside non dans la gloire d'un autre homme, ni dans les bienfaits fugitifs de la fortune, mais dans la vertu propre de l'homme » (p. 226). Il reprend Dante pour soutenir que la possession de grandes richesses est sans conséquence, puisque « une honnête pauvreté n'enlève rien à la vertu » (p. 232), ainsi que pour réaffirmer que l'idée de noblesse comme « chose d'héritage » est sans doute une « vaine supposition », car un homme d'ancien lignage dépourvu de vertus propres devrait être tenu pour particulièrement « méprisable et odieux » pour avoir manqué de suivre l'exemple de ses « vénérables ancêtres » (pp. 229-231). La caractéristique ultime de l'homme vraiment noble se reconnaît donc dans une personne au caractère droit, pouvant prétendre posséder « une certaine excellence dans la vertu et la détermination », et dont les réussites reflètent les propres « ouvrage et mérite » (pp. 232, 234).

Quelques années plus tard, Poggio Bracciolini reprendra ces thèmes dans son dialogue sur *La Noblesse*, après quoi l'équation entre vertu et noblesse devient un lieu commun chez les humanistes Alberti, Landino et Platina, qui se retrouvera jusque sur le blason des armes de Trinity College, à Cambridge, en rappel aux jeunes universitaires anglais. Le dialogue de Poggio s'ouvre sur une remarquable étude des différentes attitudes envers la noblesse en Italie, en Allemagne, en France, en Angleterre et en Espagne, mais la controverse réemprunte ensuite le terrain du débat stoïcien classique concernant l'importance du développement individuel. « L'opinion vulgaire » selon laquelle la noblesse « consisterait dans les bonheurs de fortune » est écartée d'emblée car ce serait là associer la noblesse à des choses ignobles (p. 72). L'opinion courante, partiellement endossée par Bartole comme on l'a vu selon laquelle la noblesse dériverait essentiellement de la naissance au sein d'une famille « connue pour ses grandes actions », est également écartée avec l'observation que bien d'entre les plus grands Romains, « nés de campagnards inconnus, atteignirent plus tard à la noblesse par leurs propres vertus et leurs propres accomplissements » (p. 78). Le dialogue trouve donc son apogée dans l'affirmation renouvelée que « l'aune de la noblesse doit être celle de la seule vertu » (p. 80). Comme chez Boncompagno, l'homme vraiment noble est perçu comme celui qui cultive « l'honnêteté et les dispositions heureuses » qu'il consacrera alors à sa propre gloire et au service de la communauté (p. 83).

Dernier point à propos duquel on peut dire que les humanistes du début du *quattrocento* se fondaient sur des idées anciennes concernant le concept de liberté politique : leur philosophie de l'histoire, et notamment la préférence qu'ils expriment pour la République romaine affrontée au despotisme de l'Empire. Encore ici, Hans Baron est quelque peu pris en défaut, car il répète à plusieurs reprises que cette « interprétation républicaine de l'histoire de Rome » constitue l'un des « éléments nouveaux dans la pensée historique de la Renaissance[1] ». Il est exact qu'on ne trouve que rarement cette interprétation dans les écrits des anciens *dictatores* – encore que, même ici, Latini constitue une importante exception à la règle. Mais on a déjà fait remarquer que les principaux éléments d'une vision républicaine de la Rome antique et de son histoire se rencontraient dans les traités de Remigio, Ptolémée, Bartole et autres scolasticiens du début du XIVe siècle. La vérité assez ironique, si l'on considère leur dénigrement constant de toute pensée scolastique, est que lorsque Salutati, Bruni et leurs disciples parlent de l'histoire de Rome, ils ne font en réalité rien d'autre que ratifier et propager cette interprétation essentiellement scolastique des faits.

Cela ressort tout à fait clairement dans le *Panégyrique* de Bruni, corroborant la thèse de Salutati selon laquelle Florence n'avait pas été fondée à l'origine par Jules César, mais bien plutôt par les vétérans de Sylla dans les dernières années de la République (Baron, 1966, p. 63). Florence étant si fameuse pour ses libertés républicaines, Bruni tient pour évident que « cette colonie n'a pu être établie qu'au temps où la cité de Rome prospérait le plus grandement en puissance et en liberté » (p. 247). Il admet bien que « cette liberté fut sapée, peu après l'établissement de la colonie, par les crimes les plus atroces » (p. 245), mais maintient « qu'une si splendide colonie romaine » n'a pu être établie que lorsque « la liberté du peuple ne lui avait pas encore été confisquée par les César, Antoine, Tibère ou Néron » (p. 235). Cet éloge de la République romaine est à mettre en regard de l'hostilité déclarée envers Jules César, ce qui reprend une fois encore les vues des scolasticiens prédécesseurs de Bruni. Le *Panégyrique* traite César en pivot dont la carrière constitue le tournant conduisant de la liberté de la République à la tyrannie de l'Empire. Avant lui, on avait connu Camille, Scipion, Marcellus et Caton, tous « hommes hautement vénérables et méri-

---

1. Voir Baron, 1966, p. 64, ainsi que pp. 6, 47-48, 54, 75, 460. Voir aussi Ferguson, 1958, p. 25, et Baron, 1958, p. 26. Pocock (1975, p. 56) adopte la thèse de Baron lorsqu'il décrit les critiques de Salutati envers Jules César comme un changement d'attitude « révolutionnaire ».

tants » (p. 246). Puis vint César lui-même, dont les « vices nombreux et profonds », incluant « la proscription de citoyens innocents », sont présentés comme ayant « éclipsé ses grandes et nombreuses vertus » (p. 247). Et après César, le gouvernement tomba aux mains d'un groupe d'hommes « dont les vices n'étaient plus contrebalancés par aucune vertu », parmi lesquels l'odieux Caligula « qui souhaitait que le peuple romain n'eût qu'un seul cou » (pp. 246-247).

Il est un seul point sur lequel on peut estimer que Bruni et ses disciples vont au-delà de l'analyse proposée par les anciens penseurs de la scolastique : il s'agit de leur explication de la grandeur de la République romaine et de la décadence de l'Empire. Bruni considère l'histoire de Rome comme la preuve même étayant sa conviction selon laquelle un peuple atteint à la grandeur dès lors qu'il dispose de la liberté de prendre part aux affaires du gouvernement, et tombe dans la corruption dès lors que cette liberté lui est retirée. C'est dans son *Panégyrique* de Florence qu'il invoque pour la première fois la grandeur et la chute de Rome en tant que meilleur argument en faveur de sa thèse ; il y remarque : « après que la République a été confiée aux mains d'un seul homme, les esprits élevés et talentueux (selon Tacite) ne se rencontrent plus » (p. 247). Mais c'est dans son *Histoire du peuple florentin*, rédigée essentiellement entre 1414 et 1420, que l'on trouve les développements les plus significatifs autour de ce sujet (Ullmann, 1946, p. 218 ; Wilcox, 1969, pp. 3, 67-98). Le premier livre constitue une étude synoptique de l'histoire de l'Italie depuis les origines de la République romaine jusqu'aux campagnes contre Frédéric II au milieu du XIIIe siècle. La discussion se structure autour de l'idée que l'ascension et la chute de la Rome hégémonique doivent essentiellement s'expliquer en termes de conquête et de perte des libertés politiques. Le parcours triomphal de la République est considéré comme illustrant le fait que « lorsque le chemin qui mène à la grandeur est ouvert, les hommes se lèvent plus volontiers, tandis que lorsqu'il est barré ils retombent dans l'apathie » (p. 13). De la même façon, la corruption de Rome et sa chute sont tenues pour dater « du moment même où la liberté fut retirée au peuple, et où il tomba sous la férule des empereurs » (p. 14). Avec l'arrivée des princes, « le peuple abdiqua sa liberté », et « avec la perte de sa liberté vint le déclin de ses forces » (pp. 14, 18). Comme chez Gibbon, chez ces lointains prédécesseurs humanistes le déclin de l'Empire romain est attribué fondamentalement aux excès du pouvoir absolu qui devaient inévitablement se produire dès lors que l'« esprit civique » des citoyens commença de se perdre.

La redécouverte des valeurs classiques

Jusqu'ici, nous avons étudié la manière dont les thèmes préhumanistes et scolastiques furent repris et développés au début du XVe siècle par ceux que l'on appelle « humanistes civiques ». Il nous faut maintenant élargir la perspective pour considérer les liens entre ces auteurs florentins des débuts du *quattrocento* et le mouvement plus vaste de l'humanisme qui s'était déjà fait jour dans le courant du XIVe siècle.

On a déjà remarqué la naissance à Arezzo et à Padoue, au début du *trecento*, d'un courant de pensée que l'on peut légitimement qualifier d'« humaniste », plongeant ses racines dans l'enseignement de la rhétorique et se consacrant de plus en plus à l'étude et à l'imitation de l'histoire, de la poésie et de la philosophie morale classiques (cf. Kristeller, 1956, p. 544). Il convient désormais d'observer qu'après le milieu du XIVe siècle ce mouvement gagna en influence et en force sous deux aspects qui devaient avoir un effet profond sur les humanistes florentins des débuts du *quattrocento*.

L'une de ces importantes évolutions se produisit par accumulation rapide de connaissances pures concernant le monde antique. Les humanistes entamèrent des dépouillements d'archives systématiques, notamment dans les bibliothèques des monastères, afin d'exhumer les écrits de leurs auteurs classiques favoris, cherchant notamment des textes inconnus de Cicéron qu'ils considéraient, selon les termes de Pétrarque, comme « le grand génie » de l'Antiquité[1]. Ces

---

1. Voir Pétrarque, *Sur ma propre ignorance*, p. 79.

chasses au trésor menèrent très vite à toute une série d'importantes découvertes (Kristeller, 1956, p. 262). En 1392, Salutati retrouva le texte intégral des *Lettres familières* de Cicéron à la bibliothèque de la cathédrale de Milan (Baron, 1966, p. 493). On retrouva aussi les Histoires de Tacite et de Thucydide, et un grand nombre des *Vies* de Plutarque, ainsi à nouveau disponibles après des siècles d'oubli (Kristeller, 1961, pp. 14-17). En 1421, l'évêque Landriani trouva un manuscrit intégral de l'*Orateur* de Cicéron à la bibliothèque de Lodi (Murphy, 1974, p. 360). Poggio Bracciolini, encore lui, fait une série de découvertes spectaculaires dans les monastères du Nord qu'il visite en participant au concile de Constance entre 1414 et 1418 (Murphy, 1974, pp. 357-358). En 1416, fouillant à Saint-Gall, il met à jour une version intégrale de la rhétorique de Quintilien, disparue depuis le IXe siècle (Clark, 1899, p. 128), et deux ans plus tard, sans aucun doute à Langres, il découvre les poèmes de Statius et de Manilius, la philosophie de Lucrèce et plusieurs discours de Cicéron que l'on croyait perdus (Clark, 1899, pp. 126n., 128).

Mais le plus important est que, ayant ainsi pris connaissance de tant de nouveaux textes, et donc contraints de reconnaître à quel point ceux-ci avaient été rédigés par et pour une société différente de la leur, les humanistes durent peu à peu adopter une autre attitude envers le monde antique. Jusque-là, l'étude de l'Antiquité classique, après son reflux et sa disparition au cours du Moyen Âge, n'avait suscité aucune conscience d'une rupture radicale avec la culture gréco-romaine. Il régnait un sentiment persistant d'appartenance à une civilisation fondamentalement identique ; et nulle part ailleurs qu'en Italie, où le Code de Justinien était toujours concrètement en vigueur, on n'utilisait autant la langue latine dans toutes les circonstances quotidiennes de caractère formel ou académique, tandis que la plupart des cités continuaient d'occuper les sites d'anciens établissements romains. Comme l'a souligné Panofsky, la permanence de ce sentiment de familiarité eut pour effet que, parmi tous les rapprochements avec la tradition classique effectués au cours du Moyen Âge, on ne trouve jamais aucune tentative visant à approcher la culture antique dans ses propres termes (Panofsky,

1960, pp. 110-111). Au contraire, on rencontre constamment ce que Panofsky appelle le « principe de disjonction » : une faille entre l'emploi de formes classiques et la foi dans le caractère contemporain des messages qu'elles véhiculent. Panofsky illustre cette tendance par de nombreux exemples issus de l'époque romane des arts et de l'architecture, où l'on se servait couramment d'éléments décoratifs classiques de manière éminemment éclectique, avec des personnages grecs et romains représentés comme « barons » et « damoiselles » sur des paysages médiévaux, souvent impliqués dans des rites chrétiens et toujours vêtus selon des modes parfaitement anachroniques (Panofsky, 1960, pp. 85-86, 102). On l'a vu, l'étude de la rhétorique et de la philosophie antiques utilisa des moyens semblables. Lorsque les *dictatores* du XIIIe siècle commencèrent à se détourner de la simple inculcation de règles pour recommander l'étude des « meilleurs auteurs », ils tombèrent avec enthousiasme sur les écrits oratoires de Cicéron. Mais ils ne firent jamais aucun effort afin de déterminer la conception que Cicéron lui-même se faisait du propos et des objectifs de l'enseignement rhétorique, et se contentèrent de faire entrer ses textes oratoires dans le cadre existant de l'*Ars Dictaminis* traditionnel.

Toutefois, vers la fin du XIVe siècle, on découvre une attitude complètement transformée. Comme le résume Panofsky, « l'Antiquité classique se voyait considérer, pour la première fois, comme une totalité coupée du présent » (1960, p. 113). Un sentiment nouveau de la distance historique se faisait jour, et la civilisation de la Rome antique commençait d'apparaître comme une culture entièrement séparée, laquelle méritait – et même exigeait – d'être reconstruite et appréciée dans toute la mesure du possible en ses termes spécifiques.

On peut voir un symbole évocateur de ce changement dans la nouvelle attitude adoptée envers les vestiges physiques de la Rome impériale. Tout le Moyen Âge avait connu le commerce du marbre arraché aux bâtiments antiques, dont une partie avait même été transporté jusqu'à l'abbaye de Westminster et la cathédrale d'Aix-la-Chapelle (Weiss, 1969, p. 9). Mais dès le début du XVe siècle, sous l'influence d'auteurs comme Flavio Biondo dans son *Rome restaurée*, on se mit à tenir ce vandalisme pour sacrilège, et la cité antique fut pour la première fois, progressivement, l'objet de fouilles archéologiques et autres opérations de conservation (Robathan, 1970, pp. 203-205, 212-213). Pourtant, le symptôme le plus marqué de cette nouvelle perspective est à l'évidence le développement d'un style classique non anachronique. Et ce d'abord aux débuts du *quattrocento* florentin, dans la sculpture et l'architecture : Ghiberti et Donatello se mirent à imiter les formes et techniques exactes de la statuaire antique, tandis que Brunelleschi faisait le pèlerinage à Rome afin de mesurer précisément l'échelle et les proportions des bâtiments classiques, avec l'intention, selon les termes de son contemporain et biographe Antonio Manetti, « de renouveler et mettre au jour » le véritable style romain en lieu et place du simple style roman (Panofsky, 1960, pp. 20, 40). Une génération suffit pour qu'une évolution semblable transforme la peinture : les fresques de Mantegna introduisirent un classicisme rigoureux, et bientôt ces valeurs furent reprises et amplifiées à Florence par Pollaiolo, Botticelli, et leur longue lignée d'élèves et de disciples (Panofsky, 1960, pp. 174-176).

Bien entendu, l'essentiel pour notre présent propos est que la même histoire se répète à travers la révolution fomentée par les humanistes dans l'étude de la rhétorique et de la philosophie antiques au cours du XIVe siècle. Le héros de cette histoire s'appelle Pétrarque, qui parvint au bout du compte à surmonter la disjonction entre les fondements classiques de l'*Ars Dictaminis* et les objectifs concrets auxquels celui-ci était principalement voué. Repoussant toute tentation de faire correspondre de force les écrits de Cicéron aux traditions préétablies de l'enseignement rhétorique, Pétrarque s'attacha à retrouver, dans l'esprit sincèrement historique, caractéristique de la Renaissance, ce que Cicéron lui-même avait pu trouver de si particulier dans une éducation fondée sur une combinaison de rhétorique et de philosophie. Comme le dit Seigel, à la suite de cette démarche, « Pétrarque transforma la rhétorique médiévale italienne en redécouvrant son objet et ses racines classiques, permettant par là aux praticiens de la rhétorique de se reconstruire selon quelque chose de semblable à l'image cicéronienne[1] ».

Pétrarque redécouvre d'abord la conception que se faisait Cicéron des vrais objectifs de l'éducation. Ce dernier en avait énoncé l'idéal dans les *Tusculanes* : l'éducation ne vise pas simplement à fabriquer un homme muni d'un spectre donné de compétences techniques, ni même un homme capable d'atteindre à toutes les vertus et à un « bon état d'esprit » ; son ambition doit être plutôt de cultiver « la seule vertu » *(virtus)*, tenue pour « éclipser le reste ». Cicéron rappelle même que « c'est du mot désignant l'homme *(vir)* que vient le mot « vertu » *(virtus)* ; il souligne donc que c'est cette qualité particulière de *virtus* que nous devons chercher à acquérir avant toute autre, non pas seulement « si nous voulons nous montrer vertueux », mais surtout « si nous voulons être des hommes » (pp. 195, 197). L'objet essentiel de toute éducation consiste donc à développer le *vir virtutis*, l'homme vraiment viril, la personne dont on peut résumer le caractère en disant seulement, comme Antoine de Brutus chez Shakespeare, « cet homme fut un homme[2] ».

Pétrarque redécouvre également la place éminente qu'attribue Cicéron à l'étude de la rhétorique et de la philosophie pour contribuer à former le *vir virtutis*. Ce thème est notamment développé dans *De l'orateur*, l'œuvre rhétorique de Cicéron la plus longue et la plus importante. Le vrai *vir* doit être avant tout homme de sagesse : Cicéron fait donc de l'étude de la philosophie morale un élément central de la formation de son personnage. Mais celui-ci doit aussi être capable de mettre sa sagesse en pratique, en liant sa philosophie à sa vie et en s'accomplissant en tant que citoyen, et non pas seulement en tant que sage. Selon Cicéron, cela implique d'accorder une place tout aussi centrale à la rhétorique dans son

---

1. Voir Seigel, 1968, p. 222, et aussi pp. 31-32, 61, 215, 224. Seigel a remarquablement rendu compte du « cicéronianisme » de Pétrarque et de son influence, et je lui dois beaucoup. Voir aussi l'intéressante étude sur les mêmes thèmes chez Whitfield, 1943, notamment pp. 47, 104-105, 195.

2. *Jules César*, V, v, p. 611 – Paris, Gallimard, « Bibliothèque de la Pléiade », 1959, trad. Edmond Fleig.

éducation. Cette discipline aurait ainsi pour qualité particulière « le pouvoir de conduire l'auditoire dans toute direction où s'applique sa puissance » (I, p. 45 ; voir aussi I, pp. 23-27). Joignant la sagesse à l'éloquence, elle serait donc irremplaçable pour permettre de communiquer concrètement la connaissance de la vérité, et ce faisant de placer les plus salutaires des doctrines philosophiques en situation d'exercer leur juste influence sur la conduite des affaires publiques.

La clé pour interpréter l'humanisme de Pétrarque et de ses successeurs se trouve dans le fait que, dès qu'ils eurent retrouvé cette perspective authentiquement classique, ils se muèrent en avocats fervents de ces mêmes idéaux cicéroniens. Il en résulta une transformation des opinions existantes concernant non seulement les justes objectifs et contenus de l'enseignement, mais aussi la nature de l'homme, l'étendue de ses capacités et les vrais buts de sa vie. C'est à l'analyse de cette transformation que le reste de ce chapitre tentera de se livrer.

Le concept de *virtus*

Fondamentale, la première démarche des humanistes fut d'énoncer l'ensemble des hypothèses formant le soubassement du concept cicéronien de *virtus* : d'abord, qu'il est réellement possible aux hommes d'atteindre à cette plus haute forme d'excellence ; ensuite, qu'un processus éducatif approprié est essentiel pour parvenir à ce but ; et enfin, que le contenu de cette éducation doit avoir pour centre l'étude conjointe de la rhétorique et de la philosophie antiques.

Le choix de cette échelle de valeurs classique eut pour effet immédiat de procurer aux humanistes un sentiment jubilatoire envers la valeur de leurs propres études rhétoriques. Il leur paraissait désormais incontestable que la rhétorique et la philosophie devaient être tenues pour les disciplines culturelles reines (cf. Seigel, 1968, p. 61). Ils parvinrent ainsi à donner corps à une doctrine qui devait par la suite se révéler d'une longévité presque encombrante : celle selon laquelle l'éducation classique constituerait non seulement la seule forme possible pour éduquer un gentilhomme, mais aussi la meilleure préparation possible à l'entrée dans la vie publique.

Pétrarque présente lui-même cette thèse dans son traité *Sur ma propre ignorance et celle de beaucoup d'autres*, défense des études humanistes rédigée en 1367 en réaction aux sarcasmes de quatre jeunes étudiants de philosophie scolastique qui l'avaient traité de « brave homme, mais inculte » (Wilkins, 1961, p. 210). Pétrarque souligne en réponse qu'il n'est pas suffisant d'apprendre « ce qu'est la vertu » de l'étude d'Aristote. L'analyse d'Aristote est sans doute « d'une perspicacité aiguë », mais « son enseignement manque des mots qui cinglent et enflamment », limite entraînant ce handicap selon lequel, incapable de pousser ses lecteurs « vers l'amour de la vertu et la haine du vice », il se trouve également dans l'incapacité d'amener ses théories à un quelconque contact direct avec la vie matérielle (p. 103). L'unique manière de surmonter cette faiblesse consiste à étudier la rhétorique, et particulièrement celle de Cicéron, dont Pétrarque avoue avoir « du mal à s'arracher » à son génie (p. 85). Ce n'est qu'après avoir appris comment unir sagesse et éloquence, comment « imprimer et porter au fond du cœur les traits les plus acérés et les plus ardents du discours », que nous pouvons espérer nous acquitter de notre seule tâche vraiment vitale en termes de philosophie : celle d'argumenter de manière non seulement à instruire nos auditeurs en matière de vertu, mais aussi à les inciter à la pratique d'actes vertueux (p. 104). Ces vues concernant l'unité de la théorie et de la pratique furent adoptées par tous les humanistes florentins du début du XVe siècle. Dans une lettre de 1374, Salutati fait l'éloge de Pétrarque à la fois pour sa défense de l'importance de la rhétorique et parce qu'il excelle lui-même « si grandement en éloquence » (I, 179). Bruni consacre une part importante de son *Dialogue* à affirmer la nécessité de l'union entre philosophie et rhétorique, et désigne Pétrarque et Cicéron comme les deux grands exemples à suivre dans une telle synthèse. Il commence par couvrir Cicéron de louanges, lui « qui a fait passer la philosophie de Grèce en Italie, et l'a nourrie à la source d'or de son éloquence » (p. 54) ; et il termine sur un hommage appuyé à

Pétrarque, « l'homme qui a rétabli les *studia humanitatis* à une époque où ces études étaient éteintes, et nous a montré le chemin pour acquérir la connaissance par nous-mêmes » (p. 94).

En une génération, cette conviction de l'importance de l'éloquence était devenue un article de foi des humanistes autant que leur caractéristique identitaire. Les éloges qu'ils furent amenés à prodiguer à l'étude de la rhétorique atteignirent en conséquence de prodigieux degrés d'emphase. On en trouve un bon exemple dans l'*Oraison à la louange de l'éloquence* donnée en 1481 par Bartolomeo della Fonte (1446-1513) au début de son premier cours en tant que professeur de rhétorique à Florence (Trinkaus, 1960, pp. 91-94). La maîtrise de l'art oratoire, assure-t-il à son public, est indispensable « dans nos affaires domestiques comme dans nos activités publiques » (p. 96). L'homme en mesure de joindre la sagesse à l'éloquence dispose du pouvoir « de punir les méchants, de protéger les bons, d'embellir sa terre natale et de profiter à toute l'humanité » (pp. 96-97). Il est donc évident que « l'étude de l'éloquence » donne lieu à « de plus grands avantages dans les affaires publiques et privées » que toute autre discipline (p. 95). Bref, on doit la tenir pour rien de moins que « la maîtresse de toute la race humaine » (p. 99).

La redécouverte de l'idéal cicéronien de *virtus* eut pour deuxième effet de donner naissance parmi les humanistes à une conscience nouvelle de l'importance majeure que revêtaient les détails précis de l'éducation des jeunes gens, à savoir la nature exacte des sujets à enseigner et l'ordre exact de leur préséance. On trouve un reflet de cette conviction dans le fait que, dès le début du XVe siècle, un certain nombre d'humanistes se mirent à créer leurs propres écoles pour s'assurer que les matières adéquates fussent enseignées selon les règles. Pionnier de cette évolution, Giovanni di Conversino eut deux élèves qui devinrent des plus influents parmi les pédagogues humanistes : Vittorino da Feltre, qui établit une célèbre école à Mantoue en 1423, et Guarino de Vérone, enseignant à Ferrare pendant plus de trente ans, jusqu'à sa mort en 1460 (Hay, 1961, pp. 154-155). Un autre aspect de cette même perspective se discerne dans l'émergence à cette époque d'un genre nouveau et distinct dans la pensée morale et politique, genre constitué de recueils d'avis destinés non pas tant à conseiller directement podestats et princes, mais plutôt à offrir un appui concernant la meilleure forme d'éducation à dispenser à ceux susceptibles d'exercer par la suite ces importantes fonctions. Le premier traité de cette nature est le manuel *Des bonnes manières*, bref mais de très grande influence, rédigé par Pier Paolo Vergerio en 1402 (Baron, 1966, p. 494). L'hypothèse sous-tendant l'argumentation de Vergerio est que si nous recevons tôt dans la vie une forme adéquate d'instruction « dans les études sérieuses et libérales », cela nous offre les meilleures garanties de pouvoir « atteindre et pratiquer la *virtus* et la sagesse » dans nos carrières ultérieures (pp. 96, 102). Il accorde en conséquence une attention nouvelle et soutenue à la question du programme précis à suivre si l'on veut assurer la formation d'un véritable *vir virtutis*. Il estime que les connaissances historiques méritent « la première place » ; que la philosophie morale « suit en importance » ; et que « la troisième branche d'étude » doit être la rhétorique, « discipline formelle par laquelle nous parvenons à l'art de l'éloquence » (p. 106-107). En une génération, cette perspective avait donné lieu à un catalogue de plus en plus volumineux de guides humanistes destinés à l'éducation adéquate des princes et gentilshommes. On trouve les mêmes hypothèses dans le livre de Maffeo Vegio sur *L'Éducation des enfants*, dans la description de Guarino *Du juste ordre pour enseigner et apprendre*, et par-dessus tout dans les œuvres pédagogiques d'Enea Silvio Piccolomini, notamment dans son importante lettre de 1445 au roi de Hongrie sur l'éducation des princes, ainsi que dans son traité paru cinq ans plus tard sur *L'Éducation des enfants* (Garin, 1965, p. 76 ; Woodward, 1963, p. 180).

Autre effet de la renaissance du *vir virtutis* idéal : elle conduisit à apporter une réponse nouvelle et originale à la sempiternelle question de ce qui permet à l'homme de se considérer comme véritablement cultivé. Les humanistes furent ainsi amenés à rejeter la dichotomie inhérente aux théories et pratiques pédagogiques du haut Moyen Âge. En effet, on avait jusque-là généralement estimé qu'il convenait de maintenir deux systèmes d'enseignement différents, l'un réservé aux gentilshommes et l'autre aux « clercs ». L'Europe du Nord conserva presque universellement cette conviction durant tout le XIVe siècle, et on la retrouve par exemple dans les *Contes de Cantorbéry*, même si Chaucer écrivait bien sûr une génération après Pétrarque. L'un des pèlerins dépeints dans le prologue est un jeune étudiant d'Oxford, et un autre un jeune noble. Le premier passe tout son temps à lire Aristote, tandis que le second s'occupe entièrement à pratiquer les idéaux de la chevalerie et à apprendre les arts de la guerre. Mais dès que l'on considère les écrits pédagogiques humanistes des débuts du *quattrocento*, ces distinctions sont volontairement effacées. Le recueil d'avis de Vergerio sur les *bonnes manières* est l'un des premiers traités à refléter cette évolution. Il s'ouvre sur une dédicace à Umbertino de Ferrare, dans laquelle le jeune *signore* se voit adresser les plus hautes louanges parce que « vous étiez confronté au choix entre étudier les Armes ou les Lettres » et que « pour votre grand mérite, vous avez décidé de devenir familier des deux à la fois » (pp. 103-104). L'idéal désormais proposé est celui de « l'homme de la Renaissance », celui qui ne vise à rien de moins qu'à l'excellence universelle. Il ne possède plus le droit de se penser comme spécialiste, que ce soit dans les arts du gouvernement, du savoir ou de la guerre. Il ne peut désormais considérer son éducation comme achevée que lorsqu'il devient possible de dire de lui, comme Ophélie d'Hamlet, qu'il est parvenu à joindre « l'œil, la langue, l'épée du courtisan, de l'érudit, du soldat[1] ».

Mais l'adoption de l'idéal d'*Uomo universale* eut une autre conséquence encore, de loin la plus importante : elle amena en effet les humanistes à rejeter entièrement la représentation augustinienne de la nature humaine. Saint Augustin avait explicitement énoncé dans *La Cité de Dieu* que l'idée de rechercher la *virtus*, c'est-à-dire l'excellence humaine absolue, était fondée sur une vision présomptueuse et faussée de ce que l'homme peut espérer accomplir par ses propres efforts. Lui-même soutenait que si d'aventure un souverain mortel parvient à gouverner vertueusement, on ne peut en aucun

---

1. Hamlet, III, I, 159. Inversion dans l'original : « ... *the courtier's, soldier's, scholar's* » (*NdT*).

cas attribuer ce triomphe à ses talents propres, mais « uniquement à la grâce de Dieu ». Et il prenait en outre le soin d'ajouter que, même si Dieu « accorde vertu » à un pareil souverain en réponse à ses prières, celui-ci demeurera en tout état de cause « loin de la perfection en rectitude » en raison de sa nature fondamentalement viciée (vol. II, p. 245).

Durant tout le Moyen Âge, la prépondérance de cette position est complète : la simple possibilité d'aspirer à conquérir la *virtus* disparaît entièrement de tout débat orthodoxe concernant la nature humaine et ses capacités ; de plus, Panofsky l'assure, la représentation de cette notion est totalement absente dans l'art médiéval (Panofsky, 1960, p. 177). Il est bien sûr admis qu'un homme touché par la grâce de Dieu puisse accéder à quelques vertus personnelles, et donc éviter la plupart des formes de vice les plus grossières. Mais on tient toujours pour acquis, dans la ligne de l'enseignement de saint Paul, que la *virtus generalis* n'est l'apanage que de Dieu seul, et n'est personnifiée que par le Christ seul[1]. Toute idée d'ouvrir à l'homme la possibilité d'imiter une excellence si prééminente est automatiquement éliminée, comme Innocent III devait le déclarer dans son célèbre traité *Du mépris du monde*, de par « la condition pécheresse de l'existence humaine » (p. 31).

Pétrarque et ses disciples vont délibérément renverser ces valeurs. Il faut cependant éviter de confondre ce retour à une vision classique de la nature humaine avec une régression vers le paganisme, confusion que l'on attribue souvent au grand texte de Jakob Burckhardt sur « la redécouverte de l'Antiquité », dans *La Civilisation en Italie au temps de la Renaissance*. Pétrarque était un fervent chrétien, cela ne fait aucun doute, qui a légué aux humanistes des débuts du *quattrocento* une vision profondément chrétienne concernant la façon dont il fallait analyser cette notion clé de

---

1. Épître aux Corinthiens, I, 24. À ce sujet, et sur ses implications, voir Mommsen, 1959b et 1959c. Mes propres positions sur l'attaque augustinienne contre la *virtus* et sur la récupération humaniste de cette notion sont grandement redevables à l'analyse de Mommsen, ainsi qu'aux développements qu'y consacre Mazzeo dans son premier chapitre, 1967. Voir aussi Menut, 1943, pp. 308-321.

virtus. On le voit très clairement dans son traité *Sur ma propre ignorance et celle de beaucoup d'autres* : tenant pour donné qu'atteindre à la *virtus* relève principalement de l'acquisition de toutes les vertus personnelles possibles, il souligne que ce les-ci n'incluent pas seulement les vertus cardinales vantées par les moralistes de l'Antiquité, mais aussi la vertu fondamentale de la foi chrétienne. Il poursuit en assurant que « les deux choses sans lesquelles il ne peut y avoir absolument aucun bonheur » sont « la Foi et l'Immortalité », et résume sa vision en estimant que la sagesse et la piété sont choses équivalentes (pp. 65, 75). Ces assertions se retrouvent chez tous les humanistes des débuts du *quattrocento*. Parmi les nombreux écrits où se développent de semblables conceptions de la *virtus*, le plus explicite est peut-être celui d'Alberti dans le deuxième dialogue sur *La Famille*. Il aborde le sujet par un avertissement du père à l'un des jeunes participants du débat : « Souviens-toi que le temps que tu ne passes pas à acquérir la *virtù* est perdu » (p. 137). L'analyse de ce que signifie « parvenir à la *virtù* » procède alors par caractérisation de chacune des vertus qu'il est nécessaire de cultiver afin de pouvoir vivre une vie sociale parfaite. D'abord viennent les vertus qui « maintiennent les hommes ensemble dans la société humaine », les plus éminentes étant « la justice, l'équité la générosité et l'amour ». Il nous faut ensuite une gamme de vertus qui nous aident à faire face à l'adversité de la vie, parmi lesquelles « la fermeté, la constance, la force et le dédain envers les choses transitoires » (p. 141). Jusque-là, l'analyse peut être qualifiée d'essentiellement aristotélicienne, puisqu'elle repose de toute évidence sur la conviction que les quatre vertus cardinales sont la justice, la sagesse, la tempérance et le courage. Cependant, elle se voit compléter par l'addition de deux affirmations nouvelles, reflétant toutes deux une échelle de valeurs incontestablement chrétienne. Selon la première, nous ne devons jamais nous féliciter d'avoir acquis aucune de ces « grandes et excellentes vertus », car il nous faut admettre que c'est par Dieu que cette capacité a été « instillée en nos âmes » (p. 140). Selon la seconde, en conséquence, personne ne peut se prévaloir de mener une vie vraiment vertueuse à moins que ses « excellentes actions » ne soient conduites non seulement avec « une virile fermeté », mais aussi dans « l'amour du mérite » et le désir constant de se recommander à son Créateur (p. 142).

Il serait cependant erroné d'en conclure que Pétrarque et ses disciples n'étaient rien d'autre que des moralistes chrétiens orthodoxes. Même s'ils ajustaient leurs descriptions du *vir virtutis* à un moule chrétien, il ne fait pas de doute que la reprise de cet idéal classique les amenait à rejeter nettement les conceptions augustiniennes dominantes de la déchéance humaine. On peut constater la force de ce rejet dès 1337, lorsque Pétrarque se met à rédiger la première version de son traité *Des hommes illustres* (Wilkins, 1959, p. 283). Il ne prête aucune attention au panthéon médiéval habituel des notables et des saints : ses héros viennent tous du monde antique, et la raison qu'il donne presque toujours pour les avoir élus est qu'ils sont réputés comme ayant réussi à atteindre la vraie *virtus*. Ainsi, une vie de Camille vante « sa *virtus* rigide » ; celle de Marcellus parle de « la *virtus* qui lui procura sa gloire » ; et une longue vie de Scipion aborde l'un des thèmes favoris des humanistes, cette idée que la force et « la furie » pures d'un barbare comme Hannibal ne peuvent jamais rivaliser avec le genre de *virtus* dont Scipion fit preuve au cours de son offensive finale qui lui permit d'écraser Carthage (pp. 31, 133, 158). L'idée récurrente à travers ces vies est que l'on peut concrètement accéder à la *virtus*, et que tout homme digne de ce nom doit par-dessus tout s'acharner à l'atteindre.

Cette vision anti-augustinienne de la nature et des capacités humaines chez les humanistes des débuts du *quattrocento* apparaît de façon plus marquée encore à Florence. Ils affirment en premier lieu que les hommes ont bel et bien le pouvoir de parvenir à la plus haute excellence. C'est à ce stade que, afin de souligner leur conviction, ils inventent l'un des genres les plus typiques de la pensée morale de la Renaissance, voué à mettre en exergue « l'excellence et la dignité de l'homme ». L'exemple le plus célèbre sur ce thème est bien sûr l'oraison de Pic de La Mirandole, rédigée en 1484 (p. 217). Mais trente ans plus tôt déjà, Giannozzo Manetti avait donné un traité fort semblable, prenant la forme d'une réfutation point par point du *Mépris du monde* d'Innocent III et de sa vision profondément pessimiste (Trinkaus, 1970, p. 177). Tout à ses certitudes absolues, Manetti terminait sur une note que l'on entendra plus tard à travers toute la Renaissance italienne, note de confiance presque suraiguë envers « la dignité et l'excellence sans mesure » de l'homme et envers « les dons extraordinaires et les rares privilèges » de sa nature (p. 102, 103).

Puis les auteurs florentins soutiennent que si l'homme est susceptible de parvenir à pareille excellence, alors son devoir est de faire de la poursuite de la *virtus* le but essentiel de leur vie. Salutati l'annonce dès 1369, assurant à l'un de ses correspondants du moment que « d'autres pourront tenir en gloire la richesse, les honneurs et la puissance », mais « je réserve toujours mon admiration à la *virtus* elle-même » (I, 79). Manetti entonne le même refrain dans son traité sur *La Dignité de l'homme*, en évoquant l'idée cicéronienne d'une liaison entre le vrai *vir* et la poursuite de la *virtus*, pour enjoindre ensuite : « Que votre but central soit la *virtus* » (p. 102). Quant à Alberti, il résume le propos sous-tendant ces injonctions dans la conclusion du premier dialogue sur *La Famille* en assurant que la *virtus* elle-même « n'est rien d'autre que nature parfaite et bien développée » (p. 80).

Enfin, les humanistes transforment cette conception des capacités de l'homme en un vibrant plaidoyer patriotique. La République romaine étant désormais considérée comme le plus grand dépositaire de la *virtus* dans l'histoire du monde, ils déplorent que le *Regnum Italicum* moderne ait si lourdement chuté depuis ses hauteurs primitives, et appellent leurs concitoyens à restaurer l'honneur perdu de leur terre natale. Cette exigence, souvent exprimée sous forme d'espérance, est déjà centrale dans la manière dont Pétrarque traite de la *virtus*, et s'incarne magnifiquement dans la célèbre *canzone* « Mon Italie », avec ces vers :

> Vertu contre fureur prendra les armes
> et le combat sera bref,
> car l'antique valeur
> n'est pas morte encore au cœur des Italiens[1].

---

1. Traduction extraite du *Dictionnaire des œuvres*, Laffont-Bompiani, 1980, vol. IV, p. 616 (*NdT*).

Même cri de ralliement chez Salutati dans une lettre publique de 1377 à l'adresse du peuple de Rome, lui demandant de « se rappeler l'antique *virtus* » et de résister aux ambitions tyranniques de la papauté visant « à apporter la désolation en Italie[1] ». Et si, dans son *Panégyrique*, Bruni reconnaît que la Rome antique comptait « davantage d'instances de *virtus* » que « toutes les autres Républiques en tous temps », il y estime aussi, avec bien plus d'optimisme, que cet esprit se reconstitue en partie à Florence, dont il fait l'éloge « non seulement pour sa splendeur et sa noblesse », mais « aussi pour sa *virtus* et les choses qu'elle a réalisées » (pp. 244, 251).

Les pouvoirs du *vir virtutis*

Affirmer que les hommes peuvent atteindre à la plus haute excellence, c'est supposer qu'ils sont en mesure de surmonter tous les obstacles dans la poursuite de ce but. Les humanistes reconnaissent volontiers que leur vision de la nature humaine les oblige justement à faire cette analyse optimiste de la liberté et des pouvoirs de l'homme ; ils vont donc donner une description idyllique du *vir virtutis* en tant que force sociale créatrice, capable de forger son propre destin et de reconstruire son univers social pour le faire correspondre à ses propres désirs.

En premier lieu, ils en reviennent à l'idée classique de la condition humaine, qui tient celle-ci pour une lutte entre la volonté de l'homme et les aléas de la fortune. Les Romains adoraient la déesse Fortuna, fille de Jupiter lui-même (Patch, 1922, p. 133). Ils lui attribuaient un pouvoir éterdu sur les affaires humaines, et la représentaient munie d'une roue sur laquelle les destins des hommes tournaient selon son seul bon plaisir. Mais ce pouvoir n'avait rien d'inexorable, car l'homme de vraie *virtus* pouvait toujours la courtiser, voire la séduire. C'est cette apposition classique de *virtus* et de *fortuna* que font revivre les humanistes de la Renaissance, accom-

---

1. Pour cette lettre, voir Salutati, *Epistolae*, éd. Rigacci, vol. II, pp. 141-143.

pagnée de l'idée que la fortune sourit aux braves. L'une des plus brillantes esquisses de la perspective de vie qu'ils en déduisent nous est fournie par Burckhardt, à l'occasion de son portrait d'Alberti dans *La Civilisation de la Renaissance* (Burckhardt, 1960, p. 87). Né dans l'opprobre de la bâtardise, dans la contrainte de la pauvreté, dans l'indignité de l'exil, menacé par la maladie, Alberti traita tous ces revers de fortune comme autant de défis, rien de plus, bandant sa volonté pour les affronter l'un après l'autre. Grâce à sa grande *virtus*, il finit par réussir à surmonter totalement les assauts de Fortuna, arrachant à son étreinte jalouse la plus haute récompense : la renommée et la gloire immortelle.

Le retour à cette mise en scène classique de la condition humaine constitue une nouvelle hérésie, quasi pélagienne, envers les conceptions dominantes de la chrétienté augustinienne. Au livre IV de *La Cité de Dieu*, cherchant à ruiner définitivement le polythéisme romain, et après s'en être pris à Jupiter et aux divinités mineures, saint Augustin concentre ses attaques sur les déesses jumelles, Virtus et Fortuna (vol. II, pp. 63, 71). Il croit repérer deux erreurs cardinales, sous-jacentes à la transformation de ces forces en objets de culte. La première réside dans le fait que déifier la fortune revient à nier la puissance bénéfique de la providence divine. Dans sa réponse, saint Augustin réaffirme sans cesse que c'est par « la divine providence » que « s'érigent les empires du monde », ce qui ne pourrait jamais se produire « sans rime ni raison » puisque c'est Dieu lui-même, et non « Fortuna, déesse de la chance », qui s'y emploie (II, pp. 125, 135). La seconde erreur, poursuit-il, consiste à oublier que, du moment que le monde est de fait inexorablement gouverné par la providence divine, il est hors de question d'agir sur son destin selon la manière classique, celle de l'idée d'un affrontement entre *fortuna* et *virtus*. La vérité est que si les hommes se montrent capables de parvenir à la grandeur, ce n'est que parce que Dieu l'a voulu : le pouvoir en jeu « n'est pas une déesse, mais le don de Dieu » (II, p. 71).

Ces deux présupposés devaient envahir toute la pensée morale et politique médiévale (Pocock, 1975, pp. 39-43). Au XIV\ :sup:`e` siècle, on les voit encore endosser sans réserves par les *dictatores* florentins, et même par Dante dans son œuvre politique. Parlant des « biens de la Fortune » dans *Li Livres dou trésor*, Latini insiste sur l'identité entre fortune et providence, refusant la thèse classique selon laquelle « la fortune est aveugle » aux motifs que « nous devons plutôt croire ce que disent les hommes avisés, à savoir que c'est par Dieu que les puissants sont abaissés et les faibles élevés » (p. 279). Dans la *Monarchie*, quand Dante traite des moyens par lesquels les Romains « ont conquis le pouvoir à travers le monde », il ne fait aucune concession : c'est par la grâce de Dieu, et non par la volonté des hommes, que les événements sont déterminés fondamentalement. L'idée que les Romains « devaient leur suprématie seulement à la force armée » se voit stigmatiser comme « vue superficielle », oubliant de reconnaître « les marques convaincantes de la divine providence » reconnaissables dans leur accès au pouvoir (p. 29). Plus tard, évoquant le pouvoir de la fortune dans le septième Chant de l'*Enfer*, il soutient toujours cette même approche fondamentalement boécienne de la Fortune comme instrument divin, « ministre et guide général » ordonnancé par Dieu pour disposer « des biens du monde » (p. 73).

En revanche, lorsque nous en venons à Pétrarque et à ses disciples, il s'agit clairement de rétablir l'image classique de la condition humaine, celle qu'Augustin avait cherché à oblitérer. Tout d'abord, les humanistes reprennent l'idée que, si la capacité d'action de l'homme est restreinte, le facteur limitant n'est rien de plus que l'influence capricieuse de la fortune, et non la force inexorable de la providence. C'est sans doute Alberti qui donne l'exemple le plus clair de ce déplacement conceptuel crucial. Évoquant dans ses *Trois dialogues* Fortuna et ses terribles pouvoirs, il en parle comme de la « déesse suprême », seule en mesure « d'envoyer les dieux au ciel » et « d'employer ses laquais, selon son bon vouloir, pour les déposer » (p. 33). Traitant du rôle de Fortuna dans ses dialogues sur *La Famille* il la dépeint à nouveau comme force première conduisant les affaires humaines et y mettant fin. Il reconnaît bien sûr que « nous savons par l'expérience » combien Fortuna influence nos vies ; mais il décrit en outre l'étendue de ses pouvoirs, dans la même métaphore que rendra célèbre le Machiavel du *Prince*, par « les vagues du temps et les flots impétueux de la fortune », et en fait les principaux obstacles à notre bonheur (pp. 106, 143).

Cette conscience de la tyrannie capricieuse exercée par la fortune conduit certes parfois les humanistes à des dispositions d'un pessimisme extrême. Plus que chez tout autre, c'est chez Poggio que l'on rencontre cet état d'esprit, notamment vers la fin de sa vie, lorsqu'il va jusqu'à écrire un traité entier, intitulé *La Misère de la condition humaine*, pour déplorer « la licence et la puissance de la fortune dans les affaires humaines » (p. 89 ; cf. Trinkaus, 1940, pp. 84-92). Mais l'effet principal du retour à cette image classique de la condition humaine est plutôt de provoquer chez les humanistes une perception nouvelle et stimulante de la capacité de l'homme à lutter contre les vicissitudes de la fortune, à canaliser et à endiguer sa puissance, et à devenir ainsi, au moins dans une certaine mesure, maître de son destin.

L'optimisme ambiant a notamment pour reflet l'accent nouveau, étonnant, que les humanistes commencent à placer sur l'idée de la liberté de vouloir. On le constate très nettement dans leurs traités sur la dignité humaine. Jusque-là, les débats sur l'excellence de l'homme et sa place unique dans l'univers se déroulaient surtout dans l'assurance qu'il possédait une âme immortelle. Or on commence à voir apparaître une nouvelle attitude dans les *Entretiens sur la bonne et mauvaise fortune* de Pétrarque (Trinkaus, 1970, pp. 179, 190-193). Après cela, les humanistes vont peu à peu se placer sur le terrain de Pétrarque, et accepter comme lui que, de toutes les créatures, l'homme est la seule à pouvoir maîtriser son propre destin. Parmi les principales raisons de défendre la dignité humaine, Manetti cite sa capacité à façonner son destin par « les nombreuses opérations de l'intelligence et de la volonté » (p. 193). L'un des thèmes forts de Pic de La Mirandole dans l'oraison *De la dignité de l'homme* évoque les pouvoirs de liberté et de créativité de l'individu. Il commence par imaginer Dieu qui, ayant créé l'homme, lui décrit l'unicité de sa situation dans l'univers. Tous les autres êtres, aurait ainsi dit Dieu, sont « limités et contraints dans les frontières que Nous avons prescrites » ; seul l'homme « n'est contraint par aucune limite » et est doté de « sa volonté propre ». Et la raison que donne Dieu pour avoir de la sorte placé l'humanité « au centre du monde » est son désir que les hommes soient capables « avec leur liberté de choisir » de créer et de se façonner leurs propres caractères (p. 225).

On retrouve ce même optimisme dans l'assurance avec laquelle les humanistes se mettent à nier que tout au monde soit réglé par la providence. Cela se manifeste bientôt dans la manière dont ils écrivent l'histoire, comme l'a récemment fait observer Green dans son étude sur les chroniqueurs florentins du XIVe siècle. L'idée que la fortune soit équivalente à la providence, et qu'il faille la traiter comme force de loi, encore présente chez Compagni, commence à faire place au sentiment que la fortune n'est guère autre chose que le hasard, et, en contrepartie, que la responsabilité et la décision individuelles jouent un rôle bien plus important dans le flot des événements que les historiens plus anciens ne l'avaient supposé[1]. Peu après, la même perspective se fait jour dans certains débats humanistes sur la foi religieuse. L'attaque dévastatrice menée par Pic de La Mirandole contre la prétendue science de l'astrologie est fondée sur un sentiment fort de la liberté humaine, qui est également tout à fait explicite, par exemple, dans le dialogue d'Alberti, *De la religion*, où l'idée que « la fatalité ou le destin » constitueraient « la source de nos malheurs » se voit fermement rejeter au motif que « les hommes sont eux-mêmes la cause de leur propre affliction » (pp. 29-30 ; cf. Garin, 1965, pp. 108-111).

Les humanistes réunissent l'ensemble de ces thèses en une doctrine que Garin qualifie de « motif typique de la Renaissance » et que l'on peut résumer par la formule suivante : il est toujours possible aux hommes d'exercer leur *virtus* de manière à surmonter la puissance de *Fortuna* (Garin, 1965, p. 61 ; cf. Kristeller, 1965, pp. 59-60). Ce thème essentiel est remarquablement exposé dans la préface aux dialogues d'Alberti sur *La Famille*. L'auteur commence par y poser la question de savoir pourquoi tant d'anciennes familles « qui étaient autrefois très heureuses et renommées sont maintenant

---

1. Voir Green, 1972, pp. 57-59 Cf. aussi Gilmore, 1956, p. 59. Pour l'équivalence de la fortune et de la providence chez Compagni, voir pp. 74, 150, 234, etc.

éteintes ». Bien des gens, note-t-il, pensent que c'est l'effet du pouvoir de la fortune, « versatile et capricieuse » ; ils s'imaginent qu'elle est capable de prendre « de grandes familles d'hommes de vertu », « parés de grande dignité, célébrité, renommée, autorité et raffinement », et de les jeter « dans la pauvreté, la solitude et le malheur » (p. 27). Selon lui, en revanche ces explications « accusent souvent la fortune injustement » (p. 28). Il appuie plutôt l'opinion, tellement plus courageuse et typiquement humaniste, selon laquelle « la plupart du temps ce sont les hommes qui sont eux-mêmes responsables de ce qui leur est dévolu en bien ou en mal » (p. 28). Il en conclut que ce n'est que lorsque les grandes familles ont perdu leur *virtus* que la Fortune est en mesure de les conquérir. La morale de tout cela est que, du moment que nous conservons notre « *virtù* virile », il nous est toujours possible, « même si la jalouse Fortune nous est opposée », de continuer à tenter d'atteindre « le plus haut pinacle de la gloire » et d'accomplir « les plus grandes et sublimes actions » (p. 32).

Cette insistance sur les pouvoirs créateurs de l'homme allait devenir une des thèses les plus influentes et les plus typiques de l'humanisme de la Renaissance. En premier lieu, elle contribua à susciter un nouvel intérêt pour la personnalité individuelle. Il commença de sembler possible à l'homme de se servir de sa liberté pour se faire l'architecte et l'explorateur de son propre caractère. Par suite, cela aide à expliquer la complexité psychologique grandissante dans une bonne partie de la littérature du XVIe siècle, ainsi que la passion pour l'introspection qui devait plus tard inciter Montaigne à consacrer la totalité de son énergie créatrice à l'étude de sa propre nature. Cette même perspective contribua également à répandre une nouvelle conception des relations entre l'homme et son environnement : l'idée commença à gagner du terrain, selon laquelle l'homme pourrait être en mesure d'utiliser ses pouvoirs pour provoquer la transformation de l'univers physique. À un premier niveau, cela donna naissance à la figure théâtralisée du *magus*, celui qui emploie les arts occultes de la magie blanche pour découvrir les secrets de la nature. Ce personnage faustien est le vrai héros de la *Dignité de l'homme* de Pic de La Mirandole, où il est salué comme véritable philosophe et appelé à mettre au jour « les miracles dissimulés aux recoins du monde, dans les profondeurs de la nature, et dans les réserves et mystères de Dieu » (p. 249). À un niveau plus sophistiqué, l'insistance sur la créativité naturelle de l'homme donna naissance à la thèse non moins influente de la signification morale du travail. Nous considérons habituellement aujourd'hui cela comme un héritage du puritanisme, mais on peut soutenir que si la glorification du travail par les puritains à la fin du XVIe siècle rencontra un tel succès, c'est aussi en partie qu'elle rappelait une idée similaire propagée par les humanistes de la Renaissance plus d'un siècle auparavant. Manetti considère déjà que la dignité spécifique à l'homme est étroitement liée à sa capacité de travail. Il déclare que « sans activité il n'est pas de plaisir », et ajoute que « de même que toute activité comporte quelque peine, de même nous trouvons un plaisir égal et même supérieur à notre travail dans chacune de nos entreprises » (p. 95). Dans les dialogues sur *La Famille*, Alberti prêche le même évangile sur un mode plus fervent encore : il nous demande « d'abhorrer l'oisiveté et la paresse », et nous assure que jamais nous ne pourrons espérer « conquérir honneurs et dignité » « sans étudier passionnément des arts excellents, sans travailler assidûment, sans nous acharner à de difficiles et viriles tâches » (p. 138). Comme chez Manetti, l'éloge des pouvoirs humains culmine en un credo aux nets relents puritains : d'un côté, on nous avertit que « rien ne génère le déshonneur et l'infamie autant que l'oisiveté » ; de l'autre, on nous rappelle que « l'homme ne naît pas pour demeurer vautré dans l'oisiveté et y pourrir, mais pour se lever et agir » (pp. 138, 139 ; cf. Garin, pp. 43-44).

Ayant ainsi posé que l'on peut aspirer à la plus haute excellence, il reste aux humanistes à conclure leur propos sur le *vir virtutis* en expliquant pourquoi il convient aussi que les hommes consacrent leur vie à poursuivre ce but. Cela les amène à décrire les genres de récompenses que l'homme de vraie *virtus* doit s'attendre à recevoir du plein exercice de ses plus nobles capacités. On peut voir à quel point les hommes de cette époque se sentaient investis de qualités quasi-divines dans le fait que les humanistes formulent ce sentiment de ce que l'on doit au *vir virtutis* exactement dans les termes qui seront plus tard utilisés dans la version autorisée de la Bible pour énoncer ce qu'on doit à Dieu : dans les deux cas, ce qui serait dû à une telle excellence indépassable est le tribut de l'honneur, de la gloire et de la reconnaissance.

Une fois encore, cette perspective constitue une attaque contre les postulats de la chrétienté augustinienne (Lida de Malkiel, 1968, p. 89). Saint Augustin déclarait rondement dans *La Cité de Dieu* que « l'amour de la louange est un vice », la quête des honneurs « une notion pestilentielle », et qu'« il n'y a pas de vraie vertu si la vertu est subordonnée à la gloire humaine » (vol. II, pp. 207, 209, 243). À ces jugements, il donne pour raison que cette échelle de valeurs, si terrestre, renverse les priorités convenables de la vie chrétienne. « Si la passion pour la gloire est plus forte au cœur que la crainte ou l'amour de Dieu », cela en fait inévitablement un grand « ennemi de la pieuse foi ». L'unique chance de salut est de faire en sorte que « la passion pour la gloire soit surpassée par l'amour de la rectitude » (II, p. 211).

Cette défiance envers le monde allait plus tard devenir une des lignes directrices de la pensée morale chrétienne. En considérant par exemple la façon dont Innocent III traite *Du Mépris du monde*, on découvre la plus vive dénonciation de la figure de « l'homme ambitieux », celui qui « recherche ardemment les honneurs » en raison de « sa vanité débridée » et de « son désir morbide de domination » (p. 49). Et jusque dans des traités bien plus tardifs, comme le *Gouvernement royal* de Thomas d'Aquin, on retrouve cette même échelle de valeurs, à peu près inchangée. Celui-ci tient en effet pour une grave erreur de penser que « l'honneur et la gloire terrestres » soient « une rétribution suffisante pour ceux qui exercent des fonctions princières » (p. 241). Faisant référence à Saint Augustin et à sa critique de la poursuite « des honneurs terrestres et passagers », il réaffirme que les bons gouvernants « doivent s'acquitter de leurs tâches non par désir de la gloire futile, mais par amour de la béatitude éternelle » (pp. 243-244).

Une fois encore, les écrits moraux et politiques de Pétrarque et de ses successeurs nous présentent un point de vue tout à fait opposé. Cependant, comme dans le débat sur la *virtus*, il importe de ne pas confondre leur perspective classique avec une vision purement païenne de la vie. Ils conservent le dogme chrétien fondamental selon lequel les vices sont à éviter tout simplement parce qu'ils sont mauvais, et les vertus à rechercher pour la seule raison qu'elles sont bonnes en elles-mêmes. Comme y insiste Alberti dans *La Famille*, il nous faut apprendre à bannir « les vils subterfuges » comme « indignes d'un homme », et à suivre le chemin de la vertu simplement parce qu'elle « porte sa propre récompense » et donc « se rend forcément désirable » (pp. 41, 301).

Cependant ces clauses de sauvegarde, aux termes desquelles la vertu constitue sa propre récompense, ne représentent guère plus qu'un complément convenu. Elles n'entravent en rien le développement de cette conviction humaniste pur-sang, que le but propre à l'homme de *virtus*, et la raison essentielle de consacrer sa vie à la plus haute excellence, est l'espoir d'acquérir le plus possible d'honneurs, de gloire, et de renommée terrestre. L'un des moments les plus significatifs dans l'histoire de cette idée est l'année 1341, où Pétrarque réalise enfin sa vieille ambition de se voir couronner « grand poète et historien » à Rome (Wilkins, 1943, pp. 155, 158-159, 171). Après avoir reçu la couronne de laurier, il fit une réponse en forme de discours sur la vocation du poète, dans laquelle il déclarait que la plus haute aspiration de l'homme de lettres ne pouvait être que de se rendre « digne de gloire » et donc de gagner « l'immortalité de son nom » (Wilkins, 1943, p. 174). La génération suivante vit les disciples de Pétrarque faire évoluer cette attitude vers une idéologie complète reliant la nature humaine, les objectifs de l'enseignement et les justes buts de la vie humaine. C'est à nouveau Alberti, au cours des pages sur *La Famille*, qui nous procure une des meilleures synthèses de ce qui en résulte. Il débute en affirmant que « la nature a instillé un grand désir de louange et de gloire en tout être qui n'est pas tout à fait passif ni faible d'esprit (p. 84). Cela le conduit à avancer que l'enseignement a pour objectif premier de guider les jeunes gens « dans les voies de l'honneur et des louanges », leur traçant « la vertu et l'honneur » qui conduisent également « à la gloire et à la renommée » (pp. 40, 81). Cette éducation produit bien sûr, nous dit-on, un homme pleinement homme, le véritable *vir virtutis,* qui en vient à placer au-dessus de tout dans la vie « la beauté de l'honneur, les délices de la réputation et la divinité de la gloire » (p 202).

Malgré les doutes de Machiavel, la figure conquérante du gentilhomme de la Renaissance demeure un idéal au moins jusqu'à la fin du XVIe siècle (cf. Bryson, 1935, pp. 1-14). Et depuis lors, bien des postulats de cet enseignement nous sont demeurés familiers. Dans le dispositif universitaire anglais, les étudiants du XXe siècle travaillent toujours à obtenir des « honneurs » *(honours)* ; à la fin de leur parcours, on les récompense traditionnellement par la gloire des mentions bien ou même très bien *(cum laude ou summa cum laude).* Cependant, en dehors de ces survivances baroques, l'idéologie concernant le *vir virtutis* avait été largement balayée dès le milieu du XVIIe siècle, au moins en Europe du Nord. Le héros typique de la Renaissance, avec son code d'honneur scintillant et sa soif insatiable de gloire, commençait de paraître vaguement comique dans son mépris délibéré de l'instinct naturel de conservation : instinct que Falstaff revendique farouchement lorsqu'il dénonce « l'honneur » de pousser les hommes au combat sans leur montrer comment « alléger la douleur d'une blessure[1] ». L'idée centrale était ouvertement évacuée ; il ne fallut donc pas longtemps pour que toute la structure des idées sur la vertu, l'honneur et la gloire commençât de s'effondrer – minée il est vrai par l'incroyance ironique de La Rochefoucauld et par la théorie concurrente de Hobbes sur l'universalité de l'intérêt individuel (cf. Hirschman, 1977, en particulier pp. 9-12).

Les humanistes et la Renaissance

Jusqu'ici, nous avons examiné dans quelle mesure l'épanouissement de la théorie sociale et politique dans la Florence du début du XVe siècle pouvait se voir comme plongeant ses racines dans deux

---

1. *Henry IV*, I, V, i, 134.

traditions intellectuelles antérieures : celle des *dictatores* du Moyen Âge, et celle des humanistes pétrarquiens de la fin du XIVᵉ siècle. Cela ne revient cependant pas à dire que les écrits des humanistes de la Renaissance puissent s'expliquer adéquatement comme de simples prolongements venant développer ces courants de pensée existants. Cette précaution de langage n'est pas superflue, car l'idée que l'on puisse suivre une ligne continue des *dictatores* aux humanistes semble parfois parcourir l'important ouvrage de Kristeller sur l'évolution de la culture de la Renaissance. Il parle par exemple de « la continuité de pensée qui relie le Moyen Âge à la Renaissance » (Kristeller, 1956, pp. 38, 355 ; cf. Seigel, 1966, p. 43).

L'approche de Kristeller s'est bien entendu montrée extrêmement fructueuse. Elle nous évite d'admettre l'image communément répandue que la Renaissance est une période de changement culturel soudain et explosif (cf. Ferguson, 1948, pp. 195-252). Elle demeure donc un correctif indispensable, car si c'est devenu un lieu commun de considérer que le principal défaut de l'analyse classique de Burckhardt consiste à isoler la Renaissance de ses racines médiévales, ce trait n'en continue pas moins de sous-tendre une part étonnante des travaux récents sur la pensée de la Renaissance. Ainsi, Hans Baron voit toujours une rupture nette « vers 1400 », et soutient que si un auteur comme Salutati reste par certains aspects « fortement médiéval », la parution peu après d'une œuvre telle que le *Panégyrique* de Bruni montre que « le seuil séparant le Moyen Âge de la Renaissance a été franchi[1] ». Le point de vue de Kristeller a cet autre mérite qu'il permet d'attribuer un sens précis et non anachronique au terme d'« humanisme ». Auparavant, on utilisait le plus souvent cette notion avec une imprécision sans limite pour désigner un soi-disant « nouveau mouvement philosophique » caractéristique de la Renaissance (cf. Kristeller, 1956, p. 574). Kristeller a définitivement crucifié ce mythe en montrant, comme

---

1. Voir Baron, 1966, pp. 8, 105, 449. De façon similaire, Germino, 1972, p. 1, parle d'une « profonde rupture dans la continuité du discours politique occidental » à la Renaissance, et Pocock, 1975, p. 52 affirme voir « une rupture décisive » aux alentours de l'an 1400.

nous l'avons déjà vu, que la plupart de ceux que l'on appelait « humanistes » étaient en réalité des professionnels de l'enseignement et de la propagation des arts rhétoriques, et s'inscrivaient donc dans un aspect de la culture politique italienne qui n'était ni nouveau ni essentiellement philosophique par nature (cf. Kristeller, 1962a et Campana, 1946).

On peut malgré tout avancer que cette approche a eu aussi pour effet de faire naître une explication simpliste de la pensée morale et politique du *quattrocento*. En premier lieu, il est devenu à la mode de mettre un accent quelque peu exagéré sur les facteurs purement « internes » de la montée de l'humanisme. Par exemple, Seigel semble penser que, dès lors que l'on a établi l'étroite sujétion des humanistes à certaines traditions antérieures, on a par là-même démontré que « l'esprit civique et l'engagement politique direct n'étaient pas des éléments déterminants dans l'humanisme primitif » (Seigel, 1966, p. 10). De même, Robey indique dans son étude sur Vergerio que, puisque son « illustration de la République romaine » doit relever sans doute « d'une inspiration à dominante littéraire », il suit que nous devons considérer avec « un certain scepticisme » toute suggestion concernant « es possibles relations entre le mouvement humaniste et les circonstances politiques » des débuts du *quattrocento* à Florence (Robey, 1973, pp. 24, 33).

Il paraît pourtant dangereusement univoque de supposer qu'une histoire « interne » de l'humanisme puisse suffire à expliquer son développement, et donc à évacuer tout uniment les interprétations de type « externe » qui ont la faveur de Baron. Il est bien sûr exact, on l'a vu, que la plupart des arguments avancés par les « humanistes civiques » sur l'idée de liberté politique avaient déjà été ébauchés par nombre d'auteurs scolastiques et pré-humanistes au cours des deux siècles précédents. Mais il reste à savoir pourquoi ces arguments-là en particulier furent remis au jour par cette génération-là en particulier, et avec cette intensité particulière, au début du XVe siècle. Même si, comme le fait Seigel dans le cas de Leonardo Bruni, on prétend que ces humanistes ne faisaient rien d'autre qu'exhiber leur talent littéraire afin de se mettre en valeur auprès des gouvernants de la République de Florence, il reste toujours à savoir ce qu'il y avait pour eux de rationnel à penser que c'étaient bel et bien là les qualités à déployer en vue d'attirer l'attention de ces gouvernants en tant qu'employeurs potentiels de leurs services (cf. Seigel, 1966, p. 25). La réponse la plus plausible est sans doute que, en faisant renaître et en propageant ce que l'on connaissait des traditions de la théorie politique républicaine, ils étaient entre autres poussés par un sentiment patriotique – ou par ce qu'ils souhaitaient faire passer pour tel – les amenant à célébrer et à défendre les libertés de Florence contre la menace permanente de domination par les Visconti (cf. Holmes, 1969, p. 101).

Il existe un autre point, plus important, à propos duquel l'analyse que fait Kristeller des relations entre le mouvement humaniste et la vie intellectuelle de l'Italie médiévale tend à favoriser une conception simpliste de la pensée politique de la Renaissance. On l'a vu, deux traditions intellectuelles distinctes étaient nées dans les universités italiennes du Moyen Âge tardif, chacune d'entre elles ayant généré son approche propre dès le début du XIVe siècle. L'une était issue de l'étude des arts rhétoriques, indigène et déjà vénérable ; l'autre, du cursus scolastique importé pour la première fois en Italie d'Europe du Nord à la fin du XIIIe siècle. Il n'y a maintenant aucun doute, Kristeller l'a montré, que des liens de continuité étroits rapprochent les rhétoriciens du Moyen Âge des humanistes du *quattrocento*. Mais il serait entièrement erroné d'en induire que l'on puisse établir un quelconque lien semblable entre les humanistes et les tenants de la philosophie scolastique. Il est au contraire patent que les humanistes structurent leur identité, en tant que mouvement intellectuel conscient et au moins en partie, autour de leur hostilité toujours accrue envers la popularité croissante des études scolastiques. On peut donc sans doute attribuer le développement du mouvement humaniste au moins autant à une réaction contre cette nouvelle orthodoxie intellectuelle, et à son rejet délibéré, qu'à la capacité d'approfondir et d'étendre les traditions pédagogiques existantes dans les universités italiennes[1].

---

[1]. Gray, 1963, expose remarquablement ce point et ses incidences sur la manière dont Kristeller rend compte de l'expansion de l'humanisme.

Évidemment, Kristeller et ses émules n'ont pas manqué de souligner l'hostilité des humanistes envers la montée de la scolastique en Italie ; mais ils ont peut-être quelque peu sous-estimé sa signification tangible. Le plus souvent, ils ont avancé que les humanistes, gardiens d'une forme d'enseignement qui avait toujours prévalu au sein des universités italiennes, ne faisaient preuve que d'un conservatisme frileux vis-à-vis d'un scolasticisme dont le succès aurait pu menacer leurs postes et leur prestige ; ce à quoi ils réagissent en inculquant à leurs étudiants que le cursus traditionnel basé sur les arts rhétoriques est « plus humain » *(humaniora)* et mieux apte à former l'homme vraiment cultivé, comparé aux arguties scolastiques en vogue (Kristeller, 1956, pp. 563, 572). Kristeller lui-même tire de cela l'idée d'une rupture tout à fait superficielle entre les humanistes et leurs rivaux tenants de la scolastique. Il réduit donc « l'attaque humaniste » à peu près à une « rivalité de départements », et souligne qu'elle s'accompagne de la volonté constante de laisser la scolastique en paix dans sa sphère intellectuelle propre (Kristeller, 1956, pp. 263-264, 577). Malgré toute leur « bruyante agitation », soutient-il, les humanistes ne se sont jamais attachés à « nier l'existence ou la validité » des études scolastiques, et se sont montrés tout à fait disposés à endurer « une longue période de coexistence pacifique » avec la scolastique, dans laquelle « les deux traditions se développeraient côte à côte » (Kristeller, 1956, pp. 563, 574, 576, 577).

Cette insistance de Kristeller sur ce qu'il décrit comme une tendance « à exagérer l'opposition entre humanisme et scolastique » (p. 561) comporte bien sûr sa part de vérité. On a parfois pu croire que, avec le triomphe de l'humanisme, l'étude de la philosophie scolastique avait été mise hors la loi dans les universités italiennes (par exemple Lecler, 1960, II, p. 12). Kristeller a largement contribué à montrer que cette impression ne dérive que du succès de la propagande humaniste : la présence de figures majeures comme Pomponazzi et Georges de Trébizonde suffit à indiquer que la philosophie aristotélicienne a toujours fleuri et prospéré jusqu'à la fin du *quattrocento*, tandis que les écrits de cet humaniste qu'était Manetti révèlent à quel point il était possible d'associer la vision classique et la poursuite de divers intérêts principalement scolastiques (cf. Seigel, 1968, p. 226-241, Monfasini, 1976, en particulier p. 156).

Mais cette perspective devient trompeuse dès qu'il s'agit d'accepter que la scolastique et l'humanisme aient simplement « coexisté en tant que branches différentes de la culture » au cours de la Renaissance (Kristeller, 1956, p. 580). On sous-estime ici l'assurance avec laquelle les humanistes pouvaient alors investir les domaines d'études scolastiques, dénoncer leurs rivaux pour leur fidélité à des méthodes désuètes, et insister avec un impérialisme croissant sur la nécessité de généraliser l'application des techniques spécifiquement humanistes à l'ensemble du spectre des disciplines intellectuelles. Si l'on souhaite parvenir à une explication satisfaisante de l'émergence d'une théorie morale et politique identifiable comme humaniste, il semble essentiel d'accorder une bien plus grande attention à cet ensemble de remarques (cf. Weisinger, 1945 a).

Tout d'abord, les humanistes partent à l'assaut de la scolastique au niveau méthodologique, en s'attachant notamment à l'approche scolastique de l'interprétation du droit romain. Cette critique repose sur la conviction de base selon laquelle tout texte de l'ancien temps doit s'étudier et s'apprécier dans ses termes propres. Elle établit une distance considérable vis-à-vis de Bartole et de ses disciples, dont les méthodes si différentes s'étaient imposées comme orthodoxes dans les écoles de droit italiennes du XIVe siècle. Le principe cardinal de l'interprétation bartoliste était le suivant : les textes juridiques du passé doivent justement s'analyser de façon à ce qu'ils puissent s'appliquer aussi directement que possible à l'expérience juridique et politique contemporaine. À son tour, cette approche délibérément anachronique amena les humanistes à traiter l'entière école des post-glossateurs avec un souverain mépris. L'une des premières et des plus violentes parmi leurs imprécations figure dans une lettre de Lorenzo Valla à son collègue humaniste Pier Candido Decembrio, dans laquelle Valla commente le traité de Bartole lui-même sur les marques d'honneur. Valla déclare « complètement indigne » que des livres de cette espèce puissent avoir « autant d'admirateurs » tout en étant « aussi parfaitement ignorants » et « écrits de manière si extraordinairement inepte » (I, p. 633). Il commence par couvrir de ridicule Bartole, Baldo, Accurse « et toute cette tribu de gens » qui écrivent « dans une langue barbare » qui « n'est pas du tout la langue des Romains », ce qui les fait ressembler à un chœur d'oies criardes (I, p. 633). Et il finit par ajouter que, sur les questions de signification et de contexte historiques, Bartole fait preuve d'un manque de compréhension encore plus scandaleux, car « il corrompt les lois à interpréter de sa perversité », « il avance bien d'autres choses sans fondement », et il prête le flanc à la censure littéralement sur des milliers de points (I, pp. 635-636, 643 ; cf. Kelley, 1970, p. 41).

Ce rejet de la méthodologie scolastique joua un rôle essentiel dans l'établissement d'une jurisprudence véritablement historique. L'insistance de Valla à considérer le code Justinien comme artéfact d'une culture étrangère fut reprise en Italie par Crinito et plus encore par Politien, puis adoptée avec enthousiasme en France où les œuvres fondatrices de Budé et Alciat contribuèrent à répandre une approche purement historique du droit, méthode que développeront plus tard Le Douaren, Connan, Baudouin et le grand Cujas (Kelley, 1966, p. 186-7 ; cf. Kisch, 1961). On le verra plus loin, ce mouvement devait avoir un impact profond sur l'évolution de la pensée sociale et politique du XVIe siècle. La reconnaissance des textes anciens en tant que produits d'une société entièrement différente jetait les bases de l'étude comparative de systèmes juridiques différents, ce qui allait permettre à Jean Bodin de disposer des matériaux historiques et du cadre intellectuel nécessaires pour élaborer sa « science » de la politique.

Tout en contestant leur méthodologie, les humanistes s'en prennent aussi aux préoccupations caractéristiques de leurs rivaux scolastiques. Le principe essentiel qu'ils font valoir à ce stade est que la philosophie doit se montrer d'une certaine utilité pratique dans la vie politique et sociale. Cela les amène à rejeter sous deux aspects l'approche scolastique de l'étude de la philosophie. D'abord, ils critiquent l'École pour son engagement dans des études largement triviales, et l'attention bien trop faible qu'elle accorde à la question centrale de savoir comment nous devons nous conduire. Pétrarque le déplore dans *Sur ma propre ignorance*, les scolastiques sont toujours prêts à nous expliquer quantité de choses qui, « même si elles étaient vraies », « ne contribueraient de toute façon en rien » à enrichir notre vie. Mais ils se satisfont fort bien de demeurer dans l'ignorance complète de sujets aussi essentiels que « la nature humaine, ce pour quoi nous sommes nés, et vers où nous conduit notre voyage » (p. 58-59). Cette attaque visant ce que Pétrarque appelait « l'arrogante ignorance » de l'École fut reprise par tous les humanistes des débuts du *quattrocento*. On ne s'étonnera pas de trouver l'une des critiques les plus mordantes sous la plume de Lorenzo Valla. Ayant accepté de donner une oraison *En l'honneur de saint Thomas d'Aquin*, il donna à son titre un tour d'une ironie sarcastique, en déclarant que si l'on doit reconnaître au Docteur angélique la sainteté de ses vertus, on ne peut éviter de remarquer que « le savoir du saint homme » était « en grande partie de conséquence négligeable », puisqu'il se consacrait presque exclusivement « aux raisonnements mesquins des dialecticiens » sans jamais voir que de tels soucis ne sont que des « obstacles sur la route de formes de connaissance supérieures » (pp. 22, 23, 24 ; cf. Gray, 1965).

L'autre reproche des humanistes concerne le fait que même lorsque l'École aborde des question sociales ou politiques, elle ne fait que révéler son incapacité à les traiter. Ses membres se contentent d'égrener leur chapelet de distinctions habituel, et ce dans leur habituel style barbare. Ils ne voient donc pas la nécessité absolue pour la philosophie de se combiner à la recherche de l'éloquence si elle veut acquérir le moindre espoir de convaincre nos esprits et donc d'exercer une influence bénéfique sur la vie politique (Gray, 1963, p. 505 ; cf. Struever, 1970, p. 60-61). Dans *Ma propre ignorance*, Pétrarque nous dit que « ces stupides aristotéliciens me font ricaner » quand ils « perdent leur temps à apprendre à connaître la vertu plutôt qu'à l'acquérir ». Cela les conduit en effet à passer à côté de ce point essentiel que, selon les termes d'une épigramme célèbre, « mieux vaut vouloir le bien que connaître le vrai » (pp. 105, 107). Ici encore, les humanistes des débuts du *quattrocento* poursuivront dans cette critique avec une vigueur accrue.

Ainsi Salutati évacue-t-il la logique de l'École au motif qu'elle se borne à « prouver afin d'enseigner », alors que l'étude des humanités pourrait s'acquitter d'une fonction bien plus utile en « persuadant afin de guider » (Emerton, 1925, p. 358). Dans un style proche, Bruni consacre une grande partie du début de son *Dialogue* à attaquer « l'arrogance unie à l'ignorance » des scolastiques, qui « tentent de propager la philosophie tout en ne connaissant rien aux lettres » et par voie de conséquence « profèrent autant de solécismes que de mots » (p. 56).

Ces invectives-là ont également joué un rôle positif en contribuant à cristalliser certaines des valeurs et attitudes les plus caractéristiques des humanistes. Elles nous permettent par exemple de comprendre aujourd'hui comment, en dépit de leurs forts penchants littéraires, les humanistes ont progressivement constitué un héritage aussi considérable dans les domaines des sciences expérimentales et des arts appliqués. Rejetant les abstractions scolastiques, ils se sont de plus en plus attachés à montrer que tout savoir doit être « utilisable », perspective dont on peut penser qu'elle trouve son apothéose dans l'œuvre de Francis Bacon. Certains des humanistes postérieurs étaient même disposés à soutenir que cette pierre de touche devait concerner jusqu'aux plus abstraites des spéculations philosophiques précédemment monopolisées par l'École. On en trouve l'exemple le plus spectaculaire dans les écrits logiques de Pierre Ramus (1515-1572), où il entreprend de démolir tout l'édifice de la logique aristotélicienne qui n'aurait pas été convenablement « conçue pour servir » et d'élaborer un nouveau jeu de catégories logiques, censément plus « naturel », « qui puissent être mises en œuvre dans l'enseignement, l'apprentissage ou la pratique de toute discipline et de tout art » (cf. Gilbert, 1960, p. 135).

Certains accents caractéristiques de la pensée sociale et politique des humanistes s'expliquent eux aussi en partie par leur animosité envers ce recul attribué aux études scolastiques. Celle-ci contribue tout d'abord à expliquer que se soit développée la conviction selon laquelle une vie purement consacrée au loisir et à la contemplation *(otium)* sera bien moins susceptible de valeur – voire de favoriser la sagesse – qu'une vie dans laquelle on privilégie la poursuite d'une activité utile *(negotium)*. Comme le souligne Hans Baron, ce sont les humanistes florentins du début du XVe siècle qui ont, les premiers, embrassé sans réserve cette opinion (cf. Baron, 1966, pp. 121-129). Dante considérait toujours la sagesse comme une vertu purement intellectuelle plutôt que morale, et adoptait dans la *Divine comédie* pour plus haute ambition d'être guidé par Béatrice vers la contemplation du divin (Rice, 1958, p. 30). Pétrarque réagit encore plus vivement contre la valeur supposée du *negotium*, même si son grand héros Cicéron l'avait chaudement soutenue. En 1346, il compose un traité à la gloire de *La Vie solitaire*, et s'en prendra plus tard avec force à Cicéron dans ses *Lettres familières*, lui reprochant d'avoir choisi, en prenant de l'âge, « de renoncer à l'*otium* convenant à [son] âge et à [sa] profession » afin de reprendre une activité politique et son « engagement dans tant d'inutiles querelles[1] ». Mais lorsqu'on en arrive aux humanistes des débuts du *quattrocento*, on voit monter en puissance cette idée qu'une vie de sagesse doit comporter de l'action réfléchie autant que de la contemplation, ainsi que l'idée équivalente selon laquelle une vie faite uniquement d'*otium* ne peut convenir même au poète ou au sage (cf. Rice, 1958, p. 30). Une lettre de Vergerio, en 1394, fournit un exposé de cette nouvelle échelle de valeurs, parmi les premiers et les plus nets (p. 436). Il se voit en Cicéron, répondant à Pétrarque qui lui reproche son désir de demeurer impliqué dans les affaires politiques. Il fait dire à Cicéron que, du moment que c'est toujours le devoir de l'homme « de se faire chérir d'abord de son propre pays, et ensuite de toute l'humanité », cela justifie entièrement qu'il souhaite « rester constamment engagé dans le *negotium* » (p. 439). En une génération, ce rejet de la conception aristotélicienne de la vie d'*otium* en tant que plus haut état humain devient un des traits les plus affirmés des valeurs humanistes. Ainsi, rédigeant sa *Vie de Dante* quelque trente ans plus tard, Bruni considère que l'une des premières qualités du poète (qu'il reproche à la biographie de

---

1. Voir Pétrarque, *Lettres familières*, p. 226-227 et *La Vie solitaire*, p. 109.

Boccace d'avoir négligée) est d'avoir réussi à conserver son utilité en tant que citoyen même au milieu de ses études les plus intenses. Ce qui prouve, ajoute Bruni, que c'est « une fausse opinion » de « personnes ignorantes » de penser que « nul n'est penseur sauf celui qui s'enterre dans la solitude et la paix ». En vérité, conclut-il, « se retirer et s'abstraire de la société est particulier à ceux que leur esprit faible rend inaptes à une quelconque connaissance » (p. 84).

Enfin, cette réaction envers la spéculation pure des scolastiques, avec le peu d'intérêt pour la vie de la cité qu'elle implique, contribue également à rendre compte de l'accent marqué que placent les humanistes des débuts du *quattrocento* sur l'importance de faire connaître leurs écrits à l'ensemble de leurs concitoyens. Il s'agit ici encore d'une rupture radicale vis-à-vis des traditions dont ils étaient les héritiers. Comme on l'a déjà vu, même parmi les premiers *dictatores* qui étaient leurs plus proches précurseurs intellectuels, la tendance était d'adresser leurs traités non pas aux citoyens dans leur ensemble, mais seulement aux podestats et autres magistrats élus. On trouve encore quelque chose du même ordre chez Salutati, dont le *Traité sur les tyrans* composé aussi tard que 1400 adopte systématiquement le point de vue du souverain, mettant en avant les dangers inhérents à toute justification du tyrannicide et défendant même Jules César contre l'accusation d'avoir gouverné en tyran[1]. Mais lorsqu'arrivent les disciples de Salutati, on les voit s'attacher fortement à toucher un genre de public différent, beaucoup plus large. Bruni aborde la deuxième partie de son *Dialogue* (p. 78) en critiquant implicitement Salutati pour avoir persisté à témoigner du point de vue de la monarchie ; plus tard, il déclarera fièrement dans l *Oraison* que les Florentins « détestent l'arrogance et le dédain des puissants avec une grande véhémence » et « recherchent la *virtus* ainsi que la probité chez chaque citoyen » (p. 3). Quant à Alberti, il livre sans doute la meilleure synthèse de cette nouvelle perspective dans son dialogue sur *La Famille*. Il y écarte l'idée d'agir comme conseiller des princes,

---

1. Voir pp. 81, 91-93, 94-100 ; cf. aussi Witt, 1969, pp. 434, 439-440.

ceux-ci étant « passifs, ne pratiquant aucune profession honorable » et en tout état de cause difficiles à éduquer car habitués « à satisfaire tous leurs appétits » (p. 259). Il fait au contraire confiance au peuple entier des citoyens de Florence, auxquels il s'adresse directement pour conseiller les chefs de familles ordinaires sur la manière de « s'occuper des affaires de l'État », d'« assumer le poids des charges publiques », et d'assurer « le maintien de la tranquillité » ainsi que « de sauvegarder le bien-être » de la république dont ils sont à la fois les gouvernants et les gouvernés (p. 186).

De cette critique de la scolastique, avec les positionnements individuels qu'elle comporte, on retiendra surtout que les humanistes en viennent à adopter une vision nouvelle de l'histoire, et à acquérir un sentiment très sûr de leur propre importance historique : ce qui les amène à nouveau à mettre en cause une des bases de la chrétienté augustinienne (cf. Mommsen, 1959 c). Saint Augustin voyait principalement la marche de l'histoire comme une évolution linéaire, comme un développement progressif des volontés de Dieu envers le monde. Les humanistes en reviennent au contraire à la thèse d'Aristote dans le livre V de la *Politique*, reprise par Polybe et Cicéron, selon laquelle on peut montrer que le cours des événements humains procède d'une série de cycles récurrents. La force de leur conviction ne provient pas uniquement de l'autorité des vieux maîtres, mais aussi de la croyance qu'un âge d'or antique, provisoirement occulté par l'intervention obscurantiste des scolastiques, refait surface avec la redécouverte des gloires du monde classique. Ainsi du commentaire de Salutati, dès 1379, à propos du début de l'Ecclésiaste selon lequel « il n'y a rien de nouveau sous le soleil » (Emerton, 1925, p. 304). Admettant bien que « rien ne se reproduit jamais précisément à l'identique », il fait pourtant remarquer que « nous voyons tous les jours le passé se répéter », et prédit que « tout ce qui est aujourd'hui reviendra demain » (Emerton, 1925, pp. 303, 305).

Munis de cette nouvelle vision du passé, les humanistes parviennent à un sentiment tout aussi élevé de leur position propre dans le cycle toujours modifié des événements. Et pour commencer, ils inventent la notion de « moyen » âge – qu'ils traitent aussi d'« âges obscurs » – pour désigner la période qui s'étend entre les réalisations de l'antiquité classique et la restauration de sa grandeur par eux-mêmes. Pour cela encore, il fallait renverser une idée reçue sur la façon dont il convenait de diviser le passé : on voyait en général auparavant le monde antique comme une ère de sombre ignorance, la fin de l'obscurité étant marquée par la venue du Christ « lumière du monde ». En dépit de l'Incarnation, les humanistes verront maintenant venir l'obscurité avec l'évanouissement de la culture classique dans l'Europe chrétienne primitive, vision plus gibbonienne que chrétienne des événements.

On trouve déjà cette nouvelle perspective chez Pétrarque, et notamment dans la lettre qu'il écrit en 1359 afin d'expliquer pourquoi il a enfin décidé de clore son étude *Des Hommes illustres* dans la période succédant immédiatement à la chute de la République romaine (cf. Mommsen, 1959 a, pp. 117, 118). Il ne désirait pas en effet, dit-il, aller au-delà de ce moment parce qu'il a été suivi d'une ère « d'une telle obscurité », et de si peu d'hommes remarquables (cf. Mommsen, 1959 a, pp. 118, 122). On reverra bientôt le même vocabulaire et ses implications, avec une note polémique plus accentuée encore, chez nombre d'humanistes des débuts du *quattrocento*. Bruni consacre la première partie de son *Dialogue* à déplorer le fait que « l'héritage glorieux » du monde antique ait été « à ce point dilapidé » par la victoire subséquente de l'obscurité et de la barbarie (pp. 58, 62). Giovanni Andrea Bussi (1417-1475) met délibérément cette période d'obscurantisme entre parenthèses, et la qualifie avec condescendance de « moyen âge » (Edelman, 1938, p. 4). On citera encore Flavio Biondo, premier historien à exploiter l'idée latente d'une histoire divisible en trois époques lorsqu'il ébauche le plan de ses *Décades* au début des années 1440 (Hay, 1959, pp. 102, 116-117). De là vient la première histoire de l'Europe « médiévale » perçue comme telle, c'est-à-dire la première recherche organisée autour du postulat aujourd'hui courant selon lequel le millénaire suivant la chute de Rome en 410 pourrait s'analyser comme instance autonome du temps historique.

Il est en outre typique des humanistes qu'ils ne se perçoivent pas seulement comme témoins de la fin de cette sombre époque, mais bel et bien comme acteurs principaux de cette splendide transformation du monde (Weisinger, 1943, pp. 563, 567). Deux métaphores leur servent à exprimer cette conviction, dont chacune a profondément empreint notre manière d'envisager le *quattrocento* et sa signification. L'une met en scène un renaître, un retour à la vie, une Renaissance, dans l'étude des arts et des lettres. Valla évoque ainsi, dans la préface à son livre sur les *Élégances de la langue latine*, l'étude des humanités « réveillées en nos jours et venant de nouveau à la vie » *(reviviscant)* après avoir connu « un état de dégénérescence pendant si longtemps » (p. 14). L'autre métaphore admise concerne l'aube, voir la fin de l'obscur et retourner à la lumière. Ce sont exactement ces termes qu'emploie Pétrarque dans *Ma propre ignorance*, en parlant de ceux qui comme lui-même ont commencé « d'entrevoir le soleil », et se sentent libres désormais de cesser de « tituber dans le noir » et de s'embourber dans la pédanterie scolastique. (p. 96). On entend aussi Bruni, qui dans son *Oraison* sur Florence dit qu'elle a su « rappeler à la lumière » *(in lucem revocavit)* la connaissance des lettres latines, par là-même « retrouvant et faisant revivre une forme d'études qui était auparavant presque morte » (p. 4). Et Salutati semble se faire l'écho de l'opinion générale en citant Pogge dans une lettre de 1406, celui-ci rappelant que celui auquel on doit plus qu'à tout autre d'avoir « remis en lumière » *(redacta ad lucem)* la compréhension des lettres humaines, c'est Pétrarque, dont on estime que le premier mérite et l'aboutissement ultime est d'avoir été « le premier à encourager ces études par son labeur, son industrie et sa vigilance » (IV, p. 161 ; cf. Weisinger, 1944, p. 625-626).

Étant assurés d'avoir mis fin aux âges obscurs et initié une vraie Renaissance, il ne restait aux humanistes qu'un petit pas à franchir pour parvenir à cette nouvelle idée, plus sidérante encore, que la lumière qu'ils avaient allumée pourrait briller plus fort que jamais auparavant. À la fin du *Dialogue*, Bruni se sent déjà en mesure d'exprimer l'espoir que « nos autorités de Florence » en matière d'arts libéraux « soient maintenant capables d'égaler ou peut-être de surpasser les anciens sages » (p. 96). Une génération après, Benedetto Accolti écrit un *Dialogue sur la prééminence de l'homme en son époque*, et y affirme avec un plus grand aplomb encore que la grandeur de l'ancien temps est désormais rejointe (cf. Baron, 1966, p. 347). Et quand il devient possible d'envisager les réalisations du *quattrocento* dans leur ensemble, cette croyance en la supériorité des « modernes » sur les « anciens » se transforme en article de foi. Vasari passe en revue les splendeurs de la Renaissance italienne dans les années 1550 : il lui semble évident que l'œuvre de maîtres tels que Michel Ange « surpasse glorieusement » les plus beaux accomplissements de l'antiquité (cf. Panofsky, 1960, p. 33). Enfin, lorsque Louis Le Roy (1510-1577) en vient à écrire ses *Considérations* sur l'histoire de son temps, en 1567, il fait part d'une foi plus vaste encore envers ce nouveau « pic de perfection » atteint « dans le cours des cent dernières années », tout en assurant que « les choses dont on parlait dans l'obscurité de l'ignorance n'ont en rien été ressuscitées », mais que « bien d'autres choses sont venues au jour qui étaient entièrement inconnues dans l'ancien monde » (Weisinger, 1945 b, p. 418 ; cf. aussi Gundersheimer, 1966, pp. 115-116).

5.

L'ère des princes

LE TRIOMPHE DU GOUVERNEMENT PRINCIER

Lorsqu'il écrit son *Histoire d'Italie* à la fin des années 1530, François Guichardin (Francesco Guicciardini) divise la Renaissance tardive en deux périodes distinctes, et tragiquement opposées, de développement politique. Il l'explique dès le début de l'*Histoire*, la ligne de démarcation se situe en 1494, année où « les troupes françaises, appelées par nos propres princes, commencèrent de susciter ici de grandes dissensions » (p. 3). Avant ce moment fatal, jamais « l'Italie n'avait joui d'une pareille prospérité, ni connu de situation aussi favorable » (p. 4). Les longues années de conflit entre Florence et Milan s'étaient enfin achevées en 1454, après quoi « la paix et la tranquillité les plus grandes régnèrent partout » (p. 4). Mais à l'arrivée des Français, l'Italie se mit à souffrir de « toutes ces calamités dont les pauvres mortels sont habituellement affligés » (p. 3). Lors de son invasion de 1494, Charles VIII soumit Florence et Rome, poussant au sud jusqu'à Naples, et autorisant ses vastes armées à piller le pays. Son successeur, Louis XII, tenta trois autres invasions, attaquant Milan à plusieurs reprises et mettant toute l'Italie en état de guerre endémique. Enfin, le plus grand désastre imaginable survint lorsque l'empereur Charles V, au début des années 1520, voulut contester la mainmise française sur Milan, décision qui transforma tout le *Regnum Italicum* en champ de bataille pendant les trente années suivantes (Green, 1964, pp. 94-99).

Une tendance se maintient pourtant sans interruption tout au long de ces époques de fortune incertaine : l'extension et la consolidation de formes de gouvernement princier d'un caractère de plus en plus despotique. Parfois, comme à Naples et à Milan, il ne s'agit guère que de l'arrivée au pouvoir de nouveaux maîtres, plus puissants, plutôt que d'un nouveau type de gouvernement. Mais dans certaines cités d'active tradition républicaine, comme Florence et Rome, il en résulte un conflit prolongé entre les partisans de la « liberté » républicaine et les tenants des pratiques dites « tyranniques ».

Pour suivre ce combat à Rome, il est difficile de faire mieux que de reprendre l'analyse de Machiavel au chapitre sur les principautés ecclésiastiques dans *Le Prince*. Comme il l'observe, la faiblesse majeure des papes aux débuts du *quattrecento* tenait à l'incapacité à contenir les factions rivales dites des « Barons de Rome, lesquels étaient divisés en deux bandes, Orsini et Colonna » (p. 75). Chacune de ces deux familles s'était attachée à fomenter des troubles populaires, car elles avaient pour ambition première de priver le Vatican de tout contrôle sur le gouvernement de la cité. En 1434, les Colonna soutiennent une insurrection républicaine qui force Eugène IV à abandonner Rome neuf ans durant, tandis qu'en 1453 un complot républicain similaire fait régner la terreur sur les dernières années du pontificat de Nicolas V (Armstrong, 1936, pp. 169, 174). Mais comme le raconte encore Machiavel, la situation se renverse à la fin du XVe siècle : vient d'abord Sixte IV, « pape courageux » (p. 75), qui s'attaque aux cliques républicaines et commence à restaurer son pouvoir temporel sur les États de l'Église. Puis Alexandre VI, à qui Machiavel rend hommage avec admiration pour avoir montré « entre tous les papes qui furent jamais » à quel point le prestige du pontificat pouvait se voir renforcer « par argent ou par force », administrés sans faiblesse (p. 75). Enfin vient le règne brillant de Jules II, qui « fit toutes choses pour accroître l'Église », « lesquelles entreprises eurent toutes succès » (p. 76). Il trouva « l'Église déjà fort puissante », avec « les Barons de Rome tous ruinés, et les factions abolies tant elles avaient été pourchassées par Alexandre ». « Ce que le pape Jules non seulement continua, mais accrut », transformant la papauté en principauté despotique et en formidable puissance militaire précisément de la façon que Machiavel croyait essentielle à l'éradication de la corruption dans la vie politique (p. 76).

À la même époque, on voit intervenir à Florence un développement similaire, mais plus insidieux, des pratiques « tyranniques ». On peut faire remonter les origines de cette transformation jusqu'en 1434, au retour d'exil de Cosme de Médicis (Cosimo de'Medici) qui se mit alors à construire une oligarchie politique dirigeante, placée sous sa propre autorité[1]. Un pas supplémentaire vers l'établissement d'une *signoria* est franchi en 1458 : le Conseil des Cent, nouvellement établi et nettement plus sensible aux manipulations politiques que les grands conseils traditionnels, se voit accorder le pouvoir de délibérer et de légiférer sur un large spectre d'affaires financières et politiques (Rubinstein, 1966, pp. 113-116). Mais c'est en 1480 qu'est franchie l'étape la plus décisive vers le despotisme des Médicis, quand le petit-fils de Cosme, Laurent le Magnifique (Lorenzo *il Magnifico*) pousse à la mise en place d'un nouveau Conseil des Soixante-dix permanent, majoritairement constitué de ses propres partisans, auquel on assigne alors le contrôle presque complet des affaires de la République (Rubinstein, 1966, pp. 199-203). L'un des opposants de Laurent le déclare dans les années 1480, le résultat de toutes ces « réformes » est la création d'un régime sous lequel « aucun magistrat n'osait, même dans les matières les plus infimes, décider de quoi que ce soit » sans s'assurer auparavant de l'accord de Laurent (Rubinstein, 1966, p. 225).

Cela ne veut pas dire que les Florentins cèdent passivement leurs anciens droits constitutionnels. Laurent meurt prématurément en 1492, après quoi on assiste à deux tentatives organisées visant à éliminer ses successeurs du pouvoir et à rétablir les vieilles traditions de liberté républicaine. Le premier de ces coups d'État a lieu en

---

1. Voir Rubinstein, 1966, pp. 11-18. Ce que j'explique dans ce paragraphe est issu du livre de Rubinstein ; celui-ci met cependant en cause l'idée (que j'ai tendance à accepter) selon laquelle ces événements peuvent s'interpréter comme étapes délibérées vers l'établissement d'une *signoria*.

1494, au moment de l'exil forcé de Pierre (Piero), fils de Laurent, après la lamentable reddition de la cité face aux Français (Rubinstein, 1966, pp. 229-235). La seconde révolte se produit en 1527 : les Médicis doivent à nouveau quitter le pouvoir, et c'est la république qui se voit restaurer une fois encore.

Mais tout cela ne suffit pas davantage à endiguer la crue inexorable d'*il governo d'un solo* («le gouvernement d'un seul»), à Florence, que celles de l'Arno. La République de 1494 connut une fin sans gloire en 1512, les Médicis reprenant le pouvoir avec l'aide de la troupe espagnole (Schevill, 1936, p. 369). Quant à l'ultime tentative d'instaurer un régime populaire, en 1527, elle échoue plus vite encore. Clément VII, pape des Médicis, parvient à négocier en 1529 un traité avec l'empereur Charles V, qui contraint celui-ci à diriger ses armées contre les rebelles de Florence (Schevill, 1936, p. 487). La République tient bon pendant plus d'un an, faisant preuve d'un courage sans faille, avant de devoir capituler et laisser Clément VII régler ses affaires. C'est alors que celui-ci désigne Alexandre de Médicis (Alessandro de'Medici), jeune et bâtard, comme gonfalonier à vie de Florence ; en 1532, il ira jusqu'à investir ses héritiers et successeurs de tous les pouvoirs sur la cité, et ce à perpétuité. C'est ainsi que la république de Florence fut dissoute au sein du grand-duché de Toscane, et dut subir pendant les deux siècles suivants le gouvernement des ducs de Médicis, de plus en plus décadents (Schevill, 1936, p. 514).

Les *signori* finirent par triompher à peu près partout en Italie, ce qui contribua à faire émerger diverses idées qui ont pesé dans la formation de la pensée politique de la Renaissance. Parmi les changements les plus patents, on note une forte baisse dans l'intérêt porté aux valeurs qui avaient permis de miner la notion républicaine traditionnelle de la citoyenneté. Pour Bruni et ses disciples, il paraissait évident que l'idée de *negotium*, c'est-à-dire d'implication entière dans la vie de la cité, ne pouvait qu'être considérée comme la plus haute représentation de la condition humaine. Mais aux yeux de Pic de La Mirandole (Giovanni Pico della Mirandola), de Marsile Ficin (Marsilio Ficino) et des autres philosophes majeurs de la fin du *quattrocento*, il ne semble pas moins évident que la vie d'*otium*, à savoir d'abstraction contemplative, est à priser davantage que toute autre (Rice, 1958, p. 58). Ceux-ci vont en conséquence détrôner les écrits de Cicéron de la situation prééminente qui leur avait été conférée par les anciens « humanistes civiques », et proclamer au contraire, avec Marsile Ficin, que les dialogues « du divin Platon » doivent se voir comme « les premiers et les plus grands » des traités philosophiques du monde antique (vol. II, pp. 116, 117).

Effet de ce changement d'optique, on constate que l'intérêt manifesté par les humanistes des débuts du *quattrocento* pour la politique se voit traiter désormais en forme inférieure, voire vulgaire, de l'activité intellectuelle. On voit bien cette attitude chez Pic, dans la *Dignité de l'homme* où il affiche son mépris pour ceux qui axent leur carrière « sur le profit ou l'ambition », et se vante d'avoir « renoncé à tout intérêt dans les affaires privées et publiques » afin de se consacrer « entièrement au loisir de la contemplation » (p. 238). Plus radicalement, renoncer à la valeur du *negotium* aboutit à tenir pour absolument impossible l'idée même de s'impliquer avec un sens quelconque dans les affaires du gouvernement. On en trouve un peu plus tard la plus belle illustration dans le scepticisme de Francesco Doni (1513-1574), qui appartient à la génération suivant l'effondrement ultime de la république de Florence : on ne peut absolument rien faire, rappelle-t-il sans cesse, pour réformer la corruption du monde. C'est peut-être une attitude cynique mais, nous dit-il, on ne doit y voir que le respect « d'une saine ignorance » (cf. Grendler, 1966, pp. 243-246).

L'ère des princes mène à un autre changement de perspective chez ceux qui persistent à prêter attention au champ politique : ils vont désormais destiner leurs ouvrages à un public tout différent (cf. Gilbert, 1939, p. 456). On l'a vu, les humanistes « civiques » précédents tenaient pour acquis le contexte institutionnel républicain, et adressaient donc leurs conseils et leurs exhortations à l'ensemble des citoyens. Mais chez les humanistes de la fin de la Renaissance, on rencontre presque toujours le présupposé inverse d'un gouvernement arbitraire, même dans les cas manifestes (Patrizi ou Machiavel par exemple) où les préférences personnelles de ces auteurs les orienteraient plutôt vers un choix républicain. On les voit par conséquent tendre à passer sur le rôle du citoyen ordinaire, et porter toute leur attention sur celui bien plus éminent et influent du prince.

Cela ne signifie pas que ce furent à les premiers penseurs à rédiger des livres de conseils spécifiquement destinés aux *signori* et aux princes. On a déjà vu ce genre surgir au XIVe siècle à Padoue, où Ferreto Ferreti se mit à chanter les louanges des Della Scala dès qu'ils prirent le pouvoir, en 1328, et où Pier Paolo Vergerio rédigea son fragment *Sur la monarchie* entre 1394 et 1405 (Robey, 1973, p. 17). On voit peu après apparaître une tradition similaire à Milan, notamment lorsque GianGaleazzo Visconti commence à renforcer le caractère absolu de son gouvernement, interdisant d'employer le terme de *popolo* (« peuple ») et contraignant à n'évoquer ses concitoyens que sous le vocable de *subditi* ou « sujets » (Hay, 1961, p. 105). Les humanistes milanais réagissent alors promptement par une série de panégyriques complaisants sur l'excellence du gouvernement princier. Dans les années 1420, Uberto Decembrio (v. 1350-1427) consacre ainsi quatre livres *Sur les affaires publiques* à Filippo Maria Visconti, tandis que son fils Pier Candido Decembrio (1392-1477) rédige en 1436 un *Éloge à la gloire de la Cité de Milan*, en réponse directe au *Panégyrique* de la République de Florence composé par Leonardo Bruni environ trente ans plus tôt (Cosenza, 1962, pp. 607-609 ; Baron, 1966, pp. 69, 425).

Il n'en demeure pas moins vrai que l'apogée de ces panégyriques et livres de conseils est atteinte dans la deuxième moitié du XVe siècle. Le genre acquiert même à cette époque une dimension supplémentaire. On voit apparaître un certain nombre d'ouvrages destinés moins aux princes qu'à leurs courtisans, afin de fournir des instructions sur leur éducation, leur comportement et leur rôle en relation à leur prince. L'un des premiers exemples en est le traité de Diomede Carafa sur *Le Parfait Courtisan*, rédigé alors qu'il était attaché à la cour napolitaine dans les années 1480 (Cosenza, 1962, p. 419). Mais l'œuvre la plus célèbre et la plus influente dans ce domaine est bien sûr *Le Livre du courtisan* de Baldassar Castiglione (1478-1529), suite de dialogues qui, rédigée entre 1513 et 1518 et imprimée dix ans plus tard, composa parmi les plus lus des ouvrages du XVIe siècle (Mazzeo, 1967, p. 132)[1].

Mais les princes eux-mêmes demeurent les principaux destinataires des livres d'avis, et il est évident que la plupart des humanistes ont composé leurs ouvrages en ayant à l'esprit des gouvernants bien précis. Ainsi Francesco Patrizi (1412-1494) dédia-t-il dans les années 1470 une importante étude sur *Le Royaume et l'éducation du roi* au pape Sixte IV (Cosenza, 1962, p. 1345). En 1471, Bartolomeo Sacchi (1421-1481) rédigea son traité sur *Le Prince* pour un des ducs Gonzague de Mantoue (Baron, 1966, p. 437). Diomede Carafa (1407-1487), tout en prodiguant ses conseils aux courtisans, produisit dans les années 1480 une note sur *La Fonction du bon prince* destinée, elle, à Ferdinand de Naples (Gilbert, 1939, p. 469). Giovanni Pontano (v. 1426-1503), secrétaire de Ferdinand pendant plus de vingt ans, se fit initialement remarquer par le roi grâce à un essai sur *Le Prince* en 1468 (Cosenza, 1962, pp. 1461-1462).

Mais le plus célèbre, et de loin, de ces livres de conseils, c'est bien entendu *Le Prince*, que Machiavel termina en 1513 et dédia deux ans plus tard « au Magnifique Laurent de Médicis » (p. 29)[2]. Machiavel possédait une raison bien précise de souhaiter apparaître comme conseiller des princes en 1513, bien que toute sa carrière eût été jusque-là consacrée au service public sous le régime restauré de la république de Florence (Ridolfi, 1963, pp. 15, 131-132). La République s'étant effondrée l'année précédente, rappelons-le, les Médicis étaient revenus au pouvoir et Machiavel s'était soudain retrouvé privé d'emploi et de gagne-pain. Il avait un besoin urgent de se recommander aux yeux des nouveaux maîtres de la cité, et espérait avec quelque optimisme, comme ses lettres à Vettori en

---

1. Les citations du *Livre du courtisan* sont reprises de la traduction de Gabriel Chapuis (1580) adaptée par Alain Pons, Paris, Gérard Lebovici, 1987 *(NdT)*.

2. Il est maintenant généralement admis que, comme le laisse entendre Machiavel lui-même dans une lettre de décembre 1513 à Francesco Vettori, une version complète du *Prince* fut rédigée entre juillet et décembre 1513. Pour la lettre à Vettori, voir Machiavel, *Lettres*, pp. 139-144. Sur l'idée que la dédicace fut insérée entre septembre 1515 et septembre 1516, voir Bertelli, 1960, p. 9. Pour une étude récente du débat concernant la datation du *Prince*, voir Geerken, 1970, p. 357.

attestent[1], que, s'il parvenait d'une façon ou d'une autre à faire lire son livre par les Médicis, il pourrait se réinstaller dans l'emploi politique qui lui était si cher. Le livre manqua la cible qu'il visait, mais il réussit à apporter au genre du livre de conseils une contribution qui, du fait même, révolutionna le genre lui-même.

L'IDÉAL HUMANISTE DU GOUVERNEMENT PRINCIER

Même si la fin de la Renaissance comporte un virage marqué dans la théorie politique, il serait erroné d'en conclure que le corpus des livres de conseils aux princes et aux courtisans constitue un tout nouveau départ dans la pensée politique humaniste. Il n'y avait rien d'original dans l'idée de proposer aux dirigeants politiques des conseils pratiques sur la manière de conduire leurs affaires : cela avait toujours été le but de l'ancienne tradition des livres de conseils aux potentats et magistrats, tradition qui avait elle-même la prétention, plus ancienne encore, de présenter un « miroir » aux princes pour leur montrer une image idéale et leur demander de sonder leur reflet dans sa profondeur[2]. Il n'y avait rien non plus d'original dans les thèses qui sous-tendaient les conseils fournis par les humanistes de la fin de la Renaissance aux princes de leur époque. Lorsque l'on considère leurs travaux, la première chose qui saute aux yeux est la forte continuité entre leurs valeurs et attitudes et celles qu'articulaient déjà les humanistes « civiques » des débuts du *quattrocento*.

Le *vir virtutis* demeure leur héros, et ils affirment toujours que l'ambition qui convient à ce personnage historique est de s'attirer le plus haut degré possible d'honneur, de gloire et de renommée (cf. Kontos, 1972, pp. 83-88). Les humanistes de la période plus tardive accentueront même leur insistance sur ces thèmes déjà familiers, car ils tiennent le plus souvent le prince pour l'homme capable par excellence de parvenir à la *virtus*. Dans une tête de chapitre,

---

1. Voir Machiavel, *Lettres*, pp. 101-107, 139-144.
2. Pour une étude de la complexe métaphore du *speculum*, « miroir des princes », voir Shapiro, 1975, notamment pp. 41-44.

Patrizi proclame que « le roi doit acquérir la gloire par ses actions », et ne met jamais en doute que la gloire doive être vue comme « la plus haute récompense qui puisse être pour l'exercice de la *virtus* » (p. 399). Castiglione fait preuve d'un attachement plus fort encore à cette échelle de valeurs, en particulier au livre IV du *Courtisan*, où il traite de la relation entre le courtisan et son prince. Il annonce d'abord que la première ambition du courtisan, et « la fin ultime qui lui est assignée », consiste à fournir à son souverain des conseils politiques avisés (p. 288). Il déclare ensuite que ces conseils doivent avoir pour but d'assurer que le prince recherche « honneur et profit », lutte pour atteindre « le pinacle de la gloire », et parvienne de la sorte à se rendre « célèbre et illustre de par le monde[1] ». Tout au long des dialogues, il est toujours présumé que, s'il est blâmable « de chercher la fausse gloire et ce qui est immérité », il n'est pas moins blâmable « de se dérober à un honneur mérité et de ne pas chercher cette reconnaissance qui seule est la vraie récompense des œuvres vertueuses » (p. 99).

Dans *Le Prince*, Machiavel assume tout aussi clairement ces valeurs. Il insiste sur le fait que le comportement princier se doit d'être *onesto* (« honnête ») aussi bien qu'*utile*, et demande en conséquence aux princes de prendre pour modèle « un personnage de grand renom, ayant toujours sa vie et chronique près de soi » (p. 90). Il parle de Ferdinand d'Aragon, souverain contemporain digne d'être imité, et le met en avant au début du chapitre sur « Comme se doit gouverner le Prince pour s'acquérir estime », disant que « de petit roi il est devenu par gloire et par renommée le premier Roi de la Chrétienté » (p. 119). En parallèle, il n'exprime que mépris envers Agathocle de Sicile, en dépit des ses remarquables succès, car par les méthodes criminelles dont il était féru « on peut conquêter quelque Seigneurie, non pas honneur » (p. 63). Et lorsque, à la fin du *Prince*, il en arrive à s'adresser directement aux Médicis, c'est avant tout pour leur assurer qu'« il n'y a chose

---

1. Voir Castiglione, pp. 290, 319-21. Cf. l'étude du livre IV par Ryan, 1972. Carafa donne une description semblable de la relation entre courtisan et prince dans *Le Parfait Courtisan*, pp. 77-80, 94-95.

qui cause tant d'honneur à l'homme » que de fonder une nouvelle principauté, leur rappelant par là que s'ils parviennent à donner à l'Italie « nouvelles lois et ordonnances », ils gagneront eux-mêmes le prix le plus précieux de la vie politique (pp. 133-136).

Un deuxième trait d'union entre les penseurs du miroir des princes et leurs prédécesseurs réside dans leur analyse des forces s'opposant au *vir virtutis* dans sa quête d'honneur, de gloire et de renommée. Tous s'accordent à penser que la responsabilité première dans l'effondrement des plans les mieux dressés revient au pouvoir capricieux, potentiellement écrasant, de la fortune. On admet certes, selon les termes de Pontano dans son traité *Sur la Fortune*, que si la déesse est « dépourvue de raison », elle est aussi parfois « capable de contribuer au bonheur de l'homme » (pp. 519, 543, 549). Mais l'accent essentiel est le plus souvent mis sur le pouvoir que possède la fortune de lui causer des torts inattendus et irréparables. On ne trouve nulle part ailleurs que chez Castiglione dans *Le Livre du courtisan* ce thème traité avec une plus grande amertume. Il y fulmine contre la fortune avec une telle constance, la disant portée « à élever souvent jusqu'au ciel celui qui lui semble sans aucun mérite, et à ensevelir dans l'abîme les plus dignes d'être élevés », que le *Courtisan* finit par être mis à l'Index en raison de l'hérésie que constituait le fait d'accorder une telle importance à une divinité païenne (cf. pp. 1-2, 14, 30, 285 ; Cartwright, 1908, p. 446).

On retrouve encore cette idée, avec la véhémence si typique de Machiavel, dans *Le Prince* (cf. Flanagan, 1972, pp. 127-135). Comme Pontano, il commence par concéder la possibilité de s'attirer les faveurs de la fortune, et par reconnaître qu'il est parfois permis à l'homme « d'accomplir de grandes choses » grâce à elle. Il pose comme axiome au premier chapitre qu'il existe essentiellement deux manières d'acquérir une principauté, soit par l'exercice de la *virtù*, soit par le fait de la fortune (p. 35). Et plus loin, il consacre un chapitre spécialement aux « principautés nouvelles qui s'acquièrent par les forces et fortune d'autrui », dans lequel il considère le cas de César Borgia (Cesare Borgia) comme exemplaire, puisqu'il « acquit ses États » entièrement par « bonne fortune » (pp. 53-54).

Mais Machiavel insiste toujours davantage sur le caractère instable de la déesse, et donc sur la folie qu'il y a à se fier à son aide sur une quelconque durée. Il consacre son avant-dernier chapitre à ruminer « Combien peut la fortune dans les choses humaines et comme on y peut résister », et l'y compare à « une rivière, coutumière de déborder, laquelle se courroçant noie à l'entour les plaines », sans qu'on puisse y « mettre rempart aucun » (p. 130). Dans le même esprit, il estime que la morale à tirer de la carrière de César Borgia est que le prince, pour maintenir son État, doit toujours se fier à sa propre *virtù* plutôt qu'aux faveurs de la fortune. Ayant acquis son pouvoir uniquement grâce à « la fortune de son père », César était singulièrement prédestiné à le perdre dès lors que la chance l'eût abandonné. Ce qui ne manqua pas d'advenir, avec une étonnante brutalité, car « si les moyens qu'il employa ne lui profitèrent point, ce ne fut pas sa faute », et sa vie prit fin dans « une extraordinaire et extrême malignité de fortune » (pp. 54-55).

Le rôle de la fortune dans les affaires humaines ainsi bien établi, les auteurs du miroir des princes se demandent ensuite quelles qualités sont nécessaires au souverain afin de circonvenir et de réduire le pouvoir de la fortune. Ils répondent une fois encore d'une manière qui révèle leur dépendance à l'égard de la structure conceptuelle précédemment esquissée par les vieux humanistes du *quattrocento*. Comme Patrizi, tous sont d'accord sur le fait que « ce n'est que par le moyen de la *virtus* » que le prince peut espérer dépasser les malices de la fortune et atteindre le but « d'honneur, gloire et renommée » (p. 228). À ce stade, tout comme les humanistes, Patrizi pense surtout à deux choses. La première est que le prince qui acquiert la vraie *virtus* « ne sera jamais dominé en ses affaires par la fortune », car il sera toujours capable de tenir bon, même dans les circonstances les plus défavorables (p. 280). L'autre est que, puisque « la bonne fortune accompagne toujours le courage », le prince possédant la *virtus* aura également les meilleures chances de se procurer le soutien de la capricieuse déesse dans la conduite de ses affaires (p. 280). La notion de *virtus* est donc tenue pour représenter la qualité essentielle que doit cultiver avant toute autre le prince s'il veut parvenir à « maintenir son État ». Pontano le souligne dans son traité sur *Le Prince* « il faut tant honorer la *virtus* » que tous les souverains doivent « s'élever pour la poursuivre » dans chacun de leurs actes publics (pp. 1034, 1042). *Virtus* est « la chose la plus splendide du monde », plus magnifique même que le soleil, car « l'aveugle ne peut voir le soleil » tandis que « même lui peut voir la *virtus* aussi clairement qu'il est possible » (p. 1044).

Et l'on retrouve à nouveau Machiavel et *Le Prince*, prêchant les mêmes doctrines. Il insiste par-dessus tout sur le fait que la pire des fortunes ne peut jamais totalement submerger l'homme de vraie *virtù*. Il admet bien dans le chapitre sur « Combien peut la fortune dans les choses humaines et comme on y peut résister » qu'« il peut être vrai que la fortune soit maîtresse de la moitié de nos œuvres », mais maintient tout de même qu'« elle nous en laisse gouverner l'autre moitié ou un peu moins » (p. 130). Il se montre également fervent adepte de l'adage *Fortes Fortuna Adiuvat*, « la fortune favorise les courageux », soulignant ainsi qu'« elle est toujours amie des jeunes gens, comme femme, parce qu'ils ont moins de respect, plus de courage et avec plus d'audace lui commandent ». Dans son style fleuri si caractéristique, il termine en disant que, « à cause que la fortune est femme », le but de l'homme de *virtù* doit être « de la battre et l'heurter » jusqu'à ce qu'elle se soumette à sa volonté (p. 133).

Pour Machiavel comme pour les autres humanistes, la notion de *virtù* sert donc à désigner la qualité indispensable qui permet au souverain de parer aux traits dont nous meurtrit l'outrageuse fortune, et par conséquent d'espérer atteindre l'honneur, la gloire et la renommée. On le voit très clairement dans le chapitre « Pourquoi ont les princes d'Italie perdu leurs États » (p. 128). Il y prévient tous les nouveaux princes que, pour s'attirer la « double louange » que mérite le fait d'avoir établi une nouvelle principauté et de l'avoir renforcée, il leur faut par-dessus tout reconnaître que « Ces défenses seules sont bonnes, sont certaines, sont durables, qui dépendent proprement de toi et de tes talents[1] » (p. 129). La même obligation

---

1. Dans la première traduction française reprise ici antérieure à 1553, Jacques Gohory rend très souvent, explique Yves Lévy en note, « *virtù* » par « talent » (*NdT*).

revient au dernier chapitre du *Prince*, où Machiavel délivre aux Médicis son « Exhortation à prendre l'Italie et la délivrer des Barbares ». Les assurant d'abord que puisque leur « maison [...] très illustre » possède à un si haut degré « sa fortune et ses talents », il s'ensuit que nulle autre ne « se pourrait faire chef de cette délivrance » (p. 135). Puis il termine sur la stance de *Mon Italie*[1] dans laquelle, on l'a vu, Pétrarque appelait ses compatriotes à prouver que leur *virtus* n'était pas perdue, et qu'ils demeuraient en mesure de faire renaître les gloires de l'ancienne Rome dans l'Italie moderne (p. 138).

Enfin, la plupart des auteurs du miroir des princes s'en tiennent au postulat humaniste courant selon lequel, du moment qu'il est crucial d'adopter un genre d'éducation approprié pour former le caractère du *vir virtutis*, il doit nécessairement exister un lien étroit entre meilleur conseil pédagogique et meilleur conseil politique. Machiavel fait quelque peu exception à cette règle, en ne mentionnant qu'épisodiquement la question de la « formation intellectuelle » du souverain, peut-être parce qu'il pense sincèrement (comme il semble parfois le laisser supposer) que la meilleure éducation possible pour le prince consisterait simplement à mémoriser *Le Prince* (cf. p. 89). Mais dans la plupart des autres livres de conseils pour souverains et courtisans, on voit une insistance constante sur les deux idées centrales que nous avons déjà reconnues comme caractéristiques des traités pédagogiques humanistes.

Tout d'abord, on constate une forte adhésion à l'idée selon laquelle il serait erroné d'établir une frontière absolue entre le genre d'éducation qui conviendrait aux gentilshommes et aux princes d'une part, et aux « clercs » d'autre part. *Le Livre du courtisan* de Castiglione nous propose, dans sa première partie, une analyse de ce thème parmi les plus influentes. On y blâme à diverses reprises les Français, qui « pensent que les lettres nuisent aux armes », et poussent la barbarie au point « qu'ils font une grande injure à quelqu'un quand ils l'appellent "clerc" » (pp. 67, 69). Quant à lui,

---

1. Stance que Gohory traduit par « Vertu contre furie / Armes prendra, et tôt la défera, / Car ès cœurs d'Italie / Vaillance antique est encore et sera » (note d'Yves Lévy) [*NdT*].

Castiglione estime que si « la principale et vraie profession du courtisan doit être celle des armes », il faut aussi qu'il soit homme de haute qualité culturelle, « que non seulement il ait connaissance de la langue latine, mais aussi de la grecque », et qu'il soit « plus que médiocrement instruit dans les lettres, du moins dans ces études que nous disons d'humanité » (pp. 32, 70).

Autre thème commun à ces auteurs : la nature du programme d'études que doivent suivre tant les aspirants princes que leurs courtisans. C'est Patrizi qui en donne la description la plus complète, au livre II de l'essai sur *Le Royaume et l'éducation du roi*. Il insiste d'abord sur l'importance qu'il y a à donner au jeune prince un tuteur compétent, et va ensuite nous donner une liste de matières détaillée, de sonorité typiquement humaniste. Cela commence par la grammaire, « fondement de toutes les autres disciplines », se poursuit avec l'étude des meilleurs auteurs de l'Antiquité, et s'achève sur une longue description de « ce que le roi doit savoir des mathématiques » et une discussion de l'importance des exercices musicaux et physiques (pp. 69-75, 78-86). Il en ressort que le devoir constant du prince consiste à se présenter à ses sujets en modèle d'« homme de la Renaissance ».

Nous avons jusqu'ici considéré dans quelle mesure les auteurs du miroir des princes de la fin de la Renaissance reproduisent les valeurs et les idées déjà articulées par les humanistes des débuts du *quattrocento*. Il nous reste à analyser en quoi le changement de nature de leur public va les conduire à introduire un certain nombre d'éléments nouveaux dans leur discours moral et politique.

Ils tendent tout d'abord à se démarquer nettement de la plupart de leurs prédécesseurs en ce qui concerne les buts du gouvernement. Les humanistes « civiques », aussi bien que les auteurs de livres de conseils à l'usage des podestats et magistrats, tenaient tous le maintien de la liberté et celui de la justice pour les valeurs essentielles de la vie politique. Au contraire, les penseurs du miroir des princes défendent un principe déjà esquissé, on l'a vu, par les premiers partisans des régimes « despotiques » et « tyranniques ». Ils soutiennent ainsi que la tâche première du gouvernement consiste à maintenir le peuple non pas tant dans un état de liberté, mais plutôt dans la paix et la sécurité. Ce nouvel ordre de priorités s'observe tout particulièrement dans la dernière partie du *Livre du courtisan* de Castiglione. L'un des personnages du dialogue tente de s'élever contre la véhémence avec laquelle les autres interlocuteurs insistent sur les vertus de tranquillité et d'obéissance. « Et à moi il me semble, déclare-t-il, que puisque la liberté nous a été concédée par Dieu comme don suprême, il n'est pas raisonnable qu'elle nous soit ôtée, ni qu'un homme y ait davantage part qu'un autre, ce qui advient sous le pouvoir des princes, qui, pour la plupart, tiennent leurs sujets en une très étroite servitude » (p. 304). Mais on lui objecte aussitôt que cette vision de la vie politique revient à plaider que l'on devrait « vivre comme l'on veut » et non pas « selon les bonnes lois » (p. 305). Cette commode équation entre liberté égale et licence pure étant ainsi glissée dans le débat, les autres interlocuteurs croient pouvoir conclure, confortés dans leur assurance, que le véritable rôle du bon prince doit être « d'instituer si bien ses peuples, et avec de si bonnes lois et ordonnances qu'ils puissent vivre dans la tranquillité et dans la paix, et jouir honorablement de la fin de leurs actions, qui doit être le repos » (pp. 310-311).

Ce changement de priorités se rencontre tout aussi nettement chez Machiavel, dans *Le Prince*. S'il évoque « la liberté et ses vieilles coutumes », ce n'est que pour observer que cela les rend moins susceptibles de se rallier au gouvernement du Seigneur (p. 49). Il avance à plusieurs reprises que le devoir majeur du souverain consiste à s'assurer à lui-même « sécurité et puissance », tout en garantissant « stabilité et sûreté » parmi ses sujets (pp. 113, 114). Et il va jusqu'à décrire son propre travail d'écriture du *Prince* comme une tentative de poser une série de règles telles que, celui qui les suivra, elles « le feront apparaître ancien où il sera nouveau, et le rendront en moins de rien assuré et certain de sa seigneurie que si de longue main ses ancêtres étaient en possession du pays » (p. 128).

Les auteurs du miroir des princes ajoutent le plus couramment que, du moment que le gouvernement des princes est le mieux à même de promouvoir à coup sûr ces valeurs, il s'ensuit que l'on doit considérer la monarchie comme la meilleure forme de gouvernement. Certes, Machiavel et Patrizi refusent tous deux de souscrire à ce corollaire audacieux. Machiavel préfère notamment montrer l'antagonisme entre deux visions rivales sur les mérites respectifs des régimes princiers et populaires. Il souligne d'un côté, dans *Le Prince* comme plus tard dans les *Discours*, que dans des situations de décomposition politique avancée il sera toujours nécessaire, en république autant qu'en monarchie, de s'en remettre au pouvoir fort d'un homme seul afin de remettre en vigueur dans la communauté la *virtù* d'antan. Mais par ailleurs il laisse entendre dans *Le Prince*, et déclare de façon tout à fait explicite dans les *Discours*, que sa préférence personnelle ira toujours à une vie politique libre, et donc à une forme républicaine de gouvernement.

Mais ce qui se disait le plus couramment, c'était que personne de vraiment attaché aux valeurs de sécurité et de paix n'avait la moindre possibilité de continuer à défendre la préférence traditionnelle pour la liberté des républiques. On trouve déjà cela, en toute sérénité, dès Vergerio dans son fragment *Sur la monarchie* – sous-titré « la meilleure forme de gouvernement ». L'auteur commence par poser que l'objet premier du gouvernement consiste à éviter le factionnisme et à assurer « la sûreté, la sécurité et la défense des innocents » (p. 447). Il avance ensuite que « le gouvernement de la multitude » n'apporte rien d'autre que « le tumulte », avec le jeu incessant des partis, le pillage systématique des richesses, et la menace constante de la guerre civile (p. 448). Pour lui, il va donc de soi que « la monarchie est préférable au gouvernement du peuple » (p. 447). Non seulement il souligne que les princes « font bien mieux » pour « supprimer toute sédition et tout tumulte entre les citoyens », mais il soutient même, confondant par là de manière apparemment délibérée des catégories traditionnellement opposées, qu'avec un bon roi, juste et clément, nous sommes assurés dans les faits d'une « vraie liberté » puisque « la paix nous est assurée » (pp. 447, 449). Au cours du *cinquecento*, cette façon d'opposer la sûreté des *regna* à la sédition des *communitates* devint un lieu commun chez les humanistes, comme elle l'avait longtemps été parmi les scolastiques. Lorsque, par exemple, Giovanni Rondinelli se penche en 1583 sur « les temps anciens » de la république de Florence, il demeure convaincu que la cité était « emplie de tours, de châteaux et de factions rivales » tout au long de l'époque des régimes populaires, et que le plus bel accomplissement des Médicis avait été de mettre un terme à ces désordres en imposant la *Pax Medicea*, la paix dictée par leur propre gouvernement souverain (cf. Cochrane, 1965, p. 12).

L'autre modification majeure apportée par les penseurs du miroir des princes au vocabulaire politique dont ils étaient les héritiers est centrée sur leur analyse du concept clé de *virtus*. Nous avons vu jusqu'ici qu'ils s'accordaient avec leurs prédécesseurs humanistes pour le définir de manière heuristique, comme la qualité permettant à l'homme de combattre la puissance de la fortune et d'atteindre les buts d'honneur, gloire et renommée. Mais si l'on veut bien considérer maintenant la réalité de ce à quoi ils pensaient en utilisant ce terme, on se rend compte que leur intérêt envers la *virtus* des souverains plutôt que des citoyens ordinaires les amène à introduire dans leurs analyses deux nouveaux éléments importants.

Vient en premier l'idée, reprise de la *Politique* d'Aristote, selon laquelle les qualités dignes d'admiration chez le prince peuvent différer de celles qui méritent l'éloge chez le simple citoyen. Il est donc assez audacieux de soutenir, avec certains érudits, que « les vertus politiques étaient tenues pour identiques aux vertus privées » chez ces auteurs (cf. Anglo, 1969, p. 190). Si l'on se penche par exemple sur *Le Royaume et l'éducation du prince*, où Patrizi traite de la *virtus*, on le voit maintenir sans aucune équivoque que « les vertus du souverain sont une chose, les vertus du peuple en sont une autre » (p. 95). Il y affirme que bien des qualités, en particulier parmi celles qui accompagnent « une apparence modeste » mais « expriment le plus haut comportement des citoyens ordinaires », sont pourtant tout à fait inconvenantes chez le prince (pp. 95-96). Il veut bien que « les citoyens doivent tendre vers la *virtus* », mais établit clairement qu'il tient cela pour une qualité relativement passive, tenant de la recherche de « l'obéissance et de la bonne volonté » et de « la gratitude envers les avantages qu'ils reçoivent de leurs rois » (pp. 371, 392).

Machiavel donne dans *Le Prince* une description encore plus nette de cette dichotomie. La *virtù* du souverain est ici revêtue d'une force créatrice extraordinaire, élément clé pour « conserver ses États » et lui permettre de vaincre ses ennemis. Par contraste, le peuple aurait pour principal mérite sa tendance caractéristique à la passivité complaisante. Machiavel tient constamment pour acquis que « le peuple ne demande que de n'être pas opprimé », et donc se préoccupe peu de lui assigner un rôle significatif sur la scène de la vie politique. Du moment que le souverain « ne leur dérobe pas l'essentiel de leur propriété ou de leur honneur », dit-il, les citoyens « s'en trouveront satisfaits », donc dociles (p. 102). Il conseille également au « prince avisé » de renforcer cette loyauté coutumière en trouvant les « moyens par lesquels ses sujets sont toujours et en toute circonstance dépendants de lui », avec pour but d'assurer « qu'ils lui seront toujours fidèles » en cas de besoin (p. 71). Si Machiavel décrit invariablement le prince comme figure en mouvement, l'activité du peuple se confinerait pour lui « à l'agitation de quelques-uns », dont « on peut disposer facilement et de diverses manières » (p. 102).

Quant au second élément introduit par les derniers humanistes dans leur discours sur la *virtus*, il s'agit d'une tendance à expliquer le sens du terme en faisant référence à une liste de qualités morales individuelles classées par ordre de mérite croissant. Si Machiavel rejette formellement cette approche, les livres de conseils plus conventionnels admettent pour la plupart que posséder la *virtus* équivaut à posséder deux groupes bien particuliers parmi les vertus conventionnelles.

Il nous est tout d'abord indiqué que nul ne peut être tenu pour homme de vraie *virtus* à moins de faire preuve de toutes les grandes vertus chrétiennes aussi bien que des vertus « cardinales » identifiées par les moralistes de l'Antiquité. Cet aspect de l'analyse n'est rien d'autre qu'une reprise de l'argumentation que nous avons déjà rencontrée chez Pétrarque et les humanistes des débuts du *quattrocento*. L'une des versions les plus complètes de cet engagement nous est fournie par Patrizi dans *Le Royaume et l'éducation du roi*. Se demandant au début du livre VI : « Qu'est-ce que la *virtus* ? », il observe que Platon nous apporte l'essence de la réponse « lorsqu'il affirme qu'il y a quatre vertus principales » (pp. 235, 237), qui sont alors énumérées et largement commentées. Vient d'abord la vertu de prudence ou de sagesse, donnée pour comprendre la raison, l'intelligence, la circonspection et la sagacité (pp. 237-250). Puis la vertu de tempérance, qui s'accompagne de la modestie, de l'abstinence, de la chasteté, de l'honnêteté, de la modération et de la sobriété (pp. 254-270). Troisième vertu cardinale, la vaillance, propriété plus simple qui parle davantage d'elle-même et nous est présentée comme « la vertu qui convient par-dessus tout aux grands hommes » (p. 275). Et enfin on découvre la vertu qui domine toutes les autres, la justice, que Patrizi divise en ses composantes divine, naturelle et civile, d'accord avec Platon qu'elle doit se regarder comme « le plus grand des biens » (pp. 314-319). Mais avec le développement de cette typologie platonicienne, nous sommes loin d'en avoir fini avec l'analyse de Patrizi. Il poursuit en endossant sans réserve la position humaniste selon laquelle toutes ces vertus seraient vaines à moins de se voir compléter et renforcer par les qualités chrétiennes fondamentales que sont la piété, la religiosité et la foi. Il définit la piété comme « l'idée de Dieu » et avance que la religiosité en est « l'inséparable compagne » car « elle concerne l'adoration du divin » (pp. 346-350). Mais il insiste sur le fait que la plus grande de toutes les vertus est la foi chrétienne, qui « se montre en une telle splendeur que toutes les autres vertus des rois et princes se font obscures en son absence » (p. 358). Si nos souverains renoncent à cultiver cette qualité, conclut Patrizi, « leur sagesse sera vaine et trompeuse », leur tempérance « triste et honteuse », leur vaillance « veule et passive », et leur justice « un bain de sang » (p. 358).

Quant aux autres vertus que mettent en avant ces auteurs, il s'agit de celles qu'ils estiment particulièrement appropriées aux rois et aux princes. Ce souci était rarement apparent chez les humanistes « civiques », qui se préoccupaient surtout d'analyser la *virtus* du corps citoyen tout entier. Toutefois, on trouve un précédent manifeste à cet intérêt dans les livres de conseils d'autrefois, destinés aux podestats et magistrats des cités, et c'est pour l'essentiel cette approche que les auteurs du miroir des princes reprennent et développent maintenant dans un style plus raffiné.

Ils commencent par déclarer que tout souverain doit chercher à acquérir les vertus de libéralité et de magnificence. Ce sont là des vertus « parmi les plus grandes de toutes, suggère Patrizi, dans le cas des rois et des princes » (pp. 304, 308). Pontano produira deux traités uniquement pour vanter chacune de ces qualités, avec dans chaque cas l'hypothèse sous-jacente que le prince faisant preuve de parcimonie ou d'avarice est sûr de s'interdire de parvenir aux sommets enviés de la gloire et de la renommée. Le traité *Sur la libéralité* souligne que « rien n'est plus indigne d'un prince » que le manque de générosité ; Ferdinand de Naples (Ferrandino) s'y trouve glorifié à diverses reprises – et quelque peu abusivement – en tant que modèle incitant à une généreuse munificence (pp. 10, 45, 55). De même, le traité *Sur la magnificence* explique en quoi la réputation de créer « de nobles bâtiments, de splendides églises et théâtres » constitue un complément indispensable à la gloire princière, et nous donne encore en exemple Ferdinand de Naples pour « la magnificence et la majesté » des bâtiments publics qu'il avait commandités (pp. 85-87).

La clémence vient en second parmi les vertus des princes, ce qui amène les penseurs du miroir des princes à reprendre un sujet qui, comme on l'a évoqué, se voyait traiter systématiquement par les auteurs de livres de conseils destinés aux podestats et magistrats des cités : vaut-il mieux pour le souverain chercher à être craint ou aimé ? Tout comme leurs prédécesseurs, tous répondent que le prince doit toujours viser, comme dit Castiglione, à être « je ne dis pas aimé, mais presque adoré de ses sujets » (p. 317). On trouve ici, il est vrai, un élément de désaccord puisqu'il a pu être avancé, par Patrizi par exemple, qu'il peut parfois être avantageux et impressionnant pour le souverain de se comporter avec une sévérité marquée (p. 325). Mais Patrizi lui-même admet que c'est là une voie qu'il est dangereux d'emprunter, puisque la sévérité « dégénère aisément en sauvagerie », et qu'« il n'existe pas de vice plus honteux, détestable ou inhumain » que la cruauté chez le prince (p. 325). On convient de plus en général, avec Pontano au début de son traité sur *Le Prince*, que « ceux qui veulent gouverner doivent faire montre avant tout de deux qualités, la première étant la libéralité et la seconde la clémence » (p. 1026). Pontano ajoute ici que la valeur de clémence peut difficilement se surévaluer, car « du moment que nous reconnaissons cette qualité chez un homme, nous l'admirons et l'honorons en tout, nous le traitons comme un dieu » (p. 1026).

Le prince est enfin invité à demeurer en tout temps au cœur de l'honneur, donnant toujours sa parole librement et ne trahissant jamais ses promesses. Il est vrai que ces qualités sont moins clairement distinguées comme spécifiques de la condition princière ; mais elles semblent faire partie de ce code de conduite plus général établi par les humanistes à l'usage des gentilshommes de la Renaissance, dans lequel les idées de « jurer sur son honneur » et de « donner sa parole de gentilhomme » étaient devenues, pour *Le Livre du courtisan* de Castiglione, synonymes de dire tout simplement la vérité nue (cf. pp. 117, 138, 290). Mais on sait bien aussi que c'était là une valeur dont le souverain, en tant que principal détenteur du code d'honneur, devait faire preuve avec une attention scrupuleuse. Patrizi y insiste lourdement dans une de ses têtes de chapitre, le roi « ne doit jamais s'abandonner à la trahison, ni jamais dire un mensonge, ni jamais permettre à d'autres de mentir » (p. 138). Dans son traité sur *Le Prince*, Pontano souscrit à cette attitude en disant que « rien n'est plus détestable » qu'un souverain « manquant à sa parole », et pose que « si la situation se présente, il est absolument impératif qu'il garde sa foi même envers ses ennemis » (p. 1026). Il est en outre patent, d'après nombre de mémoires de l'époque, que le prince faisant montre en lieu et temps de ces qualités se voyait toujours accorder l'admiration et la louange les plus élevées. On le voit très clairement, par exemple, dans le beau récit de la carrière du duc Frédéric d'Urbin (Federico da Urbino) que fait Vespasiano da Bisticci (1421-1498), libraire à Florence qui composa une suite considérable de *Vies des hommes illustres du XVe siècle*. Dans la liste imposante des « éminentes vertus » qu'il prête à Frédéric, la première est « sa bonne foi, à laquelle il n'a jamais manqué » (p. 85). Vespasien expose que « tous ceux à qui il donna sa parole portent témoignage qu'il ne l'a jamais reniée », et raconte diverses anecdotes montrant que le duc considérait chacune de ses promesses comme « inviolable », qu'elle fût proférée « sous la contrainte ou librement », et énoncée par écrit ou seulement oralement (p. 86).

La critique de l'humanisme chez Machiavel

Jusqu'ici, en traitant du *Prince* de Machiavel, on s'est surtout attaché à montrer dans quelle mesure on peut y voir la présentation des valeurs et des préoccupations caractéristiques du genre « miroir des princes » dans son ensemble. Il semblait essentiel de commencer par cette perspective, qui permet d'abord de mettre à jour un malentendu courant concernant la relation entre *Le Prince* et les écrits politiques plus conventionnels de cette époque. On dit en effet souvent que le livre de Machiavel est entièrement *sui generis*, qu'il « ne trouve place dans aucune catégorie », et même qu'il « ignore complètement les concepts et catégories » dans lesquels les autres penseurs de sa génération avaient accoutumé de s'exprimer[1]. On aura cependant désormais compris que le format, les présupposés et beaucoup des arguments essentiels du *Prince* en font une contribution clairement ancrée dans la tradition établie de la pensée politique de la fin du *quattrocento*. Il existe une deuxième raison pour adopter cette perspective : par le fait même de présenter les grandes idées des auteurs du « miroir des princes », on se place aussi dans une situation idéale afin d'observer jusqu'où Machiavel souhaitera aller pour contester, voire tourner en ridicule certaines de leurs valeurs. Il va bien sûr de soi – et nous avons l'assurance de Machiavel sur ce point – qu'il se considérait lui-même comme un critique conscient

---

1. Pour cette thèse, voir Plamenatz, 1963, vol. I, p. 7, et Berlin, 1972, p. 160. Ce texte reste la référence usuelle sur la pensée politique de Machiavel. De plus, les citations le montrent, les mêmes idées se retrouvent régulièrement dans les écrits de distingués historiens des idées. Cela en dépit du fait que les recherches sur les liens entre *Le Prince* et la littérature humaniste des livres de conseils aux princes ont été entreprises depuis fort longtemps. Une mise en parallèle, chapitre par chapitre, de Machiavel et d'autres humanistes, intéressante mais surfaite, est présentée par Allan Gilbert, 1938. Pour un traitement en partie opposé sur le même thème, voir Felix Gilbert, 1939. Je dois beaucoup à ce dernier article, qui est de grande valeur.

de divers éléments clés des livres de conseils adressés aux princes (cf. p. 90). Mais ce n'est qu'après avoir saisi le contexte intellectuel exact au sein duquel il évoluait que nous pouvons espérer identifier quels points de son propre héritage humaniste il voulait mettre en cause ou rejeter, et dans quelle mesure.

C'est surtout dans deux chapitres que Machiavel entreprend clairement de s'attaquer directement aux théories politiques de ses contemporains. Il dénonce d'abord leur échec à mettre en valeur la signification du pouvoir tel qu'en lui-même[1]. On l'a vu, il était en général admis que, du moment que le prince se voue de toutes ses forces à une vie de vertu, cela lui permettra d'atteindre les buts suprêmes d'honneur, gloire et renommée. Machiavel montre au contraire que cela revient à sous-estimer naïvement la mesure en laquelle le maintien d'un gouvernement heureux dépend de la volonté inflexible d'ajouter aux arts de la persuasion l'emploi bien réel de la force militaire. C'est cet aspect du gouvernement princier, poliment ignoré de la plupart de ses contemporains, que Machiavel remet au premier plan dans les pages du *Prince*, en soulignant le besoin d'une « économie de la violence », selon la belle formule de Wolin (cf. Wolin, 1961, pp. 220-224).

Il convient toutefois de considérer ce point avec quelque précaution. On a parfois dit que, avec la publication de la théorie politique de Machiavel, « il est possible de dater la naissance d'une nouvelle conception de l'art de la guerre » (Walzer, 1966, p. 273). C'est sans doute là surestimer la nouveauté de l'empreinte machiavélienne quant à la nécessité d'interpréter en partie la notion de *virtù* comme

---

1. Ce point est notamment souligné par Gilbert, 1965, notamment p. 154 (l'ensemble de l'ouvrage de Gilbert est d'une valeur exceptionnelle, et je lui dois énormément). Wood (1967, p. 171) avance que Machiavel va jusqu'à redéfinir la notion de *virtù* pour la faire correspondre à « une structure de comportement parfaitement identifiable dans ce que l'on pourrait décrire comme les conditions du champ de bataille ». Cependant, comme Hannaford, on peut penser que c'est à négliger injustement la dimension politique dans l'usage que Machiavel fait de ce terme (Hannaford, 1973). Mais il ne fait pas de doute, comme la fin du présent chapitre tentera de le montrer, qu'en effet Machiavel redéfinit la notion, ni qu'une part de sa redéfinition l'amène à mettre un accent extrêmement fort sur les prouesses militaires du prince.

une qualité militaire. Il serait sans aucun doute erroné de le considérer comme le premier auteur ayant introduit cette idée dans la pensée politique humaniste. En effet, la volonté de se battre pour le compte de sa *patria* et la légitimité de la défendre par la force avaient par le passé toujours été tenues par les humanistes « civiques » pour un aspect indispensable de la *virtus* du bon citoyen. Et Machiavel n'est pas non plus le premier auteur à porter cette idée du caractère inévitable de la violence au sein du cercle léger des écrits du miroir des princes. Bartolomeo Sacchi, qui avait dans sa jeunesse servi Piccinino en qualité de soldat professionnel, soulignait déjà en 1471, dans son traité sur *Le Prince*, que le souverain doit toujours se tenir prêt à associer diplomatie et coercition, et doit par conséquent toujours s'assurer du soutien d'une armée prête au combat et formée de ses propres citoyens (cf. Bayley, 1961, p. 234).

Il ne fait cependant aucun doute que Machiavel attribue un rôle d'une importance exceptionnelle à la force pure dans l'exercice du pouvoir. Il consacre trois chapitres importants du *Prince* aux affaires militaires, où il soutient que « les principaux fondements qu'aient tous les États [...] sont les bonnes lois et les bonnes armes » (p. 77). Il commence par affirmer avec force que « si les armes sont bonnes, il est aussi bien raisonnable que les lois y soient bonnes » (p. 77). Il résume son avis en disant, avec l'emphase qui le caractérise, qu'« un Prince donc ne doit avoir autre objet ni autre pensée, ni prendre autre matière à cœur que le fait de la guerre et l'organisation et discipline militaires » (p. 87). Il traite encore d'un sujet approchant auquel les humanistes des débuts du *quattrocento*, on l'a vu, portaient un intérêt particulier : la folie et le danger qu'il y a à employer des troupes de mercenaires. Il propose en règle absolue que « si un homme veut fonder l'assurance de son État sur les forces mercenaires, il ne sera jamais soutenu ferme » (p. 77), ajoutant : « ce qui ne devrait pas être difficile à faire croire, car la ruine présente de l'Italie n'est advenue d'autre chose que de s'être par long espace reposée sur les armes mercenaires » (p. 78). La solution proposée, toujours selon la ligne des anciens humanistes, consiste à ce que chaque prince se constitue une milice citoyenne, et aille à la guerre « lui-même en personne et faire le devoir de bon Capitaine » (pp. 78, 84). Sans cela, conclut sévèrement Machiavel, jamais aucune principauté « ne sera sûre ; au contraire elle est toute dépendante de la fortune, n'ayant point de valeur qui la défende en l'adversité » (p. 87).

L'autre point sur lequel Machiavel conteste l'approche dominante chez les auteurs du miroir des princes a trait au rôle de la *virtù* dans la vie politique. On l'a vu, deux grandes certitudes sur l'idée de *virtù* étaient issues des débats sur la pensée morale et politique humaniste traditionnelle : la première concernait la *virtù* en tant que qualité permettant au souverain d'atteindre ses fins les plus nobles ; et la seconde l'identité entre posséder la *virtù* et posséder toutes les grandes vertus. En conséquence, les principaux théoriciens du gouvernement princier allaient tous livrer une même proposition politique fondamentale : si le souverain veut « maintenir son État » et atteindre ses objectifs d'honneur, de gloire et de renommée, il lui faut par-dessus tout cultiver toute la palette des vertus chrétiennes comme des vertus morales. C'est précisément cette conclusion centrale que Machiavel refuse. Il accepte bien l'honneur, la gloire et la renommée comme justes buts pour le prince, mais rejette avec une grande véhémence la conviction dominante selon laquelle la manière la plus sûre de parvenir à ces fins soit d'agir selon les conventions de la vertu.

Si l'on voit clairement la position à laquelle s'attaque Machiavel à ce stade crucial de son argumentation, la nature exacte de celle qu'il souhaite défendre est quelque peu troublée par son amour du paradoxe. Il semble parfois dire que, si les princes ont bien le devoir de se comporter vertueusement, ils doivent aussi admettre que, afin de se comporter aussi vertueusement que possible, il ne leur faut pas essayer de se comporter toujours vertueusement. En d'autres termes, il semble parfois faire référence à cette ironie souvent soulignée par les moralistes de la Renaissance qui réside en ce que souvent, comme dit Hamlet, « S'il m'a fallu être cruel, c'est par tendresse[1] ». Machiavel fait d'abord allusion à cette ligne de pensée lorsqu'il traite de la vertu de libéralité, faisant remarquer que si le

---
1. *Hamlet*, III, IV, 178.

désir de paraître généreux amène souvent les princes à accabler leur peuple de charges superflues, celui qui ne craint pas de sembler parcimonieux verra bien qu'« avec le temps il sera toujours plus estimé libéral » (p. 93). On retrouve encore plus clairement ce même paradoxe dans l'analyse de la clémence au chapitre suivant, où il commence par observer que « César Borgia fut estimé cruel », mais ajoute aussitôt que « toutefois sa cruauté a reformé toute la Romagne, l'a unie et réduite à la paix et fidélité » (p. 95) ; la morale de l'histoire étant que le prince qui a le courage de commencer en « faisant bien peu d'exemples » finira par se montrer « plus pitoyable » que les souverains qui « laissent se poursuivre les désordres, desquels naissent meurtres et rapines », seulement afin « d'éviter le nom de cruel » (p. 95).

Cependant, au cœur du message de Machiavel, on trouve deux affirmations quelque peu différentes, bien qu'à peine moins paradoxales, concernant le rôle des vertus conventionnelles en relation de l'acquisition par le prince d'honneur, gloire et renommée. Selon la première, rien n'importe davantage que de sauvegarder les apparences ; il est même suggéré que, du moment que ces efforts sont couronnés de succès, rien d'autre n'a une quelconque importance. L'objectif du prince, nous est-il répété, consiste à être « estimé homme de bien » et « loué de chacun » (p. 101). Il est donc pour lui essentiel, tout particulièrement s'il n'est pas en réalité homme de vertu, « d'être assez sage pour qu'il sache éviter l'infamie de ces vices qui lui seraient cause de perdre ses États » (p. 92) ; ce qui implique qu'il soit prêt à « bien feindre et déguiser », tirant bénéfice du fait que « les hommes sont tant simples » que « celui qui veut abuser trouvera toujours quelqu'un qui se laissera tromper » (p. 100). Le don indispensable est celui de savoir imiter la vertu : « Il n'est donc pas nécessaire à un prince d'avoir toutes les qualités dessus nommées, mais bien il faut qu'il paraisse les avoir » (p. 100).

Le prince s'entend en outre assurer avec magnanimité que ce talent n'est pas difficile à acquérir : la raison en étant que même si « tout le monde voit bien ce que tu sembles par dehors [...], bien peu ont le sentiment de ce qu'il y a dedans » (p. 101). En conséquence, sa politique sera normalement jugée non pas selon ses qualités intrinsèques, mais plutôt selon son apparence et ses résultats (p. 101). Il s'ensuit que, pour le plus grand réconfort du prince, s'il parvient à conserver un degré suffisant de distance et de majesté, ses moyens « seront toujours estimés honorables et loués de chacun », même s'ils ne présentent de fait absolument aucune honorabilité (p. 101).

Ce pourquoi Machiavel attache une telle importance aux arts du travestissement et de la dissimulation apparaît clairement dès qu'il passe à sa seconde thèse concernant le rôle des vertus dans la vie politique. Il soutient en effet que, s'il demeure essentiel que le prince semble toujours posséder toutes les vertus conventionnelles, il lui est souvent impossible d'y conformer ses actes. À cela il constate froidement une raison dans le fait que « si l'on regarde bien à tout », le prince « trouvera quelque chose qui semble être vertu, et en la suivant ce serait la ruine ; et quelque autre qui semble être vice, mais à la fin la sûreté et la commodité en viennent » (p. 92). « Aussi est-il nécessaire au prince qui se veut conserver, qu'il apprenne à pouvoir n'être pas bon, et d'en user et n'user pas selon la nécessité » (p. 91).

C'est au chapitre XV du *Prince* que Machiavel énonce avec une sérénité affichée son principe le plus hétérodoxe, en traitant « Des choses par lesquelles les hommes, principalement les princes, acquièrent blâme ou louange » (p. 90). La définition et les implications de cette doctrine occupent ensuite quatre chapitres, dont, notamment, le célèbre passage concernant « quelles doivent être les manières et façons du prince envers ses sujets et ses amis » (p. 90). On y apprend d'abord ceci, qui n'est rien d'autre que la conclusion que Machiavel souhaite démontrer : « il y a si loin de la sorte qu'on vit à celle selon laquelle on devrait vivre, que celui qui laissera ce qui se fait pour cela qui se devrait faire, il apprend plutôt à se détruire qu'à se maintenir » (p. 91). L'auteur va ensuite appuyer cette thèse en s'attaquant à celles-là mêmes des vertus que les auteurs du miroir des princes estiment être celles que le souverain doit cultiver en priorité.

Machiavel continue de se servir de toutes les conventions humanistes dans son approche originale de ce que devraient être les vertus princières, attitude délibérée qui renforce la portée de ses attaques. Il nous rappelle d'abord que « tous les hommes, quand on en parle, et principalement les princes, on leur attribue une de ces qualités qui apportent ou blâme ou louange » (p. 91). Puis il va considérer les trois vertus princières constamment mises en exergue dans de tels débats : « quelqu'un sera tenu pour libéral, un autre pour chiche […] ; quelqu'autre cruel, quelqu'autre pitoyable ; l'un trompeur, l'autre homme de parole » (p. 91). Pour couronner le tout, il présentera sa propre analyse de ces attributs en introduisant chacune de ses parties par une tête de chapitre en latin, selon les règles admises des humanistes. Le chapitre XVI s'intitule ainsi « *De liberalitate et parsimonia* » (« De la libéralité et de la parcimonie ») ; le chapitre XVII, « *De Crudelitate et pietate* » (« De la cruauté et clémence ») ; et le chapitre XVIII, « *Quomodo fides a principibus sit servanda* » (« Comment les Princes doivent garder leur foi »).

Après avoir dressé cette liste canonique de vertus prétendument princières, Machiavel va s'attacher à les démolir une à une. La libéralité d'abord : à son propos, le prince apprend qu'« être libéral dans la mesure qu'il faut pour en avoir la réputation, c'est te nuire à toi-même » (p. 92). Il passe ensuite à la vertu de clémence, pour montrer que dans le cas de Scipion il ne s'agissait que d'une « qualité dommageable », qui lui « eût avec le temps gâté la renommée et gloire » si le Sénat ne s'était pas interposé en temps et en lieu (p. 98). C'est enfin le tour de la vertu de fidélité à la parole, dont le prince découvrira souvent au bout du compte que la prendre en quoi que ce soit au sérieux « lui porte dommage » (p. 100).

Dans le même esprit, Machiavel souligne au cours de ces chapitres que si le prince désire « maintenir ses États », il trouvera souvent essentiel, et fort avantageux, de se défier de « toute miséricorde, toute fidélité, toute intégrité, toute religion » (p. 101). Cette idée est illustrée avec une verve tout aussi polémique en s'élargissant à l'utilité des vices que les auteurs du miroir des princes redoutaient précisément par-dessus tout pour leurs protégés. Ainsi, décrivant la parcimonie, Machiavel commence par dire que « De notre temps, nous n'avons pas vu faire de grandes choses sinon à ceux lesquels on estimait chiches » (p. 93). Sur la cruauté, il annonce qu'elle est inévitable si le prince veut garder ses sujets « en union et obéissance » (p. 95). Il valorise enfin la tromperie et la trahison, en montrant que l'on « voit par expérience de notre temps que ces Princes se sont faits grands qui n'ont pas tenu grand compte de leur foi, et qui ont su par ruse aveugler l'esprit des hommes, et à la fin ils ont surpassé ceux qui se sont fondés sur la loyauté » (p. 99).

On dit souvent que l'originalité de l'argumentation de Machiavel au long de ces chapitres tient au fait qu'il sépare la politique de la moralité, et met donc en évidence « l'autonomie du politique[1] ». Mais cette interprétation semble comporter un malentendu quant à la relation entre sa vision et celle de ses contemporains. Machiavel et les auteurs plus conventionnels traitant du gouvernement princier sont en parfait accord, on l'a vu, sur ce qui touche à la nature des objectifs que doit poursuivre le prince. Machiavel y revient à plusieurs reprises, ceux-ci consistent à « maintenir ses États », à accomplir de grandes choses, et à rechercher les buts suprêmes d'honneur, gloire et renommée (cf. pp. 99, 101). La différence essentielle entre Machiavel et ses contemporains réside dans la nature des moyens qu'ils jugent souhaitable de mettre en œuvre pour parvenir à ces fins. Les penseurs conventionnels prenaient pour hypothèse de base que, pour atteindre ces objectifs, le prince doit se conformer en tout aux dogmes de la morale chrétienne. Machiavel retient, lui, celle selon laquelle le prince « qui veut faire entièrement profession d'homme de bien » sera bien vite « détruit entre tant d'autres qui ne valent rien » (p. 91). La critique fondamentale qu'il adresse à ses contemporains est donc leur insensibilité à ce qu'il tient pour le dilemme caractéristique du prince. Comme il l'observe non sans quelque âpreté, ils veulent pouvoir dire leur admiration pour ce grand souverain qu'était Hannibal,

---

1. On trouvera dans Cochrane (1961, p. 115) une analyse des origines et de la vaste influence de cette interprétation. Cochrane voit en Croce la principale source de l'opinion selon laquelle Machiavel visait essentiellement à fonder « l'autonomie du politique » ; cf. Croce, 1945, notamment p. 59. Le plus important interprète de Machiavel qui se soit associé à cette thèse est Chabod, 1958, notamment p. 184.

tout en condamnant « ce qui en a été la principale cause », notamment « son inhumaine cruauté » à laquelle Machiavel attribue directement ses glorieux succès (pp. 97-98). La seule manière de sortir de ce dilemme, affirme-t-il, est d'accepter sans défaillance, si l'on souhaite vraiment « maintenir ses États », d'abandonner les exigences de la vertu chrétienne et de se tourner sans réserve vers la morale fort différente que dicte la situation. Par conséquent, la différence entre Machiavel et ses contemporains ne peut convenablement s'analyser comme une différence entre une vision morale de la politique et une vision qui distinguerait la politique de la morale ; le débat essentiel est plutôt entre deux morales différentes : deux approches rivales et incompatibles de ce qui doit en dernière instance être accompli[1].

Ayant ainsi mis à bas l'échelle de valeurs qui fondait jusque-là les écrits du miroir des princes, Machiavel admet que l'étape suivante qu'il lui faut franchir consiste, comme il le note sans excès de modestie, à « voir quelles doivent être les manières et façons du Prince envers ses sujets et ses amis » (p. 90). Les conseils qu'il est amené à dispenser ne sont pas présentés avec une parfaite cohérence. Parfois il semble penser que, même si les vertus princières peuvent être bonnes en elles-mêmes, elles n'ont pas leur place dans la vie politique (p. 100). Cela le conduit à avancer que, si le souverain doit dans la mesure du possible conserver l'apparence de ces qualités, il doit aussi y renoncer complètement dans la conduite réelle de son gouvernement. C'est apparemment la logique de l'argumentation concernant la valeur de libéralité. Même si Machiavel commence par concéder que « ce serait bien d'être tenu pour libéral », il ne semble à aucun moment suggérer que le prince doive autant que possible s'attacher à acquérir et à exercer cette vertu elle-même – par opposition avec la réputation de la posséder (pp. 92-95). Il semble au contraire soutenir que, si l'apparence de la générosité doit bien être cultivée, sa réalité doit être en fait délibérément

---

1. Dans un important essai, Berlin (1972, notamment p. 183) donne un exposé récent et très parlant de cette vision de l'originalité de Machiavel.

esquivée. On nous dit bien que « de toutes les choses, un Prince se doit bien garder surtout d'être haï et méprisé », mais c'est pour mieux nous avertir que « la libéralité te conduit à ces deux points », puisque le besoin d'en faire étalage amène à « encourir nécessairement [le nom] de pillard, qui engendre mauvais renom avec haine » (p. 95). Il semble en découler que les prétendues vertus princières de libéralité et de magnificence devraient peut-être à l'inverse figurer au nombre des vices princiers les plus dangereux.

Cette ligne de pensée hautement subversive atteint son point culminant au chapitre XVII, où Machiavel traite d'une question qui, on l'a vu, occupait déjà une place éminente dans les divers livres de conseils aux *podestà* et aux magistrats des cités : « quel est le meilleur d'être aimé ou craint » (p. 96). Jusque-là, ce dilemme avait toujours reçu la même réponse. Puisque provoquer la crainte paraissait impliquer la cruauté, et que la cruauté était tenue pour un vice inhumain, il était toujours recommandé au souverain de se faire aimer plutôt que craindre. Mais Machiavel va proposer un point de vue opposé. Conseillant sur ce point d'éviter toute référence aux valeurs reconnues, il soutient qu'« il est beaucoup plus sûr de se faire craindre qu'aimer, s'il faut qu'il n'y ait seulement que l'un des deux » (p. 96) ; « car l'amour se maintient par un lien d'obligations lequel, parce que les hommes sont méchants, là où l'occasion s'offrira de profit particulier, il est rompu », tandis que « la crainte se maintient par une peur de châtiment qui ne s'éloigne jamais » (pp. 96-97).

Pourtant, l'orientation dominante des conseils de Machiavel ne l'amène le plus souvent pas à abandonner avec une telle facilité les normes morales courantes. Traitant des vertus des princes, il commence ainsi par reconnaître que « chacun confessera que ce serait chose très louable qu'un Prince se trouvât ayant de toutes les susdites qualités celles qui sont tenues pour bonnes » (p. 91). Il redira plus loin que le prince ne doit pas se contenter « de sembler être pitoyable, fidèle, humain, intègre, religieux » ; mais aussi « l'être », dans la mesure où les circonstances le permettent (p. 100). Ce qui résume le mieux son avis, comme il l'écrit lui-même vers la fin du chapitre XVIII, est que le prince doit « ne s'éloigner pas du bien, s'il peut, mais savoir entrer au mal, s'il y a nécessité » (p. 101). À ce stade, il est fait explicitement allusion à l'hypothèse humaniste traditionnelle disant que le véritable *vir virtutis* ne doit jamais se laisser aller à recourir à de tels procédés de dissimulation, puisqu'il ne doit jamais se départir de la conduite qui convient à l'homme de virilité vraie. Machiavel, lui, observe tout d'abord que, du fait que cette manière franche et virile d'agir « bien souvent ne suffit pas », il est de fait indispensable au souverain de devenir « demi-bête et demi-homme » car, de ces deux natures, « une sans l'autre n'est pas durable » (p. 99). Indiquant qu'il est « nécessaire au Prince de savoir bien pratiquer la bête et l'homme », il lui devient aussi essentiel de savoir quelles bêtes imiter (p. 99) ; le fond du message de Machiavel s'incarne ainsi dans la figure du souverain qui, forcé de « savoir bien user de la bête », doit apprendre à modeler sa conduite à la fois sur celle du lion et du renard (p. 99).

Cette conclusion renversante vaudra bien vite à Machiavel une réputation de perversité diabolique parmi les moralistes chrétiens. Comme le fait remarquer Macauley au début de son célèbre ouvrage, « de son nom ils ont fait une épithète du fourbe » et « de son prénom un synonyme du diable » (Macauley, 1907, pp. 1-2). Le personnage de « l'assassin Machiavel » devint rapidement une caricature établie sur la scène du XVIe siècle, et la tendance à introduire une note d'indignation horrifiée en traitant de son œuvre – d'abord répandue par Gentillet dans son *Anti-Machiavel* de 1576 – se retrouve jusque dans nombre de contributions au savoir actuel. C'est par exemple ainsi que Butterfield avance avec gravité, au début de *L'Art de gouverner selon Machiavel*, que les critiques élisabéthaines du *Prince* n'étaient peut-être pas aussi peu pertinentes qu'on le laisse parfois entendre (Butterfield, 1940, pp. 10-11). De plus, Leo Strauss souligne dans ses *Pensées sur Machiavel* que les doctrines du *Prince* sont tout simplement « immorales et irréligieuses », et que leur auteur ne peut se voir qualifier que de « professeur du mal » (Strauss, 1958, pp 9-10, 12, 175).

Face à ces interprétations traditionnelles, il faut bien sûr reconnaître que Machiavel aime parfois à afficher un ton délibérément froid et amoral. Cela reflète en partie la conception qu'il se faisait de lui-même, en tant qu'expert en politique, capable de proposer des maximes et réflexions utilisables en toute occasion. Ce qui veut dire qu'il s'exprime parfois sur un plan strictement technique sur des sujets ayant une évidente portée morale. Au chapitre VIII, par exemple, traitant « De ceux qui par scélératesses sont parvenus à principauté », il décrit comment on peut devenir prince « par quelque moyen scélérat et criminel », tout en soulignant qu'il n'y a pas à « entrer autrement dans leur mérite et bon droit » (pp. 61-62). Mais la raison principale du caractère choquant du ton adopté par Machiavel tient à sa vision profondément pessimiste de la nature humaine. Il nous dit notamment des hommes qu'ils sont « ingrats, changeants, dissimulés, ennemis du danger, avides de gagner » (p. 96). Il n'est donc guère étonnant qu'il éprouve le besoin de faire savoir au prince que, « parce que les hommes sont méchants », il lui faut être prêt à agir sans tenir compte de la piété traditionnelle afin de préserver sa sécurité (pp. 96, 101).

Malgré tout, en dépit de son amour du paradoxe et de son indubitable propension à jeter toute précaution de langage aux orties, c'est une approche quelque peu triviale des vues de Machiavel que de lui coller l'étiquette de mauvais pasteur. Bien loin de prendre le mal pour le bien, il ne dit que rarement quoi que ce soit laissant supposer que les vertus traditionnelles ne doivent pas en elles-mêmes être tenues pour admirables. Il est vrai qu'il n'est pas entièrement cohérent à cet égard, et qu'il choisit le plus souvent de privilégier l'importance de se faire une réputation de vertu plutôt que d'acquérir les vertus elles-mêmes. Mais il sait aussi insister sans équivoque sur le fait que « Chacun entend assez qu'il est fort louable à un Prince de maintenir sa foi et vivre en intégrité, non pas avec ruses et tromperies » (p. 99). Il rappelle en outre souvent que les vertus traditionnelles ne sauraient être ignorées de façon gratuite. Il tient certes pour essentielle la malheureuse réalité voulant que si le prince possède toutes les qualités requises et les « observe toujours, elles lui portent dommage » (p. 100). Mais il parle aussi avec désapprobation de ceux des princes qui ne tentent pas le moins du monde de se comporter vertueusement, alors même que les circonstances le leur permettraient. Il en veut pour meilleur exemple le cas d'Agathocle, tyran de Sicile, qui « mena toujours une vie scélérate, par tous les âges de sa vie » (p. 62). Bien que cela lui eût apporté les succès les plus extraordinaires et les plus cinglants à la face de la fortune, Machiavel se refuse à le tenir pour un exemple de *virtù* princière, et avance au contraire que ces moyens criminels « ne permettent point qu'il soit renommé entre les plus excellents personnages » (p. 63).

Il sera maintenant devenu manifeste que tout le propos de Machiavel est gouverné par un sentiment fort nouveau de ce qui doit constituer la véritable *virtù* chez le prince. Jusque-là, on l'a vu, on estimait le plus souvent que posséder la *virtù* équivalait à posséder toutes les vertus majeures. Chez Machiavel, au contraire, la notion de *virtù* ne sert plus qu'à désigner n'importe laquelle des gammes de qualités que le prince juge nécessaire d'acquérir afin de « maintenir ses États » et « d'accomplir de grandes choses ». Et c'est alors qu'il nous déclare sans hésiter que, si ces qualités peuvent parfois recouvrir les vertus traditionnelles, l'idée qu'il y ait une équivalence nécessaire ou même approximative entre *virtù* et vertus constitue une erreur catastrophique[1]. Il est exact que pour Machiavel un être de caractère totalement vicieux, tel qu'Agathocle, ne peut jamais être tenu pour homme de vraie *virtù* ; car en aucun cas on ne peut identifier celle-ci au vice. Mais il n'en est pas moins vrai que Machiavel attend des hommes de la plus haute *virtù* qu'ils soient capables, lorsque la situation l'exige, de se comporter de manière parfaitement infâme. La situation des princes est en effet telle que la *virtù* n'a aucune possibilité concrète d'éliminer le vice. Et c'est ainsi que dans *Le Prince*, et plus tard dans les *Discours*, on voit parmi la galerie des hommes d'éminente *virtù* l'empereur Septime Sévère, qui nous est présenté d'une même haleine comme « fort cruel et pillard », et prince de tant de *virtù* qu'« il put bien toujours régner heureusement » en dépit d'innombrables difficultés

---

1. Pour voir comment chez Machiavel l'usage de *virtù* renvoie à toute qualité permettant au prince de « conserver ses États », et en quoi cela introduit une nette distinction entre *virtù* et vertus, se référer à l'excellente analyse de Hexter, 1964, notamment pp. 956-957. On trouvera une interprétation analogue chez Pocock, 1975, notamment pp. 166, 177.

(p. 109). Ce que nous dit au fond Machiavel de ce que doit être l'homme de *virtù*, ainsi que ses paroles les plus définitives envers le prince, peut donc se résumer en considérant qu'il conseille au prince de devenir un homme à « l'entendement prêt à tourner » : celui-ci doit être capable de faire varier sa conduite du bien au mal et inversement « selon que le vent et changement de fortune lui commandera » (p. 101).

6.

La persistance des valeurs républicaines

L'histoire de la théorie politique à la fin de la Renaissance offre une illustration spectaculaire de ce que prétendait Hegel, à savoir que le hibou de Minerve n'étend ses ailes qu'à la nuit tombée. On l'a vu, le siècle qui suivit la paix de Lodi en 1454 vit triompher entièrement le régime des princes à peu près partout en Italie. Or c'est justement à ce moment-là, au crépuscule des cités républicaines, que sont apportées les contributions les plus originales et considérables à la pensée politique républicaine.

LES LIEUX DE LA PENSÉE RÉPUBLICAINE

De tous les lieux où l'on persiste à perfectionner et à revendiquer les idées républicaines vers la fin de la Renaissance, c'est Venise qui remporte la palme de l'attachement le plus profond aux valeurs traditionnelles d'indépendance et d'autonomie. Tandis que le reste de l'Italie se pliait à la férule des *signori*, les Vénitiens ne renoncèrent jamais à leurs libertés traditionnelles. La Constitution qu'ils avaient établie en 1297 continua de fonctionner, qui consistait en trois grands éléments: le *Consiglio Grande* (« Grand Conseil »), corps responsable du recrutement de la plupart des officiers de la cité; le Sénat, chargé des affaires étrangères et financières; et le doge, avec son Conseil, faisant fonction de chef élu du gouvernement. La mise en place de ce système strictement oligarchique eut il est vrai pour effet de susciter immédiatement une succession d'insurrections populaires conduites par ceux qui avaient perdu leurs privilèges. Mais ces émeutes furent bien vite contenues, et après que le Conseil des Dix eut été établi en tant que comité secret et permanent de salut public en 1335, on vit cesser les désordres. Venise connut alors une période ininterrompue de liberté et de sécurité, faisant l'envie de toute l'Italie et se voyant décerner le titre unique de *Serenissima*, la plus sereine des Républiques.

La capacité des Vénitiens à combiner leur liberté politique avec l'absence de factions commença d'attirer l'attention des constitutionnalistes à la fin du XIVe siècle. Pier Paolo Vergerio semble avoir été le premier auteur à avancer ce qui devait devenir la réponse classique à pareille énigme. Cette solution, il la présente dans une lettre de 1394 au chancelier de Venise, puis la reprend dans ses *Fragments sur la république de Venise* (Gilbert, 1968, p. 468 et note). L'analyse se fonde sur les *Lois*, où Platon affirme que la forme de gouvernement la plus solide et la plus sûre consiste à combiner les trois formes « pures », avec pour résultat un amalgame entre monarchie, aristocratie et démocratie. Vergerio suggère ensuite que si la Constitution vénitienne est aussi excellente, c'est qu'elle est parvenue à fusionner ces différents systèmes en une forme stable de gouvernement mixte, dont le doge représente le pôle monarchique, le Sénat le pôle aristocratique, et le *Consiglio Grande* le pôle démocratique. Il en conclut que c'est parce que les Vénitiens ont si bien compris que « ce que disait Platon valait le mieux pour les cités » qu'ils sont capables de vivre ensemble depuis si longtemps « dans la paix et l'amitié », et de mener leurs affaires avec une telle réussite que « l'on ne trouve pas en Italie, ni même dans le reste du monde, de cité plus opulente ou splendide » (pp. 103, 104).

Au milieu du XVe siècle, à Venise, les membres du cercle intellectuel de Francesco Barbaro furent trop heureux de reprendre cette explication. Georges de Trébizonde, emmené de Crète à Venise par Barbaro en 1417, lui écrit en 1451 en expliquant que la raison de la « longue et heureuse » existence de la république de Venise réside en sa combinaison des caractères monarchique, aristocratique et démocratique, dans la meilleure tradition platonicienne (Gilbert, 1968, pp. 468-469). Ce à quoi Barbaro répond en exprimant son admiration envers l'avancée importante que constitue l'intuition de Georges, ajoutant que la traduction que celui-ci avait déjà faite des *Lois* de Platon devait se voir adjoindre une introduction, dans laquelle les similitudes entre la théorie platonicienne et la pratique vénitienne auraient pu trouver un plus grand développement. Bon élève, Georges rédigea ce mémoire, le dédicaça au doge, et se vit en retour rétribuer généreusement pour cette explication flatteuse de la stabilité politique particulière à Venise (cf. Bouwsma, 1968, pp. 63-64).

Mais c'est au début du XVIe siècle que ce miracle que constituait le maintien de la Constitution de Venise se fit du plus grand intérêt pour le reste de l'Italie. Les Florentins commencèrent notamment à se demander, eux dont la liberté était alors sévèrement limitée par les Médicis, ce qui rendait possible aux Vénitiens d'associer un régime non moins pacifique à un système bien plus étendu de libertés politiques. L'ouvrage le plus important traitant de cette question est celui de Donato Giannotti (1492-1573), *Dialogue sur la république des Vénitiens*. Ami de Machiavel, Giannotti était un fervent républicain, qui fut secrétaire à la Guerre sous les Dix pendant la République restaurée de Florence en 1527, puis forcé de s'exiler après le retour définitif des Médicis en 1530 (Starn, 1968, pp. 21, 26, 39). Il rédigea son livre sur Venise alors qu'il y vivait, en 1526, et ne le publia que lorsqu'il fut à nouveau exilé en 1540 (Gilbert, 1967, pp. 178-182). Décrivant l'évolution autant que les caractères de la Constitution vénitienne, il voit deux grandes causes possibles à l'assemblage de liberté et de sécurité atteint par les Vénitiens. La première en est l'équilibre des pouvoirs entre l'un, les quelques-uns et le nombre obtenu en combinant les rôles du doge, du Sénat et du *Consiglio Grande* (pp. 50 *sq.*). L'autre est le complexe système de vote et de scrutin employé, qui permet d'assurer que tout magistrat soit choisi et toute décision politique prise en vue de faire prévaloir le bien commun sur tout intérêt factionnel (pp. 91-117). Giannotti en conclut que ces éléments permettent aux Vénitiens de mettre en œuvre ce qu'un chercheur a récemment appelé « la mécanisation de la *virtù* », d'où la perfection de leur gouvernement (cf. Pocock, 1975, p. 285).

Tandis que les Florentins admiraient Venise, source d'inspiration en matière de sagesse politique pratique, les Vénitiens eux-mêmes, de plus en plus conscients de leur exemplaire stabilité au milieu du tourbillon italien, se mirent à analyser et à célébrer, avec toute la complaisance requise, le succès de leur propre dispositif constitutionnel (Bouwsma, 1968, pp. 95, 111). Gasparo Contarini (1483-1542) est le premier et le plus important des auteurs vénitiens qui exploitent cette veine ; il esquisse son traité sur *La Communauté et le gouvernement de Venise* entre 1522 et 1525, le révise au début des années 1530, et le texte sera publié en 1543[1]. L'ouvrage de Contarini est beaucoup plus strictement laudateur que celui de Giannotti, et s'attache donc moins aux détails de la machine constitutionnelle de Venise qu'à vanter le génie de ses premiers législateurs, lesquels « n'ont rien oublié de pertinent à la bonne institution d'une communauté » et ont donc réussi à donner forme à un gouvernement « du plus haut degré de perfection » (pp. 15, 17 ; cf. Gilmore, 1973, p. 433). Il s'agit également d'une œuvre d'un conservatisme plus délibéré, qui trouve un point d'orgue lorsqu'il nous est dit que, du fait qu'il est impossible à quiconque « d'attribuer ou de trouver de faute en un gouvernement si vertueusement établi », il s'ensuit que le premier devoir des notables vénitiens consiste à interdire que leur Constitution parfaite soit affectée par quelque altération que ce soit (p. 147 ; cf. Gilbert, 1969). Cependant, le livre a pour objet essentiel de répondre à la question que se posaient les admirateurs de Venise depuis le traité de Vergerio, paru plus d'un siècle auparavant. Dans les termes de Contarini, la question était de savoir comment les Vénitiens parvenaient à assurer « la longue continuité » d'une telle « sûreté solide et sereine » à une époque où le reste de l'Italie était livré « à de si grandes souffrances » (pp. 4-6). À cela, toujours dans la ligne de la grâce reçue, la réponse proposée est que leur Consti-

---

1. Pour ces dates, voir Gilbert, 1967, pp. 174-147. Le titre original du livre de Contarini était *De Magistratibus et Republica Venetorum* (Paris, 1543). Le titre *The Commonwealth and Government of Venice* est de Lewes Lewkenor, qui publia une traduction anglaise de l'ouvrage en 1599. Les citations sont reprises de la version de Lewkenor.

tution comporte « un tel mélange de tous les états, que seule cette cité retient une souveraineté princière, un gouvernement de la noblesse et un pouvoir populaire, de sorte que leurs formes semblent toutes également équilibrées », et que les risques de conflits internes se voient efficacement éliminer (p. 15).

Le développement de cette position autosatisfaite devint la première préoccupation de la pensée politique à Venise au cours de la fin du XVIe siècle (Bouwsma, 1968, pp. 270, 273). Parmi les auteurs qui reprennent cette argumentation, le plus important est Paolo Paruta (1540-1598), qui la présenta dans ses *Discours politiques*, ouvrage publié en 1599, un an après sa mort (Monzani, 1852, pp. VII, XXXVI). Paruta consacre le premier de ses Discours à l'antique république de Rome, et le second à la Venise moderne. Ayant retracé le processus par lequel les Romains avaient perdu leur liberté avec l'arrivée de l'Empire, il oppose, dans le premier chapitre du deuxième livre, ce déclin au succès sans précédent de sa ville natale dans la combinaison « de la grandeur et de la liberté ». Comme tous ses prédécesseurs, Paruta voit la clé de ce succès dans « la forme et l'ordre » de la Constitution vénitienne, par laquelle « toutes les parties sont si bien organisées » que « toute discorde intérieure » est évitée, chaque aspect du gouvernement étant si soigneusement « limité et corrigé » par les autres que « le bénéfice public » s'en trouve invariablement conforté (pp. 228, 231 ; cf. Bouwsma, 1968, pp. 270-291).

Sur le fond de sa continuité ininterrompue à Venise, la pensée politique de tradition républicaine renaît au début du XVIe siècle à Florence comme à Rome. On a vu que ces cités avaient subi dans la deuxième moitié de la Renaissance des formes de gouvernement de plus en plus despotiques. Mais l'invasion française de 1494 mit fin, dans une certaine mesure, à cette tendance : tant les Médicis que les papes connurent de très grandes difficultés pour résister, ou même pour négocier avec l'envahisseur, laissant à leurs opposants la porte ouverte pour mettre en cause la compétence de leurs régimes et pour appeler à la restauration des libertés publiques.

À Rome, la plus dangereuse de ces insurrections républicaines a lieu en 1511, à l'occasion de l'effondrement de la perfide ligue de

Cambrai mise en place trois ans plus tôt par le pape Jules II. Le pape souhaitait par là contrebalancer la puissance de Venise, mais ses manœuvres eurent pour effet principal de renforcer la position des Français. En 1509, ceux-ci infligèrent une défaite définitive aux Vénitiens lors de la bataille d'Agnadello, à la suite de quoi ils parvinrent à reprendre Milan (Green, 1964, p. 97). Mais quand Jules cherche à brider leurs ambitions en se retirant de l'alliance, Louis XII répond en convoquant par-dessus lui un concile général de l'Église, appelé à se réunir à Pise en 1511 et auquel Jules était sommé de se rendre (La Brosse, 1965, pp. 58-59)[1]. À cette croisée des chemins, Jules tombe gravement malade, et avec l'échec de sa politique cela provoque ce que Gregorovius appellera « une révolte en faveur de la liberté perdue » à Rome (Gregorovius, 1967, vol. VIII, p. 81). Il est vrai que cette insurrection échoua elle aussi, et que Jules, réunissant l'année suivante la Sainte Ligue, parvint à reprendre l'initiative dans son combat face aux Français. Mais dans le même temps, comme en rend compte Guichardin dans son *Histoire d'Italie*, Pompei Colonna, chef de la faction antipapale à Rome, avait su pousser le peuple à une révolte déterminée, le mobilisant grâce à un discours flamboyant qui dénonçait « la tyrannie sacerdotale » des pontifes et appelait ses concitoyens à « s'éveiller d'un si profond sommeil » et à se battre pour leurs libertés d'autrefois (p. 231).

Mais c'est à Florence que la domination des *signori* se vit menacer le plus lourdement. Dès que les armées de Charles VIII furent entrées en territoire florentin en octobre 1494, le jeune Pierre de Médicis (Piero de' Medici), leader du « despotisme » des Médicis, semble avoir paniqué (Schevill, 1936, p. 436). Il céda immédiatement à toutes les exigences du roi de France, y compris en acceptant la reddition des deux principaux ports maritimes de Florence et le désarmement de toutes ses forteresses frontalières (Weinstein, 1970, pp. 130-131). Lorsque la nouvelle de cette

---

1. Soit dit en passant, c'est alors que les Florentins, menacés par les armées du pape, tentèrent d'amener Louis XII à convoquer le concile dans un autre lieu, ambassade dont Machiavel était un des négociateurs (Renaudet, 1922, pp. 469-476).

honteuse capitulation parvint jusqu'en ville, une révolte spontanée éclata. Luca Landucci (v. 1436-1516), dont le *Journal* fournit un témoignage oculaire des événements au jour le jour, rapporte que la piazza se couvrit soudainement de « tous les citoyens » et de « troupes en armes criant bien fort *Popolo e libertà* » (p. 61). Pierre se vit barrer la route par la *signoria* rebelle, et apprit que sa tête était mise à prix pour deux mille ducats (p. 62). Après un moment d'hésitation, il décida de renoncer sans combattre, et tandis que la foule mettait à sac son palais il quitta la ville avec quelques compagnons pour une vie d'exil (Weinstein, 1970, p. 134).

Les Florentins ne parvinrent il est vrai à jouir de leur liberté retrouvée qu'un bref moment. On l'a vu, les Médicis surent reprendre le contrôle de la cité grâce à l'aide des troupes espagnoles, en 1512. Néanmoins, cette parenthèse vit réellement réapparaître une forme de gouvernement populaire, où l'autorité suprême était exercée par le *Consiglio Grande*, dont plus de trois mille citoyens étaient membres[1]. En outre, le retour des Médicis en 1512 ne marqua en rien pour Florence la fin de cette préférence pour un type de régime plus traditionnel. Les Médicis durent d'abord réussir tout au long des années 1520 à surmonter toute une série de complots contre leur gouvernement, qui culminèrent avec le dernier rétablissement de la république en 1527, avant d'asseoir enfin durablement leur position de souverains héréditaires de Florence au début des années 1530.

Ces dernières tentatives de bloquer l'expansion du gouvernement princier eurent bien peu de résultats pratiques, mais s'accompagnèrent d'un spectaculaire foisonnement de la pensée politique républicaine. Ces protagonistes tardifs du gouvernement populaire disposaient de deux grandes souches d'idéologie républicaine : l'une dans la tradition scolastique italienne du XIVe siècle, avec de grands penseurs comme Bartole (Bartolo da Sassoferrato), Ptolémée de Lucques et Marsile de Padoue ; l'autre dans la tradition des huma-

---

1. Voir Gilbert, 1965, pp. 11, 20. Voir aussi Weinstein, 1970, p. 248. Pour le compte rendu des affrontements de factions qui amenèrent à accepter un Conseil élargi en 1494, voir Rubinstein, 1960, notamment pp. 155-159.

nistes « civiques » du début du XIVᵉ siècle, avec Salutati, Bruni, Poggio et leurs nombreux disciples. On assiste donc au début du XVIᵉ siècle à la renaissance et à un formidable développement de ces deux anciennes écoles de pensée. C'est à l'analyse de ce mouvement intellectuel qu'est consacré le reste de ce chapitre.

La contribution scolastique

On a le plus souvent sous-estimé la part de la scolastique dans le foisonnement des idées républicaines à la fin de la Renaissance. C'est ainsi qu'Allen soutient que la pensée politique italienne, à la fin du *quattrocento*, « ne devait rien à l'École », car elle s'était « complètement détachée » de la vision médiévale de la vie politique (Allen, 1957, pp. 446, 478). Plus récemment, Bouwsma avançait que les préoccupations « médiévales » de la philosophie scolastique doivent être séparées nettement du « républicanisme de la Renaissance », courant de pensée tout à fait distinct qu'il identifie à la tradition humaniste allant « de Salutati à Guichardin » (Bouwsma, 1968, pp. 1-11, 41). Ce sont là les jugements orthodoxes, mais ils négligent le fait que les libertés traditionnelles des cités républicaines d'Italie ont été défendues à la fin de la Renaissance non seulement par des humanistes professionnels, mais aussi par un certain nombre de théologiens et de jurisconsultes, dont les écrits avaient encore tendance à être couchés dans un idiome bien plus proche de la scolastique que de la pensée morale et politique humaniste.

Prenons tout d'abord le cas de Florence : nous y découvrons après 1494, dans les textes de Savonarole et de ses disciples, une défense systématique de la République restaurée, menée en des termes essentiellement scolastiques. Les œuvres politiques de Savonarole lui-même, en particulier celles comprises entre 1494 et 1498, présentent un nouvel exposé de diverses thèses que nous avons déjà rencontrées chez certains thomistes du XIVᵉ siècle, et notamment dans les traités de Ptolémée de Lucques, dont

Savonarole reprend parfois mot à mot la suite au traité de Thomas d'Aquin sur *Le Gouvernement des princes*[1].

Jérôme Savonarole (Fra Girolamo Savonarola, 1452-1498), natif de Ferrare, arrive pour la première fois à Florence en 1482, après des études à l'Université de Bologne, et y demeure jusqu'en 1487 (Ridolfi, 1959, pp. 13-16, 25-26). Il y est rappelé par Laurent de Médicis en 1490, et est élu prieur du couvent dominicain de San Marco l'année suivante (Ridolfi, 1959, p. 29). Il se fait rapidement remarquer en tant que prédicateur, et les foules assistant à ses sermons se font si nombreuses que dès 1491 il doit transférer ses services religieux de San Marco à la cathédrale (Weinstein, 1970, p. 99). Mais ce n'est qu'après le renversement des Médicis en 1494 qu'il se transforme lui-même en prophète et défenseur des valeurs politiques républicaines. Dès lors, et jusqu'à son procès et son exécution quatre ans plus tard, il sera l'un des partisans les plus influents de la république de Florence, et l'un des porte-parole les plus en vue des libertés traditionnelles des cités (cf. Rubinstein, 1960, pp. 155-161).

Il va de soi que Savonarole était bien autre chose qu'un propagateur orthodoxe de convictions politiques reçues. Il se voyait fondamentalement comme un prophète, un homme qui discernait en tout la main de Dieu et se tenait pour spécialement élu afin d'expliquer les voies du Tout-Puissant à ses concitoyens. Cette attitude lui faisait dédaigner plusieurs des hypothèses que nous avons rencontrées comme centrales dans la pensée morale et politique de Florence à la fin de la Renaissance. Il était naturellement hostile à la propension humaniste à considérer la fortune comme capable d'entraver et de dominer les affaires humaines. Il prêchait avec constance que rien n'advient hors de la volonté de Dieu, et consacrait une grande part de sa ferveur prophétique à persuader ses congrégations que Florence était une cité élue guidée par Dieu et

---

1. Pour un exemple remarquable de parallélisme verbal entre Ptolémée et Savonarole, voir Weinstein, 1970, pp. 292, note et 293, note, comparant le traité de Ptolémée, livre IV, chap. VIII à un passage du *Compendium Totius Philosophae* de Savonarole.

par lui seul (Weinstein, 1970, pp. 141-142). Il était donc violemment opposé aux « méchants » qui persisaient à réfléchir en termes de « hasard ou fortune » alors qu'ils auraient dû ne penser qu'en termes de providence divine (Weinstein, 1970, p. 280). Il méprisait de même l'idéal humaniste du *vir*, consacrant sa *virtus* à rechercher honneur, gloire et renommée, et soutenait que les buts que doit s'assigner la vie humaine n'ont rien à voir avec l'acquisition ou l'étalage de biens matériels, mais uniquement avec l'approfondissement de l'humilité et de la piété chrétiennes. Il conduisit donc une attaque puritaine à l'encontre des mœurs dominantes des Florentins, avec la promotion du célèbre « Bûcher des vanités » en 1497 et 1498, et fit campagne avec succès pour l'abolition de divers carnavals traditionnels et la conversion d'autres en cérémonials religieux (Ridolfi, 1959, p. 128 ; cf. Schevill, 1936, pp. 271, 446).

Ce serait néanmoins une erreur de considérer, comme Chabod et d'autres, que le « thème principal » de Savonarole était « une révolte contre l'époque et la situation historique », et donc que l'ensemble de son programme était antagonique aux traditions et aspirations de la Florence du *quattrocento*[1]. Il est au contraire évident que même sa vision prophétique si particulière du futur de la cité était étroitement liée à nombre de mythes florentins solidement enracinés. Bruni et ses disciples soutenaient déjà que la fondation de la cité correspondait à la période de plus grande liberté dans la Rome antique, caractère fort opportun pour le gardien des libertés de la Toscane, et que ses citoyens avaient par la suite lutté pour préserver leur indépendance, en particulier contre les Visconti de Milan, d'une façon exemplaire pour le reste de l'Italie. Comme le montre Weinstein, une part du succès rencontré par Savonarole exposant sa propre version du destin exceptionnel de Florence peut être attribuée à l'habileté presque opportuniste avec laquelle il adaptait et appliquait ces croyances dominantes à propos de la

---

1. Voir Chabod, 1958, p. 19. Il s'agit là du jugement habituellement porté sur Savonarole. Cf. aussi Schevill, 1936, notamment p. 45e. Ce point de vue a récemment été mis en cause par Weinstein, 1970, analyse excellente et entièrement convaincante à laquelle je dois beaucoup.

signification historique de la cité[1]. Il est vrai que, lors de l'invasion française de 1494, il commença par proclamer la république maudite, avertissant son public que « vous avez encore à subir bien des revers et bien des souffrances » (Weinstein, 1970, p. 139). Mais très vite, il se mit au contraire à faire valoir le caractère particulier de Florence en tant que cité élue, puisant largement dans l'imagerie traditionnelle de la république en tant que « cœur de l'Italie », premier tenant des libertés italiennes, centre d'où « sont diffusés les esprits vitaux » et « s'exprime la voix » adressée à tout le reste du *Regnum Italicum* (cf. Weinstein, 1970, p. 169).

Si l'on considère les propositions spécifiquement constitutionnelles de Savonarole, on découvre un réseau de relations encore plus étroites entre sa vision et certaines idées courantes de la pensée politique florentine. Il paraît erroné de traiter, avec Pocock, l'essence de sa théorie politique comme une tentative « de fonder la citoyenneté sur la prophétie » (Pocock, 1975, p. 115). En effet, c'est sans doute là sous-estimer l'importance dans les vues de Savonarole d'une tradition plus classique et bien plus séculière de la pensée politique dominicaine, tradition déjà familière aux Florentins au travers des sermons et autres écrits d'auteurs comme Remigio de Girolami, près de deux siècles plus tôt.

Savonarole présente son exposé le plus systématique de cette perspective dans un bref traité en langue vernaculaire, publié quelques semaines seulement avant sa chute, en 1498, intitulé *Traité sur la Constitution et le gouvernement de la république de Florence* (Weinstein, 1970, p. 289). Ce tract comporte trois parties principales, dont la première reprend un thème déjà souligné par Bartole et Ptolémée de Lucques dans leur œuvre politique. Il s'agit de l'allégation selon laquelle, si la monarchie est peut-être en

---

[1]. Voir Weinstein, 1970, notamment pp. 34-6, 139-145. Gilbert, 1957, avançait déjà une thèse semblable. Weinstein décrit avec précision la manière dont les prophéties de Savonarole sont passées, avec pour résultat une certaine incohérence, de la mise en avant de la malédiction pesant sur la cité à une version non moins emphatique de son rôle de véhicule choisi par Dieu pour ses plus hautes volontés. Cf. Weinstein, 1970, notamment pp. 67, 141, 169-170.

quelque sens absolu la meilleure forme de gouvernement, elle n'est pas la meilleure pour l'Italie, et tout particulièrement pour Florence, où il est essentiel que soit maintenu un régime républicain (pp. 446-450). La raison que donne Savonarole pour porter ce jugement le mène au cœur de son message politique, celui-ci étant que Florence doit veiller par-dessus tout à préserver ses libertés traditionnelles. La cité doit demeurer une république, dit-il, car cela seul garantit à ses citoyens la jouissance de « la vraie liberté », qui est « plus précieuse que l'or et l'argent » et « supérieure à tout autre trésor » (pp. 481, 488).

Ayant ainsi identifié la liberté des Florentins comme « leur bien le plus précieux », Savonarole poursuit la deuxième partie de son analyse en se demandant ce qui risquerait de mettre en péril la pérennité de cette qualité vitale pour la vie politique. Il ne s'attarde guère sur l'ancienne hypothèse selon laquelle la recherche excessive du profit privé serait défavorable au maintien d'un gouvernement libre. On remarquera avec intérêt dans son argumentation qu'il est tout à fait disposé à admettre l'idée confortable que la grande richesse de Florence peut être tenue pour un signe de la faveur divine, et que ses citoyens peuvent compter sur « une abondance de richesses » du moment qu'ils suivent les commandements de Dieu (p. 482 ; cf. Weinstein, 1970, p. 311). Il montre davantage d'intérêt pour l'opinion répandue voulant que l'un des plus grands dangers qui menacent la liberté politique consiste à confier la sécurité de sa cité à des troupes mercenaires stipendiées. Bien qu'il n'en fasse pas mention dans ce *Traité*, il avait déjà évoqué dans le précédent, *Sur le gouvernement politique et royal*, le risque qu'il y a à employer des soldats « qui se battent non par amour de leur *patria* mais seulement pour leur paye », et l'un de ses disciples, Domenico Cecchi, avait repris ce même thème dans un pamphlet publié en 1496, dénonçant l'emploi de mercenaires et appelant à mettre sur pied une milice de citoyens[1]. Mais c'est la généralisation du factionnisme

---

1. La question des mercenaires dans le traité de Savonarole *Sur le gouvernement politique et divin* est traitée p. 582. Pour une étude de l'opuscule de Cecchi, voir Bayley, 1961, pp. 237-238.

et du désordre civil qui semble à Savonarole constituer le danger majeur pour la liberté. À la manière de Bartole et de Salutati, il consacre l'essentiel de la partie centrale de son *Traité* à décrire les horreurs du pouvoir tyrannique, et avance que la cause première de la tyrannie est toujours la discorde intérieure, qui permet à des chefs de partis sans scrupules de prendre le contrôle du gouvernement et de renverser les libertés du peuple (pp. 456-471 ; cf. Weinstein, 1970, pp. 253, 298).

Après avoir évoqué ces menaces potentielles sur les libertés, Savonarole examine dans la troisième partie de son *Traité*, et ce de manière tout aussi conventionnelle, les mesures à prendre pour assurer la bonne garde continue de ce précieux joyau. Et il retrouve encore le même genre de réponses que fournissaient déjà Bartole ou Marsile de Padoue. Il place toute sa confiance dans l'efficacité des institutions, et soutient dans un style typiquement scolastique que la seule solution sûre consiste à traiter l'ensemble du corps citoyen en autorité suprême dans toutes les affaires politiques. Il admet certes que « puisqu'il est trop difficile que tout le peuple se réunisse chaque jour », il faudra instituer un conseil composé « d'un certain nombre de citoyens investis de l'autorité de la population entière » (p. 474). Mais il maintient que le peuple ne fait que déléguer son pouvoir en établissant un semblable *Consiglio Grande*, et conclut que la sauvegarde de la liberté repose avant tout sur le fait que les citoyens et leur gouvernement demeurent une seule et même chose.

Si l'on considère maintenant les attaques contre la « tyrannie » pontificale qui enflamment Rome en 1511, on rencontre un recours similaire au langage de la philosophie du droit et de la philosophie politique chez les défenseurs des anciennes libertés de la cité. On le constate très clairement dans le traité le plus intéressant paru à l'occasion de cette crise, la série de sept dialogues de Salamonio intitulée *La Souveraineté du patriarcat romain*, ouvrage qui présente une théorie essentiellement bartoliste de l'inaliénabilité de la souveraineté populaire, donnée pour forme de gouvernement la mieux adaptée à la cité de Rome.

Né à Rome, l'auteur, Mario Salamonio (v. 1450-1532), était membre d'une des plus anciennes familles patriciennes de la ville

(D'Addio, 1954, pp. 3-10). Il fit ses études à l'Université de Rome, et acquit par la suite une vaste expérience des affaires juridiques et politiques. Membre de la commission du pape Alexandre VI sur la réforme du système juridique romain en 1494, il est fait quatre ans plus tard *Capitano del popolo* à Florence (D'Addio, 1954, p. 7). Il était à Rome au moment du soulèvement de 1511, et semble s'être résolument rangé aux côtés des Colonna dans leur tentative de remise en cause du contrôle pontifical sur le gouvernement. Bien que son livre sur la souveraineté populaire ne fut publié qu'en 1544, il fut écrit immédiatement après la crise, entre 1512 et 1514, et devait manifestement servir d'instrument de propagande théorique en faveur de la cause républicaine[1].

Bien sûr, Salamonio était beaucoup plus qu'un simple pamphlétaire favorable au patriarcat romain. Il comptait au nombre des principaux jurisconsultes de son époque, et il était un célèbre commentateur du *Digeste* ainsi que l'un des premiers à tenter de transposer les méthodes historiques des humanistes dans sa propre philosophie juridique. On retrouve certains de ces thèmes plus académiques au fil des pages de *La Souveraineté du patriarcat romain*, dont les trois premiers dialogues sont entièrement dédiés à un exposé général de la théorie juridique de l'*Imperium*[2]. C'est seulement au début du quatrième dialogue que Salamonio commence à traiter des questions plus immédiates que pose le chaos qui prévaut en Italie, et notamment à Rome. La transition s'effectue lorsque le personnage du Philosophe fait remarquer que, comme y insiste Aristote, la raison d'établir une société politique et de lui conférer l'*Imperium* « n'est pas simplement de permettre de vivre, mais de permettre de vivre bien et heureux » (f° 34b). Ce qui conduit naturellement les autres parties au débat, un historien, un théologien et un juriste, à envisager les possibilités et les difficultés

---

1. Allen se trompe donc en affirmant (Allen, 1957, p. 332) que Salamonio était espagnol, sans doute jésuite, dont la *Souveraineté* fut écrite aussi bien que publiée en 1544. Voir la notice biographique solidement étayée au premier chapitre de l'étude exhaustive de D'Addio (D'Addio, 1954, pp. 3-10).

2. Pour un commentaire de la théorie de Salamonio sur l'*Imperium*, voir t. II, pp. 532-534.

de vivre une vie civile pleine et heureuse dans l'Italie de l'époque. Ils se disent d'emblée d'accord avec l'Historien lorsque celui-ci ouvre la discussion en jugeant qu'ils vivent une période noire, où abondent les mauvaises habitudes et où la vertu est bien peu cultivée (f° 36a). Ils passent donc à la question de savoir ce qui les empêche de profiter d'une vie civile satisfaisante, ainsi que de ce qui devrait être fait pour remédier aux multiples formes de corruption de l'époque, deux sujets qui vont les occuper jusqu'à la fin du livre.

L'un des facteurs qu'ils reconnaissent tous comme inhibiteur d'une vie civile vertueuse est la prévalence d'une richesse excessive. On l'a vu, cette thèse avait été écartée par les humanistes de l'école de Bruni, et même Savonarole se contentait d'endosser une vue plus patriotique selon laquelle l'opulence des cités italiennes devait figurer au nombre de leurs titres de gloire. Salamonio est au contraire l'un des premiers auteurs à estimer que la combinaison de la faiblesse militaire et d'une richesse immense a été la première cause de la récente déliquescence de l'Italie, en la transformant en proie irrésistible pour les « barbares » avides de conquêtes faciles et de butins massifs. Dans le même esprit, il en revient au vieil argument, bientôt repris par Machiavel et Guicciardini, selon lequel seule la vertu de frugalité peut fonder une vie civile satisfaisante. Le Théologien fournit un argument pour parvenir à cette conclusion, en affirmant que « personne ne peut servir à la fois Dieu et Mammon » et en rappelant que le Christ dit « il est plus facile à un chameau de passer par le chas d'une aiguille qu'à un riche d'entrer au royaume des cieux » (f° 46a). Mais la raison essentielle est donnée par le Philosophe, pour qui « quand dans une cité on honore les richesses et les riches, on en vient à mépriser les vertueux et les probes » (f°s 45b-46a). Tous deux s'accordent à penser que « les riches n'ont pas d'estime pour les vertus », et donc que la poursuite des richesses et le maintien d'une vie civile satisfaisante « s'accommodent mal l'une de l'autre » (f° 46a).

Mais ce sont bien sûr les invasions répétées des « barbares » depuis 1494 qui sont principalement mises en cause dans l'effondrement de la vie civile italienne. L'Historien rappelle avec talent comment « l'Italie a été opprimée par leurs armées d'invasion » depuis cette date (f° 40b). Elles se sont abattues sur l'empire terrestre de Venise, elles ont ravagé toute la Toscane et l'Émilie, elles ont même occupé les États pontificaux (f° 40b). Partout, les conséquences ont été affreusement désastreuses. On a assisté à des pillages et à des viols « sans distinction d'âge ni de sexe » ; les rivières étaient rouges de sang ; et toute l'Italie a été livrée à « une licence coupable » (f°s 40b, 41b).

Dans ces conditions, comment l'Italie peut-elle échapper, demande le Philosophe, à toutes ces « injustices et souffrances » ? (f° 47a). Parmi les réponses que propose Salamonio figure l'évidente nécessité d'améliorer les capacités défensives des cités. Ce qui conduit le Philosophe à mener l'attaque habituelle contre « ceux qui combattent avec des mercenaires », critique reprise avec ferveur par tous les autres interlocuteurs (f° 44b). Le Juriste montre que « les mercenaires passent tout leur temps dans leurs campements, et ne servent à rien au combat », tandis que l'Historien cite les récents succès des Français contre les Vénitiens et le pape comme preuve de ce même point (f° 45a). La réponse, s'accordent-ils à penser, est que chaque cité doit former sa propre milice, convaincre ses citoyens qu'« il est infiniment plus noble de se battre pour sa liberté, ses enfants, son foyer et son sol » que de confier cette tâche à de simples mercenaires (f° 44b). L'Historien fait valoir que « les Romains devaient leur grandeur à ces arts », et ajoute que « l'exemple mémorable de Pise à notre époque montre toute la différence qu'il y a entre se battre pour soi-même et se battre pour un autre » (f° 44b). Même si les Pisans « ne pouvaient compter sur des troupes stipendiées ou sur l'aide d'alliés, ils ont soutenu par eux-mêmes avec le plus grand courage un siège de quatorze ans », non seulement contre « la richesse de Florence », mais même contre « la ruée des Français ». L'explication, il en est convaincu, réside en ce qu'« ils se battaient pour leur propre liberté » et non pour la paye d'un autre (f° 44b).

Salamonio réserve toutefois la plus grande part de son attention à considérer comment la vie d'une cité peut être réglée au mieux, de manière à assurer que la liberté des citoyens soit préservée, et leur capacité de mener une vie pleine et heureuse, maximisée. Il commence par une suggestion d'inspiration plus humaniste que scolastique, affirmant que « la cité doit se préoccuper de la *virtus* de ses citoyens » et que « tout souverain doit se préoccuper de la *virtus* », montrant à ses sujets l'exemple de « toutes les vertus morales » (f°s 34b, 42a). Mais l'essentiel de sa réponse consiste à réitérer l'argumentation précédemment émise par Bartole, Marsile et toute la tradition juridique et politique des scolastiques en Italie, et plus récemment reprise par Savonarole et ses disciples. La clé pour maintenir une vie libre et heureuse réside, nous est-il dit, dans l'établissement d'institutions civiles efficaces, tandis que la clé pour maintenir celles-ci en ordre de marche réside dans la garantie que l'ensemble des citoyens conservent à tout moment le degré ultime de la souveraineté.

Salamonio va consacrer l'intégralité des trois derniers dialogues à étayer cette position. Au livre V, il s'attache à réfuter l'idée que les princes aient un quelconque droit à gouverner en relation avec la loi, avançant qu'un tel dispositif ne vaut pas mieux que la tyrannie et que « toute chose doit être décidée au moyen de la dignité de la loi » (f° 48b). Puis il cherche à consolider la thèse spécifique de la supériorité d'une assemblée populaire en tant que forme de gouvernement la meilleure et la mieux adaptée à la cité de Rome. Dans la veine bartoliste traditionnelle, il soutient que cela répond aux besoins de la cité comme aux exigences de la justice naturelle ; mais il soutient aussi, cette fois à la manière plus admise des juristes humanistes, que ce système reflète les droits historiques de la population romaine. Les deux derniers dialogues sont alors employés à rendre justice à cette cause. Le Philosophe commence par demander au Juriste de rendre compte de « comment la souveraineté se trouva établie » à Rome (f° 51a). À quoi le Juriste répond qu'il existe une riche bibliographie sur ce sujet, et s'en remet à l'autorité de Giulio Pomponio (1428-1497) dont l'histoire des lois et magistrats de la cité avait été publiée une génération auparavant. Selon Pomponio, observe le Juriste, « c'est seulement parce qu'il s'est avéré difficile de rassembler le peuple entier » qu'il a permis que l'exercice de son autorité souveraine soit transféré d'abord au Sénat et plus tard à l'empereur (f° 51b). L'Historien approuve cette analyse avec enthousiasme : « Il est parfaitement clair d'après les éléments de Pomponio », assure-t-il, que ce n'est que la difficulté de tenir une vaste assemblée de tous les citoyens qui les a persuadés de déplacer l'administration concrète de leurs pouvoirs législatifs entre les mains d'un seul individu « en vue du meilleur gouvernement possible de la communauté » (f° 52a). Puis est abordée l'habituelle question concernant l'éventuelle perte de souveraineté qu'aurait subie le peuple par le fait que l'*Imperium* ait été transféré de l'empereur Constantin au pape. C'est le Juriste qui soulève cette interrogation finale, mais l'Historien le rassure tout de suite en expliquant que « le très érudit Lorenzo Valla » a su montrer que la prétendue Donation de Constantin, fonds de commerce des prétentions pontificales au pouvoir temporel, n'est rien d'autre qu'un faux utilisé par les papes pour tromper le peuple de Rome (f° 52b). Et l'Historien de poursuivre que les inscriptions elles-mêmes, témoins muets de l'époque de l'Empire, parlent toujours de « l'*Imperium* de la population romaine », ce qui permet au Philosophe de triompher en conclusion : « aucun *princeps* ne peut être le véritable souverain » à Rome, il « peut seulement être un ministre du peuple », celui-ci se trouvant donc considéré ici comme ayant de tout temps conservé l'ultime autorité souveraine sur la cité (f°s 55a-b ; cf. aussi f° 59).

La contribution de l'humanisme

Même si la contribution des idées juridiques et politiques de la scolastique au renouveau du républicanisme, au début du XVIe siècle, a revêtu un caractère plus marquant que l'on veut bien le reconnaître ici ou là, il va de soi que les ouvrages de théorie politique républicaine les plus importants rédigés à cette époque relevaient en général de l'approche humaniste plutôt que du moule scolastique. L'influence principale exercée sur l'évolution du républicanisme à cette époque tardive a été sans conteste celle des écrits des humanistes dits « civiques », actifs à Florence dans la première moitié du XVe siècle : Salutati, Bruni, Poggio et leurs nombreux disciples. C'est avant tout la redécouverte et le développement de leurs thèses qui ont donné lieu aux derniers et aux plus grands textes politiques théoriques de la Renaissance, avec les traités républicains de Guichardin et Machiavel. C'est donc sur cette tradition qu'il nous faut nous pencher pour conclure cette étude de la pensée politique italienne de la Renaissance.

On peut entrevoir les débuts du renouveau du républicanisme florentin une bonne génération avant le coup d'État anti-médicéen de 1494. Un sentiment d'hostilité envers les Médicis s'était fait jour au moins depuis 1458, date à laquelle Cosme donne les premiers signes décisifs de l'évolution « tyrannique » du régime qu'il veut imposer. À cela, nombre d'auteurs répondent en retrouvant l'idéologie de l'humanisme « civique ». Parmi les premiers, on trouve Francesco Patrizi (1413-1492), qui rédige un traité majeur sur *L'Institution d'une république* dans les années 1460, avant de se résoudre finalement à écrire dans la manière des conseillers des princes dans son œuvre ultérieure sur *Le Royaume et l'éducation du roi*. Ces valeurs restent vivaces dans les années 1470 chez Alamanno Rinuccini (1419-1499), correspondant de Patrizi et ennemi virulent des Médicis, qui publie en 1479 un traité volontairement incendiaire *Sur la liberté* (Kristeller, 1965, p. 46). Une semblable ligne critique est propagée par Donato Acciaiuoli (1429-1478) dans son commentaire sur l'*Éthique* et la *Politique* d'Aristote, aussi bien que dans l'histoire des campagnes de Rome contre Carthage qu'il rédigea dans les années 1470 (Baron, 1966, p. 437).

Mais c'est la génération postérieure au retour des Médicis, en 1512, qui voit surtout fleurir la théorie politique républicaine. Les défenseurs des libertés traditionnelles à Florence étaient alors stimulés par trois grandes considérations : le souvenir de la restauration de la République, réussie de 1494 à 1512 ; l'espoir de renverser une fois encore le gouvernement des Médicis, espoir récompensé en 1527 ; et le besoin de maintenir entre-temps un esprit d'opposition envers leurs procédés décrits comme « despotiques » et « tyranniques ». Tout cela donne naissance à l'analyse la plus pénétrante et la plus influente des principes politiques républicains apparue dans l'Europe des débuts de l'ère moderne.

Aux portes de Florence, Cosimo Rucellai, aristocrate et opposant des Médicis après leur retour au pouvoir, possédait un domaine, les Orti Oricellari, qui tint lieu de forum de discussion à ces idées en permettant à leurs partisans de se réunir (Gilbert, 1949, pp. 101, 118). Antonio Brucioli figurait au nombre des principaux penseurs anti-médicéens qui participaient à ces rencontres ; exilé après la tentative de coup d'État républicain de 1522, il publia quatre ans plus tard ses *Dialogues sur la philosophie morale*, ouvrage dont la première partie, sur « La République » fournit un résumé de la théorie traditionnelle concernant les libertés à Florence (Cantimori, 1937, pp. 88-90 ; 95-96). Mais c'est Machiavel qui fut le plus considérable des auteurs qui fréquentaient à cette époque les jardins Oricellari. On a vu que, après la chute de la République en 1512, il avait dans un premier temps espéré trouver un emploi chez les nouveaux maîtres de la cité, et avait pour cela dédié son *Prince* à Laurent de Médicis. Il n'en demeure pas moins, toutefois, que Machiavel était fondamentalement un républicain, qui avait servi en tant que deuxième secrétaire à la chancellerie de la république restaurée de Florence entre 1498 et 1512. Ayant échoué à attirer l'attention des Médicis après 1512, il se retira bien vite au sein du cercle de penseurs et de conspirateurs républicains qui fréquentaient les jardins Oricellari, et semble avoir discuté des premiers jets de ses *Discours sur les dix premiers livres de Tite-Live* lors de ces réunions. Parmi ceux à qui il dédicaça les *Discours* il y avait Cosimo Rucellai, et sa lettre de dédicace remercie Cosme qui « m'a forcé à écrire ce que je n'aurais jamais écrit de ma propre initiative » (p. 93).

Comme on peut l'imaginer compte tenu de ces circonstances, Machiavel commença presque certainement à composer ses *Discours* seulement après s'être rendu compte que ses tentatives de trouver un emploi sous les Médicis se révélaient vaines[1]. Il paraît

---

1. Cette argumentation est soutenue de manière parfaitement convaincante par Baron, 1961, à qui j'emprunte les détails des preuves internes relatives à la datation des *Discours*. Dans ces thèses, Baron repousse l'idée habituelle voulant que Machiavel ait commencé à travailler sur *Le Prince* et les *Discours* à peu près au même moment ; il expose cette idée dans Baron, 1961, p. 231 et références. Hexter a tenté de montrer que le premier des *Discours* n'a

probable qu'il se mit à l'ouvrage en 1514, et Felix Gilbert a avancé avec quelque crédibilité que la première étape prit peut-être la forme d'un simple commentaire des chapitres de Tite-Live concernés, que Machiavel aurait par la suite remanié pour en faire un traité plus systématique, en redistribuant le contenu sous une succession de titres généraux[1]. Divers éléments internes montrent clairement que ce processus de composition devait être fort avancé dès 1517. Au milieu de son deuxième Discours, Machiavel remarque ainsi que « si le trésor était garant de la victoire », alors « il y a quelques jours » le pape et les Florentins auraient battu Francesco Maria à la bataille d'Urbino (p. 301). Cette bataille donnée pour si récente, qui permit à Léon X de reprendre Urbino, eut lieu le 17 septembre 1517. Enfin, d'autres éléments probants, de même nature, démontrent que les Discours étaient sans doute achevés avant la fin de 1519. Dans son troisième Discours, Machiavel fait allusion à Maximilien, mort en 1519, en tant qu'empereur régnant, et dans sa lettre de dédicace à Cosimo Rucellai, décédé la même année, il lui demande de bien lire son ouvrage (pp. 94, 490).

Un peu à l'écart du fervent groupe républicain qui se réunissait aux jardins Oricellari, on découvre la silhouette de François Guichardin (Francesco Guicciardini, 1483-1540), plus urbain, plus sceptique. Il parvient à surmonter le changement de régime de 1512 avec beaucoup plus de succès que Machiavel, et servira par la suite les deux papes de la maison Médicis, Léon X et Clément VII, dans des fonctions de pouvoir importantes. Néanmoins, ses écrits politiques (qui couvrent exactement les années écoulées entre la

---

pu être commencé avant 1515 (voir Hexter, 1956, notamment pp. 93-95). Mais cette thèse a été mise en échec de manière convaincante par Gilbert, 1965, pp. 230-231. L'argumentation générale de Baron paraît plausible, et la plupart des exégètes récents l'ont acceptée. Voir ainsi Hale, 1961, notamment p. 168, note. Néanmoins, la datation des Discours demeure un sujet de controverse académique. On trouvera deux études des éléments d'appréciation à ce propos chez Cochrane, 1961, pp. 133-136, et plus récemment chez Geerken, 1976, p. 357.

1. Voir Gilbert, 1953, p. 147. Pour un commentaire des thèses de Gilbert, voir Richardson, 1972.

première restauration des Médicis en 1512 et leur retour définitif en 1530) font montre d'une propension républicaine constante, avec la prudence requise, perspective que l'on peut comprendre chez un membre de l'une des plus éminentes familles aristocratiques de Florence. Guichardin écrit son premier traité politique en 1512, alors qu'il est en service dans une ambassade envoyée en Espagne, texte généralement connu sous le titre *Le Discours de Logrogno*, d'après le nom de la localité[1] où il se trouvait en le rédigeant (Rubinstein, 1965a). Puis vint le *Dialogue sur le gouvernement florentin*, important traité composé entre 1521 et 1523 (Ridolfi, 1967, p. 134). Celui-ci fut suivi par les *Maximes et réflexions*, achevées entre 1528 et 1530, galerie de brefs aperçus sur les hommes et les événements, qu'il avait d'abord ébauchée en 1512 (Ridolfi, 1967, pp. 206, 310-311). Enfin, le dernier ouvrage politique auquel il s'attelle avant d'aborder sa grande *Histoire d'Italie* présente une série inachevée de *Considérations sur les Discours de Machiavel*, qu'il écrivit sans doute en 1530 (Ridolfi, 1967, pp. 206-207).

Le dernier penseur important de ce groupe, qui peut se targuer du triste titre de dernier penseur de la république de Florence, se nomme Donato Giannotti, dont nous avons déjà fait la connaissance en tant qu'expert de la Constitution vénitienne. Il regagna sa Florence natale lors de l'expulsion des Médicis en 1527, et joua un rôle important dans l'organisation de la milice civile durant le long siège dont souffrit la ville entre 1529 et 1530 (Pocock, 1975, p. 273). Après le retour définitif des Médicis en 1530, il subit l'amertume de toute une vie d'exil, au cours de laquelle il écrivit sa relation de *La République de Florence*, dernière célébration, presque nostalgique, du thème ancestral de la liberté à Florence.

Comme pour tous leurs prédécesseurs, l'idéal fondamental commun à tous ces théoriciens est celui de la liberté politique. Cette valeur est, il est vrai, présentée parfois, notamment chez Guichardin, avec un enthousiasme moins engagé que chez certains des auteurs plus anciens que nous avons étudiés. Guichardin nous

---

1. Logroño.

met ainsi en garde dans ses *Maximes* envers « ceux qui prêchent avec tant de ferveur la liberté », soulignant que « presque tous » ne pensent qu'à leur intérêt propre, et que « s'ils pensaient se trouver mieux sous un gouvernement absolu, ils s'y précipiteraient de toutes leurs forces » (p. 58). S'il défend l'importance de la liberté en traitant du gouvernement à Florence, il tend ce faisant à privilégier le terrain sociologique plutôt que la stricte morale (Gilbert, 1965, pp. 98-99). Il se contente d'observer, dans *Le Discours de Logrogno*, que les Florentins sont désormais si habitués à leur liberté qu'« ils y sont nés » et la tiennent pour « nécessaire et naturelle dans la cité » (p. 223). Bien dans son style caractérisé par un mélange de scepticisme et de pragmatisme, il en tire plus tard les conséquences dans son *Dialogue*, en indiquant qu'il serait maintenant difficile d'introduire à Florence une autre forme de gouvernement, même si cette solution venait à être reconnue comme préférable. Du fait que « la cité a toujours été libre » et « naturellement attachée à la liberté », les Florentins sont irrémédiablement amenés par leur tradition politique et par « les conditions établies » à défendre cette valeur reçue (pp. 97-99).

Mais, le plus souvent, l'importance de la liberté politique était proclamée en des termes plus traditionnels et moins équivoques. Par exemple Patrizi, dans son chapitre « Sur l'égalité entre les citoyens » de *L'Instauration d'une république*, exige que « chacun protège la liberté », car « rien ne peut revêtir d'importance plus grande dans la société civile que la liberté, en faveur de laquelle toute la volonté de la cité doit s'employer » (f°s 24a, 25a). Rinuccini engage de même son dialogue *Sur la liberté* en consacrant « l'amour de la liberté » en tant que base de la vie politique (p. 272). Il déplore le fait que, si naguère les cités italiennes chérissaient leur indépendance, « leur attrait pour une vie de liberté » est désormais contrecarré par les tyrans (pp. 272-3). Et il souligne que « l'avidité de conserver sa liberté » dont a fait montre autrefois le peuple de Florence doit être retrouvée à tout prix si celui-ci tient à une quelconque perspective de vie civile heureuse et réussie (p. 274).

Pour comprendre les *Discours* de Machiavel, il est impératif de reconnaître qu'il est lui aussi fondamentalement engagé dans le soutien à cette même échelle de valeurs[1]. Il faut noter que cet élément a été quelque peu occulté par la tendance prévalente, qui consiste à considérer qu'il n'existe aucune différence majeure entre *Le Prince* et les *Discours*, et que le mieux est de traiter les deux ouvrages, selon les termes de Geerken, en « aspects interdépendants d'une perspective organiquement unifiée » (Geerken, 1976, p. 357). Il est bien évident que les *Discours* comportent de nombreuses références au *Prince*, ainsi que divers développements de thèmes centraux déjà présents dans l'œuvre plus ancienne : on trouve la même polarité entre *virtù* et *fortuna* ; la même mise en avant du rôle de la force brute pour surmonter l'adversité de la fortune ; et la même morale politique caractéristique et révolutionnaire, fondée sur la même distinction nette entre *virtù* et vertus. Il semble néanmoins abusif d'évoquer sans réserve, comme récemment Geerken et d'autres, une « unité fondamentale » entre les deux livres (Geerken, 1976, p. 357). Dans *Le Prince*, Machiavel organise son discours autour d'une valeur de base, la sécurité : avant tout, il faut au prince « maintenir ses États », après quoi il est libre de poursuivre honneur, gloire et renommée, comme il le doit. Au contraire, la valeur de base des *Discours* est la liberté : c'est cet idéal, et non celui de la pure sécurité, que Machiavel souhaite désormais nous voir placer au-dessus de toute autre considération, y compris des dogmes de la morale conventionnelle.

La centralité que revêt la liberté politique dans le discours de Machiavel se fait manifeste dès le début du premier Discours, où il rend compte des avancées de la liberté dans la Rome antique, disant que « ceux qui ont pris le soin de constituer une République ont considéré la sauvegarde de la liberté comme une des choses les plus essentielles qu'ils avaient à assurer » (p. 115). Il répétera cette affirmation dans son chapitre sur les difficultés de préserver la liberté politique, en soutenant que le but premier de tout législateur « en

---

[1]. Il faut rendre hommage à Baron, 1961, et à Pocock, 1975, pour avoir élucidé ce point au-delà de tout doute possible. Voir notamment Baron, 1961, p. 228, et Pocock, 1975, p. 316. Même si je me trouve en désaccord avec leurs analyses sur certains points de détail, il s'agit là de deux études magistrales auxquelles je dois beaucoup.

constituant une République » doit consister à « prévoir toutes les lois nécessaires au maintien de la liberté » (p. 230). À la fin de ce même chapitre, il ajoute que la grandeur de la république de Rome peut être largement attribuée au fait que ses dirigeants construisaient en permanence « de nouvelles institutions destinées à asseoir les libertés dont elle jouissait » (p. 232). On le voit plus loin étayer de nombreux exemples cette foi en la valeur prééminente de liberté : évoquant l'admiration particulière qu'il porte aux cités germaniques de l'époque, il en donne pour raison qu'« elles sont libres et respectent leurs lois, de telle sorte que ni des étrangers ni leurs propres habitants n'osent usurper là-bas le pouvoir » (p. 244). Entreprenant de discuter dans son deuxième Discours de l'administration romaine des territoires conquis, il mentionne que la raison principale de son intérêt pour le sujet tient au fait qu'un semblable expansionnisme joue inéluctablement un rôle majeur pour permettre à la république « de demeurer pour toujours dans la jouissance pacifique de ses libertés » (p. 335). Enfin, examinant plus en détail les relations entre la République romaine des débuts et ses voisins, il approuve hautement l'opinion de ce sénateur romain qui proclamait que « ceux dont l'esprit vise la liberté, et rien d'autre que la liberté », ceux-là sont « dignes d'être faits citoyens romains » (p. 350).

Machiavel prend en outre le terme de « liberté » dans la même acception que celle proposée par les humanistes florentins. Par « liberté » il entend en premier lieu indépendance à l'égard de l'agression extérieure et de la tyrannie. Le moment où les Florentins « obtinrent leur liberté » se confond donc avec celui où ils se trouvèrent en mesure de reprendre le pouvoir judiciaire aux mains étrangères (p. 232). Il évoque de façon semblable les temps où « les Romains s'étaient rendus maîtres de l'Afrique et de l'Asie, et avaient réduit en sujétion la plus grande part de la Grèce », en tant qu'époque où « ils avaient garanti leur sécurité », n'ayant « plus aucun ennemi qu'ils auraient eu raison de craindre » (p. 162). En second lieu, quand Machiavel parle de « liberté », il pense aussi au pouvoir corrélatif que possède un peuple libre de se gouverner lui-même plutôt que d'être gouverné par un prince. Le chapitre XVI du premier *Discours* est consacré à mettre en évidence la distinction nette entre « le peuple habitué à vivre sous un prince » et celui qui a su se débarrasser de cette espèce de « gouvernement tyrannique » et par là même « devenir libre » (pp. 153-154). Quant au chapitre suivant, qui traite des origines de la République de Rome, il fait apparaître que la période qui vit chasser les rois au profit d'une forme représentative de gouvernement correspond au moment où Rome parvient « à la fois à conquérir et à maintenir sa liberté » (p. 158).

Il ne serait guère excessif de prétendre que le souci manifesté par Machiavel à l'égard de la liberté politique fournit le thème principal des trois livres des *Discours*. Le premier Discours traite largement de la manière dont Rome sut déposer ses rois et acquérir la grandeur dans un système de liberté républicaine. Le deuxième livre a pour but essentiel de montrer comment la montée en puissance militaire de Rome a servi à soutenir la liberté de son peuple. Quant au troisième, il illustre « combien l'action des individus a contribué à la grandeur de Rome et a produit dans cette cité tant de résultats profitables », et tout particulièrement la longue durée de ses libertés politiques (p. 390).

Les humanistes de l'ancien temps avaient toujours tiré un même corollaire de leur insistance commune sur l'importance de la liberté : puisque c'est un genre de gouvernement républicain mixte qui assure cette valeur au mieux, il s'ensuit que la république doit constituer la meilleure forme de gouvernement. Tous leurs héritiers reprendront eux aussi cet argument à la fin de la Renaissance : Patrizi commence son *Institution de la république* en se demandant : « Que vaut-il mieux, d'être gouverné par le meilleur des princes, ou de vivre en une cité libre avec les meilleures lois et coutumes ? » (f° 8a). À cela il répond sans hésiter que « la république se préfère à la principauté », car « on ne peut que constater que la vie est plus sûre sous une république que sous un prince » (f°s 8b, 10b). Guichardin lui-même se rallie à ce point de vue, même si c'est de mauvaise grâce : tout en parlant dans ses *Maximes* des « grands défauts et manques inhérents au gouvernement populaire », et en affirmant que l'homme avisé n'acceptera de préférer le régime républicain que « comme un moindre mal » (p. 100), il n'en concède pas moins dans les *Considérations* que « la cité se trouve plus heureuse sous le gouvernement du peuple que sous celui du prince » (p. 106). Après quoi il conclut que, s'il faut choisir, sa préférence personnelle ira toujours vers une forme mitigée de gouvernement républicain, qui selon lui assurerait au mieux « la protection de la liberté » à l'encontre de « toute entreprise visant à étouffer la République » (p. 71).

Une nouvelle fois, le Machiavel des *Discours* va soutenir la même échelle de valeurs ; ce qui jette une ombre sur le propos de Cassirer et d'autres, selon lequel Machiavel n'aurait été rien de plus qu'« un spécialiste scientifique et technique de la vie politique », disséquant et classifiant ses différentes formes sous un regard impavide (Cassirer, 1946, p. 156). Nicolas est en réalité un partisan constant, fervent même, du gouvernement populaire. On peut, il est vrai, lire chez lui, en accord avec le texte du *Prince*, que « si une renaissance peut une fois se produire » dans « un État sur le déclin », ce sera là le fait « de la *virtù* d'un personnage bien vivant, et non de la *virtù* du peuple dans son ensemble » (p. 159). Mais l'attitude générale des *Discours* est celle d'une hostilité résolue à l'égard de toute forme de gouvernement monarchique. « Il y a et il y a eu des princes innombrables, mais de bons et avisés bien peu », lit-on (p. 252). Il relève également que la tendance historique dominante a consisté pour les princes à penser qu'« ils n'avaient rien d'autre à faire que de surpasser les autres hommes en extravagance, en lascivité et en toute autre forme de licence » (p. 107). Il n'éprouve donc aucun état d'âme à endosser l'hypothèse aristotélicienne classique, selon laquelle un genre de régime républicain mixte est préférable à toute forme « pure » de gouvernement, y compris celui des princes (p. 109). Plus loin, il déclarera en outre sans ambages que le gouvernement par le peuple « est meilleur que le gouvernement par les princes », et propose un large spectre d'arguments à l'appui de cette opinion (p. 256). Le peuple se montre ingrat envers les citoyens « bien plus rarement que ne le font les princes » (p. 184). « En ce qui concerne les idées fausses », le peuple commet toujours « moins d'erreurs que les princes » (p. 499). D'habitude, le peuple « fait de bien meilleurs choix » que le prince « dans l'élection des magistrats »

(p. 255). Le peuple est en général « plus prudent, plus stable, et d'un jugement plus sûr que le prince », étant « coupable de moins de fautes » et par conséquent « plus crédible » (pp. 255, 260). Et par-dessus tout, « il est indubitable » que ce n'est que lorsque le peuple dans son entier se trouve aux commandes du gouvernement que « le bien commun est préservé au mieux », en ce que « tout ce qui le favorise est accompli » (p. 275 ; cf. aussi p. 154).

Il existe cependant une importante différence d'attitude parmi ces penseurs de la fin de la Renaissance quant au caractère du régime d'auto-gouvernement qu'ils appellent de leurs vœux. Le débat intervient en relation avec la question de savoir si l'autorité politique prépondérante doit être confiée à une aristocratie ou au corps des citoyens considéré dans son ensemble. La réponse traditionnelle consistait à dire que les fondements d'une république bien ordonnée se conçoivent sur le mode *largo* (« large ») plutôt que *stretto* (« étroit »), avec un *Consiglio Grande* global plutôt qu'une élite restreinte aux commandes (cf. Gilbert, 1965, pp. 60, 156). Giannotti reprend cette position avec un grand enthousiasme, écrivant en tête de chapitre dans le livre III de *La République de Florence* que « la République doit se fonder sur le peuple » et consacrant le reste de cette partie à appuyer cette affirmation (pp. 104-202). Soutenant que « dans une république encline à la principauté », les ambitions des grands personnages risquent au bout du compte d'annihiler les libertés du corps citoyen dans son ensemble (pp. 105-106), il en conclut que « la république bien ordonnée » doit se baser sur un *Consiglio Grande* large, comprenant toutes les catégories de citoyens, non pas seulement les aristocrates et les classes moyennes mais aussi les *popolani* (« gens du peuple ») ordinaires, même si leur statut ne les rend pas éligibles aux fonctions de magistrats (p. 118). Ce type de dispositif, où « le soin de la cité est confié à tous ses citoyens », aurait beaucoup plus de chances d'assurer la stabilité ainsi que de garantir la valeur essentielle de liberté, en comparaison avec une forme de gouvernement aristocratique organisé de manière plus restrictive (p. 119 ; cf. Pocock, 1975, pp. 310-313).

Cette même préférence pour un *governo largo* (« gouvernement large ») se retrouve chez Machiavel, à qui il se pourrait que

Giannotti ait emprunté certains arguments. Machiavel traite de la question au chapitre V du premier *Discours*, notant que, « puisque dans toute république il existe une classe supérieure et une classe inférieure, on peut se demander entre quelles mains il est préférable de remettre la garde de la liberté » (p. 115). Il estime que si l'on souhaite simplement « maintenir le *statu quo* », alors il pourrait se trouver quelque mérite à soutenir, comme à Sparte et dans la Venise moderne, que c'est à la noblesse qu'il convient de confier les affaires de la république (pp. 116-117). Mais il affirme que « si l'on a en vue une république qui envisage de fonder un empire », c'est alors le peuple qui doit être fait gardien des libertés (pp. 116-117). Plus loin, évoquant les avantages respectifs du principat et de la république, il déclare en outre clairement que, dans la mesure où il puisse admettre qu'il existe une réponse générale à la question, lui se situe du côté « des masses » contre les tenants de l'oligarchie (p. 252). Il fait valoir avec admiration l'exemple « du peuple romain qui, tant que la République demeura incorruptible, ne se fit jamais servilement obséquieux, sans pour autant jamais dominer avec arrogance » (p. 253). Et il conclut sur une note d'une spiritualité inhabituelle en disant que « ce n'est pas sans raison valable que la voix du peuple est comparée à celle de Dieu » (p. 255).

À cette tendance favorable au *governo largo* s'oppose toutefois le front de ceux qui souhaitent plutôt une forme de républicanisme plus aristocratique, et soutiennent que le devoir de conduire le peuple appartient à une classe dirigeante limitée et solidaire. Cette position a la préférence de Patrizi, au quatrième chapitre de *L'Institution de la république*, où il évoque « quels genres de républiques on rencontre » (f° 16a). Prenant soin de reconnaître que « la meilleure forme de république est celle dans laquelle toutes les sortes d'hommes sont mélangées ensemble » (f° 18b), il n'en tient pas moins pour essentiel, s'il faut choisir entre « le pouvoir de la noblesse seule ou de la plèbe seule », que « le gouvernement doit être aux mains de la noblesse plutôt que de la plèbe », car elle est notoirement bien plus dévouée au bien commun (f°s 18a-b). On ne s'étonnera guère de trouver en Guichardin le défenseur le plus acharné de cette approche, qui dans ses *Considérations sur les*

Discours s'attaque à Machiavel pour avoir tenté d'appuyer le point de vue opposé. Guichardin souligne que le corps citoyen est tout simplement « inapte à décider dans des affaires de grande importance », car il se caractérise par « l'imprudence et l'inconstance, la soif de changement, la suspicion démesurée » ainsi que par « la jalousie infinie envers ceux qui possèdent richesse ou estime » (pp. 66, 106). Ce qui veut dire que « toute république laissant le peuple décider de ses affaires tombera bientôt en décadence », car elle sera nécessairement « instable et toujours en recherche de changements », aussi bien que « facilement dupée et trompée par les ambitieux et les traîtres » (p. 66). Il conviendrait au contraire de confier les rênes de la république aux mains de l'élite, dont on peut être assuré qu'elle la gouvernera « avec davantage d'intelligence et de prudence que la multitude » puisqu'il est certain qu'elle possède « davantage de prudence et de hautes qualités » (pp. 64, 71).

Enfin, ces auteurs confirment leur préférence pour une « liberté » républicaine en proposant diverses réflexions hautement suspectes concernant l'histoire de la Rome antique. Les commentaires tendent ici encore à imiter les jugements autrefois émis autour de Bruni par l'école des humanistes « civiques ». D'un côté, ils dénoncent Jules César avec la plus grande vigueur, pour avoir détruit la liberté à Rome. Patrizi le traite « d'usurpateur de la République » et de « fomentateur de la tyrannie » (f° 90a). Quant à Guichardin, il se laisse aller dans les *Considérations* à un mouvement de passion, rejetant César en tant que personnage « détestable et monstrueux », « conduit par avidité du pouvoir » à « instituer une tyrannie dans un pays libre » à l'encontre des besoins et des désirs de son peuple (p. 77). D'un autre côté, ils idéalisent la vertu et la simplicité de la république de Rome et de ses héros des premiers temps. Patrizi rend notamment compte avec admiration de ses institutions et des hommes qui les ont établies, et avance que dans tout débat sur la structure d'une république ordonnée « il est toujours possible de prendre Rome comme meilleur exemple » (f° 80a).

On voit toujours Machiavel revenir sur ces mêmes thèmes. Personne « ne doit être abusé par la renommée de César », la vérité de son accession au pouvoir étant « qu'il avait si bien réussi à aveugler les masses » qu'il les avait rendues « insensibles au joug qu'elles avaient elles-mêmes placé sur leurs épaules » ; en vertu de quoi il put devenir « le premier tyran de Rome » et empêcher que la cité « recouvre jamais ses libertés » (pp. 135-136, 158, 203). Toujours dans la même optique, la grande majorité des héros que Machiavel décrit avec la plus grande révérence vivaient sous les débuts de la république de Rome, avant le début de la première guerre punique (cf. Wood, 1967, pp. 161-152). L'archétype du patriote civil est ici Junius Brutus, « père des libertés de Rome » (p. 390) ; et le chef militaire favori est Camillus, « le plus prudent de tous les généraux romains », dont il note que la conduite « mérite l'attention de tous les gouvernants » (pp. 347, 443). C'est enfin Scipion qui fournit l'idéal de la vertu civique, et dont le comportement doit servir de référence à tout individu de la cité, Machiavel espérant que tout citoyen puisse apprendre « à se conduire en sa patrie plutôt comme Scipion que comme César » (p. 135).

Tout en traitant de l'idéal de liberté, ces penseurs portent une attention considérable à la question non moins courante de savoir comment la liberté d'un peuple sous le régime républicain tend à se trouver menacée ou perdue. Et tout d'abord, ils redonnent de la couleur à une idée autrefois ébauchée par des auteurs pré-humanistes tels que Latini et Mussato, mais par la suite étouffée sous la débauche de patriotisme de Bruni et de son école : l'idée que les dangers majeurs envers la liberté et la vertu publique proviennent d'un attachement excessif à la poursuite de la richesse privée.

Pocock décrit l'usage que fait Guichardin de cet argument, ainsi que son exigence de réduction des débordements de luxe, comme « une proposition presque savonarolienne », la « transmutation » d'une perspective puritaine semblable en une « rhétorique moins spécifiquement chrétienne » (pp. 135, 136). Nous avons cependant vu que, en dépit de ses attaques contre les « vanités » des Florentins, Savonarole s'était montré tout disposé à assumer la position humaniste « civique » antérieure voulant que la grande richesse de la cité témoignât d'une excellence particulière. Au contraire, le sentiment de révolte qu'éprouve Guichardin face aux « appétits sans mesure » de ceux qui poursuivent les richesses au lieu de « la vraie gloire » rappelle davantage les moralistes classiques, comme Salluste et Juvénal, dont le dégoût envers l'opulence vulgaire de la Rome antique était déjà rappelé pour son actualité par Mussato, et beaucoup plus tard par Salamonio[1]. Premier des traités politiques de Guichardin, *Le Discours de Logrogno* comporte une dénonciation semblable des « milliers d'usurpations » et des « milliers de déloyautés » qui se produisaient dans la vie civile par suite de l'avidité au gain, et s'achève sur une note de lassitude bien dans le ton de l'auteur en disant que « c'est un mal immensément difficile et peut-être impossible à extirper » (pp. 257-258). Ce n'est pas là chez Guichardin un simple moment de flottement, une vague répugnance d'ordre puritain, puisqu'il reviendra sur ce thème à diverses reprises dans les *Maximes*, près de vingt ans plus tard, où il déplore toujours que le « mode de vie » dominant au sein du « peuple de Florence » est « tel que chacun désire beaucoup être riche » (p. 102). Il se déclare assez inquiet à cet égard, et en donne pour raison que ce manque de pudeur rend « difficile de préserver la liberté dans notre cité », car « cet appétit conduit les hommes à poursuivre leur avantage personnel sans égard ni considération envers l'honneur et la gloire » de la cité même (p. 102).

Plus véhément encore, Machiavel dira dans les *Discours*, quelques années après que le sujet eut été remis au goût du jour par Guichardin et Salamonio puis propagé par divers moralistes vénitiens, sa méfiance envers « les habitudes de luxe » menaçant la liberté politique (Gilbert, 1973, pp. 277-280). Il déclare ainsi dans le troisième Discours que « la richesse sans valeur » est cause invariable de corruption civile, et ajoute qu'il lui serait facile de « discourir longuement sur les avantages de la pauvreté sur la richesse », ainsi que sur « la manière dont la pauvreté apporte l'honneur aux cités », tandis que « son contraire les a ruinées », mais qu'il s'en abstiendra puisque cette démonstration a déjà « été faite si souvent par

---

1. À propos des remarques de Guichardin, voir *Le Discours de Logrogno*, p. 257. Chez Mussato sur le même sujet, et sur le rôle de Salluste en tant que source majeure, voir Rubinstein, 1957, pp. 172-175. Quant à la position de Salamonio vis-à-vis de Salluste, voir la *Souveraineté*, notamment f°s 19a-19b.

d'autres » (pp. 452, 477). Il reconnaît en outre clairement qu'en évoquant ces moralistes d'autrefois il pense avant tout à des auteurs comme Salluste et Juvénal (cf. Gilbert, 1965, p. 175), ce qui est particulièrement manifeste au chapitre XIX du deuxième Discours, où sont traités les problèmes qui se posent lorsqu'une république entreprend d'acquérir de nouveaux territoires (p. 334). Machiavel y remarque que les conquêtes « ne sont pas peu dommageables même à une république bien ordonnée, quand la province ou la cité qu'elle a acquise est adonnée à des mœurs luxueuses » (p. 338). Et il note que la nature des dangers encourus « ne saurait s'exprimer mieux que chez Juvénal dans les *Satires* », lorsque celui-ci observe que « l'acquisition de terres étrangères » a accoutumé Rome à des traditions étrangères, « de sorte que, au lieu de la frugalité et de ses autres hautes vertus, « la gloutonnerie et la complaisance l'envahirent, vengeant l'univers qu'elle avait conquis » (p. 338).

Autre danger pour les libertés, encore plus banal, le fait de confier la défense de la cité à des mercenaires. Giannotti abordera le sujet avec une retenue que l'on peut sans aucun doute attribuer à son admiration pour Venise, laquelle avait toujours réussi à combiner le recours aux mercenaires et le maintien de la liberté (cf. Pocock, 1975, p. 306). Mais on entend le plus souvent répéter sur tous les tons cette affirmation presque rebattue selon laquelle la tendance générale à se reposer sur des troupes stipendiées constitue l'un des scandales les plus catastrophiques de l'époque. Dès les années 1460, Patrizi déplore qu'avoir en général négligé la formation militaire « ait conduit toute l'Italie à se trouver écrasée » par ses ennemis (f° 282b). Et l'on ne sera pas surpris de retrouver la même complainte, sous une forme accentuée, au cours de la période suivant le retour dévastateur des « barbares » en 1494. C'est ainsi que Guichardin entame son *Discours de Logrogno* en avançant que les mercenaires constituent nécessairement une menace pour la stabilité des gouvernements populaires. Il se montre de plus peu sensible au contre-exemple apparent de Venise, relevant (avec quelque pertinence) que, au cours des guerres déclenchées par la ligue de Cambrai en 1508, le recours aux mercenaires avait failli coûter aux Vénitiens leur indépendance (p. 222).

Dans les *Discours*, Machiavel suit comme à son habitude exactement la même ligne de pensée. À un certain moment, en une référence on ne peut plus claire au *Prince*, il nous rappelle que, ayant déjà « largement traité » dans une autre de ses œuvres de « la futilité des mercenaires et troupes auxiliaires », il n'aurait guère besoin de revenir une fois encore sur le même sujet (p. 339). Mais concrètement, il ne peut résister à la tentation de reprendre ce discours qui lui tient tant à cœur. Il nous dit d'abord sans la moindre équivoque que « les forces étrangères » conduiront toujours « à la chute des libertés civiques » (p. 125), ce qui est dû, nous explique-t-il plus loin, au fait qu'« elles n'ont pas de motif pour tenir bon sous les assauts, en dehors de la maigre solde qu'on leur verse », considération qui « ne suffit pas et ne peut suffire à les rendre loyales » (p. 218). Toute son argumentation à ce propos se double d'une offensive plus générale envers la totale et lamentable absence d'esprit martial parmi ses concitoyens. Il dénonce ainsi « la faiblesse des armées modernes », qui « manquent de valeur dans leur ensemble » tout autant que d'un commandement efficace (p. 326) ; et tourne en dérision les « princes oisifs » et les « républiques efféminées » d'Italie qui se lancent dans des opérations militaires uniquement « à des fins ostentatoires et non pour de quelconques raisons valables » (p. 434). Enfin, son survol se conclut sur ce constat brutal que « toutes les armées italiennes de nos jours » sont « tout à fait inutiles », puisqu'elles « ne remportent jamais de victoire, à moins de tomber sur une armée qui, pour une raison ou pour une autre, décide de fuir » (p. 504).

La plupart des auteurs dont nous traitons reprennent enfin une antienne tout aussi classique, voulant que la raison principale du déclin des libertés italiennes repose dans « la corruption » du peuple. C'est Machiavel qui en donne, et de très loin, l'analyse la plus riche. En un certain sens, ce thème est au cœur des *Discours* : Machiavel nous dit en effet que l'objet premier de son livre consiste à conseiller « les princes et les républiques qui désirent rester à l'écart de la corruption » (p. 142). La discussion la plus complète s'en trouve aux chapitres XVII et XVIII du premier *Discours*, où l'auteur énonce clairement que ce qu'il entend fondamentalement par « corruption », c'est le manquement à consacrer toute son énergie au bien commun, ainsi que la tendance concomitante à placer ses propres intérêts au-dessus de ceux de la communauté. La description qu'il fait de la montée de la corruption dans la Rome antique est tout à fait parlante à cet égard : le processus est assimilé à la propension croissante « des puissants » à proposer des lois « visant à favoriser non leurs libertés communes, mais à augmenter leur pouvoir propre » (p. 162). C'est bien ce type d'évolution, soutient Machiavel, qui constitue la menace la plus grave à l'égard de la liberté. Il illustre la question en comparant le comportement du peuple de Rome après la déposition de ses rois, époque où il sut « d'emblée à la fois acquérir et maintenir » ses libertés, et son comportement lorsque « tout l'entourage de César fut exterminé » au début de l'Empire, où non seulement il fut incapable de reprendre sa liberté, « mais ne sut pas même le tenter » (p. 158). Ici, Machiavel avance que « des issues si différentes dans une seule et même cité ne sont causées par rien d'autre que le fait qu'à l'époque des Tarquins la population de Rome n'était pas encore corrompue, mais plus tard l'était extrêmement » (p. 158). L'essence de la doctrine machiavélienne, telle qu'il la résume au début du chapitre XVI, est ainsi « qu'un peuple qui s'est corrompu ne peut pas même dans un bref espace, non, jamais un instant, jouir de sa liberté » (p. 154).

L'*Histoire de Florence* de Machiavel reviendra plus tard sur ce sujet, avec une force encore accrue ; il s'agissait d'un ouvrage commandé en 1520, présenté au pape Clément VII de Médicis en 1525 (cf. Gilbert, 1972, pp. 82, 84-85). Les deux premiers livres proposent un panorama de l'histoire ancienne de l'Italie et de Florence ; puis Machiavel va fournir une analyse plus fouillée des fortunes de Florence dans la période courant de la seconde moitié du *trecento* jusqu'à la mort de Laurent le Magnifique, en 1492. La corruption qui envahit la cité à cette époque est son souci constant, et chacune des parties est introduite par un chapitre rhétorique visant à illustrer comment la *virtù* de la République s'est progressivement perdue. Le début du livre III déplore que l'éviction de la noblesse du gouvernement au cours du *trecento* ait eu pour effet de réduire à néant sa « science des armes » et la « hardiesse de son esprit », à quoi s'ajoute la corruption croissante, jamais contrecarrée par une quelconque *virtù* compensatoire au sein de la population, avec pour résultat que « Florence se fit toujours plus faible et méprisable » pendant cette période (p. 1141). Le premier chapitre du livre IV met en accusation la plèbe autant que la noblesse pour s'être laissées aller à la corruption dans la première moitié du *quattrocento*, et on y lit que si le peuple s'est fait « promoteur de la licence », les nobles se sont faits « promoteurs de l'esclavage », et qu'aucune des deux parties n'a fait preuve de la moindre considération envers la liberté ou le bien-être général de la communauté (p. 1187). Le chapitre introductif du livre V achève enfin l'histoire de la démoralisation à Florence en montrant comment « une route nouvelle s'est ouverte aux Barbares » du fait de la perte de *virtù* militaire subie par les Florentins lors d'une succession de guerres « commencées sans peur, menées sans danger, finies sans dommage » (p. 1233). À la fin du *quattrocento*, « la vigueur qui dans d'autres contrées est souvent détruite par une paix prolongée » avait été détruite à Florence « par la lâcheté de ces guerres », ne laissant subsister rien d'autre que « les présents abus » de « ce monde corrompu » (p. 1233).

On a parfois avancé que Machiavel est « le premier penseur de la Renaissance » à se pencher longuement sur le rôle de la corruption dans la vie politique (Bonadeo, 1973, p. 1). On a certes vu qu'un nombre notable d'humanistes, notamment Leonardo Bruni, s'étaient auparavant intéressés à la question de comment assurer que soient convenablement pris en considération les intérêts de la communauté tout entière, et non pas seulement ceux de groupes spécifiques. Il n'en demeure pas moins vrai que les humanistes de la fin de la Renaissance, et tout particulièrement Machiavel, font preuve d'une sensibilité plus grande encore à cet égard, et qu'ils prêtent une attention sans précédent à la recherche de ses causes.

Le peuple se voit exclure d'une participation suffisante aux affaires du gouvernement : voilà pour Machiavel, à la suite de Bruni, la cause essentielle. Quand Machiavel aborde le sujet, au chapitre XVII du premier Discours, il assimile « corruption » à

« inaptitude à la vie libre », et attribue l'aggravation de cette inaptitude à « l'inégalité qu'on rencontre dans une cité » lorsqu'une oligarchie parvient à prendre le contrôle de ses institutions et à empêcher les autres citoyens de les faire fonctionner (p. 160 ; cf. Pocock, 1975, p. 209). Il illustre plus loin ce danger en racontant l'histoire de deux évolutions institutionnelles qui ont mené au bout du compte à une issue fatale pour la liberté de la république à Rome. En premier lieu, la prolongation des périodes consenties aux magistrats pour exercer leur office : on avait pu le constater dans le cas des dictateurs, qui avaient fini par rendre Rome « servile » en usurpant l'autorité « dont les citoyens étaient dépossédés » en raison de la durée accrue de leur gouvernement (p. 194). On retrouve cette situation avec les decemviri, bénéficiant d'une « autorité sans limite » sur une durée considérable, à la suite de quoi bien sûr « ils devinrent des tyrans et, sans égard pour quelque être ou chose, privèrent Rome de sa liberté » (p. 197). En second lieu, Machiavel évoque au troisième Discours cet élément néfaste que constitue « la prolongation des commandements militaires » (p. 473). Elle était certes toujours plus nécessaire au fur et à mesure des conquêtes des Romains, mais elle finit par anéantir leur liberté (p. 474) ; car « quand un citoyen a longtemps commandé une armée, il se l'est acquise et l'a transformée en partisans » ; ce qui avait permis à une pléiade de généraux sans scrupules, à commencer par Sylla et Marius et avec César en point d'orgue, de « trouver des troupes disposées à les soutenir dans des actes contraires au bien public ». Ce qui impliquait au bout du compte que le pouvoir des commandants se traduisit « en temps et en heure par l'écroulement de la république » (p. 474).

Pourtant, la thèse la plus spectaculaire qu'avance Machiavel à propos des causes de la corruption est celle de la lourde responsabilité incombant à la chrétienté. Cette allégation trouvait comme un lointain précédent chez les humanistes « civiques », lorsqu'ils refusaient l'*otium* en faveur d'un système de valeurs humaines plus actif. Mais Machiavel va interpréter ce thème ancien pour en faire une attaque gibbonienne en règle à l'encontre de la religion chrétienne, en raison de la subversion par celle-ci de la vie civile. Il retient d'abord que la pratique religieuse contribue à maintenir la communauté « juste et unie », et que donc « le prince et la république qui veulent rester exempts de corruption doivent veiller avant toute chose à écarter la corruption des cérémonies de leur religion » (pp. 142-143). Mais il souligne également que la religion ne peut apporter de contribution positive à la vie civile que si elle permet d'exalter les bonnes valeurs, qui sont pour lui « la magnanimité, la force physique, et généralement tout ce qui conduit à parfaire l'audace en l'homme » (p. 278). Il estime que la religion chrétienne aurait en principe pu satisfaire à cette exigence, car « elle permet d'exalter et de défendre la patrie » et de « se former pour être en mesure de ce faire » (pp. 278-279). Mais il fait valoir que dans la pratique la foi chrétienne a favorisé de fausses valeurs, « désignant comme plus grand bien de l'homme l'humilité, l'abnégation et le mépris des choses de ce monde » (p. 278). Épouser ce « schéma de vie » a pour effet d'affaiblir le monde, et d'en faire « la proie des méchants » (p. 278). Machiavel ne craint donc pas d'affirmer que « si l'on se demande comment il se fait que les peuples de l'ancien temps étaient plus attachés à la liberté que de nos jours », il faut bien constater que cela est dû à « la différence entre notre religion et celle de ces temps » (p. 277). « L'ancienne religion » glorifiait les vertus civiques, aidant ainsi à défendre la liberté politique ; tandis que notre religion « a glorifié les humbles et les contemplatifs » et, ce faisant, contribué à nous conduire à notre état présent de corruption (p. 278).

Machiavel n'est pas le seul à porter ce diagnostic choquant : Guichardin l'endossera bientôt dans les *Maximes*, avec une délectation évidente. Il se dit d'accord que « trop de religion gâte le monde, car elle effémine l'esprit, fait commettre aux hommes des erreurs par milliers, et les distrait de bien des entreprises généreuses et viriles » (p. 104). Comme Machiavel, et sans excès de conviction, il veut nous faire croire qu'en disant cela il ne souhaite nullement « déroger à la foi chrétienne et à l'adoration divine » (p. 104). Mais toujours dans les *Maximes*, il se permet de dénoncer les pratiques courantes de la religion chrétienne sur un ton d'une violence que Machiavel n'avait jamais cru pouvoir adopter. Guichardin déplore le fait que

« les fonctions que j'ai assumées sous plusieurs papes m'ont amené, pour me préserver, à servir leurs intérêts ». Mais il ajoute que « sans cette raison, j'eusse aimé Martin Luther autant que moi-même », et qu'il eût attendu avec un plaisir sans nuances de voir « cette bande de charognards renvoyés à leurs justes déserts » (p. 48).

Ayant ainsi traité des menaces pesant sur la liberté politique, la dernière question que vont aborder ces auteurs consiste à savoir comment surmonter ces dangers, ces difficultés, de façon à assurer au mieux les idéaux traditionnels d'indépendance et d'auto-gouvernement. Ce qui ne veut pas dire qu'ils étaient toujours optimistes quant aux perspectives de succès : Patrizi et Machiavel reconnaissent tous deux que la tâche pourrait bien se révéler impossible dans une telle atmosphère de corruption, et donc qu'ils seraient peut-être mieux inspirés de s'adresser uniquement aux princes plutôt qu'aux citoyens de l'époque. Guichardin fait sonner une note plus pessimiste encore, et lorsque nous en venons à un auteur tel que Trajano Boccalini (1556-1613) à la fin du siècle, la cause semble entendue (cf. Schellhase, 1976, pp. 145-147). Celui-ci rédige en effet en 1612-1613 ses *Avertissements du Parnasse*, sur un ton d'ironie intense et débridée à l'égard de l'idée même de réformer ce monde totalement corrompu. L'ouvrage prend la forme d'une suite de conversations entre Apollon et les divers princes et philosophes qui rendent visite au Parnasse. Dans les premiers échanges de l'argumentation, les représentants des académies italiennes rapportent que « l'appétit de connaissance » s'est « complètement perdu » partout en Italie. Ils demandent un remède « pour les préserver d'une telle corruption », mais Apollon n'hésite pas à leur répondre qu'il n'y a rien à faire (p. 24). Au cours d'un débat ultérieur, le personnage de Machiavel peut se défendre d'exercer une influence pernicieuse en montrant que les vies des princes sont en réalité « un mélange de paroles mauvaises et d'actes pires » (p. 164). Mais c'est vers la fin du deuxième livre que l'on atteint le comble de l'ironie, avec « un éminent *virtuoso* » tentant de présenter à Apollon « une oraison élégante composée en éloge du temps présent » (pp. 324-325). Sur un accueil « très froid », l'auteur se voit remettre « une paire d'excellentes lunettes », fabriquées par Tacite pour l'aider à voir le monde sous son vrai jour (p. 324). Voyant ainsi à nouveau, il trouvera l'époque si envahie de « basses combinaisons » et de toutes les sortes de corruptions qu'il ne pourra plus supporter de la regarder du tout (p. 325 ; cf. Meinecke, 1957, pp. 71-89).

Avant de s'enfermer dans ce sentiment de totale impuissance, les humanistes de la Renaissance tardive ont malgré tout consacré de nombreux efforts à rénover et à développer plusieurs des argumentations traditionnelles concernant la préservation de la liberté. Ils s'interrogent en premier lieu, avec une modestie nouvelle, sur les moyens de se renseigner sur les meilleures méthodes permettant d'extirper la corruption et de maintenir la liberté dans la vie politique. La solution qu'ils proposent se discernait déjà dans bien des textes plus anciens, mais ils la présentent de manière nettement plus explicite : la clé de la sagesse en politique se trouve dans l'étude des républiques antérieures, notamment celle de la Rome antique. Guichardin, avec son scepticisme habituel, fait il est vrai quelque peu exception à ce sujet. L'idée selon laquelle il serait possible de construire une science de la politique sur les témoignages de l'histoire lui apparaît comme une vision excessivement mécaniste des affaires humaines. Dans les *Maximes*, l réagit avec un sarcasme virulent envers ceux qui « citent les Romains à tout bout de champ », et prétend que de telles comparaisons sont souvent « aussi déplacées que d'attendre qu'un baudet coure comme un cheval » (p. 69). Dans les *Considérations sur les Discours*, il critiquera constamment Machiavel pour son argumentation « trop absolument » fondée sur quelques généralisations historiques, qui l'empêche de voir que nombre de jugements et de décisions « ne peuvent être pris selon une règle constante » (pp. 66, 101 ; cf. Phillips, 1977, pp. 69-73, 88).

Mais la tendance générale est plutôt d'endosser la position classique qui sera, dans les termes de Bodin, que « c'est dans l'histoire que se niche le meilleur de la loi universelle ». Comme si souvent, c'est Machiavel qui arbore la bannière humaniste traditionnelle avec le plus d'éclat (cf. Kristeller, 1965, p. 28). Préfaçant le premier Discours, il explique que son projet essentiel dans la rédaction de cet ouvrage consiste à « tirer les enseignements pratiques que l'on doit chercher à obtenir de l'étude de l'histoire » (p. 99). Dans la recherche de ces enseignements, il est gouverné par l'hypothèse que « les hommes naissent, vivent et meurent dans un ordre qui demeure toujours le même » (p. 142). Par suite, la méthodologie préconisée consiste en ce que « celui qui veut prévoir ce qui doit être, doit considérer ce qui a été, car tout ce qui se produit au monde reflète limpidement ce qui s'est produit autrefois » (p. 517). Il en veut pour raison, répète-t-il, que « les acteurs qui produisent ces événements sont hommes », qui « ont et ont toujours eu les mêmes passions ». Ce qui le conduit à conclure, avec son assurance habituelle, que « nécessairement il se trouve qu'on rencontre les mêmes effets » (p. 517).

Certains chercheurs se sont récemment attachés à reprendre les critiques méthodologiques de Guichardin à l'encontre de Machiavel sur cet aspect, faisant valoir, comme Butterfield, que celui-ci montre une certaine « rigidité » dans son approche, tout en étant « esclave » de « sa révérence envers l'administration du monde antique » (Butterfield, 1940, pp. 28, 40). Mais l'accusation de rigidité semble un peu légère, puisqu'elle omet que Machiavel modère souvent ses « règles » censément historiques, admettant et même soutenant que « l'on ne trouve jamais de sujet clair et net, qui ne soit pas discutable », et qu'en politique se produisent bien des accidents contre lesquels « il est impossible de prescrire aucun remède » (pp. 121, 418). On peut en outre ajouter qu'attaquer Machiavel pour avoir suivi « en esclave » les leçons de l'Antiquité revient à passer à côté du sujet. Machiavel ne se sent pas attiré par l'administration du monde antique en vertu de sa seule antiquité. Bien au contraire, dans la préface au troisième Discours, il met en avant que « la vérité sur les temps passés n'est pas saisie tout entière, car ce qui doit leur être imputé est souvent passé sous silence, tandis que ce qui peut les faire apparaître sous un jour glorieux est pompeusement décrit dans les moindres détails » (p. 265). Il existe une raison simple à l'intérêt que porte Machiavel à l'administration antique, et notamment romaine : il se trouve qu'elle a connu un succès unique (cf. Gilbert, 1965, pp. 181-132). S'il nous incite à étudier la république de Rome, ce n'est pas parce qu'elle représente un aspect de la grandeur antique, mais pour la raison bien concrète que « jamais on n'a vu d'autre cité ou d'autre république aussi vantée », si digne d'être imitée, et « si réussie » que celle-là (pp. 104, 270).

Se fondant selon cette thématique sur les enseignements du passé, Machiavel et ses contemporains vont ensuite établir un programme complet visant à mettre à l'abri la valeur de liberté politique. Une de leurs idées, née de leur défiance envers la richesse privée, est que liberté et pauvreté tendent à s'accompagner. Guichardin conclut ainsi son *Discours de Logrogno* en observant que, même si les cités libres doivent être riches, leurs habitants doivent à titre individuel être tenus dans la pauvreté, sans connaître de disparités de richesses suffisantes pour provoquer l'envie et donc susciter des désordres politiques (pp. 258-259). Cette même idée, qui eût donné matière à anathème pour Bruni et consorts, est repris peu après par divers penseurs liés aux réunions de la Villa Oricellari. Brucioli en parle à la fin de son dialogue sur *La République*, et Machiavel reprend presque mot à mot le texte de Guichardin dans son troisième Discours (cf. Gilbert, 1965, pp. 151-152). En effet Machiavel propose d'abord, afin d'éviter la corruption « dans les époques difficiles », de « maintenir les citoyens en état de pauvreté » ; il écrit plus loin avec assurance que toute institution qui « maintient le citoyen en état de pauvreté » sera « la plus utile » que l'on puisse avoir « dans un État qui jouit de la liberté » (pp. 452, 475).

Nos auteurs vont aussi quelque peu renverser sur un autre point les valeurs des anciens humanistes « civiques ». On l'a vu, Bruni et ses disciples s'étaient surtout attachés à comprendre comment promouvoir l'esprit civique requis au sein du peuple et de ses dirigeants, estimant que cela permettrait de maintenir la liberté de la cité dans son ensemble. Les humanistes tardifs se fixent au contraire sur un sujet qui n'avait précédemment été détaillé que chez les militants d'une approche plus scolastique des républiques citoyennes et de leurs libertés. Ils vont ainsi porter leur attention d'abord sur le fonctionnement du pouvoir, se demandant quel rôle jouent les lois et les institutions dans le maintien de la liberté.

On peut par là comprendre en partie qu'apparaisse alors un élément nouveau, vital, dans la pensée politique à Florence : l'étude et l'imitation des pratiques constitutionnelles de Venise. Après avoir soulevé la question de savoir comment établir des lois et institutions en faveur du maintien de la liberté, il semblait naturel de s'interroger sur le cas de la république de Venise, qui paraissait avoir résolu le problème avec un succès inédit. On l'a vu, les Vénitiens eux-mêmes tendaient à prétendre qu'ils devaient leur condition de paix et de liberté à la stabilité de leur forme mixte de gouvernement républicain ; ce qui impliquait pour les auteurs florentins, au fur et à mesure qu'ils se passionnaient pour le succès du modèle vénitien, d'exiger avec toujours plus de force que Florence adopte le dispositif vénitien, avec un doge, un Sénat restreint d'*ottimati*, et un *Consiglio Grande* démocratique.

Machiavel est la grande exception à cette règle. Il est vrai qu'il s'intéresse de plus près qu'aucun de ses prédécesseurs humanistes civiques » à « concevoir des lois de nature à maintenir la liberté » (p. 231), et qu'il s'insère parfaitement dans le courant s'accordant à penser que le secret de l'alchimie entre paix et liberté passe par l'étude des pratiques constitutionnelles concrètes. Cependant, lorsqu'il en vient à décrire des exemples, il ne montre aucun enthousiasme pour la mode concernant la Constitution de Venise. Il s'intéresse beaucoup plus au genre de république expansionniste « qui vise à fonder un Empire, comme l'a fait Rome », qu'à l'idéal de sérénité imperturbable dont les Vénitiens projetaient une image si complaisante (p. 117) ; et proclame que, à moins de « se contenter de préserver le *statu quo* » à la manière quelque peu languide des Vénitiens, on doit bien admettre « la nécessité de faire en toutes choses ce que les Romains ont fait » (p. 117). Il réserve par conséquent une part importante de son premier Discours à la description des « nombreuses institutions essentielles à la défense de la liberté » que les Romains ont établies aux premiers temps de la République, estimant qu'il s'agit d'un sujet de portée bien plus grande dans l'immédiat que l'examen des pratiques vénitiennes (p. 110).

Mais chez la plupart des contemporains de Machiavel, l'attrait qu'il y avait à imiter les Vénitiens devient article de foi. Les premières conséquences visibles sur les affaires à Florence interviennent aussitôt après la révolution de 1494, au moment où Savonarole prêche une suite de sermons politiques pressant avec succès ses concitoyens de se rallier au principe du *Consiglio Grande*, puisque ce système avait si bien fait ses preuves à Venise (Weinstein, 1970, pp. 151-158). Peu après, le modèle vénitien est utilisé par les critiques de la République restaurée pour justifier une forme aristocratique d'opposition à ses tendances populistes. Bernardo Rucellai (1448-1514), grand-père de Cosme et initiateur des causeries aux jardins Oricellari, tient de 1502 à son bannissement en 1506 une série de rencontres où il tente de faire valoir que la remise au goût du jour du *Consiglio Grande* met gravement en danger la Constitution de Florence en la rééquilibrant à l'excès dans le sens de la démocratie. Il propose quant à lui, avec l'appui de divers autres *ottimati* congédiés et amers, d'y insérer un petit Sénat d'aristocrates selon le modèle vénitien : réforme censée servir de contrepoids aux excès du gouvernement populaire, contribuant de la sorte à assurer la stabilité du régime (Gilbert, 1968, pp. 475, 477, 483).

Ainsi adapté pour promouvoir les intérêts de classe des *ottimati*, le modèle vénitien est repris par Guichardin avec le plus grand enthousiasme. Selon le *Discours de Logrogno*, la principale faiblesse de la Constitution de Florence tient à la polarité excessive entre son côté démocratique, représenté par le *Consiglio Grande*, et son côté monarchique, représenté par la fonction de *gonfaloniere* à vie, poste établi formellement en 1502 et assigné à Piero Soderini (p. 227). La solution que propose Guichardin consiste à créer un sénat de quelque deux cents *ottimati*, institution qui selon lui permettrait de retrouver un équilibre entre ces deux extrêmes, bien dans la manière vénitienne reconnue (pp. 234-239). Plus développé, on retrouve le même thème dans son *Dialogue sur le gouvernement de Florence*. Le premier livre est essentiellement consacré à démontrer que, par le fait de s'écarter à divers points de vue de la norme du gouvernement mixte, les Florentins mettaient en jeu tant leur liberté que leur sécurité. Sous la loi des Médicis, le pouvoir est censé être trop monarchique, sous la République restaurée de 1494 il est censé être devenu trop démocratique. Une fois encore, la solution au problème, énoncée par Berardo Nero au deuxième livre, consisterait à instituer une ligne médiane entre ces deux extrêmes, ligne explicitement « de conception vénitienne » dont il est sûr qu'elle garantira l'association voulue entre paix et liberté (p. 103).

En s'appropriant de manière adaptée les institutions de Venise, il serait possible de sauver la république à Florence : on reprend enfin le refrain avec Giannotti dans ses deux œuvres politiques majeures. Dans le *Dialogue* de 1526, il s'attache avec soin à fournir une analyse détaillée de la Constitution vénitienne, pour l'édification des citoyens de Florence, si radicaux. Quant aux idées dominantes conduisant aux réformes proposées dans le troisième livre du traité ultérieur sur *La République de Florence*, elles consistent à dire que si ses concitoyens voulaient bien imiter la sagesse des Vénitiens, ils pourraient peut-être se débarrasser pour toujours de leur tyrannie présente, et retrouver leurs libertés perdues.

Sous la plume des humanistes aux débuts du *cinquecento*, à propos des mérites de la pauvreté et du rôle des institutions, on peut donc entendre que sont élargies, et parfois même contredites, certaines des anciennes hypothèses concernant le maintien de la liberté politique. Mais si l'on veut bien considérer leurs propositions premières, on constatera qu'ils reprennent et développent deux thèmes qui avaient toujours été au cœur de la tradition humaniste et auxquels ils vont donner leur forme définitive.

On retrouve tout d'abord cette thèse bien connue selon laquelle, les mercenaires étant inutiles et dangereux, il s'ensuit que toute république tenant à sa liberté doit impérativement mettre en place un système de défense propre. La figure aristotélicienne du citoyen armé et indépendant, prêt à se battre pour ses libertés comme à légiférer en la matière, est donc remise au centre de la scène politique. Il est vrai que Guichardin, sceptique comme à son habitude, ne se dira pas pleinement convaincu par cet argument. Au début du *Discours de Logrogno*, il reconnaît certes que la république « doit armer ses citoyens », et se déclare d'accord que la milice citoyenne sera toujours « incomparablement plus utile qu'une armée mercenaire » (p. 221). Mais il craint également une menace envers la sécurité intérieure, au cas où trop de citoyens auraient le droit de porter des armes (p. 221). Plus tard, dans le *Dialogue*, il complétera le tableau en disant que, même si la milice civile peut se révéler une institution non négligeable, ce n'est guère là qu'un sujet d'intérêt académique, compte tenu de l'extrême fragilité des chances de la renouveler à ce stade si tardif et décadent dans l'histoire de la République (pp. 90-93). Mais il est plus courant d'entendre ces auteurs assumer beaucoup plus clairement le très ancien engagement humaniste en faveur de l'armée citoyenne. C'est ainsi que Patrizi pose, dans *L'Institution de la république*, qu'« il conviendrait de former autant que possible de nos jeunes gens à la discipline militaire », et présente un exposé détaillé sur la manière de choisir des jeunes « robustes et diligents » pour être assuré de disposer en temps de guerre d'une milice efficace et bien entraînée (f°s 29a, 287b). Giannotti adopte un style semblable dans la note qu'il rédige en sa qualité de secrétaire du Conseil des Dix sous la République restaurée de Florence en 1527. Il réfute l'accusation selon laquelle une milice de civils manquera toujours de l'expérience nécessaire à une force combattante efficace, et reprend tous les arguments classiques sur la nécessité pour une république qui se respecte de pourvoir à sa sécurité en garantie de sa liberté (cf. Starn, 1972, pp. 289-290).

Machiavel, dans les *Discours*, reprend entièrement ces mêmes conclusions. Nouvelle allusion au *Prince*, il reconnaît avoir déjà « dit ailleurs que la sécurité de tout État se fonde sur une discipline militaire performante, et que là où elle est absente il ne peut y avoir ni de bonnes lois ni rien d'autre de valable » (p. 491). Mais, comme précédemment, il succombe à la tentation de se répéter. Il souligne que, « puisque ni l'amour requis, ni l'enthousiasme requis ne peuvent être suscités » ailleurs qu'au sein d'une armée citoyenne, il s'ensuit que « si l'on tient à conserver une certaine forme d'État », qu'il s'agisse d'une république ou d'une principauté, il importe par-dessus tout « de s'armer de ses propres sujets » (p. 218). Il loue les fondateurs de la République romaine qui ont pris tant de peine à faire en sorte que leur armée se compose de citoyens, assurant ainsi que le peuple « soit lui-même le défenseur de sa liberté » (p. 171). Il en conclut tout uniment que « de nos jours les princes et les républiques modernes qui n'ont pas de troupes en propre pour attaquer et se défendre devraient avoir honte de soi » (p. 168). Comme tous ses contemporains, il se refuse résolument à reconnaître la réalité : aucun effort rassemblant les plus volontaires et les plus patriotes des citoyens ne pouvait laisser espérer faire des petites principautés italiennes un adversaire de poids face aux vastes armées levées nationalement en France, en Allemagne et en Espagne depuis 1494, qui s'étaient inexorablement mises en marche en détruisant au passage la civilisation de la Renaissance (cf. Anderson, 1974, pp. 163-168).

L'engagement de Machiavel vis-à-vis de l'idéal d'une armée citoyenne ira bien au-delà de la simple répétition des lieux communs humanistes. Il se servit en effet de son poste de deuxième secrétaire de la République, ainsi que de son influence personnelle sur Soderini, pour lancer une virulente campagne en faveur du retour à l'usage d'une milice citoyenne à Florence. Son grand moment survint en 1505, lorsque les mercenaires employés par la cité dans l'interminable siège de Pise se mutinèrent en nombre. Les chefs de dix compagnies refusèrent de poursuivre le combat, contraignant ainsi les assiégeants à une retraite piteuse (Bayley, 1961, pp. 251-252). Face à ce mélange de trahison et d'incompétence, Machiavel réagit en proposant un plan détaillé visant à remplacer les troupes stipendiées de la cité par le rétablissement d'une milice citoyenne (Bayley, 1961, p. 254). Un an plus tard, en décembre 1506, il voit se réaliser ses plus grands espoirs : le *Consiglio Grande* appuie par voie législative l'idée de faire revivre la milice, autorise le recrutement de dix mille hommes, et assume la responsabilité de pourvoir à leurs armes, à leurs uniformes et à leur solde (Bayley, 1961, pp. 260-262). L'un des projets les plus anciens et les plus caressés de la pensée politique humaniste s'était ainsi transformé en une réalité politique reconnue.

Les miliciens recrutés dans le *contado* (le « comté ») au titre du schéma préconisé par Machiavel ne furent, il est vrai, absolument pas à la hauteur de la tâche consistant à défendre la République en 1512. Ils tentèrent bien d'arrêter la marche des armées espagnoles avant la prise et le sac de Prato, mais ils furent balayés ; aussi les Florentins trouvèrent-ils préférable de se rendre sans attendre de subir un sort semblable (Bayley, 1961, p. 276). Néanmoins, la foi de Machiavel dans la supériorité de la troupe citoyenne ne se dément pas malgré la débâcle. En venant à écrire son *Art de la guerre* en 1521, il consacre certains des meilleurs passages du livre final à défendre son idée de milice citoyenne à l'encontre de ses détracteurs. Le système a échoué dans la pratique, prétend-il, pour la seule raison qu'il n'a pas bénéficié du soutien nécessaire, avec pour issue « un avortement » de ce qui aurait pu devenir la naissance d'une formidable force de combat (p. 725). Il réaffirme donc que la valeur d'une armée citoyenne bien entraînée n'a toujours pas été réfutée, et qu'elle reste à tester en vraie grandeur. Enfin, il termine sur la répétition impénitente que le premier souverain italien qui parviendra à organiser une armée avec ses propres citoyens en suivant les préceptes de *L'Art de la guerre* se trouvera en position « mieux qu'aucun autre » de se rendre « maître de ce pays » (p. 725).

L'autre argument traditionnel auquel se rangent les humanistes de la fin de la Renaissance voulait que, pour s'assurer de maintenir la valeur de liberté, ce qu'il faut privilégier par-dessus tout n'est pas tant une structure d'institutions et de lois efficaces, mais plutôt un sentiment d'esprit civique et de patriotisme chez les citoyens considérés dans leur ensemble. Cet engagement, disait-on, devait être tel que chacun sache identifier son bien propre à celui de la cité, consacre ses meilleurs moyens à assurer sa liberté et sa grandeur, et soit prêt ainsi à mettre son courage, sa vitalité et ses capacités en général au service de la communauté tout entière. Dans un langage typiquement humaniste, cet ordre de priorités était résumé en disant que la meilleure garantie du maintien de la liberté dans la république consiste à promouvoir la *virtù* au sein de l'ensemble des citoyens.

Ces auteurs procèdent donc à l'analyse de la *virtù* dans des termes sensiblement plus généraux que ceux des textes du miroir des princes. Ils ne s'intéressent évidemment pas aux vertus dites « princières », et ne prêtent guère attention à la thèse selon laquelle l'idée de *virtù* peut se réduire à une liste de vertus constitutives, même s'ils admettent ici et là que ce soit possible. Ils tendent à considérer simplement que posséder la *virtù* revient à posséder une conception large du sens de l'engagement public. On le voit tout à fait clairement, par exemple, lorsque Patrizi traite de la *virtù* au livre VI de *L'Institution de la république*. Il déclare d'abord que « la *virtus* est la qualité au moyen de laquelle il est possible de maintenir une société politique stable et durable » (f° 196b). Puis il explique que l'on reconnaît l'homme de *virtus* à son « absence d'ambition privée » et à sa propension corrélative à placer le bien de la république au-dessus de ses intérêts propres (f° 196b). De même que « la corruption » tend à désigner chez ces auteurs le manquement à consacrer ses talents au bien public, de même ils tendent à définir l'idée de *virtù* par le souci de promouvoir par-dessus tout le bien public.

Dans les *Discours*, Machiavel endosse pleinement ces vues. Mais, dans cet ouvrage, son analyse de la *virtù* diffère quelque peu de celle qu'il adoptait auparavant dans *Le Prince*. Il s'attachait autrefois particulièrement à la *virtù* du prince lui-même, et utilisait surtout ce terme comme décrivant les qualités nécessaires pour gouverner avec succès. Au contraire, dans les *Discours*, il traite certes de la *virtù* chez les individus, mais aussi de l'idée que l'ensemble citoyen peut faire preuve de cette même qualité. Il s'intéresse également à la supposition métaphorique plus abstraite selon laquelle la communauté elle-même serait susceptible de *virtù*, tout comme elle pourrait se corrompre[1]. Il en résulte une vision plus collective de la *virtù*, vision qui permet de relier de très près la signification de ce terme à l'idée d'« esprit civique », locution effectivement utilisée par Henry Nevile pour traduire *virtù* dans son édition des *Travaux du fameux Nicolas Machiavel*, en Angleterre à la fin du XVIIe siècle.

Machiavel fait clairement connaître la substance de sa position dès la préface du premier Discours, où il observe que celui qui possède la plus haute *virtù* est celui « qui a pris la peine de servir son

---

1. Les significations changeantes de la *virtù* chez Machiavel ont fait l'objet de commentaires nombreux et de grande valeur. Voir notamment Whitfield, 1947, pp. 92-105 ; Rousseau, 1965, pp. 152-157 ; Gilbert, 1965, pp. 179-199 (envers qui ma dette est considérable) ; Hannaford, 1972, pp. 185-189 ; Price, 1973, pp. 325-331 ; et Pocock, 1975, pp. 206-211.

pays » (p. 98). Il revient sur ce point à la fin du troisième Discours en reprenant une idée dont, comme on l'a vu, Remigio de Girolami avait fait le sujet d'un traité entier : l'idée que, selon les termes de Machiavel dans sa tête de chapitre, « un bon citoyen par amour pour son pays doit ignorer les affronts personnels » (p. 523). Machiavel va en outre étayer ces réflexions générales à l'aide de deux suites d'exemples tirés de l'histoire de la république de Rome, destinées toutes deux à montrer l'étroitesse des liens entre la notion de *virtù* et le comportement consistant à laisser de côté ses ambitions particulières au profit du bien commun. La première de ces suites figure dans le troisième Discours, au cours de la discussion sur les grands hommes à Rome. On y apprend que Manlius devait sa *virtù* au fait que « sa façon de se comporter était entièrement dans l'intérêt public, et nullement affectée par l'intérêt personnel » (p. 469). De même, nous dit-on, la plus grande preuve de la *virtù* de Camille est que, « ayant été Dictateur par trois fois », il « remplit toujours cet office au bénéfice du public, et non dans son propre intérêt » (p. 485). Mais les exemples les plus révélateurs sont ceux choisis pour montrer que cette même qualité de *virtù* appartenait au peuple romain tout entier. Sa *virtù* était si grande, lit-on, que « chez chacun l'amour du pays était de plus de poids que toute autre considération » (p. 428). Ce peuple demeura pendant plus de quatre cents ans « ennemi du nom même des rois et amoureux de la gloire et du bien commun de son pays ». Et son désir de « maintenir son intégrité » et de promouvoir le bien de son pays était si grand que tous ses chefs devaient prendre le plus grand soin « d'éviter le moindre semblant d'ambition, faute de quoi ils se seraient exposés aux attaques du peuple » (p. 186).

En revanche, si l'on considère les idées de Machiavel et consorts concernant la signification de la *virtù*, ou en d'autres termes les raisons qu'ils donnent pour souhaiter voir la population acquérir cette qualité, on découvre une ressemblance nettement plus étroite entre leur position et celle des auteurs du miroir des princes. On l'a vu, ceux-ci privilégiaient une définition heuristique de la *virtù* en tant que qualité permettant au dirigeant politique de « maintenir son État » et de poursuivre les ultimes récompenses d'honneur, gloire et renommée. Les penseurs de la liberté républicaine tendent, de façon similaire, à voir dans la *virtù* cette qualité qui permet à un peuple libre de conserver sa liberté et d'accroître la puissance de sa communauté. Pour chacun de ces groupes d'auteurs, la notion de *virtù* est donc utilisée avec quelque constance pour décrire les qualités garantissant le succès dans la vie politique.

Ce point ressort très clairement à travers les pages d'une œuvre telle que le dialogue de Rinuccini *Sur la liberté*. Tenant son nom d'un éponyme, le personnage d'Éleuthère y dénonce les corruptions de l'époque, et insiste particulièrement sur son manque de *virtus* et de « beaux arts », ses magistrats corrompus et ses vices sans fond (p. 279). Au livre II, il va s'attacher à chercher comment faire revivre les valeurs de la citoyenneté, et pose clairement qu'il tient par-dessus tout à voir convenablement inculquer l'importance de la *virtus*. Guichardin lui-même, d'habitude plus cynique, adopte non moins clairement la même échelle de valeurs. Dès le début du deuxième livre du *Dialogue sur le gouvernement de Florence*, on nous montre le personnage de Soderini posant la question de ce qui fait la grandeur de Florence. À cela il répond aussitôt que c'est la qualité de *virtù* chez ses dirigeants qui a permis plus que toute autre de maintenir la liberté de la République, faisant ainsi de Florence une cité incomparable « pour sa noblesse, sa grandeur et sa générosité » (pp. 93, 95 ; cf. Pocock, 1975, pp. 248-249).

Une fois encore, on voit le Machiavel des *Discours* parvenir aux mêmes conclusions. Il considère l'existence de la *virtù* comme une manière de définir la grandeur des empires et des républiques, remarquant : « dans le monde la *virtù* a d'abord trouvé place en Assyrie, puis elle a fleuri chez les Mèdes », et a « fini par atteindre l'Italie et Rome » (p. 267). Parallèlement, il identifie le recul de la *virtù* au début du déclin politique, notant que dès que Sparte « perdit beaucoup de son ancienne *virtù* », elle perdit également « beaucoup de sa puissance et de son Empire » (p. 133). La principale description de ces liens entre *virtù* et grandeur intervient au cours de son examen de la république de Rome. C'est grâce à la *virtù* de ses consuls au début de la République, nous dit Machiavel, que Rome a d'abord « atteint son plus haut degré de grandeur »

(p. 167). C'est également grâce à cette même « extraordinaire *virtù* » que les Romains sont ensuite parvenus à soumettre leurs voisins (p. 274). Et c'est grâce au fait que « ce qu'ils ont toujours recherché était la *virtù* » chez leurs chefs, qu'ils ont su par la suite préserver la grandeur de leur cité pendant si longtemps (p. 260).

Ayant établi que la *virtù* est la clé du succès politique, nos auteurs se trouvent face à un nouveau problème, celui d'expliquer comment acquérir cette qualité dans la pratique. Comme on l'a vu, les penseurs du miroir des princes répondaient le plus souvent à cette question en insistant sur la nécessité d'éduquer les souverains et les magistrats de manière à ce qu'ils suivent les voies des vertus dans chacun de leurs actes publics. On retrouve une part de cette préoccupation dans plusieurs des traités plus tardifs sur la liberté républicaine. Rinuccini parle de la valeur d'une éducation humaniste au second livre de son dialogue *Sur la liberté*, tandis que Patrizi consacre une place inhabituellement étendue au même sujet dans les deuxième et quatrième livres de *L'Institution d'une république*. Au livre II, il discute « de l'usage et de la valeur des lettres », décrivant dans le détail la nécessité d'éduquer chaque citoyen à la grammaire, aux mathématiques, à la musique, à l'astronomie et à la médecine, aussi bien qu'aux matières plus courantes chez les humanistes, poésie, histoire et rhétorique (f°s 43b-77a). Au livre IV, il fournit une description de la vie de famille (un peu à la manière d'Alberti), où il évoque le devoir qu'ont les parents d'assurer que leurs enfants reçoivent une éducation civique appropriée (f°s 133b-148a).

Dans les *Discours*, Machiavel fait allusion à plusieurs de ces mêmes considérations. Il nous dit que beaucoup de nos différences de comportement sont déterminées par notre éducation, et met en avant que « le bon exemple » dans la vie civile « procède d'une bonne éducation » (pp. 114, 490). Il est prêt à avancer que si les Italiens de son temps sont si « faibles », c'est à cause de « leur éducation déficiente et leur peu de connaissance des affaires » (p. 479). Et, traitant de la religion au début du deuxième Discours, il va jusqu'à déclarer que « si l'on se demande comment il se fait que les peuples anciens étaient plus attachés à la liberté qu'ils le sont aujourd'hui », on ne peut qu'en conclure que c'est largement dû « à la différence entre notre éducation et celle des temps disparus » (p. 277).

Mais la réponse première de nos auteurs à la question de savoir comment on peut acquérir la *virtù* repose moins sur une vision léguée par les auteurs du miroir des princes que sur des conclusions provenant de celle des humanistes « civiques ». Leonardo Bruni et ses disciples avaient déjà traité la question de comment instiller au sein du peuple tout entier un sentiment d'esprit public, d'engagement civique, de volonté de mettre les intérêts de sa cité au-dessus de ses soucis égoïstes. Comme on l'a vu, ils concluaient que la solution consistait à assurer que la voie des honneurs soit maintenue ouverte à tous les citoyens, dont chacun devrait se voir offrir une chance égale d'accomplir ses plus hautes ambitions au service de la communauté. C'est surtout cette réponse que retiendront et renouvelleront plus tard les penseurs de la liberté républicaine. De même qu'ils estiment que la corruption naît de l'exclusion du peuple d'un rôle suffisamment actif dans les affaires du gouvernement, de même ils prétendent que la meilleure façon de promouvoir la *virtù* du peuple consiste à l'impliquer autant que possible dans la conduite de la communauté.

C'est Machiavel qui donne, sur un ton presque nostalgique, la meilleure réécriture de cette idée classique. Le conte moral des decemviri dans la Rome antique lui fournit une première occasion de souligner l'importance cruciale de la participation politique. Ces citoyens s'étaient initialement vu assigner « une autorité illimitée », étant entendu qu'ils l'exerceraient afin de « faire des lois pour Rome » (p. 197). Mais en leur confiant des pouvoirs aussi absolus, le peuple avait simultanément porté un coup fatal à sa propre capacité à conserver le contrôle de son gouvernement, de sorte que bientôt les decemviri « devinrent des tyrans » et « privèrent Rome de sa liberté » (p. 197). Pour Machiavel, l'enseignement est clair : le peuple d'une république libre ne doit jamais remettre à quiconque aucun de ses pouvoirs, « sauf sous certaines circonstances et pour un temps bien déterminé » (p. 198). La conviction réelle qui sous-tend ces remarques se fait jour alors que Machiavel traite des devoirs du citoyen dans son troisième Discours. Il y évalue le danger, manifeste dans la Florence de l'époque, qu'un riche citoyen puisse « amener une tyrannie » en « conférant des bénéfices » et en achetant des soutiens au point de compromettre la liberté de la cité (p. 481-482). Selon lui, la seule manière d'affronter ce risque consiste à faire en sorte qu'il demeure plus avantageux pour chaque citoyen « de gagner la faveur par le service du public » que de puiser dans des allégeances privées, potentiellement factieuses (p. 482). C'est ainsi la conviction fondamentale de Machiavel que non seulement il faut que tout citoyen puisse briguer une vie d'engagement politique, mais aussi que celle-ci soit faite aussi attrayante que possible pour les hommes du plus grand talent. Cela seul, pense-t-il, suffirait à assurer que chacun soit satisfait « d'acquérir honneur et satisfaction » au service de la communauté ; ce qui à son tour garantirait que la ressource morale de chaque citoyen demeurât « une aide, non un mal, pour la cité et ses libertés » (pp. 481-482).

Peu après, Guichardin mettra le même accent sur la nécessité de l'engagement civique dans le *Dialogue sur le gouvernement de Florence*. Compte tenu de son approche plus aristocratique, il s'étend moins que Machiavel sur la nécessité de faire prendre en charge le gouvernement par les citoyens. Mais il s'emploie encore plus à faire valoir que toute cité soucieuse de sa liberté doit prendre soin « de satisfaire les ambitions » qu'éprouvent ses dirigeants au profit de la collectivité (p. 93). Elle doit leur fournir « la possibilité et la liberté de montrer et d'exercer leur *virtù* » de manière à en faire « bénéficier la cité » dans son ensemble (p. 93). S'ils sont empêchés de suivre cette voie vers « véritables honneur et gloire », il existe un grand danger qu'ils évoluent vers le factionnisme ou la corruption, ouvrant dans les deux cas la porte au tyran aspirant à usurper le pouvoir. Mais du moment qu'on les encourage « à accomplir des actes généreux et louables pour le profit et l'exaltation de leur pays », cela non seulement permettra d'éviter que leur ambition se fasse destructrice, mais contribuera aussi à accroître la liberté et la grandeur de leur cité (p. 93).

Avec ces arguments sur la défense de la *virtù*, la défense humaniste de la liberté républicaine boucle la boucle. Tous ces auteurs proclament en effet que le gouvernement républicain comporte l'avantage particulier de permettre aux hommes possédant la plus haute *virtù* de poursuivre les buts d'honneur, gloire et renommée au profit de leur communauté. Les liens entre *virtù* et liberté passent donc pour être des relations de soutien mutuel : on considère que les occasions offertes aux hommes de talent par une constitution libre favorisent l'amplification de la *virtù* ; et que la *virtù* ainsi engendrée joue un rôle primordial pour défendre la liberté de la constitution. L'exaltante perspective qui nous est ainsi proposée est celle d'une république totalement vertueuse qui de ce fait n'aurait pas de fin. Comme l'exprime Machiavel : « Qu'une république ait la chance de posséder souvent des hommes qui par leur exemple donnent une nouvelle vie à ses lois, au lieu de les laisser aller à vau-l'eau, mais qu'elle restaure leur force ancienne, cette république durera toujours » (p. 467).

Le rôle de Machiavel

Jusqu'ici, on s'est attaché à montrer dans quelle mesure les *Discours* de Machiavel peuvent correspondre à une contribution relativement orthodoxe à la tradition bien établie de la pensée politique républicaine. Comme dans le cas du *Prince*, il semble essentiel de commencer par cette attitude : cela nous permet en premier lieu de corriger l'opinion voulant que, dans les *Discours* comme dans *Le Prince*, Machiavel ait une vision entièrement originale. Cela fournit également un point de repère grâce auquel on peut maintenant évaluer à quel point exact Machiavel a vraiment cherché à contester plutôt qu'à adopter diverses convictions humanistes dominantes concernant l'idéal de liberté.

Sur deux points clés, Machiavel adopte une attitude totalement hétérodoxe dans le débat sur le concept de liberté républicaine. Le premier se trouve au chapitre IV du premier Discours, où Machiavel conteste « les vues de ceux qui avancent que la république de Rome était si tumultueuse et si pleine de confusion que, sans sa bonne fortune et sa vertu militaire qui contrebalançaient ces défauts, sa condition aurait été pire que celle de toute autre république »

(p. 113). En réponse à cette critique, il part de l'hypothèse orthodoxe selon laquelle l'un des buts essentiels de toute république soucieuse de sa liberté consiste à empêcher tout groupe de la population, quel qu'il soit, de chercher à légiférer au nom de ses intérêts égoïstes. Il estime alors que, si l'on accepte vraiment cette thèse, on ne peut dans le même temps soutenir l'opinion admise selon laquelle « les tumultes » et la discorde civile causent d'inévitables dommages à la liberté de la république (p. 114). L'exemple à travers lequel il va chercher à établir ce point est celui de la république de la Rome antique. Il remarque d'abord qu'à Rome, comme dans toute autre république, coexistaient de tout temps « deux dispositions différentes », celle de la plèbe et celle de ses opposants dans « les classes supérieures » (p. 113). À ce stade, il observe que la plèbe pouvait « s'assembler et manifester contre le Sénat », tandis que de leur côté les sénateurs pouvaient décrier la plèbe. Il en résultait un équilibre des tensions assurant qu'aucun des deux partis n'était en mesure d'opprimer l'autre ou d'en ignorer les intérêts (pp. 114-115). Il en conclut que « ceux qui condamnent les querelles entre les nobles et la plèbe » sous la République antique « ergotent à propos de ces choses mêmes qui étaient la cause première permettant à Rome de préserver sa liberté » (p. 113), car ils négligent le fait que, ces conflits servant à effacer tout intérêt partisan, ils servaient du même coup à garantir que les seuls actes qui se retrouvaient inscrits dans la loi étaient ceux qui bénéficiaient à la communauté dans son ensemble.

Sous-jacente au fil du raisonnement machiavélien, on discerne l'idée que, en mettant l'accent sur les dangers de la discorde civile tout en défendant la valeur de liberté politique, la plupart de ses contemporains oublient tout simplement de pousser leur argumentation jusqu'au bout. Comme on l'a vu, ils s'accordaient à penser que la liberté ne peut être maintenue que par la promotion de la *virtù*, et que la *virtù* ne peut avancer que si les citoyens demeurent pleinement impliqués dans les affaires politiques. Mais, aux yeux de Machiavel, il leur échappe que les « tumultes » dans la Rome antique n'étaient qu'une conséquence de cet engagement politique intense, et donc la manifestation de la plus haute *virtù* civique. Il leur échappe donc aussi ce que Machiavel tient manifestement pour une intuition politique fondamentale : l'idée que « toute législation favorable à la liberté est amenée par le choc » entre les classes, et donc que les conflits de classes conduisent non pas à dissoudre mais à cimenter la communauté (p. 113).

Cette défense des « tumultes » horrifia les contemporains de Machiavel. Guichardin s'en fait l'interprète, déclarant dans ses *Considérations sur les Discours* que « louer la désunion est comme louer la maladie d'un homme en raison de la vertu du remède qui lui est appliqué » (p. 68 ; cf. Phillips, 1977, pp. 85-86). On a généralement attribué cette réaction au fait que l'argumentation machiavélienne jetait une ombre maléfique sur la mode envahissante de la « sérénité » vénitienne. Pocock va ainsi jusqu'à soutenir que les *Discours* dans leur ensemble « trouvent leur meilleure interprétation en tant qu'opposition systématique au paradigme vénitien » (1975, p. 186). Peut-être, mais en disant cela on sous-estime sans doute la nature radicale de la critique de Machiavel à l'égard de l'orthodoxie dominante. Comme on l'a vu, l'idée que toute discorde civile devait être mise hors la loi comme factieuse, de même que l'idée que le factionnisme constitue l'un des plus grands dangers qui menacent la liberté politique, ces idées avaient été l'un des thèmes principaux de la pensée politique à Florence depuis la fin du XIIIe siècle, lorsque Remigio, Latini, Compagni et surtout Dante dénonçaient tous avec véhémence leurs concitoyens qui mettaient en danger leurs libertés en refusant de vivre en paix. Par conséquent, insister sur ce jugement stupéfiant selon lequel, sous la plume de Machiavel, « les tumultes méritent la plus grande louange » ne revenait pas seulement à se gausser de l'admiration en vogue pour Venise ; c'était aussi mettre en cause l'une des hypothèses les plus profondément ancrées dans toute l'histoire de la pensée politique à Florence (p. 114 ; cf. Pocock, 1975, p. 194).

L'autre point sur lequel notre auteur va essayer de miner la doctrine établie est celui des liens entre la poursuite de la *virtù* et les exigences de la foi chrétienne. Ces relations ne posaient guère de problèmes aux défenseurs orthodoxes de la liberté républicaine. En reconnaissant que tout citoyen investi de la qualité de *virtù* se distinguera par sa volonté de placer les intérêts de sa communauté au-dessus de toute autre considération, ils n'en ont jamais conclu que cela puisse conduire à quelque conflit que ce soit avec les exigences de la vertu au sens chrétien traditionnel. Au contraire, ils étaient souvent explicites en supposant une compatibilité complète entre la *virtù* et les vertus. On le voit nettement, par exemple, lorsque Patrizi traite de la *virtus* au troisième livre de son *Institution de la république*. Il pose d'abord que « tous les citoyens doivent être éduqués de manière à s'appliquer avec ardeur à acquérir la *virtus* (f° 80a). Mais il indique ensuite que, en parlant de *virtus* dans ces termes généraux, il ne pense au fond qu'à la gamme traditionnelle des vertus cardinales, parmi lesquelles il identifie la justice comme supérieure entre toutes (f° 80b).

Machiavel exprime sa critique envers ces convictions confortables en déclarant que, supposant une telle compatibilité entre la *virtù* et les vertus, ses contemporains ne parvenaient toujours pas à reconnaître les conséquences de leurs propres arguments. Il fait valoir que si l'on se préoccupe vraiment de l'idéal de *virtù*, et que l'on admet que cela nous oblige à mettre les intérêts de la *patria* au-dessus de toute autre considération, alors on ne peut continuer de supposer que l'homme de *virtù* et l'homme de vertu se conduiront nécessairement de manière semblable. Car on ne peut prétendre que des vertus comme la bonté, la parole vraie et le maintien de la justice se révéleront toujours, ni même souvent, compatibles avec la poursuite implacable du bien général de la communauté.

Machiavel présente ce dilemme sous sa forme la plus épurée dans le chapitre concernant les problèmes auxquels s'affronte le nouveau souverain « dans une cité ou une province qu'il a conquise » (p. 176). Ce souverain s'efforcera naturellement d'éviter d'avoir recours à des méthodes cruelles ou injustes, qui « répugnent à toute communauté, non seulement les communautés chrétiennes, mais toutes celles composées d'hommes » (p. 177). Mais dans le même temps il devra naturellement « tenir ce qu'il a », et mettre ses nouveaux territoires à l'abri (p. 177). Selon Machiavel, il se trouvera très vraisemblablement face à ce dilemme qu'il lui sera impossible de parvenir aux fins qu'il désire sans utiliser des moyens qu'il ne désire pas. La question qu'il doit alors affronter est celle de savoir s'il veut vraiment se dérober complètement à ces méthodes et « vivre en citoyen privé », ou s'il est prêt « à s'engager sur le chemin de l'injustice » au nom du maintien de ses États (p. 177).

La réponse que Machiavel apporte quant à lui est sans aucune équivoque. Il ne fait pour lui pas le moindre doute que l'objectif de maintenir la liberté et la sécurité de la république représente dans la vie politique la valeur la plus haute, celle qui prime sur toutes les autres. Il n'hésite donc pas à conclure qu'il faut entièrement renoncer à employer une échelle de valeurs chrétiennes pour juger des affaires politiques. Il nous exhorte toujours, bien sûr, à agir aussi vertueusement que possible. Mais il n'en insiste pas moins sur le fait que, si la liberté de notre *patria* nous impose d'emprunter le chemin de l'injustice, nous devons le faire sans sourciller. Ce point est souligné avec une brutale clarté à la fin du dernier Discours, où Machiavel rend un jugement qui, dit-il, « mérite l'attention et devrait être observé de tout citoyen ayant à conseiller son pays » (p. 515). Le jugement est le suivant : « Quand la sécurité de son pays repose entièrement sur la décision à prendre, aucune attention ne doit être portée à la justice ni à l'injustice, à la bonté ni à la cruauté, au mérite ni à l'ignominie. Au contraire, toute autre considération étant mise de côté, il faut adopter sans hésitation le parti qui sauvera l'existence et préservera la liberté de son pays » (p. 515).

Quelles que soient les nombreuses différences entre *Le Prince* et les *Discours*, la morale politique sous-jacente aux deux ouvrages est donc la même. La seule modification de base dans la position de Machiavel naît du changement de cible de ses conseils politiques. Tandis que *Le Prince* était essentiellement destiné à guider la conduite de chaque prince, les *Discours* s'attachent davantage à proposer des conseils à l'ensemble des citoyens. Mais les hypothèses qui sous-tendent ces conseils demeurent les mêmes qu'autrefois. On le voit clairement vers le début du premier Discours, au moment où Machiavel traite de la fondation initiale de la cité de Rome par Romulus. Il se sent obligé de mentionner que les œuvres de Romulus menèrent à « la mort de son frère et de son compagnon », mais ajoute aussitôt qu'« il mérite d'être excusé » pour ces crimes atroces (p. 133). La raison en est que ces actes étaient en fait essentiels afin d'assurer la sécurité de la nouvelle cité. Or la thèse fondamentale de Machiavel est qu'on ne peut en toute équité blâmer personne « pour s'être engagé dans une action, aussi extraordinaire soit-elle, qui puisse servir dans l'organisation d'un royaume ou la constitution d'une république » (p. 132). Sa perspective peut donc se résumer, comme il le reconnaît lui-même, sous la forme de ce qu'il appelle « la saine maxime » selon laquelle « des actes répréhensibles peuvent se justifier par leurs effets, et lorsque l'effet est positif, comme ce fut le cas pour Romulus, il justifie toujours l'acte[1] ».

Tout au long des *Discours*, Machiavel parsème son argumentation de nombreux conseils révélateurs de son attachement sans faille à son échelle de valeurs antichrétiennes. Tout comme dans *Le Prince*, il souligne qu'il est préférable pour le souverain d'être craint qu'aimé, et de « compter sur le châtiment que sur la magnanimité » dans ses rapports avec ses sujets (p. 460). Il maintient que, si le souverain se trouve dans la situation où une cité entière se dresse contre son gouvernement, la meilleure ligne d'action consiste à abandonner toute pensée de clémence et à « la balayer » entièrement (p. 349). Et à diverses reprises il recommande l'utilisation de la ruse, de la dissimulation et de la trahison, même à propos d'affaires publiques de la plus haute importance (ex. : pp. 143, 310, 390, 423). À chaque fois, il justifie le recours à des voies aussi « répréhensibles » par le fait qu'elles sont souvent inévitables si l'on veut réussir à préserver la liberté de la communauté, valeur qui se voit donc accorder la prééminence sur toute autre considération de clémence, justice ou autres vertus conventionnelles de la vie politique (pp. 143, 349, 393).

Comme dans *Le Prince*, la démarche de Machiavel a donc pour résultat que les notions de *virtù* et de vertu cessent d'entretenir

---

1. *Discours*, p. 132. Mais cette traduction incline peut-être trop à faire dire à Machiavel que « la fin justifie les moyens ». Dans une juxtaposition typiquement épigrammatique, Machiavel utilise les verbes *accusare* et *scusare*. L'acte lui même accuse, mais son issue excuse (et non justifie) son accomplissement.

entre elles une quelconque relation nécessaire. L'idée de *virtù* est tout simplement identifiée aux qualités, quelles qu'elles soient, qui sont nécessaires en pratique « pour sauver l'existence et préserver la liberté de son pays ». Il nous est ensuite asséné sans autre précaution que ces qualités-là n'entretiennent guère de rapports avec la liste admise des vertus chrétiennes et morales (p. 515). Comme c'était le cas dans l'exposé analogue du *Prince*, Machiavel établit ce point très clairement à travers le portrait de deux de ses héros favoris de l'Antiquité, Septime Sévère et Hannibal. Septime Sévère est distingué à nouveau pour sa haute *virtù* et sa « grande bonne fortune », alors que du même souffle Machiavel nous le décrit comme assurément « un homme mauvais » (p. 137). Quant à Hannibal, dont « l'extraordinaire *virtù* » et la renommée sont ici encore glorifiées, Machiavel rappelle qu'il est parvenu à cette immense notoriété en employant des méthodes comprenant « l'impiété, la déloyauté et la cruauté » poussées à des degrés extrêmes (pp. 464-465).

Étant donné que c'est là le point de vue moral de Machiavel dans les *Discours*, il y aurait beaucoup à dire à propos de l'opinion voulant que le premier des « machiavéliens » fût Guichardin, son ami et jeune contemporain. Les *Maximes* de Guichardin comportent notamment un grand nombre de réflexions tout aussi amères sur la vie politique. Il y admet qu'une « nature vraie, ouverte » peut « être nuisible » à la réussite politique, et avance que « la fausseté est fort utile, alors que la franchise tend à profiter aux autres » (pp. 67, 107). Il admet plus nettement encore que le souverain « doit se fier davantage à la sévérité qu'à la bonté », car « la perversité des hommes est telle qu'on ne peut les gouverner bien sans sévérité » (pp. 53, 116). Et il résume sa position en prévenant, sur un ton presque trop machiavélien, que « l'on ne peut se tromper en croyant peu et se fiant moins encore » (p. 81). Néanmoins, il semble exagéré de croire, comme Domandi et d'autres, que Guichardin serait un auteur plus machiavélien que Machiavel lui-même (Domandi, 1965, p. 33 ; cf. aussi Allen, 1957, p. 498). Quand Guichardin évoque, dans les *Considérations sur les Discours*, le chapitre de Machiavel sur les problèmes des nouveaux souverains, il critique celui-ci pour se montrer aussi « extrêmement favorable aux méthodes extraordinaires et violentes », et se refuser ainsi à permettre que le nouveau prince puisse être en mesure d'établir son gouvernement « avec humanité, bonté et grâces » (p. 92). Et même si Guichardin prononce dans ses *Maximes* bon nombre de jugements d'une rare sévérité sur les défauts de ses contemporains, il n'est jamais durablement pessimiste dans son approche de la nature humaine et de son potentiel. Parfois il est convaincu que « les hommes sont si faux, si insidieux, si fourbes et madrés dans leurs artifices, et si avides de leurs propres intérêts » qu'il n'est possible de leur accorder aucune confiance (p. 81). Mais parfois aussi il est tout aussi convaincu que « tous les hommes sont par nature enclins à faire le bien plutôt que le mal », et que nul « ne préférerait faire le mal que le bien, à moins que d'autres facteurs le poussent au contraire » (p. 75). Au contraire, Machiavel est constamment sceptique, presque à la manière de Hobbes, quant à la possibilité d'amener les hommes à bien se comporter, sauf par la carotte ou le bâton. Les premiers mots des *Discours* évoquent « l'envie inhérente à la nature humaine », et l'ouvrage est tout entier soumis à ce préalable que « dans la constitution et la législation d'une communauté, il faut tenir pour acquis que tous les hommes sont mauvais et qu'ils laisseront toujours libre cours à la malignité qui préside à leur esprit dès que l'occasion s'en présente » (pp. 97, 111-112). Si Guichardin reste disposé à laisser une lueur vacillante d'optimisme ou d'illusion éclairer le sombre tableau qu'il dresse par ailleurs de la vie politique, Machiavel voit immuablement la vie politique comme un monde où les méthodes rationnelles du législateur doivent constamment s'accompagner de la férocité du lion et de la ruse du renard.

LA FIN DE LA LIBERTÉ RÉPUBLICAINE

Comme le dit Garin, le motif peut-être le plus central de la Renaissance italienne est la proposition selon laquelle *virtù vince fortuna* : la *virtù* nous permet de surmonter la puissance de la fortune pour maîtriser nos affaires (Garin, 1965, p. 61). Les humanistes avaient toujours reconnu l'empire de la fortune, mais ils maintenaient en même temps que l'homme de *virtù* trouvera toujours les moyens de limiter et de vaincre sa tyrannie. On trouve toujours un peu de cette confiance exprimée chez Machiavel et ses contemporains. Dans les *Discours*, Machiavel déclare que c'est seulement « quand les hommes n'ont que peu de *virtù* » que « la fortune fait largement étalage » de ses pouvoirs (pp. 375-376). Il va jusqu'à soutenir que « la fortune n'a pas d'emprise » sur les grands hommes, car « ils ne changent pas, mais demeurent toujours résolus » même face à sa plus grande malveillance (p. 488). Et il achève ce chapitre sur l'influence de la fortune en proclamant sur son mode le plus solennel que, en dépit de la domination exercée par la déesse sur les affaires humaines, les hommes « ne doivent jamais renoncer » (p. 372). Ils doivent trouver réconfort dans le fait qu'« il y a toujours de l'espoir », même s'« ils ne connaissent pas l'issue et se dirigent vers elle en suivant des chemins qui s'entrecroisent et sont encore inexplorés ». Et parce que l'espoir existe, « ils ne doivent pas désespérer, quel que soit le sort de fortune ou les affres en quoi ils se trouvent » (p. 372).

Cependant, l'histoire du XVIᵉ siècle italien suivait son cours effroyable, et les derniers humanistes subissaient toujours plus l'usure provoquée par le sentiment de vivre à une époque où ni la *virtù* ni la *ragione* (« raison ») ne parvenaient plus à parer aux coups de la fortune. Les républicains qui tentaient de rétablir un gouvernement populaire à Rome furent définitivement écrasés en 1527, lorsque les armées de Charles Quint, mutinées et hors de contrôle, mirent la ville à sac et laissèrent les forces d'invasion décider de son sort (Green, 1964, pp. 153-154). La dernière république de Florence se vit submerger par ces mêmes armées impériales trois ans plus tard, après quoi les Médicis firent taire une fois pour toutes les traditionnelles revendications de liberté républicaine. Face à ces preuves éclatantes de la malignité de la fortune, la tranquille assurance des humanistes commença à se défaire et à se dégrader en un sentiment croissant de désespérance. Et avec cette perte de confiance envers la puissance de la *virtù*, la grande tradition du républicanisme italien en vint enfin à mourir.

On peut déjà déceler les prémices du déclin chez Machiavel, qui accepte l'idée au fond fataliste selon laquelle, en dépit des meilleurs efforts du dispositif d'État, il existe un cycle inexorable de grandeur et de décadence qui s'impose à toutes les communautés. On ne voit pas ce déterminisme de la condition humaine intervenir dans *Le Prince*, mais les *Discours* démarrent sur une description complète de la théorie polybéenne des cycles inévitables. Machiavel raconte que toutes les communautés sont initialement gouvernées par des princes qui, devenus héréditaires, dégénèrent en tyrans et suscitent par là chez les aristocrates l'émergence de complots contre leur gouvernement. Ceux-ci établissent alors leur propre gouvernement, qui bientôt se décompose en oligarchies et laisse place aux complots des masses. À leur tour, elles mettent en place des démocraties, qui aboutissent à l'anarchie qui les persuade au bout du compte d'en revenir au gouvernement initial du prince. C'est là « le cycle par lequel doit passer toute communauté » (pp. 106-109). Bien entendu, Machiavel estime que ces stades inévitables de corruption et de déclin peuvent se prévenir en établissant une forme de régime républicain mixte, puisque celle-ci permet de combiner les forces des trois formes « pures » de gouvernement sans en subir les faiblesses inhérentes (p. 109). Mais il établira plus loin clairement que, si l'on adopte la plus large perspective quant aux affaires humaines, on doit bien conclure que c'est la fortune qui a le dernier mot. Non seulement il accepte l'idée humaniste traditionnelle voulant que « bien des événements ont lieu et bien des mésaventures adviennent, contre quoi les cieux n'ont pas voulu qu'on se prémunît en rien » (p. 369) ; mais il va jusqu'à prétendre que « toute l'histoire porte témoignage » de l'idée bien plus pessimiste que « les hommes ont le droit de solliciter leur fortune, mais non la capacité de s'y opposer », et donc qu'« ils peuvent agir en accord avec ses ordonnances, mais non les enfreindre » (p. 372).

Sautons plus de dix ans après les *Discours* de Machiavel, et considérons les *Maximes* et l'*Histoire* de Guichardin : on y rencontre un sentiment nettement plus fort du déséquilibre entre la puissance de la fortune et les capacités de l'homme. Les *Maximes* commencent par quelques réflexions assez fades sur le fait que la fortune « joue un si grand rôle » dans notre vie et « possède un grand pouvoir sur les affaires humaines » (pp. 45, 49). Mais il ne faut pas longtemps pour qu'une note désespérée se fasse doucement entendre. Guichardin admet que « toute cité, tout État, toute région sont mortels » et que « tout, par nature ou par accident, s'achève un jour » en dépit de tout effort que nous puissions déployer pour éviter cet ultime effondrement (p. 89). Dans cette logique, il va s'efforcer d'apporter un réconfort à ceux qui, comme lui-même, se trouvent « vivre les étapes finales » de l'existence de leur pays, en avançant que celui qui se trouve dans une telle situation « ne doit pas se sentir aussi malheureux pour son pays que pour lui-même », puisque « ce qui arrive à son pays était inévitable » à un moment ou à un autre, ce qui veut dire que « naître en un temps où un pareil désastre doit se produire » ne peut être tenu que comme un revers de fortune horrible et gratuit (p. 89). Lorsqu'il en vint à rédiger son *Histoire* au cours des dernières années de sa vie, ce sentiment de vivre une ère de catastrophe irrévocable avait envahi toute la vision de Guichardin. C'était la conviction des humanistes, le devoir essentiel des historiens consistait à fournir aux lecteurs des préceptes et conseils utiles : Guichardin consacrera l'intégralité de son texte à narrer la tragédie d'une Italie progressivement exploitée et anéantie. Comme le note Gilbert, le seul enseignement que tire paradoxalement Guichardin est « celui de l'abandon et de l'impuissance de l'homme face au destin » (Gilbert, 1965, pp. 288, 299).

Enfin, lorsqu'on en arrive à un auteur tel que Boccalini, cherchant son chemin au milieu des ruines de la tradition républicaine à la fin du XVIe siècle, on rencontre une tonalité d'un désespoir absolu. Le dernier livre des *Avertissements du Parnasse* comporte une scène au cours de laquelle tous « les plus grands potentats sur terre » se trouvent traduits devant « le censeur public des affaires politiques », pour se voir condamner tour à tour, dans le style sauvagement ironique qu'affectionne Boccalini, en raison de leur défaillance à assurer à leurs citoyens le moindre semblant d'un gouvernement sensé ou efficace (p. 439). Le saint empereur romain est accusé de négligence scandaleuse ; les Français sont dénoncés pour leur folie pure ; aux Espagnols on dit que leur gouvernement est « odieux aux hommes » ; les Anglais sont stigmatisés en tant que dangereux hérétiques ; l'Empire ottoman est exécré pour sa « cruelle rigueur » ; et Venise elle-même est avertie que sa sérénité est compromise par les excès de sa noblesse (pp. 440-447). Chacun des gouvernements présente certes sa défense, mais les justifications qu'ils invoquent ne servent qu'à renforcer cette noire conclusion que l'ère de la *virtù* touche à sa fin. Certains tentent vicieusement de soutenir que leurs échecs apparents prouvent en fait l'excellence de leur administration. Les Français se plaignent ainsi d'avoir été censurés pour les « vertus premières » de leur gouvernement, tandis que les Ottomans défendent leur cruauté en termes strictement machiavéliens, soutenant que « les héroïques vertus de clémence et de magnanimité » ne servent qu'à mettre en danger « la tranquillité et la paix des États » (pp. 441, 445-446). Les nations plus modestes admettent que leur conduite est détestable, mais soulignent que la puissance adverse de la fortune et leur propre conjoncture généralement défavorable les rendent incapables même d'envisager la moindre réforme. L'empereur déclare que les problèmes de son gouvernement sont si insolubles qu'ils auraient fait apparaître « le roi Salomon lui-même » comme « une cruche » (p. 441). Les Espagnols reconnaissent que leur administration est « fautive et dangereuse », mais protestent qu'il n'est pas en leur pouvoir d'y porter remède (p. 442). Quant au roi d'Angleterre, il ne peut qu'éclater en sanglots, sans même tenter de se justifier du tout (p. 443). L'époque entière est ainsi condamnée, époque où l'on peine à distinguer la moindre *virtù*, et où même lorsqu'on parvient à la distinguer on ne peut plus la poursuivre.

Troisième partie

La Renaissance au Nord

7.

La diffusion de l'enseignement humaniste

La migration humaniste

Rabelais nous raconte que lorsque le jeune Pantagruel se rend à Paris pour la première fois, afin d'y faire ses études, il reçoit de Gargantua, son père, une lettre très ferme lui enjoignant de se consacrer de toutes ses forces à une vie savante. L'objet principal de cette lettre est de décrire le parcours assez héroïque assigné par Gargantua à l'instruction qu'il souhaite voir suivre par son fils. Mais il saisit aussi cette occasion pour glisser quelques remarques aussi opportunes que sentencieuses à propos des immenses améliorations « en tout sçavoir libéral et honeste » intervenues en France au cours de sa vie. Quand il était jeune, « Le temps estoit encores ténébreux et sentant l'infélicité et calamité des Gothz, qui avoient mis à destruction toute bonne littérature ». Mais désormais le monde s'éveille en pleine « lumière et dignité ». L'invention de l'imprimerie (« les impressions tant élégantes et correctes en usance ») a permis de répandre les nouvelles connaissances à tel point que « Tout le monde est plein de gens savans, de précepteurs très doctes, de librairies très amples ». Et la nouvelle éducation elle-même a induit que « toutes disciplines sont restituées », avec le renouveau de l'étude des langues et un magnifique rapprochement vis-à-vis de l'indépassable civilisation du monde antique[1].

---

1. Rabelais, *Gargantua*, p. 194 (éd. française: p. 204). Cf. aussi Rabelais, *Epistle of Dedication, The Five Books*, vol. II, p. 499. (Les citations sont issues de l'édition fran-

Le moment où apparaît cette nouvelle éducation à l'Université de Paris peut être daté avec une certaine précision. Il semble bien que le premier savant qui tente de combiner l'enseignement du latin et du grec à l'étude des humanités soit Grégoire de Tipherne (Gregorio da Tiferna, v. 1415-1466), arrivé de Naples en 1458 pour occuper la première chaire de grec (Renaudet, 1953, p. 82). Ses leçons connurent manifestement un succès hors du commun, et il se trouva bientôt suivi par un véritable défilé d'autres humanistes italiens, tous armés du même désir de mettre en question le cursus universitaire, scolastique par tradition. Premier à reprendre le flambeau, Filippo Beroaldo (v. 1440-1504) donne en 1476 une leçon inaugurale annonçant que, si Paris est déjà « le plus illustre centre des arts », il demeure « une tâche importante » qui doit être accomplie et qu'il se propose d'assumer lui-même. Il s'agit de discourir « sur les arts de la poésie et les *studia humanitatis* », afin de montrer « à quel point ces genres d'études sont proches de la philosophie » et d'expliquer « combien l'étude de la philosophie peut tirer profit de ces liens » (Renaudet, 1953, p. 116 et note). L'antienne sera ensuite reprise par Girolamo Balbi (v. 1450-1536), qui vient à Paris en 1484 comme professeur de grec et d'humanités au Collège de Navarre (Renaudet, 1953, p. 121). Mais l'offensive la plus notoire en faveur des humanités est celle lancée par Fausto Andrelini (v. 1460-1518), qui enseigne à Paris à partir de 1489 (Cosenza, 1962, pp. 82-83). Il y resta près de trente ans, parlant inlassablement de Tite-Live et de Suétone aussi bien que des poètes et rhéteurs latins, et s'attirant les louanges de Budé et d'Érasme pour l'étendue de son savoir classique (Renaudet, 1953, pp. 123-125). Davantage qu'aucun autre, c'est lui qui fera en sorte, malgré l'hostilité de plus en plus déclarée des scolastiques, que l'étude des humanités soit solidement installée au programme dès le début du XVIe siècle.

çaise [J. Boulenger, L. Scheler – Paris, Gallimard, « Bibliothèque de la Pléiade », 1955] ; compte tenu du cf. allusif de la note, les traducteurs ont préféré renvoyer à la source de l'auteur [*NdT*]).

À peu près à la même époque, on voit les idées humanistes recevoir un accueil semblable en Angleterre (Weiss, 1964, pp. 90-92). Ici, le pionnier essentiel s'appelle Pietro Del Monte (mort en 1457), qui vient en 1435 prendre un poste de collecteur des impôts pontificaux et restera cinq ans. Del Monte est un éminent autodidacte, auteur d'un texte sur *La Différence entre les vertus et les vices* qui peut prétendre au statut de premier ouvrage humaniste écrit en Angleterre (Weiss, 1957, p 25). Mais son rôle historique le plus éminent est celui de conseiller littéraire auprès du duc Humphrey de Gloucester, premier soutien de l'humanisme en Angleterre. C'est Del Monte qui persuade Humphrey d'adopter la démarche novatrice consistant à introduire un *dictator* italien au sein de son foyer, en 1436 (Weiss, 1957, p. 26). Le poste sera confié à Tito Livio Frulovisi (v. 1400-1456), dont la tâche principale est de composer un panégyrique sur le règne d'Henri V, frère du duc. Les fruits de cette commande sont d'une importance considérable pour l'évolution des humanités en Angleterre, puisque Frulovisi s'en acquitte en livrant une *Vie d'Henri V* où apparaissent complètement, pour la première fois dans les pages d'une chronique anglaise, tous les artifices de la rhétorique, y compris un choix de discours destinés au roi à la veille de la bataille (p. ex. pp. 14-16, 66-68). Del Monte encourage aussi Humphrey dans sa passion de collectionneur de livres, lui expédiant d'Italie de nombreux volumes après son retour en 1440, et le mettant en contact avec d'autres grands érudits, parmi lesquels Bruni et Decembrio, qui le conseilleront sur l'achat de manuscrits (Weiss, 1957 pp. 46, 58, 62). Humphrey assemble ainsi une bibliothèque hors du commun, réunissant non seulement les habituelles œuvres de théologie et de philosophie scolastique, mais aussi les meilleures traductions de Platon, Aristote et Plutarque, tout l'œuvre existant de Tite-Live, la plupart des textes clés de Cicéron, ainsi qu'un grand nombre de traités humanistes modernes, avec des ouvrages de Pétrarque, Salutati, Poggio, Bruni, et Decembrio (Weiss, 1957, pp. 62-65). Cet aspect du travail intellectuel de Humphrey se révéla toujours plus important pour la propagation des *studia humanitatis* en Angleterre, notamment après qu'il eut offert quelque deux cent-quatre-vingts de ses ouvrages à l'Université d'Oxford, entre 1439 et 1444, rendant ainsi accessible au public la première grande collection de textes humanistes (Weiss, 1957, pp. 66-67).

La culture de la Renaissance fut encore diffusée en Angleterre par divers universitaires italiens qui vinrent enseigner à Oxford et à Cambridge dans les dernières années du XVe siècle. Le Milanais Stefano Surigone (env. 1430-1480) est l'un des premiers d'entre eux : il enseigne la grammaire et la rhétorique à Oxford entre 1454 et 1471 (Cosenza, 1962, p. 1726). Peu après arrive Cornelio Vitelli (v. 1450-1500), invité par Thomas Chaundler en tant que lecteur de grec à New College dans les années 1470, devenant ainsi le premier professeur public de grec dans une université anglaise[1]. Bientôt, divers militants de la même école animeront Cambridge. Laurent de Savone (Lorenzo da Savona) y enseigne lui aussi dans les années 1470, et publie en 1478 un manuel de rhétorique qui connaîtra deux éditions imprimées avant la fin du siècle (Weiss, 1957, p. 162). Et Caio Auberino (env. 1450-1500) associe dans les années 1480 sa charge de *dictator* à l'université à une série de cours analogues sur la littérature latine (Cosenza, 1962, p. 163).

Cette propagation de la culture de la Renaissance a été grandement facilitée par le fait que la seconde moitié du XVe siècle est aussi l'aube du livre imprimé. Aucun groupe n'a aussi vite que les humanistes perçu l'énorme potentiel de ce nouvel instrument. L'introduction de l'imprimerie en France donne l'exemple le plus parlant de la manière dont ils ont su tirer avantage de la presse typographique afin de faire valoir leurs intérêts propres face à leurs rivaux scolastiques. La première presse française est installée dans les caves de la Sorbonne en 1470. L'esprit qui préside à cette entreprise est celui de Guillaume Fichet, qui souligne dans son *Épître adressée à Robert Gaguin* la signification de « cette nouvelle invention qui nous vient récemment d'Allemagne[2] ». Pour lui, le point

---

1. C'est ce qu'affirme Cosenza, 1962, p. 1903. Mais ce séjour n'est pas mentionné chez Weiss, 1938, lequel soutient (p. 225) que Vitelli vint à Oxford en 1490 seulement.

2. Voir Fichet, *Lettre*, p. 2. L'original n'est ni paginé ni émargé, et j'ai donc ajouté moi-même cette pagination. Pour un compte rendu des relations entre l'imprimerie et le développement de l'humanisme en Allemagne, voir Hirsch, 1971.

essentiel tient à ce que l'imprimerie « contribuera immensément au renouveau de l'étude des humanités » (p. 2). Pendant sa jeunesse, note-t-il, « il n'y avait ni orateurs ni poètes » enseignant à Paris, avec pour résultat que « l'étude du latin est presque tombée à un niveau d'ignorance grossière » (p. 1). Désormais, en revanche, « les muses sont à nouveau cultivées », et grâce au concours des livres imprimés il va devenir possible d'encourager davantage encore « les lettres nobles » et « les hommes d'érudition » (p. 3). Accordant ses actes à ses paroles, Fichet va se servir de sa presse pour promouvoir la diffusion la plus large possible des textes et manuels humanistes. Dans les trois premières années, il publiera ainsi le *De officiis* de Cicéron, une œuvre complète de Salluste, ainsi que de nombreuses œuvres modernes, y compris son propre manuel sur les arts rhétoriques, les *Élégances de la langue latine* de Lorenzo Valla, et le *dictamen* de Gasparino da Barzizza, premier livre jamais imprimé en France (Renaudet, 1953, p. 84).

Les doctrines et les tenants des *studia humanitatis* se mettent ainsi à circuler grâce à ces divers canaux à travers l'Europe du Nord, ce qui conduit à une émulation intellectuelle réciproque. En nombre croissant, les érudits des universités nordiques ont tendance à abandonner leurs études scolastiques, à adhérer aux humanités, et à demander leur admission au sein des universités italiennes afin d'approfondir à la source le nouveau savoir.

Il est certes exact qu'un grand nombre d'étudiants français, anglais et allemands avaient fait le voyage d'Italie au cours du Moyen Âge, notamment pour y suivre des études de médecine ou de droit, domaines dans lesquels les universités italiennes avaient toujours joui de la plus haute réputation en Europe du Nord (Parks, 1954, pp. 423-425 ; Mitchell, 1936, p. 272). On peut cependant repérer les symptômes d'un nouvel état d'esprit avec l'arrivée de divers intellectuels se destinant à une spécialisation dans les disciplines traditionnelles mais qui vont s'en détourner, attirés par les attraits concurrents des humanités. La carrière de Thomas Linacre (v. 1460-1525) fournit un des exemples les plus révélateurs de cette tendance. En 1487, il vient en Italie pour obtenir un diplôme de médecine à Padoue, mais se rend bientôt à Rome étudier le grec, et les humanités à Florence et à Venise, avant de continuer à partager avec bonheur son temps entre la pratique de la médecine et l'exercice de l'érudition classique (Parks, 1954, p. 457). On peut voir chez Rudolf Agricola (1444-1484) un cas semblable, mais plus marquant encore, de changement d'allégeances. Arrivant en Italie en 1469 avec le propos déclaré d'enseigner le droit à l'Université de Pavie, il se tourne presque aussitôt vers l'étude de la rhétorique, puis s'installe à Ferrare pour acquérir une certaine connaissance du grec (Spitz, 1963, p. 23). Il rentrera dans son Allemagne natale après dix ans d'absence, se rendant vite célèbre comme enseignant ès humanités ; Érasme saluera plus tard en lui dans une lettre de 1489 « un don exceptionnel dans tous les arts libéraux » (p. 38).

Une nouvelle étape importante est franchie du fait qu'un nombre croissant d'étudiants des universités du nord de l'Europe éprouvent le besoin de se rendre en Italie spécialement pour améliorer leurs connaissances des *studia humanitatis*. Parmi les premiers, certains viennent de la Sorbonne, où leur enthousiasme a peut-être été aiguillonné par Grégoire de Tipherne (Renaudet, 1953, p. 186). Robert Gaguin, également salué par Érasme dans une lettre de 1495 comme « le plus grand ornement de l'Université de France », y effectue deux séjours prolongés en 1465 et 1471, tandis que son ami et mentor Guillaume Fichet entretient divers contacts avec les humanistes italiens au cours d'une longue mission diplomatique en 1469 et 1470 (p. 87 ; cf. Renaudet, 1953, pp. 83, 186). Peu après, un groupe de jeunes universitaires d'Oxford se met à entreprendre de semblables pèlerinages. William Grocyn (v. 1449-1519), élève de Cornelio Vitelli, va étudier avec Poliziano à Florence entre 1488 et 1490 (Parks 1954, p. 462). Son ami William Latimer (v. 1460-1545) l'accompagne dans son voyage, puis se rend à Padoue perfectionner son grec (Caspari, 1968, p. 36). Quant à John Colet (v. 1467-1519), dont il est à peu près certain que Grocyn fut le premier maître, il passera en Italie trois années particulièrement enrichissantes, entre 1493 et 1496 (Jayne, 1963, pp. 16, 21). À cette époque, on commence à voir un flot montant d'intellectuels d'Allemagne et des Pays-Bas emprunter le même chemin, et cette mode culmine sans doute avec le célèbre voyage en Italie d'Érasme entre 1506 et 1509 (Nolhac, 1925, pp. 20-52). Deux de ces voyageurs auront au bout du compte une importance particulière dans la suite de l'humanisme allemand. Willibald Pirckheimer (1470-1530) fera ainsi près de sept années d'études en Italie, devenant fin connaisseur du grec et acquérant une culture exceptionnellement vaste dans le domaine des humanités (Spitz, 1963, p. 157). Quant à Conrad Celtis (1459-1508), inspiré par l'enseignement d'Agricola à Heidelberg, il quitte l'Allemagne en 1487 pour un séjour plus long encore, travaillant avec le bibliothécaire de Venise tout en fréquentant les universités de Padoue, de Florence et de Rome (Spitz, 1957, pp. 3, 11-13).

Ces voyages ont ceci de significatif que la plupart des intéressés retournent enseigner dans leurs universités d'origine, contribuant de la sorte à susciter une révolution intellectuelle qui finira par conduire au renversement de la scolastique. En 1473, Gaguin obtient un poste à la Sorbonne, où il enseigne avec un immense succès la rhétorique et la littérature latine (Tilley, 1918, p. 188). Il apportera aussi par la suite beaucoup au savoir humaniste, avec une traduction partielle de Tite-Live, un traité sur la versification latine, et une chronique intitulée *Abrégé des origines et réalisations des Français*, première histoire de France rédigée entièrement en style rhétorique (Reynolds, 1955, pp. 26-28). Grocyn, Latimer et Colet rentrent tous d'Italie pour enseigner à Oxford. Grocyn devient professeur principal de grec en 1491, peu après Latimer est nommé directeur d'études ès humanités à Magdalen College, et Colet délivre sa célèbre suite de leçons sur les épîtres de saint Paul « devant toute la communauté universitaire » de 1498 à 1499[1]. Parallèlement, Conrad Celtis revient de ses voyages pour devenir,

---

1. Sur Grocyn et Latimer, voir Caspari, 1968, pp. 35-36. Sur le public de Colet, voir Duhamel, 1953, p. 493. Sur la datation des leçons de Colet, voir Jayne, 1963, notamment p. 37. Jayne emporte la conviction lorsqu'il met en cause la datation traditionnelle et montre que les premières leçons de Colet sur les Romains ne sont pas antérieures à janvier 1498, celles sur les Corinthiens étant données un an plus tard, et les dernières sur les Romains en octobre 1499.

comme le dit Spitz, « l'arche humaniste » des universités allemandes et enseigner l'*Ars Dictaminis* à Ingolstadt entre 1491 et 1496, avant d'exercer comme professeur principal de poésie et de rhétorique à l'Université de Vienne jusqu'à sa mort, en 1508 (Spitz, 1957, pp. 22, 55, 116).

Ces fréquentations vont avoir pour ultime résultat l'émergence d'une culture humaniste nouvelle, sûre d'elle, en France, en Angleterre et en Allemagne, dès le début du XVIe siècle[1]. L'aplomb remarquable de cette Renaissance au Nord est bien représenté par John Desmarais dans une lettre publiée en 1516, préambule parmi d'autres à *L'Utopie* de Thomas More. Jusque-là, concède-t-il, « le haut savoir appartenait presque exclusivement à la Grèce et à l'Italie ». Mais aujourd'hui, leur civilisation s'est déplacée vers le nord de l'Europe, et elle y a même été surpassée. L'Allemagne peut se vanter de « nombreux personnages célèbres pour leur savoir » ; la France se distingue à travers le génie de Guillaume Budé ; et l'Angleterre est désormais « prééminente » dans les humanités, avec « des hommes d'un talent digne de rivaliser avec l'Antiquité elle-même » (p. 27).

Il serait cependant hâtif d'en conclure, comme certains chercheurs, que le développement de l'humanisme en Europe du Nord puisse simplement s'expliquer « immédiatement et exclusivement » en fonction de « l'influence du renouveau de l'activité culturelle en

---

[1]. Comme tenteront de le montrer les chapitres suivants, les porteurs de cette culture étaient dans une large mesure en accord quant à leur philosophie morale, sociale et politique. Je m'emploierai ainsi à montrer qu'ils font preuve d'une véritable identité culturelle qui, bien que certes assez flottante, n'en est pas moins plus forte que toute différence ou rivalité nationale. Compte tenu de cette hypothèse de base, il devient nécessaire de trouver un terme générique pour désigner synthétiquement ce mouvement dans son ensemble. Par souci de concision, j'ai choisi de parler de « la Renaissance au Nord » et des « humanistes du Nord » qui la représentent. C'est loin d'être là une solution idéale, d'autant que j'avance plus loin que l'on voit au cours de la génération suivante une semblable série de rencontres donner naissance à une semblable culture en Espagne et au Portugal. J'entrevois assez bien qu'il est difficile de situer ces pays au nord de l'Italie, mais aucun terme meilleur que « humanisme au Nord » ne s'est manifesté comme moyen d'indiquer brièvement que la culture dont je parle largement émané d'Italie avant de s'étendre à la plus grande partie de l'Europe occidentale.

Italie[1] ». Il existe deux grandes raisons pour penser que cette explication traditionnelle propose une interprétation excessive et crue de la réalité. La première, comme le souligne notamment Simone, est que l'on peut découvrir nombre d'influences culturelles italiennes en Europe du Nord, et particulièrement en France, dès le milieu du XIVe siècle. La cour pontificale sera le principal vecteur de cette diffusion, en s'établissant pendant près de soixante-dix ans à Avignon, à partir de 1305. Simone va jusqu'à évoquer un « fort courant » des idées italiennes partant de ce centre pour rejoindre « toutes les régions de France » au cours du XIVe siècle (Simone, 1969, p. 57). C'est peut-être là un peu de grandiloquence, mais il ne fait pas de doute que l'on peut tresser un lien entre d'une part la culture humaniste d'Avignon au XIVe siècle, où Pétrarque lui-même vivra d'ailleurs pendant près de quinze ans, et d'autre part l'épanouissement bien plus tardif des *studia humanitatis* à l'Université de Paris. On en voit une illustration directe dans la carrière de Guillaume Fichet, étudiant à Avignon puis enseignant à Paris dès 1453, qui va établir dès ses débuts universitaires une étroite relation avec l'œuvre de Pétrarque, dont il traduira plusieurs textes pour son propre usage (Renaudet, 1953, p. 83 ; Simone, 1969, p. 148).

Cette explication habituelle présente une autre singularité, que Simone semble d'ailleurs un peu négliger : un grand nombre des éléments des arts et de la littérature considérés plus tard comme typiquement italiens avaient en fait été importés de France à la fin du XIIIe et au début du XIVe siècle. L'influence française se manifeste ainsi dans la première poésie humaniste : on a souvent souligné l'utilisation par Pétrarque et ses imitateurs des thématiques et techniques provençales (Norcström, 1933, pp. 160-162). On peut retracer aussi des influences semblables dans certaines des œuvres

---

1. C'est là la formule par laquelle Simone (1969, pp. 37-38) introduit le passage où il tourne en ridicule cette vision « romantique » de la Renaissance au Nord. On peut cependant douter qu'aucun historien ait jamais défendu une version aussi simpliste de la thèse que Simone s'emploie à démolir. Pour une étude plus modérée et plus lucide des tentatives visant à rendre compte de la Renaissance au Nord largement en termes de « transplantation » des valeurs italiennes, voir Ferguson, 1948, pp. 253-289. Une étude spécifique de l'historiographie de la Renaissance française figure chez Hornik, 1960.

majeures peintes et sculptées au *duecente* : tant Duccio que Pisano semblent lourdement endettés envers les modèles gothiques français. Il y a même des origines françaises on l'a vu, dans la culture nettement rhétorique de la Renaissance italienne : à la fin du XIIIe siècle, le principal bouleversement dans la nature de l'*Ars Dictaminis*, à savoir le passage de l'inculcation de règles à l'étude des classiques reconnus, paraît fondé sur l'ancienne tradition des écoles cathédrales françaises (cf. Nordström, 1933, pp. 58-70).

Il faut également reconnaître que, même au début du XVIe siècle, alors que la culture de la Renaissance exerçait son effet maximal sur l'Europe du Nord, la plupart des humanistes du Nord ne sont sensibles qu'à celles des idées qui leur semblent dans une certaine mesure familières, et paraissent donc assimilables dans les spectres très divers de leurs expériences. On le constate clairement dans la manière dont ils reçoivent la pensée politique et sociale italienne (Hyma, 1940, pp. 11-17). Comme on l'a déjà noté, la grande tradition de la pensée politique italienne avait toujours traité avec les plus grands égards deux sujets récurrents : la nécessité de préserver la liberté politique, et les dangers que fait courir à la liberté l'emploi permanent d'armées mercenaires. Mais aucun de ces thèmes ne trouvera d'écho chez les humanistes du Nord. Compte tenu de la capacité de leurs souverains à lever de massives armées nationales, ils considèrent la question des mercenaires comme à tout le moins peu pertinente. Et compte tenu des institutions post-féodales et monarchiques de la France, de l'Allemagne et de l'Angleterre, ils ne voient guère quel sens donner à l'obsession italienne pour la *libertas*, ni comment partager l'affirmation concomitante du républicanisme comme forme supérieure de gouvernement. Par conséquent, aucune de ces préoccupations ne suscitera jamais un grand intérêt même chez les plus fervents italianistes des humanistes du Nord.

Ces considérations ont amené divers historiens à nier que la Renaissance au Nord puisse s'expliquer même en partie par la diffusion progressive des idées italiennes au cours du XVe siècle. Bush avance ainsi que l'on peut faire remonter « le véritable caractère de l'humanisme anglais » jusqu'au XIIe siècle, et que les importations ultérieures du savoir italien « n'ont fait que mûrir et affermir » cette culture préexistante (Bush, 1939, pp. 47-49, 71). Et Nordström va jusqu'à déclarer que la culture italienne de la Renaissance n'est guère plus que « la stricte continuation » d'une tradition initialement « formée au nord des Alpes », qui eut son premier et « plus glorieux » centre en France, et n'apparut en Italie que beaucoup plus tard et sous une forme dérivée (Nordström, 1933, pp. 12-13).

On a pourtant presque l'impression d'une erreur volontaire dans la négation de l'évidence qu'est la translation de l'humanisme italien vers la France, l'Allemagne et l'Angleterre au XVe siècle, où il joue un rôle déterminant à la fois dans la chronologie et dans le caractère de la Renaissance au Nord (cf. Kristeller, 1962b, p. 14). C'était sans nul doute l'opinion des humanistes du Nord eux-mêmes. Érasme résume leur position dans une lettre de 1489 à Cornélius Gerard. Nous souffrons depuis des siècles, déplore-t-il, « des progrès obstinés de la barbarie », et de vivre une époque où les hommes « ont tourné le dos aux préceptes des Anciens ». Mais aujourd'hui, poursuit-il, la connaissance complète des humanités a été reconquise « avec une application savante admirable » par « notre bon Lorenzo Valla » et ses disciples en Italie, à la suite de quoi il est devenu enfin possible « de remettre en usage » tous les auteurs négligés de l'Antiquité et leurs œuvres (p. 40). On peut bien sûr évacuer de tels discours en invoquant la complaisance humaniste intéressée. La thèse fondamentale soutenue dans les chapitres qui viennent est au contraire que cette réponse est fautive. On avancera que, si bien des réserves s'imposent, l'explication traditionnelle de la Renaissance au Nord est exacte au fond : les humanistes du Nord subissent bel et bien l'influence décisive des idées et des théories élaborées par les humanistes italiens du *quattrocento*, tant pour ce qui est de leur approche technique que dans leur perspective plus générale de la vie sociale et politique.

Humanisme et science juridique

Au début du XVIe siècle, un aspect de la culture italienne de la Renaissance revêt un intérêt croissant pour les humanistes du Nord : il s'agit du moteur technique de l'humanisme, à savoir la tentative d'appliquer dans le détail les techniques de la critique philologique et historique aux textes de l'Antiquité. Ce qui s'ensuit relève pour partie de l'histoire de l'érudition classique. Celtis et Pirckheimer deviennent tous deux célèbres en Allemagne comme éditeurs des classiques grecs et latins, Linacre atteint une réputation équivalente en Angleterre grâce à ses traductions d'Aristote, et en France Budé s'élève à un niveau incomparable en grec, avec la publication de ses *Commentaires sur la langue grecque*, en 1529 (Sandys, 1964, II, pp. 170, 226-227, 260). Pourtant divers humanistes du Nord, tout en prêtant certes attention à ces manuscrits littéraires et philosophiques, se mettent à étudier aussi deux genres de textes assez différents issus du monde antique qui, examinés selon les nouveaux canons du savoir humaniste, devaient tous deux exercer une influence profonde sur l'évolution de la pensée politique du XVIe siècle.

Viennent tout d'abord les textes du droit romain, notamment dans la codification définitive qui leur avait été donnée sous le règne de Justinien[1]. On l'a vu, les humanistes italiens, et tout particulièrement Lorenzo Valla, s'étaient initialement intéressés au droit pour appuyer leur offensive envers la scolastique. Ils voulaient ainsi mettre en cause l'approche scolastique de l'interprétation du Code civil, et par-dessus tout l'idée délibérément a-historique selon laquelle la tâche essentielle du jurisconsulte consisterait à ajuster la lettre de la loi au plus près possible des circonstances juridiques existantes. Dénonçant cette méthodologie comme barbare et ignorante, ces humanistes cherchent à imposer leurs vues sur le Code, et insistent surtout sur la véritable appréciation de ce texte à la lumière de

---

1. Ce passage doit beaucoup à la brillante étude des origines de la jurisprudence humaniste que l'on trouve dans les premiers chapitres de Kelley, 1970.

leurs propres méthodes historiques et philologiques. Et la mise en œuvre de cette approche a pour conséquence que les humanistes commencent à apporter diverses contributions substantielles à cette nouvelle sorte de science juridique plus portée vers l'histoire.

L'un de leurs premiers exploits, et des plus spectaculaires, est la preuve apportée par Lorenz Valla que la prétendue Donation de Constantin était un faux. La Donation était présentée comme un document légal accordé par l'empereur Constantin à Sylvestre, évêque de Rome, aux termes duquel celui-ci se voyait reconnaître la suprématie sur les quatre patriarches impériaux et la souveraineté sur l'ensemble de l'empire d'Occident. Bien que quelques doutes aient parfois surgi quant à la provenance du document, la papauté avait défendu avec succès son authenticité pendant de nombreux siècles, et surtout fondé sur le caractère que l'on supposait à la Donation de Constantin ses revendications les plus étendues en matière d'autorité temporelle. Après le travail de Valla sur le document dans les années 1440, ces prétentions se retrouvent parfaitement ruinées. Valla construit une partie de sa démonstration sur le plan juridique, soutenant que l'empereur ne disposait pas du pouvoir d'effectuer une telle concession, ni le pape du droit de l'accepter. Mais les deux arguments que Valla lui-même retient comme les plus décisifs sont de nature bien plus détaillée et plus technique. Le premier repose sur une preuve d'ordre philologique. Selon la Donation, l'empereur acceptait de rendre « tous nos satrapes » aussi bien que tout le peuple de Rome « sujets de l'Église romaine » (p. 34). Mais comme le remarque Valla avec dédain, il s'agit là d'un anachronisme aveuglant : « qui diable a jamais entendu appeler quelqu'un satrape dans les conseils romains ? » (p. 35). Après s'être amusé de cette absurdité pendant quelques pages, Valla passe à son second argument, fondé sur un simple point de chronologie. La Donation parle de rendre le pape supérieur au patriarche de Constantinople ; or c'est un anachronisme « encore plus absurde » : à l'époque où la Donation est censée avoir été rédigée, « il n'y avait là-bas pas de patriarche, pas de métropolite, pas même de ville chrétienne baptisée, fondée ni même imaginée » (p. 39). Valla n'hésite donc pas à conclure, fort tonitruant et à grand renfort d'effets de manches, que les revendications pontificales dans le domaine séculier sont totalement infondées dans la réalité historique.

Valla fait également œuvre pionnière en appliquant les mêmes instruments de critique aux commentaires sur le droit romain (Kelley, 1970, p. 39). Sa principale offensive contre les jurisconsultes se fait jour dans la dernière partie de son œuvre maîtresse, les *Six livres sur les élégances de la langue latine*. Les cinq premiers livres sont consacrés à expliquer le bon usage de diverses expressions et constructions latines, avec de copieux exemples empruntés aux meilleurs auteurs romains, notamment Virgile en poésie et Cicéron en prose. Ensuite, le livre VI fait usage de cette érudition classique dévastatrice pour mettre en évidence les erreurs innombrables commises par ceux qui persisteront plus tard à écrire en latin dans les époques décadentes. Les jurisconsultes sont montrés du doigt comme coupables d'avoir contribué pour une bonne part à ce flot montant de barbarisme. Modestinus est blâmé pour son incompréhension du latin de la *Lex Julia* ; Marcus et Ulpian, dénoncés pour avoir introduit diverses distinctions non pertinentes dans leur analyse du droit des legs ; quant au vocabulaire juridique de Paulus, notamment concernant l'ascendance et l'héritage, il se voit balayer pour ne s'être conformé « ni à la raison ni au bon usage » (pp. 218, 224, 230).

La conception que se faisait Valla de « l'humanisme juridique » se transmettra bientôt à trois grands érudits de la génération suivante. Angelo Poliziano (1454-1494) deviendra professeur de grec à Florence en 1480, et introduira dans son *Livre des diversités* une suite de cinq chapitres où sera pour la première fois étudié le Code Justinien selon les nouvelles techniques humanistes (Kelley, 1970, p. 48). Pietro Crinito (1475-1507), ami et élève de Poliziano, rédigera un commentaire (aujourd'hui perdu) sur la partie du Digeste traitant du sens des termes juridiques (Kelley, 1970, p. 42). Enfin Giulio Pomponio (1428-1497), élève de Valla lui-même à Rome, entreprendra d'étendre les aspects historiques et philologiques de la méthodologie de Valla, avec un *Compendium de l'histoire de Rome* ainsi qu'une analyse historique *Des magistrats, lois et prêtres de Rome* (Cosenza, 1962, pp. 1458-1459).

Le premier triomphe de l'humanisme juridique intervient lorsque divers jurisconsultes praticiens, qui jusque-là exécraient tous Valla et ses disciples, commencent à reconnaître la justesse de la critique de Valla et à faire usage de ses nouvelles méthodes. L'un des premiers à se convertir de la sorte est Mario Salamonio : on a déjà observé la manière dont il se référait aux travaux de Valla sur la Donation de Constantin, tout en traitant des découvertes de Pomponio sur la magistrature romaine, au cours de ses dialogues sur *La Souveraineté du patriciat romain*. Plus importante encore est l'adhésion d'Andrea Alciato (1492-1550) à cette même approche. Alciato reçoit d'abord un enseignement juridique conventionnel, commençant ses études à Pavie en 1508, se rendant ensuite à Bologne en 1511, avant de retourner exercer le droit dans son Milan natal (Viard, 1926, pp. 36, 40). Mais, en dépit de cet héritage, ses allégeances essentiellement humanistes transparaissent pratiquement à chaque page de ses volumineuses œuvres juridiques. On le voit fort clairement dans son traité de l'âge mûr, intitulé *Les Ornements superflus du droit*, suite de commentaires informels en douze livres dont les trois premiers paraissent en 1536, les sept suivants en 1544, et les deux derniers en 1551 (Viard, 1926, p. 91). Il est vrai que, juriste plutôt qu'humaniste professionnel, Alciato conserve un respect éminent envers Bartole et les autres grands post-glossateurs, se disant « ému par leur autorité », même lorsqu'il se trouve en désaccord avec eux (II, p. 319). De même, il se force à admettre que Valla, sans nul doute bon philologue, n'est en rien un érudit de la chose juridique, et que sa critique de la jurisprudence scolastique est en tout état de cause d'une absurdité qui confine à l'hystérie (II, p. 321). Mais Il ne fait pas de doute qu'Alciato, plus qu'aucun jurisconsulte avant lui, sympathise avec la culture humaniste, dont il est en fait totalement imprégné. Il revient à diverses reprises sur la nécessité pour les juristes de disposer de bases suffisantes dans les *studia humanitatis* ; fait un usage considérable des commentaires et variantes de Valla ; évoque avec admiration le travail analogue accompli par Crinito sur le Code ; et réserve par-dessus tout ses plus hautes louanges à Poliziano, l'homme qui « le premier a remis le Digeste au jour » (I, pp. 294, 303-304, 317 ; cf. Kelley, 1970, p. 93).

Travaillant à l'aide des mêmes méthodes que les humanistes, et leur superposant une connaissance bien plus étendue du droit, Alciato se trouvait en mesure de faire évoluer leurs vues quelque peu fragmentaires en une nouvelle approche systématique de la science juridique. Il reprit d'abord la tentative de Poliziano visant à traiter le Code en tant que document historique, et publia en 1515 une série de *Brèves annotations* d'une précocité stupéfiante sur les trois derniers livres du Code (Viard, 1926, p. 43). Il y abandonne complètement l'approche scolastique traditionnelle consistant à proposer un choix de commentaires sur des commentaires existants ; à l'inverse, il se concentre au plus près possible du texte lui-même, puise dans sa connaissance de la littérature grecque et latine, notamment Pindare, Hésiode et Thucydide, afin d'en élucider le sens exact, et décrit même, à la manière de Valla, diverses variantes hypothétiques de modifications apparentes dans les manuscrits de référence (II, pp. 98, 102, 115). Il poursuit en développant l'œuvre de Crinito sur la terminologie juridique, disséquant au début des années 1520 le titre du Digeste « Sur le sens des mots » (Viard, 1926, p. 61). Il s'intéressera enfin aux problèmes soulevés par Pomponio à propos de l'histoire des fonctions juridiques, rédigera un court traité sur les magistratures de la Rome antique où il inclura une liste exhaustive de toutes « les dignités civiles et militaires » instaurées aux diverses époques dans les provinces orientales aussi bien qu'occidentales de l'Empire (II, pp. 503-519).

Les premières décennies du XVIe siècle témoignent pour la première fois de la migration de ces méthodes vers l'Europe du Nord. C'est la France qui leur réservera l'accueil le plus enthousiaste, et c'est Guillaume Budé (1467-1540), le plus grand humaniste français, qui rédigera le premier et le plus important des manifestes de l'humanisme juridique publiés au nord des Alpes. Budé s'était rendu en Italie en 1501, puis à nouveau en 1505, pour étudier à Florence auprès de Crinito et examiner les précieux carnets de notes sur le Digeste laissés par Poliziano à sa mort, en

1494[1]. Ces recherches déboucheront en 1508 sur la publication d'un violent pamphlet contre la jurisprudence scolastique, les *Annotations sur les pandectes*, où l'on trouve un brillant exposé des voies historiques et philologiques déjà explorées par Valla et ses successeurs. Budé entreprend en premier lieu de discréditer un grand nombre des gloses ponctuelles sur le Code, en montrant qu'elles se fondent souvent sur des corruptions de textes ou des anachronismes dans l'interprétation de termes centraux du droit romain (p. ex. pp. 388-389 ; cf. Franklin, 1963, pp. 20-21). Il aborde également la question que soulève toute cette tendance à traiter le Code en corpus juridique homogène, et démontre que son contenu résulte en réalité de la juxtaposition d'époques très distantes dans l'histoire de la Rome antique (cf. Franklin, 1963, pp. 22-23). Les fondements mêmes de la méthodologie bartoliste s'en trouvent ébranlés, jusque-là incontestés au sein des écoles de droit de l'Europe du Nord. Au lieu de traiter le Code comme *ratio scripta*, ou « raison écrite » et en tant que telle source immédiatement valide du droit, Budé le considère simplement comme un texte de l'ancien temps, et donc comme un document étranger qu'il convient d'interpréter à la lumière de la nouvelle approche humaniste de l'herméneutique.

L'étape suivante dans l'évolution de l'humanisme juridique, la plus décisive, sera atteinte quand les écoles de droit de l'Europe du Nord s'inclineront devant la nouvelle approche. Les premiers signes de reddition viennent en 1518, lorsque Alciato est invité à accepter un poste de professeur en France. Il enseigne d'abord à Avignon, et passe ensuite à l'Université de Bourges en 1529 (Viard, 1926, pp. 49-63). Comme il le clame fièrement dans ses *Paradoxes sur le droit civil*, il devient ainsi « le premier homme à enseigner le droit civil à la vraie manière classique depuis plus de mille ans » (III, p. 6). En outre, le triomphe d'Alciato fera école : Bourges deviendra

---

1. Ces carnets avaient en effet été légués à Crinito. Voir McNeil, 1975, p. 19. Ce contexte du travail de Budé tendrait à détromper Franklin (1963, pp. 18-20) lorsqu'il allègue que Budé était lui-même le pionnier majeur de l'humanisme juridique. Néanmoins, l'argumentation de Franklin est de grande valeur, et je lui dois beaucoup.

un centre international d'études juridiques si célèbre que l'on désignera bientôt ses méthodes humanistes simplement comme *Mos docendi Gallicus*, l'enseignement du droit selon la méthode française. Quant à la réputation de son enseignement, celui-ci attire un remarquable groupe d'élèves et de disciples, comprenant Douaren, Doneau, Baudouin et Cujas, sans doute les plus grands juristes français du XVIe siècle (cf. Kelley, 1970, pp. 101-102).

À cette époque, les méthodes et les découvertes de l'humanisme juridique sont reprises en Allemagne avec un enthousiasme presque égal. On en trouve déjà un exemple coloré dans les écrits d'Ulrich von Hutten (1488-1523), allié des humanistes et violent opposant de l'Église. Alors qu'il étudiait à Bologne en 1517, on montra à Hutten un exemplaire du commentaire de Valla sur la Donation de Constantin (Holborn, 1937, pp. 81, 85). Il s'empressa de le rapporter en Allemagne, édita la première version imprimée du texte, et la préfaça d'une dédicace ironique au pape, l'exhortant à éviter de s'entourer de menteurs et d'hypocrites (Holborn, 1937, p. 129). Le geste fut apprécié à sa juste valeur, et eut même des conséquences explosives : Luther lui-même dira qu'en lisant l'édition de Hutten il avait plus que jamais senti « l'obscurité et la traîtrise des Romanistes » et le besoin de lutter contre leurs mensonges (Fife, 1957, p. 472).

Cependant, en Allemagne comme en France, c'est la reconnaissance de l'humanisme juridique par les jurisconsultes et son introduction subséquente dans les programmes d'enseignement du droit qui marque sa véritable victoire. Dans cette transformation, le rôle principal est tenu par Ulrich Zasius (1461-1536), qui occupera pendant plus de trente ans la chaire de droit civil à l'Université de Fribourg. Comme Alciato, Zasius conserve en partie le cadre bartolien et fait preuve d'un certain respect envers les grands jurisconsultes du Moyen Âge, continuant à se référer à leur autorité sur certains points importants. Mais il met un constant point d'honneur à souligner sa grande admiration pour les *studia humanitatis*. Il ira même jusqu'à écrire cent pages de commentaires sur la *Théorie de la parole publique* du Pseudo-Cicéron, à laquelle il ajoutera une introduction à la gloire des arts rhétoriques, désignant

Érasme et, dans un accès de zèle patriotique, Ulrich von Hutten comme les deux praticiens modernes dignes de se comparer à Cicéron lui-même (vol. V, p. 382). En outre, dans ses écrits juridiques de la maturité, Zasius se révèle un pratiquant enthousiaste des nouvelles méthodes humanistes. On peut en voir un reflet dans son souci permanent de la nécessité d'une compréhension philologique exacte du Code, en lieu et place des vieilles préoccupations pour les gloses et commentaires. Comme il le déclare presque au début de son livre sur *Les Jugements*, « si c'est le texte lui-même qui nous est donné, nous n'avons nul besoin de la glose ; quand nous possédons le texte de la loi elle-même, alors nous ne pouvons être en nul doute » (vol. VI, p. 48). Un signe supplémentaire de cet engagement se rencontre dans son exposé des propositions émises par Pomponio quant à la nécessité d'approcher l'étude des institutions juridiques sous l'angle historique. Mais, dans ce cas, Zasius va bien plus loin que ses prédécesseurs italiens. Il s'inscrit certes toujours dans le projet typiquement humaniste tendant à reconstruire le contexte des institutions romaines en vue de retrouver les intentions primitives du législateur romain. Il utilise toutefois aussi les acquis de l'histoire pour brosser une théorie beaucoup plus large sur la nature du droit lui-même (Kelley, 1970, p. 90). Soutenant que tout système juridique sera toujours issu de la pratique autant que de la raison, il pose en conséquence qu'il sera toujours essentiel pour évaluer un tel système de reconnaître, comme il le dit souvent dans *Les Jugements*, que la voix de la coutume est « un instrument authentique » du droit, et que « l'autorité de la coutume » possède « une très grande force » (vol. VI, pp. 477, 535). Cette perspective fortement teintée d'historicisme prendra tout son sens en conduisant Zasius à adopter une piste de recherche qui deviendra bientôt l'un des plus vastes champs de bataille de la pensée juridique de la Renaissance : il s'agit de l'étude des origines et du développement des fiefs, et de la subséquente émergence du droit féodal dans l'Europe médiévale. Avec son grand traité sur *La Coutume des fiefs*, retraçant leur fondation, leur transmission et leur aliénation, Zasius devient ainsi l'un des premiers spécialistes du droit civil à appliquer les méthodes du droit humaniste à l'étude d'un système juridique autre que celui de la Rome antique (cf. vol. IV, pp. 243-342).

La diffusion et le développement de l'humanisme juridique en Europe du Nord commença bientôt à exercer une profonde influence sur la pensée politique autant que sur la doctrine juridique. Dans cet aspect comme dans tous les autres de leur rapprochement avec l'Antiquité classique, le travail des juristes humanistes a pour résultat paradoxal d'accroître le sentiment de distance entre leur propre réalité et les textes antiques qu'ils faisaient profession de comprendre. Au lieu d'apparaître comme « raison écrite », le Code Justinien, scruté par le regard philologique des humanistes, se réduit peu à peu à l'état de « relique délabrée », assemblage mal arrimé et mal communiqué d'actes conçus pour un empire depuis longtemps éteint, n'ayant que peu ou pas de portée directe dans le cadre très différent des conditions juridiques et politiques de l'Europe moderne à ses débuts (cf. Kelley, 1970, p. 67). Les implications de cette découverte terriblement déstabilisante seront explorées au cours de la seconde moitié du XVIe siècle par un groupe de plus en plus fourni de spécialistes du droit et de la politique, dans deux directions assez différentes dont chacune exercera d'importantes influences sur l'évolution ultérieure de la pensée politique moderne. Tout d'abord, divers jurisconsultes prennent conscience du fait que les méthodes employées par les humanistes dans leurs études sur le droit romain et le droit féodal peuvent aussi bien s'appliquer à tout autre système juridique connu, ce qui pourrait déboucher sur la constitution d'une théorie politique scientifique basée sur une jurisprudence universelle et comparative. Ce sera là une des ambitions majeures sous-jacentes aux *Six livres de la République* de Jean Bodin, et l'on verra plus loin qu'elle aura pour résultat ce qui est peut-être l'ouvrage de philosophie politique le plus original et le plus marquant du XVIe siècle. L'autre effet, plus radical encore, de la mise à bas de l'autorité immédiate du droit romain est de faire apparaître la nécessité d'énoncer un nouveau jeu de règles théoriques fondatrices dans la conduite du débat juridique et politique. Jusque-là, la conception du Code Justinien comme « raison écrite », jointe au grand prestige dont jouissait la philosophie scolastique, impliquait que les notions de raison pertinente et de lois de la nature fussent presque universellement reconnues comme pierres de touche dans l'analyse du droit, des obligations et de la justice. Mais, avec la mise en cause du droit romain en tant que *ratio scripta*, ce relatif consensus sur les fondements de l'argumentation politique commence à se dissoudre. Une idée se fait jour alors, notamment parmi les juristes eux-mêmes, selon laquelle puisque les seules formes indigènes connues du droit en Europe du Nord sont les droits coutumiers de chaque pays particulier, il s'ensuit qu'il convient de les systématiser et de les appliquer, s'agissant de l'unique base alternative pour fixer la juste distribution des droits et devoirs légaux. Dans ce contexte, l'étape suivante consistera évidemment à mener une série de recherches historiques détaillées sur les caractères précis de ces droits coutumiers, de manière à comprendre pleinement leur provenance et leurs dispositions. Par suite, les débats sur les principes juridiques et politiques vont tendre de plus en plus à se résoudre en débats sur les précédents historiques et, parallèlement, l'histoire à se muer en idéologie : la conduite de l'argumentation politique finira par se fonder dans une large mesure sur la présentation de thèses rivales à propos des prescriptions présumées des « antiques constitutions[1] ». Comme on le verra plus loin, ce déplacement de la base de l'argumentation politique, où l'invocation des lois de la nature se voit complémenter, voire supplanter, par celle du passé, finira par jouer un rôle crucial dans la formation des idéologies révolutionnaires vers la fin du XVIe siècle. Comme dans le cas de la science politique envisagée par Bodin, il faut commencer par l'œuvre de l'humanisme juridique pour comprendre les fondements de cette école formidablement importante dans la pensée politique des débuts de l'ère moderne.

---

1. Le meilleur exposé de ces changements se trouve chez Kelley, 1970, chapitres I et II. Un essai d'anatomie de l'usage de l'histoire en tant qu'idéologie, notamment dans la révolution anglaise, figure dans Skinner, 1955. Toute la question des « antiques constitutions » est traitée au mieux par Pocock, 1957.

Humanisme et science biblique

À la lumière de leurs nouvelles techniques philologiques, les humanistes vont étudier un autre texte d'importance idéologique majeure : la Bible, ce qui exige en premier lieu de leur part une nouvelle approche de l'exégèse et du commentaire biblique. La méthode scolastique orthodoxe du commentaire biblique consistait d'ordinaire à relier entre eux divers passages afin d'en retirer un enseignement ou un dogme plus général (cf. Duhamel, 1953, pp. 495-496). Au contraire, les humanistes vont s'efforcer de retrouver le contexte historique précis de chaque doctrine ou discussion considérée isolément. On rencontre déjà un exemple frappant de cette approche dans l'ouvrage d'Aurelio Brandolini (1440-1498), humaniste florentin, intitulé *Histoire sacrée des Hébreux* (Cosenza, 1962, p. 337). Selon les propres termes de son sous-titre, Brandolini entend présenter « un abrégé de l'histoire sacrée des Juifs à partir du livre qu'ils appellent la Bible et à partir de Flavius Josèphe » (Trinkaus, 1970, p. 601). Il esquive délibérément toute possibilité de faire surgir du texte de quelconques significations allégoriques ou une quelconque morale d'ensemble, et rejette ces préoccupations scolastiques comme de « petits commentaires mesquins » ne servant qu'à nous envelopper « dans le brouillard de la barbarie » (Trinkaus, 1970, pp. 608-609). Pour Brandolini, au fond, l'Ancien Testament se résume à une chronique, un texte qu'il convient d'approcher en termes historiques, de diffuser et si nécessaire de corriger en référence aux autres autorités, et même de réécrire dans un style humaniste plus respectablement policé (cf. Trinkaus, 1970, pp. 602-605).

Parmi les humanistes du Nord, le premier et le plus important représentant de cette nouvelle approche se nomme John Colet. Deux ans environ après son retour d'Italie en 1496, il donne à Oxford un cours intitulé *Exposition de l'Épître de saint Paul aux Romains*, où il laisse nettement prévoir l'extrême souci des *ipsissima verba* de la Bible qui deviendra bientôt si caractéristique de la Réforme luthérienne. Colet ne cherche pas à extraire du texte des doctrines générales ; il ne mentionne aucune des autorités scolastiques ; il se consacre au contraire entièrement à tenter d'élucider le sens de saint Paul à travers l'examen du contexte historique précis dans lequel ses mots ont été prononcés à l'origine. Face à ces éléments, il semble presque pervers de maintenir, comme le fait Rice, que toute la perspective de Colet dans ces cours le « sépare clairement » de « l'humanisme de la Renaissance » (Rice, 1952, p. 141). Sur au moins deux points de son exposé, sa volonté d'expliquer – ou même de décortiquer – les accents caractéristiques de saint Paul paraissent incontestablement humanistes dans la méthode autant que dans le ton. Le premier est son analyse du passage où l'apôtre soutient que l'homme n'est rien et que Dieu est Le-tout-dans-le-tout. L'interprétation de Colet consiste essentiellement à souligner le contexte de discorde civile dominant à l'époque parmi les Romains, et le désir qu'en retirait saint Paul « d'éliminer l'arrogance et l'orgueil » (p. 58). Le second point sur lequel il fait un usage plus élaboré encore de cette même approche est le commentaire sur le célèbre passage du chapitre XIII prescrivant une passivité politique absolue. L'explication fournie se fonde ici aussi sur les conditions politiques prévalant alors dans la Rome impériale. Claude était empereur, « homme de peu de constance », bien capable de détruire l'Église naissante si ses activités lui avaient déplu (p. 94). Dans ces conditions, si saint Paul dit qu'il faut « agir avec circonspection » face à des « ennemis et opposants » d'une telle puissance, on peut dire que cet avis est « opportunément donné » (p. 92). La doctrine serait-elle si exceptionnellement contraignante ? mais dès que l'on en connaît les circonstances, dit Colet, on comprend bien que saint Paul fait preuve « de grande prévoyance et prudence » en présentant ce conseil si modéré.

Les humanistes introduisent encore une autre innovation dans la lecture de la Bible, au bout du compte plus importante que toute autre, en se servant des méthodes philologiques qui les caractérisent afin de donner de nouvelles traductions, plus exactes, des anciens textes grecs et hébreux. Lorenzo Valla est ici encore le grand pionnier, avec sa remarquable série d'*Annotations sur le Nouveau Testament*, publiée en 1449 (Trinkaus, 1970, p. 572). Sa parfaite connaissance du grec lui permet en premier lieu de corriger un grand nombre d'approximations dans la traduction de la Vulgate. Mais son approche trouve sa signification essentielle dans l'hypothèse sous-jacente de la possible détermination de la doctrine par la philologie. On en trouve un magnifique exemple dans l'analyse du passage clé de la première Épître aux Corinthiens, où saint Paul traite de la foi et du salut. Dans la Vulgate, saint Paul édicte qu'on ne peut atteindre au salut que « par la grâce de Dieu avec moi » *(gratia Dei mecum)*. On considérait en général que cela renvoyait à une aptitude du fidèle chrétien à s'engager aux côtés de Dieu en vue d'assurer son salut. Mais Valla va souligner que ce qu'il faudrait dire est « par la grâce de Dieu *qui est* avec moi », puisque c'est là sans aucun doute le sens du texte grec original. Il en conclut logiquement que « ceux qui parlent de grâce avec le concours de Dieu ne disent rien du tout de sensé », car « Paul dit que rien ne peut être attribué à l'individu, puisque tout doit revenir à Dieu » (vol. I, p. 868). Si Valla fondait sa théologie sur la besogne des grammairiens, alors que Luther devait plus tard s'en remettre au plus illustre phénomène de l'illumination intérieure, il est étonnant de relever à quel point sont semblables les conclusions auxquelles parviennent néanmoins les deux hommes.

Une fois encore, ces techniques seront reprises au début du XVIe siècle par les humanistes du Nord. Une contribution parmi les plus marquantes est celle de Johannes Reuchlin (1455-1522), allemand, jurisconsulte praticien, intéressé par les humanités et lui-même enseignant d'hébreu et de grec (Spitz, 1963, pp. 61-62). En 1506, il publie son ouvrage fondateur sur *Les Rudiments de l'hébreu*, qui associe une grammaire de la langue à un dictionnaire hébreu-latin (Schwarz, 1955, p. 76). Comme il le souligne lui-même, ses études le conduisent à « douter des traductions » de la Bible, et notamment de l'exactitude de la Vulgate (Schwarz, 1955, p. 72). Il est en mesure de démontrer que les versions grecques de l'Ancien Testament se fondaient sur une mauvaise compréhension du système de voyelles hébreu, erreur qui impliquait elle-même le nombre immense d'erreurs de traduction dans la Vulgate, dont il relève soigneusement plus de deux cents dans les pages de ses

Rudiments (Schwarz, 1955, pp. 72-74 ; 78, note). Cette révélation des résultats potentiels d'un savoir trilingue contribuera à son tour à promouvoir un intérêt croissant envers cet instrument vital de l'humanisme biblique. Une conséquence en est la fondation de collèges trilingues dans plusieurs grandes universités d'Europe du Nord. Mais le fruit sans doute le plus consistant sera la publication de la première Bible polyglotte, entreprise commissionnée par le cardinal Ximenes et concrétisée par la nouvelle université humaniste d'Alcalá de 1514 à 1517 (Lyell, 1917, p. 28). L'Ancien Testament était imprimé avec la traduction de la Vulgate centrée sur la page, la version des Septante en grec à droite, l'hébreu à gauche, et la paraphrase chaldéenne au pied de chaque page du Pentateuque (Lyell, 1917, p 28). Selon Bataillon, ce chef-d'œuvre de l'art de l'imprimerie comme de l'érudition humaniste suffit à établir la réputation d'Alcalá comme centre d'études bibliques à travers toute l'Europe (Bataillon, 1937, pp. 24-47).

Érasme est bien évidemment le plus grand des humanistes du Nord qui reprendra la cause de la science biblique. Il semble en cela avoir subi l'influence de John Colet, rencontré à Oxford en 1499, au cours de son premier voyage en Angleterre (Smith, 1923, pp. 93-100). Après cette rencontre, écrit-il à Colet en 1504, il se résout en effet « à approcher les textes sacrés toutes voiles dehors » et à consacrer « tout le reste de ma vie » à l'étude des Saintes Écritures (II, p. 86). Les premiers fruits de cette décision apparaissent en 1505, avec la première version imprimée des *Annotations sur le Nouveau Testament* de Valla, dont Érasme avait découvert le manuscrit l'année précédente dans la bibliothèque d'un monastère près de Louvain (Rabil, 1972, p. 58). Il saisit l'occasion pour y ajouter une introduction de son cru, dans laquelle il explique l'importance de l'œuvre de Valla, mais aussi célèbre les humanités comme servantes de la théologie, soulignant que « toute la tâche de traduire les Écritures est la tâche du Grammairien » (p. 312). Érasme atteint le sommet de ses études bibliques en 1516, lorsqu'il publie enfin son édition longtemps attendue du Nouveau Testament en grec, avec la première traduction latine imprimée qui corrigeât les erreurs de la Vulgate (Huizinga, 1952, p. 91). Il y ajoute à nouveau une introduction, la *Paraclesys* ou exhortation au lecteur, où il exprime le désir de « rassembler tous les hommes, comme au son de la trompe, dans l'étude la plus sacrée et féconde de la philosophie chrétienne », et évoque cet autre espoir que les Écritures soient bientôt « traduites en toutes les langues » et lues par tous (pp. 150, 154 ; cf. Rabil, 1972, p. 91).

Comme dans le cas du droit romain, l'application des méthodes humanistes à la Bible eut un impact profond sur le développement de la pensée politique au XVIe siècle. Ici, c'est le nombre croissant d'humanistes qui s'attachèrent à traduire les Écritures qui constitua la principale voie d'influence. Le plaidoyer d'Érasme en faveur de la Bible vernaculaire suscite très vite un vaste assentiment : Lefèvre d'Étaples en France, Tyndale en Angleterre, Pedersen au Danemark, Petri en Suède, et Luther lui-même en Allemagne. La connaissance détaillée du Nouveau Testament se répandant de la sorte, on en vint alors à admettre largement une conséquence d'immense portée politique : l'organisation présente de la papauté tout autant que ses prétentions séculières constituaient de graves déviations vis-à-vis des idées et institutions originelles de l'Église primitive. Comme on tentera de le montrer plus loin, cette prise de conscience contribuera à son tour à favoriser une révolution dans les relations traditionnelles entre l'Église et les autorités temporelles dans une vaste partie du nord de l'Europe, révolution dans laquelle on peut dire que les techniques de l'humanisme biblique joueront le rôle du cheval de Troie.

8.

L'influence de la pensée politique humaniste

LES HUMANISTES COMME CONSEILLERS

Tout en développant les aspects techniques de l'humanisme italien, les humanistes du Nord conservent la profonde empreinte de leurs prédécesseurs du *quattrocento* dans leur approche des problèmes plus généraux qui se posent à la pensée sociale et politique. La preuve la plus évidente de cette continuité de vision nous est fournie par la gamme des genres littéraires qui les caractérisent. Ils persistent ainsi dans la croyance humaniste bien établie en l'extrême solidité des liens entre bonne éducation et bon gouvernement. Ils vont donc encore produire des traités pédagogiques systématiques, décrivant dans le moindre détail le type de formation à dispenser en matière de *studia humanitatis* à ceux dont on peut attendre qu'ils exerceront un jour une influence dominante dans les affaires du gouvernement. Les deux auteurs les plus notoires de cette tradition sont Sadoleto et Vives, qui publient tous deux leurs œuvres maîtresses au début des années 1530. Juan Luis Vives (1492-1540), aristocrate espagnol de naissance, devient en 1519 professeur en humanités à Louvain, où il achève en 1531 son livre *Sur l'éducation* (Noreña, 1970, pp. 57-58, 116). Iacopo Sadoleto (1477-1547), spécialiste distingué de science biblique et membre éminent de la Curie romaine, donne en 1534 un traité assez semblable sur *La Bonne Éducation des garçons* (Douglas, 1959, pp. 14-53.) Par la suite, un grand nombre d'ouvrages du même caractère général vont paraître tout au long du XVIe siècle, avec des manuels parmi lesquels le célèbre *Maître d'école* de Roger Ascham (1515-1568) qui servit d'exemple dans les années 1540 à la future reine Élisabeth[1]. L'influence du genre dans son ensemble sera immense : il contribuera à établir une méthode d'enseignement et un idéal de conduite qui feront l'admiration générale pour le moins pendant les trois siècles suivants.

Les humanistes du Nord font également un large usage du genre « miroir des princes », produisant un grand nombre d'ouvrages traitant de l'éducation des souverains ainsi que des principes du gouvernement vertueux. Il est vrai qu'un nombre étonnamment réduit de ce type d'ouvrages viennent d'Angleterre, mais il ne fait pas de doute que certains parmi les plus importants virent le jour au XVIe siècle en France, en Allemagne et en Espagne. En France, Josse Clichtove (1472-1543), élève de Lefèvre d'Étaples et auteur prolifique en matière de grammaire et de rhétorique, publie en 1519 un traité sur *L'Office du roi*. La même année, Guillaume Budé, le plus grand des représentants de l'humanisme français, achève son seul ouvrage en langue vernaculaire, *L'Éducation du prince*, et le soumet à François Ier (McNeil, 1975, pp. 37-38). En Espagne et au Portugal, la génération suivante maintient une tradition similaire. Jeronimo Osorio rédige *L'Éducation et la formation d'un roi* dans les années 1540, et Felipe de la Torre dédie un traité sur *L'Éducation d'un roi chrétien* à Philippe II en 1556 (Bataillon, 1937, p. 671). Pedro Ribadeneyra publie son traité anti-machiavélien sur *La Religion et les vertus du prince chrétien* en 1595, et Juan de Mariana son traité sur *Le Roi et l'éducation du roi* en 1599. Enfin, cette période voit paraître en Allemagne de nombreux livres d'avis aux princes. Jacob Wimpfeling (1450-1528), l'un des principaux vulgarisateurs des débuts de l'humanisme allemand, rédige *Le Précis du bon prince* sous le règne de Maximilien (Spitz, 1963, pp. 41-43). Johann Sturm (1507-1589), célèbre en tant que fondateur du *Gymnasium* humaniste de Strasbourg et correspondant d'Ascham à propos de questions de réforme pédagogique, achève son traité sur

---

1. Pour un panorama de divers autres manuels pédagogiques anglais de la fin du XVIe siècle, voir Woodward, 1906, pp. 296-322. À la liste de Woodward pourraient s'ajouter les œuvres de Hugh Rhodes (v. 1550), Francis Seager (1557) et Richard Mulcaster (1581).

L'Éducation des princes en 1551. Quant à Érasme, il propose sans doute le plus marquant de ces manuels en présentant *L'Éducation d'un prince chrétien* au futur empereur Charles Quint en 1516 (Phillips, 1949, pp. 126-127).

Un certain nombre d'humanistes rédigent également des livres d'avis où ils s'adressent non seulement aux rois et aux princes, mais aussi aux courtisans, nobles conseillers et magistrats. Ici encore ils puisent dans une veine bien connue des écrits politiques italiens, une démarche que résume *Le Livre du courtisan* de Castiglione. L'un des traités les plus complets dans ce genre est *Le Cadran des princes*, d'Antonio de Guevara, publié initialement en 1529 puis traduit en anglais par Sir Thomas North en 1557 (Redondo, 1976, p. 57). Même si le titre de Guevara fait penser à un texte dans le style du miroir des princes, il précise dès le début du livre II que ses avis s'adressent en fait aux « grands dignitaires » et autres proches des princes tout autant qu'aux princes eux-mêmes (f° 80a). L'autre manuel marquant de ce type est *Le Livre nommé le Gouverneur* de Sir Thomas Elyot (v. 1490-1546), paru en 1531[1]. On a souvent noté qu'Elyot dépend beaucoup du *Livre du courtisan*, même s'il passe les doctrines de Castiglione au tamis d'une conception plus légaliste et surtout plus patriotique de la relation entre l'étude des humanités et le fonctionnement harmonieux de la communauté[2]. Les traités d'Elyot et de Guevara rencontrèrent tous deux un immense succès : on connaît au moins sept éditions du *Gouverneur* d'Elyot dans ses cinquante premières années, alors que le *Cadran*

---

1. Lehmberg, 1960, pp. 45-49, accuse Elyot d'incohérence pour avoir adressé ses avis aux souverains autant qu'aux autres « gouverneurs », et propose une reconstruction hypothétique du processus de composition d'Elyot afin de rendre compte de cette prétendue incohérence dans le plan de son œuvre. On peut cependant considérer cette explication comme oiseuse, car il est manifeste qu'Elyot, comme Guevara, ne faisait que se conformer à une série de conventions reconnues en s'adressant à ces deux publics à la fois.

2. Ce point a d'abord été relevé par Croft dans son édition du *Gouverneur* en 1880. Lehmberg pose que le *Courtisan* de Castiglione ainsi que le *Prince chrétien* d'Érasme se trouvaient tous deux « aux côtés » d'Elyot tandis qu'il rédigeait le *Gouverneur*. Voir Lehmberg, 1960, p. 74. Plus récemment, Major a consacré la plus grande partie de son étude sur *Elyot et l'humanisme de la Renaissance* à dépister les sources possibles des idées politiques d'Elyot, et a fourni une analyse détaillée des parallèles avec le *Courtisan* de Castiglione. Voir Major, 1964, pp. 60-73.

des princes de Guevara deviendra, nous dit Meric Casaubon, le livre le plus lu (en dehors de la Bible) dans toute l'Europe du XVIe siècle (Lehmberg, 1962, p. VII ; Grey, 1973, p. IX).

Enfin, un certain nombre d'auteurs cherchent à toucher par leurs conseils non seulement les dirigeants de la société, mais aussi l'ensemble du corps citoyen. Il est vrai que, si les humanistes « civiques » de Florence s'adressaient de préférence à ce public élargi, cette ambition se manifeste de façon moins évidente dans les conditions plus hiérarchisées de l'Europe du Nord. Néanmoins, divers humanistes radicaux, anglais notamment, portent une attention particulière à des problèmes de réforme de la communauté plus généraux que les seuls intérêts spécifiques des classes dominantes. C'est bien sûr Sir Thomas More (1478-1535), dont *L'Utopie* paraît en 1516, qui est le plus éminent et le plus original de ces auteurs. De nombreux éléments empruntés à cette perspective feront plus tard surface dans le *Dialogue entre Reginald Pole et Thomas Lupset* de Thomas Starkey, vaste gamme de propositions de réformes que Starkey, de retour en Angleterre après un séjour chez Pole à Padoue, termine en 1535[1]. Et l'on retrouvera cet intérêt envers la communauté dans son ensemble développé au sein du mouvement dit « républicain » au milieu du XVIe siècle, où les problèmes économiques et constitutionnels de l'Angleterre des Tudors furent largement débattus par divers importants prédicateurs et humanistes, tels que Latimer, Crowley, John Hales et Sir Thomas Smith.

Tout en employant les mêmes genres que leurs prédécesseurs italiens, les humanistes du Nord partagent également en général leur conception du rôle du penseur politique dans la vie politique. Ils reprennent avec enthousiasme l'argument connu selon lequel, si les philosophes ne peuvent espérer devenir rois, le deuxième

---

[1]. Elton, 1968, avance que Starkey (v. 1499-1538) écrivit sans doute le gros de son *Dialogue* à Padoue en 1533, et n'y ajouta que les dernières sections en 1535. Il souligne également que le manuscrit de Starkey ne fut jamais révisé, ni presque certainement présenté à Henri VIII comme on l'a parfois supposé. L'ouvrage de Starkey ne fut publié que dans les années 1870, lorsqu'il fut édité par J. M. Cowper qui lui donna le titre sous lequel on le connaît en général. Kathleen M. Burton établit une nouvelle édition en 1948, et c'est de cette version que proviennent toutes les citations.

meilleur choix consiste en ce que les rois soient conseillés du plus près possible par les philosophes. Ils se voient donc essentiellement comme des conseillers politiques, écrivant des manuels pratiques et éclairant les rois, princes et magistrats de leurs lumières avisées (cf. Lehmberg, 1961, p. 89).

Tout comme les Italiens, ils vont par conséquent rechercher des carrières de secrétaires et d'ambassadeurs auprès de leurs gouvernants. Sadoleto est un important diplomate pontifical, et sera fait cardinal en 1536 en récompense de ses services rendus à la Curie. Guillaume Budé sert de secrétaire à Charles VIII, et devient en 1522 l'un des maîtres de requêtes de François Ier (McNeil, 1975, p. 100). Sir Thomas Elyot est nommé Premier clerc au Conseil du roi en 1524, et à partir de 1531 sert comme ambassadeur à la cour de Charles Quint (Lehmberg, 1960, pp. 27, 46). Et Sir Thomas More, de loin le plus grand de ces penseurs, connut aussi la plus grande réussite dans le monde de l'action politique, devenant Speaker de la Chambre des Communes en 1523, et s'élevant à la dignité de Lord Chancelier d'Angleterre en 1529 (Chambers, 1935, pp. 200, 236).

Se considérant essentiellement comme des conseillers, beaucoup parmi les humanistes préfacent leurs traités en évoquant « le problème du conseil » : la difficulté qu'il y a à donner des avis réellement utiles tout autant que politiquement justes (cf. Ferguson, 1965, pp. 90, 107). Ceux qui rédigent des livres de conseils à l'usage des princes et des magistrats tendent à aborder cette question largement du point de vue du gouvernant, et se concentrent sur l'importance de choisir de bons conseillers et d'apprendre à distinguer ses vrais amis des faux. Ils traitent tout spécialement de ce qu'Elyot, dans le *Gouverneur*, appelle « le poison mortel de la flatterie » (p. 132). On voit ainsi Érasme intituler un chapitre du *Prince chrétien* « Le Prince doit éviter les Flatteurs », et donner pour consigne aux hommes d'autorité d'étudier de près l'essai de Plutarque « Comment distinguer un ami d'un flatteur » (pp. 193, 196). De façon semblable, Budé fait l'éloge de ce même essai dans son *Éducation du prince*, tout en consacrant plusieurs chapitres à expliquer « le besoin pour tous les grands princes et prélats » de reconnaître les dangers qu'ils encourront sans nul doute s'ils manquent de « se faire conseiller dans leurs affaires » ou de « s'entourer de bons ministres et de serviteurs fidèles » (pp. 123, 129, 131, 138).

Toutefois, si l'on considère les auteurs dont l'intérêt se porte principalement sur la réforme générale de la communauté, on les voit traiter la question du conseil plutôt comme un dilemme auquel sont confrontés ceux susceptibles d'être appelés au service des rois et des princes. Ils en parlent le plus souvent selon les termes du débat humaniste par excellence, opposant les mérites rivaux de l'*otium* et du *negotium*, la vie de calme et de contemplation contre la vie d'activité et d'affaires ; et la réponse immédiate qu'ils apportent tous, et souvent dans un style très satirique, est qu'aucun homme de vertu et de sagesse ne devrait jamais abandonner une vie d'étude en vue de faire carrière dans les affaires publiques.

À cela une raison revient souvent : les rois sont si enclins aux passions tyranniques qu'il peut être extrêmement dangereux de leur proposer des avis sincères. Le plus connu des exposés de cet argument est celui figurant au livre I de *L'Utopie* de More. Raphael Hythlodaeus, voyageur rentré depuis peu de l'île d'Utopia, se voit presser par l'assistance d'impartir aux dirigeants de l'Europe le savoir qu'il a acquis là-bas. Il réplique avec une grande véhémence, et comme une prémonition sur la suite de la carrière de More lui-même, que, puisque tous les rois « ont été depuis leur plus jeune âge saturés et infectés d'idées fausses », il est fort probable que toute personne proposant « des mesures bénéfiques » ou déterrant « les semences du mal et de la corruption » se retrouvera « sur-le-champ banni ou tourné en ridicule » (p. 87). On retrouvera plus tard la même complainte, exprimée plus vivement encore, dans le *Dialogue* de Starkey. Quand, au début de leur conversation, Lupset cherche à convaincre Pole de « s'appliquer à mettre en avant le bien commun », celui-ci répond aussitôt en soulignant que les meilleurs de ceux qui ont tenté d'agir ainsi se sont trouvés « bannis de leur pays », tandis que d'autres ont été « mis en prison et traités indignement » et que quelques-uns ont même été « cruellement et honteusement mis à mort » (pp. 36-37).

Mais la meilleure raison de préférer une vie d'*otium* serait que la vie publique, comme on le sait bien, est entièrement gouvernée par l'hypocrisie et le mensonge. C'est là un des thèmes favoris de certains Français, se désignant eux-mêmes comme *Grands Rhétoriqueurs*, groupe de satiristes provocateurs conduit par Jean Bouchet et Pierre de la Vacherie (Smith, 1966, p. 77). Les rois n'écoutent que les flatteurs, nous affirme Bouchet, et les conseillers honnêtes ne peuvent donc espérer se faire entendre qu'en compromettant leur honnêteté. Dans le même temps, « des hommes justes sont supplantés par ces scélérats, les sujets opprimés par leurs avis, et tout est ruiné parce qu'on ne les supprime pas » (Smith, 1966, p. 78). On retrouve le même argument avec la même amertume dans *L'Utopie* de More. « Il n'y a aucune chance », affirme Hythlodaeus, qu'un bon conseiller « fasse le moindre bien » à la cour, car il devra toujours travailler auprès de « collègues qui pourriraient aisément jusqu'aux meilleurs des hommes avant de se réformer eux-mêmes ». Tout ce qui peut se produire est que, « de par leur néfaste voisinage, ou bien vous serez vous-mêmes détournés, ou bien, si vous conservez votre intégrité et votre innocence, vous servirez d'écran à la perversité et à la folie des autres » (p. 103). En exemple de ses dires, Hythlodaeus rappelle l'occasion où il fut appelé par le cardinal Morton à exprimer son avis sur le redressement des injustices sociales en Angleterre. De prime abord, ses opinions furent tournées en ridicule par les membres de l'entourage du cardinal, mais dès que celui-ci fit savoir qu'il les partageait, ces derniers rivalisèrent de flatterie envers lui et de louanges à l'égard des remèdes qu'ils venaient de condamner. « De cette réaction, conclut abruptement Hythlodaeus, vous pouvez juger du peu de cas que des courtisans feraient de moi et de mes avis » (p. 85).

Toutefois, une fois posés ces doutes et objections préliminaires, les débats sur l'*otium* et le *negotium* se résolvent presque toujours en faveur de l'implication active dans les affaires du gouvernement. À cela, *L'Utopie* de More constitue la grande exception. Dans le premier dialogue, personne ne parvient à détourner Hythlodaeus de sa conviction initiale voulant que, selon ses termes, il n'y a pas plus d'une syllabe de différence entre service et servitude envers les rois (p. 55). La persistance de More dans cette conclusion peu orthodoxe comporte une double ironie. Elle vise en partie son acceptation sous-jacente des conventions humanistes, *L'Utopie* commençant par moquer l'idéal du conseil mais finissant par s'y rallier de manière oblique. Après avoir refusé au livre I le rôle de conseiller, Hythlodaeus continue au livre II à rendre compte du communisme utopien, où il décrit le système sous un jour digne d'admiration et d'imitation presque à tous égards. Il nous prodigue donc en réalité ici les conseils politiques avisés qu'il nous refusait auparavant sous prétexte qu'ils ne seraient jamais pris en compte. Mais l'ironie de More concerne également son propre mode de vie : à l'époque où il rédige *L'Utopie*, en 1515, il vient en effet de décider d'entrer au service du roi[1]. Il achève le premier livre (celui que Hexter appelle « le dialogue du conseil ») à peine rentré à Londres de sa première mission diplomatique à l'étranger. Il semble même avoir écrit le livre II, c'est-à-dire la véritable description de l'île fabuleuse, pendant son séjour à Anvers aux fins de son ambassade elle-même (Hexter, 1952, pp. 20-21, 100-101). C'est donc au moment même où More se décide enfin à chercher fortune auprès de la Cour qu'il nous montre un Hythlodaeus qui soutient avec tant de fougue que toutes ces ambitions sont absurdes, puisque tout courtisan se trouvera au bout du compte forcé « d'approuver les pires conseils et de souscrire aux plus ruineux décrets » (p. 103).

Mais ces débats débouchaient bien plus souvent sur une dénonciation de ce que Milton devait appeler « une vertu fugitive et cloîtrée », et donc sur une défense des valeurs attachées à la vie active. On donne en général deux raisons à cet engagement. La première est l'habituelle affirmation humaniste (et plus tard puritaine) voulant que tout savoir doit être « utilisable », et donc que « la fin de toute doctrine et étude », selon Elyot dans les derniers chapitres du *Gouverneur*, doit résider « dans le bon conseil, où peut se voir la vertu, étant là sa juste demeure et son juste palais[2] ». La formula-

---

1. Voir Chambers, 1935, pp. 118-120, 157-175. Elton a récemment souligné cette ironie en montrant que, malgré ses protestations d'humanisme conventionnel en faveur d'une vie d'*otium*, More mit en fait beaucoup de bonne volonté à intégrer le service du roi. Voir Elton, 1972, notamment pp. 87-92.

2. Dans *Sur l'éducation*, p. 284, Vives approuve lui aussi vivement l'idée que « notre étude doit être accordée à l'utilité pratique dans la vie ». Pour une analyse de cet élément

tion la plus claire de ce point de vue est peut-être celle du débat entre Pole et Lupset qui ouvre le *Dialogue* de Starkey. D'abord, Lupset blâme Pole de mener une vie d'étude retirée. « Vous savez fort bien, Maître Pole, que c'est pour ceci que tous les hommes sont conçus et mis au monde : pour partager ces dons qui peuvent leur être faits, chacun au profit de l'autre, en parfaite civilité, et non pas afin de vivre pour leur propre plaisir et leur propre bénéfice, sans égard pour le bien commun de leur pays, oublieux de toute justice et de toute équité » (p. 22). Cela étant, poursuit-il, il s'ensuit que celui qui se laisse aller à être « attiré par la douceur de son étude » hors de la vie active « porte un tort manifeste à son pays et à ses amis, et se montre tout simplement injuste et inique » (p. 22). Car « la perfection de l'homme réside non dans le savoir cru et la connaissance pure sans application à aucun usage ou profit des autres ; mais la vraie perfection de l'esprit humain tient à l'usage et à l'exercice de toutes les vertus et de l'honnêteté, et par-dessus tout de la vertu première vers laquelle tendent toutes les autres, qui est, sans nul doute, la mise en commun de la haute sagesse au bénéfice des autres, en quoi réside la félicité de l'homme » (p. 26). Face à cette tirade, Pole commence par soulever un certain nombre d'objections platoniciennes, mais finit par admettre qu'elles sont de peu de poids. Il ne fait pas de doute, reconnaît-il au bout du compte, que Lupset a établi, avec de solides « raisons philosophiques », que « chaque homme doit s'appliquer à promouvoir le bien commun, chaque homme doit étudier pour servir son pays » (p. 36).

L'autre raison de recevoir favorablement cette thèse est notamment avancée par les auteurs du miroir des princes. Ceux-ci considèrent tous que, comme le déclare Budé à la fin de *L'Éducation du prince*, « une monarchie bien ordonnée » est toujours préférable « à tout autre genre de gouvernement » (p. 202). Ils soutiennent donc souvent que l'homme de science qui sert de conseiller à son prince rend un service de la plus haute importance collective, car il participera au « bon ordonnancement » de la monarchie, et contribuera

---

dans l'enseignement à la Renaissance et son effet sur la littérature élisabéthaine, voir Craig, 1950, pp. 87-94. Pour les remarques d'Elyot, voir le *Gouverneur*, p. 238.

donc à préserver la meilleure forme possible de communauté. Guevara insiste très fortement sur ce point dans le premier livre du *Cadran des princes*. Si nous donnons de bons conseils à nos gouvernants, dit-il, nous aiderons à faire en sorte que la communauté soit dirigée non pas seulement par de justes lois, mais aussi par un roi juste (f° 50b). Et si nous jouons notre rôle pour maintenir une monarchie dans laquelle « tous obéissent à une personne de vertu », cette vertu étant elle-même encouragée par de vertueux conseillers, alors nous contribuerons à soutenir la forme de gouvernement la meilleure et la plus sacrée, dont viendra que « le peuple se trouvera bien, les bons auront estime et les mauvais seront châtiés » (f° 39b).

La question demeure toutefois de savoir en quoi ces auteurs se tiennent pour si qualifiés dans leurs fonctions de conseillers des princes ; et la réponse n'est pas seulement dans le fait qu'ils partagent la confiance humaniste générale en la valeur de la philosophie antique comme guide pour la vie moderne, mais aussi dans leur adhésion à cette idée plus précise que la clé de la sagesse politique se trouve dans une juste compréhension du passé. Kelley l'a bien remarqué, l'histoire est au centre de la vision humaniste du monde, et plus que toute autre chose elle conforte leur assurance quant à leur rôle dans les affaires publiques (cf. Kelley, 1970, p. 21). Les plus grands pédagogues humanistes poseront avec la plus grande solennité les principes de cette foi en la valeur pratique des études historiques ; on n'en trouve nulle part un plus clair énoncé que chez Vives, au livre V de l'*Éducation* où il évoque le lien entre « les études et la vie » (p. 226). Il écrit d'abord que l'on peut tenir pour invariable « la nature essentielle des êtres humains », car « il ne se produit jamais de changements » dans « le fond des attributs de l'esprit humain » (p. 232). Il rappelle ensuite que ces « attributs » donnent également lieu à des « actes et désirs » qui à leur tour produisent « des effets mesurables » sur le cours de la vie politique (p. 232). Mais cela implique qu'en étudiant l'histoire on étudie les causes générales des événements, ce qui nous met en mesure « d'être avertis des maux qui ont pu s'abattre sur d'autres » et d'y acquérir une perspicacité en « ce que nous devrons poursuivre et ce que nous devrons éviter » dans le futur (p. 233). D'où vient que Vives considère « la science historique » comme « nourricière du savoir pratique », et conclut, pour les mêmes raisons que ses ancêtres du *quattrocento*, que ceux qui connaissent le mieux le passé peuvent revendiquer le meilleur titre pour agir en conseillers des princes (p. 233).

Cette confiance absolue dans la possibilité de fonder une science politique sur les enseignements de l'histoire recevait parfois un accueil teinté de scepticisme, et ce jusque dans les milieux humanistes. On a déjà relevé les doutes de Guichardin quant aux positions de Machiavel à cet égard, et l'humaniste allemand Heinrich Cornelius Agrippa (1486-1536) adopte une attitude plus pyrrhonienne encore, notamment dans son extraordinaire traité sur *La Vanité et l'incertitude des arts et sciences*, achevé en 1526 et publié en 1530 (Nauert, 1965, pp. 93, 106). Agrippa promène en premier lieu son regard sombre sur les *studia humanitatis*, et s'en prend successivement aux prétentions des grammairiens, des historiens, des rhétoriciens et des philosophes. Nulle part son scepticisme n'est aussi profond qu'à propos des mérites généralement attribués à l'histoire. Si les hommes, dit-il, considèrent « pour la plupart » l'histoire comme docteur de la vertu et « maîtresse de la vie », on peut tout de même estimer qu'il existe de bonnes raisons de tenir ces affirmations pour fallacieuses (p. 35). Tout d'abord, il n'est pas du tout évident que le passé puisse nous apprendre quoi que ce soit. En y regardant de près, on découvre en effet que tous les livres d'histoire sont remplis d'erreurs, que leurs auteurs soient tout simplement ignorants ou bien que, « flattant leurs propres actes », ils préfèrent délibérément « le mensonge à la vérité » (p. 38). Et même à supposer que l'histoire soit source d'enseignements, il n'est pas du tout évident que ce soient forcément là des leçons de vertu. En effet, on suppose toujours « qu'en lisant des livres d'histoire on peut atteindre à une sagesse supérieure », mais on se refuse à reconnaître que ces mêmes sources peuvent tout aussi aisément nous rendre maîtres dans la folle perversité des hommes (p. 41).

Toutefois, chez la plupart des humanistes du Nord, l'idée de l'histoire « nourricière de la sagesse pratique » demeure un article de foi essentiel. Tous les auteurs de livres de conseils pour princes et magistrats appellent ceux qui exercent une responsabilité quelconque dans les affaires du gouvernement à étudier l'histoire. Dans le *Gouverneur*, Elyot souligne « qu'il n'est pas d'étude ou science » qui soit « d'égal usage ou plaisir » (p. 39). Dans *L'Éducation du prince*, Budé s'étend longuement sur le même thème. Il assure que « la lecture des livres d'histoire » permet de comprendre « non seulement le passé, mais aussi le présent et souvent même le futur » (p. 55). Ce qui aiderait nos gouvernants à acquérir « prudence » et « sapience », deux qualités issues « de la compréhension des événements du passé » qui seraient « plus nécessaires aux rois que toute autre chose » (pp. 65-66, 203). Budé n'hésite donc pas à édicter le jugement dont Cornelius Agrippa va rire peu après : l'histoire, clame-t-il, est « une grande maîtresse », un guide « même parmi nos plus grands pédagogues », et notre fil le plus sûr vers « une vie honnête et vertueuse » (p. 43).

Les injustices du moment

Se représentant ainsi essentiellement dans un rôle de conseillers, quels sont donc les problèmes, quelles sont donc les inégalités que nos experts humanistes jugent dignes de leurs bons soins et avis ? La question est loin de susciter chez tous un intérêt profond. C'est ainsi que Guevara n'évoque qu'à peine la réforme sociale, sauf à l'occasion de quelques traits d'humeur à propos de sujets comme l'extravagance aristocratique. De même, le conseil de Budé à François Ier ne cherche nulle part à proposer de solution à une quelconque difficulté sociale ou constitutionnelle. Il est néanmoins classique chez les humanistes de se voir non seulement comme conseillers des princes, mais aussi comme médecins du corps politique ; et lorsqu'ils adoptent cette attitude quant à leur devoir, il est frappant de constater à quel point leurs propos convergent sur les maux de la société.

Ils invoquent un argument majeur qui, on l'a vu, s'était déjà imposé comme central dans toute la tradition de la pensée politique humaniste. Le plus grave danger qui menace la santé politique, disent-ils, intervient quand le peuple ignore le bien de la communauté dans son ensemble, et ne s'occupe que des intérêts individuels ou factionnels de chacun. Au début de *L'Éducation d'un Prince chrétien*, Érasme expose cet argument avec une clarté remarquable. Il pose comme premier précepte qu'« une seule idée » doit « guider le prince dans son gouvernement », et doit « de même guider le peuple dans le choix de son prince » : « le bien public, libre de tout intérêt particulier », doit toujours être protégé et préservé (p. 140). Le prince se doit d'admettre qu'il est « né pour l'État » et non « pour son bon plaisir » ; toute personne lui portant conseil doit s'assurer qu'il ne « considère pas sa rétribution personnelle, mais plutôt le bien-être de son pays » ; et c'est la fonction première de la loi que de promouvoir « le progrès de la communauté » selon « les principes fondamentaux de l'équité et de l'honnêteté » (pp. 141-142, 221).

À en juger à cette aune, les humanistes s'accordent en général à penser que leur époque connaît un besoin de réforme criant. La prescription la plus célèbre en ce sens se trouve à la fin de *L'Utopie* de More, où Hythlodaeus s'exclame soudain « lorsque je considère et retourne dans mon esprit l'état de toutes les communautés prospères d'aujourd'hui, où qu'elles soient, que Dieu me vienne en aide, je n'aperçois rien d'autre qu'une sorte de conspiration des riches, qui visent leurs intérêts propres sous le nom et le titre de la communauté » (p. 241). Le peu de goût envers le bien public est communément reconnu comme étant le trait le plus délétère et corrupteur de l'époque. Starkey souligne ainsi ce point dans son *Dialogue*, avec tout autant de véhémence, en écho au langage déjà employé par More. Que l'on considère les princes, les seigneurs ou les autres gouvernants, soutient-il, on découvre que « chacun d'entre eux s'occupe d'abord de ses propres profits, plaisirs et commodités, et on en verra peu qui tiennent compte du bien de la communauté, mais au prétexte et sous l'aspect de celui-ci chacun d'eux pourvoit au bien privé et singulier » (p. 86).

En réponse à cet individualisme envahissant, les humanistes vont en premier lieu délivrer une série d'admonestations solennelles à leurs princes et magistrats. Ils les préviendront que ce renoncement à leurs devoirs les plus hauts ne peut être tenu que pour moralement intolérable. Comme le clame Érasme à diverses reprises, celui qui gouverne « pour son propre bénéfice, non pour celui de ses sujets » ne peut pas être vu comme un véritable prince, mais seulement comme un voleur, un « mangeur d'hommes » et un tyran (pp. 161, 170, 174). Ils leur montreront aussi que, s'ils s'abstiennent de promouvoir le bien commun, cela finira par amener de fort dangereuses conséquences pratiques. Tout au long du *Dialogue*, Starkey souligne que « quand ceux qui détiennent le pouvoir » se consacrent « uniquement à leur propre bonheur, plaisir et profit », le résultat en sera sans aucun doute « la destruction patente de toute politique commune avisée, publique et juste » (pp. 61, 70). *Le Livre nommé le Gouverneur* d'Elyot s'achève sur la même note de menace. Prenant Cicéron pour mentor, Elyot avance que, chaque fois que nos gouvernants négligent « l'état général et universel du bien public » pour favoriser quelque « commodité particulière », cela conduit toujours à introduire « quelque chose de plus pernicieux, à savoir la sédition et la discorde », qui à leur tour entraînent la communauté à un état « d'extrême dissolution » et de décadence (pp. 240-241).

Tout en proférant ces sombres pronostics, les humanistes se distinguent aussi en cherchant les coupables de cet effondrement général de la responsabilité civique. Ils vont ainsi disposer d'un bon prétexte pour esquisser les caricatures traditionnelles de l'avocat véreux, du moine paresseux, du prêtre intéressé, littérature d'invective et d'injure bientôt développée avec une férocité plus grande encore par les protagonistes de la Réforme luthérienne. Rabelais est bien entendu l'écrivain le plus inventif dans cette veine satirique. Au cours de ses voyages, Gargantua croise sans cesse des moines égoïstes et gloutons, et lorsqu'il parvient enfin à l'abbaye de Thélème, communauté humaniste idéalisée, il se trouve devant un avertissement apposé sur le portail, interdisant l'entrée aux jurisconsultes, usuriers et autres hommes de cet acabit[1]. Érasme fait preuve d'un égal génie de la satire dans plusieurs de ses écrits les plus connus. Son *Éloge de la folie* présente une attaque dévastatrice contre le

---

1. Rabelais, *Gargantua*, notamment pp. 125-127, 153-154 (édition britannique, *NdT*). À propos des tendances « érasmiennes », voir Febvre, 1947. Sur Rabelais comme commentateur politique, et l'orientation humaniste de sa pensée politique, voir Janeau, 1953.

manque d'esprit civique si souvent montré par les jurisconsultes et les prêtres. Et même dans les pages plus graves de *L'Éducation d'un prince chrétien*, il ne peut s'empêcher d'introduire une série de remarques goguenardes concernant « cette curieuse forme d'oisiveté » que l'on trouve chez ceux qui passent leur vie « de façon paresseuse et engourdie » au sein des collèges et monastères (p. 226).

Certains parmi ces auteurs vont aussi chercher à décrire de manière plus sérieuse la décomposition sociale et économique de l'époque. Ce que Ferguson appelle « l'aube de la conscience de l'évolution sociale » se rencontre tout spécialement chez les humanistes anglais (Ferguson, 1963, p. 11). *L'Utopie* de More comporte une première tentative visant à traiter la chute de l'idéal de « communauté » sur un mode quelque peu analytique, et plusieurs de ses arguments seront plus tard repris et développés dans le *Dialogue* de Starkey. More prend pour cible deux grands groupes sociaux qu'il accuse de miner la communauté en poursuivant sans pudeur leurs intérêts propres au détriment du bien public. Il dénonce d'abord l'extravagant égoïsme de la noblesse, qui juge essentiel à sa dignité « d'entretenir un gigantesque entourage d'assistants oisifs qui n'ont jamais appris un métier pour en vivre » (p. 63). En conséquence de cette prétention absurde, ils contribuent souvent sans aucune nécessité à l'augmentation du chômage et de la misère ambiante. Car dès que meurt un de ces nobles, sa suite « est aussitôt dissoute » et vient immédiatement alourdir encore la charge inerte de la communauté (p. 63). Autres coupables : les propriétaires terriens, et notamment ceux qui découvrent que l'élevage des moutons devient plus rentable que les productions végétales. Et More de s'exclamer avec dédain : « Ils ne se satisfont pas de ne faire aucun bien à leur pays ; il leur faut encore lui nuire activement. » Ils « ne laissent aucune terre à cultiver ; ils clôturent chaque bout de terre pour leurs pâturages ; ils démolissent des maisons et des villes » (p. 67). Il en résulte, selon la célèbre formule de More, que les moutons mangent les hommes : en vue de satisfaire « la cupidité sans scrupules de quelques-uns », les agriculteurs sont ruinés, leurs ouvriers poussés au crime, et toute la communauté s'appauvrit (pp. 65, 67, 69).

Ce diagnostic sera repris et détaillé par le groupe radical dit des « républicains » sous le règne d'Édouard VI. On a parfois avancé que le Protecteur Somerset pourrait bien avoir subi l'influence de ces penseurs, et sa chute en 1549 pourrait être due en partie à l'animosité que cela aurait suscitée envers lui au sein de la classe des propriétaires fonciers (Jordan, 1968, p. 426 ; 1970, p. 108). Le prototype des ouvrages de protestation enflammés des auteurs « républicains » est *La Complainte de Roderick Mors* d'Henry Brinklow († 1546), franciscain converti au luthéranisme dont le livre parut en 1546 (Cowper, 1874, p. vi). Un autre ouvrage important de même nature est *La Voie de la richesse* de Robert Crowley (v. 1518-1588), paru en 1550 (Collinson, 1967, pp. 48, 74). Mais le plus intéressant des traités « républicains » sera le *Discours sur le bien commun*, manifestement rédigé dans la seconde moitié de 1549 mais qui ne sera publié anonymement qu'en 1581. La question de la paternité du *Discours* n'a jamais été définitivement résolue. On l'a habituellement attribué à John Hales († 1571), l'un des six commissaires parlementaires nommés en 1548 pour enquêter sur l'étendue des enclôtures, qui rédigea plusieurs traités similaires au cours de cette période, notamment une défense de son œuvre de commissaire aux enclôtures et une note sur les « causes de la disette » (Lamond, 1893, pp. XXV, XLII-XLV). Mais il semble aujourd'hui plus probable que l'auteur du *Discours* ait été Sir Thomas Smith (1513-1577), futur ambassadeur de la reine Élisabeth en France et auteur de *La Communauté de l'Angleterre*, tableau de la Constitution et du gouvernement anglais paru en 1583[1]. Quels que soient les doutes qui puissent subsister quant à son auteur, l'importance de ce traité n'a cependant jamais fait l'objet du

---

1. Le premier défenseur de la paternité de Smith est Mary Dewar, qui a cherché à appuyer son affirmation en mettant en parallèle le *Discours* et d'autres œuvres connues pour être de Smith. Voir Dewar, 1966, notamment pp. 390-394. La cause de Smith s'en trouve puissamment crédibilisée, quoique peut-être pas au point de constituer absolument « l'argument irréfutable » que revendique Dewar dans sa biographie de Smith (voir Dewar, 1964, p. 54). L'un des principaux spécialistes de cette époque, W. K. Jordan, n'a pas été convaincu et son récit du règne persiste à accepter la paternité de Hales. Voir Jordan, 1968, p. 395, note.

moindre doute. Unwin le tenait pour « l'expression la plus avancée de la pensée économique dans l'Angleterre des Tudors », et il constitue une des études les plus fouillées de philosophie politique et économique associées au groupe des « républicains » (cf. Dewar, 1966, p. 388).

Les vues de ces théoriciens se reflétaient très fidèlement dans les sermons de divers prédicateurs radicaux qui devinrent prééminents au cours de la même époque. Les langues se délièrent à la suite de la mort d'Henri VIII et de la subséquente transition d'un « érasmisme officiel » modéré vers l'adhésion entière de Somerset à la foi protestante[1]. Le plus grand de ces critiques sociaux sera Hugh Latimer (v. 1485-1555), dont on pense qu'il fut le principal inspirateur du mouvement « républicain » considéré dans son ensemble (Jones, 1970, p. 31). Et les plus influents de ses jeunes disciples seront Thomas Becon (1512-1567) et Thomas Lever (1521-1577), qui tous deux tombent sous la coupe des prêches de Latimer pendant leurs études à Cambridge, et se mettent à écrire et à prêcher sur un mode très proche au début des années 1550.

Si ces hommes sont tous des protestants affirmés, ils penchent tout aussi nettement vers l'humanisme dans leur éducation et leurs choix, preuve supplémentaire des liens spirituels étroits entre l'humanisme et le mouvement puritain. Becon et Lever font leurs premières études au St John's College de Cambridge, récemment fondé sur les conseils de John Fisher (1459-1535) afin de promouvoir l'enseignement des *studia humanitatis* au sein même de la citadelle scolastique de l'Université (Simon, 1966, pp. 81-82 ; Bailey, 1952, pp. 2-3). Tout comme Thomas Starkey, Robert Crowley est élevé au Magdalen College d'Oxford, centre important de l'humanisme depuis la nomination de William Latimer dans les années 1490 (Cowper, 1872, p. IX). Quant à Sir Thomas Smith, il est l'un des plus éminents humanistes de sa génération, conseiller des

---

1. Sur l'« érasmisme officiel » et son hostilité envers le protestantisme sous Henri VIII, voir McConica, 1965, pp. 150, 235-258. Sur la première reconnaissance sous le protectorat de Somerset du « processus de protestantisation » qui s'était déroulé dans les universités sous le règne précédent, voir Dickens, 1959, p. 7, et 1965, pp. 44, 50.

princes mais aussi professeur de grec à Cambridge, où l'on rapporte que son savoir et son éloquence au service des humanités subjuguèrent toute l'université (Dewar, 1964, p. 13).

On retrouve bien ce contexte dans le parti que prennent ces auteurs en faveur de la protection du bien commun et à l'encontre des abus d'un individualisme méprisant. Ils déplorent constamment, comme Brinklow, que chacun « s'adonne à rechercher sa seule richesse privée seulement », et se refuse à reconnaître que c'est toujours là une façon d'agir néfaste dans la mesure où elle peut déboucher sur « un quelconque préjudice envers la communauté » (pp. 17, 73). Crowley renouvelle la même attaque dans *La Voix de la dernière trompette*, suite de contes moraux en vers de mirliton publiés en 1550. Trop de gens, soutient-il, et notamment les marchands, se comportent « dans le seul espoir de faire leur chemin », et ne prennent « aucune sorte de soin » pour le bien de la communauté, alors qu'ils devraient se consacrer au bien de la communauté, et non pas seulement à leurs soucis égoïstes (pp. 87, 89). L'idéal sous-jacent étant, comme dit Becon dans son gros *Catéchisme*, que chacun ait « en vue non pas tellement son propre profit privé, mais plutôt celui du pays » dans son ensemble (p. 115).

Le but essentiel de ces moralistes est ainsi d'identifier et de dénoncer les divers groupes sociaux responsables de miner cette conception traditionnelle du bien public. Cela les conduit à reprendre en partie les accusations figurant déjà dans le premier livre de *L'Utopie* de More. Ils s'intéressent moins que celui-ci aux agissements de la noblesse, mais approuvent sans réserve ses attaques contre les propriétaires fonciers, leur reprochant d'augmenter leurs rentes et d'enclore la terre agricole pour la transformer en pâturages. Brinklow déplore (p. 38) que « les troupeaux des seigneurs dévorent le blé, les prairies, les landes », tandis que, dans *Le Joyau de la joie*, Becon réitère la phrase de More à propos des moutons, « créés par Dieu pour nourrir l'homme qui maintenant dévorent l'homme » (p. 434). Ici et là, notamment dans le *Discours*, moins passionné, on rencontre une tentative de distinguer entre les enclôtures néfastes « dont se plaint tout le royaume » et celles qui, comme ose l'avancer le Chevalier dans la seconde partie du dialogue, pourraient bien être « profitables et non nuisibles au bien commun » (pp. 49, 120). Mais même dans le *Discours*, le personnage pondéré du Docteur et celui moins tempéré du Cultivateur s'accordent à estimer que si « ce triomphe de l'enclôture » est toujours « profitable à un », il est d'habitude « préjudiciable à beaucoup », notamment lorsqu'il conduit au déclin de l'agriculture et à la hausse de la rente (pp. 15, 51-52). En outre, si l'on considère les prédicateurs radicaux, on retrouve la même charge entreprise avec une détermination plus grande encore. Quand Latimer est invité à prêcher pour la première fois devant le roi Édouard VI, il consacre la presque intégralité de son premier sermon à invectiver « vous les maîtres, vous les rentiers, je dirais même vous les beaux-maîtres, vous les maîtres de raccroc » (p. 98). Et quand Lever prononce deux sermons à St. Paul's Cross en 1550, une grande part de sa seconde oraison repose sur une opposition entre la figure de « l'honnête gentilhomme » qui se fait de plus en plus rare et le fléau des « avides exacteurs » dont l'influence s'accroît et qui oppriment le peuple en augmentant ses loyers et même en lui volant ses terres (p. 129).

Après avoir renouvelé ces accusations classiques, les penseurs « républicains » passent à la dénonciation de deux nouveaux groupes sociaux pour leur rôle dans l'aggravation de la dépression économique autant que dans les désordres sociaux généralisés de l'époque. Une importante évolution dans les priorités se produit ainsi : tandis que More et Starkey faisaient à peine mention des marchands et autres nouveaux riches dans ce contexte, ceux-ci se voient maintenant attribuer une lourde responsabilité. Parmi les prédicateurs radicaux, c'est Lever qui s'élève le plus violemment contre ces classes. Dans les deux sermons de St. Paul's Cross évoqués plus haut, il montre du doigt les marchands comme étant de loin les plus égoïstes et nocifs des membres de la communauté. Le premier sermon leur reproche de ne pas utiliser leur richesse pour aider les moins fortunés, et comprend une longue tirade contre la pratique impie consistant à prêter de l'argent aux nécessiteux contre intérêt au lieu de le leur offrir gratuitement (pp. 29, 44). Le second conclut que « ces marchands de malheur » ne sont rien d'autre que « d'habiles voleurs », puisque délibérément « ils rendent rare et cher tout ce qui passe entre leurs mains » (pp. 129-130). Latimer et ses disciples laïques de la mouvance « républicaine » développent la même idée avec une âpreté plus grande encore. Tous ne sont pas vraiment unanimes sur ce point : dans le *Discours*, le personnage du Marchand est présenté sous un jour honnête et pour l'essentiel respectable. Mais bien souvent ils affirment que les marchands minent les idéaux de la société de manière particulièrement insidieuse, car ils se servent de leurs récentes richesses pour « s'élever » au-dessus des positions sociales où Dieu les avait placés. Brinklow les accuse à diverses reprises de « s'introduire dans les vocations d'autres hommes », ruinant ainsi la structure sacrée de « degré » mise en place dans toute communauté bien ordonnée (p. 38). Latimer évoque souvent ces mêmes craintes dans ses sermons à Édouard VI. Il dénonce ceux qui toujours « montent, montent » dans l'échelle sociale, « certains d'entre eux bien au-delà de leur niveau », et passe une bonne partie de son dernier sermon à attaquer la figure de « l'être avide », qui n'est jamais « content ou satisfait » de sa juste situation dans la vie (pp. 113, 252, 270).

Plus significatif encore est le fait que plusieurs de ces auteurs vont jusqu'à faire porter la faute de l'aggravation de la crise économique sur les épaules du gouvernement. Dès le milieu du XVIe siècle, bien des penseurs sociaux s'étaient convaincus du fait que le problème qu'ils avaient à résoudre avant tout était celui, comme le dit le *Discours*, de « la cause » de « la cherté universelle de toute chose », c'est-à-dire la rareté des marchandises et l'inflation continue des prix (p. 37). Certains observateurs en déduisent cette idée simple et plausible que le roi et ses conseillers ont eux-mêmes amené à ce désastre par leurs dépréciations répétées de la monnaie[1].

---

1. La monnaie anglaise est écharsée quatre fois au cours des années 1540, et l'on estime que ce procédé rapporta à la Couronne un bénéfice d'environ un million et quart de livres. Voir Jones, 1970, pp. 133-135. Vers la fin du siècle, les économistes les plus avisés préfèrent retenir des causes plus globales à l'inflation continue à travers l'Europe occidentale, et soupçonnent en particulier les effets possibles de l'arrivée d'or en barre provenant du Nouveau Monde. Sur cette théorie, notamment vue par Bodin cf. Saint-Laurent, 1970, pp. 20-30.

Latimer évoque la possibilité que « le caractère néfaste » de la monnaie dépréciée « ait rendu chères toutes choses » dans son célèbre « sermon sur le labour » de 1549, et l'on trouve la même explication sous une forme plus élaborée, tenant compte du taux de change extérieur de la monnaie anglaise, dans un traité anonyme de la même année intitulé *Politiques en vue de rétablir ce Royaume d'Angleterre dans un état de prospérité*[1]. Ce point est repris au début du troisième dialogue, où le sagace Docteur, dont on estime que les vues sont modelées selon celles de Latimer, se propose de donner à ses interlocuteurs « l'unique cause principale » de tous les désordres présents dans la vie sociale et économique (p. 98). Il avance alors, à l'encontre des opinions qu'ils exprimaient auparavant, que ni les propriétaires ni les marchands ne sont à blâmer en premier (p. 101). La faute est carrément celle des mauvais conseillers qui ont poussé la couronne à s'engager dans « la dévaluation ou plutôt l'avilissement de la monnaie et du trésor » (pp. 69, 104). Il ne peut faire de doute, conclut-il, que c'est cette « altération de la monnaie » qui constitue « la toute première et principale cause de cette cherté universelle », et qu'elle se trouve au centre même des multiples ennemis de la communauté (p. 104).

LA CENTRALITÉ DES VERTUS

Qu'ils formulent ou non leurs conseils sous forme de réponses à des doléances sociales et politiques spécifiques, les humanistes du Nord s'accordent largement quant à la nature des avis à fournir aux gouvernants et magistrats. Au cœur de leur discours, on trouve presque invariablement cette affirmation que la clé du succès politique se trouve dans la promotion des vertus. Comme chez leurs prédécesseurs du *quattrocento*, l'accent essentiel porte moins sur la réforme des institutions que sur un changement d'âme.

---

1. Sur ce traité, voir Jones, 1970, p. 144. Il est donc un peu exagéré de la part de Dewar, 1964, p. 53, d'assurer que l'auteur du *Discours* est seul à suggérer l'existence d'une relation directe entre les dévaluations de la monnaie et la rareté générale des biens.

Certains parmi les plus radicaux de ces penseurs, notamment en Angleterre, voient dans la nécessité pour tout l'ensemble des citoyens d'acquérir et de pratiquer les vertus une condition préalable à l'établissement d'une communauté « bien ordonnée ». Argumentant à la manière des premiers humanistes « civiques », ils soulignent que « la vie civique » consiste, comme le dit Starkey dans le *Dialogue*, à « vivre ensemble en bon ordre politique, chacun toujours prêt à faire le bien à chacun, s'entendant ensemble en toute vertu et honnêteté » (p. 27). Toutefois, la plupart des humanistes du Nord s'attachent davantage à proposer leurs conseils aux princes et autres « gouvernants », et insistent donc surtout sur la nécessité pour ces membres éminents des classes dirigeantes de cultiver les quatre vertus « cardinales » identifiées par les moralistes de l'Antiquité. L'un des plus complets de ces exposés est présenté par Elyot dans son *Livre nommé le Gouverneur*. Il semble s'inspirer en partie de l'analyse proposée par Patrizi dans *Le Royaume et l'éducation du roi*, et développe une vision semblable des quatre grandes vertus et de leur rôle dans la vie politique[1]. Elyot commence par considérer « la plus excellente et incomparable vertu nommée justice », qu'il tient pour « si nécessaire et expédiente au gouvernant d'un domaine public que sans elle aucune autre vertu n'est recommandable » (p. 159). Puis il traite de la vertu de force d'âme, qualité plus complexe dont il pense qu'elle comprend « la capacité de souffrir » aussi bien que « la noble et juste vertu appelée patience » (pp. 183, 187, 189). Il passe ensuite à la tempérance, qu'il traite dans une veine semblable comme « compagne » de diverses autres

---

1. C'est Croft qui a le premier repéré les proches similitudes entre les exposés de Patrizi et d'Elyot, mettant en parallèle une vingtaine de passages en Annexe F de son édition du *Gouverneur*, vol. I, pp. 328-332. Tant Lehmberg que Major ont récemment souligné le même point. On peut toutefois se demander dans quelle mesure ces parallèles nous imposent de conclure en termes d'influence directe d'un auteur sur l'autre. Tout comme celui de Patrizi, l'exposé d'Elyot est hautement conventionnel, et pourrait donc fort bien dériver directement de modèles classiques, voire de divers autres humanistes italiens faisant autorité. Peut-être y a-t-il une certaine naïveté dans la remarque de Croft, disant qu'il est « curieux », au vu de la « très remarquable similarité » entre les deux ouvrages, qu'Elyot ne cite pas une seule fois Patrizi. Cf. Croft, 1880, pp. LXV-LXVI.

vertus, dont la modération et la sobriété (pp. 209-218). Il en vient enfin à la vertu de sagesse, qu'il préfère « d'un mot plus élégant » appeler « sapience », qu'il considère comme particulièrement importante « pour tout gouvernant d'un juste ou parfait domaine public », et même comme une qualité « de plus d'efficacité que la force ou la puissance » (pp. 218-219).

Un autre ensemble de vertus a la faveur de ces auteurs du miroir des princes, qui suivent encore en cela leurs prédécesseurs italiens : il s'agit des vertus dites princières, à savoir les vertus de libéralité, de clémence, et de fidélité à la parole donnée. La discussion de ces valeurs forme une part majeure de tous les traités complets rédigés par les humanistes du Nord sur le thème du prince parfait. Budé y consacre une attention particulière, réservant la dernière des trois sections principales de son *Éducation du prince* à l'étude de ce qu'il a précédemment décrit comme « les vertus souveraines dignes de la majesté d'un roi » (p. 108). Son analyse procède surtout par le biais d'exemples historiques, utilisant des illustrations tirées des vies d'empereurs et princes célèbres pour souligner l'importance de chaque attribut considéré (p. 144 *sq.*). L'empereur Auguste est pris pour modèle de bonne foi et d'honnêteté, deux des « grandes vertus » qui lui ont valu « si grande gloire et renommée » (pp. 144, 146). Alexandre le Grand est cité en exemple à propos de la libéralité, qualité dont il a toujours fait montre de façon « noble et infinie », tout en prenant soin de s'assurer que « seuls les gens dignes de ses libéralités » en fussent récompensés (p. 165). Quant à Pompée, il se voit désigner à la fin de l'ouvrage comme un parangon de toutes les qualités princières, qui « maîtrisait la force de l'avarice par le règne de la civilité », qui « tempérait l'urgence de l'ambition par l'honnêteté de sa volonté », et qui parvint ainsi à « une vraie synthèse des vertus et caractères nécessaires à tout grand personnage » (pp. 189, 194).

Diverses contributions de moindre importance au genre du miroir des princes révèlent la même préoccupation, sous forme plus développée encore. Wimpfeling, par exemple, voue presque tout son petit traité sur *La Quintessence du bon prince* à cet ensemble particulier de qualités. Il déclare d'emblée que « le prince doit suivre en tout les vertus et la bonne conduite, fuyant et haïssant tous les vices » (p. 186). Puis il insiste de manière appuyée sur les idéaux princiers de clémence et de magnificence. Il souligne que « chez le prince, la justice doit toujours s'accompagner de la clémence » et avance que, si le prince « ne doit jamais être prodigue », il doit « toujours se montrer bienfaisant et généreux » (pp. 187, 189). De façon semblable, Josse Clichtove consacre plus de la moitié de son bref traité sur *L'Office du roi* à ces mêmes attributs. Il évoque en premier lieu la clémence, citant le jugement de Sénèque sur cette qualité, selon lequel il s'agit « du sommet de la vertu » chez le prince (f° 37a). Il traite ensuite du respect de la parole donnée, soulignant que « c'est une des principales vertus que le prince doit pratiquer avec diligence » et ajoutant avec force que « toute dissimulation, tout subterfuge, tout mensonge doivent en tout temps être éliminés » (f° 43a). Il fait enfin l'éloge de la libéralité, et avance que le roi « ne doit pas seulement être bienfaisant envers les pauvres », il lui faut aussi cultiver « la magnificence », parer son royaume « de bâtiments publics splendides », et « offrir en abondance de précieux présents » (f°s 70a-b).

Tout en traitant des vertus princières, certains humanistes du Nord vont aussi s'intéresser à une autre gamme de qualités qu'ils s'attendent à voir cultiver par tous les « gouvernants » et citoyens éminents. Clichtove donne un exposé de ces caractères en présentant les vertus des princes, mais c'est Elyot qui traite de ce nouveau sujet sous la forme la plus exhaustive, au deuxième livre du *Gouverneur*. Il pose que, en étudiant la notion de bonne éducation, on découvre « qu'y sont attachées trois qualités particulières » qui vont rendre compte de l'idée que l'on peut se faire du gentilhomme (p. 106). La première est « l'affabilité », vertu consistant à être « d'abord aisé ou de conversation facile » qui « est d'une merveilleuse efficacité ou puissance pour procurer l'amour » (p. 107). La deuxième est la facilité d'humeur, vertu qui plus que tout « rend l'homme noble et honorable », et dont « on aperçoit le mieux la merveilleuse valeur par son contraire, l'ire, vulgairement appelée colère, vice des plus affreux et éloignés de l'humanité » (p. 111). Enfin le gouvernant, comme le prince, doit par-dessus tout être clément, car « la raison montre » et « l'expérience prouve » que l'homme « en qui la clémence manque et fait défaut, en lui toutes les autres vertus sont noyées et perdent leur vraie justification » (p. 115).

Dernière caractéristique les humanistes du Nord mettent en exergue, beaucoup plus nettement que leurs prédécesseurs italiens, une autre vertu tenue pour essentielle à tout souverain : celle de la piété. Cet élément revient chez tous les auteurs du miroir des princes, mais nulle part avec autant de force ni aussi longuement que dans *Le Cadran des princes* de Guevara[1]. Celui-ci consacre tout le premier livre à expliquer « l'excellence du prince qui est bon chrétien », et un chapitre entier à énumérer les « cinq causes » qui devraient amener tous les princes à faire en sorte d'être « meilleurs chrétiens que leurs sujets » (f°s 1a, 25b). Il s'attache tout particulièrement à les prévenir qu'à moins d'avoir toujours en vue « la crainte et l'amour du prince suprême », ils se retrouveront « en grand péril de damnation » (f° 25b). Mais il termine sur une note un peu plus encourageante, en ajoutant comme « cinquième cause » que tous les gouvernants ayant montré « une grande confiance en Dieu » ont « toujours prospéré » (f° 26b ; cf. Redondo, 1976, notamment pp. 597-602).

L'essence du message humaniste, telle qu'Érasme nous la décrit dans *L'Éducation d'un prince chrétien*, peut donc se résumer en disant que le gouvernement doit avoir pour but de parvenir « au plus haut degré de vertu », le devoir du gouvernant consistant à incarner « la vertu dans sa forme la plus haute et la plus pure » (pp. 187, 189). La question qui se pose est alors celle des raisons qu'invoquent de manière caractéristique les humanistes du Nord pour assigner une place si absolument centrale aux vertus dans la vie politique. Retrouver les réponses à cette question reviendra à découvrir le cœur de leur pensée morale et politique.

---

1. Pour d'autres exemples, voir Érasme, *L'Éducation d'un prince chrétien*, notamment pp. 148, 152, 167, 183 ; Budé, *L'Éducation du prince*, notamment pp. 18, 32, 41, 69-70, 81-82 ; Osorio, *L'Éducation et la formation d'un roi*, notamment pp. 284, 363, 379, 455, 500.

Une réponse fort significative est fournie par ceux que l'on appelle parfois quelque peu abusivement les humanistes chrétiens – abusivement puisque bien sûr tous les humanistes étaient chrétiens, à la possible exception de Machiavel. Les plus importants de ceux que l'on a généralement rangés dans cette catégorie sont Érasme, Colet et More. Ils sont unis par leur propension à refuser le postulat communément admis limitant l'essence du christianisme à la volonté de reconnaître les sacrements de l'Église, d'en maîtriser les dogmes théologiques, et d'en traiter dans le style syllogistique approuvé. Comme Érasme le remarque avec mépris dans *L'Éducation d'un prince chrétien*, il est absurde d'imaginer que le vrai christianisme « se trouve dans des cérémonies, dans des doctrines inspirées par la mode, et dans les constitutions de l'Église » (p. 153). Le vrai chrétien est plutôt celui qui se sert de la raison que Dieu lui a donnée afin de distinguer le bien du mal, puis s'emploie au mieux de ses moyens à éviter le mal et à embrasser le bien. Colet est le premier des humanistes du Nord qui soulignera ce point, en le présentant avec une grande force au début de son *Exposition de l'Épître de saint Paul aux Romains*. Saint Paul enseigne, affirme-t-il, que Dieu « rendra à chacun selon ses mérites ». Cela signifie que du moment que nos actions sont « bonnes et justes », nous serons toujours « tenus par Dieu pour avoir vécu dans le bien », même si nous n'avons aucune connaissance de la loi de Dieu telle qu'elle se présente dans la Bible (p. 4). Érasme se fait bientôt le plus bruyant propagateur de la même doctrine. « Qui est vraiment chrétien ? » demande-t-il au début de *L'Éducation d'un prince chrétien*. « Non pas celui qui est baptisé ou oint, ou qui fréquente l'église. C'est plutôt celui qui a embrassé le Christ au tréfonds de son cœur, et qui l'imite par ses actes de piété » (p. 153). On retrouve cette idée dans la *Paraclesys*, « exhortation » d'Érasme au début de son édition du Nouveau Testament. On nous dit ici qu'« une véritable race de chrétiens » ne serait pas le moins du monde constituée de prêtres célébrant des cérémonials compliqués, ni de savants docteurs exposant de difficiles points de doctrine. Elle serait constituée de ceux « qui rétabliraient la philosophie du

Christ, non dans des rituels ou des arguments syllogistiques, mais dans le cœur et dans l'intégralité de la vie même » (p. 156).

Pour Érasme et ses sympathisants, la poursuite de la vertu revêt ainsi une signification suprême, religieuse autant que morale. Si l'homme qui embrasse les vertus adopte par là une attitude éminemment chrétienne, alors le peuple et le prince agissant de concert en vue de créer une communauté vraiment vertueuse agiront du même mouvement en faveur de la plus grande œuvre qui soit : l'établissement d'une manière de vivre véritablement chrétienne. C'est là l'immense espoir qui sous-tend l'exigence répétée d'Érasme dans *L'Éducation d'un prince chrétien*, que tout souverain ou gouvernant « s'approprie toutes les vertus » et se considère comme « né pour le bien public » (p. 162). Si le prince atteint à une entière vertu, cela en fera un complet chrétien ; et s'il devient un complet chrétien, cela lui permettra de jeter les bases d'une communauté parfaite.

Si l'on saisit bien cet élément caractéristique des humanistes chrétiens, il devient alors possible d'éclairer quelque peu l'une des questions les plus étonnantes que suscite *L'Utopie* de More : que pouvait-il bien chercher à signifier à l'Europe chrétienne en vantant les qualités admirables des Utopiens tout en soulignant dans le même temps leur ignorance du christianisme[1] ? Présentant initialement les Utopiens à la fin du livre I, Hythlodaeus décrit leurs institutions comme « extrêmement intelligentes », mais aussi comme *sanctissima*, saintes au plus haut degré (p. 103). Il nous dit pourtant plus loin que, dès leur arrivée en Utopie, ses compagnons et lui découvrirent qu'aucun de ses habitants ne possédait la moindre connaissance de la foi chrétienne. Ils ne savaient rien du miracle de l'Incarnation, et étaient parvenus à leurs convictions religieuses et

---

1. Le fait que les « humanistes chrétiens » pensaient qu'« être chrétien était un mode de vie », et que cela nous aide à comprendre *L'Utopie* de More, a été fort bien illustré par Hexter, 1965, notamment pp. LXVIII-LXXVI. Hexter ne cite pas Colet à ce propos, et l'on peut penser qu'il surestime le rôle d'Érasme dans la formation de cette vision humaniste de la chrétienté. Mais son exposé des liens entre ces idées et l'interprétation de *L'Utopie* est parfaitement convaincant, et je lui dois beaucoup.

éthiques uniquement par les procédés ordinaires de l'argumentation rationnelle (pp. 163-165, 217-219). More est donc explicite : en décrivant les Utopiens comme très saints, il fait simplement l'éloge de leur capacité à mettre en place une société où, selon les termes d'Hythlodaeus au début de son récit, « les affaires sont ordonnées si bien que la vertu trouve sa récompense » (p. 103). La conclusion semble inévitable : More nous dit bel et bien que la vraie sainteté consiste à vivre une vie de vertu, et que les parfaits mécréants d'Utopie sont parvenus, bien mieux que les prétendus chrétiens d'Europe, à établir une communauté véritablement chrétienne. Le fait que les Utopiens ne soient pas chrétiens ne sert, dans cette interprétation, qu'à marquer encore l'engagement essentiellement érasmien de More, tout en le teintant d'une note d'ironie. Érasme soulignait déjà que la perfection dans le christianisme ne saurait résider dans l'appartenance à l'Église ou dans l'acceptation de ses divers dogmes. More pousse l'argument jusqu'à sa conclusion logique, à savoir qu'il est possible de devenir un parfait chrétien sans avoir la moindre connaissance de l'Église ou de ses dogmes.

Ayant ainsi posé une équation entre le bien-agir et l'essence du christianisme, les humanistes du Nord se distinguent aussi en invoquant de nouvelles raisons pour donner aux vertus une place si absolument centrale dans la vie politique. Ils déclarent en effet qu'à moins d'éliminer la corruption, de renoncer aux intérêts égoïstes, et d'obtenir de chacun un comportement conforme aux vertus, la société politique verra ses deux enjeux majeurs menacés : les citoyens éminents ne pourront atteindre leurs objectifs les plus élevés ; et la communauté dans son entier sera incapable d'accomplir ses missions fondamentales.

Comprendre cet argument implique d'abord de se demander quels buts les humanistes fixent le plus souvent à leurs souverains et gouvernants. On répondra qu'ils tendent à reprendre l'affirmation usuelle du *quattrocento* : la plus haute ambition pour tout membre éminent d'une communauté consiste à atteindre à l'honneur, à la gloire et à la renommée. Cet argument est largement développé au long de la plupart des livres de conseils destinés aux nobles et aux magistrats. C'est ainsi qu'Elyot parsème le *Gouverneur* de fréquentes allusions à l'importance d'acquérir, par ses agissements, « l'honneur perpétuel », de « fuir le reproche de déshonneur », de gagner « la vie éternelle et la gloire perpétuelle » (pp. 185, 200, 205). On retrouve la même échelle de valeurs chez les auteurs du miroir des princes, présentée avec sans doute plus de flagornerie encore. Comme le déclare Budé dans *L'Éducation d'un prince chrétien*, tout souverain doit reconnaître comme son devoir fondamental « de mettre de l'honneur dans les choses honorables » (p. 87). Ce qui implique que leurs cours soient « des temples d'honneur et de noblesse », tandis que leur plus haute ambition serait celle de s'attirer « l'honneur de leur vivant, avec une bonne et honorable renommée après leur mort » (pp. 33, 87). Enfin, ces mêmes thèses seront corroborées non moins fermement par les « humanistes chrétiens ». C'est une erreur de considérer, comme Hexter, que More et Érasme sont opposés à « la poursuite de l'honneur » parce qu'elle contribuerait à favoriser « la cupidité, l'orgueil et la tyrannie » (Hexter, 1965, p. LXIX). Érasme en particulier pose avec une grande force dans *L'Éducation d'un prince chrétien* que « l'objet principal » de tout souverain doit consister à suivre « le chemin du bien et de l'honneur » (p. 163). Il enjoint au prince de se soumettre « à une règle d'honneur », d'être sûr de ne jamais se laisser « détourner par prébende de la voie de l'honneur », d'apprendre « à aimer la moralité et à haïr le déshonneur », et par-dessus tout de reconnaître que « l'on ne peut gouverner les autres à moins de suivre soi-même le chemin de l'honneur » (pp. 169, 187, 189, 192).

C'est en partie à cause de leur attachement à cet idéal que ces penseurs sont amenés à attribuer aux vertus une place si prééminente dans la vie politique. Ils maintiennent en effet aussi, dans un style typiquement humaniste, que la recherche de la vertu trace l'unique voie qui conduit à l'honneur, de sorte que, comme dit Érasme dans *Le Prince chrétien*, « il n'est pas de véritable honneur excepté celui qui surgit de la vertu et du bien agir » (p. 198). Dans *Le Livre nommé le Gouverneur*, Elyot donne de cette idée si répandue l'une des peintures les plus achevées. Donnant au début du livre I ses consignes aux tuteurs des jeunes nobles, il leur conseille de « promouvoir celles des vertus » qu'ils désirent inculquer, et de souligner « combien d'honneur, combien d'amour, combien de commodité » on peut attendre « de ces vertus » (p. 20). Quand, au début du livre II, il passe à des considérations sur « les choses que doit prévoir celui qui est élu ou nommé pour gouverner un bien public », une des premières maximes qu'il énonce est que « la plus sûre fondation d'une noble renommée est pour un homme de posséder telles vertus et qualités qu'il désire voir publiquement montrées » (p. 97). Et lorsque, au livre III, il traite des vertus cardinales, il prend toujours soin de rappeler que « l'honneur et le souvenir perpétuel » constituent « la juste récompense » des vertus (p. 184 ; cf. pp. 192-193).

La plupart de ces auteurs considèrent aussi le rôle des vertus en relation avec les objectifs de la société entière. Comme ils passent à l'examen de ce sujet plus large, on peut parfois entendre l'écho du *trecento* et de son idée fondatrice : le but premier de tout gouvernement doit consister à garantir le maintien de la liberté du peuple. Notamment, dans son *Dialogue*, Starkey admire la combinaison de liberté et d'harmonie que l'on trouve dans « la si noble cité de Venise », et avance que la plus grave menace pesant sur toute communauté réside dans les progrès de la tyrannie et la perte de liberté qui en découle (pp. 163-164). Pour éviter tout danger de cette nature à l'Angleterre, il propose de reprendre l'ancienne position de Constable à propos de la royauté, dont le devoir consisterait à « prendre soin de la liberté de tout le royaume », à « résister contre toute tyrannie qui par quelque manière pourrait venir dominer toute la communauté », et à convoquer un Parlement si jamais apparaît « quelque danger de perte de la liberté » du peuple (p. 166).

Mais la tendance dominante consiste à soutenir que le but essentiel du gouvernement n'est pas tant de préserver la liberté, mais plutôt de maintenir l'ordre, l'harmonie et la paix. C'était bien sûr là un trait caractéristique des penseurs du miroir des princes au *quattrocento*, et ces mêmes valeurs sont soulignées plus nettement encore par les auteurs de livres de conseils comparables destinés aux gouvernants de l'Europe du Nord[1]. De façon peut-être plus étonnante, on retrouve aussi ce même point de vue chez de grands auteurs « républicains » tels que Starkey et More. Ce dernier souligne dans *L'Utopie* que toute législation doit avoir pour but de maintenir le « bon ordre », et loue les Utopiens du fait qu'ils forment le peuple le plus complètement « bien ordonné » sur terre (pp. 103, 107). Et, en dépit de son attirance pour l'idée de liberté, Starkey reconnaît de manière analogue que « la fin de toute loi et règle politique consiste à maintenir les citoyens en unité et paix et parfaite concorde entre eux », ce qui le conduit à conclure que toutes « les affaires du bien commun » doivent toujours être « rapportées à cette fin et à ce but : que l'ensemble de la communauté puisse vivre dans la paix et la tranquillité » (p. 24).

Cette insistance platonicienne sur l'importance suprême de l'harmonie sociale conduit tous ces auteurs à souligner une fois encore la place éminente des vertus dans la vie politique. Ils adoptent en effet l'attitude humaniste traditionnelle consistant à considérer que la clé pour supprimer le factionnisme, vaincre la corruption, et mettre en place une communauté bien ordonnée, revient à faire triompher les vertus. Au deuxième chapitre du *Dialogue*, Starkey peint cette conviction de couleurs vives : « la fin de tout exercice politique, déclare-t-il, consiste à induire la multitude à une vie de vertu, conforme à la nature et à la dignité de l'homme ». Si l'on échoue en cela, et que chacun ne considère « que ses biens, plaisirs et profits personnels », alors « il ne peut y avoir aucune règle politique ni aucun ordre civil ». Mais si la communauté « se tourne vers la vertu et l'honnêteté », et si le peuple « est vertueusement gouverné dans la vie civile » alors il en résultera sans nul doute un vrai « ordre civique », permettant au peuple de vivre ensemble « dans le calme et la paix », dans un état de paisible tranquillité (pp. 61, 63).

---

1. Voir par exemple Wimpfeling, *Epitome*, notamment pp. 184, 187 ; Érasme, *L'Éducation d'un Prince chrétien*, notamment pp. 164, 198 ; Guevara, *Le Cadran des princes*, notamment f°s 174b-176a.

Les qualités du commandement

Derrière cet accent mis sur la centralité des vertus dans la vie politique se dissimule une théorie potentiellement radicale concernant les qualités requises pour exercer le pouvoir politique. Si la possession de la vertu est la clé du bon gouvernement, il est bien évident que l'on ne saurait nommer aux fonctions de gouvernants et de magistrats que des hommes de la plus haute vertu. La dimension radicale de cette proposition réside bien sûr en ce que l'on ne peut se satisfaire de l'idée d'une classe dirigeante héréditaire fondée sur le lignage et la richesse ; il convient au contraire de rechercher les plus vertueux des membres de la société, où qu'ils se trouvent, et de faire en sorte qu'eux seuls soient désignés comme dirigeants et gouvernants de la communauté.

Il ne fait aucun doute que cette position explosive était assumée consciemment, au moins dans une certaine mesure. Comme on l'a vu, divers humanistes italiens s'étaient déjà intéressés à l'idée selon laquelle la vertu constituerait la seule vraie noblesse, et que la vraie noblesse, *vera nobilitas*, constituerait le seul titre valable pour exercer le pouvoir. On peut voir un signe d'acceptation de cet argument dans la publication en Europe du Nord de plusieurs traductions de traités italiens en sa faveur. La *Déclamation de la noblesse* de Buonaccorso est éditée en anglais dès les années 1460, tandis que le très proche *Traité de la noblesse* de Giovanni Nenna ne sera traduit que bien plus tard par William Jones (Charlton, 1965, p. 84). L'analyse de Nenna est moins ambiguë encore que le travail antérieur de Buonaccorso pour déclarer l'égalité entre vertu et vraie noblesse. On l'a vu, dans la *Déclamation* de Buonaccorso les deux interlocuteurs se limitent à prononcer chacun des discours opposés sur l'idée de *vera nobilitas*, après quoi nous sommes laissés libres de décider par nous-mêmes de leurs mérites respectifs. Mais dans le *Traité* de Nenna, l'imagination n'a plus aucune part, car un personnage appelé Nennio s'avance après le prononcé des discours des deux protagonistes, afin d'expliciter l'issue de leur débat. Il reprend très longuement leurs arguments, et note que si l'un trouve la vraie noblesse « dans le sang et dans la richesse », l'autre la découvre « dans les vertus de l'esprit » (f° 67b). Puis, s'échauffant quelque peu, il déclare que la première de ces opinions est « cause d'orgueil et d'ignorance » ainsi que de « maux insupportables » (f° 80a). Il conclut donc que la vraie noblesse, seul titre « d'honneur et de gloire » dans la communauté, réside entièrement « dans les vertus de l'esprit », qui « dénotent le gentilhomme, et le rendent vraiment tout à fait noble » (f°s 87a, 91b, 96b).

Tandis que les humanistes du Nord se familiarisent avec ces traités du *quattrocento*, nombre d'entre eux expriment clairement leur accord avec leurs conclusions. Elyot proclame par exemple au livre II du *Gouverneur* que « la noblesse » n'est que « l'éloge ou pour ainsi dire le surnom de la vertu » (p. 106). Dans *L'Éducation d'un prince chrétien*, Érasme montre sans hésiter les implications radicales de cette doctrine. Il admet que lorsque la noblesse « dérive de la vertu », cela est si considérablement de plus d'effet que le genre de noblesse qui se fonde sur « la généalogie ou la richesse », que « selon le jugement le plus strict » seule la première peut être en fait tenue pour véritable noblesse (p. 151). Et il ajoute que quand une personne est vraiment noble en ce sens qu'elle possède toutes les vertus au plus haut degré, cela suggère que « tout naturellement le pouvoir devrait lui être confié », puisqu'elle excelle à ce point dans toutes « les qualités royales requises » (p. 140). Le même argument revient dans divers traités spécialisés concernant la signification de la *vera nobilitas*. Ainsi, Josse Clichtove publie en 1512 *Un aperçu de la vraie noblesse*, où il soutient que « la plus remarquable de toutes les espèces de noblesse est la noblesse de vertu » (f° 5a). Quant à John Heywood (v. 1497-1580), il défendra les mêmes conclusions dans *Naissance et Noblesse*, comédie en vers assez débridée sans doute écrite au début des années 1520 (Cameron, 1941, p. 88). La pièce nous présente quatre personnages : un marchand, un gentilhomme, un cultivateur et un philosophe. Le marchand remarque d'abord qu'il est « grandement respecté » comme « homme noble et avisé » en vertu de ses « grandes richesses » (p. 1). Attitude contestée par le gentilhomme, soulignant que la vraie noblesse ne peut provenir que de tenir « de vastes terres par héritage » (p. 2). Il revient alors au cultivateur d'émettre l'objection majeure à ces deux thèses, ce qu'il fait (pp. 15-16) sous la forme d'une question célèbre dans la rhétorique :

> « For when Adam delved and Eve span,
> Who was then the gentleman ? »
> (« Car si Adam grattait et Ève mesurait,
> Qui alors gentilhomme était ? »)

Le philosophe en énonce enfin dans l'épilogue les conséquences radicales : « la vertu est toujours la chose principale » qui sous-tend la vraie noblesse ; et « les souverains, gouvernants et dirigeants » doivent en conséquence être appointés à ces hautes fonctions uniquement « en raison de leur vertu » (p. 35 ; cf. Hogrefe, 1959, pp. 283-288).

Quelle que soit leur adhésion patente à ces thèses égalitaristes, les humanistes du Nord gèrent cependant en général le débat sur la *vera nobilitas* de telle sorte que toute implication subversive de l'argumentation soit entièrement neutralisée, tandis que l'argumentation elle-même se déploie adroitement en soutien de l'image hiérarchique traditionnelle de la vie politique. Le stratagème se fonde sur l'affirmation empirique, qui à un certain niveau n'est qu'un jeu sur les mots, selon laquelle si la vertu forme indubitablement la seule véritable noblesse, il se trouve que ce sont les classes dominantes traditionnelles qui en possèdent systématiquement le plus vaste assortiment. Comme le dit tout uniment Elyot au début du *Gouverneur*, « quand un gentilhomme possède la vertu, elle se mêle habituellement de plus de tolérance, d'affabilité et de modération qu'il n'est courant chez les personnes rustiques ou de très bas lignage » (p. 14). La plus claire formulation de cette croyance fréquente et commode est peut-être fournie par Lawrence Humphrey (v. 1527-1590) dans son traité sur *Les Nobles, ou De la noblesse*. Humphrey semble s'être inspiré d'une précédente étude sur la *vera nobilitas*, qu'il cite souvent, présentée par Osorio dans son *Discours de la noblesse civile et chrétienne* en 1552 (Sorrentino, 1936, p. 17). Son propre ouvrage, initialement publié en latin en

1560 et traduit en anglais en 1563, propose au début du livre II une analyse semblable de la vraie noblesse. Humphrey reconnaît tout d'abord que la plus haute noblesse réside sans conteste dans « les qualités et vertus intérieures » de l'esprit (sig. K, 4a). Mais il poursuit aussitôt que si ces vertus sont en elles-mêmes immuables, on constate néanmoins (« je ne saurais dire pourquoi ») qu'invariablement elles « brillent et étincellent chez un noble » avec plus d'éclat que chez tout autre (sig. K, 4b). Dans une certaine mesure, les vertus sont toujours « divisées » chez « le coquin ordinaire », tandis qu'elles « se joignent et s'assemblent » chez l'aristocrate, qui est capable « d'accomplir davantage et mieux que la lie et le rebut des hommes » (sig. K, 5b ; sig. L, 2b). Pour expliciter le jeu de mots sur lequel se fonde toute l'argumentation, on dira que l'affirmation de Humphrey revient à avancer que les nobles et les gens bien élevés font toujours preuve, mieux que les autres, de noblesse et de bonne éducation.

Pratiquement unanimes, les humanistes du Nord vont alors énoncer le message profondément conservateur, de portée générale, qui sous-tend cette adhésion aux classes dominantes traditionnelles. Étant admis que le pouvoir doit être remis aux mains des plus vertueux ; étant en outre affirmé que les plus vertueux se trouvent être les nobles et gentilshommes, une conclusion s'impose dont l'évidence est bien plaisante : afin de maintenir la société politique dans son ordre le plus parfait, il convient surtout de ne toucher à aucune des distinctions sociales existantes, mais bien au contraire de les préserver autant que possible. Pour reprendre leurs propres termes en l'essence, le maintien de « l'ordre » présuppose le soutien des « degrés » existants (cf. Greenleaf, 1964, notamment pp. 53-57).

C'est bien sûr de la bouche d'Ulysse, au début du *Troilus et Cressida* de Shakespeare, que nous vient de loin la plus subtile expression de cette idée[1]. Tout l'univers, nous dit de prime abord Ulysse, porte témoignage de l'importance du « degré » :

---

1. Voir *Troilus et Cressida*, I, II, 75-137 (traduction François-Victor Hugo, ex Gallimard, « Bibliothèque de la Pléiade », 1955).

« Les cieux eux-mêmes, les planètes et notre globe central
sont soumis à des conditions de degré, de priorité, de rang... »

L'analogie se présente comme exacte et inévitable : le système social, comme le système solaire, ne peut espérer survivre à moins que l'on y préserve le « degré » :

« Comment les communautés,
les degrés dans les écoles, les fraternités dans les cités,
le trafic paisible des rivages séparés,
les droits de l'aînesse et de la naissance
les prérogatives de l'âge, les couronnes, les sceptres, les lauriers
conserveraient-ils leurs titres authentiques sans la hiérarchie ? »

Quant à la folie consistant à tenter de modifier le système existant, elle n'est pas moins évidente :

« Supprimez la hiérarchie, faussez seulement cette corde,
et écoutez quelle dissonance ! »

Il serait cependant excessif de donner l'impression, comme certains chercheurs, qu'il s'agirait là d'une illustration de « la vision élisabéthaine du monde », impliquant que l'époque de Shakespeare soit considérée comme l'apogée de ces notions d'« ordre » et de « degré ». En effet, au moment où Shakespeare écrit, ces images statiques ont déjà commencé d'être dangereusement menacées par les extrémistes religieux et les révolutionnaires politiques de l'Europe de la fin du XVe siècle. On peut en outre penser que le discours de Shakespeare sur le « degré » est à traiter davantage comme une réflexion sur les confusions qui en découlent que comme une simple redite des vieux lieux communs. Il y a bel et bien quelque chose d'étrange dans la flagornerie affichée de la célèbre déclamation d'Ulysse, et plus qu'un soupçon d'ironie dans le fait qu'elle soit prononcée par un personnage aussi notoirement manipulateur. Si l'on tient à chercher la véritable apogée de ces idées, il faut plutôt se tourner vers la première moitié du siècle : c'est alors que l'on rencontre la défense de l'« ordre » et son association au « degré », présentées non seulement avec une entière conviction, mais de manière fortement agressive et déterminée.

L'agression vient de ceux qui veulent protéger les hiérarchies existantes contre les nouveaux riches ambitieux qui cherchent à améliorer leur « degré » en s'élevant dans les rangs de la société. La plus fameuse polémique de cette espèce est l'outrage qu'inflige Skelton à Wolsey, traité de « pauvre homme lamentable » à la « généalogie graisseuse » qui s'est vu élever par le roi « d'un bas degré » jusqu'à une situation de pouvoir immérité et de richesse sans mesure (pp. 353, 355). Mais on trouve une attaque encore plus sauvage contre ces arrivistes plébéiens chez Humphrey, dans le premier livre de son traité sur la noblesse. Il y considère avec une haine intense ces « répugnants parvenus » qui s'emploient « soudain avec leur brillant » à « jeter une ombre sur les anciennes familles » (sig. G, 7b). Et il leur enjoint de se souvenir du « tas de fumier dont Dieu les a tirés », leur permettant d'atteindre leurs situations d'éminence sans cause (sig. B, 9a).

Derrière ces imprécations, on trouve toujours la même conviction positive : le bon « ordre » présuppose le maintien du « degré ». Même certains parmi les plus radicaux des auteurs « républicains » défendent cette conception cardinale. Starkey, par exemple, souligne que « le véritable bien commun » n'est atteint que lorsque « toutes les parties comme les membres d'un même corps s'assemblent en perfection d'amour et d'unité, chacun remplissant son office et faisant son devoir en telle manière que, quel que soit chez un homme l'état, l'office ou le degré, la tâche correspondante soit accomplie avec toute sa diligence attentionnée, et cela sans envie ou malveillance envers les autres » (p. 62). La même perspective s'exprime avec davantage de force encore dans les livres de conseils aux rois et princes. Selon Budé, « confondre les degrés d'autorité et de prééminence » est fatal pour la stabilité de tout gouvernement monarchique (p. 125). Enfin, ce sont les auteurs de livres de conseils aux gentilshommes et nobles qui présentent ces vues de la façon la plus complète. *Le Livre nommé le Gouverneur* d'Elyot en est l'exemple le plus clair, dont la première page définit « le bien commun » comme « un corps vivant, compact ou fait de divers états et degrés d'hommes » (p. 1). Elyot exprime ensuite très fermement sa conviction que nulle communauté ne peut être dite en bon ordre « à moins de comporter des degrés, hauts et bas, selon le mérite ou l'estime de la chose ordonnée » (p. 4). Car Elyot, dans un passage dont Shakespeare se fera plus tard clairement l'écho, nous prévient que « retirer l'ordre de toutes choses » résultera « nécessairement en un conflit perpétuel ».

Il s'ensuit, conclut-il, que le véritable « bien commun » impose de maintenir « des degrés et lieux bien établis », tant pour « due révérence et obéissance au vulgaire et gens du commun » que pour préserver le bon ordre, l'harmonie et la paix (p. 5)[1].

Le rôle de l'enseignement

Si la pratique de la vertu par nos gouvernants est la clé d'un bon gouvernement, cela soulève une question de grande importance pratique : comment s'assurer qu'ils acquièrent bien les vertus requises ? La réponse caractéristique des humanistes du Nord, qui sur ce point s'inspirent directement de leurs prédécesseurs du *quattrocento*, consiste à dire que la plus sûre manière d'inculquer les vertus est de donner aux dirigeants de la société un enseignement dans les *studia humanitatis*.

Cette thèse est notamment systématiquement défendue dans leurs contributions spécialisées sur la philosophie de l'éducation. Ainsi Sadoleto commence-t-il à traiter de *La Bonne Éducation des enfants* en énonçant rondement les deux hypothèses de base : les bonnes actions sont le produit des vertus, et les vertus sont le produit d'une bonne éducation. Il consacre par conséquent l'essentiel de son attention à décrire par le menu le type d'enseignement dont il estime qu'il serait le plus efficace pour encourager « la poursuite de la vertu » : un programme d'études typiquement humaniste

---

1. Voir Elyot, *Gouverneur*, p. 2. Pour une étude complète des nombreux parallèles entre Elyot et Shakespeare au sujet de l'« ordre » et du « degré », voir Starnes, 1927, notamment pp. 121-128.

commençant par la grammaire et la rhétorique et culminant avec la philosophie, « source et fontaine de toutes les vertus » (pp. 67-68). Vives trace exactement le même cursus éducatif dans son traité *Sur l'instruction*, tout en suggérant une liste d'ouvrages méritant d'être lus avec la plus grande attention. Outre les textes classiques de rhétorique antique et de philosophie morale, il recommande chaudement divers auteurs modernes qui ont déjà mis en avant l'étroitesse des liens entre l'étude des humanités et la bonne pratique du gouvernement. À propos de philosophie morale, il distingue surtout Érasme et Budé, tandis que sur les questions plus précises de théorie politique il cite à nouveau Érasme, en compagnie de Patrizi et de Sir Thomas More, dont il pense que tous sont « déjà grands, ou seront bientôt tenus pour tels » (pp. 157, 260).

Compte tenu de cette conviction concernant les relations entre bonne éducation et bon gouvernement, il n'est pas étonnant que nombre des auteurs du miroir des princes se préoccupent presque autant de conseil pédagogique que de conseil politique. Comme y revient Érasme dans *L'Éducation d'un prince chrétien*, « l'éducation du prince en conformité avec les principes et idées établis doit prendre le pas sur tout le reste » (p. 156). Les conséquences de cette thèse apparaissent de façon particulièrement claire dans l'organisation de l'ouvrage de Budé, *L'Éducation du prince*. Il établit d'abord, au cours des quatre premiers chapitres, que son intérêt premier consiste à promouvoir la sagesse, la prudence et la « sapience » dans l'art de gouverner. Mais il ajoute aussitôt que si l'on se demande comment atteindre ces vertus, on se demande en réalité comment il convient d'éduquer les gouvernants. Il consacre donc les trente chapitres suivants à évaluer quelle forme d'éducation serait susceptible de produire les plus vertueux des gouvernants, tenant pour acquis que sera ainsi produit le plus vertueux des gouvernements.

Ce sentiment de l'importance primordiale de l'éducation permet également d'expliquer pourquoi tant d'humanistes, alors qu'ils rédigent apparemment des traités de philosophie morale et politique, y font figurer des instructions aux tuteurs des futurs princes et magistrats avec un soin du détail aussi maniaque. D'accord avec Érasme que « les hommes ne sont pas nés mais faits », ils estiment manifestement que les moindres erreurs de formation chez l'enfant sont susceptibles d'entraîner des effets délétères sur ses actes lorsqu'il sera en situation de pouvoir (cf. Woodward, 1906, p. 116). Au deuxième livre du *Cadran des princes* de Guevara, on rencontre un exemple remarquable de l'intensité de leur conviction à cet égard, lorsqu'il considère « comment les princes et grands seigneurs » doivent « nourrir et éduquer leurs enfants » (f° 80b). Guevara ne consacre pas moins de six chapitres à l'importance de l'allaitement au sein, passant tout en revue, des « sept qualités que doit avoir une nourrice » à l'absurdité de diverses superstitions païennes sur le sujet (f°s 112b, 119a). On trouve le même incroyable soin du détail au livre I du *Gouverneur* d'Elyot, où sont à nouveau disséqués les mérites de l'allaitement au sein, et où une place considérable est attribuée à un thème très anglais, celui des formes d'exercice qui conviennent le mieux aux jeunes gentilshommes. La danse (« signifiant le mariage ») est particulièrement recommandée, car elle servirait comme « introduction dans la première vertu morale, qui est la prudence » ; mais le tennis n'est permis que s'il est « rarement pratiqué », tandis que le football est fortement critiqué en raison de sa « fureur bestiale et violence extrême » (pp. 78, 92).

Cette intense attention prêtée au programme idéal a pour issue le fait que, comme les humanistes voient croître leur influence en tant que conseillers des princes, elle va contribuer à amener une révolution dans la théorie et la pratique de l'enseignement. Ce sont les humanistes du Nord qui ont introduit les premiers en Europe du Nord l'opinion d'immense portée voulant qu'une formation aux *litterae humaniores* soit une exigence indispensable de la vie publique. Et ils sont aussi les premiers qui parviennent en conséquence à briser les distinctions ancestrales, déjà abolies en Italie, entre l'éducation des classes dominantes et celle des « clercs ». À la fin du XVe siècle encore, on entend les anciennes conceptions s'exprimer dans des traités comme l'anonyme *Livre de la noblesse*. « Mais ces derniers temps, nous dit-on, la grande pitié » est que beaucoup de jeunes gens « descendant de noble sang et nés pour les armes » se consacrent à « de singulières pratiques » et « d'étranges facultés », comme d'apprendre « la pratique du droit » et autres « matières civiles », avec pour résultat qu'ils « perdent grandement leur temps sans nécessité en pareilles affaires » (p. 77). Les humanistes ont une conscience aiguë de ces préjugés, et l'on voit jusque dans les années 1560 Humphrey déplorer que la noblesse « se plaise rarement » à « l'intelligence érudite et à la sagesse scellée de connaissance » (sig. X, 2a). Mais, confrontés à cette ignorance, ils vont s'attacher par-dessus tout à faire passer l'idée platonicienne voulant, comme l'exprime carrément Érasme au début de *L'Éducation d'un prince chrétien*, que « l'on ne peut être un prince si l'on n'est pas philosophe ; on sera un tyran » (p. 150). Ils mentionnent encore et encore le fait que c'est Aristote qui éduqua Alexandre le Grand, en quoi Budé voit la meilleure preuve de « l'honneur et grande gloire qui naissent de l'étude des belles-lettres » (p. 112). Et dans le même temps ils encouragent les rois, princes et gentilshommes à reconnaître ensemble que, selon Elyot dans le *Gouverneur*, « le savoir rehausse, et non déprécie, la noblesse » (p. 42).

De main de maître, Humphrey résume l'appel qui s'adresse aux classes dominantes de l'époque : « Vous les nobles, cessez donc de détester le savoir » ; admettez que ceux qui « brillent par la bravoure » doivent aussi « briller par l'esprit » (sig. X, 2a, 4a). Historiquement, l'élément d'importance majeure est l'attention que suscite cet appel. Les humanistes ont réussi à convaincre l'aristocratie que le temps était venu de reconnaître que, dans ces sociétés, la force des armes avait largement cédé la place à la force du débat. Comme le relève Edmund Dudley dès 1509 dans l'*Arbre de la communauté*, la seule peu engageante alternative qui s'offre aux aristocrates consiste à voir leur suprématie traditionnelle érodée par « des enfants de pauvres gens et d'humble lignage » qui, maîtrisant les nouvelles connaissances, commencent à acquérir « la promotion et l'autorité que les enfants de sang noble devraient posséder s'ils étaient munis de celles-ci » (p. 45). La leçon fut vite apprise : les fils de la noblesse emplissent peu à peu les bancs des universités d'Europe du Nord dans la seconde moitié du XVIe siècle ; devenant de plus en plus cultivés, ils rendent de plus en plus vraisemblable la thèse selon laquelle la vertu et la *vera nobilitas* se retrouvent en fait sous leur forme la plus haute au sein de l'aristocratie traditionnelle; et cela va contribuer à ce que la menace que le renouveau du savoir représente envers les structures de classes existantes soit largement neutralisée.

9.

La critique humaniste de l'humanisme

Nous avons jusqu'ici étudié comment les humanistes du Nord ont repris et développé la vision morale et politique caractéristique de la Renaissance italienne. On a pu ainsi mettre en évidence une thèse parfois mise en cause, mais qui semble désormais incontournable : il convient bel et bien de considérer la pensée politique de la Renaissance au Nord principalement comme l'extension et la consolidation de diverses positions initialement conçues dans l'Italie du *quattrocento*. Il n'en est pas moins important de souligner que ces arguments n'étaient jamais repris simplement de manière acritique ou mécanique. Comme on l'a déjà observé, divers éléments au centre du débat politique italien ne recueillaient en Europe du Nord qu'une attention à peu près nulle. Mais pour que cette étude soit complète, il nous faut y ajouter que certaines des thèses développées par les humanistes du Nord doivent se comprendre non pas tant comme continuant, mais plutôt comme critiquant les idées humanistes antérieures.

L'HUMANISME ET LA JUSTIFICATION DE LA GUERRE

L'un des points importants sur lesquels divers humanistes du Nord tendent à critiquer et non à suivre leurs maîtres italiens est celui de leur analyse du rôle de la guerre dans la vie politique. On l'a vu, l'idéal aristotélicien du citoyen en armes jouait au *quattrocento* un rôle majeur dans bien des théories de l'État. La volonté de lutter pour sa liberté devenait ainsi partie intégrante des devoirs civiques ordinaires et, logiquement, l'état de guerre était perçu comme guère plus que la poursuite de la politique par d'autres moyens. Au contraire, de nombreux humanistes du Nord insistent lourdement sur l'idée stoïcienne selon laquelle, puisque tous les hommes sont frères, toute guerre est de fait fratricide. On en trouve l'expression la plus éloquente dans l'oraison que délivre Érasme en 1517, intitulée *La Complainte de la paix*[1]. La Paix parle à la première personne des « insultes et rebuffades » qu'elle subit continuellement des mains de « l'injustice humaine » (p. 1). Elle souligne en premier lieu que la guerre est totalement en opposition aux idéaux de la fraternité chrétienne. La guerre est « si profane qu'elle devient le plus grave fléau qui frappe la piété et la religion » où qu'elle se déclare (p. 2). Plus loin, la Paix ajoute que la guerre est tout autant ennemie du gouvernement vertueux, car « la voix de la loi » ne « se fait jamais entendre dans la clameur des armes », tandis que « les pires des hommes » se procurent toujours « la plus grande part de pouvoir » dès lors que l'on se moque de la paix. Sachant que l'objectif le plus élevé dans toute communauté est de respecter la fraternité chrétienne et la vertu du gouvernement, dit-elle ensuite, il s'ensuit que « la guerre doit nécessairement être tenue dans la détestation la plus grande que l'on puisse concevoir » (p. 82). La guerre anéantit tous nos meilleurs espoirs, nous entraînant dans « l'égout puant du péché et du malheur » (p. 82). La tirade se conclut donc sur un appel véhément « à tous ceux qui se disent chrétiens » pour qu'ils « s'unissent d'un seul cœur et d'une seule âme pour abolir la guerre, et établir la paix perpétuelle et universelle » (p. 98).

---

1. La *Complainte* constitue le prononcement définitif d'Érasme sur les horreurs de la guerre dans la société chrétienne ; il s'agit de l'un de ses ouvrages les plus connus, avec trente-deux éditions datées du XVIe siècle ; cf. Baintor, 1951, p. 32. On trouve cependant chez Érasme de nombreuses occurrences où il dit dans des termes semblables sa haine de la guerre. La plus significative est son évocation de l'adage « Dulce Bellum Inexpertis », « la guerre est douce à ceux qui l'ignorent ». Pour l'essai principal, ajouté sous ce titre à l'édition de 1515 de ses *Adages*, voir Phillips, 1964, pp. 308-343. Pour une analyse complète de cet essai, et de la *Complainte*, voir Adams, 1962, pp. 86-109.

Il serait bien sûr simpliste de croire que cette mise en cause de l'idéal de gloire martiale doive se comprendre seulement comme une réfutation des conceptions humanistes antérieures. Divers humanistes du Nord se trouvaient aussi en état de révolte envers la vénérable doctrine de guerre juste, en quoi ils tendaient à voir une source et une justification plus dangereuses encore de la violence généralisée de l'époque. Saint Augustin avait été le plus influent des tenants de cette doctrine. Dans *La Cité de Dieu*, s'il avait souvent appelé à l'abolition de la guerre, il y permettait également deux exceptions fort importantes, toutes deux acceptées ensuite par l'Église et reprises par Thomas d'Aquin dans sa défense classique de la juste guerre (cf. Adams, 1962, pp. 6-12). Saint Augustin pose d'emblée au livre IV : « il serait pire que les méchants dominent les justes » au lieu que les justes soumettent les méchants, et il suit que la guerre des justes contre les méchants, si elle est un « mal nécessaire », pourrait n'être pas que cela mais aussi « proprement qualifiée d'événement bienvenu » (II, 59). Au livre XIX, il nous avait déjà dit que si « l'homme avisé » devra toujours « déplorer d'être forcé à s'engager dans de justes guerres », il peut néanmoins se produire des occasions où « l'injustice de l'opposant » l'oblige à reconnaître « la nécessité de déclarer de justes guerres » (VI, p. 151).

Il est évident que lorsque les « humanistes chrétiens », et notamment Colet et Érasme, se lancent dans une attaque aussi catégorique contre les horreurs de la guerre, c'est avant tout cette dangereuse orthodoxie qu'ils tentent de renverser. Comme l'explique Colet dans son *Exposition de l'Épître de saint Paul aux Apôtres*, défendre l'idée d'une juste guerre revient à considérer comme possible « de détruire le mal par le mal ». Mais saint Paul enseigne que « rien ne vaincra le mal si ce n'est le bien », et que « si nous essayons de combattre le mal par le mal », nous allons seulement « tomber dans le mal » sans faire aucun bien (p. 86). Ce qui veut dire qu'« infliger des punitions, faire la guerre, et toutes les autres manières dont usent les hommes pour éliminer le mal, visent en vain ce but » (p. 86). Car « ce n'est pas par la guerre qu'on gagne la guerre, mais par la paix, et par la foi et la confiance en Dieu » (p. 97). Érasme sera encore plus net dans *La Complainte de la paix* (cf. Fernandez, 1973, p. 225). Les chrétiens prétendent souvent, nous dit-il, qu'ils mènent « une guerre juste et nécessaire » alors même qu'ils tournent leurs armes contre « un autre peuple professant exactement la même foi et la même chrétienté » (p. 51). Mais ce ne sont pas la nécessité ni la justice qui les portent à la guerre : ce sont « la colère, l'ambition et la folie » qui en fournissent « la force irrésistible » (p. 53). S'ils étaient vraiment chrétiens, ils comprendraient au contraire « qu'il n'est guère de paix injuste qui ne soit préférable, dans l'ensemble, à la plus juste des guerres » (p. 54). Car la paix est « la plus excellente de toutes choses », et si nous voulons « nous montrer les sincères disciples du Christ » nous devons être en tout temps attachés à la paix (pp. 19, 91).

Il est cependant clair que nombre d'humanistes du Nord se soucient moins de traiter ce problème traditionnel que du mode léger dans lequel divers humanistes du *quattrocento* traitaient de l'art de la guerre. Les nordiques sont particulièrement scandalisés par le fait que la force et la violence puissent en venir à être considérées comme des auxiliaires usuels dans l'art de gouverner. La plus entière réfutation de cette manière de voir se trouve dans *L'Utopie* de More. Alors que les humanistes « civiques » avançaient typiquement que le bon citoyen devait tenir le service militaire pour un constituant normal de ses devoirs civiques, More nous apprend que les avisés Utopiens font tout ce qu'ils peuvent pour éviter « d'envoyer leurs propres citoyens » au combat. Ils « s'attribuent l'un à l'autre une telle valeur » qu'« ils ne daigneraient pas échanger l'un quelconque des leurs » même pour capturer « le roi de la partie opposée » (pp. 205-207). De même, tandis que les humanistes « civiques » étaient unanimes pour considérer la pratique du recrutement de mercenaires avec la crainte et la réprobation les plus profondes, More nous dit et nous redit que les Utopiens « paient des mercenaires étrangers » chaque fois que possible pour se battre pour leur compte, et « prennent soin de ne pas être obligés à se battre en personne du moment qu'ils peuvent terminer une guerre à l'aide de substituts stipendiés » (pp. 149, 211).

Tout en rejetant la notion de citoyen en armes, beaucoup parmi ces penseurs s'attaquent également à l'idée dont la vogue va croissant, selon laquelle la profession des armes doit être tenue pour la seule occupation digne et honorable que peut exercer un gentilhomme. C'était là bien sûr une croyance issue de la chevalerie traditionnelle, mais deux facteurs avaient contribué à lui donner une nouvelle jeunesse au début du XVIe siècle. L'un était la volonté répandue et délibérée de faire revivre les idéaux du code de la chevalerie, mouvement de nostalgie sociale qui s'exprime à travers des écrits tels que *Le Livre de la noblesse* et des spectacles comme le Camp du Drap d'or (cf. Ferguson, 1960, pp. 23-26). L'autre facteur, lié au premier, était l'attention que portaient certains humanistes italiens au projet de civiliser les guerriers européens, avec pour objectif de leur inculquer les notions admises d'honneur, gloire et renommée, et de les convaincre que – selon les termes de Castiglione – l'étude des lettres ne se fait pas forcément au détriment des armes. Au cours du XVIe siècle, l'importance que Castiglione et ses nombreux imitateurs accordent à cette échelle de valeurs contribue à assurer dans divers cercles humanistes un prestige inédit à l'industrie guerrière. Quand Othello soutient[1] que « les grandes guerres » servent à « faire d'ambition vertu », il s'agit manifestement plus d'un commentaire humaniste plutôt chevaleresque à son appel aux armes, tandis que le noble trépas de Sir Philip Rodney sur le champ de bataille de Zutphen représente peut-être l'apothéose du courtisan de la Renaissance autant que celle du chevalier du Moyen Âge.

C'est à nouveau dans *L'Utopie* de More que se trouve la plus ferme dénonciation de cet intérêt retrouvé envers les beautés de la guerre, que ce soit sous leurs oripeaux chevaleresques ou humanistes. On nous dit ici que les Utopiens, eux, « ne comptent rien d'aussi infâme que la gloire acquise en guerre », et préfèrent toujours gagner la paix en trompant leurs ennemis ou en leur donnant de l'or, plutôt qu'en engageant la vie des leurs (pp. 201, 205). On rencontre chez nombre d'autres humanistes du Nord une aussi forte répugnance envers ce qu'Othello appelle « fierté, pompe

---

1. *Othello*, III, III, 350-351.

et circonstance de la glorieuse guerre[1] ». Il est vrai que tous auraient été loin de se retrouver dans la position de More voulant que « les honorables activités de la paix » soient toujours préférables aux « poursuites de la guerre » (p. 57 ; cf. aussi p. 65). Budé continue ainsi à inciter les « vrais nobles » à rechercher « la mort dans l'honneur » au combat comme moyen « d'anoblir la renommée de leur nom et d'exalter leurs armes » (p. 33). Mais si l'on considère les autres auteurs du miroir des princes, on les voit en général se rejoindre sur le fait que, comme dit Guevara dans *Le Cadran des princes*, « si les princes se jettent dans la guerre sans autre cause que d'y gagner de l'honneur », ils sont assurés d'y trouver « une conquête sans profit » (f° 174a). Érasme rappelle sa haine de la guerre dans son livre de conseils aux princes, en critiquant sévèrement saint Augustin à la fin de *L'Éducation d'un prince chrétien* pour avoir concédé que la guerre puisse parfois être juste, et en suppliant tous les souverains de reconnaître « combien honorable et salutaire est la paix », et « combien désastreux et criminel » il est de s'engager dans la guerre (pp. 249, 251). De même, Guevara consacre un chapitre entier de son *Cadran des princes* à exhorter tous « les princes et nobles » à « embrasser la paix et fuir les occasions de guerre », et y fait figurer une lettre attribuée à l'empereur Marc Aurèle, destinée à ses concitoyens, dans laquelle il leur aurait désespérément demandé de prendre en compte « quelle renommée, quel honneur, quelle gloire, quelle victoire ou quelles richesses » conquises en guerre peuvent espérer compenser le fait que « tant d'hommes bons, vertueux et avisés » y sont toujours perdus (f°s 172b, 175a).

Humanisme et «raison d'État»

Divers humanistes du Nord vont aussi accuser leurs précurseurs italiens d'avoir fait preuve d'un empressement indu à endosser l'idée

---

1. *Ibid.*, 355.

moralement ambiguë de « raison d'État ». Certains parmi ceux-ci, avance-t-on, étaient un peu prompts à admettre qu'il pourrait parfois être légitime que le souverain laisse les vertus de côté, et s'engage dans une démarche active moralement répréhensible, que cela fût susceptible de servir ses propres intérêts, ou bien un moyen permettant à la communauté entière de se procurer un profit supérieur.

Naturellement, nulle défense de cette sorte de la *ragione di stato* n'avait été avancée par aucun des humanistes orthodoxes italiens du *quattrocento*. Mais comme on l'a vu, l'idée selon laquelle de justes objectifs pourraient justifier de mauvais moyens était au centre de la pensée politique de Machiavel, principes adoptés dans une certaine mesure par Guichardin, lequel fut l'un des tout premiers auteurs politiques à utiliser en toutes lettres le terme de « raison d'État » (Church, 1972, p. 46). Plus encore, l'intérêt d'adopter cette vision moins béate du comportement princier deviendra plus tard dans la pensée politique de l'Italie du XVIe siècle le sujet central d'un genre tout entier, auquel la contribution la plus importante sera, en 1589, le traité de Giovanni Botero intitulé *La Raison d'État*[1]. Botero prend soin de se distancier de la réputation de plus en plus sulfureuse de Machiavel, mais le choix des thèmes sur lesquels il propose ses conseils est souvent d'une ressemblance frappante : on trouve successivement des chapitres sur la manière de traiter ses sujets, les moyens d'éviter les insurrections, le rôle de la défense, la collecte des impôts et le maintien de la discipline militaire. Il ne fait de plus aucun doute que Botero habite visiblement l'univers moral de Machiavel. Son souci essentiel, dit-il au début de *La Raison d'État*, est de considérer celles des actions dont on peut

---

1. Sur Botero (1540-1617) et la datation de son traité, voir Waley, 1956, p. XV. Ferrari a dressé une liste d'ouvrages semblables parus en Italie au cours de la génération suivante, portant tous le même titre, *Raison a'Etat*. L'un est publié par Girolamo Frachetta à Venise en 1592 ; un autre par Scipio Chiaramonti à Florence en 1615 ; un autre par Federigo Bonaventura à Urbino en 1623 ; un autre encore par Ludovico Zuccolo à Venise en 1626 ; un de plus par Ludovico Settala à Milan en 1627 ; et ainsi de suite dans une longue énumération d'ouvrages qualifiés par Meinecke de « catacombes de médiocres textes oubliés » ; cf. Meinecke, 1957, pp. 67 et note. Church a récemment tiré Frachetta de l'oubli (pp. 64-66), mais il ne parle d'aucun des autres.

penser que le gouvernant a de suffisantes raisons pour les accomplir, même si elles « ne peuvent être évaluées à la lumière de la raison ordinaire » (p. 3). Bien qu'il commence par évoquer l'importance d'être guidé par les principes de la justice, il passe rapidement à la notion nettement plus équivoque de prudence politique, avançant au livre II que la prudence et la valeur sont « les piliers jumeaux sur lesquels doit se fonder tout gouvernement » (p. 34). Et la première maxime de base qu'il va ensuite énoncer sur la prudence est la suivante : « il faut tenir pour certain que, dans les décisions des princes, l'intérêt prévaudra toujours sur tout autre argument ; et donc celui qui traite avec les princes ne doit placer aucune confiance dans l'amitié, la parenté, les traités, ni aucun autre lien qui ne soit fondé sur l'intérêt » (p. 41).

Mais les humanistes du Nord n'avaient pas attendu de prendre conscience de cette tradition machiavélienne d'argumentation politique, s'étant d'eux-mêmes nettement employés à bloquer toute tentation d'avancer qu'il puisse être légitime d'ignorer les impératifs de la justice dans l'espoir d'un gain supérieur. More l'admet dans *L'Utopie*, les hommes croient souvent que « la justice n'est qu'une vertu basse et plébéienne », et que « tout est admissible » aux rois (p. 199). Ce qui implique à son tour, comme Elyot le reconnaît dans le *Gouverneur* avec quelque lassitude, que le genre de dommages « infligés par fraude et trahison » sont « si communs que s'ils ne le sont qu'un peu on appelle cela politique, et s'ils le sont beaucoup, et revêtent le visage de la gravité, on nomme et estime cela sagesse » (p. 168). Mais cela ne montre qu'une chose, ajoute-t-il aussitôt, c'est que les rois et princes n'ont pas de vraie conception de leurs devoirs. Car toute référence à la ruse du renard, ou à « la violence et la force du lion », n'est pas seulement « horrible et détestable » dans « l'opinion de l'homme », mais ne l'est pas moins « à la vue et sous le jugement de Dieu » (p. 168). Elyot est ainsi parfaitement convaincu que, même s'il était démontré qu'une pareille maîtrise de l'art de la politique puisse donner naissance « à quelque chose de bon », le fait que ces pratiques « répugnent à la justice », et que la justice est la poutre maîtresse du bon gouvernement, implique de les éviter et de les condamner en toute circonstance possible (pp. 169-170).

Érasme parvient à la même conclusion dans *L'Éducation du prince chrétien*, posant la question centrale déjà soulevée par Machiavel dans *Le Prince* et y apportant une réponse strictement opposée. Que faut-il faire, demande Érasme, si l'on découvre que « l'on ne peut défendre son royaume sans violer la justice, sans d'abondantes pertes en vies humaines » ni « sans grandes pertes de religion » ? (p. 155). Machiavel avait répondu qu'il faut être prêt à faire n'importe quoi, aussi déplaisant que ce soit, afin de « maintenir son État ». Érasme, lui, répond qu'il ne faut jamais rien faire, même pour le meilleur des motifs, qui puisse porter atteinte à la cause de la justice. Il faut tout au contraire être prêt à « renoncer, et à s'incliner devant les importunités de l'époque » (p. 155). C'est entre Érasme et Machiavel – qui écrivent au même moment à partir de la même tradition intellectuelle – que passe la plus large fracture éthique. Érasme estime, très proche en cela de l'esprit de *La République* de Platon, que la question fondamentale dont doit traiter le penseur politique est celle des moyens de préserver les règles de justice dans la communauté. Il se tient donc du côté de l'audacieuse grandeur de la maxime *fiat iustitia, ruat coelum*. Machiavel considère, lui, davantage dans l'esprit d'un utilitariste moderne, que la question est celle des moyens de préserver la communauté elle-même. Sa position est donc invariablement en faveur d'une soigneuse évaluation des conséquences vraisemblables.

Le Prince paraît initialement en 1532, et par la suite les partisans machiavéliens de la *ragione di stato* seront de plus en plus enclins à soutenir que, si le principal objectif du penseur politique consiste à offrir des conseils vraiment utiles sur la manière de « maintenir son État », alors les aspects les moins édifiants de la pratique politique courante doivent être reconnus et même recommandés, plutôt que purement et simplement déclarés hors la loi. La génération suivante d'humanistes du Nord sera donc confrontée à la trahison patente de ce qu'elle tient pour la juste tâche de la philosophie politique ; ces humanistes se feront par conséquent de plus en plus violents dans leur condamnation de la « raison d'État », soignant particulièrement leurs invectives contre l'infâme figure de Machiavel, inventeur de la doctrine et premier « politique athée » de l'époque[1].

L'un des premiers à dénoncer nominalement Machiavel est le héros du *Dialogue* de Starkey, Reginald Pole, dont l'*Apologie à Charles V*, rédigé en 1539, comprend une attaque en règle contre la théorie politique de Machiavel, destructrice de toutes les vertus (cf. Raab, 1964, pp. 29-31). Il ne faudra que quelques années pour voir un autre éminent humaniste anglais, Roger Ascham, faire montre d'une semblable répulsion dans son *Rapport et discours* envers « la doctrine de Machiavel » selon laquelle on pourrait « penser, dire et faire tout ce qui sert au mieux le profit et le plaisir » (p. 160). Mais c'est en France que paraît la plus systématique de ces premières attaques : il s'agit de l'*Anti-Machiavel* d'Innocent Gentillet (1535-1588), publié à Genève en 1576 (Rathé, 1968, p. 4). Parmi les maximes que Gentillet pense pouvoir déduire des écrits de Machiavel sur le gouvernement figure l'idée que « le prince prudent ne doit pas observer la bonne foi lorsque celle-ci est dommageable à ses intérêts » (p. 445). Toutes les maximes de Machiavel, déclare-t-il, sont « vicieuses et détestables au plus haut degré », mais « celle-ci obtient le premier prix parmi toutes les autres concernant notre devoir envers les autres hommes » (p. 445). Gentillet entame son analyse de cette proposition dans un style typiquement humaniste, en avançant qu'accepter une telle morale conduirait à la destruction de « tout contrat ou commerce, de la justice distributive et de la politique même » (p. 446). Et il pérore, sur le mode tonnant des prédicateurs calvinistes, que « la perfidie est si détestable à Dieu et au monde entier, que Dieu ne permet jamais aux perfides ni à ceux qui manquent à leur parole de demeurer impunis » (p. 477).

Le même rejet catégorique de l'athéisme de Machiavel peut encore se lire à la génération suivante en Espagne, dans divers écrits jésuites et humanistes. La condamnation la plus complète fait

---

[1]. Cela deviendra le terme injurieux en usage dans les débats sur les auteurs considérés comme « bons connaisseurs de Machiavel ». Voir par exemple James Hull, *Démasquer le politique athée* (Londres, 1602), sig. A, 4a ; sig. D, 4a ; sig. E, 3b. Cf. Raab, 1964, p. 59.

partie du traité de Ribadeneyra sur *La Religion et les vertus du prince chrétien*. L'auteur conçoit clairement que « le principal pilier et la plus solide fondation » de la « fausse pensée politique » de « Machiavel et [des] politiciens » est que le prince doit « feindre les vertus » tout en suivant dans le même temps les méthodes contournées et violentes du lion et du renard (pp. 274, 279). Il est effectivement crucial, concède Ribadeneyra, de soulever la question de savoir « s'il est possible de ne tolérer aucun subterfuge chez le prince » (p. 279). Et il est juste de soutenir que le but essentiel de nos gouvernants doit toujours être « d'agir avec prudence pour le bien de la communauté » (p. 282). Il reste que c'est une grave erreur d'y voir une justification pour accepter « la doctrine pestifère de Machiavel » (p. 282). Leur premier devoir, conclut fermement Ribadeneyra, est de travailler toujours dans « la loi de la chrétienté », sans jamais trébucher en « enfreignant la loi de Dieu et sa religion » quelles que soient les circonstances (pp. 282-283).

Cependant, tandis que s'accroît la violence politique du XVIe siècle, et que les partisans de la force et de la tromperie piétinent les défenseurs de la vertu, les humanistes eux-mêmes commencent à trouver délicat de tenir leur digne position en faveur de l'idéal de justice comme seule base possible de la vie politique. Certains d'entre eux vont se laisser aller à admettre que, dans des cas où la poursuite de la justice peut réellement se révéler incompatible avec la préservation de la communauté, il pourrait être défendable de faire ce qui est utile plutôt que ce qui est juste au sens strict.

Les premiers signes de ce glissement peuvent se détecter dans l'accent que placent divers humanistes sur l'idée que tout gouvernant a le devoir de suivre les impératifs non seulement de l'équité, mais aussi de la prudence. On trouve une des premières interventions de cette morale politique implicitement moins contraignante dans *L'Éducation du prince* de Budé. Après avoir décrit les divers types de gouvernement, il se demande d'abord comment la « science » du gouvernement peut s'acquérir (p. 16). Il reconnaît bien entendu qu'une partie de la réponse consiste à comprendre les règles de la justice, et il consacre son troisième chapitre à expliquer que « la vertu de justice » est une vertu que « les princes doivent tenir dans la plus haute estime » (p. 20). Toutefois, avant d'entonner cette argumentation traditionnelle, il souligne au deuxième chapitre que le fondement premier du bon gouvernement consiste à reconnaître la valeur de la « prudence civile » (p. 16). Il admet en outre que cette idée quelque peu équivoque doit se définir en termes de « politique » et non de « philosophie morale », et ajoute qu'elle est « plus étroitement apparentée à la rigueur de la loi, dont elle est plus proche en affinité que l'idée d'équité charitable » (pp. 16, 19).

Une fois la prudence élevée au-dessus de la vertu, il ne demeurait qu'un pas relativement timide à franchir pour retrouver la position sans conteste machiavélienne selon laquelle, tout en feignant la vertu, il serait parfois approprié d'adopter une attitude de « fourberie profitable » en vue de protéger les intérêts de la communauté. Le premier auteur humaniste qui, au Nord, défendra sans ambages ce point de vue est Stephen Gardiner (v. 1483-1555) ; il va le développer dans un livre de conseils destiné à Philippe II d'Espagne, au début des années 1550[1]. Le texte de Gardiner, rédigé alors qu'il était Lord Chancelier, prend la forme d'une histoire de l'Angleterre primitive et se centre sur le règne de Vortigerius, premier roi des Anglais, puis sur le débarquement des Normands en 1066. Cependant, comme dans beaucoup de textes humanistes, la narration se précise et se déploie uniquement pour tracer un certain nombre d'enseignements pratiques à l'usage des gouvernants existants ; et Gardiner a pour premier souci d'instruire Philippe, au moment où Marie Tudor a annoncé son intention de l'épouser, sur la question des politiques susceptibles de se montrer les plus profitables dans le gouvernement du peuple d'Angleterre. Cela aboutit en partie à une série d'avertissements humanistes conventionnels sur la nécessité d'éviter les flatteurs, d'apprendre les leçons de l'histoire, et d'encourager « les hommes de vertu et de bonne volonté » (pp. 105,

---

1. Le traité de Gardiner s'intitulait *Un discours sur la venue des Anglais et Normands en Bretagne*. Rédigé entre novembre 1553 et novembre 1555, et bien que jamais publié, il a de toute évidence été présenté à Philippe II. À ce sujet, et sur d'autres détails concernant le manuscrit, voir l'introduction à l'excellente édition désormais disponible (Donaldson, 1975, notamment pp. VII, 2, 4).

108, 129). Mais Gardiner fait aussi preuve d'une conscience aiguë des limites de tels conseils, auxquels il ajoute l'exposé élaboré d'une conception purement machiavélienne de la raison d'État. Il se dit en premier lieu d'accord avec Machiavel en ce qu'il lui fait affirmer que s'il est vital pour le prince de paraître vertueux, il n'est pas essentiel qu'il possède réellement toutes les vertus. En effet, « il est suffisant que le prince soit assez prudent pour savoir comment échapper à l'infamie des vices contraires, lorsqu'il doit y avoir recours, et éviter ceux des vices qui lui feraient perdre son État » (p. 149). Gardiner suit encore Machiavel, qu'il cite à nouveau, sur sa thèse si caractéristique voulant que le prince « ne peut observer toutes les choses par quoi nous sommes tenus pour bons », car « il est souvent nécessaire, pour maintenir ses États, d'agir en sens contraire de la pitié, de la religion et de la foi » (p. 149). Il est certes utile de paraître « clément, généreux et pratiquant la foi », mais « les conditions de la royauté » sont de telle nature que tout souverain se sentant réellement lié par ces contraintes découvrira qu'elles « lui apportent plus de mal que de bien ». L'avis définitif de Gardiner est donc que si le prince doit toujours conserver une apparence « de foi, de clémence et de charité », puisque « ces atours lui assurent une grande renommée auprès de la multitude », il doit être sûr dans le même temps « de pouvoir changer de cours comme le vent selon la variété de la fortune » (p. 149). Le sens bien sûr, mais aussi les mots eux-mêmes, sont intégralement repris, sans y renvoyer, du *Prince* de Machiavel (cf. Donaldson, 1975, p. 16 et note).

C'est cependant en France et aux Pays-Bas que la doctrine machiavélienne pure de la *ragione di stato* s'installe du pied le plus ferme au cours du XVIe siècle. Tandis que le tissu politique de ces deux pays se défaisait sous l'assaut des guerres de religion, il apparaissait de moins en moins réaliste de continuer à soutenir que le maintien de la justice dût toujours primer sur celui de la communauté. Guillaume du Vair, qui écrit à Paris pendant le siège de 1590, se sent tenu de reconnaître qu'en des instants désespérés il peut au contraire être nécessaire de traiter l'instinct de conservation en première loi de la nature. Montaigne, qui rédige presque au même moment son essai *De l'utile et de l'honneste*, admet que la seule réaction possible à ce qu'il appelle « ces divisions et subdivisions qui nous deschirent aujourd'huy » consiste à intégrer le rôle de la « prudence » autant que de la « bonté » dans le gouvernement (pp. 600, 603). Lui-même, nous dit-il, préfère se tenir à l'écart de la politique et de la diplomatie, ne prisant pas l'idée de se voir contraint à biaiser et à mentir. Mais il est tout à fait catégorique sur le fait qu'il nous faut reconnaître le rôle joué par « des vices légitimes » dans les affaires du gouvernement (p. 604). Il soutient certes que c'est « un coup de la verge divine » quand « une urgente circonstance et quelque impetueux et inopiné accident du besoing de son estat » force le souverain à « gauchir sa parolle et sa foy » (p. 607). Mais il ne voit pas d'autre solution que d'accepter qu'il existe dans la politique des vices qui non seulement « y trouvent leur rang », mais même « s'employent à la cousture de nostre liaison, comme les venins à la conservation de nostre santé » (p. 600). Il ne trouve pas non plus raisonnable de considérer la raison d'État comme un vice : « vice n'est-ce pas », car le prince « a quitté sa raison à une plus universelle et puissante raison » lui montrant que cet acte apparemment néfaste, « il le falloit faire » (p. 607).

Plus forte et moins inhibée encore, l'adhésion à cette même thèse que l'on retrouve dans les *Six livres de politique* du grand érudit classique Juste Lipse (1547-1606). Lipse publie sa *Politique* en 1589 à Leyde, où il est venu d'Anvers dans l'espoir d'éviter les pires excès de la révolte continue contre la férule espagnole (Saunders, 1955, pp. 27-30). Son traité se destine largement à énoncer une série de mesures de prudence, et au livre IV il soulève tout uniment la question de savoir « si quand il y a traîtrise, la prudence doit se mêler d'esprit chez le prince » (p. 112). Il note que bien des moralistes « n'approuvent que la voie qui de la vertu mène à l'honneur », mais déplore « qu'ils semblent ne pas connaître cette époque », et ne se comportent guère mieux que des enfants perdus dans « l'océan tempétueux des affaires du monde » (pp. 112, 114). En vérité, avance-t-il avec audace, « certains types de personnes sont excessives dans leur colère contre Machiavel », et ne voient pas qu'en des temps de violence et de conflits il est évident que tout prince désirant survivre doit apprendre « à mélanger ce qui est profitable à ce qui est honnête » (pp. 113, 114). Lipse finit donc par s'aligner fort explicitement sur la doctrine machiavélienne de la raison d'État. Le prince devant « avoir affaire au renard », conclut-il, est tout à fait en droit de « jouer le renard » lui-même, « notamment si le bien et le profit publics » le rendent nécessaire (p. 113).

Après avoir dans un premier temps instruit les princes selon les canons de la justice à tout prix, certains des grands humanistes se voient contraints de tempérer leurs avis en y introduisant une dose croissante de ce que Lipse aimait à appeler « ruse profitable » (p. 197). Ils s'en excusent en invoquant le fait que, en admettant la doctrine de la raison d'État, ils ne font que se plier à la force irrésistible de l'implacable nécessité. Parfois ils essaient de se dire ensuite qu'il ne s'agit pas là vraiment d'oublier les vertus, puisque la nécessité pourrait elle-même après tout être comptée au nombre des vertus. C'est la position assez cynique qu'attribue Shakespeare à Jean de Gand au début de *Richard II*[1]. Compatissant avec Bolingbroke, condamné à l'exil, Jean lui conseille :

> « Apprends de la nécessité à raisonner ainsi ;
> Il n'est point de vertu comme la nécessité »

Mais, le plus souvent, les humanistes se consolent en rappelant la remarque proverbiale émise par Publilius Syrius au moment de l'effondrement définitif de la République romaine : *necessitas non habet legem*, « la nécessité ne connaît pas de loi ». Prévoyant le relâchement de la morale politique dans les temps à venir, ils admettent que si la nécessité ne peut être rendue conforme à la loi, il faudra bien rendre la loi conforme à la nécessité.

L'UTOPIE ET LA CRITIQUE DE L'HUMANISME

Jusqu'ici, nous avons vu dans quelle mesure *L'Utopie* de More peut se lire comme une contribution assez classique au courant de

---

1. *Richard II*, I, III, 277-278 (trad. François-Victor Hugo ex Gallimard, « Bibliothèque de la Pléiade », 1955).

la pensée politique humaniste nordique. Il semble en effet indispensable de commencer par cette perspective. Elle nous permet tout d'abord d'apporter un correctif à l'une des approches interprétatives de *L'Utopie* les plus répandues et les plus trompeuses : celle qui se fonde sur la conviction qu'on ne peut espérer comprendre l'argumentation de More à moins de la placer dans un cadre médiéval et non dans une vision Renaissance de la vie politique. C'est ainsi que R. W. Chambers souligne que *L'Utopie* doit être considérée comme une « réaction » contre les idées politiques « progressistes » de l'époque, et que More « se retourne » vers « la vie corporative du Moyen Âge » dans une tentative de renouveler l'idéal moribond du « collectivisme médiéval » (Chambers, 1935, pp. 132, 258). Quant à Duhamel, il va jusqu'à ajouter que *L'Utopie* doit être tenue pour « peut-être la plus médiévale des œuvres de More », car « profondément scolastique dans sa méthode de construction » tout en étant « largement médiévale dans son style et son contenu » (Duhamel, 1977, pp. 236, 246, 249). Au contraire, comme on l'a déjà vu, la gamme des sujets dont More traite en analyste politique, aussi bien que la palette des concepts et arguments qu'il utilise, tendent à l'aligner de très près sur les autres humanistes du Nord que nous avons rencontrés. Il accepte, même si c'est sur un mode ironique, que la juste place du penseur politique doit consister à agir en conseiller des princes. Il partage le sentiment répandu parmi les humanistes quant aux difficultés qu'il y a à fournir des conseils politiques aussi utiles concrètement que nobles dans l'intention. Il revendique hautement la foi humaniste universelle en la centralité des vertus dans la vie politique, de même que l'idée plus spécifique voulant que respecter la justice soit le but fondamental de toute communauté vertueuse. Et il reprend le lieu commun humaniste bien établi selon lequel, pour maintenir une société dans le bon ordre politique, il faut avant tout donner à ses citoyens une excellente formation dans les *studia humanitatis*[1].

---

1. La meilleure étude des accointances essentiellement humanistes de More est celle de Hexter, 1965, pp. LXIV-CV. On trouve une bonne analyse du point de vue de More, tenant

LA CRITIQUE HUMANISTE DE L'HUMANISME 359

Il existe une autre raison pour resituer d'abord le rôle de More dans le courant de pensée humaniste : comme dans le cas du *Prince* de Machiavel, cela nous donne un point de repère grâce auquel nous pouvons maintenant tenter de mesurer l'originalité de More comme penseur politique. Admettons-le, cette tâche a parfois été considérée comme quelque peu superflue. Certains spécialistes ont traité *L'Utopie* en simple contribution à un « programme » plus global de réforme humaniste, auquel More aurait travaillé en proche collaboration avec Érasme, Vives, Elyot et leurs nombreux disciples[1]. Il ne fait pas de doute que cette interprétation contribue à éclairer l'esprit dans lequel le livre de More a été composé. Mais elle empêche également de saisir ce que l'on peut penser être l'une des clés essentielles pour en comprendre le sens : le fait que, si *L'Utopie* est incontestablement l'œuvre la plus importante de théorie politique produite par la Renaissance au Nord, elle comporte aussi ce qui est de loin la critique de l'humanisme la plus virulente écrite par un humaniste.

Proposer cela comme moyen de comprendre More ne revient pas, bien sûr, à prétendre que l'on puisse ainsi accéder à tous les compartiments de sa pensée. *L'Utopie* demeure une œuvre énigmatique, avec des niveaux d'ironie parfois difficiles à jauger, et un ton aux variations souvent bizarres. Il arrive à More d'atteindre sans effort apparent des notes douces et lumineuses, comme dans l'attaque contre la barbarie de la chasse, le passage sur l'égalité des sexes, ou son insistance sur la valeur de la tolérance religieuse (pp. 129, 171, 219, 227). Mais à d'autres endroits il se montre favorable à un genre de vie extraordinairement uniforme, et ce dans un style étrangement solennel. Il nous dit par exemple que les Utopiens portent tous les mêmes vêtements, et vivent dans des maisons identiques faisant partie de villes identiques ; ils se lèvent tous à quatre heures du matin pour écouter de savantes confé-

---

les humanistes chrétiens pour enseignants naturels en Europe chez Fleisher, 1973, notamment pp. 128-136.

1. À ce propos, voir notamment Hogrefe, 1959, pp. 1 *sq.*, ainsi que Caspari, 1968, notamment p. 127, et Southgate, 1955, notamment p. 254.

rences ; ils sont rassemblés à son de trompe pour manger dans des réfectoires communaux tandis qu'on leur lit à voix haute des littératures édifiantes ; et sans se plaindre ils vont tous se coucher à huit heures du soir (pp. 113, 121, 127, 129, 133, 141, 145).

Sans nul doute, le ton de More continuera de marquer chaque différent lecteur de presque autant de façons différentes. Il est cependant au moins possible, si l'on entreprend d'examiner comment il s'attache à critiquer plutôt qu'à défendre les idées reçues de la pensée politique humaniste, de proposer une réponse à l'une des questions majeures que pose la description de l'Utopie au livre II. Quand Hythlodaeus en vient au terme de son récit, le personnage de More dans le dialogue fait d'abord remarquer que « le fondement principal » du système que défend Hythlodaeus est « la vie et la subsistance communes, sans aucun échange monétaire » (p. 245). Il nous dit ensuite que s'il admire « bien des éléments de la communauté utopienne », il « ne peut agréer » tout ce qu'a dit Hythlodaeus, car il pense notamment que le système du communisme utopien est « très absurdement établi » (pp. 245-247). La question qui se pose est donc celle de savoir si nous, lecteurs, sommes censés adhérer au personnage de More lorsqu'il s'en prend à Hythlodaeus, ou bien à Hythlodaeus quand il défend sans réserves le genre de vie en Utopie, ou bien encore s'il nous est donné à entendre que leur discussion n'a aucune solution définitive. C'est là le problème qui a provoqué la controverse la plus intense et la plus longue dans les débats scientifiques modernes autour du travail de More[1]. Et c'est ce problème qu'il convient de

---

1. Deux traditions interprétatives convergent pour admettre que More devait vouloir nous faire considérer la défense par Hythlodaeus du système utopien avec le plus grand sérieux. L'une d'elles voit en More la figure tragique d'un socialiste né hors de son temps. Il semble que c'était la perception de Marx, et elle apparaît dans les recherches sur More chez Kautsky, 1927. La même thèse est reprise et développée par Ames, 1949, notamment pp. 5-7, 27. À propos de cette interprétation, voir Avineri, 1962, notamment pp. 268-70. Cette conclusion est aussi celle des auteurs qui voient dans *L'Utopie* une description indirecte, mais sérieuse, des idéaux de l'humanisme chrétien. C'est la thèse avancée par Hexter, 1965, notamment pp. LVII-CV. À propos de cette interprétation, voir Skinner, 1967, notamment pp. 157-160. Il est intéressant, comme le note Allen dans son étude des lettres introductives

réévaluer dès que l'on envisage aussi *L'Utopie* comme une critique humaniste de l'humanisme.

Il est permis de penser que la critique de More commence avec l'énonciation d'un lieu commun humaniste : la vertu constitue la seule noblesse. Avec une rare amertume, il observe que par les temps qui courent « la seule noblesse » qui soit reconnue est celle du lignage et de la richesse (p. 169). Ce qui veut dire que des gens « s'imaginent nobles et s'en pavanent » seulement parce qu'ils se trouvent avoir la bonne fortune « d'être nés de certains ancêtres » qui au cours du temps ont accumulé « des richesses en propriétés terriennes » (p. 169). Résultat de cette « étrange et facile folie », ces nobles ou supposés tels sont dès lors traités avec « des honneurs presque sacrés », salués « tête nue et genou à terre », uniquement en raison de leur situation acquise et de leur richesse (pp. 157, 169).

à *L'Utopie*, que tous les humanistes contemporains de More, et notamment Budé, semblent avoir estimé qu'il considérait l'Utopie avec le plus grand sérieux en tant que communauté idéale. Voir Allen, 1963, notamment p. 106. Mais les traditions interprétatives dominantes reposent sur l'hypothèse que More ne souhaitait pas nous voir accepter la défense univoque de l'Utopie et de son genre de vie par Hythlodaeus. L'argument le plus courant en faveur de cette conclusion a été initialement proposé par Chambers : More aurait souhaité décrire les limites du rationalisme, avec pour conséquence que les communautés chrétiennes d'Europe auraient pu faire beaucoup mieux en s'en donnant seulement la peine. « Les vertus de l'Utopie païenne montrent par contraste les vices de l'Europe chrétienne » (Chambers, 1935, p. 127). Cette position a été très largement adoptée par de très nombreux experts : voir par exemple Campbell, 1930, notamment pp. 96-101 ; Donner, 1945, notamment pp. 68-75 ; Duhamel, 1977, notamment p. 237 ; et Fenlon, 1975, notamment pp. 117, 124. À propos de cette interprétation, voir Surtz, 1957b, notamment pp. 12-15, et Hexter, 1961, notamment pp. 22-26. On a plus récemment trouvé une nouvelle raison de parvenir à la même conclusion. More aurait impartialement présenté deux points de vue opposés sans prendre un parti clair pour l'un d'entre eux. Cette idée, qui repose largement sur les caractères formels de *L'Utopie* comme dialogue, a été introduite par Surtz, 1957a, notamment pp. 182-184, puis développée dans Surtz, 1965, notamment pp. CXXXIV-CXLVII. Plus tard, elle a été adoptée par Bevington, 1961, notamment p. 497. À propos de cette interprétation, voir Skinner, 1967, notamment pp. 155-156. Enfin, une dernière raison parfois avancée pour soutenir que More ne voulait sans doute pas nous faire prendre Hythlodaeus au sérieux est qu'il aurait pu ne pas souhaiter que nous prenions au sérieux quoi que ce soit dans ce livre. On trouve cette thèse chez Allen, 1957, notamment p. 156, et Lewis, 1954, notamment pp. 167-169.

Cela ne veut pas dire que More soit opposé à l'idée même d'un homme faisant preuve envers un autre du sens de l'honneur ou de la révérence, ou du respect qui lui sont dus. Il accepte bien cette idée humaniste ressassée de la recherche de l'honneur et même de la gloire comme buts de nos actes, et incite les fins Utopiens à toujours « offrir des honneurs pour inviter les hommes à la vertu » (p. 193). Il n'est hostile qu'à ceux qui « se croient meilleurs hommes, selon le manteau qu'ils portent », qui « marchent la tête haute et pensent qu'une valeur supplémentaire leur est attachée » à cause de leur richesse, et s'indignent s'ils ne reçoivent pas les honneurs qu'ils estiment dus à leur rang (pp. 167, 169). C'est invariablement sur le ton le plus lourdement sarcastique qu'il évoque « ces gens soi-disant bien élevés », qui sont « communément appelés gentilshommes et nobles » (pp. 131, 241). Et il s'oppose toujours à leurs prétentions en affirmant que la seule vraie noblesse, le seul titre valable pour être honoré ou respecté, réside dans la possession de la vertu. Nous apprenons que lorsque les Utopiens dressent des statues en commémoration de leurs « grands hommes », la raison de les honorer de la sorte est qu'ils se sont montrés d'une vertu exemplaire et « ont rendu de grands services à leur pays » (p. 193). Nous apprenons de même que si les Utopiens honorent leurs prêtres davantage que les autres, c'est parce qu'ils savent que « seule la vertu » peut aider l'homme à aspirer à la prêtrise (p. 229).

On a parfois avancé que si More se lance ainsi à l'attaque de l'aristocratie héréditaire de l'époque, c'est qu'il a l'intention de manifester son soutien aux éventuels héritiers de son pouvoir, les membres de la « nouvelle classe moyenne » aux contours changeants. Ames voit ainsi dans *L'Utopie* « un produit des attaques du capitalisme contre le féodalisme, une pièce de la critique par la classe moyenne et l'humanisme d'un ordre social décadent » (Ames, 1949, p. 6). More, nous dit-on, ne cherche qu'à rendre le monde plus sûr pour les gens de son espèce, âpres et arrivistes. Mais cette interprétation semble dès l'abord reposer sur un *non sequitur*. Du fait que More se considère comme ennemi de l'aristocratie, il ne découle pas qu'il doive se considérer comme ami des marchands, avocats et autres membres de la « classe progressive » dépeinte par

Ames (pp. 5, 37). En outre, on dispose d'un bon nombre d'éléments textuels indiquant que More n'est pas moins éloigné des aspirations habituelles de ces typiques représentants de la bourgeoisie. Il nous dit en effet que les Utopiens « excluent absolument » tous les avocats de leur communauté, pour la raison qu'ils « manipulent intelligemment les causes » et « avancent des arguments de droit » au lieu de se préoccuper de la vérité (p. 195). Et il n'y a évidemment pas place pour les marchands dans l'état de choses utopien, puisque toute l'économie fonctionne sans monnaie, et que toutes les transactions de crédit sont gérées par le gouvernement municipal, aucun particulier n'étant jamais autorisé à s'engager dans aucune entreprise commerciale privée (pp. 139, 149).

Le souci premier de More, lorsqu'il attaque l'aristocratie héréditaire, semble plutôt consister à mettre en cause la philosophie sociale un peu trop confortable des ses confrères humanistes. Comme on l'a vu, la plupart d'entre eux disaient bien que la vertu doit être tenue pour seule vraie noblesse, mais neutralisaient aussitôt la radicalité de cette proposition en ajoutant que les vertus se trouvent être surtout l'apanage des membres établis des classes dominantes. Ils tendaient donc à en conclure que former une communauté vertueuse non seulement est compatible avec, mais présuppose même, le maintien de « degré, priorité et place ». Au contraire, More souligne que si l'on s'attache réellement à établir une communauté vertueuse il faut abandonner toute idée que les nobles d'aujourd'hui soient hommes de quelque noblesse que ce soit, et abolir l'entière structure de « degré » afin d'assurer que seuls des hommes de vraie vertu soient traités avec l'honneur et le respect qui leur sont dus[1].

Dans un passage d'une ironie presque désespérée, il admet tout de suite que cette solution sera rejetée par tous comme totalement absurde, et notamment par « les gens du commun », tous élevés pour croire que « la noblesse, la magnificence, la splendeur et la majesté » constituent « les vraies gloires de la communauté »

---

[1]. Sur l'attaque de More à propos du « degré », voir Hexter, 1964, notamment pp. 960-962, très intéressante analyse à laquelle je dois beaucoup.

(p. 245 ; cf. Stevens, 1974, pp. 17-18). Il demeure néanmoins inflexible. Au début de la description de l'Utopie, il pose que « la seule et unique voie vers le bien-être général » passe par l'abolition du « degré » sous toutes ses formes et « le maintien de l'égalité à tous égards » (p. 105). Il annonce que, en mettant ce principe en pratique, les Utopiens ont su instituer une forme de gouvernement si vertueuse que « nulle part au monde il n'existe de plus excellent peuple ni de plus heureuse communauté » (p. 179). Et il conclut en affirmant que la structure de leur société, basée sur l'abolition de toute hiérarchie sociale, « n'est pas seulement la meilleure, mais la seule qui puisse à bon droit revendiquer le nom de communauté » (p. 237).

Il donne deux grandes raisons au fait que le maintien du « degré » ne puisse jamais être compatible avec l'établissement d'une communauté vertueuse. La première est que, dans toute forme de société hiérarchisée, il est inévitable que les êtres les plus mauvais prennent toujours les commandes. On découvre ici une différence étonnante entre les positions de More envers la noblesse et la gentilhommerie et celles de ses plus proches amis et disciples. Érasme, Vives et Elyot tendent tous à adopter une attitude particulièrement indulgente à l'égard des classes dominantes. On l'a vu, ceux-ci avaient le souci d'éviter que le statut de l'aristocratie soit érodé par le changement social, et se présentaient en thérapeutes pour aider ses membres à s'adapter au monde mal connu de la Renaissance. More, au contraire, ne s'adresse jamais aux « grands seigneurs » et « gouverneurs » de son époque, sauf pour les insulter. Il se montre inflexible dans sa conviction que le genre de qualités menant au succès dans une société hiérarchisée seront toujours détestables. On peut compter sur les riches et les puissants pour être « avides, sans scrupules et inutiles », tandis que les pauvres sont plutôt des gens « raisonnables et simples » dont l'industrie est essentielle à la communauté, mais dont les habitudes de vertu et de déférence font qu'ils se voient toujours priver de leurs justes rétributions (p. 105). Il en découle inévitablement que les « gens soi-disant bien élevés », qui « soit sont oisifs soit sont de purs parasites et pourvoyeurs de plaisirs creux », dirigent la communauté dans leurs propres vils intérêts, alors que « les cultivateurs, les mineurs, les travailleurs du commun, les charretiers et les charpentiers sans qui il n'existerait pas de communauté du tout » sont d'abord « maltraités » par leurs méprisables maîtres avant d'être abandonnés à « une très misérable fin » (p. 241).

L'autre raison que donne More pour exiger l'abolition du « degré » nous amène au plus fort de sa critique des inégalités sociales de l'époque. Par principe, aucune société hiérarchisée, affirme-t-il, ne pourra jamais être vertueuse : car en maintenant le « degré », nous encourageons le péché d'orgueil ; et en encourageant le péché d'orgueil nous fabriquons une société fondée non sur les vertus mais sur le vice le plus hideux de tous. C'est l'orgueil, insiste-t-il, qui réside au cœur de toute communauté existante. Il est en effet évident que « le monde entier » aurait « depuis longtemps » adopté « les lois de la communauté utopienne, si un monstre unique, premier et père de tous les maux, ne s'y était opposé – je parle de l'orgueil » (p. 243) Par conséquent, aucune communauté existante ne peut jamais espérer atteindre à un véritable sentiment de justice ou d'équité. Car l'orgueil, ce « serpent de l'enfer », va nécessairement « s'enrouler autour du cœur des hommes » dans toute société inégalitaire, et les empêcher efficacement « d'entrer dans une vie meilleure » (pp. 243-245).

Après avoir soutenu qu'une société juste doit se fonder sur l'éradication de toute distinction sociale, More passe à la question concrète qui le préoccupe plus que toute autre : comment faut-il démanteler les structures existantes du « degré », de manière à parvenir enfin au triomphe de la vertu ? C'est en posant et en résolvant cette question qu'il diverge de la façon la plus radicale de ses contemporains humanistes.

Il se demande en premier lieu ce qui permet de maintenir les « degrés » existants, et sert par conséquent à installer le péché d'orgueil comme passion dominante dans la vie sociale. La réponse coule de source : c'est l'inégalité dans la distribution de l'argent et de la propriété privée qui permet à quelques personnes de dominer toutes les autres, alimentant par là leur fierté et réservant le respect non pas à la vertu, mais seulement au rang et à la richesse. Comme le déclare Hythlodaeus au début de sa description de l'Utopie, « il me semble que là où existe la propriété privée et où les hommes mesurent toute chose selon des valeurs monétaires, il n'est guère possible à la communauté de jouir de la justice ou de la prospérité, à moins de penser que la justice soit faite lorsque toutes les meilleures choses affluent dans les mains des plus mauvais citoyens, ou que la prospérité prévale lorsque tout est divisé entre très peu » (p. 103). On peut donc considérer que le diagnostic de More se fonde sur l'acceptation complète de la plus célèbre maxime des épîtres de saint Paul : l'amour de l'argent est bien, en effet, à la racine de tous les maux.

Si c'est là le mal, alors le remède n'est pas moins évident : il faut entièrement renoncer à l'argent et à la propriété privée. Après avoir énoncé le problème, Hythlodaeus n'est pas moins catégorique en en donnant la solution : « Je suis absolument persuadé, poursuit-il, que nulle juste et égale distribution des biens ne peut se faire ni aucun bonheur se trouver dans les affaires humaines, à moins d'abolir totalement la propriété privée. Tant qu'elle perdurera, ce qui est de loin la plus grande et la meilleure partie de l'humanité demeurera toujours accablée sous le poids implacable de la pauvreté et des infortunes » (p. 105). Ici encore, et avec toute la solennité requise, More accuse de fait ses contemporains humanistes de ne pas reconnaître les implications de leurs propres arguments. Comme on l'a vu, il devenait alors courant de dénoncer l'abus de la propriété privée comme cause première des problèmes sociaux et économiques qui agitaient l'époque. Dans ses *Adages*, Érasme anticipe même sur l'essence de l'argumentation de More, en évoquant avec répulsion « les richesses et leur fille la Fierté » (p. 328). Mais seul More suit le raisonnement jusqu'à son terme platonicien, allant jusqu'à citer Platon lui-même avec une approbation complète pour « son refus de faire des lois en faveur de ceux qui rejettent toute législation donnant à tous une part égale de tous les biens » (p. 105).

La solution aux problèmes de l'Europe que propose More est bien sûr celle déjà retenue par les sagaces Utopiens. Ils ont supprimé l'usage de la monnaie, et traitent l'or avec mépris, ne s'en servant que pour façonner « des pots de chambre et tous les récipients les plus humbles » (p. 153). Par là, ils sont parvenus à abolir le « degré » et à fonder un système dans lequel « les affaires sont si bien organisées que la vertu trouve sa récompense, et où pourtant, avec l'égalité de distribution chaque homme dispose de toute chose en abondance » (p. 103). Cela à son tour implique qu'ils ont su extirper le péché d'orgueil de leur vie sociale, et arracher « les racines de l'ambition et du factionnisme ainsi que tous les autres vices » (p. 245). Bref, ils sont parvenus à établir une communauté vertueuse et harmonieuse en suivant ce que More tient pour le seul chemin possible vers ce but suprême.

On aura compris qu'à l'évidence le point de départ de More dans son étude est de ceux qu'il partage avec bien d'autres humanistes. Il pense que l'une des tâches les plus urgentes de la théorie sociale est de découvrir les causes premières de l'injustice et de la pauvreté. Et il estime, comme Érasme et les « républicains » à venir, que ces maux sont provoqués au premier chef par le mauvais usage de la propriété privée – par « les richesses et leur fille la Fierté ». Ce qui est unique dans *L'Utopie*, c'est que More poursuit les conséquences de cette découverte avec une rigueur sans égale parmi ses contemporains. Si la propriété privée est la source de nos actuels griefs, et si notre ambition fondamentale est d'établir une société juste, alors il semble en effet indéniable qu'il faut abolir la propriété privée. Cela implique que, lorsque More présente la description du communisme utopien au livre II, il faut considérer qu'il propose une solution, et la seule possible, aux maux de la société déjà évoqués au livre I. Ce qui indique encore que, en donnant à *L'Utopie* le titre « le meilleur état de la communauté », il devait bel et bien vouloir dire exactement ce qu'il disait.

II

L'ère de la Réforme

Première partie

Absolutisme et Réforme luthérienne

1.

Les principes du luthéranisme

Faire débuter l'histoire de la Réforme luthérienne à son point de départ traditionnel revient à la prendre en son milieu. La scène célèbre qui montre Luther clouant les Quatre-vingt-quinze thèses sur la porte de l'église du château de Wittenberg à la veille de la Toussaint 1517 (qui pourrait même ne jamais s'être produite)[1] ne marque que le sommet d'un long voyage spirituel, entrepris au moins depuis qu'il avait été engagé, plus de six ans plus tôt, pour occuper la chaire de théologie à l'Université de Wittenberg. L'un des principaux acquis de la recherche sur le luthéranisme au cours de la génération qui nous précède consiste à avoir retracé le processus d'évolution de la pensée de Luther pendant cette période de formation. La base de cette réinterprétation a été fournie par la redécouverte des textes qu'il a utilisés pour préparer ses cours sur les Psaumes en 1513-1514, sur l'Épître aux Romains en 1515-1516, et sur l'Épître aux Galates en 1516-1517. Il en est résulté l'idée selon laquelle il ne serait que « légèrement exagéré », selon Rupp, de prétendre que « tout le Luther de la suite » peut déjà se rencontrer dans les pages de ces notes de lectures de jeunesse (Rupp, 1951, p. 39). Ce qui implique sans doute qu'il vaut mieux commencer l'histoire avec celle de Luther lui-même : avec le développement de sa nouvelle théologie, qui a dessiné le cadre de ses attaques ultérieures non seulement contre le trafic pontifical des indulgences, mais aussi contre tout l'ensemble des attitudes sociales et politiques

---

1. Sur cette allégation, voir Iserloh, 1968, notamment pp. 76-97.

autant que religieuses qui avaient fini par se voir identifier aux enseignements de l'Église catholique.

Les prémices théologiques

La base de la nouvelle théologie de Luther, et de la crise spirituelle qui la précipite, tient à sa vision de la nature humaine. Luther est obsédé par l'idée de la totale indignité de l'homme. Pour un psychologue moderne, cela peut apparaître comme le symptôme d'une très violente crise d'identité, une « crise d'intégrité » dont la victime en vient à perdre toute confiance en la valeur de sa propre existence (Erikson, 1958, p. 254). Toutefois, les biographes ordinaires de Luther se contentent d'y voir une affaire de « combat de coqs entre deux genres de catholicisme, l'augustinisme étant opposé au thomisme » (Bainton, 1953a, p. 36). La perspective de Luther lui fait rejeter la vision optimiste selon laquelle l'homme est capable de saisir et de suivre les lois de Dieu, caractéristique des thomistes, et revenir au vieil et pessimiste refrain augustinien de la déchéance de la nature humaine.

Cette doctrine ne constitue pas seulement une rupture avec le thomisme, mais un rejet encore plus violent de la haute considération envers les vertus et capacités humaines plus récemment répandue, comme on l'a vu, par les humanistes. Luther est ainsi amené à lancer une violente attaque contre l'idéal humaniste de *philosophia pia*, et notamment contre Érasme le « païen et publicain », le plus dangereux représentant de cette arrogante souche. C'est la publication du discours d'Érasme *Sur le libre arbitre* en 1524 qui fournira l'occasion de cette séparation définitive d'avec les humanistes. Érasme avait d'abord paru être un allié avisé de la Réforme, applaudissant aux Quatre-vingt-quinze thèses et contribuant à faire en sorte que Luther ne fût pas condamné par les autorités impériales sans être entendu (Rupp, 1953, pp. 264-247). Il se fait cependant bientôt plus évasif, notamment après l'excommunication de Luther. On le voit écrire en 1519 à Wolsey pour nier qu'il ait lu Luther, et à Luther lui-même au même moment pour l'inciter à agir plus discrètement (Allen, 1906-1958, III, pp. 589-606). Dès 1521 il prétend avec un certain aplomb s'être « opposé aux pamphlets de Luther plus qu'aucun autre », et deux ans plus tard enfin il se plie à l'exigence émanant du pape et d'Henri VIII, entre autres, de composer un traité anti-luthérien (Allen, 1906-1958, IV, pp. 536-540). La vision luthérienne de l'homme constituait la cible évidente pour ses talents d'humaniste, il en résulta le traité *Sur le libre arbitre*, dans lequel non seulement il oppose aux vues de Luther d'abondantes citations des Écritures et des Pères de l'Église, mais il préface en plus son argumentation en les évacuant à sa manière, disant qu'il « préférerait voir les hommes convaincus de ne perdre ni leur temps ni leur talent dans des labyrinthes de cette sorte » (p. 41).

Assez inattendue, cette attaque de la part d'un secteur aussi influent produit manifestement sur Luther un effet d'aiguillon autant que d'alerte. Il y donne très vite une réplique élaborée, d'une extrême violence, dans laquelle il développe une explication complète de sa propre position théologique et formule définitivement sa conception anti-humaniste et ultra-augustinienne de l'homme. Cela fut publié en 1525 sous le titre *Le Serf arbitre*. Gerrish a montré l'erreur qui consisterait à trouver complètement « irrationaliste » cette attaque envers l'idée de *philosophia pia* (Gerrish, 1962, p. 25). Il est évident que Luther ne tente jamais de nier la valeur de la raison naturelle, au sens de la capacité de raisonnement des hommes, et ne condamne pas l'usage de « la raison régénérée » lorsqu'elle « sert humblement au foyer de la foi » (Gerrish, 1962, pp. 25-26). Il reprend même, résiduellement, le concept de droit naturel, même si d'habitude il ramène cette source de connaissance morale simplement à l'éveil de la conscience humaine (McNeill, 1941). Il est en revanche farouchement opposé à la thèse centrale d'Érasme typiquement humaniste, selon laquelle il est loisible à l'homme d'employer ses facultés de raisonnement afin de comprendre comment Dieu souhaite le voir agir. Il souligne à diverses reprises que dans ce contexte les pouvoirs de raisonnement de l'homme sont simplement « charnels » et « absurdes » (pp. 144, 224). Nous avons tous « renié Dieu et été désertés de

Dieu », de sorte que nous sommes tous complètement « entravés, misérables, captifs, malades, et morts » (pp. 130, 175). Il est donc ridicule autant que coupable de penser que nous pourrions jamais espérer « mesurer Dieu par la raison humaine » et ainsi pénétrer les mystères de sa volonté (p. 172). La situation réelle, que Luther tend à annoncer dans le titre du traité, est que notre volonté demeure à jamais totalement liée au péché. Nous sommes tous « si corrompus et ennemis de Dieu » que nous n'avons aucun espoir de jamais parvenir à vouloir « ce qui plaît à Dieu ou ce que veut Dieu » (pp. 175-176). Tous nos actes procèdent de nos natures « hostiles et mauvaises », toutes esclaves de Satan, qui nous interdisent de « faire autre chose que des choses hostiles et mauvaises » (pp. 98, 176). Il en résulte que « par la transgression du seul homme, Adam, nous sommes tous en état de péché et de damnation » et laissés « sans capacité de faire autre chose que pécher et être damnés » (p. 272).

Cette vision de l'homme soumis au péché contraint Luther à une analyse désespérante des relations entre l'homme et Dieu. Il lui faut reconnaître que puisque nous ne pouvons espérer sonder la nature et la volonté de Dieu, ses commandements ne peuvent qu'apparaître parfaitement impénétrables. C'est ici qu'il révèle très clairement ce qu'il doit aux ockhamistes : il insiste sur le fait que les commandements de Dieu doivent être observés non pas parce qu'ils nous paraissent justes, mais simplement parce que ce sont les commandements de Dieu (p. 181). Cette critique des conceptions thomiste et humaniste de Dieu comme législateur rationnel se développe ensuite dans la doctrine distinctement luthérienne de la double nature de Dieu. Il y a le Dieu qui a choisi de se révéler dans le Verbe, et dont la volonté peut par conséquent être « prêchée, révélée, offerte et adorée » (p. 139). Mais il y a aussi le Dieu occulte, le *Deus absconditus*[1], dont « l'immuable, éternelle et infaillible volonté » est absolument impossible à comprendre pour les hommes (pp. 37, 139). La volonté du Dieu occulte est omnipotente, et ordonne tout ce qui se passe dans le monde. Mais elle se situe aussi au-delà de notre compréhension, et ne peut qu'être

---

1. Référence à Isaïe, XLV, 15.

« adorée avec révérence, étant de loin le secret le plus terrifiant de la majesté divine » (p. 139).

Luther est aussi contraint d'accepter une deuxième conséquence de sa conception de l'homme, plus désespérante encore. Puisque tous nos actes expriment inexorablement notre nature déchue, il n'existe rien que nous puissions jamais espérer accomplir qui nous justifierait aux yeux de Dieu et nous permettrait donc d'être sauvés. C'est en fait là le principal sujet d'affrontement entre Érasme et Luther, et le thème essentiel des *Entraves à la volonté* (Boisset, 1962, pp. 38-39). La controverse avec Érasme ne porte pas sur la libre volonté au sens philosophique habituel. Luther est tout prêt à admettre que les hommes peuvent librement « manger, boire, procréer, décider », et même qu'ils peuvent librement accomplir des actes bons en suivant « la rectitude de la loi civile et morale » (p. 275). Ce qu'il veut dénier, c'est la définition érasmienne de la libre volonté en termes de « pouvoir de la volonté humaine par lequel l'homme peut s'appliquer aux choses qui conduisent au salut éternel » (p. 103). Luther souligne au contraire que « puisque les hommes sont de chair et ne goûtent rien d'autre que la chair, il suit que le libre choix ne sert à rien d'autre qu'à pécher », et que tout homme est « consigné dans la perdition par le désir impie » (pp. 214, 226). *Le Serf arbitre* se conclut donc sur ce constat désespérant que « le libre choix n'est rien » et que l'acte vertueux est sans valeur vis-à-vis du salut (p. 241).

Ces positions conduisent Luther à une nouvelle idée qui, poursuit-il, l'a momentanément porté « au plus profond de l'abîme du désespoir » (p. 190). Il a concédé que l'impuissance de l'homme est telle qu'il ne peut jamais espérer être sauvé par ses propres efforts. Il a soutenu que l'omnipotence de Dieu est telle que le Dieu occulte où « tout est en tout » doit posséder déjà une connaissance absolue de tous les événements futurs autant que passés – Luther prend même parti à ce sujet dans le débat scolastique sur la nature de la prescience de Dieu[1], en affirmant (p. 42) que « Dieu prévoit

---

1. Pour une analyse de ce débat, tel qu'il s'est déroulé à l'Université de Louvain au XVe siècle, voir Baudry, 1950, notamment pp. 27-46.

toutes choses, non de façon contingente, mais nécessaire et immuable ». Alors, est-il obligé d'admettre, il faut en venir à une doctrine de double prédestination : certains parmi les hommes sont prédestinés dès l'origine à être sauvés, et les autres à être damnés. Ce coup de foudre, selon ses termes, semble ouvrir un gouffre insurmontable entre Dieu et l'homme (p. 37). Dieu apparaît d'une terrifiante inexorabilité : il lui appartient entièrement de décider, et il doit avoir déjà décidé, qui de nous sera épargné. Et l'homme lui-même est laissé là, sans recours : peut-être sommes-nous tous damnés, et sûrement nul ne peut espérer changer son destin.

Cette conclusion va en premier lieu entraîner Luther dans une crise spirituelle prolongée. Son trouble semble apparaître dès 1505, lorsqu'il abandonne soudain la carrière juridique qu'il envisageait, après une série de gros problèmes personnels, et décide à la place d'entrer au monastère augustinien d'Erfurt (Fife, 1957, p. 73). La crise paraît s'être aggravée en 1510, lorsqu'il revient d'un séjour à Rome qui l'aurait laissé, dit Fife, « désenchanté et quelque peu découragé » quant à l'état de l'Église (Fife, 1957, p. 176). Luther décrit lui-même son état d'esprit au cours de ces années dans l'autobiographie qu'il publie en 1545 en préface à l'édition de Wittenberg de son œuvre en latin (pp 336-337). Il s'essaya aux remèdes monastiques traditionnels de jeûne et de prière, sans en obtenir aucun soulagement. Il se tourna vers l'étude de saint Augustin, ce qui ne fit que confirmer son sentiment de désespoir. Il se trouva réduit au terrible blasphème de maudire et de haïr Dieu pour avoir infligé aux hommes une loi qu'ils étaient incapables de respecter, et pour les avoir ensuite à juste titre damnés pour l'avoir violée. Il dit en arriver à détester le mot même de « rectitude » *(iustitia)*, qu'il conçoit en référence à la justice de Dieu punissant les hommes pécheurs, et il se sent incapable même de lire ceux des passages du Nouveau Testament (notamment les épîtres de saint Paul) dans lesquels l'idée de la justice de Dieu occupe une place centrale (Boehmer, 1946, p. 110).

Puis, après des années d'angoisses croissantes, Luther est soudain envahi d'une nouvelle et violente lumière intérieure qui lui apporte le soulagement définitif. Cet instant intervient de toute évidence pendant qu'il s'emploie à la tâche profane et universitaire de préparer une nouvelle leçon, à laquelle il travaille dans sa tour du monastère de Wittenberg[1]. En lisant et paraphrasant les Psaumes, il est saisi d'une interprétation complètement nouvelle de la phrase cruciale du psaume XXX, « délivre-moi dans ta justice », *in iustitia tua libera me* (Boehmer, 1946, p. 109). Il lui apparaît soudain que la notion de justice divine renvoie non pas à Ses pouvoirs répressifs, mais plutôt à Son indulgence envers les pécheurs, les justifiant ainsi en les délivrant de leur état de faute. Après cela, dit lui-même Luther dans son autobiographie, il se sentit « tout entier renaître et entrer au Paradis même par ses portes ouvertes » (p. 337).

Luther mentionne lui-même son « expérience de la tour » *(Turmerlebnis)* à la fois dans son autobiographie et dans les *Propos de table* recueillis par Conrad Cordatus (pp. 193-194). Divers commentateurs ont récemment tenté de démontrer que le résultat, cette doctrine ultra-augustinienne de la justification, est en fait le produit d'une évolution progressive de sa pensée. Mais tous les spécialistes initiateurs de l'étude du développement intellectuel de Luther, notamment Vogelsang, Bornkamm et Boehmer, s'accordent à voir dans cette doctrine le fruit d'une illumination soudaine, qu'ils font tous remonter à un moment ou un autre de l'année 1513. La datation va sans nul doute continuer de faire l'objet de débats savants[2], mais la signification cruciale de cet épisode dans l'évolution de Luther est incontestable : il lui permet brusquement de franchir le fossé terrifiant entre l'omnipotence de Dieu et l'iniquité de l'homme. C'est à ce moment qu'il se sent enfin prêt,

---

1. À ce sujet, la littérature populaire est moins polie, comme nous le rappelle W. H. Auden dans *About the House* (Londres, 1965, p. 117) :

                La révélation vint
                À Luther au cabinet.

2. La meilleure plaidoirie en faveur d'une interprétation évolutionniste a été présentée par Saarnivaara, 1951, pp. 59-120. Mais l'interprétation originale a été fermement réaffirmée par Bornkamm, 1961-1962, en réponse à Saarnivaara. Le débat est bien résumé par Dickens, 1974, pp. 85-88, qui se range non sans précautions aux côtés de ce dernier.

poussé en cela par son conseiller spirituel, Johann von Staupitz, à se tourner vers l'étude approfondie des épîtres de saint Paul, et à composer ses commentaires sur les Romains, les Galates et les Hébreux. Cela débouchera sur une théologie entièrement nouvelle, armé de quoi il va fondre sur la papauté et l'Église catholique tout entière.

Le cœur de la théologie luthérienne tient dans sa doctrine de la justification *sola fide*, « par la foi seule ». Il persiste à soutenir que personne ne peut espérer être justifié, c'est-à-dire recevoir le salut, par la vertu de ses propres œuvres. Mais il avance désormais qu'il doit être possible à chacun de recevoir de Dieu la *gratia*, la « grâce salvatrice », celle qu'Il a dû déjà accorder de façon parfaitement imméritée à ceux qu'Il a prédestinés au salut. Luther peut ainsi envisager que l'unique but du pécheur est de parvenir à la *fiducia*, foi totalement passive en la justice de Dieu et dans la possibilité consécutive de se voir relever et justifier par Sa grâce miséricordieuse.

Lorsque Luther eut atteint cette intuition fondamentale, tous les autres éléments distinctifs de sa théologie se mirent peu à peu en place. Il parvint tout d'abord à donner un exposé complet du concept de justification sous-jacent à sa doctrine centrale de la foi, exposé dont la première formulation figure dans les sermons et disputes de 1518-1520, notamment dans le sermon de 1519 intitulé *Deux genres de mérites*... (Saarnivaara, 1951, pp. 9-18, 92-95). Ici, Luther se porte résolument au-delà de la vision patristique traditionnelle du salut comme processus graduel d'éradication des péchés du croyant. Il le conçoit désormais comme une conséquence immédiate de la *fides apprehensiva*, « une foi qui saisit et appréhende » qui permet au pécheur de s'emparer tout d'un coup luimême des mérites du Christ, au point de devenir « un homme avec Christ, ayant les mêmes mérites que lui » (p. 298 ; cf. Althaus, 1966, p. 230). Il en résulte une insistance extrêmement forte sur l'idée que les mérites du croyant ne sont jamais *domestici*, jamais acquis par lui-même, et moins mérités encore. Ils ne peuvent être qu'*extranei*, « mérites étrangers, instillés en nous sans nos œuvres par la grâce seule » (p. 299). Le croyant est en tout temps vu comme *simul justus et peccator*, « simultanément juste et pécheur ». Il n'est jamais relevé de ses péchés, mais sa foi assure qu'ils cessent d'être comptés contre lui.

Luther va ensuite mettre en relation d'une part cette conception de la foi et du salut, et de l'autre le processus par lequel la vie du pécheur vient à être sanctifiée. On voit également émerger ce thème pour la première fois de façon explicite dans les sermons de 1518-1520 (Cranz, 1959, pp. 41-43). Le chrétien est ici dépeint comme habitant simultanément deux royaumes différents, celui du Christ et celui des choses du monde. La justification du pécheur vient en premier et se produit « non pas par degrés, mais en une seule fois » (Cranz, 1959, p. 126). Comme le dit Luther dans le sermon sur *Deux genres de mérites…*, la rédemption que procure la présence du Christ « avale tous les péchés en un instant » (p. 298). Puis le processus de sanctification « suit progressivement » à partir du moment où le pécheur a acquis la foi (Cranz, 1959, p. 126). En découle une différenciation essentielle pour la pensée sociale et politique de Luther, qui sous-tend aussi l'influente doctrine de Melanchthon sur l'« adiaphora » : entre une conception primaire et passive de la justice que peuvent atteindre les chrétiens dans le royaume du Christ, et une justice active ou civile qui ne fait pas partie du salut, mais demeure essentielle à la bonne marche des affaires du monde.

Cette grâce rédemptrice de Dieu, centrale dans les convictions de Luther, lui permet ensuite de résoudre le cruel dilemme que pose l'Ancien Testament, avec sa loi que personne ne peut espérer respecter et la menace de damnation qu'il fait peser sur ceux qui l'enfreignent. La réponse de Luther est énoncée pour la première fois dans *La Liberté du chrétien…* en 1520 ; elle prend la forme d'une antithèse nettement marquée entre les messages de l'Ancien et du Nouveau Testament, entre les impossibles commandements de Dieu et ses promesses de rédemption (p. 348). La substance de l'Ancien Testament est désormais vue dans la perspective « d'enseigner à l'homme à se connaître », afin « qu'il puisse reconnaître son incapacité à faire le bien et se désespérer de son incapacité », tout comme s'était si profondément désespéré Luther lui-même

(p. 348). C'est là « l'étrange œuvre de la loi ». Au contraire, le Nouveau Testament a pour dessein de nous rassurer quant à nos chances de salut, car même si nous ne pouvons y parvenir « en tentant de satisfaire à toutes les exigences de la loi », nous le pouvons peut-être « vite et bien par la foi » (p. 349). C'est là « le véritable progrès de l'Évangile ». Cette « dialectique de la Loi et de l'Évangile », comme l'appelle McDonough, signe donc une correspondance exacte à l'expérience individuelle « désespoir-foi » du péché et de la grâce. Et dans l'opposition qu'introduit Luther entre ces deux positions, ajoute McDonough, on en revient « au cœur même de ses convictions intimes » (McDonough, 1963, pp. 1-3).

La relation entre ces doctrines permet à son tour d'éclairer un nouveau caractère particulier de la théologie de Luther : sa conception de la signification du Christ. C'est le Christ qui transmet à l'homme sa connaissance de la grâce rédemptrice de Dieu. C'est donc par le Christ seul que nous nous émancipons des exigences impossibles de la loi et recevons « la bonne nouvelle » de notre possible salut. Cela implique qu'en dépit de l'importance accordée par Luther aux pouvoirs du Dieu occulte, il n'y a dans sa perspective rien de mystique, au sens de simple invitation à contempler l'éloignement et l'infinité de Dieu. Luther s'efforce en permanence de présenter sa théologie comme une *theologia crucis*, dans laquelle le sacrifice du Christ demeure la clé de notre salut. Le Christ est « l'unique prédicateur » et « l'unique sauveur », qui non seulement nous délivre du fardeau de notre indignité morale, mais est également « la source et le contenu de la fidèle connaissance de Dieu » (Siggins, 1970, pp. 79, 108).

Dans le cadre de cette christologie luthérienne, il semble assez discutable de suggérer, comme Troeltsch dans son analyse classique de la pensée sociale de Luther, que celui-ci trouve « la révélation objective de la loi morale » entièrement dans le Décalogue, et considère que cette loi n'est que « confirmée et interprétée par Jésus et ses apôtres » (Troeltsch, 1931, p. 504). Ce jugement vaut certainement pour Calvin, qui met constamment un fort accent sur la pertinence morale immédiate de l'Ancien Testament. Mais, à propos de Luther, cela paraît occulter le rôle de transformation que celui-ci attribue au sacrifice du Christ. Chez Luther, bien plus que chez Calvin, le Christ n'est pas perçu seulement comme venant pour appliquer la loi, mais aussi pour relever les fidèles de ses exigences par ses mérites et son amour rédempteurs. Il en résulte que chez Luther, et non chez Calvin, il est toujours essentiel de comprendre les exigences de la loi à la lumière des Évangiles, et non ceux-ci à la lumière de la loi (Watson, 1947, p. 153).

Enfin, la thèse de Luther, c'est-à-dire sa doctrine de la justification « par la foi seule » le conduit à énoncer les deux principaux éléments de sa conception hérétique de l'Église. Tout d'abord, il dévalue l'importance de l'Église en tant qu'institution visible. Si acquérir la *fiducia* est le seul moyen par lequel le chrétien peut espérer le salut, il ne reste pas de place pour l'idée orthodoxe de l'Église comme autorité d'interposition et de médiation entre le croyant et Dieu (Pelikan, 1968). La véritable Église se réduit à une invisible *congregatio fidelium*, une congrégation des fidèles réunis au nom de Dieu. Luther voyait là un concept d'une simplicité sublime, contenu tout entier dans sa thèse selon laquelle le mot grec *ecclesia*, habituellement employé dans le Nouveau Testament pour désigner l'Église primitive, doit se traduire par *Gemeinde* ou « congrégation » (Dickens, 1974, p. 67). Cependant, malgré ses assurances selon lesquelles « un enfant de sept ans sait ce qu'est l'Église », cette doctrine apparemment simple fut largement incomprise, notamment par ceux qui pensèrent qu'il disait vouloir « construire une Église comme Platon une cité, qui n'existe nulle part[1] ». Dans les écrits théologiques de la maturité, Luther tente de dénoncer ce contresens en ajoutant que si l'Église n'est qu'une *communio*, elle est aussi une *republica*, qui à ce titre se doit d'avoir une incarnation temporelle (Watson, 1947, pp. 169-170 ; Cranz, 1959, pp. 126-131). Son traité *Sur les conciles et l'Église*, paru en 1539, comprend même une importante énumération des « marques » ou signes tenus pour nécessaires (mais jamais suffisants)

---

1. Pour ces références, et une analyse des réactions de Luther à ces incompréhensions, voir Spitz, 1953, en particulier pp. 122 et suiv.

en vue de distinguer une communauté qui constitue vraiment « un saint peuple chrétien » d'un quelconque groupe de papistes ou de « démons antinomiens » (Luther pense aux anabaptistes) pouvant se présenter comme ayant reçu la lumière divine (p. 150). Cependant, tout en introduisant ces concessions tardives, Luther continue d'insister sur le fait que l'Église véritable n'a pas d'existence réelle en dehors du cœur de ses fidèles membres. Sa conviction centrale a toujours été que l'Église peut purement et simplement s'identifier au *Gottes Volk*, « le peuple de Dieu vivant de la parole de Dieu » (Bornkamm, 1958, p. 148).

L'autre élément distinctif de la conception luthérienne de l'Église est que, en réduisant l'idée d'*ecclesia* à rien de plus qu'une *congregatio fidelium*, il minimise le caractère séparé et sacramentel de la prêtrise. En découle la doctrine du « clergé de tous les croyants » (Rupp, 1953, pp. 315-316). Cette idée et ses conséquences sociales sont très complètement élaborées dans la célèbre *Adresse* de 1520 destinée « À la noblesse chrétienne de la nation allemande ». Luther soutient que si l'Église n'est rien d'autre que le *Gottes Volk*, alors c'est forcément « une imposture et une hypocrisie » de prétendre que « pape, évêques, prêtres et moines sont de condition spirituelle, les princes, seigneurs, artisans et paysans étant de condition temporelle » (p. 127). Luther veut abolir toutes ces fausses dichotomies, et souligne que « les chrétiens sont en vérité tous de condition spirituelle », car ils y appartiennent non en vertu de leur rôle ou de leur rang dans la société, mais simplement en vertu de leur égale capacité de croire, ce qui les rend tous également capables de « spiritualité et de former un peuple chrétien » (p. 127). Il emploie cet argument en partie pour soutenir que tous les croyants, et non pas seulement la classe cléricale, ont le même devoir et la même capacité d'aider leurs frères et d'assumer la responsabilité de leur bonheur spirituel. Mais son souci premier consiste manifestement à redire sa foi dans la capacité individuelle de chaque âme croyante de s'adresser sans intermédiaire à Dieu. Il en résulte que dans toute son ecclésiologie, comme dans sa théologie tout entière, on est constamment ramené à la figure centrale de l'individu chrétien et de sa foi en la grâce rédemptrice de Dieu.

Les implications politiques

La théologie de Luther comporte deux conséquences politiques d'importance majeure, qui toutes deux représentent l'essentiel de ce qui est distinctif et influent dans sa pensée sociale et politique. Tout d'abord, il est évidemment attaché à rejeter l'idée selon laquelle l'Église possède des pouvoirs de juridiction, et donc l'autorité de diriger et de régler la vie chrétienne. C'est bien sûr l'abus de ces pouvoirs autoproclamés que dénonce surtout Luther, et notamment le trafic des indulgences, sujet de son premier éclat dans les Quatre-vingt-quinze thèses. La vente des indulgences constituait depuis longtemps un scandale, déjà dénoncé par Chaucer sur le mode satirique, auquel une base théologique avait été donnée dès 1343 dans la bulle *Unigenitas*[1]. Celle-ci établissait que les mérites déployés par le Christ à travers son sacrifice étaient plus grands encore que le montant nécessaire à la rédemption de toute la race humaine. Elle proclamait ensuite que l'Église possédait le pouvoir de dispenser ce mérite excédentaire en vendant des indulgences, c'est-à-dire des remises de peines, à ceux qui confessaient leurs péchés. La doctrine s'étend dangereusement en 1476, avec Sixte IV et l'affirmation que les âmes du Purgatoire peuvent être elles aussi aidées par l'achat d'une indulgence en leur faveur. De là, il ne restait qu'un pas jusqu'à la croyance populaire, mentionnée par Luther dans la vingt-et-unième des Quatre-vingt-quinze thèses, selon laquelle en offrant un paiement immédiat pour une indulgence, on puisse au bout du compte écourter ses souffrances après la mort (p. 127). On comprend bien pourquoi ce système était particulièrement propice à déclencher les foudres de Luther. Pour Luther, croire à l'efficacité des indulgences est tout simplement la plus infâme perversion d'une doctrine générale dont il s'était convaincu, en tant que théologien, qu'elle était complètement fausse : celle voulant qu'il soit possible à l'Église de permettre au pécheur de gagner le salut par la voie de son

---

1. Je reprends les détails qui suivent sur l'histoire des indulgences chez Green, 1964, pp. 113-114, 119-120.

autorité et de ses sacrements. Comme on l'a vu, Luther était parvenu à la conclusion que si le pécheur acquiert la *fiducia*, il sera sauvé sans l'aide de l'Église ; s'il ne l'est pas, il n'est rien que celle-ci puisse faire pour lui. Les prétentions de la papauté à remettre les péchés ne sont donc aux yeux de Luther que la plus grotesque de toutes les tentatives de l'Église pour écarter ces vérités centrales. Ce point est affirmé avec force dans l'attaque contre la papauté et ses agents qui constitue l'essentiel de l'*Adresse* à la noblesse chrétienne. « Contre de l'argent ils commettent iniquité sur iniquité, et ils dissolvent les serments, les vœux et les conventions, détruisant ainsi et nous apprenant à détruire la foi et la fidélité qui ont été engagées. Ils prétendent que le pape en a l'autorité. C'est le Démon qui leur dicte de dire ces choses. Ils nous vendent une doctrine à ce point satanique, en se la faisant payer, qu'ils nous enseignent le péché et nous guident vers l'enfer » (p. 193).

En fait, les attaques de Luther ne se concentrent toutefois pas tant sur les abus de pouvoir de l'Église que sur le droit même de celle-ci à revendiquer de tels pouvoirs dans la société chrétienne. Cela le conduit en premier lieu à répudier toutes les institutions ecclésiales fondées sur l'idée que le clergé constitue une classe séparée ayant ses juridictions et privilèges propres. Cette attaque découle simplement de sa croyance en la nature spirituelle de la vraie Église, et notamment de la doctrine selon laquelle, dans les termes de l'*Adresse*, « nous sommes tous consacrés prêtres par le baptême » (p. 127). Il s'ensuit un rejet complet du droit canon. Dans l'*Adresse*, Luther souligne que la seule raison pour laquelle « les romanistes » désirent conserver ce système juridique séparé, qui « les exempte de la juridiction de l'autorité chrétienne temporelle », est « qu'ils peuvent faire le mal » et demeurer impunis (p. 131). L'une des propositions conclusives est donc que « ce serait une bonne chose si le droit canon était complètement effacé », puisque « la plus grande partie sent l'avidité et l'orgueil » et que l'autorité absolue du pape sur l'interprétation de son contenu en rend toute étude sérieuse « une simple perte de temps et une farce » (p. 202). Dans les six mois suivant la publication de l'*Adresse*, Luther avait suivi ses propres injonctions. En décembre 1520, il présida à Wittenberg à un autodafé au cours duquel non seulement il détruisit la bulle papale *Exsurge Domine*, qui prononçait son excommunication, mais il livra aussi en même temps aux flammes les *Décrétales* et les commentaires des canonistes (Fife, 1957, p. 581). Cette urgence de rejeter l'idée d'une condition cléricale séparée le conduit également à s'attaquer aux ordres mendiants, et à répudier l'idéal de vie monastique tout entier. Il aborde le sujet dans l'*Adresse*, qui exige « que ne soit pas permise la construction de nouvelles maisons de mendiants », et que tous les couvents et monastères existants soient soumis « aux mêmes règles qui les régissaient au commencement, au temps des Apôtres » (pp. 172-174). Mais son attaque majeure apparaît dans le grand traité de 1521 intitulé *Le Jugement de Martin Luther sur les vœux monastiques*. La vie monastique y est dénoncée à la fois comme violant « la liberté évangélique » et comme assignant une valeur indue aux œuvres, se plaçant ainsi « contre la foi chrétienne » (pp. 295-296). L'ouvrage s'achève sur une défense de cette catégorique assertion que « le monachisme est contraire au sens commun et à la raison », dans laquelle Luther ridiculise l'idéal monastique de célibat et défend vigoureusement le mariage des prêtres (p. 337).

Les objections de Luther envers le statut et les pouvoirs de l'Église le conduisent également à réfuter toute prétention des autorités ecclésiastiques à exercer une quelconque autorité sur les affaires temporelles. On dit parfois que cela l'amène à défendre « la juridiction séparée de l'État, distincte de celle de l'Église » (Waring, 1910, p. 80). Mais sa conception centrale de l'Église était plutôt que, puisqu'il ne s'agit de rien d'autre que d'une *congregatio fidelium*, elle ne peut être à proprement parler considérée comme détentrice d'aucune juridiction distincte quelle qu'elle soit. Il est vrai que l'argumentation peut aisément être mal interprétée sur ce point, car il continue à parler des Deux Royaumes *(Zwei Reiche)* au travers desquels Dieu exerce sa domination absolue sur le monde. Le chrétien est dit sujet de ces deux « régimes », et Luther décrit même le gouvernement du royaume spirituel comme « le gouvernement de la main droite de Dieu » (Cargill Thompson, 1969, pp. 169, 177-178). Mais il est le plus souvent clair que ce qu'il voit dans la loi du royaume spirituel est une forme purement intérieure de gouvernement, « un gouvernement de l'âme », sans rapport avec les affaires temporelles et entièrement consacré à permettre aux fidèles de gagner leur salut. Cette interprétation peut aisément se corroborer en étudiant un important traité de 1523, sur *L'Autorité temporelle : jusqu'où y obéir*, qui est un des témoignages majeurs de la pensée sociale et politique de Luther. L'exposé se fonde sur la distinction entre justification immédiate et bénédiction plus tardive du pécheur fidèle (p. 89). Il admet que les chrétiens vivent simultanément dans deux royaumes, celui du Christ et celui du monde. Il poursuit en identifiant le premier à l'Église, et le second au domaine de l'autorité temporelle. L'Église est ainsi considérée comme entièrement soumise au Christ, dont les pouvoirs sont entièrement spirituels puisqu'il n'existe par définition aucun besoin de contraindre physiquement aucun vrai chrétien. Il nous est dit aussi que le domaine de l'autorité temporelle est également ordonné par Dieu, mais qu'il est tout à fait séparé, car l'épée est concédée au souverain séculier seulement afin d'assurer le maintien de la paix civile parmi les hommes pécheurs (p. 91). Tout pouvoir de coercition est donc traité comme temporel par définition, alors que les pouvoirs du pape et des évêques ne consisteraient en « rien de plus qu'inculquer la parole de Dieu », et ne sont donc absolument « pas une question d'autorité ou de pouvoir » au sens mondain (p. 117). Il suit que toute prétention du pape ou de l'Église visant à exercer une juridiction terrestre en vertu de leur charge constitue nécessairement une usurpation des droits de l'autorité temporelle.

Les prémisses théologiques de Luther l'engagent certes dans la voie de l'attaque contre les pouvoirs juridictionnels de l'Église, mais l'amènent aussi à combler le vide de pouvoir ainsi créé en construisant une défense équivalente des autorités séculières. Tout d'abord, il souscrit à une définition sans précédent de l'extension de leurs pouvoirs. Si l'Église n'est rien d'autre qu'une *congregatio fidelium*, alors les autorités séculières doivent posséder seules le droit d'exercer tous les pouvoirs de coercition, y compris sur l'Église elle-même. Cela n'affecte évidemment pas la véritable Église, puisqu'elle ne relève que du domaine spirituel, mais place clairement l'Église visible sous le contrôle du prince chrétien. Cela ne veut pas dire que le *rex* devient un *sacerdos*, ni qu'il lui soit attribué une quelconque autorité pour se prononcer sur le contenu de la religion : son devoir consiste simplement à favoriser la propagation de l'Évangile et à appuyer la vraie foi. Mais cela veut bel et bien dire que Luther est prêt à envisager un système d'Églises nationales indépendantes, dont le prince a le droit de recruter et de démettre les fonctionnaires, ainsi que de contrôler et de gérer les propriétés. Ce point est souligné au début de l'*Adresse*, où Luther affirme que « puisque le pouvoir temporel est ordonné par Dieu pour punir les méchants et protéger les bons, il doit être laissé libre d'accomplir sa tâche dans tout l'ensemble de la chrétienté, sans restrictions ni égard aux personnes, qu'il s'agisse du pape, des évêques, des prêtres, des nonnes ou de tout autre » (p. 130). Pour Luther, cela implique que la terrible bataille théorique qui a fait rage au Moyen Âge entre partisans du *regnum* et du *sacerdotium* prend brusquement fin. L'idée du pape et de l'empereur comme pouvoirs parallèles et universels disparaît, et les juridictions indépendantes du *sacerdotium* sont remises aux autorités séculières. Comme le dit Figgis, Luther ruine « la métaphore des deux épées ; dès ce moment, il ne doit en demeurer qu'une, brandie par un prince bien avisé et fidèle » (Figgis, 1960, p. 84).

Luther va se lancer dans une défense des autorités séculières plus radicale encore lorsqu'il en vient à considérer la base des pouvoirs qu'elles peuvent légitimement demander à exercer. Il déclare solennellement que tous leurs actes doivent être traités en dons immédiats et expressions de la providence divine. Il est donc curieux de dire, comme Allen, que Luther ne se préoccupe jamais « d'aucune question sur la nature ou les origines de l'autorité » (Allen, 1957, p. 18) : Luther pouvait difficilement être plus explicite en reconnaissant que toute autorité politique vient de Dieu. Le texte auquel il a constamment recours, et qu'il tient pour le plus important passage de toute la Bible au sujet de l'obligation politique, est celui de saint Paul nous enjoignant (au début du chapitre XIII de l'Épître aux Romains) de nous soumettre aux autorités supérieures et de considérer les pouvoirs exercés comme ordonnés par Dieu. L'influence de Luther a contribué à faire de ce texte le plus cité dans tous ceux consacrés aux fondements de la vie politique tout au long de l'ère de la Réforme, et il fournit la base de toute son argumentation dans le traité sur *L'Autorité temporelle*. Il commence par y exiger : « nous devons donner une base solide à la loi civile », et son premier thème est qu'il faut absolument la rechercher dans le commandement de saint Paul : « Que toute âme soit sujette à l'autorité en vigueur, car il n'existe d'autre autorité que celle de Dieu » (p. 85).

Voilà qui conduit Luther à traiter du pouvoir des princes dans deux directions différentes. Il nous affirme d'abord que le prince a le devoir d'employer pieusement les moyens que Dieu lui a concédés, et par-dessus tout de « commander en faveur de la vérité ». Le développement principal de ce thème occupe la dernière partie du traité sur *L'Autorité temporelle*. Le prince « doit réellement se consacrer » à ses sujets ; il doit non seulement favoriser et maintenir parmi eux la vraie religion, mais aussi « les protéger et maintenir en paix et prospérité » tout en « prenant sur lui les besoins de ses sujets, s'en occupant comme s'ils étaient ses propres besoins » (p. 120). Il ne doit jamais outrepasser son autorité, et doit notamment s'abstenir « de commander ou contraindre quiconque par la force de croire à ceci ou cela », car régler une telle « matière secrète, spirituelle, cachée » ne peut jamais relever de sa compétence (pp. 107-108). Ses devoirs essentiels sont seulement « d'apporter la paix extérieure », « de prévenir les agissements maléfiques », et en général de faire en sorte que « les choses extérieures » soient « ordonnées et gouvernées sur terre » de façon convenable et pieuse (pp. 92, 110).

En réalité, Luther ne croit pas que les princes et les nobles de son époque aient été élevés de manière à les rendre suffisamment conscients de ces devoirs. Comme il y revient à la fin de l'*Adresse*, fort peu d'entre eux possèdent ne serait-ce qu'une idée de « cette terrible responsabilité qu'il y a à occuper de hauts sièges » (p. 215). Il dénonce l'enseignement dispensé dans les universités, où les étudiants fidèles sont exposés à la fausse morale et aux faux principes politiques de « l'aveugle et païen professeur Aristote »

(p. 200). Quant au traité sur *L'Autorité temporelle*, il y déverse son mépris pour les idéaux humanistes en vogue concernant la conduite noble et digne du prince, et tourne en ridicule tous « les amusements princiers : la danse, la chasse, les courses, le jeu et autres plaisirs terrestres » (p. 120). Toutes ces pernicieuses influences ont pour effet que « le prince avisé est un oiseau fort rare » (p. 113). Luther redit à diverses reprises qu'en pratique les chefs de la société politique sont le plus souvent « des idiots consommés » et « les pires escrocs au monde » (pp. 106, 113). Il en vient même au point de conclure avec désespoir que « Dieu tout-puissant a fait de nos rois des fous » (p. 83).

Plus explicitement encore, Luther établit qu'on ne doit ni respect ni obéissance à ces gouvernants ignobles quand ils tentent d'engager leurs sujets dans leurs voies impies et scandaleuses. Il définit une limite stricte à l'autorité des princes en soulignant, dans une phrase célèbre, qu'ils ne sont que les « masques » ou *larvae* de Dieu. Si le souverain, mettant bas le masque l'identifiant comme lieutenant de Dieu, commande à ses sujets d'agir de manière néfaste ou impie, il ne faut jamais lui obéir. Le sujet doit toujours suivre sa conscience, même s'il s'agit de désobéir à son prince. Ce thème se trouve sous forme de catéchisme à la fin du traité sur *L'Autorité temporelle*. « Et si le prince est dans le mal ? Son peuple doit-il le suivre aussi ? » La réponse est : « Non, il n'est le devoir de personne de faire le mal » (p. 125). Luther se montre inébranlable dans son insistance sur cet aspect de sa théorie des obligations politiques. Il considère toute prétention au pouvoir absolu comme une incompréhension et une perversion de l'autorité concédée par Dieu aux princes (Carlson, 1946, p. 267). Pour conforter ce point de vue, il en appelle plusieurs fois à un passage des Actes des Apôtres disant sans équivoque que « nous devons obéir à Dieu [qui veut le bien] de préférence aux hommes[1] ». Pour Luther, comme pour les réformateurs qui feront après lui constamment référence au même texte,

---

1. Voir *L'Autorité temporelle*, p. 125. La référence est aux Actes des Apôtres, V, 29.

il s'agit constamment là d'une limite absolue au devoir général d'obéissance politique.

Cependant, Luther est tout aussi attiré par la position inverse, en raison du poids énorme qu'il donne à la doctrine paulinienne selon laquelle « les pouvoirs exercés sont ordonnés par Dieu ». En dépit de l'accent qu'il met sur l'idée qu'il ne faut jamais obéir à un souverain impie, il n'en souligne pas moins qu'il ne faut jamais non plus résister activement à un tel personnage : tous les pouvoirs étant ordonnés, cela reviendrait, même dans le cas d'un tyran, à résister à la volonté de Dieu. Ce brutal contraste entre les devoirs égaux de désobéissance et de non-résistance à la tyrannie apparaît clairement dans la section centrale du traité sur *L'Autorité temporelle*. Si le prince vous commande de faire le mal, il faut refuser, en disant « qu'il n'est pas convenable que Lucifer soit assis au côté de Dieu ». Si alors le prince « s'empare de vos biens pour cette raison et pour punir la désobéissance », il faut se soumettre passivement et « remercier Dieu d'être en mesure de souffrir pour le compte de la parole divine » (p. 112). Luther n'atténue aucunement l'emphase avec laquelle il affirmait précédemment qu'un tel comportement est de la tyrannie, et qu'il ne faut jamais « l'endosser, ou lever le petit doigt pour s'y conformer, ou obéir ». Mais il n'en maintient pas moins qu'il n'y a rien d'autre à faire, car la tyrannie « n'est pas à combattre mais à endurer » (p. 112).

Au début des années 1530, alors qu'il semblait probable que les forces armées de l'Empire pourraient détruire l'Église luthérienne, Luther va soudain changer définitivement d'avis sur ce sujet crucial. Cependant, au long des années 1520, il avait une bonne raison de vouloir mettre en avant la doctrine de non-résistance avec autant de force que possible. Il partageait la crainte commune des réformés, que leurs exigences de changement religieux soient confondues avec du radicalisme politique, et donc discréditées. C'est la raison pour laquelle la *Sincère admonestation* de 1522, que Luther adresse « à tous les chrétiens », leur enjoint « de se garder de l'insurrection et de la rébellion ». Il prédit avec optimisme que, en dépit de la perversité de l'Église catholique, il ne se produira pas concrètement de rébellion contre elle. Mais il profite aussi de l'occasion pour rappeler à ses lecteurs, sur un ton nettement plus inquiet, que « Dieu a interdit l'insurrection », et pour demander à « ceux qui lisent et comprennent bien mon enseignement » d'admettre que celui-ci ne comporte rien qui excuse ou justifie la révolution politique (pp. 63, 65).

Lorsque la révolte paysanne éclate en Allemagne en 1524, les craintes de Luther à l'égard des distorsions que les radicaux pourraient faire subir à son enseignement politique vont confiner à l'hystérie, et le pousser à réagir à la révolte avec une choquante brutalité[1]. Avant le début des plus graves violences, sa première réaction est de se rendre en Thuringe, l'un des foyers d'agitation, et d'y publier une *Admonestation sur la paix* irénique. Il se contentait d'y implorer les princes de chercher la conciliation, tout en rappelant aux paysans que « le fait que les gouvernants sont méchants et injustes n'excuse pas le désordre et la rébellion » (p. 25). Mais, dès le mois de mai 1525, les paysans s'étaient acquis des succès majeurs en Thuringe et pillaient tout le sud de l'Allemagne. Alors Luther répond par la célèbre colère *Contre les hordes paysannes voleuses et meurtrières*. Cette tirade brève mais dévastatrice invoque d'emblée le commandement de Saint Paul, « toute personne doit se soumettre à l'autorité en vigueur ». Les paysans n'ont tenu aucun compte de ce commandement, et « maintenant enfreignent délibérément et violemment ce vœu d'obéissance ». Tout cela constitue un si « terrible et horrible péché » que tous « ont abondamment mérité la mort ». Puisqu'ils ont tous tenté de résister à la volonté et à l'ordonnance de Dieu, on peut en conclure sans risques que tous ont déjà « renoncé à leur corps et à leur âme » (pp. 49-50).

Ce n'était pas qu'une terreur immédiate de la rébellion qui poussait Luther à accorder une telle importance au devoir de non-résistance, et on ne peut excuser le ton de son traité contre les paysans au nom d'une aberration momentanée induite par une crise politique immédiate. La position qu'il prend dérive directe-

---

1. Pour une analyse des débats sur le rôle de Luther, voir Mackensen, 1964. Pour une étude complète de ses activités, voir Mackinnon, 1925-1930, vol. III, pp. 159-210.

ment de sa conviction idéologique essentielle, voulant que la totalité du cadre de l'ordre social et politique existant soit un reflet direct de la volonté et de la providence de Dieu. On le constate très clairement dans l'important traité politique publié au cours de l'année suivant la révolte paysanne, sur la question de savoir *Si les soldats aussi peuvent être sauvés*. Celui-ci commence par répéter une nouvelle fois que le peuple doit être prêt à « subir tout ce qui peut arriver » plutôt que de « se battre contre son seigneur et tyran » (pp. 112-113). Certaines des raisons sont pratiques : « il est aisé de changer un gouvernement, mais difficile d'en obtenir un meilleur, et le danger est de ne pas y parvenir » (p. 112). Mais la raison première est d'ordre essentiellement théologique : si l'établissement de la règle politique repose « dans la volonté et la main de Dieu », il suit que « ceux qui résistent à leurs gouvernants résistent à l'ordonnance divine, comme l'enseigne saint Paul » (pp. 112, 126).

Il peut sembler qu'une doctrine de non-résistance aussi contraignante conduit nécessairement à une conséquence désagréable : elle paraît faire de Dieu l'auteur du mal, puisqu'elle oblige à dire que Dieu ordonne la règle du fou et du tyran autant que celle du prince croyant. Reconnaissant cette difficulté, Luther en discute dans son traité sur le salut des soldats. Il y propose une réponse d'une immense portée, dérivée de saint Augustin, qui n'est pas seulement compatible avec sa doctrine initiale de non-résistance, mais contribue de fait à la renforcer. Il affirme simplement que si Dieu ordonne de temps à autre des gouvernants mauvais et tyranniques, c'est, comme dit Job, « en raison des péchés du peuple ». Il est « aveugle et pervers » de la part du peuple d'imaginer que le mauvais gouvernant n'est soutenu que par la force pure, et donc que « le tyran ne gouverne que parce qu'il est un tel scélérat ». La vérité est qu'il gouverne non parce qu'il est scélérat mais parce que le peuple est pécheur » (p. 109).

On peut donc voir dans les principaux traités politiques de Luther deux principes directeurs, tous deux destinés à exercer une énorme influence historique. Il considère le Nouveau Testament, et notamment les injonctions de saint Paul, comme l'autorité ultime dans toutes les questions fondamentales concernant la juste conduite de la vie sociale et politique. Et il soutient que l'attitude politique réellement prescrite par le Nouveau Testament est une attitude de complète soumission chrétienne aux autorités séculières, dont les pouvoirs sont radicalement élargis, et définis de telle sorte qu'on ne puisse en aucune circonstance résister à leurs édits. L'articulation de ces principes ne fait aucunement appel à l'idée scolastique d'un univers gouverné par la loi, et ne se réfère même qu'à peine à l'idée d'une loi de nature intuitive : l'opinion finale de Luther se fonde toujours sur la parole de Dieu.

2.

Les précurseurs du luthéranisme

La nouvelle théologie de Luther, et les doctrines sociales et politiques qu'il en déduisait, furent bientôt officiellement reconnues dans une vaste partie de l'Europe du Nord. Les premiers progrès sont effectués en Allemagne, où l'Électeur Frédéric de Saxe montre l'exemple en accordant sa protection à Luther après son excommunication en 1520 (Fife, 1957, pp. 586-591). Cinq ans plus tard, lorsque son fils l'Électeur Jean succède à Frédéric, la Saxe devient une principauté luthérienne. La même année voit l'acceptation du luthéranisme par Albert de Hohenzollern dans le duché de Prusse, et l'année suivante le jeune landgrave Philippe de Hesse tient à Homberg un synode où il impose une ordonnance sur l'Église luthérienne à l'ensemble de ses territoires. Dès 1528, la liste des princes ayant quitté l'Église catholique s'était accrue des ducs de Brunswick et du Schleswig, du comte de Mansfeld et du margrave de Brandebourg-Ansbach ; en 1534, les souverains de Nassau, de Poméranie et du Wurtemberg les avaient rejoints. En 1525, les luthériens avaient pris le contrôle à Altenburg, Brême, Erfurt, Gotha, Magdebourg et Nuremberg ; en 1534, à Augsbourg, Francfort, Hanovre, Strasbourg et Ulm[1].

C'est ensuite la Scandinavie qui adopte la nouvelle foi. La Réforme s'implante d'abord solidement au Danemark, après que le

---

1. Sur ces détails, voir Dickens, 1966b, pp. 74-76, brillante synthèse à laquelle je dois beaucoup.

duc du Schleswig-Holstein eut succédé en 1523 comme roi Frédéric Ier à Christian II, parti en exil. Il lance avec succès une attaque contre le droit du pape à confirmer les évêques danois au Herredag de 1526, et poursuit quatre ans plus tard en approuvant les Quarante-trois articles luthériens établis par Hans Tausen, « le Luther danois ». Après une guerre civile et un interrègne au début des années 1530, le trône fut finalement conquis par le roi réformateur Christian III, en 1536. Il écarta aussitôt les évêques catholiques, qui avaient constitué la principale résistance à sa succession, et procéda officiellement à la Réforme, qui fut alors étendue aux dépendances du Danemark, l'Islande et la Norvège (Dunkley, 1948, pp. 45-46, 62). Un mouvement parallèle se développe en Suède après le succès de Gustave Vasa dans la guerre d'indépendance livrée au Danemark en 1523. Les premiers pas officiels sont franchis à la Diète de Vasteras en 1527, lorsque la libre prédication luthérienne est autorisée pour la première fois. La Réforme sera enfin entérinée par une nouvelle Diète en 1544, après qu'une réaction catholique eut été écrasée dans le Sud (Roberts, 1968, p. 136).

Ce sont ensuite l'Écosse et l'Angleterre qui vont reprendre la nouvelle religion. En Écosse, il semblait y avoir une chance de parvenir à une Réforme officiellement entérinée au début des années 1540, avec l'augmentation de l'influence anglaise induite par la défaite de Solway Moss. Mais les Écossais s'allièrent alors à la France, ce qui les attira au contraire sous l'influence de la Contre-Réforme. Il leur fallut donc attendre l'initiative des calvinistes radicaux, et la révolution qu'ils suscitèrent à la fin des années 1550, avant d'accepter enfin la Réforme. Par contraste, celle-ci prend en Angleterre l'allure d'un mouvement progressif et le plus souvent officiel. Il commence avec la rupture entre Henri VIII et Rome au début des années 1530, et l'offensive parlementaire contre les pouvoirs de l'Église ; se poursuit sur un mode plus doctrinal (et plus calviniste) sous Édouard VI entre 1547 et l'accession de Marie en 1553 ; et s'achève après la mort de Marie en 1558, avec la mise en place de cet hybride unique, l'Église anglicane.

La question suivante est évidemment de savoir pourquoi le message de Luther, notamment dans ses implications sociales et politiques, devait se montrer d'un attrait si puissant dans tant de pays différents. On peut évidemment la traiter à partir de nombreux points de vue, dont chacun peut apporter son lot de réponses. Cependant, pour l'historien des idées politiques, la considération primordiale est sans aucun doute le fait que les doctrines politiques de Luther, et les prémisses idéologiques sur lesquelles elles se fondent, ont un lien de filiation étroit avec diverses traditions profondément enracinées dans la pensée de la fin du Moyen Âge, dont elles dérivent en partie. Dès que Luther commence à clamer sa révolte, les maîtres de ces traditions vont tendre à être attirés au sein de ce plus vaste mouvement de réforme, le renforçant de leur présence et contribuant à assurer que le message de Luther soit d'abord accueilli et analysé avec sympathie ; ils exercent donc à leur tour une immédiate et vaste influence.

L'INSUFFISANCE DE L'HOMME

Il est dès l'abord évident que ce qui distingue la théologie luthérienne dérive dans une large mesure de deux puissants courants de la réflexion à la fin du Moyen Âge, concernant les relations entre l'homme et Dieu. On l'a vu. Luther prête une attention particulière à l'insuffisance de la raison humaine, à la nature absolue de la liberté de Dieu qui lui fait pendant, et à la subséquente obligation pour le pécheur de remettre la totalité de sa foi dans la justice de Dieu. Ces dogmes font écho à diverses doctrines déjà liées à la *devotio moderna*, mouvement mystique développé par les Frères de la vie commune en Allemagne et aux Pays-Bas à la fin du XIVe siècle. Ce mouvement est lancé par saint Gérard Groote (1340-1384) grâce à une campagne de prêches soulignant la nécessité d'une réforme de la morale et défendant les idéaux de pauvreté apostolique et de vie communale (Hyma, 1965, pp. 28-35). Le thème central de cet enseignement, peut-être inspiré de précédents mystiques du XIVe siècle tels que Maître Eckhart († 1327) et son élève Johannes Tauler (v. 1300-1361), consiste à dire que tous les efforts que font les hommes pour se recommander à Dieu ne reflètent qu'une vanité coupable, et donc que le but de l'âme fidèle doit être de demeurer passive en acceptant la grâce de Dieu (Hyma, 1965, pp. 17-24). Les disciples de Groote vont ensuite se réunir en communautés monastiques, dont la première s'établira à Windesheim (Pays-Bas) où ils cherchent à se préparer, par l'enseignement et les exercices mystiques, à cultiver cette relation absolument soumise à Dieu (Hyma, 1965, pp. 59-62). Au début du XVe siècle, ces fraternités commencèrent à essaimer vers le nord de l'Allemagne (la première se forma à Münster en 1401), et en vinrent bientôt à exercer une importante influence. Leur mysticisme contribua à stimuler nombre d'écrits puissants, dont l'anonyme *Théologie allemande* (v. 1400) et surtout l'*Imitation du Christ* de Thomas a Kempis (1380-1471 ; Hyma, 1965, pp. 166-170). Mais l'essentiel de leur influence provient de leurs convictions augustiniennes sur la nature déchue de l'homme et la nécessité de redécouvrir une foi personnelle en la grâce rédemptrice de Dieu. Ce point va inspirer divers grands théologiens allemands dans la seconde moitié du XVe siècle, à qui le développement de ces thèmes a parfois valu d'être appelés « réformateurs avant la Réforme »[1]. L'un des cas les plus frappants de cette tendance se rencontre dans l'œuvre de Johann Wessel Gansfort (v. 1419-1489), élève des Frères de la vie commune de Zwolle pendant dix-sept ans, de 1432 à son départ en 1449 pour l'Université de Cologne (Miller, 1917, I, pp. 43-49). Il expose clairement ses conceptions dans la lettre ouverte rédigée en 1489 à l'intention de Jacob Hoeck, qui avait essayé de défendre la pratique pontificale de la délivrance d'indulgences plénières[2]. Gansfort répond que c'est là mal comprendre la nature des relations de l'homme avec Dieu. Aucun acte humain, pas même un acte du pape, ne peut aider le pécheur à accéder au mérite. Il est « absurde et inconvenant » de

---

1. Titre de l'influente étude d'Ullmann, 1855. Voir aussi l'analyse des « réminiscences » de Luther que l'on trouve chez Wessel Gansfort dans Ritter, 1971, en particulier p. 32.

2. Dans l'ouvrage original, Skinner cite la traduction donnée par Oberman, 1966. Voir bibliographie des sources primaires sous Gansfort, Wessel, *Lettres en réplique à Hoeck*.

croire qu'un simple « décret humain » puisse changer « la valeur d'un acte juste aux yeux de Dieu » (p. 99). La seule manière dont on peut atteindre au mérite passe par « l'infusion de grâce » que Dieu dans sa clémence peut choisir de nous accorder (p. 110). Ce qui veut dire que tous les efforts du Vatican et de l'Église pour aider les hommes à gagner leur salut sont vains, puisque « le pape ne peut accorder la grâce à personne », et « ne peut discerner si lui-même ou un autre se trouve en état de grâce » (p. 117). L'unique espoir du pécheur croyant est d'entrer en relation personnelle et confiante avec Dieu, en traitant les Écritures et les traditions apostoliques comme « seule règle de foi » (p. 105).

L'autre souche influente de la pensée médiévale tardive reflétée dans la théologie luthérienne est le mouvement connu sous le nom de *via moderna*, dernière grande école de la scolastique du Moyen Âge. La *via moderna* se développe initialement au début du XIVe siècle, réaction consciente envers la *via antiqua* des thomistes et leur thèse selon laquelle la raison autant que la foi ont un rôle à jouer pour comprendre les intentions divines, puisque la nature n'est jamais contredite, mais seulement « perfectionnée » par la foi. L'histoire de la scolastique médiévale tardive peut s'écrire de fait en termes de relâchement progressif et de rupture ultime de ces liens supposés. On peut estimer que le processus est entamé avec l'œuvre de Duns Scot, mais le représentant le plus original et le plus influent en est Guillaume d'Ockham (v. 1285-1347), dont les enseignements seront développés par un grand nombre de disciples distingués au cours du siècle suivant, notamment Robert Holcot, Grégoire de Rimini, Pierre d'Ailly et Jean de Gerson. Une de leurs particularités les plus singulières est une évaluation radicale, faisant presque penser à Hume, du rôle de la faculté de raison dans la poursuite de la vraie connaissance. Il ne reste que très peu d'espace à la raison dans le débat éthique : on en fait surtout un objet de controverse sur les commandements et interdits de Dieu. La théologie ne se voit pas non plus assigner un bien grand rôle : comme y insiste Ockham lui-même, les dogmes de la religion révélée, y compris la question de l'existence et des attributs de Dieu, « ne peuvent être connus de manière évidente » par la raison et ne peuvent « qu'être prouvés dans la théologie sous l'article de la foi[1] ».

Les critiques d'Ockham envers la *via antiqua* seront ravivées à la fin du XVe siècle par un grand nombre de disciples, dont deux deviendront eux-mêmes des théologiens de grande influence. Le premier est John Mair (1467-1550), dont la longue et brillante carrière commence à Paris en 1495 par des cours sur les *Sentences* de Pierre Lombard dans un style ockhamien avoué. L'autre est Gabriel Biel (1410-1495), le *Doctor profundissimus*. Au milieu de sa carrière, Biel se détourne de la profession universitaire pour rejoindre les Frères de la vie commune, mais il y retourne en 1484 pour enseigner les doctrines de la *via moderna* à la nouvelle Université de Tübingen, qu'il contribue très vite à rendre célèbre comme centre de l'érudition nominaliste (Oberman, 1963, pp. 14-16 ; Landeen, 1951, pp. 24-29 ; Burns, 1954, pp. 83-84).

L'influence de Biel est telle que, une génération avant que soit connu le nom de Luther, deux sujets viennent au premier plan des débats au sein des universités allemandes dans un esprit qui, s'il est d'inspiration ockhamienne, paraît rétrospectivement de caractère presque intégralement luthérien. Le premier de ces sujets est la compréhension de Dieu par l'homme. Le problème est déjà traité avec une tonalité nettement luthérienne chez Johann von Staupitz (1468-1524), dans son traité sur *L'Éternelle prédestination* ; l'auteur fréquente l'Université de Tübingen de 1497 à 1500, et y suit les cours de plusieurs disciples immédiats de Biel (Oberman, 1963, p. 19). À la différence des thomistes, Staupitz ne voit plus en Dieu l'auteur de lois naturelles qu'il est possible aux hommes d'appréhender par leur raison et d'employer dans la conduite de leur vie. Dieu apparaît au contraire comme une vaste, omnipotente et indiscernable volonté, à l'œuvre dans le monde de façon constante mais apparemment arbitraire. On sait que Dieu possède « un pouvoir infini et une majesté infinie », mais aussi que « sa clémence est imprévisible » et « ne peut être mesurée » (p. 177). Si nous cher-

---

1. Voir notamment sur ces thèses, Ockham, *Quodlibeta,* dans les *Philosophical Writings,* éd. Boehner, en particulier pp. 100, 125.

chons à l'approcher par la raison, il va inévitablement « transcender toutes nos facultés » (p. 173). Nous ne pouvons espérer le connaître que « par la foi en le Christ », car « le savoir s'incline et la preuve scientifique est hors de question » lorsqu'il s'agit de comprendre Ses voies (p. 178).

L'autre sujet traité sur un mode similaire est celui de la relation entre mérite et salut (cf. Vignaux, 1934). Staupitz soulève lui aussi ce problème dans son traité sur la prédestination, en arguant que « la nature humaine est incapable de savoir ni de vouloir ni de faire le bien » et en concluant que si quiconque trouve son salut, cela est nécessairement « dû à la grâce et non à la nature » (pp. 182, 186). « Ne nous vantons pas, prévient-il, que ce soit par nos mérites que nous sommes admis au rang des fidèles ; et que personne n'attribue à la nature ce qui de droit appartient à la grâce » (p. 178). Biel lui-même soutient la même doctrine avec plus de force encore, et en fait un exposé des plus clairs dans son sermon sur *La Circoncision du Seigneur*. Il souligne que « sans la grâce il est absolument impossible » à quiconque « d'aimer Dieu méritoirement » et de gagner ainsi son salut (p. 170). Mais il ajoute qu'il est également impossible de gagner « une grâce suffisante pour en obtenir le salut » « par nos œuvres comme les autres habitudes morales » (pp. 167-168). Il en conclut que l'acquisition de la grâce, clé du salut, doit être tout entière « un don de Dieu surnaturellement infusé dans l'âme » du pécheur impuissant, qui ne peut jamais espérer la mériter ou l'acquérir lui-même (p. 168).

Il serait évidemment exagéré d'en déduire que la théologie de Luther lui-même ne constituerait que le produit logique de ces mouvements intellectuels antérieurs. Luther n'a jamais partagé la croyance mystique selon laquelle Dieu entend que les fidèles s'engagent dans des exercices spirituels afin de les aider à trouver « les chemins qui mènent à l'union avec Dieu » ; sa conception de la *fiducia* est plus passive encore que ce que présupposerait cette croyance (Post, 1968, p. 312). En outre, il rejetait jusqu'à la valeur limitée conservée par les tenants de la *via moderna* à l'idée de liberté humaine : il les dépassait de loin dans son sentiment désespérant qu'il est absolument impossible à l'homme d'agir de manière à se rendre digne d'être sauvé (Vignaux, 1971, pp. 108-110). Luther n'en demeure pas moins indubitablement un produit de ces deux courants de pensée. Étudiant à l'Université d'Erfurt de 1501 à 1505, il a reçu un enseignement formel dans la *via moderna*, ses maîtres étant Jodocus Trutvetter et Arnold von Usingen, tous deux eux-mêmes élèves de Gabriel Biel (Oberman, 1963, pp. 9, 17). À cette époque, il a sans doute aussi été en contact avec la faculté de théologie, qui était alors devenue l'un des centres majeurs pour l'étude de la *devotio moderna*, sous l'égide de Lurtz, Wartburg et divers autres grands professeurs augustiniens (Meier, 1955). Peu après, Luther se tourne lui-même vers l'étude systématique de la *devotio moderna*. Il semble maintenant douteux que la traditionnelle histoire voulant qu'il fut formé à Magdebourg par les Frères de la vie commune possède quelque fondement, mais il ne fait pas de doute qu'il logea chez eux en 1496-1497, et plusieurs de ses mentors étaient fortement influencés par leurs œuvres (Post, 1968, pp. 628-630). Cela s'applique par-dessus tout à Staupitz, tuteur personnel de Luther dans l'ordre augustinien et son prédécesseur à la chaire de théologie de Wittenberg (Steinmetz, 1968, pp. 5, 10). Luther lui-même a toujours considéré que Staupitz avait eu sur son évolution intellectuelle l'une des influences les plus déterminantes, et c'est sur ses conseils qu'il avait entrepris l'étude intensive des mystiques allemands (Saarnivaara, 1951, pp. 22-43, 53-58). En 1516, Luther lit et annote les *Sermons* de Tauler, et publie son premier ouvrage, une édition de la *Théologie allemande* qu'il considère comme résumant les œuvres de ce dernier (Fife, 1957, pp. 219-220). Il admet en outre constamment l'existence d'affinités proches entre la *devotio moderna* et sa propre pensée religieuse. Dans la Préface de son édition de la *Théologie allemande*, il déclare : « excepté la Bible et saint Augustin, nul livre n'est venu à mon attention qui m'ait autant appris sur Dieu, le Christ, l'homme et toutes choses » (p. 75). Et en étudiant les lettres de Wessel Gansfort en 1522, il est poussé à s'exclamer : « si j'avais lu ceci auparavant, mes ennemis auraient bien pu avoir l'impression que j'ai tout copié sur Wessel, tant nos deux esprits vont de concert » (Oberman, 1966, p. 18).

La portée de ces affinités et influences tient au fait que, pour toute personne imprégnée des principes de la *via moderna* ou de la *devotio moderna*, le message de Luther est riche de messages qui paraissent nécessairement à la fois familiers et attrayants. Il n'est donc pas étonnant de constater que certains des grands pionniers de la Réforme allemande aient été initialement formés à l'une ou l'autre de ces disciplines. Matthäus Zell (1477-1548) est l'exemple même d'un des premiers leaders luthériens qui doit de manière évidente sa conversion autant à l'influence de la *devotio moderna* qu'aux enseignements de Luther en personne (Chrisman, 1967, pp. 68, 73, 92). On rencontre aussi de nombreux exemples de chefs de file luthériens qui, ayant débuté comme étudiants ou enseignants de théologie scolastique, se sont trouvés manifestement prédisposés par cette formation à reconnaître et à embrasser les doctrines de la Réforme. C'est vrai de Johannes Eberlin von Günzburg (v. 1470-1533), qui commence par étudier la *via moderna* à Bâle et rejoint d'abord les Franciscains, ordre dont Ockham lui-même avait été membre. Il se convertit en 1520, après avoir lu les œuvres de Luther, et deviendra l'un des plus prolifiques parmi les premiers prédicateurs et auteurs luthériens, publiant près de vingt livres sur des sujets politiques aussi bien que théologiques (Werner, 1905, pp. 9-11, 78-79). C'est également vrai de Nicolas von Amsdorf (1483-1565) qui débute comme enseignant de philosophie scolastique à Wittenberg ; au moment où Luther s'impose pour la première fois, en 1517, il s'emploie à professer la logique aristotélicienne et les commentaires ockhamistes de Gabriel Biel (Bergendoff, 1928, pp. 68-69). Il se sent aussitôt attiré par la cause luthérienne, et deviendra plus tard un des plus radicaux ministres luthériens des premiers temps, à la fois comme théologien et comme penseur politique. On retrouve enfin la même trajectoire dans la carrière d'Andreas Carlstadt (v. 1477-1541), premier en date des lieutenants de Luther à Wittenberg. Il enseigne d'abord le thomisme, puis passe dès 1518 à une position nettement augustinienne, et atteint bientôt à un mysticisme iconoclaste si extrémiste que même les luthériens ne pourront tolérer sa radicalité (Sider, 1974, pp. 7, 17-19, 174-189).

Les insuffisances de l'Église

L'assaut de Luther contre les abus du clergé fait aussi écho à nombre d'attitudes déjà présentes en Europe à la fin du Moyen Âge. Comme on l'a vu, Luther s'attaque au premier chef aux errements de la papauté, en insistant sur la nécessité d'en revenir à l'autorité des Écritures et de rétablir une forme d'Église apostolique plus simple et moins matérielle. Un groupe grandissant d'auteurs anticléricaux avait déjà suivi une ligne d'affrontement non moins agressive dans la génération précédant immédiatement la Réforme. Une grande partie des textes d'invectives et d'injures qui en étaient issus avaient été rédigés par les plus érudits humanistes de l'époque, mais dans un style délibérément populaire, le plus souvent en vernaculaire, l'argumentation étant souvent présentée sous forme de pièces de théâtre ou de satires en vers. La plus importante contribution à ce genre est sans conteste *La Nef des fous* de Sébastien Brant (1458-1521), qui parut en 1494 et connut six éditions du vivant de l'auteur (Zeydel, 1967, p. 90). Humaniste de formation, enseignant à l'Université de Bâle, celui-ci s'attira l'admiration de certains des plus grands érudits de son temps. Reuchlin et Wimpfeling étaient de ses amis, tandis qu'Érasme composa même un poème en son honneur et le décrivit à Wimpfeling comme « l'incomparable Brant » (Allen, 1906-1958, II, p. 24). Sa *Nef des fous* est constituée d'une longue suite de strophes (l'original en compte cent douze) où sont tournés en ridicule tous les maux de l'époque, réduits à l'état de folies. Nombre des attaques les plus violentes de Brant s'adressent directement aux fous qui dirigent l'Église. Des chapitres séparés dénoncent le mépris croissant envers les Saintes Écritures, les vices universels de la simonie et du népotisme, et les « abus de spiritualité » perpétrés par des hordes de moines gloutons et de prêtres ignorants. Par-dessus tout, Brant déplore la tonalité irréligieuse de l'époque, « la ruine et la décadence de la foi dans le Christ » étant dues à la richesse et à la rapacité de l'Église (f°s LXXVIII, CLII, CCXII).

L'œuvre de Brant connut un grand succès, et bientôt divers humanistes critiques de l'Église se mirent à l'imiter en France et en Angleterre. Jean Bouchet (1476-1557), que nous avons déjà rencontré en tant que l'un des principaux *Grands Rhétoriqueurs* à la cour de Louis XII, écrit en 1500 une imitation de *La Nef des fous*, où la simonie et l'immoralité des chefs de l'Église sont sauvagement satirisées (Renaudet, 1953, pp. 319-320). Il poursuit ses attaques dans *Une Lamentation sur le militant de l'Église* en 1512, où il dénonce le pape qui fait la guerre à ses propres ouailles, et tourne à nouveau en ridicule l'avidité du clergé et les vies dissolues des prélats (Renaudet, 1953, p. 549 ; Hamon, 1901, pp. 282-290). À leur tour, les ouvrages de Bouchet semblent avoir inspiré Pierre Gringoire (v. 1485-1538), qui publie en 1512 une moralité intitulée *La Folie du prince des fous* où figure une charge plus ordurière encore contre la papauté et l'Église. L'Église y joue « Mère folie », qui avoue en entrant que « les hommes disent que j'ai perdu mes esprits sur mes vieux jours » (p. 54). Si elle paraît d'abord sous les traits imposants de « Mère Église », très vite sa folie et son hypocrisie se font jour. Avide d'argent, cynique quant à la valeur de la « bonne foi », elle est avant tout soucieuse de s'assurer qu'elle parvient à « conserver une emprise sur les affaires du siècle par tout moyen, honnête ou non » (pp. 55, 57, 59). Passant son temps à comploter et à élaborer des machinations avec tous les fous du moment, elle finira par rendre évident que son ambition réelle est d'acquérir une gloire terrestre pour son propre compte (p. 70).

Les effets de cette littérature se font bientôt sentir. Alexander Barclay (v. 1475-1552) publie des traductions de Gringoire et de Brant entre 1506 et 1509, tandis que John Skelton (v. 1460-1529), ayant réussi à assimiler toutes ces influences, rédige sa célèbre série de satires anticléricales dans une forme de versification qu'il invente pratiquement à cet effet. La plus importante de ces satires est *Colin Clout*, sans doute achevée en 1522 (Heiserman, 1961, p. 193). On l'a habituellement considérée comme une simple attaque contre Wolsey, mais Heiserman avance de façon convaincante que l'intention est de montrer simplement le cardinal comme exemple parfaitement évident des échecs spirituels de l'Église, tandis que les cibles réelles seraient tous les membres du clergé ainsi que les désordres généralisés de l'époque (Heiserman, 1961, pp. 196-198). Skelton commence par rappeler abruptement au clergé

> « le peu qu'ils prennent de soin
> à paître leur sot troupeau »
> [p. 284]

Il poursuit en reprenant toutes les accusations habituelles contre les chefs de l'Église. Il montre tout d'abord leur ignorance, en déclarant que :

> « Ils n'ont aucune instruction
> Pour faire une vraie construction...
> Certains savent à peine lire
> Ça ne les empêche guère
> De jouir de leur cure »
> [p. 290]

Puis il les dénonce comme corrompus et mercenaires :

> « On dit que pour or et argent
> Mitre s'achète ou se vend...
> Sans compter la simonie
> Qui n'est, dit-on,
> Qu'un jeu d'enfant »
> [p. 291]

Et enfin, bien sûr, il relève la débauche de tous les membres du clergé, et que tout l'argent donné par les pieux laïcs pour les masses est « dépensé en putains de classe » (p. 275).

La plus célèbre des satires humanistes où l'on perçoit clairement l'influence de Brant, et où l'on retrouve l'artifice consistant à traiter les vices en tant que folies, est bien sûr l'*Éloge de la folie* d'Érasme, dont la première édition dédiée à Sir Thomas More date de 1509 – le titre latin, *Moriae Encomium*, joue d'ailleurs sur le nom de More. Installée sur son estrade, la Folie prononce un classique mémoire en défense. Décrivant en premier lieu ses pouvoirs, elle fait valoir que tout état de guerre repose sur la folie, et que les hommes « se rassemblent en société civile » par folie et flagornerie (pp. 30, 34). Elle poursuit en énumérant ses nombreux admirateurs : parmi eux figurent tous les principaux représentants des professions intellectuelles, notamment les avocats (p. 76), ainsi que tous les princes et courtisans, dont la folie est « adulée avec sincérité et, comme il sied aux gentilshommes, franchise » (p. 93). Mais les plus fervents admirateurs de la folie sont les moines, les prêtres, les évêques, et tout particulièrement le pape. « Si la sagesse devait s'abattre sur eux, quelle catastrophe ! » Elle leur ferait « perdre toutes ces richesses, ces honneurs, toutes ces possessions, ces marches triomphales, ces offices, dispenses, tributs et indulgences » (p. 98). Et le discours de culminer en une nouvelle attaque dévastatrice contre les corruptions et abus de la papauté et de l'Église catholique tout entière.

Un des résultats de ces affinités entre Luther et les humanistes est le suivant : dès que Luther lance ses premières invectives contre les indulgences en 1517, divers humanistes distingués se trouvent fortement attirés par sa cause. On le voit de la manière la plus évidente en Allemagne, à propos d'humanistes aussi éminents que Crotus Rubianus (1480-1545), Willibald Pirckheimer (1470-1530), et Jacob Wimpfeling (1450-1528). Rubien quittera au bout du compte les rangs des réformateurs, mais il commence par embrasser Luther comme « père de ma patrie » et ose même, recteur de l'Université d'Erfurt, recevoir officiellement Luther se rendant à la Diète de Worms, en 1520 (Holborn, 1937, p. 124). Pirckheimer finira lui aussi par désavouer les réformateurs, mais son dégoût de la corruption de l'Église le conduit d'abord à accueillir en Luther « un merveilleux talent » et à le soutenir par voie de presse, en écrivant une violente charge contre Johann Eck, opposant de Luther lors de la controverse de Leipzig en 1518 (Spitz, 1963, pp. 177-179). Et un scénario analogue se répète avec Wimpfeling, qui fera finalement sa paix avec la papauté, mais après avoir vu initialement en Luther un allié objectif dans ses propres campagnes contre les abus de l'Église, et en avoir parlé à cette époque comme de quelqu'un qui « n'agit pas que dans son enseignement mais dans sa vie entière d'homme du Christ et des Évangiles » (Spitz, 1963, pp. 53, 57-58).

Ce schéma d'attirance initiale et d'ultime hésitation se rencontre aussi en France chez de grands humanistes comme Josse Clichtove (1472-1543) et son maître Jacques Lefèvre d'Étaples (1450-1536).

C'est en 1521 que Lefèvre se met à réfléchir activement à la question de la réforme de l'Église, car Guillaume Briçonnet, récemment nommé évêque de Meaux, lui a demandé de l'aider à réorganiser son diocèse. Lefèvre devient bientôt l'animateur d'un groupe d'humanistes convaincus qui se réunissent à Meaux, où il recevra la visite de nombreux intellectuels (dont Farel) que leur intérêt pour la réforme de l'Église amènera en fin de compte dans le camp protestant. Le groupe de Meaux lui-même ne deviendra jamais luthérien : convoqué devant le Parlement de Paris en 1525 pour répondre d'une accusation d'hérésie, Briçonnet n'aura guère de mal à défendre son orthodoxie, et Clichtove se dissocie constamment du groupe dans l'évidente intention d'échapper à une telle incrimination. Mais il ne fait pas de doute que même Clichtove s'est senti, comme le dit pudiquement Massaut, « impuissant à résister à une certaine attirance envers la théologie de Wittenberg » (Massaut, 1968, II, p. 84). Cela venait notamment de ses doutes, éprouvés très tôt, vis-à-vis des indulgences, et aussi de son éternelle préoccupation à propos de la nécessaire réforme des monastères (Massaut, I, 433 et suiv. ; II, 80 et suiv.). Dans le cas de Lefèvre d'Étaples, il est clair que cette attirance est bien plus forte encore. Dès 1512, il publie une édition des épîtres de saint Paul dans laquelle il avance que la grâce et la foi constituent les seuls moyens de gagner son salut. Plus tard, il va aussi consacrer l'essentiel de ses ressources intellectuelles à rédiger, tout à fait dans le style des réformateurs, une version vernaculaire des Écritures, et publier en 1524 une traduction française des Psaumes, suivie de celle de toute la Bible en 1530 (Daniel-Rops, 1961, pp. 368-372 ; cf. Rice, 1962).

Mais la plus importante conséquence de ces affinités de vues entre Luther et les humanistes tient au fait que, dès qu'il décide de rompre définitivement avec l'Église, de nombreux humanistes parmi les plus éminents vont se sentir obligés de le suivre. Par là-même, les ressources intellectuelles de la Réforme se trouveront renforcées, ce qui jouera un rôle essentiel pour élargir son domaine d'influence.

En Allemagne, l'exemple majeur de ce genre de conversion immédiate est celui de Philipp Melanchthon (1496-1540), petit-neveu de Reuchlin et principal intellectuel parmi les proches de Luther dès les premiers temps. Melanchthon déploie très jeune un talent exceptionnel pour les humanités. Il apprend le grec à Heidelberg avec Rudolf Agricola, et à vingt-deux ans il a déjà publié une grammaire grecque et une édition de Plutarque. En 1518, il est nommé à la chaire de langue et littérature grecques à Wittenberg et c'est là, sous l'influence de Luther, qu'il va abandonner l'Église catholique. Il ne lui faudra que fort peu de temps pour devenir l'un des principaux ténors du luthéranisme, second seulement à Luther lui-même, et c'est lui qui, publiant en 1521 ses *Sujets communs de théologie*, donnera le premier exposé systématique de la foi luthérienne (Manschreck, 1958, pp. 33, 40, 44).

Melanchthon n'était que le premier d'une classe d'humanistes allemands qui entrent dans l'Église luthérienne en suivant un chemin similaire, et plusieurs parmi les autres, tels qu'Osiander et Capito, étaient d'une stature presque égale à la sienne. Andreas Osiander (1498-1552) est d'abord un humaniste tout à fait normal, qui commence par faire ses classiques pour ensuite enseigner l'hébreu. Il poursuit ses études à Wittenberg, où l'influence de Luther le subjugue aussitôt. Puis, en 1521, il s'en va prêcher à Nuremberg où il s'attire très vite la renommée comme l'un des plus éloquents interprètes de la foi luthérienne (Strauss, 1966, p. 164). On peut dire à peu près la même chose de Wolfgang Capito (1478-1541). Il commence aussi par le grec travaille avec Érasme en personne sur son édition du Nouveau Testament, puis se fait une réputation en tant que l'un des meilleurs spécialistes d'hébreu exerçant en Allemagne (Chrisman, 1967, p. 88). Aux premiers temps il est hostile à Luther, et participe à la préparation de la cause plaidée à son encontre à la Diète de Worms. Mais il en a manifestement mauvaise conscience, et il se décide l'année suivante à faire le voyage de Wittenberg, où il va lui aussi tomber sous le charme de Luther et se convertir. Là-dessus, il renonce à ses fonctions à l'archevêché de Mayence et s'installe à Strasbourg où, comme Osiander à Nuremberg, il va bientôt jouer un rôle crucial pour convertir la cité à la foi luthérienne (Chrisman, 1967, pp. 89-90).

En Scandinavie, les animateurs de la Réforme suivent un chemin semblable. On le constate clairement dans les carrières d'Olaus Petri (1493-1552) et de son jeune frère Laurentius (1499-1573), les deux plus grands propagateurs du mouvement réformateur en Suède. Tous deux reçoivent une éducation humaniste, et Olaus en particulier devient un bon helléniste, compétence qu'il mettra par la suite au service de la Réforme, contribuant en 1526 à la première traduction du Nouveau Testament en suédois (Bergendoff, 1928, pp. 102, 107). Tous deux vont étudier à Wittenberg en 1516, se convertissent aussitôt, puis rentrent en Suède à la fin des années 1520, et deviennent les principaux porte-parole de la rupture de Gustave Vasa avec Rome (Bergendoff, 1928, pp. 75-76). On peut discerner le même itinéraire dans les cas de Tausen et Pedersen, les principaux penseurs de la Réforme au Danemark. Hans Tausen (1494-1561) offre un nouvel exemple d'un intellectuel converti au luthéranisme au cours d'études à Wittenberg (Dunkley, 1948, pp. 42-43). Quant à Christian Pedersen (v. 1480-1554), il constitue un cas plus clair encore des mêmes influences causant les mêmes effets. Il suit à Paris un enseignement humaniste, et y publie une édition critique des chroniques danoises de Saxo qui lui vaudra les félicitations d'Érasme. Il poursuit ses études à Wittenberg, où il se convertit au luthéranisme en 1526. Par la suite, comme Olaus Petri, il met ses compétences d'humaniste au service de la Réforme, traduisant et publiant au Danemark divers ouvrages de Luther, et donnant la première traduction de la Bible en danois en 1550 (Dunkley, 1948, pp. 99-113).

Et ce même schéma se répète de manière plus évidente encore parmi les premiers chefs de la Réforme en Angleterre. Le cas le plus célèbre est celui de la carrière de William Tyndale (v. 1495-1536). Il commence ses études à Oxford, mais s'y trouve entouré de « vieux roquets glapissants, disciples de Dun ». Il passe donc à Cambridge vers 1516, et se met à l'étude intensive de l'hébreu ainsi que du latin et du grec (Mozley, 1937, pp. 16-18). C'est au cours de ces études qu'il se convertit au luthéranisme, avant de devenir le plus chaud et le plus grand des premiers partisans de la Réforme en Angleterre. Il donne le premier exposé systématique en anglais des idées politiques de Luther en publiant *L'Obéissance d'un chrétien* en 1528. Et il engage le plus célèbre duel intellectuel de la Réforme anglaise, répliquant en 1531 dans sa *Réponse au dialogue de Sir Thomas More* à celui-ci, qui dénonçait les réformateurs. Cependant, comme chez Petri et Pedersen, la plus importante contribution de Tyndale est son rôle de traducteur de la Bible. C'est lui qui publie en 1525 la première version imprimée du Nouveau Testament en anglais, qu'il fera suivre en 1530 d'une traduction du Pentateuque, directement des textes hébreux (Mozley, 1937, pp. 51-52, 80-81).

Tyndale n'était que l'un des membres d'un important groupe de jeunes universitaires de Cambridge attirés de manière semblable hors de l'humanisme vers l'Église luthérienne. En fait les bases théoriques de la Réforme anglaise ont dans une large mesure été jetées à Cambridge à cette époque. Certains des premiers débats portant sur l'hérésie se tenaient à la taverne du Cheval blanc, qui fut bientôt surnommée « la Petite Allemagne » (Porter, 1958, pp. 45-49). Et lorsque l'hérésie finit par se voir reconnaître en tant que doctrine officielle, parmi les treize théologiens qui se réunirent en 1549 pour rédiger le premier livre de prières protestant destiné à l'Église d'Angleterre, tous sauf un étaient membres de l'Université de Cambridge (Rupp, 1949, p. 19, note). L'un des premiers convertis de Cambridge est Thomas Bilney († 1531) ; il parlera du doigt de Midas pour décrire comment ses études humanistes ont été transformées en prenant forme religieuse (Porter, 1958, pp. 41, 44). L'exemple donné par la sainteté de Bilney amena rapidement la conversion de divers autres jeunes intellectuels. Le plus important est Robert Barnes (1495-1540), rentré de Louvain à Cambridge en 1521 totalement absorbé par le nouvel enseignement humaniste, avec une prédilection particulière pour les comédies de Térence et de Plaute (Clebsch, 1964, p. 43-44). Il se tournera ensuite avec un égal enthousiasme vers les doctrines de la Réforme, et va devenir un des plus radicaux et volubiles des premiers luthériens anglais. Comme Tyndale, il se rend à Wittenberg afin d'étudier aux côtés de Luther en personne, et publie une série importante de traités politiques et théologiques au cours des années 1530, avant d'être arrêté par la réaction conservatrice à la fin du règne d'Henri VIII et d'être brûlé comme hérétique en 1540. Barnes semble à son tour avoir joué un rôle décisif dans la conversion de Miles Coverdale (v. 1488-1569), décrit par son biographe comme ayant accompli le même trajet « d'Érasme à Luther par Colet » (Mozley, 1953, pp. 2-3). Coverdale avait apparemment une grande admiration envers Tyndale, et c'est sous son influence qu'il produisit la première traduction complète de la Bible en anglais jamais publiée (Mozley, 1953, p. 3). On retrouve enfin ce même itinéraire dans la carrière de Sir John Cheke (1514-1557), sans conteste le plus grand érudit parmi les humanistes anglais de cette époque. Il fait ses débuts de professeur de grec à Cambridge à la fin des années 1530, à un âge extraordinairement précoce, et sera nommé premier *Regius Professor* dans cette matière en 1540, à vingt-six ans (Jordan, 1968, p. 41). La date de sa conversion est incertaine, mais dès la fin des années 1530 il était bien devenu un luthérien confirmé. Après cela, il semble avoir consacré une énergie considérable à convertir ses élèves et ainsi, par un caprice de l'histoire, avoir pu jouer un rôle unique dans la reconnaissance finale de la Réforme en Angleterre. Il est manifeste qu'il a contribué à la conversion de Becon, de Lever, et peut-être de Ponet, dans les années 1530, ce qui est déjà un succès de quelque ampleur en regard de l'histoire ultérieure de la pensée politique protestante. Mais l'occasion unique lui est offerte en 1544, lorsque Henri VIII l'appelle à la cour et le nomme tuteur de son fils unique, le futur roi Édouard VI (Jordan, 1968, pp. 41-42). Dans sa relation de la carrière de Cheke, Strype rapporte que le prince et son maître établirent des liens étroits, et que, même après l'accession d'Édouard au trône en 1547, Cheke demeura « toujours à son côté » afin « de l'informer et de l'instruire » (Strype, 1821, p. 22). Quelles qu'aient pu être les intentions d'Henri VIII (qui n'ont jamais été élucidées de façon bien satisfaisante), elles eurent pour résultat que son héritier grandit en tant que protestant tout aussi convaincu que son professeur, ce qui devait avoir des conséquences incalculables mais sans doute décisives pour faire avancer la cause de la Réforme en Angleterre.

Les pouvoirs de l'Église : un débat théologique

Quittant le sujet des critiques de Luther concernant les abus de l'Église, si l'on considère son opposition plus fondamentale à l'idée même de l'Église en tant qu'autorité juridictionnelle, nous le voyons encore se faire l'écho de divers arguments déjà présents dans la pensée médiévale tardive. On a vu que la conception de Luther limitant l'Église à une *congregatio fidelium* impliquait une forte hostilité envers le rôle de la papauté comme propriétaire terrien et percepteur d'impôts, une défiance marquée à l'égard de ses pouvoirs absolus sur l'Église, et un sentiment négatif quant à sa capacité d'agir en autorité légale indépendante, mettant en œuvre son propre code de droit canon et superposant aux juridictions séculières son propre système de tribunaux ecclésiastiques. Toutes ces critiques s'étaient déjà exprimées avec de plus en plus de véhémence à la fin du Moyen Âge, tant chez les opposants théologiques de la monarchie vaticane que chez les nombreux alliés et porte-parole des autorités temporelles elles-mêmes.

L'offensive théologique était en partie hérétique, et dérivait d'une longue tradition d'opposition évangélique à la richesse et aux pouvoirs de juridiction de l'Église. Dans son expression la plus bruyante, on peut la faire remonter à la naissance des mouvements lollard et hussite à la fin du XIVe siècle, tous deux axés sur l'exigence d'une forme de christianisme plus simple et plus apostolique, et appelant l'Église à se comporter en autorité moins juridictionnelle et plus purement pastorale. En Angleterre, le mouvement des lollards voit le jour avec la campagne de prêches et d'écrits lancée par John Wyclif (v. 1329-1384) et certains de ses disciples religieux d'Oxford, dont Aston, Repington et Hereford (McFarlane, 1972, p. 78). Leur message semble avoir été accueilli avec attention en Écosse comme en Angleterre, et le mouvement s'attire bientôt un soutien laïc considérable. Quand le Parlement se réunit en 1395, un groupe de lollards parvient même à présenter aux Communes un manifeste s'attaquant à la corruption des clercs et à la subordination de l'Église d'Angleterre aux commandements de Rome

(McFarlane, 1972, p. 132). L'apogée et la conclusion de cette phase populaire du mouvement interviennent en 1414, avec la tentative spectaculaire mais avortée d'insurrection des lollards conduite par Sir John Oldcastle (Thomson, 1965, pp. 5-19).

Au cours de cette campagne, Wyclif rédige un grand nombre d'écrits hérétiques sur les juridictions de la papauté, parmi lesquels un traité vernaculaire de 1384 intitulé *L'Église et ses membres*. Il s'ouvre sur une offensive contre « l'état et les biens terrestres » du pape, et dénonce l'état clérical tout entier qui agit en « plus avide acheteur sur la Terre » (p. 347). Wyclif poursuit alors en réfutant la prétention du pape « à lier et délier », soulignant « qu'il ne justifie pas son grand pouvoir dans ce domaine », et que les arguments des canonistes « échouent lamentablement sur ce point » (p. 355). Plus comminatoire, il ajoute que « c'est un grand danger » pour le pape que de « feindre un tel pouvoir » puisque aucune de ses juridictions supposées ne sont fermement « ancrées dans le Christ » (pp. 356-357). Le traité s'achève en appelant « le pape avec ses cardinaux et tous les prêtres » à renoncer à leur « gloire terrestre » et à leurs pouvoirs matériels, et à « vivre dans la pauvreté chrétienne » comme le Christ l'enseignait par le verbe et par l'exemple (p. 359).

En Angleterre, la réaction officielle à ces demandes hérétiques consista à édicter en 1401 un statut « Pour brûler les hérétiques », donnant à la persécution religieuse son premier cadre légal (McFarlane, 1972, p. 135). En Écosse, la réaction témoigne d'une inquiétude encore plus forte, avec la fondation en 1413 de l'Université de Saint-Andrews, expressément destinée à protéger l'orthodoxie, le vote d'une législation anti-lollards au Parlement en 1425, et l'exécution de nombreux sympathisants des lollards, la première victime en étant James Resby en 1407 (Duke, 1937, pp. 110-111, 115). Malgré tout, non seulement le mouvement des lollards survécut durant tout le XVe siècle[1], mais il parvint même à exporter ses idéaux en Europe où ils furent repris et développés avec enthousiasme par les hussites de Bohême. Jan Hus (v. 1369-1415) reconnaît aux écrits de Wyclif sur l'Église l'influence considérable

---

1. Sur ce point, voir Aston, 1964, et notamment Thomson, 1965.

qu'ils ont exercée sur ses propres dénonciations fort similaires de la corruption des clercs et de la suprématie du pape (Spinka, 1941, pp. 6-9). Et en dépit de la condamnation et de l'exécution de Hus par le concile de Constance, en 1415, ses successeurs réussiront très vite, et bien mieux que leurs parents lollards, à cristalliser leur vision en un programme défini tout en s'organisant pour lutter en faveur de sa reconnaissance. Ils formulent d'abord leurs exigences aux Articles de Prague de 1520, qui comprennent une attaque envers les « grandes possessions terrestres » et les « pouvoirs illicites » de l'Église (Heymann, 1955, p. 148). Ils lèvent ensuite une armée sous le commandement remarquable de Jan Zizka et mènent campagne pendant près de quinze ans pour faire reconnaître leur foi. Leurs positions contre les privilèges de propriété terrienne et de perception d'impôts dont disposait l'Église se gagnent une telle faveur qu'ils parviennent constamment à compenser leurs pertes, et se révèlent au bout du compte incontournables. Au concile de Bâle, en 1433, ils parviennent enfin à obliger le pape et l'empereur à reconnaître les quatre articles de réforme religieuse qu'ils avaient initialement proposés, où figure l'exigence d'une mesure de redistribution des richesses de l'Église (Heymann, 1959, p. 247). Ils réussiront par la suite, sous la conduite durable et déterminée de Jan Rokycana, de 1429 à 1471, à conserver cette attitude antipapale et évangélique, établissant de la sorte une Église nationale tchèque semi-autonome (Heymann, 1959, p. 243).

À côté de cette souche hérétique d'opposition au pouvoir pontifical, il existait aussi à l'intérieur de l'Église une longue tradition de résistance à la conception classique de la papauté en tant que monarchie absolue. Cette tradition se fait jour dans le courant du XIIe siècle en réaction à la centralisation croissante de l'administration pontificale qui s'était produite à la suite des réformes grégoriennes[1]. Cette évolution amène un certain nombre de canonistes à

---

1. Les thèses classiques de Figgis sur la théorie politique conciliariste sont donc ici en défaut, puisqu'elles tiennent que les idées politiques associées à ce mouvement n'ont été formulées qu'à la fin du XIVe siècle, et ont consisté pour l'essentiel

s'inquiéter de ce qu'il pourrait advenir si un pape investi d'un tel pouvoir devait tomber dans l'hérésie ou être incapacité. Certains d'entre eux, jetant ainsi les bases du mouvement conciliaire tout entier, commencent à avancer la thèse selon laquelle il conviendrait de considérer l'autorité de la papauté comme inférieure à celle d'un concile général de l'Église. Le premier exposé complet de cette idée est formulé par Uguccio, évêque de Pise, dans son commentaire sur les Décrétales ; il présente ce point de vue au cours de son examen de l'affirmation voulant que le pape n'ait pas à répondre devant l'Église « à moins d'être pris en état d'hérésie » *(nisi deprehendatur a fide devius)*[1]. Il estime que cela signifie que l'Église en tant que collectivité doit être tenue pour « supérieure » au pape au moins dans la mesure où, si sa sécurité est mise en jeu, les cardinaux doivent avoir le pouvoir de réunir un concile général, lequel à son tour doit pouvoir siéger en jugement du pape. Uguccio pense que cela doit être possible dans deux cas (Tierney, 1955, pp. 58-65) : il reprend d'abord l'opinion commune que « si le pape devient hérétique », il s'agit d'un tel préjudice « non seulement pour lui mais pour le monde entier » qu'« il peut être condamné par ses sujets » (p. 248). Mais il avance ensuite l'idée beaucoup plus sujette à controverse – et combien influente – que, si le pape est « un criminel endurci » qui persiste en « des crimes notoires » qui « scandalisent l'Église », il peut aussi être déposé pour avoir manqué aux devoirs de sa charge (p. 249). Car comme conclut Uguccio, dans un flot de questions rhétoriques qui a du mal à cacher la faiblesse de l'argumentation, « si un pape scandalise l'Église, cela ne revient-il pas à une hérésie ? ».

Une nouvelle campagne majeure contre l'absolutisme pontifical se développe au début du XIVe siècle sous les traits de la reprise du conflit entre la papauté et l'Empire. Une controverse au Collège

---

à appliquer à l'Église une conception de la souveraineté populaire déjà développée dans la sphère séculière. Pour cette hypothèse, voir Figgis, 1960, pp. 44-45, et pour la critique, voir Oakley, 1969, pp. 369-372.

1. La glose d'Uguccio sur cette proposition est intégralement reprise en annexe à Tierney, 1955, pp. 248-250, source dont proviennent mes citations.

électoral de 1314 débouche sur la proclamation de deux saints empereurs romains rivaux. L'un des prétendants est Louis IV de Bavière, qui parvient à assurer sa position en Allemagne et va exiger la reconnaissance du pape Jean XXII. En 1324, celui-ci réagit en excommuniant Louis, qui riposte trois ans plus tard en marchant sur Rome pour se faire couronner empereur par Nicolas V, qu'il installe comme antipape. Ce combat retentira sur toute la décennie suivante, pendant laquelle Louis demandera l'aide d'un grand nombre de partisans de l'antipapisme. Parmi ceux dont il parvient à s'assurer le concours figurent les deux plus grands auteurs politiques du moment, Guillaume d'Ockham et Marsile de Padoue, qui se réfugient tous deux à la cour de Louis après leur excommunication par Jean XXII. Il en résultera non une simple renaissance, mais un puissant développement de tous les arguments précédemment invoqués contre l'idée de suprématie pontificale.

Nous l'avons vu précédemment, le *Défenseur de la paix* de Marsile comporte un plaidoyer sans équivoque en faveur du conciliarisme, tout en avançant deux thèses hérétiques qui seront rarement reprises par les opposants ultérieurs, plus modérés, à la *plenitudo potestatis* de la papauté. L'une affirme que le pape n'est en fait pas le chef de l'Église de droit divin, de sorte que sa prétention à exercer « un plein pouvoir sur tous les autres souverains, communautés ou individus » est « déplacée et injuste », et « va à l'écart, ou plutôt à l'encontre, des Saintes Écritures et des démonstrations humaines » (p. 273). L'autre hérésie de Marsile, largement reprise au cours de la Réforme, consiste à soutenir que tout pouvoir de coercition est séculier par définition, et donc que voir dans le pape le détenteur de « quelque souveraineté, ou jugement coercitif, ou juridiction, que ce soit » sur « quelque prêtre ou non-prêtre que ce soit » ou sur un « individu quelle que soit sa condition » n'est rien d'autre qu'un « outrage pernicieux », totalement destructeur de la paix du monde (pp. 113, 344).

Les théories politiques de Marsile et d'Ockham sont souvent traitées ensemble, mais il ne fait pas de doute, comme l'ont montré diverses études récentes, qu'Ockham était un penseur plus modéré, et même conservateur[1]. Il ne s'intéresse pas outre mesure à la thèse du conciliarisme, et son traité sur *Le Pouvoir des empereurs et des papes*, publié sur le tard, comprend même une argumentation révisée en faveur de la monarchie pontificale, selon laquelle « la communauté des fidèles doit être sujette à un chef et juge suprême », et « personne d'autre que le pape ne peut être ce chef » (p. 25 ; cf. Brampton, 1927, p. IX). Néanmoins, il reconnaît dans son *Dialogue* que « si le pape est un hérétique notoire », alors « un concile général peut être réuni sans l'autorité du pape » afin de le « juger et déposer » (pp. 399-400). Et non content de reprendre ce thème bien connu du conciliarisme, il emploie deux arguments supplémentaires à propos des pouvoirs du pape qui devaient tous deux revêtir par la suite une grande importance dans l'offensive contre la monarchie pontificale.

Il avance d'une part que, si le pape est incontestablement le chef de l'Église, son autorité ne lui est pas conférée sans réserve, mais uniquement à la condition qu'il l'exerce au bénéfice des fidèles. Ockham tient donc la papauté pour une monarchie non pas absolue, mais constitutionnelle (cf. McGrade, 1974, pp. 161-164). Ce point est évoqué avec fermeté dans la *Bref exposé sur les pouvoirs du pape*, achevée entre 1339 et 1341 (Baudry, 1937, p. VII). Il ne peut être question d'un pape, dit-il, « ayant un pouvoir si entier » qu'« il puisse faire absolument n'importe quoi », comme le demandent certains de ses partisans (p. 16). Sa suprématie « ne lui est pas conférée pour lui-même », mais « seulement pour le bien de ses sujets » (p. 22). Et « de cela il suit, conclut Ockham, que le pape n'a pas reçu du Christ le type de pouvoir absolu » qu'on lui attribue généralement, car « il n'a reçu de Dieu l'autorité que de préserver, non de détruire » l'Église (p. 25).

Autre thèse subversive d'Ockham, les sphères des juridictions spirituelle et temporelle doivent demeurer nettement séparées l'une

---

1. Voir McGrade, 1974, en particulier pp. 18-20, 28-43. Voir aussi Bayley, 1949, en particulier pp. 199-201, Tierney, 1954, et Lagarde, 1963, en particulier pp. 53-55, 86.

de l'autre (cf. McGrade, 1974, pp. 134-140). Les conséquences de cette position sont énoncées tout à fait clairement dans *Le Pouvoir des empereurs et des papes*. Il y met d'abord en avant que « quand le Christ a fait de Pierre le chef de tous les croyants », il « lui a d'abord interdit comme aux autres apôtres d'exercer aucune domination sur les rois et les peuples » (p. 5). Saint Pierre accepte d'ailleurs pleinement cet ordre, puisque lui aussi mettra en garde ses successeurs contre « toute implication dans les affaires de la vie quotidienne » (p. 7). Il nous est dit que ces instructions signifient avant tout que « le principat pontifical institué par le Christ ne fait état nulle part d'une quelconque juridiction régulière sur les sujets temporels ou les affaires séculières » (p. 7). Ockham soutient donc que « si un pape se mêle d'affaires temporelles », il ne fait que « faucher la récolte d'un autre » (p. 7). Les instructions du Christ sont aussi interprétées comme ayant cette implication hérétique, déjà soulignée par Marsile et développée plus tard par Wyclif et Hus, que « le principat pontifical » n'est « en rien un pouvoir juridictionnel ou despotique » (p. 14). « Dieu a institué dans le monde des principats de caractère dominateur », mais « le Christ a dit aux apôtres que leur principat n'était pas de cette nature » (pp. 15-16). Ockham en conclut que le prétendu principat du pape « devrait plutôt s'appeler pouvoir de servir », un pouvoir établi « pour le salut des âmes et l'édification des fidèles », et non pour une autre fin de nature plus politique (p. 14).

C'est après le grand schisme de 1378 que ces premières critiques des pouvoirs absolus du pape connaissent leur plus fort développement. La corruption croissante de la papauté en tant que percepteur d'impôts et dispensateur de bénéfices sera l'un des principaux sujets auxquels s'intéressera cette époque. Jean de Gerson (1363-1429), qui fut peut-être le plus influent des conciliaristes, écrit alors un *Traité sur la simonie* où il proteste contre l'habitude pontificale « d'extorquer sous le nom d'annates de l'argent sur les bénéfices » (p. 167). Il intitule un autre traité *Vers une réforme de la simonie*, où il émet de nombreuses propositions en vue de limiter l'octroi des offices ecclésiastiques « dans des conditions si détestables et avec un tel déploiement d'avarice » (p. 180)[1]. De façon similaire, Nicolas de Cuse (1401-1464) consacre plusieurs chapitres de son grand traité conciliariste *Sur l'harmonie universelle* à traiter de l'urgence pour la papauté de réformer ses pratiques corrompues. Il critique « le mélange d'affaires spirituelles et temporelles » pratiqué par les chefs de l'Église, et leur intime, en écho aux paroles de saint Pierre, de « ne s'engager dans aucune activité de caractère matériel ou commercial » (pp. 265-266). Enfin, il condamne rondement « la pompe et l'avarice aveugle » des papes, et s'attaque à leur tendance croissante à ne penser à rien d'autre qu'à augmenter leurs possessions et revenus propres (p. 269 ; cf. Sigmund, 1963, pp. 183-185).

Mais le plus grave sujet de scandale de l'époque est naturellement le schisme lui-même. À partir de 1378, il y a deux papes différents, et à partir de 1409, trois, chacun exigeant d'être reconnu comme seul à occuper légitimement le trône de saint Pierre (Flick, 1930, I, pp. 262, 271, 312). Il devient bien vite évident que la seule manière de mettre fin au schisme consisterait à destituer chacun des prétendants rivaux pour permettre de procéder à une nouvelle élection. Mais il n'est pas moins évident que, pour atteindre cet objectif, il faut et convoquer un concile général, et lui confirmer sa capacité de siéger en jugement du chef de l'Église. Il se produit donc ceci que, en vue de remédier aux plaies du schisme, les cardinaux vont officiellement accepter les thèses du conciliarisme : le concile de Constance se réunit effectivement en 1414, proclame son autorité supérieure à celle du pape, dépose deux des prétendants, convainc le troisième de se démettre, et élit Martin V à leur place (Flick, 1930, I, pp. 312-313).

Le premier grand homme d'Église à prendre parti en faveur de cette procédure visant à mettre fin au schisme est le cardinal Francesco Zabarella (1360-1417), dont le traité *Sur le schisme* est achevé en 1408[2]. Mais les exposés les plus importants de la théorie

---

1. Sur Gerson en tant que réformateur, voir Connolly, 1928, en particulier pp. 90-112.

2. Sur le conciliarisme de Zabarella, voir l'annexe dans Ullmann, 1948, pp. 191-231, et cf. Tierney, 1955, pp. 220-237.

conciliariste seront rédigés en relation avec les réunions du concile de Constance, entre 1414 et 1418, ainsi que celles du concile de Bâle, entre 1431 et 1437. Le cardinal Pierre d'Ailly (1350-1420), l'un des grands ockhamistes du moment, présente en 1416 à Constance un important *Traité sur l'autorité de l'Église* (Roberts, 1935, p. 132). Jean de Gerson, étudiant de d'Ailly à la Sorbonne et son successeur au poste de chancelier de l'université en 1395, lit devant le concile, en février 1417, un texte encore plus radical *Sur le pouvoir ecclésiastique* (Morrall, 1960, p. 100). Et c'est enfin Nicolas de Cuse qui résume peut-être de la façon la plus éloquente les idées conciliaristes dans son traité *Sur l'harmonie universelle*, achevé en 1433 et soumis au concile de Bâle l'année suivante (Sigmund, 1963, pp. 35-36).

Ces auteurs, il est vrai, prennent des précautions pour appliquer à l'Église une théorie de la souveraineté populaire (Tierney, 1975, pp. 244-246). Cet élément de précaution est particulièrement marqué chez d'Ailly et Zabarella, qui devaient tous deux leur pourpre cardinalice à Jean XXII, le prétendant sans doute le plus douteux au trône pontifical. Quand dans le *Traité sur l'autorité de l'Église* d'Ailly soulève la question centrale de savoir « si la plénitude du pouvoir réside dans le pontife romain et en lui seul », il paraît bien en peine de se décider pour une réponse définitive (col. 949). Il suggère d'abord que la plénitude se tient « séparée » du pape mais « inséparable » de l'Église et « représentative » dans le concile général régulièrement assemblé (col. 950). Mais il ajoute ensuite : « à proprement parler, la plénitude ne réside que dans le souverain pontife, successeur de saint Pierre » (col. 950). Et il finit par concéder que « ce n'est que de manière figurative et en un certain sens équivoque que l'on peut trouver la plénitude dans l'Église universelle et le concile général qui la représente » (col. 950 ; cf. Oakley, 1964, pp. 114-129).

Mais lorsqu'on en vient au traité *Sur le pouvoir ecclésiastique* de Gerson, on découvre un discours résolu, et de très grande portée, affirmant que le concile possède sans conteste le pouvoir suprême dans l'Église, thèse qui sera plus tard élaborée de façon plus détaillée par Jean de Ségovie et Nicolas de Cuse au concile de Bâle

(Black, 1970, pp. 34-44). Sur un mode apparemment conciliant, Gerson commence par distinguer nettement entre l'Église et la société politique et prétend que par ses origines l'Église diffère « de tout autre pouvoir » (p. 211). Si toutes les autres formes d'autorité sont « établies naturellement » et « réglées selon des lois naturelles ou humaines », l'Église est également « le corps mystique du Christ », ayant une autorité que le Christ « a conférée de manière surnaturelle par grâce particulière à ses apôtres, disciples, et légitimes successeurs » (p. 211). Ce qui veut dire qu'en un sens, celui où le pape serait le descendant de l'union mystique entre l'Église et son fondateur, il faudrait « admettre sans le moindre doute » que le pape « possède la plénitude du pouvoir » et la tient « immédiatement de Dieu » (p. 226). Mais Gerson va plus avant et souligne que l'Église telle qu'elle est doit aussi se voir comme société politique, dans laquelle on doit appliquer les mêmes critères de légitimité que dans tout *regnum* ou *civitas* ordinaires. Il avance ensuite, comme l'avait fait avant lui son maître Ockham, « nonobstant toute considération » concernant les origines divines du pouvoir ecclésiastique, que dès lors que l'on adopte cette perspective il devient évident que « les successeurs de saint Pierre ont été et sont toujours désignés par la médiation des hommes » pour le bénéfice de l'Église, et « reçoivent leur office par la médiation et permission du ministère humain » (p. 226 ; cf. Morrall, 1960, p. 104).

Cela ouvre la voie au principal argument de Gerson. Si les pouvoirs du pape sont institués « par la médiation » des hommes à la condition qu'il « vise au bien commun dans son exercice », alors il n'est pas possible que le pape soit « supérieur à l'ensemble de l'Église » *(maior universis)* comme le soutenaient d'habitude les canonistes[1]. Comme Ockham, Gerson maintient que le pape ne peut qu'être un monarque constitutionnel, un ministre ou un dignitaire de l'Église dont l'autorité reste suspendue à sa volonté de

---

1. Voir Gerson, pp. 226, 232, 247. La question que pose initialement celui-ci (p. 222) est « si l'autorité du pape est plus grande que celle de l'Église *(maior quam ecclesia)* ou bien le contraire ». Nicolas de Cuse préfère se demander (p. 191) si l'Église est « au-dessus du pouvoir du pape » *(supra potestatem Romanae pontifici)*.

rechercher le bien de ses sujets. Il souligne donc que le pouvoir de l'Église en tant qu'*universitas* ou communauté demeure « plus grand que celui du pape », conclusion qu'il va alors développer dans son style rhétorique le plus coloré. L'Église est *maior*, « supérieure au pape », « en amplitude et en étendue, supérieure par sa direction infaillible, supérieure comme autorité de réforme, tant à l'égard de sa tête que de ses membres, supérieure en pouvoir de contrainte, supérieure pour prendre toutes les décisions ultimes sur les difficiles questions de la foi, et supérieure enfin par sa dimension même » (p. 240).

Gerson rend ainsi tout à fait compatibles sa justification de la *plenitudo potestatis* pontificale et son affirmation que « l'ultime pouvoir sur l'Église réside en l'Église elle-même, et en particulier « dans le concile général qui la représente de manière suffisante et légitime » (p. 232). Il estime que la *plenitudo* « n'est que formellement et matériellement attribuée au pape », tandis que « le contrôle et l'application de son usage » demeurent aux mains du concile en sa capacité d'assemblée représentative de l'Église (pp. 227-228, 232). Il soutient par conséquent que si l'Église donne la *plenitudo* au pape, elle le fait non pas sous la forme d'une aliénation de ses pouvoirs à un souverain devenant ainsi *legibus solutus*, mais seulement sous celle d'une concession, conférant au pape l'usufruit de son autorité et non sa propriété (p. 228). Gerson peut donc conclure que, malgré l'apparence d'absolutisme que revêt le pouvoir ecclésial, la plus haute autorité dans l'Église *remanet in ecclesia*, c'est-à-dire « demeure toujours aux mains de l'ensemble de l'Église » (p. 233).

Enfin, cette image de l'Église comme monarchie limitée fonctionnant par l'intermédiaire d'une assemblée représentative permet à Gerson de parvenir à la conclusion polémique qui l'intéresse au premier chef. Si le pape n'est qu'un *rector* ou *minister* qui reste *minor universis*, il s'ensuit qu'il doit être possible « qu'un concile général soit convoqué sans pape », et « qu'un pape soit jugé en certains cas par un concile général » (p. 229). Gerson insiste par ailleurs sur le fait que l'hérésie n'est pas le seul genre de cas où il peut être légitime de condamner le pape. Le concile général « peut aussi juger et déposer le pape » si celui-ci « persiste dans la destruction de l'Église », manquant ainsi à s'acquitter des devoirs de la charge qui lui a été assignée sous condition (p. 233).

Dans les années qui précèdent immédiatement la Réforme, cette offensive envers l'absolutisme pontifical est reprise dans sa forme la plus radicale par divers disciples avoués de d'Ailly et Gerson, dont plusieurs ne craignent pas même d'invoquer l'autorité de Marsile de Padoue. Le cadre de ce renouveau est celui du conflit qui, on l'a vu, se déclare entre le pape Jules II et le roi de France Louis XII à propos de la dissolution de la ligue de Cambrai en 1510. Après la victoire de Louis sur les Vénitiens l'année précédente, Jules avait tenté de dénoncer l'alliance formée avec les Français en 1508 ; ce à quoi Louis répondit promptement en appelant par-dessus la tête du pape au rassemblement d'un concile général de l'Église. Allié à un nombre considérable de cardinaux, il convoque ainsi un concile à Pise, en mai 1511, et ordonne au pape de s'y rendre (La Brosse, 1965, pp. 58-59). À ce stade, le Vatican en appelle à Tommaso de Vio, qui sera fait par la suite cardinal Cajetan, pour plaider sa cause contre le conciliarisme des Français, ce dont il s'acquitte comme de juste en octobre 1511 avec sa *Comparaison entre les pouvoirs du pape et ceux du concile*, qui rejette énergiquement les thèses antipapistes (Oakley, 1965, p. 674). Pour ne pas se laisser dépasser, Louis XII soumet immédiatement ce texte à l'Université de Paris, prenant soin de rappeler aux théologiens sa position « déterminée toujours à aider et défendre » un concile général et leur demandant de lui soumettre une opinion écrite à propos de cet ouvrage (Renaudet, 1953, p. 546). Ils répondent en publiant plusieurs traités systématiques de philosophie politique scolastique dans lesquels le thème du concile est traité dans le cadre plus général de l'idée de *regnum*, et des relations qu'il doit normalement entretenir avec l'Église. Premier paru parmi ces traités, en 1512, celui de Jacques Almain (v. 1480-1515) lui avait été commandé par la Sorbonne en réponse officielle au roi : il s'agit d'une critique de Cajetan intitulée *Une brève description du pouvoir de l'Église* (La Brosse, 1965, pp. 73, 75). Il semble plausible qu'Almain se soit acquis cette commande à la suite d'une polémique qu'il avait déclenchée auparavant, toujours en 1512, avec *Une reconsidération à la question du pouvoir naturel, civil et ecclésiastique*, ouvrage qui constituera plus tard la conclusion de son *Exposition* des « vues de Guillaume d'Ockham concernant les pouvoirs du pape[1] ». Le *Bref exposé* d'Almain fut jugée suffisamment dangereux pour que Cajetan y réponde par une *Apologie* dans laquelle il reprend les positions anticonciliaristes qu'il avait précédemment adoptées (La Brosse, 1965, pp. 77-78). Ce texte, à son tour, va provoquer l'autre contribution majeure au débat de l'année 1512, un traité de Marc de Grandval intitulé *La Meilleure Forme de société politique ecclésiastique et civile* (Renaudet, 1953, p. 555 et note).

Quelques années plus tard, ces mêmes thèses conciliaristes sont reprises par John Mair, qui a enseigné la pensée et d'Almain et de Grandval à la Sorbonne. Écossais, Mair avait commencé ses études à God's House (plus tard Christ's College), à Cambridge, avant d'obtenir sa maîtrise à Paris en 1495 et de rejoindre le Collège de Montaigu que Standonck avait entrepris de réformer (Érasme y fut donc l'un de ses confrères). On l'a déjà mentionné, sa longue et très brillante carrière fut ensuite pour l'essentiel consacrée à enseigner à la Sorbonne. Il ne semble avoir quitté l'Université de Paris que de 1518 à 1526, pour rentrer dans son Écosse natale et enseigner à l'Université de Glasgow, puis à St. Andrews (Mackay, 1892, p. LXVII). À Paris, Mair commença par enseigner au Collège de Navarre qui, plus d'un siècle auparavant, avait compté à la fois

---

1. La *Révision* d'Almain forme ainsi la dernière partie de son *Exposition*. Celle-ci paraît pour la première fois dans le recueil posthume de ses *Œuvres brèves (Opuscula)* édité par Vincent Doesmier (Paris, 1518), f^{os} I-LXVII, comprenant la *Révision* aux f°s LXII-LXVII. La première version intégrale de l'*Exposition* publiée séparément paraît à Paris en 1526. Elle sera rééditée en annexe à Jean de Gerson, *Opera Omnia*, éd. Louis Ellies du Pin, 5 vol. (Anvers, 1706), vol. II, col. 1013-1120. Étant donné que c'est à cette version que j'emprunte mes citations, il convient de noter deux particularités à son propos. D'une part, l'*Exposition* y est présentée sous un titre différent, *Sur le pouvoir laïc et ecclésiastique*, le titre original apparaissant en sous-titre (voir col. 1013). D'autre part, la *Reconsidération* y est présentée comme traité séparé (voir col. 961-976).

d'Ailly et Gerson parmi ses élèves, et avait donc une tradition bien établie d'opposition à l'idée de l'absolutisme pontifical (Launoy, 1682, pp. 97, 208). Non content de reconnaître l'influence de ce contexte, Mair se considérait comme un disciple d'Ockham, dont il invoquait fréquemment l'argumentation politique, tout en présentant une importante interprétation de son nominalisme. Comme enseignant, Mair semble avoir influencé un étonnant assortiment d'élèves célèbres, dont trois devaient par la suite développer ses idées dans des directions inattendues : le thomiste Pierre Crockaert, l'humaniste George Buchanan, et le révolutionnaire John Knox qui était peut-être le plus engagé de tous les ennemis du pape (Renaudet, 1953, pp. 457, 591-593 ; Mackay, 1892, pp. LXVII, LXXII, CXXVII ; Burns, 1954, pp. 84-89, 93-94).

Le premier ouvrage de théologie publié par Mair était *Un commentaire sur le Quatrième livre des Sentences de Lombard*, paru en 1509, qui sera suivi entre 1510 et 1517 par de semblables commentaires sur les trois autres livres (Burns, 1954, p. 87). Le commentaire sur le quatrième livre sera réédité en 1512, puis en 1516, en 1519 et en 1521. Les deux premières versions faisaient à peine allusion au problème de l'autorité pontificale, mais celle de 1516 et les suivantes comportaient une analyse radicale « du statut et de la puissance de l'Église » et se présentaient sans fausse modestie comme « les questions les plus utiles » jamais issues des *Sentences*[1]. Ces années-là, Mair donnera également un exposé plus complet de ses vues politiques dans son *Exposition de l'Évangile selon saint Matthieu*, initialement publié en 1518 puis incorporé sous forme

---

1. Le sujet est d'abord traité comme Distinction 24, Question 4 dans *Les Questions les plus utiles sur le Quatrième livre des Sentences de Lombard* de Mair (Paris, 1519), f° CCXIII. Cette section sera réimprimée sous forme de traité séparé avec pour titre *Le Statut et la puissance de l'Église* dans Gerson, *Opera Omnia*, éd. du Pin, vol. II, col. 1121-1130. C'est de cette version que proviennent mes citations. Les éditions de 1516, 1519 et 1521 des *Questions les plus utiles* sont pratiquement identiques (je dois cette information au professeur J. H. Burns). Les paginations indiquées par du Pin aux col. 1121-1122 montrent qu'il suit l'édition de 1519, et c'est pourquoi je me réfère constamment à cette version.

révisée aux *Claires expositions des quatre Évangiles*, en 1529. Il reprenait ici ses thèses sur le juste gouvernement de l'Église, présentées en deux chapitres dans son commentaire sur saint Matthieu : le premier en défense de « l'autorité du concile sur le Pontife », et le second s'attaquant aux pouvoirs supposés du pape en matière temporelle[1].

Mair et Almain se trouvent d'emblée d'accord pour admettre avec Gerson qu'il existe une différence essentielle entre l'Église et la société civile, puisque l'Église est issue non d'une décision humaine mais d'un don de Dieu (cf. Oakley, 1965, p. 677). Ils n'en sont pas moins tout aussi fermement convaincus que l'organisation et la justification des deux sociétés ne peuvent qu'être au fond les mêmes. Comme le dit Mair en parlant du *Pouvoir du pape,* même si « l'Église a été établie par le Christ, elle n'en est que plus concernée par le bien de la communauté que l'institution séculière (col. 1151). Almain fait écho à cette idée dans la dernière partie de son *Exposition* des vues d'Ockham au sujet du pouvoir civil et ecclésiastique. « Toute souveraineté », déclare-t-il en tête de son quatrième chapitre, « laïque comme ecclésiastique, est instaurée au bénéfice non du souverain mais du peuple », et se juge en conséquence à la même aune (col. 1107).

---

1. Ces deux textes apparaissent pour la première fois dans l'*Exposition de l'Évangile selon saint Matthieu* de Mair (Paris, 1518), le premier au folio LXVIII, le second au folio LIX. Tous deux sont réimprimés comme traités séparés dans l'édition de du Pin des *Opera Omnia* de Gerson, le premier sous le titre de *Un débat sur l'autorité de l'Église et du concile sur le pape* (vol. II, col. 1131-1145) et le second sous le titre de *Les Pouvoirs du pape dans les affaires temporelles* (vol. 2, cols 1145-1164). Le premier a aussi été traduit par J. K. Cameron. Dans cette traduction, il est dit par erreur (p. 175) que la première publication de ce texte par Mair date de 1529, erreur peut-être due au fait que celui-ci réédita cette année-là son commentaire sur saint Matthieu dans les *Claires expositions des quatre Évangiles*. Mais la version de 1529 était en fait très différente (et moins radicale) que celle de 1518. Sur ce point, voir Ganoczy, 1968. Pour citer le premier de ces textes, j'ai recours à la traduction de Cameron. Pour le second, j'ai moi-même traduit de l'édition de du Pin.

Si le pouvoir du pape est établi par l'Église dans le seul dessein de préserver ses propres intérêts, il paraît évident aux yeux d'Almain et de Mair que l'on ne peut prêter au pape une autorité totalement incontestable. Mair ouvre sa *Controverse sur l'autorité du concile* en citant l'opinion inverse « communément soutenue par les thomistes » voulant que la papauté soit traitée en monarchie absolue (p. 175). À cela il oppose que « le pontife romain est notre frère, et demeure donc en tout temps sujet au blâme de l'ensemble des chrétiens qui forment l'Église » (p. 176). Il est *maior singulis* vis-à-vis des évêques, mais *minor universis* vis-à-vis de l'ensemble des fidèles et du concile général qui représente leurs intérêts ; ce qui est confirmé par le fait que « les clés n'ont été données à saint Pierre qu'au nom de l'Église », et par cet autre fait qu'il est possible de faire appel de l'autorité du pape devant le concile, qui ne peut donc qu'être « supérieur au pontife romain » (p. 178). La conception implicite du statut du pape comme simple fonctionnaire élu apparaît plus clairement encore chez Almain à la fin de son *Bref exposé*. Après avoir rappelé la position de Cajetan selon laquelle « le pouvoir d'élire un pape » appartient « au pontife lui-même » (col. 998), il y répond que ce pouvoir appartient en réalité à Dieu, mais que, dans la mesure où il peut s'agir d'un pouvoir humain, « il appartient à l'Église et non au pontife », conclusion ensuite appuyée en détail par référence aux Écritures et aux pratiques de l'Église primitive (col. 999-1000).

Si le statut du pape au sein de l'Église n'est que celui d'un *rector* ou d'un *minister*, il s'ensuit que la plénitude des pouvoirs dévolus au pape n'est qu'affaire de commodité administrative, et ne constitue pas une aliénation de la souveraineté fondamentale de l'Église. Mair parvient à cette déduction au terme de sa *Controverse*, où il en appelle à Gerson pour l'aider à proposer cette « solution aux arguments de Cajetan » et à conclure que « la plénitude du pouvoir appartient toujours à l'Église » (p. 183). Almain retrouve cette même conclusion à la fin de sa *Reconsidération*. Il pose simplement que « le pouvoir de l'Église, dans son caractère comme dans le temps, appartient à l'Église elle-même et non au pape », et en énonce aussitôt trois corollaires : « le pouvoir de l'Église demeure plus grand en perfection et en étendue [que] celui du pontife suprême » ; « le concile général de l'Église peut se réunir sans l'autorité du pape » ; et « le concile général peut exercer tout acte de juridiction ecclésiastique » (col. 971-974). Les mêmes points sont encore détaillés aux chapitres VI et VII du *Bref exposé*, où Almain emprunte à diverses sources faisant autorité que « le Christ a transmis son pouvoir immédiatement à l'Église », après quoi il répète que Cajetan a entièrement tort en supposant que ce pouvoir ait pu être à aucun moment aliéné ou remis aux mains du pape (col. 995-998).

Enfin, Mair et Almain reprennent tous deux avec force la position polémique essentielle qui sous-tend la thèse du conciliarisme : il doit bien être possible de déposer et de révoquer un pape par un vote du concile général de l'Église, même à la majorité simple. C'est le sujet principal de la *Dispute* de Mair, et l'on retrouve cet argument dans les deux derniers chapitres du *Bref exposé* d'Almain. Tous deux commencent par admettre que, selon les termes de Mair (p. 179), « un évêque ne cesse pas de détenir son office du fait de son hérésie, et donc que, comme dit Almain en citant l'autorité d'Ockham, « un pape qui devient hérétique n'est pas déposé *ipso facto* » (col. 1005). Il faut un acte de droit pour révoquer un évêque ou un pape, et la question se pose de savoir qui possède l'autorité de l'établir. Nos deux auteurs soutiennent que cette autorité est aux mains du concile général, qu'ils considèrent avec Gerson comme l'assemblée représentative souveraine de l'Église. Ils présentent d'abord la thèse conciliariste classique selon laquelle, comme dit Almain au chapitre IX du *Bref exposé*, il est évident que « dans un cas d'hérésie », « la nature de la suprématie du concile général sur le pape » doit être telle que « le concile puisse l'excommunier et le déposer » (col. 1005-1006) Puis ils invoquent un nouvel argument plus risqué, initialement avancé par Uguccio comme on l'a vu, voulant qu'il existe une autre circonstance où l'Église possède ce même droit. Puisque le pape n'est qu'un *minister* choisi pour gouverner en accord avec les lois de la nature, il s'ensuit, comme le soutient Almain dans son dernier chapitre, que l'Église doit avoir le pouvoir de le déposer « non pas seulement pour hérésie mais pour d'autres grands crimes », dont « la négligence dans l'exercice du pouvoir » (col. 1008). Mair achève sa *Dispute* sur le même thème, en montrant les points communs avec la société politique et s'en servant pour contrer l'objection thomiste selon laquelle « puisque le souverain pontife est issu de Dieu », on ne peut considérer que l'Église détienne un quelconque pouvoir de déposition à son encontre (p. 184)[1]. Cette objection, conclut rondement Mair, « n'a aucun sens » car « même si le pontife romain est issu de Dieu, il n'en découle pas pour autant que Dieu n'a pas octroyé ce pouvoir à l'Église de la même façon que le pouvoir politique appartient aux hommes d'un même royaume » (p. 184).

Après la naissance de la Réforme, les chefs du mouvement luthérien vont bien vite reprendre à leur compte ces souches antérieures d'opposition aux prétentions absolutistes du pape. Luther lui-même en appellera à l'autorité d'un concile à deux moments vitaux des premières années de la Réforme. Et d'abord en 1518, aussitôt après son retour du débat qui l'avait opposé à Jean Eck, à Augsbourg. Se rendant compte que ses précédents appels au pape avaient été soigneusement ignorés, il entreprend la rédaction d'un document demandant formellement que son cas soit soumis à un concile général de l'Église (Fife, 1957, pp. 300-301). Il réitère cette demande deux ans plus tard, dès qu'est publiée en Allemagne la bulle *Exsuge Domine* annonçant son excommunication (Fife, 1957, p. 560). À cette occasion, non seulement il réclame le soutien du conseil municipal de Wittenberg, mais il insiste en publiant son appel sous forme de traité ; celui-ci paraît sous le titre de *L'Appel de Martin Luther à un concile* en novembre 1520, et connaîtra huit éditions dans les deux mois suivants (Fife, 1957, p. 561). Luther commence par y dénoncer le pape pour « avoir traité son précédent appel avec mépris » (p. 78). Il demande à nouveau qu'un concile entende sa cause, et souligne que cette assemblée doit être supé-

---

1. Ce n'est pas là la fin du traité de Mair, mais celle de l'exposé de sa propre position, après quoi il va passer à la critique des thèses de Cajetan. C'est également la fin de la version substantiellement abrégée traduite par Cameron de ce traité.

rieure au pape, car « la puissance du Pontife ne saurait être opposée ou supérieure » à l'autorité des Écritures ou à l'ensemble de l'Église (p. 79). Il en appelle donc à l'empereur, aux électeurs et à « tout magistrat chrétien d'Allemagne » pour l'appuyer dans sa campagne contre le pape, qu'il accuse d'agir « avec inéquité et injustice, avec tyrannie et violence » (p. 79).

Luther et ses disciples se montrent plus soucieux encore de montrer leurs affinités avec les traditions lollard et hussite d'opposition aux pouvoirs du pape. Luther lui-même relève fréquemment les similitudes entre l'hérésie hussite et ses propres attaques contre la tyrannie du pape. Dès qu'il reçoit un exemplaire du traité de Hus *Sur l'Église* à la fin de 1519, il écrit à Spalatin pour l'assurer que « l'esprit et l'érudition de l'œuvre sont magnifiques » et déclarer avec stupeur : « J'ai enseigné et défendu tous les enseignements de Jan Hus, mais jusqu'ici je ne le connaissais pas[1]. » Et quand Jérôme Emser, que Luther aimait à appeler « la chèvre de Leipzig », tentera de le piéger en le forçant à admettre qu'il avait défendu divers principes hussites au cours de sa dispute avec Eck, Luther répondra froidement par un traité de 1512 *À propos de la réponse de la chèvre de Leipzig* où il s'associe à l'hérésie de Bohême, et se réjouit du fait que Hus « revient à la vie pour tourmenter ses assassins, le pape et la suite du pape, plus fort aujourd'hui que de son vivant » (p. 134). Quelques années plus tard, Luther saisit une occasion pour saluer les lollards de manière analogue. Quand Johann Brismann lui expédie en 1527 un *Commentaire* lollard *sur l'Apocalypse*, Luther le fait immédiatement imprimer à Wittenberg et y ajoute une préface adressée *Au lecteur pieux* dans laquelle il appuie chaudement les violentes critiques du texte envers les pouvoirs dans l'Église (Aston, 1964, pp. 156-157). Dans ses remarques introductives, Luther souligne que la grande valeur de l'ouvrage tient à ce qu'il reconnaît clairement que « la papauté doit s'interpréter comme le règne de

---

1. Sur la découverte de Hus par Luther, voir Fife, 1957, p. 471. Pour ces commentaires adressés à Spalatin, voir Luther, *Lettres*, vol. XLVIII, pp. 153, 155, et cf. Williams, 1962, pp. 216-217.

l'Antéchrist », et que « la furieuse tyrannie du pape » doit être combattue par tous les moyens (p. 124).

Un semblable sentiment de continuité se fera bientôt jour chez les principaux réformateurs anglais. Le pionnier de cette évolution est John Bale (1495-1563), contemporain de Cranmer au Jesus College de Cambridge, converti au début des années 1530 d'un catholicisme zélé à un luthéranisme tout aussi fervent (Fairfield, 1976, pp. 33-35). Bale s'employa au cours des années 1530 à prêcher parmi les lollards du nord du pays, mais sa contribution majeure à la réforme anglaise tient à son rôle d'historien du mouvement réformateur lui-même (Dickens, 1959a, pp. 140-142). Il fut l'un des premiers auteurs à insister sur les affinités entre les protestants anglais et leurs précurseurs lollards, ce qui aida l'Église d'Angleterre à se doter d'un nouveau martyrologe, d'une histoire ecclésiastique en bonne et due forme, et d'une image forte d'ancrage dans un héroïque passé évangélique (Harris, 1940, pp. 13, 127 ; cf. Fairfield, 1976, pp. 121-130). Il entame ce parcours en 1544 avec *Une brève chronique*, où il décrit « l'interrogatoire et la mort du saint martyr du Christ, Sir John Oldcastle », chef de la tentative d'insurrection lollard en 1414. Dans sa préface, Bale dénonce Polydore Virgile qui « pollue nos chroniques anglaises de la façon la plus honteuse par ses mensonges de cagot romain », et appelle à constituer une histoire des héros sans statue qui de tout temps se sont levés contre « cet exécrable antéchrist de Rome » (pp. 6, 8). Cela le conduit à s'intéresser à l'exemple d'Oldcastle, à qui il attribue d'avoir découvert que « l'orgueilleuse Église cagote romaine » s'était engagée dans la « sorcellerie superstitieuse », dès lors qu'il avait eu « entièrement goûté » aux véritables doctrines du Christ enseignées par John Wyclif (p. 10). En outre, Bale établit clairement qu'il conçoit son récit du martyre d'Oldcastle comme un modèle pour d'autres histoires du même genre, et exprime l'espoir que « quelque Anglais érudit » puisse bientôt parvenir à « présenter les chroniques anglaises sous leur vrai jour » (p. 8).

Les espoirs de Bale devaient très vite se réaliser avec panache grâce à son ami John Foxe (1516-1587). Comme bien d'autres, Foxe se convertit au Magdalen College d'Oxford, puis doit s'exiler lors de l'accession au trône de Marie en 1553 (Haller, 1963, pp. 55-56). Il s'en va vivre à Bâle, où il loge dans la même maison que John Bale, et où il achève et publie une série de *Commentaires sur les affaires de l'Église* en latin, en 1554 (Haller, 1963, p. 56). Ceux-ci vont par la suite former le noyau des *Actes et monuments* de la véritable Église d'Angleterre, ouvrage immense par le volume et par la portée que Foxe publiera en 1563. L'influence de Bale sur ce que l'on appelle le « Livre des martyrs » de Foxe est manifeste sur divers points importants. Il est évident que Foxe prend à Bale l'idée d'utiliser les nombres mystiques du Livre de la révélation pour établir le plan de la partie décrivant les vraies et les fausses Églises (Levy, 1967, p. 99). Et lorsqu'il s'écarte de ce schéma pour traiter du mouvement lollard avec un plus grand luxe de détails, il en donne pour raison une raison déjà entrevue par Bale. Foxe évoque le fait qu'il a pendant longtemps « été tenu pour acquis et admis par le commun du peuple » que la foi protestante « ne s'était manifestée et développée que récemment », alors qu'en fait elle s'était épanouie « pendant la durée de ces deux cents ans, depuis l'époque de Wyclif » (III, p. 380). L'image de Wyclif comme « étoile du berger » de la Réforme se trouve ainsi définitivement fixée, et Foxe poursuit avec une impressionnante histoire de l'influence lollard qu'il retrouve à travers le soulèvement d'Oldcastle, la réforme de Hus, la révolution de Zizka et toute l'histoire de la véritable Église au cours du XVe siècle (III, pp. 320-579).

On peut montrer que l'importance accordée par les premiers luthériens à leur continuité avec ces antécédents historiques a joué un rôle conséquent pour contribuer à favoriser la cause de leur propre mouvement de réforme. En effet, leur prosélytisme fit beaucoup pour encourager la plupart des derniers membres des communautés lollard et hussite à rejoindre le plus vaste mouvement de la Réforme, participant de ce fait même à l'élargissement de sa base et à l'accroissement de son influence. En Allemagne, les hussites commencèrent à se coaliser avec les luthériens dès 1519, quand les Frères de Bohême conduits par Luc de Prague (1458-1528) établirent des premiers contacts avec certains des disciples de Luther (Thomson, 1953, p. 170). Les Frères furent officiellement reconnus par Luther lui-même l'année suivante en tant que fraction légitime de la Réforme évangélique, et continuèrent de propager à travers une vaste partie de la Moravie et de la Bohême leur doctrine de la justification par la foi et leur politique d'opposition aux pouvoirs de l'Église (Heymann, 1970, p. 143 ; cf. Williams, 1962, pp. 213-215). Les débris des communautés lollard anglaises se mirent peu après à contribuer de façon semblable à l'expansion de la Réforme luthérienne. Ils semblent avoir gagné en assurance dans la décennie suivant le premier éclat de Luther, en 1517, et unirent promptement leurs forces au nouveau mouvement d'opposition aux pouvoirs de l'Église, qui était plus visible[1]. Il paraît ainsi plausible que nombre de sympathisants des lollards parmi les marchands de Londres, dont Hilles et Petit, prirent part au début des années 1520 à la contrebande d'ouvrages interdits de Luther vers l'Angleterre, et il est probable que Tyndale bénéficia d'une aide financière des lollards pour sa traduction du Nouveau Testament (Rupp, 1949, p. 11). Comme le souligne Dickens, c'est largement sur la base de ces fondements syncrétiques que la structure de la pensée protestante anglaise fut édifiée avec succès au long de la génération suivante (Dickens, 1959a, p. 27 ; cf. Read, 1953, pp. 18-19).

Les pouvoirs de l'Église : la révolte des laïcs

Tout en se voyant dénoncer par les critiques théologiques que nous avons évoquées, les prétentions de la papauté et des juridictions de l'Église devaient aussi subir à la fin du Moyen Âge des assauts croissants de la part des laïcs et des gouvernements séculiers de la plupart des pays d'Europe du Nord. Les privilèges de l'état clérical avaient bien sûr été contestés à divers moments dans l'histoire de l'Europe médiévale, mais il est tout à fait manifeste que ces

---

1. Dickens, 1959a, p. 8, note que l'évêque de Londres ressentit la nécessité d'engager une série de purges anti-lollards en 1527, à la suite de quoi plus de deux cents hérétiques furent forcés d'abjurer diverses convictions lollard ; cf. aussi Dickens, 1966a, p. 47.

protestations connurent un nouveau pic d'intensité à l'aube de la Réforme, notamment en Angleterre et en Allemagne. Les cités allemandes furent alors témoins de ce que Moeller décrit comme une suite « d'explosions de haine » à l'encontre de l'Église, surtout dans les premières années 1510 (Moeller, 1972, pp. 54-55). À Cologne, par exemple, une révolution contre l'oligarchie dominante se produisit en 1513, au cours de laquelle les guildes d'artisans s'emparèrent de la ville et constituèrent un comité pour étudier comment réformer son gouvernement. L'issue en fut une liste de *Doléances et exigences* où elles faisaient constamment état de leurs griefs envers les juridictions et privilèges de l'Église. Elles s'y plaignaient des exemptions d'impôts accordées au clergé, et demandaient que l'Église soit obligée « à faire un prêt consistant à la cité » (p. 140). Elles souhaitaient l'abolition des immunités légales de l'Église, avançant l'argument que, si un clerc commet un crime, la loi « doit punir le clerc comme s'il était un laïc » (p. 140). Elles dénonçaient la manière dont « les moines s'accrochent à leurs biens terrestres » en usant de subterfuges juridiques (p. 142). Elles résumaient enfin leurs exigences en soulignant que « les membres du clergé doivent à partir de maintenant être soumis aux mêmes charges civiles que les bourgeois » (p. 141).

On rencontre en Angleterre de nombreux signes de cette haine croissante parmi les laïcs envers les juridictions de l'Église au début de la Réforme. L'exemple le plus célèbre en est fourni par l'affaire Hunne, une cause célèbre soumise à l'attention des Communes en 1515. Richard Hunne, marchand londonien sympathisant des lollards, avait refusé de payer une taxe funéraire levée par le prêtre local ; poursuivi pour cela, il avait engagé en 1513 une action auprès du Banc du roi, à l'encontre de l'autorité des tribunaux ecclésiastiques. Son plaidoyer résolument antipontifical, inspiré du statut du *praemunire*, tenait à ce que, puisque ceux-ci siégeaient exclusivement sous l'autorité du légat du pape, ils n'avaient aucune juridiction sur les sujets anglais (Elton, 1960, p. 320). L'Église rétorqua à cette impertinence en emprisonnant Hunne sur une douteuse inculpation d'hérésie, et alors qu'il attendait son procès en décembre 1514 il fut trouvé pendu dans les geôles de l'évêque.

C'était presque certainement une affaire d'assassinat commis par les autorités ecclésiastiques, qui souleva à l'époque une énorme vague de rumeurs (Ogle, 1949, pp. 88-112). Le soupçon fut suffisant pour provoquer une effervescence immédiate à Londres, qui ne put être calmée que par l'intervention personnelle du roi, puis une nouvelle effervescence au Parlement qu'il fallut dissoudre en toute hâte pour éviter la mise en cause complète des pouvoirs de l'Église (Thomson, 1965, p. 169). Si l'épisode s'acheva sur une victoire technique de l'évêque de Londres, qui put faire en sorte que le corps de Hunne fût brûlé comme celui d'un hérétique, il n'échappa à personne que, comme dit Pickthorn, « ses cendres montraient le sens du vent » (Pickthorn, 1934, p. 114).

La montée de ces sentiments anticléricaux va trouver son principal exutoire dans une série de satires de plus en plus violentes contre l'autorité du pape. En Allemagne, l'exemple le plus évident de cette tendance est celui de ce qu'on appelle « l'affaire Reuchlin », qui court sur les années précédant et suivant immédiatement le premier appel de Luther (1517). L'offensive contre Reuchlin commence en 1506, année où il publie son ouvrage prophétique sur *Les Rudiments de l'hébreu*. Celui-ci est dénoncé par Johann Pfefferkorn (1469-1524), juif converti qui, avec l'appui des dominicains de Cologne, avait obtenu de l'empereur le mandat de traquer et de confisquer les ouvrages hébreux. Reuchlin répliqua en affirmant que ses études d'hébreu étaient essentielles à la connaissance biblique. Les théologiens en appelèrent au pape, et une violente guerre de pamphlets s'engagea (Holborn, 1938, p. 53). Reuchlin y participe lui-même en publiant en 1514 des *Lettres d'hommes illustres*, recueil de messages de soutien reçus d'éminents savants (Holborn, 1937, p. 60-1). En apparente riposte, on voit paraître à la fin de l'année suivante des *Lettres d'hommes obscurs*, qui présentent l'apparence de lettres adressées à Ortus Gratius, chef des théologiens de Cologne, et sont censées constituer une attaque contre les humanistes. Mais il s'agissait d'un pastiche, et ce livre était en réalité l'œuvre de Crotus Rubanus qui s'y livrait à une satire féroce de la risible ignorance des hommes d'Église.

La querelle rebondit en 1517, avec la réédition des *Lettres* de Rubianus par Ulrich von Hutten, qui y ajoute une nouvelle section de soixante-deux textes supplémentaires pour la plupart rédigés de sa propre main. L'essentiel de ceux-ci étaient destinés à imiter et à étendre la parodie originale, mais sur un ton bien plus brutal et bien plus politique que le livre primitif, qui était, lui, plus farceur. (Dickens, 1974, p. 46). Von Hutten ne se contente plus de tourner en ridicule, dans le style humaniste conventionnel, l'étroitesse de vues et la crédulité des théologiens. Il craint manifestement que le pape se prononce contre Reuchlin dans ce débat – ce qui ne manquera pas de se produire en 1520 –, et s'attache en conséquence à contester l'hypothèse implicite voulant que la papauté possède un droit quelconque de se considérer comme dernière instance de jugement, que ce soit à propos de cette affaire ou de toute autre de même nature (Holborn, 1937, pp. 56, 112). La deuxième partie des *Lettres* comprend donc une série d'attaques personnelles contre le pape, et l'accuse à plusieurs reprises d'abuser de son autorité en s'alignant avec les théologiens contre les humanistes (pp. 172, 201-202). Par ailleurs, dès que commencent à apparaître les diatribes de Luther contre la papauté, les écrits de von Hutten prennent une allure encore plus assurée, plus explicitement luthérienne. Il se met à rassembler et à diffuser divers traités antipontificaux antérieurs tels que, on l'a vu, la dénonciation par Valla de la Donation de Constantin. Il commence également à travailler à son *Dialogue sur la triade romaine*, qu'il publie au début de 1520, qu'il qualifie lui-même d'attaque « d'une netteté sans précédent contre Rome » (Holborn, 1937, p. 114). Désormais prêt à dépasser les thèmes humanistes habituels sur les abus des clercs, il étaie au cours du *Dialogue* une condamnation absolue des pouvoirs et juridictions de l'Église. Il appelle à une restriction des biens ecclésiastiques, et s'en prend à « la pompe des prélats », à « la simonie des évêques », et à « l'avarice du pape » (pp. 433 443-445). Il accuse la papauté « d'extorquer d'immenses sommes d'argent » à l'Allemagne, et exige que cesse le paiement de toutes les contributions à Rome (p. 429). Il dénonce le pouvoir de la Curie sur l'Église allemande, et propose « qu'il lui soit interdit d'élire les évêques » et de procéder à toute autre nomination en Allemagne (p. 436). Et surtout il rejette les pouvoirs temporels et politiques de la papauté, s'élève contre « la tyrannie de Rome sur l'Allemagne », et termine en appelant ses compatriotes à secouer le joug italien, « source de tous les pires maux » dans le monde (pp. 467, 503-504).

On voit paraître en Angleterre dans les années 1520 une succession semblable de condamnations et de satires, avec les œuvres de pamphlétaires comme Jérôme Barlowe ou William Roy. Cette ligne de front face aux pouvoirs de l'Église atteindra peut-être ses positions les plus avancées en 1529, avec la publication de l'anonyme *Supplique pour les mendiants*, probablement écrite par Simon Fish († 1531), diplômé d'Oxford et membre du Gray's Inn. On sait que ce texte a été étudié « sans désaccord complet » par Henri VIII, et qu'il s'attira une réplique furieuse de Sir Thomas More, *La Supplique des âmes* (Clebsch, 1964, p. 242). Il est explosif mais court, et prend la forme d'un appel adressé au roi par tous les pauvres du pays. Ils se plaignent longuement, sur un ton outrageant, de la licence des prêtres qui « corrompent toute la génération de l'humanité dans votre royaume » (p. 5). Mais ils déplorent aussi de façon plus sérieuse les pouvoirs excessifs de l'Église, soulignant que le peuple est maintenu sans nécessité dans la pauvreté par le fait que le clergé détient « la moitié de la substance du royaume » (p. 4). Et ils rappellent par-dessus tout au roi que sa propre autorité se trouve constamment minée par les pouvoirs de législation et de juridiction de l'Église. Les conséquences incésirables de cette situation sont énoncées avec éloquence : les évêques sont « plus forts dans votre Parlement que vous-même » ; le clergé dans son ensemble peut « s'exempter d'obéir » en faisant appel à l'autorité du pape ; et les gens du commun sont continuellement harcelés par les tribunaux ecclésiastiques, et parfois même assassinés, comme dans le cas de « cet honnête marchand qu'était Richard Hunne » (pp. 4, 8, 12).

En parallèle à cette marée montante d'anticléricalisme, il se produit à l'aube de la Réforme un mouvement plus formel de théorie juridique et politique ayant un souci analogue de limiter les juridictions de la papauté et de l'Église. En Allemagne, comme l'ont montré nombre de spécialistes, ce mouvement est associé à une forte augmentation de « la conscience de la solidarité nationale[1] ». On en voit l'expression la plus claire dans un rejet croissant de toute forme d'intervention transalpine sur la conduite des affaires séculières. C'est dans les écrits tardifs de von Hutten que l'on trouve une des déclarations les plus ardentes de ce nouveau sentiment d'indignation envers l'influence pontificale sur la politique allemande : beaucoup de ces écrits se fondent sur une distinction tacitéenne entre des Germains sobres, innocents et épris de liberté, et des Italiens matérialistes, corrompus et exploiteurs. Divers autres grands humanistes allemands de cette époque vont exprimer les mêmes sentiments avec non moins de force, parmi lesquels Brant, Pirckheimer et surtout Wimpfeling. En 1506, ce dernier publie une vie de Jean de Gerson comportant une puissante défense de son conciliarisme, et deux ans plus tard une édition d'un traité de Lupold de Bebenburg, datant du XIVe siècle, s'attaquant aux pouvoirs du pape (Schmidt, 1879, II, pp. 1, 325, 336). Wimpfeling révèle aussi une profonde tendance anticléricale et anti-italienne dans l'œuvre majeure dont il est l'auteur, *L'Apologie de la république chrétienne* de 1506. Celle-ci est en partie consacrée à l'énumération, habituelle chez les humanistes, des abus cléricaux, notamment la simonie et le concubinage. Mais ce qui est essentiellement visé est l'idée sous-jacente d'un état clérical séparé et privilégié, avec pour résultat que l'institution monastique, la juridiction des canonistes et l'intervention de la papauté dans les affaires allemandes se voient toutes soumettre à une violente critique (Schmidt, 1879, I, pp. 122-123).

C'est en Angleterre que cette forme d'hostilité nationaliste est enracinée le plus profondément, c'est-à-dire là où le code de droit romain n'a jamais été en vigueur, et où par conséquent les prétentions de la papauté et des canonistes vont se heurter le plus radicalement aux exigences du droit commun et aux actes du Parlement. On peut faire remonter les sentiments résultants de xénophobie

---

1. Voir par exemple les analyses d'Holborn, 1937, p. 15, et de Dickens, 1974, pp. 40-42.

envers les canonistes comme les civils jusqu'à la défense de la coutume présentée par Bracton au XIIIe siècle, et ils seront repris avec force deux siècles plus tard par Sir John Fortescue (v. 1394-1476) dans l'*Éloge des lois anglaises*. Au début de leur dialogue, lorsque le prince demande à son chancelier s'il devrait éventuellement s'attacher à l'étude du droit civil, il s'entend carrément répondre que l'ensemble du droit romain est étranger à la nature « politique » de la Constitution anglaise (p. 25). Le droit civil est ensuite soumis à un certain nombre de critiques détaillées, tandis que les arguments des canonistes aussi bien que les droits et pouvoirs spéciaux réclamés par le pape en tant que chef de l'Église sont pointilleusement ignorés. On dit au prince de se concentrer entièrement sur l'étude des coutumes et ordonnances anglaises, et de considérer « toutes les lois humaines » comme « coutumes ou ordonnances » à moins qu'elles soient clairement des lois de nature (p. 37). On fait ensuite l'éloge du droit coutumier en invoquant, comme plus tard Sir Edward Coke et plus tard encore Burke, sa parfaite adéquation aux spécificités de la situation anglaise, tout en soutenant les pouvoirs du Parlement en invoquant le fait que chaque Anglais est représenté lors de la promulgation de toute ordonnance (pp. 39-41). La sensibilité particulière de ces lois vis-à-vis des besoins et du contexte de l'Angleterre est ensuite utilisée pour montrer qu'elles seules méritent reconnaissance. L'implication forte de tout cela étant que toute tentative visant à défendre un autre type de juridiction doit être condamnée comme constituant une intervention étrangère.

De nombreux signes montrent que vers le début du XVIe siècle ces sentiments traditionnels d'hostilité envers les pouvoirs juridiques de l'Église avaient touché un nombre croissant d'Anglais avec une force toujours plus grande. Une importante indication de cette tendance nous est fournie par les écrits d'Edmond Dudley (1462-1510), dont on a surtout conservé le souvenir pour sa collaboration ministérielle bien connue avec Richard Empson sous Henri VII, ce qui valut aux deux ministres d'être sacrifiés au courroux du Parlement au début du nouveau règne. Dudley était un spécialiste du droit civil de par sa formation, acquise à Gray's Inn, qui attira initialement l'attention du roi par l'étendue de ses connaissances juridiques (Brodie, 1948, pp. 2-3, 9-10). On l'a déjà évoqué, c'est en attendant son exécution que Dudley rédigea son unique ouvrage abstrait de théorie juridique et politique, *L'Arbre de la communauté*. On l'a souvent écarté comme étant d'un conservatisme décevant, et ne constituant guère mieux qu'une « allégorie médiévale poussée presque jusqu'à la parodie » (Morris, 1953, p. 15). Il est vrai que l'image que se fait Dudley de la communauté, celle d'un « arbre honnête et puissant », est décrite de manière assez extravagante (p. 31). L'arbre aurait ainsi cinq racines, la principale étant l'amour de Dieu et les quatre autres la justice, la fidélité, la concorde et la paix (pp. 32-34). Chaque racine est censée apporter ses propres fruits, « l'honorable dignité » provenant de la justice, « la prospérité matérielle » de la fidélité, « la tranquillité » de la concorde, et « le bon exemple » de la paix (pp. 51-56). Cependant, traiter cette typologie apparemment mièvre comme une simple répétition des lieux communs médiévaux revient peut-être à passer à côté de la note d'avertissement que l'on entend à trois reprises lorsque est soulevée la question des relations entre l'Église et cette structure. Tout d'abord, quand Dudley dit que la principale racine de la communauté est l'amour de Dieu, il lui paraît que « vous penserez peut-être que les évêques et ceux qui s'occupent de spiritualité s'occupent spécialement de cette racine » (p. 32). Mais il prend soin de souligner aussitôt que « le prince est le terrain dont doit avant tout s'élever cette racine » (p. 32). C'est lui qui doit veiller à maintenir l'Église dans une discipline appropriée, à éviter « le danger de la simonie », et à faire en sorte que « les prélats et autres ayant de grands offices » ne les négligent pas (p. 25). Dudley délivre un deuxième avertissement lorsqu'il souhaite que la racine de la concorde soit « solidement arrimée dans le clergé de ce royaume » (p. 44). Le roi s'entend conseiller de prendre un soin particulier pour faire en sorte que cette racine ne soit pas endommagée ou dérangée par les efforts de l'Église en vue de faire valoir ses droits et privilèges spéciaux (p. 42). Mais la note d'hostilité la plus forte est émise quand Dudley traite de la nécessité que chaque racine porte son propre fruit. Il existe, dit-il, un danger particulier que le clergé « ne convoite ou ne désire » le « fruit de l'honorable dignité », qui est destiné aux gouvernants temporels de la communauté (p. 56). Le roi se voit notamment presser de limiter à tout prix toute ambition de cet ordre de la part des sommets de l'Église. Il doit faire en sorte « qu'aucun d'entre eux n'occupe aucune charge temporelle », et insister pour qu'ils « se montrent vrais prêtres de l'Église du Christ » en s'en tenant à « prêcher la parole de Dieu aux sujets du siècle avec vérité et sincérité » (pp. 25, 42-43). Ainsi, loin d'être conservatrice, la doctrine de Dudley est plutôt virtuellement de caractère marsilien.

On peut observer la même hostilité croissante envers les pouvoirs de l'Église chez les civilistes anglais aux débuts de la rupture avec Rome. L'exemple le plus intéressant de ce phénomène se rencontre dans l'œuvre de Christopher St. German (v. 1460-1540), juriste aguerri qui avait déjà plus de soixante-dix ans au moment du schisme d'Henri VIII. St. German semble avoir pratiqué dans une relative obscurité à l'Inner Temple jusque vers 1511, après quoi il aurait pris sa retraite. Pourtant, il refait surface dans les années 1520, et de cette date à sa mort il va lancer une série d'attaques de très grande influence et de plus en plus radicales contre les juridictions de l'Église (Hogrefe, 1937).

Les implications politiques de la philosophie juridique de St. German sont d'abord développées dans le *Dialogue* latin sur le concept de droit, publié en 1523. La forme adoptée est celle d'un dialogue entre un docteur et un étudiant sur les fondements du droit, et consiste principalement en un exposé du docteur sur les différents échelons des lois (la loi éternelle, les lois naturelles, les lois de Dieu), et sur les relations entre celles-ci et les lois anglaises (Chrimes, 1936, pp. 204-214). Il en résulte, tout à fait dans la manière de Fortescue, que les lois coutumières anglaises doivent être tenues pour suprêmes. Comme le remarque Chrimes, l'ouvrage tout entier se lit en fait comme un commentaire sur la jurisprudence de Fortescue (Chrimes, 1936, p. 204). Les sous-entendus anticléricaux de cette position prennent davantage d'ampleur en 1531, lorsque St. German traduit le *Dialogue* en anglais sous le titre *Docteur et Étudiant*, forme sous laquelle l'ouvrage servira de manuel de référence pour la théorie juridique anglaise presque jusqu'à l'époque de Blackstone. À ce stade, St. German ajoute au texte un second dialogue, déjà publié séparément en 1530, ainsi qu'une volumineuse annexe de treize « additions » où est « plus particulièrement considéré » « le pouvoir du Parlement concernant la spiritualité et la juridiction spirituelle » (sig. A, I b)[1]. Mais c'est l'année suivante que St. German lance sa principale campagne contre l'état clérical, à la suite de quoi il se trouva engagé dans une dure série d'échanges avec Sir Thomas More (Pineas, 1968, pp. 192-213). La guerre de pamphlets se déclenche avec la publication par St. German d'un *Traité* « concernant la division entre spiritualité et temporalité » en 1532. More réplique dans son *Apologie*, St German contre par un Dialogue « entre deux Anglais » portant les noms assez peu courants en Angleterre de Salem et Bizance, et More riposte avec *Debellation of Salem and Bizance* (Baumer, 1937, pp. 632-635). Mais St German était déjà prêt à mettre en cause non seulement le droit des tribunaux ecclésiastiques à poursuivre les hérétiques présumés, mais l'ensemble du tissu des pouvoirs juridiques de l'Église. Dans le *Traité*, il en appelle avant tout à la suprématie de l'ordonnance, et donc au droit absolu du roi d'interdire devant le Parlement toute « mauvaise coutume » qui serait pratiquée par les autorités ecclésiastiques (pp. 232-240). À partir de là, il soutient qu'en maintenant leur système juridique parallèle, les chefs de l'Église « ont bien souvent outrepassé leur autorité » et « ont entrepris bien des choses contre la loi du royaume » (pp. 232-233). St. German achèvera enfin sa campagne avec la *Réponse à une lettre*, qui semble dater de 1535 (Baumer, 1937, pp. 644, 649). Il parvient ici, de manière indépendante, aux deux mêmes conclusions qu'avancent alors les partisans du gouvernement dans le cadre de la campagne visant à légitimer la rupture d'Henri VIII avec Rome. Il souligne ainsi que la papauté n'a aucun droit d'exercer le moindre pouvoir juridictionnel en Angleterre, et donc que le

---

1. Voir Baumer, 1937, p. 633. Les « nouvelles additions » parurent aussi sous la forme d'un traité séparé intitulé *Un petit traité nommé les Nouvelles Additions*, et c'est à cette version que j'emprunte mes citations.

nouveau degré de contrôle exercé par Henri sur l'Église n'est que la remise en vigueur de divers droits que ses prédécesseurs avaient sans doute choisi de déléguer. Selon la *Réponse*, la prétention du roi à être « le chef suprême » de « l'Église d'Angleterre » ne veut pas dire qu'il s'arroge « aucun pouvoir nouveau » sur ses sujets « qu'il n'ait eu auparavant » (sig. A, 3a). St. German se sent alors également capable d'affirmer la prédominance du roi sur l'Église, et de soutenir qu'elle doit couvrir la *potestas jurisdictionis* tout entière, y compris même « le pouvoir de dire et d'interpréter les Écritures » et donc de déterminer la doctrine (sig. F, 6a ; sig. G, 3a). Le radical et très marsilien présupposé de ces deux thèses est que tout pouvoir de coercition et de juridiction doit être traité comme séculier par définition, et que c'est donc un acte d'usurpation de la part de l'Église que de prétendre pour elle-même à l'une ou l'autre de ces capacités. St. German en conclut donc que tout pouvoir de cette nature doit être investi de la suprématie du droit civil, et que toute autorité législative réside dans la souveraineté du roi devant le Parlement.

Enfin, ces mêmes sentiments d'hostilité envers les pouvoirs de l'Église s'expriment de plus en plus à l'aube de la Réforme chez les autorités séculières elles-mêmes. Elles critiquent d'abord les privilèges et juridictions traditionnels revendiqués par le clergé, ce qui s'accompagne souvent de la tentation croissante de jeter un œil prédateur sur les vastes propriétés qu'un grand nombre de communautés religieuses avaient à l'époque fait en sorte d'accumuler. On repère notamment ces attitudes dans ceux des pays qui seront plus tard les plus réceptifs à la Réforme luthérienne. Les Suédois, et Rad par exemple, se lancent dans une campagne anticléricale en 1491, mettant fin à une longue période de relations pacifiques avec les autorités ecclésiastiques, en contestant les privilèges fiscaux et l'étendue de la richesse foncière dont jouit l'Église suédoise (Roberts, 1968, p. 62). Vers la même époque, le gouvernement anglais prend l'initiative d'une campagne semblable. Si le règne d'Henri VII s'était caractérisé par le maintien des rapports traditionnels généralement amicaux avec l'Église, diverses démarches officielles avaient été entreprises à la fois pour limiter les privilèges du clergé et pour améliorer la capacité de la couronne à prélever des impôts sur celui-ci. En 149., un acte tend à réduire les exemptions d'impôts que de nombreux monastères étaient parvenus à négocier au cours des guerres des Deux-Roses (Chrimes, 1972, p. 243). D'autre part, une série d'actes passés en 1489, 1491 et 1496, qui seront élargis par Henri VIII en 1512, donnent le signal d'une guerre d'usure contre le système dit du « bénéfice du clergé », système qui valait aux membres du clergé l'immunité devant les tribunaux ordinaires pour de nombreux délits (Chrimes, 1972, p. 243). Mais la campagne la plus spectaculaire contre l'état clérical est celle constituée par la suite des *Gravamina*, ou « doléances de la nation allemande », qui vont être régulièrement émises au cours de la seconde moitié du XVᵉ siècle lors des diètes impériales. Cette pratique apparaît de façon sérieuse à la Diète de Francfort en 1456, et sera renouvelée par l'empereur Maximilien à l'aube de la Réforme (Dickens, 1974, pp. 7-8). La tâche consistant à réviser la liste des délits est confiée à Jacob Wimpfeling, qui s'en acquitte en 1515 par une liste de Dix articles s'attaquant aux privilèges du clergé tout autant qu'aux pouvoirs du pape (Schmidt, 1879, I, pp. 116-117). Le sommet de cette tradition est atteint après les premières interventions de Luther, quand la liste de 1515 est étendue à plus de cent délits par la Diète de Worms, en 1521. L'ironie de l'histoire se présente ici en majesté : la Diète qui condamne l'hérésie de Luther est celle-là même dont émane la plus virulente *Déclaration de doléances* à l'encontre de l'Église. Les auteurs de la *Déclaration* déplorent en premier lieu le « bénéfice du clergé », et avancent que ce système « ne peut qu'encourager les clercs à des actes délictueux, d'autant plus que les tribunaux ecclésiastiques les laissent aller indemnes, quel que soit leur délit » (p. 58). Ils soulignent ensuite que le clergé « sape l'autorité séculière », puisqu'il « traîne des laïcs devant les tribunaux ecclésiastiques » et dans le même temps « s'arroge ce qu'il veut » sur les juridictions des tribunaux ordinaires (p. 62). Et ils condamnent par-dessus tout la richesse et la puissance écrasantes de l'Église. À moins de les maîtriser, disent-ils, « l'état séculier finira, avec le temps, par être entièrement acheté par l'Église » (p. 58).

L'autre point, plus sensible encore, à propos duquel les autorités séculières vont exercer des pressions de plus en plus fortes sur l'Église, concerne les juridictions supranationales traditionnellement dévolues au pape. Il existait un ressentiment croissant à l'égard du droit de la papauté à percevoir des impôts pour son propre compte, et à régler l'octroi de bénéfices à l'intérieur de chaque Église nationale. Il en résulte entre autres que, dans plusieurs pays, les autorités séculières parvinrent à négocier avec la papauté et à lui arracher des concessions sur chacun de ces points vitaux. Cela leur permettait de préserver des relations à peu près amicales avec l'Église, tout en pouvant insister sur leurs statuts de gouvernements « impériaux », exerçant un pouvoir juridictionnel entier sur leurs territoires propres. La France est le premier royaume à résoudre ces tensions d'une telle manière. En 1438, la pragmatique sanction de Bourges non seulement adopte la thèse du conciliarisme, mais dispose aussi d'une limitation décisive des pouvoirs de la papauté dans le pays. Le droit du pape à percevoir des annates est mis en cause, son droit à effectuer des nominations aux sièges vacants en les « réservant » lui est retiré, et son droit de « supplique » en faveur d'un candidat particulier pour l'obtention d'un bénéfice est dans la plupart des cas transféré à la couronne (Petit-Dutaillis, 1902, p. 268). Plus tard, en 1516, le concordat de Bologne réintroduira les annates, mais confirmera toutes les autres de ces concessions (Lemonnier, 1903, p. 254). Avant cette date, l'Espagne avait connu entre la papauté et les autorités séculières toute une série de concordats semblables, mais plus novateurs encore. Après une longue querelle avec Ferdinand et Isabelle, Sixte IV se résout à concéder en 1482 que dans le cas de toutes les nominations ecclésiastiques majeures le droit de « supplique » soit transféré à la couronne (Elliott, 1963, pp. 89-90). Quatre ans plus tard, celle-ci acquiert un droit similaire de protection et de présentation dans la totalité du royaume de Grenade, nouvellement conquis, et en 1508 la même concession est étendue pour couvrir entièrement l'Église du Nouveau Monde (Elliott, 1963, p. 90).

Là où il s'avéra possible de conclure de tels concordats, les gouvernements impliqués, comme en France et en Espagne, eurent tendance à rester fidèles à l'Église catholique tout au long de la Réforme. Mais là où les conflits sur les annates, les nominations et les appels demeurèrent sans issue, comme en Angleterre, en Allemagne et en Scandinavie, la pression sur la papauté continua de monter. Même avant que les protestations de Luther ne commençassent à se faire entendre hors d'Allemagne, il est clair que les tensions avaient pratiquement atteint le point de rupture.

Au Danemark, la cote d'alerte est atteinte sous Christian II, qui promulgue en 1521-1522 le code civil et ecclésiastique de Byretten. Celui-ci se propose de mettre fin à tous les appels auprès de Rome, de supprimer les pouvoirs des tribunaux ecclésiastiques dans toutes les affaires concernant la propriété, et d'établir un nouveau tribunal royal dépositaire de l'autorité suprême pour juger de toutes les causes ecclésiastiques aussi bien que civiles (Dunkley, 1948, pp. 25-27). Une crise analogue éclate en Suède au même moment : accédant au trône en 1523, Gustave Vasa refuse de reconnaître la nomination du pape pour l'évêché de Skara, et l'on a même pu avancer que la séparation de l'Église suédoise et de Rome date de cet événement (Bergendoff, 1928, p 10). Dès cette époque, des tensions semblables avaient engendré les signes menaçants d'une brèche entre *regnum* et *sacerdotium* en Angleterre. Les premières fissures s'y manifestent à propos des activités de la papauté comme collecteur d'impôts. En 1509, le pape envoie son sous-receveur Pierre Gryphius en Angleterre : le gouvernement l'empêche d'agir pendant plus d'un an (Pickthorn, 1934, p. 111). Six ans plus tard, le pape exige des subsides sous prétexte d'une croisade : la demande rencontre une fin de non-recevoir catégorique (Lunt, 1962, pp. 160-161). Mais la charge gouvernementale la plus forte se produit en 1515, lorsque le synode tente de s'élever contre un acte limitant les privilèges du clergé qui avait été passé en 1512. Les avocats de l'Église firent valoir que puisque le chef légal de l'Église était le pape et non le roi, celui-ci avait nécessairement outrepassé son pouvoir en cherchant à soumettre le clergé aux tribunaux séculiers (Pickthorn, 1934, pp. 115-116). Cela amena le roi et les juges, comme présageant des changements idéologiques à venir, à déclarer sans ambages leur supériorité sur toute éventuelle juridiction du pape. Ils déclarèrent ainsi l'ensemble du synode sujet à une accusation de *praemunire* (« empiètement ») pour avoir tenté de subordonner l'autorité du roi à celle d'une puissance étrangère, et le roi alla jusqu'à prononcer devant le synode un discours où il réaffirmait avec véhémence les droits « impériaux » de la couronne anglaise. Son principal argument, défi direct lancé au droit canon, était que « les rois d'Angleterre aux temps passés n'ont jamais eu de supérieur autre que Dieu », et il avertissait solennellement ses évêques, autre présage des temps à venir : « nous maintiendrons les droits de la couronne en cette affaire » contre toute revendication avancée par le pape ou par l'Église (Pickthorn, 1934, p. 117).

Mais il faut se tourner à nouveau vers les *Gravamina* de la nation allemande pour découvrir la preuve la plus flagrante que, avant même la protestation initiale de Luther, une crise était déjà ouverte dans les relations entre la papauté et les autorités séculières. Les listes de *Gravamina* s'étaient toujours concentrées sur l'étendue des pouvoirs du pape en Allemagne, et lorsque Wimpfeling repart à la charge à l'aube de la Réforme, il donne à ce reproche envers l'Église une place énorme. Les papes « s'abstiennent d'observer les bulles de leurs prédécesseurs » et « les violent par leurs propres décrets » (article I). Avec constance, ils « rejettent les élections aux évêchés effectuées en Allemagne » pour imposer leurs propres candidats sans valeur (articles II et III). Ils réservent les meilleurs bénéfices aux membres de la cour pontificale, et ne prennent aucun soin des autres (articles IV et V). Et surtout ils émettent des exigences financières avaricieuses, « continuant à prélever les annates » et imposant au peuple allemand des taxes de plus en plus lourdes (article VI)[1]. Quand six ans plus tard les représentants de l'état laïc à la Diète de Worms en viennent à dresser leur *Déclaration de doléances* définitive, ils reprennent tous ces griefs. Ils déplorent toujours que « Rome octroie les bénéfices allemands à des personnes incompétentes, ignorantes et inadaptées », et que les « taxes et tributs » versés par la nation allemande soient « presque journellement augmentés dans leur montant » par l'Église (pp. 54-55). Et par-dessus tout ils se plaignent de la manière dont les juridictions pontificales sont

---

1. Sur ces accusations, voir Schmidt, 1879, I, pp. 116-117.

utilisées pour enfreindre les droits des autorités séculières. Les tribunaux ecclésiastiques réclament constamment de nouveaux pouvoirs, de sorte que « des affaires séculières sont plaidées devant eux qui sont, cela va sans dire, biaisés dans leurs opinions et leur jugement » (p. 53). Et le plus grand de tous les abus, la première accusation de toute la liste, est que des appels sont continuellement lancés vers Rome « en première instance » à propos « d'affaires matérielles », pratique qui ne peut que « conduire à limiter la compétence des autorités séculières » (p. 53).

Dans ce contexte d'hostilité croissante envers les pouvoirs de l'Église, il n'est guère étonnant de constater que, dès que la Réforme commence à gagner en puissance, la plupart de ces critiques laïcs se trouvent de plus en plus attirés par la cause luthérienne. On peut l'observer en premier lieu au sein d'une majorité des critiques, juristes et humanistes, dont nous avons parlé. En Angleterre, la plupart des chefs de la campagne anticléricale, dont Barlowe, Roy et Fish, se tournent vers le luthéranisme dans le courant des années 1520 (Clebsch, 1964, pp. 229-231). Fish semble avoir franchi un pas supplémentaire pour devenir marchand d'œuvres et de traductions luthériennes censurées : en effet, interrogé devant Wolsey en 1528 pour répondre d'une accusation d'hérésie, Robert Necton avoua avoir entendu dire que « M. Fish avait des Nouveaux Testaments à vendre », et lui avoir acheté plusieurs douzaines d'exemplaires de Tyndale en traduction (Mozley, 1937, pp. 349-350). Le même processus s'observe parmi les principaux auteurs anticléricaux allemands. Wimpfeling hésita au dernier moment, mais von Hutten se convertit bien vite avec enthousiasme à la foi nouvelle. Bien qu'initialement méprisant à l'égard du débat sur les indulgences, dans lequel il ne voyait rien d'autre qu'une querelle de plus entre moines, il fut rapidement convaincu (ironie du sort, par son héros Érasme) des plus vastes implications de la protestation luthérienne, et avant 1520 il avait pris contact à la fois avec Luther et Melanchthon et commencé de correspondre avec eux (Holborn, 1937, pp. 102, 122). Peu après, il déclarait à Luther : « J'ai été avec vous » et « me tiendrai près de vous, quoi qu'il advienne » (Holborn, 1937, p. 125) ; et au moment de la comparution de Luther devant la Diète de Worms l'année suivante, von Hutten lui écrivait pour l'assurer que « vous ne devez jamais douter de ma constance » (Holborn, 1937, pp. 157-160, 171).

Mais le point le plus important du point de vue historique est bien sûr que la plupart des dirigeants séculiers d'Europe du Nord commencèrent à éprouver un attrait semblable pour la cause luthérienne. Lorsqu'ils n'avaient pu passer de concordats satisfaisants avec la papauté, ils se mirent à flirter avec les idées de Luther, portant ainsi la violence de leurs combats contre l'Église jusqu'au point de rupture. Le phénomène se produit d'abord lors de leurs campagnes visant à améliorer leur maîtrise des privilèges fiscaux et des propriétés terriennes de l'Église sur leurs territoires respectifs. Dans chaque pays, une brusque intensification dans la poursuite de ces objectifs va constituer le cadre immédiat et, selon des autorités comme Lortz, le motif principal de la reconnaissance officielle de la foi luthérienne (Lortz, 1968, I, pp. 158-164 ; cf. Grimm, 1948, p. 87). Il est vrai que ce processus apparaît moins nettement en Allemagne qu'ailleurs. Cela tient en partie au fait que dans les cités allemandes l'adhésion à la Réforme était incontestablement une évolution plus populaire et moins cynique que ne le suppose cette explication, mais aussi au fait que nombre de princes allemands, même si leurs motivations pouvaient être entièrement mercenaires, se montraient incapables d'évaluer les avantages financiers qu'ils recherchaient manifestement en adoptant la foi luthérienne[1]. Mais il reste évident que, même en Allemagne, ces convoitises constituaient souvent le motif dominant du comportement des autorités séculières. La rapide défection d'Albert de Hohenzollern pour le camp luthérien s'accompagne ainsi de la sécularisation des terres des chevaliers Teutoniques, tandis que la réforme de Philippe de Hesse en 1526 s'accompagne de la saisie des domaines monastiques, sur lesquels les gains personnels de Philippe ont été estimés comme « très considérables » (Carsten, 1959, p. 161). Et si l'on considère les monarchies nationales plus unifiées, on retrouve dans

---

1. Sur ces points, voir Chrisman, 1967 et Moeller, 1972.

chaque cas la poursuite des mêmes ambitions. En Suède, Gustave Vasa proclame sa reconnaissance officielle de la Réforme en 1524 en transférant la perception de la dîme de l'Église à la couronne, et parachèvera le travail trois ans plus tard en confisquant l'intégralité des biens de l'Église (Bergendoff, 1928, pp. 15, 40-41). Au Danemark, Frédéric Ier entreprend une campagne similaire en commençant dès 1528 à s'emparer de domaines monastiques. La tâche s'achèvera sous Christian III, qui en 1536 accompagnera le renvoi des évêques de l'abolition de tous leurs pouvoirs temporels et de la confiscation de leurs terres (Dunkley, 1948, pp. 55-59, 70-71). Enfin, en Angleterre, une nouvelle campagne de même nature précède au début des années 1530 la rupture avec Rome. Le schisme commence par une attaque contre le paiement des annates, immédiatement suivie par la sécularisation de toutes les terres monastiques, démarche qui semble avoir été préparée fort longtemps à l'avance (Dickens, 1964, p. 197).

Le même désir de la part des autorités séculières de pousser leurs entreprises contre l'Église jusqu'au point de non-retour se manifeste à travers leurs multiples tentatives visant à limiter les juridictions supranationales du pape. L'exemple le plus flagrant en est évidemment celui des conflits entre Henri VIII et la papauté sur la question de son divorce[1]. Lorsqu'il accéda au trône en 1509, Henri était marié à Catherine d'Aragon, veuve de son frère aîné le prince Arthur. Mais, dès 1525, une série de fausses couches l'avaient persuadé qu'elle ne pourrait jamais parvenir à lui donner d'héritier mâle. Et, en tout état de cause, dès 1527 il souhaitait ardemment épouser Anne Boleyn (Scarisbrick, 1968, pp. 149-150). Il demanda donc au pape Clément VII de lui accorder le divorce. En droit canon, le roi avait sans conteste un bon dossier, mais la conjonction de diverses circonstances politiques à Rome rendit impossible d'obtenir le consentement du pape (Scarisbrick, 1968, pp. 163-197). Le roi et ses ministres se trouvèrent donc amenés à exercer une pres-

---

1. Les détails qui suivent sont essentiellement pris chez Dickens, 1964, étude à laquelle je dois beaucoup. Voir notamment pp. 151-156.

sion de plus en plus forte sur l'Église. Ils exigèrent d'abord un réexamen du procès en divorce. Puis, en 1529, ils convoquèrent un parlement qu'ils encouragèrent à exprimer librement ses sentiments fortement anticléricaux, toujours frémissants depuis l'affaire Hunne. Enfin, ils mettent l'ensemble de l'état clérical en accusation pour *praemunire*, et lui ordonnent de racheter le pardon du roi en versant une énorme amende (Lehmberg, 1970, pp. 109-113). Mais aucune de ces menaçantes gesticulations ne parut émouvoir le pape le moins du monde. Et puisque le roi demeurait tout aussi déterminé à obtenir son divorce, il fit monter la pression jusqu'au point de rupture afin de faire en sorte qu'il fût prononcé.

Ces jeux des gouvernements séculiers d'Europe du Nord sur les positions luthériennes contribueront à leur tour plus que toute autre chose à faire avancer la cause de la Réforme et de l'Église luthérienne. On peut certes douter que ces gouvernants aient eux-mêmes été sincèrement intéressés à atteindre ce résultat. Tant le calendrier que la nature des mouvements de réforme qu'ils ont impulsés laissent penser qu'ils étaient largement indifférents aux doctrines de la Réforme, sauf pour leur valeur évidente en tant qu'armes idéologiques dans leurs combats visant à conquérir la richesse et la puissance de l'Église. Certains de ces gouvernants, et notamment Henri VIII, ne feront jamais preuve d'aucune propension à se faire luthériens, alors que d'autres bel et bien convertis, comme Gustave Vasa, semblent n'avoir reçu la foi luthérienne que dans le pur souci de favoriser leurs propres fins intéressées. Pourtant, la question des motivations n'est pas la plus essentielle. Le problème principal qui se posait aux autorités séculières consistait à légitimer leurs campagnes contre les pouvoirs de l'Église. S'ils décidaient de rejeter la juridiction de la papauté, il leur fallait trouver des arguments tendant à montrer que l'Église dans son ensemble n'avait aucun droit à exercer de tels pouvoirs juridictionnels, ce qui les amena à faire cause commune avec les luthériens. Quels qu'aient été leurs motifs, le résultat était chaque fois le même : l'expansion de l'hérésie luthérienne était le prix de leur rupture avec Rome. On peut dire la même chose des campagnes lancées pour s'assurer les richesses de l'Église. Légitimer ces initiatives impliquait de trouver tout argument tendant à montrer que la véritable Église n'est rien d'autre qu'une *congregatio fidelium*, qui n'a donc aucune vocation à posséder des biens terrestres étendus. Ici encore, cela les conduisit à s'allier aux luthériens, et ici encore, quelles qu'aient pu être leurs motivations, le résultat était identique : l'avarice princière avait pour prix la reconnaissance d'une réforme « pleine et divine ».

3.

L'expansion du luthéranisme

Les ennemis de Luther comparaient souvent la Réforme à la peste, y voyant la venue de la mort spirituelle à une effroyable échelle[1]. Nous avons jusqu'ici cherché à expliquer pourquoi le mal s'était montré aussi contagieux dans une si vaste partie du nord de l'Europe. Il reste à étudier les divers stades d'évolution de l'épidémie, c'est-à-dire les étapes qui ont permis aux doctrines sociales et politiques associées à la Réforme d'abord de s'attirer une telle faveur populaire, puis de se faire reconnaître officiellement par les souverains séculiers allemands, anglais et scandinaves.

LES PREMIERS MISSIONNAIRES

La première étape dans l'évolution du luthéranisme en tant qu'idéologie politique prend la forme d'une campagne de propagande au cours de laquelle plusieurs des plus proches disciples de Luther se mettent à préciser et à développer ses intuitions assez frag-

---

1. La comparaison émane même de certains contemporains de Luther qui avaient pourtant été fort critiques à l'égard de l'Église, par exemple John Mair. Opposant convaincu à la monarchie pontificale, Mair avait aussi violemment attaqué les indulgences dans ses *Claires expositions des quatre Évangiles* en 1519 (voir 70 IXXXIV a). Néeanmoins, la préface aux *Claires expositions* décrit la Réforme comme une « infection » et attaque les luthériens en tant que « secte pestiférée » (voir sig. Aa, 2a).

mentaires en produisant une série de traités plus structurés sur la vie sociale et politique. Parmi les plus influents de ceux qui participent à cette phase, on compte Osiander, Eberlin von Günzburg et bien sûr Melanchthon. Les plus importantes remarques politiques d'Osiander ne paraîtront qu'à la fin des années 1520, mais Eberlin et Melanchthon sont au nombre des premiers luthériens à traiter des implications politiques de la foi nouvelle. Eberlin est prolixe dans ce domaine, sa contribution la plus originale étant un traité vernaculaire intitulé *Les Quinze Confédérés*, paru en 1521. La même année, Melanchthon publie un important essai sur l'idée d'« autorité terrestre », en conclusion à son étude globale de *Divers sujets théologiques*[1]. Bientôt, l'impact de ces travaux et des écrits politiques de Luther lui-même se fait ressentir en Angleterre, notamment parmi ceux des convertis qui, comme Tyndale et Barnes, étaient allés étudier à Wittenberg au début des années 1520. Tyndale revient terminer son grand traité sur *L'Obéissance du chrétien* en 1528, et au cours des années suivantes Barnes rédigera plusieurs traités politiques brefs mais significatifs, dont une analyse de *Ce qu'est l'Église* et un essai sur *Les Constitutions de l'homme*[2].

Parmi ces premières tentatives d'amplifier et de propager les idées politiques de Luther, les écrits d'Eberlin occupent une place un peu à part, étant moins homilétiques et plus spéculatifs que la tendance générale de la pensée politique au début de la Réforme[3].

---

1. Mes citations proviennent de l'édition de 1555, qui a quelques titres pour être considérée comme l'édition définitive. Voir Manschreck, 1965, pp. XXIII-XXIV.

2. L'analyse que Barnes fait de l'Église parut initialement dans l'édition anversoise de sa *Supplique*. Les citations proviennent de la version donnée par Tjernagel, 1963.

3. Il convient de noter qu'aucune des œuvres fondatrices de la théorie politique luthérienne ne provient de Scandinavie, où les chefs de la Réforme s'en tiennent le plus souvent à écrire des textes de dévotion. C'est vrai de Tausen et de Sadolin au Danemark, et même de Laurensson, en dehors de la *Brève instruction* qu'il publie en 1533 sur la nature de l'Église et ses relations avec la société politique (cf. Dunkley, 1948, pp. 56, 115, 149). De même en Suède, où même Olaus

Ses *Quinze confédérés*, par exemple, utilisent la forme d'une utopie où l'on voit la noblesse et le peuple d'une communauté imaginaire nommée Wolfaria réformer leur Église et imposer l'institution du mariage des clercs (cf. Bell, 1967). Mais les écrits politiques de Melanchthon, Tyndale et Barnes peuvent légitimement être considérés ensemble, car ils traitent tous de questions analogues, qu'ils empruntent largement aux propres œuvres de Luther, et leurs analyses sont en général menées dans un style très similaire. Ils peuvent donc être tenus pour les plus représentatifs comme les plus influents des premiers textes de la pensée politique luthérienne.

Pour tous ces auteurs, le point de départ est fourni par l'une des principales prémisses théologiques de Luther : cette affirmation selon laquelle le monde est tout entier régi par la providence, et que toute chose qui y advient reflète nécessairement la volonté et les buts de Dieu. Melanchthon fait débuter son analyse de l'autorité terrestre par une apostrophe aux « ordres et œuvres » qui sont « décrétés pour la protection et l'entretien de cette vie » (pp. 323-324). Tyndale commence *L'Obéissance du chrétien* dans un style similaire, louant l'ordre instauré par Dieu dans toute la création, et considérant l'obéissance due par les sujets aux gouvernants comme symétrique à l'obéissance que Dieu attend des enfants vis-à-vis de leurs parents, des femmes vis-à-vis de leurs maris, et des serviteurs vis-à-vis de leurs maîtres (pp. 168-173). Tous ces auteurs tirent de cette prémisse une même conclusion fondamentale : tous les systèmes politiques existants doivent être pris comme formant une partie du dessein providentiel de Dieu pour le monde. Toute la première moitié du discours de Melanchthon sur l'autorité terrestre est consacrée à ce thème, et culmine avec la citation de la phrase de saint Paul selon laquelle toutes les puissances existantes sont « ordonnées par Dieu » (pp. 326-327). La même thèse se retrouve

---

Petri se consacre presque exclusivement à des questions théologiques, son principal ouvrage vernaculaire (en dehors des traductions) étant le *Petit livre concernant les sacrements* de 1528 et son missel luthérien de l'année suivante (cf. Bergendoff, 1928, pp. 133-135, 169-177).

au début de l'analyse de Barnes consacrée aux *Constitutions de l'homme*, avec la même invocation de l'autorité de saint Paul, et on la retrouve de façon plus marquée encore au début de *L'Obéissance du chrétien*. Tyndale commence à parler de « l'obéissance des sujets aux rois, princes et gouvernants » en citant le texte de saint Paul dans son intégralité. Puis il en propose une glose complète, et déclare que Dieu lui-même « a donné des lois à toutes les nations, et dans tous les pays a placé des rois, des gouverneurs et des dirigeants à sa propre place, pour conduire le monde à travers eux » (p. 174). Cela, dit Tyndale, explique pourquoi les souverains et les juges « sont appelés dieux dans les Écritures ». La raison en est qu'« ils sont dans l'intimité de Dieu et exécutent les commandements de Dieu » (p. 175).

L'idée que Dieu instaure l'ensemble du tissu de la vie politique mène directement au problème qui intéresse ces auteurs au premier chef : savoir de quels devoirs Dieu attend par conséquent que s'acquittent ceux qu'il a désignés comme gouvernants et ceux qu'il a appelés à être sujets. La première question strictement politique dont ils traitent concerne donc la nature de nos devoirs envers ceux que Dieu a placés au-dessus de nous. Tous parviennent avec la plus grande assurance aux deux mêmes conclusions. La première est que nos gouvernants doivent être obéis en toute chose, et non pas simplement par crainte mais, comme le décrète saint Paul, en vertu de notre conscience. Cela est tout particulièrement mis en exergue chez Melanchthon, dont on a dit qu'il « ne redoutait rien autant que d'être accusé de sédition » (Hildebrandt, 1946, p. 56). À l'encontre de l'antinomianisme des réformateurs radicaux, il soutient qu'il n'y a pas de raison pour « un membre du Christ » de ne pas « user de l'autorité du gouvernement » sans du tout penser « que ces œuvres sont contre Dieu » (p. 329). Et il invoque saint Paul pour conclure « que l'obéissance est nécessaire, que la désobéissance heurte la conscience, et que Dieu la condamne » (p. 334). Barnes et Tyndale soulignent le même point au début de leurs analyses du pouvoir temporel. Comme le dit Barnes dans *Les Constitutions de l'homme*, « nous devons obéir à ce pouvoir en toute chose ayant trait à l'administration de cette vie présente et de la communauté », et ce non seulement « pour éviter la punition », mais aussi « pour le salut de la conscience, car c'est la volonté de Dieu » (p. 81). L'autre conclusion qu'ils s'acharnent également à établir veut qu'il ne soit jamais justifiable pour un sujet, en aucune circonstance, de résister aux ordres d'un gouvernant. Melanchthon déclare ainsi que « la désobéissance délibérée à l'autorité terrestre, et aux justes ou raisonnables lois, est un péché mortel, un péché que Dieu punit de la damnation éternelle si, obstinés, nous y persistons » (p. 333). Ici aussi, Barnes et Tyndale reprennent cette position. Barnes énonce dans *Les Constitutions de l'homme* une règle simple à suivre pour le sujet si son souverain « donne tyranniquement quelque ordre contraire à ce qui est juste et licite » : on peut « seulement prendre la fuite ou bien obéir à la chose qui est commandée », car « en aucun cas on ne peut résister l'épée au poing » (pp. 81-82). Tyndale, lui, va développer ce sujet typiquement luthérien. Il admet d'abord que le peuple « dans sa plus grande partie » est « toujours prêt à se soulever et à combattre » (p. 165). Il poursuit en disant son horreur de cet état de choses, citant saint Paul et sa conviction que lutter contre ses supérieurs équivaut à résister à Dieu, « car ils sont près de Dieu, et que ceux qui résistent seront damnés » (p. 175). Ces conclusions sont enfin illustrées de diverses histoires bibliques, tendant toutes à montrer que toute résistance à l'autorité légale, toujours mauvaise, n'est jamais justifiée (pp. 175-178).

Nos auteurs évoquent en second lieu l'aspect complémentaire de ce même thème du devoir politique : la nature des devoirs du souverain envers Dieu et le peuple. Leur thèse de base consiste à dire que, puisque tout souverain nous est donné par Dieu pour accomplir ses desseins propres, il s'ensuit qu'il a le devoir de gouverner le peuple non comme il le veut lui-même, mais plutôt comme Dieu le veut. Il doit toujours se souvenir, comme le souligne Tyndale, « que le peuple appartient non à lui, mais à Dieu », et que « la loi est celle de Dieu, et non celle du roi » (pp. 202, 334). Le rôle véritable du roi consiste « à servir, à suivre les lois de Dieu, et non à gouverner selon sa propre imagination » (p. 334). Mais Tyndale se préoccupe moins des devoirs des souverains que de leurs pouvoirs, et notamment de la question de leurs pouvoirs sur l'Église. Il se contente donc de donner un résumé général de leurs obligations dans la « répétition » qui conclut *L'Obéissance du chrétien*. Il les y exhorte simplement à « se rappeler qu'ils sont la tête et les bras qui défendent le corps, destinés à administrer la paix, la santé et la prospérité, et même à sauver le corps ; et qu'ils tiennent leurs offices de Dieu, pour administrer et servir leurs frères » (p. 334). Mais lorsqu'on se tourne vers Melanchthon, on découvre une analyse beaucoup plus précise à la fois de la nature et de l'étendue des devoirs imposés au « prince croyant ». Il pose d'abord les limites à l'action du prince, définies par son devoir de n'appliquer que les lois de Dieu. C'est ici qu'il introduit sa grande doctrine de l'« adiaphora », ou « choses indifférentes » (Manschreck, 1957, pp. 176-181). Celle-ci se fonde sur une distinction entre loi divine et loi humaine : les lois de Dieu sont essentielles au salut, et doivent toujours être respectées ; mais il existe de nombreuses lois humaines qui ne sont pas essentielles au salut, et qui sont de ce point de vue « indifférentes ». Il s'ensuit que Dieu conçoit certaines activités comme ni prescrites ni interdites, et qu'une « situation malsaine » serait établie « par le fait de les ériger en lois » (p. 308). Cette idée sera bientôt reprise par Barnes et divers autres penseurs luthériens anglais. Comme dit Barnes dans son essai sur l'Église, le prince croyant est sujet à deux différentes limites. Il doit bien sûr faire en sorte de ne jamais légiférer « directement contre la parole de Dieu ou pour la destruction de la foi ». Mais il doit aussi faire en sorte de ne jamais « ordonner des choses indifférentes comme si elles étaient issues de nécessité » (p. 90). Pourtant, dans cette partie de son exposé, Melanchthon se soucie avant tout d'analyser les devoirs positifs du prince croyant. Il avance en premier lieu que tout souverain doit punir l'hérésie et promouvoir la vraie foi : il est « obligé d'interdire toute fausse doctrine, comme les erreurs des anabaptistes, et de punir ceux qui s'y obstinent » (p. 337). Il est aussi « obligé d'accepter les Saints Évangiles, et de croire, confesser et conduire les autres au véritable service de Dieu » (p. 336). Et il met en avant cet autre argument selon lequel tout souverain doit toujours protéger, et ne jamais enfreindre, les droits de propriété de ses sujets. On a pu avancer que, mettant ainsi le doigt sur les aspects purement sociaux et religieux de la bonne gouvernance, Melanchthon cherchait peut-être à en élargir la conception telle que Luther l'avait dessinée (Allen, 1957, p. 33). Il ne fait aucun doute qu'il met un fort accent sur l'idée que « les biens des sujets ne doivent pas être accaparés par le maître à moins que la nécessité commune du pays ne l'exige » (p. 338). Il mentionne le « terrifiant exemple » des vignes de Naboth, d'où il tire la morale que les biens du sujet font « partie de l'ordre divin dans le gouvernement terrestre et la société politique, tout comme le jugement et le châtiment. De ce fait, les princes ne doivent pas détruire cet ordre ; ils doivent comprendre qu'ils sont eux aussi soumis au commandement : "Tu ne voleras point" » (p. 338).

La grande importance qu'accordent tous ces luthériens des premiers temps aux devoirs du prince croyant mène à une autre question assez gênante, qu'ils ne peuvent éviter : que doivent faire, à supposer qu'ils doivent faire quoi que ce soit, les sujets d'un souverain qui manque à ses devoirs ? Melanchthon avance timidement à ce propos une version fort vague de la doctrine luthérienne : sous la réserve que « nous devons obéir à Dieu plutôt qu'aux hommes », il insiste surtout sur le devoir permanent de tout sujet « d'être patient envers le souverain doué de raison », même si « des erreurs et défauts apparaissent » dans son gouvernement (pp. 334, 340). Mais la plupart des premiers disciples de Luther vont suivre le chemin plus directif que celui-ci a tracé lui-même en la matière, et proposer deux thèses contradictoires. La première est qu'il faut toujours désobéir à tout souverain dont les ordres offensent la conscience de ses sujets véritablement religieux. Comme le rappelle Barnes dans son essai sur l'Église, cela découle tout simplement du fait qu'il est « plus juste d'obéir à Dieu qu'à l'homme ». Concluant son *Homme chrétien*, Tyndale tire les enseignements de cette injonction en indiquant que si l'on reçoit un « commandement pour faire le mal, il faut alors désobéir et dire "Dieu nous a commandés autrement" » (p. 332). Mais il est dit en même temps que, y compris dans une telle situation, aucun sujet ne doit jamais se proposer de résister activement. Comme Barnes le martèle, le sujet doit « laisser le roi exercer sa tyrannie. En aucune circonstance il ne s'opposera à lui par la violence, mais il subira avec patience toutes les tyrannies qui lui seront imposées dans son corps et dans son bien » (pp. 84-85). Cette dure leçon est également dispensée chez Tyndale. S'il faut rappeler aux gouvernants, lorsqu'ils ordonnent de faire le mal, que les commandements de Dieu sont autres, il est dit dans la même foulée qu'en aucun cas il ne faut « s'élever contre eux ». Tyndale anticipe sur l'objection possible : « "Alors ils nous tueront", direz-vous. » Mais il y répond qu'il faut se soumettre quand même : « Car, dis-je, le chrétien est appelé à souffrir jusqu'à la mort amère dans l'espoir de son salut, et pour ne pas faire le mal » (p. 332).

Dans son *Dialogue* de 1529 contre Tyndale, Sir Thomas More paraît obnubilé par cette idée de la désobéissance obligatoire à un ordre injuste, et il va jusqu'à déclarer que dans « son saint livre de la désobéissance » Tyndale argumentait en faveur de la trahison et de la rébellion (p. 273). L'accusation est manifestement infondée, à moins que More n'ait eu à l'esprit les conséquences possibles d'une très large désobéissance civile. En fait, Tyndale insiste fortement et de façon inhabituelle sur la distinction parfaitement luthérienne entre désobéissance et résistance. Il considère tous les « chefs et gouverneurs » comme « dons de Dieu, pour le meilleur ou pour le pire » (p. 194). Il est donc forcé de reprendre la dure conclusion à laquelle Luther était déjà lui-même parvenu : il peut être *tout particulièrement* mauvais de résister aux souverains tyranniques. Ils nous sont infligés « parce que s'ils étaient bons, cette bonté ne nous serait pas dispensée par la main de Dieu » (p. 194). Si nous leur résistons, nous cherchons en réalité à fuir un juste châtiment délibérément prononcé par Dieu. Par là même, nous nous exposons au danger de ne parvenir, en « tentant de nous libérer », qu'à irriter Dieu plus encore et, ce faisant, de nous retrouver pris dans des « entraves pires encore » que jamais auparavant (p. 196).

Les écrits politiques des premiers luthériens s'en tiennent souvent exclusivement aux sujets que nous venons d'évoquer. C'est le cas par exemple des *Lieux communs* de Melanchthon, où l'auteur ne se préoccupe que de la question du devoir politique, et notamment des devoirs du prince croyant. Pourtant, certains des disciples de Luther vont au-delà, pour étudier une deuxième prémisse de sa théologie et en tirer une nouvelle gamme de conclusions politiques. Ici, le point de départ est la conception que se fait Luther de l'Église. Melanchthon fait preuve à ce propos d'une curieuse réticence, même si un chapitre sur l'Église figure dans les *Lieux communs*, où il la définit d'emblée sur le mode luthérien caractéristique comme n'étant qu'une « compagnie assemblée » (p. 226). Mais, en considérant les premiers luthériens anglais, on constate que, peut-être en raison des conditions politiques dans ce pays, ils font souvent preuve d'un intérêt particulier pour soumettre la notion d'Église à une analyse plus détaillée. On a vu que *La Supplique* de Robert Barnes est en partie consacrée à étudier « ce qu'est l'Église et qui lui appartient ». Il fait d'abord remarquer que « le mot *ecclesia* » « s'utilise souvent pour désigner l'ensemble de la congrégation », mais note qu'il convient de distinguer entre deux sortes de congrégations. L'une n'est que « toute la multitude du peuple » ; elle ne peut se confondre avec la véritable Église, puisqu'elle comprend les réprouvés aussi bien que les élus. L'autre est la congrégation des fidèles qui « croient que le Christ les a relevés de leurs péchés » ; c'est ce genre de congrégation, et aucune autre, qui constitue « l'Église de Dieu » (pp. 37, 39). Cela revient à dire que « la très véritable Église » est « invisible aux yeux du monde » puisqu'elle ne consiste en rien d'autre qu'en « la congrégation des fidèles où qu'ils se trouvent dans le monde », et que « ni le pape ni encore ses cardinaux ne forment davantage cette Église ou n'en font partie que le plus pauvre des hommes sur Terre » (pp. 40-41).

Tyndale apporte beaucoup d'eau au moulin de cette argumentation dans sa traduction du Nouveau Testament. Il rend invariablement *ecclesia* par « congrégation » plutôt que par « Église », tandis que *presbyteros* est d'abord traduit par « ancien » puis par « aîné », mais jamais par « prêtre » (Mozley, 1937, pp. 90-93). Dans son *Dialogue*, More va dénoncer ces traductions « luthériennes » et insinuer que chercher chez Tyndale des erreurs hérétiques équivaut à chercher « à trouver de l'eau dans la mer » (p. 207). Mais Tyndale, dans sa *Réponse* de 1531, commence par construire une solide défense de son travail contre ces accusations de contresens délibéré, défense que les universitaires modernes ont largement validée (Mozley, 1937, p. 97). Il maintient que *presbyteros* doit se rendre par « aîné », tout en admettant que « ancien » n'est « pas du très bon anglais » (p. 16). Il maintient aussi que *ecclesia* doit se penser en référence à « l'entière multitude de tous ceux qui reçoivent le nom du Christ pour croire en lui », et ajoute que cela est reconnu même par le « cher Érasme » de More, qui traduit souvent « *ecclesia* par *congrégation* » (pp. 12, 16 ; cf. aussi p. 226).

Traiter ainsi l'Église simplement en congrégation aux destinées de laquelle président les aînés comporte une conséquence politique fondamentale que Luther soulignait lui-même : puisque dans cette conception l'Église est un organe purement spirituel, et puisque l'exercice du pouvoir est par essence une affaire temporelle, il s'ensuit que l'Église ne peut logiquement être tenue pour une autorité juridictionnelle en aucune manière. Dans son traité sur la nature de l'Église, Barnes se montre d'une rigueur explicite sur ce point. « Elle n'a rien à voir avec la justice extérieure ou la rectitude du monde, et donc elle n'a aucun pouvoir, en droit ou par la loi, de statuer sur l'ordonnancement du monde, mais seulement celui de prêcher en vérité et sincérité et de répandre la parole de Dieu » (p. 89). Ce qui implique que les fonctionnaires de l'Église ne peuvent revendiquer aucun droit à s'abstraire des lois communes ; ce nouveau point est notamment mis en exergue par Tyndale en corollaire à son hypothèse de base selon laquelle chacun a le devoir d'obéir à son souverain en toute chose : « aucune personne, aucun degré ne peut se soustraire à cette ordonnance divine : pas plus que la profession des moines et frères, ou toute chose que le pape ou les évêques puissent établir en leur propre faveur, ne sont exemptes de l'épée de l'Empereur ou des rois, si elles enfreignent la loi. Car il est écrit : "Que toute âme se soumette à l'autorité des puissances supérieures." Aucun homme n'y échappe ; mais toutes les âmes doivent obéir » (p. 178).

Tyndale va enfin tirer deux autres conséquences de cette argumentation, qui le conduisent toutes deux à défendre fermement les autorités séculières, et contribuent à expliquer pourquoi Henri VIII aurait taxé *L'Obéissance du chrétien* ce « livre que tous les rois devraient lire, comme moi » après qu'Anne Boleyn l'eut adroitement porté à son attention, en 1529 (Mozley, 1937, p. 143). Tyndale souligne d'abord que toutes les juridictions existantes revendiquées par le pape et l'Église catholique ne peuvent qu'être d'illégales, voire maudites, usurpations de l'autorité. Le thème se développe dans une section intitulée « Contre le faux pouvoir du pape », et revêt la forme d'une offensive contre les vues de John Fisher, évêque de Rochester, qui partagera bientôt le martyre de Sir Thomas More au nom de l'ancienne religion. En 1521, Fisher avait prononcé un sermon célèbre en défense des juridictions pontificales et à l'encontre des attaques luthériennes (Surtz, 1967, pp. 302-307). Tyndale le dénonce comme « pure folie issue de pure malveillance », et soutient que les pouvoirs qu'il réclame pour la papauté se limitent à une tentative illégale d'exempter l'Église « de toute obéissance aux princes » et de dérober « tous les royaumes, non pas seulement celui de la parole de Dieu, mais aussi ceux de toute richesse et prospérité » (pp. 191, 221). La « répétition » par laquelle Tyndale achève son traité reprend fièrement le même thème contre « la perversion de la spiritualité, la fausseté des évêques, et les jongleries du pape » (p. 336). Parvenu à ce stade, Tyndale pense avoir prouvé que les exigences de l'Église envers « tant d'autorité et tant de libertés » sèment certes la discorde, mais sont aussi condamnées « par toutes les lois de Dieu ». Menaçant, il achève donc en disant que si « aucun roi n'a le pouvoir de leur conférer une telle liberté », les autorités séculières seront « aussi maudites pour avoir donné » ce pouvoir à l'Église que celle-ci « pour avoir faussement acquis » ce même pouvoir (p. 333).

Enfin, Tyndale parvient à la conclusion que toutes ces juridictions et libertés ecclésiastiques doivent être immédiatement abolies et transférées aux autorités séculières. C'est le sujet de la section intitulée « L'Antéchrist ». La situation politique actuelle dans tous les pays chrétiens est telle que « l'Empereur et les rois ne sont rien d'autre aujourd'hui que des bourreaux aux mains du pape et des évêques » (p. 242). Or une situation juste, correspondant à « l'ordonnance de Dieu en tout pays », serait celle où l'on trouverait « un roi, une loi » (p. 240). Par conséquent, il faut que les autorités séculières se débarrassent de la « tyrannie maligne » qui leur est imposée par les prélats, qu'elles « leur prennent les terres qu'ils ont acquises par leurs fausses prières », et qu'elles « gouvernent leurs royaumes elles-mêmes, avec l'aide de laïcs sages, avisés, cultivés et compétents » (pp. 206, 240, 335). Le mot de la fin de Tyndale l'amène donc tout près de l'appel qui courra bientôt dans toute l'Europe parmi les protagonistes de la Réforme : l'appel à un « prince croyant » mettant en œuvre « une réforme pleine et sacrée ».

La défection des radicaux

Les théories politiques des premiers luthériens ont joué un rôle vital en contribuant à légitimer les monarchies absolues émergentes d'Europe du Nord. En soutenant que l'Église n'est rien de plus qu'une *congregatio fidelium*, ils assignaient automatiquement l'exercice de toute autorité de coercition aux rois et aux magistrats, étendant ainsi radicalement la gamme de leurs pouvoirs. Ce qui les amenait de plus à rejeter l'une des limites traditionnelles à l'autorité des gouvernants séculiers : ils écartaient en effet la position catholique traditionnelle voulant qu'un tyran puisse être jugé et déposé par l'autorité de l'Église. En second lieu, ils introduisaient une tonalité nouvelle de passivité dans le discours sur l'obligation politique : soutenant que tout pouvoir doit être tenu pour un don de la providence divine, ils se contraignaient aussi à dire que même les tyrans gouvernent de droit divin, et que même lorsqu'ils commettent des torts manifestes il demeure blasphématoire de s'y opposer. D'où la levée de l'autre limite traditionnelle à l'autorité des gouvernants séculiers : nos réformateurs rejettent toute idée de référence à la loi naturelle comme pierre de touche pour condamner ou même critiquer le comportement de nos supérieurs. Ainsi, lorsque Abednego Seller rédige son *Histoire de l'obéissance passive* à la fin du XVIIe siècle, il fait remonter les théories de l'absolutisme et de la non-résistance jusque dans « l'enfance de l'heureuse Réforme », et relève que « le plus éminent des Réformés de Dieu au-delà des mers » et « martyr Tyndale » ainsi que tous ses disciples anglais avaient été parmi les premiers à avancer que le souverain est absolument irresponsable vis-à-vis de ses sujets, puisque « le roi n'est responsable de ses fautes qu'envers Dieu » et qu'il « n'a pas de pair sur Terre, étant plus grand que tout homme, et inférieur à Dieu seul[1] ».

Il serait cependant excessif de donner l'impression que la pensée politique associée à l'essor de la Réforme n'aurait revêtu en tout et pour tout qu'un caractère aussi profondément conservateur. Tout d'abord, c'est une erreur que de supposer, comme il est pourtant fréquent, que Luther et ses disciples immédiats « n'ont jamais autorisé le droit de résistance ouverte », et qu'ils ont prêché de tout temps qu'il n'existe « aucune justification d'aucune sorte en aucun cas » au fait de s'opposer activement à ses souverains et magistrats[2]. Il ne fait pas de doute que si l'on s'intéresse uniquement aux premières années de la Réforme, on y constate que tous les chefs de l'Église luthérienne défendent avec véhémence une doctrine absolue de non-résistance. Mais si l'on considère la période de l'après-1530, on découvre une volte-face complète : on voit en effet Luther, Melanchthon, Osiander et nombre de leurs plus importants disciples changer brusquement d'avis, et avancer au contraire que le souverain devenu tyrannique doit être combattu et par le droit et

---

1. Les trois propositions de base avancées par les premiers luthériens (tout souverain est investi par Dieu, il ne doit de comptes qu'à Dieu, il peut tabler sur une non-résistance absolue) sont traitées chez Figgis comme un ensemble définissant l'idéologie du « droit divin des rois ». Voir Figgis, 1914, pp. 5-6. Sur les remarques de Figgis citées ci-dessus, voir son *Histoire*, sig. A, 2 b et pp. 20, 126.

2. Pour ces appréciations, voir respectivement Figgis, 1960, pp. 74-75, 86, et Allen, 1957, pp. 8, 29. Le fait que Luther a changé d'avis sur ce sujet est relevé par Mesnard, 1936, p. 228. La permanence de ce changement d'avis est mise en évidence chez Carlyle, 1936, pp. 280-283. Pourtant, et même si ces jugements sont connus, la plupart des manuels sur la Réforme persistent à affirmer que la « doctrine de l'obéissance » à l'autorité constituée « caractérise à l'époque toute la pensée politique, catholique comme réformée ». Pour cette thèse, voir Elton, 1963, p. 63, et cf. des thèses similaires chez Strohl, 1930, p. 126, Walzer, 1966, p. 23, etc.

par la force. Comme on tentera de le montrer plus loin, cette tentation subversive du luthéranisme, même si elle n'a jamais été dominante, a finalement exercé une influence puissante : elle a plus tard, avec d'autres, inspiré les théories radicales des calvinistes, et contribué ainsi à la formation de l'idéologie politique révolutionnaire qui se fera jour dans la seconde moitié du XVIe siècle[1].

Un autre élément plus connu du radicalisme qui se développe aux débuts de la Réforme est largement issu d'une réaction contre le conservatisme inné et sans nuances des chefs luthériens. Parmi les premiers et les plus ardents des convertis à la cause de la Réforme, notamment en Suisse et en Allemagne, beaucoup commencent à demander des changements religieux et politiques tout en laissant de côté « l'attente du magistrat » réclamée par Luther, Melanchthon et leurs partisans modérés. Ne prisant guère la sujétion des luthériens aux autorités séculières, ils seront bientôt amenés à rompre avec le courant principal de leur mouvement, ce qui aura pour suite la naissance d'un grand nombre de sectes indépendantes de plus en plus actives, mouvement connu collectivement sous le nom de « Réforme radicale[2] ».

On a habituellement trouvé la source de ces divisions dans les querelles qui se produisirent à Wittenberg en 1521-1522 entre les luthériens et les disciples de Carlstadt, dont le groupe que Luther désignait avec mépris comme les prophètes de Zwickau. À cette époque, Luther lui-même s'était retiré à la Wartburg, sous la protection de l'Électeur Frédéric le Sage, afin de terminer sa traduction en allemand du Nouveau Testament d'Érasme (Friedenthal, 1970, pp. 304-305). C'est à ce moment qu'à Wittenberg la Réforme se retrouve entre les mains de Carlstadt qui, non content de convaincre sa congrégation de célébrer la première vraie communion protestante aux fêtes de Noël 1521, encouragera peu après Zwilling et ses séides à se lancer dans des actions iconoclastes de masse (Williams, 1962, pp. 40-42). À la suite de quoi Luther se

---

1. Pour une étude plus complète de cette tendance radicale du luthéranisme, voir ci-après pp. 622 et 631.

2. Voir Williams, 1962, étude à laquelle je dois beaucoup.

hâte de rentrer en mars 1522 pour donner sa célèbre série de sermons contre son principal lieutenant, qui s'empressera de fuir la cité (Friedenthal, 1970, pp. 321-328). Mais le message radical de Carlstadt ne s'était nullement perdu, puisqu'il fut instantanément repris à Zwickau sous la dérangeante autorité de Nicolas Storch et de Thomas Müntzer. Ayant fréquenté Wittenberg pendant l'intérim de Carlstadt, ils étaient rentrés chez eux en 1522 – Müntzer y était d'ailleurs devenu pasteur – pour prêcher contre le baptême des nouveau-nés et en faveur de l'iconoclasme (Williams, 1962, p. 46). En 1524, Müntzer publie une *Protestation* explicitement anti-luthérienne où ces thèses caractéristiques du radicalisme réformateur sont assenées avec violence (Williams, 1962, p. 52). Peu après, il prononce son fameux *Sermon aux princes*, par lequel il tente de convaincre le frère de l'Électeur Frédéric d'imposer ces idées radicales par la force (Stayer, 1972, p. 82). Ayant échoué en cela, Müntzer décide de se joindre à la révolte paysanne de Mulhausen dans l'espoir de conduire lui-même la révolution, et va bien vite connaître une triste fin. Il sera capturé après la reddition des forces paysannes en 1524 et, en dépit d'une abjuration de dernière minute, immédiatement supplicié sur les ordres de Philippe de Hesse (Williams, 1962, pp. 76-78).

On a récemment avancé que cette vision traditionnelle des origines et de la montée du mouvement anabaptiste, répandue par des spécialistes allemands comme Boehmer et Holl, s'appuie trop lourdement sur l'analyse hostile publiée par Bullinger en 1560, dans laquelle les diverses souches de l'anabaptisme sont à peine différenciées, et les torts des excès ultérieurs de ses adeptes entièrement attribués aux prophètes de Zwickau (Bender, 1953, pp. 13-14). On tend maintenant à penser que la source principale de l'anabaptisme se trouve plutôt dans la Zurich de Zwingli que dans la Wittenberg de Luther, et que la pensée politique activiste et au fond révolutionnaire de Müntzer et de ses amis, loin de marquer l'entrée de l'anabaptisme, n'était qu'une malheureuse aberration dans un mouvement généralement pacifiste (Oyer, 1964, pp. 155-156). Il est possible que cette interprétation révisionniste sous-estime l'étendue des contacts noués apparemment très tôt entre les groupes de Zurich et de Zwickau (Clasen, 1972, pp. 7-8). Mais il est tout à fait certain qu'un mouvement distinct, muni d'une théorie sociale et politique très différente, se développe bel et bien au même moment à Zurich, et que c'est à l'apparition de ce groupe qu'il faut faire remonter l'origine du grand schisme au sein du mouvement luthérien.

Fritz Blanke a représenté la montée de ces évangélistes radicaux comme une pièce en cinq actes, qui commence en 1523 avec la conversion de leur chef, Conrad Grebel (1498-1526), de l'humanisme biblique à une perspective fondamentaliste qui l'amène à reprocher à Zwingli d'avoir manqué de conduire la Réforme à Zurich selon les lignes exactes de l'Ancien Testament (Blanke, 1961, pp. 8-11). Puis vient une tentative avortée visant à convaincre Zwingli d'abandonner son alliance avec les autorités temporelles de l'époque afin d'ouvrir la voie à une réforme plus achevée. Le troisième acte, où culmine la pièce, intervient en 1524 lorsque Grebel et ses principaux comparses, Felix Mantz et Balthasar Hubmaier, commencent à s'éloigner de Zwingli pour tenir séparément leurs propres réunions et prendre contact par écrit avec Carlstadt, Müntzer et les prophètes de Zwickau (Blanke, 1961, pp. 13-17). Au quatrième acte, on assiste à une nouvelle tentative de persuader Zwingli et le conseil municipal de Zurich de reconnaître la nouvelle théologie que les radicaux ont désormais définitivement mise au point. Grebel et Mantz s'engagent dans deux débats publics avec Zwingli à la fin de 1524, et ils vont chercher à le convaincre du bien-fondé de leur position centrale voulant que le baptême du nouveau-né ne soit nullement nécessaire au salut de l'enfant, et donc que celui des adultes ne soit permis que s'ils s'avèrent être de véritables croyants. Cela n'eut pour résultat que l'interdiction de leurs conventicules, qui à son tour précipita le dernier acte de la pièce. Le jour même où l'interdiction entra en vigueur, Grebel réunit une assemblée face à laquelle il rebaptisa l'un des prêtres présents, Georg Blaurock (Blanke, 1961, p. 20). Zwingli comprit aussitôt la portée très spéciale de ce geste, qui signifiait visiblement, au-delà de la théologie particulière de Grebel, l'inauguration d'une nouvelle Église. Dès lors que le mouvement eut acquis cette identité symbolique, il commença à s'étendre très vite, une ligne de front allant au nord en suivant le Rhin vers Strasbourg, et une autre à l'est longeant le Danube pour viser Augsbourg (Clasen, 1972, pp. 17-20).

On peut distinguer deux attitudes contradictoires dans les attaques portées initialement par les chefs de ces sectes anabaptistes contre les idées sociales et politiques de Luther, de Zwingli et des autres représentants « magistraux » de la Réforme. Certains d'entre eux étaient incontestablement de vrais révolutionnaires en matière politique, dont on rencontre le plus bel exemple dans le *Sermon aux princes* de Müntzer, en 1524. Il y prétend (p. 64) que « doit se lever un nouveau Daniel » pour instruire de leurs devoirs les dirigeants du monde, qui se laissent à ce moment tromper par « les faux clercs et réprouvés vicieux » luthériens, et surtout par Luther lui-même, évacué brutalement en tant que « Frère Porc Gras et Frère Douce Vie » (pp. 61, 65). Les luthériens sont d'abord agressés sur des bases théologiques, en particulier pour leur refus de la révélation directe et leur prétention que « Dieu ne révèle plus ses insondables mystères à ses amis chers par la voie de visions perceptibles ou de sa parole audible » (p. 54). Mais Müntzer fait porter l'essentiel de son offensive, avec la plus grande violence, sur leur pensée politique, et en particulier sur leur passivité envers l'autorité séculière. Les luthériens sont accusés de conduire leurs souverains « aux plus honteuses conceptions contre toute vérité établie » (p. 65). Ils prêchent que les princes ne sont « capables de maintenir que l'unité civile », ce qui revient à les exempter de leur devoir le plus important qui consiste à « tout risquer en faveur de l'Évangile » par une croisade visant « à éliminer les sans-Dieu » et à imposer une réforme entière et sacrée (pp. 65, 67, 68). Les princes sont donc ici les combattants de la vérité : cette vision est corroborée par la ré-interprétation – ou plutôt la falsification délibérée – de ce passage crucial au début du chapitre XIII de l'Épître de saint Paul aux Romains, que Müntzer tourne de telle sorte que la doctrine apostolique d'obéissance se transforme en devoir de guerre sainte. En renversant l'ordre des premiers versets, Müntzer trouve un biais pour suggérer que saint Paul s'attaque en fait « aux pervers qui s'opposent à l'Évangile » et appelle tous les souverains « à les ôter du chemin et à les éliminer » (p. 65). Ce qui amène Müntzer à sa menace finale : à moins que le prince n'accepte d'imposer l'Évangile par la force, « l'épée lui sera prise » par le peuple souverain et vertueux (p. 68).

Dirigé par Grebel et Mantz, le principal groupe des anabaptistes se sent guidé par des considérations assez différentes pour rejeter les vues politiques attribuées aux chefs de la Réforme magistrale. Ils étaient anarchistes plutôt que révolutionnaires : s'ils attaquaient les grands réformateurs et les autorités séculières avec tout autant de véhémence, ce n'était pas parce qu'ils pensaient que les élus devaient assumer eux-mêmes le pouvoir politique, mais plutôt parce qu'ils estimaient que ceux-ci devaient s'en abstraire complètement, abandonnant toute activité politique en vue de parvenir à leur idéal de vraie vie chrétienne (Hillerbrand, 1958, en particulier pp. 89-91).

La plus claire expression de cette profession de foi pacifiste se trouve dans ce que l'on appelle la *Confession de foi de Schleitheim*, rédigée en 1527 après une série de réunions tenues dans la ville-frontière de Schleitheim entre divers groupes d'anabaptistes suisses et allemands, destinées à mettre au point les doctrines sur lesquelles ils s'étaient tous trouvés d'accord (Clasen, 1972, pp. 43, 49). Leur hypothèse de base veut que si « l'épée est ordonnée de Dieu », elle est ordonnée « hors de la perfection du Christ » (p. 133). Les autorités séculières ne jouent aucun rôle dans le monde des régénérés : elles n'existent qu'en raison de la malheureuse nécessité de brider les pécheurs ; ce qui conduit tout droit à conclure que, même s'il peut être nécessaire de conserver l'appareil du pouvoir séculier pour maintenir la paix parmi les non-régénérés, eux-mêmes n'en ont aucun besoin, relevés qu'ils sont de leurs péchés par l'illumination du Saint-Esprit, et devenus ainsi une communauté élue au sein du monde non régénéré. Il est donc pour eux entièrement logique de revendiquer ce qu'ils appellent sans excès de cérémonie « la séparation d'avec l'abomination ». Ils entendent Dieu leur enjoindre de « se retirer de Babylone et de l'Égypte terrestre » de manière à « ne pas avoir avec eux de compagnonnage » et à « éviter de partager la douleur et les souffrances que le Seigneur leur infligera » (p. 132).

Suit un credo politique parfaitement antipolitique : refus de porter les armes et de faire usage de tout « instrument de force, non-chrétien, maléfique » ; déclaration qu'il « n'est pas approprié pour un chrétien de servir comme magistrat », et refus concomitant du recours aux tribunaux et de « porter jugement entre frère et frère » ; et encore refus d'acquitter les taxes militaires, de reconnaître les lois existantes sur la propriété, ou de prendre la moindre part aux affaires civiles ou politiques (pp. 133, 134-135 ; cf. Clasen, 1972, pp. 174-175).

Ces groupes se voient ainsi conduits à rejeter avec une force égale aussi bien les tentations des prophètes de Zwickau de dominer les autorités séculières que la tendance de Luther et Zwingli à s'y soumettre passivement. Dès que Grebel et ses amis eurent appris la teneur du *Sermon aux princes* de Müntzer, ils lui écrivirent en l'accusant de dangereuse incompréhension de l'Évangile, et en cherchant à l'attirer sur leur terrain pacifiste. « Si vous voulez défendre la guerre, écrit Grebel[1], alors je vous enjoins pour le salut de nous tous de cesser cela » (p. 84). « L'Évangile et ses adeptes n'ont pas à être protégés par l'épée, et n'ont donc pas non plus à se protéger eux-mêmes », puisque « les véritables chrétiens croyants sont agneaux parmi les loups, agneaux de boucherie » (p. 80). Le militantisme de Müntzer est ici dénoncé pour la raison très luthérienne que tout vrai chrétien doit accepter son destin, et non lui résister : « il doit être baptisé dans l'angoisse, la tribulation, la persécution, la souffrance et la mort » (p. 80). Cela ne veut pourtant pas dire que Grebel éprouve une plus grande sympathie envers l'attitude politique de Luther lui-même : il évoque avec le plus grand mépris les approches de Luther pour entrer dans les bonnes grâces des princes, « auxquels il a lié son Évangile » (p. 83). Il souligne également que tous les autres « fainéants intellectuels et docteurs de Wittenberg » ont plus ignominieusement encore refusé de reconnaître ce que lui-

---

1. Les citations sont reprises de la traduction figurant dans *Auteurs spiritualistes et anabaptistes*, éd. Williams. Pour la référence complète, voir Grebel, Conrad, dans la bibliographie des sources primaires.

même considère comme la vérité centrale dans la vie politique : que tout chrétien véritable souhaitant « s'en tenir à et se gouverner par la seule parole doit trancher tout lien avec les chefs non régénérés d'un monde non régénéré » (pp. 78, 80). Il en résulte que si l'on cherche une quelconque idée politique positive chez Grebel, Mantz ou Hubmaier, tout ce que l'on finit par trouver est un vœu pieux : qu'une fois tous les hommes illuminés par l'Esprit-Saint, le gouvernement des hommes soit remplacé par la règle de l'amour.

Ce serait une erreur de penser que la contestation anabaptiste soit jamais parvenue, même en Allemagne, à prélever des troupes conséquentes sur le courant dominant de la Réforme magistrale. On a récemment calculé que, sans compter les groupes huttérites qui se constitueront plus tard, le nombre total des anabaptistes convertis au cours de tout le siècle suivant la naissance du mouvement dans les années 1520 n'a sans doute guère dépassé onze mille âmes (Clasen, 1972, p. 26). Cependant, le poids politique des sectes radicales ne connut aucune commune mesure avec leur dimension. Tout d'abord, c'est largement en réaction à leur antinomianisme que les chefs orthodoxes de la Réforme se sentent contraints de renforcer leurs liens avec les autorités séculières. Dès 1520, Carlstadt prêchait contre le terre-à-terre de Luther et sa « foi sans amour », tandis que Müntzer consacrait un traité entier à insulter « la viande inerte qui vit dans la douceur à Wittenberg » (Williams, 1962, pp. 40, 76). Luther et Zwingli ne tarderont pas à réagir avec violence, en appelant à l'épée aussi bien qu'à la plume. C'est Luther qui fera en sorte que Carlstadt soit expulsé de l'électorat de Saxe, en 1524, et préviendra solennellement le duc Jean contre l'influence de Müntzer (Edwards, 1975, pp. 36-48). C'est Zwingli qui convaincra en 1525 les autorités civiles de Zurich d'emprisonner Grebel et Mantz, et de torturer Hubmaier jusqu'à ce qu'il abjure (Williams, 1962, pp. 121, 125, 141). On doit sans doute aussi à l'influence de Zwingli que les autorités zurichoises, en 1526, aient établi la peine de mort par noyade pour toute personne assistant à un service anabaptiste, et appliqué cette sentence à Mantz l'année suivante (Williams, 1962 pp. 144-145). À la même époque, les chefs de la Réforme magistrale se mettent à écrire des dénonciations au vitriol contre les sectes anabaptistes qui proliféraient rapidement. Luther publie en 1524 une *Lettre en opposition à l'esprit fanatique*, en réponse à un plaidoyer de Bucer. Sa brièveté lui interdit toute argumentation, et Luther s'y limite uniquement à l'invective, s'en prenant aux « attitudes rebelles et assassines » de Müntzer et de ses disciples, et accusant Carlstadt, avec « son déchaînement et son fanatisme », de déverser « fumée et brouillard pour occulter entièrement le soleil et la lumière de l'Évangile » (pp. 67, 69). Melanchthon lui-même, pourtant si diplomate, adoptera bientôt un ton tout aussi brutal, d'abord dans son traité de 1528 *Contre les anabaptistes*, puis dans une lettre de 1530 à Friedrich Myconius, troublé par le fait que six anabaptistes aient récemment été exécutés en terre luthérienne. Melanchthon balaie ces scrupules en l'assurant que les anabaptistes sont « les anges du démon » et doivent être « traités avec la plus grande sévérité, quelle que soit leur apparente innocence » (Oyer, 1964, pp. 126, 155).

Les anabaptistes vont produire un effet encore plus spectaculaire en commençant à mettre en pratique leurs théories sociales et politiques révolutionnaires. Au début du XVIe siècle, tous les gouvernements européens étaient très sensibles au risque, s'ils appuyaient l'appel à la réforme religieuse, de laisser libre cours à l'exigence d'une révolution sociale. Le bien-fondé de ces craintes semblera se confirmer largement lorsque les groupes anabaptistes fondés à Strasbourg par Melchior Hoffmann (v. 1495-1543) commenceront à échapper à tout contrôle au début des années 1530. Hoffmann s'était rendu pour la première fois à Strasbourg en 1528, après qu'une dispute avec Amsdorf eut révélé un gouffre infranchissable entre ses vues et celles des chefs orthodoxes du luthéranisme (Williams, 1962, p. 261). Bucer et Capito le traitèrent d'abord avec ménagement, mais lors de ses visites suivantes ses discours et ses écrits vont être empreints d'une telle violence et d'une telle flamme qu'ils obtiendront au bout du compte contre lui en 1533 une condamnation à la prison à vie (Kreider, 1955, p. 109). Mais celle-ci n'a qu'un effet limité pour calmer les ardeurs des bandes de « melchiorites » dont les effectifs gonflent et qui commencent à répandre le message anabaptiste à travers la Hollande et la Basse-

Rhénanie. Celui-ci est reçu avec une ferveur particulière dans la cité impériale de Münster, où le pouvoir luthérien est renversé et dont les anabaptistes prennent le contrôle sous la direction de Jan Matthys et Jean Beukels, de Leyde (Stayer, 1972, pp. 227-234). C'est là que se situe un épisode célèbre qui contribuera plus que tout autre incident à associer la Réforme à la cause révolutionnaire, et ainsi à lui aliéner les modérés de tous bords. Au début de 1534, Matthys et Beukels se mirent à recruter des soldats afin de lutter pour leur nouvelle Jérusalem, mais le Prince Évêque coupa court à leurs projets et les isola en assiégeant la cité. Matthys assuma d'abord les commandes, et entreprit d'établir un régime impliquant le partage des biens. C'était là en partie une disposition destinée à compenser les contraintes du siège, mais elle ne pouvait qu'être perçue comme une mesure révolutionnaire désespérée. Peu après, Matthys fut tué lors d'une sortie de la cité, après quoi Jean de Leyde prit le commandement et mit en place encore un nouveau régime, où le partage des épouses s'ajoutait à celui de la propriété, et où Jean se faisait lui-même couronner « roi du bon droit sur tous » (Williams, 1962, p. 373). Son royaume fut de courte durée, puisque la ville fut trahie et prise en juin 1534, ses habitants massacrés, Jean lui-même exécuté en 1536, et les restes de ses troupes aisément dispersés (Williams, 1962, pp. 380-381). Mais, en dépit de la brièveté de cet épisode, les spectres terrifiants du communisme et de la révolution avaient été brandis, et ils vont continuer de hanter jusqu'à la fin du siècle les réformateurs modérés, tout en détournant tous ceux qui éprouvaient de la sympathie pour leur cause.

Le rôle des autorités séculières

La pensée politique luthérienne parvient à un nouveau stade de son développement lorsque les autorités civiles de nombreuses cités allemandes, suivies peu après par les gouvernants danois, suédois et anglais, décident d'adopter et de propager officiellement l'un des thèmes essentiels du credo luthérien : sa conception de l'Église. Par une succession de démarches simples, et étrangement semblables dans ces différents pays, l'idée luthérienne de l'Église limitée à une *congregatio fidelium* cesse d'être une hérésie pour se voir admettre comme base d'une vision nouvelle et reconnue des justes relations entre pouvoirs ecclésiastique et politique.

On aura compris dans ce résumé qu'imposer cette nouvelle orthodoxie reposait largement sur toute une gamme d'initiatives officielles. Ce fut en général le cas, sauf dans certaines cités allemandes où le commun des mortels adopta les principes de la Réforme et l'imposa à ses souverains, et non le contraire (Moeller, 1972, pp. 60-61). On le constate fort clairement dans des cités baltes comme Rostock et Stralsund, ainsi que dans certaines cités impériales du Sud, Strasbourg en étant le meilleur exemple (Dickens, 1974, pp. 146-160). Dans cette dernière ville, on peut faire remonter la Réforme à 1521, lorsque Matthäus Zell prononce à la cathédrale une série de sermons sur l'Évangile, auxquels assistent des foules immenses, et dans lesquels il défend les idées de Luther et lit des passages de son œuvre (Chrisman, 1967, p. 100). Dès 1523, tant Martin Bucer que Wolfgang Capito avaient découvert les attraits de cette ville, et avant la fin de l'année suivante cinq des principales églises y étaient animées par des évangélistes (Chrisman, 1967, pp. 108-109, 116-117). Au début, le conseil municipal chercha à endiguer la marée, et retira leurs bénéfices à Zell et Capito (Chrisman, 1967, pp. 112-113). Mais en 1524 le mouvement réformateur s'était solidement enraciné au sein du peuple, et cinq des neuf paroisses avaient pétitionné auprès du conseil pour obtenir des prédicateurs luthériens. Comme le remarque Chrisman, les conseillers « n'avaient aucun plan ni programme systématique » à opposer à cette révolution, mais ils voulaient par-dessus tout conserver un pouvoir politique qui commençait à vaciller sous le choc entre l'ancienne foi et la nouvelle. Ils se trouvent ainsi amenés à soutenir la Réforme pour prix de la stabilité politique. Là-dessus, ils s'arrogent le droit d'attribuer les bénéfices, réintègrent les évangélistes, puis font de la Réforme un mouvement officiel, conduisant ainsi la ville entière à une rapide conversion (Dickens, 1974, pp. 151-152).

Il est cependant un peu facile d'exagérer le contraste entre, d'une part, le développement de la Réforme en Allemagne comme mouvement populaire et, de l'autre, son imposition « par le haut » (Moeller, 1972, pp. 60-61). Les *Reichsstädte*, ou cités impériales libres, ne trouvaient pas toutes évidente la montée d'un mouvement réformateur populaire. Parfois, le mouvement réformateur y était tout simplement absent : même à la fin du XVIe siècle, quatorze d'entre elles se refusaient encore à tolérer la présence d'une congrégation protestante entre leurs murs (Moeller, 1972, pp. 41, 61). Dans d'autres cas, l'adoption des nouvelles croyances résultait largement des politiques officielles, par exemple, semble-t-il, à Magdebourg et à Nuremberg (Moeller, 1972, p. 61). En outre, si l'on considère les quelque deux mille *Landstädte*, cités directement aux mains d'un prince local, on ne rencontre guère de manifestations de cet enthousiasme populaire. Comme le souligne Moeller, dans ces endroits « la Réforme ne pouvait avancer que si le seigneur terrien le permettait », avec pour résultat que ses premières conquêtes y furent nécessairement le fait des dirigeants séculiers eux-mêmes (Moeller, 1972, p. 68).

Dans la majorité des villes allemandes, les premiers pas en direction de la reconnaissance de la Réforme ne diffèrent donc guère de ceux que l'on observe au Danemark, en Suède et en Angleterre. Ils consistent à accorder la protection du gouvernement à un certain nombre de chefs luthériens précédemment harcelés ou réduits au silence, et à les encourager à faire connaître leurs vues. On peut voir un exemple clair de ce processus en Allemagne dans le cas de Nuremberg, où Osiander reçoit très tôt un poste officiel de prédicateur, et où le conseil municipal, selon l'expression de Strauss, permet aux luthériens « une victoire rapide et directe » sur l'Église établie (Strauss, 1966, p. 61). Hors d'Allemagne, c'est au Danemark que l'on rencontre les premiers signes d'une démarche similaire. En 1521, Christian II invite Carlstadt à Copenhague, tout en s'adjoignant un chapelain luthérien, Martin Reinhard, qui convertira plusieurs membres de la cour parmi lesquels la reine elle-même (Dunkley, 1948, pp. 23-24). Après son accession au trône en 1523, Frédéric Ier poursuit le processus : il autorise l'installation d'une presse à Kiel afin de publier une Bible vernaculaire, et en 1526 il délivre à Hans Tausen une lettre de protection afin de lui permettre de continuer à prêcher la foi luthérienne (Dunkley, 1948, pp. 54, 114). On assiste peu après au même genre de comportements officiels en Suède. En 1524, Gustave Vasa confie à Olaus Petri la charge de prêcher à l'église Saint-Nicolas de Stockholm, mettant ainsi « le plus influent pupitre de Suède », comme dit Roberts, à la disposition d'un luthérien convaincu (Roberts, 1968, p. 69). La même année, le roi rejette une requête de Brask, évêque conservateur de Linköping, tendant à interdire la vente et la lecture d'ouvrages luthériens, et deux ans plus tard il ordonne l'arrêt de la presse qu'avait installée Brask pour publier des traités anti-luthériens (Bergendoff, 1928, pp. 11, 23, 27). Enfin, on retrouvera quelque temps plus tard les mêmes approches en Angleterre. En 1531, on tente de convaincre Tyndale de quitter le continent « pour le gagner à la cause du roi », et l'on parviendra bientôt à recruter Barnes et Coverdale au service du gouvernement (Mozley, 1937, p. 187). Coverdale sera embauché en 1537 par Cromwell en tant que traducteur, et Barnes, nommé chapelain royal en 1535, fera fonction de négociateur avec les luthériens du continent, d'abord en 1535 pour approcher les princes de la ligue de Schmalkalden, et encore quatre ans plus tard lors des discussions sur le mariage de Clèves (Tjernagel, 1965, pp. 143-144). À cette époque, plusieurs des plus radicaux prédicateurs luthériens accèdent à de hautes fonctions dans l'Église, le meilleur exemple en étant celui de Hugh Latimer. Soupçonné d'hérésie tout au long des années 1520, il s'était vu interdire de prêche en 1525 par l'évêque d'Ély (Chester, 1954, pp. 25-26). Pourtant, dès 1530, il prêchait devant la cour, en 1534 il était désigné pour prêcher chaque semaine devant le roi, et en 1535 Cranmer le consacrait évêque de Worcester (Chester, 1954, pp. 53-55, 100-104).

Puis, dans tous ces pays, vient l'étape officielle la plus cruciale qui consiste à convoquer une assemblée nationale, que les gouvernements utiliseront dans chaque cas pour proclamer leur rejet des pouvoirs légaux et juridictionnels jusque-là concédés sur leurs territoires à la papauté et à l'Église catholique. Et dans chaque cas, pour légitimer ces changements ils ont recours à cette conception purement luthérienne de l'Église comme organe exclusivement spirituel, dont le rôle se limite à répandre la parole de Dieu sans revendiquer aucun autre pouvoir.

Hors d'Allemagne, le premier à franchir ce pas décisif est Frédéric Ier du Danemark. En 1527, il réunit le Rigsdag à Odense et déjoue une tentative des évêques visant à défendre les prérogatives traditionnelles de l'Église, en laissant libre cours à l'anticléricalisme de la noblesse (Grimm, 1954, p. 238). La Suède adopte la même attitude presque au même moment : le Rigsdag qui se réunit à Vasteras en 1527 prononce une ordonnance transférant à la couronne la compétence des nominations ecclésiastiques, retirant au clergé ses immunités juridiques, et abolissant les pouvoirs indépendants des tribunaux ecclésiastiques. Par un rescrit latin ajouté à l'ordonnance, l'obligation de verser les annates à Rome est également abolie, ainsi d'ailleurs que le droit du Vatican à confirmer les nominations ecclésiastiques (Bergendoff, 1928, p. 37). Enfin, une campagne analogue se déroule au début des années 1530 en Angleterre. Lorsque le Parlement de Réforme se réunit pour la première fois en 1529, des manifestations spontanées se produisent devant la Chambre des Communes – où l'on se souvient de Richard Hunne – contre les « lourds prélèvements et extrêmes exactions » pratiqués par le clergé, et contre tout le système des « ordinaires » ou tribunaux ecclésiastiques (Lehmberg, 1970, pp. 81-82). Quand Thomas Cromwell prend les rênes du gouvernement, ces revendications se transforment en politique officielle : les événements majeurs vont se dérouler au cours de la session de 1532. Cromwell commence par remettre au jour un manifeste anticlérical qu'il avait sans doute rédigé lui-même en 1529 pour le compte des Communes, connu à l'époque sous le nom de Supplication des Communes contre les ordinaires (Elton 1951, pp. 517, 520). On lui donne désormais le statut de remontrance officielle, et le roi la présente à l'Assemblée en demandant que celle-ci en étudie formellement les requêtes. La première suite est une vive *Réponse* des chefs de l'Église en défense de leurs pouvoirs juridictionnels acquis, manifestement l'œuvre de Stephen Gardiner, nouvel évêque de

Winchester et premier canoniste de l'Église d'Angleterre (Lehmberg, 1970, p. 150 et note). Mais quand le roi dénonce en personne cette *Réponse* dans une adresse aux Communes, l'Assemblée cède brusquement et réagit en mai 1532 par l'historique « Soumission du Clergé », où il abandonne sa prétention à agir en autorité législative indépendante (Lehmberg, 1970, pp. 150-151). Il est vrai que cette reddition étonnante est le fait d'un Parlement Croupion, et que les vues de l'ensemble de la Chambre n'ont sans doute jamais été scrutées (Kelly, 1965, pp. 116-117). Mais le gouvernement ne se saisit pas moins bien volontiers de cette soumission, qui sera ensuite confirmée par l'Acte de soumission du clergé, en 1534. La décision de confirmer la Soumission en l'enregistrant comme Acte sert elle-même à symboliser le triomphe du Statut sur le droit canon, alors que le contenu de l'Acte lui-même explique au-delà de toute ambiguïté qu'il est mis un terme définitif au statut de l'Église en tant que *regnum* séparé (Dickens, 1964, p. 472). Le droit du Synode à siéger sans mandat royal est aboli. Les membres du Synode se voient intimer de renoncer au droit de prononcer de nouveaux canons de droit, et de soumettre tous les canons existants à une commission nommée par le roi afin d'assurer qu'aucun d'entre eux ne soit « contraire ou hostile » à l'égard « des coutumes, des lois et des statuts de ce royaume » (Lehmberg, 1970, pp. 149-150). Enfin, le clergé est obligé de reconnaître, comme le précise l'Acte, que toutes les ordonnances « prises jusqu'à ce jour » par le synode ont été « très préjudiciables au roi et hostiles aux lois et statuts de ce royaume » (Elton, 1960, p. 339).

Tout cela ne signifie certes pas que la controverse sur la démarcation entre *regnum* et *sacerdotium* s'achève définitivement dans ces pays à ce moment précis. On pourrait même soutenir que, en Angleterre au moins, puisque les évêques siègent toujours aujourd'hui à la Chambre des Lords, le sujet est toujours d'actualité. Mais le problème reprit bien un tour menaçant à la fin du XVIe siècle, non seulement à cause de l'hostilité des puritains, mais aussi en raison de l'attitude adoptée par certains prélats anti-calvinistes qui appuyaient la position « arminienne » selon laquelle, les évêques tenant leur office de *iure divino*, ils devaient conserver une certaine indépendance vis-à-vis des autorités séculières (Tyacke, 1973). C'est néanmoins au cours de la révolution des années 1530 que furent jetées les bases théoriques d'une politique potentielle de séparation de l'Église et de l'État, qui devait s'exprimer officiellement deux siècles plus tard au sein de l'oligarchie whig : elle sera alors reprise par des ecclésiastiques tenants du libéralisme de Locke, parmi lesquels Benjamin Hoadly qui allait jusqu'à faire savoir qu'il approuvait la décision gouvernementale, prise au début du XVIIIe siècle, de mettre un terme définitif à la convocation du synode (Sykes, 1934, pp. 310-314, 350).

Dans chacun de ces pays, la dernière étape consistera à tirer les conséquences de ces offensives contre l'indépendance des pouvoirs de l'Église. Chaque fois, on proclamera que c'est le roi et non le pape qui est chef de l'Église, et on transférera à la couronne tous les pouvoirs juridictionnels que l'Église exerçait auparavant.

Au Danemark et en Suède, il fallut quelques années pour en arriver là. En Angleterre ce fut en revanche presque immédiat, en grande partie grâce au génie législatif de Thomas Cromwell, dont les préambules aux principaux actes passés pendant le schisme d'Henri VIII forment l'une des synthèses les plus incisives de la pensée politique qui accompagnait et légitimait cette étape de la Réforme. C'est avec l'Acte de restriction des appels à Rome, en 1533, que la passation de pouvoirs entre l'Église et la couronne apparaît au grand jour[1]. Le célèbre préambule de Cromwell à cet acte, meilleur exemple qui soit de ses opinions politiques personnelles, tient pour acquis que l'Église, loin d'être en aucune manière un *regnum* en soi à l'intérieur du monde politique, n'est rien d'autre qu'un ensemble de croyants. Elle est simplement « cette partie du prétendu corps politique qu'on appelle spiritualité, désormais couramment désignée comme Église d'Angleterre » (Elton, 1960, p. 344) : prémisse marsilienne donnée comme induisant que les pouvoirs de la couronne doivent se dérouler selon une ligne

---

1. À propos de l'importance particulière de cet acte, et du rôle de Cromwell dans sa rédaction (comprenant une analyse des révisions détaillées qu'il a apportées aux huit exemplaires subsistants), voir la reconstitution d'Elton, 1949.

continue, englobant les affaires spirituelles comme les affaires temporelles. Cette thèse est présentée au début du préambule et prend la forme de l'affirmation selon laquelle « ce royaume d'Angleterre est un empire » qui est donc « gouverné par un unique chef suprême » disposant d'un « pouvoir plein, entier et complet ». Les droits impériaux du roi lui permettent ainsi « de dire et rendre la justice et de prononcer les sentences finales envers toutes les conditions », laïques comme spirituelles, et de juger en dernière instance « en toute cause », qu'elle soit de nature temporelle ou spirituelle (Elton, 1960, p. 344).

Sous ces idées, on trouve bien sûr l'hypothèse hérétique voulant que le roi soit le chef de l'Église. Henri VIII chercha d'abord à arracher cette reconnaissance au synode en 1531, au moment où le clergé, accusé de *praemunire*, cherchait à obtenir le pardon du souverain (Lehmberg, 1970, pp. 109-113). Dans une proclamation lue par l'archevêque Warham en février 1531 devant un synode médusé, le roi informait tout simplement l'auditoire qu'il pouvait être tenu pour le « seul protecteur et chef suprême de l'Église et du clergé d'Angleterre[1] ». Les porte-parole du synode s'arrangèrent dans leur réponse pour rappeler au roi que cela n'est vrai que « dans la mesure où par la loi de Dieu le permet[2] ». Mais, en dépit de ce rappel, la suprématie fut réellement présupposée dans la législation des deux années suivantes, et notamment dans l'acte de 1534 confiant la succession à Élisabeth, fille d'Anne Boleyn. Accepter la validité de cette ligne successorale revenait à reconnaître le divorce que le nouvel archevêque de Canterbury, Thomas Cranmer, avait concédé au roi l'année précédente. Mais reconnaître le divorce reve-

---

1. Voir Elton, 1960, pp. 330-331. Lehmberg, 1970, p. 114, rend ce passage par « seul protecteur et chef suprême de l'Église et du clergé anglicans », ce qui constitue un anachronisme évident et donc une traduction quelque peu trompeuse.

2. « *Quantum per legem Dei licet* ». Lehmberg, 1970, p. 114, se trompe en traduisant « dans la mesure où la parole de Dieu le permet », ce qui laisse supposer que l'on invoque les Écritures et donne à cette réponse une coloration « luthérienne » que le synode n'aurait certainement jamais adoptée à cette époque.

nait à admettre que, comme le maintenait le préambule de l'Acte de succession, les juridictions revendiquées par « l'évêque de Rome » étaient « contraires aux grandes et inviolables attributions de juridictions faites immédiatement par Dieu aux empereurs, rois et princes » (Elton, 1960, p. 7). Et admettre le caractère « immédiat » de *toutes* ces concessions juridictionnelles faites par Dieu aux rois revenait à rejeter les pouvoirs traditionnellement réclamés par la papauté et l'Église, et donc toute la vision catholique des justes relations entre *regnum* et *sacerdotium*. L'hypothèse idéologique de l'Acte de succession était donc de portée historique, comme le comprirent bien More et Fisher. Et il ne fait pas de doute que c'était tout à fait l'intention du gouvernement. On le voit clairement d'abord dans un serment annexé à l'acte lui-même, qui faisait du refus de reconnaître la suprématie un crime de trahison. Et l'on retrouve encore plus clairement ce même point l'année suivante dans l'Acte de suprématie, qui proclamait simplement (mais avec une exactitude relative) que tout le monde admettait le droit du roi à être appelé « le chef suprême de l'Église d'Angleterre » (Elton, 1960, p. 355).

Au Danemark et en Suède, cette dernière étape consistant à proclamer la suprématie royale sur l'Église, et ainsi à affirmer les droits « impériaux » des autorités séculières, intervint peu après. Au Danemark, l'offensive s'acheva avec la réunion du Rigsdag à la fin de la guerre civile, en 1536. Le recès publié à l'issue de la session dispose explicitement que les seules fonctions de l'Église consistent « à prêcher la parole de Dieu et à instruire le peuple dans la foi chrétienne » (Dunkley, 1948, p. 75). La voie était donc libre pour proclamer, dans la Charte électorale du roi édictée en même temps, qu'il existerait désormais « une concentration de tous les pouvoirs civils et ecclésiastiques entre les mains du roi et du Conseil » (Dunkley, 1948, pp. 74-75). Enfin, les mêmes démarches sont entreprises trois ans plus tard en Suède, après la nomination de Conrad von Pyhy au poste de secrétaire du roi. Ici, la campagne sera encore plus rapide et décidée. Le Conseil de l'Église est convoqué en 1539 sous la présidence de Pyhy ; celui-ci ne parvenant pas à convaincre l'archevêque, Laurentius Petri, des conséquences de l'injonction « vous serez des prédicateurs, non des seigneurs », le Conseil est purement et simplement dissous (Roberts, 1968, pp. 114, 116). Le roi se proclame « au nom de la plénitude de notre pouvoir royal » chef et « défenseur suprême » de l'Église, qu'il va alors réorganiser selon une conception purement luthérienne, prenant le contrôle de toutes les nominations et s'emparant de tous ses pouvoirs et richesses (Martin, 1906, p. 456 ; Roberts, 1968, pp. 116, 119).

On peut avancer que l'importance idéologique de ces assertions de droits « impériaux » opposés à ceux de l'Église a été largement sous-estimée par de nombreux historiens de la politique de ces derniers temps. Notamment dans leurs études concernant le schisme d'Henri VIII en Angleterre, ils ont tendu à privilégier le fait incontestable qu'à la fin du XVe siècle la couronne avait déjà acquis de fait un contrôle considérable sur les pouvoirs formellement exercés par la papauté au sein de l'Église d'Angleterre. Il était donc facile de décrire la Réforme d'Henri VIII comme n'étant rien d'autre que « le fruit du régalisme médiéval ». Thomas Cromwell, invoquant les pouvoirs « impériaux » du roi, voyait son rôle qualifié de « parfaitement médiéval » toutes les opérations des années 1530 étant réduites au simple achèvement d'une « inexorable évolution vers une Église nationale », qui faisait déjà « partie intégrante de l'État » dès le début du XVIe siècle (Harriss, 1963, pp. 11, 16-17).

Il est bien sûr exact qu'en mettant en avant les droits « impériaux » de la couronne, Cromwell reprenait « le langage du Moyen Âge » (Harriss, 1963, p. 12). Comme on l'a vu, la thèse selon laquelle chaque souverain serait *sibi princeps*, chaque *rex* ayant les pouvoirs d'un *imperator* au sein de son propre *regnum*, avait fait surface dès le milieu du XIVe siècle chez Bartole et ses disciples, en tant que moyen de soutenir les juridictions autonomes des autorités séculières. Encore faut-il poser la question des divers usages impartis à ces concepts à des époques différentes. Lorsqu'on évoquait l'idée du roi comme *imperator in regno suo* au Moyen Âge, comme ce fut par exemple le cas en Angleterre en 1393 puis en 1399, c'était généralement au cours d'une dispute de compétences avec la papauté à propos des pouvoirs de la couronne sur l'Église.

En d'autres termes, elle ne servait qu'à mettre en cause l'étendue du droit du pape à intervenir. Au contraire, lorsque Cromwell y a recours dans le préambule à l'acte sur les appels de 1533, elle est destinée à affirmer qu'il n'existe aucune raison de procéder à une telle démarcation. Elle ne servait donc pas à légitimer une tentative de limiter les juridictions pontificales, mais à légitimer la pure et simple négation de celles-ci.

Il semble donc juste d'avancer, avec Elton notamment, que le credo politique de Cromwell était de nature politique, et que l'application qu'il donnait à l'idée traditionnelle des pouvoirs « impériaux » de la couronne constituait une démarche radicalement nouvelle (Elton, 1956, p. 88). Non qu'il faille nier que tous les efforts furent entrepris à l'époque pour occulter la nouveauté de la position ainsi adoptée. Cromwell fit échouer deux tentatives du roi visant à ce que l'acte des appels soit formulé de manière à rendre explicite la nouveauté de ses thèmes idéologiques, et il jugea bon d'assurer les lecteurs de son préambule que ces arguments avaient déjà été « ouvertement défendus et exprimés » dans « d'anciennes histoires authentiques et chroniques diverses et variées » (Elton, 1960, p. 344). Mais prendre ces affirmations au pied de la lettre revient à tomber dans le piège tendu par la propagande des Tudors, ce que justement Cromwell souhaitait sans aucun doute. Même si l'acte emploie « le langage du Moyen Âge », sur deux points vitaux la sémantique est décidément révolutionnaire. D'abord, l'idée que l'Église anglaise ne serait qu'un membre de l'Église « catholique » (c'est-à-dire universelle) basée à Rome est définitivement écartée : l'Église en Angleterre se transforme en Église d'Angleterre. Ensuite, on commence à voir émerger une notion distinctement moderne de l'obligation politique : c'est à ce moment, et non auparavant, qu'il devient possible aux autorités séculières de légitimer la thèse voulant qu'on les tienne pour seul pouvoir juridictionnel sur leur propre territoire, et donc qu'elles soient reconnues comme seul objet légitime de l'allégeance politique des sujets.

La mise en œuvre de la Réforme

En tant qu'idéologie politique, le stade ultime et décisif de l'évolution du luthéranisme est atteint lorsque les autorités séculières, ayant commencé par tâter un peu de l'hérésie, s'avancent jusqu'à exiger l'adhésion de leurs sujets aux nouvelles dispositions religieuses. Il ne fallut pour cela guère d'efforts supplémentaires au Danemark et dans les régions luthériennes d'Allemagne. On a vu que, en Allemagne, la Réforme était dans une large mesure un mouvement d'origine populaire, de sorte que le besoin d'une campagne distincte se fit peu sentir. Au Danemark, la Réforme avait surtout été imposée « d'en haut », mais étant imposée à la fin d'une longue guerre civile elle semble avoir été acceptée avec promptitude et soulagement. Mais si l'on considère la Suède et l'Angleterre, on constate que ces gouvernements, avant de parvenir à imposer la nouvelle orthodoxie, durent franchir deux étapes supplémentaires : l'une consistait à faire taire les plus récalcitrants des opposants aux nouvelles dispositions ; l'autre, à persuader la grande masse de la population, souvent rétive et mal informée à l'égard des changements, de les accepter et d'y adhérer.

En Suède, la suprématie royale se heurta à l'opposition de certains des principaux conseillers du roi, le chancelier Lars Andraea émettant en 1539 les réserves les plus expresses, et à celle de divers grands hommes d'Église parmi lesquels Olaus Petri. Une contestation plus dangereuse encore surgit deux ans plus tard, lorsqu'éclata dans la lointaine province méridionale du Småland une révolte conduite par Nils Danke. Le gouvernement régla ces deux formes de protestation en toute rigueur. Les scrupules exprimés par Andraea et Petri leur valurent d'être traduits au début de 1540 devant un tribunal de sénateurs qui les condamna à mort pour haute trahison – la sentence sera cependant commuée en amendes et peines de prison (Martin, 1906, pp. 459-460). Le soulèvement du Småland fut plus difficile à mater, mais dès 1543 les troupes de Danke avaient été défaites sur le champ de bataille, Danke exécuté avec sa famille, et plusieurs centaines des paysans impliqués avaient été déportés en Finlande (Roberts, 1968, p. 136).

En Angleterre, cette étape de la Réforme s'inscrivit aussi dans un schéma contestation-répression. Elton a récemment avancé que considérer cela comme une « persécution brutale » serait une erreur (Elton, 1972, p. 399). Or, s'il existe certes une marge pour débattre de ce qui constitue la brutalité nue, il demeure ce fait patent que, tandis que la plupart des meneurs de l'opposition suédoise étaient emprisonnés ou déportés, leurs homologues anglais y laissaient le plus souvent la vie. Comme en Suède, le gouvernement devait faire face à deux formes de mécontentement distinctes : un soulèvement populaire dirigé par Robert Aske, souvent connu comme Pèlerinage de grâce, se produit dans les régions du Nord les plus reculées, notamment dans certaines parties du Yorkshire. Menaçant pendant l'hiver de 1536, il sera contenu vite et efficacement au début de l'année suivante. Quelques doutes à propos de la suprématie royale s'élevèrent aussi au sein du gouvernement, et jusque dans le cercle de la famille royale elle-même. Au sein de celle-ci, l'opposition venait de la famille de Sir Richard Pole, tandis qu'au gouvernement elle émanait du Lord Chancelier, Sir Thomas More, dont les scrupules étaient partagés par plusieurs éminents hommes d'Église, notamment Stephen Gardiner de Winchester[1] et John Fisher de Rochester.

Le comportement qu'adoptèrent More et Fisher forme un épisode célèbre et héroïque, qui revêt également une importance considérable dans ses aspects idéologiques. Il est cependant probable que l'opposition de la famille Pole parût plus alarmante

---

1. On l'a déjà indiqué, Gardiner avait déjà tenté de défier le gouvernement en conduisant la contre-attaque du synode sur les changements proposés par son ennemi juré, Cromwell. Dans les années 1530, Gardiner parvint, bien entendu après d'intenses luttes intestines, à faire la paix avec le gouvernement de Cromwell. Mais il était toujours là à la fin du règne d'Henri VIII pour diriger la réaction catholique, se débarrasser de Cromwell et devenir le chef du renouveau catholique sous Marie. Voir plus loin, pp. 494-496.

aux yeux du gouvernement. Non seulement elle comportait la possibilité d'une menace yorkiste envers le trône[1], mais elle conduisit aussi Reginald Pole à publier l'exposé théorique le plus important de la position orthodoxe contre les amitions du roi quant à la primauté dans l'Église. Même si Pole patronnait plusieurs humanistes radicaux, dont Thomas Starkey et Richard Morison, il demeura inébranlablement fidèle à l'Église, et put vivre jusqu'à être nommé, au début du règne de Marie, dernier archevêque catholique romain de Canterbury (Schenk, 1950, p. 144). Cet écrit parut en 1539, sous la forme d'un traité en latin intitulé *Une défense de l'unité de l'Église*. L'ouvrage se déroule en quatre « livres », le dernier suppliant Henri VIII d'amender ses manières. Il est précédé d'une longue attaque personnelle contre le roi en tant que « chef de l'Église de Satan » (p. 229), qualifiée par Starkey d'« hystérique », que même les conseillers de Pole estimèrent trop violente pour avoir un quelconque effet positif (Schenk, 1950, p. 72). Mais les deux premiers Livres constituent une défense élaborée de l'idée qu'il est « totalement impossible au roi d'être le chef de l'Église » (p. 205). L'argumentation se développe surtout sous la forme d'une réponse à un plaidoyer en faveur de la suprématie royale publié par Richard Sampson en 1535. Le livre I s'attaque à cette position en développant un des grands thèmes de la pensée politique scolastique. Le roi ne peut être chef de l'Église, est-il dit, puisque l'Église est un don de Dieu tandis que le *regnum* n'est qu'une création des citoyens eux-mêmes, qui « se soumettent spontanément » à une autorité qu'ils établissent pour satisfaire leurs propres besoins (pp. 91, 93). Le livre II renforce cette distinction en critiquant l'hypothèse de Sampson réduisant le pape au statut

---

1. C'était là indubitablement un fantasme, mais qui se fondait sur le fait réel que la veuve de Sir Richard Pole, non contente d'être une Plantagenêt (puisque fille du duc de Clarence), était aussi inflexiblement opposée au mariage du roi avec Anne Boleyn par fidélité à Catherine d'Aragon, dont elle avait contribué à élever la fille, Marie, dans les années 1520. Outre ce lien de famille avec le Faiseur de rois lui-même, les Pole étaient aussi apparentés à Henri VIII puisque Sir Richard Pole était le cousin du père du roi.

d'évêque de Rome (p. 116). À cette fin, Pole cite un nombre écrasant d'autorités à l'appui de ce qu'il répète sans cesse, à savoir que si dès l'origine le Christ a remis les clefs de l'Église à saint Pierre, elles doivent demeurer aux bons soins du successeur de saint Pierre, le pape (pp. 138-139, 145-148).

Il fut impossible au gouvernement anglais de capturer ou de faire taire Pole, même si Cromwell est censé avoir dit qu'il lui ferait « manger son propre cœur » pour avoir écrit la *Défense*, tandis que le roi exigeait qu'il fût « de quelque manière ficelé et ramené » en Angleterre pour répondre de ses vues (Schenk, 1950, pp. 79, 88). Ces menaces furent sans aucun effet, car dès que Pole avait eu en 1532 son premier désaccord avec le roi à propos du divorce, il s'était prudemment arrangé pour obtenir la permission de visiter l'Italie où il vécut ensuite dans une relative sécurité (Schenk, 1950, p. 29). Mais comme il le reconnut lui-même, il eut bien de la chance. Pour avoir exprimé à peu près les mêmes doutes, More et Fisher se retrouvèrent emprisonnés à la Tour de Londres en 1534, et tous deux exécutés pour trahison au milieu de l'année suivante (Reynolds, 1955, pp. 281, 286). Bientôt après, bon nombre des parents de Pole furent persécutés pour avoir, disait-on, laissé entendre leur sympathie à l'égard des positions qu'il avait prises : son frère Geoffrey fut arrêté en 1538 et forcé à impliquer le reste de sa famille dans une accusation de trahison, ce qui permit l'arrestation de son autre frère, de son cousin et de sa mère, et en 1541 tous sauf un avaient été exécutés (Schenk, 1950, pp. 82-84).

On a généralement décrit l'opposition de Pole, Fisher et More comme celle de « conservateurs[1] ». Elton ajoute que, dans le cas de More, l'essence du conservatisme réside dans le fait qu'il persiste à s'accrocher à une « conception d'une loi chrétienne universelle à laquelle la loi humaine devrait se conformer », à une époque où Thomas Cromwell émancipait délibérément l'autorité délibérative de toute contrainte de cette nature (Elton, 1955, p. 167). On peut pourtant objecter que c'est peut-être là mal interpréter le fonde-

---

1. Pour cette position, voir par exemple Baumer, 1940, p. 63, et Elton, 1960, p. 231.

ment théorique de l'intransigeance de More et de Fisher. Ceux-ci ne semblent pas tant avoir résisté parce qu'ils tenaient le programme législatif de Cromwell pour une chose aussi improbable qu'une tentative de mettre les pouvoirs statutaires sur une base entièrement positive, mais plus simplement parce qu'ils y prévoyaient l'inéluctable suppression des pouvoirs et privilèges traditionnellement exercés par l'Église anglaise.

Que cela ait constitué la base de la contestation de More et de Fisher paraît confirmé si l'on s'attache à la nature des questions sur lesquelles ils atteignent un point limite. Si More démissionne de son poste de Lord Chancelier, c'est au sujet de la Soumission du clergé, en 1532 (Chambers, 1935, p. 241). Lui et Fisher sont tous deux condamnés pour leur refus de signer le serment annexé à l'Acte de succession, en 1534 (Chambers, 1935, p. 287). Dans ces deux textes législatifs, le dilemme résidait en ce qu'ils contrevenaient au statut convenu de l'Église comme *regnum* coordonné plutôt que subordonné aux autorités séculières. Évidemment, More était tout à fait disposé à reconnaître le droit du roi à se faire obéir devant le Parlement en toute matière temporelle. Il pouvait encore aller jusqu'à reconnaître Élisabeth comme héritière du trône, ainsi qu'il était requis dans l'Acte de succession, bien qu'il fût évidemment tenu de la considérer comme illégitime (Chambers, 1935, p. 291). Mais il voyait clairement que reconnaître la Soumission de 1532 mettait en danger les droits juridictionnels de l'Église, et que prêter le serment de 1534 présupposait le droit du roi à se passer de l'autorité du pape. Pour More et Fischer, le point d'arrêt était donc que, dans leur vision religieuse et politique, l'indépendance de l'Église était traitée comme inviolable : l'essence de leur conservatisme résidait simplement dans le fait qu'ils étaient catholiques au sens le plus plein du terme.

Les campagnes officielles visant à imposer la Réforme en Europe semblent en général s'achever à ce stade, avec la répudiation de Rome, la prise en main de tous les pouvoirs ecclésiastiques par les autorités séculières, et l'élimination par la force de toute opposition au nouveau cours. Toutefois, en Angleterre, la Réforme d'Henri VIII comporte une étape supplémentaire qui revêt un intérêt particulier pour l'historien de la pensée politique. Elle consiste à tenter de faire accepter les dispositions relatives à l'Église non seulement par la répression, mais aussi par une campagne officielle de propagande politique, la première jamais montée en Angleterre à l'aide de la presse d'imprimerie.

La conception de cette campagne est avant tout l'œuvre de Thomas Cromwell, sous le ministère duquel parurent près de cinquante livres en défense du schisme, dont la plupart publiés chez Berthelet, l'imprimeur du roi (Baumer, 1940, pp. 211-224)[1]. Il serait bien sûr excessif de ne voir dans tous ces textes que des produits directs de l'initiative gouvernementale (Elton, 1972, pp. 171-172). Mais il ne fait pas de doute que Cromwell et ses agents planifièrent, orchestrèrent et financèrent une campagne de propagande, et l'on a même pu avancer qu'en examinant la nature des relations entre Cromwell et les propagandistes-missionnaires qu'il employait on doit conclure que bien souvent il inspirait leurs arguments tout autant qu'il les répandait (Elton, 1973, pp. 38, 52).

On peut distinguer deux aspects, ou plutôt deux phases successives, dans la campagne de Cromwell. Son premier mouvement consiste à amener divers grands canonistes à défendre les nouvelles dispositions, et notamment à plaider la légalité de la suprématie royale au sein de l'Église. C'était déjà là un coup formidable, puisque le droit canon, mettant l'accent sur les pouvoirs juridictionnels séparés de la papauté, semblait offrir aux opposants du pouvoir le plus puissant des outils de discours. En conséquence, la sincérité des auteurs employés par Cromwell sera souvent mise en doute (par exemple Hughes, 1950-1954, I, 342). Dickens a certes récemment tenté de soutenir qu'ils tenaient réellement à « toute l'attitude royaliste » et « croyaient vraiment » à ce qu'ils écrivaient (Dickens, 1964, p. 243). Il paraît cependant plausible que dans certains cas ils recherchaient avant tout un avancement rapide au sein de l'Église. On peut mentionner notamment à cet égard

---

1. Les meilleures études de la campagne de Cromwell sont dans Elton, 1972, et Elton, 1973. Ma propre analyse doit beaucoup à ces deux contributions de grande valeur.

Edward Foxe (v. 1496-1538) et Richard Sampson († 1554), tous deux nommés évêques aussitôt après avoir rempli leurs devoirs schismatiques. Foxe, ancien aumônier du roi, se voit attribuer en 1535 le siège de Hereford pour prix de ses services ; Sampson, ancien doyen de la Chapelle royale, reçoit le siège de Chichester l'année suivante (Elton, 1972, p. 182). D'autres semblent en outre avoir subi de sévères pressions pour écrire ce qu'ils ont écrit : Stephen Gardiner notamment (1483-1555), dont le gouvernement désirait tout spécialement s'assurer le soutien en raison de sa notoriété de canoniste. Le roi en personne dira ses soupçons à propos de la « duplicité colorée » de Gardiner, et la rumeur courut qu'il n'avait livré sa copie en faveur des nouvelles structures qu'après avoir été menacé d'emprisonnement, ou peut-être de mort, s'il s'y refusait (Muller, 1926, p. 65 ; Smith, 1953, p. 184).

Si la sincérité peut avoir parmi ses critères la cohérence, il est difficile de ne pas admettre que le gouvernement disposait d'un terrain solide pour douter de la bonne foi de certains au moins de ces hommes d'Église. Plus tard, Sampson appuiera Gardiner contre Cromwell, soutiendra la réaction catholique à la fin du règne, et pourra même faire allégeance à Marie en 1553 (Smith, 1953, pp. 142, 216). Gardiner deviendra ensuite une des figures majeures de la « réaction Mariane » au milieu des années 1550. Nommé Lord Chancelier en 1553, il remit aussitôt en vigueur le statut anti-hérétique de 1401, et commença dès l'année suivante à persécuter comme on le sait les protestants anglais (Muller, 1926, pp. 218, 266). Pourtant, dans les années 1530, Sampson, Foxe et Gardiner avaient tous publié des traités importants en faveur du divorce et de la suprématie royale. Le premier paru, et le plus prudent dans la manière, fut l'*Oraison* de Sampson en 1534, qui se targuait selon le sous-titre « d'enseigner à chacun qu'il faut obéir à la volonté du roi ». Plus tard au cours de la même année, Foxe suit avec un « bref traité » sur *La Vraie Différence entre pouvoir royal et pouvoir ecclésiastique*. Il est possible que celui-ci ait été rédigé avant même le livre de Sampson, bien qu'il comporte une charge encore plus violente contre l'autorité du pape. Enfin, Gardiner publiera le plus important et le plus radical de ces traités en 1535, *L'Oraison de la vraie obéissance*.

L'objet principal de ces traités, comme le souligne Gardiner, consistait simplement à consacrer le droit du roi à « divorcer d'un mariage illicite » et à se déclarer « chef suprême sur terre de l'Église d'Angleterre » (pp. 87, 91). Mais, pour les besoins de la cause, il fallait bien y adopter une vision de l'autorité temporelle et spirituelle d'une tonalité nettement luthérienne – Gardiner semble même à plusieurs reprises faire allusion à *L'Obéissance du chrétien* de Tyndale[1]. Tous commencent ainsi par soutenir que la seule bonne source pour comprendre l'autorité politique se trouve dans les Écritures. Gardiner poursuit aussitôt en notant que dans l'Ancien Testament Dieu déclare que « les princes règnent par son autorité », et que dans le Nouveau Testament, saint Paul ajoute que « quiconque résiste au pouvoir résiste à l'ordonnance divine » (p. 89). Foxe traite du même sujet avec une emphase plus grande encore, le présentant en conclusion plutôt qu'en introduction à son ouvrage. Il retrace d'abord de larges plages de l'histoire de l'Ancien Testament, censées démontrer que « Dieu a bien ordonné de sa propre bouche aux rois d'être les souverains de son peuple » (f° 56). Passant ensuite à l'Épître de saint Paul aux Romains, texte préféré de tous les réformateurs luthériens, il demande au lecteur « de s'attarder un moment et de s'attacher à étudier cet endroit » (f° 68). L'issue, dit-il, en sera la reconnaissance de trois points essentiels chez saint Paul : celui-ci « intime à tout homme l'obéissance » ; il « n'en exempte aucun homme » ; et il promet la damnation à tout homme qui désobéirait à son souverain en quelque manière que ce soit (f°s 68-69). Tous ces auteurs soutiennent ensuite que, lorsqu'on a entièrement saisi cette vision de l'autorité temporelle, la décision du roi de se proclamer chef de l'Église ne pose aucun problème : il ne fait qu'effacer ce que Gardiner appelle « les pouvoirs faussement prétendus par l'évêque de Rome », faisant ainsi en sorte que « le pouvoir appartenant au prince de par la loi de Dieu » est « exprimé

---

1. C'est une suggestion de Janelle, 1930, p. LIV.

plus clairement en des termes plus justes » (p. 93). Il en résulte qu'ils investissent tous le roi lui-même de la direction de l'Église. Alors que les civilistes (comme St. German) envisagent que la suprématie appartienne au roi face au Parlement, les canonistes semblent tenir pour une autorité purement personnelle, et n'évoquent absolument jamais le rôle du Parlement dans les affaires de l'Église (Baumer, 1940, p. 58).

Ils reconnaissent pourtant qu'une objection se présente forcément à l'encontre de cette vision de l'autorité temporelle. Comme le dit Gardiner, chacun admettra « que l'obéissance est due », mais se demandera tout de même « jusqu'où s'étendent les limites de l'exigence d'obéissance » (p. 99). Cela les amène à considérer un nouveau sujet, toujours sous un angle nettement luthérien, celui des relations entre autorités séculières et Église. Là-dessus, tous campent fermement sur la thèse voulant que, selon Foxe, l'Église ne soit rien d'autre que « la multitude des croyants » (f° 10). Foxe se sert de cette définition tout au long de la première partie de son ouvrage, dans lequel il formule sa grande attaque contre les juridictions du pape. Gardiner ne se montre pas moins décidé à ce propos, en soulignant que l'Église « n'est rien d'autre que la congrégation des hommes et femmes, clercs et laïcs, unis dans la profession du Christ » (p. 95). Cette attitude leur permet alors d'en revenir une fois encore à la question de la suprématie royale, et d'avancer qu'il est nécessairement absurde de dénier au roi le rôle de chef de l'Église. Gardiner prépare le terrain à cette conclusion avec un soin tout spécial : nul ne nie, dit-il, que le roi « est le chef du royaume » ; et chacun admet que ce qui est « compris » dans « le mot de "royaume" », ce sont « tous les sujets des domaines du roi ». Or il affirme avoir déjà montré que « l'Église d'Angleterre » ne désigne que « le même genre de personnes qui à ce jour sont comprises dans ce mot de royaume, dont le roi est appelé le chef » (p. 93). Par conséquent, il ne peut être qu'« absurde et stupide » d'imaginer que le roi puisse être « chef du royaume mais non de l'Église », puisque ce sont une seule et même chose sous différentes « acceptions des mots » (pp. 93, 97).

Ces conceptions du pouvoir temporel et spirituel comportent évidemment un rejet implicite complet de l'autorité pontificale. Il va de soi que le pas suivant consiste à en faire une attaque explicite. C'est effectivement ainsi que s'organise l'argumentation de Gardiner, mais les traités de Foxe et de Sampson prennent cet élément comme point de départ. Foxe commence ainsi par critiquer avec une minutie particulière l'idée de suprématie pontificale, montrant qu'elle a engendré de « fausses traditions », qu'elle n'a notoirement aucune base dans les Écritures, et donc aucune « autorité de par la loi de Dieu » (f°s 6, 21). Gardiner poursuit en analysant la manière dont s'est développée la fausse croyance en la suprématie pontificale. Il souligne que « la suprématie de l'Église de Rome dans les temps passés » ne concernait que sa prééminence « dans la fonction de prêcher la parole de Dieu » et de « promouvoir la cure et les ouailles du nom du Christ » (p. 151). Il considère donc que c'est une méprise complète que de croire « que Dieu a ordonné l'évêque de Rome comme chef d'un quelconque pouvoir terrestre absolu » (p. 155).

Si les juridictions revendiquées par le Vatican ont toutes été « usurpées », il s'ensuit que les relations entre droit canon et droit civil ont nécessairement été mal comprises. C'est là l'argument ultime de tous ces auteurs. Dans le débat sur les pouvoirs de l'Église, les canonistes distinguaient traditionnellement entre *potestas ordinis* et *potestas jurisdictionis*. Tous les partisans de la Réforme d'Henri VIII reconnaissent encore la validité de cette distinction ; en outre, ils sont le plus souvent disposés à concéder que la *potestas ordinis* (pouvoir d'accorder la grâce par la consécration et les sacrements) ne peut être exercée que par un membre de l'Église ordonné à cette fin[1]. Mais dès qu'il s'agit de *potestas jurisdictionis*, ils sont unanimes à proposer une redéfinition décisive de ses termes. Les canonistes divisaient habituellement cet aspect des pouvoirs de l'Église en *juridisctio poli*, traitant essentiellement du

---

1. Foxe fait peut-être exception. Voir f° 85, où il semble accorder au roi le droit non seulement de nommer les évêques, mais aussi de les consacrer.

pouvoir d'aider les hommes à gagner leur salut, et *jurisdictio fori*, comprenant les fonctions législatives, judiciaires et coercitives de l'Église. Foxe traite notamment de l'évolution de la *jurisdictio fori* en tant que « pouvoir papiste » distinct, et montre par quelles voies les premiers canons de l'Église finirent par se retrouver érigés en lois, empiétant ainsi sur les pouvoirs temporels de l'Empire médiéval (f°s 36-41). Nos auteurs vont ensuite redéfinir les termes employés pour décrire ces pouvoirs, retournant la terminologie du droit canon contre les canonistes orthodoxes eux-mêmes. Le procédé apparaît au grand jour chez Gardiner : il réinterprète la *potestas jurisdictionis* aussitôt après avoir défendu la suprématie du roi dans l'Église ; il admet bien que son approche fera sans doute « sursauter certains », car elle va à l'encontre de la distinction juridique habituelle « entre les gouvernements du prince et de l'Église : à savoir, que le prince doit gouverner en matière temporelle, et l'Église en matière spirituelle » (p. 103). Mais il affirme que cette croyance en deux juridictions séparées et parallèles est « une distinction aveugle et ténébreuse » (p. 105). Il veut bien qu'il existe une sphère distincte d'*activité* spirituelle, puisque « Dieu a confié la fonction d'enseigner et l'administration des sacrements » à un groupe humain spécifique, dans le cadre de sa « distribution aléatoire des dons » (p. 103). Mais il dénie que cela constitue en quoi que ce soit une sphère distincte de *juridiction* spirituelle. On ne peut dire du prince chrétien qu'il « ne lui appartient pas d'en connaître davantage » (p. 105). Il est de fait que « Dieu a remis sa confiance aux princes » afin « qu'ils gouvernent certes le peuple, mais aussi qu'ils le gouvernent avec justice, non pas en faveur d'une partie singulièrement mais en faveur de toutes en particulier » (p. 113). Cela veut dire que le prince doit s'attacher « à prendre en charge non seulement les affaires humaines, mais bien davantage les affaires divines » (p. 117). Gardiner va donc conclure en conseillant au prince croyant de « prendre soin aussi des affaires sacrées et spirituelles » à la manière des rois de l'Ancien Testament, et de reconnaître que « l'administration des affaires divines » fait partie de « la discipline de sa fonction régalienne » (p. 109).

La nouvelle interprétation proposée par ces auteurs consiste donc à dire que toute autorité juridictionnelle est séculière par définition : selon eux, l'Église possède l'autorité mais non le domaine. Il devient donc *a priori* erroné de les montrer acceptant et cristallisant « la doctrine des deux épées » (Hughes, 1965, p. 235). Il est exact qu'ils persistent parfois à utiliser cette terminologie, mais le plus souvent ils n'en rendent pas moins clair qu'ils n'évoquent par là que le droit de l'Église à disposer de la *jurisdictio poli*. Comme le dit Gardiner, l'épée que brandissent les ministres ne doit l'être que pour « prêcher et excommunier », et jamais en aucune juridiction hors de l'Église elle-même (p. 107). L'Église ne peut prétendre à aucun autre pouvoir, car ce serait là enfreindre l'autorité du roi à « se mêler à la moitié de son peuple », et reviendrait donc à l'obliger « à être négligeant en toutes choses » (p. 107). L'issue en est que la distinction entre *potestas ordinis* et *potestas jurisdictionis* se fait équivalente à la distinction entre autorité spirituelle et temporelle : la notion de juridiction spirituelle est ici tout simplement absente (Baumer, 1940, p. 67).

Si ces écrits assurent de façon claire un solide appui théorique à la suprématie royale, Cromwell semble s'être rapidement rendu compte qu'il n'eût pas été approprié de limiter exclusivement sa campagne de propagande à des textes de cette nature. Il s'agissait en effet toujours de traités techniques publiés en latin, dont on ne pouvait guère attendre d'effets de persuasion ou de réconfort hors du monde restreint du clergé et des érudits. En outre, peu après leur parution, la situation politique se modifia sous deux aspects considérables, auxquels il fallut s'adapter. En premier lieu, le pape Paul III accepta enfin en 1536 de convoquer un concile général pour étudier la question d'une réforme de l'Église catholique. C'était là une source potentielle d'embarras pour des penseurs comme Sampson, Foxe ou Gardiner : tous avaient rejeté l'autorité du pape, mais en tendant à endosser la thèse conciliariste modérée voulant que, sous la plume de Foxe, « vérité et justice » puissent tout de même se faire jour dans un « saint concile » de l'Église (f°s 10, 24). Ensuite, on l'aura noté, l'année 1536 marquait en Angleterre le début d'une réaction à la politique du gouvernement :

sur le plan des idées, Pole se livre à son attaque contre le roi ; sur le plan concret, le Pèlerinage de grâce révèle la profondeur du scepticisme populaire envers le nouveau cours.

Cromwell réagit à ces nouveaux événements de deux manières. D'abord, il se montre prêt à adopter une approche encore plus explicitement luthérienne, en se servant de la Bible comme arme de propagande politique. On l'a vu, Tyndale avait déjà démontré qu'il était possible d'invoquer le Nouveau Testament pour soutenir que la véritable Église ne doit s'occuper que de prêcher et de convertir, et que ses chefs ont le devoir absolu, non moins que les citoyens ordinaires, de ne s'opposer en rien aux ordres de l'autorité séculière. Cromwell va encourager cette vision idyllique en parrainant les premières publications de bibles en anglais, geste qui a pu conduire certains de ses biographes à assurer qu'il était poussé à faire avancer la Réforme par des motifs purement religieux et non par de simples raisons tactiques ou politiques (Dickens, 1959b, pp. 122-123). Lorsqu'en 1536 paraît la première traduction de Coverdale, dont le Nouveau Testament s'inspire largement de la version de Tyndale – *ecclesia* étant rendu avec constance par « congrégation », tout comme *presbyteros* par « ancien » –, Cromwell s'empare de l'occasion pour prescrire dans ses Injonctions ecclésiastiques de la même année qu'un exemplaire de l'Ancien et du Nouveau Testament en anglais soit placé dans chaque église paroissiale anglaise aux côtés du texte latin (Mozley, 1953, pp. 71 86, 105). Lorsque John Rogers publie la « Bible de Matthieu » en 1537, qui comprend diverses gloses marginales largement inspirées des traductions de Luther lui-même, Cromwell obtient la permission du roi pour laisser distribuer gratuitement cet ouvrage (Bruce, 1970, pp. 64-65). Enfin, en 1538, Cromwell commandera à Coverdale une traduction nouvelle de la Bible tout entière, qu'il paiera en partie de sa propre poche, puis il demandera à Cranmer de préfacer la deuxième édition de 1540 dans une tonalité nettement luthérienne[1].

---

1. Voir Mozley, 1953, pp. 20 207, 218, et cf. Yost, 1970, qui souligne que Richard Taverner se débrouille également pour introduire des éléments luthériens dans les traductions qui lui sont commandées dans les années 1530.

Mais Cromwell va concentrer l'essentiel de ses efforts à développer une campagne plus populaire de propagande en faveur de la rupture avec Rome. Une des techniques qu'il emploie consiste à parrainer la naissance du drame païen à ces fins politiques. Dans ce domaine, l'auteur majeur est John Bale, qui va écrire dans les années 1530 plus de vingt pièces dont la plupart sont teintées d'un violent antipapisme. La première semble être *Une comédie à propos de trois lois*, sans doute rédigée en 1532 et publiée en 1538 (Harris, 1940, p. 71). On a décrit cette œuvre comme la première moralité en anglais, et elle comporte une attaque en règle contre la papauté et la vie monastique (Harris, 1940, p. 71). Le personnage de Sodome se présente sous les traits d'un moine, tandis que la papauté est dépeinte sous ceux de Cupidité, exigeant l'adoration en dépit des lois de Dieu (pp. 23, 42-43). Bale suit avec *Une tragédie de Jean, roi d'Angleterre*, qu'il écrit en 1538, où le roi est montré en bon souverain trahi par la perfidie de son propre archevêque, jouant le personnage de la Sédition, et par les machinations du pape, celui-ci faisant le Pouvoir usurpé (pp. 218-220 ; cf. Fairfield, 1976, p. 55).

La valeur des pièces de Bale en tant qu'instruments de propagande n'échappa pas à Cromwell, qui semble avoir pris grand soin de le protéger et même de faire en sorte que ses pièces soient régulièrement montées (Harris, 1940, pp. 26-28, 100-102). Mais bien évidemment le souci principal de Cromwell dans cette phase évoluée de sa campagne consiste à commander d'autres traités afin de légitimer la répudiation de la suprematie pontificale ; ce qui l'amène aussitôt à s'intéresser à l'usage de l'histoire à des fins de propagande. L'idée d'employer l'histoire dans des buts idéologiques avait déjà surgi chez nombre de réformateurs anglais, et notamment chez William Tyndale (Pineas, 1962a). Mais la première tentative de réécrire les Chroniques anglaises dans une manière légitimant la rupture avec Rome paraît être l'œuvre de Robert Barnes dans la version de 1534 de sa *Supplication*. On pense qu'il s'agissait d'une commande de Cromwell, et le texte était dédié au roi (Pineas, 1964, p. 55). Il y figure un compte rendu historique de la montée du pouvoir pontifical à travers lequel Barnes s'efforce de montrer que l'Église et l'état clérical se sont comportés dans chaque royaume en puissance politique de plus en plus subversive (sig. C2b-sig. D1a). Ces mêmes sujets seront très vite repris par divers anonymes favorables à la cause du gouvernement civil[1], puis de façon plus solide par l'infatigable John Bale. Sa première contribution au genre en question sera l'*Image des deux Églises*, exposé vers par vers du Livre des Révélations, dont la première édition remonte à 1541, où le pape joue le rôle de l'Antéchrist et où les nombres mystiques sont considérés comme désignant les diverses dates auxquelles le pontificat aurait procédé à des coups de main directs contre les droits des autorités séculières (pp. 311-343). Suivra un traité hautement ordurier, intitulé *Les Actes des dévots anglais* que Bale fait paraître en 1546. Comme dans certaines de ses pièces antérieures, le but consiste ici en partie à miner la vénération due aux saints. Il consacre donc une place considérable à raconter les exploits érotiques débridés attribués à des personnages qui seront plus tard canonisés par l'Église catholique (f°s 17b-24b ; 32b-39b ; etc.). Mais le propos essentiel est de fournir une justification historique au schisme d'Henri VIII. Bale tente de montrer qu'il existait en Angleterre depuis les temps les plus reculés une version authentiquement apostolique du christianisme, et que la mission tant vantée d'Augustin, loin d'installer l'Église d'Angleterre, marquait en réalité le début de sa longue dépravation par les pratiques vaticanes décadentes (Pineas, 1962b, pp. 223, 226). Selon l'auteur, cela établirait que les pouvoirs pontificaux ne constituent qu'une usurpation tardive, et que la rupture avec Rome doit s'interpréter comme une contribution au recouvrement de la pureté primitive de l'Église anglaise (f°s 25b-31b).

Cependant, l'épine dorsale de la campagne de propagande populaire cromwellienne lui est procurée par un autre type de traités politiques, plus percutants, qu'il semble avoir tous commandés lui-même. Ils étaient essentiellement l'œuvre d'un groupe d'humanistes radicaux, dont faisaient partie Richard Morison, William Marshall

---

1. Des exemples se trouvent chez Bumer, 1940, pp. 43-44, et Levy, 1967, pp. 96-98.

et Richard Taverner, ainsi que la figure éminente de Thomas Starkey, que nous avons déjà rencontré comme auteur du *Dialogue* entre Pole et Lupset, l'un des plus importants traités issus de la pensée politique humaniste anglaise au XVIe siècle. Ces auteurs étaient idéalement adaptés à la promotion de la cause gouvernementale, et ils croyaient sans doute à ce qu'ils écrivaient avec plutôt plus de sincérité que leurs érudits prédécesseurs. Tous étaient humanistes de formation, déjà hostiles à l'Église et bien disposés à l'égard du luthéranisme, même si aucun d'entre eux (à l'exception de Morison) n'était encore devenu lui-même luthérien (Bonini, 1973, p. 218). Ils avaient également de solides raisons personnelles de servir de propagandistes au gouvernement : certains avaient déjà connu le service public sous Wolsey, et tous, comme le note Zeeveld, demeuraient « dans l'espoir d'une carrière politique grâce à leurs études » (Zeeveld, 1948, p. 244). En conséquence, ils firent montre d'un zèle actif pour participer à la campagne de Cromwell. Certains chercheurs ont fait état de leur recrutement par le gouvernement ; mais le fait est que ce sont eux qui ont approché Cromwell afin de proposer leurs services (McConica, 1965 ; cf. Elton, 1973, pp. 47, 56).

Le premier à prendre contact avec le ministre semble avoir été Marshall, qui se présente en 1533 comme traducteur d'ouvrages « pour faire oublier le pape de Rome » (McConica, 1965, p. 136). Il sera donc engagé pour établir la première traduction anglaise du *Défenseur de la paix* de Marsile, et l'on sait qu'il recevra de Cromwell une avance de 12 livres afin de couvrir ses frais (Baumer, 1940, p. 44, note). Cette traduction paraît en 1535, les passages désagréables concernant les origines populaires de l'autorité politique en étant soigneusement bannis mais une préface y étant ajoutée par le traducteur, dans laquelle il avance que l'ouvrage non seulement fournit les moyens de « contrer absolument » les arguments de « la clique papiste », mais aussi démontre que les papes ont de tout temps été « d'orgueilleux et présomptueux usurpateurs » aussi bien que des « assassins, traîtres, rebelles, à rebours de leurs allégeances » (f[os]1a-1b ; cf. Stout, 1974, p. 309).

Il est possible que Starkey ait également été en contact avec Cromwell en 1533, car il semble avoir adressé à ce moment au ministre un avis juridique favorable au divorce royal (Elton, 1973, p. 74, note). Zeeveld soutient que c'est là ce qui attira sur lui l'attention de Cromwell, et qu'il se trouva ainsi encouragé à quitter le groupe de Pole à Padoue pour regagner l'Angleterre (Zeeveld, 1948, p. 142). Cependant, Elton avance que ce serait plutôt Starkey qui « se serait rendu compte que son heure avait sonné », puisqu'il rentra en Angleterre de sa propre initiative à la fin de 1534 et se présenta à Cromwell en quasi-inconnu au début de l'année suivante (Elton, 1973, pp. 47-48). Si c'est bien le cas, alors ses espoirs furent comblés avec une rare célérité, car dans les deux mois après son arrivée il se vit convoquer à la cour. D'abord nommé chapelain et chargé de correspondre avec Pole pour le convaincre de changer d'avis à propos du divorce, il se trouva bientôt engagé dans de plus larges discussions politiques avec Cromwell lui-même (Elton, 1973, p. 49). Celui-ci semble l'avoir poussé, au cours de ces entretiens, à rédiger un plaidoyer favorable au dispositif de la Réforme, et il est même possible qu'il ait mis la main à la révision du manuscrit rendu par Starkey (Elton, 1973, pp. 50-51). Tout cela débouche sur l'important traité de Starkey, *Une exhortation au peuple*, « l'incitant à l'unité et à l'obéissance », présenté au roi à la fin de 1535 et publié l'année suivante (Zeeveld, 1948, pp. 128, 149).

C'est peut-être bien le succès de Starkey qui incita Morison à quitter lui aussi Pole et Padoue pour rentrer chez lui (Zeeveld, 1948, pp. 157, 165). On le voit d'abord écrire d'Italie à Cromwell en octobre 1534, et il semble avoir été pris au service du gouvernement au cours de l'année suivante dans l'intention manifeste qu'il reste à l'étranger et rende compte des réactions locales aux progrès du schisme anglais (Elton, 1973, pp. 56-57). Mais au début de 1536 il demande à être rappelé, et après une assez longue attente il va enfin recevoir de quoi payer son retour en Angleterre[1]. Les détails

---

1. Elton, 1973, p. 58. Cela rectifie le tableau dressé par Zeeveld, 1948, pp. 94-95, 158.

de son accueil initial sont flous, mais il deviendra bientôt le plus prolifique et le plus violent des écrivains pamphlétaires employés par Cromwell pour appuyer la rupture avec Rome. Il commence par revoir une longue histoire du schisme, comprenant une attaque contre More et Fisher, sans doute entamée en Italie au début de 1536, qui sera finalement publiée en 1537 sous le titre de *Apomaxis Calumniarum*[1]. Il va ensuite donner une suite de traités dénonçant l'état de péché chez ceux qui tentaient de s'opposer au nouveau régime. Il adopte initialement dans *Remède à la sédition* une attitude humaniste tranquille, mais après la défection de Pole et le Pèlerinage de grâce il réagit avec un sentiment d'urgence très amplifié par la *Lamentation* où il montre « quelles ruines et destructions viennent de la rébellion séditieuse » (Elton, 1972, pp. 200-201). Ce pamphlet hâtif est suivi en 1539 de deux ouvrages importants dans lesquels les trahisons des rebelles du Nord et de l'ex-maître Pole sont confondues dans un moule général tendant à structurer l'ensemble de la rupture avec Rome. Le premier publié est *Une invective contre ce grand et détestable vice, la trahison*, qui connaîtra deux éditions la même année (Elton, 1972, p. 202). Peu après vient *Une exhortation pour inciter tous les Anglais à défendre leur pays*, où Morison livre la version définitive de son interprétation patriotique et hautement influente des dispositions de la Réforme.

Les thèses politiques de Starkey et de Morison, reprises plus tard par Bekinsau dans le traité en latin de 1546 sur *Le Pouvoir suprême et absolu du roi*, sont assez proches des traités antérieurs, plus techniques, de Sampson, Foxe et Gardiner. Dans l'*Apomaxis Calumniarum*, Morison s'en remet même à plusieurs reprises à l'autorité de Foxe et de Gardiner (ex. sig. X, 1a). Il est vrai que les arguments des pamphlétaires qui suivront vont revêtir un style assez différent : ils écrivent presque toujours en anglais plutôt qu'en latin, ils évitent en général d'évoquer les subtilités du droit canon, et ils sont beaucoup plus enclins à se lancer dans des attaques person-

---

1. Ce manuscrit a une histoire compliquée. Pour les détails, voir Elton, 1972, pp. 190-191, et note.

nelles sur la probité et le savoir de leurs ennemis[1]. Mais il y a toujours là le souci fondamental d'appuyer le divorce, et la suprématie royale, et le même recours à la conception luthérienne de l'Église, pour soutenir cette analyse des relations entre les pouvoirs spirituel et temporel.

Là où ces auteurs divergent des premiers propagandistes, c'est lorsqu'ils en appellent à un autre argument nettement plus luthérien, dont ils se servent pour replacer toute la Réforme d'Henri VIII dans une nouvelle perspective, plus paisible. Il s'agit de la doctrine de l'« adiaphora », ou « choses indifférentes » au salut. Nous avons vu Melanchthon développer cette idée, et Barnes l'importer en Angleterre : Starkey va maintenant la reprendre et lui accorder un poids considérable, disant dans l'*Exhortation* que tout le programme statutaire de la Réforme d'Henri VIII doit se concevoir comme une chose indifférente au salut (f°s 41a, 43b). Cela lui permet de soutenir que chacun doit désormais se soumettre aux changements, ceux-ci ayant été reconnus comme « convenant aujourd'hui à une certaine politique » et étant fondés sur le consentement d'un « conseil commun » – à savoir sur l'autorité législative du roi devant le Parlement (f° 82a ; cf. Zeeveld, 1948, p. 152). Mais cela lui permet aussi d'ajouter un thème rassurant : personne n'a à éprouver de « scrupules de conscience » à propos d'une pareille soumission, puisque cette obéissance ne peut en aucune manière compromettre notre espoir de salut (f° 69a). Starkey veut bien reconnaître ici une difficulté : il lui faut désigner une autorité en mesure de distinguer avec perspicacité entre choses indifférentes et choses nécessaires au salut. Mais il se satisfait de laisser résoudre la question par « l'autorité du prince et le conseil commun du royaume » dont, dit-il avec précaution, on peut attendre « qu'ils trouvent bientôt quelque remède » (f° 74a ; cf. Zeeveld, 1948, p. 155). Il n'y a pas de raison de craindre qu'ils se trompent en

---

1. Peu indulgentes pour la plupart, même si Elton a récemment incité à prendre pour argent comptant les thèses de Morison contre Sir Thomas More ; voir Elton, 1972, p. 192.

procédant aux distinctions nécessaires, ni qu'ils légifèrent d'une manière « qui puisse apparaître à juste titre contraire aux termes des Écritures ». La garantie absolue contre ce risque réside dans le fait que le roi lui-même « grâce à son jugement clair » voit toujours « ce qui est le mieux » pour le pays et s'y conforme sans défaut (f° 83a).

Cette vision singulièrement optimiste du processus législatif permet d'expliquer une deuxième différence entre la perspective de Starkey et de Morison et celle des partisans antérieurs de la Réforme d'Henri VIII. On l'a vu, Sampson, Foxe et Gardiner tendaient tous à considérer la suprématie royale comme étant de caractère essentiellement personnel. Mais les civilistes commençaient alors de soutenir que la suprématie devait être conférée au roi par le Parlement, en s'appuyant sur le fait que cette autorité (déjà soulignée par St. German) « représente toute l'Église catholique d'Angleterre » (cf. Baumer, 1940, p. 59) C'est cette dernière interprétation qu'adoptent Starkey et Morison, qui insistent sur les pouvoirs du statut et rejettent fermement toute approche hiératique de la primauté du roi. Starkey répète notamment à diverses reprises que dans toute démarche législative concernant les affaires ecclésiastiques, le « conseil commun » du roi au Parlement doit toujours être consulté, car il constitue la « sentence de l'autorité commune » (par ex. f° 82a). Pour Starkey, selon Zeeveld, « la voix du Parlement était devenue la voix de Dieu » (Zeeveld, 1948, p. 155).

Il semble un tant soi peu exagéré de dire, comme Zeeveld, que cette adaptation de l'idée melanchthonienne des « choses indifférentes » serait devenue « grâce à Starkey, l'ancêtre idéologique direct du régime anglican » (Zeeveld, 1948, p. 129). Cette doctrine avait en effet déjà cours quelque temps avant Starkey, en particulier dans les écrits de Frith et de Barnes. Mais il ne fait pas de doute que Starkey sut en faire un fructueux usage à un moment essentiel, comme moyen de trouver une *via media* (« voie moyenne ») entre les positions des luthériens radicaux et des catholiques traditionalistes. Les luthériens et leur doctrine de la *sola scriptura* sont accusés d'« un aveuglement arrogant » lorsqu'ils prétendent, « sous prétexte de liberté », « détruire toute politique chrétienne » et « conduire chacun à la ruine manifeste et à la confusion totale » par leurs disputes incessantes sur la juste interprétation de la Bible (f°s 18a, 25a ; cf. Zeeveld, 1948, pp. 153-154). Quant aux catholiques traditionalistes, avec leur révérence extravagante envers les masses, les cérémonies et la suprématie pontificale, ils se voient à leur tour dénoncer pour leur « aveuglement superstitieux » qui les empêche de voir qu'il ne s'agit là que de « choses indifférentes », à propos desquelles il est absurde que ces hommes censément savants croient devoir « courir à leur mort », allusion évidente à l'attitude adoptée par Fisher et More (f°s 18a-b, 22a, 43b ; cf. Zeeveld, 1948, p. 154). Starkey croit donc pouvoir appeler les deux camps à « conserver la voie moyenne » et à trouver un compromis, les catholiques renonçant à « la fausse et vaine superstition » et les luthériens à « l'orgueilleuse et arrogante opinion » (f° 88a). C'est là l'unique manière, conclut-il, d'assurer « l'ordre juste » et « l'unité charitable » qu'en bon humaniste il apprécie par-dessus tout (f°s 14a, 32a).

Il existe deux autres différences significatives entre ces auteurs et les premiers défenseurs de la Réforme d'Henri VIII, qui s'expliquent toutes deux par les changements dans les circonstances politiques de leur travail. Tout d'abord, les auteurs plus tardifs devaient produire un effort résolu pour traiter des nouveaux problèmes posés par la convocation du concile général de l'Église. Starkey y consacre un long développement dans la préface à son *Exhortation*, de toute évidence ajouté au dernier moment. Suivant la ligne modérée de l'opinion protestante, il admet que l'idée d'un concile « n'est pas à exclure » puisqu'elle revient « à réunir des sages et des politiques » et peut valablement contribuer « à maintenir l'unité politique » (f° 9a). Il peut alors avancer que les pouvoirs du concile général ne peuvent être que purement consultatifs, et non exécutifs, et qu'il ne possède donc aucune autorité « au sein du peuple d'aucun pays, avant d'être confirmé par le pouvoir princier et le conseil commun » (f° 9a). En tout état de cause, poursuit-il, « c'est grande superstition et pure folie » que de penser que les décisions du concile font partie de la loi divine, puisque le statut des conciles généraux est celui de « choses indifférentes » (f° 9a). Il prend donc une position très proche de celle qu'adoptera plus tard Hooker dans *Les Lois du régime ecclésiastique*, et bien moins permissive que celle de Foxe et de Gardiner à ce même sujet. Il souhaite déjà poser, comme le formulera Hooker, que même si les conciles disposent d'une certaine « force », il ne faut pas oublier que « la juste autorité des tribunaux civils et des parlements n'a pas à s'en trouver abolie », et que l'autorité du concile ne peut s'étendre qu'aux questions qui ne sont pas « affaires de nécessité » (I, pp. 252-253).

Les vues de Starkey quant au statut du concile se montrèrent à nouveau fort utiles, et furent bientôt reprises et développées dans un anonyme *Traité concernant les conciles généraux, l'évêque de Rome et le clergé*, édité par Berthelet en 1538. Le recours traditionnel de Foxe et de Gardiner aux thèses conciliaristes est désormais abandonné au profit de l'approche plus radicale de Starkey. Le roi aurait ainsi une autorité divine pour diriger l'Église aussi bien que la communauté, qui lui donnerait le pouvoir tant de convoquer le concile de l'Église que d'adopter ou de rejeter toute décrétale qu'il formule (Sawada, 1961, p. 198). Comme chez Starkey, il en découle que la question de l'autorité du roi sur le concile est simplement traitée comme partie de la défense générale des droits du *regnum* à l'encontre des prétendues juridictions du *sacerdotium* (Sawada, 1961, p. 204).

Enfin, nos auteurs vont mettre un accent nouveau et opportun sur les dangers du désordre et de la rébellion, qu'ils dénoncent dans des termes de plus en plus hystériques. Cela vaut en particulier pour Morison, qui non seulement écrivait après la défection de Pole et le Pèlerinage de grâce, mais devait aussi avoir à l'esprit le fait que l'excommunication d'Henri VIII par Clément VII, suspendue entre 1535 et 1538, avait été rétablie l'année suivante, avec pour résultat que le pape avait de nouveau libéré les sujets du roi de tout vœu d'allégeance à son égard (Baumer, 1940, p. 88). Morison répond avant tout à ces questions en reprenant un discours essentiellement luthérien sur l'absolu devoir de non-résistance quelles que soient les circonstances. Comme l'*Exhortation* y revient à plusieurs reprises, le roi est l'unique souverain « par la volonté et l'ordonnance de Dieu ». Lui seul est « le ministre de Dieu, à la garde de qui Dieu a confié son royaume » (sig. C, 2 b). La conséquence essentielle de cela apparaît dans l'*Invective*, appuyée par de copieuses citations bibliques : personne ne peut jamais, pour aucune raison, « penser à mettre à bas le prince que Dieu a choisi pour gouverner son peuple » (sig. A, 5 b).

Le caractère le plus remarquable du discours de Morison est qu'il investit ces lieux communs luthériens d'une force particulière en les habillant d'une interprétation patriotique, et très porteuse, du sens de tout le schisme avec Rome. Il soutient en premier lieu, tant dans l'*Invective* que dans l'*Exhortation*, que puisque Dieu entend que le roi soit notre unique souverain, les pouvoirs réclamés par la papauté sont nécessairement contraires à la volonté de Dieu. Il s'ensuit que le roi et la nation entière doivent s'engager dans une action patriotique autant que religieuse visant à les refuser. Ce qui permet à Morison de s'en prendre aux catholiques, et notamment à Pole, son ancien parrain, avec une férocité aussi chauvine que religieuse. Dans l'*Exhortation*, « Pole le pestiféré » est traité de « traître à son pays » comme aux lois de Dieu, tous les « papistes » étant également accusés de tenter traîtreusement de briser l'unité politique ordonnée par Dieu dans toutes les communautés chrétiennes (sig. A, 8 b ; sig. B, 2 a-b 8 a). La même attaque se renouvelle dans l'*Invective*, où Morison tire tout simplement un trait d'égalité entre le fait d'être « papiste » et celui d'être incapable de « tenir à cœur le roi comme le doit tout sujet loyal à son souverain seigneur » (sig. F, 3 b). L'auteur en déduit une équivalence entre accepter la Réforme d'Henri VIII et soutenir la cause patriotique. Le rejet de la papauté est simplement traité en mise hors la loi d'une puissance étrangère, et l'*Exhortation* de culminer en une vibrante adresse au peuple pour qu'il se dresse auprès de son roi afin de défendre sa légitime autorité contre toute tentative de ses ennemis visant à récupérer les pouvoirs qu'ils avaient si longtemps usurpés (sig. D, 2 b-3 a).

Le fait qu'Henri VIII soit censé, sans souci excessif d'exactitude, avoir montré la voie aux princes d'Europe dans le rejet des pouvoirs du pape, ce fait fournit à Morison un thème patriotique supplémentaire, plus strident encore. L'*Exhortation* fait valoir que le roi a bien dû être choisi spécialement pour accomplir sa tâche divine. Il est « le vent ordonné et envoyé par Dieu pour renverser le pervers tyran de Rome et l'expulser de toutes les régions chrétiennes » (sig. D, 8 a) ; ce qui implique que soutenir la cause de l'évêque de Rome revient non seulement à négliger un grand honneur conféré par Dieu à la nation anglaise, mais aussi à rejeter sa propre identité d'Anglais. La cause de la Réforme est ainsi identique au véritable destin de la nation. « Ne voyez-vous pas à quel honneur Dieu a appelé notre nation ? Ne devons-nous pas nous réjouir que Dieu ait choisi notre roi pour œuvrer à une si noble tâche ? » C'est sur cette note bien rhétorique que s'achève l'*Exhortation* (sig. D, 8 b).

Avec ce sommet dans la campagne de propagande du gouvernement, on peut déjà distinguer les caractères les plus typiques de la théorie politique anglicane. La même idée selon laquelle « chez nous le nom d'une Église ne porte qu'une société d'hommes » formera par la suite le point de départ de l'analyse classique de Hooker, concernant les relations entre l'Église et la communauté, *Les Lois du régime ecclésiastique* (III, p. 329). On y trouve aussi les mêmes corollaires que dans les écrits des partisans de la Réforme d'Henri VIII. Ce serait ainsi une « grossière erreur » que de supposer « que le pouvoir royal devrait servir au bien du corps et non de l'âme » (III, p. 363). En conclusion, il nous est dit que le roi doit en conséquence être reconnu dans son autorité « pour commander et juger » en toute affaire ecclésiastique comme temporelle, et être tenu pour seul chef de la communauté (III, pp. 408 et suivantes).

Tout en esquissant cette idée anglicane que, comme dit Hooker, « l'Église et la communauté » sont « une seule et même société », on peut estimer que les propagandistes d'Henri VIII ont également composé une bonne partie de la tonalité adoptée plus tard par la pensée politique anglicane (III, 329). D'une part, beaucoup d'entre eux écrivent déjà dans un style délibérément irénique. Cette note de réconfort soigneusement modulée se distingue déjà dans l'*Exhortation* de Starkey, revient dans les discours sur les « choses indifférentes » dans les Quarante-deux articles de Cranmer, et trouve son point d'orgue dans les *Lois* de Hooker, dans sa calme certitude qu'il existe bien des choses « libres en leur nature et indifférentes » dont Dieu « permet et approuve qu'on les accomplisse ou qu'on les laisse inaccomplies » (I, p. 296). D'autre part, les propagandistes d'Henri VIII se mettent comme par contraste à frapper une corde sonore de nationalisme apocalyptique. On l'entend déjà dans le martyrologe de Bale, puis plus fort dans l'appel de Morison à la nation élue, elle parvient à son paroxysme dans les écrits de John Foxe, et à ce stade, note Haller, « la saga du peuple choisi de l'Ancien Testament » commence à être identifiée dans l'esprit populaire au « peuple élu d'Angleterre » (Haller, 1963, p. 240). C'est à cette image de la communauté anglaise qu'en appelle l'évêque Aylmer au début du règne d'Élisabeth lorsqu'il proclame que Dieu est anglais (Haller, 1963, p. 245). Et c'est à cette même image que revient Milton en 1641, qui évoque Dieu se révélant d'abord à ses Anglais, et tente de rallier ses compatriotes, dans la péroraison de son traité *Sur la Réforme*, à sa vision de leur « grande et belliqueuse nation » s'avançant puissamment et avec confiance « en haute et heureuse émulation » vers le jour où Dieu « jugera les diverses nations du monde » et distribuera « honneurs et bonheurs aux communautés justes et religieuses » (p. 616).

Deuxième partie

Constitutionnalisme
et Contre-Réforme

4.

Le contexte du constitutionnalisme

« Sans un Luther il n'aurait jamais pu y avoir de Louis XIV » (Figgis, 1960, p. 81). L'épigramme de Figgis a pu être critiquée pour son caractère peu historique, mais il ne fait pas de doute que le principal effet de la pensée politique luthérienne, dans l'Europe des débuts de l'ère moderne, aura consisté à favoriser et à légitimer l'émergence de monarchies absolues unifiées. Les thèses de Luther se montrèrent si utiles à cet égard que ses arguments politiques les plus typiques finirent par être repris jusque par les plus éminents partisans catholiques des rois de droit divin. Ainsi, lorsque Bossuet vient à adresser son ouvrage politique majeur à l'héritier de Louis XIV, en 1679, il fonde l'ensemble de son discours sur l'hypothèse parfaitement luthérienne que tout principe politique doit provenir des pages de la Bible, et il intitule son traité *Politique tirée des propres paroles de l'Écriture sainte*. De plus, en analysant les concepts d'autorité politique et d'obligation, il insiste fortement sur les deux doctrines que nous avons rencontrées comme très caractéristiques de la première pensée politique luthérienne. Traitant « de la nature de l'autorité royale » au livre IV, il soutient que le pouvoir du roi doit s'étendre au jugement de toute cause, ecclésiastique comme temporelle, et que ce pouvoir lui-même doit être absolu puisqu'« il n'existe personne à qui le roi doive rendre des comptes » (pp. 92-94). Et quand, au livre VI, il en vient à déduire la nature des « devoirs des sujets envers leurs princes », il s'appuie carrément sur la doctrine paulinienne de l'obéissance passive si souvent invoquée par les réformateurs. Citant d'abord le commandement de saint Paul, « toute âme est sujette aux plus hauts pouvoirs, car tout pouvoir appartient à Dieu » (p. 192), il en conclut que tout sujet résistant aux ordres d'un roi, fût-il mauvais, est « sûr d'être damné », car « toute résistance à l'autorité est résistance à l'ordonnance de Dieu » (p. 192)[1].

Cependant, le XVIe siècle ne témoigne pas seulement des débuts de l'idéologie absolutiste, mais aussi de la naissance de son grand rival théorique : l'idée que toute autorité politique est inhérente au peuple lui-même, et que donc, comme le dit Filmer dans *Patriarcha*, tout souverain est « sujet aux censures et interdictions de ses sujets » (p. 54). Notre question suivante sera donc : comment cette « opinion nouvelle, plausible et dangereuse », comme l'appelle Filmer (p. 53), put-elle se développer de façon aussi spectaculaire à cette époque ? – au point que les gouvernements européens qui aspiraient à l'absolutisme aux débuts de l'ère moderne seront au bout du compte renversés, d'abord en Écosse, puis en Hollande, ensuite en France, enfin en Angleterre, par la première vague des révolutions politiques réussies aux Temps modernes.

La réponse se décompose en deux principaux éléments, dont le premier sera examiné au cours de ce chapitre, et le second dans le suivant. Tout d'abord, la fin du Moyen Âge avait déjà vu se construire un corpus considérable d'idées politiques radicales, qui dans son évolution atteint un nouveau sommet au début du XVIe siècle. À la fin du XVIe siècle, les révolutionnaires européens disposent donc d'une large panoplie d'armes idéologiques. Autre point important, tous les travaux vraiment influents de théorie politique systématique élaborés en Europe catholique au XVIe siècle sont fondamentalement de caractère constitutionnaliste. Comme l'a observé crûment Filmer, nombre de grands penseurs jésuites de la Contre-Réforme ne se montrent guère moins empressés que les

---

1. On peut observer le même usage des arguments politiques luthériens à l'appui des thèses absolutistes chez de nombreux penseurs politiques allemands du XVIIe siècle, avec des auteurs comme Reinking, Horn, Graswinckel ou Muller. Sur ces exemples et d'autres, voir Gierke, 1939, en particulier, pp. 85-86.

LE CONTEXTE DU CONSTITUTIONNALISME   519

« zélés défenseurs de la doctrine genevoise » pour défendre la cause de la souveraineté populaire (p. 53).

LA TRADITION CONCILIARISTE

La souche peut-être la plus intéressante de la pensée politique radicale à la fin du Moyen Âge surgit du mouvement conciliaire. Il est vrai que quand Uguccio et ses disciples articulent initialement la thèse du conciliarisme à la fin du XIIe siècle, ils se contentent de la présenter comme un argumentaire assez local sur la nécessité pour l'Église de se protéger contre la possibilité d'une hérésie ou d'une déraison pontificale. Mais lorsque Gerson et ceux qui le suivent reprennent et développent cette idée au moment du grand schisme, l'idée de l'Église comme monarchie constitutionnelle vient d'une analyse plus générale des sociétés politiques, genre dont l'Église est désormais considérée comme une espèce (Figgis, 1960, p. 56). Ce qui veut dire que, en soutenant l'autorité du concile sur l'Église, Gerson notamment s'oblige à énoncer une théorie sur les origines et la place du pouvoir politique légitime au sein de la communauté séculière. Or dans le cours de cet exposé, il va soulever deux points qui constitueront autant de contributions majeures et de grande influence dans l'évolution de la conception radicale et constitutionnaliste de l'État souverain.

Gerson prend pour point de départ l'hypothèse que toute société politique doit par définition être « parfaite ». Évoquant cette catégorie d'essence aristotélicienne à la fin de son traité *Sur le pouvoir ecclésiastique*, il pose d'abord qu'il existe deux grandes catégories de sociétés politiques : « l'une habituellement appelée ecclésiastique, l'autre séculière » (p. 247). En qualifiant chacune d'elles de « parfaite », il nous dit vouloir « les distinguer des communautés domestiques qui ne se suffisent pas à elles-mêmes » (p. 247). La *communitas perfecta* se définit donc comme collectivité indépendante et autonome, possédant la plus entière autorité pour régler ses propres affaires sans intervention externe.

C'est cette qualification de « parfaites » attribuée aux sociétés politiques séculières qui mène Gerson à sa première contribution radicale à la théorie de l'État. Car elle le conduit à soutenir que tout gouvernement séculier doit être indépendant de toute autre forme de juridiction, y compris des prétendues juridictions de l'Église. On l'a vu, Guillaume d'Ockham avait déjà insisté sur la nécessité de cette distinction tranchée entre les sphères des autorités ecclésiastique et séculière. Largement grâce à l'influence de Gerson, l'argumentation d'Ockham s'introduit alors dans le courant dominant de la pensée politique scolastique tardive, et commence à exercer un effet de corrosion sur la théorie hiérocratique traditionnelle de la suprématie pontificale *in temporalibus* – celle-là même que Boniface VIII venait à peine d'appuyer sans aucune équivoque. Bien sûr, Gerson ne dénie pas à l'Église la capacité d'exercer « un pouvoir temporel coercitif » (p. 216). Il admet que ses représentants légaux doivent avoir la possibilité de punir l'hérésie et de maintenir la vraie doctrine de l'Église, et il soutient que cela comporte « non seulement le pouvoir d'excommunier », mais aussi l'habilitation pour imposer « punitions et censures temporelles » sous la forme « d'amendes ou de peines d'emprisonnement » (pp. 216, 218). Mais il est tout à fait convaincu que la « plénitude des pouvoirs » de l'Église ne va pas au-delà du maniement de ce « glaive spirituel » (p. 218). Son silence est éloquent au sujet de l'autorité dont le pape pourrait être considéré comme investi pour intervenir indirectement dans les affaires temporelles, autorité défendue avec constance par les thomistes mais déjà refusée par Ockham dans ses *Huit questions à propos de l'autorité pontificale* comme n'ayant « aucune validité dans le cours ordinaire des événements » (p. 203). Et Gerson est parfaitement explicite lorsqu'il rejette la revendication avancée par Boniface VIII, qu'il cite et critique nommément, voulant que le pontificat dispose des pleins pouvoirs « de lier et délier » en matière temporelle aussi bien que spirituelle (p. 238). Sur ce sujet crucial, selon Gerson, il est nécessaire de trouver une approche moyenne entre deux erreurs opposées, l'une « rabaissant » le statut de l'Église, l'autre « l'adulant indûment » (p. 236). L'« erreur de dénigrement » consiste à croire que « les ecclésiastiques n'ont aucune capacité de juridiction temporelle, même si les princes souhaitent les leur conférer », car ils auraient le devoir « de ne pas s'impliquer dans les affaires du monde » et n'auraient même aucun titre à posséder aucun bien terrestre (p. 236). Mais l'« erreur d'adulation » n'est pas moins grave, qui consiste à croire que l'Église « a reçu tout pouvoir au ciel et sur terre », et donc qu'« aucun pouvoir temporel ou ecclésiastique, impérial ou royal, ne peut être tenu à moins d'être tenu du pape » (p. 237). Pour Gerson, il faut chercher la vérité entre les deux extrêmes, thèse qui l'amène à conclure que les sphères des juridictions séculière et ecclésiastique doivent demeurer pratiquement séparées.

La pensée de Gerson est plus radicale encore lorsqu'elle s'attache à la place du pouvoir politique légitime. On l'a dit, il soutient que pour ce qui est de l'Église, la plus haute autorité appartient au concile général comme assemblée représentative des fidèles, et que l'apparente plénitude du pouvoir pontifical ne lui est en fait concédée que pour des raisons de commodité administrative. Seulement, Gerson établit aussi que les caractéristiques juridiques de l'Église doivent être symétriques de celles de toute autre société « parfaite ». Pour lui, il en découle que la plus haute autorité législative au sein d'une communauté séculière doit par analogie toujours résider en une assemblée représentative de tous ses citoyens.

Gerson traite il est vrai des origines de l'Église et de celles des communautés séculières de façon délibérément contrastée. Il considère l'Église comme un don de Dieu octroyé directement par le Christ, mais il soutiendra par la suite, dans une manière nettement antithomiste et anti-aristotélicienne, que toutes les sociétés séculières sont nées « en conséquence du péché » (p. 246). Si Adam s'est vu originellement confier « la maîtrise complète sur les oiseaux du ciel et les poissons des mers », ce n'était là qu'une forme de pouvoir purement paternel et non politique, puisqu'il n'était aucun besoin de puissance coercitive dans un monde sans péché (p. 246). Mais après la chute de l'homme, celui-ci trouve bien difficile de se protéger contre les conséquences de son propre comportement coupable et de celui des autres ; il finit donc par décider de limiter ses libertés naturelles mais précaires afin de s'assurer un plus haut degré « de tranquillité et de paix » (p. 247). Il en résulte l'établissement progressif de communautés séculières, qui naissent « par un mouvement purement naturel » et se développent à travers les efforts de l'homme pour utiliser la raison dont Dieu l'a pourvu afin d'améliorer son sort naturel (p. 246 ; cf. p. 228).

Mais quand Gerson en vient à considérer la place du pouvoir légitime en de telles communautés, son analyse devient très proche de sa précédente description de l'Église. Elle nous est présentée à la fin de son traité *Sur le pouvoir ecclésiastique*, au moment où il élargit son discours afin « de parler de l'idée de politique », et « de décrire la nature de la communauté établie en vue de parfaire cette fin » (p. 247). Comme on l'avait déjà clairement compris dans son discours sur l'autorité ecclésiastique, il estime que l'on peut tenir pour acquises trois données à propos de la place de l'autorité dans toute *societas perfecta*. La première, centrale, est que nul souverain ne peut être *maior* ou « plus élevé » en pouvoir que la communauté qu'il gouverne. Les deux corollaires cruciaux en sont d'une part que le pouvoir ultime sur toute *societas perfecta* ne peut jamais appartenir qu'à l'ensemble de la communauté elle-même, et d'autre part que le statut du souverain vis-à-vis d'une telle communauté ne peut être que celui d'un *minister* ou d'un *rector*, et non celui d'un souverain absolu. Gerson va ensuite établir une relation entre ces affirmations et les sociétés politiques, en développant une théorie « subjective » du droit[1]. Il met en équivalence la possession d'un droit ou *ius* sur quelque chose et le pouvoir d'en disposer librement (p. 242). Cependant, il a déjà posé que nul souverain, pas même le pape, ne peut être considéré comme ayant le pouvoir de traiter une communauté ou les biens de ses membres comme sa propriété personnelle (p. 236). Il s'ensuit donc que nul souverain ne peut être considéré comme ayant des droits sur une communauté : il a les devoirs d'un *minister* ou dépositaire des droits d'autrui, mais aucun

---

1. Pour la thèse voulant que l'analyse « subjective » d'un droit en termes d'une liberté d'agir soit née chez Ockham, voir Villey, 1964. Pour une excellente étude de l'évolution de la conception « subjective » et un exposé du rôle clé qu'y joue Gerson, voir Tuck, 1977.

droit personnel de propriété. Gerson se trouve ainsi amené à son dernier point, le plus fortement constitutionnaliste. Il affirme que par hypothèse aucune communauté dont le souverain est « au-dessus des lois » ou jouit d'un droit absolu sur les biens de ses sujets ne peut être à proprement parler une société « politique ». Et il en conclut que tout souverain digne de ce nom doit toujours gouverner « pour le bien de la république » et « conformément à la loi ». Il n'est pas « supérieur » à la communauté, il en fait partie : il est tenu par ses lois et contraint par l'obligation absolue « de chercher le bien commun dans son gouvernement » (p. 247).

Quand, au début du XVIe siècle, John Mair et ses élèves de la Sorbonne reprennent la thèse conciliariste de Gerson, ils reprennent et rénovent également sa théorie corrélative sur la place du pouvoir politique dans la communauté séculière. Ils soutiennent en premier lieu, et plus fermement encore, que les sphères de juridiction séculière et ecclésiastique sont à traiter de manière entièrement distincte l'une de l'autre. Mair souligne brièvement ce point dans *Le Pouvoir du pape*, en insistant sur le fait que « les rois ne sont aucunement soumis au pontife romain dans les affaires temporelles » (col. 1150). Almain développe plus longuement ce thème dans son *Exposé* de la pensée d'Ockham sur le pouvoir laïc et ecclésiastique. Il va bien au-delà de la position d'Ockham lui-même, souscrivant pratiquement à la thèse hérétique initialement avancée par Marsile de Padoue, dont il invoque l'autorité, voulant que tout pouvoir coercitif soit temporel par définition, et donc que l'Église n'ait pas le moindre rôle à jouer dans la société politique (col. 1038-1040). Au chapitre VI, il soulève la question de savoir si les pouvoirs laïc et ecclésiastique peuvent être détenus par une même personne, et au chapitre VII il se demande si un chef spirituel peut légitimement s'annexer le domaine temporel. Il réfute énergiquement ces deux idées, l'argument dans les deux cas étant que les sphères d'autorité laïque et ecclésiastique doivent demeurer strictement séparées (col. 1028-1032 ; cf. Oakley, 1962, p. 14).

Lorsque Mair et ses élèves en viennent à considérer les origines et les caractères juridiques des communautés séculières, ils livrent une version tout aussi radicale et militante des idées de Gerson. Ils réitèrent d'abord la présentation patristique et anti-aristotélicienne que Gerson avait donnée de la formation des sociétés politiques, discours qu'il aurait bien pu emprunter lui-même à la très proche analyse d'Ockham dans *Bref exposé sur le pouvoir du pape* (pp. 85-87). La plus claire reprise de cette attitude nous est donnée par Mair dans la version 1519 de ses *Questions* suscitées par le Quatrième livre des *Sentences* de Lombard. Il admet avec Gerson qu'Adam disposait d'une forme de pouvoir paternelle et non politique, puisqu'il n'existait aucun besoin d'autorité coercitive dans un monde sans péché (f° CIIB). Il adopte donc la vision patristique selon laquelle la nécessité d'établir des communautés séculières se serait initialement manifestée en conséquence de la chute de l'homme. Au gré de leurs errances et rencontres dans les diverses parties du monde, les hommes trouvèrent favorable à leur propre protection « de se donner des chefs » et par là de construire « des formes royales de gouvernement » (f° CIA). On fait ainsi remonter les origines de la société politique à deux éléments complémentaires : Dieu a donné aux hommes la capacité de former ces communautés pour remédier à leurs péchés ; les hommes ont fait bon usage de ces pouvoirs rationnels en « introduisant les rois » par « un acte de consentement de la part du peuple », manière d'améliorer son bien-être et sa sécurité (f° CIIA).

Quand lesdits « sorbonnistes » passent à l'analyse de la place du pouvoir légitime dans ces communautés, ils reprennent encore et amplifient les thèses qu'avançait déjà Gerson. Tout d'abord, ils admettent que nul souverain que le peuple consent librement à se reconnaître ne dispose de la moindre possibilité de se trouver *maior* ou « plus grand » en autorité que le peuple lui-même. Sur ce point, Almain présente notamment une influente argumentation critiquant l'allégation thomiste de la « supériorité » du souverain sur la communauté qu'il gouverne. Dans la *Somme théologique*, Thomas d'Aquin analyse l'idée d'injustice et montre que si « les personnes privées » ne disposent d'aucune autorité concevable pour « exécuter les malfaisants », il va de soi que « tuer les malfaisants » devient « légitime » quand l'acte est commis par « les souverains qui exercent l'autorité publique » (p. 27). Ce qui laisse entendre que, même si l'on peut estimer que les sociétés politiques peuvent provenir, comme l'admet ailleurs d'Aquin, d'un acte de consentement du peuple, cet acte consistant à constituer la communauté oblige celui-ci à établir sur lui-même un pouvoir plus élevé que tout pouvoir qu'il ait jamais possédé. Thomas d'Aquin formule explicitement cette inférence en d'autres endroits de la *Somme*, notamment lorsqu'il traite du concept de droit humain. Tout chef ou souverain, déclare-t-il, doit être « exempt de la loi dans la mesure où elle est coercitive » ; il doit ainsi être « au-dessus » du grand ensemble du peuple et « plus grand » que lui, qui n'a pas le pouvoir « d'émettre une sentence le condamnant » s'il enfreint la loi ou l'ignore (p. 135). Guère intimidé par cette orthodoxie, Almain y répond en présentant une théorie plus tard qualifiée par Locke (qui y adhérera) de « très étrange doctrine », selon laquelle tout individu à son stade pré-politique doit être dépeint comme « l'exécutant des lois de la nature », ayant le droit de brandir pour son propre compte le glaive de justice (p. 290). Almain introduit cet argument au début de la *Reconsidération*, où il analyse la différence entre gouvernement naturel et gouvernement politique. Considérant comme évident que « nul ne peut donner ce qu'il ne possède pas », il va utiliser ce principe pour soutenir que « le droit du glaive » que la communauté accorde au souverain par son acte de former une société politique ne peut être qu'un droit que possédait initialement la communauté elle-même (col. 964). Il ne vient pas à l'existence avec l'installation du prince, comme le prétendaient les thomistes : il n'est que « concédé » *(concessum est)* par le peuple au souverain afin qu'il soit exercé plus sûrement pour la protection commune de tous (col. 963-964). Almain répète ces deux affirmations au début de son *Bref exposé sur le pouvoir de l'Église*, où il traite à nouveau de la formation des sociétés politiques. Une fois encore, il insiste sur le principe que « nul ne peut donner ce qu'il ne possède pas » (col. 978), et une fois encore il soutient que les droits dont jouit le prince sous la loi positive ne peuvent qu'avoir initialement été détenus par la communauté sous la loi naturelle, et doivent avoir été à un moment donné « commis *(commissa)* à certaines personnes précises par l'exercice de la juste raison que Dieu a accordée aux hommes » (col. 978).

Les sorbonnistes vont ensuite retrouver les deux corollaires sur la place de la souveraineté dans la société politique autrefois déduits par Gerson. Ils soulignent, beaucoup plus fermement que tous leurs prédécesseurs, que l'autorité politique ne dérive pas simplement du peuple, mais qu'elle lui est inhérente. Ils en concluent que le peuple ne fait que déléguer à ses souverains ses pouvoirs ultimes, sans jamais se les aliéner, et que donc le statut du souverain ne peut en aucun cas être celui d'un monarque absolu, mais seulement celui d'un ministre ou fonctionnaire de la communauté. Almain résume ces deux thèses essentielles au début de la *Reconsidération,* en paraphrasant la partie centrale de son *Exposition* des vues d'Ockham sur les justes relations entre le *regnum* et l'Église. Posant que « le domaine civil » a d'abord été un don de Dieu à l'homme accordé après sa chute, il va en tirer cinq corollaires. Le plus important, le troisième, dit que le plus haut pouvoir politique doit toujours demeurer aux mains de la communauté dans son ensemble, et que par conséquent le statut du prince vis-à-vis du *regnum* ne peut jamais dépasser « celui d'un fonctionnaire » *(ministeriale)* (col. 964). Dans son cinquième corollaire, Almain concède que « puisqu'il n'est pas possible que toute la communauté se réunisse régulièrement », il est indiqué qu'elle « délègue *(delegare)* sa juridiction à une ou plusieurs personnes en mesure de se réunir rapidement » (col. 965). Mais il n'en insiste pas moins sur leur rôle qui se limite à celui de délégué, car « le pouvoir dont dispose la communauté sur le prince » (quatrième corollaire) « est de ceux auxquels il lui est impossible de renoncer » (col. 964). Enfin, la raison pour laquelle il est si essentiel d'insister sur ce caractère inaliénable du droit de la communauté nous est livrée dans le deuxième corollaire : si une société cède ses pouvoirs originels et absolus, elle cède potentiellement sa capacité de se préserver elle-même ; et aucune communauté ne peut faire cela, conclut Almain, « pas plus qu'un individu ne peut abdiquer son pouvoir pour préserver sa vie » (col. 964).

Il est possible qu'Almain ait initialement tiré ces doctrines des cours de Mair sur le Quatrième livre des *Sentences* de Lombard.

Cependant, si l'on peut en juger d'après les versions imprimées des *Questions* que Mair se pose à propos du Quatrième livre, il semble bien qu'il ne soit parvenu à ses conclusions les plus extrêmes qu'à un moment assez tardif. Il en fait état pour la première fois dans la Distinction 15, Question 10, au cours de l'exposé sur la place des droits naturel et positif dans la vie politique. Cette section ne figure pas dans les éditions originales imprimées en 1509 et 1512, mais, dans les éditions de 1516 et les suivantes, Mair énonce les deux éléments clés d'une théorie radicale de l'*Imperium*, tout en déclenchant une vive attaque contre Accursius et divers autres glossateurs pour avoir manqué de saisir la nature des relations juridiques qui prévalent entre souverains et communautés. Il affirme d'abord que si le souverain peut bien s'envisager comme « le membre prééminent du corps tout entier », il reste que « les rois sont installés pour le bien du peuple, et non le contraire », et donc que « le peuple réuni doit être au-dessus du roi »[1]. Il poursuit aussitôt en ajoutant que les droits originels du peuple « ne sont en rien cédés » lorsqu'il consent à former une communauté : le droit du glaive « reste en tous temps aux mains du libre commun » *(apud populum liberum)*, lequel ne fait que déléguer à son prince l'autorité pour l'exercer en son nom (f° CIIA).

Plus loin, Mair confirme ces conclusions en reprenant et en développant la vision « subjective » des droits que Gerson avait déjà élaborée. La conception que se fait Mair du droit s'exprime au plus clair dans l'édition de 1519 de ses *Questions* inspirées par les *Sentences* de Lombard : dire d'une personne qu'elle a un droit sur quelque chose revient à dire qu'elle a le « libre pouvoir » d'en disposer ; toujours selon l'exemple donné par Mair, on peut donc estimer que l'homme a droit à ses biens, car il est libre d'en faire ce qu'il veut (f°s CIIB-CIIIA). La principale application de cette idée dans le domaine du pouvoir politique intervient dans l'*Histoire de*

---

1. Mair formule cela comme *supra regem*. Voir l'édition de 1519, f°s CIIB-CIIIA. Tout ce discours réapparaît dans l'édition définitive de 1521 au folio LXXV. Voir aussi l'*Histoire* de Mair, p. 213, où il maintient que « le peuple libre confère son autorité à son premier roi, et son pouvoir dépend de tout le peuple ».

la Grande-Bretagne de Mair, ouvrage qu'il achève lors de son passage en Écosse, en 1518, et publie pour la première fois à Paris en 1521 (Burns, 1954, pp. 89-90). Même dans le cours de sa narration, Mair continue d'écrire dans un style raisonneur, scolastique, étalant souvent des faits historiques de manière à faire valoir son propos politique d'ordre plus général. Parmi les sujets qu'il évoque figure la dimension du pouvoir dont un roi peut être tenu pour investi sur son propre royaume. Il traite d'abord de la question en relation avec Jean d'Angleterre, puis vis-à-vis des prétentions de Robert Brus au trône d'Écosse. Dans les deux cas il met en application son idée de réduire les limites des pouvoirs du roi. Il pose que, du moment où quiconque étant « le roi d'un peuple libre » n'aurait que le statut d'un ministre, il ne pourrait en aucune façon posséder le pouvoir de disposer de son royaume « contre la volonté de ce peuple » (p. 158). Mais pour Mair, dire que le roi n'a pas ce pouvoir équivaut à dire qu'il n'a aucun véritable droit sur son royaume. Car posséder un droit consiste précisément à détenir le genre de « possession inconditionnelle » et de liberté d'usage qu'un homme peut avoir, selon l'exemple de Mair, vis-à-vis de son manteau (p. 216). Il en conclut que si un souverain français, anglais ou de quelque autre peuple libre « devait se séparer de ses droits sur son royaume en faveur du Turc, ou de tout autre héritier illégitime », ce don serait « sans valeur », car le roi d'un peuple libre ne possède pas le droit d'en faire de semblable (p. 158). Le roi n'est qu'un « personnage public », qui ne « préside à son royaume » en toute légitimité que dans la mesure où il recherche « le plus grand avantage de celui-ci » (p. 220). Il ne peut jamais être considéré comme ayant « la pleine et entière possession » de son royaume « que détient un propriétaire privé sur ses biens » (p. 219).

Enfin, Mair et Almain vont tous deux formuler, avec nettement plus d'assurance qu'Ockham ou même Gerson, la plus subversive conséquence de cette théorie radicale de l'*Imperium* : le souverain incapable de bien gouverner peut légitimement être déposé par ses sujets. Au début de son *Bref exposé*, Almain souligne que toute communauté doit disposer « d'un pouvoir sur son prince, par la voie de sa constitution, de nature à lui permettre de le destituer s'il

gouverne non pour le bénéfice mais pour la destruction du régime »
(col. 978). C'est là pour lui une évidence, comme il l'a déjà indiqué,
« puisque autrement il n'existerait pas assez de pouvoir dans la
communauté pour qu'elle se préserve elle-même » (col. 978-979).
Mair parvient à la même conclusion dans la version 1519 de ses
Questions, et la traite en corollaire direct de l'application au domaine
politique de sa théorie « subjective » des droits. Puisque tout souverain n'est en fait qu'un fonctionnaire, « qui ne saurait avoir le même
libre pouvoir sur le royaume que moi sur mes affaires », il s'ensuit
que « le peuple entier doit être au-dessus du roi et dans certains cas
pouvoir le déposer » (f⁰ˢ CII3-CIIIA). Et, ici encore, Mair se sert de
son *Histoire* pour illustrer et étayer cette thèse générale. Il évoque le
cas de Robert Brus et de ses rivaux pour la couronne d'Écosse, et
soutient la proposition que « seuls Robert Brus et ses héritiers
avaient et ont un droit incontestable au royaume » (p. 213). Une
raison qu'il considère comme décisive tient au fait que John Baliol,
rival de Robert Brus, en « renonçant à ses droits légitimes, et en les
abandonnant tous à Édouard d'Angleterre, s'est par là même
montré inapte à régner, et s'est vu justement priver de son droit, et
du droit d'héritage de ses enfants, par ceux à qui seuls appartenait
la décision, à savoir le reste du royaume » (p. 213).

Reste une question concrète sur laquelle tant Almain que Mair
sont étrangement indécis : de qui peut-on bien dire qu'il possède
l'autorité de déposer le souverain qui a outrepassé ses pouvoirs ou
trahi sa mission (cf. Oakley, 1962, p. 18) ? Ils paraissent par
moments favorables à la thèse remarquablement populiste,
défendue beaucoup plus tard au grand jour par John Locke, que
cette autorité reposerait toujours entre les mains du peuple entier.
Almain avance à plusieurs reprises que « la communauté entière »
peut révoquer son souverain si elle le trouve « pernicieux » pour ses
intérêts[1]. Et Mair, dans son *Histoire*, suggère que « le peuple
(populus) peut priver de toute autorité le roi et sa postérité, quand
l'inaptitude du roi appelle une telle mesure, de la même façon qu'il

---

1. Voir par exemple Almain, *Reconsidération*, col. 964, et *Bref exposé*, col. 977.

avait au départ le pouvoir de le faire roi » (p. 214). Il est pourtant le plus souvent manifeste, au moins dans le cas de Mair, que sa réponse se fonde sur le retour au parallèle entre communauté séculière et Église. Dans l'Église, comme le disaient tous les conciliaristes, l'autorité suprême de juger et de déposer un pape hérétique ou incapable était aux mains du concile général agissant en tant qu'assemblée représentative des fidèles. De même, Mair semble en général estimer que le pouvoir de révoquer un roi tyrannique doit appartenir à une assemblée représentative des trois états. C'est dans l'*Histoire* que ce point apparaît le plus clairement, au cours du chapitre consacré à étudier si John Baliol avait été « justement privé de son droit » de souverain putatif de l'Écosse (p. 213). Au début de cette analyse, Mair suggère qu'il appartient au premier chef à une assemblée « de prélats et de nobles » de « décider quant à toute ambiguïté pouvant se faire jour à propos du roi » (p. 215). Et à la fin du chapitre, il est prêt à soutenir avec nettement plus de conviction que « les rois ne peuvent être déposés » à moins que se soit tenue « une considération solennelle de la question par les trois états », de sorte qu'un « jugement mûr » puisse être rendu « où n'intervienne aucun élément de passion » (p 219).

La tradition juridique

Lorsqu'en 1644 John Maxwell publie *La Prérogative sacrée et souveraine des rois chrétiens*, la première question qu'il aborde est celle de savoir si les rois sont « indépendants de l'ensemble du peuple » (p. 6). Il note que les jésuites et les puritains sont plutôt favorables à leur responsabilité publique. Mais les puritains sont plus radicaux que les jésuites, car tandis que ceux-ci reconnaissent que le peuple aliène sa souveraineté en la transférant au roi, « nos rabbins » (ainsi désigne-t-il les puritains) maintiennent que même si « le peuple confie au roi cette souveraineté en garde », pourtant « il ne se prive pas lui-même de cette souveraineté » puisqu'il ne l'accorde « qu'en communication seulement » (pp. 7-8). La question se pose donc de savoir où est née cette doctrine nouvelle et si particulièrement dangereuse. Maxwell mentionne que les jésuites orthodoxes la font remonter à John Knox, mais il dit – à juste titre – que c'est là une erreur (p. 12). La véritable réponse, déclare-t-il, est que les « rabbins » ont « emprunté leur première grande thèse aux sorbonnistes » (p. 12). Ce sont Guillaume d'Ockham, et plus encore Jacques Almain, qui ont les premiers avancé que les rois tiennent leur pouvoir « en communication seulement » du peuple, et que le peuple n'aliène jamais sa souveraineté ultime qu'il ne fait que déléguer (pp. 12, 14-15).

L'insistance que met Maxwell à traiter Ockham et les conciliaristes en fondateurs du constitutionnalisme radical a trouvé un large écho dans les études modernes : Figgis parle de la ligne qui va « de Gerson à Grotius » ; Laski déclare que « la route de Constance à 1688 est directe » ; Oakley cite et assume ces deux jugements[1]. Mais en accordant une telle importance aux implications constitutionnelles du mouvement conciliariste, on court le risque de laisser de côté une autre source, plus influente encore, des idées politiques radicales : le droit romain.

Il peut sembler paradoxal de traiter le droit romain comme une des sources majeures du constitutionnalisme moderne. En effet, il est incontestable que l'autorité du Digeste a constamment été invoquée par les aspirants souverains absolus, afin de légitimer l'étendue de leur pouvoir sur leurs sujets. Ils aimaient notamment citer la maxime selon laquelle tout prince serait *legibus solutus*, « libre de l'effet des lois », et celle voulant que tout ce qui plaît au prince « a force de loi » (II, pp. 225-227). Avec la répétition obsessionnelle de ces propos par les tenants de l'absolutisme, il finit par devenir un lieu commun, largement repris dans les études modernes, d'associer le droit romain à l'extinction des droits politiques, et la cause du constitutionnalisme aux ennemis des jurisconsultes. Il y a bien sûr du vrai dans ces apparentements, mais ils négligent le fait que les

---

1. Voir Figgis, 1960, en particulier p. 63 ; Laski, 1936, p. 638 ; Oakley, 1962, pp. 4-5, et Oakley, 1964, pp. 212-232, sur Maxwell et divers autres théoriciens du droit divin qui, au XVIIe siècle, adoptaient le même point de vue.

codes du droit civil et canon furent également invoqués, avec une égale certitude, par certains des opposants les plus radicaux de l'absolutisme dans l'Europe des débuts de l'ère moderne.

Parmi les manières d'utiliser l'autorité du droit romain pour appuyer la position constitutionnaliste figure l'adaptation de divers arguments de droit privé concernant la justification de la violence. Si les jurisconsultes concevaient normalement tout acte de violence comme un préjudice, ils considéraient également un certain nombre de cas d'espèce dans lesquels on peut se permettre de laisser de côté cet axiome fondamental du droit. Certes, aucune de ces exceptions n'était censée avoir d'effet sur le droit civil ou constitutionnel. Mais l'autorité des livres de droit était si immense que ceux qui souhaitaient justifier des actes de violence politique comme privée étaient prêts à se jeter avidement sur la moindre concession de cet ordre.

Le principal passage du droit canon à être exploité ainsi est la décrétale traitant du problème des juges injustes. L'une des études les plus influentes sur cette question est l'œuvre de Nicolas de Tudeschis (1386-1445), un élève de Zabarella qui devint archevêque de Palerme – et qui de ce fait est plus connu sous le nom de Panormitain – et s'était attiré la réputation d'être l'un des plus grands canonistes de la fin du Moyen Âge. Le texte de Tudeschis sur les juges injustes figure dans son *Commentaire sur la deuxième partie du premier livre des Décrétales*, au huitième chapitre *(Si Quando)* de la rubrique « Sur l'office des juges » (f° 75a). La question posée est de savoir : « S'il est légitime de résister à un juge qui procède injustement » (f° 78b). Tudeschis reconnaît en premier lieu que la décrétale originale répond par la négative, soulignant que les juges « ne peuvent être contestés par la violence », et ajoutant que le seul recours de la partie lésée est « d'implorer son juge par la prière pour qu'il modifie son jugement » (f° 78b). Mais il maintient que, « à l'encontre de cela et à l'encontre du texte », il faut suivre l'avis du pape Innocent IV, qui dit dans son commentaire sur les *Décrétales* que « si un juge procède injustement dans une affaire non commise à sa juridiction », alors « on peut en fait lui résister par la violence » (f° 78b). Tudeschis admet cette autre position d'Innocent IV selon laquelle « si un juge procède injustement dans une affaire dûment commise à sa juridiction », alors « on ne peut lui résister par la violence à moins qu'il y ait eu appel préalable » (f° 78b). Mais, sur ce point, il oppose « un autre dit remarquable d'Innocent IV » aux termes duquel « si un juge cause à quiconque un préjudice », alors « on peut lui résister par la violence avec impunité » *(impune potest violenter resisti)* [f° 78b]. En outre, quand Tudeschis en vient à donner sa propre opinion à cet égard, il adopte fermement le point de vue le plus radical : dans ses Additions au texte, il se réfère à diverses autorités qui soutiennent que, même lorsqu'il n'y a pas eu appel, « on peut résister par la violence » au juge injuste. Et il ajoute que cela lui paraît autoriser deux conclusions : d'abord, que « si le juge procède injustement » et que le dommage causé est « notoire », alors le plaignant peut résister immédiatement, tandis que « si le dommage n'est pas notoire il doit auparavant faire appel » (f° 79a). Ensuite, que même dans le cas d'un dommage mineur, « il faut toujours se souvenir du dit d'Innocent selon lequel il devient possible de résister par la violence dès lors que l'on a fait appel » (f° 79a).

En dehors de ce débat sur la justification de la résistance dans le droit canon, plusieurs passages du code civil traitaient comme légitime d'infliger des blessures, ou même la mort. Dans deux cas essentiels, les compilateurs du Digeste avaient prévu que l'interdit normal placé par le droit positif sur tout acte de violence puisse être couvert par les lois de nature. Le premier relève de certaines affaires d'adultère. On tenait pour légitime que le père tue l'homme découvert en état d'adultère avec la fille (et qu'il tue la fille par la même occasion), et l'on admettait volontiers comme légal que le mari tue l'homme découvert forniquant avec l'épouse (XI, pp. 41-42). Les autres cas relèvent du droit de se défendre. L'hypothèse qui sous-tend la façon dont le Digeste aborde cette question est que *vim vi repellere licet*, il est toujours justifiable de repousser la force injuste par la force[1]. Cela s'appliquerait en premier lieu dans tous les cas où

---

1. Voir notamment le Digeste, XLIII, XVI, 27 (vol. IX, p. 311) : « On peut repousser la force par la force ; car ce droit est conféré par la loi de nature. »

la personne est sujette à une soudaine « violence ou offense ». En de pareilles circonstances, il est toujours légitime de résister, car « tout ce que commet quelqu'un pour protéger son corps est considéré comme commis légalement » (II, pp. 209-210). La même considération s'appliquerait également dans tous les cas où un voleur userait de violence en perpétrant un cambriolage. Si j'y réponds en le tuant « je serai exempt des conséquences », car « la raison naturelle permet à l'homme de se protéger lui-même du danger » (III, p. 324). Et même si ce n'est que mon bien qui est en cause, et non ma vie, il peut encore être légitime que je tue l'homme du moment que je l'ai dûment averti (III, p. 324).

Même s'il va de soi qu'aucun de ces discours n'était destiné à avoir la moindre influence sur le domaine politique, ce n'était pas suffisant pour décourager un certain nombre de théologiens radicaux d'en appeler à ces diverses justifications de la violence privée afin de légitimer des actes de résistance politique envers les rois tyranniques. Cette thèse apparaît clairement dans la maxime de droit civil selon laquelle il est toujours légitime de repousser par la force la force injuste. On voit déjà Guillaume d'Ockham appliquer cette théorie de la résistance de droit privé à une argumentation politique, dans les *Huit questions à propos de l'autorité pontificale* au début des années 1340. Il aborde le sujet dans la deuxième Question, en traitant du problème de savoir si le pape est juge de l'empereur ou l'empereur juge du pape (p. 85). Il montre l'évident malaise qu'il y a à considérer l'un comme supérieur à l'autre, et avance ensuite (suivant une de ses distinctions favorites) que la réponse tient à distinguer entre supériorité « dans le cours ordinaire des événements » *(regulariter)* et supériorité « dans des circonstances exceptionnelles » *(casualiter)* [p. 86]. Puis il prend la relation entre le roi et son royaume comme exemple de la nature de cette distinction : « le roi est supérieur à tout son royaume dans le cours ordinaire des événements », mais « dans des circonstances exceptionnelles il peut être inférieur au royaume » (p. 86). La preuve en est que « dans des cas de nécessité pure » il est licite que le peuple « dépose son roi et le tienne sous bonne garde » ; ce qui serait justifié à son tour par le fait que « la loi de nature, comme le dit le premier livre du Digeste, rend légitime de repousser la force par la force » *(vim vi repellire licet)* [p. 85].

Comme beaucoup des idées les plus radicales d'Ockham, celle-ci sera plus tard reprise par Gerson puis passera de ses écrits dans le courant principal de la pensée politique scolastique. Dans son traité *Sur l'unité de l'Église*, Gerson avance que « bien des cas peuvent se présenter » dans lesquels « il serait admissible » que les membres de l'Église « s'abstiennent d'obéir » au pape, tout comme « il serait admissible de résister à la force par la force » (p. 146). Dans son pamphlet intitulé *Dix considérations hautement utiles aux princes et gouvernants*, il propose une plus longue adaptation de ce même argument de droit privé à la sphère publique. Il fait débuter sa septième Considération en déclarant que « c'est une erreur que de considérer les rois comme libres de toute obligation envers leurs sujets », car « ils leur doivent justice et protection de par la loi divine et les lois de nature ». Il prévient ensuite que « s'ils manquent à cela, s'ils agissent avec injustice envers leurs sujets, et s'ils persistent dans leur comportement pervers, alors il est temps de leur appliquer cette loi de nature prescrivant que nous pouvons repousser la force par la force » *(vim vi repellere)* [col. 624].

Tout en étant manipulée par les théologiens, l'autorité du droit romain était parfois mise au service des jurisconsultes professionnels les plus radicaux eux-mêmes. Une opinion potentiellement subversive partagée par un grand nombre des civilistes consistait à penser que l'idée de *merum Imperium*, peut-être l'idée clé du droit public romain, devait s'interpréter dans un sens constitutionnel. Le terme de *merum Imperium* s'employait systématiquement dans le Code Justinien pour désigner les formes les plus hautes de la puissance publique, et notamment le pouvoir de commander aux armées et de faire les lois (Gilmore, 1941, p. 20). Le Code semblait attribuer cette forme d'autorité au seul empereur, mais divers commentateurs tentèrent de montrer que cette même gamme de juridictions, y compris le *ius gladii* ou « droit du glaive », pouvait également être exercé par des « magistrats subalternes ». Le débat classique opposa à la fin du XIIe siècle les jurisconsultes Azo et Lothaire, dispute que Bodin trouve commode de résumer en introduction à ses propres thèses sur l'*Imperium* dans les *Six livres de la République*. Lothaire avait déclaré que l'*Imperium*, que Bodin identifie tout simplement au « pouvoir du glaive », ne pouvait jamais être détenu par des « magistrats subalternes », tandis qu'Azo pariait un cheval que ce n'était pas le cas. L'empereur fut appelé à trancher et, dans une surprise générale mesurée, il pencha pour Lothaire. Toutefois, les réalités féodales du Saint Empire romain étaient telles que, comme le relate Bodin, « presque tous les autres grands avocats » prirent le parti d'Azo, pour soutenir que les princes locaux et autres magistrats ne disposaient pas moins que l'empereur du droit de manier le glaive de justice. D'où un jeu de mots qui fit fureur, disant que si Lothaire avait remporté le cheval *(equum tulerat)*, c'était Azo qui était dans le vrai *(aequum tulerat)* [p. 327].

L'interprétation d'Azo va doublement contribuer à étayer une attitude constitutionnaliste vis-à-vis de la structure juridique du Saint Empire romain. En premier lieu, elle tend à renforcer la vision féodale et particulariste de la constitution impériale, vision qui finira par triompher en 1648. Dans cette approche, lors de son élection, chaque empereur pouvait être considéré comme signant un contrat avec les électeurs et autres « magistrats subalternes » de l'Empire, en jurant de défendre le bien de l'Empire dans son ensemble et de protéger les « libertés » de ses sujets. Cela s'analysait comme établissant que l'empereur n'était pas *legibus solutus*, mais lié par les termes de son serment de couronnement, et dépendant pour l'exercice de son autorité du bon accomplissement de ses devoirs. Ce qui débouchait à son tour sur la conclusion radicalement constitutionnaliste que, puisque les électeurs et autres princes de l'Empire sont porteurs du *ius gladii* au même titre que l'empereur lui-même, il doit leur être possible d'utiliser le glaive contre lui s'il vient à manquer aux termes de son serment originel (Benert, 1973, pp. 18-20). Cette théorie fut réellement mise en pratique en 1400, lorsque les Électeurs impériaux prononcèrent la déposition de l'empereur Wenzel, et firent savoir à ses sujets qu'ils étaient déliés de leurs vœux d'allégeance. Leur argumentation tenait à ce que l'empereur avait juré de maintenir l'unité de l'Empire et la paix de l'Église, qu'il avait manqué de tenir ces promesses, et qu'il leur appartenait en conséquence de le révoquer de sa charge, en s'érigeant en tribunal et en exécutant le jugement prononcé contre lui pour avoir violé son contrat (Carlyle, 1936, pp. 182-183).

L'idée des électeurs et autres « magistrats subalternes » en tant que détenteurs de l'*Imperium* tend aussi à favoriser une autre conception du statut de l'empereur, moins particulariste mais non moins radicale. Selon cette analyse, l'Empire constituerait une *universitas*, une unité organique dans laquelle chaque membre a le devoir, non seulement en droit positif mais aussi en droit naturel, de maintenir l'intégrité de l'ensemble. Cela était interprété comme incluant la possibilité que les électeurs retournassent le *ius gladii* contre l'empereur au nom de l'Empire s'ils jugeaient que sa conduite mettait en danger les normes de justice que, selon eux, il s'était engagé à faire respecter dans son serment de couronnement[1]. Ce point de vue sera adopté par nombre de théologiens et de juristes : Thomas d'Aquin fait un geste en sa direction dans la *Somme théologique*, et Guillaume d'Ockham le met en circulation par ses *Huit questions à propos de l'autorité pontificale*. Ce dernier présente le propos tout en traitant des vues « de ceux qui disent que le pape peut déposer l'Empereur » (p. 203). Il souligne que le pape ne dispose pas de ce pouvoir « dans le cours ordinaire des événements », conclusion qui le conduit à se demander qui peut légitimement avoir l'autorité de déposer l'empereur « s'il mérite d'être déposé » (p. 203). Selon lui, la réponse dépend de la reconnaissance de l'Empire en tant que « corps mystique » dont chaque « membre » a le devoir naturel de protéger le bien-être de l'ensemble (p. 204). « Tout comme dans un corps naturel, quand un membre s'affaiblit, les autres compensent la déficience s'ils le peuvent », de même dans l'*universitas* « lorsqu'une partie fait défaut, les autres parties, si elles en ont le pouvoir naturel, doivent compenser la déficience ». Ce qui suggère à Ockham l'idée que si le chef de l'Empire se transforme en tyran, il peut légitimement être déposé « par ceux qui représentent

---

1. Pour une analyse complète de cette vision de la constitution impériale, voir l'excellent article de Benert, 1973, en particulier pp. 21-32.

les peuples assujettis à l'*Imperium* romain », et notamment « par les princes électeurs », qui peuvent se comparer aux « parties » ou « membres » du corps de l'Empire (pp. 203-204).

Bien entendu, les conséquences radicales de la position d'Ockham ne furent pas explicitées par les autorités impériales elles-mêmes, mais son idée de base d'un corps mystique dont les membres partagent un égal devoir de préserver l'ensemble sera reprise peu après dans la *Bulle d'or* de Charles IV, promulguée en 1356 comme nouvelle charte de l'Empire (Jarrett, 1935, pp. 171-172). L'exorde évoque les princes électeurs en tant que « membres » de l'Empire et « colonnes » qui tiennent ses matériaux en place (p. 221). Le chapitre sur l'élection des empereurs répète que « les princes électeurs » doit être considéré comme « les membres les plus proches de l'Empire » ; et le chapitre suivant comporte un développement élaboré de chacune de ces métaphores. « Les vénérables et illustres princes électeurs » sont « les principales colonnes » de l'Empire, qui « soutiennent tout le saint édifice par la vigilante piété de leur circonspecte prudence ». Et ils sont également les membres les plus importants de son corps mystique, dont « la volonté concordante » est essentielle si l'on veut préserver « l'honneur impérial » aussi bien que l'unité de l'Empire (p. 231).

Ces représentations anti-absolutistes de l'autorité impériale connurent un nouveau paroxysme au début du XVIe siècle, dû en grande partie aux changements introduits dans l'étude du droit par les humanistes de la fin du *quattrocento*. On l'a vu, les humanistes recommencèrent alors à s'intéresser à l'histoire du droit, et donc à l'étude de ses formes locales et coutumières. Ce qui les rendit beaucoup plus sensibles que leurs prédécesseurs bartoliens à la recherche sur les relations de féodalité, qu'ils se mirent pour la première fois à analyser de façon détaillée. Un premier résultat en fut une nouvelle compréhension du système féodal d'obligations et de droits qui avait présidé aux œuvres du Saint Empire romain pendant une grande partie du Moyen Âge. Dans cette tendance, l'exemple peut-être le plus distingué est celui d'Ulrich Zasius, dont nous avons déjà fait la connaissance comme l'un des principaux jurisconsultes humanistes de la première moitié du XVIe siècle.

Examinant la constitution de l'Empire dans son traité sur *La Coutume des fiefs*, Zasius pose clairement qu'il voit en l'empereur non pas un souverain absolu « au-dessus » de l'Empire, mais plutôt la pointe d'une pyramide féodale. Il fait valoir que « le roi dans son royaume a davantage de droits que l'Empereur dans l'empire », car « le roi peut transmettre son royaume à ses héritiers légitimes », tandis que « personne ne peut succéder à l'Empire à moins d'y être élu » (col. 225). Il souligne plus loin, dans le chapitre sur « Ce que le vassal peut demander à son seigneur, et le seigneur à son vassal », que si le vassal reconnaît une personne particulière comme son seigneur, ce qui est le cas des princes électeurs vis-à-vis de l'empereur, les obligations qui en résultent sont par essence « de caractère réciproque » et féodal (col. 270, 278).

Les conséquences de cette analyse quant au statut juridique de l'empereur sont énoncées tout à fait clairement dans les *Jugements* de Zasius, alors qu'il fait part de son avis sur une affaire où l'empereur Maximilien avait « renversé et méprisé » une décision de justice « de par la plénitude de son pouvoir absolu » (col. 409). Cela conduit l'auteur à considérer la question clé de savoir si l'empereur peut vraiment être tenu pour posséder un degré de pouvoir tel qu'il se situe au-dessus du droit positif et soit capable de l'annuler à sa guise (col. 411). À cela il répond en soutenant que l'autorité légale de l'empereur est de fait limitée en deux manières. Il souligne tout d'abord que « les lois ont été mal interprétées » par ceux qui prétendent que « l'Empereur romain détient comme un pouvoir absolu » *(quasi absoluta potestas)* qui s'étendrait au renversement des droits reconnus de ses sujets individuels (col. 412). Les pouvoirs de l'empereur « sont très grands en effet », mais « ils ne s'étendent que jusqu'à maintenir la sécurité de ses sujets et à soutenir la cause de la justice » (col. 412). L'empereur s'est en effet engagé à s'acquitter de ces devoirs, de sorte que « si son pouvoir doit être légitime, il doit être raisonnable et juste », et ne peut en aucun cas aller jusqu'à « retirer ou affaiblir ses droits à qui que ce soit » (col. 411, 412). Seconde affirmation, plus restrictive encore, l'empereur ne serait pas simplement « lié par ses contrats » pour demeurer dans le cadre du droit naturel, mais serait également limité dans son action par la constitution de l'Empire lui-même (cols. 411, 415). Zasius rappelle ainsi que, « il y a quelques années », l'empereur Maximilien « de concert avec les principaux citoyens et princes » de l'Empire « avait promulgué une constitution » par laquelle l'empereur s'engageait à ne pas « casser ou modifier » les décisions de ses propres tribunaux (col. 415). Pour lui, c'est absolument décisif : « si l'empereur a promis de mettre cette ordonnance en vigueur », et « s'il est également lié par tout contrat qu'il établit », il en découle que « pour lui il ne peut être légitime de se comporter » en quoi que ce soit à l'encontre du droit positif (col. 413).

Mais l'autorité du droit romain sera aussi invoquée, avec plus de poids encore, par un certain nombre de juriconsultes professionnels, pour étayer une autre position politique radicale ; il nous reste à examiner cette autre attitude. On a parfois avancé que, lorsqu'un peuple libre confie l'*Imperium* à un souverain, il faut considérer que les termes de la *Lex Regia* par laquelle il annonce sa décision comme stipulent implicitement que son acte se limite à déléguer sa souveraineté originelle, sans pour autant se l'aliéner. On l'a vu, cette forme d'argumentation juridique avait initialement été développée par Bartole et ses élèves, dans le cadre de leur campagne visant à légitimer les revendications des cités d'Italie du Nord sur leur indépendance légale vis-à-vis de l'Empire. Ils insistaient tout d'abord sur le fait que toute cité légiférant pour son propre compte ne pouvait être que *sibi princeps*, « un *princeps* à elle-même », et ne pouvait par conséquent qu'être libre de l'*Imperium* de l'Empire. Ayant ainsi soulevé la question de savoir qui pouvait légitimement posséder l'*Imperium* sur ces cités, ils répondaient que les seuls détenteurs possibles de cette autorité ne pouvaient être que les citoyens eux-mêmes. Bartole établit ce point sans aucune équivoque dans son commentaire sur le Digeste. Il admet que généralement, le peuple confie l'exercice concret de sa souveraineté à un souverain ou à un corps de magistrats élus ; mais il affirme que tout « droit de jugement » détenu par ces fonctionnaires « ne leur est que délégué *(concessum est)* par le corps souverain du commun du peuple » (p. 670). Le gouvernement ne peut « édicter aucun statut contraire à ceux adoptés par le peuple entier », et ne peut pas non plus prendre de dispositions législatives sans s'assurer auparavant de « l'autorité du peuple » en « son conseil de gouvernement », qui demeure en tout temps le sanctuaire ultime de la souveraineté (p. 670).

Comme dans le cas de l'étude du droit féodal, cette manière populiste d'interpréter la *Lex Regia* connut un regain de succès grâce au développement de la jurisprudence humaniste à la fin du XVe siècle. Aspect de leur intérêt caractéristique pour l'évolution du droit romain, les jurisconsultes humanistes vont se mettre à examiner les circonstances exactes dans lesquelles le Sénat et le peuple romain remettent originellement l'*Imperium* à l'empereur Auguste au commencement de l'Empire. Il en résultera entre autres que plusieurs des plus distingués pionniers de l'humanisme juridique vont parvenir à la conclusion que la remise de souveraineté dans la *Lex Regia* originelle doit s'interpréter dans un sens constitutionnaliste.

Parmi les grands juristes qui utilisent ces techniques humanistes pour étayer une théorie essentiellement bartolienne de la souveraineté populaire figure André Alciat, que nous avons déjà rencontré comme premier érudit à avoir exporté les nouvelles méthodes de l'humanisme juridique de l'Italie vers la France (Carlyle, 1936, pp. 298-301). Mais l'exemple le plus clair de cette approche syncrétique se trouve dans la série de dialogues intitulée *La Souveraineté du patriciat romain* que Marco Salamonio rédige en 1514 (d'Addio, 1954, pp. 3, 15). Nous l'avons déjà évoqué, la seconde moitié du livre de Salamonio est consacrée à une étude détaillée des problèmes spécifiques posés en Italie par l'invasion française de 1494. Mais elle est préfacée d'un texte de caractère très général visant, comme l'observe d'emblée le personnage du Philosophe, à élucider « les problèmes ardus et subtils » concernant la nature de l'*Imperium* que l'on peut penser que le peuple libre confère à son souverain lors de sa prise de fonctions (f° 5a)[1].

---

1. Il serait donc erroné de penser que les jurisconsultes humanistes se détournent entièrement de l'approche abstraite et bartolienne des principes du droit et

Même si Salamonio aborde en premier lieu la liberté naturelle du peuple, il ne s'attache pas à l'analyse de cette notion dans la perspective hypothétique ou quasi historique des théologiens ou des penseurs ultérieurs du « contrat social[1] ». La raison pour laquelle il souligne que « Dieu a créé tous les hommes libres et égaux » et que « nul homme n'est naturellement sujet d'aucun autre » est tout simplement de faire ressortir le fait que tout *Imperium* doit avoir « une base dans les conventions » (f°s 21a, 28b-29a). Le Philosophe et le Juriste, principaux interlocuteurs des premiers dialogues, reconnaissent rapidement que toute société politique légitime doit se fonder sur une libre décision de la part des citoyens en vue de passer contrat avec un souverain et d'édicter une *Lex Regia*, établissant ainsi un *Imperium* sur eux-mêmes. Leur désaccord ne naît que lorsqu'ils en viennent à considérer la nature de l'*Imperium* que la *Lex Regia* est destinée à mettre en place. Le Juriste commence avec quelque assurance par affirmer qu'après l'installation du prince au pouvoir « il n'existe absolument aucun droit de le contrôler » puisque « la *Lex Regia* lui assigne une autorité absolue » (f°s 5b, 8b). Le Philosophe se refuse à croire qu'il ait bien entendu, et sur la remarque innocente du Juriste disant qu'il paraît surpris, il répond en se disant « totalement stupéfait » (f° 6a). Le deuxième dialogue se passe ensuite à justifier la consternation du Philosophe. Commençant dans ce qu'il aime à appeler « un style socratique »,

---

de leurs relations avec les lois de la nature pour se consacrer au contraire à l'étude du droit positif et de ses développements historiques. Typiquement, les juristes qui utilisaient des techniques humanistes, comme Salamonio et Alciato, conservaient néanmoins des allégeances bartoliennes fortes. Sur l'aspect traditionaliste chez Alciato, voir Viard, 1926, pp. 139-164, et sur la persistance des liens entre jurisprudence et philosophie humaniste, voir Kelley, 1976.

1. Ce point me paraît échapper à d'Addio, 1954, dont la thèse essentielle est que les écrits de Salamonio occupent une place centrale dans l'histoire de « l'idée de contrat social » (voir d'Addio, 1954, en particulier pp. 111-115). Cette vue a depuis été reprise par Gough, 1957, qui parle (p. 48) de Salamonio comme présentant pour la première fois cette idée sous une forme « complètement aboutie, prête à entrer dans le monde moderne ».

celui-ci finit par forcer le Juriste, malgré ses protestations, ainsi que les personnages du Théologien et de l'Historien qui se tiennent cois, à admettre sa propre conception bartolienne du droit inaliénable du peuple à gouverner.

Il y a quelque ironie dans cette manière de présenter les choses. On pourrait fort bien conclure de l'argumentation de Salamonio que les analystes les plus radicaux de l'*Imperium* étaient les philosophes, que les juristes défendaient tous l'absolutisme, et que les théologiens n'avaient pratiquement rien à dire à ce sujet. Or on eût été bien en peine de trouver en nombre des philosophes prêts à assumer la conception de l'*Imperium* défendue par Salamonio, à l'exception bien sûr de Marsile de Padoue auquel Salamonio pensait peut-être. Au contraire, les vues exprimées par le Philosophe auraient parfaitement pu être celles d'un grand nombre de jurisconsultes, y compris Bartole et ses élèves, aussi bien que celles des théologiens radicaux que nous avons rencontrés, dont le Philosophe reprend pratiquement l'argumentation centrale sur l'*Imperium*. Comme eux, il admet d'abord que le peuple n'aliène jamais sa propre souveraineté, mais ne fait que la déléguer dans l'acte de constituer un gouvernement. On en trouve la preuve, assure-t-il, dans la façon dont « le Sénat et le Peuple romain » consentirent à l'origine à l'établissement de l'Empire (f° 8b). La *Lex Regia* qu'ils promulguent alors « était faite par la volonté du peuple » de telle manière que non seulement celui-ci « obligeait le prince à en respecter les termes », mais rendait aussi l'Empire lui-même « responsable devant le peuple » (f°s 8b-9a). Plus loin, le Philosophe généralise cet argument, en avançant que le peuple libre ne peut jamais renoncer à sa souveraineté ultime, et que « tout ce que fait un souverain doit toujours se concevoir comme étant fait par le consentement et l'autorité du commun tout entier » (f° 15b). Après que le personnage du Théologien, sortant d'un long silence, a assuré au Juriste que « cette vision ne peut en aucun cas être déniée », le Philosophe se sent en mesure de passer directement à son argument majeur suivant (f° 9b). Il soutient que, puisque tout prince doit être « institué par l'autorité d'une *Lex Regia* », son statut ne peut jamais être celui d'un souverain *maior universis*, mais seulement celui d'un fonctionnaire élu agissant comme « *minister* de la communauté » (f°s 11b, 17a, 21a). De prime abord, le Juriste se refuse à envisager une telle possibilité, mais il change d'avis lorsque le Philosophe le convainc de l'existence d'une analogie immédiate entre le souverain et les autres magistrats. Ils s'accordent à penser que le magistrat doit être « supérieur en autorité au citoyen individuel » *(maior singulis)*, mais « inférieur au commun du peuple dans son ensemble » *(inferior universo populo)* [f° 13a]. Cela en fait « un simple *minister* du peuple » et signifie que « quoi que fasse un magistrat est fait en réalité par l'autorité du peuple » (f°s 13a-b). Le Philosophe avance ensuite que le prince « n'est vraiment rien d'autre qu'une sorte de magistrat perpétuel », seulement mandaté pour assumer son autorité « avec le consentement du peuple tout entier » (f°s 13b, 15b). Mais il est évident, ajoute-t-il, que « toute personne à qui l'on assigne un mandat ne peut être qu'un simple *minister* de l'autorité mandante ». Il s'ensuit, conclut-il triomphalement, « que le prince ne peut être qu'un *minister* de la communauté », et que le peuple « en tant que créateur du prince est forcément plus grand que le prince qu'il crée » (f°s 12b, 17a, 21a).

Enfin, Salamonio résume son propos dans l'affirmation – qu'il souligne bien plus nettement que les théologiens – selon laquelle « aucun prince ne peut être tenu pour *legibus solutus* » (f° 5b). Comme y insiste le Philosophe, tout souverain est soumis à l'obligation perpétuelle, née de son acceptation de la *Lex Regia*, de gouverner « de façon juste et honnête selon les lois de nature et les coutumes du pays concerné » (f°s 7a, 27b). À nouveau, le Juriste se dit atterré face à une pareille limitation des pouvoirs du prince, et soupçonne le Philosophe « ou bien de plaisanterie, ou bien de folie » (f° 27b). Mais, à nouveau, il se voit amener à accepter l'idée que tout souverain légitime est nécessairement le serviteur et non le maître des lois, et même qu'il est possible qu'une loi édictée par un prince « soit abrogée au nom de la justice » par le peuple souverain si celui-ci découvre par la suite qu'elle n'est pas « favorable à la stabilité et au bien-être commun » (f° 27b).

5.
Le réveil du thomisme

Les thomistes et leurs ennemis

L'un des premiers élèves de John Mair au Collège de Montaigu dans les premières années du XVIe siècle s'appelle Pierre Crockaert (v. 1450-1514). Arrivé de Bruxelles à un âge relativement avancé pour suivre les cours de l'Université de Paris, il commence par étudier puis par enseigner la *via moderna*, mais semble éprouver en 1503 un rejet de sa formation : abandonnant l'étude d'Ockham, il se tourne au contraire vers le thomisme, entre dans l'ordre des Dominicains, et rejoint le collège de Saint-Jacques, célèbre pour ses affinités avec Thomas d'Aquin et Albert le Grand (Renaudet, 1953, pp. 404, 464). En 1509, il se met à enseigner la *Somme théologique* de Thomas d'Aquin au lieu des habituelles *Sentences* de Pierre Lombard et en 1512 il publie un commentaire sur la dernière partie de la *Somme* avec son élève Francisco de Vitoria (Renaudet, 1953, pp. 469, 594). Crockaert meurt en 1514, mais son influence de professeur et donc le succès de la *via antiqua* continuent d'augmenter à Paris. Son collège finance la publication d'autres commentaires sur Thomas d'Aquin en 1514, tandis que les enseignements thomistes de Crockaert lui-même seront poursuivis par plusieurs de ses brillants élèves, avec Fabrius et Meygret aussi bien que Vitoria (Renaudet, 1953, p. 659).

De ces débuts modestes à l'Université de Paris va naître le grand réveil thomiste du XVIe siècle, qui aura une importance fondamentale pour le développement de la théorie moderne de l'État de droit naturel. La figure centrale de cet épisode est peut-être Francisco de Vitoria (v. 1485-1546), qui entre en 1504 dans l'ordre des dominicains (celui auquel avait appartenu Thomas d'Aquin lui-même), avant d'être envoyé deux ans plus tard poursuivre ses études à Paris, au collège de Saint-Jacques[1]. Il y restera près de dix-huit ans, d'abord comme étudiant de la *via antiqua* avec Crockaert, puis comme enseignant de la *Somme théologique* de Thomas d'Aquin (Getino, 1930, pp. 28-33). En 1523, il regagne son Espagne natale ; trois ans plus tard, il est élu à la chaire de prime de théologie à Salamanque, poste qu'il occupera jusqu'à sa mort en 1546 (Hamilton, 1963, pp. 172,176). Vitoria ne publiera aucun texte, de sorte que ses thèses ne sont directement connues qu'à travers une série de *relectiones*[2] manuscrites qui se trouvent avoir survécu. Mais il eut manifestement une énorme influence en tant qu'enseignant, et au moment de sa mort près de trente de ses anciens étudiants détenaient des chaires dans les universités espagnoles (Hamilton, 1963, p. 175). La longue liste de ses élèves célèbres comprend plusieurs jurisconsultes éminents, comme Diego de Covarrubias (1512-1577), ainsi que divers grands théologiens dominicains et spécialistes de philosophie politique, avec pour exemples majeurs Melchior Cano (1509-1560), Fernando Vazquez (1509-1566) et Domingo de Soto (1494-1560) [Wilenius, 1963, p. 15].

Domingo de Soto fut l'un des premiers parmi les nombreux disciples de Vitoria, et le plus important. Il se convertit à l'interprétation de Vitoria du thomisme au cours de ses études à Paris, et le suivit à Salamanque en 1526 (Hamilton, 1963, pp. 176-177). En

---

1. Voir Getino, 1930, pp. 19-20. La date de naissance de Vitoria est très incertaine. Dans sa biographie de référence, Getino, 1930, propose une date « non antérieure à 1483 et non postérieure à 1486 ». Mais certains chercheurs avancent la date de 1480 (Mesnard, 1936, p. 455), tandis que d'autres disent « vers 1492 » (Fernández-Santamaria, 1977, p. 63).

2. Une *relectio*, ou « relecture », était le résumé d'une conférence, généralement donnée une fois par an sous la forme d'un discours devant toute la faculté. Sur ces détails biographiques, entre autres, voir Baumel, 1936, pp. 24-69.

1531, il prit la suite de certains enseignements de Vitoria lorsque celui-ci tomba malade, et il fut élu en 1532 à la chaire de vêpres de théologie (Hamilton, 1963, p. 177). De Soto continuera d'enseigner à Salamanque pendant treize ans, mais il renoncera à sa chaire en 1545 pour répondre à la convocation de l'empereur Charles V et se rendre au concile général de l'Église, que Paul III avait initialement tenté de réunir près de dix ans auparavant, et dont les sessions débutèrent en fin de compte en décembre 1545 à Trente, pour envisager la réforme de l'Église. De Soto jouera un rôle majeur au cours des premières années du concile, à la fois comme théologien impérial et comme représentant des dominicains (Jedin, 1957-1961, I, 513 ; II, 93). Puis il rentrera en Espagne, retrouvera son poste précédent à Salamanque en 1551, et le conservera jusqu'à sa mort en 1560. C'est de cette seconde période d'enseignement actif que date son œuvre la plus importante de philosophie du droit et de philosophie politique, les *Dix livres sur la justice et le droit*. Cet ouvrage sera publié en six parties de 1553 à 1557, et connaîtra vingt-sept nouvelles éditions avant la fin du siècle (Hamilton, 1963, pp. 177-178, 190).

Pendant la seconde moitié du XVIe siècle, les doctrines répandues par les dominicains commencent à être reprises par leurs plus grands rivaux, les jésuites, qui vont les propager avec une énergie sans précédent en Italie et en France comme en Espagne. Les principaux auteurs politiques parmi les jésuites italiens de cette époque sont Antonio Possevino, ou Possevin (1534-1611) et le cardinal Robert Bellarmin (1542-1511), dont la suite de *Controverses*, publiées entre 1581 et 1592, constitue la plus argumentée et la plus complète des nombreuses attaques des jésuites contre les hypothèses politiques et théologiques liées à la foi luthérienne. Tout un éventail de doctrines semblables commence aussi à se développer chez un grand nombre d'auteurs espagnols. À la fin des années 1540, les jésuites avaient réussi à installer huit collèges en propre dans les universités espagnoles, dont un à Alcalá, un à Salamanque et un à Burgos (Kidd, 1933, p. 30). Ainsi débuta le processus par lequel ils parvinrent à arracher le pouvoir intellectuel sur les universités espagnoles des mains des dominicains. Les nouveaux collèges jésuites se mirent bientôt à produire un flot impressionnant de théologiens et de philosophes politiques, dont Alfonso Salmerón (1515-1585), Pedro de Ribadeneyra (1527-1611), Francisco de Toledo (1532-1596), Gregorio de Valencia (1549-1603) et Gabriel Vazquez (1549-1604)[1]. Mais les deux plus grandes figures parmi les philosophes jésuites de cette époque sont Luis de Molina (1535-1600) et Francisco Suárez (1548-1617). Tous deux entament leurs études, comme Francisco de Toledo et Gregorio de Valencia, à l'Université de Salamanque. Molina entre à la Compagnie de Jésus en 1553, mais comme celle-ci n'est pas encore entièrement intégrée en Espagne, il gagne le Portugal pour obtenir un poste d'enseignant. Il devient professeur des Arts à Evora, et passe à la chaire de théologie en 1568 (Fichter, 1940, p. 203). C'est sur la base des cours qu'il y donne de 1577 à 1582 qu'il rédige ses *Six livres sur la justice et le droit*, publiés entre 1593 et 1600. Suárez était un peu le rival de Molina, et en 1593, tous deux étant candidats à la chaire de théologie de Coimbra, ce fut Suárez qui l'emporta (Fichter, 1940, p. 203). Comme son héros Thomas d'Aquin, Suárez était célèbre pour la lenteur des débuts de ses études philosophiques, et plus tard pour l'immense érudition qu'il déversa dans les trente forts volumes de son œuvre publiée (Fichter, 1940, pp. 47-60). C'est à Coimbra, après son retour du collège jésuite de Rome, qu'il se trouva particulièrement sollicité pour traiter de philosophie du droit et de philosophie politique. Poussé par le recteur de l'université, il commença à rédiger des cours sur la notion de droit, dont il donna la première série en 1596. Ce cours fut finalement publié en 1612 : il s'agit du volumineux traité sur *Les Lois et Dieu le faiseur de lois*[2]. À ce moment, il avait déjà été encouragé par Caraffa, nonce apostolique à Madrid, à établir une réfutation de l'*Apologie* dans laquelle le roi Jacques Ier avait tenté de défendre le serment d'allégeance

---

1. On trouvera des détails biographiques et bibliographiques sur tous ces auteurs chez Backer, 1853-1861.

2. Toutes les citations suivantes de Suárez sont issues de cette œuvre, sauf lorsqu'il est spécifié qu'elles sont issues de la *Défense* citée ensuite.

anglais contre les attaques de Bellarmin et du pape lui-même. L'analyse de Suárez à ce sujet, fort longue comme à son habitude, paraît elle aussi en 1612 sous le titre de *Une défense de la foi catholique et apostolique*. Ces deux ouvrages ne représentent pas seulement sa contribution majeure à la pensée juridique et politique, mais ils fournissent aussi le résumé le plus clair qui soit de la perspective remarquablement homogène élaborée par toute l'école des philosophes politiques thomistes au cours du XVIe siècle (cf. Daniel-Rops, 1962, p. 342).

Une phrase qui revient constamment sous la plume des auteurs de cette école peut être considérée comme symbolique des visées polémiques sous-jacentes à l'ensemble de ces œuvres politiques. Un de leurs soucis essentiels, proclament-ils souvent, consiste à réfuter « tous les hérétiques des temps actuels ». Bien sûr, les hérétiques qui les préoccupent sont au premier chef les luthériens, et c'est un de leurs buts premiers que de rejeter non seulement la conception luthérienne de l'Église, mais aussi toute la vision de la vie politique associée à la réforme évangélique[1].

Considérant d'abord la conception luthérienne de l'Église, les thomistes y décèlent deux hérésies majeures qu'il importe particulièrement de pouvoir affronter et abattre : d'une part la doctrine de la *sola scriptura*, et la répudiation concomitante de la tradition catholique, et d'autre part la vision centrale de la véritable Église comme n'étant qu'une *congregatio fidelium*, avec le rejet qui en découle de toutes les hiérarchies ecclésiastiques et la négation des pouvoirs pontificaux de législation. La *relectio* de Vitoria sur *La Puissance de l'Église* est largement dirigée contre « les mots exceptionnellement imprudents de Luther » et autres « incroyablement

---

1. Dans son œuvre pionnière, Gierke, 1934, traite de ces auteurs en soulignant dans quelle mesure les thomistes du XVIe siècle écrivent par opposition consciente aux luthériens, et je lui en suis redevable ; cf. aussi Gierke, 1939. Je dois également beaucoup à l'excellente étude de la contribution espagnole au réveil du thomisme présentée par Hamilton, 1963. Je regrette que l'ouvrage de Fernández-Santamaria, 1977, qui s'attache à la pensée politique de Vitoria, soit paru trop tard pour que je puisse prendre pleinement en compte ses conclusions.

arrogants hérétiques » qui ignorent les traditions de l'Église, qui prétendent que « tous les chrétiens sont également prêtres », et qui soutiennent que « le pouvoir de l'Église réside en chacun, sans aucune gradation ni aucun ordre ecclésiastique » (p. 129). Les mêmes hérésies seront par la suite épinglées par tous les champions thomistes du pontificat tridentin dans le deuxième moitié du XVIe siècle. Ils concentrent notamment leurs attaques sur le fait que, comme le dit Bellarmin dans son traité *Concernant les conciles*, « les luthériens ont rendu l'Église invisible » (II, pp. 317, 344). De Soto fait remarquer qu'il s'agit d'une erreur ancienne, « d'abord professée par les Vaudois, puis par Wyclif, et plus tard par les luthériens » (f° 18a). Molina préfère faire remonter cette hérésie à Marsile de Padoue, mais confirme que Luther « ne fait qu'enseigner les mêmes erreurs » (p. 1866). Quant à Suárez, il se trouve d'accord avec Molina sur le fait que « c'est là une erreur ancienne », que « Marsile en a sans nul doute été le principal auteur », et qu'il est désormais devenu urgent de l'extirper, car « Luther, suivi de Melanchthon » est parvenu à tromper tant de gens en les amenant à ces fausses croyances (I, p. 297).

L'élaboration de leur théorie de la société politique séculière donne également aux thomistes l'occasion de réfuter diverses hérésies luthériennes. On l'a vu, la vision luthérienne de la relation de l'homme avec Dieu avait sapé toute tentative de faire reposer la conduite de la politique sur les fondations du droit naturel. Les réformateurs soutenaient que l'homme, avec sa nature déchue, ne peut espérer appréhender la volonté du *Deus Absconditus*, ni donc faire que la loi de Dieu se reflète dans l'ordonnancement de sa vie. Ils en concluaient que les pouvoirs existants avaient dû être instaurés directement par Dieu et donnés aux hommes justement pour pallier ces déficiences morales. C'est cette doctrine que les thomistes identifient comme particulièrement importante à renverser. Ce désir fournira l'un des motifs essentiels des débats au concile de Trente sur la justification de la « double justice », et de son rejet (Philips, 1971, pp. 351-358). Comme le remarque Jedin, au concile les théologiens « se saisissent du problème que leur avait posé Luther » (Jedin, 1957-1961, II, p. 167). Ils reconnaissent la nécessité de pouvoir montrer, selon les termes du *Décret concernant la justification*, que si les hommes sont sans doute accablés de faiblesses et « serviteurs du péché », les luthériens ne peuvent néanmoins qu'avoir tort en déniant à l'homme tout élément de « grâce intérieure » (pp. 30, 33-35). Cette même attaque contre ce que de Soto appelait « la doctrine pestifère de Luther » sur l'absence de justice inhérente à l'homme sera ensuite renouvelée par tous les penseurs jésuites de la fin du XVIe siècle (f° 244a). Dans le *Décret concernant la justification*, Bellarmin confirme que la première hérésie à laquelle il faut s'opposer est la croyance répandue et dangereuse, reprise du texte de Luther sur les Galates, que « seule la foi sauve » et qu'« il ne peut y avoir de justice inhérente à l'âme humaine » (VI, pp. 172, 178). Et Suárez reconnaît lui aussi, au début de son analyse de la sujétion de l'homme à la loi, l'erreur qu'il faut absolument éradiquer dans « l'idée blasphématoire de Luther » qu'« il est impossible même à l'homme juste de suivre la loi de Dieu » (I, p. 65).

Comme l'indiquent à la fois de Soto et Suárez, si la dénégation luthérienne de toute justice inhérente à l'homme a une telle portée, c'est qu'elle forme « la racine et la base de toutes les autres hérésies » que les luthériens ont ensuite propagées quant aux principes de la vie politique[1]. Deux de ces hérésies paraissaient manifestement mériter l'attention particulière des thomistes. La première est la doctrine luthérienne du prince croyant. Elle n'est il est vrai jamais traitée (ni même évoquée) chez Vitoria, peut-être parce que ses propres vues sur les origines de l'autorité politique sont étrangement semblables. Vitoria tend à penser, même s'il n'est pas entièrement cohérent sur ce point, que nos souverains nous sont directement désignés et assignés par « une puissance providentielle » qu'il identifie le plus souvent à la volonté de Dieu. Mais il subira à ce propos de vives critiques de la part de plusieurs penseurs jésuites, tous hérissés pour rejeter toute idée que la domination puisse se fonder sur la grâce. Dans son traité sur *Les Membres de l'Église*,

---

1. Voir de Soto, f° 247a ; Suárez, I, p. 67.

Bellarmin soutient qu'en avançant cette thèse « les hérétiques des temps présents » ne font que reprendre une autre position complètement discréditée, « originellement défendue par Wyclif et Hus ». Il admet cependant que cette erreur est encore dangereuse, et qu'il est donc tout aussi important de pouvoir argumenter contre l'hypothèse sous-jacente d'une société politique qui serait directement issue de « la justice et la grâce de Dieu », et telle que la divinité du souverain devienne une condition de sa souveraineté (III, p. 14). Suárez s'accorde à retrouver la même filiation dans l'hérésie, et à mettre en avant la nécessité de dénoncer « la fausse croyance » selon laquelle « le pouvoir de légiférer dépend de la foi ou de la morale du prince », vision impliquant la conclusion subversive, « maintenue par les hérétiques », que « le pouvoir civil ne pourrait demeurer aux mains de souverains incroyants » (I, pp. 190, 327).

Autre hérésie, étroitement liée, à laquelle les thomistes ressentent le besoin de s'opposer catégoriquement : les luthériens affirment que les ordres du prince incroyant ne peuvent lier la conscience, et qu'il n'est jamais obligatoire d'y obéir. Dans sa *relectio* sur *Le Pouvoir civil*, Vitoria met en évidence la propension de certains « personnages séditieux » à prétendre que « la liberté évangélique constitue une entrave au pouvoir royal » (p. 186). De Soto (f° 247b) va identifier dans ces personnages les luthériens, et tous les auteurs jésuites se trouveront par la suite d'accord sur l'éradication de cette autre hérésie. Molina note que « l'une des choses que de nos jours les luthériens cherchent le plus à répandre » est que l'on peut désobéir au souverain séculier en toute bonne conscience (pp. 1870, 1876). Suárez reprend la même observation, et parle comme d'une des plus choquantes « erreurs des hérétiques » que ceux-ci pensent « possible de répondre par la négative à la question de savoir si un magistrat civil peut obliger ses sujets en conscience à obéir à ses lois » (I, p. 325).

Tout en dénonçant les erreurs des luthériens, les thomistes n'attachent guère moins d'importance à la nécessité de corriger diverses hérésies propagées par les humanistes. Ils font d'abord porter leur attention sur les vues dangereuses pour l'Église qu'avaient épousées Érasme et divers autres humanistes chrétiens. Ce besoin de s'opposer à leur perspective, et de soumettre notamment l'œuvre d'Érasme lui-même à un examen critique détaillé, est reconnu pour la première fois lors d'un colloque entre théologiens qui a lieu à Valladolid en 1527, au cours duquel Vitoria et ses compagnons reviennent sur leurs sympathies antérieures envers le programme de l'humanisme chrétien, puis s'attaquent à une liste de dix-neuf hérésies que Diego López de Zuñiga prétendait avoir découvertes dans l'œuvre publique d'Érasme (Bataillon, 1937, pp. 264, 266). La campagne contre Érasme s'intensifiera par la suite au concile de Trente, et culminera en 1559 avec la publication du premier Index des livres prohibés. Érasme fut alors mis au premier rang de ceux qui enfreignaient les enseignements de l'Église, la totalité de ses écrits étant entièrement condamnés (Putnam, 1906-1907, I, p. 197).

Il est important de souligner combien Vitoria et de Soto durcirent rapidement et fermement leur opposition à Érasme, puisque leur approche propre a parfois été analysée, peut-être à tort, comme une tentative de combiner la scolastique et l'humanisme chrétien[1]. Les dominicains et leurs alliés avaient en fait repéré deux éléments dans le programme d'Érasme qu'il leur paraissait essentiel de réfuter pour préserver l'orthodoxie. D'une part, la tendance « luthérienne » d'Érasme à exiger que soit rendue librement disponible une traduction revue et corrigée de la Bible, ainsi que sa propension correspondante à dénoncer l'inexactitude et donc à refuser l'autorité des traductions existantes de la Vulgate latine ; et, d'autre part, son idéal de l'éducation religieuse, cette idée quasi luthérienne que les laïcs doivent être éduqués au moyen d'un catéchisme de la foi *(methodus)*, tandis que les clercs devraient obligatoirement recevoir un enseignement biblique plus avancé (Jedin, 1957-1961, II, p. 99). Ces deux positions susciteront une hostilité considérable au colloque de Valladolid comme au concile de Trente. Dès cette époque, il était admis que l'influence du « mensonge manifeste » d'Érasme, comme l'appelait rondement Bellarmin, méritait d'être

---

1. Voir ainsi Mesnard, 1936, p. 455 ; Hamilton, 1963, p. 174. Voir aussi (en termes plus généraux) Dickens, 1968, p. 171.

contrée par une nouvelle énonciation, faisant autorité, de la conception orthodoxe de la place de la Bible et plus généralement de l'instruction religieuse dans les enseignements de l'Église[1].

Mais les humanistes les plus dangereux, aux yeux des thomistes, étaient ceux auxquels ils attribuaient des affinités avec les luthériens dans leurs vues sur la société politique. Tenter d'affronter ces autres hérésies impliquait qu'ils s'attaquent à deux souches différentes de la pensée politique humaniste, chacune d'entre elles étant traitée comme hérétique de façon assez semblable. Ils ont d'abord le souci de répondre aux prétentions de Juan Ginés de Sepúlveda et de ses disciples quant à la légitimité des conquêtes espagnoles dans le Nouveau Monde. Sepúlveda (1490-1573), après avoir étudié les humanités à Bologne tout en étant formé à la théologie, devient le premier champion des colonisateurs espagnols, et son premier intérêt consistait à défendre leur droit légal et moral à mettre en esclavage les populations indiennes indigènes (Fernández-Santamaria, 1977, pp. 163-169). L'essence de l'argumentation revenait à dire que puisque les Indiens ne possédaient aucune connaissance de la foi chrétienne, il n'était pas possible de leur accorder la possibilité d'une vie de véritable « liberté politique et dignité humaine » (Hanke, 1949, p. 44). Leur statut, disait-il, devait s'identifier à la catégorie aristotélicienne des « esclaves de nature[2] », tandis que leur façon de vivre devait être tenue pour « de rudesse et infériorité naturelles » (Hanke, 1959, p. 44). Sepúlveda en venait à conclure qu'il était juste de considérer les conquêtes espagnoles comme un exemple d'une juste guerre contre les infidèles, et de mettre les populations locales en esclavage pour mieux les convertir.

---

1. Voir Jedin, 1957-1961, II, pp. 109 *sq.*, 138 *sq.* Pour les jugements de Bellarmin voir son traité sur *La Parole de Dieu*, I, pp. 109 *sq.*, 138 *sq.*

2. Comme l'a montré Quirk, il se peut qu'il ne soit pas entièrement juste pour la cause de Sepúlveda de traduire son terme de *natura servus* par « esclaves de nature ». Il est possible qu'il ait entendu par là qu'il était approprié de traiter les Indiens de la même manière que les serfs étaient à cette époque traités en Espagne. Voir Quirk, 1954, pp. 358-364.

Sepúlveda présenta en personne cette argumentation au concile de Trente et, fait plus connu, à une conférence spéciale convoquée par Charles V à Valladolid en 1550 pour évaluer la légitimité des conquêtes espagnoles dans le Nouveau Monde (Hanke, 1974, p. 67). Il était relativement difficile aux penseurs jésuites et dominicains orthodoxes de s'opposer à sa thèse, car elle se fondait sur un appel à la *Politique* d'Aristote, autorité qu'ils tenaient naturellement en la plus haute révérence. Ils n'en considéraient pas moins clairement comme essentiel de réfuter la manière dont Sepúlveda défendait l'éthique de l'Empire. Ils se faisaient à l'évidence du souci à l'égard des résonances hérétiques de l'argumentation, et notamment du fait qu'elle reposait sur l'affirmation quasi luthérienne du fondement divin nécessaire à l'existence de toute véritable société politique. En outre, ils étaient tout aussi sincèrement opposés, pour des raisons purement humanitaires, aux conséquences humaines choquantes qui s'étaient déjà produites du fait que cette argumentation était sur le point d'être universellement acceptée dans la pratique (Parry, 1940, pp. 57-69).

Un autre groupe humaniste auquel les penseurs de la Contre-Réforme désirent plus encore s'opposer est celui des tenants de la *ragione di stato* (« raison d'État »), notamment Machiavel et ses disciples athées. Les premiers penseurs jésuites mettent clairement au jour le point central sur lequel on peut estimer que convergent les vues politiques de Luther et de Machiavel : tous deux apportent un soin égal, pour leurs raisons propres et fort différentes, à rejeter l'idée de loi de nature comme base morale appropriée de la vie politique. C'est par conséquent dans les œuvres des premiers jésuites que l'on rencontre pour la première fois le classique appariement de Luther et Machiavel comme pères fondateurs de l'État moderne impie[1]. Le traité vernaculaire de Ribadeneyra sur *La Religion et les*

---

1. Les premiers auteurs jésuites qui font état de cette parenté sont Possevin et Ribadeneyra, dans les ouvrages cités plus haut. Dans la génération suivante, nombre d'attaques semblables contre Machiavel paraissent en Espagne chez des auteurs comme Márquez (1612), Jesús-María (1613), Bravo (1616) et Homen

vertus du prince chrétien, édité à Madrid en 1595, commence certes par lier les noms de ces deux grands hérétiques de l'époque, mais avance ensuite que même les dangers du luthéranisme sont « moins grands que ceux que les doctrines de Machiavel » ont engendrés. C'est pourquoi il est vital, poursuit-il, de démontrer combien « fausse et pernicieuse » est l'hypothèse qu'il tient pour centrale dans la pensée politique de Machiavel, et qui est celle que la valeur fondamentale pour le prince est nécessairement « la conservation de son État », et qu'« à cette fin il doit user de tout moyen, bon ou mauvais, juste ou injuste, qui lui soit utile » (p. 250). Possevin cite la même doctrine dans son *Jugement* violemment hostile aux écrits de Machiavel, et soutient lui aussi qu'en poussant les princes « à imiter le lion et le renard » Machiavel fait preuve de « la plus pernicieuse incompréhension possible » du juste cadre de la vie politique (pp. 131-132). Enfin, Suárez reprend tous ces mêmes arguments, et consacre un chapitre entier à les présenter dans *Les Lois et Dieu le faiseur de lois*. Renvoyant ses lecteurs à la « prudente, excellente et érudite » attaque de Ribadeneyra contre l'idée même de *ragione di stato*, il décrit dans des termes très semblables la nature de la tâche qui attend désormais le philosophe politique chrétien dans le contexte nouveau de la dangereuse influence de Machiavel. « La doctrine que Machiavel a par-dessus tout cherché à inculquer à nos souverains séculiers » consiste à dire que la question de savoir s'ils doivent ou non se comporter avec justice « dépend des possibilités d'action les plus utiles à la communauté temporelle ». L'effet de cette impiété est tel qu'il devient essentiel de savoir qu'il ne s'agit pas là que d'une doctrine « pernicieuse », mais d'une doctrine constituant « une vision totalement fausse et erronée » de la vie politique (I, pp. 197-198).

(1629). On peut dire que ce genre atteint son point culminant dans *Le Machiavélisme décapité* de Claudio Clemente, publié en latin en 1628 et en espagnol en 1637. Sur Clemente, voir Bleznick, 1958, p. 543. Sur les autres auteurs mentionnés, voir Fernández de la Mora, 1949, pp. 424-425 note, 427 note. Sur le couple Luther-Machiavel chez les commentateurs modernes, voir par exemple Figgis, 1960, pp. 71 *sq.*, et MacIntyre, 1966, pp. 121 *sq.*

Les thèses de l'Église

Confrontés de tous côtés aux « hérétiques de l'époque », les penseurs dominicains et jésuites reviennent aux doctrines de la *via antiqua*, et s'en servent comme base pour développer une vision nouvelle, systématique et d'une orthodoxie délibérée de l'Église et de ses justes relations avec la communauté séculière. S'attachant d'abord à réfuter les erreurs les plus répandues à propos de l'Église, ils soutiennent que l'exacte compréhension des Saintes Écritures permet de révéler deux vérités centrales qu'il faut impérativement saisir quant à leur caractère. La première est que l'Église est incontestablement une institution visible, juridictionnelle, dont la structure et les traditions dérivent directement de l'inspiration du Saint-Esprit. La défense la plus forte de cette thèse se trouve dans le très officiel *Décret concernant les Écritures canoniques* promulgué par le concile de Trente en 1546. Les Écritures montrent, y est-il dit, que l'Église fut fondée en tant qu'institution visible par le Christ lui-même, et qu'elle comprend diverses traditions liées « à la foi et à la morale » qui, « sous la dictée de l'Esprit-Saint », ont été reçues du Christ et des Apôtres, puis « préservées dans l'Église catholique en une succession ininterrompue », et nous sont ainsi « parvenues, comme transmises de main en main » (p. 17). Il en découlerait, nous dit-on toujours, que les traditions apostoliques doivent se considérer, non moins que les Écritures, comme sources de révélation, et que par conséquent nul ne peut être tenu pour vivre une vie pleinement chrétienne s'il choisit de la vivre hors des confins de l'Église catholique visible (Jedin, 1957-1961, II, pp. 58, 73-74).

Ces doctrines officielles seront par la suite reprises par tous les champions jésuites du pontificat tridentin, à la fin du XVIe siècle. Bellarmin conclut son traité *Concernant les conciles* par une longue défense de l'assertion que « l'Église doit être visible », soutenant que les « marques » de la véritable Église comprennent son ancienneté, son fonctionnement ininterrompu, sa dimension mondiale, sa succession apostolique d'évêques, son unité sous l'autorité du pape, et son corpus admis de doctrines catholiques (II, pp. 345, 370-

386). Plus tard, Suárez va à la fois résumer et développer la même argumentation, y ajoutant une longue liste de références à des passages de la Bible dont, nous est-il dit, on peut tirer ces conclusions. Tant Suárez que Bellarmin accordent une importance particulière à la phrase adressée par le Christ à Pierre : « Je te remets les clefs. » Elle est ici censée ne laisser aucun doute quant au fait que l'Église catholique, institution visible ayant le pouvoir de « lier et délier » dans la vie chrétienne, a été établie originellement par les commandements du Christ lui-même, et en tire donc son autorité[1].

L'autre vérité centrale que devrait révéler une lecture exacte des Écritures serait que l'Église constitue une autorité hiérarchique et législative directement soumise au pape. Il est vrai que Vitoria, qui écrit avant le durcissement des positions qui suivra le concile de Trente, paraît nettement moins « papiste » que les penseurs jésuites ultérieurs (Jedin, 1957-1961, I, pp. 42, 287). Dans sa *relectio* sur *Le Pouvoir du pape*, il va même jusqu'à adopter la doctrine potentiellement conciliariste de la possibilité, parfois, « de convoquer un concile de l'Église contre la volonté du pape » ; et si ce concile « déclare qu'une chose quelconque est article de foi », cette décision « ne peut être modifiée par le pape » (II, pp. 227, 277). Ces conclusions seront par la suite rejetées par les penseurs jésuites, et notamment par Suárez, qui reprochent à Vitoria de n'avoir pas reconnu qu'« il est suffisamment établi par la longue tradition et l'observation des conciles généraux qu'ils exigent toujours la confirmation du pape » (I, p. 320). Les deux conclusions positives auxquelles parviennent Suárez et les autres penseurs jésuites reflètent une tendance bien plus déterminée à faire écho aux ambitions absolutistes de la papauté, qui s'était alors acquis un ascendant définitif sur l'Église à la suite du concile de Trente. Tous insistent sur l'idée traditionnelle voulant que l'Église visible soit sans conteste une autorité législative indépendante, exerçant son propre code de droit canon en parallèle avec les lois civiles de la communauté mais

---

1. Voir Bellarmin, *Concernant les conciles*, II, pp. 370-386 ; Suárez, I, pp. 289-290.

jamais sous leur tutelle. Comme le formule Suárez, il existe « un pouvoir directif et coercitif » constitué dans l'Église, qui est essentiel « pour diriger les hommes par la loi » afin qu'ils atteignent « leurs fins surnaturelles » (L. pp. 299, 300). Et tous s'en tiennent farouchement à l'idée nettement plus procédurière selon laquelle le pouvoir suprême de légiférer dans l'Église demeure en tout temps aux mains du pape. Cela serait selon eux manifeste d'après les Écritures, notamment dans la promesse du Christ « Sur cette pierre je bâtirai » et dans son injonction « Pais mes brebis », toutes deux constamment citées et commentées par les jésuites. Bellarmin les mentionne dans son traité sur *Le Souverain Pontife* comme prouvant que « le pouvoir sur les clefs » n'a pas seulement été conféré à Pierre directement par le Christ, mais que cette même plénitude de pouvoirs s'est par conséquent nécessairement transmise au pape avec une force intacte comme « pouvoir complet sur l'Église entière » (I, pp. 495, 503). Molina fait référence aux mêmes passages, et dit lui aussi que ce qu'ils établissent est que « personne dans l'Église n'est exempt de l'autorité du pape » (p. 1435). Et comme à son habitude Suárez résume au mieux la doctrine, aussi bien que les textes bibliques qui la fondent, en concluant qu'« il est bien évident dans les Écritures » et « dans les traditions de l'Église » que « le pape a reçu immédiatement du Christ, et de la force de sa position, le pouvoir de légiférer pour l'Église entière » (I, p. 307).

Parvenus à ces conclusions, les thomistes vont les opposer à leurs ennemis et répondre ainsi aux multiples erreurs, concernant l'Église, propagées par « tous les hérétiques de l'époque[1] ». Leur préoccupation première consiste bien entendu à répondre aux luthériens. Ils savent désormais, d'emblée, comment réfuter la

---

1. En parlant des thomistes lorsqu'ils visent par leur argumentation leurs ennemis – ici comme dans le traitement que je réserve à leurs vues sur la société politique –, je reconstruis bien entendu ce que je crois être la logique de leurs arguments au lieu de suivre leur véritable organisation. En pratique, les thomistes tendent à présenter dans un même mouvement leurs vues propres et leur critique de celles de leurs adversaires.

doctrine luthérienne de la *sola scriptura*. Elle est officiellement repoussée à la suite des débats sur le rôle des traditions de l'Église occupant la troisième session du concile de Trente. Celle-ci dira que, puisque l'on peut assurément prouver par les Écritures que les traditions de l'Église sont source de révélation, l'idée luthérienne de l'autosuffisance des Écritures se trouve forcément et automatiquement discréditée (Jedin, 1957-1961, II, pp. 52-98). Le même argument reviendra plus tard sous la plume des champions jésuites de l'Église tridentine, notamment chez Bellarmin dans son traité sur *La Parole de Dieu*. L'erreur fondamentale que commettent, prétend-il, les luthériens en cherchant à établir que « tout ce qui est nécessaire à la foi et aux actes est contenu dans les Écritures », et que « toute chose nécessaire à la foi et au comportement est présente dans les Écritures », est qu'ils oublient de reconnaître que « tout autant que de la parole écrite de Dieu, nous avons besoin de sa parole non écrite, c'est-à-dire des traditions divines et apostoliques » (I, p. 197). Du fait que les Écritures sont souvent « ambiguës et déconcertantes », il existe « de nombreux points où nous ne pourrons acquérir de certitude » si nous refusons de les enrichir « en acceptant les traditions de l'Église » (I, pp. 203-204).

L'autre doctrine luthérienne que rejettent les thomistes est l'idée que la véritable Église n'est rien d'autre qu'une *congregatio fidelium*. Non seulement cette hypothèse repose selon eux sur une sous-estimation du poids de la tradition, mais elle revient de façon plus évidente encore à ignorer toutes les preuves écrites montrant que l'Église en tant que corps a toujours besoin d'être guidée par sa tête, le pape. Nous avons déjà vu invoquer à l'encontre des luthériens cette métaphore séduisante et déterminante dans la *relectio* de Vitoria sur *Le Pouvoir de l'Église*. La thèse essentielle de Vitoria est que, puisque les Écritures établissent clairement que l'Église ne prend pas moins que la communauté séculière la forme d'un corps visible et juridictionnel, la conception luthérienne d'une communauté invisible ne peut qu'être entachée d'absurdité. Car « à en croire Luther, il semblerait que les pieds puissent dire à la tête « tu ne nous es pas nécessaire » (p. 132). Cette même image de l'Église comme un corps qui ne saurait posséder qu'une seule tête sera mise en valeur par les champions de la papauté au concile de Trente, et prendra plus tard envers les luthériens un tour polémique chez divers théoriciens jésuites, notamment chez Bellarmin dans son traité *Concernant les conciles*. « Quand Luther prétend que l'Église n'est rien d'autre que le peuple des fidèles du Christ », ce qu'il oublie, c'est que « l'Église véritable, dont parlent les Écritures » n'est pas moins « une assemblée du peuple visible, palpable, que le peuple de Rome, le royaume de France ou la république de Venise ». Et comme elle n'est pas moins non plus « un corps vivant et visible avec ses membres vivants », elle n'a pas moins besoin d'être guidée et dirigée « par une tête unique, berger de l'Église entière » (II, pp. 317-318).

Les penseurs de la Contre-Réforme sont également armés pour réfuter les arguments des divers hérétiques qu'ils soupçonnent de sympathies luthériennes, et notamment ceux des humanistes de la tendance d'Érasme. Ils commencent par dénoncer la mise en cause humaniste de l'autorité de la Vulgate, et l'exigence parallèle d'une traduction de la Bible nouvelle et apurée. La raison de penser qu'il ne faut pas approuver cela, disent-ils ensuite, est que cette exigence traduit une dépréciation des traditions de l'Église, qui ont consacré les traductions existantes par « un usage prolongé et multiple » (Jedin, 1957-1961, II, p. 92). Le résultat logique de cette position, matérialisé par le *Décret concernant l'édition et l'usage des Livres saints* promulgué par le concile de Trente en 1546, sera le suivant : « l'ancienne traduction de la Vulgate latine qui, en usage depuis tant de siècles, a été approuvée par l'Église », doit désormais être « prise comme autorité » à un degré tel que nul ne pourra « oser ou imaginer la rejeter sous quelque prétexte que ce soit » (p. 18).

Enfin, les penseurs de la Contre-Réforme réagissent aux prétentions sous-jacentes et hérétiques des humanistes, visant à réformer le système ecclésiastique traditionnel de formation des clercs en se concentrant sur la catéchèse individuelle et l'étude de la Bible. Divers *spirituali*, conduits par le cardinal Pole au concile de Trente, nourrissaient toujours l'espoir évanescent que si l'Église savait accepter ces réformes, il pouvait encore être possible de rétablir une certaine forme d'union avec les protestants, et d'éviter ainsi un schisme définitif (Fenlon, 1972, p. 124). Les dominicains, et en particulier de Soto dans ses discours décisifs à la quatrième session du concile, vont cependant soutenir que non seulement ces propositions témoignent d'un individualisme hérétique, guère éloigné de la doctrine *sola scriptura*, mais que de ce fait elles ne donnent pas non plus leur juste place aux méthodes éducatives traditionnelles de l'Église, et spécialement aux techniques de la scolastique, que de Soto tenait pour « indispensables à la controverse théologique » (Jedin, 1957-1961, II, p. 118). La scolastique y gagnera une victoire décisive sur l'humanisme : la conséquence immédiate en sera le retrait de Pole et de ses sympathisants œcuménistes du concile de Trente (Fenlon, 1972, pp. 169-173). À plus long terme, cette décision aura pour effet que, rejetant le programme des humanistes avec tout autant de fermeté que celui des luthériens, l'Église de Trente prendra une autre décision délibérée et, la suite le montrera, définitive, consistant à fermer toute perspective de réunion avec les sectes protestantes qui se multiplient alors. Remettant ainsi en vigueur avec une telle intransigeance la théorie traditionnelle de l'Église, les thomistes rendent inévitable la fin de sa reconnaissance universelle.

La théorie de la société politique

Tout en contestant les multiples erreurs répandues sur la nature de l'Église, les thomistes énoncent une théorie tout aussi systématique de la société politique, en opposition consciente « à tous les hérétiques de l'époque ». Ils s'éloignent délibérément de la forme scolastique développée par Ockham et ses disciples, qu'ils perçoivent comme trop étroitement liée, notamment dans sa vision sceptique des pouvoirs de raisonnement humains, aux hérésies luthériennes. Ils retrouvent au contraire l'hypothèse sur laquelle reposait la *via antiqua*, soutenant que l'homme a la capacité d'user de raison afin de jeter les fondements moraux de la vie politique. C'est sur la base de ce rejet de la *via moderna* que la pensée orthodoxe de la Contre-Réforme va se construire.

Le geste essentiel que vont accomplir les thomistes en traitant de l'idée de société politique consistera à en revenir à la vision que Thomas d'Aquin se faisait d'un univers gouverné par un système de lois hiérarchisé. Ils placent en tête la loi éternelle, ou *lex aeterna*, par laquelle agit Dieu lui-même. Ensuite vient la loi divine, ou *lex divina*, que Dieu révèle directement à l'homme dans les Écritures, et sur laquelle se fonde l'Église. Puis la loi de nature, ou *lex naturalis* (parfois appelée *ius naturale*) que Dieu « implante » en l'homme afin qu'il puisse comprendre ses desseins et intentions vis-à-vis du monde. Et enfin on trouve le droit positif humain, qualifié selon les moments de *lex humana*, *lex civilis* ou *ius positivum*, que les hommes organisent et mettent en œuvre pour leur propre compte afin de gouverner les communautés qu'ils établissent.

L'essence de la théorie du droit naturel que développent les thomistes peut par conséquent s'exprimer selon les termes des relations qu'ils vont dessiner entre la volonté divine, la loi de nature, et les lois humaines positives promulguées par chaque communauté. À son tour, la description qu'ils donnent de ces relations peut se résumer en deux propositions qu'ils endossent tous. La première relie l'idée de droit positif humain au droit naturel : les thomistes soulignent en chœur que si les lois positives que créent les hommes pour eux-mêmes doivent revêtir le caractère et l'autorité de lois véritables, il faut qu'elles soient toujours compatibles avec les théorèmes de la justice naturelle imposés par la loi de nature. Celle-ci procure donc un cadre moral dans lequel doit s'inscrire toute loi humaine ; de même, le but de ces lois humaines consiste simplement à donner corps dans le monde tangible *(in foro externo)* au droit plus élevé que tout homme connaît déjà en conscience *(in foro interno*, « en son for intérieur »). Ces arguments sont vivement soutenus par tous les penseurs dominicains : selon la formule de De Soto, « toute loi humaine doit dériver de la loi de nature » à moins de trahir son caractère de loi (f°s 17b, 18a). Par la suite, tous les penseurs jésuites les reprendront : comme conclut Suárez, « la loi non caractérisée par cette justesse ou légitimité n'est pas une loi, n'a aucun pouvoir contraignant, et n'a jamais à être suivie » (p. 39).

La seconde proposition à laquelle adhèrent tous nos thomistes relie la loi de nature à la volonté de Dieu, et donc aux lois divines et éternelles. La loi de nature serait d'essence duale, possédant la qualité de loi à la fois comme élément d'*intellectus* (intrinsèquement juste et raisonnable) et comme élément de *voluntas* (c'est là la volonté de Dieu). Les thomistes vont donc adopter une position médiane, entre, d'un côté, les premiers réalistes pour qui la loi de nature est légitime tout simplement parce qu'elle est juste, et, de l'autre, les nominalistes qui disent un peu plus tard qu'elle est légitime tout simplement parce qu'elle exprime la volonté de Dieu. Suárez cite Grégoire de Rimini parmi les grands interprètes du premier point de vue, réaliste. Il trouve dans cette argumentation une difficulté, dans le fait qu'elle paraît rendre la loi de nature inaltérable même par Dieu lui-même. Quant aux positions nominalistes plus récentes, il les associe surtout à Ockham et à ses disciples, notamment Almain et Mair. Dans cette alternative, il découvre un autre problème : elle semble évacuer même tout espoir de tenter d'appréhender la loi de nature non pas seulement comme commandement arbitraire *(lex praescriptiva)* mais aussi comme jeu de règles d'évidence justes par elles-mêmes. La conclusion majeure de Suárez, et celle des autres jésuites qu'il cite, est qu'il convient d'éviter ces deux extrêmes si l'on veut traiter la loi de nature à la fois comme loi véritable (ce qui veut dire qu'elle doit être produite par une volonté de législation) et comme la base de la justice dans la société politique (ce qui veut dire qu'elle doit préciser ce qui est intrinsèquement bon) [I, pp. 96-104].

On objectera à juste titre que certains des premiers penseurs dominicains, peut-être par souci de se distinguer de la *via moderna*, tendent à s'écarter de cette voie médiane, et à pencher assez nettement vers la conclusion réaliste de la loi de nature simplement dictée par la raison raisonnable. Ainsi, de Soto subit la critique de Suárez pour avoir potentiellement redécouvert la croyance erronée que « la loi n'est qu'un acte de l'intellect » (I, p. 17). Mais si l'on va plus tard chez les penseurs jésuites, on les voit tous refuser avec ardeur de distinguer entre la volonté de Dieu et l'intelligence dans le débat sur le rôle de Dieu en tant que législateur[1]. Molina explique de la manière la plus impérieuse et répétitive la nécessité que l'idée de loi comporte tant la notion de *voluntas* que celle d'*intellectus*, conclusion qu'il estime sans guère de surprise avoir « largement démontrée » (pp. 1676, 1701, etc.). Suárez retrouve les mêmes accents avec tout autant de solennité, finissant son étude historiographique sur les diverses positions prises à ce propos en répétant que « le cours moyen serait préférable », qui nous permet de voir que si la loi de nature est sans aucun doute « indicative » en vertu de sa justesse immanente, elle est aussi « impérative » en ce qu'elle incorpore la volonté de Dieu (I, pp. 100-104).

Adopter cette attitude médiane permet ensuite à ces auteurs de prêcher deux doctrines aussi cruciales que discordantes à propos des relations entre la loi de nature et les lois divines figurant dans les Écritures. Ils montrent tout d'abord leurs liens. Si la loi de nature est également la volonté de Dieu, les commandements et les interdits des lois divines positives de la Bible ne peuvent différer des impératifs de la loi de nature : ils ne peuvent qu'y appartenir – plus tard, Hobbes piétinera cette thèse avec un certain bonheur. Évidemment, ils admettent qu'il existe une distinction fondamentale à établir entre l'Ancien et le Nouveau Testament. Vitoria le dit dans la *relectio* sur *Le Pouvoir de l'Église*, la venue du Christ a amené « un pouvoir entièrement nouveau », et donc « la fin du pouvoir spirituel qui existait sous l'Ancien Testament » (p. 54). Ils établissent pourtant avec force deux relations entre la loi de nature et celle de Dieu : la première réside en ce que même si la venue du Christ nous dégage de nos engagements envers l'Ancienne Loi – et la question du moment précis deviendra un sujet de savants débats –, cela ne veut pas dire, comme le prétendent les luthériens, que nous sommes par là même dégagés des obligations de la loi elle-même. Comme l'explique de Soto, les lois du Nouveau Testament ne sont destinées qu'à « imprimer plus puissamment en nous » les dictées de

---

1. On a même pu avancer que, chez Descartes, la rencontre entre la volonté de Dieu et sa pensée provient de son étude de la thèse de Suárez sur ce point. Voir Cronin, 1966, p. 151.

la loi de nature, d'ores et déjà « inscrites en nos cœurs » par Dieu mais que nous avons tout de même tendance à négliger, en raison de notre nature déchue, à moins d'être constamment rappelés à l'ordre qu'elles commandent (f° 61a). Quant à l'autre lien, il réside en ce que, même sous ces nouvelles dispositions, les injonctions de l'Ancien Testament conservent toujours leur valeur de lois : puisqu'on sait que la Loi mosaïque représente la volonté de Dieu, il ne peut diverger de ce que dicte la loi de nature, même s'il peut être moins exhaustif. Il s'ensuit, comme le soulignent notamment Molina et Suárez, que tout code juridique valide que nous pouvons désormais tenter de mettre en place devra nécessairement comprendre tous les commandements et interdits que Dieu nous a dès l'origine transmis dans le Décalogue (Molina, p. 1690 ; Suárez, I, pp. 104-105).

Leur autre argument polémique consiste à dire que, puisque la loi de nature est également la juste raison, nous n'avons besoin d'aucune connaissance de quelque révélation ou loi divine positive que ce soit pour être en mesure de saisir et de suivre ses principes essentiels. En bref, la loi de nature est connue des hommes dès lors qu'ils sont hommes. Nos auteurs présentent tous cette thèse sous la même forme, avec des variations très mineures, en faisant appel à la même gamme de métaphores. Selon de Soto, il faut se représenter la loi de nature comme une chose « imprimée » *(impressa)* dans nos esprits, de sorte qu'elle « existe comme habitude en nous » (f° 9b). Selon Molina, nous devons la voir comme « rien d'autre qu'une faculté intellectuelle naturelle » qui a été « implantée en nous » *(indita nobis)* [p. 1681]. Et selon Suárez, on peut l'imaginer comme directement « inscrite dans nos esprits » *(scriptam in mentibus)* par la main de Dieu lui-même (II, p. 645). C'est sur la base de ces images que notre connaissance des principes de la justice naturelle était censée être totalement indépendante de toute connaissance de la révélation ou des Écritures. Au concile de Trente, Laínez et Salmerón vont avoir définitivement raison des arguments opposés, par leurs interventions contre la notion de « justice duale » (Pas, 1954, pp. 32-33, 51). Laínez fera notamment une forte impression, d'après Jedin, avec un discours sophistiqué défendant la thèse thomiste selon laquelle « nous possédons déjà la justice du Christ en notre sens inné de la justice » (Jedin, 1957-1961, II, p. 256 ; Pas, 1954, p. 38). Le même argument sera repris par la suite chez tous les penseurs jésuites. Molina est sans doute beaucoup moins assuré à ce sujet que ses collègues, mais même lui conclut que, puisque « nous savons les principes et les conclusions concernant les questions morales de façon naturelle », il n'y a aucune raison de douter en général du fait que « nous sommes capables d'atteindre des conclusions sur les questions morales simplement à la lumière de notre intelligence » (pp. 1701, 1702). Suárez, nettement plus ferme, souligne « qu'il ne devrait être possible à personne de négliger » la loi de nature, car « tous les hommes depuis les premiers temps de la création y ont de fait été soumis » (I, p. 65). Quant à Bellarmin, dans le traité sur *Les Membres de l'Église*, il parvient même à anticiper sur la formule rendue plus tard célèbre par Grotius sur le même sujet : « même si *per impossibile* l'homme n'était pas la création de Dieu », il serait toujours capable d'interpréter la loi de nature, car « il resterait une créature rationnelle » (III, p. 18).

Pourtant, en dépit de leur allégeance thomiste, ces auteurs sont aussi responsables de la mise en œuvre d'une importante simplification, et dans ce sens d'une altération, dans l'analyse thomiste traditionnelle de la loi de nature. Parlant de la loi dans la *Somme théologique*, Thomas d'Aquin faisait nettement la part entre les lois locales de sociétés spécifiques (la *lex positiva* ordinaire) et celles que l'on rencontre dans toutes les nations (appelées *ius gentium*). Il poursuivait en proposant que si l'on peut considérer la loi de nature comme fournissant la base morale du droit positif dans chaque communauté particulière, on peut parallèlement, dans le cas de ces lois qui sont communes à toute société, y trouver un équivalent soutien d'ordre moral dans l'idée de *ius gentium* ou loi des nations (p. 115). Thomas d'Aquin semblait donc bien signifier ainsi que l'idée de droit des nations serait analogue à celle de droit naturel, tout en en étant séparée, et serait aussi séparée du droit positif ordinaire, en ce sens qu'elle serait plus fondamentale. La position particulière ainsi tracée, désignée pour figurer les lois des nations, consiste à expliquer comment il est possible à ces institutions que l'on découvre dans chaque société connue (acheter et vendre, détenir une propriété privée) de pouvoir s'établir et se conduire en accord avec les principes de la juste raison et du droit naturel (pp. 115-117).

Cette méthode consistant à distinguer entre *lex naturalis*, *ius gentium* et *lex positiva* fut, au début, acceptée par les thomistes du XVIe siècle, et l'on peut par exemple en trouver une version dans le texte consacré par Vitoria à la conception de la loi de nature et de celle des nations chez Thomas d'Aquin[1]. Mais elle tendait à engendrer une certaine confusion, en particulier sur la juste ligne de démarcation entre ces deux types de lois, et ces difficultés furent plutôt aggravées que résolues par les diverses tentatives effectuées alors pour distinguer entre lois de nature « primaires » et « secondaires ». Simplifier s'imposait évidemment, et il n'était possible de choisir qu'entre deux solutions[2]. La première consistait à dire que la loi des nations faisait en réalité partie de la loi de nature. C'était la thèse traditionnelle des civilistes, fondée sur les premières pages du Digeste, et un certain nombre de jurisconsultes espagnols, comme Covarrubias, la reprennent alors avec un nouvel élan. Autrement, il fallait penser que la loi des nations devait à l'inverse être tenue pour un aspect du droit humain positif, et considérée simplement comme un alignement de jurisprudences courantes et non comme un corpus de déductions (ou d'instances) issues de la juste raison elle-même. Cette possibilité semble être venue à l'esprit de Vitoria, qui y fait allusion, de manière assez peu déterminée, à divers moments de son œuvre politique. De Soto développe une idée similaire, avec davantage d'assurance, mais encore dans un style assez incohérent[3]. Toutefois, lorsque nous en arrivons à

---

1. Ce texte ne figure pas dans l'édition de Madrid des *Relectiones* de Vitoria. Mais on peut le trouver dans une traduction anglaise en Appendice E de Scott, 1934, pp. CXI-CXIV.

2. On peut soutenir qu'elles se confondent dans l'argumentation de Gierke. Voir Gierke, 1934, pp. 38-39. Mais il faut aussi admettre que les auteurs étaient eux-mêmes souvent bien confus.

3. Pour une excellente analyse de ces confusions, avec références aux pages de de Soto lui-même, voir Hamilton, 1963, pp. 16.

Molina et Suárez, cet argument réapparaît sous une forme beaucoup plus structurée, et peu après Grotius le reprendra dans son exposé classique sur *La Guerre et la Paix*. Suárez essaie même, avec quelque hypocrisie, de montrer que ce que saint Thomas en personne cherchait vraiment à dire était ce à quoi pensait le même Suárez, à savoir que le droit des nations « diffère absolument de la loi de nature », et « est clairement une affaire de droit humain positif » (I, p. 153 ; cf. Wilenius, 1963, pp. 63-65).

Cependant, cette conclusion comporte une difficulté agaçante vis-à-vis de l'idée de propriété privée. La théorie thomiste de la société politique avait toujours traité le droit de détenir des biens comme faisant partie de la loi de nature, supposition que Vitoria paraît toujours assumer. Mais dès lors que l'on concède que le droit des nations n'est qu'un aspect du droit positif humain, il semble suivre que l'institution de la propriété privée ne peut avoir initialement été établie par une autorité supérieure à celle des lois qu'édictent les hommes pour eux-mêmes à la suite de la formation de chacune de leurs communautés. Une conclusion qui portait une conséquence assez radicale, et tout aussi désagréable : les droits des propriétaires semblaient par principe pouvoir de ce fait être modifiés, voire abolis, sans aucun défi aux principes de la justice naturelle.

C'est précisément cette idée qu'avaient commencé à explorer les anabaptistes, et dont un siècle après les Égalitaires de la Révolution anglaise feront un des fondements essentiels de leurs arguments politiques les plus radicaux. Cependant, pour des raisons évidentes, les tenants plus orthodoxes de la théorie de la société politique basée sur la loi de nature vont chercher à tout prix à éviter de telles pensées. Pour échapper à ce dilemme, la solution la meilleure, plus tard adoptée et mise définitivement en forme par John Locke, consistait de toute évidence à invoquer l'interprétation de la loi de nature proposée par les jurisconsultes plutôt que celle des théologiens, et à soutenir que le droit de détenir des biens ne pouvait être qu'un droit de nature, et non pas un simple privilège dérivé du droit positif. Mais, ayant déjà occulté cette possibilité, les thomistes se trouvaient contraints d'en revenir à une distinction déjà établie par Thomas d'Aquin entre les injonctions « positives » et « négatives » dans la loi de nature – entre ce que Suárez appellera ses aspects « comminatoires » et ceux qui ne seraient que « permissifs » (I, p. 129). Ils en venaient à pouvoir suggérer que si la propriété commune, par opposition à la propriété privée, pouvait en un sens être un commandement de la loi de nature, il ne s'agissait là que d'une injonction négative destinée à nous rappeler que, comme dit Suárez, « toute propriété serait tenue en commun par la force de ce droit s'il n'était point advenu que l'homme eût décidé de mettre en place un dispositif différent » (I, p. 129). Ils pouvaient en déduire que la loi de nature pouvait servir à sanctionner tant le maintien que l'abolition de la propriété communale. D'où la conclusion commode, reprise plus tard par Grotius, que la question de savoir s'il faut diviser la propriété est de celles qu'il appartient aux hommes de trancher, mais de telle manière que la décision d'instituer la division ne soit pas qu'un simple aspect du droit positif, puisqu'elle « relève de la loi de nature dans un sens négatif », comme le dit Suárez, non moins que si la décision prise avait consisté à maintenir la situation initiale de propriété communale (I, p. 130).

Une fois admis que le droit des nations représente un aspect du droit positif humain, il ne restait qu'un petit pas à franchir pour parvenir à la nouvelle idée, d'immense portée, que si cette forme du droit est connue à l'intérieur de chaque société politique *(intra se)*, il doit être possible de la formuler en un code de lois spécifique au règlement des relations entre les différentes sociétés *(inter se)* [Barcia Trelles, 1933, pp. 458-462]. Cette idée est déjà implicite dans l'analyse que fait Vitoria du droit des nations dans sa *relectio* sur *Le Pouvoir civil*. Il décrit le droit des nations comme un ensemble de préceptes « créés par l'autorité du monde entier » servant à assurer qu'il y existe « des règles justes et adéquates pour tous », et ayant la force « non seulement de pactes ou d'accords entre hommes, mais de véritables lois » (p. 207). Cela a souvent valu à Vitoria d'être salué comme le « créateur » du concept moderne du droit international (p. ex. Scott, 1934, p. 98). C'est sans doute là placer son discours, qui d'ailleurs est loin d'une parfaite cohérence, dans des termes théoriques qu'il n'aurait pas reconnus lui-même. Mais il ne fait pas de doute que, à la fin du XVIe siècle, grâce au raffinement progressif de l'idée sous-jacente faisant de la loi des nations un simple aspect du droit positif humain, les penseurs jésuites seront en mesure de léguer à Grotius et à ses successeurs une approche identifiable du droit international en tant que code particulier de droit positif fondé sur les principes de la justice naturelle (Barcia Trelles, 1933, pp. 391-396, 415-421).

En mettant en avant la capacité inhérente à tout homme d'appréhender la loi de nature, les thomistes avaient pour principale visée polémique de réfuter l'idée hérétique de l'ordonnancement divin direct de la société politique. Ils voulaient à l'inverse soutenir que toutes les communautés séculières n'avaient pu à l'origine être établies que par leurs propres citoyens comme moyen de subvenir à leurs besoins purement matériels. Il va cependant de soi que, pour parvenir à cette conclusion, il ne suffit pas de revendiquer l'aptitude de l'homme à se servir de la loi inscrite dans son cœur comme base pour construire un système de droit positif. C'est en effet la nécessité, et non la possibilité, de constituer une communauté qu'il faut démontrer si l'on veut avoir la moindre chance de prouver que c'est vraiment une erreur que de se représenter la société politique comme un don de Dieu plutôt que comme une invention de l'homme lui-même.

Les thomistes sont bien conscients de cette difficulté, qu'ils vont tenter de surmonter en considérant le caractère de la situation dans laquelle se trouvent les hommes lorsqu'on peut en dire qu'ils se trouvent « simplement dans la nature des choses ». Ils vont chercher à établir que cet état ne serait pas de nature politique, et à en déduire que, si aucune communauté n'a d'existence naturelle, il faut bien qu'elles aient toutes été amenées délibérément à exister, comme par hasard à un stade ultérieur, par quelque forme d'action concertée de la part de leurs propres citoyens.

Il s'agit ici en fait de déduire, d'un « état de nature » imaginaire, la nécessité et donc la filiation de la société politique. Ces auteurs font il est vrai rarement usage de cette phrase canonique issue de l'analyse de la formation de l'État dite « du contrat social ». Suárez préfère systématiquement parler de faire remonter le pouvoir des hommes de légiférer et d'établir des communautés à l'examen de ce qui pourrait « exister immédiatement dans la nature même des choses[1] ». Mais il est incontestable que ces penseurs connaissent l'idée d'état de nature, à défaut de connaître la locution, et qu'ils voient bien déjà la valeur heuristique de son emploi en tant que moyen d'élucider les relations entre droit positif et théorèmes de la justice naturelle. Il est en outre erroné de suggérer, comme certains commentateurs, que la locution elle-même n'aurait jamais été employée par aucun d'entre eux (Copleston, 1953, p. 348). Ainsi, Molina fait à plusieurs reprises allusion à la condition humaine « *in statu naturae* », et imagine le « *status naturae* » comme la situation dans laquelle on peut penser que se trouvèrent tous les hommes après la Chute et avant la mise en place des sociétés politiques (par ex. pp. 1688, 1689 ; cf. Romeyer, 1949, pp. 40-42).

L'affirmation fondamentale des thomistes à propos de cette condition originelle ou naturelle est qu'il faut se la représenter comme un état de liberté, d'égalité et d'indépendance. La première objection que soulève Vitoria, lorsqu'il traite de la possibilité de sujétion politique dans la *relectio* sur *Le Pouvoir civil*, réside dans le fait essentiel que « l'homme a été créé libre » (p. 183). De Soto reprend la même assertion que « tous les hommes naissent libres par nature » (f° 102b). Quant à Suárez, il se dit d'accord sur le fait que la grande difficulté pour expliquer les origines de l'autorité politique légitime provient « du fait que dans la nature des choses tous les hommes naissent libres » (I, p. 165). La qualité de cette liberté naturelle, poursuit Vitoria, est telle que, « avant que les hommes ne se rassemblent » en communautés, « aucun homme n'était le supérieur de tous les autres » (p. 182). De Soto reconnaît ici encore que, même si les capacités des hommes peuvent fortement varier, cela ne peut être vu comme dérogeant au fait que leur liberté naturelle leur donne à tous égalité et indépendance de statut (f°s 102b-103a). Et Suárez endosse la même conclusion voulant que « dans la nature des

---

1. Dans l'original : *immediate existat in natura rei*. Suárez répète cette phrase à plusieurs reprises au livre III, traitant du pouvoir de légiférer. Elle provient de la tête du chapitre II du livre III (vol. I, p. 164).

choses aucun homme ne peut être tenu pour posséder un plus grand pouvoir que le pouvoir de tout autre » (I, p. 164). Ces conclusions seront plus tard vérifiées, notamment chez les penseurs jésuites, par référence au fait que nul n'est contraint dans la nature des choses par la puissance d'une quelconque loi positive humaine. Comme l'observe Molina, le *status naturae* ne comporte aucun droit de domination (p. 369). Et comme le souligne Suárez, « puisque dans la nature des choses tous les hommes naissent libres, il s'ensuit que nulle personne n'a de juridiction politique sur aucune autre, de même que nulle personne ne peut être tenue pour pouvoir en dominer une autre » (I, p. 165).

Un certain nombre de nos auteurs vont chercher à corroborer ce postulat en organisant une attaque en règle contre la thèse du patriarcat. Ils reconnaissent déjà, à la manière de Locke, Sydney et autres opposants au patriarcat un siècle plus tard, la nécessité de contrer cette vision de l'autorité politique, et de démontrer, comme dit de Soto, que « le droit et le pouvoir paternels » doivent être entièrement distincts de la « juste puissance politique » (f°s 70 a-b). C'est Suárez qui donne l'analyse la plus complète à ce propos. La thèse qu'il examine, et qu'il attribue à saint Jean Chrysostome, dit que, « puisque tous les hommes ont été formés et procréés par Adam seul, la cause de la subordination originelle à un souverain unique semble établie » (I, p. 165). Il y répond en reprenant un argument souvent employé auparavant chez les ockhamistes comme chez les thomistes, que nous avons déjà vu chez plusieurs des disciples d'Ockham comme Almain et Mair : il maintient qu'Adam « possédait sans doute à l'origine le pouvoir domestique, mais non le politique » ; il admet cependant comme compatible avec la liberté naturelle de l'humanité que, « au début de la création, Adam ait possédé une primauté et donc un pouvoir sur tous les hommes », puisqu'« il disposait de pouvoirs sur sa femme et de ceux du père sur ses enfants tant qu'ils n'étaient pas indépendants de lui ». Il nie en revanche que cela rende possible « de prétendre qu'Adam ait possédé dans la nature des choses une quelconque suprématie politique », car « le progéniteur n'a en fait pas le droit, seulement par la force de la loi de nature, d'être en outre regardé comme roi de sa propre postérité » (I, p. 165).

Il n'en existe pas moins deux points importants sur lesquels ces auteurs se font plus discrets dans leur engagement quant à l'idée de la condition naturelle de l'homme comme revêtue complètement de liberté et d'indépendance. Ils prennent tout d'abord la précaution de dire que, en décrivant cette situation d'où le droit positif serait absent, ils ne veulent signifier en aucune manière qu'il s'agirait d'un état de pure absence de droit. Au contraire, ils maintiennent que l'état de nature demeure toujours soumis à une loi immédiate. Ce serait là un simple corollaire du fait que, comme le souligne Molina, la loi de nature est également perceptible et connue de tout homme dans toute situation où il pourrait se trouver (p. 1689). Suárez développe plus longuement cette même thèse en cherchant à savoir « si la loi de nature constitue un tout unique » (I, p. 107). Il nous déclare que cette loi est connue de toute l'humanité comme « un droit unique en tout temps et en tout état de la nature humaine » (I, p. 109). « Il ne dérive d'aucun état particulier dans lequel se trouve la nature humaine, mais plutôt de l'essence de cette nature elle-même » (I, p. 109). Ce qui revient à penser qu'il est impossible, pour tout homme et dans toute condition, « d'être en rien ignorant de ses principes premiers ». Par conséquent, même avant l'établissement de la société politique, ce que dicte cette loi ne pouvait qu'être parfaitement présent « au cœur des hommes » (I, p. 109).

L'autre atténuation qui s'exprime est que, considérant la condition naturelle de l'homme sous un aspect de liberté et d'indépendance, ils ne suggèrent nullement que ce soit jamais un état solitaire ou purement individuel. Ils s'en prennent ainsi tout particulièrement à la croyance stoïque, défendue par Cicéron et épousée plus récemment par un grand nombre d'humanistes, ne voyant dans les hommes que des errants solitaires avant la formation des sociétés civiles. Ils soutiennent à l'inverse l'axiome typiquement thomiste selon lequel, comme le décrit Vitoria dans la *relectio* sur *Le Pouvoir civil*, « il est de fait essentiel pour l'homme de pouvoir ne jamais vivre seul » (p. 177). Dans son traité sur *Les Membres de l'Église*,

Bellarmin fait précisément référence à ceux qui parlent « d'une époque où les hommes erraient à la manière d'animaux sauvages », et assure avec une grande force qu'il est « tout à fait impossible qu'il ait jamais pu y avoir de telle époque » (III, p. 10). On retrouve le même thème chez Suárez, qui révèle également avec la plus grande clarté pourquoi ces auteurs se sentent à tel point obligés de repousser toute suggestion que la condition naturelle de l'homme devrait se concevoir comme un état solitaire, pré-naturel. Cela reviendrait à impliquer que « tout pouvoir sur une communauté entière d'hommes assemblés ne peut que dériver d'hommes en tant qu'individus », tandis que Suárez tient à souligner que, « s'il est vrai que ce pouvoir existe vraiment chez l'homme, il n'existe pas en lui en tant qu'individu, ni en aucun homme en particulier » (I, pp. 165-166).

Tous les thomistes donnent la même raison pour rejeter l'idée que l'homme dans son état originel ait pu vivre une vie solitaire : ils soutiennent que c'est là une vision erronée de la nature humaine, puisqu'ils tiennent pour inhérent à la nature de l'homme de vivre une vie sociale et communautaire. C'est Vitoria qui tisse la toile, argumentant dans la *relectio* sur *Le Pouvoir civil* qu'il serait impossible d'apprendre ou même de vivre dans la solitude, et en concluant qu'il est forcément indispensable aux hommes « de vivre toujours ensemble en société » (p. 177). Plus tard, les thomistes reprennent tous les mêmes affirmations les résumant le plus souvent dans la thèse aristotélicienne décrivant l'homme comme étant par nature un animal social. De Soto fait ressortir que même si les hommes sont créés libres, ils sont doués d'un puissant instinct grégaire, de sorte qu'on les verra toujours vivre ensemble une vie commune (f° 108b). Bellarmin suit Vitoria en opposant les animaux « qui sont capables de se suffire à eux-mêmes » à l'homme « qui est par nature un animal ayant besoin de société »[1]. Et Suárez d'abonder que, « puisque l'homme est par nature un animal social », l'idée de communauté,

---

1. Voir Bellarmin, *Les Membres de l'Église*, III, pp. 6, 9 ; cf. Vitoria, *Le Pouvoir civil*, pp. 175-176.

non pas bien sûr de caractère politique mais prenant quelque forme d'association « domestique », est « au plus haut point possible naturelle chez l'homme, et de fait la situation générale » (I, p. 161).

On peut repérer chez les thomistes trois éléments structurants dans la condition humaine naturelle : elle comporterait une communauté naturelle ; elle serait gouvernée par la loi de nature ; elle se fonderait sur la reconnaissance de la liberté, de l'égalité et de l'indépendance naturelles de tous ses membres. Cela permet d'éliminer le problème qu'ils avaient eux-mêmes suscité en esquissant leur théorie des origines de la société politique : en posant la condition naturelle de l'homme comme sociale mais non politique, ils peuvent expliquer comment l'homme a certes la capacité, mais doit aussi faire face à la nécessité, de créer ses communautés propres. Seulement cette interprétation tend par la même occasion à soulever une nouvelle difficulté que les partisans d'Ockham, bardés de leurs certitudes sur les origines pécheresses des sociétés politiques, n'avaient guère eu à affronter jusqu'alors : si l'homme se trouve naturellement dans l'enviable situation d'une vie libre sous une loi sincère, on voit mal pourquoi il aurait jamais consenti à la formation des sociétés politiques, et donc à une limitation de ses libertés naturelles par les obligations du droit positif. John Locke le dira plus tard, dans son *Second traité*, « si l'homme à l'état de nature est si libre, comme il est dit ; s'il est seigneur absolu de sa propre personne et de ses biens, égal aux plus grands, et sujet d'aucun, pourquoi renoncerait-il à cette liberté ? Pourquoi céderait-il cet empire, pour se soumettre à la domination et au contrôle de tout autre pouvoir » (p. 368) ?

Comme vont le découvrir les plus raffinés des thomistes, la question propose en réalité de traiter deux sujets distincts bien qu'étroitement liés. Le premier relève directement d'un problème de motivation. Si tous les hommes sont « par nature libres et non soumis à quiconque », comme le dit d'emblée Suárez dans son analyse du droit humain, et se retrouvent néanmoins partout sujets au droit positif, il faut bien qu'il y ait eu quelque raison générale et impérative les poussant à renoncer à leurs libertés naturelles, ou les obligeant à les trahir (I, p. 161). L'autre problème est moins évident, même si Suárez en a une conscience particulièrement aiguë : il peut se définir comme la question de savoir ce qui permet de légitimer l'acte inaugural de la communauté. La plus célèbre définition de ce dilemme figure au début du *Contrat social* de Rousseau. L'homme naît libre, mais partout il est enchaîné : le problème n'est pas tant d'expliquer comment surgit ce changement, mais plutôt d'expliquer ce qui est susceptible de le rendre légitime[1]. La question est posée tout aussi clairement chez Suárez, au début de son discours sur le pouvoir de l'homme de créer les lois positives de la communauté. Si l'homme « est par nature libre et non soumis à quiconque », il nous reste à expliquer « comment il peut se produire, si nous considérons simplement ce qui existe dans la nature des choses, que certains hommes puissent prétendre à en gouverner d'autres, et à les placer sous un parfait impératif par le moyen de lois qu'ils édictent eux-mêmes » (I, p. 161).

Il serait sans aucun doute excessif d'interpréter ces questions comme résolues ou même reconnues par les premiers penseurs dominicains. Mais lorsqu'on en arrive plus tard aux auteurs jésuites, il n'est pas exagéré de dire que la méthode pour traiter de ces deux difficultés restantes était bien au point, méthode qui à son tour permettra de jeter les bases des théories dites du « contrat social » au XVIIe siècle. Elle consiste à décrire le genre de vie que nous pourrions imaginer avoir si nous ne faisions aucun effort, comme dira John Locke, « pour nous sortir des conditions de simple nature[2] ».

---

1. « L'homme est né libre, et partout il est dans les fers... Comment ce changement s'est-il fait ? Je l'ignore. Qu'est-ce qui peut le rendre légitime ? Je crois pouvoir résoudre cette question » (p. 351).

2. La pensée de Suárez semble notamment se structurer d'une manière très proche de celle que découvre Dunn, 1969, chez Locke : la notion d'état de nature semble servir deux objectifs. D'abord, celui de nous informer quant aux conditions dans lesquelles Dieu nous a mis au monde, et ensuite celui d'imaginer la forme de vie envisageable si l'on tente de vivre sa vie dans de pareilles communautés sans médiation. Voir Dunn, 1969, en particulier pp. 96-119. Les typologies proposées par Dunn m'ont été d'une grande utilité pour tenter d'interpréter les structures analogues dans la pensée de Suárez.

La réponse que proposent tant Molina que, plus spécialement, Suárez, consiste à penser que si nous avions continué à vivre dans nos communautés naturelles et prépolitiques, sans nous soumettre à la règle du droit positif, nous aurions bientôt vu nos vies gravement obérées par l'augmentation de l'injustice et de l'incertitude. Cela se déduit d'une sombre prédiction augustinienne concernant la nature humaine, qu'ils font intervenir à ce stade de l'argumentation, et qui modifie notablement l'analyse optimiste de la rationalité et de la moralité de l'homme à laquelle les contraint fondamentalement leur allégeance thomiste. Ils remarquent toujours la capacité de l'homme à comprendre et à suivre en tout temps les dictées de la loi de nature. Mais maintenant, ils soulignent aussi que tous les hommes sont aussi inévitablement des créatures déchues, et que cela comporte des conséquences (voir Romeyer, 1949, pp. 43-45). En dépit du fait que les diktats de la morale sont « écrits dans nos cœurs », selon Molina, « il demeure facile, avec notamment notre perte d'innocence, d'ignorer bien des aspects de la moralité et d'être incertain à propos de bien d'autres » (p. 1705). Suárez le dit en parlant de « la nécessité des lois », cela a pour conséquence que « la paix et la justice ne peuvent jamais se maintenir sans lois adéquates », car « l'homme ordinaire trouve en lui-même difficile de comprendre ce qui est nécessaire au bien commun, et fait rarement l'effort de le rechercher par lui-même » (I, p. 13).

Cette vision de l'homme, et de sa propension à l'égoïsme associée à la faiblesse de sa volonté morale, conduit à conclure avec emphase que, si nous devions continuer à vivre dans les communautés naturelles où Dieu nous a placés, il nous serait impossible de prospérer, et à peine possible de survivre. Suárez donne la description la plus complète et la plus glauque des conditions qui en résulteraient. La vie serait primitive, car nombre « des offices et des arts nécessaires à la vie humaine » manqueraient, et nous serions « sans aucun moyen d'acquérir la connaissance de toutes les choses que nous aurions besoin de comprendre ». La vie serait peu harmonieuse, car « les familles se diviseraient elles-mêmes », de telle sorte que « la paix serait difficile à maintenir entre les hommes ». Enfin, la vie serait sûrement courte, car sans un pouvoir faisant respecter les lois de nature, « nulle injustice ne pourrait être adéquatement évitée ou vengée ». Le résultat, « par absence de pouvoir de gouverner une telle communauté », ne vaudrait pas mieux qu'un état de « confusion absolue » (I, p. 162).

Comme Molina et Suárez l'avancent ensuite, on peut ici voir ce qui pousse l'homme à abandonner sa liberté naturelle en faveur des liens du droit positif : cette décision relève manifestement d'un calcul indirect quant à son intérêt personnel. Nous en venons ainsi à reconnaître qu'à moins d'introduire quelque mécanisme régulateur dans notre vie pour faire en sorte que les exigences des lois de nature soient convenablement appliquées, nous ne pouvons espérer vivre aucune forme de vie acceptable et sûre. Selon Suárez, notre état naturel dicte que « chaque individu ne se préoccupe que de ses propres intérêts particuliers, qui seront souvent opposés au bien commun ». Cela rend « préférable » d'échanger cette condition pour une autre, plus structurée, « simplement du point de vue de notre bien-être ». Nous admettons « la nécessité supplémentaire » de nous accorder pour établir une communauté, et sommes amenés « à créer quelque autorité publique dont le devoir sera de maintenir et de promouvoir le bien commun » (I, p. 162).

Suárez confirme plus loin cette analyse en considérant l'explication assez différente proposée par Vitoria. Celui-ci était opposé à l'idée que l'on puisse bâtir une institution aussi parfaite que la société politique sur des fondations aussi peu fiables que le calcul mutuel de nos intérêts égoïstes. Traitant de la question dans la *relectio* sur *Le Pouvoir civil*, il reconnaît que la raison pour laquelle il est essentiel d'établir des communautés est que « nulle société ne peut continuer de se maintenir sans quelque force et pouvoir pour y veiller », car « si tous les hommes demeuraient égaux, et nul jamais fait sujet d'aucun pouvoir, alors chaque individu suivrait simplement ses seuls désirs et plaisirs dans des voies complètement arbitraires », avec pour issue que « la société serait nécessairement mise en pièces » (p. 179). Mais il pense que l'urgence qui en résulte de mettre en forme nos communautés naturelles n'a pu nous être communiquée que par « une force providentielle », à savoir la volonté de Dieu lui-même, « par qui tout pouvoir est ordonné » (pp. 172, 179). Il insiste donc sur l'erreur qui consiste « à supposer que les origines des républiques et des communautés puissent être traitées d'inventions humaines » (p. 179). Mais quand Suárez s'attaque à cette analyse, il reproche à Vitoria à la fois ses évidentes méprises[1] et son apparente acceptation de la thèse hérétique selon laquelle « le pouvoir de créer une communauté est conféré par Dieu immédiatement comme auteur de la nature » (I, p. 166). Cela se résume à considérer Dieu comme cause matérielle aussi bien qu'efficace de la société politique, tandis que la vérité est que « Dieu n'accorde pas ce pouvoir en un acte ou don distinct de la création » (I, p. 167). Il ne concède aux hommes que le pouvoir de créer leurs propres communautés, en les mettant dans une situation et en leur octroyant des capacités telles que cet acte de création soit rendu à la fois nécessaire et possible (I, p. 167).

Les thomistes se servent également de leur conception de la condition naturelle de l'homme pour répondre à la grande question que Rousseau posera plus tard : celle de savoir comment il est possible de procéder légitimement au passage d'une situation de liberté naturelle aux contraintes de la société politique. La réponse qu'ils suggèrent est que, puisque nous en viendrons un jour à reconnaître l'impossibilité de faire respecter la justice dans une communauté naturelle, nous trouverions rationnel de donner notre libre consentement à l'établissement d'une communauté organisée, et de nous mettre mutuellement d'accord pour limiter nos libertés afin d'atteindre, par ce moyen détourné, un degré plus élevé de liberté et de sécurité pour nos vies, nos libertés et nos avoirs. C'est donc par l'intermédiaire du consentement, selon ces auteurs, que la transition vers la société politique est susceptible de devenir une transformation légitime. Ce point est souligné avec autorité chez Vitoria, qui dans la *relectio* sur *Le Pouvoir civil*, parle de l'indispensable nécessité du consensus dans tous les cas où le peuple « délègue

---

[1]. Conforté en cela par le fait que Vitoria parle plus tard du roi comme « étant constitué par la communauté », p. 191. Pour une analyse complète du débat entre Suárez et Vitoria sur ce point, voir Jarlot, 1949, pp. 79-83.

ses pouvoirs à quelqu'un pour le bien de la communauté » (p. 192). De Soto reprend la même exigence, en mettant en avant « la nécessité que le commun du peuple soit consentant » *(consentiat)*, avant « qu'aucun souverain puisse être institué » (f°s 108a-b). Et la même conclusion reviendra par la suite chez tous les penseurs jésuites. Molina évoque la nécessité que le pouvoir de tout souverain « soit aligné à la fois sur la volonté et l'approbation » *(arbitrio ac beneplacito)* du peuple (p. 1869). Suárez donne un tour plus polémique à son résumé de cette même thèse : il retrouve ici ses accents critiques envers Vitoria, à qui il reproche de n'avoir pas vu que si « le pouvoir politique est indubitablement issu de la loi de nature », sa mise en place « n'en doit pas moins être le produit d'un choix humain » (I, p. 168). Il veut bien que l'homme soit puissamment, presque irrésistiblement entraîné à établir des sociétés politiques, mais il nie qu'il « soit absolument obligé de suivre cette voie par la force de la loi de nature » (I, p. 168). Un choix subsiste, dont la communauté doit décider et auquel elle doit consentir. Car « le pouvoir d'établir la communauté repose, dans la nature des choses, dans la communauté immédiatement », d'où vient que « pour qu'il soit accordé justement à une personne déterminée, telle qu'un prince suprême, il est essentiel que cela soit fait par le consentement de la communauté » *(ex consensu communitatis)* [I, p. 169].

Tous ces auteurs en appellent ainsi à l'idée de consensus afin d'expliquer comment il est possible au libre individu de devenir sujet d'une communauté légitime. Ce point mérite qu'on le souligne, car il a souvent été affirmé par erreur que ce qu'ils soutiennent est que « la vérification ultime de la validité de tout système de gouvernement réside dans le consentement des gouvernés » (Fichter, 1940, p. 307). Alors que, on l'a vu, tous estiment que la question de savoir si un système de gouvernement établi est juridiquement valide n'est pas une question de consentement mais une simple question à propos des agissements du pouvoir : sont-ils ou non conformes à la loi de nature ? Chez plusieurs de ces auteurs, on voit en fait expliquer de façon fort claire que le consentement des gouvernés n'a pas à être recherché formellement en chaque occasion comme condition de légitimité des actes de gouvernement. Ainsi,

Vitoria est tout à fait explicite quand il dit que le souverain n'est pas nécessairement obligé par la *Lex Regia* de suivre aucun ensemble de procédures constitutionnelles, alors que Molina et Suárez pensent tous deux que ce n'est que dans un certain nombre de cas (notamment celui de l'impôt) que le consentement des représentants du peuple est essentiel avant de pouvoir légitimement promulguer une loi. Bref, l'idée de consensus n'est pas utilisée pour établir la légitimité de ce qui se déroule dans la société politique : elle n'est utilisée que pour expliquer comment la société politique légitime vient à exister[1].

Bien sûr, l'idée que tout régime politique légitime doit trouver son origine dans un acte de consentement, constituait un lieu commun de la scolastique que tant les disciples d'Ockham que ceux de Thomas d'Aquin avaient toujours mis en avant. Cependant, il ne fait pas de doute que l'analyse de cette idée atteint un nouveau sommet chez les thomistes du XVIe siècle, et notamment chez Suárez dont on peut dire que la manière dont il en traite dans *Les Lois et Dieu le faiseur de lois* a fourni les grandes lignes de ce qu'en feront certains des plus grands écrivains constitutionnalistes du XVIIe siècle. Le premier point sur lequel Suárez insiste particulièrement est que l'acte de consentement constitue le seul moyen par lequel une communauté puisse être établie. « La détention d'un pouvoir civil quelconque, si elle doit être juste et légitime, doit résulter soit directement soit indirectement d'une concession de la communauté, et ne peut autrement être détenue légitimement en aucun cas » (I, p. 169). Bien sûr, Suárez n'est pas naïf au point de penser que ce soit là le seul moyen par lequel toutes les commu-

---

1. À propos de l'idée que la raison (unique) pour laquelle les penseurs de la loi de nature en appellent au concept de consensus est qu'elle permet d'expliquer comment il est possible à l'individu libre de devenir sujet d'une administration légitime, voir la discussion sur le consentement dans la pensée politique de Locke chez Dunn, 1967. Bien sûr, Dunn ne traite pas des conceptions seiziémistes du même corps de doctrines, mais son analyse permet d'éclairer largement leurs hypothèses autant que celles de Locke, et je dois beaucoup à cette analyse dans les propos que je tiens ci-dessus.

nautés se réclamant de la légitimité aient été effectivement fondées. Il admet que « des Empires et des royaumes ont souvent été établis et même usurpés par la tyrannie et la force » (I, p. 164). Il admet également l'idée de prescription, selon laquelle on peut être amené à devoir « accepter un souverain particulier au cours du temps », même s'il est initialement parvenu à son poste « par force illégitime » (I, p. 169). Mais aucune de ces deux concessions apparentes n'affecte réellement le discours de base de Suárez. Quand il aborde le fait incontestable que bien des communautés ont été fondées par la conquête, il adopte une posture complètement intransigeante, qui sera reprise plus tard par Locke et est nettement plus radicale que celle de Grotius ou de Hobbes. Il réplique tout simplement que « si un royaume vient au jour par des moyens purement injustes, alors son souverain ne peut être tenu pour posséder la moindre véritable autorité législative » (I, p. 169). Et il ne contredit pas non plus cette position lorsqu'il admet la possibilité d'un droit prescriptif à gouverner : il avance en effet que la seule raison pour laquelle cette idée est admissible est qu'elle se résout dans celle de consentement. Dire qu'un peuple « admet » un pouvoir fondé sur la force est la même chose que dire que « l'on peut faire remonter le pouvoir jusqu'à un acte de transmission et de donation de la part du peuple » (I, p. 169). Il s'ensuit que « ce mode d'acquisition du pouvoir peut après tout être considéré comme comportant, d'une certaine manière, le consentement de la communauté » (I, p. 169 ; cf. Wright, 1932, pp. 38-39).

La force de cette opinion chez Suárez se révèle lorsqu'il l'applique pour réfuter deux attitudes politiques qui avaient largement prévalu dans l'Europe catholique. L'une est la thèse des canonistes, partagée, observe-t-il, par nombre de juriconsultes, disant que « le pouvoir politique est conféré de droit divin à un prince en particulier, et doit toujours se transmettre à une personne en particulier par un processus de succession héréditaire » (I, p. 164). À cela il oppose que cette conclusion se fonde sur un oubli : celui du fait qu'« il est essentiel que le premier possesseur ait tiré son pouvoir suprême immédiatement de la communauté, de sorte que ses successeurs, moins directement mais toujours fondamentalement,

ne peuvent eux aussi que puiser leur autorité à la même source »
(I, p. 169). La conséquence en est que « le droit de succession n'est
pas en fait l'origine fondatrice du pouvoir du roi » (I, p. 169).
L'autre vision dont il traite est celles des impérialistes, avec leur allégation qu'« il existe un prince en particulier disposant du pouvoir
temporel sur le monde entier » (I, p. 170). Il y répond simplement
que cette thèse constitue « une impossibilité morale ». L'une des
conditions d'existence d'un pareil pouvoir serait le fait « d'avoir été
reçu de la main des hommes ». Mais la vérité est qu'« il ne s'est
simplement jamais produit que les hommes consentissent même à
conférer un pareil pouvoir ou à se donner un tel chef unique ». Par
conséquent, même si un empire universel existait, il ne pourrait
jamais être légitime (I, p. 170).

L'autre caractéristique importante du discours de Suárez est la
clarté avec laquelle il repère une certaine bizarrerie dans la représentation de l'autorité politique comme issue d'un acte général de
consentement effectué par les hommes à l'état de nature. Comme
Gierke l'a montré le premier, la nature problématique de cette
analyse peut s'exprimer comme suit. Si l'état naturel de l'humanité
ne comporte pas de droit positif, et constitue donc un état dans
lequel tout individu est libre de tout lien juridique formel, comment
est-il possible à l'homme d'accomplir des actes aussi complexes,
apparemment codifiés et manifestement légaux, que de consentir à
l'établissement d'un souverain, de faire passer son autorité entre ses
mains et de s'accorder à reconnaître la légitimité de ses lois ? Si la
situation dans laquelle nous sommes censés imaginer ces événements était vraiment dépourvue de tout lien juridique, comment
pourrait-elle autoriser la production de tels actes juridiques ?

Traitant de ce sujet, Gierke met notamment en évidence que ces
questions n'avaient jamais reçu de réponse, et n'avaient pas même
été évoquées, chez les auteurs qui, au Moyen Âge, s'intéressaient à
la théorie du droit naturel des sociétés politiques (Gierke, 1900,
pp. 67-73). Pour être tout à fait honnête, on pourrait ajouter que
leur perception demeurait encore assez floue, voire inexistante, chez
bon nombre de leurs si distingués successeurs du XVIIe siècle.
Hobbes contourne le sujet à la manière typique des nominalistes,

tandis que l'analyse de Locke apparaît sur ce point évasive et quelque peu confuse. Pourtant, il ne fait pas de doute que Suárez identifie clairement le problème, qu'il résout en développant une conception fortement holiste sur la capacité du peuple à se penser comme une *universitas*, et donc à s'engager unilatéralement dans la mise en œuvre d'actes juridiques communs (cf. Mesnard, 1936, pp. 627-628).

Suárez part du fait que les caractères cruciaux de l'homme à l'état de nature sont communs à tous les hommes : tous sont « par nature libres », tous « possèdent l'usage de la raison », et tous « ont pouvoir sur leurs propres facultés » (I, p. 167). Il doit donc être possible de concevoir l'homme dans cet état sous deux aspects distincts. Du fait qu'ils possèdent tous ces caractères en tant qu'individus, on peut les voir comme « formant simplement une sorte d'agrégat sans aucun ordre particulier régnant parmi eux » (I, p. 165). Mais puisque ces mêmes traits moraux se trouvent également chez tous les hommes en commun, il est aussi possible d'envisager l'état de nature non pas comme communauté d'individus, mais plutôt comme « corps mystique unique » dans lequel les hommes se reconnaissent les mêmes obligations, suivent les mêmes règles, et sont donc « susceptibles d'être considérés, du point de vue moral, comme un tout unifié et unique » (I, p. 166). La thèse essentielle de Suárez est que dès lors que l'on pense aux hommes dans leur état naturel sous ces deux angles, il n'est guère difficile de se les représenter comme pouvant agir avec une volonté unique pour établir l'autorité légitime d'une communauté. Car le fait qu'ils constituent un corps mystique unique implique qu'ils possèdent une volonté unique et commune, ce que Suárez appelle « une volonté spéciale, une spontanéité commune qui existe dans le corps d'un peuple unique » (I, p. 166). Et le fait qu'en ce sens on puisse dire de la communauté qu'elle possède une volonté générale implique à son tour que ses membres soient capables, conclut Suárez, « de se réunir par consentement commun *(communi consensu)* en un corps politique unique à travers un lien social unique et dans le but de s'aider mutuellement en vue que tous atteignent un but politique unique » (I, p. 165).

On l'a vu, une adaptation semblable de la théorie de droit romain des corporations avait déjà été élaborée par Ockham et ses disciples, notamment par Gerson dans sa théorie de l'Église. Mais cette manière globale de présenter la personnalité juridique du *populus* n'avait guère intéressé Thomas d'Aquin et ses successeurs immédiats (Gierke, 1900, p. 68). Par conséquent, l'invocation par Suárez du concept d'*universitas* fait figure d'avancée considérable vis-à-vis des précédents penseurs dominicains du processus par lequel une communauté légitime peut venir au jour. Vitoria en avait négligé les difficultés dans la *relectio* sur *Le Pouvoir civil*, avançant rapidement qu'« il suffit, pour faire une chose avec légitimité, que la majorité soit d'accord avec la décision à prendre ». Si le peuple « décide de déléguer son pouvoir à quelque individu particulier », il ne faut pas croire que « le désaccord d'un ou de quelques-uns » doive compter, car « si le consentement de tous était requis, on ne se soucierait pas assez du bien de la communauté, puisque l'unanimité est rarement atteinte au sein de la multitude » (p. 192). De façon semblable, de Soto soutient que « lorsqu'un roi ou un empereur est couronné », la seule chose nécessaire est que « la plus grande partie du peuple consente à ce choix » (f° 108b). Au contraire, Suárez établit clairement que si le peuple doit se voir assigner le pouvoir d'agir légalement et définitivement dans une situation non réellement délimitée par le droit positif, il est essentiel qu'il soit conçu non pas simplement comme une « multitude », selon le terme vaguement méprisant de Vitoria, mais plutôt comme un corps possédant une personnalité juridique collective et une voix unique pour exprimer ses buts communs.

LA RÉPONSE AUX HÉRÉTIQUES

Ayant exposé leur point de vue quant à la nature et aux origines des sociétés politiques légitimes, les thomistes sont enfin en mesure, comme dans le cas de leur théorie de l'Église, de tourner leurs arguments contre leurs adversaires, et de dénoncer les diverses erreurs sur l'idée d'autorité séculière propagées par « tous les hérétiques de l'époque ». On l'a dit, les premiers ennemis qu'ils se soucient de contrer sont encore les luthériens. Ils peuvent désormais s'opposer à la thèse luthérienne fondamentale de l'incapacité de l'homme, en raison de sa nature déchue à comprendre la volonté de Dieu et ainsi à vivre sa vie conformément à une loi authentique. L'erreur que comporte cette croyance, disent-ils maintenant, consiste à ne pas admettre que tous les hommes, en tout temps, sont en réalité capables d'interroger et de suivre la loi qui est « inscrite dans leurs cœurs ». Ce point est souligné avec une force particulière chez les penseurs jésuites plus tardifs à la suite du rejet de la « justice duale » au concile de Trente. Dans son traité *Concernant la justification*, Bellarmin met en avant que l'erreur commise par « tous les hérétiques du temps présent », lorsqu'ils soutiennent que « tous nos actes sont le produit de notre nature déchue », consiste à oublier que les Écritures, les Pères, et notre raison naturelle, se rejoignent pour nous assurer que nous possédons « une justice inhérente » qui nous permet d'appréhender les lois de Dieu et de les employer dans la conduite de nos vies (IV, pp. 319, 323, 349). Suárez reprendra par la suite les mêmes points. « L'erreur fondamentale des hérétiques », souligne-t-il, est ce ne pas voir que « nous sommes véritablement et intrinsèquement justifiés à travers une justice inhérente que nous a donnée le Christ », et donc que nous sommes « sujets en tout temps à une loi véritable » (I, p. 67).

En outre, ces auteurs se retrouvent tous pour dire que cette idée de « justice attribuée » constitue ce que Bellarmin appelle « la semence de toutes les hérésies du temps présent », ou ce que Suárez, pour changer de métaphore désigne comme « la racine de toute autre hérésie[1] ». « Une fois qu'on l'a arrachée », poursuit Suárez, il devient facile de déraciner en même temps les deux erreurs majeures de la théorie luthérienne de la société politique. La première est la conception luthérienne de la piété du souverain en tant que condition nécessaire de sa souveraineté. Selon Bellarmin

---

1. Voir Bellarmin, *Concernant la justification*, vol. VI, p. 153, et Suárez, I, p. 67.

dans *Les Membres de l'Église*, l'erreur sous-jacente tient à ce que cette doctrine refuse d'admettre que la société politique n'est pas un don de Dieu, mais simplement une création humaine, et donc que « le fondement du pouvoir n'est pas dans la grâce mais dans la nature » (III, p. 14). Suárez développera le même thème. Il est manifestement erroné de penser que « le pouvoir politique présuppose soit la foi, soit quelqu'autre don surnaturel chez le prince qui en est investi », car « le pouvoir se crée de façon purement naturelle sans viser jamais de fins surnaturelles ». Il est seulement établi par l'homme dans son propre intérêt selon la loi de nature, de sorte qu'« il n'est pas le moins du monde nécessaire que, pour être en mesure d'exercer ce pouvoir, le souverain doive être croyant » ni même qu'il doive être baptisé (I, p. 191).

Mais les luthériens étaient aussi parvenus à une autre conclusion plus dangereuse encore : les commandements d'un souverain impie ne sont jamais contraignants devant le tribunal de la conscience. Vitoria et de Soto dessinent la trame de la réponse à cette hérésie lorsqu'ils insistent sur le fait que nous sommes obligés *in foro interno* (« en notre for intérieur ») d'obéir à toutes les lois positives authentiques[1]. Plusieurs des idéologues jésuites vont faire plus tard de cet argument une arme contre les luthériens. Bellarmin donne un exposé complet de la réponse orthodoxe en traitant du concept de pouvoir politique dans son traité sur *Les Membres de l'Église*. Son propos essentiel est que « le juste droit civil est toujours la conclusion ou le résultat du droit moral divin » (III, p. 18). Suárez adopte la même position cardinale en parlant de la force obligatoire des lois humaines au livre III des *Lois et Dieu le faiseur de lois*. « Il n'est pas possible, soutient-il, qu'une chose soit un précepte de la loi civile sans être un précepte de la loi de nature » (I, p. 237). Cela veut dire, affirment-ils tous deux, qu'en prétendant au droit de désobéir en certaines circonstances aux ordres d'un souverain légitime, les hérétiques prétendent en fait qu'il est possible de négliger

---

1. Voir Vitoria, *Le Pouvoir civil*, pp. 195-199 de Soto, *Dix livres sur la justice et le droit*, f°s 17b-19b.

la loi de nature. En effet, comme dit Bellarmin, « la logique du droit divin et du droit humain est la même » (III, p. 18). Cependant, nos auteurs avaient déjà établi que la loi de nature n'est pas seulement dictée par la juste raison, mais qu'elle exprime également la volonté de Dieu, car « toutes formes de droit », nous rappelle Bellarmin, « participent également de la loi éternelle de Dieu » (III, p. 18). Ce qui implique pourtant, poursuit Bellarmin, que « quiconque néglige le droit naturel, positif, divin ou humain, ne peut dans chaque cas que pécher contre la loi éternelle de Dieu » (III, p. 18). La posture des luthériens est ainsi montrée non seulement comme erronée, mais comme blasphématoire au dernier degré. La vraie doctrine, comme y insiste Bellarmin au début de son chapitre, est que « le droit civil n'oblige pas moins en conscience » et « n'est pas moins ferme et stable » que le droit divin lui-même (III, p. 17).

Tout en dénonçant les hérésies luthériennes, les idéologues de la Contre-Réforme s'attaquent aussi à leurs divers adversaires humanistes. Ils peuvent en premier lieu donner une réponse à la fameuse idée de Sepúlveda disant que les infidèles sont incapables de maintenir une véritable société politique, et donc qu'il est légitime de conquérir et de mettre en esclavage les Indiens du Nouveau Monde (Jarlot, 1949, pp. 71-72). L'erreur que l'on décèle ici, soutiennent-ils, est la même que celle, fondamentale, des luthériens. Sepúlveda et ses disciples ne voient pas que, puisque chaque homme peut appréhender la loi de nature, il faut également que tout groupe d'hommes puisse établir une société politique, sans qu'il soit besoin de la révélation, simplement en consultant et en suivant ses instincts sur les règles de la justice naturelle.

Il est vrai que si cette réponse est défendue avec énergie par les dominicains, elle ne sera pas reprise avec la même assurance par les jésuites. Molina, par exemple, est nettement moins certain que ses prédécesseurs quant à l'évidence immédiate de la loi de nature, et il se rapproche par conséquent de Sepúlveda dans sa vision du statut et des capacités des Indiens. Mais si l'on considère Bellarmin ou Suárez, on se rend compte qu'ils ont certes moins à dire à ce sujet que les dominicains, mais qu'ils n'en demeurent pas moins prêts à soutenir avec la conviction requise leurs thèses humanitaires générales. « Tous les hommes sont faits égaux, à l'image de Dieu, doués d'esprit et de raison », dit Bellarmin dans *Les Membres de l'Église*, de sorte que « les infidèles, qui possèdent cette nature » doivent « sans aucun doute pouvoir posséder le vrai pouvoir » (III, p. 14). Suárez reprend le même argument : « la loi de nature est écrite de façon particulière dans les esprits et les cœurs des infidèles eux-mêmes » (II, p. 645). Il n'y a donc pas de raison de douter que certaines formes authentiques d'autorité politique « existaient dans le monde avant la venue du Christ, et sont maintenant exercées par bien des peuples qui ne sont ni fidèles ni baptisés » (I, p. 191).

La première version de cette intuition, et la plus élaborée, issue de la première défense militante des Indiens contre leurs conquérants, nous est fournie par Vitoria dans un couple remarquable de *relectiones* prononcées en public à un certain moment des années 1530, qui à l'époque font d'évidence un effet de sensation considérable (Scott, 1934, pp. 84-86). Sa première leçon, un long essai en trois parties, évoque surtout directement *Les Indes récemment découvertes* (la seconde concernera la question du droit de guerre en relation à la conquête). Vitoria va droit au but en se demandant « si les barbares étaient de vrais seigneurs en matière d'affaires privées et publiques », et s'ils maintenaient une authentique société politique avec « de véritables princes et souverains » et « la véritable propriété des possessions privées » avant l'arrivée des *conquistadores* (p. 292). Il en vient aussitôt à montrer que la seule manière d'en revenir à une réponse négative à ces questions consiste à reprendre une vieille hérésie, qu'il associe notamment à Wyclif et à Hus, et à soutenir que le pouvoir véritable doit toujours se fonder sur la grâce (p. 294). Bien entendu, Vitoria rejette ce point de vue comme fondamentalement contraire à la loi de nature. Il conclut donc ce premier chapitre en arguant que « sans aucun doute les Indiens possédaient un véritable pouvoir dans les affaires à la fois publiques et privées », et qu'« il n'existe aucune base légale pour dépouiller les gouvernants ou leurs sujets de leurs biens sous prétexte qu'ils n'y auraient aucun véritable droit » (p. 309). Cette conclusion est réaffirmée dans deux autres parties de la même *relectio*, où Vitoria traite de deux « titres illégitimes » utilisés par la couronne espagnole pour tenter de justifier ses conquêtes dans le Nouveau Monde. Le premier est le refus des barbares d'accepter le fait que les Espagnols se soient vu reconnaître par le pape tous droits et juridictions sur eux. Ce titre est évacué sans aucune précaution : « Même si les barbares refusent de reconnaître le pouvoir du pape en cette matière, cela ne peut guère constituer une raison pour leur faire la guerre et s'emparer de leurs biens, car le fait est que le pape ne possède pas ce pouvoir » (p. 330). L'autre est le droit qui serait conféré aux Espagnols de faire la guerre aux barbares sous prétexte qu'ils devraient être convertis par la force. Vitoria s'en réfère ici simplement au principe thomiste central : l'égale capacité de tous les hommes, chrétiens ou non, à établir leurs sociétés politiques propres. Il en vient donc nécessairement à conclure que « même si la foi chrétienne a été annoncée aux barbares en termes complets et suffisants, et même s'ils ont encore refusé de la recevoir, cela ne fournit toujours pas de raison de leur faire la guerre et de les dépouiller de leurs biens » (p. 345).

Près de vingt ans plus tard, Bartolomé de Las Casas (1474-1566), dominicain, lui aussi, comme Vitoria, donnera une célèbre illustration de ces arguments lorsqu'il sera choisi pour défendre la cause des Indiens contre Sepúlveda au colloque de Valladolid, en 1550. Las Casas s'était rendu dans le Nouveau Monde pour la première fois en 1502, et il s'y était d'abord adapté au mode de vie brutal des colons. Mais, en 1514, il éprouve une brusque répulsion envers le traitement réservé aux populations locales, et après s'être retiré un moment dans son ordre il retourne en Amérique pour lutter en leur faveur, ne rentrant en Espagne qu'en 1547 (Hanke, 1949, pp. 54-71). C'est donc sur la base d'une connaissance étendue autant que proche de la situation locale qu'il s'offre à défendre contre Sepúlveda la proposition que les Indiens « remplissent chacune des exigences d'Aristote pour la juste vie », et donc que le système espagnol de conquête et d'esclavage ne peut jamais se justifier (Hanke, 1959, p. 54).

Le degré de sympathie que suscita l'argumentation de Las Casas à Valladolid est incertain. Il est vrai que de Soto faisait partie des juges, et qu'il était bien connu en tant qu'élève avoué de Vitoria pour ses vues fortement anti-impérialistes. Las Casas avait déjà fait appel à lui pour qu'il exerce son influence afin d'arrêter la progression de la conquête, et il déplorait lui-même auprès du Conseil des Indes que l'on traitât les Indiens « comme s'ils étaient des bêtes sauvages[1] ». Mais il est tout aussi vrai que les juges de Valladolid ne parvinrent jamais à prononcer un verdict collectif, et il ne semble que trop probable, l'eussent-ils fait, les intérêts financiers croissants de la couronne espagnole dans le Nouveau Monde auraient pu faire pencher la majorité du côté de Sepúlveda. Il n'en demeure pas moins que le témoignage de Las Casas dans son traité *En défense des Indiens* constitue encore un document impressionnant, et d'une grande persuasion, en dépit du fait que, dans son ardeur à justifier chaque aspect de la vie indienne, il va jusqu'à présenter un long plaidoyer en faveur du cannibalisme et des sacrifices humains (pp. 185-254). L'essence de son argumentation consiste à reprendre l'idée centrale de Vitoria selon laquelle tous les hommes, sauf peut-être quelques barbares très peu nombreux, sont également doués par Dieu des mêmes capacités de raison (p. 28). Il souligne donc d'emblée que Sepúlveda se trompe fondamentalement en pensant que les Indiens sont des barbares au sens strict selon lequel Dieu « les a voulus dépourvus de raison » (p. 28). Las Casas admet qu'ils sont bien sûr barbares au sens où ils ne sont pas chrétiens, mais il maintient que cela ne les a nullement empêchés de former une authentique société politique possédant « assez de connaissances et d'aptitudes naturelles pour se diriger et se gouverner » (p. 38). Il en conclut que, s'ils ont construit une société sans le bénéfice de la révélation, il ne saurait être question de prendre prétexte de leur absence de science chrétienne pour les asservir. Il admet qu'il soit légitime « de les instruire dans la parole de Dieu » dans l'espoir qu'ils puissent être « attirés avec amour vers la meilleure forme d'existence » (pp. 39-40). Il maintient pourtant, bien dans la manière de

---

1. Voir Bataillon, 1954, pp. 366-387 ; Hanke, 1959, p. 27. Mais Losada, 1970, p. 287, estime que de Soto pourrait s'être abstenu dans le jugement final.

Vitoria, que même s'ils refusent de se laisser guider dans cette voie, cela ne constitue nullement une raison d'agir comme les Espagnols l'ont fait en réalité : agissant « en féroces exécuteurs », tentant « de les réduire en esclavage », et les exploitant pour leurs propres « aises et plaisirs », toutes choses qu'il tient pour contraires au véritable esprit de la chrétienté (p. 400).

Enfin, les penseurs de la Contre-Réforme peuvent aussi répondre à la menace plus sourde et plus dangereuse qu'ils avaient devinée, on l'a vu, dans les écrits de Machiavel, et notamment dans son idée que, en se proposant d'agir ou non avec justice, le prince doit résoudre la question en prenant la décision qui paraît la plus favorable « à maintenir son État ». L'erreur sous-tendant ce conseil impie est présentée, une fois de plus, comme identique à celle, fondamentale, des luthériens. Selon l'altière formulation de Possevin dans son *Jugement*, Machiavel ne perçoit pas, pas plus que les autres grands hérétiques du moment, que « l'esprit de l'homme avisé est imprégné d'une lumière divine et naturelle envoyée par Dieu », lumière qui nous permet de voir que nous avons l'obligation, autant que la capacité, « d'être sûrs d'agir uniquement avec la plus grande probité » (p. 129). Ribadeneyra souligne le même point dans son traité contre Machiavel sur *La Religion et les vertus* : Il nous dit que si l'on nous demande de « prendre pour règles ce qu'écrivent des auteurs comme Machiavel », on nous demande par là même de « quitter la route droite et lisse que nous ouvre la raison naturelle elle-même et que, nous enseigne Dieu, nous a désignée son plus cher fils » (p. 252). Suárez reprendra lui aussi la même argumentation dans le chapitre qu'il consacre à Machiavel dans *Les Lois et Dieu le faiseur de lois*. Machiavel est aveugle au fait essentiel que « le droit civil ne peut se construire que de matériaux honnêtes », jamais seulement des exigences de l'opportunité politique (I, p. 197).

Cependant, comme le perçoivent plusieurs de ces écrivains, il n'était plus très réaliste de répondre à la menace croissante du « machiavélisme » en rabâchant leur thèse de base, celle que Suárez renouvelle dans ses attaques contre Machiavel : les impératifs de la justice naturelle « forment le seul matériau possible pour un droit civil authentique », de sorte qu'« il ne doit y avoir rien dans la loi qui outrepasse directement l'équité ou la justice naturelle » (I, p. 198). Se reposer sur cette réaction, comme semble notamment le reconnaître Ribadeneyra, revient à ignorer les conséquences du fait que deux morales politiques rivales s'affrontent désormais dans chaque communauté européenne de la fin du XVIe siècle. L'une est la théorie du droit naturel, que Ribadeneyra voit comme « s'appuyant sur Dieu lui-même et sur les moyens qu'il révèle, de sa paternelle providence, aux princes ». L'autre est la thèse « de Machiavel et des politiques », avec son exhortation impie aux princes d'imiter à la fois le lion et le renard (p. 253). Ainsi que l'admet d'abord Ribadeneyra, la difficulté est qu'entre ces « deux manières de pensée politique » il n'existe pratiquement aucun terrain commun, car la vérité de l'une entraîne la fausseté de l'autre, et que chacune est présentée par ses tenants comme fournissant la seule analyse correcte des normes morales applicables à la morale politique. Pour les partisans de la théorie du droit naturel, la suite était nette : s'ils voulaient réussir à contrer les partisans de Machiavel, il leur faudrait aller au-delà de la répétition de leurs propres hypothèses ; il leur faudrait jeter un pont entre les deux morales, et tenter avec les moyens du bord de défaire les partisans de Machiavel avec leurs propres armes.

On peut soutenir que les jésuites actifs à la fin du XVIe siècle, et notamment Possevin et Ribadeneyra, suivis de Mariana et Suárez, forment le premier groupe de penseurs politiques ayant clairement saisi la portée historique de la pensée politique de Machiavel, et en particulier le fait qu'il avait introduit une nouvelle morale politique consciemment opposée aux préceptes de la chrétienté catholique[1]. Cette nouvelle prise de conscience avait pour signification de leur permettre de proposer un second argument contre Machiavel, argument clairement destiné à réfuter dans ses propres termes sa

---

1. Une raison de souligner cet aspect est qu'aucun de ces auteurs n'est étudié, ni même mentionné, dans l'analyse classique des premiers débats sur Machiavel, chez Meinecke, 1957, pp. 49-89.

conception manipulatrice de la morale politique. On l'a vu, les précédentes attaques des humanistes contre Machiavel avaient toujours insisté sur le principe que le but fondamental du prince devait être de toujours brandir les obligations imposées par la justice. En revanche, les jésuites sont prêts à admettre que le prince peut souvent être obligé à traiter « le maintien de son État » et « la sûreté de son royaume » comme des valeurs politiques déterminantes. Mais ils y opposent que, même si l'on accepte ces objectifs, il reste erroné de penser que Machiavel nous ait procuré une voie acceptable pour y accéder. Ce front semble se constituer chez Ribadeneyra, qui souligne « la folie » et l'impiété de la doctrine de *ragione di stato* (« raison d'État »), puisque la voie qu'il sera toujours plus prudent de suivre, afin de maintenir ses États, consistera toujours à rendre Dieu « satisfait et favorable » en « suivant sa loi divine » et en « obéissant à ses commandements » (p. 253). Le tableau machiavélien du prince hypocrite est ainsi rejeté sur des bases pratiques autant que morales. Il n'est pas moins « néfaste au maintien de son État qu'abhorré de Dieu » (p. 277). On retrouve, présentée avec un grand enthousiasme, la même allégation chez Mariana dans *Le Roi et l'éducation du roi*, publié en 1599, qui comprend un chapitre entièrement dédié à « La fausseté » (p. 229). L'auteur souligne que « les principes du bon gouvernement dépendent principalement de la bonne foi et de la vérité », qui doivent toujours être soutenues. Il anticipe sur l'objection que « les intérêts de la communauté exigent que le prince pratique la tromperie et la prévarication » (p. 231). Mais il répond aussitôt que, « en premier lieu, il n'y a pas d'utilité pratique » à adopter cette tactique machiavélienne puisqu'« il y a bien plus d'inconvénients que d'avantages » à en retirer (p. 232)[1]. Enfin, on retrouve ces considérations pragmatiques chez Suárez, qui conclut son attaque contre Machiavel en

---

1. Bleznick, 1958, analyse l'attaque de Mariana contre les machiavéliens et estime qu'elle est tempérée par certains éléments « machiavéliens » chez Mariana lui-même. Mais il ne cite pas l'aspect mentionné ci-dessus de la thèse de Mariana, de sorte qu'il surestime peut-être sa sympathie pour les doctrines de Machiavel.

assurant que « la doctrine de ces politiques est en fait sans valeur pour le maintien d'une république ou d'un royaume temporel », simplement du fait que « l'honnêteté est en réalité de plus de poids dans le maintien de la paix et de la félicité politique » que toute autre chose (I, p. 198).

6.

Les limites du constitutionnalisme

LA PERSPECTIVE RADICALE

Les philosophes thomistes de la Contre-Réforme ont souvent été présentés comme les principaux fondateurs de la pensée constitutionnaliste et même démocratique moderne. Suárez a été salué comme « le premier démocrate moderne », Bellarmin pour avoir révélé « les vraies sources de la démocratie », et les jésuites dans leur ensemble pour avoir « inventé » l'idée de contrat social et exploré pour la première fois ses conséquences sur la théorie du droit[1]. Ces qualifications comportent bien entendu leur part de vérité. Empruntant à leur héritage thomiste, les penseurs de la Contre-Réforme non seulement en arrivent à de nombreuses conclusions radicalement populistes, mais ils servent aussi de principale voie d'accès dans l'approche contractuelle qui, s'agissant de l'obligation politique, s'imposera de manière décisive au cours du siècle suivant. Si l'on se projette dans l'avenir pour considérer, par exemple, les *Deux traités sur le gouvernement* de John Locke, on voit bien qu'il reprend nombre des hypothèses les plus centrales des auteurs jésuites et dominicains. Il est en accord avec leur analyse du *ius naturale*, déclarant que la raison « est cette loi » et que cette même loi doit être traitée comme « la volonté de Dieu » (pp. 289, 376). Il

---

1. À ce propos, voir respectivement Fichter, 1940, p. 306 ; Rager, 1926, p. 129 ; Jarlot, 1949, p. 98 ; Figgis 1960, pp. 201-203.

est également en accord avec leur sentiment du rôle central que devrait jouer le *ius naturale* dans toute société politique légitime, et le décrit comme « une règle éternelle pour tous les hommes » en insistant sur le fait que tous les actes du législateur doivent être « compatibles » avec ses exigences[1]. Et quand il en vient à considérer comment il est possible qu'une société politique fondée sur cette loi voie le jour, il reprend les deux grands arguments que les jésuites et les dominicains avaient déjà avancés. Il propose ainsi une réécriture de leur idée, en disant qu'afin « de comprendre bien le pouvoir politique, et de le déduire de son origine », il faut se demander « dans quel état sont les hommes naturellement » et admettre que cet état serait « de parfaite liberté » (p. 287). Et il reconnaît enfin que « le seul moyen par lequel quelqu'un se sépare » de cette liberté naturelle, et « assume les liens de la société civile », passe par le mécanisme du consentement lorsqu'il « accepte avec d'autres hommes de rejoindre une communauté et de s'y unir » (pp. 348-349).

Tout en parvenant à ces conclusions grâce aux fruits de leur legs thomiste, un certain nombre parmi les penseurs de la Contre-Réforme, notamment dans la deuxième moitié du XVIe siècle, commencent à s'emparer de plusieurs éléments clés de la théorie de l'*Imperium* originellement tracée par Ockham et ses disciples. Cette approche syncrétique s'observe d'abord en relation à leur théorie de l'Église. On l'a vu, les partisans de Guillaume d'Ockham s'étaient violemment attaqués à l'idée, reprise par plusieurs des premiers thomistes, que le pape pourrait disposer de pouvoirs directs pour s'occuper des affaires politiques. Ils s'étaient opposés à cette assertion en affirmant que les pouvoirs ecclésiastique et temporel devaient s'envisager de manière virtuellement séparée. C'est cette approche radicale, sécularisée, plutôt que les arguments des anciens thomistes, qui va maintenant être reprise avec enthousiasme par les jésuites et les dominicains. Vitoria montre le chemin dans sa *relectio* sur *Le Pouvoir de l'Église*, en soutenant que « la communauté

---

1. Pour la thèse qui montre Locke fondant la légitimité de la société politique sur la loi de nature, conçue à la fois comme raison et volonté de Dieu, voir la brillante analyse de Dunn, 1969, notamment pp. 87-95 et 187-202.

temporelle est parfaite et complète par elle-même, et n'est donc sujette à rien d'extérieur, faute de quoi elle ne serait pas complète » (p. 67). Les sphères des pouvoirs ecclésiastique et séculier sont donc tenues pour pratiquement distinctes, car « même s'il n'existait absolument aucun pouvoir spirituel, il resterait un ordre dans la communauté temporelle » (p. 71). On retrouve plus tard la même argumentation chez la plupart des jésuites, avec le même ton d'emphase. Bellarmin lui-même, que Hobbes désignera un jour dans le *Léviathan* comme défenseur inconditionnel de l'autorité pontificale, n'en admet pas moins dans son traité sur *Le Souverain Pontife* que « le pouvoir ecclésiastique et le pouvoir temporel ne sont que deux formes différentes de pouvoir » (p. 155). Suárez se dit aussi d'accord sur la nécessité absolue de distinguer ces deux genres d'autorité, puisque « le pouvoir civil n'est ordonné que pour régler la vie politique », et qu'il « n'est donc pas d'un caractère différent du pouvoir que l'on trouve dans les gouvernements des princes païens » (I, pp. 195-196).

De plus, tous ces auteurs font découler de cela un corollaire, selon lequel la papauté ne peut en aucune manière être tenue pour posséder un pouvoir de coercition sur les communautés séculières. Vitoria pose ce point avec une force particulière dans la *relectio* sur *Le Pouvoir de l'Église*. Dire que « le pape dispose de l'autorité temporelle et de la juridiction sur l'ensemble du monde » n'est pas seulement « indubitablement et manifestement faux », mais cela « s'offre seulement comme refrain de flatterie et d'adulation envers le pape » (p. 64). En vérité, « le pouvoir temporel ne dépend pas le moins du monde du pape », et « l'autorité civile n'est en aucune manière directement sujette » à son contrôle (pp. 65, 66). On retrouve les mêmes arguments, amenant les mêmes corollaires, chez les jésuites qui viendront plus tard. Bellarmin se contente de nous renvoyer sur ce point à Vitoria, dans *Le Souverain Pontife*, et confirme sa conclusion selon laquelle « on ne peut dire en aucune manière que d'autorité divine le pape possède aucune juridiction temporelle directe » (pp. 146, 148). De même, Suárez souligne que même si divers décrets pontificaux, et notamment ceux de Boniface VIII, peuvent paraître contredire cette conclusion, il est clair que,

« en dépit de ce qu'ils disent », Vitoria a incontestablement raison de soutenir que « le pape n'a aucune juridiction temporelle directe sur le monde entier » (p. 176).

Cette volonté d'assumer la vision plus radicale originellement associée aux partisans de la *via moderna* peut aussi s'observer en relation à la théorie de la société politique que les thomistes commencent à développer à la fin du XVIe siècle. Une innovation notable réside en ce qu'ils reprennent la vision « subjective » des droits qui était née chez Ockham et ses suiveurs, pour être revue ensuite chez Almain et Mair au début du XVIe siècle[1]. Il est vrai que les idéologues dominicains se montrent de prime abord fort réticents à l'égard de cette idée. Si l'on considère ainsi par exemple l'analyse de De Soto sur l'idée de *ius* au début du livre III des *Dix livres sur la justice et le droit*, on le voit toujours soutenir avec une grande force que « la justice doit se définir en termes de *ius* », et que *ius* doit s'entendre simplement « comme objet de justice » et absolument pas comme une notion subjective (f° 67b). Mais avant d'en venir aux thèses de Suárez dans *Les Lois et Dieu le faiseur de lois*, on le voit assumer entièrement la vision subjective que Mair, notamment, avait développée un siècle auparavant – même s'il ne cite bien sûr en référence ni Mair ni ses prédécesseurs ockhamistes. Suárez traite surtout de la question vers le début de son premier Livre, dans un chapitre intitulé « Le sens de *ius* » (I, p. 5). Il observe d'abord que « *ius* est souvent pris comme interchangeable avec le droit », mais avance qu'il est « en fait essentiel de discriminer entre ces deux termes » (I, p. 5). La raison en est que *ius* ne fait pas seulement référence à « ce qui est juste », comme l'avaient supposé de Soto et les thomistes du passé (I, p. 6). Le concept peut aussi dénoter « une certaine capacité morale que possède chacun », capacité justifiant en pratique que l'on s'engage dans certains types d'actes normatifs (I, p. 6). Parler de *ius* ne revient donc pas à parler simplement de « ce qui est juste »,

---

1. Sur les thèses concernant la naissance du concept « subjectif », je dois beaucoup à James Tully et à Richard Tuck ; cf. aussi Tuck, 1977, chap. I et II, et Tully, 1977.

mais aussi de « droits » au sens de « posséder un droit en relation avec une certaine chose » (I, p. 7).

Bien loin d'admettre que c'est là une simple répétition de l'analyse déjà proposée par son grand adversaire John Mair, Suárez tente de montrer que cette manière d'envisager le concept de *ius* est implicite en droit civil, et qu'elle est explicitement évoquée à plusieurs reprises dans l'Ancien Testament. Mais quand il en vient à nous fournir des exemples, son discours fait preuve d'une grande réminiscence de cette analyse que nous avons déjà rencontrée chez Mair, dans ses *Questions* et son *Histoire*. Tout comme Mair, Suárez avance qu'en parlant d'« avoir un droit sur une chose », ce à quoi nous pensons fondamentalement est l'idée d'« avoir un certain pouvoir » sur cette chose. Et tout comme Mair, il donne comme exemple principal le cas « d'un propriétaire, qui en ce sens peut être tenu pour avoir un droit sur ses possessions » (I, p. 6).

Que Suárez accepte cette définition est d'une grande importance à l'égard de sa pensée politique, car il suit également Mair et Almain en mettant en œuvre cette vision subjective des droits pour répondre à ce qu'il appelle « la grande question » de savoir si les sujets d'un souverain tyrannique peuvent avoir le droit de résister à sa férule. Suárez traite surtout de ce problème au cours de son attaque contre le serment d'allégeance de Jacques I*er*, sujet essentiel de son énorme *Défense de la foi catholique et apostolique*. Il aborde la question à la fin du dernier livre, en s'interrogeant pour savoir si le peuple d'Angleterre est réellement engagé par le serment d'allégeance proclamé par son roi hérétique. Comme Almain dans sa *Reconsidération*, Suárez répond en développant l'analogie entre les droits des individus et ceux des communautés. Tout comme dans le cas d'un individu, affirme-t-il, « le droit de protéger sa vie est le plus grand droit de tous », de même dans le cas d'une communauté, « quand de fait le roi l'attaque avec pour but de la détruire injustement et d'en tuer les citoyens », il doit exister un droit analogue de légitime défense, qui « rend légitime pour la communauté de résister à son prince, et même de le tuer, si elle ne dispose d'aucun autre moyen de se préserver » (II, p. 287).

Suárez emploie d'abord cette doctrine afin de poser de sages limites à la possibilité de la résistance légitime. Il souligne ainsi que si le souverain n'est pas vraiment « engagé dans une guerre d'agression destinée à détruire la communauté et à tuer de grandes masses de citoyens », mais « ne fait que porter atteinte à la communauté d'autres façons moindres », alors « dans ce cas il n'y a pas place pour une défense de la communauté, que ce soit par force ou par ruse, dirigée contre la vie du roi ». Si la vie de la communauté « n'est pas vraiment menacée », elle doit souffrir en silence (II, p. 287). Toutefois, il est parfaitement catégorique quant au fait que, si la communauté dans son ensemble se trouve en danger, alors son droit de préserver sa vie d'une destruction injuste rend la résistance incontestablement légitime. Cette application fort radicale de la théorie subjective apparaît pour la première fois chez Suárez plus tôt dans la *Défense*, lorsqu'il s'oppose aux arguments présentés par Jacques Ier en faveur de sa propre souveraineté (I, p. 189). Il déclare que, même si la communauté « peut avoir transféré ses pouvoirs à son roi » selon les modalités décrites par le roi Jacques, néanmoins elle « se réserve le droit de se préserver » *(ius suum conservare)*. Il s'ensuit que « si le roi transforme son juste pouvoir en tyrannie » de telle manière que son gouvernement devienne « manifestement pernicieux pour l'entière communauté », alors il doit bien être légitime « que la communauté fasse usage de son pouvoir naturel de se défendre » (I, p. 190). Les mêmes conclusions reviennent plus loin dans le chapitre consacré à la question de savoir si le peuple anglais est obligé d'accepter les nouveaux serments d'allégeance. Suárez cautionne à nouveau l'idée selon laquelle « le pouvoir de déposer un roi » ne peut s'utiliser que « comme une méthode d'autodéfense lorsqu'il devient vital pour une communauté de se préserver » d'une destruction imminente (I, p. 290). Mais à nouveau il avance que, si la vie de la communauté est véritablement en jeu, « alors en vertu de son droit naturel » *(ex vi iuris naturalis)* il devient légitime que le peuple entre en résistance. La raison en est, comme le dira plus tard Hobbes dans le *Léviathan*, que le droit de légitime défense est de ceux que « nulle convention ne peut annuler » (p. 272). Ce qui veut dire à ce stade, conclut Suárez, qu'« il doit toujours être tenu pour intouché par le contrat originel par lequel la communauté transfère son pouvoir à son roi » (II, p. 290).

Enfin, Suárez évoque le grave problème pratique que soulève cette application de sa théorie des droits : celui de savoir où peut se situer le droit de résister et de déposer un tyran au sein d'une communauté donnée. Comme on l'a vu, Mair et Almain avaient évité de s'exprimer clairement sur ce point, semblant parfois incliner vers la réponse totalement populiste voulant que le droit de résister soit nécessairement toujours inhérent au corps du peuple tout entier. Au contraire, Suárez ne laisse aucun doute quant au fait que ce droit ne peut s'exercer qu'après que les délibérations les plus approfondies ont eu lieu au sein d'une assemblée adéquate, représentative « de la communauté entière » (II, p. 290). Ce n'est qu'après que cette autorité a pris l'avis « du public et des communes », qu'elle a établi que les voies qu'elle se propose d'emprunter sont acceptables pour les différentes cités du royaume, et qu'elle a consulté ses citoyens les plus éminents, qu'un acte de déposition peut se prendre définitivement en toute légalité (II, p. 290).

La perspective absolutiste

Même si l'on trouve bien des éléments de radicalisme dans la vision politique des théoriciens de la Contre-Réforme, et même s'ils ont indubitablement contribué par la suite à l'évolution de la pensée constitutionnaliste, il demeure très excessif de considérer ces auteurs comme les principaux accoucheurs d'une perspective politique moderne et « démocratique ». Interpréter leurs écrits de cette manière revient à négliger le fait que, s'ils étaient prêts à adopter divers constituants d'une théorie radicale et sécularisée de l'*Imperium*, ils ne se souciaient pas moins d'agir à l'encontre de ce qu'ils tenaient pour une conception étonnamment populiste de la souveraineté, que les disciples de Bartole et de Guillaume d'Ockham avaient commencé à mettre en place.

Cet aspect de leur perception des choses s'observe clairement dans la façon dont ils décrivent l'Église dans ses justes relations avec la société politique. Un de leurs propos consiste à réfuter la thèse hérétique de Marsile de Padoue, selon laquelle tout pouvoir coercitif ne peut jamais être, par définition, que séculier, et donc que l'Église ne peut en aucune manière être considérée comme une puissance juridictionnelle. Dans la *relectio* sur *Le Pouvoir de l'Église*, où il analyse les relations entre pouvoirs temporel et spirituel, Vitoria commence par attaquer violemment « ceux qui exemptent les gouvernants séculiers de la juridiction de l'Église, au point qu'il ne reste presque rien aux mains du pouvoir ecclésiastique, et que même les causes spirituelles sont déférées auprès des tribunaux civils pour y être jugées » (pp. 61-62). Lui-même pense, comme le feront plus tard tous les théoriciens de la Contre-Réforme, que puisque « les princes séculiers sont ignorants de la relation entre affaires spirituelles et temporelles, ils ne peuvent être investis du traitement d'affaires spirituelles ». Suit que, au moins en ce domaine, la sphère temporelle doit demeurer sujette à la sphère spirituelle, et que « le pape doit pouvoir faire tout ce qui est nécessaire à la conservation et à l'administration des affaires spirituelles » (pp. 61-62).

Tout en faisant valoir cette vue orthodoxe de l'Église comme *regnum*, les penseurs de la Contre-Réforme introduisent une réserve essentielle dans leurs discours sur les juridictions parallèles de l'Église et de la communauté séculière. Ockham et ses disciples tendaient à signifier que, en déniant à la papauté tout droit d'intervenir sur les affaires temporelles, ils soutenaient le droit de tout souverain séculier à se considérer comme potentiellement autonome dans sa sphère propre. Au contraire, les thomistes appuient toujours l'idée presque hiérocratique selon laquelle, même si le pape peut ne pas avoir de pouvoir direct pour maîtriser les affaires du siècle, il doit néanmoins rester admis qu'il détient des pouvoirs indirects de caractère extrêmement étendu.

Il est vrai que tous les thomistes ne défendent pas cette thèse avec une égale conviction. Ainsi, Bellarmin émet quelques doutes à son propos dans *Le Souverain Pontife*, tout en refusant très nettement l'idée préalablement avancée par Vitoria qu'il n'y aurait pas de frontière claire entre pouvoir direct et indirect. Il montre que « le

Christ, vivant comme un homme sur terre, n'a ni accepté ni désiré de domaine temporel », et il en conclut que, le pape étant le vicaire du Christ sur cette terre, l'étendue de ses pouvoirs doit être limitée dans la même mesure (p. 148). Il est cependant bien évident que l'analyse de Bellarmin était perçue par le Vatican lui-même comme beaucoup trop indulgente : si *Le Souverain Pontife* fut condamné par la Sorbonne (et plus tard par Bossuet) comme abusivement ultramontain, il le fut aussi comme hérétique par le pape Sixte V et inscrit à l'Index des ouvrages interdits (Brodrick, 1928, I, pp. 270-276). Mais si l'on en revient aux textes de Vitoria ou Suárez, on y voit présenter la thèse du pouvoir pontifical indirect avec une force et une adhésion très supérieures. La *relectio* de Vitoria sur *Le Pouvoir de l'Église* insiste sur l'autorité que le pape détient « indirectement » *(mediante)* « sur tous les princes » en tant que « moyen d'atteindre les fins spirituelles de l'Église » constitue « une forme du pouvoir temporel à son plus haut degré » (pp. 76-77). Il ajoute même qu'il ne faut pas penser que « ce pouvoir temporel ne puisse être exercé qu'indirectement », car « le pape peut également exercer le pouvoir temporel directement » si entre en jeu une question spirituelle vitale (p. 77). Suárez présente également cette doctrine du pouvoir « indirect » dans sa *Défense de la foi catholique et apostolique*, qu'il soutient avec un tel enthousiasme qu'on lui en a parfois attribué la paternité (par ex. Wilenius, 1963, p. 113). Il considère la question du droit du pape à agir *mediante* comme « le cœur même et le principal sujet de la controverse » à propos du serment d'allégeance de Jacques Ier (I, p. 281). À cette question, il répond qu'il est de fait permis au pape « d'exercer un pouvoir coercitif sur les princes temporels » de deux manières distinctes (I, p. 281). La première, que « même Marsile de Padoue n'est pas assez imprudent pour nier », réside en ce que « le pape peut contraindre les princes et les rois, notamment les hérétiques, par les peines ecclésiastiques de l'excommunication ou même de l'interdit » (I, p. 283). L'autre est que « le pouvoir du pape s'étend aussi à la contrainte des rois par la punition temporelle et même la privation de leur royaume » (I, p. 286). Cette dernière conclusion, où culmine son attaque contre Jacques Ier, se fonde sur sa vision du pape comme d'un berger ayant reçu l'injonction divine : « Pais tes brebis » (I, p. 286). Cela implique, selon Suárez, qu'« il incombe au pape non seulement de remettre les brebis errantes dans le droit chemin et de les ramener au troupeau, mais aussi de chasser les loups et de défendre ses ouailles contre leurs ennemis » (I, p. 286). Ce qui suggère par analogie qu'« il appartient au pape de défendre les sujets du prince hérétique et de les libérer de tout danger manifeste » envers le salut de leur âme (I, p. 286). De tout cela il résulte, conclut Suárez, que le pape doit être en mesure de faire valoir son pouvoir temporel jusqu'à « déposer un prince, le priver de son emprise afin de l'empêcher de nuire à ses sujets, et relever ceux-ci de leurs serments d'allégeance » (I, pp. 286-287).

On observe mieux encore dans l'analyse thomiste de la société politique ce besoin de poser des limites au radicalisme excessif des théories constitutionnelles existantes. Comme on l'a vu, Bartole et ses élèves, ainsi que nombre des disciples de Guillaume d'Ockham, avaient soutenu que tous les pouvoirs dévolus au souverain lors de l'inauguration d'un régime légitime devaient nécessairement être détenus à l'origine par les citoyens eux-mêmes. Ils en concluaient donc que, dans l'acte d'établir une communauté, les citoyens ne remettent jamais au souverain aucun pouvoir supérieur à celui qu'ils possèdent eux-mêmes : ils transfèrent seulement leurs droits présents afin qu'ils soient exercés en leur nom, et font ainsi en sorte que le souverain demeure *minor universis*, son statut légal étant celui d'un simple *rector* ou *minister* de la communauté. À l'inverse, les thomistes vont élaborer une conception du statut juridique du souverain qui contredit délibérément cette analyse point par point.

Cette intention apparaît tout à fait clairement dans la manière dont Suárez rend compte du pouvoir législatif de la communauté, thème du troisième livre des *Lois et Dieu le faiseur de lois*. Il pose d'abord au chapitre II que « les hommes en multitude peuvent être envisagés de deux manières différentes ». On peut les voir comme « réunis ensemble par un consentement commun envers un corps politique uni » afin « d'atteindre une fin politique donnée ». Mais on peut aussi considérer la multitude « simplement comme un agrégat d'individus » qui « ne constituent en aucun sens un corps politique, et par conséquent n'ont aucun besoin d'un souverain ou d'un chef » (I, p. 165). Cette distinction étant établie, Suárez peut en venir à sa première conclusion majeure : tant que nous ne voyons dans les hommes qu'un agrégat, et non les membres d'une société politique, il est sans doute erroné « de parler du tout du pouvoir législatif comme inhérent à chacun d'entre eux ». Ils « ne possèdent ni formellement ni légitimement » un pouvoir de cette nature, « mais n'en possèdent, pour ainsi dire, que le potentiel » (I, p. 165 ; cf. Costello, 1974, pp. 45-46).

Au chapitre suivant, Suárez corrobore cet argument en disant que, dès que la communauté consent à établir une véritable société politique, l'acte de désigner son souverain oblige simultanément ses membres à établir un nouveau pouvoir s'imposant à eux-mêmes, le pouvoir de l'*Imperium*, le pouvoir du souverain de légiférer et de brandir le glaive de justice. Il répète d'abord que c'est là un pouvoir « qui n'apparaît pas directement dans la nature humaine, car il n'apparaît pas du tout jusqu'à ce que tous les hommes se rassemblent en une société "parfaite" et deviennent politiquement unis » (I, p. 167). Il avance ensuite que « le moment où se constitue ce corps politique » est également celui où ce nouveau pouvoir « vient instantanément à y résider par la force de la raison naturelle » (I, p. 167). Alors, Suárez tire sa seconde conclusion : « le corps politique des hommes, par le simple fait d'être constitué, non seulement acquiert le pouvoir de se gouverner, mais vient en conséquence à posséder le pouvoir sur ses propres membres aussi, et donc une certaine forme de possession d'eux » (I, p. 167).

Ayant ici réaffirmé la distinction thomiste traditionnelle entre communautés naturelles et politiques, Suárez va enfin pouvoir faire porter son argumentation à l'encontre de ceux qui défendaient l'idée profondément populiste selon laquelle le statut du souverain vis-à-vis de la société qu'il gouverne ne peut jamais être celui du *maior universis*, mais seulement celui du *maior singulis* (cf. Costello, 1974, pp. 64-65). À ce stade, Suárez ne fait que reprendre une conclusion que les tenants de la Contre-Réforme avaient déjà mise en avant. Dans la *relectio* sur *Le Pouvoir civil*, Vitoria disait déjà que, puisque « bien des pouvoirs manquent » dans la communauté naturelle, et notamment le pouvoir judiciaire « de tuer un homme », il s'ensuit que si cette forme d'autorité a été attribuée au souverain lors de la création de la communauté, « le souverain doit se tenir au-dessus de la communauté entière comme au-dessus de chacun des individus qui la composent » (p. 193). Et puis, de Soto s'était déjà dit d'accord sur le fait que « si le prince est le chef de la communauté entière », il « doit en conséquence être plus grand que tous ses membres considérés ensemble » *(maior universis)* aussi bien que « plus grand que chacun de ses citoyens individuels » *(maior singulis)* (f° 106a). Suárez fait allusion à ces arguments anciens au chapitre IV du livre III, en donnant les « corollaires » de ses deux chapitres précédents ; il va en souligner les hypothèses sous-jacentes concernant le pouvoir des souverains sur les communautés qu'ils gouvernent (I, pp. 168-169) ; et le corollaire le plus important dit que « quand une communauté transfère son pouvoir au prince », celui-ci « peut dès lors user de ce pouvoir comme en étant véritablement détenteur », et doit par conséquent se voir comme « dominant » et « plus grand que » le corps uni du peuple (I, p. 171).

Tout en faisant valoir une vision des plus radicales du statut des souverains, nombre des disciples de Bartole comme de Guillaume d'Ockham avaient parallèlement soutenu une thèse tout aussi radicale à propos des pouvoirs que la communauté peut posséder sur son souverain après la formation de la communauté. Ils avançaient, on l'a vu, que le peuple ne se prive jamais de sa souveraineté originelle, mais la délègue seulement afin qu'elle soit exercée pour son compte ; d'où ils concluaient que la communauté devait toujours être en mesure de forcer ses gouvernants à obéir au droit positif. Il est à nouveau clair que l'une des préoccupations majeures des penseurs de la Contre-Réforme, lorsqu'ils font valoir leurs idées sur le pouvoir communautaire, consiste à contrer ce qu'ils pensent être les conséquences hautement subversives de cette conception de la souveraineté populaire[1].

---

1. Cette intention supplémentaire a peut-être été quelque peu occultée dans plusieurs analyses récentes, peut-être en raison de celle de Figgis, classique, concernant les penseurs jésuites dans *De Gerson à Grotius*. Figgis maintient que

C'est à nouveau Suárez qui se livre à la contre-attaque thomiste la plus complète : il aborde la question au chapitre IV du livre III des *Lois et Dieu le faiseur de lois*, en développant les corollaires de sa thèse concernant le pouvoir de légiférer (I, p. 171). Il reconnaît d'abord que selon certaines autorités « tous ceux qui exercent des pouvoirs législatifs humains » n'ont que « le statut de délégués » (I, p. 171). Parmi les théologiens qui adoptent cette approche, il évoque Panormitain à qui il arrive, dans son commentaire sur les *Décrétales*, de parler du peuple de Pise « déléguant » sa souveraineté pour qu'elle soit exercée en son nom (I, p. 171). Mais le partisan le plus influent de cette tendance, comme le souligne avec justesse Suárez, est Bartole. Citant son commentaire sur le Digeste, Suárez fait ressortir que, selon cette analyse, il est possible à une communauté « de conserver l'essence du pouvoir lui-même » et « de seulement déléguer son pouvoir au prince », qui « ne peut pas à son tour sous-déléguer le pouvoir qui lui a été confié », car il n'en est pas l'ultime possesseur mais « ne le détient que comme délégué » afin d'en faire usage « selon la volonté de la communauté » (I, p. 171).

Après avoir ainsi présenté la thèse bartolienne, Suárez y répond sans hésiter que, « si cette analyse est destinée à s'appliquer à l'empereur, ou aux rois et autres princes, alors il s'agit d'une fausse doctrine » (I, p. 171). La raison en est que, dans tous ces cas, « le pouvoir de la communauté est transféré absolument » au souverain *(simpliciter translata est)*, de sorte qu'« il ne peut jamais être considéré comme détenu sous forme simplement déléguée » (I, p. 171). Il s'ensuit que l'on ne peut jamais présenter l'acte commis par la communauté « en transférant son pouvoir au prince » sous le jour d'un acte de délégation laissant la puissance ultime entre les mains de la communauté elle-même. Au contraire, il faut admettre que « ce transfert n'est pas un acte de délégation mais plutôt une sorte

---

selon les jésuites, le pouvoir de la communauté sur son souverain peut se décrire en disant « il est son délégué » – affirmation hautement douteuse qui a été répétée par divers commentateurs plus récents. Voir Figgis, 1960, p. 201 ; Fichter, 1940, p. 306 ; et Hamilton, 1963, pp. 160, 162.

d'aliénation » *(non est delegatio sed quasi alienatio)*, d'où il résulte que le souverain « reçoit un pouvoir absolu, dont lui-même ou ses agents useront comme bon leur semblera » (I, p. 171).

Cela entraîne en outre pour Suárez cet autre corollaire : on ne peut jamais tenir aucun souverain pour lié par les lois de la communauté sur laquelle il règne. Cette déduction est énoncée dans le dernier chapitre du livre III, intitulé « Si le législateur est obligé d'obéir à ses propres lois » (I, p. 288). L'auteur mentionne d'abord ce qu'il décrit comme « la vision courante » des civilistes, selon laquelle, « puisque le prince n'a pas de supérieur », il en découle que « personne ne peut le contraindre » même si l'on est en droit d'estimer « qu'il devrait en conscience suivre les lois qu'il promulgue » (I, p. 289). Il se propose ensuite de soutenir que « la vision courante est aussi la vision convenable » (I, p. 296). Il cite avec approbation Thomas d'Aquin disant que « le droit positif ne peut guère lier le prince », puisque « le prince n'a pas de supérieur » et qu'il n'y a pas de sens à l'imaginer « se liant lui-même » (I, p. 292). Et tout en s'accordant avec les juristes pour dire que le prince a un devoir moral de respecter les lois qu'il édicte, il finit par conclure en appuyant avec force leur idée de base selon laquelle, même s'il manque à ce devoir, rien ne peut être entrepris contre lui, puisque personne ne peut légitimement contraindre ou juger le prince (I, p. 295). Pour Suárez, non moins que pour Thomas d'Aquin, il n'est pas question d'échapper au fait qu'au bout du compte « le prince est bien *legibus solutus*, libre du pouvoir contraignant du droit positif » (I, p. 296).

Cette contre-attaque menée envers la théorie bartolienne de l'*Imperium* devait connaître un succès idéologique et intellectuel considérable. Selon Suárez, l'acte que commet un peuple libre en se donnant un souverain doit s'interpréter – selon la manière dont en traiteront plus tard Grotius et surtout Hobbes – comme un acte non pas seulement de transfert, mais d'abrogation, de sa propre souveraineté originelle. Sur le plan idéologique, cette thèse permettra d'adapter la théorie de l'État fondé sur la loi de nature, et son accent sur la liberté originelle du peuple, au climat politique de l'Europe à la fin du XVIe siècle, et à sa faveur croissante envers les pouvoirs absolus du prince. Sur le plan intellectuel, le résultat n'en sera pas moins important : il s'agira de la constitution d'un vocabulaire d'idées et, parallèlement, d'une toile d'argumentation politique que Grotius, Hobbes, Pufendorf et leurs successeurs reprendront tous pour l'enrichir, au cours du siècle suivant, en construisant la version classique de la théorie de l'État fondé sur la loi de nature.

Troisième partie

Calvinisme et théorie de la révolution

7.

Le devoir de résister

En 1554, John Knox demanda un entretien à Heinrich Bullinger, successeur de Zwingli à Zurich, pour lui soumettre diverses questions profondément troublantes concernant les limites de l'obligation politique. L'une des questions de Knox était de savoir « si l'on doit obéir à un magistrat qui pratique l'idolâtrie et combat la vraie religion » (p. 223)[1]. Bullinger, manifestement fort inquiet des conséquences d'une telle question, répondit qu'il était « très difficile de se prononcer » sur un tel sujet, qu'il lui faudrait disposer d'une « précise connaissance des circonstances » avant de pouvoir formuler quelque avis, et même qu'il « serait très insensé » d'essayer de dire « quoi que ce soit de définitif sur ce sujet » (p. 225). La frayeur de Bullinger n'est pas plus surprenante que la hâte de Knox. Celui-ci posait en effet sa question sur un fond de craintes croissantes au sujet de l'avenir de la foi protestante. Après des années d'hésitations et de compromis, les gouvernements d'Europe du Nord se retournaient violemment contre les réformés, et, au moment où le questionnement de Knox avortait, ils s'étaient engagés dans une politique de force pour imposer l'unité religieuse. Le premier pays à subir cette spectaculaire volte-face fut l'Allemagne. Renonçant à toute tentative pour négocier avec les princes de la ligue de Schmalkalden, Charles Quint fait descendre

---

1. À propos du voyage de Knox, voir Burns, 1955, pp. 90-91, et Ridley, 1968, pp. 178-179. Sur ses questions et les réponses de Bullinger, voir sous Knox, *Certaines questions*, dans la bibliographie des sources premières.

le Rhin à ses troupes en 1543, et prépare une guerre sainte contre les hérétiques. D'abord il signe avec François Ier un pacte secret contre les luthériens, s'assurant au moins de sa neutralité, sinon de sa participation ; puis il obtient du pape Paul III une promesse de soutien en argent et en armes ; et, pour finir, il réussit à séparer le duc protestant Maurice de Saxe de ses coreligionnaires en lui offrant les terres de Jean-Frédéric de Saxe en échange de son appui à la croisade impériale (Elton, 1963, pp. 242-248). Ces préparatifs sèment la panique au sein de la Ligue de Schmalkladen qui va mobiliser en juillet 1546, ce qui la mène aussitôt à une défaite totale : Charles Quint triomphe des forces rassemblées à Mühlberg en avril 1547 ; Jean-Frédéric de Saxe est fait prisonnier et, moins d'une semaine plus tard, Philippe de Hesse, attiré par ruse à la cour impériale, est lui aussi arrêté. Alors Charles Quint convoque la Diète à Augsbourg en 1548, et promulgue un « Intérim » déclarant l'Église luthérienne hors la loi dans tout l'Empire. Luther était mort en 1546, mais nombre de chefs de l'Église réformée parmi lesquels Bucer et Dryander vont être immédiatement contraints de fuir en Angleterre. Après environ trente ans d'atermoiements et de conciliation, le mouvement luthérien semblait bien près d'être abattu (Elton, 1963, pp. 248-250).

Moins de cinq ans plus tard, les progrès de la Réforme connurent en Angleterre un arrêt encore plus brutal. À la mort d'Henri VIII en 1547, les protestants étaient de fait arrivés au pouvoir : nombre de réformés avérés étaient évêques, notamment Hooper, Ridley et Ponet, et le Protecteur Somerset demandait à Calvin en personne des conseils pour réformer l'Église (Elton, 1955, p. 210 ; Walzer, 1965, p. 62). Mais quand Marie Tudor succède à son frère en 1553, il se produit un changement brutal et dévastateur. À sa première session, le Parlement abolit toute la législation religieuse du règne précédent. Cranmer est arrêté pour haute trahison, et Reginald Pole revient de vingt années d'exil pour prendre la place d'archevêque de Canterbury (Schenk, 1950, pp. 128-130). En 1554, plus de deux mille bénéficiaires ecclésiastiques sont dépossédés, et l'année suivante Stephen Gardiner, Lord Chancelier, autorise que commencent les persécutions qui vaudront à la souveraine le surnom de « Bloody Mary » (Marie la Sanglante) auprès de générations de protestants (Loades, 1970, pp. 138-166). Beaucoup de chefs réformés parviennent à fuir en Suisse, mais plus de trois cents sont arrêtés et brûlés, parmi lesquels Hooper, Latimer, Ridley et Cranmer lui-même (Loades, 1970, p. 232). Comme en Allemagne, l'Église catholique semblait en passe d'anéantir ses ennemis par la force.

À ce moment, une crise analogue frappait la Réforme en Écosse. Dans les années 1540, en conséquence de l'ascendant pris par les Anglais après leur victoire de Solway Moss, les Écossais avaient presque mené à bien une « belle et bonne » réforme avec la bénédiction de leur gouvernement. Le cardinal Beaton, archevêque catholique, avait été démis de sa fonction et emprisonné en 1543 ; la même année, le Parlement écossais avait autorisé la circulation de bibles en langue vulgaire ; et nombre de prédicateurs luthériens, dont Rough, Wishart et Williams, avaient commencé à attirer des audiences nombreuses (Donaldson, 1960, pp. 30-31). Après 1547, pourtant, le comportement agressif du Protecteur Somerset conduit l'Écosse à s'allier avec la France, ce qui rend à l'Église catholique son ancienne prééminence. En 1547, une force navale française accule de nombreux chefs protestants à Saint-Andrews, assiège la ville et réduit ses défenseurs les plus acharnés, dont John Knox, aux galères (Ridley, 1968, pp. 59-65). En 1548, la jeune reine d'Écosse, promise au Dauphin, quitte son pays pour recevoir en France une éducation catholique. En 1554, le régent Arran, soupçonné de sympathies protestantes, est déposé et remplacé par la reine mère catholique Marie de Guise. Et l'année suivante, les persécutions commencent comme en Angleterre, culminant avec le procès des grands prédicateurs protestants (Brown, 1902, pp. 48-49).

Pendant la même période, les protestants de France avaient subi des revers encore plus écrasants. Au début, les réformés avaient entretenu quelque espoir de convertir la cour de France à leur cause. François Ier avait flirté avec l'hérésie, et quant à sa sœur, Marguerite d'Angoulême, elle était très liée au cercle des humanistes évangéliques de Meaux et protégeait certains des premiers calvinistes français (Salmon, 1975, pp. 85-86). Pourtant, dès la fin des années 1530, l'attitude du roi semble s'être durcie. En 1540, il promulgue l'édit de Fontainebleau, qui appelle le Parlement à débusquer et à exécuter toutes les sortes d'hérétiques, politique poursuivie avec une férocité accrue dans les dernières années de son règne (Lecler, 1960, II, pp. 24-26). Quand Henri II lui succède en 1547, les persécutions s'intensifient encore. L'année même de son couronnement, il institue la Chambre ardente, tribunal spécial pour les hérétiques, qui prononcera plus de cinq cents condamnations en trois ans (Léonard, 1965-1967, II, p. 110). En 1557, il promulgue par l'édit de Compiègne que le seul châtiment de l'hérésie sera dorénavant la mort (Lecler, 1960, II, p. 29). Enfin, à la mort d'Henri II en 1559, le contrôle du pouvoir tombe entre les mains des Guises, qui deviennent régents du jeune roi François II. Ils se livrent aussitôt à une nouvelle vague de persécutions, si sauvages qu'en moins de deux ans ils en arrivent à jeter le pays dans le tourbillon des guerres de religion (Neale, 1943, pp. 46, 57).

Le développement du radicalisme luthérien

Face à cette brutale et croissante menace, comment réagirent les communautés luthériennes et calvinistes ? Si l'on considère la réaction des calvinistes, on observe qu'à l'abord de la crise leurs dirigeants étaient à peu près totalement incapables de défendre leur Église, que ce soit par la plume ou par l'épée : ils demeurent en effet fermement ancrés à une théorie de l'obéissance politique passive, tout à fait semblable à celle que soutenaient les luthériens dans les années 1520. Cela vaut en particulier pour Calvin lui-même : au moment où éclate en Allemagne la première guerre de religion contre les protestants en 1546, le seul texte politique que Calvin avait publié était le chapitre sur le gouvernement civil, à la fin de l'*Institution de la religion chrétienne*, ouvrage publié dix ans plus tôt. On aurait bien du mal à y trouver de quoi soutenir l'idée d'une résistance active à un gouvernant qui, pour reprendre les termes de Knox, pratique l'idolâtrie et combat la vraie religion. Le chapitre contient une défense de l'obéissance, quasi totale et sans compromis, à toute autorité constituée, et n'évoque aucune circonstance légitimant la résistance.

Il est vrai que la doctrine calviniste de la non-résistance n'est pas absolue, et il semble exagéré de suggérer, comme l'a fait Chenevière, que cette thèse refuse tout droit contre le magistrat (Chenevière, 1937, p. 325). Calvin joue sans cesse sur l'ambiguïté, et alors que sur le fond il est incontestablement en faveur de la non-résistance, il introduit tout de même dans son argument bon nombre d'exceptions. Il commence par faire deux concessions, communément admises par les partisans les plus déterminés de l'obéissance passive. L'une d'elles, comme il le dit dans son dernier paragraphe, est que « dans l'obéissance que nous avons montré devoir à l'autorité des gouvernants, nous devons toujours faire cette exception qu'elle ne doit en aucun cas nous détourner de l'obéissance que nous devons à celui à qui le désir de tous les princes doit être assujetti » (p. 1520). La seconde concession, insérée dans toutes les éditions postérieures à 1539, est que si le peuple « implore l'aide du Seigneur », il se peut que Dieu réponde en faisant se lever « du milieu de ses fidèles des vengeurs », qu'il arme « de l'ordre de punir les gouvernants vicieux, et de délivrer son peuple injustement opprimé de sa misérable condition » (p. 1517). En même temps que ces concessions tout à fait classiques, Calvin autorise deux exceptions beaucoup moins communes à la règle générale d'obéissance. Il imagine le schéma de magistrats populaires résistant au nom du peuple. On prétend parfois que cette suggestion extrême, qui occupe dans l'ouvrage un emplacement stratégique, ne fut insérée que dans les dernières éditions de l'*Institution* (voir par ex. Morris, 1953, p. 156 ; Kingdon, 1955, p. 95), mais en réalité toute la discussion est déjà présente dans la version de 1536, et réapparaît sans modification dans toutes les éditions ultérieures. Il ne fait aucun doute que, dans l'édition latine définitive de 1559, Calvin commence à changer d'avis. Non qu'il en vienne à formuler clairement et sans équivoque une théorie de la révolution, mais il commence indiscutablement à manifester, comme Filmer l'observe avec acuité dans *Patriarcha,* une certaine tendance à « lorgner » vers la justification d'une résistance active aux magistrats légitimes (p. 54).

Ces exceptions bien pesées, il reste cependant que, jusqu'aux dernières années de sa vie, la démarche politique de Calvin, tout comme celle de Luther dans ses premières œuvres, resta fermement attachée à la doctrine paulinienne de la non-résistance absolue. Il n'est pas indifférent de rappeler que le chapitre sur le gouvernement civil dans l'*Institution* fut publié moins de deux ans après les expériences sociales radicales qui furent menées par les anabaptistes, et approuvé dans des textes comme la *Confession de foi de Schleitheim*. Calvin commence son chapitre (p. 1485) en dénonçant ces « hommes insensés et barbares » qui « s'efforcent avec fureur de renverser l'ordre établi selon Dieu », et l'essentiel de l'argumentation qui suit consiste en une attaque réglée contre les thèses anabaptistes, leur refus de la magistrature, leur pacifisme et leur rejet d'une application normale des lois[1]. Pour combattre ce qu'il appelle la « barbarie outrageuse » de ces « fanatiques », Calvin commence par défendre la nécessité et le caractère sacré de « l'office du magistrat » (pp. 1488-1489). Ce n'est pas, souligne-t-il, « par l'humaine perversité que l'autorité sur toutes choses de la terre se tient dans les mains des princes et autres gouvernants » (p. 1489). Il cite la célèbre formule de saint Paul dans l'Épître aux Romains, selon laquelle tout pouvoir « est ordonné par Dieu, et il n'existe d'autres pouvoirs que ceux ordonnés par Dieu », puisque tous les princes sont « ministres de Dieu » et ses « pleins représentants » (pp. 1489-1490). Cela signifie que Calvin ne s'intéresse guère de savoir quelle est la meilleure forme de gouvernement. Il accepte l'idée aristotélicienne qu'un système « composé d'aristocratie et de démocratie l'emporte de loin sur tous les autres », mais il en revient vite à un point bien plus important : peu importe la diversité des formes politiques, il n'y a entre elles aucune différence « en ceci que nous devons les regarder toutes comme ordonnées par Dieu » (pp. 1492-1493).

Après avoir analysé le concept de loi, ce qui occupe le milieu de son chapitre, Calvin en vient à discuter des implications de ses vues

---

1. voir pp. 1490, 1499-1500, 1505-1508 ; on a suggéré que Calvin faisait de fait allusion à plusieurs reprises à la *Confession*, cf. note p. 1487 et note 1492.

sur les devoirs des magistrats. La première, « le premier devoir des sujets envers les magistrats », est de « respecter leur office » (p. 1509). Ensuite, non seulement d'être obéissants, mais encore d'éviter toute activité politique en prenant soin de ne pas s'immiscer sans motif dans les affaires publiques, ni de « s'introduire sans raison dans le *cabinet* du magistrat » (pp. 1510-1511). Mais l'essentiel est que l'on ne doit jamais désobéir aux ordres du magistrat. Calvin est tout à fait clair sur ce point crucial : « Que personne ne s'y trompe. Car comme on ne peut résister au magistrat sans résister à Dieu dans le même temps, même s'il semble qu'on peut impunément défier un magistrat désarmé, Dieu est armé pour venger puissamment cette offense qu'on Lui fait » (p. 1511).

Calvin, pourtant, concède qu'il traite ici du magistrat « qui est vraiment conforme à son titre, c'est-à-dire père de son pays » (p. 1511). Cela laisse ouverte la question de savoir si un analogue devoir de non-résistance est dû à ceux qui, volontairement, négligent ou refusent les devoirs de leur charge. Mais la réponse dans ce cas est également sans équivoque. « Nous ne sommes pas seulement sujets à l'autorité des princes qui remplissent leur devoir envers nous avec justice et droiture, comme ils le doivent, mais aussi à l'autorité de tous ceux qui, par quelque moyen que ce soit, sont venus au pouvoir, même s'ils ne remplissent en rien les devoirs d'un prince » (p. 1512). Calvin admet que cette doctrine sévère « ne s'implante pas facilement dans l'esprit des hommes », mais cela ne fait que le pousser à la souligner davantage (p. 1513). Même un homme « corrompu et tout à fait indigne d'être honoré » doit être « tenu par ses sujets en même révérence et estime » que s'il « était le meilleur des rois qu'on pût leur donner » (p. 1513). La raison en est que « ceux qui gouvernent injustement et sans compétence » ont été élevés par Dieu pour « punir les vices du peuple » (p. 1512). Cela veut dire que même les tyrans sont délibérément ordonnés par Dieu pour accomplir ses desseins, et ne sont pas moins dotés de « la sainte majesté dont il a investi le pouvoir légitime » (p. 1512). Ce qui entraîne que même si « nous subissons les cruels tourments d'un prince sauvage », ou sommes « persécutés pour notre religion par un prince impie et sacrilège », la même dure leçon s'applique encore :

« nous ne sommes pas autorisés à résister » mais devons tendre l'autre joue, confessant que nous n'avons « reçu d'autre commandement que de supporter et d'obéir » (pp. 1514, 1516, 1518).

À l'inverse des calvinistes, les luthériens n'eurent pas grand mal à défendre l'idée d'une résistance active contre leur suzerain légitime quand ils décidèrent de déclarer la guerre à Charles Quint en 1546. Ils avaient déjà réuni un arsenal considérable d'arguments radicaux pour justifier la violence politique au moment où, seize ans plus tôt, ils avaient pour la première fois envisagé la possibilité de résister à l'empereur. Cette crise s'était produite en raison des manœuvres de Charles Quint à la Diète de Spire en 1529. Malgré les préoccupations suscitées par François Ier et l'avancée des Turcs dans les années 1520, Charles Quint n'avait jamais abandonné son projet, annoncé initialement à la Diète de Worms en 1521, de ramener de force les luthériens dans le sein de l'Église catholique. En 1529, l'occasion sembla enfin se présenter. La crainte d'une invasion par François Ier était conjurée : Charles Quint avait infligé en juin une défaite décisive aux Français, qui avaient signé la paix de Cambrai le mois suivant (Brandi, 1939, p. 279). Et la crainte d'une invasion venue de l'Est s'était soudain apaisée : les Turcs échouèrent devant Vienne, et retirèrent bientôt leurs armées vers la Hongrie (Grimm, 1954, p. 198). Sur ce fond de succès militaires et diplomatiques croissants, Charles Quint convoqua la Diète impériale à Spire et exigea qu'on annule toutes les concessions précédemment faites aux luthériens. Ceux-ci répliquèrent par une protestation formelle (d'où leur nom de protestants), présentée au nom de six princes et quatorze cités, les inspirateurs en étant Jean de Saxe, Georges de Brandebourg-Ansbach et le jeune Philippe de Hesse, qui se révéla à cette occasion comme le plus déterminé des princes luthériens. La majorité catholique ne s'émut pas de la protestation, et entreprit de rédiger une résolution de la Diète demandant instamment que l'édit de Worms (qui plaçait l'hérésie luthérienne hors la loi) fût dorénavant imposé, par la force si nécessaire (Brandi, 1939, pp. 297-303).

C'est alors que les chefs de la Réforme luthérienne durent affronter la question d'une résistance active. Jamais ils n'avaient mis en doute la légitimité de résister en cas d'attaque par un prince étranger, mais maintenant se posait une question bien plus grave : savoir s'il était légitime de former aussi une alliance pour s'opposer à l'empereur lui-même, s'il les agressait en tant que chef de la majorité catholique. À ce moment périlleux, l'initiative revint à Philippe de Hesse, qui semble s'en être entretenu avec de nombreux conseillers juridiques favorables. L'issue en était une ingénieuse reformulation de la théorie féodale et particulariste de la Constitution impériale, théorie qui, nous l'avons vu, avait autorisé les Électeurs à résister à l'empereur Wenzel et à le déposer en 1400. Selon l'interprétation des juristes de Hesse, la constitution les autorisait à accomplir deux tâches idéologiques vitales : on légitimait l'idée d'une résistance armée à l'empereur, et en même temps on s'arrangeait pour maintenir la proposition luthérienne fondamentale selon laquelle tout pouvoir vient de Dieu. Philippe lui-même souligne cette théorie dans deux lettres de décembre 1529, adressées à ses coreligionnaires plus timides, l'Électeur de Saxe et le margrave de Brandebourg-Ansbach[1]. Sa lettre au margrave commence par concéder que « les pouvoirs existants sont ordonnés par Dieu », mais, par la suite, il infléchit cette proposition orthodoxe sur deux points essentiels. Avant tout, il maintient que saint Paul a dû penser à toute souveraineté sur un sol, en sorte que sa doctrine devrait s'appliquer à tout pouvoir de juridiction à l'intérieur d'un royaume ou d'un empire donné. La très ancienne dispute entre Azo et Lothaire renaissait ainsi pour revendiquer, non seulement au nom des Électeurs, mais pour tous les princes territoriaux, le droit de se considérer comme des pouvoirs institués par Dieu, exerçant le *ius gladii* pour leur propre compte. L'autre inflexion cruciale de la doctrine apostolique était que tous ces pouvoirs devaient accomplir une tâche particulière, stipulation qui incluait le devoir de respecter un certain nombre d'obligations légales réciproques, et d'assurer le bien-être et le salut des sujets. Dès l'introduction de ces deux idées,

---

1. Sur ces lettres, voir Schubert, 1909, en particulier pp. 287-289, et Luther, *Lettres*, éd. Krodel, vol. XLIX, pp. 254-255.

il devient légitime de résister à l'empereur. D'évidence, tout détenteur de l'*Imperium* doit avoir le droit de se défendre contre toute violation des traités qu'il pourrait avoir conclus avec un autre pouvoir souverain. Mais voici qu'il est affirmé que l'empereur et les princes ont entre eux une relation légale réciproque, et non une relation de souverain à sujet. En conséquence, si l'empereur outrepasse les limites de sa charge en interdisant l'annonce de la Parole, ou en exerçant la violence contre l'un des princes, c'est qu'il viole les obligations que lui impose son élection, et donc on peut légitimement s'opposer à lui[1].

La vive réaction de Philippe fut d'abord sans effet. L'une des raisons en était que la plupart des chefs luthériens préféraient attendre la suite des événements, surtout après que l'empereur eut accepté de convoquer une nouvelle Diète à Augsbourg en 1530, s'engageant à y assister personnellement et à prêter une « oreille favorable » à la cause luthérienne (Brandi, 1939, pp. 303-316). Mais la raison essentielle était que les théologiens luthériens ne se sentaient pas eux-mêmes capables de surmonter leurs réticences au sujet d'une résistance armée (Baron, 1937, pp. 416, 423). Quand l'Électeur Jean de Saxe consulta Luther au sujet de la lettre qu'il avait reçue de Philippe de Hesse, il en reçut une réponse indubitablement conservatrice[2]. Luther repousse explicitement la suggestion du landgrave que l'empereur n'est pas plus qu'« un souverain d'un rang égal » aux princes, et il affirme au contraire que « l'Empereur, naturellement, est le seigneur et le supérieur de tous ces souverains » (pp. 258-259). Il poursuit en répétant la conclusion orthodoxe et entièrement passive : « même s'il était dans l'intention de l'Empereur de lutter contre l'Évangile par la force », il serait pourtant impossible « de conduire des troupes à la bataille en toute conscience » (p. 257). L'Électeur posa à Luther de nouveau la

---

1. Voir Schubert, 1909, pp. 288-289, et Luther, *Lettres*, éd. Krodel, vol. XLIX, pp. 254-255.

2. Toutes les références à la correspondance entre Luther, Brück, Philippe de Hesse et Jean de Saxe viennent de Luther, *Lettres*, éd. Krodel, vol. XLIX.

même question en 1530, et de nouveau le trouva ferme sur ses positions. « Il n'appartient à personne qui se veuille chrétien de se dresser contre l'autorité de ses gouvernants, que le gouvernement agisse selon ou contre le droit », car même si « Sa Majesté Impériale agit injustement et contrairement à ses devoir et serment, cela n'annule pas l'autorité du gouvernement impérial ni la nécessité d'obéissance » (p. 257).

La situation devint nettement plus inquiétante pour les luthériens après la réunion de la Diète en 1530. La Confession d'Augsbourg que Melanchthon avait élaborée dans l'espoir de réaliser un compromis avec les princes catholiques fut finalement rejetée en août lorsque Charles Quint ordonna de lire à voix haute une *Réfutation* devant la Diète assemblée et refusa ensuite toute discussion (Reu, 1930, pp. 124-127). Avant la fin du mois suivant, la majorité catholique s'était mise d'accord sur une résolution exigeant que tous les luthériens rentrent dans l'unité de l'Église avant Pâques et que toutes les prédications luthériennes soient entre-temps suspendues (Reu, 1930, p. 133). La Diète se conclut sur un accord entre les princes catholiques afin de former une ligue pour la défense de l'Empire, ce qui, délibérément, menaçait les protestants d'un recours à la force. Il est vrai que, à cause de la réapparition d'une menace turque en 1531 et de la réactivation d'une alliance dangereuse entre le pape et la France en 1532, l'éventualité d'une telle attaque était improbable. Malgré tout, la situation en 1530 paraissait très alarmante, et Philippe de Hesse revint à son idée d'une alliance défensive et, pour cela, il reposa la question de savoir si on pouvait légitimement s'opposer à l'empereur. Connaissant l'influence de Luther sur Jean de Saxe, Philippe lui écrivit en octobre 1530 ; il ébauchait sa théorie constitutionnelle de la résistance et tentait de le persuader de surmonter ses doutes à propos d'une notion de ligue protestante (pp. 433-434). Il écrivit en même temps à Jean de Saxe et à son chancelier Grégoire Brück (v. 1483-1547) en les pressant d'accepter son projet d'une alliance protestante et en leur demandant d'accueillir sa thèse, justifiant la possibilité d'une résistance armée à l'empereur (p. 430).

Cette fois Jean de Saxe sentit beaucoup mieux l'urgence et décida de consulter Brück et d'autres juristes sur la possibilité de souscrire aux conclusions de Philippe. Il en résulta à la fin d'octobre 1530 que Brück et son entourage présentèrent à l'Électeur un bref, dans lequel l'idée de « violente résistance » à l'empereur était finalement justifiée sans équivoque. Brück était disposé à accepter les implications de l'interprétation fédéraliste que faisait Philippe de la Constitution impériale, pourtant il ne faisait lui-même aucun usage de tels arguments. Il préférait appuyer sa position sur une adaptation du droit privé selon lequel en certaines circonstances le recours à la violence ne constitue pas un délit. Nous l'avons vu, sur plusieurs points dans les droits civil et canon, il était justifié de repousser par la force une force injuste. La doctrine que Brück invoque est l'affirmation du droit canon selon laquelle il est parfois légitime de résister à un juge injuste. Il est bien sûr exact que les canonistes comme Panormitain qui avait vigoureusement défendu cette possibilité n'avaient envisagé que la question d'une violence civile et non politique. Mais il suffisait de dire que le statut de l'empereur était de fait celui d'un juge pour que les arguments de Panormitain s'appliquent directement à ce cas. C'est effectivement ce que fait Brück. Son bref est intitulé *Est-il légitime de résister à un juge qui procède injustement ?* Il répond d'abord en termes généraux avec de larges citations du droit canon peut-être choisies dans l'intention de condamner les impériaux avec des phrases d'auteurs catholiques dont l'autorité serait difficile à refuser. Il y a, dit-il, trois types de cas dans lesquels « il est possible de résister par la force à un juge ». Le premier est « quand il y a eu appel ». Le deuxième est « quand le juge outrepasse sa juridiction légale » et que l'injustice qui en résulte est « notoire et irréparable ». Le troisième est « quand le juge agit en accord avec sa charge mais injustement et que le dommage est irréparable » (pp. 63-65). Le premier de ces cas se trouve être important pour Brück, mais les deux autres possibilités ont plus de poids : toutes deux traitent de la légitimité de se défendre contre une force injuste. Dans les deux cas on évoque des situations dans lesquelles soit par suspension, soit par limitation de l'autorité du juge, « il n'agit plus comme un juge dans son domaine de compétence mais davantage comme une personne privée » *(non est iudex... sed privatus)*, en sorte qu'il devient légitime de lui résister de la même façon que si l'on résistait à n'importe quelle personne privée exerçant une violence injuste (p. 66). Puis Brück en vient au cas présent. L'empereur cherche à imposer son jugement en matière de foi. Mais, même si cela appartenait à sa compétence, « son pouvoir a été suspendu », du fait que « les princes et les cités font appel non à l'empereur mais à un concile général de l'Église » (p. 65). Le fait est que, « en matière de foi, l'Empereur n'a absolument aucun pouvoir » du fait qu'« il n'est pas juge dans semblable cause » (pp. 65-66). Ces propositions servent ensuite à autoriser la conclusion que la résistance est sans aucun doute justifiée dans les circonstances présentes. « L'injustice de l'Empereur » est dite « notoire et en fait bien pire que notoire » (p. 66). Mais il a déjà été affirmé qu'« il est légitime de résister à un juge » dans de telles circonstances, même si le cas se produit à l'intérieur de sa juridiction, du moment qu'il « procède injustement ou qu'il y a eu appel de son jugement » (p. 66). Ainsi établit-on qu'« il est *a fortiori* légitime de résister » quand, comme dans le cas présent, le juge en question « n'est plus du tout un juge », mais n'a que le statut d'un « citoyen privé » qui inflige une « injustice notoire » (p. 66).

À la fin de 1530, Luther et les autres chefs de la Réforme allemande se trouvèrent devant deux théories distinctes tendant à justifier la légitimité de s'opposer à l'empereur – la théorie constitutionnaliste des juristes de Hesse et la théorie de droit privé des juristes de Saxe. De tous côtés on les pressait de reconsidérer leurs réticences à l'égard d'une résistance armée. Il en résulta, à la fin d'octobre 1530, que les principaux théologiens luthériens – Melanchthon, Jonas et Spalatin, tout comme Luther lui-même – capitulèrent tous d'un coup Même s'ils ne font aucune allusion à l'argumentation développée par Philippe de Hesse pour l'Électeur de Saxe, ils se déclarent maintenant d'accord pour accepter la théorie de la résistance dessinée par Brück dans sa missive la plus récente.

Il y avait eu un ou deux signes avant-coureurs indiquant que les théologiens pourraient aller dans une telle direction. Johann

Bugenhagen (1485-1558) avait émis la suggestion, dans une lettre envoyée à l'Électeur de Saxe en septembre 1529, que si l'empereur devait excéder les limites de sa charge et agir « comme un Turc et un meurtrier », alors on pourrait soutenir qu'il ne serait « plus un seigneur » ni un magistrat véritable (Scheible, 1969, pp. 25-29). Luther avait commencé à dériver dans une direction analogue dès août 1530 quand il suggérait, dans une lettre à Brück, qu'il convient de distinguer les actes véritables de l'empereur et les actes de « tyrans » qui peuvent tenter de se servir « du nom de sa Majesté impériale » (p. 398). Il demeure néanmoins pour l'essentiel exact que la première acceptation formelle de l'idée d'une résistance armée par les luthériens orthodoxes date précisément de la fin d'octobre 1530. Dès que Jean de Saxe reçoit le bref de Brück, il convoque une conférence de juristes et de théologiens pour discuter de ces arguments. Le débat a lieu au palais de Torgau du 25 au 28 octobre, et débouche sur une proclamation formelle de Luther, écrite de sa propre main et cosignée avec Melanchthon, Jonas et Spalatin[1]. Ils admettent que la question d'une résistance légitime « a été réglée par ces docteurs ès lois » et que « nous nous trouvons sans aucun doute dans ces circonstances où [..] l'on peut résister à l'autorité du pouvoir ». Ils expliquent que « jusqu'à maintenant nous avons enseigné l'interdiction absolue de résister au pouvoir » par le fait « que nous ne savions pas que la loi même du pouvoir octroie le droit de la résistance armée ». Ils en concluent qu'ayant « toujours enseigné avec diligence qu'il faut obéir à cette loi », il s'ensuit que « dans ce cas il est nécessaire de combattre même si c'est l'empereur en personne qui nous attaque ».

On a souvent prétendu que, malgré ce revirement, il ne fallait pas croire trop sérieusement que Luther et ses disciples aient réellement changé d'avis à ce moment sur un point aussi fondamental

---

1. Ces détails viennent de Hortleder, 1645, II, p. 82, qui date le document par erreur de 1531 ; pour les détails exacts, voir Luther, *Œuvres*, vol. XLVII, éd. Sherman, note p. 8 et pour le document signé par Luther et les autres théologiens voir Luther, *Œuvres*, éd. Krodel, vol. XLVI, pp. 432-433.

que la théorie de la résistance. Mesnard dit qu'il « ne considère pas la position adoptée par Luther en 1530 comme spontanée », du fait qu'elle lui fut littéralement extorquée sous la pression immédiate d'une crise politique (Mesrard, 1936, p. 228). De même, Baron affirme que Luther a agi « contre sa volonté et sous la pression » et souligne que sa réponse adopte la forme d'une concession (les théologiens ne sont pas compétents pour juger de l'affaire) plutôt que d'une approbation positive de la position que les juristes avaient prise (Baron, 1937, p. 422)

Sans aucun doute, les théologiens avaient de bonnes raisons de traiter la thèse avancée par Brück et son entourage avec des pincettes. Sans doute grandement embarrassés par les recours au droit canon, ils semblent aussi fort inquiets des implications radicales découlant de l'usage du droit privé. En fondant son plaidoyer sur la proposition selon laquelle un gouvernant qui outrepasse les limites de sa charge se réduit automatiquement lui-même au statut d'un citoyen privé félon, Brück avait en effet cherché à fonder la légitimité d'une résistance politique sur cette autre proposition : il est toujours juste pour un individu de repousser une force injuste – autrement dit, personne n'est obligé de tendre l'autre joue. Mais, en recourant ainsi à la position d'un individu en droit privé, il semblait impliquer qu'il pût être légitime pour des particuliers, et donc pour le corps entier du peuple, de s'engager dans des actes de violence politique, implication que les luthériens étaient, bien sûr, soucieux d'écarter à tout prix. Ces dangers furent explicitement énoncés par Martin Bucer (1491-1551), dans son *Explication* de l'Évangile selon saint Matthieu, publiée d'abord en 1527, puis rééditée avec les additions adéquates au moment de la crise de 1530. Tout en étant préoccupé de revendiquer la légitimité de la résistance, il ne l'est pas moins de repousser toute suggestion voulant qu'« un individu privé peut légitimement repousser par la force la force d'un prince ou d'un magistrat » *(vim vi... repellere).* Cela le conduit, dans l'*Explication*, comme plus tard dans ses *Commentaires sur le Livre des Juges*, à formuler une attaque directe contre la théorie de la résistance issue du droit privé. Il souligne que « dire que ceux qui sont opprimés de nos jours par la tyrannie agiraient légitimement s'ils la repoussaient eux-mêmes par la force *(si vi eam a se repellant)* reviendrait à introduire une calamiteuse confusion entre « les devoirs de l'individu privé » et « les devoirs de la puissance publique », et par conséquent à occulter ce point central : « il n'est jamais légitime pour des individus privés de repousser la force par la force, c'est seulement la charge de ceux à qui le glaive a été confié » sur l'ordre de Dieu lui-même[1].

Soutenir que les chefs de la Réforme luthérienne n'adoptèrent une position aussi radicale à la conférence de Torgau que par une aberration temporaire due à un moment de crise resterait pourtant, semble-t-il, une interprétation erronée. Ce serait laisser de côté deux éléments importants pour une théorie de la résistance développés par nombre de grands théologiens luthériens aussi bien au moment de la crise de 1530 que dans le reste de la décennie.

Le premier élément est que, même après que la crise immédiate fut passée, les luthériens non seulement continuèrent à assumer la théorie de la résistance issue du droit privé, mais aussi entreprirent de l'aménager et de la développer. Cela est vrai, au premier chef, pour Luther. Quand Lazarus Spengler lui écrit en février 1531 pour l'accuser de « renier sa thèse antérieure selon laquelle il était néfaste de résister à l'Empereur », Luther répond en réaffirmant son acceptation de l'argument emprunté au droit privé. « Les juristes ne me donnent pas satisfaction », admet-il, quand ils invoquent simplement « la maxime que la force peut repousser la force ». Mais il poursuit en montrant que, d'un autre côté, ils ont « marqué que c'était une loi impériale positive qui stipulait que "dans les cas d'injustices notoires on pouvait résister par force au gouvernement" ». Pour sa défense, il soutient donc qu'il ne fait que suivre ce que la loi commande quand il accepte que, « si l'Empereur s'est fixé à lui-même des limites », alors il est de toute évidence légitime de lui « résister par la force » (Smith, 1911, p. 217). Peu après, néanmoins, Luther publie son *Avertissement au cher peuple allemand*, dans lequel il adopte ce même argument de droit civil avec bien

---

1. Voir Bucer, *Explication*, f° 55a, et *Commentaires*, p. 488.

moins de réticence. Le texte parut en avril 1531, et fut réédité cinq fois dans l'année[1]. Luther y prévient le lecteur que les catholiques pourraient bien toujours penser à ouvrir les hostilités. Il affirme que, si cela se produit, ils ne pourront plus être considérés comme des magistrats légitimes. Ils agiraient ainsi avec une force illégitime, puisque « leurs méthodes ne se fondent que sur la contrainte et que leur cause ne repose que sur le pouvoir physique » (p. 12). Cela signifie que ce sont eux les véritables rebelles, qu'ils ne sont que des « assassins et des traîtres », refusant de « se soumettre au gouvernement et à la loi », et par conséquent « plus proches du nom et de la nature de ce qu'on nomme rébellion » que ceux qu'il accusent de rébellion contre leur supposée autorité (pp. 16, 20). Une fois cette définition posée, la conclusion va de soi. Luther annonce que, « si la guerre éclate », il « ne condamnera pas » ceux qui décideront de résister à ces « papistes meurtriers et assoiffés de sang ». Il « acceptera leur action et la reconnaîtra comme légitime défense », puisque ce serait de fait non une rebellion contre un magistrat légitime, mais uniquement un cas de refus par la force d'une force injuste (p. 19). Enfin, la pensée selon laquelle un magistrat qui outrepasse les limites de sa charge s'abaisse de lui-même au rang de citoyen privé félon revient de façon plus informelle dans les *Propos de table* au long des années 1530. Quand par exemple on lui demande en 1539 s'il serait légitime de résister à l'empereur au nom de l'Évangile, il répond par l'argument du droit civil qu'il est toujours légitime de tuer pour se défendre. « L'Empereur est la tête du corps qu'est le royaume » et, en tant que tel, est « un particulier à qui est confié le pouvoir politique de défendre le royaume ». Il s'ensuit que, s'il manque à remplir les devoirs pour lesquels il a été fait personne publique, il est légitime de lui résister, exactement comme il est permis de résister à toute autre personne privée qui exerce une violence injuste[2].

---

1. Pour ces détails, voir Luther *Œuvres*, éd. Sherman, vol. XLVII, pp. 6 et 9.
2. Voir Luther, *Colloques*, éd. Bindseil, I, pp. 363-364.

En outre, si l'on passe de Luther à Melanchthon, on trouve une présentation encore plus élaborée du même argument en faveur de la légitimité de la résistance. Il est vrai que dans le cas de Melanchthon ce développement semble avoir trouvé sa place plus progressivement, car, jusqu'en 1532, dans ses commentaires sur l'Épître de Saint Paul aux Corinthiens, nous le voyons insister sur le point que tous les magistrats sont « ordonnés par Dieu » et que saint Paul « donne le commandement simple et direct que chacun obéisse au magistrat » (pp. 710-711). L'œuvre la plus ancienne dans laquelle il manifeste un changement de position est le texte latin sur le *Devoir du prince* paru en 1539 et par la suite inclus dans l'*Épitomé de philosophie morale*, traité que Melanchthon avait d'abord publié en 1538[1]. Il commence par assurer que « le magistrat est gardien de la première et de la seconde table des lois », et poursuit en posant la question de ce qui doit être fait si au lieu de garder ces lois il les ignore et choisit de persécuter la véritable Église (pp. 87, 105). La réponse, comme en droit civil, dépend de ce point : l'injustice commise est-elle d'un caractère « atroce et notoire » (p. 105). « Si l'injure n'est pas notoire, les juristes ont raison d'affirmer qu'on doit tolérer de tels magistrats. » Et même si l'injustice est atroce on doit se souvenir qu'« aucun n'individu privé n'a le droit de résister [...] jamais à l'*Imperium*, car, comme il est dit en Romains XIII, quiconque résiste au magistrat résiste à l'ordre de Dieu » (p. 106). Cela n'implique nullement qu'il n'existe aucun recours. Melanchthon en vient ici à examiner la position de l'individu en droit privé, établissant que le Digeste accorde au citoyen privé « comme légitime même de tuer un consul » dans certaines circonstances, par exemple s'il le découvre au lit avec sa fille ou sa femme (p. 105). Il traite ce sujet en strict parallèle avec le cas d'un gouvernement tyrannique. Si le magistrat « inflige à ses sujets des injustices atroces et notoires, il est légitime qu'ils se défendent eux-mêmes en matière publique exactement comme ils le feraient dans le cas d'un danger privé » (p. 105).

---

1. Sur ces détails, voir Melanchthon, *Opera omnia*, éd. Bretschneider, vol. XVI, pp. 19-20 et note p. 85.

Melanchthon répète et développe cette doctrine trois ans plus tard dans la deuxième édition de ses *Prolégomènes au traité de Cicéron sur l'obligation morale*, ouvrage publié d'abord en 1530[1]. Une nouvelle section fut ajoutée qui traitait des devoirs du magistrat, et dans laquelle Melanchthon analysait la relation du souverain à l'Église et aux lois. Il y affirme encore plus fermement que la position du citoyen ordinaire en droit privé justifie la résistance à un magistrat qui abuse de l'autorité de sa charge. Il est vrai que plus Melanchthon affirme cette doctrine, plus il tente de dévoiler la dangereuse confusion qui avait conduit Bucer à rejeter d'emblée la théorie de droit privé. D'un côté, Melanchthon tient à souligner que « la formule qui permet de repousser la force par la force » doit toujours « se comprendre comme renvoyant à des pouvoirs qui ont été ordonnés » ; il continue en affirmant qu'il n'est « jamais permis à des individus privés d'entreprendre des actes de sédition » de leur propre chef contre quelque autorité constituée légalement que ce soit (pp. 573-574). Mais, d'un autre côté, s'appuyant sur des arguments de droit privé, il donne l'impression que le pouvoir légitime de résister peut bien, de fait, appartenir à chaque citoyen individuel, comme dans le cas – cité de nouveau – d'un « consul surpris dans l'adultère, qui peut légitimement être tué par le père de la femme » (p. 574). Si Melanchthon reste ambigu sur la question de qui peut légitimement résister, il n'y a en revanche aucune équivoque sur le fondement de la résistance légitime. La discussion s'ouvre avec un long développement sur « l'instinct naturel de conservation placé par Dieu » chez les bêtes aussi bien que chez les hommes, instinct qui « les conduit à repousser une violence injuste » (p. 573). Cette « connaissance naturelle » est dite « critère que Dieu nous a donné pour distinguer entre justice et injustice » (p. 573). Cela signifie que « dans tout cas d'injustice patente à la fois atroce et notoire » il est clair que « la nature permet de repousser la force par la force » *(vim vi repellere natura concedit)* (pp. 573-574). Il en conclut que, « si le

---

[1]. Sur ces détails, voir Melanchthon, *Opera omnia, op. cit.*, vol. XVI, pp. 529-532.

magistrat manque à son devoir ou agit de façon criminelle », alors « il est légitime de répondre à cette force injuste avec toute aide dont on peut disposer et bien sûr avec ses propres forces » (p. 573).

L'autre raison de dire que la réaction des théologiens luthériens à la crise de 1529-1530 signifiait bien autre chose qu'une simple abdication face aux arguments de Brück est la suivante : les chefs luthériens se défiaient manifestement du recours de Brück au droit canon et développèrent l'autre théorie de la résistance – la théorie constitutionnaliste que les juristes de Hesse avaient formulée en 1529 et que Brück et les juristes saxons n'avaient jamais adoptée[1]. Ainsi, loin de se rendre à l'argumentation de droit privé, les luthériens se montraient capables d'y suppléer de façon à éviter la conséquence redoutable qu'il pourrait être légitime pour des citoyens individuels de résister à leurs magistrats établis.

Le premier grand théologien luthérien à adopter la théorie constitutionnaliste de la résistance semble être Andreas Osiander. Il fut probablement l'auteur de la lettre écrite à la fin de 1529 pour persuader la cité de Nuremberg de rejoindre l'alliance défensive contre l'empereur proposée par Philippe de Hesse[2]. Il commence par avouer que l'obstacle majeur pour former une telle ligue semble constitué par la maxime de saint Paul sur le devoir d'obéissance dans le chapitre XIII de l'Épître aux Romains (p. 83). Il s'attache à contourner cette difficulté apparente en utilisant la même démarche que les juristes de Hesse avaient adoptée pour présenter leur théorie constitutionnaliste de la résistance au margrave de

---

1. La meilleure analyse de cette théorie qui soutient que les « magistrats subalternes » peuvent légitimement résister à leurs supérieurs tyranniques se trouve dans Benert, 1967, excellente contribution à laquelle je suis grandement redevable.

2. Voir à Osiander dans la bibliographie des sources premières. Baron accepte l'attribution de la lettre à Osiander conformément à l'argument de G. Ludewig. Voir Baron, 1937, p. 421, note. Cette lettre et la suivante sont toutes deux publiées dans Hortleder et datées par lui de 1531. Voir Hortleder, 1645, II, pp. 83-85. J'ai suivi Baron néanmoins considérant les deux lettres comme nées du débat qui a suivi la Diète de Spire en 1529.

Brandebourg. D'abord il affirme que Saint Paul ne peut avoir pensé qu'à des magistrats qui accomplissent correctement leur office et non à des pécheurs (pp. 83-84). Puis il assure que le pouvoir dit par saint Paul « ordonné par Dieu » doit s'interpréter non seulement comme désignant les gouvernants supérieurs mais encore les magistrats subalternes y compris les princes territoriaux et les autres autorités locales (p. 84) ; ce qui lui fournit une théorie constitutionnaliste de la résistance légitime. Si le magistrat supérieur manque à remplir les devoirs pour lesquels il a été ordonné – et qu'il peut même avoir juré de remplir, comme l'empereur en fait serment lors de son élection –, il peut être légitime que les magistrats subalternes lui résistent, eux qui « ne sont pas moins ordonnés par Dieu » pour assurer que le désir suprême du gouvernement bon et pieux soit pleinement satisfait (p. 85).

Le développement essentiel de cette théorie est dû à Martin Bucer, qui l'a d'abord ébauché dans ses *Explications sur les quatre Évangiles*, puis dans ses *Commentaires sur le Livre des Juges*[1]. Les *Explications* parurent en 1527, sans aucune référence à la justification d'une résistance armée. Le passage dans lequel Bucer développe la théorie constitutionnaliste fut ajouté pour la première fois dans l'édition de 1530, évidemment sous la pression des circonstances politiques immédiates. Les mêmes idées furent ensuite largement répétées dans les *Commentaires* qui furent publiés, après la mort de l'auteur, en 1554 (Eells, 1931, pp. 65-69). Dans les *Explications*, Bucer commence son analyse de façon conventionnelle : « dans le cas d'hommes privés », l'injonction « Ne résiste pas au mal » est absolue, en sorte que « quel que soit le mal qu'on leur inflige, ils ne doivent jamais résister en aucune manière » (f° 54a). Puis il assure que la situation est complètement différente dans le cas d'autorités publiques. Tout en continuant à soutenir que « les

---

1. L'argument décisif de Bucer sur le devoir des magistrats subalternes de résister aux princes tyranniques a été négligé par nombre d'érudits modernes, mais il était très connu chez les protestants radicaux de la fin du XVIe siècle au XVIIe. John Milton, par exemple, cite l'argument de Bucer dans sa *Tenure des rois et des magistrats*, p. 247.

pouvoirs qui existent sont ordonnés par Dieu », il défend une position radicale dans le débat juridique traditionnel sur ce qui doit réellement être conçu comme « pouvoirs » et donc sur les détenteurs du *ius gladii* ou pouvoir du glaive. Il se range de fait aux côtés d'Azo contre Lothaire, transcrit l'argument dans les termes de la théologie luthérienne, et soutient que « pour ordonner les affaires humaines à la meilleure fin » Dieu en aucune façon n'a « transféré tout pouvoir en un seul homme » à l'intérieur d'un royaume donné ou d'un empire (f° 54b). Il évoque le modèle du royaume de David, ici et dans les *Commentaires*, pour établir que Dieu « répartit toujours le pouvoir entre beaucoup », et en particulier à un ensemble de magistrats subalternes *(magistrati inferiores)* aussi bien qu'à un pouvoir supérieur *(potestas superior)*, tous étant supposés détenir le *merum imperium* et donc être capables d'exercer le *ius gladii* de leur propre chef[1]. Il en conclut que toutes ces autorités prises ensemble « sont de fait des pouvoirs (saint Paul ne prononçait pas le mot "pouvoir") qui ont été ordonnés par Dieu » (f° 54b). Puis Bucer affirme avec une égale certitude que tous ces pouvoirs sont ordonnés en vertu d'un dessein particulier et pour accomplir un ensemble de devoirs spécifiques. Il souligne que le premier devoir du « prince et magistrat chrétien » est d'« apprendre à vivre et à gouverner selon la volonté de Dieu en toute chose » (f° 54b). Il déduit donc que tous ces magistrats sont installés pour gouverner non selon leur propre volonté mais « afin de préserver le peuple de Dieu du mal et de défendre sa sécurité et ses biens » (f° 55a). Ces deux points mis en évidence, la conclusion de Bucer en faveur d'une résistance armée s'impose. La seule différence entre sa position et celle des jurisconsultes de Hesse est que là où ceux-ci étaient essentiellement préoccupés des obligations légales de l'empereur, Bucer se soucie davantage d'insister sur le devoir fondamental de défendre la vraie foi, c'est-à-dire la foi luthérienne. Il soutient d'abord que, si toute autorité de gouvernement est fondamentalement ordonnée pour garantir que la loi de Dieu soit respectée, il

---

1. Voir Bucer, *Explications,* f°s 54a-b, et *Commentaires,* p. 488.

s'ensuit que l'obligation faite aux magistrats subalternes « d'obéir à leurs supérieurs en toute chose » doit être limitée par une obligation supérieure « de ne permettre aucune chose contre Dieu » (f° 54a). Il soutient ensuite que si les pouvoirs supérieurs en viennent à « manquer à leur devoir » et à se vautrer dans l'impiété ou la tyrannie, il devient impie pour les pouvoirs subalternes, qui ont eux aussi « accepté le juste devoir de défendre les innocents », de « livrer le peuple au bon plaisir de tyrans impies » (f° 54a). Dans une telle situation, les magistrats subalternes n'ont plus aucun devoir d'obéir à leurs supérieurs. Ils ont un devoir positif, « qui ne doit pas être négligé », tel que « si un pouvoir supérieur se livre à l'extorsion ou cause toute autre sorte d'injustice », ils « doivent tenter de le chasser par la force des armes » (f° 54b).

L'INFLUENCE LUTHÉRIENNE SUR LES CALVINISTES

On a communément avancé que, afin de réagir à la crise du protestantisme au milieu du XVIe siècle, les calvinistes étaient beaucoup mieux armés que les luthériens pour développer une théorie radicale de la résistance politique. Que les calvinistes pouvaient s'appuyer sur « la base ferme d'une aspiration et d'une organisation radicales » tirées du potentiel révolutionnaire de la pensée de Calvin. Que les luthériens se trouvaient dans l'impossibilité d'établir une analogue « base de résistance » puisque l'influence personnelle de Luther s'exerçait dans le sens d'une maxime selon laquelle il ne peut jamais être légitime de se rebeller contre quelque autorité légale que se soit[1]. Mais nous avons vu que c'est Calvin et non Luther qui fit face à la crise avec à peine plus qu'une théorie de l'obéissance passive, et que c'est Luther et non Calvin qui introduisit pour la première fois le concept de résistance active dans la théorie politique de la Réforme. Il faut noter que si les calvinistes

---

1. Sur ce point, voir Walzer, 1966, pp. X, 64 et 188 ; Allen, 1957, p. 29 ; Hudson, 1942, p. 185.

ont réussi à développer une théorie de la révolution dans les années 1550, ce n'est pas parce qu'ils trouvèrent une réponse à la crise plus créative que les luthériens, comme on l'a souvent dit ; c'est bien plutôt qu'ils adoptèrent et répétèrent les arguments pour une résistance armée que les luthériens avaient déjà développés dans les années 1530 et avaient ensuite ravivée pour légitimer la guerre contre l'empereur menée par la ligue de Schmalkalden après 1546.

L'argument essentiel que font revivre les luthériens au milieu du XVIe siècle est la théorie constitutionnaliste autorisant les « magistrats subalternes « à la désobéissance. Les *Explications sur les quatre Évangiles* de Bucer furent réimprimées en 1553, et ses *Commentaires sur le Livre des Juges* où il adopte la même théorie furent publiés en 1554. Mais la réaffirmation la plus importante de la théorie constitutionnaliste fut présentée dans une *Confession* que les pasteurs de Magdebourg imprimèrent en latin et en allemand en avril 1550. En arrière-plan de ce remarquable texte se trouve la décision prise par la cité de Magdebourg, une des premières communautés luthériennes à rejoindre la ligue de Schmalkalden en 1531, de confirmer ses traditions militantes en refusant de céder aux forces impériales après la défaite protestante à Mühlberg en 1547 (Grimm, 1954, pp. 257-258). La cité fut promptement mise au ban de l'Empire et ses biens furent promis à Maurice de Saxe en échange de son accord pour la réduire par la force. Un siège très sévère commença en 1550, et c'est à ce moment que ses habitants commencèrent à publier un torrent de pamphlets pour justifier leur résistance armée. Le plus important fut la *Confession* écrite par un proche ami de Luther, Nicolas von Amsdorf, dont le nom apparaît à la fin du texte, suivi par les noms de huit autres pasteurs protestants de premier plan. Les versions latine et allemande furent toutes deux publiées, d'après la page de titre, le 13 avril 1550, avec pour titre ronflant : *La Confession et défense des pasteurs et autres ministres de l'Église à Magdebourg.*

On prétend souvent que, « jusqu'à l'année 1550, luthériens et calvinistes prêchaient avec un parallélisme assez singulier une doctrine de non-résistance », ce qui conduirait à penser que la *Confession* représente « la première énonciation formelle » d'une

« théorie de la légitime résistance armée » par des protestants orthodoxes[1]. Mais l'argument essentiel de la *Confession*, en fait, reprend la théorie constitutionnaliste de la résistance élaborée au départ par les juristes de Hesse en 1529, reformulée par Bucer, Osiander et d'autres auteurs luthériens dans les années suivantes. La théorie elle-même est esquissée avec une concision impressionnante dans la première page de la *Confession*, sous la forme d'un « syllogisme contenant l'argument du livre ». La majeure énonce sans ambages : « Si un magistrat supérieur persécute ses sujets, alors, par loi de nature, par loi divine, par vraie religion et révérence pour Dieu, le magistrat subalterne doit par mandat divin lui résister. » La mineure énonce : « Les persécutions que nous infligent nos supérieurs procèdent en fait de l'oppression de notre vraie religion, de la vraie foi en Dieu, etc. » La conclusion est : « *Ergo*, nos magistrats doivent résister à l'oppression par mandat divin » (sig. A, Ib).

Ce n'est pas le seul argument en faveur de la résistance développé dans le livre, mais, d'après le préambule, il semble que les auteurs de la *Confession* le regardaient comme fondamental pour les besoins de leur cause[2]. Cela est étayé par la façon dont l'ensemble du livre est organisé. La première partie est consacrée à la « confession » évoquée dans le titre – profession de foi en la doctrine de Luther sur Dieu, la création, la loi, le salut, les sacrements et l'Église. La deuxième partie offre l'apologie promise pour la résistance armée de Magdebourg. Elle comporte deux arguments qui viennent du droit civil, mais cette partie commence et finit avec une répétition emphatique de la théorie constitutionnaliste de la résistance. Le premier argument, tout à fait dans l'esprit de Bucer, est qu'« il serait absurde » que Dieu ait ordonné seulement un magistrat par royaume et « l'ait autorisé à accomplir tout selon sa propre

---

1. Pour une telle opinion, voir Allen, 1957, pp. 103-104 ; Hudson, 1942, p. 126 ; Oakley, 1964, p. 227.

2. Cela signifie que je ne m'accorde pas avec l'étude, d'ailleurs excellente, de C. G. Shoenberger selon laquelle « la *Confession* appartient à la tradition du droit naturel de résister ». Voir Shoenberger, 1972, p. 171.

volonté ». Le fait est que « Dieu a conféré cet honneur à tous les magistrats légitimes et non pas simplement à l'un d'entre eux, ni à un homme particulier » (sig. G, 4b). Cette multiplicité des pouvoirs est en outre ordonnancée pour accomplir dans chaque cas un ensemble particulier de devoirs. « Le travail d'un magistrat pieux » est qu'« il peut et doit par ordre et mandat de Dieu servir le royaume de Dieu en maintenant les vrais ministère, sacrement et parole » et en cherchant « à défendre toute l'Église contre toute injuste persécution » (sig. G, 1a). Les pouvoirs existants sont ainsi dits ordonnés « pour la défense du bien et non pour le mal » (sig. G, 4b). Puis on affirme que « ces raisons sont absolument décisives pour prouver la nécessité d'une défense des magistrats subalternes contre un supérieur engagé dans la persécution de la foi » et que ces mêmes raisons sont « suffisantes pour rassurer les consciences de tout homme bon et pieux » quant à la légitimité d'une résistance armée (sig. H, 1a).

Cette théorie sur le devoir des magistrats subalternes ayant déjà été réaffirmée par les luthériens, l'ajout essentiel fait par les calvinistes pour répondre à la crise du milieu du siècle se borne à reprendre et à répéter les mêmes arguments constitutionnalistes, la *Confession* exerçant évidemment une influence directe et importante. Il faut pourtant être prudent en parlant des effets directs de la *Confession*. On lui a parfois attribué une très large influence sur le développement du radicalisme calviniste. Kingdon a ainsi affirmé qu'un fil court à travers toutes les théories calvinistes ultérieures de la résistance, et que l'on peut remonter dans chaque cas à « l'exemple de la cité de Magdebourg » (Kingdon, 1955, p. 94, et 1958, pp. 227-228). Il est clair pourtant que certains des premiers « révolutionnaires » calvinistes ont emprunté leurs arguments constitutionnalistes directement au débat des années 1530, sans utiliser la *Confession* comme source intermédiaire. C'est évident, par exemple, dans le cas de Pierre Viret (1511-1571), chef de la communauté calviniste à Lausanne, ami proche de Martin Bucer dont on estime qu'il doit ses idées sur la légitimité de la résistance directement à l'*Explication* de l'Évangile selon saint Mathieu en 1530 (Linder, 1964, p. 139, note). Les *Remontrances aux fidèles* de Viret parurent en 1547, trois ans avant la publication de la

Confession, et contiennent déjà la proposition que les magistrats subalternes sont des pouvoirs ordonnés par Dieu avec le devoir de protéger le peuple, même contre le pouvoir suprême s'il se trouve tomber dans le vice ou la tyrannie (Linder, 1964, p. 138).

Ce serait pourtant une erreur que de minimiser l'influence directe de la *Confession* comme Caprariis tend à le faire quand il interprète la première formulation par Bèze de la théorie constitutionnaliste de la résistance comme un argument tout simplement dérivé de la position adoptée par Calvin dans son *Institution* (Caprariis, 1959, p. 16, note). Cela néglige le fait que le texte de Bèze, publié en 1554 et intitulé *Punition des hérétiques par le magistrat civil*, comporte une référence directe au « remarquable exemple que nous avons vu de notre temps dans la cité de Magdebourg sur l'Elbe » (p. 133). Bèze n'est qu'un des nombreux auteurs qui renvoient explicitement à l'exemple de Magdebourg à cette époque. Johann Sleiden (1506-1556), historien officiel de la ligue de Schmalkalden, juge important le fait que « les ministres de l'Église à Magdebourg élaborèrent un écrit au mois d'avril » 1550, dans lequel ils déclarent « qu'il est légitime pour le magistrat subalterne de se défendre contre le supérieur qui le persécute pour lui faire abandonner la vérité » (f° 345b). Cette paraphrase de la *Confession* apparaît dans l'ouvrage de Sleiden, *L'État de la religion et la république* en 1555, que John Daus traduit en anglais dès 1560. Quatre ans plus tard, selon le récit de John Knox dans son *Histoire de la Réforme en Écosse*, quand Knox lui-même débattait avec Lethington à l'assemblée générale d'Édimbourg, il « présenta la Défense de Magdebourg et demanda au Secrétaire de lire les noms des ministres qui avaient déclaré légitime la défense de la ville » (II, pp. 129-130). Enfin Kingdon a proposé non sans raison de voir une allusion ultérieure à la *Confession* dans une lettre de février 1566 envoyée par Du Hames au comte Louis de Nassau, jeune frère du prince d'Orange[1]. Du Hames décrit la crise aux Pays-Bas,

---

1. Pour cette lettre, voir Du Hames dans la bibliographie des sources premières et pour le commentaire de Kingdon, voir Kingdon, 1958, p. 228.

soudain devenue aiguë au mois d'octobre précédent, lorsque Philippe II avait exigé l'application des décrets du concile de Trente contre l'hérésie et qu'il avait ainsi réussi à s'aliéner la noblesse locale. Du Hames presse Louis de « se hâter de nous aider de votre avis » et lui demande de « nous envoyer certains textes que vous nous avez promis sur les arguments qui autorisent les magistrats subalternes à prendre les armes quand un supérieur agit sans respect ou avec tyrannie » (p. 37).

Le point important n'est pas, bien sûr, l'influence alléguée d'un texte particulier, mais plutôt le fait que l'argument fondamental qu'avançaient les calvinistes pour légitimer la résistance à ce moment était pour l'essentiel une reprise de la théorie constitutionnaliste luthérienne que nous avons analysée. Il est vrai qu'on doit en général distinguer entre les arguments avancés par les disciples continentaux de Calvin, et les propositions nettement différentes et plus radicales que formulaient au même moment les révolutionnaires calvinistes en Écosse et en Angleterre. Cette distinction reflète le fait que les calvinistes dans l'Allemagne méridionale et en Suisse étaient beaucoup plus ambigus. Leur but principal était de promouvoir leur religion en France, ambition qui les contraignait à une certaine prudence dans la mesure où ils avaient encore l'espoir d'éviter un affrontement violent avec le gouvernement catholique. Inversement, les calvinistes d'Écosse étaient bien plus en sécurité, puisqu'ils avaient reçu un vaste soutien populaire, et les calvinistes anglais se trouvaient encore plus puissants, malgré l'accession au pouvoir de Marie Tudor en 1553 et les persécutions qui s'ensuivirent. Le règne précédent avait été témoin d'un accueil officiel fait à la religion calviniste, et ce souvenir encourageait les calvinistes radicaux à lancer au peuple largement favorable un appel révolutionnaire contre la réaction des Tudors. Par suite de ces différences, alors que les calvinistes du continent se contentaient de réaffirmer les formulations les plus timorées d'une théorie de la résistance pour les magistrats subalternes, les révolutionnaires anglais et écossais commencèrent à exploiter les implications les plus individualistes et radicalement populistes de la théorie issue du droit privé.

Ce n'est pas dire pour autant qu'Anglais et Écossais ignorèrent la théorie constitutionnaliste. Elle fournit à John Knox (1505-1572) son argument de base en faveur d'une résistance politique, jusque dans son texte le plus radical, *The Appellation,* qu'il adressa en 1558 à la noblesse d'Écosse et où il en appelait de la sentence de mort prononcée contre lui par les évêques catholiques après sa première campagne de prédication en Écosse en 1556[1]. Pour développer sa présentation de la résistance active, Knox commence par assurer aux nobles écossais qu'ils sont des « pouvoirs ordonnés par Dieu » pour la « protection et défense » du peuple « contre la rage des tyrans » (p. 469). Les deux thèses essentielles de la théorie constitutionnaliste sont déjà implicites dans cette formule. L'une est que, au même titre que le monarque, la noblesse est un pouvoir ordonné par Dieu, et jointe au roi en tant qu'autorité publique (pp. 497-498). Selon l'autre : quand Dieu « a marqué de son sceau » les nobles « pour être magistrats », il a été prudent dans l'attribution de leurs charges (pp. 481-482). Cela signifie que monarque et magistrats subalternes n'ont en aucun cas été placés au-dessus du peuple « pour régner en tyrans sans égards pour ses intérêts et son confort ». Ils ont été tous « ordonnés pour le profit et l'utilité d'autrui », avec pour devoir essentiel de « châtier les mauvais et récompenser les bons, et ainsi d'accomplir leur ministère et remplir leur charge » (pp. 482-483).

---

1. Ridley, 1968, p. 171, prétend que le recours de Knox à la théorie constitutionnaliste de la résistance représente sa contribution personnelle à la pensée théologique et politique, et que l'argument fut repris de calvinistes anglais, notamment Ponet et Goodman. Pourtant, la théorie que Ridley considère comme la contribution spéciale de Knox avait déjà été développée, nous l'avons vu, par des théologiens ou des juristes protestants depuis une génération. Que Knox ait exercé une influence directe sur Ponet et Goodman est matière à discussion. En dehors du fait qu'il est très discutable de considérer Knox comme le premier à avoir justifié la résistance, la théorie de Ponet et de Goodman est d'un caractère très différent. Ceux-ci se fondent essentiellement sur le droit privé, alors que Knox ne mentionne ce type d'argument en aucun point de ses écrits.

C'est en mettant l'accent sur le point que « tout pouvoir légal vient de Dieu », et qu'« il n'y a pas d'honneur sans devoir qui lui soit attaché », que Knox invite les nobles, en tant que magistrats subalternes, à fomenter une révolution calviniste en Écosse (p. 483). C'est pourquoi il n'est pas dénué de fondement d'avancer que cette théorie de la résistance n'est pas au sens strict *politique* dans la mesure où l'appel à la noblesse est formulé entièrement en termes d'obligations religieuses[1]. Il leur est dit d'abord que leur devoir premier est « d'entendre la voix de l'Éternel leur Dieu, et d'essayer sincèrement de suivre ses commandements » (p. 495). Puis on leur rappelle que le « principal et essentiel commandement » de Dieu est de « favoriser de toute l'étendue de votre pouvoir sa vraie religion » et de « défendre les frères et sujets qu'il a placés sous votre garde » (p. 495). Dans le cas où le pouvoir supérieur qui les régit tombe aux mains d'un « homme ignorant de Dieu » ou « d'un persécuteur des membres du Christ » (p. 495), alors leur devoir est évident. « Il vous faut corriger et réprimer quiconque, à votre connaissance, attente expressément au nom de Dieu, à son honneur et à sa gloire » (p. 495). Knox concède que « seule une petite partie de la noblesse de ce temps, je le crains, pense à cet aspect de son devoir », car « l'opinion commune dit : Nous devons obéissance à nos rois, bons ou mauvais, Dieu l'a ordonné » (pp. 495-496). Mais, remarque-t-il, ainsi on ignore la distinction que saint Paul, formulant sa doctrine de l'obéissance, voulait certainement établir entre la charge et la personne du magistrat. Nous avons à obéir, bien sûr, à nos gouvernants aussi longtemps qu'ils favorisent la vraie religion et prennent soin de leurs sujets, remplissant leur charge conformément à leur mandat. Mais nous ne sommes plus tenus à leur obéir dès lors qu'ils oublient leur devoir et agissent « contre la gloire de Dieu », en « tourmentant leurs frères cruellement et sans raison » (p. 496). Quand cela se produit, c'est le devoir des magistrats subalternes, donc des nobles, de faire régner la loi de Dieu y compris contre leurs supérieurs, en

---

1. Pour cette affirmation, voir Gray, 1939, p. 147, et Janton, 1967, p. 347.

reconnaissant que, dans ces circonstances, Dieu ne « nous a pas commandé obéissance » à nos gouvernants « mais bien plutôt approuvé et grandement recommandé de [nous] opposer à leurs commandements impies et à leur rage aveugle » (p. 496).

Pourtant le principal développement de la théorie constitutionnaliste de la résistance ne vint pas des calvinistes écossais ou anglais, mais de Calvin lui-même et de ses disciples sur le continent. L'une des premières formulations figure dans la défense de la conduite de Calvin dans l'affaire Servet, telle que l'a présentée Bèze en 1554 dans son texte *Punition des hérétiques par le magistrat civil* (cf. Bainton, 1953b, pp. 207-212). Il vaut la peine d'insister sur la date, car on a souvent présenté l'*Appellation* de Knox comme la première rupture, par un calviniste, de la doctrine calviniste de la non-résistance[1]. Le livre de Knox ne fut pas publié avant 1558, quatre ans après le texte de Bèze, qui avait déjà approuvé « l'extraordinairement célèbre et courageux » peuple de Magdebourg et argumenté que, « si les princes abusent de leur pouvoir » et si, dans ces circonstances, les « magistrats subalternes » ne parviennent pas à « assurer que la pure religion est maintenue », alors ils manquent à leur devoir fondamental, celui pour lequel ils ont été ordonnés, et « privent l'Église d'une défense essentielle et extrêmement utile » (pp. 6, 133).

Il se peut que Bèze, à son tour, ait eu une influence sur Pierre Martyr (1500-1562), qui profita de nombreux contacts avec Calvin et ses disciples à Genève après avoir été contraint de quitter l'Angleterre à l'arrivée de Marie Tudor au trône en 1553 (Anderson, 1975, pp. 165-185). Martyr soutient une théorie constitutionnaliste de la résistance aussi bien dans ses *Commentaires sur l'Épître de saint Paul aux Romains* que dans son *Commentaire sur le Livre des Juges*, achevés respectivement en 1558 et en 1561 (Anderson 1975, pp. 546-547). La théorie de Martyr est plus générale que celle développée par son ami Martin Bucer : par exemple, il ne fait aucune référence explicite à la notion de *merum imperium* tirée du droit

---

1. Pour une telle interprétation, voir Morris, 1963, p. 155, et Ridley, 1968, p. 171.

civil, ni au pouvoir du glaive. L'analyse de Martyr est en outre loin d'être cohérente, et son *Commentaire sur le Livre des Juges* contredit ce qu'il avait avancé dans son commentaire sur l'Épître aux Romains. Pourtant, dans sa discussion du *locus classicus* sur l'obéissance passive (la maxime du chapitre XIII de ce dernier ouvrage selon laquelle chaque âme est sujette aux puissances supérieures), Martyr s'écarte nettement de la position calviniste orthodoxe, et il formule la théorie constitutionnaliste de la résistance avec une surprenante fermeté.

Naturellement, Martyr assume d'abord la maxime de saint Paul, « Tout pouvoir vient de Dieu ». Mais il souhaite rectifier ce qu'il tient pour deux mauvaises interprétations. D'une part, « certains argumentent en vain qu'ils ne doivent aucune révérence aux magistrats subalternes ». Ils pensent « suffisant d'être sujets des puissances supérieures comme les empereurs et les rois ». Cependant, la formule de saint Paul ne porte pas seulement sur les pouvoirs supérieurs, elle « concerne toutes sortes de pouvoirs », y compris l'autorité de « celui qui doit administrer une cité ou gouverner une province » (f° 429a). L'autre erreur consiste à ne pas voir que Saint Paul exige la soumission aux pouvoirs seulement s'ils sont légitimes. Martyr remarque d'abord que « la chose elle-même, à savoir la fonction princière, doit être distinguée de la personne », et souligne donc que les gouvernants sont ordonnés pour s'acquitter d'une tâche particulière et doivent « tirer les règles de leur administration des charges ici décrites par saint Paul » (f°s 427b, 430b). Il introduit alors cette maxime essentielle : même si « dans sa dimension de bien, la charge ne peut venir de rien d'autre que de Dieu », cela laisse ouverte la possibilité que son détenteur, « dans sa dimension d'homme, puisse abuser du bien » à tel point qu'il puisse devenir inadéquat de penser à lui comme à un pouvoir ordonné par Dieu (f° 427b). Une fois saint Paul interprété correctement sur ces deux points, conclut Martyr, on ne peut plus penser qu'il préconise une non-résistance absolue. Évidemment, il demeure absolument interdit « à tout homme privé de tuer le tyran » (f° 430a). Mais il ne s'ensuit pas qu'un « pouvoir suprême ne puisse être mis à bas par des magistrats subalternes » (f° 430b). Comptant parmi les puissances ordonnées de Dieu, nos gouvernants sont tous destinés à accomplir un devoir particulier, et donc le pouvoir suprême peut légitimement être « contraint » par les magistrats subalternes « s'il transgresse les limites et les fins pour lesquelles il a été établi » (f° 430b)[1].

Kingdon a raisonnablement supposé que Bèze, utilisant le même argument radical dans sa défense de Calvin en 1554, pourrait avoir influencé Calvin lui-même (Kingdon, 1955, p. 95). Il apparaît bien que Calvin commence à infléchir sa théorie de l'obéissance passive à la fin des années 1550, et à pencher pour une acceptation de la théorie constitutionnaliste de la résistance. Témoin la lettre qu'il écrit à Coligny en 1561 au sujet de l'échec de la conspiration d'Amboise[2]. Mais le signal décisif – même s'il est donné au conditionnel – se repère dans les *Homélies sur le premier Livre de Samuel*, qui semblent avoir été composées en 1562-1563 mais n'ont été publiées qu'en 1604[3]. Le vingt-neuvième sermon traite directement de la question de savoir si l'on peut légitimement résister au tyran. Calvin commence de la façon la plus orthodoxe, en admettant que Dieu peut délibérément changer le prince en tyran s'il estime que les péchés du peuple méritent un tel châtiment (p. 551). Mais, d'un autre côté, il établit la proposition presque contradictoire selon laquelle nos gouvernants ont été ordonnés par Dieu pour remplir diverses fonctions spécifiques, et notamment « pour rechercher le bien commun du peuple » et « pour le conduire avec justice et équité » (p. 552). Si un gouvernant faillit à sa tâche, le peuple n'est évidemment pas autorisé à agir de lui-même, ayant le devoir, comme il est rappelé dans le Livre de Samuel, de « supporter patiemment le joug ». Mais cela ne signifie pas pour autant qu'il ne soit « aucun remède permis contre pareil tyran », car Dieu peut aussi avoir ordonné d'autres « magistrats et ordres » à qui

---

1. Comme Kingdon l'a remarqué, Martyr a repris le même argument radical dans son ouvrage posthume, *Lieux communs*. Voir Annexe III, « La pensée politique de Pierre Martyr Vermigli », dans Kingdon, 1967, pp. 216-219.

2. Pour cette lettre, voir Calvin, *Opera omnia*, éd. Baum *et al.*, vol. XVIII, p. 426.

3. Sur ces détails, voir *inid.*, vol. XXIX, pp. 238-239.

« est confié le soin de la communauté » non moins qu'au magistrat suprême (p. 552). On peut donc trouver un remède si celui-ci « vient à manquer à son devoir », en ayant recours à ces magistrats subalternes qui participent « du don de Dieu » et « sont autorisés à ramener le prince à son devoir et même à le forcer » au nom du bien et du pieux gouvernement (p. 552).

Notons enfin que, dès que la théorie constitutionnaliste se trouva reconnue par les calvinistes orthodoxes dans les années 1560, elle fut utilisée aux Pays-Bas pour légitimer le mouvement de résistance déterminée qui surgit lorsque le duc d'Albe arriva en août 1567, à la tête de neuf mille hommes, dans l'intention de réduire toute opposition à la domination espagnole (Elliott, 1968, pp. 166-167). Albe réunit immédiatement son « Concile des Troubles », et fit exécuter nombre de dissidents notoires dans la noblesse, dont Egmont et Horn (Elliott, 1968, pp. 167-168). Cela poussera Guillaume d'Orange, alors en exil en Allemagne, à lancer une invasion des Pays-Bas dès le début de l'année suivante, en riposte à cette nouvelle répression sauvage exercée par le gouvernement espagnol. Rien d'étonnant, dans ces circonstances, à ce que de nombreux pamphlets aient repris ce qui existait déjà, à savoir la théorie constitutionnaliste de la résistance. L'un des plus violents est signé « Eusebius Montagnus », paru en 1568[1]. Il y est affirmé non seulement que la campagne d'Albe nécessitait une rétorsion de force équivalente, mais encore que Guillaume d'Orange, en tant que membre du Conseil d'État, était éminemment qualifié pour être compté comme magistrat subalterne ayant l'autorité de résister à un supérieur engagé dans des actes d'idolâtrie et d'injustice. L'auteur proclame ainsi que « les magistrats subalternes » dans un régime bien ordonné ont « une charge et obligation », non moins que « les autorités supérieures », pour faire régner la loi divine, et donc pour « faire front à la violence injuste et résister de façon légitime et nécessaire au tyran » lorsque celui-ci passe outre aux limites de sa charge.

---

1. Je reprends la paraphrase de Mesnard, 1936, p. 367. Il le date par erreur de 1588. Pour la date exacte et une paraphrase complète, voir Doumergue, 1899-1927, vol. V, p. 526.

Lors de la nouvelle grande crise aux Pays-Bas, qui surviendra après le choix d'Alexandre Farnèse comme gouverneur en 1578, on invoque à nouveau la même idée. Farnèse sut exploiter les divisions croissantes entre le Nord et le Sud, et ainsi retrouver l'adhésion de la noblesse wallonne qui était restée fidèle à l'Église catholique (Elliott, 1968, pp. 286-287). En retour cela signifiait que les nobles calvinistes les plus radicaux du Nord, par exemple Philippe de Marnix, devinrent de plus en plus soucieux de persuader Guillaume d'Orange d'abjurer son serment de loyauté à l'Espagne et d'accepter le commandement d'une guerre totale contre les provinces catholiques. Ainsi Marnix écrit à Guillaume en mars 1580 pour l'assurer qu'il n'existe aucun doute quant à « la légitimité de prendre les armes contre notre roi » (p. 277)[1]. La raison qu'il donne est que « la charge principale des gouvernants » est « d'assurer la piété et la justice » ; dans le cas où ils manquent à ce devoir on peut légitimement leur résister au nom de la justice elle-même (pp. 279-280). De tels actes de résistance, bien sûr, ne sont pas permis à des « personnes individuelles » car elles n'ont « aucune vocation divine » à exercer « le pouvoir du glaive » (p. 280). Mais quand Dieu a investi des « puissances » prévalentes de la « vocation légitime » pour servir comme magistrats, non seulement il est légitime pour ceux-ci d'agir « contre un oppresseur du pays », mais encore c'est leur devoir de s'opposer à lui par la force (p. 285).

Il y a malgré tout une différence importante entre la formulation originelle de la théorie constitutionnaliste de la résistance par les luthériens et ses reformulations par les calvinistes. Les calvinistes sont en général bien plus prudents – parfois jusqu'à l'équivoque – dans leur présentation de la cause radicale. C'est particulièrement évident dans le texte de Bèze, la *Punition des hérétiques*. Il a beau revendiquer la légitimité d'une opposition de la part des magistrats subalternes, il finit par rejeter l'ensemble de l'argument[2]. Après

---

1. Pour cette lettre, voir à Marnix dans la bibliographie des sources premières.
2. Kingdon, 1955, p. 93, a raison de dire que ce pamphlet est une des premières justifications de la résistance par un calviniste orthodoxe, mais il oublie

avoir discuté de la charge des magistrats, il en revient à la fin du livre à la question « que faut-il faire si le magistrat civil abuse de ses pouvoirs ? » (p. 189). Or tout ce qu'il trouve à répondre est : « en temps de grande iniquité, nous devons nous armer de patience » (p. 189). Il refuse explicitement toute suggestion qu'« il nous soit permis de faire davantage ». Quoi que fassent nos gouvernants, « la parole de l'apôtre demeure, que nous devons obéir en conscience à tous les pouvoirs supérieurs » (pp. 189-190).

On retrouve la même tendance à l'ambiguïté dans le cas des *Commentaires* de Pierre Martyr. Nous l'avons vu, son *Commentaire sur l'Épître de saint Paul aux Romains* contient une vigoureuse affirmation de la théorie constitutionnaliste de la résistance. Mais son *Commentaire sur le Livre des Juges* achevé seulement trois ans plus tard reprend l'argument selon lequel « puisque l'état présent des choses » a été « institué par Dieu », il s'ensuit qu'il « ne peut être changé sans lui » (f° 149b). Cela n'implique pas, bien sûr, que l'on doive obéir aux commandements impies d'un tyran, car il demeure vrai que « nous devons obéir à Dieu plutôt qu'aux hommes » (f° 264b). Mais cela suggère bel et bien que ce qui nous reste offert est plutôt la désobéissance passive que la résistance active, et Martyr souligne maintenant que « s'il arrive que des tyrans ou des princes vicieux obtiennent le gouvernement des affaires », alors « il faut les supporter autant qu'il est permis par la parole de Dieu » (f° 256a).

Le signe le plus évident de ces ambiguïtés est fourni par la réaction des calvinistes du continent au radicalisme croissant de John Knox dans les années 1550. L'une des questions que Knox pose à Calvin et à Bullinger en 1554 est de savoir si l'on peut légitimement résister à un « souverain idolâtre » (p. 225). Tous deux prennent le plus grand soin pour refuser une telle possibilité. Calvin écrit à Bullinger pour l'assurer qu'il a fait savoir à « l'Écossais » que la résistance active n'est justifiable en aucune circonstance (Ridley, 1968, p. 179). Et Bullinger dans sa réponse à Knox pose que toute

---

de mentionner que, dans le cours de son argumentation, Bèze tout à la fois affirme et dénie la légitimité de la résistance.

« personne pieuse » doit s'efforcer d'éviter « toute tentative inconsidérée » de résister, et notamment ne tenter « rien qui soit contraire aux lois de Dieu » (p. 226). Cinq ans plus tard, Calvin soutient toujours la même position de non-compromis, comme le montre sa fameuse dispute avec Sir William Cecil au sujet des œuvres politiques de Knox. La querelle surgit quand Calvin, qui avait révisé son *Commentaire sur Isaïe*, en 1559, envoya la nouvelle édition à la reine Elisabeth avec une lettre d'hommage. Son messager « lui rapporta que cet hommage n'avait pas été reçu avec agrément », car Calvin avait autorisé l'impression à Genève des écrits incendiaires de Knox contre les femmes souverains. En réponse, et même à cette époque si tardive, Calvin protesta auprès de Cecil qu'il avait suffisamment montré « son déplaisir que de tels paradoxes fussent publiés » et qu'il se dissociait complètement du point de vue radical de Knox[1].

Quand éclate en 1546 la guerre de Schmalkalden, les luthériens, non contents de reprendre la théorie constitutionnaliste de la résistance, en viennent à développer l'autre argument révolutionnaire qu'ils avaient d'abord utilisé dans les années 1530 – la théorie de droit privé que Brück et son entourage avaient tirée des droits civil et canon. Tout d'abord ils font en sorte que circulent à nouveau les formulations existantes. L'*Avertissement* de Luther connaît de nombreuses rééditions au début de la guerre et dans les années qui suivent. L'*Épitomé de philosophie morale* de Melanchthon est republié en 1546, et les *Prolégomènes au traité de Cicéron sur l'obligation morale*, qui présentent la formulation la plus élaborée de l'argument issu du droit privé, paraissent de nouveau en 1554. La même année on réimprime encore l'*Épitomé* de Melanchthon ainsi qu'une traduction anglaise de l'*Avertissement* de Luther, avec une introduction de Melanchthon qui approuve avec enthousiasme le recours par Luther à la théorie de droit privé.

Cependant, comme dans le cas de la théorie constitutionnaliste, c'est la *Confession* de Magdebourg en 1550 qui donne la reformula-

---

1. Pour cet échange, voir Knox, *Œuvres*, éd. Laing, vol. IV, pp. 356-357.

tion la plus importante. La deuxième partie de ce texte comprend deux présentations de l'argument, la première prenant appui sur l'avis donné par Luther lui-même dans son *Avertissement* (sig. A, 2a). D'abord, on souligne que tous les pouvoirs sont ordonnés en vue d'accomplir un devoir particulier. Ensuite, on proclame que, puisque « le magistrat est ordonné par Dieu pour être en honneur au bien et terreur pour le mal », il s'ensuit que, « s'il en vient à être terreur pour le bien et honneur pour le mal », alors « il ne peut plus être compté comme ordonné par Dieu » (sig. F 3a). En conséquence, tout gouvernant qui outrepasse les limites de sa charge dans cette voie cesse de ce fait même d'être magistrat véritable. Cette conclusion est toutefois d'un caractère plus formellement dramatique que dans les formulations antérieures de la même théorie de la résistance. On ne dit plus qu'un gouvernant tyrannique cesse d'être un magistrat véritable parce que, abusant de son autorité, il se réduit automatiquement lui-même au statut de citoyen privé félon. En lieu et place il est proclamé, dans un style moins légaliste mais plus théologique, que si un gouvernant manque « à son obligation envers Dieu d'agir conformément à sa charge » s'il inflige à ses sujets des traitements « atroces et notoires », alors il cesse automatiquement de ce fait d'être un pouvoir ordonné par Dieu (sig. F, 1b-2a).

C'est à la lumière de cette analyse qu'est affirmée la légitimité de la résistance armée. De ce que tout magistrat outrepassant sa charge cesse automatiquement d'être un « pouvoir », il suit que « quiconque résiste à de tels actes ne résiste pas à l'ordre de Dieu », mais ne fait que combattre une force injuste que l'on peut repousser à bon droit (sig. F, 3a). Cette présentation plutôt rapide de l'argument de droit privé est alors développée de deux manières différentes. La première : les auteurs de la *Confession*, luthériens orthodoxes dans l'âme, font preuve d'un extrême souci d'éviter cette implication que pourrait sembler comporter leur thèse, qu'il serait permis à des citoyens individuels ou même au corps entier du peuple de se défendre contre des gouvernants tyranniques. Cette difficulté est tournée par une ingénieuse combinaison de l'argument de droit privé avec la théorie des magistrats subalternes. On souligne que « quiconque résiste doit résister conformément à sa place et à cause de sa vocation » (sig. F, 3b). Puis on avance que « le plus proche d'un magistrat suprême par vocation doit être un autre magistrat » qui peut tout à fait être « inférieur à celui qui se laisse aller à l'injustice », et n'en sera pas moins « ordonné par Dieu pour honorer le bien et pourchasser le mal » (sig. F, 3b). D'où la conclusion qu'il revient à ces autorités et à elles seules de résister à d'autres magistrats qui outrepassent les limites de leur charge.

La seconde reprend l'argument de droit privé en incluant une analyse, beaucoup plus étendue que celle de Luther et de Melanchthon, des degrés de préjudice qui méritent la qualification de : « atroce et notoire », et sont donc assez graves pour justifier la résistance. Le premier « degré de préjudice » concerne les cas où « le magistrat est négligent, ou commet des injustices sous le coup de la colère ». Il n'y a alors aucune justification « pour les magistrats subalternes d'exercer leur charge contre leurs supérieurs par le glaive » (sig. F, 2a). Le deuxième degré couvre les cas où « la vie personnelle, celle de la femme ou des enfants, sont menacées par une force injuste ». Ici l'on peut parler de « préjudice atroce et notoire », mais il faut encore « être prêt à supporter patiemment cette injustice » (sig. F, 2a, 4a-b). Le troisième degré comprend toute situation dans laquelle « l'inférieur est contraint à pécher de manière certaine ». Là encore c'est atroce, mais on ne peut toujours pas justifier le recours à une résistance par la force (sig. F, 4b). Plus de doute en revanche quand on en arrive au quatrième et dernier degré, lorsque le souverain « tente délibérément et continûment de détruire le bon ouvrage de chacun » (sig. F, 4b). À l'appui de cette conclusion, on cite Luther lui-même : si le souverain « en vient à cette folie » – qui « d'ores et déjà a cours aujourd'hui parmi nos plus hauts magistrats » –, alors les magistrats subalternes ont pour clair devoir religieux de s'opposer à ce souverain pour préserver la piété et le juste gouvernement (sig. G, 1a-b).

Se tourne-t-on vers les calvinistes, on les voit une fois de plus affronter la crise du protestantisme au milieu du siècle en adoptant et en réitérant les arguments que les luthériens avaient précédemment utilisés pour justifier la résistance. Ils sont toutefois, nous l'avons vu, plus prudents dans le maniement de ce raisonnement que l'on rencontre rarement chez les dirigeants calvinistes du continent. La seule exception importante est celle de Calvin lui-même. Quand il publie l'édition latine définitive de son *Institution* en 1559, il insère dans le dernier chapitre, pour la première fois, une phrase provocante qui semble bien faire allusion à la théorie de la résistance issue du droit privé. La formulation, comme toujours, est tout à fait équivoque, et ne contient aucune mention de l'idée que, si le gouvernant outrepasse son autorité légitime, il se ramène de lui-même au rang de citoyen privé félon. Pourtant ce passage comporte une suggestion évidente : si le magistrat outrepasse les bornes de son office, automatiquement il cesse d'être un magistrat véritable. Calvin évoque l'exemple de Daniel, quand il « nie avoir offensé de quelque façon le Roi en n'obéissant pas à un édit impie » (p. 1520). Cela se justifie, admet désormais Calvin, du fait que « le Roi a outrepassé ses limites, et non seulement il a fait du tort aux hommes, mais, en se dressant contre Dieu, il a de lui-même aboli son propre pouvoir » (p. 1520).

Assurément, dans ce passage, Calvin semble parler de désobéissance plutôt que de résistance active. Mais, en passant de l'*Institution* aux commentaires de la Bible qu'il fit paraître dans les dernières années de sa vie, on découvre une évolution entre ses allusions à l'argument issu du droit privé et la légitimation de l'opposition aux tyrans. L'apparition la plus ancienne remonte au *Commentaire sur les Actes des Apôtres* publié entre 1552 et 1554. Le passage essentiel apparaît dans la discussion sur la maxime « Mieux vaut obéir à Dieu qu'aux hommes » (p. 108). Tout gouvernant a, dit-il, un office divin à accomplir, et il ajoute que, « si un roi, prince ou magistrat se comporte en sorte qu'il diminue la gloire de Dieu, il ne devient rien d'autre qu'un homme ordinaire » *(non nisi homo est)* [p. 109]. Il n'en dit pas davantage alors, mais quand il en revient au thème de l'obéissance politique, au chapitre 17, il ajoute une importante notion à son raisonnement antérieur. Désormais, il soutient qu'il est « possible de dire réellement que nous ne violons pas l'autorité du roi » lorsque « notre religion nous oblige à résister *(resistere)* à des édits tyranniques qui nous interdisent de rendre à Christ et à Dieu, l'honneur et le culte qui leur sont dus » (p. 398).

On trouve un développement analogue dans ses *Lectures du prophète Daniel*, publiées en 1561[1]. De nouveau, il examine, comme dans l'*Institution* deux ans auparavant, le refus de Daniel face à Darius et, de nouveau, il argumente en soutenant que, dans ce cas, Daniel n'a « pas péché », car « en toute occasion où nos gouvernants se dressent contre Dieu », par ce fait même « ils abdiquent leur pouvoir terrestre » (pp. 25-26). On a parfois réduit la portée de cette formule en la disant anecdotique[2], pourtant Calvin examine le même passage une fois encore, avec la ferme intention d'en tirer les conséquences les plus radicales, dans les *Sermons sur les huit derniers chapitres du Livre de Daniel*, publiés en français en 1565 (posthumes). Derechef, il souligne que Daniel « n'a pas péché en désobéissant au Roi », et derechef il argumente en disant que, « quand les princes prétendent qu'ils n'ont pas à honorer et servir Dieu », alors « ils n'ont plus à être comptés pour princes » (p. 415). Cela ne signifie pas seulement que « nous n'avons plus à leur reconnaître quelque autorité que ce soit », car Calvin ajoute désormais on ne peut plus clairement : « quand ils se dressent eux-mêmes contre Dieu », alors, « il est nécessaire en retour de les mettre à bas » (p. 415).

Quoi qu'il en soit, il est exact que de telles références à la théorie de droit privé restent rares chez les dirigeants calvinistes du continent, à cette époque. Jamais Bèze ni Martyr n'y font allusion dans les années 1550, et Calvin y recourt toujours avec une prudence sourcilleuse. Il ne supprimera jamais de l'*Institution* aucun des passages contraires, où il continuait à défendre la thèse de la non-résistance, et sans cesse il insistera, même dans les années 1560, sur le fait que les exceptions qu'il avait timidement admises ne devaient en aucun cas être interprétées comme incluant la possibilité d'une résistance individuelle ou collective. Un bon exemple du langage déterminé dont il se sert constamment sur ce sujet nous est fourni

---

1. Pour ces détails, voir Calvin, *Opera omnia*, éd. Baum *et al.*, vol. XL, pp. 521-522.
2. Voir Allen, 1957, p. 57.

par les *Trois sermons sur Melchisedech,* parus en français en 1560. Il y tient qu'il « est absolument interdit à quelque particulier de prendre les armes », ce qui serait empiéter sur « l'honneur et le droit de Dieu » (p. 644). Et il ne cesse de marteler la dure leçon selon laquelle, « puisque les individus privés doivent s'abstenir absolument de toute violence », il leur faut aussi « avoir le courage de souffrir ce qu'il plaît à Dieu de leur envoyer » (p. 644).

Si nous en venons aux protagonistes anglais, plus révolutionnaires, nous constatons que la situation est bien différente : nous trouvons une affirmation, sans aucune ambiguïté, de l'argument issu du droit privé pour justifier la légitimité d'une résistance armée. La plus ancienne présentation de l'argument figure dans *A Short Treatise of Politic Power* écrit par John Ponet (1514-1556). Ponet avait été fait évêque de Winchester, quand son rival détesté, « le satanique Gardiner », avait été déchu de son siège en 1551. À son tour, Ponet en fut chassé deux ans plus tard, après l'accession au trône de Marie Tudor[1] ; il s'enfuit alors en exil à Francfort, où il écrivit et publia son *Treatise* l'année de sa mort[2]. On trouve la même théorie, développée par Christopher Goodman (v. 1520-1603) dans son *Comment les sujets doivent obéir aux pouvoirs souverains*, publié à Genève au commencement de 1558 ; il y était venu en exil, et était devenu pasteur de la communauté protestante anglaise (après avoir été professeur de théologie de Lady Margaret sous le règne d'Édouard VI)[3]. On peut, enfin, trouver quelques

---

1. Malgré cela, Ponet continua à signer comme « Évêque » ; son *Treatise* porte sur la page de titre : D.J.P.B.R.W., soit Docteur John Ponet, Bishop de Rochester et Winchester.

2. Le *Treatise* a été republié en fac-similé en 1942. Toutes mes citations renvoient à cette édition Hudson.

3. Voir Garrett, 1938, pp. 163-164. Il vaut sans doute la peine de relever deux erreurs courantes au sujet des relations intellectuelles entre Ponet et Goodman, et des sources de leur pensée. On dit volontiers que les « arguments fondamentaux des deux hommes étaient tout à fait différents » et que la théorie de Ponet offre « peu de ressemblances avec celle de Goodman » (voir par exemple Allen, 1957,

traces de ce même argument dans les annotations marginales à la traduction de l'Ancien Testament que donna William Whittingham à Genève en 1560 – avec l'aide de Gilby et de Goodman[1].

Ponet et Goodman commencent tous deux en affirmant, comme c'est désormais l'usage chez les protestants radicaux, que tous les souverains ont été ordonnés pour accomplir une charge spécifique. En bref, comme le formule Ponet (p. 26), « les princes sont ordonnés pour accomplir le bien, et non le mal », et ainsi ils sont ministres de Dieu, comme Goodman en convient, ordonnés « pour punir le mal et défendre le bien » (p. 190). On oppose parfois Ponet et Goodman à ce propos, Ponet insistant sur le fait que le devoir du prince est « plus profane que sacré », alors que Goodman n'évoque « aucune relation sociale ni amitié » puisqu'il ne prend en compte que l'obligation de toute-puissance souveraine de défendre la vraie foi (Walzer, 1966, pp. 102-103). Il n'est pas certain pour autant qu'une telle distinction puisse être maintenue. Tout comme Ponet, Goodman souligne que les dirigeants ont été ordonnés « dans notre intérêt », avec le devoir « de maintenir la paix et le calme », de veiller « à la conservation du peuple » et à dispenser « la justice à toute espèce d'hommes » (pp. 36, 113, 118, 191). Ponet, tout comme Goodman, convient que nos dirigeants ne sont que les « exécuteurs des lois de Dieu » et que leurs initiatives ne doivent jamais « contrevenir aux lois de Dieu et de la nature » (pp. 22, 43). Les mêmes

---

p. 118, et Walzer, 1966, p. 102, note). Il reste que le but essentiel de ces deux auteurs était d'élaborer une théorie de la résistance légitime, et que tous deux se fondaient sur l'argument tiré du droit privé. L'autre erreur consiste à soutenir que John Knox inspira Ponet comme Goodman, ainsi que les annotations à la Bible de Genève (voir par exemple Allen, 1957, pp. 110, 116 ; Morris, 1953, p. 152 ; Ridley, 1968, pp. 171, 288). Pourtant Ponet comme Goodman se fondent sur la théorie issue du droit privé, laquelle, nous l'avons vu, n'apparaît pas dans les œuvres politiques de Knox.

1. Pour la production de la Bible de Genève, voir Berry, 1969, p. 8. Sur le rôle de Gilby, voir Danner, 1971. Pour les implications politiques des gloses marginales, voir Craig, 1938.

propositions sont réaffirmées dans les annotations à la Bible de Genève, en particulier quand, dans le Livre de Samuel, les enfants d'Israël demandent à Dieu un roi. On souligne fortement le caractère limité de la monarchie que Dieu leur concède, et il est aussi remarqué que « les rois reçoivent cette autorité de leur charge », la charge étant de maintenir un ordre bon et pieux (f° 124).

Puis, Ponet comme Goodman examinent le cas d'un souverain qui, selon les propres termes de Ponet, manque à accomplir les devoirs « de sa charge et de son autorité », et au contraire se dévoie en infligeant des injustices atroces et notoires, essayant ainsi de « dépouiller et détruire le peuple » au lieu de le protéger (pp. 100, 112). On sent à ce moment du développement, tant dans l'analyse de Ponet que dans les annotations correspondantes à la Bible de Genève, une certaine hésitation à recourir directement à l'argument issu du droit privé en faveur de la résistance. À aucun moment, il n'est explicitement exprimé que le souverain qui agit de façon tyrannique se rabaisse automatiquement au rang du citoyen privé félon. Il y a pourtant une allusion visible à cette théorie, au moins dans la dernière section de la Bible de Genève, dans le passage déjà évoqué par Calvin où Daniel refuse d'obéir aux commandements illégitimes de Darius (f° 361). Et l'on trouve une allusion nettement plus affirmative dans le chapitre central de Ponet intitulé « S'il est légitime de déposer un souverain mauvais et de tuer un tyran ». Recourant aux droits civil et canon, Ponet soutient que les crimes d'un souverain qui excède les bornes de sa charge ne sont de fait pas différents de ceux commis par un citoyen ordinaire – et doivent donc être traités de la même manière. « Si un prince vole et spolie ses sujets, il s'agit d'un vol, et il convient de le punir comme un vol. » Et « s'il tue et assassine en enfreignant ou en ignorant les lois de son pays, il s'agit d'un meurtre et le prince doit être puni comme meurtrier » (p. 113).

Mais, au moment où Goodman s'exprime, cette hésitation est entièrement surmontée, et la distinction entre la charge et la personne du magistrat est beaucoup plus clairement soulignée. Ce point est d'abord examiné dans le chapitre IX où Goodman s'efforce d'affronter l'objection tirée du commandement de saint Paul :

l'obligation d'obéir à toute autorité constituée entraîne une doctrine radicale de non-résistance (p. 106). En réponse, il répète que nos souverains ne sont pas ordonnés tout court, mais bien « pour veiller à ce que la justice soit administrée à toutes les sortes d'hommes » (p. 118). Ce qui signifie que s'ils « transgressent eux-mêmes les lois de Dieu, et ordonnent aux autres de faire de même, alors ils ont perdu l'honneur et l'obéissance que leurs sujets leur doivent et ne méritent plus d'être tenus pour magistrats » (pp. 118-119). La même doctrine revient dans le chapitre XIII, qui pour finir proclame la légitimité d'une résistance armée (p. 175). Une fois de plus on souligne que, si nos souverains se font tyrans ou meurtriers, « alors ils ne sont plus des personnes publiques » du fait qu'ils « condamnent leur autorité publique en s'en servant contre les lois », et donc ils « doivent être considérés entre tous comme des personnes privées » et non plus comme d'authentiques magistrats (pp. 187-188).

C'est à la lumière du droit privé que Ponet et Goodman en viennent ensuite à défendre la légitimité de la résistance armée. Ponet examine également diverses autres justifications possibles, et une bonne part de son argumentation se fonde simplement sur des exemples bibliques. C'est néanmoins la théorie de droit civil qu'il invoque au bout du compte dans son chapitre « S'il est légitime de déposer un souverain mauvais et de tuer un tyran », et il est peut-être important de remarquer à cet égard que, il le dit lui-même, l'un de ses soutiens majeurs lors de son exil d'Angleterre après 1553 fut Melanchthon, l'un des premiers protestants à employer la théorie de la résistance issue du droit privé (Robinson, 1846, I, p. 116). L'essence de l'argumentation est que conformément « aux lois de beaucoup de pays chrétiens », il peut être permis dans certaines circonstances aux « hommes privés » eux-mêmes de repousser la force injuste des malfaisants – « oui, même s'ils étaient magistrats » (p. 111). Ensuite Ponet énumère les types de situations dans lesquelles il est légitime d'entreprendre de tels actes de résistance. Les exemples qu'il donne sont pris pour l'essentiel, même si ce n'est pas mentionné, dans la discussion du Digeste sur le droit de tuer pour défendre sa propre personne ou ses biens. Une telle situation existe « quand un souverain soudain prend le glaive pour s'attaquer à un innocent ». Une autre situation analogue – déjà évoquée par Melanchthon – se produit quand un magistrat est « trouvé au lit avec l'épouse d'un homme ou s'apprête à déflorer et ravir la fille d'un homme ». Et pis que toute autre, comme Ponet l'exprime dans les termes les plus menaçants, est la situation dans laquelle le souverain « se dispose à trahir et à livrer son pays aux étrangers » (p. 111). Dans tous ces cas les magistrats outrepassent leur charge et excèdent leur autorité de façon si notoire que le devoir de chacun est de ne plus tolérer leurs actes impies et tyranniques, mais au contraire de leur résister et d'obtenir qu'ils soient « déposés et chassés de leur siège et charge » (pp. 104, 105).

Enfin, les mêmes conclusions sont passées en revue par Goodman, notamment dans son chapitre qui traite des objections supposées à sa position issue de l'Ancien et du Nouveau Testament. Pour commencer, un peu à la manière de la *Confession* de Magdebourg, il examine de quelle gravité doivent être les injustices commises par le souverain tyrannique avant que la résistance devienne légitime. Il n'est jamais légitime de résister, même si nos magistrats sont « brutaux et obtus » aussi longtemps que leur vilenie n'est pas « manifestement dirigée contre Dieu et ses lois » (p. 118). Mais la situation est bien différente « s'ils transgressent les lois de Dieu sans crainte, car alors ils ne peuvent plus être tenus pour des magistrats » mais seulement pour des citoyens privés félons (pp. 118-119). Aussi devient-il légitime de leur résister de la même façon qu'à la force injuste d'un quelconque homme privé malfaisant, de les traiter comme des personnes privées, et de faire en sorte qu'ils soient « punis en malfaiteurs ordinaires » (pp. 119-188). L'ensemble de la théorie est une fois de plus résumé dans le chapitre X quand Goodman réplique à des contre-exemples prétendument tirés de l'Ancien Testament (p. 123). Le mot de la fin est que, si « rois et souverains deviennent blasphémateurs de Dieu, oppresseurs et meurtriers de leurs sujets », alors « on ne saurait plus les considérer comme rois ou magistrats légitimes mais comme hommes privés, et donc il faut les poursuivre, accuser, condamner et punir selon la loi de Dieu à laquelle ils sont et doivent être soumis » (pp. 139-140).

LE DÉVELOPPEMENT DU RADICALISME CALVINISTE

Les calvinistes des années 1550 tirèrent certes abondante provende des arguments radicaux que les luthériens avaient déjà élaborés à la génération précédente, mais il serait exagéré d'en inférer qu'ils n'ajoutèrent aucune réflexion de leur cru au développement de l'idéologie politique révolutionnaire à cette époque. L'un de leurs apports singuliers fut d'examiner et de résoudre le dilemme né de la distinction à établir entre la personne et la fonction du magistrat. Cette distinction occupait une place centrale dans les deux théories de la résistance que nous avons étudiées, car toutes deux reposaient sur le présupposé que nos souverains sont ordonnés pour accomplir le bien, non le mal, et ainsi qu'ils ne doivent être comptés pour magistrats authentiques que pour autant qu'ils accomplissent les devoirs de leur charge. Pourtant, utiliser cette distinction soulevait de délicates questions théoriques, car cela revenait à interroger l'une des assertions les plus caractéristiques de la pensée politique réformée. Il avait en effet toujours été admis que tous les souverains et magistrats étaient ordonnés par Dieu, sans que le fait qu'ils remplissent ou non les devoirs de leurs charges doive entrer en ligne de compte. Mais, dès le moment où l'on tient que ces pouvoirs sont ordonnés pour accomplir un ensemble de devoirs bien précis, aussitôt surgit la question de savoir si le magistrat qui manque à cette obligation peut encore être considéré comme véritablement ordonné.

Les luthériens radicaux n'avaient pas été en mesure de répondre à cette question de façon satisfaisante. Impossible pour eux d'abandonner ce point central dans toute la pensée politique réformée, à savoir que nos magistrats nous sont affectés (Calvin y insiste inlassablement dans l'*Institution*) en tant qu'émanations directes de la « divine providence et de l'ordonnance divine » (p. 1489). Mais lorsqu'ils tentent de concilier cette idée avec la proposition selon laquelle les tyrans ne sont pas véritablement ordonnés, ils se trouvent dépourvus d'arguments pour expliquer comment il peut arriver que des souverains tyranniques mais légitimes puissent parfois de fait nous gouverner. Ils ne peuvent retenir l'argument initial de Luther, tiré de saint Augustin, disant que les tyrans sont parfois ordonnés par Dieu en juste châtiment de nos péchés : voulant avant tout se laisser la possibilité d'affirmer que l'on peut légitimement s'opposer au tyran, il leur est interdit d'accepter que la tyrannie en soi puisse parfois être justement imposée. Mais, d'un autre côté, s'ils maintiennent que la tyrannie est toujours un mal, tout en admettant que les tyrans puissent être parfois imposés par Dieu, ils commettent eux-mêmes le blasphème de suggérer que Dieu pourrait à l'occasion être l'auteur conscient du mal et de l'injustice.

La plupart des luthériens choisissent pour résoudre ce dilemme de garder un silence complet et délibéré sur cet aspect du débat. On le voit par exemple aussi bien dans l'*Avertissement* de Luther (1531) que dans l'exposé de l'argument de droit privé ajouté par Melanchthon à ses *Prolégomènes* en 1542. L'un comme l'autre évitent toute allusion au point central de la doctrine luthérienne, que tout magistrat légitime doit toujours être considéré comme ordonné par Dieu, quelle que soit sa conduite. Cela leur permet d'éviter du même coup la trouble question de savoir si les « tyrans de fait » sont ou non ordonnés. Et ainsi de ne pas se poser la question de savoir comment on pourrait vouloir la justice de Dieu, alors même que dans le genre luthérien orthodoxe les tyrans pourraient être ordonnés par Lui.

Il est vrai que certains luthériens radicaux se montreront désireux d'expliquer le phénomène du « tyran de fait », mais cela eut le plus souvent pour effet de rendre leur argumentation incohérente alors qu'elle n'était auparavant qu'incomplète. On peut relever les marques d'une telle confusion, par exemple, dans les *Explications* de Bucer ou dans les *Commentaires* de Martyr. Tous deux commencent par accepter, selon les termes de Martyr dans ses *Commentaires sur l'Épître de saint Paul aux Romains*, que « dans les royaumes, bien des choses injustes sont accomplies » et « les lois perverties » en sorte que beaucoup pensent « qu'il ne peut se faire que de tels pouvoirs viennent de Dieu » (f° 427b). La solution qu'ils proposent en chœur consiste à revenir à la proposition orthodoxe selon laquelle même quand le magistrat outrepasse les limites de sa charge, il doit être regardé comme un pouvoir ordonné par Dieu, car il peut se faire que Dieu parfois décide de « se servir d'un prince vicieux et impie » (f° 428a). Ils conviennent que cela peut paraître faire de Dieu l'auteur du mal, mais ils réfutent l'objection en retrouvant (et en retournant) la proposition orthodoxe selon laquelle les souverains injustes nous sont donnés à juste titre, et ordonnés pour nous punir de nos péchés. Bucer prend l'exemple de Saül, qu'il traite en pouvoir ordonné bien qu'il s'agisse d'un tyran, et soutient que « Dieu a donné ce roi au peuple dans sa colère contre lui » (f° 54b). De même, Martyr, dans ses *Commentaires sur le livre des Juges*, convient que parfois Dieu « fait régner un hypocrite et dans sa fureur fait des rois » parce qu'il se « sert d'eux pour punir les péchés du peuple » (f° 150a). Et il ajoute dans les *Commentaires* qu'il « ne suffit pas » de répondre que « Dieu ne fait pas ces choses, mais les permet seulement », car souvent « Dieu exécute son juste jugement » par le moyen de princes mauvais et « ainsi ne fait pas le mal » car il « envoie des tyrans pour affliger le peuple » en châtiment de « ses actions néfastes et perverses[1] ».

Il n'en est pas moins évident que cette tentative pour résoudre le dilemme aboutit à la ruine de la théorie de la résistance que les auteurs voulaient au départ articuler. Bucer et Martyr partaient avec l'intention d'affirmer la légitimité de la résistance pour un magistrat subalterne, sur la base de son devoir de défendre les lois de Dieu et d'attaquer toute forme de tyrannie et d'impiété. Et voici qu'ils en viennent désormais à soutenir que le comportement impie de magistrats tyranniques doit malgré tout être considéré comme ordonné justement. Il s'ensuit que tout acte de résistance, y compris contre un magistrat vicieux, doit être regardé comme contraire aux

---

1. Voir Martyr, *Commentaires sur le Livre des Juges*, f° 256b, et *Commentaires sur l'Épître de saint Paul aux Romains*, f° 428a.

justes ordonnances de Dieu, et donc entraîner – comme la théorie luthérienne orthodoxe l'avait toujours affirmé – la damnation de ceux qui osent s'y livrer. En essayant de développer leur argument, ils en sont venus à l'anéantir.

Il faut attendre les calvinistes radicaux des années 1550 – Ponet, Goodman, et dans une moindre mesure Knox – pour voir affronter directement ces questions, et les voir résoudre de façon satisfaisante. Ponet comme Goodman commencent en accordant que, si nous pensons que Dieu peut ordonner des souverains vicieux, et en même temps que nous pouvons légitimement leur résister, alors, sans aucun doute, nous faisons de Dieu l'auteur du mal et de l'injustice dans le monde. Ponet exprime cela dans son chapitre sur la nécessité pour les souverains d'être assujettis à la loi, spécifiant que ce serait un « grand blasphème » d'imaginer que Dieu pourrait accepter « la spoliation de leurs sujets » par des magistrats tyranniques (p. 43). Goodman reprend le même argument dans son chapitre sur la doctrine apostolique de l'obéissance. Il soutient que lorsque saint Paul dit : « Il n'y a de pouvoir que de Dieu », il ne signifie « rien d'autre que des pouvoirs normalement et légitimement institués par Dieu ». L'autre hypothèse serait de dire que Dieu doit nécessairement ordonner et approuver « toute tyrannie et oppression », ce qui n'est pas seulement blasphématoire mais encore moralement impossible, car Dieu n'a « jamais édicté aucune loi pour approuver » mais seulement pour « réprouver et punir » tous les « tyrans, idolâtres » et autres oppresseurs (p. 110).

Ponet et Goodman en conviennent nettement : la seule réponse cohérente au dilemme consiste à abandonner la position augustinienne selon laquelle, même si les souverains manquent à remplir les devoirs de leur charge, on doit pourtant les considérer comme des pouvoirs ordonnés par Dieu[1]. Dès le début de son chapitre

---

1. Nous l'avons vu, une amorce de ce développement apparaissait déjà dans la *Confession* de Magdebourg, et a été reprise par Martyr dans ses *Commentaires* avec une rigueur défaillante. Il demeure vrai que la formulation systématique la plus ancienne de cette position et de ses implications dans la pensée politique protes-

central sur la légitimité de la résistance, Ponet dit clairement que
« le prince ou le juge n'est pas toujours ordonné par Dieu »
(p. 104). Pour un protestant, soutenir une telle position était bien
sûr révolutionnaire, et Ponet se trouve dépourvu de toute autorité
à l'invoquer. Il se voit obligé d'en revenir, avec moult excuses, à
l'une des propositions avancées par d'Ailly, Gerson et autres grands
conciliaristes de Constance : à savoir que « le prélat mauvais et
incorrigible semble ne pas être ordonné par la volonté de Dieu »
(p. 103). Après cet exposé de l'argument conciliariste, mal à l'aise,
Ponet ajoute qu'en « passant en revue les agissements des papes »
son propos n'est en aucun cas d'appuyer leur « autorité usurpée »,
mais seulement de faire apparaître que bien que leur cause soit
évidemment mauvaise, leurs arguments sont pourtant recevables et
doivent donc être « acceptés et suivis » par toute « créature raisonnable » (pp. 102-103). Comme d'habitude, Goodman est moins
soucieux de fonder son argumentation sur des autorités convenables, et se contente simplement de redonner, en examinant la
doctrine paulinienne de l'obéissance, une formulation abrupte des
mêmes conclusions. Il répète que, quand l'apôtre dit qu'il « n'y a de
pouvoir que de Dieu », il entend ne désigner que les « pouvoirs
conformes à son ordonnance et légitimes » (p. 111) : il n'imagine
pas y inclure « tyrannie et oppression » car celles-ci « se traduisent
en fait par le désordre et la subversion dans la communauté et aucunement dans l'ordre de Dieu » (p. 110). La conclusion essentielle
revient immédiatement. Lorsque nos souverains sont des tyrans ou
des oppresseurs, « ils ne se conforment pas à l'ordre de Dieu », de
sorte que, « en leur désobéissant et en leur résistant nous ne contre-
venons pas à l'ordre de Dieu » (p. 110).

Si les magistrats tyranniques ne sont pas ordonnés par Dieu,
comment en viennent-ils à nous gouverner ? Ponet et Goodman
répondent en analysant la manière dont des souverains légitimes
sont choisis et installés dans leur charge. Ils recourent en particulier

---

tante est due aux calvinistes révolutionnaires des années 1550, et en particulier
Ponet et Goodman.

au modèle du royaume de David dans l'Ancien Testament, en spécifiant que tous les gouvernants légitimes sont issus d'un choix originellement fait par Dieu et ensuite ratifié par le peuple des fidèles. Ponet évoque l'histoire de Saül qu'il utilise pour prouver qu'un bon roi doit toujours être « choisi selon la volonté divine » et non selon le vote « d'un peuple pécheur » (p. 104). Goodman développe encore davantage ce point, tandis que Knox le reprend à la fin de *Première sonnerie de la trompette* publié à peu près en même temps que le livre de Goodman sur les *Pouvoirs souverains*. Goodman affirme que « ce que Dieu demande avant tout à son peuple, c'est d'élire un roi conforme à ses desseins, et non suivant sa fantaisie » (p. 49). Et Knox répète sur un ton plus menaçant qu'avant de pouvoir soutenir que l'élection d'un souverain est « légitime et acceptable devant Dieu », nous devons nous rappeler que « Dieu ne peut approuver ni les actes ni les arrangements de la multitude s'ils contreviennent à sa parole et à son ordre » (p. 415).

L'idée qu'un peuple véritablement pieux ne peut élire que les magistrats que Dieu a choisis pour lui avait déjà été avancée par Bucer, dont les *Explications sur les quatre Évangiles* comportaient également un récit du royaume de David[1]. Toutefois, lorsque la discussion en arrive à la même question chez Ponet, Goodman et Knox, on y découvre deux nouveautés importantes. Ces auteurs portent une bien plus grande attention aux critères que Dieu aurait établis pour rendre le peuple des croyants capable de reconnaître et donc d'accepter le souverain qu'il a d'ores et déjà choisi. Ponet mentionne seulement ce point, alors que Knox en fait le thème majeur de sa *Première sonnerie de la trompette*. Son argument tout entier se fonde sur l'affirmation que « rien ne peut être plus manifeste » que le fait qu'il est contraire à la volonté de Dieu qu'« une femme soit élevée au trône au-dessus d'un homme », comme dans le cas de Marie de Guise, régente d'Écosse, ou de Marie Tudor, reine d'Angleterre (p. 378). Dieu a explicitement spécifié le contraire, nous dit-on, dans l'Ancien et le Nouveau Testament, et cette

---

1. Baron, 1937, traite de cette question avec une très grande pertinence.

formule serait appuyée par « d'innombrables autres témoignages de toutes sortes d'auteurs » (pp. 378, 389). Le même thème revient chez Goodman, dans son chapitre sur la nécessité d'obéir à Dieu plutôt qu'aux hommes, avec une discussion moins connue mais plus prudente et soigneuse sur le problème des femmes souveraines. Il rappelle également que la Bible nous donne « des indications pour savoir si celui que nous choisissons pour roi est selon ou contre Dieu » (p. 50). Comme dans l'argumentation de Knox, et avant lui de Bucer, un critère positif est immédiatement mis en avant, à savoir que le souverain doit être « un homme qui a la crainte de Dieu devant les yeux » (p. 51). Puis viennent les critères négatifs. Le premier est que « la volonté de Dieu est qu'il soit choisi parmi ses frères et non parmi les étrangers » (p. 51), allusion évidente à Philippe d'Espagne qui ne saurait devenir roi d'Angleterre bien qu'il ait épousé Marie Tudor. Le deuxième critère est que le peuple doit « éviter ce monstre de nature et ce désordre parmi les hommes que constituent l'empire et le gouvernement d'une femme » (p. 52), allusion limpide aux femmes (qui plus est catholiques) qui règnent alors sur l'Écosse et l'Angleterre. Enfin, il faudra éviter le souverain trop fortuné, qui « entre toutes choses compte sur sa puissance et ses dispositions propres pour se défendre lui-même » (p. 57).

Ayant ainsi exposé comment choisir et élire un souverain, on va ensuite expliquer comment il peut arriver que des magistrats mauvais ou tyranniques en viennent parfois à exercer le pouvoir sur nous. Bucer et Martyr, nous l'avons vu, tendaient sur ce sujet à en revenir à l'idée que cela devait bien tenir d'une ordonnance de Dieu, celui-ci décidant à son bon gré de mettre en œuvre la juste punition de nos péchés. Mais chez Ponet, Goodman et Knox, on trouve une réponse sensiblement différente, qui donne une cohérence logique au reste de leur théorie de la résistance – cohérence dont le défaut était patent chez Bucer et Martyr. Nos auteurs estiment que si le peuple trouve à sa tête un souverain idolâtre et tyrannique, cela ne peut que signifier qu'il s'est trompé dans son choix. Il n'a manifestement pas su déchiffrer les signes ni suivre les critères que Dieu nous fournit pour nous permettre de reconnaître un véritable prince chrétien. Il a dû au contraire suivre son propre choix, en élisant un prince que Dieu n'a jamais ordonné, ni ne souhaite reconnaître, et, ce faisant, il s'est donné un souverain inadéquat et probablement tyrannique – ce qui reflète la nature déchue de l'homme, et non pas un don de Dieu. Ponet y insiste en faisant, à nouveau avec un certain embarras, le possible parallèle avec l'élection du pape. Si celui-ci n'est « pas quelqu'un qui recherche la gloire de Dieu », il s'ensuit qu'il ne peut avoir été élu « conformément à la volonté de Dieu », et ainsi qu'il ne peut devoir sa situation qu'au fait que les cardinaux « se sont trompés dans son choix » (p. 104). Goodman et Knox reprennent tous deux le même argument et le développent plus longuement en l'appliquant à la vie politique anglaise contemporaine. Goodman déplore « l'ignorance et l'indicible ingratitude » qui a conduit le peuple anglais à ignorer la volonté de Dieu, à « choisir et se donner des princes et des rois selon son propre caprice ». L'issue désastreuse de leur folie est qu'ils se retrouvent maintenant « honteusement opprimés » par les magistrats impies à qui ils ont permis d'exercer le pouvoir sur eux (pp. 48-49). Le mot final de Knox, dans la préface de sa *Deuxième sonnerie de la trompette* (qu'il ne put rédiger), va dans le même sens[1]. D'abord il affirme, que dans l'élection des magistrats, « l'ordonnance que Dieu a établie » doit toujours être observée. Puis il assène que cela a été récemment ignoré, le peuple ayant « imprudemment... promu » et « choisi dans l'ignorance » certains de ses propres magistrats. En conséquence, règnent des idolâtres et des tyrans « indignes de régner sur le peuple de Dieu », et que le peuple « doit maintenant déposer et punir » puisqu'il les a « inconsidérément nommés, appointés et élus » par suite d'une ignorance impie (pp. 539-540).

L'autre contribution remarquable qu'apportèrent les calvinistes à la théorie de la révolution dans les années 1550 fut que certains d'entre eux se montrèrent beaucoup plus permissifs que les luthériens sur le point central de savoir qui peut légitimement résister à

---

1. Voir dans la bibliographie des sources primaires, sous Knox, *John Knox au Lecteur*.

un régime idolâtre et tyrannique. Les luthériens, nous l'avons vu, se montrèrent toujours très prudents, et prirent soin de souligner que les rois et autres pouvoirs supérieurs ne pouvaient être contestés que par d'autres « pouvoirs » ordonnés, et notamment par les magistrats subalternes. De nombreux calvinistes en vinrent à ajouter une dimension supplémentaire à la théorie de la résistance en soutenant qu'il existe au moins deux autres instances qui peuvent légitimement prendre les armes contre le souverain lorsque les circonstances le veulent.

La première catégorie concerne une classe spécifique de magistrats élus, décrite par Calvin dans l'*Institution* comme des « magistrats populaires, appointés pour contenir l'absolutisme des rois » (p. 1519). Cette hypothèse n'était pas une invention des calvinistes. L'idée était ancienne, et Calvin connaissait certainement la discussion que l'on trouve dans les *Lois* de Cicéron, quand il souligne que ce n'est certainement pas sans raison que les éphores furent établis à Sparte pour borner le pouvoir de leurs rois, ni que des tribuns furent institués à Rome pour limiter celui des consuls (p. 477). Il existe en outre des signes qu'un concept analogue de « magistrat populaire » pénétra la conscience politique de la Réforme avant que Calvin le développe. Par exemple, on trouve déjà dans les *Commentaires sur certains livres de la Politique d'Aristote* de Melanchthon, publiés en 1530, certains éléments. On peut mettre en doute la thèse de Bohatec et d'autres autorités, qui attribuent à cette source une influence importante sur le radicalisme calviniste, car les seuls échos modernes évoqués par Melanchthon sont « les évêques », « les Électeurs impériaux » et « certains princes en France », aucun d'entre eux ne pouvant être considéré comme élu du peuple[1]. Mais il ne fait aucun doute que Melanchthon possédait déjà le vocabulaire dans lequel les calvinistes radicaux allaient bientôt débattre de la question. Il remarque que « certaines nations ont ajouté à leurs rois des gardiens, à qui on a donné le pouvoir de les maintenir dans le droit », en plus des restrictions imposées par

---

1. Voir Melanchthon, p. 440 et Bohatec, 1937, pp. 82-83.

les lois (p. 140). Et il mentionne explicitement « les éphores de Sparte dont Thucydide dit qu'ils détenaient l'autorité de contrôler leurs rois » (p. 440).

Une seconde source, plus crédible, pour la théorie calviniste de la magistrature populaire se trouve dans la mention par Zwingli de l'autorité « éphorale » (McNeill, 1949, p. 163, note). Dans un sermon en langue vulgaire, *Le Pasteur*, prononcé devant le clergé venu assister aux Disputations à Zurich en janvier 1523 et publié l'année suivante, il développe cette notion. Assurément il continue à parler du pasteur comme « donné par Dieu » pour défendre le peuple, et les exemples qu'il présente ne désignent en général guère des magistrats élus pour limiter leurs souverains, ce sont plutôt des prêtres de l'Ancien Testament qui protestent, au nom du peuple, contre les iniquités de leurs rois (pp. 27-33). Néanmoins, parmi ses exemples historiques, il cite nombre de magistrats possédant un « pouvoir de contrôle sur leurs dirigeants » et ayant indéniablement un statut électif, comme les « éphores à Sparte et les tribuns à Rome » (p. 36). Et il enchaîne par la suggestion cruciale qu'il pourrait y avoir, au sein de communautés existantes, un certain nombre de magistrats qui, sans être des « éphores » au sens strict, pourraient se voir attribuer la capacité d'exercer des pouvoirs « éphoraux » afin de « défendre les intérêts du peuple » (p. 36). Mais, malgré ces quelques traces, il demeure exact que le développement essentiel de la notion d'autorité « éphorale » est dû aux calvinistes, et que l'affirmation la plus importante de ce concept se trouve chez Calvin lui-même. Il présente cet argument dans un unique passage particulièrement dense de l'*Institution*, passage stratégiquement situé à la dernière page du dernier chapitre[1]. Calvin n'est pas, il est vrai, absolument rigoureux dans l'assimilation des autorités « éphorales » à des

---

1. Le vocabulaire précis utilisé par Calvin dans ce paragraphe est important, et a, me semble-t-il, été mal traduit dans les deux éditions anglaises de référence de l'*Institution,* aussi ai-je préféré traduire moi-même à partir de l'édition latine de 1559. Tous les numéros de pages renvoient ainsi à l'édition Baum *et al.*, des *Opera omnia*, vol. II, p. 1116.

magistrats populaires élus, car il ajoute à la fin de la discussion qu'ils sont aussi « placés au-dessus de nous par l'ordonnance de Dieu ». Mais il semble abusif de supposer (comme Baron et Chenevière) que l'analyse de Calvin ne fait que reproduire « presque à la lettre » la théorie des magistrats subalternes due à Bucer, et que, du fait que « leur autorité leur vient de Dieu et non du commun », les magistrats de Calvin ne seraient pas des représentants du peuple[1]. Que ce soit dans cette discussion sur la résistance politique ou ailleurs, Calvin n'évoque jamais la notion de magistrat subalterne, et le vocabulaire qu'il utilise dans ce passage clé établit clairement que, même s'il envisage les « éphores » comme ordonnés par Dieu, il les considère aussi comme élus par le peuple et responsables devant lui. Il commence par en parler comme de magistrats non pas « subalternes » mais « populaires » *(populares magistrati)*, puis souligne qu'ils sont établis *(constituti)* – il ne dit pas « ordonnés » *(ordinati)* – pour « modérer le pouvoir des rois ». Quand il en vient à défendre leur droit à « s'opposer à la licence effrénée des rois », il offre comme justification qu'ils se rendraient eux-mêmes complices d'un « acte de néfaste perfidie » s'ils manquaient à s'engager dans une telle voie, car ils se rendraient alors complices d'une « frauduleuse trahison de la liberté du peuple ». L'impression que provoque l'utilisation d'un pareil langage est corroborée par les exemples que donne Calvin de magistrats auxquels il attribue des pouvoirs d'éphores. Les trois cas qu'il mentionne dans l'Antiquité sont les éphores de Sparte eux-mêmes, « les tribuns de la plèbe à Rome » et « les démarques à Athènes », tous élus pour un an comme Calvin le savait sans aucun doute. Le point est plus clair encore quand il en vient à ses idées quant aux autorités « éphorales » dans le monde moderne. Non seulement il répète l'argument de Zwingli, à savoir « qu'il peut exister au jour d'aujourd'hui des magistrats institués pour limiter le pouvoir des rois », mais en plus il suggère que si tel est bien le cas, alors les candidats tout désignés sont « les trois états de chaque

---

1. Pour cette controverse, voir Baron, 1939, p. 39, et Chenevière, 1937, p. 335.

royaume lorsqu'ils sont rassemblés ». Comme la réunion d'une telle assemblée, Calvin en est tout à fait conscient, requiert une élection, il fait peu de doute que l'idée finale – même si elle est formulée avec beaucoup de précautions – consiste à dire que le pouvoir de résister à des souverains tyranniques pourrait fort bien être endossé, au sein même des royaumes de l'époque, par des magistrats élus par le peuple, le représentant, et responsables devant lui.

Exagérer l'importance de la discussion chez Calvin serait facile, bien sûr, et l'on peut soutenir que c'est le cas des commentaires qui ont cherché à insister sur ses sympathies républicaines et antimonarchiques[1]. Le passage de Calvin est extrêmement bref, et aussi formulé de façon oblique et conditionnelle. Il ne dit jamais explicitement qu'il *existe* des assemblées possédant le pouvoir des éphores en aucun royaume d'Europe. Il ne dit jamais non plus directement que si de tels pouvoirs existaient, ils auraient le devoir explicite de s'opposer au gouvernement de magistrats tyranniques. Il faut également convenir que, certainement en raison de sa prudence, la réflexion de Calvin semble avoir exercé fort peu d'influence. Brève allusion aux éphores, tribuns et démarques au début de *A Short Treatise of Politic Power* de Ponet, mais cela semble lié à l'analyse de Melanchthon plutôt qu'à celle de Calvin, puisque, est-il souligné, ces pouvoirs sont ordonnés par Dieu, sans qu'il soit jamais suggéré qu'il faille aussi les considérer comme représentants du peuple (pp. 11-12). Cela semble être en outre la seule occasion où la doctrine de Calvin fut immédiatement adoptée, y compris chez ses disciples les plus radicaux des années 1550. Aucune allusion aux éphores ni au pouvoir « éphoral » dans les écrits politiques de Bèze ou de Martyr datant de la même période, et la notion n'apparaît pas davantage dans les écrits de Knox ou de Goodman à la fin de la décennie, pas même dans leurs textes les plus révolutionnaires.

Même si l'on ne voit pas d'influence immédiate, il y a de bonnes raisons pour considérer l'analyse de Calvin comme une contribu-

---

1. Voir par exemple Hudson, 1946 ; McNeill, 1949 et Biéler, 1959, qui parle (p. 65) de Calvin comme du « chef d'un mouvement politique subversif » (voir pp. 65-137).

tion importante dans la constitution d'un arsenal d'arguments politiques radicaux mis à la disposition de ses successeurs au moment de la crise du protestantisme du milieu du siècle. Son intervention permet d'abord d'introduire un élément séculier et constitutionnel dans le débat sur l'autorité politique, ce que les penseurs luthériens avaient tous délibérément évité. Les « magistrats subalternes » évoqués par Bucer et ses successeurs sont dits détenir leur autorité de ce qu'ils sont des pouvoirs ordonnés par Dieu, alors que les magistrats populaires évoqués par Calvin sont clairement considérés non seulement comme des pouvoirs ordonnés, mais encore comme des fonctionnaires élus, directement responsables devant leurs électeurs. Une raison supplémentaire pour donner à ce point une grande importance est qu'en introduisant une dimension essentiellement historique dans la réflexion politique, Calvin offrait à ses disciples des moyens formidables pour élargir la base de leur soutien. À l'origine de cette dimension dans la pensée de Calvin, il semble y avoir l'enseignement qu'il reçoit d'André Alciat en personne entre 1529 et 1531 à l'Université de Bourges, où il se familiarise aux techniques en vogue de l'humanisme juridique tout en étudiant le droit (Ganoszy, 1966, pp. 51-52). Le résultat de cette union entre le *mos docendi Gallicus* et la pensée politique protestante – qui devait être bientôt brillamment scellée chez François Hotman – fut que Calvin encouragea de fait ses disciples à rechercher des exemples possibles d'autorités « éphorales » dans l'ancienne Constitution de la France, comme des spécialistes de l'humanisme juridique, et qu'il les pressa ainsi de trouver des arguments légaux et historiques aussi bien que purement théologiques à l'appui de leurs thèses révolutionnaires. Cela eut pour effet de donner à leur doctrine un public beaucoup plus large que celui qu'ils auraient pu espérer atteindre avec leurs seuls arguments sectaires. Et en retour cela se révéla essentiel au développement et à l'influence du calvinisme radical tout au long de la seconde moitié du XVIe siècle.

Sur la question de savoir qui pouvait légitimement résister à un gouvernement idolâtre ou tyrannique, les calvinistes eurent tendance à être plus souples que les luthériens, si bien que dans certains des écrits calvinistes les plus radicaux dans les années 1550, on en vint finalement à accepter que dans certaines circonstances il pouvait être légitime non seulement pour les magistrats, mais encore pour de simples citoyens, et donc pour l'ensemble du corps social, d'entreprendre des actions de violence politique. On atteignit cette conclusion en développant la théorie de la résistance issue du droit privé de façon à mettre en lumière ses implications les plus individualistes et populistes. Il avait toujours été reconnu, quand on revendiquait la légitimité de repousser par la force une force injuste, que la théorie de droit privé paraissait conférer la possibilité de s'opposer aux tyrans notoires non seulement aux magistrats subalternes, mais encore à chaque citoyen privé. Là où les luthériens avaient toujours pris le plus grand soin d'écarter cette suggestion, voici que bon nombre de révolutionnaires calvinistes mettaient délibérément l'accent sur elle.

À vrai dire cet argument était manié avec précaution même par les auteurs les plus extrémistes. Knox n'y recourt pas et même Ponet et Goodman continuent à soutenir que les chefs les plus adéquats d'un mouvement de résistance sont les magistrats subalternes davantage que le corps ordinaire des citoyens. Ponet souhaite que « toute chose à l'intérieur d'une communauté chrétienne soit faite avec respect et selon l'ordre et la charité », engagement qui le met tout à fait mal à l'aise vis-à-vis de l'idée qu'« un homme privé ait pouvoir de tuer » ou même que l'ensemble du corps du peuple puisse choisir de résister sauf s'il est « commandé par une autorité commune » (pp. 111-112). Et Goodman admet que, au cas où nos supérieurs se comportent avec tyrannie, « tous doivent s'accorder qu'il appartient avant tout aux magistrats subalternes de veiller à redresser de tels désordres » vu qu'« il relève principalement de leur charge » de voir accomplir la justice (pp. 145, 182).

Mais, en dépit de ces scrupules, il est incontestable que Ponet et Goodman rompent décidément tous deux avec la proposition, jusqu'alors jamais mise en question ni par les luthériens radicaux ni par les calvinistes, selon laquelle un souverain légitime, si tyranniques que soient ses actions, ne peut légalement être contesté que par un autre magistrat ordonné. Sur ce point Ponet s'en remet à nouveau aux arguments conciliaristes. De même que le pape « peut être destitué par le corps de l'Église », de même, « par des arguments, raisons et autorité analogues, les empereurs, rois, princes et autres souverains abusant de leur charge peuvent être déposés et chassés de leur place et fonction » par « le corps de la république entière » (pp. 103, 105, 106). Goodman fait appel à la même autorité quand il développe un raisonnement complet qui le conduit à adhérer à la même conclusion populiste et révolutionnaire. D'abord il répète que tous les magistrats sont ordonnés dans le but bien spécifique de s'acquitter de leur charge, car « Dieu ne les a pas placés au-dessus des autres pour transgresser ses lois selon leur bon plaisir mais pour leur être assujettis aussi bien que ceux sur qui ils ont pouvoir » (p. 184). Puis il déclare que « quand les magistrats et autres fonctionnaires cessent d'accomplir leur devoir », le peuple « est, en quelque sorte, sans fonctionnaires, voire dans une situation pire que s'il n'avait pas du tout de magistrats » (p. 185). Puis il en arrive à sa proposition politique la plus révolutionnaire : du fait que le gouvernant dans de telles circonstances n'est rien d'autre qu'un citoyen privé félon, l'un quelconque de ses propres sujets (ou tous) peut légitimement lui résister, puisque Dieu en ce cas « remet le glaive entre les mains du peuple » (p. 185). Il reconnaît que cela peut « apparaître au premier abord comme un grand désordre que le peuple doive prendre sur lui de punir la transgression » plutôt que de laisser la punition aux mains des magistrats légitimement désignés (p. 185). Pourtant, à la fin du chapitre, son dernier mot consiste à répéter en écho le même argument. Si l'exercice de la loi divine et l'extirpation de l'hérésie ne sont pas accomplis « avec le consentement et l'aide des supérieurs », alors « il est légitime pour le peuple, et même c'est son devoir, de le faire lui-même », faisant ainsi en sorte de « trancher tout membre pourri » et d'imposer la loi de Dieu « aussi bien sur leurs propres gouvernants et magistrats que sur leurs autres frères » (pp. 189-190).

Il y eut un autre chemin par où les calvinistes les plus radicaux des années 1550 atteignirent la même conclusion révolutionnaire : ce fut en soulignant le concept de « covenant ». Luther et Calvin avaient tous deux développé l'idée d'un pacte entre Dieu et son peuple, mais de façon remarquablement distincte. Luther s'était attaché surtout au Nouveau Testament, parlant d'un covenant de la Grâce qui avait remplacé l'ancienne loi et concernait quiconque avait reçu le baptême au nom du Christ. Calvin, quant à lui, fonde une doctrine sensiblement différente en interprétant les promesses du Christ dans le Nouveau Testament comme une réaffirmation de la loi ancienne, qu'il se représente comme une suite d'accords formels rendus à l'origine nécessaires par la désobéissance première d'Adam (Niesel, 1956, pp. 92-109). Cette idée constitue un thème majeur du livre II de l'*Institution*, sur les conséquences de la Chute ; le développement religieux de l'humanité est rythmé par une succession de *foedera* (« contrats »), dont le premier fut conclu entre Dieu et Adam, les accords suivants étant plus tard ratifiés par Noé, Abraham, Moïse surtout, et finalement renouvelés à travers le sacrifice du Christ. Comme Calvin croyait en outre que dans chaque cas l'essence du covenant consistait à accepter d'obéir aux dix commandements, il en arrivait à enseigner qu'il devait être possible à tout instant, pour un groupe d'hommes de bien, de réaffirmer formellement leur relation contractuelle avec Dieu. Dans la pratique cela aboutit au concept spécifiquement calviniste de communauté contractuelle dont le prototype fut établi en 1537, quand tous les citoyens de Genève furent invités à prêter un serment qui les astreignait à se soumettre aux dix commandements[1].

On ne trouve pas dans *A Short Treatise* de Ponet l'idée selon laquelle tout fidèle peut devenir signataire d'une alliance avec Dieu. En revanche elle fournit à Goodman un second argument en faveur de la révolution populaire dans son ouvrage sur les *Pouvoirs souverains*, et autorise Knox, en dépit de son adhésion fondamentale à la théorie luthérienne des magistrats subalternes, à ajouter à cet argument essentiellement antipopuliste un violent appel à la révolution populaire, demande qu'on voit formuler pour la première fois à la fin de son *Appellation* à la noblesse, et immédiatement répétée dans son appel direct au peuple *(Lettre adressée à la communauté d'Écosse).*

---

1. Pour ce serment, voir Mc Neill, 1954, p. 242. Pour un exposé judicieux des implications politiques de la théologie contractuelle de Calvin, voir Wolin, 1961, pp. 168-179.

Goodman présente sa conception du covenant au chapitre XII des *Pouvoirs souverains* où est débattue la question de l'extension de la charge conférée au peuple par Dieu, et des obligations du peuple à son égard (p. 160). Il évoque l'alliance de Dieu avec Moïse, et soutient qu'elle constitue le modèle de l'alliance entre Dieu et ceux « qui sont ou seront son peuple », car elle montre « ce que Dieu attend d'eux et ce que eux lui ont promis » (pp. 164-165). Elle montre également que chaque citoyen singulier, en tant que « signataire » du covenant, a pour devoir primordial de contribuer à promouvoir et à maintenir la loi de la piété, et de veiller à ce que la communauté ne soit « régie par aucune loi ou ordonnance autre que celles que Dieu lui a données » (p. 163). Knox présente une analyse tout à fait semblable, aussi bien dans l'*Appellation* que dans la *Lettre adressés à la communauté d'Écosse*. L'*Appellation* renvoie au « serment solennel et au covenant » conclu entre Dieu et Asa, puis au covenant avec Moïse qui « fit un devoir à chaque homme de se déclarer ennemi personnel de ce qui suscite la colère de Dieu », et ainsi d'assurer le règne de la foi (pp. 500, 503). Puis il soutient, exactement comme Goodman, que tous les chrétiens aujourd'hui sont également liés par « la même attache et le même covenant » que Dieu noua avec « son peuple d'Israël », ce qui entraîne pour conséquence que ses membres ont le devoir suprême « de répudier d'eux-mêmes les énormités qu'ils savent être abominables aux yeux de Dieu » (pp. 505, 506).

C'est en se fondant sur ces promesses que Goodman et Knox en arrivent à leur défense de la révolution populaire. Leur argument emprunte la voie familière de la maxime : promettre de faire quelque chose équivaut à avoir l'obligation de la faire. Chaque citoyen est supposé avoir promis à Dieu d'accomplir ses lois, et a donc le devoir sacré de résister à tout magistrat idolâtre ou tyrannique. Goodman pose ce principe au début du chapitre XIII après avoir présenté son analyse de l'alliance et avant de revenir à l'argument de droit privé. Pour commencer, il répète que chaque individu a promis « sans aucune exception » de suivre les commandements de Dieu (p. 181). Le commandement majeur de Dieu concerne bien sûr l'accomplissement de sa loi, « de déraciner le mal » et de répudier dans leur gouvernement toute forme d'idolâtrie et de tyrannie (p. 180). Il s'ensuit que, si nos magistrats dans leur ensemble « méprisent et trahissent la justice et les lois de Dieu », alors « toute personne haute ou basse » et donc « toute la multitude », à qui « une portion du glaive est dévolue », a pour devoir sacré « de maintenir et défendre ses mêmes lois » à l'encontre de ses propres magistrats, et ainsi de leur résister et de repousser l'idolâtrie et la tyrannie de leur gouvernement (pp. 180, 181, 182). Enfin Knox aboutit à la même conclusion révolutionnaire à la fin de son *Appellation*. Il insiste sur le fait que « non seulement les magistrats, mais aussi le peuple sont liés par le serment qu'ils ont fait à Dieu » d'accomplir la loi de la piété, et de « venger dans toute la mesure de leurs forces toute atteinte à sa majesté » ou à ses lois (p. 506). Il en conclut que châtier l'idolâtrie et la tyrannie est en fait un devoir sacré imposé par Dieu non seulement « aux princes et gouvernants », mais encore au « corps entier du peuple », devoir dont l'accomplissement est exigé « du peuple dans son ensemble, et de chacun dans sa vocation individuelle » (pp. 501, 504).

Comme les plus radicaux des calvinistes des années 1550 conçoivent la résistance à l'idolâtrie et à la tyrannie comme un devoir imposé par Dieu à chaque individu citoyen, ils apparaissent en fin de compte auprès de leurs lecteurs, comme le fait observer Walzer, sous les traits de prophètes de malheur de l'Ancien Testament (Walzer, 1966, p. 98). Cela les autorise enfin à retourner la plus fondamentale proposition de la pensée politique réformée orthodoxe : ils assurent au peuple non pas qu'il sera damné s'il résiste au pouvoir existant, mais plutôt qu'il sera damné s'il manque à résister, car ce serait briser ce que Knox appelle « l'alliance et le covenant » qu'il a juré à Dieu lui-même (p. 505). Ponet, lui, promet que, s'il persiste à se soumettre aux « idolâtres et corrompus, comme sont les papistes », Dieu lui enverra « famine, peste, séditions, guerres » en punition de son défaut dans l'accomplissement de ses commandement (pp. 176, 178). Goodman rappelle les « horribles châtiments » que Dieu réserve à ceux qui lui désobéissent, et invite le peuple à éviter « la grande colère de l'indignation divine » en déposant tout souverain idolâtre et tyrannique, et en remplissant par là son devoir envers Dieu (pp. 11, 93). Knox insiste à plusieurs reprises, de la façon la plus véhémente, sur le fait que si les nobles et le peuple persistent à se soumettre à la loi des tyrans et des idolâtres, tous seront damnés. « Dieu ne pardonnera ni à la noblesse ni au peuple » s'ils continuent à « obéir à leur souverain manifestement injuste », mais « dans la même vengeance il punira les princes, le peuple et la noblesse qui conspirent ensemble contre lui et ses saintes ordonnances » (p. 498). Ces exhortations ne furent pas ignorées puisque, en décembre 1557, les chefs de la noblesse écossaise acceptèrent de signer un covenant solennel par lequel ils se constituaient en « congrégation du Christ » et s'engageaient à s'opposer à leurs suzerains catholiques, « congrégation de Satan ». Assurés que c'était leur devoir de résister et qu'ils seraient damnés s'ils y manquaient, ils y réaffirmaient en bonne et due forme leur serment envers Dieu ; ils étaient désormais prêts à servir de chefs à la première révolution calviniste réussie (Brown, 1902, pp. 48, 57-73).

8.

Le contexte de la révolution huguenote

La théorie de la révolution populaire élaborée par les calvinistes radicaux dans les années 1550 était destinée à entrer dans le courant de la pensée constitutionnaliste moderne. Si nous faisons un saut d'un siècle jusqu'aux *Deux traités de gouvernement* de John Locke (le classique de la politique calviniste radicale), nous y voyons défendre le même ensemble de conclusions et pour l'essentiel le même ensemble d'arguments. Quand Locke, dans le paragraphe final du *Second traité*, demande « qui sera juge » du fait qu'un gouvernement accomplit ou non les devoirs de sa charge, il souligne que l'autorité apte à donner la réponse et à résister à tout gouvernant qui outrepasse ses bornes légitimes ne se trouve pas seulement chez les magistrats subalternes et autres représentants du peuple, mais aussi chez les citoyens mêmes car « l'arbitrage effectif en un tel cas repose sur le corps du peuple » (pp. 444-445). Et quand il défend cette idée dans ses chapitres de conclusion sur la tyrannie et la dissolution du gouvernement, il invoque essentiellement l'argument issu de la théorie du droit privé. Son hypothèse de base est que quiconque placé au pouvoir « excède les limites qui lui sont imposées par la loi » automatiquement « cesse d'être un magistrat ». Sa conclusion essentielle est donc que, à celui qui « agit en dehors de l'autorité », on peut légitimement s'opposer, même s'il est roi, exactement de la même manière que l'on peut s'opposer à « une personne quelconque qui par la force empiète sur le droit d'autrui » (pp. 418-419). La raison, répète-t-il plus tard, en est que « tout ce en quoi il n'a pas autorité, là il n'est pas roi et il peut lui être désobéi : là où l'autorité cesse, le roi cesse aussi et devient comme n'importe qui sans autorité » (p. 442).

Néanmoins il reste un point sur lequel un large fossé conceptuel continue à séparer les théories de Ponet, Goodman et Knox de cette théorie classique « libérale » de la révolution populaire. Quand Locke défend la légitimité de la résistance, il la défend toujours comme un « droit de résister » et particulièrement comme « un droit de se défendre soi-même » dont jouit le « corps du peuple » en vertu de la nature et des fins de la société politique (p. 442). Ce point est clairement exposé dans le chapitre final qui stipule que, dès que les gouvernants trahissent le pacte de confiance, ils « perdent le pouvoir que le peuple avait placé dans leurs mains à des fins exactement contraires, et celui-ci revient au peuple qui a le droit de retrouver sa liberté originelle et de veiller à sa propre sûreté par l'établissement de nouveaux délégués (qu'il jugera les plus adéquats), ce qui est la fin pour laquelle il vit en société[1] ».

Par contraste, les calvinistes radicaux des années 1550 ne possèdent pas un tel concept de résistance politique comme droit. Dans le même temps où ils souhaitent défendre la suggestion révolutionnaire selon laquelle il peut être légitime pour l'ensemble du corps du peuple de borner et déposer les souverains, ils continuent pourtant à assumer que la raison fondamentale pour laquelle existe une société politique est d'accomplir les lois de Dieu et l'exercice de la vraie foi (c'est-à-dire la foi calviniste). Par conséquent, ils continuent à penser la société politique comme ordonnée à Dieu, à traiter la tyrannie comme une forme d'hérésie et à concevoir la légitimité de la résistance comme un devoir religieux (devoir fondé sur la promesse d'accomplir les lois de Dieu) et nullement comme un droit moral.

Pour achever ce panorama des fondements de l'idéologie révolutionnaire moderne, il nous faut encore examiner deux questions.

---

1. Sur ces points, voir pp. 430-431 et pp. 422, 446. Pour cette présentation de la théorie des droits politiques de Locke et l'idée qu'il est fondamentalement un philosophe politique calviniste radical, voir en particulier Dunn, 1969, pp. 245-261, 262-264.

Il nous faut tout d'abord nous demander quand le concept de devoir religieux de résister fut, chez les théoriciens protestants, transformé en un concept moderne et strictement politique de droit moral de résistance. La réponse est rapide. La théorie moderne fut pour la première fois articulée pleinement par les huguenots pendant les guerres de Religion en France dans la seconde moitié du XVIe siècle[1]. Elle fut reprise par les calvinistes aux Pays-Bas, puis passa en Angleterre et en vint à constituer une part importante de l'arrière-plan idéologique de la révolution anglaise dans les années 1640. Il nous faut aussi nous demander comment et pourquoi cette théorie vint à être développée au cours des guerres de Religion en France. On invoque habituellement des liens directs entre les théories exposées par les calvinistes radicaux en Écosse et en Angleterre durant les années 1550 et les théories adoptées par les huguenots après le massacre de la Saint-Barthélemy en 1572[2]. On peut certes soutenir que les arguments que Ponet, Goodman et Knox auraient exercé une influence directe en France dans les années 1570. Mais on peut aussi dire que cette façon de penser tend à masquer le fait essentiel que la position des huguenots, quand se déclarèrent les guerres de Religion, était largement différente de celle des calvinistes en Écosse et en Angleterre quelques années plus tôt. Cela conduisit les huguenots à développer une autre stratégie politique, et les incita en fin de compte à articuler une théorie de la résistance différente et à certains égards plus radicale. Pour comprendre les origines et le développement de leur pensée, il est donc essentiel de considérer la nature de la situation dans laquelle ils se trouvèrent au commencement des guerres civiles en 1562. Une fois ce contexte posé, il sera possible d'examiner et de chercher à expliquer l'évolution et les caractéristiques particulières de la pensée politique

---

1. L'origine du mot « huguenot » est obscure, mais le terme a été usité d'abord par les adversaires contemporains des huguenots et utilisé par la suite. Pour quelques spéculations étymologiques, voir Léonard, 1965-1967, II, p. 113, et notes.

2. Voir par exemple Hudson, 1942, pp. 196-198 ; Salmon, 1975, p. 6, etc.

huguenote. Le présent chapitre sera ainsi consacré à l'examen des problèmes et des circonstances qu'affrontèrent les huguenots ; le chapitre suivant analysera leurs ouvrages politiques en cherchant à indiquer les voies par lesquelles ils vont tenter de promouvoir et de légitimer la première révolution survenue à l'intérieur d'un État européen moderne.

Le projet de tolérance

Durant les premiers temps des guerres de Religion, la stratégie adoptée par les huguenots fut essentiellement d'éviter autant que possible toute confrontation directe avec le gouvernement de Catherine de Médicis. Ils entretinrent la fiction selon laquelle ils ne faisaient que s'opposer aux ennemis du gouvernement, et s'accrochèrent à l'espoir d'obtenir un éventuel édit officiel de tolérance religieuse dérivant des efforts de Catherine en vue de pacifier les divers éléments rebelles au sein du royaume. Les huguenots étaient en partie contraints à cette stratégie relativement passive par leur absence de soutien populaire massif. À aucun moment leurs effectifs ne furent immenses, en sorte qu'il ne fut jamais question pour eux d'en appeler « au corps entier de la communauté » pour qu'il se lève contre le pouvoir de l'Antéchrist – à la manière de Ponet, Goodman et Knox[1]. En outre, le soutien populaire qu'ils réussirent à obtenir resta pour l'essentiel limité aux confins reculés du pays. Ils

---

1. Un rapport sur l'activité huguenote envoyé au cardinal Farnèse en 1558 fait apparaître que les huguenots ne dépassaient pas le cinquantième de la population totale en France au début des guerres de Religion. Romier, 1913, 14, II, p. 250, cite cette proportion bien qu'il la pense sous-estimée. Il convient de relever pourtant que selon le recensement officiel des huguenots établi sur l'ordre d'Henri IV à la fin des guerres de Religion, à un moment où (selon l'analyse de Léonard) leur nombre avait atteint son maximum avant le début de leur long déclin à travers le XVIIe siècle, le nombre total des huguenots dépassait à peine 1/20e de la population totale. Sur ce point, voir Léonard, 1948, pp. 153, 157.

furent efficacement empêchés de prêcher à Paris et se heurtèrent très vite à une hostilité grandissante dans toute la région nord-est de la France (Kingdon, 1956, p. 55). Même si les missionnaires expérimentés envoyés par la Compagnie des pasteurs de Genève après 1555 réussirent rapidement à attirer de larges foules dans les cités du Centre, la plupart des positions huguenotes se situaient dans des régions périphériques du Sud-Est – Languedoc, Provence et près de la frontière suisse – mais dans aucune des zones de pouvoir du Nord.

Si au début ces considérations forçaient les huguenots à avancer avec le plus de précautions possible, il était également raisonnable pour eux d'espérer pouvoir sortir des conflits de factions croissants grâce à une trêve dans les persécutions et à une mesure officielle de tolérance envers leur foi. La raison la plus évidente de cet optimisme tenait au fait que Catherine de Médicis, reine mère et éminence grise de Charles IX, avait clairement maintenu, pendant toute la période où se développait le conflit, qu'elle était nettement favorable à une politique de compromis religieux. Il faut bien sûr, pour attribuer de telles conceptions à Catherine et à son gouvernement, établir une coupure nette entre la période qui précède 1572 et celle qui suit. L'été de 1572 voit s'effondrer définitivement les espoirs des protestants, quand soudain Catherine abandonne toute tentative de conciliation et souscrit au massacre collectif des chefs protestants lors de la Saint-Barthélemy. On n'a depuis lors cessé de débattre sur le degré de préméditation de cette décision catastrophique, mais apparemment, à l'origine, Catherine semble n'avoir eu pour intention que de se débarrasser du porte-parole huguenot, l'amiral de Coligny (Sutherland, 1973, pp. 147, 316). On a récemment mis en doute la version traditionnelle, selon laquelle elle aurait agi par exaspération exacerbée envers l'influence grandissante de ce dernier sur le jeune roi, mais il reste hors de doute qu'elle craignait déjà la puissance militaire croissante des huguenots, aussi bien que leur force politique, en particulier lorsqu'ils commencèrent à perturber ses efforts incessants pour assurer la paix extérieure et pour contenir les combats des factions à l'intérieur (Sutherland, 1973, p. 340). Le conflit direct éclata pendant l'été de 1572, du fait que Coligny exigea de faire campagne pour soutenir l'opposition montante, qui était en partie calviniste, au pouvoir espagnol dans les Pays-Bas (Sutherland, 1973, pp. 263, 276). À l'évidence, c'est alors que Catherine décida d'éliminer Coligny. Mais le complot échoua, la balle de l'assassin le blessant sans le tuer. Il semble que Catherine ait alors perdu la tête et, par désespoir, ordonné le meurtre de tous les chefs huguenots (Sutherland, 1973, pp. 338, 341). Ce fut le massacre de la Saint-Barthélemy, avec quelque deux mille huguenots assassinés à Paris, et probablement une dizaine de milliers dans le reste de la France (Héritier, 1963, pp. 327-328 ; cf. Erlanger, 1960, pp. 191-193).

Mais avant cette volte-face, et durant les dix années de guerre civile précédentes, Catherine avait sans cesse tenté d'obtenir un accord sur une mesure de tolérance religieuse en faveur des huguenots. Pour expliquer cette politique de conciliation, et par conséquent pour expliquer en quoi il n'était pas dénué de sens pour les huguenots de placer leurs espoirs dans le gouvernement, il nous faut décrire la délicate position constitutionnelle dans laquelle Catherine se trouvait depuis 1560, lorsque mourut son fils François II, dix-huit mois à peine après avoir succédé à son époux Henri II. En attendant l'intronisation de son fils cadet Charles IX, tout juste âgé de dix ans, il fallait recourir à une régence. Les Guises convoitaient ouvertement cette position, ils étaient la famille catholique la plus puissante du pays et avaient assumé la réalité du pouvoir pendant le bref règne du jeune François II. Bien que Catherine ait réussi à prévenir cette ambition en acceptant la régence pour elle-même, son gouvernement eut à subir de fortes pressions pour poursuivre la politique entreprise par les Guises, et en particulier pour renforcer les persécutions contre les huguenots (Romier, 1924, pp. 1-11). Néanmoins, il devint bientôt évident qu'en se ralliant à une telle politique Catherine allait ruiner son autorité personnelle. Le premier danger (comme elle l'apprit à ses dépens en 1560, et à nouveau après 1572) était que si les Guises devaient parvenir à imposer leurs exigences d'unité religieuse, cela aurait été équivalent à l'emporter sur leurs rivaux de la noblesse huguenote, et donc à devenir complètement dominants dans les affaires du royaume (Sutherland, 1973, pp. 7-10). Mais le danger essentiel fut issu des violentes réactions que provoqua bientôt l'intransigeance des Guises. La première survint en mars 1562, après que la milice privée du duc de Guise eut massacré un rassemblement de huguenots à Wassy. Cela conduisit immédiatement le prince de Condé à lever des troupes en faveur des huguenots, et ainsi éclata la première guerre de religion (Léonard, 1965-1967, II, p. 129). Le même schéma se reproduisit en 1567, quand les Guises réussirent à limiter les libertés concédées aux huguenots dans les accords mettant fin à la première guerre civile. À nouveau, Condé mobilisa, après une tentative infructueuse pour s'assurer de la personne du roi, et les combats reprirent avec la plus grande sauvagerie presque sans interruption pendant trois ans (Romier, 1924, pp. 320-325).

Catherine en eut rapidement l'intuition : sa meilleure chance de conserver le pouvoir dans ces crises à répétition consistait à accorder aux huguenots une certaine liberté de culte, dans l'espoir de calmer la violence de Condé et en même temps d'éviter la domination des Guises (Romier, 1924, pp. 110-126). Telle fut donc sa politique dans les années 1560, et cela explique largement le ton prudent, presque royaliste, adopté par la plupart des pamphlétaires huguenots de l'époque. Elle tenta d'amener les deux partis à aplanir leur différend au colloque de Poissy en septembre 1561, où elle encouragea les huguenots à envoyer un porte-parole ; elle accepta la désignation de Théodore de Bèze, et elle stipula qu'il devait être écouté au même titre que ses adversaires catholiques eux-mêmes (Giesendorf, 1949, pp. 135-136). Après l'échec de cette mémorable tentative de conciliation, Catherine tenta d'éviter que le conflit éclatât, en promulguant, en janvier 1562, l'Édit de tolérance dans lequel elle reconnaissait le dispositif de synodes et consistoires que les huguenots avaient établis, et où elle leur garantissait la liberté de culte public dans tout le royaume sauf dans les villes (Lecler, 1960, II, pp. 69-70). Enfin, après les atroces combats de 1567-1570, Catherine fit un dernier effort pour faire aboutir cette politique, en confirmant toutes les dispositions de l'Édit de 1562, et en y ajoutant pour les huguenots le droit de libre accès à toutes les écoles et universités existantes (Lecler, 1960, II, pp. 86-87).

Une seconde raison qui aide à comprendre pourquoi les huguenots ont espéré pouvoir obtenir une mesure officielle de tolérance dans les années 1560 est que, dès avant le commencement des guerres civiles, un grand nombre de Français cultivés en étaient déjà arrivés à percevoir que toute tentative pour imposer par la force une politique d'unité religieuse allait soulever un considérable émoi politique et même constituer une faute morale.

On a souvent constaté que les propagandistes les plus zélés de la liberté religieuse ne traitaient pas alors la politique autrement que comme un pis-aller. Neale remarque ainsi que « la tolérance, dans la conception de cette époque, n'avait rien à voir avec les droits de la conscience mais reconnaissait simplement qu'aucune des deux religions n'était assez forte pour supprimer l'autre, ou que pour y parvenir il faudrait payer le prix d'une destruction de l'État » (Neale, 1943, p. 53). Il y a là beaucoup de vrai mais est omis le fait qu'un nombre croissant d'humanistes – dans l'Europe tout entière, et particulièrement en France – en étaient déjà arrivés à la conclusion qu'il ne fallait pas réaliser l'unité religieuse, mais au contraire proclamer qu'il fallait respecter les droits de la conscience.

Deux arguments différents se distinguaient en faveur de ce qu'on peut appeler une défense de principe plus qu'une *politique* de la liberté religieuse. Le premier venait de la proposition typiquement humaniste – formulée d'après la tradition par Pic de La Mirandole – selon laquelle il doit exister une vérité commune et universelle sous-jacente à toutes les grandes religions du monde (Kristeller, 1956, p. 271). L'exposé le plus fameux de cet argument chez un humaniste français fut donné par Guillaume Postel (1510-1581) dans son livre *La Concorde du Monde*. Postel s'était acquis une réputation brillante d'érudit classique avant d'avoir l'âge de trente ans, et en 1538 avait été nommé professeur de grec dans ce qui devait devenir le Collège de France (Bouwsma, 1957, pp. 3, 8). Il perdit ce poste en 1542 après une intrigue de cour, et c'est à ce moment-là qu'il entreprit d'écrire *La Concorde du Monde*, publiée en 1544 (Bouwsma, 1957, p. 9). Le livre comporte quatre parties, la première se proposant de démontrer « que le christianisme est la vraie religion », la deuxième présentant « l'exposé et la réfutation des croyances des Mahométans » (pp. 1, 136). La partie finale est surtout consacrée à des conseils pratiques pour convertir les mahométans et les juifs. Pourtant, le propos sous-jacent de Postel est plus conciliant et œcuménique que cet abrégé sommaire pourrait le suggérer. Sa croyance en la vérité du christianisme découle de ce qu'il le regarde essentiellement comme un ensemble de vérités morales démontrables et non comme des propositions théologiques dogmatiques ; s'il croit à la possibilité de convertir les infidèles, c'est qu'il se fonde sur la supposition que ces vérités s'imposeront d'elles-mêmes à tout être rationnel aussitôt qu'il en prendra connaissance[1]. Cela le conduit à soutenir que forcer une conscience individuelle n'est jamais nécessaire et pour cette seule raison jamais justifié. Il y insiste dans la troisième partie – la plus originale et la plus importante du livre – en disant que la tâche propre du missionnaire est de souligner les vérités de « la religion et de la loi communes à l'ensemble du monde » en cherchant au moyen d'arguments rationnels à obtenir la reconnaissance la plus large pour ces « principes communs » *(communes canones)* sous-jacents à la diversité de surface des opinions religieuses (pp. 261, 290).

Les arguments de Postel seront repris par nombre d'humanistes français au temps des guerres de religion. La reprise la plus complète apparaît dans un pamphlet intitulé *Au sujet des hérétiques : s'il faut les persécuter* paru en 1554. Publié sous le nom de Martin Bellius, c'était en fait l'œuvre de Sébastien Castellion (1515-1563). Né près de Lyon, Castellion y avait reçu une éducation humaniste, et s'était converti au protestantisme, avant de rejoindre Calvin dans son exil, en 1540, à Strasbourg (Buisson, 1892, I, pp. 21, 102). Il fut engagé comme régent du collège de Genève après le retour de Calvin dans cette cité, mais démissionna en 1544 après un conflit avec son maître et vint vivre dans une

---

1. Sur ce point, voir Bouwsma, 1957, p. 127, et l'exposé complet de la pensée de Postel dans Mesnard, 1936, en particulier pp. 434-451.

atmosphère plus aimablement humaniste à Bâle où il devint professeur de grec à l'université, en 1553 (Buisson, 1892, I, pp. 140, 237, 260). Sa désapprobation manifestement acquise à l'égard de l'intolérance religieuse de Calvin, dès les années 1540, demeurera présente, puisque son livre sur la persecution des hérétiques est avant tout destiné à critiquer son ancien mentor qui avait acquiescé à l'exécution de Miguel Serveto (Michel Servet, 1511-1553), théologien espagnol brûlé vif à Genève pour avoir mis en question le dogme de la Trinité (Bainton, 1953b, pp. 21, 207-212). L'un des objectifs premiers du livre de Bèze, *Punition des hérétiques par le magistrat civil*, publié six mois plus tard, est d'ailleurs de réfuter point par point l'exposé de Castellion. L'essentiel du texte consiste en une vingtaine de citations de grands théologiens en faveur de la tolérance religieuse, mais l'importance décisive de ce livre tient à l'argumentation originale qu'il développe dans la dédicace au duc de Wurtemberg. Comme Postel, il commence par la thèse humaniste typique: l'essence du christianisme consiste à essayer de « vivre en ce monde de façon sainte, juste et pieuse dans l'attente de la venue du Seigneur », proposition qui le conduit à conclure que toutes les disputes doctrinales n'ont aucun rapport avec le fait de conduire ou non une vie véritablement chrétienne (p. 122). Puis il soutient que, de même qu'une pièce d'or est recevable partout comme monnaie, « quelle que soit la figure » qui s'y trouve battue, de même il existe un or de la religion acceptable partout par tout homme raisonnable, sous toutes les apparentes variétés de leurs croyances et de leurs sectes (p. 130). En conclusion, puisque chacun se reconnaît dans la devise commune de sa croyance religieuse véritable, et comme cette monnaie ne peut être falsifiée par aucune différence locale, il ne peut y avoir, jamais, aucune justification pour forcer les consciences individuelles.

Une thèse identique réapparaît dans le gros ouvrage intitulé *Colloquium Heptaplomeres*, probablement la discussion la plus libre sur le sujet de la liberté religieuse produite en France au temps des guerres de religion (voir Sabine, 1931). Le *Colloquium* est la dernière œuvre de Jean Bodin (1530-1596), le plus grand philosophe politique français de son temps, qui l'a probablement terminée en 1588[1]. Peut-être ce texte ne fut-il pas écrit pour être publié : du vivant de Bodin, il ne circula qu'en manuscrit. En tout état de cause, le dialogue a lieu à Venise et s'ouvre sur la remarque que voici « la seule cité qui offre l'immunité et la liberté » pour une telle discussion (p. 3). L'hôte est un Vénitien catholique libéral, Coronaeus, et les autres participants aux six dialogues représentent de toute évidence l'ensemble des religions constituées : tour à tour, un luthérien (Podamicus), un sceptique (Senamus)[2], un tenant de la religion naturelle (Toralba), un calviniste (Curtius), un juif (Barcassius) et un converti à l'islam (Fagnola). L'idée selon laquelle tous les hommes appartenant à des croyances religieuses véritables sont certains de tomber d'accord sur les fondements de leur foi est la première proposition avancée lorsqu'ils en viennent, dans le quatrième dialogue, à discuter des fondements de leurs croyances singulières. Fagnola soulève la question lorsqu'il soutient que « juifs et musulmans ont en commun presque tout ce qui a trait aux questions de religion », et peu après Toralba commence à développer cette idée, dans une ambiance d'approbation générale pour cette thèse caractéristique de l'humanisme, que « si la religion véritable est contenue dans le culte sincère rendu au Dieu éternel, je crois que la loi de nature suffit au salut de l'homme » (pp. 213, 225). La même thèse est reprise à la fin du dernier dialogue, en particulier par Senamus, au moment où sont notamment évoqués les dangers de l'intolérance religieuse. Il invite ici les autres participants à reconnaître qu'ils sont effectivement en accord sur le point le plus important, à savoir que « Dieu est parent de tous les dieux ». Cela signifie que rien ne retient aucun d'entre eux « d'apaiser de communes

---

1. On donne habituellement la date de 1593, mais le manuscrit le plus ancien qu'on connaisse, découvert il y a peu à la Bibliothèque Mazarine, porte la date de 1588 ; voir Kuntz, 1975, p. XXXVII et note. Le *Colloquium* ne fut publié qu'en 1857.

2. Lecler, 1960, II, p. 181, qualifie Senamus de syncrétiste, mais d'après sa contribution au dialogue, je préférerais plutôt l'appeler « sceptique » comme Kuntz, 1975, p. XXXVIII.

prières l'Auteur et le Père de toute la nature, pour qu'il nous conduise tous à la connaissance de la vraie religion » (pp. 465, 466). En sorte que, sitôt reconnue cette base d'accord, il ne subsistera plus aucune excuse pour la persécution religieuse ou l'intolérance. Car si « tous peuvent être convaincus » que « toute prière de quiconque, si elle vient d'un cœur pur, est agréable à Dieu », alors « il sera possible de vivre partout dans le monde dans la même harmonie que ceux qui vivent sous le roi des Turcs ou des Perses » (p. 467).

Tout en reprenant les espoirs de conciliation de Postel, Bodin et Castellion développent un argument beaucoup plus radical en faveur de la liberté religieuse. Il s'agit de penser qu'à la base et au cœur de toutes les croyances religieuses on ne trouve pas tant une unité souterraine qu'une inévitable incertitude. Tel est en tout cas l'argument essentiel de Castellion dans la dédicace de son *Au sujet des hérétiques*. Il se demande tout d'abord ce que signifie hérésie, et répond que tout ce qu'il a été capable de trouver après une « soigneuse enquête » n'est rien de plus que ceci : « nous regardons comme hérétiques ceux avec lesquels nous ne sommes pas d'accord » (p. 129). Ensuite, il établit une distinction entre deux formes possibles de dissentiment religieux. D'une part on peut se séparer sur des questions de conduite : il propose par analogie de débattre de la meilleure façon de persuader des brigands qui ne veulent pas « amender leur vie ». Dans ce cas, Castellion l'accorde, on peut châtier un tel homme en toute justice, puisqu'il est « écrit et gravé dans le cœur de tout homme » qu'une vie de brigand est moralement mauvaise et mérite châtiment (pp. 130-131). D'autre part, nous pouvons entrer en débat sur des questions de dogme religieux. Nous pouvons, comme le font sans arrêt les chrétiens, disputer « du baptême, de la Cène, de l'invocation des saints, du salut, du libre arbitre ou autres questions obscures ». Il soutient, alors que « si ces matières étaient aussi évidentes que l'existence d'un seul Dieu, alors tous les chrétiens se seraient immédiatement accordés sur ces questions comme ils s'accordent sur l'existence d'un seul Dieu » (p. 132). En fait, pourtant, ces sujets ont de tout temps été l'occasion de violentes disputes. Il en conclut que de telles discussions ne s'élèvent que « par ignorance de la vérité » (p. 132).

La conclusion tout à fait radicale, sinon sceptique, à laquelle parvient Castellion, est que toutes les persécutions religieuses sont de fait fondées sur une présomption de certitude concernant des sujets sur lesquels la certitude est inaccessible. « Juger d'une doctrine est moins simple que juger une conduite », dit-il. Il s'ensuit un plaidoyer pour la tolérance. Selon lui, forcer la conscience d'un homme est un acte de vicieuse ignorance, car « celui qui, à la légère, condamne les autres montre par là qu'il ne connaît rien avec exactitude » (p. 133). Il y voit aussi un péché devant Dieu, qui ne peut nous demander de prétendre à la certitude dans des domaines où elle est impossible. Tout ce que nous pouvons faire, affirme Castellion, c'est suivre la parole de Dieu du mieux que nous pouvons, mais sans obliger quiconque à emprunter exactement le même chemin, et il rappelle la parole de saint Paul : « Que celui qui mange ne méprise pas celui qui ne mange pas » (p. 132).

On retrouve une trace de ce même argument sceptique dans l'œuvre majeure de Bodin, *Les Six Livres de la république*, publiée en 1576. Cela apparaît quand Bodin évoque le danger pour la sûreté de la république en cas de menées idéologiques subversives. Il stipule que, sauf si une croyance repose sur « des démonstrations complètes et irréfutables », on ne peut s'attendre avec certitude à ce que soient éliminés les « arguments et disputes qui la rendraient obscure ou douteuse ». À l'évidence, selon lui, il n'existe aucun fondement indubitable aux croyances religieuses. Toutes sont fondées « non tant sur les démonstrations et la raison que sur la seule assurance de la foi et de la croyance ». Cela signifie que ceux qui cherchent à établir la vérité de leurs croyances par « voie démonstrative et publication de libelles » ne sont pas seulement « fous en raison, mais encore affaiblissent les fondements et bases de toutes les religions » (p. 535).

Pourtant, à aucun moment dans la *République* n'est explicitement affirmé qu'un tel degré d'incertitude devrait entraîner une attitude de tolérance mutuelle. C'est seulement plus tard, dans le *Colloquium,* que Bodin reprend l'argument sceptique que Castellion, très audacieusement, n'avait pas hésité à formuler et à publier quelque trente ans plus tôt. Bien entendu, c'est à Senamus que Bodin confie la mission de représenter ce point de vue. Lorsque les religions rivales entrent en débat au début du quatrième dialogue, Senamus déclare sans ambages que de tout temps les chefs religieux « ont toujours eu tant de conflits entre eux que personne n'a pu décider de la vérité en matière de religion » (p. 152). La raison essentielle, explique-t-il plus tard, tient à ce que même si tous nous sommes prêts à convenir que la « religion dont Dieu est créateur est la vraie religion », cela ne nous laisse pourtant pas assez d'informations pour décider avec certitude de ce qu'il a créé « telle ou telle des religions » (p. 172). Une semblable incertitude oblige, puisque « les servants de toutes les religions sont si violemment en désaccord entre eux », à adopter le parti d'une complète tolérance. Nous avons le devoir de reconnaître qu'il est toujours plus sûr « d'admettre toutes les religions plutôt que d'en choisir une parmi tant d'autres », puisque notre ignorance est telle que nous pourrions aisément en élire une qui serait fausse, et en exclure une qui « pourrait être la plus vraie de toutes » (pp. 152, 154).

Cet argument a beau être proféré par un sceptique, on voit que l'ensemble de la tendance dans le *Colloquium* va dans ce sens. Avant la fin du dialogue, tous les interlocuteurs reconnaissent qu'aucun d'entre eux n'a été en mesure de persuader aucun des autres d'accepter la validité de sa propre croyance (p. 463). Cela est dû, semblent-ils reconnaître, au fait que la religion n'est pas un domaine d'argumentation discursive, puisqu'on dit en conclusion qu'ils « cessèrent de parler de religion, bien que chacun la tienne pour la valeur la plus sacrée de sa propre existence » (p. 417). D'une telle incertitude les interlocuteurs tirent la même morale que Senamus avait dégagée. Ils conviennent que, puisqu'il est manifestement possible à des hommes de sincérité insoupçonnable de conserver des opinions religieuses opposées sur lesquelles ils n'ont aucun espoir de jamais s'accorder, la seule manière d'agir est d'adopter une complète ouverture d'esprit. Ainsi est-il dit que « tous approuvèrent » lorsque le luthérien Podamicus, le moins tolérant dans le dialogue, mène la discussion à son terme en concédant qu'il sera toujours erroné de « forcer la religion » puisqu'il ne peut jamais être légitime que quiconque soit « forcé à croire contre sa volonté » en matière de foi personnelle (p. 471).

Une raison supplémentaire pour laquelle les huguenots pouvaient raisonnablement espérer obtenir une mesure de tolérance dans les années 1560 était qu'un groupe influent de catholiques modérés en était arrivé à la conclusion que toute tentative visant à imposer par la force une politique d'unité religieuse constituait une erreur tactique sinon morale. Cela devint la base caractéristique de ce qu'on appelle le parti des *politiques*, qui soutenait qu'il ne valait plus la peine de préserver l'unité, quelle que soit sa valeur intrinsèque, si le prix à payer pour l'assurer était la destruction de la république.

Lors du déclenchement des guerres de religion en 1562, il apparut si évident qu'une telle position s'imposait qu'un grand nombre d'humanistes, qui avaient d'abord parlé de la tolérance comme d'une valeur morale positive, commencèrent à ajouter cette inflexion *politique* à leur panoplie d'arguments. Ce fut par exemple le cas pour Castellion qui publia un pamphlet, Avis à la France désolée, juste après le déclenchement de la première guerre civile en 1562. Il ne recourt pas à l'incertitude des religions comme argument en faveur d'une tolérance mutuelle. Au contraire, il commence avec une attaque impartiale contre les catholiques et les huguenots à cause de leurs « mauvais remèdes », en particulier les « consciences forcées », et de leur décision de « se combattre et se tuer les uns les autres » pour réduire leurs différences (pp. 19, 24, 27). Il en appelle ensuite aux deux camps pour qu'ils vivent en concorde et « ne fassent pas aux autres ce qu'ils ne voudraient pas qu'on leur fît à eux-mêmes » (p. 36). Cette position n'est pas tant défendue comme un « commandement de Dieu » mais également dans le pur style *politique*, comme le seul moyen d'assurer que les dissensions religieuses n'entraînent pas la ruine de la communauté (pp. 36, 75-76).

Cependant l'argument *politique* fut essentiellement présenté par ceux qui ne croyaient pas à la liberté religieuse comme à une valeur morale positive, mais estimaient malheureusement nécessaire de l'admettre comme seule alternative à une guerre civile endémique.

Nous l'avons vu, cela devint rapidement la politique du gouvernement lui-même, et comme la crise de 1560-1562 prenait de l'ampleur cette position fut exposée brillamment et avec beaucoup d'efficacité par le nouveau chancelier Michel de L'Hospital (1507-1573) dans une série de discours aux États assemblés. L'Hospital fut désigné chancelier en mai 1560 et de toute évidence il pensait alors les divisions religieuses en termes traditionnels (Lecler, 1960, II, pp. 42-43). Son discours d'ouverture aux états généraux en décembre 1560 défend la formule ancienne « une foi, une loi, un roi » (p. 398). Il soutient que « c'est une folie d'espérer la paix, le repos et l'amitié entre peuples de religions différentes » et appelle à en terminer avec « les noms de luthériens, huguenots et papistes », et à en revenir à une foi unique (pp. 396-402). Pourtant il dut rapidement accepter que, malgré la valeur certaine d'un accord religieux, tenter de l'imposer était devenu ruineux. Cela apparaît clairement dans son discours d'ouverture aux parlements assemblés à Saint-Germain en 1562[1]. Il commence avec deux propositions indiscutables : l'unité religieuse est toujours désirable mais, du fait que « ceux de la nouvelle religion sont devenus si insolents », toute tentative pour établir l'unité constitue désormais un grave danger pour la paix civile (p. 442). Il introduit alors deux nouveaux principes de très grande conséquence. Il soutient que, même si le gouvernement a le devoir de défendre la religion établie dans la république, il a un devoir encore plus pressant « de maintenir le peuple dans la paix et la tranquillité » (p. 449). Là où ces deux devoirs s'opposent, il se dit prêt à envisager à part le sort du royaume et celui de la religion catholique, soulignant que la question fondamentale « n'est pas le maintien de la religion mais le maintien de la république » (p. 452). Puis il assure qu'une telle perte d'unité n'a pas nécessairement des effets si catastrophiques, car l'unité religieuse n'est pas en réalité essentielle au bien-être de la France. Il approuve la proposition selon laquelle « beaucoup

---

1. Dufey, éditeur des œuvres complètes de L'Hospital, a tort de dater ce discours d'août 1561. Pour les détails exacts, voir Lecler, 1960, II, p. 68 et notes.

peuvent être citoyens et ne pas être chrétiens » et il insiste sur le fait qu'il est possible pour le royaume dans son ensemble de « vivre en paix avec ceux qui ont des opinions différentes » comme cela s'est déjà vu dans le cas de familles où « ceux qui demeurent catholiques ne cessent pas d'aimer et vivre en concorde avec ceux qui adoptent la nouvelle religion » (pp. 452, 453). Il en conclut donc que les commandements traditionnels sont tout simplement inapplicables dans les circonstances présentes. Assurer l'unité « peut être bon en soi » mais « l'expérience la montré impossible » (p. 450). Au contraire cela amènerait à rompre la paix au nom de l'unité religieuse alors que la seule politique raisonnable est d'abandonner, au nom de la paix, la recherche de l'unité.

La solution *politique* de L'Hospital s'imposa d'évidence à une majorité de catholiques modérés à la veille des guerres civiles. Sa politique fut soutenue par les états généraux en 1561, notamment dans les *cahiers* qui demandaient « que la persécution pour fait de religion cessât » (Van Dyke, 1913, p. 495). L'argument fut repris par nombre d'auteurs catholiques, l'un des plus éloquents étant l'auteur de l'anonyme *Apologie pour l'Édit du Roi*, une défense de la politique de Catherine et de L'Hospital qui parut en 1563. Mais le texte *politique* le plus important publié à cette époque fut l'*Exhortation aux Princes*, paru dès 1561 et qui influença probablement L'Hospital dans son passage expéditif du conservatisme religieux à un point de vue pleinement politique (Lecler, 1960, II, p. 69). On a récemment beaucoup disputé de l'auteur de cette exhortation, il y a peu de doute pourtant qu'elle fût écrite par Estienne Pasquier (1529-1615), habitué des salons humanistes de Paris et l'un des historiens et auteurs politiques les plus érudits de son temps[1]. Pasquier commence son exhortation en affirmant qu'il

---

1. Cette attribution est traditionnelle mais Lecler, 1960, II, pp. 49-55, et Caprariis, 1959, pp. 153-158 l'ont mise en doute. Un argument très fort en faveur de Pasquier a été avancé par Thickett, 1956a ; voir pp. 50, 51 et la discussion p. 78. Pour un tableau de la question, voir Beame, 1966, pp. 256-260. Pour les liens de Pasquier avec les salons des humanistes français, voir Keating, 1941, pp. 54-59.

se considère lui-même comme un membre loyal de l'Église catholique qui regarde avec désapprobation la prolifération de nouvelles religions. Mais il ajoute aussitôt avec une brusquerie calculée qu'il n'y a « absolument aucun autre moyen » à adopter dans la crise actuelle que « de permettre deux églises dans la république, l'une romaine et l'autre protestante » (pp. 46-47). Il imagine la colère qu'une telle solution va susciter mais souligne qu'il n'y a réellement pas d'autre choix (p. 48). Bannir les protestants ne bannirait guère leurs idées, et essayer de les exterminer ne ferait que révéler que « nous ne pouvons désormais détruire les protestants sans provoquer notre ruine générale du même coup » (p. 51). Ainsi la seule solution est de tolérer les huguenots pour préserver la république. Pasquier est loin de considérer cette politique comme un idéal à atteindre, et il souligne pour finir qu'il n'est « en aucun cas l'avocat des protestants » mais au contraire qu'il regarde la perte de l'unité religieuse comme une calamité nationale (p. 85). Il conclut simplement qu'accepter un compromis *politique* doit apparaître à quiconque juge importante la « paix publique » un mal infiniment moindre que la seule alternative, qui est la guerre civile (p. 85).

En dépit de leur évident bon sens, ces tentatives pour éviter le conflit à venir étaient toutes condamnées à l'échec. Le gouvernement perdit complètement la capacité de poursuivre un objectif *politique* après les conflits de 1568, quand L'Hospital fut contraint d'avouer sa défaite et d'abandonner la vie publique (Michaud, 1967, pp. 27-28). Ensuite le gouvernement anéantit toute chance d'un règlement *politique* après le massacre de la Saint-Barthélemy qui amena les huguenots à une opposition révolutionnaire directe envers la monarchie des Valois. Dès le milieu des années 1570 la férocité de ces nouveaux conflits apparut à bien des auteurs politiques comme un signe tout à fait évident qu'une politique de tolérance était bel et bien la seule action envisageable pour un gouvernement. Il en résulta que fut réaffirmée avec un sentiment d'urgence accru l'idée qu'il fallait adopter immédiatement cette politique si l'on voulait éviter la ruine totale de la France.

Bien sûr ce renouveau fut en partie l'œuvre des huguenots eux-mêmes, dont beaucoup craignaient clairement de devoir faire face à une perspective d'annihilation complète après les massacres de 1572, à moins de pouvoir promouvoir d'une façon ou d'une autre une nouvelle politique de tolérance. Par exemple, Innocent Gentillet (1535-1588), écrivain huguenot éminent, chercha à affronter la crise en appelant à un accord *politique* avec le gouvernement et adressa à Henri III, lors de son accession au trône en 1574, une *Remonstrance* à cet effet (Lecler, 1960, II, p. 104). Un autre exemple, si l'on en croit certains critiques, est offert par Philippe du Plessis Mornay, à qui Patry a attribué une *Exhortation à la paix*, anonyme, parue en 1574 et implorant le gouvernement de reconnaître les huguenots plutôt que de laisser se poursuivre l'anarchie civile[1].

Cette renaissance du programme *politique* était plus qu'un simple réflexe de la part des huguenots, car les mêmes arguments furent bientôt développés une fois encore par bon nombre d'auteurs catholiques modérés dont le plus important est Jean Bodin avec *Les Six Livres de la république* en 1576. Bodin ne prétend pas récuser l'immense et immémoriale valeur de l'unité religieuse. Il introduit toute la question des religions concurrentes par le biais d'un exemple, en traitant des dangers de « sédition et faction » et il commence en soutenant que rien ne contribue mieux que l'unité religieuse à « maintenir l'État et la république », car elle fournit « le fondement principal du pouvoir et de la force » de l'État (pp. 535, 536). Quoi que Bodin ait pu être enclin à dire et à écrire en privé, sa doctrine publique affirma toujours qu'il ne pouvait être aucunement question d'accepter comme tolérable le droit naturel des minorités religieuses. Au contraire, il souligne que, comme toutes les « disputes en matière de religion » n'apportent rien d'autre que « ruine et destruction des républiques » il faut les « interdire par les lois les plus strictes » en sorte que toute religion « reçue et établie un jour par commun consentement ne soit plus jamais matière à question ni à discussion » (pp. 535, 536). Pourtant ces convictions sont

---

1. Voir Patry, 1933, p. 274. Voir aussi Lecler, 1960, II, pp. 105-106, qui tend à accepter cette attribution.

contrebalancées par la conscience réticente mais tout à fait claire que, puisque les religions concurrentes représentent une source de discorde aussi dévastatrice, il faut les tolérer à chaque fois qu'on ne peut les supprimer. Bodin évoque la situation du jour, dans laquelle « le consentement et l'accord de la noblesse et du peuple dans une nouvelle religion » sont devenus « si forts et puissants » que « réprimer [la nouvelle religion] semble être œuvre impossible » sans risquer « un péril et danger extrême pour l'État tout entier » (p. 382). Pour Bodin, sans aucun doute, dans une telle situation « les princes les mieux avisés » doivent « imiter les sages pilotes qui, quand ils ne peuvent atteindre directement le port souhaité, dirigent leur course vers le port qu'ils peuvent rejoindre » (p. 382). Il conclut aussitôt de cette comparaison que « l'on doit tolérer la religion ou la secte qu'on ne peut supprimer sans risquer la destruction de l'État » (p. 382).

La raison première pour laquelle Bodin accepte cette conclusion est que, bien que le gouvernement soit censé avoir le devoir de préserver l'unité religieuse, cela n'entame pas le fait que « l'objet premier de la loi demeure la santé et le bien-être de la république » (p. 382). Quand l'ordre entre en conflit avec l'unité religieuse, le maintien de l'ordre doit toujours être considéré comme ayant la plus haute priorité. Bodin exprime d'autres arguments plus audacieux encore, tout à fait dans l'esprit de L'Hospital, et soutient que tout prince devrait être capable de voir que « les guerres menées au nom de la religion » (qui, observe-t-il, ont proliféré « en Europe dans les cinquante dernières années ») ne sont pas en fait « fondées sur des points qui touchent directement à son État » (p. 535). Il s'ensuit que toutes les disputes religieuses devraient en fin de compte être tenues pour étrangères à l'exercice propre du gouvernement. Le devoir du prince est d'ignorer et d'éviter autant que faire se peut tout conflit de cette nature, en séparant le bien-être de son royaume du sort de toute religion particulière, et en prenant garde à « ne pas se faire lui-même partisan au lieu de tenir la place d'un juge souverain » (p. 535).

La montée de l'absolutisme

Les huguenots continuèrent à espérer une mesure officielle de tolérance tout au long des années 1560, mais il leur était difficile de ne pas se poser en même temps une question qui devait devenir d'une urgence désespérée en 1572 : que faire si le gouvernement finissait par se retourner contre eux et abandonnait sa politique de conciliation en essayant d'éliminer l'Église calviniste de France ? Il s'agissait pour l'essentiel de savoir si les huguenots auraient la capacité de mobiliser un réseau d'alliés assez puissant pour répliquer par une attaque directe contre la monarchie des Valois : jamais il ne fut pour eux question de constituer une force révolutionnaire suffisante en faisant seulement appel aux rangs clairsemés de leurs coreligionnaires. Il fut toujours évident qu'ils devraient mobiliser le plus d'ennemis possibles du gouvernement, qu'ils soient catholiques ou protestants. Cette perspective plaçait les huguenots devant une tâche idéologique nouvelle et extrêmement difficile. Ils constituaient une minorité, et pouvaient donc difficilement invoquer la théorie calviniste de la révolution, et demander (à la façon de Ponet, Goodman ou Knox) que le corps entier du peuple des fidèles se lève contre la congrégation de Satan pour rétablir la communauté du Christ. Il leur fallait développer une idéologie révolutionnaire susceptible d'attirer non seulement les ennemis de l'Église catholique, mais aussi les divers groupes de catholiques mécontents éventuellement prêts à rejoindre – ou en tout cas à laisser faire – un mouvement de résistance au Roi Très-Chrétien.

Il est ainsi fondamental de relever que, dans la première moitié du XVIe siècle, la théorie et la pratique développées par la monarchie des Valois en avaient fait un objet d'hostilité et de déception dans des secteurs importants des classes dirigeantes françaises. C'est par le fait de cette défiance de plus en plus marquée que les huguenots purent élaborer une théorie constitutionnaliste d'opposition au gouvernement, et non pas seulement une idéologie sectaire. Et c'est par référence à ce large appel qu'après que les massacres de 1572 les eurent précipités dans la rébellion ouverte, ils se montrèrent capables de rassembler assez de soutien pour mener une attaque générale contre l'ensemble du tissu organique du gouvernement des Valois.

Parmi les classes dirigeantes, la cause a plus répandue de ressentiment tenait à ce que l'appareil gouvernemental était devenu moins accessible à la noblesse héréditaire, et davantage centré sur la cour et la personne du roi. Signe de cette orientation, particulièrement observable après la réforme du Conseil sous Henri II en 1547 : la tendance croissante à s'appuyer sur de petits groupes de professionnels, secrétaires d'État, dont beaucoup occupèrent les positions officielles les plus élevées – notamment de Laubespine et Villeroy (Sutherland, 1962, p. 52). Ils assistaient au Conseil, suivaient la cour, étaient impliqués dans les treize départements de gouvernement local, et ainsi (comme le remarque Sutherland) « en vinrent à remplacer les ministres et officiers d'État dont ils avaient commencé par être les serviteurs » (Sutherland, 1962, p. 52). De même, et de façon encore plus significative, à ce moment-là, dans la Constitution se produisit un affaiblissement des éléments représentatifs légaux. Bien sûr le cadre de la Constitution médiévale, qui comprenait les pouvoirs des parlements et des états généraux, demeura théoriquement intact durant toute la première moitié du XVIe siècle[1]. Il ne fait cependant aucun doute que le gouvernement commença alors à négliger, voire à mépriser de plus en plus ces corps représentatifs. Cela semble évident dans le cas des états généraux, qui avaient été réunis assez régulièrement durant tout le XVe siècle pour approuver des mesures fiscales supplémentaires. Vers la fin de cette période, leur rôle commença à décliner lorsque la couronne établit la *taille*, impôt direct relevant de la seule autorité du Conseil du roi. Cela permit au gouvernement de lever de plus en plus de taxes non consenties, la collecte passant d'un million et demi de livres au début du XVIe siècle à quatre millions à la fin du règne de François Ier, et à six millions vers 1550, ce qui causa en soi

---

1. Major, 1960, en particulier p. 141, et 1962, pp.113, 124-125, insiste fortement – peut-être trop – sur ce point. Pour une vue plus mesurée, voir Salmon, 1975, pp. 62-66.

un grand ressentiment (Doucet, 1948, II, pp. 576-577). En conséquence, les états généraux ne furent plus convoqués après 1484, jusqu'à ce que la crise constitutionnelle et fiscale de 1560 contraignît le gouvernement à les ressusciter (Wolfe, 1972, pp. 118-121). À ce moment-là, les blessures éprouvées par les membres du tiers état étaient devenues si vives que non seulement ils rédigèrent des doléances formelles pour se plaindre, en 1561, que leur autorité ait été « méprisée au travers de procédures illégitimes », mais encore ils refusèrent de voter toute levée nouvelle d'impôts tant que leur rôle constitutionnel ne serait pas éclairci (Van Dyke, 1913, p. 493 ; Major, 1951, p. 104, 106-108).

À la même époque, le gouvernement adopta une politique tout aussi désinvolte à l'égard du Parlement de Paris, qui occupait formellement une position clé dans l'édifice constitutionnel puisqu'il enregistrait les édits royaux (le droit d'enregistrement), et pouvait formuler des réserves à leur sujet s'il les estimait non constitutionnels (le droit de remontrance). Ces droits furent directement mis en cause lors de l'accession au trône de François Ier, lorsque Antoine Duprat, le chancelier, annonça les intentions politiques du roi au Parlement, sans lui demander son jugement ni même son avis (Maugis, 1913-1914, I, p. 548). Quand Marthonie, le président, exigea en réponse que les représentations du Parlement fussent entendues, sa requête fut rejetée avec une dédaigneuse promptitude (Maugis, 1913-1914, II, p. 549). Même affrontement en 1526 quand le Parlement se trouve confronté à une demande royale pour « bannir toute tentative de limiter les ordonnances ou édits émanant du roi » (Maugis, 1913-1914, II, pp. 582-583). Ces tendances absolutistes connaissent leur apogée après 1560 sous la chancellerie de L'Hospital. En ouverture de son discours devant le Parlement en 1561, il en prévient les membres que, même si le roi leur a demandé leur avis « sur les plus grandes affaires de l'État », cela ne leur donne aucun autre droit que « d'offrir conseil et avis sur certaines matières » et laisse au roi entière autorité de décider, « selon son plaisir, à quel moment le leur demander » (p. 419). Il ira encore plus loin dans son discours d'ouverture de la session suivante en novembre 1561, commençant par la maxime selon laquelle

« une personne commande et toutes les autres doivent obéir », et assurant qu'une « forme de juridiction sans appel a été conférée à nos rois » (pp. 9, 14). Le président de l'Assemblée tenta alors de protester : le droit traditionnel à faire des remontrances contre les édits royaux ne constituait nullement un acte de désobéissance, ni en aucune façon une « dissolution des lois organiques » (p. 17). Mais cela n'aboutit au contraire qu'à pousser L'Hospital à insister davantage sur son interprétation absolutiste des relations entre le roi et les officiers de cour. Quand il se représenta pour ouvrir la session de novembre 1563, il parla avec vigueur en reprochant aux parlementaires de ne pas avoir su reconnaître que, « même si les rois ordonnent quelque chose qui paraît injuste », il demeure du devoir de ses conseillers « de garder mesure et prudence dans une telle situation, et de ne pas s'élever directement contre le vouloir du roi » (pp. 85, 87-88). La raison en est, il le souligne désormais explicitement, qu'il ne peut jamais être légitime pour quiconque de « s'opposer directement au vouloir et aux commandements des rois », car il faut s'attendre que, « jaloux de leur pouvoir » comme ils le sont, l'on « soit défait de leurs mains » dans tous les cas où l'on essaierait de contrarier l'exercice de leur autorité absolue (p. 88 ; cf. Shennan, 1968, pp. 209, 213).

Naturellement, pendant que les fonctions de gouvernement se trouvaient davantage concentrées entre les mains du roi et de ses conseillers professionnels, un grand nombre de fonctions judiciaires et administratives restaient encore le monopole de la noblesse, lui donnant les moyens de continuer à participer à l'exercice du pouvoir central et local. Mais la façon dont étaient attribuées ces charges devint, au cours de la première moitié du XVIe siècle, un nouveau sujet explosif de désaccord. Au commencement, le gouvernement poursuivit la politique de mise aux enchères des charges, au plus offrant, les considérant seulement comme une source supplémentaire de revenus et multipliant leur nombre de façon à augmenter ses bénéfices[1]. Le système devint une *vénalité au bout*

---

1. Voir Mousnier, 1945, pp. 20-21, et Doucet, 1948, I, pp. 410-411.

(vénalité généralisée) sous le règne de François Ier (Wolfe, 1972, pp. 101-102, 129-131). Au parlement de Toulouse, par exemple, le nombre des charges fut plus que triplé à cette époque, passant de vingt-quatre en 1515 à quatre-vingt-trois au milieu du siècle, chaque emploi étant mis aux enchères (Mousnier, 1945, pp. 27-28 ; Romier, 1922, II, p. 16). En outre, sous le règne suivant, cet abus augmenta encore brusquement de façon spectaculaire, quand on établit le système du second bénéficiaire *(l'alternatif)* pour presque chaque charge fiscale dans l'appareil du pouvoir (Wolfe, 1972, pp. 131-132 ; Romier, 1922, II, p. 20).

Le système fut établi au moment où la noblesse se trouvait démunie pour faire face à de nouvelles dépenses. À partir des années 1520, la noblesse commença à voir ses revenus décliner fortement, et l'on a estimé qu'au milieu du siècle huit familles nobles sur dix avaient soit aliéné une partie de leur domaine, soit contracté des dettes importantes (Bitton, 1969, p. 2). On trouve un tableau saisissant de ces difficultés dans les *Discours politiques et militaires* que le noble huguenot François de La Noue (1531-1591) composa en prison au début des années 1580 (Hauser, 1892, pp. 139-147 ; Sutcliffe, 1967, pp. X, XV). La Noue consacre son huitième Discours à la « pauvreté de la noblesse », qu'il qualifie de classe ruinée non pas tant par des conditions économiques défavorables que par sa propre propension à des « dépenses futiles » (p. 195). Il dénonce l'extravagance de ses costumes, sa « passion véhémente » pour de nouvelles constructions, la profusion de ses meubles et son hospitalité tapageuse (pp. 191-195, 198-200). Il ajoute que ces goûts immodérés trouvent une époque dangereuse pour se donner libre cours, car si « nos pères n'avaient pas même la moitié de nos revenus », nos dépenses ont « quadruplé dans le même temps » (p. 201 ; cf. Hauser, 1892, pp. 167-170).

Que les nobles aient estimé (ou tout au moins se soient eux-mêmes persuadés)[1] que, au milieu du XVIe siècle, ils ne pouvaient

---

1. Braudel suggère la possibilité de cet auto-aveuglement, en affirmant qu'en fait le revenu réel d'une partie de la noblesse a augmenté pendant cette période

plus décemment soutenir leur rang avec leurs seuls revenus avait fait de la vénalité systématique des charges un sujet de conflit particulièrement sensible. La Noue montre clairement que les nobles conçurent un très fort ressentiment devant le prix croissant, exorbitant, à payer pour entrer au service du roi. Mais ils furent encore davantage bouleversés par l'affaiblissement de leur position consécutif à la création d'une *noblesse de robe*, troupe de marchands et autres riches parvenus qui commençaient à utiliser leurs richesses pour acquérir des charges pourvues de patentes de noblesse, et donc évinçaient les détenteurs traditionnels et dissolvaient les rangs de l'aristocratie par ce qu'on a appelé le phénomène du « bourgeois gentilhomme » (Romier, 1922, II, pp. 21-23 ; Salmon, 1975, pp. 42-43, 96-98, 109-110). Au milieu du siècle, cette évolution fut dénoncée avec une véhémence croissante par un grand nombre de moralistes influents. Montaigne et Rabelais ont tous deux exercé leur verve caustique à l'encontre des chercheurs de charges, et des auteurs comme Noël du Fail (1520-1591) et Guillaume Des Autels (1529-1581), qui se regardaient eux-mêmes comme les porte-parole de l'aristocratie traditionnelle, entreprirent une critique sociale nostalgique où furent sans pitié satirisées les aspirations des parvenus. Les *Propos rustiques* de Du Fail (1547) sont pour une large part une déploration sur « la disparition des bonnes mœurs » consécutive à la corruption croissante des relations sociales (p. 16). Même accent dans la *Harangue au peuple de France contre la rébellion* publiée anonymement en 1560 par Des Autels (Young, 1961, pp. 158-159). On y trouve une attaque contre « les gens de basse condition qui s'arrogent les honneurs dus aux personnes de haute noblesse » ; ensuite le texte assure qu'aucun de ces *arrivistes* ne possède « aucune idée de la façon de se conduire pour maintenir leur réputation » (Young, 1961, p. 169) Quand les représentants de la noblesse présentèrent leurs cahiers de doléances aux états géné-

---

Voir Braudel, 1972-1973, I, pp. 525-527. Mais pour une étude locale donnant une vision beaucoup plus pessimiste, reflétant davantage la perception contemporaine, voir Le Roy Ladurie, 1967, pp. 293-300

raux de 1560, ils reprirent eux aussi la même complainte. Les députés de Toulouse dénoncèrent le « nombre infini » d'officiers corrompus qui avaient proliféré au cours du règne précédent, qui n'avaient rien au départ et se trouvaient maintenant propriétaires « de grands biens, seigneuries et demeures » (Mousnier, 1945, p. 55). Ces critiques culminèrent dans deux tentatives infructueuses de la noblesse, d'abord en 1560 puis en 1576, pour assurer qu'une part des charges gouvernementales soit réservée à ceux de naissance noble (Mousnier, 1945, p. 58).

Ces sentiments d'hostilité envers le pouvoir furent exacerbés par le comportement de ses défenseurs. Dans la première moitié du XVIe siècle, un groupe important de philosophes politiques « légistes » commença à soutenir, en un style de plus en plus agressif, que la concentration de l'autorité dans la personne du roi et l'atrophie de tout contrôle institutionnel sur lui devaient être considérées comme des interprétations légitimes de la Constitution fondamentale du royaume (Church, 1941, pp. 42-43). On peut remonter jusqu'au règne de Louis XII si l'on veut retracer le développement de cette idéologie fortement royaliste, lorsque Jean Ferrault écrivit son inventaire des *Vingt privilèges particuliers du Très-Chrétien Roi de France*, pamphlet dédié au roi qui réclamait pour la monarchie française des pouvoirs quasi illimités (Poujol, 1958, pp. 15-17). Assurément le pamphlet de Ferrault était assez singulier, car la plupart des auteurs du début de ce siècle souhaitaient conserver certains éléments d'une interprétation plus traditionnelle et donc plus constitutionnelle de l'autorité royale[1]. On retrouve cet engagement par exemple dans le *Catalogue de la gloire du monde*, inventaire des arguments légalistes publié en 1529 par

---

1. Il est tout à fait exagéré de dire que dans le domaine de la théorie « la monarchie absolue était d'ores et déjà constituée » au moment du couronnement de François Ier en 1515. Sur ce point, voir Mesnard, 1936, p. 490, et Poujol, 1958, p. 25. Comme Franklin l'a souligné, la plupart des auteurs politiques du début du XVIe siècle ont cherché à maintenir « un délicat équilibre entre les thèses monarchistes et constitutionnalistes ». Voir Franklin, 1973, p. 6 *sq.*, Church, 1941, p. 74 et *sq.*, et Kelley, 1970, p. 195.

Barthélemy de Chasseneuz (1480-1541) [Franklin, 1973, p. 6]. Mais avant la dernière décade du règne de François Ier, on rencontre un nouveau style plus absolutiste de pensée juridique et politique, qui commence à prévaloir sur l'ancienne pensée constitutionnaliste (Church, 1941, p. 45). Le meilleur exemple de cette pensée est fourni par l'œuvre de Charles Du Moulin (1500-1566), probablement le plus important philosophe du droit en son temps. Sa *Révision de la coutume de Paris,* qui parut à partir de 1539, s'inspire de bout en bout, comme Church en fait la remarque, « de l'idée d'une autorité royale toute-puissante », et exercera, dit-on, une influence directe sur l'élaboration de la monarchie d'Ancien Régime (Church, 1941, pp. 180-181). On trouve la même tendance chez les légistes plus conventionnels de cette époque, le plus important parmi eux étant Charles de Grassaille qui publia une analyse fortement absolutiste, la *Regale de France*, en 1538[1]. Pour finir, c'est sous le règne d'Henri II que l'évolution vers une théorie du pouvoir potentiellement sans limites du roi fut particulièrement prononcée. On peut le constater dans les écrits de personnages aussi secondaires que Guillaume de La Perrière, dont le *Miroir de la politique* parut en 1555, et Étienne de Bourg, qui publia en 1550 un traité intitulé *Domination du Roi Très-Chrétien sur la cour suprême du Parlement de Paris* (Allen, 1957, p. 284 ; Church, 1941, pp. 340, 343). On rencontre le même développement dans les écrits de Pierre Rebuffi, le grand légiste de son temps. Son *Commentaire sur les constitutions et ordonnances royales*, paru en 1549, donne le meilleur exemple de la façon dont les théoriciens des lois organiques les plus orthodoxes, vers le milieu du XVIe siècle, se mirent à écrire dans un style absolutiste pratiquement sans compromis (Franklin, 1973, pp. 16-17).

On peut fort bien prendre la mesure de cette inflexion vers l'absolutisme quand on met en parallèle ces traités avec la *Monarchie de*

---

1. Voir Franklin, 1973, p. 7, note. Pour les autres prédécesseurs de Du Moulin, y compris Angleberme, Bohier, Lemaire de Belges et Tiraqueau, voir Kelley, 1970, particulièrement pp. 185, 195.

France, célèbre relation des lois organiques françaises, beaucoup plus modérée, rédigée en 1515 et publiée quatre ans plus tard (Poujol, 1961, pp. 91-92). C'était l'œuvre de Claude de Seyssel, qui avait été membre du Parlement de Paris et avait été élevé au Grand Conseil institué par Louis XII (Hexter, 1973, p. 214). Naturellement, Seyssel souligne la grandeur et l'importance du roi de France, qu'il considère comme ordonné par Dieu et absolu dans les justes limites de ses juridictions. Mais il remarque avec tout autant de netteté que, en France, toute tendance à l'absolutisme est sans cesse limitée par une série de « freins » à l'autorité du roi, à savoir la police, la religion et la justice (p. 113). Le plus complexe de ces freins, et le plus significatif constitutionnellement, est la *police*, notion qui englobe trois éléments (Gallet, 1944, pp. 11-16). Le roi est limité d'abord par deux lois fondamentales que « même les princes ne sont pas autorisés à modifier » (p. 119). La première stipule que « le domaine et le patrimoine royal ne peuvent être aliénés sans absolue nécessité » (p. 119). L'autre, qui est mentionnée au début du recensement par Seyssel des particularités de la monarchie de France, est la loi salique, selon laquelle « la couronne doit échoir en succession mâle, sans tomber en quenouille » (p. 112). Le deuxième élément de la *police* désigne les éléments susceptibles de limiter de fait les pouvoirs du roi par l'autorité de la coutume, et en particulier par la conception du « bon ordre et harmonie qui existent entre toutes les classes d'hommes vivant dans le royaume » (p. 127). Une construction pyramidale de la société s'est constituée au cours des siècles, qui confère à chaque strate son statut propre avec les droits et devoirs qui lui sont attachés (pp. 121-124). Le roi a pour devoir de ne pas opprimer ni altérer aucune partie de la hiérarchie sociale, et d'assurer à chacun son dû conformément à sa position légitime. Enfin, le roi est bridé par l'obligation de prendre conseil, ce qui constitue le troisième élément de la *police*. Il est essentiel de solliciter un avis sage et de le suivre, Seyssel le souligne en particulier au commencement de la IIe partie, quand il discute des « choses nécessaires pour conserver et élever la monarchie de France » (p. 129). Comme le roi ne doit « jamais agir à la légère ou avec une volonté déréglée », il est essentiel que « toutes ses actions, en particulier celles qui concernent la communauté, soient prises selon de bons conseils », qui sont donc absolument capitaux pour une conduite harmonieuse des affaires (p. 133).

Si l'on passe de Seyssel aux légistes ultérieurs, on constate une érosion progressive mais croissante de l'idée que la *police* constitue un frein à l'autorité absolue du roi. Cette inflexion, bien sûr, n'est pas soudaine, et n'avait certes pas atteint son terme au milieu du siècle. Les légistes les plus absolutistes eux-mêmes continuaient à tenir que le roi était soumis aux lois fondamentales. C'est vrai même de Du Moulin, le partisan le plus systématique de la suprématie royale. Dans la première partie de sa *Révision*, il reconnaît que le domaine du roi de France « est inaliénable, y compris par le roi lui-même » (p. 79, col. 1). Et il semble bien adopter la formule de Ferrault, selon laquelle « la loi de France, établie au temps de Pharamond » établit sans conteste que « la couronne de France ne peut en aucun cas tomber en mains de femme[1] ». Il subsistait de même un sentiment très fort : le roi devait voir ses pouvoirs freinés par les droits coutumiers de ses sujets. Cela apparaît en particulier chez Chasseneuz et La Perrière, qui tous deux développent avec emphase (dans un style humaniste aussi bien que légiste) le thème d'une communauté figurant un tout harmonieux[2]. On trouve une

---

1. Voir la réédition qui donne la position de Ferrault dans les *Lois et Privilèges du roi de France,* dans le second volume des *Œuvres* de Du Moulin, et pour cette citation, voir vol. II, p. 549, col. 2.

2. L'ensemble du *Catalogue* de Chasseneuz est fondé sur ce principe, qui fait du prince « la tête du corps politique« (section V), et l'organisation qui en découle à travers la hiérarchie des « membres », y compris les dignitaires féodaux (VI), les titulaires de charges d'officiers (VII), la noblesse (VIII), l'armée (IX) et les classes inférieures (XI). On peut soutenir que les écrits de La Perrière n'ont pas été classés où il conviendrait (par exemple par Church, 1941, p. 44) quand on les a considérés comme l'œuvre d'un légiste. Même si sa présentation de la monarchie est semblable, sa façon est plus celle d'un humaniste que d'un légiste, avec de nombreuses citations de Patrizi, Pontano, More, et même Machiavel, autant que

telle affirmation chez les plus orthodoxes des légistes ultérieurs, par exemple Rebuffi, qui continue à soutenir, dans sa discussion sur le concept de loi, « qu'on ne saurait aller contre les coutumes des habitants », et qu'on doit toujours légiférer « conformément au temps et au lieu » aussi bien qu'en accord avec les « coutumes prévalant dans le pays » (p. 9).

Quoi qu'il en soit, sur deux points essentiels les auteurs légistes réduisent le contrôle de la *police*. Tout d'abord, ils mettent en cause la nécessité du conseil (Church, 1941, p. 60). Cette tendance apparaît déjà chez Chasseneuz, que sa discussion sur la maxime « le roi de France est empereur dans son royaume » conduit à préciser combien le roi se situe à tous égards au-dessus et en dehors de ses sujets (section V, f° 26a ; f°s 26b, 32b[1]). Vingt ans plus tard, quand on en vient à Rebuffi, la modération par le conseil a pratiquement disparu. Il continue à croire que « les lois sont formulées de façon plus satisfaisante » lorsqu'elles sont présentées « devant la plus haute cour avant d'être promulguées » (pp. 7, 9). Mais il ne pense plus que les rois de France soient limités par aucune obligation formelle de recevoir aucun avis légal ou politique. Il remarque que, même s'il est arrivé qu'il y ait eu « en France des débats devant la plus haute cour avant la promulgation des lois », cet usage semble désormais tombé en désuétude. Et il accepte que le roi ait maintenant le droit de promulguer des lois sans prendre aucun conseil, car « les ordonnances du roi en son royaume ont force de lois », et le roi a pouvoir d'« abroger la loi ou d'autoriser une coutume contraire à la loi » en vertu de sa seule autorité (p. 34).

L'autre façon dont les juristes affaiblissent la *police* consistait à mettre en cause le postulat fondamental de Seyssel de la communauté considérée comme un tout harmonieusement organisé. Même si cette position perdurait, il existait également une tendance

---

de Platon et Aristote. (Selon Carcachia, 1943, p. 130, La Perrière est le premier écrivain français à citer Machiavel. Pour La Perrière, sur le roi comme tête du corps politique, voir Sig. G, 1a.

1. La pagination du *Catalogue* recommence à chaque nouvelle section.

opposée, qui prenait de l'importance, à se concentrer sur la personne du monarque, à le tenir moins pour le chef d'une hiérarchie féodale que pour un souverain absolu régnant sur tous ses sujets. Cela était en partie dû à l'application du concept d'*Imperium*, issu du droit romain, dans un style néo-bartolien, pour élucider les prérogatives du roi de France. C'était aussi le résultat d'une tendance récente, plus humaniste, consistant à s'intéresser à la façon dont les rois de France avaient à travers les âges construit leur suprématie absolue en acquérant de plus en plus de « marques » de souveraineté (Kelley, 1970, pp. 198-199). La marque qui eut le plus d'importance fut le droit de désigner les magistrats du plus haut rang, suivie par le droit de guerre et de paix, puis le droit d'entendre les appels et d'accorder les grâces, auxquels s'ajouta une longue liste de moindres *iura regalia* – il y en eut jusqu'à deux cent huit, selon l'héroïque calcul de Chasseneuz (Kelley, 1970, pp. 198-199).

Cette évolution reçut un soutien magistral avec l'appui de Du Moulin qui, en 1539, dans la première partie de la *Révision de la coutume de Paris,* porte une attaque systématique contre la vision féodale de la société française, comme d'un tout harmonieusement hiérarchisé [1]. Dans cette tentative d'exalter le pouvoir absolu de la couronne, Du Moulin prend un point de départ technique : il commence ses *Commentaires* en passant en revue les « conjectures futiles » de ceux qui ont cherché à situer « dans le droit romain l'origine et l'invention des fiefs » (p. 3, col. 1). Cela l'entraîne à dénoncer, non sans une certaine malice, les juristes humanistes qu'il proclame admirer le plus, Budé, Zasius et Cujas en particulier, qui avaient cherché à établir que la notion de vasselage (et par conséquent le fait que le fief entraîne l'obligation de service personnel) était née de la relation *patronus-cliens*, dans la Rome impériale (p. 6, col. 2). Du Moulin remarque ainsi : « il n'y a pas dans le Code romain tout entier un seul mot » qui permette d'identifier client et

---

1. Il est tout à fait erroné, comme le fait par exemple Allen, de ranger Du Moulin au nombre des théoriciens opposés à la monarchie des Valois. Voir Allen, 1957, pp. 385-386.

LE CONTEXTE DE LA RÉVOLUTION HUGUENOTE   713

vassal (p. 3, col. 2). Naturellement il existe un long développement sur le rapport *patronus-cliens*, mais jamais le patron n'est « appelé seigneur » *(dominus)*, non plus que les clients ne sont « jamais appelés vassaux » *(servi)* (p. 3, col 1 ; p. 5, col. 1). Du Moulin en conclut que l'idée de fonder la société sur le fief ne vient absolument pas du droit romain, que c'est une « invention du vieux royaume des Francs » à la fin du VIe siècle, que là est « l'origine véritable des fiefs, et qu'on ne peut en trouver de fondement plus ancien » (p. 3, col. 1 ; p. 5, col. 1).

Cette analyse fournit à Du Moulin les bases d'une attaque qui fera date contre la structure pyramidale des droits et obligations caractéristiques du féodalisme. Il prétend avoir établi que cette organisation sociale est totalement étrangère au droit romain. Il soutient pourtant aussi que le droit romain offre le fondement légal de la Constitution fondamentale de la France, qu'il tente de présenter – en pur néo-bartolien – comme une suite directe de l'*Imperium* de Rome (Gilmore, 1941, p. 63). Il s'ensuit que le système des droits seigneuriaux et le vasselage qui subsistent en France ne sont qu'une tardive et illégale tradition coutumière pour usurper l'*Imperium* absolu originellement détenu de plein droit par la monarchie française. Du Moulin saute alors directement de l'analyse légale technique à des conclusions politiques absolutistes. Cela apparaît d'abord dans sa longue glose sur le concept de fief. Il s'agit simplement, souligne-t-il, d'une forme de propriété qui ne comporte aucune « obligation de service personnel de la part du vassal » puisque aucune forme légale d'assujettissement personnel ne peut exister sinon envers le roi (p. 69, col. 1). Il confirme plus loin cette interprétation dans sa glose sur le « serment féodal », où il soutient que toute juridiction seigneuriale est techniquement une délégation de l'autorité royale et non un droit indépendant, car il faut dire avec force que « dans chaque partie du royaume le roi est source de toute justice, détenteur de toutes juridictions et jouissant du plein *Imperium* » (p. 128, col. 1). Il tire ensuite les mêmes conclusions absolutistes en présentant les relations du roi avec ses sujets. Son argument est le suivant : puisque le roi a plein contrôle sur « tous seigneurs temporels, qu'ils soient laïcs ou ecclésiastiques », chacun doit occuper la même position dans sa relation à la couronne : chacun doit être de façon égale un sujet *(subditus)* puisque chacun dépend de façon égale de l'absolue autorité du roi « pour l'exercice de sa juridiction et de sa domination » (p. 128, col. 1 ; cf. p. 133, col. 1 ; voir aussi Church, 1941, p. 187).

Pour retracer l'évolution qui amena à légitimer le pouvoir de la monarchie absolue en France, il convient de faire une large place à la critique des liens féodaux telle que l'avait inaugurée la grande œuvre de Du Moulin[1]. Car il ne peut guère y avoir de doutes sur la portée idéologique de son attaque fondatrice contre la thèse « romaine » des origines de la société féodale. De son vivant même, elle se transforma en une nouvelle orthodoxie, en étant reprise et élargie chez René Choppin, Louis le Caron et bien d'autres légistes partisans de la monarchie absolue (Kelley, 1970, p. 193). Tous ces auteurs cassent définitivement l'icône d'une société hiérarchisée qui, nous l'avons vu, avait résisté aux écrits des légistes eux-mêmes dans la première moitié du siècle. La nouvelle structure qui commence par conséquent à apparaître a les traits de l'absolutisme moderne : la pyramide féodale des droits et obligations s'effondre, le roi seul détient l'*Imperium* tout entier, à tous les autres membres de la société est assigné un statut unique de sujets indifférenciés.

Le développement de cette idéologie non seulement relâche les « freins » de la *police* selon Seyssel, mais encore invite à mettre en question les deux autres limitations qu'il avait placées sur le pouvoir de la monarchie française. Toutes deux sont liées à l'analyse que fait Seyssel du « vrai devoir du prince » (qui est dit « envoyé par la divine providence pour accomplir sa grande et honorable charge ») à savoir agir comme un juge désigné par Dieu lui-même pour assurer que sa volonté soit accomplie dans le monde (p. 150). Ce qui implique que ce sont les principes de justice et non la seule

---

1. C'est je crois une faiblesse de la tentative par ailleurs remarquable d'Anderson pour retracer les *Sources de l'État absolu* que de ne pas avoir trouvé de place pour analyser le rôle des opinions antiféodales dans la formation de l'absolutisme moderne (cf. Anderson, 1974, pp. 85-112).

volonté du roi qui sont à la base des lois dans toute communauté bien ordonnée (p. 117). Le second frein à l'autorité absolue du roi est constitué par la *justice* (p. 117). Cette image traditionnelle du roi comme reflet de la justice divine signifie aussi que, en tant que moyen pour assurer que les ordonnances royales respectent bien les principes de justice, le roi lui-même doit être sujet aux lois de Dieu. En sorte que l'ultime limitation contre l'absolutisme est constitué par la *religion*, frein que Seyssel nomme le premier et considère comme le plus fondamental (p. 115).

Selon Seyssel, ces limitations entraînent deux conséquences pratiques pour la conduite adéquate du gouvernement. De ce que la *justice* était dite fondement de la république, il s'ensuivait qu'une place essentielle devait être réservée dans la Constitution française aux cours de justice et en particulier au Parlement de Paris, la cour la plus élevée dans le royaume. Si le roi manquait à ses devoirs de justice envers ses sujets du fait de ses ordonnances, il pouvait les voir contestées ou même révoquées par les parlements, « qui ont été essentiellement établis pour limiter le pouvoir absolu que les rois pourraient sans eux chercher à exercer » (p. 117). L'autre conséquence est que, comme il est vital pour l'administration de la justice que le Parlement ait la capacité de citer le roi à comparaître, il est nécessaire que « les officiers délégués pour administrer la justice soient perpétuels, en sorte qu'il soit au-delà du pouvoir du roi lui-même de les déposer » (p. 118). S'ils sont désignés selon le bon plaisir du roi, ils sont exposés à être privés de leur rôle le plus important, à savoir contrôler que les ordonnances du roi sont conformes aux principes de la justice naturelle. D'où la formule : « pour assurer l'exercice de la justice en toute sûreté », il faut qu'ils soient « souverains » dans leur propre sphère (p. 118).

Si l'on passe une fois encore de Seyssel aux légistes ultérieurs, on constate une tentative délibérée pour relâcher ces brides que constituent la religion et la justice. Naturellement cette évolution ne sera ni soudaine ni complète. Les légistes vont continuer à partager l'image du roi comme juge, et en particulier comme miroir de la justice de Dieu dans le monde. Du Moulin, analysant la notion de loyauté dans la première partie de sa *Révision*, affirme que la manière dont il convient d'envisager la majesté du roi est de le considérer comme « loi vivante » et « incarnation de Dieu dans son royaume », rendant les jugements de Dieu lui-même (p. 247, col. 1). Rebuffi, qui écrit dix ans plus tard[1], commence encore sa glose sur la notion de loi en établissant la même relation entre celle-ci et le roi, citant la propre parole de Dieu dans les Proverbes (« à travers moi les rois règnent »), et ajoutant que nos souverains doivent être tenus pour des représentants de Dieu, qui les a ordonnés « pour accomplir ses justes lois et ordonnances » à travers le monde (p. 6).

Il existe pourtant deux points sur lesquels ces légistes plus tardifs commencent à restreindre les limitations de *la religion* et de *la justice*. Le premier consiste à soutenir que, si le Parlement de Paris a sans conteste le droit de réprimer l'action injuste d'un sujet à l'égard d'un autre, il n'a pas le droit d'intervenir dans la conduite judiciaire du roi (Church, 1941, p. 71). On sentait déjà naître cette inflexion chez Chasseneuz, qui consacre la VIIe partie de son *Catalogue* à analyser la structure et l'autorité du Parlement. Il tient certes compte de sa dignité, la comparant à celle du Sénat dans l'ancienne Rome, et soulignant que « le roi en dehors de son pouvoir ordinaire n'a pas capacité de révoquer aucune de ses décisions » (section VII, f° 6b). Mais comme d'autre part il soutient (tout comme Jacques Ier, plus tard, contre Sir Edward Coke) que les pouvoirs du roi sont doubles, à savoir « ordinaire » et « absolu », cela laisse à penser que si le pouvoir ordinaire n'est pas en mesure de contrebalancer celui du Parlement, l'autorité absolue peut toujours être invoquée pour passer outre à ses jugements (Church, 1941, p. 64 ; Franklin, 1973, p. p 12-14). Pareille pensée se trouve poussée beaucoup plus loin chez Du Moulin, qui en fait un corollaire de la maxime selon laquelle toute charge prend la forme d'une délégation de l'*Imperium* suprême du roi. D'où l'idée qu'une cour capable de limiter les pouvoirs du roi était une impossibilité légale. Cet argument est présenté dans une longue glose sur la notion de fief dans la première partie de la *Révision*. Du Moulin tient cet

---

1. Voir également La Perrière, qui écrit encore plus tard, sig. Gg, 1b-2b.

axiome que « le pouvoir de faire les magistrats doit être compté au nombre des droits régaliens » (p. 79, col. 2). Cela implique que les juges « ne peuvent être possesseurs indépendants de leurs propres juridictions », car ils « ne font que les administrer au nom du roi » (p. 80, col. 1). En conséquence le statut du Parlement de Paris ne diffère pas de celui des autres cours : les officiers possèdent la *jurisdictio*, mais pas l'*Imperium* ; ils reçoivent leur autorité comme une *concessio* du roi, et donc demeurent dans la dépendance de son autorité (p. 80, col. 1 ; p. 97, col. 2 ; p. 98, col. 1). Près de dix ans plus tard, quand paraît le *Commentaire* de Rebuffi, cette nouvelle relation entre le roi et le Parlement est considérée comme un fait acquis. Il remarque ainsi : « Il fut un temps où les plus hautes cours contrôlaient les rois eux-mêmes », mais ajoute que de nos jours, les « rois ne leur obéissent pas et ne sont plus gouvernés par leurs conseils » (p. 21). L'amoindrissement du statut et de l'indépendance que cela fait apparaître se confirme plus loin dans la discussion sur le rôle des suppliques au roi (pp. 286-306). Il conclut ici qu'« il est connu de tous » de nos jours qu'« il n'est pas illégal que le Parlement adresse des appels, mais seulement pour supplier le prince » (p. 289).

Enfin cette conception de la dépendance du Parlement par rapport au roi est confirmée par le rejet de la proposition de Seyssel selon laquelle les magistrats sont inamovibles y compris par le roi lui-même (Church, 1941, pp. 51-52). Du Moulin développe son argument dans la première partie de sa *Révision*. Il admet que reconnaître une telle inamovibilité serait concéder non seulement une *jurisdictio*, mais encore l'*Imperium* (p. 79, col. 1). Mais comme il a déjà été établi que seul le roi détient en France l'*Imperium* puisque « tous les pouvoirs de quiconque détient une charge lui ont été conférés par notre souverain », il s'ensuit que toute juridiction ainsi conférée est susceptible d'être révoquée (p. 78, col. 1). Cela est par la suite confirmé dans la glose sur le serment prêté au roi (pp. 126-130). Comme le souverain est « la source de chaque degré et genre de justice », il lui est toujours possible d'exiger que les droits liés à toute charge reviennent « à la couronne dont ils émanent » (p. 182, col. 2). L'argument est étayé par une référence au fameux différend entre Azo et Lothaire. Du Moulin ranime l'ancienne idée, qui commencera donc à regagner de son ancienne influence, selon laquelle « en relation avec le royaume de France, l'opinion de Lothaire est absolument fondée », elle qui soutient que « tout droit, toute domination et toute possession résident dans le prince seul » (p. 79, col. 2). Ainsi l'idée d'une constitution mixte, chère à Seyssel, est-elle complètement renversée. La conclusion de Du Moulin est que « le roi doit dans chaque cas conserver le droit d'ajouter « car tel est notre bon plaisir » lorsqu'il confère quelque charge que ce soit dans la communauté (p. 80, col. 1).

Le retour du constitutionnalisme

Outre le fait que la monarchie s'était rendue très impopulaire dans la première moitié du XVIe siècle, les huguenots avaient des raisons de penser que s'ils se trouvaient dans une situation de confrontation révolutionnaire avec le pouvoir, ils pourraient recevoir un appui plus large que celui de leur seul parti religieux. En réaction contre les théories absolutistes développées jusqu'à la fin du règne d'Henri II, grand nombre de publicistes catholiques modérés avaient demandé un retour à ces vues plus traditionnelles et moins absolues[1]. Cela signifie qu'ils avaient déjà mis en doute les

---

1. Les figures prédominantes de ce mouvement sont Pasquier, Bodin et Du Haillan. La tentative la plus complète pour rendre compte d'eux dans leur ensemble se trouve chez Caprariis, 1950, pp. 257-371. Il peut paraître erroné de qualifier Bodin de « catholique modéré » dans les années 1560. On mit souvent en doute son orthodoxie, et il semble même qu'il ait connu la prison en 1569-1570 parce que soupçonné d'être huguenot. Mais il reste hors de doute que ses positions publiques font de lui un catholique modéré, et il jura fidélité à la foi catholique quand il commença à exercer à Paris en 1562. Après les années 1560, il devint de plus en plus hostile au radicalisme calviniste, aux Pays-Bas et en France, et devint membre de la Ligue catholique. Même si ses opinions personnelles ont été justement qualifiées par Kuntz de « complètement tolérantes », ses positions publiques restèrent celles d'un catholique modéré. Sur ce point et

prétentions absolutistes des Valois, et en conséquence posé les fondements d'une opposition constitutionnelle et non religieuse à leur autorité[1]. Pour les huguenots, la signification de cet arrière-plan fut que, lorsqu'ils se trouvèrent poussés à la rébellion ouverte en 1572, ils purent s'appuyer sur une tradition constitutionnaliste existante pour l'amalgamer à leur propre héritage d'idées révolutionnaires calvinistes, et cela pour développer une théorie de la résistance capable de convaincre non seulement leurs propres coreligionnaires mais un éventail beaucoup plus large d'opposants au gouvernement.

Dans les années 1560, l'attaque contre les théories de la suprématie royale prit notamment la forme d'un retour aux théories constitutionnalistes que Seyssel avait condensées au début du siècle (Church, 1941, p. 98). Ainsi dans les écrits de Bernard de Girard, seigneur Du Haillan (v. 1535-1610), en particulier dans son *État et succès des affaires de France*, publié en 1570[2]. Au début du livre III, consacré à analyser la structure constitutionnelle de la France, on trouve une attaque contre « une foule d'auteurs ineptes » qui ont « écrit que c'est un crime de *lèse-majesté* » de parler de frein constitutionnel au pouvoir du monarque car cela réduirait à « rien son autorité, sa grandeur et son pouvoir » (f° 170b). En réponse à ce développement, Du Haillan attire l'attention de son lecteur sur les « vues de Claude de Seyssel dans sa *Monarchie de France* ». Il ajoute ingénument qu'il a tiré tous ses arguments de Seyssel, et a suivi son

---

d'autres détails concernant les opinions religieuses de Bodin, voir Kuntz, 1975, en particulier pp. XX-XXV.

1. On peut soutenir qu'en soulignant fortement les éléments de constitutionnalisme dans la pensée des légistes, Franklin a sous-estimé la mesure dans laquelle ces théoriciens constitutionnalistes attaquaient délibérément les théories exposées dans le chapitre précédent. Il me faut néanmoins dire que mon propre exposé doit beaucoup aux deux livres brillants de Franklin ; voir Franklin 1963, et Franklin, 1973.

2. Pour cette œuvre, voir sous Girard dans la bibliographie des sources primaires, et, pour plus de détails, voir Kelley, 1970, pp. 233-238.

développement presque mot à mot (f⁰ˢ 170a, 174b). Cela est largement confirmé par l'histoire de la Constitution française qui occupe les livres I et II de l'ouvrage de Du Haillan. La conclusion est que cette histoire montre le comportement de nos rois « lié à *la religion, la justice et la police* », et donc la façon dont « l'autorité de nos rois est bridée par les lois qu'eux-mêmes ont faites » (f⁰ˢ 10b, 168b).

Pourtant l'essentiel ne tient pas à ce retour à Seyssel ni à la réitération des thèses constitutionnalistes du Moyen Âge. L'essentiel est que les auteurs des années 1560 fondaient leurs attaques sur la nouvelle approche humaniste des études juridiques que nombre de juristes avaient déjà commencé à utiliser pour contrebalancer la manière traditionnelle de la jurisprudence scolastique. Les légistes avaient pour l'essentiel continué à suivre la méthode scolastique, traitant le droit romain comme une autorité immédiatement applicable, et faisant comme si le roi de France pouvait être regardé comme successeur direct de l'*Imperium* de l'Empire romain tardif. Or, nous l'avons vu, cette conception avait déjà été mise en cause par nombre d'humanistes du *quattrocento*, en particulier Valla, Poliziano et leurs disciples, et par beaucoup de juristes italiens qui avaient suivi ces réflexions, notamment Pomponio, Alciat et Salamonio. Alciat avait introduit ces méthodes nouvelles en France dans les années 1520, les mettant en œuvre dans son enseignement à Avignon, et surtout à Bourges. Cela avait fait de lui le centre d'une nouvelle école d'étude du droit, école rapidement connue sous le nom de *mos docendi Gallicus*, à mesure que les réflexions et les techniques d'Alciat furent reprises et propagés par des enseignants aussi éminents que Cujas, Hotman, Baudouin, Pasquier et Le Douaren (Kelley, 1970, pp. 100-115).

Les premiers humanistes qui écrivirent sur le code romain se consacrèrent essentiellement à reconstruire l'histoire et le développement du code civil, et cela les amène à attaquer la tradition (Bartole) qui tentait d'appliquer directement au monde moderne la sagesse des lois antiques. Une des conséquences de la faveur croissante que connut l'approche humaniste fut qu'on mit en doute les méthodes traditionnelles d'enseignement du droit. Comme l'application immédiate du Code Justinien commençait à paraître problématique, il ne parut plus aller de soi que l'enseignement juridique pouvait se contenter de gloser sur le contenu du Code et d'appliquer ces gloses directement aux circonstances présentes. Durant les années 1560, une polémique croissante apparut, d'abord sous la plume de François Baudouin dans ses *Prolegomena* de 1561, puis avec plus de verdeur par François Hotman dans son *Anti-Tribonien* de 1567 (Mesnard, 1955, pp. 127-133 ; Franklin, 1963, pp. 36-58). Hotman entreprend sa polémique en attaquant les méthodes dominantes d'enseignement. Il souligne la totale inadéquation de la loi romaine par rapport à la pratique légale de son temps. Il voit dans le Code une compilation inférieure, rassemblée à la hâte durant la décadence de la domination romaine, et de toute façon adaptée à une société qui n'avait rien à voir avec la France du XVIe siècle. Cela fait de l'analyse du Code, il y insiste au début du chapitre II, « un art hors d'usage et futile » (p. 4). Il poursuit en affirmant que l'objet d'étude propre à une forme adaptée d'enseignement du droit pour la jeunesse de France ne devrait aucunement être le droit romain, car « les différences entre l'état actuel de la France et celui de Rome sont si grandes et importantes » qu'on ne peut trouver « aucune justification à étudier les lois de Rome » avec autant de soins que la pratique traditionnelle en requiert (pp. 9, 11). Il vaut mieux se consacrer à l'histoire et au développement des lois et coutumes de son propre pays. La polémique culmine avec une opposition satirique entre la folie de « consacrer sa vie à étudier curieusement » les pratiques romaines et la valeur objective d'apprendre à connaître « les officiers de la couronne et de la justice dans notre propre royaume », « les droits et la souveraineté de notre propre roi » et les détails des lois et coutumes effectivement en vigueur actuellement en France (pp. 12-13).

Les principaux juristes des années 1560 adoptèrent tous cette nouvelle méthode : ils refusèrent l'application immédiate de la loi romaine et se mirent à étudier l'histoire des anciennes coutumes et constitutions de la France. D'où leur tendance à présenter leurs conclusions théoriques sous forme de chroniques nationales (cf. Gilmore, 1941, p. 4). Le pionnier d'une telle approche fut

Étienne Pasquier qui avait été élève d'Alciat à Bourges (Kelley, 1970, p. 272). Il commença à publier ses énormes *Recherches de la France* en 1560, et inséra une analyse de la Constitution française dans le livre II, paru en 1565. Les mêmes thèmes furent repris par Du Haillan, d'abord dans *État et succès* de 1570, puis dans son *Histoire de France* de 1576. Il est probable que Du Haillan soit la cible principale visée par l'accusation de plagiat dont se plaint Pasquier dans les éditions ultérieures de ses *Recherches*, et qu'il donne comme raison du retard de la publication des volumes suivants jusqu'à la fin de sa vie (col. 1-3). Celui qui formula une telle approche de la façon la plus influente fut Bodin dans sa *Methodus ad facilem cognitionem historiae*, publiée en 1566. Dans la Dédicace, il parle de la façon dont on doit « recueillir les fleurs de l'histoire pour en réunir les fruits les plus doux » (p. 1), et l'essentiel de l'ouvrage est consacré à montrer comment tirer des leçons du passé – en discutant du choix des sources, de l'ordre dans lequel les lire, de la disposition des matériaux, du jugement à porter sur les découvertes de chacun (cf. Brown, 1939, pp. 86-119). Puis vient un long chapitre sur « Le type de gouvernement dans les États », où ces prescriptions sont ponctuellement appliquées, et il en résulte une analyse comparative et historique des constitutions de Rome, Sparte, de la Germanie, de l'Italie et pour finir en particulier de la France.

Il serait pourtant exagéré de dire que, par cette approche anti-bartolienne, les théoriciens constitutionnalistes des années 1560 répudièrent totalement l'idéologie absolutiste des légistes du début du siècle. Ils continuèrent à tenir le roi pour un juge suprême, et donc pour la source ultime de la loi dans la république. Pasquier commence sa discussion à propos du Parlement en disant que « nos rois ont reçu de Dieu le pouvoir absolu, en sorte que toute limitation légale aux pouvoirs de la couronne ne peut venir que des rois eux-mêmes », conclusion qu'il cherche à prouver historiquement en retraçant l'histoire des parlements jusqu'à leur origine supposée, les *placita* de Charlemagne (pp. 48, 66). Bodin va encore plus loin quand il soutient que l'idée de monarchie « mixte » est en soi absurde et confuse (pp. 154, 178). Il continue à défendre la proposition des légistes selon laquelle la marque principale de souveraineté consiste à « créer les magistrats les plus importants et à fixer les devoirs de chacun », il soutient que dans le cas de la monarchie (selon lui, la meilleure forme de gouvernement) il ne peut exister de décrets constitutionnels qui aient force quelconque, sauf si « le prince lui-même les a ordonnés » (pp. 172, 176 ; cf. pp. 271, 282). Même thèse dans Du Haillan, au livre IV de *État et succès,* où sont analysées les prérogatives de la monarchie française (f°s 302 *sq.*). Il affirme qu'en aucune façon il ne soutient « que la France est une communauté composée de trois formes de gouvernement » à la manière de Seyssel, ni même que le « pouvoir absolu y est divisé en trois parties » (f° 171a). Au contraire, il soutient que « toutes ses lois et constitutions » ont été à l'origine « instituées par nos rois pour leur grandeur et pour le bien de la communauté » (f° 168b). Au sujet du Parlement, il suit Pasquier avec une étrange proximité, concédant que « cette innovation fut établie par Martel », confirmée par Charlemagne et finalement considérée comme partie de la Constitution dans les édits promulgués par Philippe IV au début du XIVe siècle (f° 37a, 182a).

Malgré tout, ces trois auteurs importent essentiellement parce qu'ils font revivre une forme traditionnelle de constitutionnalisme, fondent leur argumentation sur une base théorique nouvelle et s'opposent résolument aux prétentions absolutistes. On peut le voir avant tout dans la discussion sur la *police.* La méthodologie humaniste leur permet de renouveler la discussion sous une forme plus vigoureuse. Elle les conduit à insister sur l'affirmation clé suivante : si l'on peut montrer qu'un frein au pouvoir de la couronne remonte à la Constitution fondamentale, ou a été admis pendant une période suffisamment longue, il s'ensuit que c'est un droit de mettre en vigueur semblable limitation au pouvoir actuel (Church, 1941, p. 203). Selon Church, Pasquier fut le premier publiciste à affirmer explicitement qu'une telle implication théorique pouvait être tirée des recherches sur l'ancienne Constitution de la France (Church, 1941, pp. 141-143 ; cf. Huppert, 1970, pp. 6-9). Peu après, la même attitude fut adoptée par Du Haillan, avec une égale bonne conscience. Au début du livre III, il proclame que les freins de la coutume sont « si anciennement établis dans le royaume qu'aucun prince, si dépravé fût-il, ne les enfreindrait sans honte » (f° 172b). Selon lui, « il s'ensuit » que « le souverain pouvoir monarchique de nos rois » doit toujours être « gouverné et modéré par des moyens honnêtes et raisonnables à l'origine introduits par les rois eux-mêmes » (f° 172b). C'est à la lumière d'une telle croyance dans le caractère normatif de la Constitution fondamentale que Pasquier et Du Haillan se tournèrent vers l'exploration de l'histoire ancienne et médiévale et découvrirent qu'en France les pouvoirs de la monarchie avaient durant cette période été limités par un nombre croissant de dispositions coutumières. Si bien qu'ils réaffirmèrent fermement que le roi doit rester en tout temps limité par ces lois coutumières, autrement dit ils renouvelaient le frein de la *police* selon Seyssel. Du Haillan en fait la remarque : « la splendide constitution de la France » tient à la « *police* de la monarchie », et sert ainsi à veiller à ce que le roi demeure « gouverné, freiné et limité par de bonnes lois et ordonnances » en sorte qu'il ne lui soit seulement permis de faire que « ce qui est juste, raisonnable et conforme aux ordonnances elles-mêmes » (f°s 10b, 170a).

Ces auteurs insistent encore davantage sur les freins de la *religion* et de la *justice*. Et comme ils pensent que la *religion* (dans la conception de Seyssel) s'incarne dans les édits de la *justice*, c'est à ce dernier concept qu'ils se consacrent essentiellement. C'est ce qui ressort très clairement de la discussion que mène Bodin sur la « forme de monarchie » (pp. 201, *sq.*). Il soutient que le roi ne peut être proprement regardé comme au-dessus des lois puisqu'il a le devoir d'assurer que ses lois restent conformes à la *justice*. Cela signifie que « les princes usent de sophismes à l'égard du peuple quand ils prétendent qu'ils sont eux-mêmes indépendants des lois, de sorte que non seulement ils leur sont supérieurs mais encore qu'ils ne sont en aucune façon assujettis à elles » (p. 203). Même préoccupation chez Du Haillan quand il décrit l'évolution de la Constitution de France. Il commence par affirmer que « l'excellence des rois de France » depuis Pépin se montre principalement dans le fait qu'ils ont été soucieux « d'établir leurs lois sur les fondements de la *religion* et de la *justice* » (f° 4a). Et il maintient que les rois véritables ont eu à cœur de borner leur autorité par le moyen de la *justice*, « pour s'assurer qu'ils n'ont pas un pouvoir excessif, et qu'il est exercé avec justice » (f⁰ 6a).

Sur un point ces auteurs ont une conception encore plus large que Seyssel lui-même du frein de la *justice*. Tout en mettant l'accent sur les limitations légales de l'absolutisme, Seyssel était resté relativement indifférent à l'idée d'institutions représentatives comme contraintes pour la monarchie, et n'avait mentionné les états généraux qu'une seule fois dans toute la *Monarchie de France*. En revanche, les théoriciens des années 1560 portent une attention croissante aux origines et à l'autorité de l'assemblée des trois états. Pasquier reste prudent, se bornant à observer que « l'assemblée des États a une très ancienne histoire », mais ne s'étend guère sur ses droits dans l'ancienne Constitution (p. 85). Bodin en revanche déclare uniment que le roi de France « ne peut détruire les lois spécifiques en vigueur dans le royaume, ni altérer aucune des coutumes des cités ou anciennes façons, sans le consentement des Trois États » (p. 204). Quand nous en arrivons à Du Haillan, les états généraux sont devenus un frein coutumier formant un élément essentiel de la Constitution ancienne. L'assemblée des états, selon lui, « a toujours servi de remède souverain pour les rois et le peuple » (f⁰ 186a). Et il confirme cette position constitutionnelle de l'assemblée en indiquant que, « après que la convocation des États a été établie, nos rois ont adopté cette coutume en les réunissant fréquemment, et ne s'engagèrent pas dans une grande entreprise sans les consulter » (f⁰ 185a).

Comme pour Seyssel, le frein de la *justice* parut dans les écrits constitutionnalistes des années 1560 comme un argument destiné essentiellement à limiter légalement les pouvoirs de la couronne. Bodin insiste à nouveau sur ce point dans sa présentation du serment du couronnement il prétend que les rois s'y engagent à « juger avec intégrité et scrupule religieux » et à « assurer de bonnes lois et l'équité à toutes les classes » (p. 204). Cela est dit constituer une limitation importante à l'autorité du roi, car, « ayant prêté serment, il ne peut aisément enfreindre sa promesse ; ou, s'il le peut, il ne voudra guère le faire, car la même justice s'applique à lui comme s'il était citoyen privé, régie par mêmes lois » (p. 204 ; cf. Franklin, 1973, p. 37). Mais le frein le plus puissant est constitué par l'autorité des cours, et en particulier le Parlement de Paris, la plus haute cour du royaume. Tous ces auteurs insistent sur le fait que le devoir qu'a le roi de prendre conseil du Parlement ne relève pas d'un choix, mais d'une forme essentielle de la Constitution effective de la France. La description la plus flagorneuse est donnée par Pasquier qui ne cesse de répéter que « nos rois par une coutume ancienne ont toujours souhaité réduire leurs volontés à la civilité de la loi » (p. 66). Cela signifie qu'ils « ont voulu que leurs édits et décrets passent par l'alambic de l'ordre public » (p. 66). Et cela signifie en retour que le Parlement, en tant qu'alambic choisi pour ramener les volontés du roi aux règles de la justice, doit être traité comme « le nerf principal de notre monarchie » et la « pierre angulaire pour la conservation de notre communauté » (pp. 85, 237). Bodin exprime les mêmes sentiments quand il avance que « ceux qui ont cherché à rabaisser la dignité de ces cours poursuivent la ruine de l'État, car en elles est placée la sûreté de l'ordre civil, des lois, des coutumes, bref de l'État tout entier » (p. 257). Quant à Du Haillan, il répète (en fait il plagie) l'analyse de Pasquier, proclamant que le roi a le devoir de « borner sa volonté à la civilité de la loi », d'accomplir ce projet en faisant passer « ses édits et décrets par l'alambic de l'ordre public », et en conséquence de reconnaître que le Parlement forme un élément essentiel de la Constitution fondamentale de la France (f° 182b).

Ces conclusions seraient confirmées par le fait que le Parlement a le pouvoir de s'opposer jusqu'au veto à la volonté du roi si celui-ci tente d'imposer un édit qui outrepasse les obligations de la justice naturelle. Pasquier est formel sur ce point (voir Huppert, 1970, pp. 49-51). « Dès que le Parlement fut constitué, on trouva légitime que les volontés de nos rois ne reçoivent le statut d'édits qu'après avoir été vérifiées et ratifiées par le Parlement » (p. 64). Naturellement, il convient que, parfois, des édits ont été « prononcés contre l'avis de la cour », mais il soutient que c'est un phénomène récent – le comportement du duc de Bourgogne en est, au XVe siècle, une des premières expressions – qui recouvre une pratique constitutionnelle illégale et « usurpatoire » (pp. 65-66). Bodin à son tour revendique avec force la même position. Il affirme qu'il n'existe aucune loi en France « plus sacrée que celle qui dénie aux décrets du roi toute force sauf s'ils sont pris en toute équité et vérité ». Il ajoute que « de là vient que beaucoup d'entre eux sont rejetés par les magistrats », et qu'ainsi « aucun secours aux méchants » ne peut jamais être attendu de la volonté du prince (p. 254). Même conclusion encore chez Du Haillan qui répète mot pour mot l'affirmation de Pasquier selon laquelle « il fut trouvé légitime », dès que le Parlement fut institué, « que les volontés de nos rois ne puissent recevoir le statut d'édits qu'après avoir été vérifiées et ratifiées par le Parlement » (f° 182b). Et, plus optimiste que Pasquier, il ajoute que « l'autorité et la souveraineté des cours sont si grandes » en France qu'« aucun prince si puissant soit-il, ni aucun sujet présomptueux soit-il, n'oserait leur désobéir » (f° 172a ; cf. aussi f° 184a).

Seyssel avait conclu que, pour assurer l'indépendance du Parlement dans le contrôle des édits royaux, il convenait que les officiers de la cour ne puissent être démis de leur charge même par le roi en personne. Ni Pasquier ni Du Haillan ne disent mot sur cette garantie ultime, peut-être réduits au silence par l'autorité de Du Moulin, qui avait, nous l'avons vu, réitéré l'opinion de Lothaire selon laquelle aucun magistrat ne pouvait atteindre à un tel degré d'indépendance juridique. Mais Bodin ne s'embarrasse pas de précautions, même s'il reconnaît qu'Alciat et Du Moulin ont tous deux rejeté la croyance que « l'opinion d'Azo était la plus correcte » à l'égard de la Constitution de la France (p. 173). Naturellement, il avance prudemment dans le projet de s'opposer à des autorités sans rivales, et reconnaît qu'il ne devrait sans doute pas risquer une opinion sur un sujet d'aussi essentielle importance (p. 255). Malgré tout, il soulève bon nombre de difficultés contre le prétendu droit qu'aurait le souverain de révoquer les magistrats. « Comment les magistrats pourraient-ils se risquer à faire ce qui est contraire aux désirs et pouvoirs du prince s'ils craignent que leurs charges leur soient retirées ? Qui défendra les faibles contre la servitude ? Qui protégera l'intérêt du peuple si les magistrats sont chassés et qu'il lui faut se ranger aux désirs des puissants ? » (p. 255). Pour finir, la vraie réponse ne peut être que d'insister sur le fait qu'en dernier ressort, si les magistrats doivent être craints des corrompus, et respectés des princes, il est essentiel que chacun, prince et peuple, accepte que ces fonctionnaires « ne puissent être démis de leur charge sauf pour un crime » (p. 256).

Montaigne et le stoïcisme

Jusqu'à maintenant, nous nous sommes intéressés aux conditions relativement favorables à l'émergence d'une théorie de la révolution huguenote après 1572. Pour compléter ce parcours des circonstances idéologiques dans lesquelles se développe la théorie huguenote, il nous faut enfin considérer les réactions de ceux qui demeurèrent hostiles à toute justification de l'activisme politique ou de la résistance. La résurgence, dans les années 1570, d'un important courant sceptique et quiétiste donnant forme à un stoïcisme moral et politique constitua une source vive qui avait déjà été active, nous l'avons vu, à la fin du *quattrocento*. On peut en retrouver des traces dans des œuvres comme les *Propos rustiques* de du Fail, avec sa condamnation des grandes villes comme centres naturels de sédition, et son apologie de la vie rustique comme emblème tout à la fois de la vigueur morale et de l'innocence politique. Mais le renouveau des doctrines stoïciennes parmi les humanistes français intervient surtout dans les années chaotiques qui suivent immédiatement les massacres de 1572, et sa mise en forme la plus célèbre est donnée par les *Essais* de Montaigne.

Assurément, on a parfois exagéré le rôle des idées stoïciennes dans l'évolution des *Essais*. Lorsque Pierre Villey a formulé son innovante analyse de l'évolution intellectuelle de Montaigne, en se fondant sur les strates successives de « l'Exemplaire de Bordeaux », il a répandu l'idée d'une distinction dans l'évolution de la pensée de Montaigne entre trois étapes principales : le premier livre des *Essais*, écrit pour l'essentiel en 1572-1574, refléterait une phase d'influence stoïcienne « impersonnelle » et celle de Sénèque en particulier ; le deuxième, composé entre 1578 et 1580, suivrait une « crise pyrrhonienne » survenue en 1576 ; et le dernier livre, rédigé entre 1585 et 1588, incarnerait la maturité d'une « philosophie de la nature » pour laquelle stoïcisme et scepticisme étaient tous deux des positions excessives (Villey, 1908). Un certain nombre de commentateurs ont récemment relevé à quel point une telle présentation était schématique, et il ne fait pas de doute que, à chaque moment de son écriture, Montaigne ouvre une perspective dans laquelle les éléments du stoïcisme sont traités de façon plus critique, et sont plus étroitement imbriqués aux convictions sceptiques et épicuriennes que l'analyse de Villey ne le laisse entendre[1]. Il reste cependant que la théorie morale des stoïciens, passée au tamis de la sensibilité des premiers humanistes, semble avoir exercé une fascination toute particulière sur Montaigne au début des années 1570. Le changement qu'il décide d'opérer dans son existence, précisément à cette époque, s'accorde tout à fait avec la tendance stoïcienne à placer la valeur de la vie du côté de l'*otium* plutôt que du *negotium*. Montaigne avait servi dès 1557 comme conseiller au parlement de Bordeaux, charge que son père avait achetée trois ans plus tôt (Frame, 1965, pp. 46-62). Quand il ne put accéder à la chambre haute en 1569, il revendit immédiatement sa charge, et se retira un an plus tard dans le château dont il avait hérité à la mort de son père en 1568. Il fit inscrire à l'entrée de son cabinet une déclaration commémorant sa décision de quitter « l'esclavage de la Cour du Parlement et des charges publiques » et il entreprit dès lors de distraire sa retraite en composant les *Essais*, notion et forme d'expression dont on peut pratiquement dire qu'il est l'inventeur (Frame, 1965, pp. 114-115, 146). Sans aucun doute, les premiers essais de Montaigne sont, tant par le ton que par le thème, rigoureusement stoïciens, et, quand les deux premiers livres parurent en 1580, ce fut essentiellement un moraliste stoïcien qui fut acclamé et qui commença à exercer une influence distinctive. Lorsque Pasquier publia ses lettres, en 1587, il vanta Montaigne à propos

---

1. Voir par exemple la discussion de Sayce, 1972, pp. 149-153, 161-167, 170-201, et Naudeau, 1972, pp. 55-60, 103-105.

des *Essais* comme « un nouveau Sénèque dans notre langue[1] ». Quand on republia les *Essais* en 1595, la nouvelle édition comprenait un sonnet de Claude Expilly, où Montaigne était qualifié de « stoïcien magnanime » et loué pour avoir défié « l'inconstance et les tempêtes de notre âge » (Boase, 1935, pp. 9-10). Quand Louis Guyon publia son recueil de *Diverses lectures* en 1604, il s'autorisa un aveuglant plagiat en incluant un chapitre sur la nécessité de penser à la mort, pure et simple reprise de l'essai de Montaigne « Que philosopher, c'est apprendre à mourir[2] ».

Tandis que se poursuivaient les guerres de religion au cours des années 1570 et dans la décennie suivante, la position stoïcienne d'endurance adoptée par Montaigne apparut de plus en plus comme une réponse adaptée à ce qu'il appelle lui-même la « mort publique » de notre malheureux pays au milieu de la violence de « nos troubles » (pp. 241, 467, 800). On comprend mieux ainsi le succès croissant des thèses stoïciennes vers la fin du siècle en France comme aux Pays-Bas, non moins déchirés par la guerre, de la même façon que ces notions se répandirent chez les royalistes anglais vaincus dans les années 1650 (Skinner, 1972, pp. 81-82). En France, ce fut Guillaume du Vair (1556-1621) qui exprima le plus hautement les thèmes stoïciens ; érudit catholique modéré, plus tard évêque de Lisieux et secrétaire du Parlement de Paris en 1584, il servit beaucoup comme médiateur dans les phases finales des guerres de religion (Radouant, 1908, pp. 76, 312). Lors du siège de Paris, en 1590, il composa un dialogue stoïcien sur le thème de la constance, *De la constance et consolation ès calamités publiques*, imprimé en 1594 (Radouant, 1908, p. 234 et notes). Aux Pays-Bas, des vues analogues furent exprimées par Juste Lipse (1547-1606) ; catholique de naissance, il quitta son pays en 1571 pour enseigner à l'université luthérienne de Iéna, passa à l'université calviniste de

---

1. Voir Thickett, 1956b, p. 46, et, pour la publication des lettres de Pasquier, *ibid.*, p. XXVIII.

2. Voir Villey, 1935, pp. 130-107, et *Les Essais* dans la traduction de Frame, p. 56.

Leyde, pour finir revint dans l'Église catholique et eut une chaire de latin à Louvain au début des années 1590 (Zanta, 1914, pp. 155-161). Il composa un traité stoïcien, *De la constance*, en 1584, et la publication de ses lettres deux ans plus tard le montre lecteur enthousiaste de Montaigne, qui en retour le salue dans les éditions ultérieures des *Essais* comme l'homme le plus érudit de son temps[1]. Juste Lipse a formulé cette position néo-stoïcienne, politique et philosophique, dans ses *Six livres de la politique* publiés d'abord en latin en 1589, traduits en anglais cinq ans plus tard, et qui connurent une vogue considérable. C'est l'un des très rares ouvrages contemporains cités avec éloge par Montaigne, et il a de toute évidence fourni à Du Vair la plupart des idées développées dans *De la constance et consolation ès calamités publiques*[2].

Au point de départ de tous ces auteurs, il y a le concept de « fortune », qu'ils personnifient, en bons humanistes, sous les traits d'une déesse insondable, capricieuse et volontiers excessive dans ses pouvoirs. L'une des principales critiques formulées par la censure papale contre les *Essais*, en 1581, visait la part un peu trop belle faite à cette déité païenne (Frame, 1965, pp. 217-218). Apparemment, Montaigne apprécia peu ces reproches, car le thème réapparaît de façon récurrente dans le troisième livre, publié sept ans plus tard, en particulier sous la formule : « C'est fortune, non prudence, qui dirige l'humaine vie » (p. 753). Lipse insiste avec autant de force sur le pouvoir souverain de la Fortune et du destin, même s'il prend davantage soin de les assimiler aux « décrets de la providence divine » (p. 190). Une conception identique de l'impuissance de l'homme face à son sort règne dans tout le traité de Du Vair sur l'adversité, les inconstances de la Fortune y sont dites élever et abaisser les royaumes comme les personnes privées (p. 40 *sq.*, 63 *sq.*).

---

1. Voir Zanta, 1914, pp. 158-159 ; Boase, 1935, pp. 19-20 ; et les *Essais*.

2. La principale étude contemporaine sur Du Vair évoque sa tendance à subir trop aisément l'influence de Lipse ; voir Radouant, 1908, p. 260. Voir aussi pp. 267-268, à propos de l'influence supposée de Montaigne.

Ces auteurs recommandent avant tout de rester ferme face aux variations de la Fortune. En particulier dans des temps de guerres civiles, dont la pensée ne s'éloigne jamais. Montaigne évoque sans relâche cet âge misérable qui est le nôtre, livré aux guerres qui détruisent l'État (pp. 322, 547). Même protestation dans le traité de Du Vair contre la « tempête pire que des guerres civiles » qui a amené « la ruine et subversion de notre pays » (pp. 4, 5). L'unique voie pour affronter ce que Lipse appelle cet « océan de calamités » réside dans un endurcissement stoïque (p. 187). Selon Montaigne, il convient de s'efforcer à la « résolution et constance », pour supporter les troubles calmement et agir avec résolution et patience (pp. 30, 802). Notre devoir fondamental, ajoute Du Vair, consiste, si la colère de Dieu « continue contre nous, à supporter patiemment ce que la Fortune nous inflige » (pp. 32, 89).

Cette perspective comporte un ensemble de conséquences politiques, entre autres l'idée que chacun doit se soumettre à l'ordre des choses existant, ne jamais se rebeller contre le gouvernement en place, mais au contraire le supporter et si besoin l'endurer avec force d'âme. On souligne en particulier deux aspects de ce devoir. D'abord, il faut s'en tenir à la forme de religion existant dans le pays. Du Vair insiste particulièrement sur ce point, et remontre à Henri IV qu'il est essentiel « pour l'unité de ses sujets » qu'il abandonne sa foi huguenote, et embrasse « la religion des rois ses prédécesseurs » (p. 52). Lipse semble encore plus désireux de préserver l'unité religieuse, et la soutiendra dans sa *Politique* avec une telle vigueur qu'il entrera en virulente controverse avec Dirck Coornhert (1522-1590), dont l'œuvre majeure sur la liberté de conscience (publiée en 1590) prend la forme d'une attaque contre l'intolérance de Lipse (Lecler, II, 1960, pp. 281-285). Celui-ci ne reviendra pas sur sa position, et continuera à soutenir dans les éditions suivantes de son livre que les princes ne doivent tolérer sur leurs terres qu'une seule forme de foi, celle qui s'accorde aux anciennes coutumes du pays considéré (p. 62). Même si, selon lui, on peut accepter parfois en privé un désaccord en matière de religion, dès qu'il en est fait proclamation publique, et dès que les hérétiques cherchent à faire du prosélytisme, il faut les punir avec la plus extrême sévérité car il n'y a pas de place pour la clémence quand sont rompues les prescriptions de la tradition (pp. 62-63).

On s'est souvent demandé si Montaigne avait réellement accepté des conséquences aussi conservatrices. Assurément il était beaucoup plus tolérant, non seulement que Lipse, mais que les plus cultivés des auteurs de son temps. Ainsi, par exemple, Bodin recommande sans états d'âme de persécuter les sorcières, alors que Montaigne, dans un remarquable passage de l'essai *Des boyteux*, marque son dégoût absolu envers de telles cruautés (pp. 788-791 ; voir Monter, 1969, pp. 384-389). Mais la raison essentielle tient à son scepticisme en matière de foi religieuse. Il doit cette réputation surtout à son *Apologie de Raimond Sebond*, le plus développé et le plus pyrrhonien de ses essais. Sebond était un théologien espagnol du XVe siècle qui avait tenté de montrer dans sa *Théologie naturelle* (que Montaigne avait traduite en 1567-1568) que toutes les vérités du christianisme pouvaient être établies à partir des évidences naturelles (Popkin, 1968, p. 45). Montaigne défend Sebond contre ses détracteurs en utilisant un argument surprenant : la raison humaine, dit-il, est un guide trop fragile pour aboutir à quelque certitude que ce soit. À cette occasion, il adopte pour devise le fameux « Que sais-je ? », et arrive à la conclusion que la « raison ne fait que vagabonder, particulièrement si elle se mêle des choses divines » (pp. 386, 393). Ainsi le projet de défendre Sebond prend-il une coloration ironique, car on peut aisément imaginer qu'en réalité Montaigne pourrait avoir eu l'intention de saper les fondements du christianisme même. Telle fut en tout cas l'interprétation proposée par les *libertins érudits* au XVIIe siècle en France, et l'on retrouve un soupçon analogue dans nombre de commentaires récents[1].

Il y a pourtant de bonnes raisons de penser que le scepticisme de Montaigne en matière de preuves sur les questions de foi était compatible avec une sincère – et traditionnelle – adhésion à la reli-

---

1. Ainsi Popkin parle de l'évidente « indifférence » de Montaigne par rapport au christianisme, et tient qu'au mieux il était d'une grande tiédeur en matière de religion, « sans expérience ni engagement religieux » (Popkin, 1968, pp. 55-56).

gion catholique. Il a toujours observé la pratique et, selon Pasquier, est mort selon la liturgie catholique (Thickett, 1956b, pp. 48-49). Son attaque contre le rationalisme n'était peut-être pas orthodoxe, mais constituait une position théologique repérable, comparable à l'attaque d'Ockham contre les thomistes plus de deux siècles auparavant. L'un des commentateurs récents de Montaigne l'a justement formulé, les questions de foi religieuse « restent hors du domaine du doute, puisqu'elles sont hors du domaine de la raison » (Brown, 1963, p. 43). Il est néanmoins certain que pour Montaigne il fallait maintenir l'unité religieuse et l'observation des pratiques traditionnelles – même s'il s'est toujours opposé à toute forme de persécution contre les huguenots, ne dénonçant pas leurs croyances, mais seulement les conséquences sociales de leur effort pour amener le reste de la population à leur religion. Il resta fidèle à l'antique maxime « une foi, une loi, un roi », si l'on en croit Dreano dans son étude sur la pensée religieuse de Montaigne (Dreano, 1969, pp. 89-91). Quand Catherine de Médicis promulgua l'Édit de tolérance en janvier 1562, le Parlement de Paris exigea par précaution qu'un nouveau serment de fidélité à l'Église catholique soit prêté. Montaigne était à Paris à cette époque ; il semble non seulement s'être opposé à l'Édit (comme son ami La Boétie), mais encore avoir accepté avec joie l'obligation de prêter serment (Dreano, 1969, p. 90). Cette attitude s'harmonise avec l'attitude conservatrice qui est exprimée dans l'ensemble des *Essais*, en faveur de l'unité religieuse et des droits des autorités de l'Église. Il tient pour « execrable, s'il se trouve chose ditte par moy ignoramment ou inadvertamment contre les sainctes prescriptions de l'Église catholique, apostolique et romaine, en laquelle je meurs et en laquelle je suis nay » (édition Villey, p. 318). Dans le débat avec les huguenots, qui provoque actuellement des guerres civiles en France, il tient que le meilleur parti est sans aucun doute de maintenir l'ancienne religion et l'ancien gouvernement du pays. Et il exhorte ses compagnons catholiques à ne pas céder aux huguenots même une parcelle de leurs croyances, car la meilleure manière d'agir consiste à se soumettre entièrement à l'autorité ecclésiastique.

L'autre aspect de cet essentiel devoir de soumission (que soulignent les moralistes stoïciens) consiste à obéir en tous temps au pouvoir, quelle que soit l'imperfection avec laquelle il s'acquitte de sa charge. Lipse recourt à un ton quasi biblique lorsqu'il exhorte chaque sujet à « prendre le bouclier plutôt que le glaive, oui, le bouclier de souffrance », car l'idée d'exercer la violence, fût-ce contre un tyran, « est chose grave, et pour l'essentiel, chose malheureuse » (p. 200). Du Vair partage ces vues, « le sujet est inexcusable qui abandonne le parti de la loi et du bien public », car il doit avoir « pour fin le bien public et la justice dont il dépend », et par conséquent « ne jamais se livrer aux troubles ni consentir à quoi que ce soit d'injuste ou contraire aux lois » (pp. 123, 133-134, 135). Mais la mise en garde la plus nette contre la « nouvelleté » est exprimée par Montaigne dans son essai fameux *« De la coustume et de ne changer aisément une loy receüe »* qu'il écrivit au moment de l'insurrection huguenote la plus violente, en 1572-1574. Chacun, dit-il, « doit suivre entierement les façons et formes receues », car « c'est la regle des regles, et generale loy des loix, que chacun observe celles du lieu où il est », et il est bon de suivre les lois de son pays (éd. Villey, p. 118). La Boétie est loué pour avoir religieusement imprimé en son âme le commandement d'obéir et de se soumettre scrupuleusement aux lois du pays où l'on naît, et Platon est approuvé parce qu'il souhaite empêcher les citoyens de mettre en question les lois civiles, qu'on doit respecter comme des ordonnances divines. Sans cesse il est rappelé que même si l'on peut souhaiter des magistrats différents, il convient d'obéir à ceux qui existent, et il est assuré que la plus grande marque de justice et d'utilité dans la religion chrétienne consiste en la recommandation d'obéir aux magistrats et de conserver le gouvernement.

Étant donné ces préceptes, il n'est guère étonnant de voir Montaigne et les autres moralistes stoïciens s'opposer vigoureusement à toute tentative pour fonder la légitimité d'une résistance politique. Cette hostilité se marque particulièrement en France et aux Pays-Bas contre les révolutionnaires religieux qui voulaient mener l'insurrection au nom de la foi nouvelle et ajoutaient à cette impiété la non moins grave tentative de subvertir l'ensemble de l'ordre constitutionnel. Tous se focalisent sur ce que Montaigne appelle la plus grave de toutes les questions, à savoir s'il est légitime pour un sujet de se rebeller et de prendre les armes contre son prince en défense de la religion. La réponse personnelle de Montaigne traduit une complète désapprobation des huguenots. Il ne cache pas son hostilité pour la fièvre des factions, leurs excès et injustices, et leurs entreprises violentes et ambitieuses. Il n'évoque jamais les adeptes de la religion prétendue réformée sans sarcasme, insiste à plusieurs reprises sur le fait que leur foi n'est rien d'autre que le prétexte de leur déloyauté car leur zèle outré n'est que « propension à la malignité et à la violence » (Frame, p. 602 ; voir aussi pp. 323, 467). Même si leur sincérité était irréprochable, conclut-il, leurs actes n'en seraient pas moins néfastes, puisqu'ils cherchent à « troubler l'état de notre gouvernement et à le changer sans se demander s'ils y apportent un mieux ». Mêmes propos violents contre les révolutionnaires religieux, mêmes soupçons quant à leurs motivations dans les écrits de Lipse et de Du Vair. Lipse est convaincu qu'il ne peut être honnête d'entreprendre une guerre civile, que pour l'essentiel prendre les armes ne mène qu'à une mauvaise fin, car, sous prétexte de bien public, chaque auteur de telles entreprises ne cherche que son pouvoir personnel (p. 202). La raison fondamentale pour laquelle Du Vair espère qu'Henri IV va sans tarder se convertir au catholicisme est que seule une telle conversion peut lui permettre de l'emporter sur « l'obstination de ceux qui cherchent leur grandeur dans la ruine publique » (p. 53) – allusion évidente aux partisans huguenots d'Henri IV et autres factieux, « ambitieux et vicieux, qui tentent de renverser tout ordre, toute loi et tout gouvernement politique » (p. 122).

Ces attaques contre le radicalisme religieux sont fondées sur la proposition plus générale que tous les mouvements révolutionnaires du temps sont également et impardonnablement destructeurs, en sorte que l'idée même de résistance politique, quels que soient ses fondements, doit être entièrement réprouvée. Il suffit pour arriver à une telle conclusion d'être horrifié par les cruautés et les désordres des guerres civiles (McGowan, 1974, pp. 104-108). Montaigne déplore que cette guerre monstrueuse qui déchire la

France en pièces et nous divise en factions ne soit qu'une école de tricherie, d'inhumanité et de brigandage (Frame, pp. 502, 760, 796). Lipse pense qu'il vaut mieux « endurer toutes les formes de punition » entre les mains d'un tyran, plutôt que d'envisager une si grande cruauté, car il n'est rien de si misérable, ni de si déshonorant que d'autoriser la guerre civile (pp. 187, 203). Et Du Vair renforce l'argument en vitupérant ceux qui ont répandu le venin de la sédition, prostitué leur esprit au service des passions des autres ; ils se trouveront certainement sans excuses devant Dieu, comme ils sont déjà sans excuses devant leurs concitoyens (pp. 123, 126).

Tout en affirmant sa croyance dans la nécessité de la soumission, Montaigne ajoute de son propre cru un avertissement final sur les dangers de la « nouvelleté », avertissement fondé sur son scepticisme général à l'égard de la raison, ce qui donne à son conservatisme une forme proche de Burke. Il qualifie la tentative huguenote de « grand amour de soy et presomption, car c'est mettre ses opinions à bien haut prix que de renverser la paix publique, et introduire tant de maux inevitables et une si horrible corruption de meurs que les guerres civiles apportent, et les mutations d'estat » (éd. Villey, p. 120). Car, pense-t-il, une telle attitude est fondée sur une présomption vicieuse, « il y a grand doute s'il se peut trouver si evident profit au changement d'une loy receue, telle qu'elle soit, qu'il y a de mal à la remuer » (éd. Villey, p. 119). « Je suis desgousté de la nouvelleté, quelque visage qu'elle porte », dit-il, « le pire mal que je trouve en notre état est l'instabilité » et que nos lois ne peuvent, non plus que nos habits, y prendre une forme stable (pp. 86, 498). Il est convaincu qu'aucun programme de changement politique ne peut jamais être couronné de succès car la difficulté d'amender notre condition et le risque de tout réduire en miettes sont si grands qu'il n'y a en matière publique aucun mal, pourvu qu'il soit ancien et établi, qui ne vaille mieux qu'un changement et violence (p. 497) Il soupçonne même les huguenots de le savoir en secret, car il a du mal à croire qu'il s'en soit trouvé un seul assez faible d'esprit pour s'être persuadé qu'en renversant le gouvernement, les autorités et les lois, il pourrait espérer établir la très sainte douceur et justice du monde divin (p. 798). Pour finir,

Montaigne avance que nous devrions laisser les lois et le gouvernement dans l'état exact où nous les avons trouvés. Comme « nous ne pouvons guieres les tordre de leur ply accoustumé que nous ne rompons tout », mieux vaut se conformer à la maxime que « le plus vieil et mieux cogneu mal est tousjours plus supportable que le mal recent et inexperimenté » (éd. Villey, pp. 957-959).

Bodin et l'absolutisme

Tout en s'exposant à la haine de tout être de tempérament conservateur, le parti huguenot eut à subir les critiques de plus en plus insistantes, après 1572, d'un certain nombre d'auteurs politiques qui jusque-là adoptaient des positions constitutionnalistes modérées, voire radicales. Le plus important parmi les théoriciens à avoir changé de point de vue à leur égard est Jean Bodin, qui publia ses *Six Livres de la république* en pleine révolution huguenote, en 1576. Abandonnant la position constitutionnaliste qui était la sienne dans *Methodus,* il se révèle dans la *République* un défenseur indéfectible de l'absolutisme, exigeant que toute théorie de la résistance soit mise hors la loi, et qu'une monarchie forte soit considérée comme le seul moyen de restaurer l'unité politique et la paix.

Les conceptions de départ de Bodin sont en bien des points proches de celles des humanistes stoïciens que nous avons examinées ; là où elles paraissent les plus désabusées, elles se fondent en fait sur les vues pessimistes de Machiavel dans les *Discours*. Pour Bodin, l'un des points essentiels consiste en l'extrême difficulté mais aussi la nécessité absolue d'établir un ordre convenable et harmonieux dans chaque république[1]. Le point majeur du livre III (qui traite des institutions politiques) se présente donc comme une célébration du besoin de chercher en toutes choses « un ordre convenable et adapté, et d'être assuré que rien n'est pire ou plus insensé

---

1. Greenleaf, 1973, p. 25, et Villey, 1973, p. 59, insistent tous deux fortement sur ce point.

que d'accepter la confusion ou la querelle » (p. 386). Tout de suite après, au commencement du livre IV (qui traite de « la naissance, accroissement, estat fleurissant, decadence, & ruine des Republiques »), Bodin s'interroge sur la manière d'établir un tel système de justice, et sur la fragilité de tout régime politique possible à établir. Peut-être avait-il senti par sa propre expérience la crainte toujours présente de l'anarchie, car il avait été témoin des massacres de la Saint-Barthélemy auxquels il avait lui-même échappé de peu (Chauviré, 1914, p. 35). Peut-être tirait-il aussi cette même leçon de Machiavel qui souligne avec insistance la tendance inéluctable de tous les royaumes et républiques à tomber dans la corruption jusqu'à la ruine, pensée dont on trouve l'écho dans *Les Six livres de la république*. Quelles que soient les raisons d'une telle crainte, il reste une conviction : l'état florissant d'une république n'est jamais assuré de durer, en raison de la continuelle mutation des choses terrestres qui sont muables et incertaines (p. 406).

Étant donné une telle vision de la fragilité de l'ordre et par conséquent du besoin de le maintenir, Bodin assignait clairement pour tâche à son ouvrage de combattre et détruire la théorie huguenote de la résistance, qu'il en était venu à considérer comme la menace la plus forte contre l'établissement d'une monarchie bien ordonnée en France[1]. Cet objectif fondamental apparaît tout à fait clairement dans les préfaces ajoutées aux éditions successives. Bodin y exprime son horreur que des sujets puissent s'armer contre leur prince, qu'on puisse ouvertement publier des écrits séditieux qui portent le brandon pour mettre le feu à la république entière et qui font dire au peuple que les rois justement ordonnés par la providence doivent être chassés de leur trône sous prétexte de tyrannie

---

1. On ne peut comprendre correctement *Les Six livres de la république* sans les lire comme une réaction contre la menace d'un nouveau constitutionnalisme proposé par les huguenots après 1572, telle est la position très convaincante adoptée par Salmon, 1973, pp. 355, 364, et par Franklin, 1973, p. VII, qui cite le texte de Bodin évoqué plus haut. Voir aussi pp. 50, 93. Je suis grandement redevable à ces deux remarquables contributions.

(A ij). Il répète à plusieurs reprises que son but est de répondre à ces hommes dangereux qui sous couleur de défendre la liberté du peuple « font rebeller les sujets contre leurs princes naturels, ouvrant la porte à une licencieuse anarchie qui est pire que la plus forte tyrannie du monde » (préface, A ii ij).

La réponse de Bodin aux révolutionnaires huguenots est directe et sans nuances : jamais aucun acte public de résistance de la part d'un sujet contre un souverain légitime ne peut se justifier. Ce point est examiné en particulier au début du livre II dans la discussion sur les différents types de gouvernement. Bodin distingue trois types de monarchie : seigneuriale, royale et tyrannique, puis au chapitre V il pose la question de savoir « S'il est licite d'attenter à la personne du tyran... » (p. 297, éd. Gamonet). On vient d'imprimer de nombreux libelles, remarque-t-il, faisant directement allusion aux publications huguenotes qui appellent à prendre les armes contre le souverain dès qu'il y a tyrannie et assurent qu'il est licite de le déposer au nom du bien commun. Il réfute cet argument avec la plus grande énergie, avançant qu'il n'est jamais licite pour aucun sujet particulier ni pour tous en général, de tenter quoi que ce soit en fait ou en droit à l'encontre de l'honneur, de la vie ou de la dignité du souverain, même s'il a commis toutes les méchancetés, impiétés et cruautés qui puissent se dire. Il ajoute que si un homme n'accorde même qu'une pensée au meurtre de son souverain, il mérite la peine de mort même s'il n'a rien tenté en fait. Il conclut en citant avec éloge Cicéron qui affirme qu'aucune raison n'est juste ou suffisante au point de nous autoriser à prendre les armes contre notre patrie.

Ayant bien martelé cette proposition de base, Bodin peut se permettre d'introduire quelques nuances libérales aux marges de sa théorie : il justifie deux exceptions. Comme il ne s'agit pour son argumentation que de pouvoir légitime, il concède que, dans le cas d'un souverain tyran *ex defectu tituli* (c'est-à-dire d'un usurpateur), le peuple tout entier, ou même un citoyen seul, a le droit de l'éliminer. La seconde exception est moins conventionnelle : comme il discute uniquement des relations entre le sujet et son souverain, il pourrait admettre qu'un souverain légitime qui déchoit dans la tyrannie pourrait légitimement être combattu par l'intervention d'un souverain étranger. Non seulement, dit-il, il est licite à tout étranger de tuer le tyran, mais encore il est admirable – Grotius plus tard soutiendra la même opinion – qu'un prince vaillant envahisse un pays pour défendre l'honneur, les biens et les vies de ceux qui sont injustement opprimés par un puissant.

Quoi qu'il en soit, Bodin insiste bien sur le fait que ces exceptions n'enlèvent rigoureusement rien à la force de son argument fondamental. Lorsque les calvinistes radicaux tenteront d'utiliser son allusion au prince étranger libérateur (argument récurrent dans de nombreux pamphlets révolutionnaires des années 1570), Bodin publiera une *Défense* dans laquelle il répète les conclusions les plus absolutistes, repoussant avec indignation toute suggestion qu'il ait pu justifier une invasion étrangère de la France (Franklin, 1973, p. 95 et note). Il persiste dans son opposition aux huguenots en affirmant qu'il n'est aucunement licite pour le sujet non seulement de tuer son prince souverain, mais encore de se rebeller contre lui, sans un commandement spécial et explicite de Dieu. Il ajoute, peut-être non sans une certaine hypocrisie, que les protestants eux-mêmes devraient se considérer comme liés par cette même doctrine, puisque Luther et Calvin l'ont eux-mêmes formulée. Il relève – à tort sans doute – que lorsque les princes d'Allemagne demandèrent à Luther s'il était licite de s'opposer à l'empereur, « il respondit franchement qu'il n'estoit pas licite, quelque tyrannie ou impiété qu'on pretendist » (éd. Gamonet, p. 306). Et il réfute le droit de résister apparemment concédé par Calvin aux autorités « éphorales », remarquant que Calvin a seulement parlé de possibilité de résister et n'a jamais eu l'intention d'établir que cela pouvait valoir dans une monarchie légitime.

Cette attaque de Bodin contre la théorie et la pratique de la révolution huguenote nous conduit au cœur de la doctrine positive formulée dans la *République*, car elle amène à soulever la question de la souveraineté, qu'il considère comme le point principal et le plus nécessaire pour comprendre la nature de la république. Bodin admet que si un gouvernant n'est pas « souverain absolu », il n'y a pas de doute que ses sujets ont le droit de lui résister et de lutter contre le tyran par voie de justice. Il pose toutefois que, comme le but fondamental de tout gouvernement doit être d'assurer l'ordre avant la liberté, tout acte de résistance contre le pouvoir doit être totalement illégal de façon à préserver la construction fragile de la république. Il se voit ainsi conduit à affirmer, dans la logique de ses choix idéologiques personnels, qu'une société politique doit comporter un pouvoir souverain qui soit absolu, au sens qu'il commande et ne soit jamais commandé, en sorte qu'aucun de ses sujets n'a le droit de s'opposer à lui. On en trouve une expression sans équivoque dans le livre I, chapitre VIII, intitulé « De la souveraineté[1] ». Bodin définit la souveraineté comme « la puissance absolue & perpétuelle d'une Republique » sur les citoyens et sujets. Puis il explicite que, en disant que la souveraineté est « absolue », ce qu'il a à l'esprit est que, même si les commandements ne sont ni justes ni honnêtes, il n'est toujours pas licite pour le sujet d'enfreindre la loi du prince, ni de s'y opposer sous couleur de justice ou d'honneur. Bref, le souverain est par définition préservé de toute tentative de résistance, puisque celui en qui réside la souveraineté n'a de comptes à rendre à personne, excepté à Dieu. Voici donc posés les fondements de ce que plus tard Hobbes a élaboré : le grand Léviathan, figure d'un Dieu mortel à qui nous devons, sous le regard du Dieu immortel, notre paix et notre sécurité.

Dans cette argumentation de Bodin et à ce chapitre crucial, on retrouve bien des éléments issus des légistes dont nous avons déjà traité. Il ne serait en aucune façon erroné de caractériser la *République* comme une continuation des thèses absolutistes telles qu'elles avaient été avancées par Chasseneuz ou surtout Du Moulin, tous deux cités avec éloge dans la préface de la *Methodus* – et Du Moulin est évoqué dans la *République* comme un des princes de la science juridique et l'ornement de tous les juristes[2].

---

1. P. 84 (éd. Gamonet, p. 112). Salmon l'a souligné, on peut interpréter la théorie de la souveraineté comme une thèse de circonstance. Voir Salmon, 1973, pp. 3-8.

2. Voir Bodin, *Methodus*, p. 5, et *République*, p. A 71, 108.

Pourtant, si Bodin est évidemment influencé par des juristes néo-bartoliens, sur deux points on peut dire qu'il a infléchi leur raisonnement tout en le renforçant, fournissant ainsi une base plus solide pour légitimer le pouvoir absolu qui émergeait alors.

Le premier : non seulement il traite la doctrine de la non-résistance comme une conséquence analytique de la souveraineté, mais cette idée de souveraineté absolue, il la traite aussi comme une conséquence analytique du concept d'État[1]. Il y a là une transition essentielle dans l'évolution de la pensée absolutiste. Nous l'avons vu, les auteurs « légistes » avaient cherché à nommer chacune des marques de la souveraineté, lesquelles prises ensemble pouvaient paraître construire une idée de l'absolutisme. À dire vrai, Bodin inclut dans la *République* un chapitre tout à fait conventionnel dans lequel il parcourt neuf marques de la souveraineté, pouvoir de légiférer, de faire la guerre et la paix, de désigner les magistrats supérieurs, d'entendre les recours ultimes, d'accorder des grâces, de recevoir des hommages, de battre monnaie, de régler les poids et mesures et de lever les impôts (pp. 159-177). Mais le point fondamental de ce chapitre sur la souveraineté est que celle-ci ne peut jamais se réduire à une addition des diverses prérogatives qui ont pu lui être attribuées au cours des siècles. Bodin insiste sur le fait qu'au contraire l'approche adéquate consiste dans la recherche d'une définition de « ce qu'est la majesté ou la souveraineté » en soi, en se penchant sur les concepts d'État et de suprématie politique. Jamais aucun juriste ou penseur politique, prétend-il, n'a encore cherché à établir une telle définition, mais, maintenant, lui accomplit ce devoir. Il a déjà établi que l'État doit être conçu comme « droit gouvernement de plusieurs mesnages et de ce qui leur est commun, avec puissance souveraine » (éd. Gamonet, p. 1). Il affirme que le concept de « souveraineté » doit désigner une « puissance perpétuelle ». D'où il suit que la forme absolue d'autorité, celle qui ne doit aucun compte à personne, attachée à l'idée de souveraineté, doit par

---

1. Sur cette façon de voir les choses, cf. Church, 1941, p. 226, et Franklin, 1973, pp. 23, 93.

définition être exercée par des individus ou des groupes déterminés dans toute association pouvant être qualifiée d'État (p. 84).

Cette approche nouvelle conduit Bodin à rejeter la typologie traditionnelle des régimes politiques. Il évoque ce point au commencement du livre II, dans le chapitre intitulé « De toutes sortes de Republiques en general, & s'il y en a plus de trois » p. 183). Il évoque Polybe comme celui qui a répandu l'idée qu'il existe sept régimes différents : trois bons qui sont la monarchie, l'aristocratie et la démocratie, trois mauvais qui sont la version dégénérée de ces trois, et un septième qui combine les trois premiers. Bodin note que bon nombre d'autorités contemporaines, y compris Machiavel et Thomas More, ont adopté ce schéma, proclamant notamment que le « régime mixte » est le plus recommandable de tous (p. 184). Mais, en acceptant une telle conclusion, toutes ces autorités sont dans l'erreur ; car la souveraineté doit être définie par celui qui, groupe ou individu, possède l'autorité en dernière instance à l'intérieur d'une république. Cela signifie que la seule manière de distinguer les régimes ne doit tenir compte que du nombre de personnes qui détiennent la souveraineté. En sorte qu'il ne peut y avoir que trois régimes, à savoir la monarchie, l'aristocratie et la démocratie, selon que la souveraineté est exercée par un, quelques-uns ou l'ensemble. Le régime « mixte » est dès lors tenu pour impossible, et Bodin passe en revue plusieurs exemples qu'il ramène à l'un des trois régimes (pp. 184-185).

Le second point novateur dans l'analyse de Bodin est que, selon lui, la souveraineté doit être fondamentalement de caractère législatif. C'est là une fois encore un écart décisif par rapport aux juristes anciens qui considéraient avant tout le gouvernant comme un juge suprême dont la prérogative « marquante » consistait dans le pouvoir de nommer tous les autres magistrats. Nous l'avons vu, c'est encore la position de Bodin lorsqu'il rédige la *Methodus* en 1566. Dix ans plus tard, il atteint une position carrément moderne, positiviste, selon laquelle la plus haute « marque » de souveraineté – et en un sens, la seule – réside dans le pouvoir d'édicter des lois pour les sujets en général, que cela leur plaise ou non. Il élabore ce dispositif dans le chapitre intitulé « Des vrayes marques de souveraineté » (chap. X, éd. Gamonet, p. 212). Il déclare, visant manifestement les légistes, que même ceux qui ont écrit le mieux à ce sujet n'ont jamais éclairé cet aspect de l'État correctement. Il répète que la première et principale marque d'un prince souverain – celle qui contient toutes les autres – est de donner loi à tous ses sujets, sans avoir besoin du consentement de quiconque sinon de lui-même (p. 159).

Cette présentation rejette la croyance orthodoxe largement répandue selon laquelle, puisque le souverain est d'abord un juge, sa fonction première est d'incarner la justice déjà contenue dans les lois et coutumes de la république. Bodin, au contraire, soutient que le concept de loi positive doit être défini sans aucune addition comme le pouvoir de détenir la souveraineté sur tous les sujets. Avec une fermeté sans équivoque et qui fera date, il affirme que les lois d'un prince souverain, même quand elles sont fondées sur de bonnes et positives raisons, n'en dépendent pas moins uniquement de son bon vouloir (pp. 92, 156). D'où la conclusion que tout souverain doit par définition être *legibus solutus*, totalement indépendant de toute obligation à l'égard des lois positives de l'État (p. 91). Il doit certainement ne pas dépendre des lois de ses prédécesseurs, sinon sa souveraineté serait limitée. Et il est en tout cas « absous de la puissance des lois », car « il est impossible par nature de se donner loy, non plus que commander à soy mesme chose qui depende de sa volonté » (éd. Gamonet, p. 132).

Reste à se demander comment Bodin justifie sa conclusion selon laquelle une forme absolue et irrésistible de souveraineté législative doit par définition résider quelque part dans tout régime politique. On peut trouver une réponse en examinant comment il applique les techniques humanistes à l'étude du droit public. Tout d'abord, il adopte la critique humaniste envers Bartole, comme faisaient déjà les théoriciens constitutionnalistes des années 1560. L'histoire traditionnelle voulant que Bodin se soit opposé à ces thèses et ait adhéré à la réaction bartolienne quand il enseignait le droit à Toulouse en 1554 a été qualifiée de légende par Mesnard (Mesnard, 1950, p. 44). Au moment où il entreprend ses études de droit, dans les années 1540, les tenants du *mos docendi Gallicus* avaient déjà triomphé à Toulouse et les écrits de Bodin témoignent manifestement qu'il avait rejoint leurs rangs. Si, dit-il, le droit romain n'est pas *ratio scripta*, mais simplement le code des lois d'une antique société particulière, il est justiciable d'un commentaire à la fois philologique et historique à la manière des humanistes. La préface de la *Methodus* ne laisse aucun doute : il n'a que dédain pour la tentative bartolienne d'établir à partir du droit romain des principes universels de jurisprudence, et il considère toute tentative pour fonder une science de la jurisprudence sur le corps des lois d'un État singulier comme une aberration (p. 2).

Dans les années 1560, malgré tout, quand Bodin quitta l'université pour pratiquer le droit comme avocat à Paris, il en vint à penser (comme il le dit dans la préface de la *Methodus*) que les juristes humanistes tendaient nettement à se refermer en une secte, et s'écartaient, en conséquence, d'une réforme de la science juridique. Ils se sont si strictement consacrés à dénoncer les anachronismes de Bartole dans son étude du droit romain, qu'ils ne se sont pas rendu compte qu'ils se détournaient vers des arguties obsessionnelles purement philologiques et historiques, sans portée réelle (Kelley, 1973b, p. 133). Le principal responsable en serait Cujas, et la préface l'attaque implicitement comme chef de ceux qui préfèrent être considérés comme grammairiens plutôt que comme jurisconsultes ; plus tard il est nommément dénoncé, dans la préface de 1578 de la *République*, parce qu'il passerait son temps à des jeux sur les mots et autres amusements enfantins[1]. Selon Bodin, ces préoccupations « de comptabilité syllabique » ont entraîné les humanistes à négliger deux tâches essentielles pour l'édification d'une véritable science juridique et politique[2]. La première est que les techniques de l'humanisme doivent s'appliquer non seulement à la Rome antique mais à tout système de lois connu, avec le souci de rassem-

---

1. Voir Bodin, *Méthodus*, p. 71, et *République*, p. A 71.

2. Pour traiter de ces éléments de la méthodologie de Bodin en relation avec sa pensée politique, je me suis largement inspiré de Kelley, 1973b, et plus encore de Franklin, 1973.

bler et de comparer les cadres juridiques de tous les États[1]. La seconde est d'entreprendre une étude beaucoup plus vaste de la coutume des peuples dans tous les plus grands royaumes et républiques, pour mener à bien rien de moins qu'une analyse comparative des « naissances, croissances, conditions, changements et déclins de tous les États ».

Pour accomplir une tâche d'une si vaste ambition, il convenait, selon Bodin, d'entreprendre immédiatement un travail en deux parties, la première consistant de toute évidence à rassembler toutes les références requises. Dans la préface de la *Methodus*, Bodin évoque ainsi la nécessité de faire l'inventaire des lois et formations sociales de l'ancienne Perse, de la Grèce, de l'Égypte, de Rome, des Hébreux, aussi bien que de l'Espagne, de l'Angleterre, de l'Italie, de l'Allemagne, de la Turquie et de la France modernes (p. 3). Quand, dix ans plus tard, il en vient à publier Les *Six Livres de la république*, il est évident qu'il est largement venu à bout de cet héroïque programme de lectures. La seconde, et Bodin se plaint qu'elle ait à peine été ébauchée, consiste à ranger dans un ordre correct et une forme présentable les diverses données, en commençant par les principaux types et divisions des codes, puis en formulant les principes sur lesquels sont fondés les systèmes tout entiers, enfin en donnant un ensemble de définitions et de règles. Au moment où il compose les six livres, cette nouvelle tâche a été manifestement menée à bien, tout au moins à ses propres yeux. À dire vrai, on a souvent accusé Bodin d'avoir présenté son propos dans le chaos et le désordre les plus complets[2]. On peut toutefois attribuer ces jugements à une incapacité à saisir les principes de la classification effectivement mise en œuvre dans la *République*. Si nous abordons l'ouvrage en nous rappelant les règles logiques ramistes, c'est-à-dire anti-aristotéliciennes, nous retrouvons, comme le recommande Ramus (Pierre de La Ramée), une définition du domaine considéré,

---

1. Voir à ce propos la préface à la *Methodus*, pp. 2 et 8.
2. C'est particulièrement vrai des commentaires anciens. Sur les intentions évoquées plus haut, voir Chauviré 1914, p. 487, et Allen, 1957, p. 404.

puis un mouvement vers des ramifications de plus en plus fines pour chaque sujet, et nous découvrons ainsi que la première moitié de la *République* est entièrement organisée selon les catégories typiques de la logique ramiste : « invention », puis « disposition » ou jugement (Duhamel, 1948-1949, pp. 163-171 ; McRae, 1955, p. 319). Le premier Livre isole la question à examiner (le système du pouvoir), et divise le thème entre privé (la famille), et public (l'État). Le deuxième livre divise la notion d'État en autant de formes qu'on peut concevoir, le troisième divise l'État selon ses parties constituantes. Enfin avec l'ordonnancement des sujets, on touche, nous dit-on, aux unités ultimes de la science politique.

Ce programme de collecte de données et d'organisation logique est soumis à deux projets « scientifiques » distincts, dont la mise en œuvre permettra, selon Bodin lui-même, d'élaborer une véritable science politique. Le premier tente de réunir sur des bases inductives l'ensemble de toutes les variables qui, même si elles sont hors de portée de l'homme, peuvent affecter la destinée des républiques, et sont de ce fait d'un grand prix et d'une extrême importance pour évaluer au mieux les législations[1]. Ce que Bodin a véritablement en vue est d'élaborer le concept humaniste de Fortune : il passe en revue toutes les causes naturelles et occultes de l'essor, épanouissement et déclin des États, avec le dessein d'amener tout législateur à prendre conscience des contraintes spécifiques sous l'effet desquelles il prend ses décisions, et donc à lui faire formuler le corps des lois le plus adapté à la république dans laquelle il vit. Il en résulte, aux livres IV et V, un parcours des « naturels », où Bodin tente d'expliquer l'influence des astres et de certains nombres mystiques dans la fortune des États, et où cela culmine dans une étude des climats comme causes des diverses coutumes, religions et structures sociales que l'on rencontre dans les trois zones climatiques distinctes du monde civilisé. On a parfois soutenu qu'une telle étude systématique de l'influence du milieu naturel remontait à Montesquieu ; on a même prétendu que l'étude historique de la

---

1. Voir la préface de Bodin à la *Methodus*, p. 8.

jurisprudence avait commencé avec *L'Esprit des lois* (Martin, 1962, p. 152). Mais c'est là en fait passer sous silence à quel point Montesquieu s'appuyait sur une tradition d'analyse qui existait avant lui, qui était déjà bien établie au moment où Bodin écrivait et qu'il développa avec une minutie et une intelligence que Montesquieu lui-même eut du mal à dépasser.

Le second but « scientifique » de Bodin est complètement opposé à cet essai de relativisme moral. Il cherche à dévoiler – un peu à la manière de Pareto – les résidus sous-jacents à la diversité des agencements législatifs et politiques, un socle qu'il est possible, selon lui, de mettre au jour grâce à une étude comparative et historique de tous les régimes politiques connus. Il croit que « dans l'histoire, la meilleure part de la loi universelle reste cachée », comme il le proclame dans la préface de la *Methodus*, et qu'il est possible d'établir par induction quelles sont les meilleures lois qu'une république doit absolument avoir en examinant quelles lois les républiques qui ont réussi ont de tout temps possédées. Son objectif ultime est de rassembler et comparer les cadres législatifs de tous les États, pour établir scientifiquement la teneur de la loi commune de toutes les nations, et donc formuler les exigences que tout système législatif doit *ex hypothesi* respecter.

Pris ensemble, de tels principes indiquent pourquoi Bodin pense avoir donné la preuve de sa proposition fondamentale dans la *République*, à savoir qu'en tout État existant doit par définition exister une souveraineté absolue infrangible. Conformément à ses recherches sociologiques et historiques, l'existence d'une telle autorité est un point essentiel, et prouvé, selon lui, dans des systèmes législatifs comme ceux de « France, Espagne, Angleterre, Écosse, Turquie, Moscovie, Tartarie, Perse, Éthiopie, Inde, et presque tous les royaumes d'Afrique et d'Asie » (p. 222). Conformément à la méthode qui guide ses recherches, qu'on puisse empiriquement établir l'existence pratique d'une telle autorité particulière dans tous les États prouve qu'elle constitue une condition nécessaire à l'existence d'un État véritable.

Cette conception de la souveraineté constitue le centre de son système politique, et il n'est pas étonnant qu'elle soit également l'objet d'une considérable controverse entre les interprètes de la *République*. La question est de savoir jusqu'où Bodin entendait étendre les pouvoirs dévolus à la souveraineté, et s'ils devaient être absolus et sans limites. Dans l'ensemble les commentateurs anciens, comme Gierke le remarque, estiment que Bodin a totalement ruiné l'idée d'État constitutionnel[1]. On peut pourtant soutenir que si l'on aborde l'analyse de Bodin avec les freins traditionnels de *la police, la religion et la justice* présents à l'esprit, on constate qu'un nombre important de ces limitations de l'absolutisme semblent bien avoir été délibérément conservés[2].

Tout comme dans les écrits des légistes antérieurs, un aspect du frein de la *police* se maintient dans toute la *République*. C'est la contrainte des *Leges Imperii*, les deux lois fondamentales de la France qui concernent l'état du royaume et son établissement, auxquelles le prince ne saurait déroger. La première est la loi salique, qui garantit la succession mâle, et Bodin la défend au livre IV avec l'argument tout à fait « knoxien », que « domination et gouvernement d'une femme est directement contraire aux lois de nature » (p. 746, voir pp. 753-754). La seconde est que même un souverain absolu ne jouit que de l'usage du pouvoir et jamais de la propriété réelle du domaine royal (p. 653). Cela signifie que tous les souverains et États ont tenu pour une loi générale et certaine que le domaine accordé au souverain afin de lui permettre de vivre n'est

---

1. Voir Gierke, 1939, p. 158, et, pour une opinion analogue, Hearnshaw, 1924, pp. 124-125, sans compter les nombreuses autorités citées dans Lewis, 1968, p. 214.

2. La tendance parmi les commentateurs les plus récents est que l'on aurait traditionnellement surestimé chez Bodin l'intention d'affirmer une souveraineté absolument sans limites. Voir ainsi Shepard, 1930, pp. 585, 588-589, et plus récemment les analyses de Giesey, 1973, p. 180 ; Salmon, 1973 et Franklin, 1973. Mais ces études se focalisent plutôt sur les éléments internes pour et contre l'interprétation constitutionnaliste de la pensée de Bodin, au lieu d'employer l'approche que je tente ici, à savoir rappeler les limites traditionnelles mises à l'idée de souveraineté absolue et les utiliser comme repères permettant de mesurer réellement la doctrine de Bodin.

pas susceptible d'être légitimement aliéné, ni mis en gage, ni vendu, car il représente une part de la richesse publique et, comme tel, doit être tenu pour sacré et inaliénable (p. 651).

On a parfois reproché à Bodin que cette façon de considérer la loi sur l'aliénation du trésor ait brouillé sa théorie de la souveraineté (par exemple Sabine, 1963, p. 408). Bodin prend pourtant grand soin de marquer que sa conception d'un domaine inaliénable fait partie de sa théorie de la souveraineté. Le souverain doit bel et bien posséder des moyens matériels qui lui permettent de gouverner ; ceux-ci doivent bel et bien lui être concédés par quelque forme spéciale de concession, car on ne peut présumer qu'il les possède lui-même. Suivant ces principes, il ne fait aucun doute que même le souverain absolu ne peut rien aliéner de son domaine, car le domaine est attaché à la souveraineté, plus qu'au souverain, et relève donc de la richesse publique sans jamais devenir la propriété privée du souverain en personne. Ainsi le vrai possesseur du domaine est toujours la république et non le gouvernant, et il n'y a aucune incohérence à conclure que le plus absolu des souverains n'a pas plus le droit de disposer de son domaine que de celui d'un quelconque de ses sujets (voir Burns, 1959, p. 176).

Tout en considérant cet aspect de la *police*, Bodin insiste en outre sur un élément essentiel des deux autres freins que sont la *religion* et la *justice*. Même si la forme des lois positives n'est rien de plus que la volonté affichée du souverain, leur contenu doit rester sans cesse en conformité avec les prescriptions de la justice naturelle (Lewis, 1968, p. 215). Il s'ensuit que le souverain doit se contenir dans chacun de ses actes publics, étant tenu de respecter la loi naturelle et la loi de Dieu pour maintenir un dispositif de justice naturelle[1]. Cette limitation capitale est formulée avec insistance dans le chapitre « De la souveraineté ». Dire qu'un souverain est libre de

---

1. Giesey l'a remarqué, la catégorie des lois qui en dérivent et sont « apparemment civiles, en réalité naturelles », forme « de loin l'élément le plus important dans tout dossier montrant Bodin comme constitutionnaliste ». Voir Giesey, 1973, p. 180.

toutes les lois revient à mépriser les lois de Dieu ou de nature, car tous les princes du monde sont sujets à ces ordonnances, et nul n'a le pouvoir de s'y opposer sans se rendre coupable de haute trahison contre la majesté divine (p. 92). Cela signifie en effet que les princes sont tous astreints à obéir aux lois de nature et de Dieu plus étroitement que leurs sujets, car ils ne peuvent être exemptés par le Sénat ou par le peuple, mais doivent se préparer à rendre compte devant le tribunal de Dieu tout-puissant (p. 104). Ainsi, avancer que les princes ne sont pas sujets aux lois sans préciser que cela ne s'applique pas aux lois de nature et de Dieu est causer une grande offense aussi bien à Dieu qu'à la nature (p. 104).

Cette position entraîne un grand nombre de conséquences que Bodin souhaite mettre clairement en évidence. Chaque sujet a le devoir, par suite de son devoir premier d'obéir aux lois de Dieu, de désobéir à toute injonction de son souverain qui ne serait conforme aux lois divines ou aux lois de nature y trouvant leur fondement. Ce point est examiné dans le livre III, au chapitre consacré à l'obéissance des magistrats (pp. 309-325). Bodin tient que même dans le cas où les commandements du souverain violent les lois de nature aussi bien que ses propres lois positives il ne saurait être question de résistance légitime de la part d'un citoyen privé. Il ajoute même que « si les commandements du prince ne sont pas contraires aux lois de Dieu et de nature », mais simplement contraires aux lois positives de l'État, alors le magistrat n'a pas même le droit à la résistance passive, car « il n'appartient pas aux magistrats d'examiner ou de censurer les actions du prince, ni de passer en revue ses menées au sujet des lois humaines, auxquelles il peut à son gré être amené à désobéir » (p. 313). Cette conception ne s'applique il est vrai qu'à la justice civile, et non pas si de tels commandements se trouvent être contraires aux lois de nature. Si le prince promulgue un édit contraire à ces lois supérieures, alors c'est le devoir non seulement des magistrats, mais du peuple tout entier, de désobéir, car « l'honneur de Dieu, et le respect des lois de nature sont plus importants pour tous les sujets que la richesse, la vie et l'honneur de tous les princes du monde » (p. 324).

Que le pouvoir souverain ait obligation de suivre les règles de la loi naturelle place sur lui diverses limites : Bodin en évoque deux. Malgré le fait qu'il soit *legibus solutus*, il demeure obligé de respecter les contrats souscrits, y compris ceux passés avec ses propres sujets (p. 106). L'obligation d'honorer les contrats fait en effet partie des lois de nature. Bodin a déjà marqué que le prince n'a en matière d'obéissance à la loi suprême aucun privilège par rapport à ses sujets (p. 93). Il répète avec insistance qu'il ne faut en rien confondre les lois et les contrats des princes souverains. Les lois dépendent de son bon vouloir ou de son bon plaisir, alors que les contrats entre le prince et ses sujets sont mutuels, la réciprocité liant les deux parties, en sorte qu'aucune des deux ne peut s'en défaire au préjudice ou sans l'accord de l'autre (p. 95).

Bodin relève également que le pouvoir souverain doit respecter la propriété privée comme un droit inaliénable. Cette limitation de l'*Imperium* par le *Dominium* découle pour lui du postulat que la famille constitue l'origine et l'essence de la république. Imaginer une république sans familles, déclare-t-il, revient à imaginer une cité sans maisons (p. 8). Mais si nous ne pouvons concevoir une république sans familles, nous ne pouvons pas non plus la concevoir sans propriétés, car la communauté de tous les biens serait incompatible avec le droit des familles qui doivent préserver leurs biens pour assurer leur existence matérielle (p. 11). L'objection – fréquente chez les auteurs scolastiques – que les lois de nature semblent supposer à l'origine une communauté des biens est vertement rabrouée : le Décalogue interdit expressément le vol des biens d'autrui. Selon Bodin, cela montre que la propriété privée découle de la loi de nature, et que l'idéal platonicien de la communauté des biens repose sur une erreur. Les commandements du Décalogue révèlent que les États ont été institués par Dieu pour gérer en commun ce qui est par nature commun, et réserver à chaque homme privé ce qui lui appartient en propre (p. 11).

Les conséquences de ces postulats sur la relation entre *Imperium* et *Dominium* sont inventoriées dans le chapitre central « De la souveraineté ». Bodin d'abord répète que « rien n'est plus contraire aux lois de Dieu que de dérober et dépouiller un autre homme »

(p. 109). Il rappelle ensuite que même « un prince souverain ne peut outrepasser les limites » établies par les « lois éternelles de nature » (p. 109). En conséquence, ceux qui proclament qu'un « prince souverain possède la force de saisir les biens d'autrui » prêchent une doctrine directement contraire aux lois de Dieu (p. 109). Même le souverain le plus absolu n'a jamais le droit de saisir ni de donner le bien d'autrui sans le consentement de son possesseur (p. 110). Quiconque cite la maxime « Tout appartient au prince » doit comprendre qu'il ne parle que de pouvoir et de souveraineté, car même dans la monarchie la plus absolue, la propriété et la possession des biens particuliers doivent être réservées aux particuliers (p. 110).

Bodin doit bien le reconnaître, la défense de la propriété privée entraîne des conséquences pratiques quelque peu malcommodes pour sa théorie de la souveraineté absolue. S'il est contraire aux lois divines qu'un souverain saisisse les biens de ses sujets, alors le prélèvement des impôts peut apparaître comme l'équivalent d'un acte de confiscation, injustifiable à moins que les sujets ne l'approuvent pour une raison ou pour une autre. Bodin n'essaie pas d'éluder les implications d'un tel argument ; il maintient de façon tout à fait cohérente que tout impôt demande consentement explicite, et qu'ainsi on devrait éviter autant que possible de nouvelles taxes. Telle fut la position qu'il défendit publiquement lorsqu'il fut élu aux états généraux en 1576, honneur dont il fait mention à plusieurs reprises dans la *République*, non sans une vanité assez risible. Les débats furent dominés par les tentatives d'Henri III pour lever des impôts, et Bodin semble avoir compromis sa faveur grandissante auprès de la cour en incitant dans plusieurs discours les députés à refuser toute augmentation des taxes (Ulph, 1947, p. 292 ; cf. p. 289). Le fondement d'une telle attitude est explicité par le long chapitre intitulé « Des finances » à la fin de la *République* (pp. 649-686). Naturellement, dit-il, si l'État est soudain assailli par l'ennemi ou quelque accident imprévu, alors les impôts levés sur les citoyens sont légitimes car sans eux la république pourrait être ruinée (p. 663). Mais il avertit les rois de France que, comme la propriété est un droit de nature, même les plus absolus des souverains n'ont pas autorité pour lever sur leurs sujets des impôts ni abolir des droits sans leur consentement. Et il ajoute l'avertissement que « rien ne cause plus sûrement des changements, ruines et séditions des États que des charges et impôts excessifs » – ce dont on voit actuellement une illustration avec la révolte dans les Pays-Bas[1].

Si nous reprenons les trois freins traditionnels (*police*, *religion* et *justice*), nous constatons qu'un bon nombre d'éléments constitutionnalistes persistent dans l'ensemble apparemment monolithique de la *République*. Nous voyons également que la position de Bodin au sujet du droit des sujets a changé radicalement entre la *Methodus* de 1566 et la *République* de 1576[2]. Dans la *République*, il repousse

---

1. On a souvent accusé Bodin d'être en contradiction avec lui-même, car son argument semble peu compatible avec l'affirmation originaire sur la souveraineté comme « pouvoir de donner aux sujets des lois sans leur consentement » (p. 98). Allen trouve étonnante toute la discussion sur les impôts, et Franklin n'hésite pas à dire que Bodin est incohérent sur ce point. (Voir Allen, 1975, p. 410, et Franklin, 1973, p. 87.) Wolfe a récemment cherché à expliquer comment une telle contradiction a pu naître. Le raisonnement de Bodin doit, selon lui, être envisagé en relation avec l'engagement fondamental de défendre l'autorité de la monarchie française. Bodin voyait que la levée des impôts constituait la raison essentielle des troubles, et comme il pensait que le but majeur de la politique royale devait être d'assurer la paix à tout prix, il cherchait à rendre le pouvoir de lever des impôts le plus difficile possible à exercer, dans l'esprit d'un apaisement politique qui lui paraissait bon pour le trône (voir Wolfe, 1968, pp. 277-284). L'explication est ingénieuse, mais on peut également soutenir qu'il n'y a, en fait, pas une contradiction insurmontable. On peut avancer que la discussion de Bodin sur la question des impôts ne révèle pas tant une incohérence logique dans la théorie de la souveraineté qu'une ébauche de développements ultérieurs, en particulier du fait que la souveraineté absolue doit toujours être tempérée par les lois de nature.

2. Une telle affirmation ne va, il est vrai, pas de soi. Les critiques anciens, comme Chauviré, ont tendance à évoquer la continuité fondamentale entre les deux ouvrages, et cette interprétation a été récemment reprise par King, dans sa présentation de la pensée politique de Bodin (voir Chauviré, 1914, p. 271, et King, 1974, pp. 300-310). King en particulier se demande dans lequel des deux ouvrages la défense de l'absolutisme est la plus ferme, et répond qu'on ne peut

explicitement les garanties constitutionnelles que la *Methodus* avait mises en place, et revient, avec prudence, vers une défense sans concession de l'absolutisme royal[1].

Sauf la défense des *Leges Imperii*, Bodin dans la *République* passe complètement sous silence le frein de la *police*. Nous l'avons vu, l'essence de ce frein réside dans la proposition que le roi doit être limité par les lois coutumières – ce qui a amené Seyssel à donner la France comme modèle d'État mixte. Bodin soutient que ceux qui décrivent la France comme une monarchie mixte, composée des trois sortes de régime, tiennent une position non seulement fausse mais criminelle, car c'est une haute trahison d'égaler les sujets au souverain (p. 191). Selon son point de vue, lois et coutumes doivent être soigneusement distinguées jusqu'à invalider complètement l'idée d'un contrôle de la coutume sur la puissance législative. Beaucoup, concède-t-il, présument que les coutumes ont presque force de loi, quand bien même elles ne relèvent pas du jugement ni du pouvoir du prince souverain (p. 160). Mais il récuse rapidement les deux arguments implicites dans une telle opinion. Le pouvoir de la coutume n'a rien à voir avec celui de la loi, la coutume n'a de force que par l'usage, et autant qu'il plaît au prince souverain, qui à son tour possède le pouvoir de changer la coutume en loi de sa seule autorité, en apposant sur elle son sceau. En outre, la coutume dépend entièrement du prince, car toute la force des lois et

---

guère établir de différence (p. 303). Pourtant, à mon avis, refuser d'introduire une différence entre les deux livres revient à méconnaître les changements spécifiques que Bodin introduit quand il examine la question des freins légitimes et institutionnels aux pouvoirs de la monarchie de France.

1. Pour une telle interprétation, voir Reynolds, 1931, p. 182, point de vue développé par Salmon, 1973, pp. 365-371, et Franklin, 1973, pp. 54-69. Dans mon développement ci-dessous, je suis ces deux remarquables contributions, même si, à mon avis, Salmon accentue peut-être à l'excès l'explication du changement dans la pensée de Bodin par son désir de répondre aux révolutionnaires huguenots des années 1570. On peut imaginer un autre motif : le désir de répudier sa propre position antérieure, et d'attaquer l'ensemble des auteurs politiques qui tentaient de promouvoir les thèses constitutionnalistes dans les années 1560.

coutumes repose dans le pouvoir de qui détient la souveraineté dans la république (p. 161).

Ayant ainsi supprimé le frein de *la police*, Bodin va également lever toutes les contraintes que les théoriciens constitutionnalistes avaient renouvelées pour s'opposer aux légalistes, sous les rubriques *religion* et *justice*. Il avait lui-même, en 1566, avancé qu'un souverain, pour changer une coutume bien établie ou une ancienne forme de procédure, avait besoin de l'assentiment des trois états. Il soutient désormais que, même s'il est exact que les lois de France n'ont généralement pas été modifiées sans convocation des trois états, le roi n'a pas l'obligation de suivre leur avis, il a toujours la possibilité de faire le contraire de leur recommandation si la raison naturelle et la justice le demandent (p. 95). À part le pouvoir de refuser de consentir aux impôts, les états n'ont aucunement voix délibérative, mais seulement d'approuver ce qui est du bon plaisir du roi (p. 95). Ainsi, quand le roi de France – ou d'Espagne ou d'Angleterre – convoque les trois états, il ne fait que se comporter avec courtoisie et bonne volonté à l'égard du Sénat, mais il n'y a aucune marque que le souverain soit lié à leur approbation ou qu'il ne puisse pas légiférer sans l'autorité et le consentement des états ou du peuple (p. 103).

Enfin, dans la *Methodus* Bodin avait soigneusement insisté sur les limites légales (et non parlementaires) imposées au pouvoir de la couronne en France. Il avait nommé trois freins qu'il omet délibérément désormais. Dans son premier ouvrage, il avait déclaré que le roi est tenu par son serment. Quand il rédige la *République* il s'inquiète manifestement des conséquences de cette position, qui a dans l'intervalle été exploitée par les calvinistes. Bèze et Hotman avaient tous deux interprété le serment des États d'Aragon en disant que le peuple avait le devoir d'obéir aux gouvernants aussi longtemps que ceux-ci tenaient leurs promesses – et sinon, non (Giesey, 1968, pp. 20-24). Bodin fait référence à ce serment pour dire que ceux qui l'ont invoqué confondent les lois et le contrat du prince, ce qui est une erreur dangereuse (p. 92). La seule façon dont une souveraineté véritable peut être limitée est son obligation à agir selon les exigences du droit et de la justice (p. 94). En retour, cela signifie qu'un prince souverain doit être toujours libre, sans accusation de parjure, de décevoir ou annuler tout contrat ou promesse qu'il aurait pu faire, s'il estime que la raison et l'équité qui y présidaient ont disparu (p. 94). Réfuter ce pouvoir discrétionnaire, et soutenir que le prince est tenu par serment de maintenir les lois et coutumes de son pays revient tout simplement à repousser les droits de la majesté souveraine (p. 101).

Dans la *Methodus,* Bodin avait également soutenu que le Parlement de Paris avait le droit de veto sur tout acte législatif, en sorte que tout édit injuste du roi était susceptible d'être rejeté par la cour (p. 254). Quand il rédige la *République*, il considère cette proposition comme erronée et pernicieuse (p. 323). C'est qu'il a pu dans l'intervalle constater que l'argument essentiel de ceux qui cherchaient à prendre les armes contre leur prince était que les juges ont le droit de refuser d'avaliser et de « mettre à exécution les édits et commandements de leur prince » (p. 323). Il peut maintenant affirmer qu'une telle conception non seulement est contraire au droit et à la loi, mais encore traduit une totale incompréhension de l'histoire constitutionnelle de la France. L'origine d'une véritable relation entre la couronne et le Parlement est à chercher sous le règne de Philippe le Bel qui en fit une « cour ordinaire » pour en entendre un avis sur les affaires du royaume (p. 266). L'étape suivante fut : que la cour ne s'occupe que de trancher des conflits ou d'assurer une équitable gestion de la justice et que ses officiers ne se changent pas en tuteurs et protecteurs du royaume (p. 266). Un tel dispositif fut confirmé par la décision de François Ier quand il promulgua un décret interdisant au Parlement de Paris, en quelque occasion que ce soit, de remettre en question les décrets du roi s'ils concernaient une matière constitutionnelle (p. 267).

Le troisième et dernier frein sur lequel Bodin avait mis l'accent dans la *Methodus* était l'indépendance des magistrats et l'impossibilité de les révoquer sauf pour crimes graves. Dans la *République*, il maintient que les magistrats doivent avoir la sûreté de leur siège, mais il suppose désormais que leurs pouvoirs dépendent entièrement du souverain. Ce point est longuement évoqué au livre III, dans le chapitre sur le pouvoir et l'autorité du magistrat, où la controverse entre Azo et Lothaire est une fois de plus analysée (pp. 325-342). Alors que dans la *Methodus* Bodin penchait, prudemment, en faveur d'Azo, il est clair maintenant que la droite conception consiste à reconnaître que tous les magistrats ne sont qu'« exécuteurs et ministres des lois et des princes » et jamais détenteurs de quelque autorité ni pouvoir indépendants que ce soit, qui leur vaillent qu'on les respecte pour eux-mêmes (p. 333). L'ensemble de la discussion est enfin résumé dans le chapitre clé sur la souveraineté. Un souverain a toujours le pouvoir de déléguer son autorité, mais il doit être toujours clair à ses propres yeux qu'il conserve la possibilité de reprendre lui-même l'examen de ce qu'il a confié aux magistrats, et de leur reprendre quand il lui plaît les pouvoirs qu'il leur a délégués (p. 85).

Ce plaidoyer en faveur d'une souveraineté personnelle et absolue devait avoir une influence immédiate et décisive. Dès les années 1580, Gabriel Harvey observe qu'on ne peut entrer dans le cabinet de travail d'un étudiant en droit sans être sûr (à dix contre un) de le trouver en train de lire Le Roy sur Aristote ou la *République* de Bodin[1]. Durant la même période, l'analyse particulière que fait Bodin de la souveraineté fut reprise par un grand nombre de théoriciens politiques, comme Jean Duret, François Grimaudet et Pierre Grégoire, un peu plus tard par Pierre de Belloy, Jacques Hurault, François Le Jay et Louis Servin (Church, 1941, pp. 245-246). À cette liste il faut ajouter deux Écossais « gallicisés », Adam Blackwood et William Barclay. Tous deux emploient ces arguments contre ceux que Barclay épingle sous le nom de « monarchomaques » (ou « tueurs de rois »), et en particulier contre leur compatriote Georges Buchanan, le plus radical des révolutionnaires calvinistes. À cause de ces attaques, plus tard Locke à la fin de son *Second Traité* qualifia Barclay de grand laudateur du pouvoir sacré des rois, dénomination qui pourrait tout aussi bien convenir à tous les autres auteurs français légitimistes (p. 437). Tous reprennent la

---

1. Voir Salmon, 1959, p. 24, et Mosse, 1948.

formule de Bodin, selon laquelle une forme absolue de souveraineté constitutionnelle doit par définition être située à une place déterminée dans chaque état. Ils ajoutent la croyance, protestante à l'origine, que de tels pouvoirs sont directement ordonnés par Dieu, en sorte que leur résister équivaut strictement à résister à la volonté de Dieu (Church, 1941, pp. 244-245). En réunissant ces deux arguments, on formule le concept distinctif de « droit divin » des rois, et l'on peut dire que d'ores et déjà est énoncée complètement cette proposition rendue plus tard célèbre par Bossuet en France et Sir Robert Filmer en Angleterre. Avant la fin des guerres de religion avaient été fermement jetés les fondements de l'idéologie qui devait servir à légitimer l'absolutisme du *Grand Siècle.*

9.

Le droit de résister

Le rejet de la révolution populaire

Quand éclatèrent les guerres de religion, en 1562, le prince de Condé, chef des huguenots, rédigea une *Déclaration* pour justifier le recours aux armes (Caprariis, 1959, p. 100, note). Il soutenait qu'en entrant dans Paris à la tête de leurs troupes les Guises avaient placé en captivité le vouloir de la reine et usurpé le gouvernement légal, leur seul but étant de disposer du royaume selon leur bon plaisir (pp. 229, 231). Le but du prince de Condé en prenant les armes était seulement de rendre par tous les moyens légitimes le pouvoir et la liberté au roi et à la reine, et d'assurer le respect des édits et ordonnances royaux (p. 232). La *Déclaration* culmine dans la proclamation que, puisque les Guises tentent d'intimider le Roi en son conseil par menaces et force, il est du devoir de tout bon et loyal sujet de prendre les armes, car, en agissant ainsi, il soutient l'autorité du roi et de la reine contre les tentatives rebelles pour ruiner la république entière (pp. 229, 232, 233-235).

Étant donné les contraintes dans lesquelles l'action des huguenots était enfermée, l'argumentation en faveur de la résistance, strictement limitée et fondée sur des justifications soigneusement constitutionnelles, peut se comprendre sans peine. Minorité obligée de se chercher des alliés et désireuse de se concilier les catholiques modérés, le parti huguenot devait se montrer capable de répudier aussi explicitement que possible l'héritage du calvinisme révolutionnaire, et en particulier la suggestion qu'il pourrait être légitime que le corps tout entier du peuple se révolte spontanément contre un pouvoir idolâtre – comme Ponet, Goodman et Knox l'avaient soutenu. Nous voyons ainsi Hotman écrire à Calvin, en décembre 1558, pour lui dire que chacun a eu plaisir à lire ses lettres dans lesquelles il exprime ouvertement son indignation devant les « écrits incendiaires » de Goodman et de Knox[1]. De même, nous voyons Calvin se désolidariser complètement des diverses conspirations qu'on vit éclore sous l'influence de quelques sectateurs irresponsables en France. Quand le Conseil de Genève découvrit en 1558 qu'un complot se fomentait à Bordeaux, il le prévint en avertissant les autorités françaises (Kingdon, 1955, p. 68). Et quand les rescapés de la conjuration d'Amboise proclamèrent après son échec, en 1560, que les autorités genevoises avaient approuvé le *coup* de La Renaudie contre le gouvernement de France, Calvin comme Bèze les accusèrent de calomnie, pour prévenir toute discussion ultérieure au sujet de leur complicité (Kingdon, 1956, pp. 69, 71).

Le meilleur signe montrant que les dirigeants huguenots avaient grand souci de repousser cette idée de révolution populaire est fourni par leurs réactions à la publication d'un pamphlet appelant, dans les années 1560, à un soulèvement général du peuple de Dieu contre l'impiété du gouvernement de la France. Il parut à Lyon en 1563, au moment de troubles où Condé avait pris possession de la ville au nom des huguenots, Pierre Viret était venu pour être pasteur, et un gouverneur huguenot, Soubise, avait été installé par défiance à l'égard du pouvoir royal (Doucet, 1939, pp. 417-420). Ce pamphlet anonyme avait pour titre *Défense civile et militaire des Innocents et de l'Église du Christ* (Capraris, 1959, p. 113). Comme le remarque Kingdon, sa thèse semble plus radicale que l'ensemble des précédents plaidoyers protestants en faveur de la résistance, car il conférait le droit de révolte au peuple tout entier sans recourir à quelque autorité constituée (Kingdon, 1967, p. 153). Les huguenots qui contrôlaient la cité répondirent par la terreur : Viret publia

---

1. Pour ces lettres, voir Calvin, *Opera omnia* éd. Baum, vol. XVII, pp. 396-397.

une dénonciation publique du libelle, Soubise décréta la peine de mort pour quiconque serait pris en train de le vendre, et ordonna que tous les exemplaires en soient saisis et brûlés (Kingdon, 1967, pp. 154-155). Il semble que ses ordres aient été ponctuellement exécutés, car aucun exemplaire ne semble avoir subsisté, et l'on n'en connaît le contenu que par la réponse que Charles Du Moulin se crut obligé de publier après que l'un de ses nombreux ennemis eut insinué qu'il en était l'auteur (Caprariis, 1959, p. 113, note).

Dans les années 1560, pourtant, les huguenots eurent de plus en plus de mal à prétendre qu'ils défendaient le gouvernement contre les empiètements des Guises. Les préparatifs militaires de Catherine de Médicis en 1567 précipitèrent Condé dans la guerre ouverte, et il répondit en tentant de s'assurer de la personne du roi et de faire le siège de Paris (Salmon, 1975, pp. 169-170). Après l'échec de cette aventure, Catherine et les huguenots se regardèrent avec une méfiance croissante (Mercier, 1934, pp. 236-237). Condé fit paraître un nouveau libelle beaucoup plus menaçant, où il invoquait les arguments déjà développés par les théoriciens constitutionnalistes radicaux, proclamant que les lois fondamentales du royaume étaient perverties par le comportement du gouvernement (Salmon, 1975, p. 170). Cet argument revient très souvent dans des pamphlets publiés en 1567-1568, comme une *Protestation* déplorant la perte des libertés en France, et un *Discours* soutenant que le véritable régime de la France était à l'origine et justement « mixte[1] ». Enfin, la *Francogallia* de Hotman, le plus important et radical des traités huguenots sur la Constitution fondamentale de la France, date à peu près certainement de cette époque, d'après une critique interne, bien que publié seulement en 1573[2].

Pour finir, après les massacres de la fin d'août 1572 dans la France entière, on abandonna toute tentative pour concilier l'idée de résistance active avec la défense de la monarchie. La Rochelle,

---

1. Sur ce point, voir Mercier, 1934, p. 237, note, et Giesey et Salmon, 1972, pp. 39-40.

2. Voir Giesey, 1967, p. 590, et Giesey et Salmon, 1972, pp. 7, 38-39.

place forte huguenote, entra immédiatement en dissidence, suivie par un grand nombre de cités du Midi (Léonard, 1965-1967, II, pp. 145-146). En moins d'un an, le Languedoc était pratiquement devenu une enclave huguenote autonome, avec son gouvernement fédéral propre, et demandant à être reconnu et toléré (Neale, 1943, pp. 83-84). C'est alors que, pour légitimer cette attaque directe contre la monarchie des Valois, on eut recours aux textes classiques de la pensée politique révolutionnaire huguenote. Le premier fut la *Francogallia* d'Hotman. Hotman s'était réfugié à Genève au commencement d'octobre 1572 (il ne revint jamais en France) après avoir échappé de peu aux massacres à Bourges (Kelley, 1973a, pp. 218-219). Il reprit sa version première, et reçut, en juillet 1573, des autorités genevoises, la permission de la publier (Giesey et Salmon, 1972, p. 50). En révisant son manuscrit, il fut évidemment consulté par Théodore de Bèze, qui commençait alors à rédiger son *Droit des magistrats* sur un sujet analogue, publié en français au commencement de 1574, puis en latin en 1576[1]. Plus tard parurent trois pamphlets de grande importance, tous en français, et d'auteurs inconnus. Le premier est un dialogue intitulé *Le Politicien*. Le deuxième, un dialogue également, avait pour titre *Le Réveille-matin des françois*[2], et le troisième, *Discours politiques*, était

---

1. Pour les consultations d'Hotman par Bèze, et les emprunts manifestes à la *Francogallia*, voir Giesey, 1967, p. 582 et note. Pour l'historique des impressions du *Droit des magistrats* et la relation entre les versions française et latine, voir Schelven, 1954, pp. 62-65.

2. Dans cette note, l'auteur justifie sa traduction du titre par *The Awakener*, préférant garder *The Alarm Bell* pour traduire un autre titre : *Le Tocsin* de 1577. Il poursuit : l'auteur du *Réveille-matin* n'a jamais été définitivement identifié, Barrère et Schelven ont tous deux suggéré qu'il pourrait avoir été écrit par Hotman (voir Barrère, 1914, pp. 383-386, et Schelven, 1954, p. 75, note). Mais cette hypothèse a été rejetée de façon convaincante par Giesey, 1967, p. 589 et note. Kelley ainsi que Giesey et Salmon proposent le nom de Hugues Doneau (voir Kelley, 1970b, p. 551 et note, et Giesey et Salmon 1972, p. 74, note). *Le Réveille matin* consiste en deux dialogues, le premier, publié séparément en 1573, raconte l'histoire des massacres de 1572, tandis que le second, rajouté en 1574,

le plus révolutionnaire de tous, présentant une théorie de la résistance plus violente qu'aucune autre œuvre politique huguenote[1]. Deux ans plus tard, Simon Goulart (1543-1628), qui succéda à Bèze à Genève, publia trois volumes de *Mémoires de l'estat de la France sous Charles IX*[2], dans lesquels on réimprima un grand nombre de libelles révolutionnaires qui en reçurent une diffusion plus large et, parmi eux, *Le Droit des magistrats*, *Le Politicien*, et *Discours politiques* ainsi qu'une traduction française de la *Francogallia* d'après la seconde édition latine, beaucoup plus développée, qu'Hotman avait publiée en 1576 (Giesey et Salmon, 1972, p. 82). L'année suivante parut *Le Tocsin*, un récit anonyme de la Saint-Barthélemy, qui semble avoir joué un rôle prépondérant sur l'interprétation que firent plus tard les protestants du massacre, de sa signification et de ses causes (Sutherland, 1973, pp. 318, 325). Enfin, deux ans plus tard parut le plus fameux et important texte sur la théorie révolutionnaire huguenote, *Défense de la liberté contre les tyrans,* de Philippe Du Plessis Mornay (1549-1623)[3], qui donne le condensé le plus complet de tous les arguments majeurs développés par les « monarchomaques » dans les années 1570[4].

---

discute des principes généraux de la résistance politique. Figgis pense certainement au premier lorsqu'il qualifie le texte de « récit des faits, sans rien sur les principes généraux » (Figgis, 1960, p. 174).

1. Giesey et Salmon, 1972, p. 74, parlent du *Réveille-matin* comme du pamphlet le plus radical, mais cette qualification convient à mon sens mieux aux *Discours*.

2. La première édition en parut entre 1576 et 1577. Une seconde édition, « révisée, corrigée et augmentée » selon sa page de titre, parut en 1578 et fut réimprimée dans un format différent en 1578-1579. J'ai utilisé l'édition de 1578. Toutes les éditions furent imprimées à Genève, et non à Middelburg, comme le prétendent les pages de titre. Pour l'attribution à Goulart et l'historique des éditions, voir Jones, 1917, pp. 14 560-563.

3. L'ouvrage est habituellement cité sous son titre latin, *Vindiciae contra tyrannos (NdT)*.

4. J'abrège ici un débat apparemment sans fin : qui écrivit la *Défense* ? Mornay ou Languet, ou tous deux, ou aucun d'eux. De Figgis à Franklin, les érudits modernes ont toujours incliné pour Mornay. Voir Figgis, 1960, p. 175, et

Même si l'objectif principal de ces pamphlets était sans conteste de justifier l'attaque directe contre la monarchie des Valois, il faut ajouter que même après les massacres de 1572 les huguenots étaient soucieux de repousser autant que possible les éléments populaires ou insurrectionnels hérités de la théorie politique calviniste. Si leur préoccupation essentielle était bien d'appeler aux armes leurs propres partisans, ils avaient aussi besoin d'élargir la base de leurs soutiens non sectaires et de réduire autant que possible l'hostilité croissante des catholiques modérés dont les sympathies se faisaient de plus en plus tièdes – nous l'avons vu chez certains observateurs comme Montaigne – à cause de leur dérive continuelle vers l'anarchie. Résultat de ce conflit, même quand ils invoquèrent un droit de résistance active pour leurs partisans, les chefs huguenots continuèrent à présenter leur appel aux armes comme une défense limitée et constitutionnelle.

Tout d'abord, ils prirent grand soin d'exclure toute idée de résistance de la part d'un individu ou même du corps entier du peuple. À dire vrai, il arrive qu'on sente une certaine réticence à exclure rigoureusement le tyrannicide. L'auteur des *Discours politiques* attaque avec mépris les « prétendus théologiens et prédicateurs » qui soutiennent que personne ne peut légitimement tuer un tyran « sans révélation particulière de Dieu ». Il poursuit en affirmant qu'il ne trouve dans tous leurs arguments aucune base solide à leur prohibition de ce moyen de libérer le peuple de l'oppression (f° 293a). C'est toutefois une attitude très exceptionnelle, car, même dans la *Défense* de Mornay[1], le pamphlet révolutionnaire à la détermination la plus constante, la légitimité du tyrannicide n'est

---

Franklin, 1969, pp. 138-140. Pour une bibliographie sur la question, voir les références données par Franklin, 1969, p. 139, note et p. 208, note.

1. L'auteur écrit une longue note sur les éditions anglaises de la *Défense* et sur le choix qu'il fait de passer de l'une à l'autre selon la version qui lui semble la meilleure (l'édition de Harold J. Laski, Londres, 1924, qui reprend en fait une traduction de 1648, et fourmille d'archaïsmes ; celle de Julian Franklin dans son ouvrage *Constitutionalism and Resistance,* New York, 1969, excellente, mais qui reprend une version tronquée du texte latin original).

mentionnée qu'à titre de possibilité éloignée, et maniée avec la plus grande précaution. Certes, Mornay accorde que la divine justice de Dieu peut parfois « nous envoyer un Jehu » pour nous délivrer des tyrans. Mais il ne cesse de répéter que, quand Dieu n'a pas parlé en ce sens, tout homme qui se sent appelé à exercer une responsabilité aussi lourde doit être extrêmement circonspect car il court le risque terrible de se confondre lui-même avec Dieu, et d'être conduit à concevoir des vanités et à engendrer des mensonges au lieu de servir de véritable instrument de justice.

Tous les autres théoriciens huguenots approchent la question du tyrannicide avec encore plus de précaution, en reprenant la distinction traditionnelle entre tyran par usurpation et tyran par exercice. Bèze en avertit dans le *Droit des magistrats*, il existe une différence considérable entre ces deux figures de gouvernement oppressif (p. 109)[1]. Un tyran par usurpation est quelqu'un qui « par force ou par fraude » a « usurpé un pouvoir qui ne lui appartient pas par la loi » et n'a par conséquent aucun droit légitime de gouverner. Cela rend légitime pour chaque citoyen privé d'user de toutes ses forces pour défendre les institutions légitimes de son pays, et donc de résister à tout tyran dont l'autorité n'est pas légitime (p. 107). Mais la situation est beaucoup plus complexe dans le cas d'un tyran qui, comme le dit Bèze, est par ailleurs un magistrat souverain légitime (p. 108). Il est essentiel dans ce cas d'être en mesure d'invoquer un clair « appel » à résister, venant par exemple de la part de magistrats ou de représentants du peuple (pp. 102, 129). Mais aucune personne privée ne peut en droit invoquer un tel appel, car le peuple n'est jamais autorisé à prendre en main la loi. Il s'ensuit qu'un citoyen individuel et même le peuple dans son ensemble « n'ont contre le tyran d'exercice d'autre recours que la pénitence, la patience et les prières ». Essayer un autre remède, c'est encourir le risque de la malédiction de Dieu.

Les huguenots trouvèrent une autre façon d'insister, même après 1572, sur le caractère purement défensif de leur résistance ; ils

---

[1]. L'auteur cite Bèze dans la traduction de Franklin.

prétendirent avoir été obligés de cesser leur allégeance à la couronne à cause de la corruption absolue du gouvernement de Catherine de Médicis. Ils répandirent la rumeur – dont Marlowe se fit l'écho dans *Massacre à Paris* – selon laquelle le massacre de la Saint-Barthélemy avait été soigneusement planifié et accompli dans l'intention délibérée d'exterminer les protestants de France (Sutherland, 1973, p. 314). Cette accusation apparut dès le *Réveille-matin*, qui ajoute que plus de cent mille huguenots auraient été massacrés pendant l'été de 1572 (pp. 45-71, 78). Goulart reprend les mêmes exagérations dans ses *Mémoires*, en particulier dans la discussion intitulée *Les Préparatifs des massacres*. Il présente comme avéré le fait que les « terribles desseins » contre les huguenots avaient été formés dès la paix de Saint-Germain en 1570, puis approuvés par trois conseils successifs tenus par le roi et Catherine de Médicis au début de 1572 (fos 265-269). D'une manière plus générale, les protestants soutinrent que les massacres ne faisaient que représenter l'accomplissement d'une politique impie menée par Catherine de Médicis et son gouvernement conformément aux formules de Machiavel (Kelley, 1970b). Catherine était la fille de l'homme à qui Machiavel avait dédié *Le Prince*, ce qui rendait presque inévitable que ses adversaires prétendent, comme le fait La Noue dans son sixième *Discours*, que l'entier gouvernement de la France était conduit sous l'influence de Machiavel et de ses voies méprisables et déshonorantes (p. 160). La section historique du *Réveille-matin* ne cesse de dénoncer les opinions de Machiavel, pernicieuse hérésie en matière d'État, et de prétendre que le roi devait être sous leur influence pour projeter l'extermination des huguenots (pp. 21, 37). Même accusation chez l'auteur du *Tocsin* qui introduit cet argument par une longue dissertation typiquement humaniste sur l'éducation du prince et la façon de le mener à la prudence et à la vertu (fos 21a, *sq.*). Par opposition, on évoque l'éducation que Catherine de Médicis aurait fait donner à ses fils, qui ont appris leurs leçons surtout des traités de « l'athéiste » Machiavel, dont le livre du *Prince* est dit guider les actions de la reine mère, et constituer l'essentiel des préceptes inculqués au jeune roi, préceptes qui conviennent pour un tyran (f° 33a).

Ces dénonciations s'élargirent bientôt en un genre spécial de rhétorique antimachiavélienne, qui ensevelit sous un tombereau d'insultes grossières et imméritées la réputation établie de Machiavel comme théoricien de la politique, qualité que Bodin persistait à lui reconnaître sans hésitation. L'un des premiers exemples de cette tendance est fourni par le *Merveilleux discours* sur les attributs machiavéliens de Catherine de Médicis, pamphlet attribué à Henri Estienne, publié en 1575, et repris dans les *Mémoires* de Goulart. D'abord il affirme que, « parmi toutes les nations, l'Italie emporte le prix pour sa rouerie et sa tricherie », puis entreprend de montrer que l'art de duper, élaboré à la perfection par la Florence de Machiavel, a maintenant été importé en France par Catherine de Médicis et ses conseillers, avec pour résultat que celle-ci est devenue un « exemple de tyrannie dans toutes ses actions publiques » (f°s 423a, 424a). Le genre culmine avec l'*Anti-Machiavel* d'Innocent Gentillet (v. 1535-1595) publié en français en 1576, quatre ans après que Gentillet se fut réfugié à Genève pour échapper aux massacres de la Saint-Barthélemy (Rathé, 1965, pp. 186-191). Cette longue et violente attaque semble avoir joué un rôle essentiel pour créer la réputation commune et démoniaque que Machiavel n'a jamais complètement perdue : écrivain diabolique de manuels pour mener la vie de tyran (Meinecke, 1957, pp. 54-55 ; Raab, 1964, pp. 56-59). Même si Gentillet se soucie de réaffirmer les idéaux traditionnels de la *police, justice et religion*, son but essentiel, nous l'avons déjà vu, est de dénoncer les vicieuses maximes qu'il prétend, souvent mensongèrement, avoir recueillies dans *Le Prince* ou les *Discours*. Ayant établi, prétend-il, que « le propos fondamental de Machiavel est d'apprendre au Prince comment devenir un tyran parfait », Gentillet assure que les massacres de Wassy et de la Saint-Barthélemy résultèrent tous deux de l'influence de Machiavel sur Catherine de Médicis et son gouvernement (pp. 269, 444-445, 473). Cette accusation est formulée avec la plus grande clarté dans la préface au livre I, qui déplore amèrement « l'abolition des bonnes lois anciennes du royaume » et leur remplacement par les doctrines de Machiavel mises en pratique par les Italiens qui gouvernent actuellement la France (pp. 38-39). Même accusation dans l'Épître qui justifie le livre tout entier en prétendant que l'examen des doctrines de Machiavel servira à indiquer d'où proviennent les vices infâmes qui s'enracinent de nos jours dans le gouvernement de la France.

Ayant ainsi mis l'accent sur le caractère tyrannique du pouvoir, les huguenots pouvaient présenter leur décision de résister comme une pure et simple nécessité légitime d'autodéfense. La plupart des pamphlets publiés immédiatement après les massacres de 1572 exploitent surtout ce thème. C'est le premier point soulevé par *S'il est légitime aux sujets de se défendre eux-mêmes*, libelle anonyme publié en 1573 et repris dans les *Mémoires* de Goulart. Pour la défense des huguenots, il soutient qu'en aucune des quatre guerres civiles ils ne furent les agresseurs pour cause de religion. Les torts incombent entièrement à leurs adversaires qui ont, dit-il, violé toutes les lois dans la conduite de leur domination et ont ainsi attiré sur eux une juste vengeance (f° 239b). Mêmes allégations dans la *Déclaration* anonyme de 1574, également reprise dans Goulart, qui justifie la résistance de la ville de La Rochelle en se fondant sur le fait que la population huguenote a été placée « dans une situation insupportable », et a pris les armes pour se défendre « contre les desseins de ceux qui souhaitaient sa ruine » (f° 39a-b). À nouveau le gouvernement est présenté comme l'agresseur, puisque les huguenots avaient de bonnes raisons de se sentir menacés et de redouter un nouveau massacre général (f° 43a). Et à nouveau, cela fonde la défense des huguenots sur le fait « qu'ils n'ont d'autre recours que de prendre les armes » car ils n'ont pas d'autre moyen pour assurer leur commune conservation contre la menace d'un anéantissement total par les tyrans idolâtres qui les gouvernent (f° 43a).

L'APPEL À LA LOI POSITIVE

Les huguenots vont ensuite élaborer une inflexion plus positive de la théorie, développant l'héritage calviniste révolutionnaire de manière à répondre à leurs deux besoins idéologiques les plus pressants. D'une part, il était essentiel pour eux d'élaborer une idéologie susceptible d'établir la légitimité de la résistance pour des raisons de conscience, car il leur fallait rassurer leurs partisans sur la légitimité d'une confrontation révolutionnaire directe avec le pouvoir établi. D'autre part il n'en fallait pas moins construire une idéologie d'opposition plus constitutionnaliste et moins uniquement partisane, car ils avaient évidemment besoin d'élargir la base de leurs soutiens potentiels s'ils voulaient avoir une chance quelconque de l'emporter dans une bataille rangée avec la monarchie des Valois.

La première tentative pour concilier ces deux exigences contradictoires fut d'élaborer une théorie constitutionnaliste à la manière des années 1560, et de la remodeler dans une tonalité plus révolutionnaire. La plus ancienne des œuvres importantes en ce sens est la *Francogallia* d'Hotman. Professeur de droit, Hotman était devenu l'un des représentants les plus éminents du *mos docendi gallicus* en vogue dans les années 1560. À cette époque, il s'était déjà converti au protestantisme, ayant commencé à s'approcher dès 1547 de l'Église de Genève (Kelley, 1973, pp. 40-41). Sa contribution théorique à la révolution huguenote consista à unir les deux rôles. Il montra comment une lecture humaniste de l'ancienne Constitution française pouvait se tourner en une idéologie révolutionnaire au service de la cause huguenote.

Hotman emprunte sa méthode aux autres constitutionnalistes radicaux des années 1560. Son postulat est que l'ancienne Constitution de la France vaut pour le présent, en sorte qu'un examen de la sagesse de nos ancêtres pour constituer notre république nous révélera du même coup comment à notre tour l'organiser (pp. 143, 147). Il y insistera plus tard : la *Francogallia* était avant tout un « livre d'histoire, l'histoire des faits » (Giesey, 1967, p. 585). C'est pourquoi son ouvrage raconte l'histoire de la Constitution, et peut-être le projet premier, quand il le conçut vers la fin des années 1560, n'était-il que d'élargir les fondements historiques du thème anti-bartolien qu'il avait déjà commencé à débattre dans son *Anti-Tribonien* (Giesey, 1967, pp. 591, 595-596, 610). Au moment de publier son livre en 1573, il en était venu à voir en pleine connaissance de cause (et avec une érudition pour le moins tendancieuse) que, si l'on pouvait montrer l'origine populaire de la Constitution, on pourrait prétendre que les mêmes mécanismes de contrôle populaire devaient rester en activité de façon permanente. Avec cette présentation, on peut dire que l'utilisation d'un passé historique comme argument politique – que des théoriciens comme Pasquier ou Du Moulin avaient esquissée de diverses manières – arrivait tout à coup à son épanouissement. À partir de là, elle connut une grande diffusion en Hollande et en Angleterre, comme en France, et plus tard jouera un rôle central pour aider à légitimer les attaques des civilistes contre la monarchie anglaise au commencement du siècle suivant (Pocock, 1957, pp. 30-55 ; Skinner, 1965).

D'un côté la thèse d'Hotman se présente dans les mêmes termes que chez les autres auteurs constitutionnalistes des années 1560. La couronne doit, dit-il, être toujours contrôlée par le « frein » de la *police*. Il a dans l'esprit les *Leges Imperii* qu'il cite dans chaque édition de la *Francogallia* et en particulier dans la version ultime de 1586, dans laquelle il consacre un chapitre entier aux « lois établies pour restreindre le roi » (p. 459). Mais il a également à l'esprit l'idée (d'abord évoquée par Seyssel) que le roi est également contrôlé par les coutumes et les structures féodales établies en France. Ce point aussi apparaît dans chaque édition, et en particulier en 1586, lorsque Hotman cite longuement le texte de Seyssel sur « les institutions et pratiques du royaume qui ont été confirmées par long usage de temps et rendues légitimes par une coutume durable » (p. 473). Mais, comme pour les autres constitutionnalistes, les freins les plus importants sont constitués par la *religion* et la *justice*, même si la version qu'en donne Hotman est assez inhabituelle : il insiste sur les contraintes législatives et très peu sur les pouvoirs du judiciaire. Cela ne signifie pas qu'il ignore la possibilité que les cours de justice puissent imposer des limites légales aux décisions de la couronne, puisqu'il ajoute, dans l'édition de 1586, un chapitre spécial pour défendre les droits du Parlement de Paris, en stipulant que ni une loi ni un édit royaux n'ont de force à moins d'avoir été examinés et approuvés par l'opinion de ses juges (p. 459)[1]. Mais il

---

1. Les raisons particulières de cette addition sont excellemment mises en lumière dans Franklin, 1969, pp. 28-29.

montre à l'égard de la noblesse de robe un dédain hostile – ce qui ne manque pas d'intérêt d'un point de vue biographique puisque son père fut un très célèbre conseiller au Parlement de Paris, de 1544 à sa mort en 1555 (Kelley, 1973, pp. 12-13). Hotman choisit d'insister sur les pouvoirs des états généraux pour assurer que les actions du gouvernement soient en conformité avec les exigences de la *religion* et de la *justice*. Le Parlement, dit-il, n'est rien d'autre qu'une usurpation tardive inventée par les Capétiens pour s'assurer que les membres de ce faux sénat seraient assez dépendants pour s'accommoder des intentions les plus absolutistes de la couronne (p. 505). Et il montre cruellement la différence entre les pouvoirs de cette cour et l'autorité bien plus ancienne et étendue des états – argument déjà esquissé par Bodin dans la *Methodus* et par Pasquier dans le second volume des *Recherches*. Selon Hotman, le nom de « Parlement » a été usurpé puisqu'il désignait à l'origine les trois états, qu'il décrit comme « solennel conseil public » convoqué au moins une fois l'an sous l'ancienne Constitution et doté de pouvoirs étendus pour délibérer du bien général, ce qui amena nos ancêtres à le tenir pour quelque chose de presque sacro-saint pendant une longue période (pp. 323, 397, 499-501).

Si Hotman s'appuie ouvertement sur les mentions existantes des freins de la monarchie, en réalité l'importance de son livre réside dans le fait qu'il développe ces pistes ouvertes par la tradition disponible dans une direction qui est en même temps plus révolutionnaire. Son innovation principale consiste à étendre l'argument déjà présenté par Bodin dans la *Methodus* sur le serment du couronnement qui lie le souverain. Tel est l'arrière-plan du premier argument théorique qu'Hotman tire de l'histoire de la Constitution française : à l'origine, soutient-il, la monarchie était entièrement élective. La phraséologie de la première édition suggère que ce pouvoir électif appartenait au début au corps entier du peuple. Mais quand Hotman republie son texte en 1576, il prend bien soin de préciser qu'en parlant d'« autorité décisive et désir du peuple » il pensait en fait que la décision appartenait « aux ordres, ou comme nous avons l'habitude de dire aujourd'hui, aux États » (pp. 231-233, 287). Ainsi l'antique coutume des Francs consistant à « placer le roi désigné sur un bouclier et de l'élever sur les épaules de ceux qui étaient présents » prouve que la couronne de France était à l'origine attribuée conformément à la volonté des représentants du peuple, chaque souverain successif étant « constitué par la décision souveraine » des états, plus que par « succession héréditaire » (pp. 231, 233 ; voir aussi pp. 155, 221, 287).

Hotman renforce cet argument en adoptant une conception de la suprématie des états – et conséquemment des pouvoirs limités de la couronne – beaucoup plus populaire que celle des auteurs constitutionnalistes des années 1560. Son point suivant consiste à soutenir que le droit d'élection ne peut en aucune façon être considéré comme un acte unique de souveraineté et que le peuple y renoncerait aussitôt après l'avoir exercé. Au contraire, il dit nettement que les représentants du peuple conservent un droit de surveillance constant, il répète avec insistance que, « comme c'était le droit et le pouvoir des états et du peuple de constituer et maintenir les rois », il a toujours été admis dans l'ancienne Constitution que « le pouvoir suprême non seulement de transférer mais encore de retirer la couronne repose dans la compétence de l'assemblée du peuple et le conseil public de la nation » (pp. 235, 247, 287). Enfin il ajoute le point plus général que, puisque les états doivent être reconnus comme possesseurs du pouvoir de déposer les rois comme de les élever, il s'ensuit que le statut du roi de France ne peut jamais être supérieur à celui d'un « magistrat du peuple en son entier », soit un officier désigné pour présider aux états assemblés (pp. 259, 323-325). Dans l'ancienne Constitution, la nature de la relation entre le roi et les états était telle que « l'autorité du conseil était plus grande que celle du roi » à qui jamais le pouvoir en son entier n'était concédé comme le peuple romain le donnait aux empereurs, mais toujours « limité par les pactes et conditions par lesquels il s'engageait à la loyauté et à l'autorité convenables pour un roi » (pp. 417, 419 ; voir aussi p. 205).

L'analyse historique d'Hotman aboutit ainsi à une théorie de la souveraineté populaire, dans laquelle l'autorité suprême du royaume est en tout temps endossée par l'assemblée des trois états (pp. 291, 303, 343). Il est certain que cette théorie avait pour objectif l'établissement du contrôle absolu par le peuple, et non simplement la limitation du pouvoir royal *in extremis*. On le voit aux différentes marques de souveraineté qu'Hotman confère aux états dans le cours de la discussion sur la « sacrée autorité du conseil public » au chapitre IX de son livre (p. 333). À part l'omission de trois marques attachées à une personne singulière (entendre des appels, donner des pardons et recevoir des hommages), Hotman reprend de fait les neuf marques de souveraineté que Bodin allait plus tard énumérer dans *la République* et qui caractérisent la présence d'une souveraineté absolue dans l'État.

Hotman présente cette découverte historique sur le caractère électif de la monarchie française de manière à résoudre les deux problèmes graves auxquels se heurtaient les huguenots dans leur tentative pour développer une théorie révolutionnaire. Son argumentation était soigneusement calculée pour convaincre un éventail de population assez large que le gouvernement des Valois agissait de façon inconstitutionnelle, et ainsi pour gagner à la cause huguenote une frange plus étendue qu'un soutien purement sectaire. Que cela ait été dans les intentions d'Hotman, nous en avons la preuve par le soin qu'il prit de relier son argumentation aux constitutionnalistes antérieurs et de formuler sa théorie en termes de « freins » ou « brides » de l'autorité du roi. Plus profondément, et c'est une seconde preuve, même si sa défense de la souveraineté populaire atteignait une conclusion plus révolutionnaire qu'aucun des théoriciens précédents n'était prêt à admettre, il cherchait pourtant à rattacher ses propres conclusions aux leurs, en avançant que sa théorie allait seulement un petit peu plus loin qu'une pure et simple reformulation des idées seysselliennes de monarchie mixte. Quand il décrit la fondation de la monarchie élective avec l'avis général de tous les états, il assimile, non sans mauvaise foi, ce processus à l'établissement « d'une communauté mixte et tempérée incorporant les trois types de gouvernement » (pp. 297, 323). Et quand, dans les éditions ultérieures, il en appelle aux autorités susceptibles de venir à son aide, la source principale et la plus rassurante qu'il invoque est « l'harmonie de tous les ordres » dont parle Seyssel dans la *Monarchie de France* (p. 293).

Mais l'argumentation d'Hotman n'est pas moins soigneusement calculée pour s'adresser spécifiquement aux huguenots et leur confirmer dans les termes les plus assurés la légitimité de la résistance politique. Hotman atteint cet objectif en formulant ingénieusement son énoncé clé au sujet du droit de déposer comme d'élire les rois de manière à le faire apparaître tout simplement comme l'un des propres arguments de Calvin dans l'*Institution*. Nous l'avons vu, Calvin avait conclu son chapitre sur le gouvernement civil en suggérant qu'il pourrait être approprié d'envisager les représentants aux assemblées modernes comme s'ils étaient porteurs de pouvoirs « éphoraux », et qu'en conséquence il pouvait être légitime de penser qu'ils détiennent l'autorité de résister aux rois tyranniques. Hotman précise cette revendication, maintenue floue jusqu'alors, en prétendant qu'elle peut être justifiée par une interprétation de la Constitution fondamentale de la France. Il le suggère d'abord dans le chapitre sur la nature de la Constitution, où il discute du droit de tenir des assemblées comme moyen de garantir que le peuple se réserve la plus haute autorité dans la république. Il ajoute aussitôt que le même objectif était visé par la célèbre loi de Sparte qui associait les éphores aux rois, les éphores servant de « freins » pour les rois, les rois gouvernant l'État en suivant leurs avis (p. 301, 305). Hotman répète plus tard le même argument dans le chapitre sur la distinction entre « le roi et le royaume », distinction clairement marquée dans le cas du serment solennel que se prêtent chaque mois le roi de Sparte et les éphores agissant en tant que gardiens et surveillants des rois (p. 403). En conséquence, il est correct de penser, comme le fit Calvin, que les éphores sont surveillants des rois, et il est également correct de voir dans l'assemblée des états en France une autorité « éphorale ». Cet argument a une évidente importance : il permet à Hotman de donner pour un enseignement calviniste orthodoxe ses propres conclusions, à savoir qu'il est du pouvoir des états de réprimer la féroce licence des rois, comme si Calvin l'avait lui-même formulé.

Qu'Hotman ait pris grand soin de formuler ses conclusions les plus subversives en empruntant les concepts existants dans la théorie calviniste et la théorie constitutionnaliste permit son succès immédiat[1]. Les autres révolutionnaires huguenots reprirent son analyse des « freins » représentatifs, en présentant leurs arguments comme s'il s'agissait de la théorie calviniste des autorités « éphorales ». Quand l'auteur du *Réveille-matin* – qui renvoie ses lecteurs au « grand Hotman dans sa *Francogallia* » – examine le pouvoir de l'assemblée représentative d'élever et de déposer les rois, il le présente comme exactement analogue aux « freins et brides » constitués par les éphores dans la Sparte antique « qui pouvaient légitimement condamner et châtier leurs rois quand ceux-ci abusaient de leur charge » (pp. 86, 88, 116). Bèze invoque la même analogie, dans le *Droit des magistrats*, avec les rois élus sous certaines conditions par les Spartiates avec des éphores pour les tenir en bride (p. 115). La *Défense* de Mornay reprend cette idée sous-jacente que le pouvoir des assemblées représentatives possède en fait un caractère « éphoral », ajoutant qu'historiquement les éphores à Sparte étaient plus puissants que les rois, ce qui constitue bien sûr un motif politique suggestif (S. p. 102).

Ces auteurs insistent également (et de manière plus décisive qu'Hotman) sur l'idée de loi par opposition aux freins représentatifs, essayant de formuler l'argument de manière à convaincre les réticences protestantes. D'abord, ils rappellent l'idée de résistance par les « magistrats subalternes », idée luthérienne à l'origine, le *Réveille-matin* y recourt notamment, le *Droit des magistrats* y fait constamment allusion, et plus tard *Le Politicien* comme la *Défense* de Mornay l'utilisent[2]. Ils tentent ensuite de concilier cette termi-

---

1. On a souvent dit qu'après 1572 les huguenots adoptèrent un nouveau credo et changèrent complètement de position politique (voir par exemple Stankiewicz, 1960, p. 34). En un sens, c'est exact, mais une interprétation si tranchée peut induire en erreur ; les huguenots essayèrent aussi de conserver le plus longtemps possible les théories constitutionnalistes, cherchant, comme Hotman l'avait fait, à les reformuler de manière à répondre à leurs objectifs idéologiques. Pour l'influence d'Hotman sur Bèze et Mornay quant aux thèses de la résistance active, voir Giesey, 1970.

2. Pour la discussion dans le *Réveille-matin*, voir p. 85 ; dans *Le Politicien*, f° 81a. Pour les citations des « magistrats subalternes » dans la *Défense*, voir l'édition originale, pp. 47, 89, etc.

nologie luthérienne avec le concept d'autorité « éphorale », typiquement calviniste. Ils ne parlent pas des magistrats subalternes comme directement ordonnés par Dieu, comme les luthériens l'avaient fait. Ils les présentent au contraire comme constitués par le peuple, et donc détenteurs, au même titre que les états, du pouvoir de contrôler et de brider les rois. Cet argument est implicite dans le *Réveille-matin* comme dans le *Droit des magistrats*, et plus tard exprimé on ne peut plus explicitement dans *Le Politicien* et la *Défense* de Mornay. Selon *Le Politicien*, le meilleur exemple du droit des « pouvoirs inférieurs » d'exercer une forme d'autorité souveraine est donné par les éphores de Sparte, élus par le peuple pour servir de « freins au roi » (f° 81a). Même analogie dans Mornay, qui évoque à plusieurs reprises le serment mensuel que « les rois de Sparte et les éphores » se prêtaient mutuellement, et ajoute que les « officiers du royaume » de France sont des instances d'autorité « éphorale » à qui le peuple confère l'administration du royaume au même titre qu'au roi et aux états (F. pp. 181, 194). Si le roi transgresse son serment ou ruine la communauté, ces magistrats subalternes ont pour obligation supérieure de protéger le royaume contre le roi, car, comme les éphores, c'est dans ce but qu'ils ont été institués (F. p. 194).

Ces auteurs partagent aussi avec Hotman l'ambition de ne pas parler seulement pour leurs coreligionnaires, mais aussi pour les *politiques*, les catholiques modérés, les sans-parti et même la nation tout entière. On trouve trace de cette intention dans les références continuelles qu'ils font à la terminologie constitutionnaliste familière des « freins et brides », et au moins en une circonstance l'aveu en est fait. C'est à la fin du *Réveille-matin*, quand l'auteur va jusqu'à avancer qu'il n'écrit pas du tout en tant que huguenot, car il trouve ses coreligionnaires de loin trop serviles et doux face à l'oppression. Il se présente au contraire comme un véritable et naturel Français, en appelant à tous ses compatriotes pour qu'ils mettent fin à leurs misères (p. 181).

Le moyen principal qu'ils utilisent pour atteindre cet objectif idéologique consiste à reprendre les concepts féodaux dont Hotman avait déjà largement tiré argument. Ils insistent ainsi sur la signification des engagements et promesses réciproques, et soutiennent que le serment prêté par le roi de France lors de son couronnement prouve le caractère fondamentalement électif de la monarchie. Dans son examen de la Constitution de France – reprise presque entièrement d'Hotman – Bèze revient à l'élection des premiers souverains mérovingiens, et évoque le « serment prêté en ces jours par les rois de France ». « Vous m'avez élu pour régner » avoue le roi, reconnaissant que la jouissance de sa dignité royale est continûment assujettie à sa volonté de maintenir chaque citoyen dans ses « privilèges, droit et justice dans toutes ses affaires religieuses et séculières » (pp. 120, 123). Même référence dans la *Défense* à la relation réciproque, habituelle dans l'ordre féodal, fondée sur le serment prêté. Mornay commence par raconter la façon dont sont faits les rois, et même si, dit-il, en certaines contrées le droit d'élections libres semble ne plus exister, dans tous les royaumes proprement constitués cet usage demeure inviolé, en sorte que « même ceux qui semblent de nos jours arriver au trône par voie successive ont à l'origine été intronisés par le peuple » (F., pp. 160-161). Ensuite il tente de prouver que la France n'échappe pas à la règle. Même s'il est communément admis que domine la succession pure, la vérité est que, « quand un roi de France accède au trône », les évêques demandent au peuple présent s'il a la volonté et le plaisir de recevoir pour roi le candidat à la succession, si bien qu'il existe dans la formule même du couronnement le constat que du peuple dépend son élection (F., p. 183).

Les rappels de la théorie constitutionnaliste existante sont poussés un peu plus loin par les théoriciens huguenots ultérieurs. Ils évoquent fréquemment la vénérable dispute entre Azo et Lothaire, et font revivre la vieille suggestion bartolienne que les magistrats puissent exercer l'*Imperium* dans le sens où le soutenait Azo. Cela est implicite dans le titre même du traité de Bèze, et clairement énoncé dans la section qui traite des magistrats inférieurs, quand il nie que le souverain soit auteur et source de leurs droits (p. 111). Même opinion, plus développée, dans *Le Politicien*. S'il peut sembler que personne d'autre que le souverain ne peut exercer le pouvoir du glaive, il reste que les magistrats souverains en dessous du prince peuvent participer, parfois, au pouvoir souverain et donc légitimement se lever contre des princes tyranniques (Goulart, III, f°s 80b, 94a). Mornay reprend le même débat traditionnel au sujet de qui détient de *ius gladii*, lorsqu'il analyse la relation entre le peuple et le roi. D'abord il distingue entre les officiers du royaume et les officiers du roi. Puis il avance que les seconds ne sont guère que des serviteurs du roi institués pour le servir, alors que les premiers sont associés au pouvoir royal, que le roi n'est que le premier d'entre eux, et que tous ensemble doivent se consacrer au bien-être de la communauté (F., pp. 161-162).

Enfin, ces auteurs reviennent aussi sur le droit du Parlement d'agir comme « frein » du roi, ce qui est une position traditionnelle de la pensée constitutionnaliste, qu'Hotman avait cependant bizarrement tenu à amoindrir. C'est dans la *Défense* de Mornay qu'on en trouve l'exposé le plus complet, dans la section sur les relations entre le peuple et le roi. Le Parlement de Paris y est présenté comme « un juge entre le roi et le peuple, et surtout entre le roi et des individus singuliers ». Si le roi agit contrairement à la loi à l'encontre d'un individu, le Parlement a le devoir aussi bien que le droit de veiller à ce que justice soit rendue. Si le roi émet un édit ou une décision en son conseil privé, ou si une guerre va être déclarée, en chaque cas l'autorisation du Parlement est requise. Bref, le Parlement occupe à nouveau dans la Constitution de la France une place centrale marquée par l'obligation d'enregistrer dans ses Actes tout ce qui est lié à la communauté, et par le fait que rien ne peut être promulgué sans sa ratification formelle (F., p. 165).

Le recours à la loi naturelle

Même si Hotman dans la *Francogallia* a incontestablement fourni une contribution majeure pour élaborer l'idéologie de la révolution huguenote, ses arguments purement historiques étaient si fragiles qu'ils ne pouvaient fonder durablement et valablement une justification de la résistance politique active. Une faiblesse importante, et que les auteurs catholiques ne tardèrent pas à souligner, tenait à ce qu'Hotman se servait de l'histoire d'une manière fréquemment tendancieuse et erronée. Cette faiblesse fut cruellement exposée par Antoine Matharel (1537-1586), procureur général sous Catherine de Médicis, qui publia une *Réponse à la Francogallia de François Hotman*, chapitre par chapitre, en 1575 (Ronzy, 1924, p. 172 et note). Quand Hotman répliqua par un vigoureux contre-feu, les thèses de Matharel furent reprises dans une *Response* en latin par l'historien humaniste Papire Masson (1544-1611), qui était à ce moment-là historiographe de Catherine de Médicis, et semble avoir collaboré avec Matharel pour la première réponse (Ronzy, 1924, pp. 153-154, 163-212). Ces deux ouvrages accusent de façon convaincante Hotman d'avoir délibérément omis des éléments qui ne lui convenaient pas. Par exemple, Matharel remarque que, dans sa description de la Constitution fondamentale de la France, Hotman évite de mentionner que trois cents ans s'écoulèrent entre les premiers rois et l'arrivée des Mérovingiens, et que durant ces trois cents ans le royaume de France ne fut jamais attribué par élection mais toujours par droit de succession héréditaire (p. 34). Dans les deux textes, Hotman est accusé d'avoir sciemment falsifié les données historiques qu'il mentionne. Cette accusation ne manque pas de fondement quand on examine la modification cruciale qu'introduit Hotman quand il cite la chronique de Sigebert sur le couronnement des anciens rois Francs. Sigebert parle de la coutume selon laquelle les membres du peuple *erigunt* leur nouveau roi – c'est-à-dire qu'ils l'élevaient sur leur bouclier – et Hotman sournoisement modifie cela en *eligunt* – c'est-à-dire qu'ils l'élisaient (p. 230, et note).

Ces critiques pointues vont prendre de l'ampleur dans une attaque générale contre l'interprétation par Hotman de la Constitution de la France, qui préfigure le débat entre Dubos, Boulainvilliers et Montesquieu au sujet des origines de la monarchie, soit germaines soit romaines[1]. Matharel et Masson, bientôt

---

1. Pour Boulainvilliers et son « germanisme », voir Buranelli, 1957. Pour le « romanisme » de Dubos et le « germanisme » de Montesquieu, voir Ford, 1953.

suivis par Louis Le Roy, posent qu'il est fondamentalement et absolument faux, selon la formule de Matharel, de supposer que la monarchie de France ait jamais été élective et donc limitée (p. 58, voir Gundersheimer, 1966, pp. 81-83). Tous citent abondamment les chroniques anciennes pour souligner deux points de contradiction. Tout d'abord, comme le déclare Masson, elles montrent que les lois coutumières de la France ont de tous temps autorisé une succession héréditaire, qui ne fut jamais invalidée (p. 8). Il s'ensuit que le roi de France doit avoir un *Imperium* indivis, et que les états ne le partagent en rien, ayant seulement un rôle consultatif. Matharel conclut son analyse polémique en discutant de la formule « car tel est notre bon plaisir », qui a toujours été utilisée, dit-il, dans la promulgation des édits royaux, et qui prouve qu'ils ont force, approuvés ou non par les états (pp. 86-87).

Non seulement l'analyse d'Hotman se montrait vulnérable à ce genre de contre-attaque, mais elle avait aussi des faiblesses du point de vue des huguenots eux-mêmes. Ils avaient besoin d'une argumentation politique capable de justifier une opposition révolutionnaire directe à la prétendue tyrannie du gouvernement actuel : ce que leur offrait Hotman n'était guère plus qu'une histoire (et hautement discutable) de la Constitution fondamentale de la France. Assurément, pour ceux qui pouvaient l'accepter, sa façon de présenter l'histoire impliquait une critique du régime des Valois. Mais c'était largement insuffisant pour appuyer les conclusions révolutionnaires que les huguenots désormais devaient défendre. Il leur fallait (et Hotman ne la leur fournissait pas) une attaque tout à fait explicite contre le comportement du gouvernement, entraînant un non moins explicite appel au peuple pour qu'il prenne les armes.

La *Francogallia* laissait les huguenots devant un dilemme. D'une part, ils devaient élaborer une argumentation plus radicale et moins fragile que celle d'Hotman. Mais, d'autre part, il n'existait rien dans

---

Pour un aperçu de la façon dont la thèse subversive « germaniste » d'Hotman a duré et s'est développée, voir Rothkrug, 1965, en particulier pp. 343-351.

la tradition de la pensée protestante radicale qui pouvait leur fournir de quoi soutenir un tel mouvement. On l'a vu, les protestants avaient jusque-là cherché à légitimer la résistance par trois arguments essentiels : la théorie des magistrats subalternes des luthériens, la théorie calviniste des autorités « éphorales » et la théorie issue du droit privé permettant l'autodéfense individuelle. Les huguenots avaient déjà exploité à fond les deux premiers, quant au troisième, il entraînait des conséquences qu'il semblait préférable d'éviter, en particulier les implications anarchistes énumérées avec gravité par Ponet, Goodman et l'auteur de la *Défense civile et militaire.*

Face à un tel dilemme, Bèze, Mornay et les autres dirigeants huguenots adoptèrent une solution évidente et pourtant paradoxale : ils se tournèrent vers la scolastique et les traditions de constitutionnalisme radical issues du droit romain. Ils repoussèrent l'idée, caractéristique du protestantisme, que Dieu a placé tous les hommes en situation de dépendance politique en punition de leurs péchés. Ils commencèrent à soutenir que la condition originaire et fondamentale du peuple est la liberté naturelle. Ils purent alors abandonner la maxime paulinienne que tout pouvoir doit être regardé comme directement ordonné par Dieu. À la place, ils conclurent que toute société politique légitime devait trouver son origine dans le libre consentement du peuple tout entier.

Il est vrai qu'avaient déjà existé des tentatives pour subtiliser cet habillage idéologique d'abord taillé par les catholiques. Il n'est pas sans importance que Calvin lui-même ait été l'élève de John Mair avec qui il étudia la théologie au Collège de Montaigu avant d'étudier le droit avec Alciat à Bourges (Ganoscy, 1966, pp. 39-41). Sans aucun doute, Calvin avait-il plus d'affinités avec les scolastiques comme avec l'approche égaliste-humaniste de la politique qu'aucun des réformateurs avant lui, et l'on peut voir cette influence plus clairement encore chez certains de ses partisans les plus radicaux. Par exemple, Bèze, en 1554, avait déjà suggéré, au commencement de la *Punition des hérétiques,* qu'il nous faut considérer les magistrats comme constitués par le consentement du peuple pour agir en gardiens de la loi que le peuple a, à l'origine, décidé de s'imposer à lui-même (p. 22). Ponet avait avancé dans son *Short Treatise* deux ans plus tard que tous les dirigeants ont à l'origine reçu leur autorité du peuple qui leur accorde sa confiance et conserve l'autorité pour, dans des circonstances légitimes, être en mesure de reprendre ce qu'il leur avait confié (p. 107). Deux ans plus tard, Goodman, dans son livre sur les *Superior Powers*, avait même invoqué le vocabulaire du droit naturel en déclarant que les hommes peuvent légitimement réclamer la liberté comme une propriété naturelle, et en concluant que, « s'ils souffrent que ce droit leur soit retiré », alors ils se laissent déposséder autant que s'ils laissaient leurs gouvernants leur prendre leurs autres biens[1].

Chez les premiers révolutionnaires calvinistes pourtant, de telles allusions aux arguments issus du droit naturel n'étaient que des à-côtés qui restaient sans lien avec l'idée que tout pouvoir était directement ordonné par Dieu, avec laquelle elles étaient d'ailleurs peu cohérentes. Dans les années 1570 au contraire, les huguenots commencèrent à faire un usage systématique des théories de l'*Imperium*. On peut en trouver un signe patent : les dialogues de Salamonio, *La Souveraineté du patriciat romain*, furent républiés à Paris en 1578 (d'Addio, 1954, p. 16). En outre, plusieurs théoriciens huguenots, dont Bèze et Mornay, écrivirent leurs traités dans un style très consciemment scolastique. Ils abandonnèrent le ton prédicateur de Goodman ou de Knox, et adoptèrent le ton des traités politiques scolastiques et juridiques, en commençant par la *quaestio* à débattre, envisageant ensuite les diverses objections, terminant avec la *responsio*, et un abrégé de l'argument. Dernière marque de cette influence de plus en plus prépondérante, les sources qu'un auteur comme Mornay trouve opportun de citer. Quand il en vient, dans la *Défense*, à la question de la tyrannie, il cite nommément Thomas d'Aquin, Bartole, Baldo et les codifica-

---

1. Voir Goodman, *Superior Powers*, pp. 149 160, et pour d'autres racines du concept « subjectif » des droits, voir pp. 154, 180, 188, 214. L'idée d'un droit de propriété apparaît dans la Bible de Genève, à propos de la vigne de Naboth. Voir f°. 163 a.

teurs du droit romain[1]. Et quand il examine la question centrale du droit de résister, il ne cache pas son recours aux thèses radicales de la pensée politique conciliariste. Il cite plusieurs décisions des conciles de Constance et de Bâle, renvoie en deux occasions explicitement aux « sorbonnistes » et utilise les théories de Gerson, Almain et Mair pour soutenir une rigoureuse analogie entre les thèses conciliaristes dans l'Église et la souveraineté populaire dans la république[2].

Le paradoxe est parfaitement manifeste : même s'il est devenu courant dans les récentes discussions sur la politique de la Réforme de parler d'une « théorie calviniste de la révolution », il paraît clair aujourd'hui qu'il n'existe là aucun élément qui puisse être identifié comme spécifiquement calviniste. Les arguments utilisés par les premiers révolutionnaires calvinistes dans les années 1550 étaient pour l'essentiel luthériens ; les arguments ajoutés dans les années 1570 remontaient à la scolastique, et comme les arguments empruntés aux luthériens avaient au départ été empruntés par ceux-ci au droit civil et au droit canon, on peut dire sans exagérer que les principaux fondements de la théorie calviniste de la révolution ont de fait été jetés par leurs adversaires catholiques.

Ce paradoxe est facile à résoudre : il suffit de rappeler les buts des huguenots et de leurs propagandistes après les massacres de la Saint-Barthélemy en 1572. Non seulement il leur fallait préparer une révolution, mais encore la légitimer aux yeux de leurs partisans et, si possible, de la majorité catholique. Leur première tentative pour atteindre cet objectif, en développant la théorie constitutionnelle d'Hotman, s'était révélée très vulnérable aux contre-attaques. Invoquer la loi naturelle leur offrait des moyens autrement efficaces

---

1. Peut-être l'importance de ces références a-t-elle été masquée par le fait qu'aucune des gloses marginales de Mornay n'a été reproduite dans les éditions modernes de la *Défense*. Pour les références évoquées, Thomas d'Aquin est cité p. 195 de l'édition originale, Bartole, pp. 50, 130, 181, 194-195, Baldo, p. 204, et le Digeste pp. 31, 50.

2. Pour les références à Bâle et à Constance, voir l'édition originale pp. 48, 203-204, etc. Pour les « Sorbonnistes », voir pp. 61-62.

pour atteindre le même but. Cela leur permettait de fonder la théorie de la souveraineté populaire sur des bases logiques et non plus seulement chronologiques, ce qui conjurait la faiblesse de l'argumentation purement prescriptive d'Hotman. Par suite, ils se trouvaient en mesure de faire dériver le droit de résister d'une théorie générale de l'*Imperium*, plutôt que d'un caractère supposé figurer dans la Constitution fondamentale de la France. Dès lors leur demande de résister paraissait un point purement politique et non sectaire, susceptible de rallier non seulement leurs partisans mais tout un large ensemble de catholiques modérés et mécontents.

Il vaut la peine de souligner ce qui apparaît comme la solution correcte du paradoxe, ne serait-ce qu'à cause de la dissonance avec l'analyse webérienne du calvinisme comme idéologie révolutionnaire qui prévaut aujourd'hui. Dans l'approche webérienne, on insiste sur une distinction tranchée entre les théories sociales et politiques des catholiques et des calvinistes au cours du XVIe siècle. Hans Baron, par exemple, maintient que durant tout le siècle l'analyse scolastique de la souveraineté populaire n'eut aucune importance décisive, alors que le nouvel et vigoureux esprit antimonarchiste du calvinisme exerça une influence croissante. Il en déduit que la pensée politique calviniste, par opposition au conservatisme des idées néo-scolastiques, fut celle qui par excellence empêcha une victoire complète de l'absolutisme (Baron, 1939, pp. 40-42). Le radicalisme moderne est ainsi vu comme héritier d'un ensemble de pensées spécifiquement calvinistes qui auraient irradié jusqu'aux Temps modernes, portant en elles des inflexions politiques nouvelles (Baron, 1939, pp. 31, 41).

Cette opposition entre scolastique et théorie politique calviniste a été développée par plusieurs études récentes sur la Réforme et son influence idéologique[1]. L'un des exemples les plus remarquables en

---

1. Voir par exemple Pinette, 1959, p. 223, dont les vues sont reprises dans de nombreux manuels. Il me faut toutefois reconnaître qu'une telle approche n'est pas le fait d'érudits plus anciens, qui ont vu, bien mieux que les commentateurs récents, l'importance des idées scolastiques dans la révolution calviniste. Par exemple Lagarde, 1926, pp. 265-268, et Allen, 1957, p. 313.

est la *Révolution des saints* de Michael Walzer. Il interprète la théorie de la résistance politique embrassée par les catholiques du XVIᵉ siècle comme à peine plus que la simple réitération des thèses thomistes. Il considère Suárez comme le modèle de l'attitude catholique, et dit que sa conception de la résistance se définit comme « une forme temporairement nécessaire de violence légale » qui doit s'achever aussitôt l'ordre restauré (Walzer, 1966, p. 111 et note). Il oppose alors cette vue passéiste à la « nouvelle » politique calviniste, pour laquelle, dit-il, est centrale la tentative bien plus radicale de laisser de côté la question de la légalité et de l'ordre, et d'élaborer ainsi une théorie et une pratique de la guerre permanente (Walzer, 1966, pp. 111-112). Comme chez Baron, le résultat consiste à faire dépendre les origines du radicalisme politique d'un éventail de thèses spécifiquement calvinistes. La nouveauté de la politique calviniste, soutient-il, est de montrer à des hommes jusqu'alors passifs comment réclamer de participer au système actuel des actions politiques, c'est-à-dire à l'État moderne (Walzer, 1966, pp. 4, 18).

Il semble pourtant qu'il y ait, dans cette approche du rôle du calvinisme comme idéologie révolutionnaire pour l'Europe moderne, une regrettable confusion. Assurément, il est exact que les hommes qui prirent parti pour la révolution dans ces temps-là furent en majorité calvinistes. Mais il est inexact de soutenir qu'ils utilisèrent des arguments spécifiquement calvinistes. Que les théories radicales qui ont connu leur essor dans les Temps modernes reposent sur des formulations distinctement calvinistes n'est vrai que si l'on néglige les éléments radicaux dans les droits civil et canon, et toute la tradition radicale conciliariste qui vient d'Ailly et de Gerson au début du XVᵉ siècle. Certes, si, comme Walzer, nous nous bornons à comparer les calvinistes à des théoriciens comme Suárez, alors le contraste entre les radicaux huguenots et les catholiques réactionnaires paraît convaincant. Mais si, en revanche, nous comparons les huguenots avec Bartole ou Salamonio pour les juristes, Ockham, Gerson, Almain et Mair pour les théologiens, le tableau s'inverse. Bien loin de briser les cadres scolastiques pour fonder une nouvelle politique, on voit les huguenots adopter largement et consolider une position que les juristes et les théologiens les plus radicaux avaient déjà adoptée.

Toutefois, même si l'argument principal que, dans les années 1570, les huguenots développèrent en faveur de la révolution est de provenance incontestablement scolastique, il serait exagéré de prétendre que tous les théoriciens abandonnèrent l'approche providentialiste caractéristique des premiers protestants. Nombre de pamphlétaires mineurs continuèrent à éviter toute allusion aux idées scolastiques sur les origines et les formes de sociétés politiques légitimes, et se rabattirent sur la théorie luthérienne de la résistance, beaucoup plus prudente, développée dans les années 1530 à partir de l'interprétation féodale de la Constitution impériale. Ils soulignaient la thèse paulinienne selon laquelle tout pouvoir est ordonné par Dieu. Puis ils ajoutaient deux arguments, comme Bucer et ses disciples, pour concilier leur défense de la résistance politique avec un point de vue providentialiste. Le premier, tel qu'on le trouve formulé par exemple dans le libelle anonyme *S'il est légitime aux sujets de se défendre eux-mêmes*, consiste à dire que tous les pouvoirs sont également ordonnés par Dieu, pas seulement ceux du prince, mais encore ceux des « puissances inférieures » que Dieu appelle à être magistrats (f° 243b). Le second, que tous ces pouvoirs sont assignés à une fonction spécifique, qui est de faire de la bonne ouvrage, et d'assurer l'exercice de la religion dans une voie vraiment chrétienne (f°s 243b, 245b). D'où une reformulation de la version providentialiste de la théorie des magistrats subalternes qui ont le devoir positif de s'opposer aux gouvernements tyranniques. Pour conclure, quand le magistrat manque à s'opposer aux puissances du mal et antichrétiennes comme son devoir l'y appelle, il devient du devoir des magistrats subalternes de s'opposer de manière ferme et légitime aux pouvoirs suprêmes pour faire en sorte que le peuple soit capable de se défendre lui-même contre l'Antéchrist et afin d'assurer le triomphe du vrai Christ et d'accomplir les devoirs pour lesquels ils ont été ordonnés (f°s 243b, 244b, 246a).

Cette théorie s'oppose fortement à celle que développent au même moment Hotman, Bèze et Mornay sur les magistrats subalternes. Nous l'avons vu, ils ont considéré les pouvoirs « inférieurs » comme des autorités « éphorales », et donc les regardaient non seulement comme ordonnés par Dieu pour accomplir des desseins religieux mais surtout comme constitués par le peuple pour assurer son propre bien-être ; position incompatible (et pas seulement plus radicale) avec les idées des pamphlétaires conservateurs. Cela pourtant ne suffit pas à faire reculer Bèze ni Mornay, qui ne craignirent pas d'ajouter la version providentialiste à l'ensemble de leurs arguments. Chez Bèze, l'effet n'est pas très marquant, sa théorie de la résistance lui fait tout uniment déclarer que, tout comme ils ont l'obligation de veiller au bien-être du peuple qui les a faits, tous les magistrats subalternes ont pour devoir plus élevé d'employer « tous moyens que Dieu leur a donnés pour assurer qu'il est honoré et servi comme le roi des rois » (p. 133). Mornay, en revanche, se voit conduit à formuler deux conceptions différentes du contrat qu'il pense être à la base de toute société politique légitime, et par conséquent deux conceptions divergentes, et peu compatibles, pour fonder une résistance légitime.

La première est l'idée scolastique typique de contrat entre le roi et les représentants du peuple. Mornay l'analyse dans la troisième *Quaestio* qui examine une question purement politique : est-il légitime de s'opposer à un prince qui opprime ou dévaste une république (F., p. 158) ? Mais la seconde est l'idée typiquement protestante d'un contrat entre le roi, les magistrats subalternes et Dieu (F., p. 143). Tous les rois sont des délégués ordonnés par Dieu pour gouverner avec justice et régner de sa part (S. p. 7) ; cette ordination, dit-il, prend la forme d'une convention conclue régulièrement entre Dieu et le roi, convention où le roi promet que ses décisions ne contreviendront pas à la loi divine (F., pp. 142,143). L'autre élément du pacte, examiné dans la deuxième *Quaestio*, concerne un contrat entre Dieu et le peuple (F., p. 146). Mornay en revient à Bucer, qui disait que Dieu considérait comme dangereux de remettre aux mains d'un seul homme, trop humain, le devoir suprême de maintenir l'Église, et c'est pourquoi il a décidé d'ordonner pour régner non seulement les rois mais encore les magistrats subalternes pour assurer que les devoirs du roi étaient correctement remplis (F., pp. 147, 149). Selon Mornay, le roi et les magistrats qui agissent au nom du peuple se lient par contrat avec Dieu, s'engageant conjointement et solidairement pour assurer que la république soit gouvernée selon la loi divine, et que le devoir de maintenir son Temple et son Église soit fidèlement accompli (F., p. 147).

Ce double système de contrat amène Mornay à deux justifications distinctes de la résistance. La première naît de l'idée scolastique selon laquelle, si le peuple a créé les gouvernants en des termes fixés, il peut toujours revendiquer un droit de résistance si ces termes ne sont pas respectés. La seconde naît d'une conception différente (et peu compatible) sur les origines et le but de la république. Roi et magistrats subalternes ont promis de soutenir la vraie Église et la loi de Dieu. Ce qui voudrait dire que, si le roi manque à son devoir, et ordonne des actions impies ou empêche les actes pieux, non seulement il incombe aux magistrats subalternes de lui résister, mais il advient aussi que « chasser hors des murs l'idolâtrie » en s'assurant que le roi soit privé de son pouvoir devient un devoir religieux (F., p. 154). S'ils manquent à user de la force quand « le roi renverse les lois et l'Église de Dieu », alors ils manquent à leur promesse à Dieu et seront coupables du même crime et passibles du même châtiment que leur roi impie (F., p. 149). Cet appel est aussi bien une menace envers les magistrats subalternes qu'un rappel de leurs pouvoirs, et il culmine dans l'avertissement que, s'ils refusent d'user de la force contre un roi qui corrompt la loi divine, ils pèchent gravement contre le contrat passé avec Dieu (F., p. 157).

Il était néanmoins peu fréquent de voir des théoriciens huguenots de premier plan insister avec autant de force sur cette conception purement providentialiste après 1572. Car à ce moment-là les huguenots durent, nous l'avons vu, développer tout à la fois une théorie plus séculière et des moyens plus radicaux pour justifier la résistance active. La question principale, comme le note Bèze dans le *Droit des magistrats*, était d'avancer des arguments rationnels pour montrer que les remèdes à la tyrannie devaient être trouvés dans les institutions humaines (pp. 103, 124). Et leur réponse principale fut de se détourner des thèses providentielles pour développer une théorie essentiellement scolastique des origines et du caractère des sociétés politiques légitimes.

Comme leurs prédécesseurs scolastiques, ils réfutent la thèse patriarcale, en soutenant que la condition humaine fondamentale est la liberté naturelle. Ils avancent habituellement cette proposition en affirmant que la refuser aboutit à une absurdité. Bèze le déclare, cela revient à supposer que Dieu a créé les hommes pour leurs gouvernants, alors qu'il va de soi que les peuples ne sont pas issus des souverains, mais sont pour ainsi dire plus anciens qu'eux et qu'ils ne les ont institués que pour une meilleure régulation de leurs affaires (p. 104). Dire que chacun est naturellement dans un état de sujétion, c'est oublier que des assemblées et des groupes d'hommes ont existé partout avant la création des rois, et que maintenant encore il est possible de trouver des peuples sans magistrats, mais pas des magistrats sans peuple. Contester cette liberté fondamentale de l'humanité, c'est commettre l'erreur étrange de croire que le peuple n'a pu être créé que par ses magistrats, alors qu'évidemment ce sont les magistrats qui ont été créés par le peuple (*Réveille-matin*)[1]. Mornay répète le même argument dans la troisième *Quaestio* de la *Défense*. Tout d'abord il souligne combien il est absurde de croire à un état originel de sujétion. Nul ne naît roi, nul n'est roi par nature, un roi ne peut régner sans peuple, un peuple peut se gouverner lui-même sans roi, d'où il ressort clairement et sans aucun doute que les peuples ont vécu à l'origine sans rois ni lois positives, et n'ont décidé que plus tard de se soumettre à leur loi (F., p. 160). Le postulat sous-jacent est que Dieu a placé les hommes dans le monde dans un état de liberté naturelle. Nous sommes tous libres par nature, nés pour haïr la servitude, et désireux de commander plutôt que de prêter obéissance. Cette liberté, nous la détenons comme l'un de nos droits naturels, comme un privilège de nature dont il ne peut jamais être justifié de nous démettre (S., p. 107).

Si nul n'est par nature en état de sujétion, comment et pourquoi les sociétés politiques naissent-elles ? Pour répondre à cette ques-

---

1. Voir le *Réveille-matin*, pp. 80-81, *Le Politicien,* f° 73a et les *Discours politiques*, f°s 218b, 222b, 238b.

tion, les huguenots fournissent une analyse en tous points parallèle à celle des scolastiques radicaux. Ils discutent d'abord de la cause finale (pour employer leur jargon scolastique) en vue de laquelle établir une république. Tous conviennent (comme le *Réveille-matin* le formule) que si nous cherchons la cause et la raison des magistrats, nous n'en pouvons concevoir aucune autre que la « sûreté, le bien-être et la conservation du peuple » (p. 83). Même argument chez Mornay. Si le peuple accepte de construire une communauté, mettant ainsi fin à un état naturel de liberté, cela ne peut venir que de ce qu'il attend un considérable avantage en acceptant ainsi de se soumettre aux ordres d'un autre (S., p. 107). Cela doit rappeler à tous les rois que c'est en faveur du peuple et pour son bien qu'ils exercent leur pouvoir, en sorte qu'ils ne doivent pas dire, comme ils le font souvent, qu'ils tiennent leur glaive de Dieu sans ajouter que c'est le peuple qui le leur a confié (S., p. 79).

On peut concevoir que le peuple a établi des sociétés politiques pour améliorer sa condition naturelle, non tant pour maintenir un bien-être général que pour préserver les droits individuels (comme le soutient notamment Mornay dans sa *Défense*). Dans son analyse du concept de droit, Mornay suit précisément l'analyse que nous avons rencontrée dans les textes de Gerson et de ses disciples, et en particulier les *Questions* de Mair sur les *Sentences* de Lombard. Mair avait expliqué l'expression « avoir un droit sur quelque chose » en disant que cela signifiait avoir la liberté d'en disposer à l'intérieur des lois naturelles. Il traite ainsi le droit de détenir un bien et d'en disposer – que ce soit des vêtements ou des livres – comme un cas exemplaire de droit, en soutenant que ce dont j'ai absolue liberté de disposer est ma propriété personnelle. C'est manifestement une telle analyse du droit que Mornay a présente à l'esprit dans la troisième *Quaestio* de la *Défense*. Quand il assimile le bien-être du peuple à la nécessité d'assurer que ses droits et privilèges ne sont jamais aliénés à la liberté sans frein de ses rois, il insiste sur le droit de détenir des biens prévalant avant l'établissement de la communauté, et donc sur la nécessité de protéger cette propriété une fois la communauté établie (F., p. 162 ; cf. S. pp. 139, 158). Il adopte la formule scolastique, plus tard rendue célèbre par Locke, selon laquelle le moment où les peuples ont trouvé nécessaire d'établir des sociétés politiques est celui où les « notions de *meum* et *tuum* sont apparues dans le monde et où l'inégalité commença avec la question de la propriété des biens matériels » (S., p. 109). Il ajoute que le principal motif que les peuples durent avoir pour établir des communautés fut d'assurer une meilleure sécurité de leurs biens et de « prévenir la dévastation de leur territoire et autres calamités matérielles semblables » (S., p. 109).

On serait néanmoins dans l'erreur si l'on supposait que lorsque les huguenots établissent cette équivalence entre bien-être du peuple et garantie du droit de propriété, ils n'ont pas d'autre objectif que de désigner au souverain son obligation d'assurer à ses sujets la jouissance de leurs biens. Comme Locke un siècle plus tard, les huguenots tiennent que, parmi les choses dont nous pouvons avoir la liberté et donc le droit de disposer dans les limites des lois naturelles, certaines propriétés – comme on dit encore aujourd'hui – sont intrinsèques à la personnalité, et notamment nos vies et nos libertés. En sorte que, lorsque les huguenots placent le bien-être du peuple comme cause finale de la communauté et l'assimilent au droit de jouir de ses propriétés, ils explicitent souvent que ce qu'ils ont à l'esprit est le devoir du gouvernant de garantir les droits naturels inaliénables des gens sur leurs vies et libertés, propriétés naturelles fondamentales dont chacun est nécessairement muni dans l'État pré-politique. Telle est manifestement la pensée sous-jacente chez l'auteur de la *Déclaration*, quand il soutient que les massacres de 1572 ont jeté le peuple de France au-delà des limites de l'obligation politique. La raison en est qu'en privant délibérément de la vie tant de ses concitoyens, le gouvernement a accompli un acte « contraire au droit des gens qui est inviolable » et ainsi contraire aux fins pour lesquelles un gouvernement est institué (f° 38b). Ainsi la proposition selon laquelle la justification fondamentale du gouvernement repose sur sa capacité à préserver les droits naturels des citoyens, en particulier leur irréfragable droit à jouir de leurs vies, libertés et biens, est clairement mise en évidence par *Le Politicien*, développée avec son acuité coutumière dans les *Discours politiques*, et résumée par Mornay dans la troisième *Quaestio* de sa *Défense*. *Le*

Politicien commence directement par la question : « Est-il légitime en cas d'extrême oppression que les sujets prennent les armes pour défendre leurs libertés et leurs vies ? » (f° 61a). L'auteur des *Discours* fournit une réponse sans équivoque : les peuples ont toujours le droit de résister contre tout gouvernement qui chercherait à faire d'eux des esclaves. Si le peuple refuse de se laisser réduire en esclavage, il ne fait que défendre « le bien de liberté ». Et quand il défend sa liberté, il ne fait que maintenir « son droit naturel » (f° 293a-b). Ces mêmes propositions sont encore plus nettement énoncées par Mornay, qui termine sa discussion sur le « droit du peuple » en soulignant qu'aucune action d'aucun gouvernement légitime ne doit jamais contredire le droit du peuple à la liberté. Pour la raison fondamentale que la préoccupation majeure de tout gouvernement « doit toujours être d'agir en gardien de la liberté et de la sûreté du peuple » (F., p. 168 ; S., p. 106).

Si la cause finale d'une communauté est d'assurer le bien-être du peuple, et spécialement la jouissance de ses droits, alors, selon les huguenots, la seule cause efficiente doit être le consentement général, librement exprimé, de tous les citoyens concernés. Bèze mène l'argument si loin dans le *Droit des magistrats* qu'il va jusqu'à avancer la proposition que, « si le peuple, en connaissance de cause et en pleine liberté, a consenti à quelque chose de manifestement irréligieux et contraire à la loi de nature, alors l'obligation est invalide » (p. 124). Ce même argument qu'un acte de libre et légitime consentement est toujours nécessaire pour faire un souverain est répété par tous les autres théoriciens huguenots (p. 107). « Le premier magistrat », dit le *Réveille-matin*, non seulement a été créé par consentement mutuel, mais encore « aucun Empire ni gouvernement ne peut être tenu pour juste ou légitime » s'il n'a été institué avec le consentement du peuple (pp. 81 84). Mêmes propositions de base dans le développement plus élaboré que Mornay consacre à la manière dont les rois ont été créés par le peuple (troisième *Quaestio* de la *Défense*, p. 158). Il insiste davantage sur le rôle des magistrats qui en effet ont choisi le roi ; ce sont, dit-il, ceux qui représentent la majesté du peuple qui donnent au roi sa charge « en même temps que le sceptre et la couronne » (F., p. 160). Mais il maintient que l'une des conditions essentielles pour légitimer tout souverain est qu'il ait été placé au pouvoir par le libre consentement de la majorité du peuple. Cela ressort clairement de la description détaillée qu'il donne de l'installation de Saül comme roi d'Israël. Même dans ce cas il ne suffisait pas que le roi ait été choisi par Dieu. Il lui fallait encore être « établi » par le consentement général du peuple, lequel l'exprima d'abord par « acclamation » puis par un vote formel qui dégagea une majorité en sa faveur (F., p. 159).

Même si le consentement du peuple est en principe requis pour installer un roi sur le trône, les huguenots reconnaissent que dans des pays aussi vastes et peuplés que la France on se heurterait à de grandes difficultés pratiques. Ils proposent comme solution de considérer que le peuple délègue son autorité de choisir puis d'exercer son contrôle sur le magistrat suprême à un corps de magistrats subalternes spécialement élus à cet effet. Comme l'explique Mornay, le bon gouvernement requiert évidemment un certain ordre impossible à maintenir si une vaste multitude est admise à participer aux affaires, et de nombreuses affaires d'État ne peuvent évidemment être communiquées au corps entier du peuple sans préjudice pour l'intérêt commun. Cela rend souhaitable que la souveraineté détenue par le peuple entier soit de fait exercée par les officiers du royaume, de sa part et dans son intérêt (F., p. 150).

La façon dont Bèze et Mornay évoquent ce processus de délégation reflète leur désir de montrer que leur argument de loi naturelle est compatible avec leur invocation antérieure à la constitution historique de la France. Les « officiers du royaume », disent-ils, sont de deux sortes. Les uns sont des magistrats locaux et seigneuriaux, par exemple, dit Bèze, « les ducs, marquis, comtes, vicomtes, barons et châtelains », et autres « officiers élus des cités » (p. 110). Mornay insiste particulièrement sur les seconds, « chaque élu d'une cité du royaume » doit être conçu comme « ayant personnellement et expressément juré » d'agir au nom du peuple entier (F., p. 152). Les autres sont les magistrats élus pour siéger comme représentants du peuple à l'assemblée des trois états. Bèze donne un long exposé de leurs pouvoirs (de toute évidence, repris sans scrupule de la *Francogallia* d'Hotman) qui culmine dans la proposition que les états du pays détiennent une puissance souveraine qui leur a été confiée directement par le peuple entier (p. 123). Mornay convient qu'un identique pouvoir est détenu dans tout royaume proprement constitué par le « Parlement, la Diète ou autres assemblées similaires », ce qui leur confère le devoir suprême de veiller à ce qu'« aucune offense ne soit faite ni à la république ni à l'Église » (F., p. 150).

Cette procédure par laquelle les souverains légitimes sont choisis et contrôlés entraîne deux implications importantes. La première est que, quand Bèze et Mornay parlent du peuple comme d'une collectivité, ils ne pensent pas en fait à l'ensemble du corps social, mais seulement, comme le dit Mornay, à « ceux qui ont reçu autorité du peuple, à savoir les magistrats sous le roi qui ont été élus par le peuple » (F., p. 149 ; S., p. 120). La seconde, que même si le peuple ne peut jamais être démis de sa souveraineté ultime, il accepte de ne pas l'exercer directement. Et Mornay ajoute : cela dérive du fait que le pacte avec le roi qui délimite ses pouvoirs n'est jamais juré par le peuple tout entier mais seulement par ses représentants élus. Par suite, le droit d'obliger le roi à tenir ses promesses ne peut jamais être celui du peuple tout entier, mais seulement le propre des autorités qui comprennent en elles le pouvoir du peuple (F., p. 154).

Le dernier point des théoriciens huguenots à propos de l'établissement d'une république légitime découle de ces remarques sur le bien-être et le consentement : si la république doit s'instaurer avec le consentement du peuple, et si la raison pour l'établir est d'assurer le bien-être et de garantir les droits, alors le mécanisme effectif pour la réaliser doit prendre la forme d'un contrat ou *Lex regia*, passé entre les représentants du peuple et leur futur souverain, contrat stipulant que le roi doit, en fait, viser au bien-être et assurer les droits du peuple qui a consenti à accepter sa domination expressément dans cette intention.

Ce contrat *(pactum)* est entièrement distinct de l'idée de pacte religieux *(foedus)* que les théoriciens huguenots invoquent aussi. En discutant du *foedus*, ils ont à l'esprit le devoir du magistrat comme du peuple de respecter les lois de Dieu. Tandis qu'en discutant du *pactum* ils visent simplement à établir que, comme Bèze le déclare, « partout où la loi et l'équité ont prévalu » aucune nation n'a jamais « créé ou accepté des rois sans conditions définies » (p. 114). C'est pourquoi il est conduit à parler d'un second contrat purement politique, qui prend la forme d'un « serment mutuel entre le roi et le peuple » (p. 118). Cet accord est évoqué en termes généraux par tous les auteurs huguenots importants. Le *Réveille-matin* parle de « l'obligation mutuelle et réciproque entre le magistrat et ses sujets » (p. 80). De même *Le Politicien* évoque « l'arrangement réciproque entre prince et sujets » qui ne peut être « violé sans injustice par aucune des deux parties » (f° 85a). Mais la description la plus complète des ces obligations réciproques est donnée par Mornay dans la troisième *Quaestio* de sa *Défense*, qui comporte une section spéciale sur « Le pacte, ou contrat entre le roi et le peuple » (F., p. 180). Le souci de Mornay est d'établir que si les représentants du peuple jurent au roi une obligation conditionnelle, celui-ci jure aux représentants une absolue obligation (F., p. 181). Au moment où ils décidèrent de constituer la république, et où ils décidèrent d'établir un roi, les hommes lui firent prêter un serment absolu de préserver le bien-être du peuple. En retour les représentants du peuple firent serment d'obéir fidèlement au roi aussi longtemps que ses commandements seraient justes (F., pp. 180-181). De là découle l'obligation mutuelle entre le roi d'une part et les magistrats de l'autre, accord que rien ne surpasse et qu'aucun autre droit ne peut transgresser. Mornay conclut : la force de ce contrat est si grande que « le roi qui l'enfreint volontairement peut proprement être nommé tyran, tandis que le peuple qui l'enfreint peut proprement être nommé séditieux » (F., p. 185).

Les huguenots sont également en plein accord avec leurs prédécesseurs scolastiques les plus radicaux quand ils décrivent une condition pré-politique qui se mue en république par un consentement et donc un contrat. Il en résulte une théorie de la souveraineté populaire : c'est le cœur de leur constitutionnalisme, et la défense de la résistance – leur thèse la plus rebattue – n'en est guère qu'une illustration (Franklin, 1967, pp. 117, 123). Mornay la présente de façon lumineuse, avec toute une série d'analogies féodales. Puisque, dit-il, le peuple est à l'origine libre de tout gouvernement, et ne consent à en établir un que pour ses propres desseins, il faut le considérer comme le propriétaire véritable de la république, exerçant la domination souveraine à la façon dont le propriétaire du fief a la décision en dernière instance, même s'il choisit de la déléguer à quelqu'un d'autre (F., pp. 162, 191). Mornay prend grand soin d'utiliser le vocabulaire précis des scolastiques les plus radicaux, et non celui des thomistes les plus conservateurs. En général, les thomistes soutenaient que même si le peuple était à l'origine souverain, l'acte d'instituer un gouvernant les entraînait dans ce que Suárez allait appeler une « sorte d'aliénation » de leur pouvoir, telle que le gouvernant qu'ils installent se trouve plus haut et plus grand que le corps tout entier du peuple. Mornay soutient au contraire que le peuple demeure en tout temps propriétaire de sa souveraineté originelle, qu'il ne fait que déléguer au gouvernant pour qu'il puisse l'exercer en faveur du bien public (S., p. 86). Pas question donc que le roi soit « au-dessus du peuple ». Au contraire, il est évident que « le peuple entier est plus grand que le roi et au-dessus de lui » (F., p. 190). Et Mornay de conclure rondement : dès que nous comprenons que le peuple n'aliène jamais sa souveraineté, mais délègue seulement au roi le droit de l'exercer, « il n'est guère étonnant que nous insistions sur ce point, le peuple doit être plus puissant *(potior)* que le roi » (S., p. 88).

Ce point crucial entraîne deux implications que les théoriciens huguenots distinguent au sujet des caractéristiques de la république légitime. La première concerne le statut des magistrats. Ils sont dits serviteurs du royaume, non du roi, car ils sont responsables devant le peuple qui les a faits et non devant le roi qu'ils ont fait. Bèze et Mornay insistent tous deux longuement sur ce point. Bèze le souligne, ils tiennent leur office non du souverain mais de la souveraineté, en sorte que, si le magistrat suprême vient à décéder, ils demeurent en fonction tout de même que la souveraineté demeure intacte (p. 111). Mornay confirme ce point, il parle des magistrats comme des serviteurs « non du roi, mais du royaume », car ils reçoivent leur autorité « du peuple rassemblé et ne peuvent être révoqués sans le consentement de ce corps » (F., pp. 161, 162). Nos auteurs soulignent d'autre part le statut du roi. Sur ce point encore ils prennent soin d'utiliser la terminologie des scolastiques les plus radicaux, et non le langage plus conservateur des thomistes. Les thomistes avaient soutenu que, même si le roi est installé par le peuple, il doit être ensuite considéré comme *legibus solutus*, souverain à part entière sans aucune obligation d'obéir à ses propres lois positives. Bèze et Mornay maintiennent au contraire qu'un roi légitime ne peut être considéré comme souverain, puisqu'il n'est, selon Mornay, qu'une sorte de ministre de la république (F., p. 191). Son statut : « agent du peuple », « car le véritable détenteur de la république » est le peuple (F., p. 191). Mornay répète à plusieurs reprises que le roi légitime a un statut d'officier contractuel et non de magistrat souverain. Le dirigeant est décrit comme serviteur de la communauté *(servus reipublicae)*, il est gardien *(custos)*, en tant qu'administrateur *(minister)* il doit veiller à l'exécution des lois (voir S., pp. 86, 114, 125). Il ne peut donc être question qu'il soit *legibus solutus*. Et Bèze insiste, disant qu'il ne peut « exister une seule loi à laquelle ne soit soumis le dirigeant dans la conduite du gouvernement, car il a juré de les protéger et préserver toutes ». En sorte que la maxime « que le roi n'est pas sujet aux lois » est repoussée, comme « maxime erronée de détestables flatteurs et non de loyaux sujets » (p. 113). Même conclusion chez Mornay, qui pense « complètement ridicule pour le roi de regarder comme une disgrâce d'être sujet aux lois » car ce serait ignorer le fait fondamental que « les rois reçoivent les lois du peuple » qui demeure possesseur de la république (S., pp. 86, 115, 119).

Cette analyse essentiellement scolastique des origines et des caractéristiques des sociétés politiques légitimes fournit aux huguenots une réponse complète aux problèmes idéologiques qu'ils avaient à résoudre. D'abord cela leur permettait de diminuer les craintes qui pouvaient subsister quant à un côté anarchiste ou insurrectionnel de leurs théories politiques, et en particulier de soutenir que rien dans leur argumentaire ne donnait à un citoyen individuel le droit de tuer le roi ni même de résister aux magistrats. Cette limitation découlait du fait que l'acte constituant d'une république légitime est un acte accompli par le peuple en son entier considéré comme une collectivité. Cela signifie, dit Mornay, que si le roi est *minor universis* car pris dans son ensemble, le peuple est plus haut que le roi, il est aussi *maior singulis* car tout citoyen privé et même les magistrats demeurent, en tant qu'individus, moins haut que le roi (F., p. 162). En sorte qu'aucun individu privé ne peut être dit détenir un droit de résistance contre un roi légitimement constitué. Car le peuple fait le roi, non individuellement mais en commun, ses droits contre lui sont ceux d'un corps, et non ceux d'un individu qui se trouverait faire partie de l'ensemble (F., pp. 154, 195). Tout citoyen privé qui tire l'épée contre son roi est donc séditieux, quelle que soit la justesse de sa cause, car aucune république ne peut être fondée sur des intérêts purement individuels (F., p. 195).

En invoquant les arguments scolastiques, les théoriciens huguenots montraient en outre que leur théorie de la résistance était légale et constitutionnelle, et pas uniquement un appel au peuple pour qu'il se rebelle contre ses souverains légitimes. Cette restriction complémentaire devait être entendue en ce sens : bien que le peuple dans son ensemble détienne la souveraineté ultime, il fallait interpréter qu'il avait délégué son droit de l'exercer à certains magistrats spécialement choisis. Mornay le dit, cela implique que « lorsqu'on parle du peuple dans son ensemble on entend ceux qui reçoivent du peuple l'autorité, à savoir les magistrats sous le roi et l'assemblée des états » (F., p. 149). Quand le roi s'engage à régner au nom du bien-être public, il signe un contrat non avec le peuple comme tel mais seulement avec les magistrats auxquels le peuple a confié son glaive (F., p. 196). D'où suit que même le corps entier du peuple ne peut être dit avoir un droit direct de résistance contre un roi légalement constitué. Lorsqu'un roi gouverne de manière tyrannique, il ne brise aucune promesse qu'il ait faite au corps entier du peuple, mais seulement à ce que Mornay appelle une « épitomé » de magistrats et de représentants dûment constitués. Ainsi, l'autorité de résister à un tyran ne peut être située dans le corps entier du peuple, mais seulement dans les magistrats « auxquels il a délégué son autorité et pouvoir » (F., p. 195). C'est seulement à ces « officiers du royaume » que le roi a promis d'agir selon la justice ; c'est seulement eux, par conséquent, qui détiennent le droit afférent de maintenir le roi dans l'accomplissement de ses devoirs, et de « protéger la république en son entier de l'oppression » s'il manque à tenir les termes de son contrat (F., p. 195).

Restait une difficulté idéologique que les huguenots devaient résoudre, issue de leur besoin de trouver une base plus large dans la justification de la résistance plus large et moins sectaire que les théories développées par la génération antérieure des calvinistes révolutionnaires. Ils étaient désormais en mesure d'y répondre grâce aux thèses scolastiques, ils étaient aussi capables de réactualiser une théorie purement religieuse de la résistance soumise à l'idée d'un contrat pour accomplir les lois divines en une théorie fondamentalement politique de la révolution, fondée sur l'idée de contrat qui donne le droit moral (et pas seulement religieux) de résister à tout gouvernant qui manque à remplir son obligation de viser au bien-être du peuple dans chacun de ses actes publics.

À dire vrai, même au moment d'opérer ce radical changement conceptuel, les huguenots continuaient à organiser leur argumentation en insistant plus sur l'idée de devoir que sur l'idée de droit de résistance. Comme le déclare Bèze, la position des magistrats en tant que représentants du peuple est telle qu'ils ont le devoir juré de maintenir la loi (p. 112). « Ils ont promis, acquiesce Mornay, d'user de tous moyens à leur disposition » pour fournir « protection et défense » au peuple, et ont par conséquent le « devoir de demander à leur agent compte de son administration » (F., p. 193 ; S., pp. 195-196). Cela implique que si le gouvernant dégénère en tyran, ils ont le devoir de lui résister par la force, devoir qui s'origine (selon les propres mots de Mornay) dans la promesse de « consacrer au royaume leur force et leur énergie » (F., p. 195). Tels sont les termes dans lesquels est finalement justifiée la résistance chez Bèze, comme chez Mornay. Les magistrats inférieurs sont obligés de résister à une évidente tyrannie, soutient Bèze, et de le faire par la force des armes pour la sûreté de ceux dont ils ont la charge. Agir de la sorte n'est pas sédition ni déloyauté à l'encontre du souverain, mais tenir la foi jurée à ceux dont la charge a été reçue contre celui qui a brisé son serment et opprimé le royaume qu'il aurait dû protéger (p. 112).

Même conclusion chez Mornay, et non moins ferme. « Les officiers du royaume, dit-il, n'ont pas seulement permission mais obligation, comme part de leur charge, d'assurer que, si un tyran ne peut être chassé sans recourir à la force, alors il leur faut appeler le peuple à prendre les armes, lever une armée, user de force armée et tous moyens de guerre contre lui qui est déclaré ennemi du pays et de la république » (F., p. 191 ; cf. pp. 195, 196).

Mais, malgré cette présentation, il paraît désormais évident que l'essence de l'argumentation huguenote repose sur l'analyse de l'acte de promettre, et qu'il implique à la fois l'acceptation d'une obligation morale de la part de celui qui s'y engage, et un droit moral pour l'autre contractant d'exiger que les termes de l'engagement soient respectés. L'auteur du *Réveille-matin* le dit, « les droits du peuple » comprennent celui de demander que ses magistrats et représentants électifs respectent toujours les justes coutumes du royaume, car ces officiers jouissent d'un statut privilégié du fait qu'ils ont promis de respecter les lois et de chercher le bien-être du peuple. C'est pourquoi ils ont le droit d'exiger que le roi gouverne en faveur du bien-être du peuple, car la dignité de régner ne lui a été conférée que pour accomplir cette tâche (pp. 88-89). Il s'ensuit que, si le roi oublie sa promesse et devient un tyran, les représentants du peuple peuvent « par droit » lui résister (p. 90). Bèze parvient à la même conclusion essentielle dans le *Droit des magistrats*. Si le roi viole les termes du contrat par lequel il a été placé dans ses fonctions, alors les magistrats inférieurs – et mieux encore, les représentants du peuple – ont le droit de corriger la personne qu'ils ont élevée à la domination, car ceux qui ont pouvoir de donner autorité aux rois n'ont pas moins de pouvoir pour les en démettre (pp. 114, 118). Mornay reprend le même argument à la fin de la troisième *Quaestio* de la *Défense*. Tout roi qui viole le contrat délibérément et continûment est un tyran par exercice, et en tel cas les officiers du royaume ont pouvoir de le déposer[1].

L'argumentaire huguenot stipule donc que les magistrats et les représentants du peuple ont le droit moral de résister par la force à

---

1. Franklin, 1969, pp. 196-197.

un gouvernement tyrannique, droit qui se fonde sur le droit premier et fondamental que possède le peuple souverain de traiter la république comme un moyen d'assurer et d'améliorer son propre bien-être (cf. Mesnard, 1935, pp. 345-346). Si l'on se demande pourquoi ils ont choisi de formuler cette proposition ultime, et révolutionnaire, en termes de devoir aussi bien que de droit, la réponse réside bien sûr dans un choix tactique. Après 1572, l'objectif essentiel des révolutionnaires huguenots était d'appeler les chefs naturels du peuple à prendre les armes. Dans ces circonstances, soutenir qu'ils avaient le droit de résister, c'était prétendre que, moralement parlant, ils n'avaient pas à craindre de combattre. L'exprimer en termes de devoir, c'était prétendre bien plus fortement qu'ils ne devaient pas manquer de combattre. Cela faisait de la résistance non seulement une possibilité morale, mais une exigence qui autorisait à exhorter les officiers du royaume, dans les termes les plus forts, à reconnaître, comme Mornay le dit, qu'il était absolument clair qu'ils pouvaient et devaient prendre les armes contre la tyrannie, non seulement pour la religion mais encore au nom de leur foyer et de leur maison (S., p. 208).

La théorie développée par Bèze, Mornay et les autres dirigeants huguenots après 1572 commença bientôt à exercer une puissante influence, en particulier aux Pays-Bas lorsque survint une analogue situation révolutionnaire en 1580 (voir Griffiths, 1959). Une fois Farnèse nommé gouverneur en 1578, les Espagnols commencèrent à remporter de plus en plus de succès contre les rebelles et reçurent bientôt l'allégeance de la noblesse catholique dans les provinces du Sud. Philippe II poussa son avantage en proscrivant Guillaume le Taciturne en juin 1580, et en mettant sa tête à prix (Eliott, 1968, p. 289). Cela conduisit Guillaume à l'affrontement direct avec son suzerain et à abjurer son allégeance. En conséquence, Guillaume et ses partisans recoururent aux arguments déjà développés par les huguenots pour légitimer leur propre soulèvement contre l'autorité du gouvernement impérial. Un pamphlet anonyme paru à Anvers en 1581 sous le titre *Vrai avertissement* en est un bon exemple. L'auteur en appelle d'abord à l'idée scolastique de la liberté naturelle et fondamentale de l'humanité, soutenant que Dieu a créé les hommes libres, et qu'ils ne peuvent être asservis par quiconque qui est sans pouvoir sur eux, exception faite de ceux qu'eux-mêmes ont désignés (pp. 228, 230). Cet argument sert à soutenir que les souverains légitimes doivent être choisis et mis en place par ceux qui représentent le corps entier de la communauté (p. 229). Ces magistrats sont le frein du prince qu'ils mettent à la place qui est la sienne en sorte qu'il ait le devoir absolu de faire respecter le droit et la justice dans la république (pp. 228, 229). En retour, cela entraîne que, si le roi se trouve transgresser les conditions auxquelles les représentants du peuple l'ont accepté pour roi, cela leur donne, vu les promesses non respectées, le droit de lui résister et de reprendre leurs droits d'origine (p. 229). Guillaume parvient à la même conclusion aussi bien dans la *Justification* qu'il présenta aux états généraux en décembre 1580 – dont le texte doit certainement beaucoup à Languet et à Mornay – que dans le très officiel *Édit des états généraux,* de juillet 1581, où il déclare que le roi d'Espagne a violé sa souveraineté (p. 216). Les provinces des Pays-Bas unis ont en fin de compte été forcées, conformément à la loi de nature, à invoquer leur droit imprescriptible de résister à un gouvernement tyrannique et de recourir à tous les moyens pour assurer leurs droits, privilèges et libertés (p. 225).

La défense de la révolution populaire

Avec la publication des principaux traités huguenots dans les années 1570, la théorie politique protestante franchit une frontière conceptuelle fondamentale[1]. Jusqu'alors, même les plus radicaux des calvinistes avaient revendiqué la légitimité de la résistance en

---

1. C'est supposer que les traités qui paraissent aux Pays-Bas vers la fin du XVIe siècle dérivent de sources françaises. Pour l'essentiel cela semble être le cas, mais il ne faut pas négliger la possibilité d'influences réciproques. Il faudrait disposer d'études plus complètes sur les sources hollandaises pour pouvoir se prononcer sur ce point.

termes du devoir suprême que les détenteurs de charges avaient de favoriser la vraie foi (c'est-à-dire la foi protestante). Mais avec Bèze, Mornay et leurs disciples, l'idée que préserver l'unité religieuse constitue le seul fondement possible pour légitimer la résistance est définitivement abandonnée. On en arrive à une théorie pleinement *politique* de la révolution, fondée sur une théorie clairement moderne et séculière des droits naturels et de la souveraineté du peuple.

Si nous prenons une fois de plus quelques instants pour comparer cet argument avec celui que donne John Locke dans les *Deux traités de gouvernement*, on voit que, malgré ces inflexions modernes, la thèse des huguenots présente avec celle du constitutionnalisme classique deux différences importantes. Non seulement Locke revendique la légitimité de la résistance entièrement dans les termes du droit naturel, mais encore il situe le pouvoir de résister dans le « corps du peuple », et va même jusqu'à l'inscrire dans « tout individu singulier » s'il « est privé de son droit[1] ». En revanche, Bèze, Mornay et leurs disciples continuent à penser en termes de devoir religieux aussi bien que de droit moral de résister, et limitent l'exercice de ce droit aux magistrats subalternes et autres représentants électifs, en écartant délibérément la possibilité pour les citoyens isolés, et même le corps entier du peuple, de prendre une quelconque initiative politique directe. Reste à se demander par conséquent comment les révolutionnaires calvinistes réussirent à se débarrasser des restes de constitutionnalisme conservateur et religieux et à élaborer une théorie pleinement populaire et complètement sécularisée du droit de résister.

Comme on pouvait s'y attendre, ce mouvement fut ébauché en Écosse, dans la période qui suivit la première révolution calviniste réussie vers la fin des années 1550. L'Écosse était alors devenue un pays violemment calviniste, en sorte qu'en appeler au corps entier

---

1. Locke, *Deux traités*, pp. 397-437. Pour ce passage d'une théorie de la résistance reposant sur les magistrats inférieurs à la position nettement plus « populiste » de Locke (et avant lui de Lawson), voir Franklin, 1978.

du peuple pour résister aux seigneurs catholiques paraissait un choix plus réaliste qu'il ne le fut jamais pour les huguenots. Les théories de Goodman et de Knox avaient également servi à légitimer la thèse qu'il était juste pour le peuple de Dieu, voire pour de saints individus, de s'opposer au pouvoir d'un tyran idolâtre. Il suffisait de reformuler leur théorie en termes de droit plutôt que de devoir religieux et l'on aboutissait à une idéologie de la révolution populaire sécularisée. Ce qui pressa ce changement fut que, même si l'Écosse avait officiellement embrassé la foi calviniste après l'assemblée du Parlement en 1560, son gouvernement demeurait sous le contrôle d'une reine catholique inébranlable. Cette anomalie disparut avec la déposition en 1567 de Marie reine d'Écosse, action qui suscita une large discussion pour savoir si le peuple pouvait être dit détenir le droit de déposer un prince légitime. Le théoricien de loin le plus important à répondre par l'affirmative fut George Buchanan (1506-1582), dans son dialogue en latin *De jure regni apud Scotos*[1]. Buchanan a, semble-t-il, esquissé son remarquable ouvrage en 1567, même s'il ne fut publié qu'en 1579 en même temps que ceux de Bèze et de Mornay. Cependant des éléments de son argumentation ont été incorporés dans les discours qu'il prononça lors de l'ambassade du Régent Moray à York en 1568, et également dans les discussions entre le gouvernement écossais et les délégués de la reine Élisabeth à Londres trois ans plus tard[2]. Enfin

---

1. Deux traductions modernes sont disponibles, l'une par Charles F. Arrowood (Austin, Texas, 1949), l'autre par Duncan H. MacNeill (Glasgow, 1946). J. H. Burns a soutenu qu'elles sont toutes deux fautives ; voir ses remarques dans la *Scottish Historical Review*, n° 30 (1951), pp. 67-68 sur Arrowood, et *ibid.*, n° 48 (1969), pp. 190-191 sur MacNeill. J'ai en conséquence préféré traduire à partir de l'original, même si j'ai souvent recouru à la version d'Arrowood dont l'existence m'a grandement facilité le travail.

2. Cette reconstitution de la théorie révolutionnaire de Buchanan est fondée sur l'étude de Trevor-Roper, 1966, en particulier pp. 19-21. Trevor-Roper remarque qu'attribuer à Buchanan le mémoire présenté aux délégués en 1571 introduit une incohérence dans son argument. Il suggère d'abord que le *De jure* a été esquissé dès l'été de 1567. Mais ensuite il décrit le mémoire de 1571 comme

Buchanan donna lui-même à sa théorie les fondements empiriques les plus exhaustifs dans son *Histoire d'Écosse*, ouvrage auxquels il se consacra sans relâche durant toutes ces années, et qu'il finit par publier en 1582.

Buchanan est connu surtout comme un humaniste, Écossais gallicisé, qui enseigna le latin au collège de Guyenne à Bordeaux, et dont les vers latins ont amené Montaigne à le traiter de « grand poëte escossois » dans son essai « De l'institution des enfants » (I, XXVI). Mais il reçut également une éducation scolastique à l'université de Saint-Andrews entre 1524 et 1526, où l'un de ses professeurs fut le redoutable John Mair (Burns, 1954, pp. 85, 92-93). Il semble en outre avoir été très tôt converti au calvinisme ; il devint l'ami et le correspondant de Bèze et de Mornay quand il était en France, et à son retour d'exil après le succès de la révolution calviniste de 1560 fut membre de l'Assemblée générale de l'Église d'Écosse. Sa formation intellectuelle comme son engagement idéologique faisaient de lui la personne toute désignée pour développer l'héritage de la pensée scolastique radicale de manière à la mettre au service de la révolution calviniste.

En ouverture de son *De jure*, Buchanan adopte la proposition scolastique – et huguenote – selon laquelle, pour formuler le caractère d'une société politique légitime, il faut envisager la manière dont les hommes à l'origine ont vécu avant d'en arriver à la décision de constituer une communauté. La description qu'il en donne est pourtant très différente de celle des huguenots. Ceux-ci adoptaient la proposition thomiste voulant que, même si la condition naturelle de l'humanité n'était pas politique, l'homme était sans aucun doute naturellement sociable. Comme le dit l'auteur des *Discours politiques*, la raison pour laquelle nous en sommes certains est que « Dieu tout-puissant n'a pas jugé bon que l'homme vive

---

la formulation la plus ancienne de la théorie politique de Buchanan. Pour une discussion sur ce point et d'autres difficultés présentées par l'analyse de Trevor-Roper, voir G. W. S. Barrow dans *Annali della Fondazione italiana per la storia administrativa*, n° 4 (1967), pp. 653-635.

seul » (f° 238b). Mais quand les interlocuteurs dans les dialogues de Buchanan – on y reconnaît sans peine Buchanan lui-même et « ce cher Maitland » – se posent la même question, Buchanan décrit la situation pré-politique de l'humanité dans des termes qui contrastent fortement avec ces caractéristiques classiques et fondamentalement aristotéliciennes. Comme il convient à un humaniste éminent, Buchanan semble tirer son analyse de sources stoïciennes plus que scolastiques, en particulier en ce qui concerne la conception de la nature humaine que Cicéron a évoquée au début du *De inventione*. « Il fut un temps, dit Cicéron, où les hommes erraient dans les champs comme des animaux » ; où « ils ne faisaient rien selon les règles de la raison, mais leurs relations étaient pour l'essentiel fondées sur la force » ; où ils ne connaissaient « ni système ordonné de culte religieux ni devoirs sociaux », et où les hommes étaient « cachés dans les retraites des bois », avant de se trouver transformés d'animaux sauvages en animaux sociaux et politiques (pp. 5-7). Nous l'avons vu déjà, certains éléments de cette conception anti-aristotélicienne avaient été esquissés par des auteurs ockhamistes, et en particulier Jacques Almain et le propre maître de Buchanan, John Mair. Buchanan reprend la même analyse au commencement de ses dialogues. Il doit y avoir eu un temps, dit Maitland, « où les hommes vivaient dans des huttes et des cavernes », où ils menaient « une vie errante et solitaire » et où « ils se déplaçaient comme des étrangers, sans aucune loi ni séjour fixe » (pp. 8-9).

Comme les huguenots et leurs prédécesseurs scolastiques, Buchanan commence avec ce tableau de la condition naturelle de l'homme pour souligner que les sociétés politiques ne sont pas ordonnées par Dieu, mais éclosent naturellement par suite d'un ensemble de décisions prises par les hommes eux-mêmes. En décrivant le processus par lequel naissent des républiques légitimes, Buchanan pourtant s'éloigne des huguenots sur deux points cruciaux. Bèze et Mornay avaient parlé de deux contrats distincts auxquels le peuple aurait souscrit au moment de l'instauration de la république : le pacte religieux ou *foedus* par lequel il promet à Dieu d'agir comme un peuple de Dieu ; et le pacte politique, incarné dans la *Lex Regia*, par lequel il accepte de déléguer à un souverain élu son *Imperium* selon des termes d'obligation mutuelle. Buchanan, lui, n'évoque pas du tout le pacte religieux, silence éloquent que garde aussi Johannes Althusius (1577-1638) dans son énorme traité de 1603 intitulé *La Politique exposée méthodiquement*, formulation la plus systématique de la pensée politique du calvinisme révolutionnaire. Buchanan et Althusius montrent clairement par le titre de leurs œuvres qu'ils n'entendent parler que de politique, non de théologie, de droits et non de devoirs religieux[1]. Quand Buchanan se contente de passer sous silence le *foedus* religieux, Althusius souligne cette omission délibérée, en proclamant dans sa préface que tous les juristes, y compris même Bodin, ont commis l'erreur de confondre la science de la politique avec celle des lois, tandis que les théologiens ont commis une erreur aussi grave en continuant à parsemer leurs écrits politiques avec des enseignements de piété chrétienne et de charité, sans s'apercevoir que de telles considérations sont également impropres et étrangères à une doctrine politique (pp. 1-2). Plus clairvoyant encore que Buchanan, Althusius souhaite émanciper l'étude de la politique des considérations de théologie et de jurisprudence, et renvoyer les éléments théologiques, juridiques et philosophiques à leur place propre, pour s'occuper exclusivement de la science politique, indépendamment de toute autre considération (p. 8).

---

1. Ce souci patent pour émanciper la théorie politique de toute préoccupation religieuse a conduit Gierke, dans son étude classique sur Althusius, à le traiter comme la figure-pivot dans l'évolution vers le constitutionnalisme moderne, et à le présenter comme le premier philosophe politique à avoir ébranlé une conception théocratique de l'État (voir Gierke, 1939, p. 71). À vrai dire c'est là exagérer quelque peu l'importance d'Althusius, ne serait-ce que parce que la même approche avait été adoptée une génération plus tôt par Buchanan. Mais il n'est pas douteux que Gierke a raison d'insister sur la clairvoyance avec laquelle Althusius s'efforce de déduire le système politique par une voie purement rationnelle à partir d'une conception entièrement laïque de la société, et ainsi de parvenir à une conception évidemment moderne de la politique comme un domaine de recherche autonome (voir Gierke, 1939, pp. 16, 70, 75).

L'autre différence importante entre Buchanan et les huguenots vient de la manière dont il présente le contrat qui conduit à la constitution d'une république légitime. Les huguenots proposaient une théorie de la représentation plutôt qu'une conception de la souveraineté populaire directe, soutenant que le peuple renonçait à son pouvoir de contrôle sur ses dirigeants au profit d'une « épitomé » de magistrats. Là encore Buchanan garde un silence éloquent sur ce contrat additionnel, disant que « le corps entier du peuple » doit se voir comme « réuni ensemble » pour élire un délégué susceptible de prendre soin des affaires de chacun des membres de la communauté (pp. 9, 12). Il n'y a aucune suggestion que les citoyens délèguent leur autorité pour créer un souverain, comme Bèze et Mornay l'avaient supposé. Au contraire, Buchanan dit clairement que, quand le peuple instaure un souverain, il le fait par le moyen d'un contrat direct, sans intermédiaires, où l'un des signataires est le futur souverain et l'autre « le corps entier du peuple » (pp. 9, 12).

Buchanan indique ensuite que cette vision de la formation des sociétés politiques conduit à une conception radicale de la souveraineté populaire. Quand le peuple accepte d'établir un souverain au-dessus de lui, il n'aliène en aucune façon sa souveraineté originelle, comme saint Thomas d'Aquin et ses disciples l'avaient dit. Buchanan s'accorde avec les scolastiques les plus radicaux – en particulier Almain et Mair – pour dire que le peuple ne fait que déléguer son autorité à un souverain dont le statut n'est pas celui d'un *maior universis* et *legibus solutus*, mais celui d'un *minister* qui demeure *minor universis*, et en conséquence lié par les lois de la république. Buchanan affirme non sans insistance que le peuple, non seulement a « le pouvoir de conférer l'*Imperium* à son roi », mais doit être conçu comme ne transférant aucunement sa souveraineté originelle, puisqu'il délègue à son roi la forme de son *Imperium* dans l'intention de lui permettre d'agir comme le gardien du bien public (pp. 32-33, 58, 62).

Cette analyse scolastique du caractère légal de toute république légitime avait déjà été adoptée par Bèze Mornay et leurs disciples. Mais Buchanan est bien plus révolutionnaire dans sa présentation du droit de résister à un dirigeant qui manque aux termes de la *lex regia* auxquels il a souscrit au moment de son intronisation. Il se fonde essentiellement sur la description stoïcienne qu'il donne des circonstances dans lesquelles des hommes prennent la décision de constituer une république. Suárez le dit presque clairement dans son *Tractatus de legibus ac Deo legislatore*, si l'on convient que le pouvoir d'une communauté d'individus assemblés provient de chaque homme pris isolément, on en déduit aisément une conception dangereusement anarchiste de l'obligation politique (I, pp. 165-166). Car cela suppose que la raison pour laquelle on bâtit une république est la protection des droits privés et non la poursuite du bien commun, si bien qu'on laisse ouverte la dangereuse possibilité que le corps entier du peuple – et même des citoyens privés – détienne le pouvoir de résister à et de tuer un souverain légitime pour défendre ses droits. Pour Suárez, comme pour Bèze et Mornay, cette implication suffisait à démontrer que la version individualiste des conditions dans lesquelles une république pouvait être fondée constituait une erreur complète. Au contraire, pour Buchanan, l'une des raisons pour qu'il préfère la version stoïcienne à la version aristotélicienne de la condition pré-politique pourrait bien être que cela l'aidait à légitimer une conception hautement individualiste, voire anarchiste, du droit de résistance politique. Avant tout, il insiste sur ce que, le corps entier du peuple s'accordant à élaborer un gouvernement légitime, il s'ensuit que le peuple, et pas uniquement ses représentants, conserve un droit de résister. Nous l'avons vu, un grand nombre de disciples de Gerson avaient déjà esquissé ce genre d'argument, et en particulier Mair dans son *Histoire*. Mais Buchanan est le premier théoricien constitutionnel à développer cet argument dans toute son extension et sa cohérence[1]. Du fait que le peuple, en tant que corps, crée son gouvernant, il est sans cesse

---

1. À mon sens, cela fait de Buchanan le plus radical, et de loin, de tous les théoriciens calvinistes révolutionnaires, ce qui conduit à atténuer les proclamations souvent faites – par exemple par Franklin – que les théories les plus strictes et systématiques de la souveraineté populaire dans l'Europe moderne ont toutes été formulées en France ; cf. Franklin, 1967, p. 122.

possible que le peuple « secoue le joug de cet *Imperium* » qu'il peut s'être donné à lui-même, car « tout ce qu'un pouvoir a fait, ce même pouvoir peut le défaire » (p. 62 ; cf. p. 52). Buchanan ajoute que chaque individu doit être conçu comme acceptant la création de la république pour une meilleure sûreté, et donc le droit de déposer ou de tuer un tyran demeure sans cesse présent non seulement dans le corps entier du peuple *(universo populo)*, mais en chaque individu citoyen *(singulis etiam)* [p. 97]. Si bien qu'il souscrit à la conclusion presque anarchiste que, lorsque quelqu'un « du plus bas du peuple et parmi les hommes les moins élevés » décide de se venger de l'insolence et de la hauteur d'un tyran en se conférant à lui-même le droit de le tuer, de telles actions doivent être jugées souvent légitimes, et de tels hommes doivent rester communément impunis, sans aucune poursuite engagée contre les meurtriers (pp. 61, 79, 81 ; cf. Burns, 1951, pp. 65, 66-67).

Buchanan examine alors l'objection – que Maitland soulève sans beaucoup de conviction ni de force – que ces conclusions en faveur de la rébellion et du tyrannicide vont à l'encontre de la doctrine paulinienne. Avec une certaine mauvaise grâce, Buchanan réplique que c'est tomber dans une erreur bien commune que d'invoquer une seule sentence de la Bible pour contrebalancer l'évidence de la loi et de la philosophie – attitude typique de l'impatience éprouvée par les humanistes face aux thèses politiques proposée par la Réforme (pp. 69, 71-72). Parlant *in propria persona* en tant qu'interprète humaniste de textes, Buchanan propose une ingénieuse exégèse des prescriptions pauliniennes, soutenant que l'apôtre parlait pour son époque sans essayer de formuler des maximes universelles de sagesse politique (pp. 71-72, 76-77). Revenant à sa manière scolastique habituelle, Buchanan répète une fois de plus que le droit de résistance et de déposition est sans cesse situé dans le corps entier du peuple. Premier argument, tout à fait dans la suite de d'Ailly, Gerson et autres conciliaristes ultérieurs, on renvoie au fait qu'un pape incapable ou hérétique peut toujours être déposé par le concile général de l'Église (pp. 77, 84 *sq.*). Mais Buchanan fait dériver la même conclusion de sa théorie de la souveraineté populaire. Comme le peuple fait les gouvernants, et demeure plus puissant qu'aucun gouvernant qu'il crée, il s'ensuit qu'il peut les révoquer à volonté, car « quels que soient les droits que le peuple a conférés à quelqu'un, il lui est toujours possible de les résilier » (p. 80). Buchanan précise qu'en parlant du pouvoir de déposition il pense en termes de droit subjectif du peuple de disposer des rois, car il ajoute que tout droit accordé à un roi « peut être dit appartenir en propre *(proprie pertinet)* au corps entier du peuple », puisqu'il prend la forme d'une possession sur laquelle il conserve un ultime contrôle même s'il choisit d'en déléguer l'exercice (pp. 81-82). Enfin, il évoque le sort de quatre rois d'Écosse, ce qui est une pratique hautement tendancieuse, pour corroborer l'affirmation centrale que dans le cas de gouvernants qui ont exercé leur pouvoir avec cruauté et scandale, le peuple non seulement a détenu mais encore n'a pas hésité à exercer le droit de « rappeler à l'ordre, d'emprisonner à vie, d'exiler ou de mettre à mort » (pp. 61, 81-82 ; cf. Burns, 1951, p. 66).

Dans les années 1580, en raison d'un soudain retournement dans les guerres de Religion françaises, un grand nombre de théologiens catholiques commencèrent à adopter une justification de la résistance politique très semblable et non moins radicale. Pour expliquer ce développement, il faut rappeler qu'après la mort du duc d'Anjou, en 1584, l'héritier du trône fut Henri de Navarre, qui ne se cachait pas d'être huguenot (Green, 1964, pp. 261-262). Les Guises répliquèrent en faisant revivre la Ligue catholique et en renforçant leur pression sur Henri III, tandis que leurs pamphlétaires, tout à fait conscients que la grande majorité du peuple restait fidèle à l'Église catholique, en vinrent à appeler à une insurrection générale du corps entier du peuple contre la monarchie des Valois. Les plus importants d'entre eux furent Jean Boucher (1548-1644), qui publia en 1589 une défense du tyrannicide intitulée *De Justa Henricii Tertii Abdicatione*, et Guillaume Rose (1542-1611), qui soutint la même proposition dans son énorme traité de 1590 intitulé *De justa Reipublicae christianae in reges impios et haereticos authoritate* (Labitte, 1866, pp. 165-173). Mais la plus connue des défenses catholiques en faveur de la rébellion et du tyrannicide fut le texte de Mariana, *De Rege et regis institutione (Du roi et de l'ins-*

titution du roi). Les deuxième et troisième sections du livre comportent une discussion relativement conventionnelle sur le genre d'éducation et les types de vertus nécessaires pour un prince parfait (livre II), et sur les qualités requises chez les magistrats, évêques et autres conseillers pour gouverner heureusement un royaume en temps de guerre comme en temps de paix (livre III). La réputation controversée de Mariana s'appuie en fait sur le livre I, qui comporte une reformulation complète de la théorie la plus radicale de l'*Imperium* ébauchée par des juristes comme Salamonio ou des théologiens comme Almain et Mair. Mariana exprime ses vues avec une clarté et une assurance exceptionnelles, et les illustre, à la façon d'Almain et de Mair, par des renvois aux réflexions et principes déjà énoncés dans sa monumentale *Histoire d'Espagne*, publiée en 1592[1].

Le premier chapitre de Mariana s'ouvre sur la proposition : « L'homme est par nature un animal social »[2]. Mais sa présentation des origines de la société politique est loin de suivre la voie aristotélicienne traditionnelle, contrairement à ce qu'affirment certains commentateurs (Hamilton, 1963, p. 31). Le chapitre commence par la proposition fondamentalement stoïcienne (comme l'avait déjà formulé Buchanan, et comme allait bientôt le redire presque mot pour mot Althusius) : « Les hommes au commencement étaient des errants solitaires » *(solivagi)* qui « se déplaçaient à la façon d'animaux sauvages et n'avaient point de lieu pour séjourner ». Ils avaient pour seul souci de « préserver leur vie, de procréer et d'élever leurs enfants », et, pour atteindre ces buts, n'étaient « limités par aucune loi, ni n'étaient réunis par l'*Imperium* d'aucun souverain » (p. 16). Cet état dura quelque temps, chaque famille vivant en paix et suffisance « sans fraude, mensonge ou exer-

---

[1]. Pour l'utilisation par Mariana d'exemples historiques à l'appui de ses opinions politiques, voir Lewy, 1960, p. 45.

[2]. Comme le vocabulaire précis utilisé par Mariana dans cette formulation théorique est important, j'ai préféré traduire depuis l'édition originale (Tolède, 1599) plutôt que me servir de la traduction donnée par George A. Moore (Washington D.C., 1948).

cice de pouvoir », « sans bruit de guerre qui rend si inquiètes les vies des hommes » (p. 17). Après un temps, néanmoins, les attaques des animaux sauvages et d'hommes sans loi « qui commencèrent à exercer la terreur sur d'autres » rendirent précaire la poursuite d'une « vie instinctive et naturelle » (pp. 16, 20). En conséquence, ceux qui se sentaient exploités se rassemblèrent et se virent contraints de conclure entre eux un pacte pour former une société et ensuite d'établir des cités et des principautés (p. 20). Comme chez Buchanan, il n'est aucunement fait allusion à un quelconque pacte religieux : l'établissement de la société politique est vu en termes purement naturels comme une invention humaine pour améliorer la condition naturelle (cf. Lewy, 1960, p. 48).

Après avoir discuté des différentes formes de gouvernement et du problème de la succession, Mariana pose brutalement dans le chapitre VI la question de savoir « s'il est permis de s'opposer à un tyran » (p. 65). Il répond que, puisque les peuples ont eux-mêmes établi leurs républiques, il ne fait aucun doute qu'ils peuvent demander des comptes au roi (p. 72). Tout d'abord, dit-il, si l'on demande de quelle autorité il est besoin pour déposer un gouvernant tyrannique, la réponse normale est qu'il faut une assemblée régulièrement constituée, ou un rassemblement du peuple tout entier (pp. 75-76). Puis il poursuit, dans un passage devenu célèbre, que si l'on demande ce qui peut être fait au cas où le pouvoir de l'assemblée publique serait mis de côté, la réponse est la suivante : quiconque est enclin à prêter attention aux prières du peuple peut tenter de détruire un tyran, et ne peut être dit agir à tort dans une telle tentative où il sert d'instrument de justice (pp. 76-77). Enfin, il existe un droit ultime de tyrannicide « qui peut être exercé par quiconque *(cuicumque privato)* souhaite venir en aide à la république » (p. 76).

Pour terminer, Mariana, dans les chapitres VIII et IX expose la théorie radicale de l'*Imperium* sur laquelle il se fonde. Il admet que beaucoup d'hommes savants (y compris presque tous ses collègues jésuites) soutiennent que la communauté défère le pouvoir suprême à son souverain sans aucune exception, et ainsi crée un *princeps* qui est *legibus solutus* et supérieur au *regnum* tout entier comme aux citoyens individuels (pp. 93, 99). Pourtant, remarque-t-il, « comme le pouvoir du roi, s'il est légitime, a sa source dans les citoyens », ce doit être par leur consentement *(iis concedentibus)* que les rois ont au commencement été placés dans leur position (p. 88). Cela le conduit à mettre en doute comme hautement improbable l'affirmation thomiste selon laquelle les citoyens dans leur ensemble renoncent à leur pouvoir sans exception (p. 90). Il repousse toute idée que le roi puisse être jamais *legibus solutus*, ou même simplement revendiquer un pouvoir supérieur à celui de la communauté *(maiorem universis)* [p. 90]. Au contraire, Mariana affirme que le souverain ne doit pas être considéré comme le possesseur *(dominus)* mais seulement comme le pilote et le guide *(gubernator, rector)* de son royaume (pp. 59, 100). Il ne peut avoir un statut plus élevé qu'un fonctionnaire élu et salarié par les citoyens pour veiller à leurs intérêts (p. 59). Et s'il manque à remplir sa charge, Mariana suppose évident que n'importe lequel des citoyens, ou tous ensemble, conserve le droit de le déposer et même de le tuer.

Le jésuite Mariana, pourrait-on dire, donne la main au protestant Buchanan pour formuler une théorie de la souveraineté populaire qui, bien que scolastique à l'origine et calviniste dans ses développements ultérieurs, était par essence indépendante de toute foi religieuse, et se trouvait par conséquent disponible pour tous les partis dans les affrontements constitutionnels qui allaient survenir au XVIIe siècle. L'articulation de ces doctrines purement laïques et dans l'ensemble populaires a jeté les bases sur lesquelles s'est établi l'affrontement avec les deux courants principaux de la philosophie politique absolutiste, qui ont pris corps, comme nous l'avons vu, vers la fin du XVIe siècle. Le premier était la tradition providentialiste, plus tard associée au nom en Angleterre de Filmer, en France de Bossuet. Le second était une tradition plus rationaliste, venant de Bodin et des néo-thomistes, et trouvant son épanouissement dans le système de la loi naturelle chez Grotius et Pufendorf. John Locke, dans ses *Deux traités*, a élaboré la réfutation définitive de ces deux traditions, en modifiant la théorie absolutiste de Pufendorf et en repoussant le patriarcat de Filmer (Laslett, 1967, pp. 67-78). Il serait pourtant erroné de croire que l'élaboration de cette théorie moderne « libérale » du constitutionnalisme doive tout au XVIIe siècle[1]. On l'a désormais assez démontré, les termes dans lesquels Locke et ses successeurs développeront leurs vues sur la souveraineté populaire et le droit de révolution avaient déjà été exprimés, définis et articulés au moins un siècle plus tôt dans des écrits de juristes aussi radicaux que Salamonio, des traités théologiques d'ockhamistes comme Almain et Mair, comme dans les écrits plus connus, mais qui s'en inspiraient, des calvinistes révolutionnaires. Les « Saints » radicaux du XVIIe siècle n'hésitèrent pas à utiliser les armes dialectiques qui avaient été élaborées par leurs ennemis papistes. Une génération avant que Locke énonce sa proposition célèbre sur le droit du peuple à résister et à déposer un gouvernement tyrannique, Olivier Cromwell avait trouvé suffisant de fonder la légitimité de l'exécution de Charles Ier en engageant un long discours sur « la nature du pouvoir royal en accord avec les principes de Mariana et de Buchanan » (Burnet, I, p. 76).

---

1. Telle semble être l'opinion du très remarquable, quoique historiquement incertain, exposé que Macpherson a donné de la montée de l'individualisme possessif ; cf. Macpherson, 1962, pp. 1-4, 263-271.

Conclusion

Au début du XVIIe siècle, le concept d'État, sa nature, ses pouvoirs, son droit d'exiger l'obéissance, en était venu à être considéré en Europe comme le sujet le plus important dans les réflexions sur la théorie politique. Hobbes illustre ce développement quand il déclare, dans la préface aux *Rudiments philosophiques*, d'abord publiés sous le titre *De cive* en 1642, que le but de la « science civile » est de rechercher soigneusement le droit des États et les devoirs des sujets (pp. X, XIV). Comment avait-on abouti à un tel développement ? C'était en grande partie pour répondre à cette question que ce livre fut rédigé, et les quelques remarques présentées ici en conclusion cherchent à reprendre et à résumer les éléments de ce qui me paraît former les conditions constitutives du concept moderne d'État.

L'une de ces conditions est que la sphère politique doit être envisagée comme une branche distincte de la philosophie morale, branche qui s'occupe de l'art de gouverner. Assurément, il s'agit là d'une thèse ancienne, déjà présente dans les *Politiques* d'Aristote. Mais cette idée fut perdue de vue à cause de l'influence immense de saint Augustin qui affirme dans *La Cité de Dieu* que le chrétien véritable ne doit pas se sentir concerné par les problèmes de la vie temporelle, mais plutôt tenir son regard entièrement fixé sur les bénédictions essentielles promises pour le futur, usant des biens terrestres et temporels comme s'il passait sur une terre étrangère sans les laisser le séduire ni le détourner du chemin qui mène à Dieu (pp. 193-195). J'ai cherché à le montrer, cela signifie que toute tentative pour retrouver les fondements de la pensée politique moderne doit commencer avec la redécouverte et la traduction des *Politiques* d'Aristote, et la résurgence de l'idée que la philosophie politique constitue une discipline indépendante qui mérite de plein droit qu'on l'étudie pour elle-même. Quand Guillaume de Moerbeke publie la première traduction latine des *Politiques* au début des années 1520, il décrit la relation humaine la plus élevée qu'Aristote présente au livre I comme la *communicatio politica*, « communauté politique », et ainsi contribue à accréditer pour la première fois le terme de « politique » *(politica)*[1]. Peu après, nous rencontrons les premières références à une « science politique » comme forme distincte de philosophie pratique s'occupant des principes de gouvernement. Le premier écrivain à s'être présenté lui-même comme un savant politique fut sans doute Brunetto Latini, le maître révéré de Dante, dont *Li Livres dou trésor*, achevé dans les années 1260, inaugura un genre qui trouva son aboutissement avec *Le Prince* de Machiavel[2]. Au début de son analyse, Latini promet que sa discussion va se conclure par une étude des « moyens par lesquels les souverains doivent gouverner ceux qu'ils ont sous eux », aspect de philosophie pratique qu'il désigne par le mot « politique » (p. 17). Et quand il en vient à accomplir sa promesse dans le chapitre final sur « Le gouvernement des cités », non seulement il

---

1. Pour la date de la traduction de Moerbeke, voir Knolwes, 1962, p. 192. Pour la façon dont Moerbeke restitue les références d'Aristote à la « relation la plus élevée », voir l'édition Susemihl de Moerbeke, p. I et *passim*. Pour cette édition, voir sous Aristote dans la bibliographie des sources premières. Sur le fait que le terme *« politica »* (au pluriel) commence à devenir courant après cette période, voir Latham, 1965, p. 357, qui relève que les occurrences les plus anciennes du terme dans les textes anglais remontent aux années 1320.

2. Sur l'affirmation que le livre de Latini constitue le point de départ dans l'histoire du mot « politique » dans l'Europe moderne, voir Whitfield, 1969, p. 163.

parle de « politique » comme d'une science qui s'occupe du gouvernement, mais il proclame qu'en se consacrant à l'étude de la politique il explore la plus noble et la plus importante de toutes les sciences, comme Aristote l'a prouvé dans son livre (p. 391).

On a parfois suggéré que, même quand on se tourne vers les derniers héritiers de Latini, les humanistes du XVIe siècle, ils ne peuvent être considérés comme des théoriciens politiques au sens moderne du terme, et que c'est faire preuve d'anachronisme que de placer leur pensée sous cette rubrique essentiellement moderne (Dickens, 1974, p. 70). Une telle prudence paraît toutefois elle-même anachronique. Dès le début du XVIe siècle, Guillaume Budé soulignait fortement que la « science politique » constituait un domaine distinct de recherches, et dans son *Éducation du prince*, il proclame à plusieurs reprises que son souci principal est d'éclairer les éléments des sciences politiques (pp. 19, 88, 93, 118). Dans la deuxième moitié du siècle, la conscience que les humanistes avaient d'étudier la science politique se reflète dans le titre de leurs ouvrages : en 1566 Ponet publie son *Short Treatise of Politic Power* (« Court traité du pouvoir politique »), dans les années 1580, La Noue achève ses *Discours politiques et militaires*, en 1589, Lipse publie ses *Six livres de la politique*, et en 1603 Althusius donne les principes d'une nouvelle science politique laïque dans son traité intitulé *Politics Methodically Set Forth* (« Exposé méthodique de la politique »). À ce moment-là, les fondements de l'idée moderne de « politique » comme étude du pouvoir d'État avaient été fermement établis.

Une deuxième condition pour pouvoir penser l'État comme sujet principal de la philosophie politique est que l'indépendance de chaque *regnum* ou *civitas* par rapport à tout pouvoir externe et supérieur soit clairement affirmée et assurée. Accepter une telle idée n'était guère envisageable, aussi longtemps qu'on s'accordait à assimiler le *Princeps* du Code Justinien et le Saint Empire romain qui fut considéré durant toute la période médiévale comme le seul dépositaire véritable de l'*Imperium*. C'est pourquoi une des étapes les plus importantes dans la formation de l'idée moderne d'État fut franchie lorsque Bartole et ses disciples affirmèrent que les citoyens des royaumes d'Italie non seulement étaient *de facto* indépendants de l'Empire, mais encore devaient être légalement reconnus comme des *universitates superiorem non recognoscentes*, institutions indépendantes, ne reconnaissant pas d'autorité supérieure dans la conduite de leurs affaires. On a même récemment soutenu que Bartole et Baldo édifièrent à eux deux l'ensemble des « fondements légaux » sur lesquels repose la théorie moderne de l'État[1].

Pour en arriver au concept moderne d'État, il fallait encore que l'autorité suprême dans chaque *regnum* indépendant soit reconnue sans rivale pour légiférer et être obéie à l'intérieur de son propre territoire. Toute semblable image de la souveraineté politique avait été exclue dans l'Europe médiévale par les propositions légales qui fixaient l'organisation féodale de la société, et par les prétentions de l'Église à agir comme pouvoir législateur coexistant avec les autorités séculières, sans leur être subordonné. Puis survint une modification aux conséquences très étendues quand on commença à discuter le concept de juridiction seigneuriale et ecclésiastique. Nous l'avons vu, la première attaque d'envergure contre le statut de l'Église comme *regnum* fut menée par Marsile de Padoue au début du XIVe siècle ; il soutient dans le *Defensor Pacis* que tout pouvoir coercitif est séculier par définition, et que la plus haute autorité détenue par un clerc, en accord avec sa charge, est d'enseigner et de pratiquer, sans exercer aucune autorité ni loi mondaine (pp. 114, 155). Cette répudiation de tout pouvoir légal et juridictionnel de l'Église fut reprise avec enthousiasme par les partisans légistes de l'absolutisme dans le courant du XVIe siècle, particulièrement en France, et par les théoriciens luthériens qui tenaient que l'Église véritable ne consiste en rien d'autre que la *congregatio fidelium*. À cette époque, des légistes tel Charles Du Moulin, que Bodin saluera comme l'exemple de tous les juristes, avaient entrepris de discuter la structure des droits seigneuriaux, soutenant que les

---

1. Voir Wahl, 1977, p. 80. Mais, Wahl le souligne, Baldo était nettement plus disposé que Bartole à accepter l'autorité suprême en dernière instance du Saint Empire romain. Voir Wahl, 1977, pp. 85-86.

pouvoirs de la couronne ne pouvaient être envisagés comme le sommet d'une pyramide féodale, mais plutôt comme une autorité unifiée et absolue sous laquelle tous les citoyens devaient trouver leur place légalement indifférenciée, comme *subditi* ou sujets (Church, 1941, pp. 239, 242). À la fin du XVIe siècle, l'idée d'un État seul détenteur de l'*Imperium* à l'intérieur de son propre territoire avait reçu sa complète fondation, toutes les autres corporations ou organisations ne tenant leur existence que par sa permission.

Enfin, l'idée moderne d'État suppose qu'une société politique n'existe que par une finalité purement politique. Assumer cette conception laïque resta impossible tant qu'il fut admis que tous les gouvernants temporels avaient le devoir de gouverner en accord avec la piété aussi bien qu'avec la paix. Sur ce point, les réformateurs du XVIe siècle s'accordèrent entièrement avec leurs adversaires catholiques : tous déclarèrent que le but principal d'un gouvernement doit être de maintenir la « vraie » religion et l'Église du Christ. Nous l'avons vu, cela signifie que les soubresauts religieux de la Réforme ont apporté une contribution paradoxale mais fondamentale à l'élaboration du concept moderne, laïque, d'État. Car, dès que les protagonistes des conflits religieux se montrèrent prêts à une lutte à mort, il devint évident pour beaucoup de théoriciens *politiques* que s'ils voulaient obtenir la paix civile, il fallait séparer les pouvoirs de l'État du devoir de suivre une religion quelle qu'elle fût. L'insistance avec laquelle Bodin répète dans la *République* que chaque prince doit tenir pour évident que des « guerres menées pour fait de religion » ne sont pas en fait « fondées sur des matières qui touchent directement à l'État », nous fait entendre pour la première fois le son authentique d'une théorie moderne de l'État (pp. 535 ; cf. McRae, 1962, p. A 14).

Le signe le plus sûr qu'une société est entrée en possession d'un nouveau concept se marque dans le développement d'un nouveau vocabulaire, dans les termes duquel le concept peut être publiquement articulé et discuté. C'est pourquoi je tiens pour assurée l'évolution que je viens d'esquisser du fait que, vers la fin de la période que nous avons envisagée, le terme « État » commence à être employé manifestement dans son acception moderne.

Le terme latin *status* avait certes été utilisé par des auteurs scolastiques ou juristes durant tout le Moyen Âge dans des contextes politiques variés. Mais même si nous supposons qu'il convient de traduire *status* par « État », supposition qui semble aller de soi pour certains historiens du Moyen Âge[1], il est manifeste que ce dont il est question est très différent de l'idée moderne d'État. Avant le XVIe siècle le terme *status* n'était employé par les auteurs politiques que pour renvoyer à deux réalités : soit l'état ou la condition dans lesquels un gouvernant se trouve *(status principis)*, ou bien l'état général de la nation, ou condition du royaume dans son ensemble *(status regni)*[2]. Ce qui manque dans ces emplois est l'idée moderne d'État comme forme de pouvoir politique indépendante du gouvernant et du gouverné, et constituant l'autorité politique suprême sur un territoire donné[3]. On a avancé non sans raisons que la signification moderne, plus abstraite, pourrait bien venir des discussions à propos du besoin qu'a le prince de maintenir son état, au sens de « maintenir l'étendue établie de ses pouvoirs » (Dowdall, 1923, p. 102). Mais, Post l'a bien montré, il est habituellement clair dans les discussions antérieures au XVIe siècle que, quand on évoque l'état du prince, ce n'est pas dans l'intention de séparer le gouvernant de son royaume, mais plutôt pour les identifier, dans le but d'insister sur le fait que le prince doit être considéré comme constituant l'autorité ultime et donc le gouvernement réel du royaume (Post, 1964, p. 334 ; cf. Hexter, 1957, p. 118).

Vers la fin du *quattrocento*, pourtant, en particulier chez les auteurs humanistes dont la préoccupation essentielle est de questionner le *status principis* ou *lo stato del principe*, on voit apparaître quelques signes de la mutation fondamentale, d'une idée du gouvernant qui maintient son état à l'idée plus abstraite qu'existe

---

1. Voir par exemple Post, 1964, pp. 241-246 et *passim*.

2. Sur ce point, voir Hexter, 1957, p. 118 ; Post, 1964 ; et Tierney, 1966, en particulier pp. 13-14.

3. Dowdall proclame qu'il n'a pas pu trouver une seule occurrence de Cicéron à Grotius où le mot *status* pris isolément soit employé dans le sens moderne d'État ; cf. Dowdall, 1923, p. 101.

un dispositif politique indépendant que le gouvernant a pour charge de maintenir. Un exemple en apparaît au commencement du traité de Patrizi, *De regno et regis institutione*. Il n'y établit pas seulement une différence entre les pouvoirs des magistrats et ceux qui sont inhérents à différents types de régimes, mais utilise le terme *status* pour désigner ces régimes mêmes comme différentes sortes d'états[1]. Mais bien sûr l'ouvrage où se dessine le mieux cet infléchissement est *Le Prince* de Machiavel. C'est à la fin du chapitre IX qu'apparaît l'allusion la plus claire, quand Machiavel déclare que le peuple doit dans des temps d'adversité reconnaître ses obligations envers son prince et son gouvernement car ils l'ont maintenu et conservé en temps de paix — en de telles circonstances, « l'État a besoin de ses citoyens » *(lo stato ha bisogne de' cittadini)*[2]. Peut-être l'emploi le plus suggestif se présente-t-il dans le chapitre XIX, lorsque Machiavel affirme au prince qu'il peut acquérir la faculté de se défendre contre les conspirations plus aisément qu'il le pense, car il lui est toujours possible de balayer ses ennemis en appelant à soutenir la « majesté de l'état » *(la maestà dello stato)* [p. 74][3].

Même dans *Le Prince* pourtant, il est clair que, quand Machiavel parle de son désir de conseiller un prince qui souhaite maintenir son état *(un' principe volendo mantenere lo stato)*, ce qu'il a à l'esprit est l'idée traditionnelle du prince maintenant sa position existante et l'étendue de ses pouvoirs[4]. Pour trouver « l'État » utilisé dans un

---

1. Voir Patrizi, *De regno*..., p. 11. Pour les autres références à l'État dans la pensée politique florentine avant Machiavel, voir Rubinstein, 1971.

2. Les termes employés par Machiavel sont importants pour mon propos sur ce point, je les traduis donc de l'édition italienne du *Prince* (éd. Bertelli, 1960-1965) aussi bien pour cette citation que pour la suivante.

3. Hexter, 1957, pp. 127-128, cite ce passage comme un évident contre-exemple dans son argumentation sur l'emploi de *lo stato* dans *Le Prince*, mais il soutient que Machiavel n'a à l'esprit que la capacité du prince à inspirer la terreur (p. 128).

4. Sur l'usage de cette phrase par Machiavel, voir *Le Prince*, éd. Bertelli, p. 80 et *passim*. On a souvent admis que lorsque Machiavel parlait de *lo stato*, on

sens plus abstrait et moderne, il nous faut aller vers les humanistes héritiers des Italiens, dans la France et l'Angleterre du XVIe siècle, en particulier ceux dont le champ d'intérêt essentiel était l'humanisme juridique.

Comme on pouvait s'y attendre, ce passage semble s'être produit d'abord en France. Bien plus qu'en Italie, les conditions matérielles préalables à un tel développement étaient toutes réunies : un pouvoir central relativement unifié, un appareil bureaucratique croissant et des frontières nationales clairement délimitées[1]. De même, les conditions intellectuelles apparaissent plus tôt qu'en Angleterre ou en Espagne : réception des florilèges italiens qui avaient trait à la conservation d'un état, développement des vues de l'humanisme juridique sur les origines et caractéristiques de l'*Imperium*, organe législatif suprême dans une république temporelle. Nous trouvons ainsi chez des pionniers de l'humanisme juridique comme Guillaume Budé, en particulier dans son traité *De l'éducation du prince*, la transition vers une conception plus abstraite de l'État.

Assurément Budé continue à parler au prince de la manière traditionnelle de « maintenir votre estat » (p. 134). Mais, en plus

---

pouvait traduire par « État » dans le sens moderne. Par exemple, Cassirer, 1946, pp. 133-134, 140-141 et 154-155. Une telle opinion a été contredite de manière convaincante par Hexter qui a pris la peine d'analyser presque chacune des occurrences du terme *lo stato* dans *Le Prince*. Voir Hexter, 1957, en particulier pp. 115-157 et 135-137, où il critique Chiapelli qui pense que *lo stato* a déjà le sens moderne dans *Le Prince*. Voir aussi Gilbert, 1965, p. 117. Il est néanmoins possible qu'une analyse analogue du terme dans les *Discours* fasse apparaître une tendance plus forte à l'utiliser dans un sens plus abstrait. Sternberger a récemment soutenu, après une analyse comparative du vocabulaire du *Prince* et des *Discours*, que le second ouvrage était manifestement un texte plus abstraitement politique. Voir Sernberger, 1975. Pour quelques passages où l'on peut soutenir que Machiavel emploie le terme dans un sens relativement abstrait, voir les *Discours* dans l'édition Crick, pp. 340, 349, 365, etc.

1. Cf. Anderson, 1974, pp. 88-91, 93-97. Sur l'importance d'une bureaucratie relativement impersonnelle dans l'État de la Renaissance, voir Chabod, 1964, en particulier pp. 33-36 et 40.

d'une occasion, il semble flotter entre cet emploi bien établi et une signification plus abstraite du terme, en particulier dans son analyse des « espèces d'estat politique » (p. 149). En outre, à deux ou trois reprises, il semble consciemment évoquer l'idée d'un État comme lieu de pouvoir distinct des pouvoirs du prince. Dans le chapitre XXVII, par exemple, il parle du devoir qu'a le prince de donner un fondement approprié à « l'estat publique » (p. 110). Et au chapitre suivant, discutant l'exemple de la Sparte antique, il assimile l'État public à l'appareil du gouvernement, expliquant que l'état à Sparte était gouverné par « le nom et l'autorité de leurs rois » mais qu'il en était apparemment distinct (p. 115).

En une génération, la terminologie de Budé fut adoptée avec une assurance croissante par nombre d'auteurs humanistes français s'occupant de droit et de pensée politique. Dans son adresse aux états généraux de 1562, L'Hospital parla du rôle de la loi pour « maintenir et conserver Estatz et Republiques » (I, pp. 449-450). Dans son *État et succès des affaires de France,* publié en 1570, Du Haillan discute des fondements de « l'estat de France » et s'engage à décrire « les progrès, accidents et fortunes de cet état » (p. 1). Et dans sa *République*, en 1576, Bodin indique le plus clairement du monde qu'il envisage l'État comme un lieu de pouvoir distinct aussi bien du souverain que du corps du peuple.

Certes, Bodin continue à parler de la *République* plutôt que de l'*État*, et Richard Knolles traduisant la *République* en anglais en 1606, préfère en général traduire ce mot clé par *commonwealth* plutôt que par *State*. Malgré tout, il est évident, d'après l'analyse qu'il fait de ce concept, qu'il pense l'État en terme d'appareil de pouvoir séparé, et il est notable que non seulement en de nombreuses occasions il en parle sous l'appellation d'État, mais encore que, souvent, Knolles se crut autorisé à traduire le terme par *State*, et à employer le mot de manière cohérente avec un sens clairement moderne[1].

---

1. Voir par exemple p. 3 et *passim* pour l'État ; p. 547 pour « matières d'État » ; p. 561 pour « hommes d'état » ; p. 700 pour la comparaison entre les diverses sortes d'état, etc.

Assurément, Bodin différencie l'État de ses citoyens, puisque, dit-il, il arrive parfois qu'ils soient dispersés en plusieurs places ou même détruits, et pourtant la cité ou l'état peut demeurer entier debout (p. 10). Il fait de même une différence entre les pouvoirs de l'État et les pouvoirs des gouvernants, car il parle des magistrats et officiers qui ont le devoir de commander, juger et fournir à l'État un gouvernement, et évoque avec tristesse les difficultés qui surgissent quand la conduite des affaires tombe entre les mains de princes qui n'ont aucune expérience du gouvernement de l'État (pp. 382, 561). De là il en vient à concevoir l'État comme un lieu de pouvoir qui peut prendre diverses formes institutionnelles, et reste distinct de et supérieur à ses citoyens et magistrats. Comme il le dit dans le livre III quand il analyse le concept de pouvoir populaire, que le gouvernement d'une république soit plus ou moins populaire, aristocratique ou royal, n'empêche pas que l'État en lui-même ne connaît pas de plus ou de moins, son pouvoir est toujours indivisible et incommunicable, et ne peut être identifié à ceux qui ont en charge le gouvernement (p. 250).

Il semble que ce soit ensuite en Angleterre que se produisit une mutation conceptuelle analogue. Vers la fin des années 1530 au moment de la chute de Cromwell, les conditions pour un tel développement étaient réunies : un style de plus en plus administratif de gouvernement central, joint à un intérêt croissant des humanistes anglais pour les questions de politique et de droit public[1]. Peut-être

---

1. Pour le développement d'une forme bureaucratique et impersonnelle d'appareil d'état dans les années 1530, voir Elton, 1953, en particulier pp. 415-427. Comme c'est apparemment en France et en Angleterre qu'apparut d'abord la version relativement impersonnelle du concept d'État, et que c'est là ma préoccupation essentielle, je n'ai pas entrepris d'étudier l'histoire du terme en Espagne, l'autre grand état-nation du XVIe siècle européen. On peut pourtant relever que nombre de philosophes politiques espagnols employèrent, avant la fin du XVIe siècle, le terme *status* pour désigner quelque chose qui ressemble à ce que nous entendons par « État » au sens moderne. Voir par exemple Suárez, *Tractatus de Legibus ac Deo Legislatore*, I, p. 197, à propos du *status publicus*.

la plus ancienne apparition du terme « état » dans un sens impersonnel se trouve-t-elle dans le *Dialogue entre Pole et Lupset* de Starkey, achevé en 1535[1]. Bien sûr, comme Budé, Starkey continue à utiliser le mot dans son emploi traditionnel, parlant de la nécessité pour le prince de « maintenir « l'état le plus parfait et excellent de police et de gouvernement », et pour le système des lois, de réaliser « l'état de chaque homme conformément à sa condition[2] ». Mais il hésite entre cet emploi traditionnel et un sens plus abstrait, par exemple quand il discute pour savoir « si l'état de la communauté » doit « être gouverné par un prince, quelques hommes sages, ou la multitude entière », ou quand il souligne le devoir qu'ont les chefs et gouvernants de « maintenir l'état établi dans le pays » où ils sont magistrats (pp. 61, 64). Et il arrive qu'il parle très consciemment de l'État comme structure constitutionnelle distincte. Les princes sont, pense-t-il, gouverneurs de l'État, il souligne le fait que ceux qui ont autorité pour gouverner l'état ne doivent pas avoir en vue leur profit particulier, et quand il discute du rôle du Parlement dans la Constitution, il avance que son rôle fondamental est de « représenter l'État dans son entier » (pp. 57, 61, 167).

En France comme en Angleterre, nous voyons la génération suivante d'auteurs humanistes occupés de théorie politique et morale avoir de plus en plus d'assurance dans l'usage de cette terminologie. John Ponet dans son *Short Treatise of Politic Power*, en 1556, affirme ce point crucial : l'autorité de corriger et redresser les

---

1. C'est la référence la plus ancienne donnée par le *Oxford English Dictionary* pour le sens moderne. Dowdall 1923, p. 120, cite le dictionnaire, mais ajoute qu'il lui semble que cette référence est « extraordinairement précoce et, à mon sens, un emploi isolé ». Pourtant Starkey emploie le terme *state* en beaucoup d'autres passages de son *Dialogue* et cet usage fut rapidement repris par de nombreux auteurs politiques. Et ils n'ont pu simplement copier Starkey, car son ouvrage ne fut publié qu'au XIXe siècle. J'en conclus que le terme *state* au sens abstrait et moderne était courant dans les cercles humanistes en Angleterre vers le milieu du XVIe siècle, comme « état » en France.

2. Pour ces citations, voir pp. 47, 100, et pour des occurrences analogues, pp. 63, 70, 72, 75, etc.

vices des gouverneurs et magistrats repose dans le corps entier de chaque « état » *(state)* (pp. 105-106). Et Lawrence Humphrey dans son livre *The Nobles*, de 1563, donne une description tout à fait claire des relations et distinctions entre le prince, la noblesse et l'État. Quand il discute de la nécessité pour le prince d'offrir un bon exemple à ses sujets, il explique que, si un gouvernant vit une vie de vices, cet exemple risque de se répandre dans l'état tout entier (sig. Q, 8b). Quand il défend le rôle des nobles dans la société, il affirme qu'un défaut de « degré » risque de dissoudre l'état et de le ruiner, alors que maintenir ces « degrés » est essentiel dans un état bien ordonné selon un gouvernement chrétien (sig. B, 6b ; sig. C, 3b). Et quand il conclut en disant que rien n'est pire « à ce jour que l'ignorance des magistrats et des nobles », la raison pour laquelle il appelle à s'en soucier est qu'une telle ignorance est « toujours cause de malheur dans l'État comme dans la religion » (sig., X, 2b). En sorte qu'au moment où Sir Walter Raleigh, humaniste politique s'il en fut, écrit à la fin du siècle, il intitule son texte *Maxims of State* et discute de la notion d'état dans des termes que nous connaissons. Il pose d'abord que l'État désigne le même cadre et ensemble que la république (p. 1). Puis il envisage l'acte de fonder un état, les différentes parties de l'État, et les diverses règles pour maintenir l'état (pp. 5-6, 9). Et, au cours de son analyse, il affirme explicitement que les pouvoirs de l'État doivent être distingués de ceux des magistrats ou gouvernants particuliers. Il définit la monarchie ou royauté comme « le gouvernement d'un état par un chef unique », et remarque que dans certaines monarchies le souverain possède tout pouvoir de décision en matière d'état, mais que dans d'autres il ne détient pas ce pouvoir absolu (pp. 1-2).

Il serait assurément aisé de surestimer la facilité qu'auraient eue les auteurs à utiliser ce nouveau concept d'État. Le terme n'apparaît vraiment que dans les dernières dizaines d'années de la période que nous avons parcourue, et ne fut évoqué que par les théoriciens les plus laïcs et les plus déliés en termes d'analyse politique ; cela les laissa d'ailleurs dans de grandes difficultés, en particulier dans l'analyse des relations entre les pouvoirs de l'État et ceux des souverains, et pour approcher ce que pourrait signifier être citoyen d'un État ou sujet d'un prince. Néanmoins, on peut voir dans l'acquisition du concept d'État le précipité de l'évolution historique que le présent livre a tenté de retracer. Avant la fin du XVIe siècle, une œuvre comme la *République* de Bodin non seulement emploie le terme « État » dans un sens évidemment moderne, mais encore analyse les droits et pouvoirs de l'État selon une approche résolument moderne. Il est évident que Bodin pense l'État comme détenteur suprême du pouvoir politique dans les limites de son propre territoire. Analysant les « lettres de commande » dont les princes souverains usent pour communiquer leur volonté, il en parle comme de « rescrits d'état », ou « lettres de commande ou d'état », indiquant ainsi que l'autorité qui les prononce est celle de l'État (p. 312). Il est également évident qu'il pense l'État comme l'institution à laquelle tous les citoyens doivent allégeance politique. Car il qualifie la sédition de crime non contre un souverain mais contre l'État, il décrit la révolte des esclaves dans la Rome antique comme un soulèvement contre l'État, et qualifie de séditieux ceux qui tentent de se débarrasser du pouvoir qui les domine en « envahissant l'état » (pp. 38, 791). Enfin il conçoit manifestement l'État comme une autorité purement civile à qui des pouvoirs sont conférés à des fins purement civiles. Knolles le remarque dans la préface à sa traduction, la proposition essentielle de Bodin est que le but du philosophe politique, dans son étude des matières d'état, est simplement d'éclairer les conditions qui peuvent le mieux servir à réaliser la paix et le bien commun (pp. IV, V). Avec cette analyse de l'État comme pouvoir tout-puissant mais impersonnel, nous pouvons dire que nous entrons dans le monde moderne : la théorie moderne de l'État reste à construire, mais ses fondements sont maintenant achevés.

Bibliographie

SOURCES PREMIÈRES

ADALBERT DE SAMARIE, *Praecepta Dictaminum,* éd Franz-Josef Schmale, Weimar, 1961.

AGRIPPA, Heinrich Cornelius, *Of the Vanity and Uncertainty of Arts and Sciences,* éd. Catherine M. Dunn, California, 1974.

ALBERTI, Leon Battista, *The Family,* trad. Guido A. Guarino, in *The Albertis of Florence,* Lewisburg, 1971, pp. 27-326.
— *Three Dialogues,* in *Renaissance Philosophy,* vol. I : *The Italian Philosophers,* trad. et éd. Arturo B. Fallico et Herman Shapiro, New York, 1967, pp. 28-40.

ALCIATO, Andrea (ALCIAT), *In Tres Posteriores Codicis Justiniani Libros Annotatiunculae,* in *Opera omnia,* 4 vol., Bâle, 1557 ; vol. II, pp. 91-138.
— *De Magistratibus, civilibusque et militaribusque officiis,* in *Opera omnia,* vol. II, pp. 495-515.
— *Parergon Iuris,* in *Opera omnia,* vol. III, pp.173-494.
— *Paradoxorum Iuris Civilis* in *Opera omnia,* vol. III, pp.6-177.

ALMAIN, Jacques, *Libellus de auctoritate Ecclesiae,* in Jean Gerson, *Opera omnia,* éd. Louis Ellies du Pin, 5 vol., Anvers, 1706, vol. 2, col. 976-1102.
— *Quaestio Resumptiva, De Dominio Naturali, Civili et Ecclesiastico,* in Gerson, *Opera omnia,* éd. du Pin, vol. 2, col. 961-976.
— *De Potestate Ecclesiastica et Laica,* in Gerson, *Opera omnia,* éd. du Pin, vol. 7, col. 1013-1120.

ALTHUSIUS, Johannes, *Politics Methodically Set Forth,* trad. et éd. Frederick S. Carney : *The Politics of Johannes Althusius,* Londres, 1965.
[AMSDORF, Nicolas von], *Confessio et Apologia Pastorum et Reliquorum Ministrorum Ecclesiae Magdeburgensis,* Magdebourg, 1550.
ANONYME DE BOLOGNE, *The Principles of Letter-Writing,* in *Three Medieval Rhetorical Arts,* éd. J. J. Murphy, Berkeley, 1971, pp. 1-25.
[Anonyme], *Déclaration des causes qui ont meu ceux de la religion à reprendre les armes pour leur conservation,* in Simon Goulart, *Mémoires de l'état de France sous Charles neuvième,* 2ᵉ éd., 3 vol., Middelburg, Genève, 1578 ; vol. 3, fᵒˢ 38a-42b.
[Anonyme], *A Trite Warning to all Worthy Men of Antwerp,* in *Texts concerning the Revolt of the Netherlands,* éd. E. H. Kossmann et A. F. Mellink, Cambridge, 1974, pp. 228-231.
[Anonyme], *Discours politiques des diverses puissances établies de Dieu au monde,* in Goulart, *Mémoires,* vol. 3, fᵒˢ 203b-296a.
[Anonyme], *Question : à savoir s'il est loisible aux sujets de se défendre contre le magistrat pour maintenir la religion vraiment chrétienne,* in Goulart, *Mémoires,* vol. 2, fᵒˢ 239a-246a.
[Anonyme], *Le Tocsin, contre les massacreurs et auteurs des confusions en France,* Reims, 1577.
[Anonyme], *Le Réveille-Matin des François et de leurs voisins,* Édimbourg [Bâle ?], 1574.
[Anonyme], *The Book of Noblesse* (1475), éd. John G. Nichols, Londres, 1860.
[Anonyme], *La politique : dialogue traitant de la puissance, autorité et du devoir des princes,* in Goulart, *Mémoires,* vol. 3, fᵒˢ 66a-116b.
[Anonyme], *Oculus Pastoralis,* in *Antiquitates Italicae,* éd. Lodovico Muratori, 6 vol., Milan, 1738-1742 ; vol. 4, pp. 93-132.
[Anonyme], *Préparatifs... pour les massacres,* in Goulart, *Mémoires,* vol. 1, fᵒˢ 265a-268b.
AQUIN, St Thomas, *The Summary of Theology [Summa Theologiae],* vol. 28, *Law and Political Theory,* éd. Thomas Gilby, Londres, 1966.
– *The Summary of Theology [Summa Theologiae],* vol. 38, *Injustice,* éd. Marcus Lefébure, Londres, 1975.
– *Somme théologique,* 4 vol., Paris, Le Cerf, 1984-1999.
De Regno sive De Regimine Principum, in *Opuscula omnia,* éd. Jean Perrier, vol. I, Paris, 1949, pp. 221-267.
ARISTOTE, *The Nicomachean Ethics,* trad. H. Rackham, Londres, 1926. *L'Éthique à Nicomaque,* éd. J. Voilquin, Paris, Garnier-Flammarion, 1965.

– La *Politique*, éd. J. Tricot, Paris, Vrin, 1977.

– *The Politics [Politicorum Libri Octo]*, trad. William of Moerbeke et éd. F. Susemihl, Leipzig, 1872.

– *The Politics*, trad. H. Rackham, Londres, 1932.

ASCHAM, Roger, *A Report and Discourse of the affairs and state of Germany*, in *English Works*, éd. William Aldis Wright, Cambridge, 1904, pp. 121-169.

– *The Schoolmaster*, in *English Works*, éd. William Aldis Wright, Cambridge, 1904, pp. 171-202.

AUGUSTIN, SAINT, *La Cité de Dieu*, éd. L. Jerphagnon, Paris, Gallimard, 2000.

– *The City of God against the Pagans*, trad. George E. McCracken, William M. Green *et al.*, 7 vol., Londres, 1957-1972.

BALE, John, *A Brief Chronicle Concerning the Examination and Death of the Blessed Martyr of Christ, Sir John Oldcastle, the Lord Cobham*, in *Select Works*, éd. Henry Christmas, Cambridge, 1849, pp. 5-59.

– *A Comedy Concerning Three Laws, of Nature, Moses and Christ*, in *The Dramatic Writings of John Bale*, éd. John S. Farmer, Londres, 1907, pp. 1-82.

– *A Tragedy of John, King of England*, in *The Dramatic Writings of John Bale*, éd. Farmer, pp. 171-264.

– *The Acts of English Votaries*, Wesel [Londres ?], 1546.

– *The Image of Both Churches*, in *Select Works*, éd. Henry Christmas, pp. 249-640.

BARNES, Robert, *A Supplication... unto... King Henry VIII*, Londres, 1534.

– *That Men's Constitutions, which are not grounded in Scripture, bind not the conscience of Man*, in N. S. Tjernagel, *The Reformation Essays of Dr Robert Barnes*, Londres, 1963, pp. 81-93.

– *What the Church is and Who be Thereof*, in Tjernagel, *Essays*, pp. 37-52.

BARTOLUS OF SAXOFERRATO (BARTOLE), *Tractatus de Regimine Civitatis*, in *Opera omnia*, 12 vol., Bâle, 1588 ; vol. XI, pp. 417-421.

– *Tractatus de Guelphis et Gebellinis*, in *Opera omnia*, vol. XI, pp. 414-417.

– *Tractatus de Tyrannia*, in *Opera omnia*, vol. XI, pp. 321-327.

– *In I Partem Codicis Commentaria*, in *Opera omnia*, vol. VII.

– *In I Partem Digesti Novi Commentaria*, in *Opera omnia*, vol. V.

– *Super Postremis Tribus Libris Codicis Commentaria*, in *Opera omnia*, vol. IX.

– *In II and III Partem Codicis Commentaria,* in *Opera omnia,* vol. VIII.
– *In II Partem Digesti Novi Commentaria,* in *Opera omnia,* vol. VI.
– *In Secundam Digesti Veteris Partem Commentaria,* in *Opera omnia,* vol. II.
– *In Primam Digesti Veteris Partem Commentaria,* in *Opera omnia,* vol. I.
– *In II Partem Digesti Novi Commentaria,* in *Opera omnia,* vol. VI.

BECON, Thomas, *The Catechism,* in *The Catechism ... with Other Pieces,* éd. John Ayre, Cambridge, 1844, pp. 1-410.
– *The Iewel of Joy,* in *The Catechism ... with other Pieces,* éd. Ayre, pp. 411-476.

BEKINSAU, John, *De Supremo et Absoluto Regis Imperio,* Londres, 1546.

BELLARMINE, Robert, *De Conciliis,* in *Opera omnia,* éd. Justin Fèvre, 12 vol., Paris, 1870-1874 ; vol. 2, pp. 187-407.
– *De justificatione,* in *Opera omnia,* éd. Fèvre, vol. 6, pp. 149-386.
– *De Membris Ecclesiae,* in *Opera omnia,* éd. Fèvre, vol. 2, pp. 409-633 et vol. 3, pp. 5-48.
– *De Summo Pontifice,* in *Opera omnia,* éd. Fèvre, vol. 1, pp. 449-615 et vol. 2, pp. 5-167.
– *De Verbo Dei,* in *Opera omnia,* éd. Fèvre, vol. 1, pp. 65-231.

BÈZE, Théodore de, *De Haereticis a civili Magistratu Puniendis,* Genève, 1554.
– *Du droit des magistrats sur leurs sujets,* Edhis, 1972. *The Right of Magistrates over their Subjects,* in Julian H. Franklin, *Constitutionalism and Resistance in the Sixteenth Century,* New York, 1969, pp. 101-135.

BIEL, Gabriel, *The Circumcision of the Lord,* trad. Paul L. Nyhus, in Heiko A. Oberman, *Forerunners of the Reformation,* New York, 1966, pp. 165-174.

BOCCALINI, Trajano, *I Ragguagli di Parnaso : or Advertissements from Parnassus,* trad. Henry, Earl of Monmouth, Londres, 1657.

BODIN, Jean, *Colloque entre sept sçavans qui sont de differens sentimens des secrets cachez des choses relevées,* Genève, Droz, 1985. *Colloquium of the Seven about Secrets of the Sublime,* trad. Marion L. D. Kuntz, Princeton, N. J., 1975.
– *Method for the Easy Comprehension of History,* trad. Beatrice Reynolds, New York, 1945.
– *Les Six Livres de la République,* Paris, Fayard, Corpus des œuvres de philosophie en langue française, 6 vol., 1986. *The Six Books of a*

Commonweal, trad. Richard Knolles et éd. Kenneth D. McRae, Cambridge, Mass., 1962.

BONCOMPAGNO DA SIGNA, *Rhetorica Novissia,* in *Bibliotheca Juridica Medii Aevi,* éd. Augustus Gaudentius, 3 vol., Bologne, 1888-1901 ; vol. 2, pp. 249-297.

– *Palma,* in Carl Sutter, *Aus Leben und Schriften des Magisters Boncompagno,* Fribourg/Leipzig, 1894, pp. 105-127.

– *Liber de Obsidione Ancone,* éd. Giulio C. Zimolo, Bologne, 1937.

BONIFACE VIII, *Clericis Laicos* [Bulle de 1296], in *Quellen zur Geschichte des Papsttums und des Römischen Katholizismus,* vol. I, éd. Carl Mirbt et Kurt Aland, Tübingen, 1967, pp. 457-458.

– *Unam Sanctam* [Bulle de 1302], in *Quellen,* vol. I, éd. Mirbt et Aland, pp. 458-460.

BONVESIN DELLA RIVA, *De Magnalibus Urbis Mediolan,* éd. F. Novati, in *Bullettino dell'Istituto Storico Italiano* 20 (1898), pp. 5-188.

BOSSUET, Jacques-Bénigne, *Politique tirée des propres paroles de l'Écriture sainte,* éd. Jacques Le Brun Genève, 1967.

BOTERO, Giovanni, *The Reason of State,* trad. P. J. et D. P. Waley, Londres, 1965.

[BOUCHER, Jean], *De Iusta Henricii Tertii Abdicatione e Francorum Regno,* Paris, 1589.

BRANT, Sebastian, *The Ship of Fools,* trad. Alexander Barclay, in *The English Experience,* n° 229, Amsterdam, 1970.

BRINKLOW, Henry, *The Complaint of Roderick Mors,* éd. J. M. Cowper, Londres, 1874.

BRÜCK, Gregory, *Iudici procedenti iniuste an licitum sit resistere,* in Heinz Scheible, *Das Widerstandsrecht als Problem der deutschen Protestanten, 1523-1546,* Gütersloh, 1969, pp. 63-66.

BRUNI, Leonardo, *Dialogus,* in *Prosatori Latini del quattrocento,* éd. Eugenio Garin, Milan, n. d., pp. 44-99.

– *Laudatio Florentinae Urbis,* in Hans Baron, *From Petrarch to Leonardo Bruni,* Chicago, 1968, pp. 217-263.

– *Historiarum Florentini Populi,* éd. Emilio Santini, in *Rerum Italicarum Scriptores,* vol. 19, Bologne, 1926.

– *Oratio in Funere Nannis Strozae,* in Stephan Baluze, *Miscellanea,* éd. J. D. Mansi, 4 vol., Lucques, 1761-1764 ; vol. IV, pp. 2-7.

– *De Militia,* in C. C. Bayley, *War and Society in Renaissance Florence,* Toronto, 1961, pp. 360-397.

– *The Life of Dante*, in *The Earliest Lives of Dante*, trad. et éd. James R. Smith, New York, 1901, pp. 79-95.
BUCER, Martin, *Commentarii Librum judicum*, Genève, 1554.
– *In Sacra Quattuor Evangelica Enarrationes Perpetuae*, Genève, 1553.
BUCHANAN, George, *De Iure Regni apud Scotos*, Édimbourg, 1579, in *The English Experience*, n° 80, Amsterdam, 1969.
BUDÉ, Guillaume, *Annotationes in Pandectas*, in *Opera omnia*, 4 vol., Bâle, 1557, repr. Farnborough, 1966, vol. III, pp. 1-399.
– *De l'institution du prince*, Paris, 1547, repr. Farnborough, 1966.
BUGENHAGEN, Johann, *Brief* [À l'électeur Jean de Saxe, septembre 1529], in Heinz Scheible, *Das Widerstandsrecht als Problem der deutschen Protestanten, 1523-1546*, Gütersloh, 1969, pp. 25-29.
BUONACCORSO DA MONTEMAGNA, *A Declaration of Nobleness*, trad. John Tiptoft, in Rosamund J. Mitchell, *John Tiptoft (1427-1470)*, Londres, 1938, Appendice I, pp. 213-241.
BURNET, Gilbert, *The History of My Own Times*, 6 vol., Oxford, 1833.
CALVIN, Jean, *Commentarius in Acta Apostolorum*, in *Opera omnia*, éd. Wilhelm Baum *et al.*, 59 vol., Brunswick, 1863-1900, vol. 48, pp. 1-574.
– *Homiliae in Primum Librum Samuelis*, in *Opera omnia*, éd. Baum *et al.*, vol. 29, pp. 232-738 et vol. 30, pp. 1-734.
– *Institutio Christianae Religionis* (édition de 1559), in *Opera omnia*, éd. Baum *et al.*, vol. 2, pp. 1-1118. *Institutions de la religion chrestienne*, éd. J. Pannier, 4 vol., Paris, Les Belles Lettres, 1936-1961.
– *Institutes of the Christian Religion*, trad. Ford L. Battles et éd. John T. McNeill, 2 vol., Londres, 1960.
– *Epistola* 3374 : « Calvin à Coligny », avril, 1561, in *Opera omnia*, éd. Baum *et al.*, vol. 18, pp. 425-431.
– *Praelectiones in Danielem Prophetam*, in *Opera omnia*, éd. Baum *et al.*, vol. 40, pp. 517-722 et vol. 41, pp. 1-304.
– *Sermons sur les huit derniers chapitres du Livre de Daniel*, in *Opera omnia*, éd. Baum *et al.*, vol. 41, pp. 305-688 et vol. 42, pp. 1-176.
– *Trois sermons sur l'histoire de Melchisedec*, in *Opera omnia*, éd. Baum *et al.*, vol. 23, pp. 641-682.
CARAFA, Diomede, *Dello Optimo cortesano*, éd. G. Paparelli, Salerne, 1971.
– *De Regentis et boni principis officiis*, in Johann A. Fabricius, *Bibliotheca latina*, 6 vol., Florence, 1858 ; vol. 6, pp. 645-664.

CASTELLION, Sébastien, *Conseil à la France désolée,* éd. Marius F. Valkhoff, Genève, Droz, 1967.
CASTIGLIONE, Baldassar, *Le Livre du courtisan,* version française G. Chappuis (1580), éd. A Pons, Paris, G. Lebovici, 1987.
CHASSENEUZ, Barthélemy de, *Catalogus Gloriae Mundi,* Lyon, 1529.
CICERO, Marcus Tullius (CICÉRON), *De l'invention,* trad. G. Achard, Paris, Les Belles Lettres, 1994. *On Invention,* trad. H. M. Hubbell, Londres, 1949
– *Les Devoirs,* 2 vol., trad. M. Testard, Paris, Les Belles Lettres, 1965. *On Moral Obligation,* trad. John Higginbotham, Los Angeles, 1967.
– *Traité des lois,* trad. G. de Plinval, Paris, Les Belles Lettres, 1968. *The Laws,* trad. Clinton Walker Keyes, Londres, 1928.
– *De l'orateur,* 3 vol., trad. H. Bornecque et E. Courbaud, Paris, Les Belles Lettres, 1922, 1928, 1930. *The Making of an Orator,* trad. E. W. Sutton et H. Rackham, 2 vol., Londres, 1942.
– *To Gaius Herennius : On the Theory of Public Speaking,* trad. Harry Caplan, Londres, 1954.
– *Tusculanes,* 2 vol., trad. G. Fohlen et J. Humbert, Paris, Les Belles Lettres, 1931. *Tusculan Disputations,* trad. J. E. King, Londres, 1927.
CLICHTOVE, Josse, *De Regis Officio Opusculum* (1519), in *Opuscula,* Paris, 1526.
– *De Vera Nobilitate Opusculum,* Paris, 1512.
COLET, John, *An Exposition of St Paul's Epistle to the Romans,* trad. et éd. J. H. Lupton, Londres, 1873.
– *An Exposition of St Paul's First Epistle to the Corinthians,* trad. et éd. J. H. Lupton, Londres, 1874.
COMPAGNI, Dino, *The Chronicle,* trad. Else C. M. Benecke et A. G. Ferrers Howell, Londres, 1906.
Concerning Heretics : Whether they are to be Persecuted, trad. Rolet H. Bainton, New York, 1935.
CONDÉ, Louis Ier de Bourbon, prince de, *Déclaration faite par Monsieur le prince de Condé,* in *Mémoires de Condé,* 6 vol., Londres-La Haye, 1743 ; vol. 3, pp. 222-235.
CONTARINI, Gasparo, *The Commonwealth and Government of Venice* (1543), trad. Lewes Lewkenor, Londres, 1599, in *The English Experience,* n° 101, Amsterdam, 1969.
CROWLEY, Robert, *The Voice of the Last Trumpet,* in *The Select Works of Robert Crowley,* éd. J. M. Cowper, Londres, 1872, pp. 53-104.
– *The Way to Wealth,* in *Select Works,* éd. Cowper, pp. 129-150.

D'AILLY, Pierre, *Tractatus de Ecclesiae ... Auctoritate,* in Jean Gerson, *Opera omnia,* éd. Louis du Pin, 5 vol., Anvers, 1706 ; vol. 2, col. 925-960.

DANTE ALIGHIERI, *La Divine Comédie,* éd. Jacqueline Risset, 3 vol., Paris, Garnier-Flammarion, 1992. *Inferno,* in *The Divine Comedy,* trad. Charles S. Singleton, 3 vol., Princeton, 1970-1975 ; vol. I, Princeton, 1970. *Purgatorio,* in *The Divine Comedy,* éd. Singleton, vol. II, Princeton, 1973.

– *Monarchy,* trad. Donald Nicholl, Londres, 1954.

– *The Banquet,* trad. et éd. Philip H. Wicksteed, Londres, 1903. Cf. *Monarchie* et *Banquet,* in *Œuvres complètes,* éd. A. Pézard, Paris, Gallimard, Bibliothèque de la Pléiade, 1965.

Decree Concerning Justification, in *Canons and Decrees,* trad. H. J. Schroeder, Londres, 1941, pp. 29-46.

Decree Concerning the Canonical Scriptures, in *Canons and Decrees of the Council of Trent,* trad. Schroeder, pp. 17-18.

Decree Concerning the Edition and Use of the Sacred Books, in *Canons and Decrees,* trad. Schroeder, pp. 18-20.

Curia Roncagliae, in *Monumenta Germaniæ Historica* : *Constitutiones et Acta Publica Imperatorum et Regum,* vol. I, éd. Ludwig Weiland, Hanovre, 1893, pp. 244-249.

DU FAIL, Noël, *Propos rustiques,* éd. Louis-Raymond Lefèvre, Paris, 1928.

DU HAMES, N., « Lettre au comte Louis de Nassau » [février 1566], in *Archives ou correspondence inédite de la maison d'Orange-Nassau,* éd. G. Groen von Prinsterer, Series 1, 8 vol., Leyde, 1835-1847 ; vol. 2, pp. 34-38.

DU MOULIN, Charles, *Prima Pars Commentariorum in Consuetudines Parisienses,* in *Opera omnia,* 5 vol., Paris, 1681, vol. 1, pp. 1-665.

– *De Legibus et Privilegiis Regni Franciae,* in *Opera omnia,* vol. 11, pp. 539-550.

DU VAIR, Guillaume, *A Buckler against Adversity,* trad. Andrew Court, Londres, 1622.

DUDLEY, Edmund, *The Tree of Commonwealth,* éd. D. M. Brodie, Cambridge, 1948.

Edict of the States General of the United Netherlands [26 juillet 1581], in *Texts concerning the Revolt of the Netherlands,* éd. E. H. Kossmann et A. F. Mellink, Cambridge, 1974, pp. 215-228.

EGIDIO COLONNA, *De Regimine Principum,* Rome, 1607, repr. Darmstadt, 1967.

ELYOT, Sir Thomas, *The Book Named The Governor,* éd. S. E. Lehmberg, Londres, 1962.

ERASMUS, Desiderius (ÉRASME), *On the Freedom of the Will*, trad. E. Gordon Rupp et A. N. Marlow, in *Luther and Erasmus : Free Will and Salvation*, éd. E. Gordon Rupp *et al.*, Philadelphie, 1969, pp. 35-97.
– *On the Philosophy of Christ* [The *Paraclesis*], in *Renaissance Philosophy*, vol. II, *The Transalpine Thinkers*, trad. et éd. Herman Shapiro et Arturo B. Fallico, New York, 1969, pp. 149-162.
– *Preface to Laurentius Valla's Annotations to the New Testament*, trad. Paul L. Nyhus, in Heiko A. Oberman, *Forerunners of the Reformation*, New York, 1966, pp. 308-314.
– *The Adages*, in Margaret Mann Phillips, *The « Adages » of Erasmus : A Study with Translations*, Cambridge, 1964.
– *The Complaint of Peace*, trad. et éd. Alexander Grieve, Londres, 1917.
– *The Correspondence of Erasmus : Letters 1 to 141* ; *142 to 297*, trad. R. A. B Mynors et D. F. S. Thomson, Toronto, 1974, 1975.
– *The Education of a Christian Prince*, trad. et éd. Lester K. Born, New York, 1965.
– *The Praise of Folly*, trad. et éd. Hoyt H. Hudson, Princeton, 1941.
On trouvera en français la plupart des œuvres d'Érasme dans l'édition R. Laffont, « Bouquins », Paris, 1992, et la *Correspondance* en 12 volumes de l'Institut pour l'étude de la Renaissance et de l'humanisme, Bruxelles, 1976.

[ESTIENNE, Henri], *Discours merveilleux de la vie, actions et déportements de Catherine de Medici, reine mère*, in Simon Goulart, *Mémoires de l'état de France sous Charles neuvième*, 2ᵉ éd., 3 vol., Middelburg [Genève], 1578 ; vol. 3, fᵒˢ 422b-485a.

FERRETI, Ferreto de, *De Scaligerorum Origine*, in *Le Opere*, éd. Carlo Cipolla, 3 vol., Rome, 1908-1920 ; vol. 3, pp. 1-100.

FICHET, Guillaume, *Épitre adressée à Robert Gaguin*, Paris, 1889.

FICINO, Marsilio (FICIN), « Introduction to the Commentaries on Plato », in *Opera omnia*, éd. M. Sancipriano, 2 vol., Turin, 1959 ; vol. II, pp. 116-118.

FILMER, Sir Robert, *Patriarcha*, éd. Peter Laslett, Oxford, 1949.

FISH, Simon, *A Supplication for the Beggars*, éd. Frederick J. Furnivall, Londres, 1870.

FONTE, Bartolommeo della, *Oratio in Laudem oratoriae facultatis* [extraits], in Charles Trinkaus, « A Humanist's Image of Humanism : The Inaugural Orations of Bartolommeo della Fonte », *Studies in the Renaissance* 7 (1960), pp. 90-147.

FORTESCUE, Sir John, *The Praise of the Laws of England [De Laudibus Legum Anglie]*, trad. et éd. S. B. Chrimes, Cambridge, 1942.
FOXE, Edward, *The True Difference between the Regal Power and the Ecclesiastical Power*, trad. Henry, Lord Stafford, Londres, 1548.
FOXE, John, *The Acts and Monuments*, éd. Stephen R. Cattley, 8 vol., Londres, 1837-1847.
FRULOVISI, Tito Livio, *The Life of Henry V [Vita Henrici Quinti]*, éd. Thomas Hearne, Oxford, 1716.
GANSFORT, Johann Wessel, *Letter in Reply to Hoeck*, trad. Paul L. Nyhus, in Heiko A. Oberman, *Forerunners of the Reformation*, New York, 1966, pp. 99-120.
GARDINER, Stephen, *A Discourse on the Coming of the English and Normans to Britain*, éd. et trad. *(A Machiavellian Treatise by Stephen Gardiner)* Peter Samuel Donaldson, Cambridge, 1975.
— *The Oration of True Obedience*, in *Obedience in Church and State*, éd. Pierre Janelle, Cambridge, 1930, pp. 67-171.
Geneva Bible : A facsimile of the 1560 Edition, introd. Lloyd E. Berry, Madison, Wisc., 1969.
GENTILLET, Innocent, *Anti-Machiavel*, éd. C. Edward Rathé, Genève, 1968.
GERSON, Jean, *Tractatus de Simonia*, in *Œuvres complètes*, vol. 6 : *L'Œuvre ecclésiologique*, éd. P. Glorieux, Paris, 1965, pp. 167-174.
— *De Potestate Ecclesiastica*, in *Œuvres complètes*, vol. 6, éd. P. Glorieux, pp. 210-250.
— *On the Unity of the Church*, trad. et éd. James K. Cameron, in *Advocates of Reform : From Wyclif to Erasmus*, éd. Matthew Spinka, Londres, 1953, pp. 140-148.
— *X Considerationes Principibus et Dominis Utilissimae*, in *Opera omnia*, éd. Louis Ellies du Pin, 5 vol., Anvers, 1706 ; vol. 4, col. 622-625.
— *Ad Reformationem Contra Simoniam*, in *Œuvres complètes*, éd. Glorieux, vol. 6, pp. 179-181.
GIANNOTTI, Donato, *Della repubblica fiorentina*, in *Opere*, 3 vol., Pise, 1819 ; vol. II, pp. 1-279.
— *Libro della repubblica de Viniziani*, in *Opere*, vol. I, pp. 1-243.
GIRARD, Bernard de, seigneur du Haillan, *De l'état et succès des affaires de France*, Paris, 1611.
GOODMAN, Christopher, *How Superior Powers ought to be Obeyed of their Subjects, and wherein they may lawfully by God's Word be Disobeyed and Resisted*, Genève, 1558.

[GOULART, Simon], *Mémoires de l'état de France sous Charles neuvième*, 2ᵉ éd., 3 vol., Middelburg [Genève], 1578.

GREBEL, Conrad, *Letters to Thomas Müntzer*, in *Spiritual and Anabaptist Writers*, éd. George H. Williams, Philadelphie, 1957, pp. 73-85.

Grievances and Demands of the Craft Guilds of Cologne (1513), in Gerald Strauss, *Manifestations of Discontent in Germany on the Eve of the Reformation*, Bloomington, Ind., 1971, pp. 138-143.

GRINGORE, Pierre, *La Sottie du prince des Sots*, éd. P. A. Jannini, Milan, 1957.

GUEVARA, Antonio de, *The Diel of Princes*, trad. Thomas North, Londres, 1557, in *The English Experience*, n° 50, Amsterdam, 1968.

GUICCIARDINI, Francesco (GUICHARDIN), *Dialogo del reggimento di Firenze* in *Dialogo e discorsi del reggimento di Firenze*, éd. Roberto Palmarocchi, Bari, 1932, pp. 1-172.

— *Considerations on the « Discourses » of Machiavelli on the first Decade of T. Livy*, in *Selected Writings*, trad. et éd. C. et M. Grayson, Londres, 1965, pp. 57-124.

— *Maxims and Reflections*, trad. Mario Domandi, New York, 1965.

— *Del modo di ordinare il governo popolare*, in *Dialogo e discorsi*, éd. Palmarocchi, pp. 218-259.

— *The History of Italy*, trad. Sidney Alexander, New York, 1969.

GUILLAUME D'OCKHAM, *Breviloquium de Potestate Papae*, éd. L. Baudry, Paris, 1937. *Court traité du pouvoir tyrannique*, éd. J. -F. Spitz, Paris, PUF, 1999.

— *Octo Quaestiones de Potestate Papae*, in *Opera politica*, vol. 1, éd. J. G. Sikes, Manchester, 1940, pp. 1-221.

— *Philosophical Writings*, trad. et éd. Philotheus Boehner, Londres, 1957.

— *Dialogus*, trad. partielle in Ewart Lewis, *Medieval Political Ideas*, 2 vol., Londres, 1954, vol. 11, pp. 398-402.

— *De Imperatorum et Pontificum Potestate*, éd. C. Kenneth Brampton, Oxford, 1927.

HEYWOOD, John, *Gentleness and Nobility*, éd. Kenneth W. Cameron, Raleigh, North Carolina, 1941.

HOBBES, Thomas, *Leviathan*, éd. C. B. Macpherson, Harmondsworth, 1968. *Léviathan*, trad. et intro. G. Mairet, Paris, Gallimard, 2000.

— *Philosophical Rudiments Concerning Government and Society*, in *The English Works*, éd. Sir William Molesworth, 11 vol., Londres, 1839-1845 ; vol. 2.

HOOKER, Richard, *Of the Laws of Ecclesiastical Polity*, in *The Works*, éd. John Keble, 7ᵉ éd. rév. par R. W. Church et F. Paget, 3 vol., Oxford, 1888.

HOTMAN, François, *L'Antitribonian*, in *Opuscules Françoises*, Paris, 1616, pp. 1-112.
 – *Francogallia*, trad. J. H. M. Salmon et éd. Ralph E. Giesey, Cambridge, 1972.

HUGUCCIO, *Nisi Deprehendatur a fide Devius* [Gloss on Decretal], in Brian Tierney, *Foundations of the Conciliar Theory*, Cambridge, 1955, pp. 248-250.

HULL, James, *The Unmasking of the Politic Athelst*, Londres, 1602.

HUMPHREY, Lawrence, *The Nobles, or Of Nobility*, Londres, 1563, in *The English Experience*, n° 534, Amsterdam, 1973.

HUTTEN, Ulrich von, *Trias Romana Dialogus*, in *Opera omnia*, éd. Ernest Münch, 3 vol., Berlin-Leipzig, 1821-1823 ; vol. 3, pp. 425-506.
 – *Letters of Obscure Men*, trad. Francis G. Stokes, in *On the Eve of the Reformation*, New York, 1964.

INNOCENT III, *On the Misery of Man*, in *Two Views of Man*, éd. et trad. Bernard Murchlet, New York, 1966, pp. 1-60.

JEAN DE VITERBE, *Liber de Regimine civitatum*, éd. C. Salvemini, in *Bibliotheca juridica Medii Aevi*, éd. Augustus Gaudentius, 3 vol., Bologne, 1888-1901 ; vol. 3, pp. 215-280.

KNOX, John, *A Letter Addressed to the Commonalty of Scotland*, in *The Works*, éd. David Laing, 6 vol., Édimbourg, 1846-1855, vol. 4, pp. 521-538.
 – *Certain Questions Concerning obedience to lawful Magistrates*, in *The Works*, éd. Laing, vol. 3, pp. 217-226.
 – *John Knox to the Reader*, in *The Works*, éd. Laing, vol. 4, pp. 539-540.
 – *The Appellation from the Sentence Pronounced by the Bishops and Clergy* in *The Works*, éd. Laing, vol. 4, pp. 461-520.
 – *The First Blast of the Trumpet Against the Monstrous Regiment of Women*, in *The Works*, éd. Laing, vol. 4, pp. 349-420.
 – *The History of the Reformation in Scotland*, éd. William Croft Dickinson, 2 vol., Londres, 1949.

L'HÔPITAL, Michel de, [13 décembre 1560], *Harangue...*, in *Œuvres complètes de Michel l'Hôpital*, éd. P. J. S. Duféy, 3 vol., Paris, 1824-1825, vol. I, pp. 375-411.
 – [28 juin 1561], *Harangue...*, in *Œuvres complètes*, éd. Duféy, vol. I, pp. 418-434.

– [janvier 1562], *Harangue*..., in *Œuvres complètes,* éd. Duféy, vol. I, pp. 441-458.
– [12 novembre 1561], *Harangue...*, in *Œuvres complètes,* éd. Duféy, vol. 2, pp. 9-19.
– [12 novembre 1563], *Harangue...*, in *Œuvres complètes,* éd. Duféy, vol. 2, pp. 85-97.
LA NOUE, François de, *Discours politiques et militaires,* éd. F. E. Sutcliffe, Genève, 1967.
LA PERRIÈRE, Guillaume de, *The Mirror of Policy,* Londres, 1598.
LANDUCCI, Luca, *A Florentine Diary from 1450 to 1516,* éd. Iodoco del Badia, trad. Alice de Rosen Jervis, Londres, 1927.
LAS CASAS, Bartolomé, *Très brève relation de la destruction des Indes,* trad. F. Gonzalez Battle, Paris, La Découverte, 1996.
LATIMER, Hugh, *Sermons,* éd. J. E. Corrie, Cambridge, 1844.
LATINI, Brunetto, *The Books of Treasure [Li Livres dou Tresor],* éd. Francis J. Carmody Berkeley, Californie, 1948. *Le Petit Trésor,* éd. B. Levergeois, P. -M. de Maule, 1997.
LEVER, Thomas, *Sermons,* éd. Edward Arber, Londres, 1870.
LIPSIUS, Justus (JUSTE LIPSE), *Six Books of Politics or Civil Doctrine,* trad. William Jones, Londres, 1594, in *The English Experience,* n° 287, Amsterdam, 1970. *Les Politiques,* trad. S. Goulart, Lyon, 1594, Genève, 1613.
LOCKE, John, *Two Treatises of Government,* édition critique avec Introduction de Peter Laslett, 2ᵉ éd., Cambridge, 1967. *Deuxième Traité du gouvernement civil,* éd. B. Gilson, Paris, Vrin, 1977.
LUTHER, Martin, *A Sincere Admonition... to All Christians to Guard against Insurrection and Rebellion,* trad. W. A. Lambert, in *Luther's Works,* vol. 45, éd. Walther I. Brandt, Philadelphie, 1962, pp. 51-74.
– *Admonition to Peace,* trad. Charles M. Jacobs, in *Luther's Works,* vol. 46, éd. Robert C. Schultz, Philadelphie, 1967, pp. 3-43.
– *Against the Robbing and Murdering Hordes of Peasants,* trad. Charles M. Jacobs, in *Luther's Works,* vol. 46, éd. Robert C. Schultz, Philadelphie, 1967, pp. 45-55.
– *Colloquia, Meditationes, Consolationes...,* éd. H. E. Bindseil, 3 vol., Halle, 1863-1866.
– *Concerning the Answer of the Goat in Leipzig,* in *Luther's Works,* vol. 39, éd. Eric. W. Gritsch, Philadelphie, 1970, pp. 117-135.
– *Dr Martin Luther's Warning to his Dear German People,* trad. Martin H. Bertram, in *Luther's Works,* vol. 47, éd. Franklin Sherman, Philadelphie, 1971, pp. 11-55.

– *Letter... in Opposition to the Fanatic Spirit,* trad. Conrad Bergendoff, in *Luther's Works*, vol. 40, éd. Conrad Bergendoff, Philadelphie, 1958, pp. 61-71.
– *Letters*, trad. et éd. Gottfried G. Krodel, in *Luther's Works*, vol. 48-50, Philadelphie, 1963-1975.
– *Ninety-Five Theses,* trad. Charles M. Jacobs, in *Luther's Works,* vol. 31, éd. Harold J. Grimm, Philadelphie, 1957, pp. 17-33.
– *On the Councils and the Church*, trad. Charles M. Jacobs, in *Luther's Works*, vol. 41, éd. Eric W. Gritsch, Philadelphie, 1966, pp. 3-178.
– *Preface to the Complete Edition of a German Theology*, trad. Harold J. Grimm, in *Luther's Works,* vol. 31, éd. Harold J. Grimm, Philadelphie, 1957, pp. 71-76.
– *Preface to the Complete Edition of Luther's Latin Writings*, trad. Lewis W. Spitz, in *Luther's Works,* vol. 34, éd. Lewis W. Spitz, Philadelphie, 1960, pp. 323-338.
– *Table Talk* [réunis par Conrad Cordatus], trad. Theodore G. Tappert, in *Luther's Works,* vol. 54, éd. Theodore G. Tappert, Philadelphie, 1967, pp. 171-200.
– *Temporal Authority: to what Extent it Should be Obeyed*, trad. J. J. Schindel, in *Luther's Works,* vol. 45, éd. Walther I. Brandt, Philadelphie, 1962, pp. 75-129.
– *Appellatio F. Martini Luther ad Concilium*, in Martin Luther, *Werke*, vol. 7, Weimar, 1897, pp. 75-82.
– *The Bondage of the Will*, trad. Philip S. Watson et Benjamin Drewery, in *Luther's Works,* vol. 33, éd. Philip S. Watson, Philadelphie, 1972, pp. 32-95.
– *The Freedom of a Christian*, trad. W. A. Lambert, in *Luther's Works,* vol. 31, éd. Harold J. Grimm, Philadelphie, 1957, pp. 327-377.
– *The Judgment of Martin Luther on Monastic Vows*, trad. James Atkinson, in *Luther's Works,* vol. 44, éd. James Atkinson, Philadelphie, 1966, pp. 243-400.
– *To the Christian Nobility of the German Nation*, trad. Charles M. Jacobs, in *Luther's Works,* vol. 44, éd. James Atkinson, Philadelphie, 1966, pp. 115-217.
– *Martinus Luther Lectori Pio*, in Martin Luther, *Werke*, vol. 26, Weimar, 1909, pp. 123-124.
– *Two Kinds of Righteousness*, trad. Lowell J. Satre, in *Luther's Works,* vol. 31, éd. Harold J. Grimm, Philadelphie, 1957, pp. 293-306.

– *Whether Soldiers, Too, Can be Saved*, trad. Charles M. Jacobs, in *Luther's Works*, vol. 46, éd. Robert C. Schultz, Philadelphie, 1967, pp. 87-137.

En français, cf. Luther, *Œuvres*, 8 vol., Genève, 1959, et éd. en cours dans la Bibliothèque de la Pléiade, Paris, Gallimard, 1 vol. paru en 1999.

MACHIAVELLI, Niccolo (MACHIAVEL), *Opere*, éd. Sergio Bertelli *et al.*, in *Bibliotheca di classici italiani*, 8 vol., Milan, 1960-1965.

– *The Art of War*, in *Machiavelli : The Chief Works and Others,* trad. et éd. Allan Gilbert, 3 vol., Durham, North Carolina, 1965, vol. II, pp. 566-726.

– *The Discourses,* trad. Leslie J. Walker, S. J., et éd. Berriard Crick, Harmondsworth, 1970.

– *The History of Florence*, in *Machiavelli : The Chief Works and Others,* trad. et éd. Allan Gilbert, vol. III, pp. 1029-1435.

– *The Letters of Machiavelli : A Selection of his Letters,* trad. et éd. Allan Gilbert, New York, 1961.

– *Il Principe*, in *Opere*, éd. Sergio Bertelli *et al.*, in *Biblioteca di classici italiani,* 8 vol., Milan, 1960-1965, vol. 1, pp. 13-105.

En général : cf. *Œuvres complètes*, éd. Ed. Barincou, Paris, Gallimard, Bibliothèque de la Pléiade, 1952.

MAIR, John, *A Disputation on the Authority of a Council*, trad. J. K. Cameron, in *Advocates of Reform : From Wyclif to Erasmus,* éd. Matthew Spinka, Londres, 1953, pp. 175-184.

– *A History of Greater Britain, as well England as Scotland*, trad. et éd. Archibald Constable, Édimbourg, 1892.

– *In Mattheu ad Literam Expositio*, Paris, 1518.

– *Expositiones Lucentes in Quattuor Evangelica*, Paris, 1529.

– *In Quartum Sententiarum Quaestiones Utilissimae*, Paris, 1519.

– *De Potestate Papae in Temporalibus*, in Gerson, *Opera omnia,* éd. du Pin, vol. 2, col. 1145-1164.

– *De Statu et Potestate Ecclesiae*, in Gerson, *Opera omnia,* éd. du Pin, vol. 2, col. 1121-1130.

MANETTI, Giannozzo, *On the Dignity of Man*, in *Two Views of Man,* trad. et éd. Bernard Murchlet, New York, 1966, pp. 61-103.

MARIANA, Juan de, *De Rege et Regis Institutione*, Tolède, 1599.

– *The King and the Education of the King*, trad. George Albert Moore, Washington, D. C., 1948.

MARNIX, Philippe de, « Lettre à Guillaume d'Orange », [mars 1580], in *Archives,* éd. Prinsterer, Series 1, vol. 7, pp. 276-286.

MARSHALL, William, « Preface » à Marsiglio of Padua, *The Defence of Peace,* trad. William Marshall, Londres, 1535.

MARSILE DE PADOUE, *Le Défenseur de la paix,* trad. J. Quillet, Paris, Vrin, 1968.

MARTYR, Peter, *A Commentary upon the Book of Judges,* trad. John Day, Londres, 1564.
 – *Commentaries... upon the Epistle of St Paul to the Romans,* trad. H. B., Londres, 1568.

MASSON, Papire, *Papirii Massoni Responsio ad Maledicta Hotomani,* Paris, 1575.

MATHAREL, Antoine, *Ad Franc. Hotomani Franco-Galliam... Responsio,* Lyon, 1575.

MAXWELL, John, *Sacro-Sancta Regum Maiestas, or the Sacred and Royal Prerogative of Christian Kings,* Oxford, 1644.

MELANCHTHON, Philipp, *Commentarii in Aliquot Politicos Libros Aristotelis,* in *Opera omnia,* éd. C. G. Bretschneider, 28 vol., Halle-Brunswick, 1834-1860 ; vol. 16, pp. 416-452.
 – *Commentarii in Epistolam Pauli ad Romanos,* in *Opera omnia,* éd. Bretschneider, vol. 15, pp. 497-796.
 – *Loci Communes,* in *Melanchthon on Christian Doctrine,* trad. et éd. Clyde L. Manschreck, New York, 1965.
 – *Prolegomena in Officia Ciceronis,* in *Opera omnia,* éd. Bretschneider, vol. 16, pp. 533-680.
 – *Philosophiae Moralis Epitome,* in *Opera omnia,* éd. Bretschneider, vol. 16, pp. 20-163.

MILTON, John, *Of Reformation,* in *The Complete Prose Works of John Milton,* vol. 1, éd. Don M. Wolfe, New Haven, Conn., 1953, pp. 517-617.
 – *The Tenure of Kings and Magistrates,* in *The Complete Prose Works of John Milton,* vol. 3, éd. Meritt Y. Hughes, New Haven, Conn., 1962, pp. 18-258.

MOLINA, Luis de, *De histitia et hire Libri Sex,* 2 vol., Mayence, 1659.

MONTAIGNE, Michel de, *Les Essais,* éd. P. Villey, Paris, UDF, 1978. *Essays* in *The Complete Works of Montaigne,* trad. Donald M. Frame, Londres, 1957, pp. 1-857.

MORE, Sir Thomas, *The Dialogue Concerning Tyndale,* éd. W. E. Campbell, Londres, 1927.

– *Utopia,* in *The Complete Works of St Thomas More,* vol. 4, éd. Edward Surtz, S. J., et J. H. Hexter, New Haven, Connecticut, 1965. *L'Utopie,* éd. A. Prévost, Mame, 1978

MORISON, Richard, *A Lamentation, showing what ruin and Destruction comes of Seditious Rebellion,* Londres, 1536.
– *A Remedy for Sedition,* Londres, 1536.
– *An Exhortation to stir all Englishmen to the Defence of their Country,* Londres, 1539.
– *An Invective against the Great and Detestable Vice, Treason,* Londres, 1539.
– *Apomaxis Calumniarum,* Londres, 1537.

[MORNAY, Philippe du Plessis], *Vindiciae contra Tyrannos,* Édimbourg [Bâle], 1579.

MÜNTZER, Thomas, *Sermon Before the Princes,* in *Spiritual and Anabaptist Writers,* éd. George H. Williams, Philadelphie, 1957, pp. 49-70.

MUSSATO, Alberto, *De Gestis Italicorum post Mortem Henrici VII Caesaris Historia,* in *Rerum Italicarum Scriptores,* éd. Lodovico Muratori, 25 vol., Milan, 1723-1751, vol. 10, col. 569-768.
– *Ecerinis [Ecerinide],* éd. Luigi Padrin, Bologne, 1900. *Ecérinide,* trad. J. -F. Chevalier, Paris, Les Belles Lettres, 2000.

NENNA, Giovanni Battista, *Nennio, or A Treatise of Nobility,* trad. William Jones, Londres, 1595.

[NEVILE, Henry], *The Works of the Famous Nicolas Machiavel,* Londres, 1675.

NICOLAUS OF CUSA (NICOLAS DE CUSE), *De Concordantia catholica,* in *Opera omnia,* vol. 16, éd. Gerhard Kallen, Hambourg, 1963. *Concordance catholique,* Centre d'étude de la Renaissance, Université Sherbrooke, Québec, 1977
– *On Invention,* trad. H. M. Hubbell, Londres, 1949.

OSIANDER, Andreas, *Brief,* in F. Hortleder, *Der Römischen Kaiser und Königlichen Maierstaten...,* 12 vol., Gotha, 1645, vol. 2, pp. 83-85.

OSORIO, Hieronymus, *A Discourse of Civil and Christian Nobility,* trad. William Blandie, Londres, 1576.
– *De Regis Institutione, et Disciplina,* in *Opera omnia,* 4 vol., Rome, 1592, vol. I, pp. 253-562.

OTTO OF FREISING, *The Deeds of Frederick Barbarossa,* trad. et éd. Charles C. Mierow et Richard Emery, New York, 1953.

PALMIERI, Matteo, *Della Vita Civile,* éd. Felice Battaglia, in *Scrittori Politici Italiani,* 14, Bologne, 1944, pp. 1-176.

PARUTA, Paolo, *Discorsi Politiche*, in *Opere Politiche*, éd. C. Monzani, 2 vol., Florence, 1852 ; vol. 2, pp. 1-371.
[PASQUIER, Estienne], *Exhortation aux princes et seigneurs du conseil privé du roi*, in *Écrits politiques*, éd. D. Thickett, Genève, 1966, pp. 33-90.
PASQUIER, Estienne, *Les Recherches de la France*, in *Les Œuvres*, 2 vol., Amsterdam, 1723 ; vol. 1, pp. 1-1015.
PATRIZI, Francesco, *De Institutione Reipublicae*, Paris, 1585.
– *De Regno et Regis Institutione*, Prato, 1531.
PETRARCH, Francesco (PÉTRARQUE), *Il Canzoniere*, éd. Michele Scherillo, Milan, 1908. *Le Chansonnier*, éd. P. Blanc, Paris, Bordas, 1988.
– *Familiarium Rerum Libri*, éd. Vittorio Rossi, 4 vol., Florence, 1968. *Aux amis*, éd. Chr. Carraud, Grenoble, Jérôme Millon, 1998.
– *De Viris Illustribus,* éd. Guido Martellotti, Florence, 1964.
– *On his Own Ignorance and that of Many others*, trad. Hans Nachod, in *The Renaissance Philosophy of Man*, éd. E. Cassirer *et al.,* Chicago, 1948, pp. 47-133. *Mon ignorance et celle de tant d'autres*, éd. Chr. Garraud, Grenoble, Jérôme Millon, 2000.
– *Rerum Memorandum Libri*, éd. Giuseppe Billanovich, Florence, 1945.
– *De Vita Solitaria*, trad. et éd. Jacob Zeitlin, Illinois, 1924. *La Vie solitaire*, éd. Chr. Carraud, Grenoble, Jérôme Millon, 1999.
PICCOLOMINI, Aeneas Sylvius, *De Liberorum Educatione*, in *Opera omnia*, Francfort-sur-le-Main, 1967, pp. 965-992.
PICO DELLA MIRANDOLA, Giovanni (PIC DE LA MIRANDOLE Jean-François), *Oration on the Dignity of Man,* trad. Elizabeth Forbes, in *The Renaissance Philosophy of Man,* éd. Ernst Cassirer *et al.,* Chicago, 1948, pp. 223-254.
PLATON, *Les Lois*, 4 vol., Paris, Les Belles Lettres, 1976, 1992, 1994.
POGGIO BRACCIOLINI, « Poggius… Philippo Mariae… Duci Mediolani », in *Opera omnia*, éd. Riccardo Fubini, 4 vol., Turin, 1964, vol. III, pt. II, pp. 179-187.
– *De Avaritia et Luxuria*, in *Opera omnia*, éd. Fubini, vol. I, pp. 2-31.
– *De Nobilitate*, in *Opera omnia,* éd. Fubini, vol. I, pp. 64-83.
– *De Miseria Conditionis Humanae*, in *Opera omnia,* éd. Fubini, vol. I, pp. 88-131.
POLE, Reginald, *Pro Ecclesiasticae Unitatis Defensione*, trad. : *Défense de l'unité de l'Église,* éd. Noëlle- Marie Égretier, Paris, 1967.
PONET, John, *A Short Treatise of Politic Power,* repr. in Winthrop S. Hudson, *John Ponet (1516?-1556), Advocate of Limited Monarchy*, Chicago, 1942.

PONTANO, Giovanni, *De Fortuna*, in *Opera omnia*, 3 vol., Bâle, 1538, vol. I, pp. 497-584.
— *De Liberalitate*, in *I trattati delle virtù sociali*, éd. Francesco Tateo, Rome, 1965, pp. 1-63.
— *De Magnificentia*, in *I trattati*, éd. Tateo, pp. 83-121.
— *De Principe*, in *Prosatori Latini del quattrocento*, éd. Eugenio Garin, Milan, n. d., pp. 1023-1063.

POSSEVINO, Antonio, *Iudicium... Joannis Bodini, Philippi Mornaei et Nicolai Machiavelli quibusdam scriptis*, Lyon, 1594.

POSTEL, Guillaume, *De Orbis Terrae Concordia Libri Quattuor*, Bâle, 1544.

PTOLÉMÉE DE LUCQUES, *Historia Ecclesiastica*, in *Rerum Italicarum Scriptores*, éd. Lodovico Muratori, 25 vol., Milan, 1723-1751, vol. XI, col. 741-1242.
— *De Regimine Principum*, in Thomas d'Aquin, *Opuscula omnia*, éd. Jean Perrier, vol. I, Paris, 1949, Appendice I, pp. 269-426.

RABELAIS, François, *Œuvres complètes*, éd. J. Boulenger et L. Scheler, Paris, Gallimard, Bibliothèque de la Pléiade, 1955.
— *Epistle of Dedication to the Medical Letters of Manardus*, in *The Five Books and Minor Writings*, trad. et éd. W. F. Smith, 2 vol., Londres, 1893, vol. II, pp. 499-501.
— *The Histories of Gargantua and Pantagruel*, trad. J. M. Cohen, Harmondsworth, 1955.

RALEIGH, Sir Walter, *Maxims of State*, in *The Works*, 8 vol., Oxford, 1829 ; vol. 8, pp. 1-34.

REBUFFI, Pierre, *Commentaria in Constitutiones seu Ordinationes Regias*, Lyons, 1613.

REMIGIO DE' GIROLAMI, *De Bono Communi*, trad. partielle, in L. Minio-Paluello, « Remigio Girolami's *De Bono Communi* : Florence at the time of Dantes Banishment and the Philosopher's answer to the Crisis », *Italian Studies*, 11 (1956), pp. 56-71.
— *De Bono Pacis*, éd. Charles T. Davis, in *Studi Danteschi* 36 (1959), pp. 123-136.

RIBADENEYRA, Pedro, *Religion and the Virtues of the Christian Prince against Machiavelli*, trad. et éd. George Albert Moore, Maryland, 1949.

RINUCCINI, Alamanni, *Dialogus de Libertate*, éd. Francesco Adorno, in *Atti e Memorie dell' accademia Toscana di scienze e lettere « La Colombaria »*, vol. 22 (1957), pp. 265-303.

Rolandino de Padoue, *Patavini Chronica*, éd. Philipp Jaffe, in *Monumenta Germaniae Historica : Scriptores*, vol. 19, éd. G. H. Pertz, Hanovre, 1866, pp. 32-147.

Romuald de Salerne, *Annales* [893 à 1178], éd. W. Arndt, in *Monumenta Germaniae Historica : Scriptores*, vol. 19, éd. G. H. Pertz, Hanovre, 1866, pp. 398-461.

[Rose, Guillaume], *De Iusta Reipublicae Christianae in reges Impios et Haereticos authoritate*, Anvers, 1592.

Rousseau, Jean-Jacques, *Du Contrat social*, in *Œuvres complètes*, éd. Bernard Gagnebin et Marcel Raymond, vol. 3, Paris, 1964, pp. 347-470.

Sadoleto, Jacopo, *De Pueris Recte Instituendis*, in *Sadoleto on Education*, trad. et éd. E. T. Campagnac et K. Forbes, Oxford, 1916.

Salamonio, Mario, *Patritii Romani de Principatu*, Rome, 1544.

Salutati, Coluccio, « Letter to Giuliano Zonarini », trad. in Ephraim Emerton, *Humanism and Tyranny*, Cambridge, Mass., 1925, pp. 300-308.

— « Letter to John Dominici », trad. in Emerton, *Humanism and Tyranny*, pp. 346-377.

— « Responsio » [à Giangaleazzo Visconti], in *Rerum Italicarum Scriptores*, éd. Lodovico Muratori, 25 vol., Milan, 1723-1751 ; vol. 16, col. 815-817.

— *A Treatise on Tyrants*, trad. Emerton, in *Humanism and Tyranny*, pp. 70-116.

— *Epistolae*, éd. Giuseppe Rigacci, 2 vol., Florence, 1741-1742.

— *Epistolario*, éd. Francesco Novati, in *Fonti per la storia d'Italia*, 5 vol., Rome, 1861-1911.

Sampson, Richard, *Oratio qua docet ... ut obediant*, Londres, 1534.

Savonarole, « De Politia et Regno », in *Compendium Totius Philosophiae*, Venise, 1542, pp. 576-599.

— *Trattato circa il reggimento e governo della citta di Firenze*, in *Prediche sopra Aggeo*, éd. Luigi Firpo, Rome, 1965, pp. 433-487.

Seller, Abednego, *The History of Passive Obedience since the Reformation*, Amsterdam, 1689.

Seyssel, Claude de, *La Monarchie de France*, éd. Jacques Poujol, Paris, 1961.

Skelton, John, *The Complete Poems*, éd. Philip Henderson, Londres, 1931.

Sleiden, Johann, *The State of Religion and Commonwealth during the reign of the Emperor Charles the Fifth*, trad. John Daus, Londres, 1560.

SMITH, Sir Thomas, *A Discourse of the Common Weal of this Realm of England,* éd. Elizabeth Lamond, Cambridge, 1893.
— *De Republica Anglorum,* éd. L. Alston, Cambridge, 1906.
SOTO, Domingo de, *Libri Decem de Iustitia et Iure,* Lyon, 1569.
ST GERMAN, Christopher, *A Dialogue in English betwixt a Doctor of Divinity and a Student of the Laws of England,* Londres, 1530.
— *A Little Treatise Called the New Additions,* Londres, 1531.
— *A Treatise concerning the Division between the Spirituality and the Temporality,* in *The Apology of Sir Thomas More, Knight,* éd. Arthur I. Taft, Londres, 1930, Appendice, pp. 201-253.
— *An Answer to a Letter,* Londres, 1535.
STARKEY, Thomas, *A Dialogue between Reginald Pole and Thomas Lupset,* éd. Kathleen M. Burton, Londres, 1948.
— *An Exhortation to the People, Instructing them to Unity and Obedience,* Londres, 1536.
— *Statement of Grievances presented to the Diet of Worms* (1521), in Gerald Strauss, *Manifestations of Discontent in Germany on the Eve of the Reformation,* Bloomington, Ind., 1971, pp. 52-63.
STAUPITZ, Johann von, *Eternal Predestination and its Execution in Time,* trad. Paul L. Nyhus, in Heiko A. Oberman, *Forerunners of the Reformation,* New York, 1966, pp. 175-203.
STURM, Johann, *De Educatione Principum,* Strasbourg, 1551.
SUAREZ, Francisco, *Defensio Fidei Catholicae et Apostolicae adversus Anglicanae Sectae Errores,* 2 vol., Naples, 1872.
— *Tractatus de Legibus ac Deo Legislatore,* 2 vol., Naples, 1872.
— *The Civil Law,* trad. et éd. S. P. Scott, 17 vol., Cincinnati, 1932.
— *The Golden Bull of the Emperor Charles IV,* in *Select Historical Documents of the Middle Ages,* trad. et éd. Ernest F. Henderson, Londres, 1905, pp. 220-261.
— *The Schleitheim Confession of Faith,* in *The Protestant Reformation,* éd. Hans J. Hillerbret, Londres, 1968, pp. 129-136.
TORRE, Felipe de la, *Institucion de un Rey Christiano, Colegida principalmente de la Santa Escritura,* Anvers, 1556.
TUDESCHIS, Nicolaus de [Panormitanus], *Commentaria secundae partis in Primum Decretalium Librum,* Venise, 1591.
TYNDALE, William, *An Answer to Sir Thomas More's Dialogue,* éd. Henry Walter, Cambridge, 1850.
— *The Obedience of a Christian Man,* in *Doctrinal Treatises,* éd. Henry Walter, Cambridge, 1848, pp. 127-344.

VALLA, Lorenzo, *De Falso ... Constantine Donatione Declamatio,* éd. Walther Schwahn, Leipzig, 1928. *La Donation de Constantin,* éd. J.-B. Giard et C. Ginzburg, Paris, Les Belles Lettres, 1993.
– *Epistola ... Candido Decembri,* in *Opera omnia,* éd. Eugenio Garin, 2 vol., Turin, 1962 ; vol. I, pp. 633-643.
– *In Novum Testamentum ... Annotationes,* in *Opera omnia,* éd. Garin, vol. I, pp. 801-895.
– *In Praise of Saint Thomas Aquinas,* trad. M. Esther Hanley, in *Renaissance Philosophy,* éd. Leonard A. Kennedy, La Haye, 1973, pp. 17-27.
– *Elegantiarum latinae linguae libri sex,* in *Opera Omnia,* éd. Garin, vol. I, pp. 1-235.

VEGIO, Maffeo, *De Educatione Liberorum,* éd. Maria W. Fanning, 2 vol., Washington, D. C., 1933-1936.

VERGERIO, Pier Paolo, « P. P. Vergerio in nome di Cicerone a Francesco Petrarca », in *Epistolario di Pier Paulo Vergerio,* éd. Leonardo Smith, Rome, 1934, pp. 436-445.
– *De Ingenuis Moribus,* trad. in W. H. Woodward, *Vittorino da Feltre and other Humanist Educators,* New York, 1963, pp. 96-118.
– *De Monarchia sive de optime principatu,* in *Epistolario,* éd. Smith, pp. 447-450.

VESPASIANO DA BISTICCI, *The Lives of Illustrious Men of the Fifteenth Century,* trad. : *Renaissance Princes, Popes and Prelates,* par William George et Emily Waters, Introd. Myron P. Gilmore, New York, 1963.

VILLANI, Giovanni, *Cronice di Giovanni, Matteo e Filippo Villani,* éd. D. A. Racheli, 2 vol., Trieste, 1857-1858.

VITORIA, Francisco de, *De Potestate Civili,* in *Relecciones Teologicas del Maestro Fray Francisco de Vitoria,* éd. Luis G. Alonso Getino, 3 vol., Madrid, 1933-1936 ; vol. 2, pp. 169-210.
– *De Potestate Ecclesiae,* in *Relecciones,* éd. Getino, vol. 2, pp. 1-168.
– *De Potestate Papae et Concilii,* in *Relecciones,* éd. Getino, vol. 2, pp. 211-280.
– *De Indis Recenter Inventis,* in *Relecciones,* éd. Getino, vol. 2, pp. 281-438.

VIVES, Juan Luis, *On Education,* trad. et éd. Foster Watson, Cambridge, 1913.

WILLIAM OF ORANGE, *The Apology,* éd. H. Vansink, Leyde, 1969.

WIMPFELING, Jacob, *Agatharchia, id est, Bonus Principatus : Vel Epitoma boni principis,* in *De Instruendo principe .. Imago,* éd. M. A. Pitsillio, Strasbourg, 1606, pp. 181-206.

WYCLIF, John, *The Church and her Members,* in *Select English Works of John Wyclif,* éd. Thomas Arnold, 3 vol., Oxford, 1869-1871 ; vol. 3, pp. 338-365.

ZASIUS, Ulrich, *In M. T. Ciceronis Rhetoricen ad Herennium Commentaria,* in *Opera omnia,* 7 vol., Darmstadt, 1964-1966 ; vol. V, col. 378-490.
– *Usus Feudorum Epitome,* in *Opera omnia,* vol. 4, col. 243-342.
– *Consilia, sive Iuris Responsa,* in *Opera omnia,* vol. 6, col. 9-576.

ZWINGLI, Huldreich, *Der Hirt,* in *Sämtliche Werke,* éd. E. Egli *et al.,* 13 vol., Berlin-Leipzig, 1905-1963 ; vol. 3, pp. 1-68.

SOURCES SECONDAIRES

ADAMS, Robert M. (1962), *The Better Part of Valor : More, Erasmus, Colet, and Vives, on Humanism, War, and Peace, 1496-1535*, Seattle, 1962.

ALLEN, A. M. (1910), *A History of Verona,* Londres, 1910.

ALLEN, J. W. (1957), *A History of Political Thought in the Sixteenth Century,* éd. rév., Londres, 1957.

ALLEN, P. S. (1906-1958), *Opus Epistolarum Des. Erasmi Roterodami,* 12 vol., Oxford, 1906-1958.

ALLEN, Peter R. (1963), « *Utopia* and European Humanism : the Function of the Prefatory Letters and Verses », *Studies in the Renaissance,* 10 (1963), pp. 91-107.

ALTHAUS, Paul (1966), *The Theology of Martin Luther,* Philadelphie, 1966.

AMES, Russell (1949), *Citizen Thomas More and his Utopia,* Princeton, N. J., 1949.

ANDERSON, Marvin W. (1975), *Peter Martyr, A Reformer in Exile (1542-1562),* Nieuwkoop, 1975.

ANDERSON, Perry (1974), *Lineages of the Absolutist State,* Londres, 1974.

ANGLO, Sydney (1969), *Machiavelli : a dissection,* Londres, 1969.

ARMSTRONG, Edward (1932), « Italy in the time of Dante », in *The Cambridge Medieval History,* éd. J. R. Tanner *et al.,* 8 vol., Cambridge, 1911-1936 ; vol. 7, pp. 1-48.
– (1936), « The Papacy and Naples in the Fifteenth Century », in *The Cambridge Medieval History,* vol. 8, pp. 158-201.

ASTON, Margaret (1964), « Lollardy and the Reformation : Survival or Revival ? », *History* 49 (1964), pp. 149-170.

AVINERI, Schlomo (1962), « War and Slavery in More's *Utopia* », *International Review of Social History* 7 (1962), pp. 260-290.

BACKER, *Augustin and Alois* (1853-1861), *Bibliothèque des Écrivains de la compagnie de Jésus,* 7 vol., Liège, 1853-1361.

BAILEY, D. S. (1952), *Thomas Becon and the Reformation of the Church in England,* Édimbourg, 1952.

BAINTON, R. H. (1953a), *The Reformation of the Sixteenth Century,* Londres, 1953.

— (1953b), *Hunted Heretic: The Life and Death of Michael Servetus, 1511-1553,* Boston, 1953.

— (1951), « The *Querela Pacis* of Erasmus, Classical and Christian Sources », *Archiv für Reformationsgeschichte* 42 (1951), pp. 32-48.

BALZANI, Ugo (1926), « Frederick Barbarossa and the Lombard League », in *The Cambridge Medieval History,* éd. J. R. Tanner *et al.,* 8 vol., Cambridge, 1911-1936 ; vol. 5, pp. 413-453.

BANKER, James R. (1974), « The *Ars Dictaminis* and Rhetorical Textbooks at the Bolognese University in the Fourteenth Century », *Medievalia et Humanistica,* New Series, 5 (1974), pp. 153-168.

BARCIA TRELLES, Camilo (1933), « Francisco Suarez (1548-1617) », *Académie de droit international: recueil des cours* 43 (1933), pp. 385-553.

BARON, Hans (1937), « Religion and Politics in the German Imperial Cities during the Reformation », *The English Historical Review* 52 (1937), pp. 405-427 et 614-633.

— (1938a), « Cicero and the Roman Civic Spirit in the Middle Ages and Early Renaissance », *Bulletin of the John Rylands Library* 22 (1938), pp. 72-97.

— (1938b), « Franciscan Poverty and Civic Wealth as Factors in the Rise of Humanistic Thought », *Speculum* 13 (1938), pp. 1-37.

— (1939), « Calvinist Republicanism and its Historical Roots », *Church History,* 8 (1939), pp. 30-42.

— (1955), *Humanistic and Political Literature in Florence and Venice,* Cambridge, Mass., 1955.

— (1958), « Moot Problems of Renaissance Interpretation : an Answer to Wallace K. Ferguson », *The Journal of the History of Ideas* 19 (1958), pp. 26-34.

— (1961), « Machiavelli : the Republican Citizen and the Author of *The Prince* », *The English Historical Review* 76 (1961), pp. 217-253.

— (1966), *The Crisis of the Early Italian Renaissance,* 2e éd., Princeton, N. J., 1966.

– (1967), « Leonardo Bruni : "Professional Rhetorician" or "Civic Humanist" ? », *Past and Present* 36 (1967), pp. 21-37.
– (1968), *From Petrarch to Leonardo Bruni*, Chicago, 1968.
BARRÈRE, Joseph (1914), « Observations sur quelques ouvrages politiques anonymes du XVIe siècle » *Revue d'histoire littéraire de la France* 21 (1914), pp. 375-386.
BATAILLON, Marcel (1937), *Erasme et l'Espagne : Recherches sur l'histoire spirituelle du XVIe siècle,* Paris, 1937, rééd. Genève, Droz, 1998.
– (1954), « Pour l'"epistolario" de las Casas : une lettre et un brouillon », *Bulletin hispanique* 56 (1954), pp. 366-387.
BAUDRY, L. (1937), « Préface » à Guillaume d'Ockham, *Breviloquium de Potestate Papae,* Paris, 1937, pp. V-XX.
– (1950), *La Querelle des futurs contingents (Louvain, 1465-1475)*, Paris, 1950.
BAUMEL, Jean (1936), *Les Problèmes de la colonisation et de la guerre dans l'œuvre de Francisco de Vitoria*, Montpellier, 1936.
BAUMER, Franklin Le van (1937), « Christopher St German : the Political Philosophy of a Tudor Lawyer », *The American Historical Review* 42 (1937), pp. 631-651.
– (1940), *The Early Tudor Theory of Kingship,* New Haven, Conn., 1940.
BAYLEY, C. C. (1949), « Pivotal Concepts in the political philosophy of William of Ockham », *The Journal of the History of Ideas* 10 (1949), pp. 199-218.
– (1961), *War and Society in Renaissance Florence,* Toronto, 1961.
BEAME, E. M. (1966), « The Limits of Toleration in Sixteenth Century France », *Studies in the Renaissance* 13 (1966), pp. 250-265.
BEC, Christian (1967), *Les Marchands écrivains : affaires et humanisme à Florence, 1375-1434,* Paris 1967.
BECKER, Marvin B. (1960), « Some Aspects of Oligarchical, Dictatorial et Popular Signorie in Florence, 1282-1382 », *Comparative Studies in Society and History* 2 (1960), pp. 421-439.
– (1962), « Florentine "Libertas" : political Independents and *Novi Cives*, 1372-1378 », *Traditio*, 18 (1962), pp. 393-407.
– (1966), « Dante and his Literary Contemporaries as Political Men », *Speculum* 41 (1966), pp. 655-680.
– (1968), « The Florentine Territorial State and Civic Humanism in the Early Renaissance », in *Florentine Studies,* éd. Nicolai Rubinstein, Londres, 1968, pp. 109-139.

BELL, Susan G. (1967), « Johann Eberlin von Günzburg's *Wolfaria* : the first Protestant Utopia », *Church Histoty* 36 (1967), pp. 122-139.
BENDER, Harold S. (1953), « The Zwickau Prophets, Thomas Müntzer, and the Anabaptists », *The Mennonite Quarterly Review* 27 (1953), pp. 3-16.
BENERT, Richard R. (1967), *Inferior Magistrates in Sixteenth-Century Political and Legal Thought* (Ph. D. Dissertation), University of Minnesota, 1967.
– (1973), « Lutheran Resistance Theory and the Imperial Constitution », *Il Pensiero Politico* 6 (1973), pp. 17-36.
BERGENDOFF, Conrad (1928), *Olaus Petri and the Ecclesiastical Transformation in Sweden,* New York, 1928.
BERLIN, Isaiah (1972), « The Originality of Machiavelli », in *Studies on Machiavelli,* éd. Myron P. Gilmore, Florence, 1972, pp. 147-206.
BERRY, Lloyd E. (1969), « Introduction » à *The Geneva Bible : A Facsimile of the 1560 Edition,* Madison, Wisc., 1969.
BERTELLI, S. (1960), « Nota Introduttiva » à Niccolo Machiavelli, *Il Principe e Discorsi,* Milan, 1960.
BEVINGTON, David M. (1961), « The Dialogue in *Utopia :* two sides to the Question », *Studies in Philology* (1961), pp. 496-509.
BIÉLER, André (1959), *La Pensée économique et sociale de Calvin,* Genève, 1959.
BITTON, Davis (1969), *The French Nobility in Crisis, 1560-1640,* Stanford, Calif., 1969.
BLACK, Antony (1970), *Monarchy and Community : Political Ideas in the Later Conciliar Controversy, 1430-1450,* Cambridge, 1970.
BLANKE, Fritz (1961), *Brothers in Christ,* trad. Joseph Nordenhang, Scotdale, Pennsylvania, 1961.
BLEZNICK, Donald W. (1958), « Spanish Reaction to Machiavelli in the Sixteenth and Seventeenth Centuries », *The Journal of the History of Ideas* 19 (1958), pp. 542-550.
BOASE, Alan M. (1935), *The Fortunes of Montaigne : A History of the Essays in France, 1580-1669,* Londres, 1935.
BOASE, T. S. R. (1933), *Boniface VIII,* Londres, 1933.
BOEHMER, Heinrich (1946), *The Road to Reformation,* trad. J. W. Doberstein et T. G. Tappert, Philadelphia, 1946.
BOHATEC, Josef (1937), *Calvins Lehre von Staat und Kirche,* Breslau, 1937.
BOISSET, Jean (1962), *Érasme et Luther : Libre ou serf arbitre ?,* Paris, 1962.
BONADEO, Alfredo (1973), *Corruption, Conflict, and Power in the Works and Times of Niccolo Machiavelli,* Berkeley, Calif., 1973.

BONINI, Cissie R. (1973), « Lutheran Influences in the early English Reformation : Richard Morison re-examined », *Archiv für Reformationsgeschichte* 64 (1973), pp. 206-224.

BORN, Lester K. (1965), « Introduction » à Desiderius Erasmus, *The Education of a Christian Prince*, éd. Lester K. Born, New York, 1936, réimp. 1965, pp. 3-130.

BORNKARNM, Heinrich (1958), *Luther's World of Thought*, trad. Martin H. Bertrain, St Louis, Mo., 1958.

– (1961-1962), « Zur Frage der *Iustitia Dei* beim jungen Luther », *Archiv für Reformationsgeschichte*, 52 et 53 (1961-1962), pp. 16-29 et 1-60.

BOUWSMA, William J. (1957), *Concordia Mundi : The Career and Thought of Guillaume Postel (1510-1581)*, Cambridge, Mass., 1957.

– (1968), *Venice and the Defence of Republican Liberty*, Berkeley, Calif., 1968.

BOWSKY, William M. (1960), *Henry VII in Italy : The Conflict of Empire and City-State, 1310-1313*, Lincoln, Nebraska, 1960.

– (1962), « The Buon Governo of Siena (1287-1355) : a Mediaeval Italian Oligarchy », *Speculum* 37 (1962), pp. 368-381.

– (1967), « The Medieval Commune et Internal Violence : police power et public safety in Siena, 1287-1355 », *The American Historical Review* 73 (1967), pp. 1-17.

BRAMPTON, C. Kenneth (1927), « Introduction » à *The De Imperatorum et Pontificum Potestate of William of Ockham*, Oxford, 1927, pp. IX-XXXVIII.

BRANDI, Karl (1939), *The Emperor Charles V*, trad. C. V. Wedgwood, Londres, 1939.

BRAUDEL, Fernand (1972-1973), *La Méditerranée et le monde méditerranéen à l'époque de Philippe II*, 3 t., Paris, Le Livre de poche, 1993. *The Mediterranean and the Mediterranean World in the Age of Philip II*, trad. Siân Reynold, 2 vol., Londres, 1972-1973.

BRINTON, Selwyn (1927), *The Gonzaga-Lords of Mantua*, Londres, 1927.

BRODIE, D. M. (1948), « Introduction » à Edmund Dudley, *The Tree of Commonwealth*, Cambridge, 1948, pp. 1-17.

BRODRICK, James (1928), *The Life and Work of Blessed Robert Francis Cardinal Bellarmine, S. J.*, 1542-1621, 2 vol., Londres, 1928.

BROWN, Frieda S. (1963), *Religious and Political Conservatism in the Essais of Montaigne*, Genève, 1963.

BROWN, John L. (1939), *The Methodus ad Facilem Historiarum Cognitionem of Jean Bodin : a Critical Study*, Washington, D. C., 1939.

BROWN, P. Hume (1902), *History of Scotland*, vol. II : *From the Accession of Mary Stewart to the Revolution of 1685*, Cambridge, 1902.

BRUCE, F. F. (1970), *The English Bible : A History of Translations*, éd. rev., Londres, 1970.

BRUCKER, Gene A. (1962), *Florentine Politics and Society, 1343-1378*, Princeton, N. J., 1962.

BRYSON, Frederick Robertson (1935), *The Point of Honor in Sixteenth-Century Italy : an Aspect of the Life of the Gentleman*, New York, 1935.

BUENO DE MESQUITA, D. M. (1941), *Giangaleazzo Visconti, Duke of Milan (1351-1402)*, Cambridge, 1941.
– (1965), « The Place of Despotism in Italian Politics », in *Europe in the Later Middle Ages*, éd. J. R. Hale et al., Londres, 1965, pp. 301-331.

BUISSON, Ferdinand (1892), *Sébastien Castellion : sa vie et son œuvre (1515-1563)*, 2 vol., Paris, 1892.

BURANELLI, Vincent (1957), « The Historical and Political Thought of Boulainvilliers », *The Journal of the History of Ideas* 18 (1957), pp. 475-494.

BURCKHARDT, Jacob (1960), *The Civilisation of the Renaissance in Italy*, trad. S. G. C. Middlemore : Phaidon Edn, Londres, 1960. *La Civilisation de la Renaissance en Italie*, 3 vol., Paris, Le Livre de poche, 1986.

BURNS, J. H. (1951), « The Political Ideas of George Buchanan », *The Scottish Historical Review* 30 (1951), pp. 60-68.
– (1954), « New Light on John Major », *The Innes Review* 5 (1954), pp. 83-100.
– (1955), « Knox and Bullinger », *The Scottish Historical Review* 34 (1955), pp. 90-91.
– (1959), « Sovereignty and Constitutional Law in Bodin », *Political Studies* 7 (1959), pp. 174-177.

BUSH, Douglas (1939), *The Renaissance and English Humanism*, Toronto, 1939.

BUTTERFIELD, H. (1940), *The Statecraft of Machiavelli*, Londres, 1940.

CAMERON, Kenneth W. (1941), *Authorship and Sources of Gentleness and Nobility*, Raleigh, North Carolina, 1941.

CAMPANA, Augusto (1946), « The Origin of the Word "Humanist" », *The Journal of the Warburg and Courtauld Institutes* 9 (1946), pp. 60-73.

CAMPBELL, W. E. (1930), *More's Utopia and his Social Teaching*, Londres, 1930.

CANTIMORI, Delio (1937), « Rhetoric and Politics in Italian Humanism », *The Journal of the Warburg and Courtauld Institutes* I (1937-1938), pp. 83-102.

CAPRARIIS, Vittorio de (1959) *Propaganda e pensiero politico in Francia durante le guerre di religione*, vol. 1 (1559-1572), Naples, 1959.

CARDASCIA, Guillaume (1943) « Machiavel et Jean Bodin », *Bibliothèque d'humanisme et Renaissance* 3 (1943), pp. 129-167.

CARGILL THOMPSON, W. D. J (1969), « The "Two Kingdoms" and the "Two Regiments": Some Problems of Luther's *Zwei-Reiche-Lehre* », *The Journal of Theological Studies* 20 (1969), pp. 164-185.

CARLSON, Edgar (1946), « Luther's Conception of Government », *Church History* 15 (1946), pp. 257-270.

CARLYLE, R. W. et A. J. (1936, *A History of Medieval Political Theory in the West.* Vol. VI : *Political Theory from 1300 to 1600*, Londres, 1936.

CARMODY, Francis J. (1948), « Introduction » à Brunetto Latini, *The Books of Treasure [Li Livres dou Tresor]*, California, 1948.

CARSTEN, F. L. (1959), *Princes and Parliaments in Germany*, Oxford, 1959.

CARTWRIGHT, Julia (1908), *Baldesare Castiglione, the Perfect Courtier : his Life and Letters, 1478-1525*, 2 vol., Londres, 1908.

CASPARI, Fritz (1968), *Humanism and the Social Order in Tudor England*, Chicago, 1954 ; rééd. New York, 1968.

CASSIRER, Ernst (1946), *The Myth of the State,* New Haven, Conn., 1946. *Le Mythe de l'État,* trad. B. Vergely, Paris, Gallimard, 1993.

CHABOD, Federico (1946), « Was there a Renaissance State ? », in *The Development of the Modern State,* éd. Heinz Lubasz, New York, 1964, pp. 26-42.

– (1958), *Machiavelli and the Renaissance,* trad. David Moore, Londres, 1958.

CHAMBERS, R. W. (1935), *Thomas More,* Londres, 1935.

CHARLTON, Kenneth (1965), *Education in Renaissance England,* Londres, 1965.

CHAUVIRÉ, Roger (1914), *Jean Bodin, auteur de la « République »,* Paris, 1914.

CHENEVIÈRE, Marc-Édouard (1937), *La Pensée politique de Calvin,* Paris, 1937.

CHESTER, Allan G. (1954), *Hugh Latimer : Apostle to the English,* Philadelphie, 1954.

CHRIMES, S. B. (1936), *English Constitutional Ideas in the Fifteenth Century,* Cambridge, 1936.

– (1972), *Henry VII,* Londres, 1972.

CHRISMAN, Miriam U. (1967), *Strasbourg and the Reform,* New Haven, Conn., 1967.
CHURCH, William F. (1941), *Constitutional Thought in Sixteenth Century France,* Cambridge, Mass., 1941.
— (1972), *Richelieu and Reason of State,* Princeton, N. J., 1972.
CLARK, A. C. (1899), « The Literary Discoveries of Poggio », *The Classical Review* 13 (1899), pp. 119-130.
CLASEN, Claus-Peter (1972), *Anabaptism : A Social History, 1525-1618,* New York, 1972.
CLEBSCH, William A. (1964), *England's Earliest Protestants, 1520-1535,* New Haven, Conn., 1964.
COCHRANE, Eric W. (1961), « Machiavelli : 1940-1960 », *The Journal of Modern History* 33 (1961), pp. 113-136.
— (1965), « The End of the Renaissance in Florence », *Bibliothèque d'humanisme et Renaissance* 27 (1965), pp. 7-29.
COLLINGWOOD, R. G. (1946), *The Idea of History,* Oxford, 1946.
COLLINSON, Patrick (1967), *The Elizabethan Puritan Movement,* Londres, 1967.
CONNOLLY, James L. (1928), *John Gerson, Reformer and Mystic,* Louvain, 1928.
COPLESTON, Frederick (1953), *A History of Philosophy,* vol. III : *Ockham to Suarez,* Londres, 1953.
COSENZA, Mario Emilio (1962), *A Biographical and Bibliographical Dictionary of the Italian Humanists and of the World of Classical Scholarship in Italy, 1300-1800.* Vol. 5, *Synopsis and Bibliography,* Boston, Mass., 1962.
COSTELLO, Frank B. (1974), *The Political Philosophy of Luis de Molina, S. J. (1535-1600),* Rome, 1974.
COWPER, J. M. (1872), « Introduction » à *The Select Works of Robert Crowley,* éd. J. M. Cowper, Londres, 1872, pp. IX-XXIII.
— (1874), « Introduction » à Henry Brinklow, *The Complaint of Roderick Mors,* éd. J. M. Cowper, Londres, 1874, pp. V-XXII.
CRAIG, Hardin (1938), « The Geneva Bible as a Political Document », *The Pacific Historical Review* 7 (1938), pp. 40-49
— (1950), *The Enchanted Glass : The Elizabethan Mind in Literature,* 1935 ; réimp. Oxford, 1950.
CRANZ, F. Edward (1959), *An Essay on the Development of Luther's Thought on Justice, Law and Society,* Cambridge, Mass., 1959.
CROCE, Benedetto (1945), *Politics and Morals,* trad. Salvatore J. Castiglione, New York, 1945.

CROFT, H. H. S. (1880), « Life of Elyot », in Sir Thomas Elyot, *The Book Named the Governor,* éd. H. H. S. Croft, 2 vol., Londres, 1880, pp. XIX-CLXXXIX.

CRONIN, Timothy J. (1966), *Objective Being in Descartes and in Suárez,* Rome, 1966.

D'ADDIO, Mario (1954), *L'Idea del contratto sociale dai sofisti alla riforma e il* De Principatu *di Marie Salamonio,* Milan, 1954.

D'ENTRÈVES, A. P. (1939), *The Medieval Contribution to Political Thought,* Oxford, 1939.

– (1952), *Dante as a Political Thinker,* Oxford, 1952.

DANIEL-ROPS, H. (1961), *The Protestant Reformation,* trad. Audrey Butler, Londres, 1961. *La Réforme protestante,* Paris, Fayard, 1961.

– (1962), *The Catholic Reformation,* trad. John Warrington, Londres, 1962. *La Réforme catholique,* Paris, Fayard, 1960.

DANNER, D. G. (1971), « Anthony Gilby, Puritan in Exile : a Biographical Approach », *Church History* 40 (1971), pp. 412-422.

DAVIS, Charles T. (1957), *Dante and the Idea of Rome,* Oxford, 1957.

– (1959), « Remigio de' Girolami and Dante : a comparison of their conceptions of peace », *Studi Danteschi* 36 (1959), pp. 105-136.

– (1960), « An Early Florentine Political Theorist : Fra Remigio De' Girolami », *Proceedings of the American Philosophical Society* 104 (1960), pp. 662-676.

– (1965), « Education in Dante's Florence », *Speculum* 40 (1965), pp. 415-435.

– (1967), « Brunetto Latini et Dante », in *Studi Medievali* 8 (1967), pp. 421-450.

DEWAR, Mary (1964), *Sir Thomas Smith : A Tudor Intellectual in Office,* Londres, 1964.

– (1966), « The Authorship of the "Discourse of the Commonweal" », *The Economic History Review* 19 (1966), pp. 388-400.

DICKENS, A. G. (1959a), *Lollards and Protestants in the Diocese of York, 1509-1558,* Londres, 1959.

– (1959b), *Thomas Cromwell and the English Reformation,* Londres, 1959.

– (1964), *The English Reformation,* Londres, 1964.

– (1965), « The Reformation in England », in *The Reformation Crisis,* éd. Joel Hurstfield, Londres, 1965, pp. 44-57.

– (1966a), « The Reformation in England », in *The Reformation Crisis,* éd. Joel Hurstfield, Londres, 1966), pp. 44-57

– (1966b), *Reformation and Society in Sixteenth Century Europe*, Londres, 1966.

– (1968), *The Counter Reformation*, Londres, 1968.

– (1974), *The German Nation and Martin Luther*, Londres, 1974.

DOMANDI, Mario (1965), « Translator's Preface », in Francesco Guicciardini, *Maxims and Reflections of a Renaissance Statesman,* trad. Mario Domandi, New York, 1965, pp. 33-38.

DONALDSON, Gordon (1960), *The Scottish Reformation,* Cambridge, 1960.

DONALDSON, P. S. (1975), « Introduction » à *A Machiavellian Treatise,* Cambridge, 1975.

DONNER, H. W. (1945), « Introduction » à *Utopia*, Londres, 1945.

DONOVAN, Richard B. (1967), « Salutati's Opinion of Non-Italian Latin Writers of the Middle Ages », *Studies in the Renaissance* 14 (1967), pp. 185-201.

DOUCET, R. *et al.* (1939), *Histoire de Lyon.* I : *Des origines à 1595,* Lyon, 1939.

DOUCET, R. (1948), *Les Institutions de la France au XVIe siècle,* 2 vol., Paris, 1948.

DOUGLAS, Richard M. (1959), *Jacopo Sadoleto, 1477-1547, Humanist and Reformer,* Cambridge, Mass., 1959.

DOUMERGUE, E. (1899-1927), *Jean Calvin : les hommes et les choses de son temps,* 7 vol., Lausanne, 1899-1927.

DOWDALL, H. C. (1923), « The Word "State" », *The Lam Quarterly Review* 39 (1923), pp. 98-125.

DREANO, M. (1969), *La Religion de Montaigne,* 2e éd., Paris, 1969.

DUHAMEL, Pierre Albert (1948-1949), « The Logic and Rhetoric of Peter Ramus », *Modern Philosophy* 46 (1948-1949), pp. 163-171.

– (1953), « The Oxford Lectures of John Colet », *The Journal of the History of Ideas* 14 (1953), pp. 493-510.

– (1977), « Medievalism of More's *Utopia*», in *Essential Articles for the Study of Thomas More,* éd. R. S. Sylvester et G. P. Marc'hadour, Hamden, Conn., 1977, pp. 234-250.

DUKE, John A. (1937), *History of the Church of Scotland to the Reformation,* Édimbourg, 1937.

DUNKLEY, E. H. (1948), *The Reformation in Denmark*, Londres, 1948).

DUNN, John (1967), « Consent in the Political Theory of John Locke », The *Historical Journal* 10 (1967), pp. 153-82.

– (1969), *The Political Thought of John Locke,* Cambridge, 1969. *La Pensée politique de John Locke*, trad. J. -Fr. Baillon, Paris, PUF, 1991.

– (1972), « The Identity of the History of Ideas », in *Philosophy, Politics and Society*, Series IV, éd. Peter Laslett, W. G. Runciman et Quentin Skinner, Oxford, 1972, pp. 158-173.

EAST, James R. (1968), « Brunetto Latini's Rhetoric of Letter Writing », *The Quarterly Journal of Speech* 54 (1968), pp. 241-246.

EDELMAN, Nathan (1938), « The Early Uses of Medium Aevum, Moyen Age, Middle Ages », *The Romanic Review* 29 (1938), pp. 3-25.

EDWARDS, Mark U. (1975), *Luther and the False Brethren,* Stanford, Calif., 1975.

EELLS, Hastings (1931), *Martin Bucer,* New Haven, Conn., 1931.

EGENTER, Richard (1934), « Die soziale Leitidee im *Tractatus de bono communi* des Fr. Remigius von Florenz », *Scholastik* 9 (1934), pp. 79-92.

ELLIOTT, J. H. (1963), *Imperial Spain, 1469-1716*, Londres, 1963.
– (1968), *Europe Divided, 1559-1598*, Londres, 1968.

ELTON, G. R. (1949), « The Evolution of a Reformation Statute », *The English Historical Review* 64 (1949), pp. 174-197.
– (1951), « The Commons' Supplication of 1532 : Parliamentary Manœuvres in the reign of Henry VIII », *The English Historical Review* 66 (1951), pp. 507-534
– (1953), *The Tudor Revolution in Government,* Cambridge, 1953.
– (1955), *England under the Tudors*, Londres, 1955.
– (1956), « The Political Creed of Thomas Cromwell », *Transactions of the Royal Historical Society* 5 (1956), pp. 69-92.
– (1960), *The Tudor Constitution: Documents and Commentary,* Cambridge, 1960.
– (1963), *Reformation Europe*, Londres, 1963.
– (1968), « Reform by Statute : Thomas Starkey's *Dialogue* and Thomas Cromwell's *Policy* », *Proceedings of the British Academy* 54 (1968), pp. 165-88.
– (1972), « Thomas More, Councillor (1517-1529) », in *St Thomas More: Action and Contemplation,* éd. Richard S. Sylvester, Londres, 1972, pp. 85-122.
– (1972), *Policy and Police: the Enforcement of the Reformation in the Age of Thomas Cromwell,* Cambridge, 1972.
– (1973), *Reform and Renewal. Thomas Cromwell and the Commonweal,* Cambridge, 1973.

EMERTON, Ephraim (1925), *Humanism and Tyranny,* Cambridge, Mass., 1925.

ERIKSON, Erik H. (1958), *Young Man Luther: A Study in Psychoanalysis and History*, Londres, 1958. *Luther avant Luther. Psychanalyse et histoire*, trad. N. Godneff, Paris, Flammarion, 1968.

ERLANGER, Philippe, *St Bartholomew's Night: The Massacre of St Bartholomew*, trad. Patrick O'Brian, Londres, 1960. *24 août 1572. Le massacre de la Saint-Barthélemy*, Paris, Gallimard, 1960.

FAIRFIELD, Leslie P. (1976), *John Bale, Mythmaker for the English Reformation*, West Lafayette, Indiana, 1976.

FEBVRE, Lucien (1947), *Le Problème de l'incroyance au XVIIe siècle : la religion de Rabelais*, Paris, Albin Michel, 1947, n^{lle} éd. 1968.

FENLON, D. B. (1975), « England and Europe : *Utopia* and its Aftermath », *Transactions of the Royal Historical Society* 25 (1975), pp. 115-135.

FENLON, Dermot (1972), *Heresy and Obedience in Tridentine Italy : Cardinal Pole and the Counter Reformation*, Cambridge, 1972.

FERGUSON, Arthur B. (1960), *The Indian Summer of English Chivalry*, Durham, N. C., 1960.
— (1963), « The Tudor Commonweal and the Sense of Change », *The Journal of British Studies* 3 (1963), pp. 1 -35.
— (1965), *The Articulate Citizen and the English Renaissance*, Durham, N. C., 1965.

FERGUSON, Wallace K. (1948), *The Renaissance in Historical Thought*, New York, 1948.
— (1958), « The Interpretation of Italian Humanism : The Contribution of Hans Baron », *The Journal of the History of Ideas* 19 (1958), pp. 14-25.

FERNÁNDEZ DE LA MORA, Gonzalo (1949) « Maquiavelo, visto por los tratadistas politicos Espanoles de la contrarreforma », *Arbor* 13 (1949), pp. 417-449.

FERNÁNDEZ, José A. (1973), « Erasmus on the Just War », *The Journal of the History of Ideas* 34 (1973), pp. 209-226.

FERNÁNDEZ-SANTAMARIA, J. A. (1977), *The State, War and Peace : Spanish Political Thought in the Renaissance, 1516-1559*, Cambridge, 1977.

FERRARI, Giuseppe (1860), *Histoire de la raison d'état*, Paris, 1860.

FICHTER, J. H. (1940), *Man of Spain : Francis Suarez*, New York, 1940.

FIFE, Robert H. (1957), *The Revolt of Martin Luther*, New York, 1957.

FIGGIS, J. N. (1914), *The Divine Right of Kings*, 2e éd., Cambridge, 1914.
— (1960), *Political Thought from Gerson to Grotius, 1414-1625*, avec une Introduction de Garrett Mattingly, New York, 1960.

FISHER, Craig B. (1966), « The Pisan Clergy and an Awakening of Historical Interest in a Medieval Commune », *Studies in Medieval and Renaissance History* 3 (1965), pp. 143-219.

FLANAGAN, Thomas (1972), « The Concept of *Fortuna* in Machiavelli », in *The Political Calculus,* éd. Anthony Parel, Toronto, 1972, pp. 127-156.

FLEISHER, Martin (1973), *Radical Reform and Political Persuasion in the Life and Writings of Thomas More*, Genève, 1972.

FLICK, Alexander C. (1930), *The Decline of the Medieval Church,* 2 vol., Londres, 1930.

FORD, Franklin (1953), *Robe and Sword : the Regrouping of the French Aristocracy after Louis XIV,* Cambridge, Mass., 1953.

FRAME, Donald M. (1965), *Montaigne : A Biography*, Londres, 1965.

FRANKLIN, Julian H. (1963), *Jean Bodin and the sixteenth-century Revolution in the Methodology of Law and History,* New York, 1963.

– (1967), « Constitutionalism in the Sixteenth Century : the Protestant Monarchomachs », in *Political Theory and Social Change,* éd. David Spitz, New York, 1967, pp. 117-132.

– (1969), *Constitutionalism and Resistance in the Sixteenth Century,* New York, 1969.

– (1973), *Jean Bodin and the Rise of Absolutist Theory,* Cambridge, 1973. *Jean Bodin et la naissance de la théorie absolutiste,* trad. J. -F. Spitz, Paris, PUF, 1993.

– (1978), *John Locke and the Theory of Sovereignty,* Cambridge, 1978.

FRIEDENTHAL, Richard (1970), *Luther : His Life and Times,* trad. John Nowell, New York, 1970.

GALLET, Léon (1944), « La Monarchie française d'après Claude de Seyssel », *Revue historique de droit français et étranger* 23 (1944), pp. 1-34.

GANOCZY, Alexandre (1966), *Le Jeune Calvin : genèse et évolution de sa vocation réformatrice,* Wiesbaden, 1966.

– (1968), « Jean Major, exégète gallican », *Recherches de science religieuse* 56 (1968), pp. 457-495.

GARIN, Eugenio (1965), *Italian Humanism ; Philosophy and Civic Life in the Renaissance,* trad. Peter Munz, Oxford, 1965.

GARRETT, Christina (1938), *The Marian Exiles,* Cambridge, 1938.

GEERKEN, John H. (1976), « Machiavelli Studies since 1969 », *The Journal of the History of Ideas* 37 (1976), pp. 351-368.

GERMINO, Dante (1972), *Modern Western Political Thought : Machiavelli to Marx,* Chicago, 1972.

GERRISH, B. A. (1962), *Grace and Reason : a Study in the Theology of Luther*, Oxford, 1962.

GETINO, Luis G. Alonso (1930), *El Maestro Fr. Francisco de Vitoria*, Madrid, 1930.

GEWIRTH, Alan (1948), « John of Jandun and the *Defensor Pacis* », *Speculum* 23, (1948), pp. 267-272.

— (1951), *Marsilius of Padua : The Defender of Peace*. Volume I : *Marsilius of Padua and Medieval Political Philosophy*, New York, 1951.

GIERKE, Otto von (1900), *Political Theories of the Middle Ages*, trad. F. M. Maitlet, Cambridge, 1900.

— (1934), *Natural Law and the Theory of Society, 1500 to 1800*, trad. Ernest Barker, 2 vol., Cambridge, 1934.

— (1939), *The Development of Political Theory*, trad. Bernard Freyd, Londres, 1939.

GIESENDORF, P. -F. (1949), *Théodore de Bèze*, Paris, 1949.

GIESEY, Ralph E. (1967), « When and Why Hotman wrote the *Francogallia* », *Bibliothèque d'humanisme et Renaissance* 29 (1967), pp. 581-611.

— (1968), *If Not, Not : the Oath of the Aragonese and the Legendary Laws of Sobrarbe*, Princeton, N. J., 1968.

— (1970), « The Monarchomach Triumvirs : Hotman, Beza and Mornay », *Bibliothèque d'humanisme et Renaissance* 32 (1970), pp. 41-56.

— (1973), « Medieval jurisprudence in Bodin's Concept of Sovereignty », in *Jean Bodin : Proceedings of the International Conference on Bodin in Munich*, éd. Horst Denzer, Munich, 1973, pp. 167-186.

GIESEY, Ralph E., et SALMON, J. H. M. (1972), « Editors' Introduction » à François Hotman, *Francogallia*, Cambridge, 1972, pp. 1-134.

GILBERT, Allan H. (1938), *Machiavelli's Prince and its Forerunners*, Durham, N. Carolina, 1938.

GILBERT, Felix (1939), « The Humanist Concept of the Prince and *The Prince* of Machiavelli », *The Journal of Modern History* II (1939), pp. 449-483.

— (1949), « Bernardo Rucellai and the Orti Oricellari : a Study on the Origin of Modern Political Thought », *The Journal of the Warburg and Courtauld Institutes* 12 (1949), pp. 101-131.

— (1953), « The Composition and Structure of Machiavelli's *Discorsi* », *The Journal of the History of Ideas* 14 (1953), pp. 136-156.

– (1957), « Florentine Political Assumptions in the Period of Savonarola et Soderini », *The Journal of the Warburg and Courtauld Institutes* 20 (1957), pp. 187-214.

– (1965), *Machiavelli and Guicciardini: Politics and History in Sixteenth Century Florence*, Princeton, N. J., 1965. *Machiavel et Guichardin : politique et histoire à Florence au XVIe siècle*, trad. J. Viviès et P. Abbrugiati, Paris, Le Seuil, 1996.

– (1967), « The Date of the Composition of Contarini's and Giannottis Books on Venice », *Studies in the Renaissance* 14 (1967), pp. 172-184.

– (1968), « The Venetian Constitution in Florentine Political Thought », in *Florentine Studies*, éd. Nicolai Rubinstein, Londres, 1968, pp. 463-500.

– (1969), « Religion and Politics in the Thought of Gasparo Contarini », in *Action and Conviction in Early Modern Europe*, éd. Theodore K. Rabb et Jerrold E. Seigel, Princeton, N. J., 1969, pp. 90-116.

– (1972), « Machiavelli's "*Istorie Fiorentine*" », in *Studies on Machiavelli*, éd. Myron P. Gilmore, Florence, 1972, pp. 75-99.

– (1973), « Venice in the Crisis of the League of Cambrai », in *Renaissance Venice*, éd. J. R Hale, Londres, 1973, pp. 274-292.

GILBERT, Neal W. (1960), *Renaissance Concepts of Method*, New York, 1960.

GILMORE, Myron P. (1941), *Argument from Roman Law in Political Thought, 1200-1600*, Cambridge, Mass., 1941.

– (1952), *The World of Humanism, 1453-1517*, New York, 1952.

– (1956), « Freedom and Determinism in Renaissance Historians », *Studies in the Renaissance* 3 (1956), pp. 49-60.

– (1973), « Myth and Reality in Venetian Political Theory », in *Renaissance Venice*, éd. J. R Hale, Londres, 1973, pp. 431-444.

GILSON, Étienne (1924), *The Philosophy of St. Thomas Aquinas*, trad. Edward Bullough, Cambridge, 1924. *Le Thomisme. Introduction à la philosophie de saint Thomas d'Aquin*, Paris, Vrin, 1972.

– (1948), *Dante the Philosopher*, trad. David Moore, Londres, 1948. *Dante et la philosophie*, Paris, Vrin, 1986.

– (1955), *History of Christian Philosophy in the Middle Ages*, New York, 1955. *La Philosophie au Moyen Âge*, 2 vol., Paris, Payot, 1976.

GOUGH, J. W. (1957), *The Social Contract: a Critical Study of its Development*, 2e éd., Oxford, 1957.

GRAY, Hanna H. (1963), « Renaissance Humanism: the pursuit of Eloquence », *The Journal of the History of Ideas* 24 (1963), pp. 497-514.
– (1965), « Valla's *Encomium of St Thomas Aquinas* and the Humanist Conception of Christian Antiquity », in *Essays in History and Literature Presented by Fellows of the Newberry Library to Stanley Pargellis,* éd. Heinz Bluhm, Chicago, 1965, pp. 37-51.

GRAY, John R. (1939), « The Political Theory of John Knox », *Church History* 8 (1939), pp. 132-147.

GRAYSON, Cecil (1957), « The Humanism of Alberti », *Italian Studies* 12 (1957), pp. 37-56.

GREEN, Louis (1972), *Chronicle into History. An Essay on the Interpretation of History in Florentine Fourteenth-Century Chronicles,* Cambridge, 1972.

GREEN, V. H. H. (1964), *Renaissance and Reformation,* 2ᵉ éd., Londres, 1964.

GREENLEAF, W. H. (1964), *Order, Empiricism and Politics : Two Traditions of English Political Thought, 1500-1700,* Londres, 1964.
– (1973), « Bodin and the Idea of Order », in *Bodin,* éd. H Denzer, Munich, 1973, pp. 23-38.

GREGOROVIUS, Ferdinand (1967), *A History of the City of Rome in the Middle Ages,* trad. Annie Hamilton, 8 vol., Londres, 1909-1912, repr. New York, 1967.

GRENDLER, Paul F. (1966), « The Rejection of Learning in *Mid-Cinquecento* Italy », *Studies in the Renaissance* 13 (1966), pp. 230-249.

GREY, Ernest (1973), *Guevara, a Forgotten Renaissance Author,* La Haye, 1973.

GRIFFITHS, Gordon (1959), « Democratic Ideas in the Revolt of the Netherlands », in *Archiv für Reformationsgeschichte* 50 (1959), pp. 50-63.

GRIMM, Harold J. (1948), « Luther's Conception of Territorial and National Loyalty », *Church History* 17 (1948), pp. 79-94.
– (1954), *The Reformation Era, 1500-1650,* New York, 1954.

GUNDERSHEIMER, Werner L. (1966), *The Life and Works of Louis Le Roy,* Genève, 1966.
– Werner L. (1973), *Ferrara : The Style of a Renaissance Despotism,* Princeton, N. J., 1973.

HALE, J. R. (1961), *Machiavelli and Renaissance Italy,* Londres, 1961.

HALLER, William (1963), *Foxe's Book of Martyrs and the Elect Nation,* Londres, 1963.

HAMILTON, Bernice (1963), *Political Thought in Sixteenth-Century Spain,* Oxford, 1963.

HAMON, Auguste (1901), *Jean Bouchet, 1476-1557 ?,* Paris, 1901.

HANKE, Lewis (1949), *The Spanish Struggle for Justice in the Conquest of America,* Philadelphie, 1949.
— (1959), *Aristotle and the American Indians : a Study in Race Prejudice in the Modern World,* Chicago, 1959.
— (1974), *All Mankind is One,* DeKalb, Ill., 1974.

HANNAFORD, I. (1972), « Machiavelli's Concept of *Virtù* in *The Prince* and *The Discourses* Reconsidered », *Political Studies* 20 (1972), pp. 185-189.

HARRIS, Jesse W. (1940), *John Bale : a Study in the Minor Literature of the Reformation,* Urbana, Ill., 1940.

HARRISS, G. L. (1963), « A Revolution in Tudor History ? Medieval Government and Statecraft », *Past and Present* 25 (1963), pp. 8-39.

HASKINS, Charles Homer (1927), *The Renaissance of the Twelfth Century,* Cambridge, Mass., 1927.
— (1929), « The Early *Arte Dictandi* in Italy », in *Studies in Medieval Culture,* Oxford, 1929, pp. 170-192.

HAUSER, Henri (1892), *François de la Noue (1531-1591),* Paris, 1892.

HAY, Denys (1959), « Flavio Biondo and the Middle Ages », *Proceedings of the British Academy* 45 (1959), pp. 97-125.
— (1961), *The Italian Renaissance in its Historical Background,* Cambridge, 1961.
— (1965), « The Early Renaissance in England », in *From the Renaissance to the Counter-Reformation,* éd. Charles H. Carter, New York, 1965, pp. 95- 112.

HAZELTINE, H. D. (1926), « Roman and Canon Law in the Middle Ages », in *The Cambridge Medieval History,* éd. J. R. Tanner *et al.,* 8 vol., 1911-1936 ; vol. 5, pp. 697-764.

HEARNSHAW, F. J. C. (1924), « Bodin and the Genesis of the Doctrine of Sovereignty », in *Tudor Studies,* éd. R. W. Seton-Watson, Londres, 1924), pp. 109-132.

HEISERMAN, A. R. (1961), *Skelton and Satire,* Chicago, 1961.

HÉRITIER, Jean (1963), *Catherine de Medici,* trad. Charlotte Haldane, Londres, 1963. *Catherine de Médicis,* Paris, Perrin, 1985.

HERLIHY, David (1967), *Medieval and Renaissance Pistoia,* New Haven, Conn., 1967.

HERTTER, Fritz (1960), *Die Podestàliteratur Italiens im 12. und 13. Jahrhundert,* Leipzig-Berlin, 1960.

HEXTER, J. H. (1952), *More's* Utopia : *The Biography of an Idea,* Princeton, N. J., 1952.
— (1956), « Seyssel, Machiavelli and Polybius VI : the Mystery of the Missing Translation », *Studies in the Renaissance* 3 (1956), pp. 75-96.
— (1957), « *Il principe* and *lo stato* », *Studies in the Renaissance* 4 (1957), pp. 113-138.
— (1961), « Thomas More : on the Margins of Modernity », *The Journal of British Studies* I (1961), pp. 20-37.
— (1964), « The Loom of Language dans the Fabric of Imperatives : The Case of *Il Principe* dans *Utopia* », *The American Historical Review* 69 (1964), pp. 945-968.
— (1965), « Introduction » à Thomas More, *Utopia,* in *The Complete Works of St. Thomas More,* vol. 4, New Haven, Conn., 1965, pp. XV-CXXIV.
— (1973), *The Vision of Politics on the Eve of the Reformation : More, Machiavelli and Seyssel,* New York, 1973.
HEYMANN, Frederick G. (1955), *John Zizka and the Hussite Revolution,* Princeton, N. J., 1955.
— (1959), « John Rokycana : Church Reformer between Hus and Luther », *Church History* 28 (1959), pp. 240-280.
— (1970), « The Hussite Revolution and the German Peasants' War », *Medievalia et Humanistica,* New Series 1 (1970), pp. 141-159.
HILDEBRANDT, Franz (1946), *Melanchthon - Alien or Ally ?,* Cambridge, 1946.
HILLERBRAND, Hans J. (1958), « The Anabaptist View of the State », *The Mennonite Quarterly Review* 32 (1958), pp. 83-110.
HIRSCH, Rudolf (1971), « Printing and the spread of humanism in Germany », in *Renaissance Men and Ideas,* éd. Robert Schwoebel, New York, 1971, pp. 23-37.
HIRSCHMAN, Albert O. (1977), *The Passions and the Interests,* Princeton, N. J., 1977. *Les Passions et les intérêts,* trad. P. Andler, Paris, PUF, 1980.
HOGREFE, Pearl (1937), « The Life of Christopher St German », *The Review of English Studies* 13 (1937), pp. 398-404
— (1959), *The Sir Thomas More Circle,* Urbana, Ill., 1959).
HOLBORN, Hajo (1937), *Ulrich von Hutten and the German Reformation,* trad. Rolet H. Bainton, New Haven, Conn., 1937.
HOLLIS, Martin (1977), *Models of Man,* Cambridge, 1977.
HOLMES, George (1969), *The Florentine Enlightenment, 1400-1450,* Londres, 1969.

– (1973), « The Emergence of an Urban Ideology at Florence », in *Transactions of the Royal Historical Society* 23 (1973), pp. 111-134.

HORNIK, Henry (1960), « Three Interpretations of the French Renaissance », *Studies in the Renaissance* 7 (1960), pp. 43-66.

HORTLEDER, F. (1645), *Der Römischen Kaiser und Königlichen Maierstaten...*, 12 vol., Gotha, 1645.

HUDSON, Winthrop S., (1942), *John Ponet (1516?-1556): Advocate of Limited Monarchy,* Chicago, 1942.

– (1946), « Democratic Freedom and Religious Faith in the Reformed Tradition », *Church History* 15 (1946), pp. 177-194.

HUGHES, Philip (1950-1954), *The Reformation in England,* 3 vol., Londres, 1950-1954.

– (1965), *The Theology of the Reformers*, Londres, 1965.

HUIZINGA, J. (1952), *Erasmus of Rotterdam,* Londres, 1952. *Érasme*, Paris, Gallimard, 1955.

HUPPERT, George (1970), *The Idea of Perfect History: Historical Erudition and Historical Philosophy in Renaissance France,* Urbana, Ill., 1970. *L'Idée de l'Histoire parfaite* trad. Fr. et P. Braudel, Paris, Flammarion, 1972.

HYDE, J. K. (1965), « Medieval Descriptions of Cities », *Bulletin of the John Rylands Library* 48, pp. 308-340.

– (1966a), *Padua in the Age of Dante,* Manchester, 1966.

– (1966b), « Italian Social Chronicles in the Middle Ages », *Bulletin of the John Rylands Library* 49 (1966-1967), pp. 107-132.

– (1973), *Society and Politics in Medieval Italy: the Evolution of the Civil Life, 1000-1350,* Londres, 1973.

HYMA, Albert (1940), « The Continental Origins of English Humanism », *The Huntington Library Quarterly* 4 (1940-1941), pp. 1-25.

– (1965), *The Christian Renaissance: a History of the « Devotio Moderna »,* 2ᵉ éd., Hamden, Conn., 1965.

ISERLOH, Erwin (1968), *The Theses Were not Posted: Luther between Reform and Reformation*, Londres, 1968.

JANEAU, Hubert (1953), « La pensée politique de Rabelais », in *Travaux d'humanisme et Renaissance* 7 (1953), pp. 15-35.

JANELLE, Pierre (1930), *Obedience in Church and State,* Cambridge, 1930.

JANTON, Pierre (1967), *John Knox (ca. 1513-1572): l'homme et l'œuvre,* Paris, 1967.

JARLOT, Georges (1949), « Les idées politiques de Suarez et le pouvoir absolu », *Archives de Philosophie* 18 (1949), pp. 64-107.

JARRETT, Bede (1935), *The Emperor Charles IV,* Londres, 1935.

JAYNE, Sears (1963), *John Colet and Marsilio Ficino*, Oxford, 1963.

JEDIN, Hubert (1957-1961), *A History of the Council of Trent*, trad. Ernest Graf, 2 vol., Londres, 1957-1961. *Histoire du Concile de Trente*, trad. A. Liefooghe, 2 vol., Paris-Tournai-Rome, Desclée et Cie, 1965.

JONES, Leonard C. (1917), *Simon Goulart, 1543-1628,* Paris, 1917.

JONES, P. J. (1965), « Communes and Despots : The City State in Late Medieval Italy », *Transactions of the Royal Historical Society* 15 (1965), pp. 71-96.

— (1974), *The Malatesta of Rimini and the Papal State,* Cambridge, 1974.

JONES, Whitney R. D. (1970), *The Tudor Commonwealth, 1529-1559,* Londres, 1970.

JORDAN, W. K. (1968), *Edward VI,* vol. I, *The Young King*, Londres, 1968.
— (1970), *Edward VI,* vol. II, *The Threshold of Power*, Londres, 1970.

KANTOROWICZ, Ernst H. (1941), « An "Autobiography" of Guido Faba », *Medieval and Renaissance Studies* I (1941-1943), pp. 253-280.
— (1943), « Anonymi "Aurea Gemma" », *Medievalia et humanistica* I (1943), pp. 41-57.
— (1957), *The King's Two Bodies : A Study in Medieval Political Theology,* Princeton, N. J., 1957. *Les Deux Corps du roi,* trad. N. et J.-Ph. Genet, Paris, Gallimard, 1989.

KAUTSKY, Karl (1927), *Thomas More and his Utopia,* trad. H. J. Stenning, Londres, 1927.

KEATING, L. Clark (1941), *Studies in the Literary Salon in France, 1550-1615,* Cambridge, Mass., 1940.

KEEN, M. H. (1965), « The Political Thought of the Fourteenth Century Civilians », in *Trends in Medieval Political Thought,* éd. Beryl Smalley, Oxford, 1965, pp. 105-126.

KELLEY, Donald R. (1966), « Legal Humanism and the Sense of History », *Studies in the Renaissance* 13 (1966), pp. 184-199.
— (1970), *Foundations of Modern Historical Scholarship,* New York, 1970.
— (1970b), « Murd'rous Machiavel in France : a Post-Mortem », *The Political Science Quarterly* 85 (1970), pp. 545-559.
— (1973), *François Hotman : a Revolutionary's Ordeal,* Princeton, N. J., 1973.
— (1973b), « The Development and Context of Bodin's Method », in *Bodin,* éd. H. Denzer, Munich, 1973, pp. 123-150.

— (1976), « Vera Philosophia : the Philosophical Significance of Renaissance Jurisprudence », *The Journal of the History of Philosophy* 14 (1976), pp. 267-279.

KELLY, Michael (1965), « The Submission of the Clergy », *Transactions of the Royal Historical Society* 5 (1965), pp. 97-119.

KIDD, B. J. (1933), *The Counter-Reformation*, Londres, 1933.

KING, Preston (1974), *The Ideology of Order : a Comparative Analysis of Jean Bodin and Thomas Hobbes*, Londres, 1974.

KINGDON, Robert M. (1955), « The First Expression of Theodore Beza's Political Ideas », *Archiv für Reformationsgeschichte* 46 (1955), pp. 88-100.

— (1956), *Geneva and the Coming of the Wars of Religion in France, 1555-1563*, Genève, 1956.

— (1958), « The Political Resistance of the Calvinists in France and the Low Countries », *Church History* 27 (1958), pp. 220-233.

— (1967), *Geneva and the Consolidation of the French Protestant Movement, 1564-1572*, Genève, 1967.

KISCH, Guido (1961), « Humanistic jurisprudence », *Studies in the Renaissance* 8 (1961), pp. 71-87.

KNAPKE, Paul J. (1939), *Frederick Barbarossa's Conflict with the Papacy*, Washington, D. C., 1939.

KNOWLES, David (1962), *The Evolution of Medieval Thought*, Londres, 1962.

KONTOS, Alkis (1972), « Success and Knowledge in Machiavelli », in *The Political Calculus*, éd. Anthony Parel, Toronto, 1972, pp. 83-100.

KREIDER, Robert (1955), « The Anabaptists and the Civil Authorities of Strasbourg, 1525-1555 », *Church History* 24 (1955), pp. 99-118.

KRISTELLER, Paul Oskar (1956), *Studies in Renaissance Thought and Letters*, Rome, 1956.

— (1961), *Renaissance Thought* I : *The Classic, Scholastic and Humanistic Strains*, New York, 1961.

— (1962a), « Studies on Renaissance Humanism during the Last Twenty Years », *Studies in the Renaissance* 9 (1962), pp. 7-30.

— (1962b), « The European Diffusion of Italian Humanism », *Italica* 39 (1962), pp. 1-20.

— (1965), *Renaissance Thought* II : *Papers on Humanism and the Arts*, New York, 1965.

KUNTZ, Marion L. D. (1975), « Introduction » à Jean Bodin, *Colloquium of the Seven about Secrets of the Sublime,* Princeton, N. J., 1975, pp. XIII-LXXXI.

LA BROSSE, Olivier de (1965), *Le Pape et le concile,* Paris, 1965.

LABITTE, Charles (1866), *De la démocratie chez les prédicateurs de la ligue,* 2ᵉ éd., Paris, 1866.

LAGARDE, Georges de (1926), *Recherches sur l'esprit politique de la Réforme,* Paris, 1926.

– (1948), *La Naissance de l'esprit laïque au déclin du Moyen Âge,* vol. II : *Marsile de Padoue,* 2ᵉ éd., Paris, 1948.

– (1963), *La Naissance de l'esprit laïque au déclin du Moyen Âge,* vol. V : *Guillaume d'Ockham : Critique des structures ecclésiales,* nˡˡᵉ éd., Paris, 1963.

LAMOND, Elizabeth (1893), « Introduction » à *A Discourse of the Common Weal of this Realm of England,* éd. Elizabeth Lamond, Cambridge, 1893, pp. IX-LXXII.

LANDEEN, William M. (1951), « Gabriel Biel and the Brethren of the Common Life in Germany », *Church History* 20 (1951), pp. 23-36.

LARNER, John (1965), *The Lords of Romagna,* Londres, 1965.

– (1971), *Culture and Society in Italy, 1290-1420,* Londres, 1971.

LASKI, Harold J. (1936), « Political Theory in the Later Middle Ages », *The Cambridge Medieval History,* éd. J. R. Tanner *et al.,* 8 vol., Cambridge, 1911-1936 ; vol. 8, pp. 620-645.

LASLETT, Peter (1967), « Introduction » à John Locke, *Two Treatises of Government,* 2ᵉ éd., Cambridge, 1967, pp. 1-145.

LATHAM, R. E. (1965), *Revised Medieval Latin Word-List,* Londres, 1965.

LAUNOY, Jean de (1682), *Academia Parisiensis Illustrata,* Paris, 1682.

LE ROY LADURIE, Emmanuel (1967), « Difficulté d'être et douceur de vivre : le XVIᵉ siècle », in *Histoire de Languedoc,* éd. Philippe Wolff, Toulouse, 1967, pp. 265-311.

LECLER, J. (1960), *Toleration and the Reformation,* trad. T. L. Westow, 2 vol., Londres, 1960. *Histoire de la tolérance au siècle de la Réforme,* Paris, Albin Michel, 1994.

LEHMBERG, Stanford E. (1960), *Sir Thomas Elyot, Tudor Humanist,* Austin, Texas, 1960.

– (1961), « English Humanists, the Reformation and the Problem of Counsel », *Archiv für Reformationsgeschichte* 52 (1961), pp. 74-90.

– (1962), « Introduction » à Sir Thomas Elyot, *The Book Named the Governor,* éd. S. E. Lehmberg, Londres, 1962.

— (1970), *The Reformation Parliament, 1529-1536,* Cambridge, 1970.

LEMONNIER, Henri (1903), *Les Guerres d'Italie. La France sous Charles VIII, Louis XII et François I*^{er} *(1492-1547),* in *Histoire de France,* éd. Ernest Lavisse, vol. V, Part. 1, Paris, 1903.

LÉONARD, E. -G. (1948), « Le Protestantisme français au XVIIe siècle », *Revue historique* 72 (1948) pp. 153-179.

— (1965-1967), *A History of Protestantism,* trad. Joyce M. H. Reid et R. M. Bethell, 2 vol., Londres, 1965-1967.

LEVY, Fritz J. (1967), *Tudor Historical Thought,* San Marino, 1967.

LEWIS, C. S. (1954), *English Literature in the Sixteenth Century, excluding Drama,* Oxford, 1954.

LEWIS, J. U. (1968), « Jean Bodin's "Logic of Sovereignty" », *Political Studies* 16 (1968), pp. 206-222.

LEWY, Guenter (1960), *Constitutionalism and Statecraft during the Golden Age of Spain : a Study of the Political Philosophy of Juan de Mariana, S J.,* Genève, 1960.

LIDA DE MALKIEL, Maria Rosa (1968), *L'Idée de la gloire dans la tradition occidentale,* trad. de l'espagnol par Sylvia Roubaud, Paris, 1968.

LIMENTANI, U. (1965), « Dantes Political Thought », in *The Mind of Dante,* éd. U. Limentani, Cambridge, 1965, pp. 113-137.

LINDER, Robert D. (1964), *The Political Ideas of Pierre Viret,* Genève, 1964.

LOADES, D. M. (1970), *The Oxford Martyrs,* Londres, 1970.

LORTZ, Joseph (1968), *The Reformation in Germany,* trad. Ronald Walis, 2 vol., Londres, 1968. *La Réforme de Luther,* trad. D. Olivier, Paris, Le Cerf, 1970.

LOSADA, Angel (1970), *Fray Bartolome de Las Casas,* Madrid, 1970.

LUNT, William E. (1962), *Financial Relations of the Papacy with England, 1327-1534,* Cambridge, Mass., 1962.

LYELL, James P. R. (1917), *Cardinal Ximenes ... with an account of the Complutensian Polyglot Bible,* Londres, 1917.

MACAULAY, Thomas Babington (1907), « Machiavelli », in *Critical and Historical Essays,* éd. A. J. Grieve, 2 vol., Londres, 1907 ; vol. II, pp. 1-37.

MACINTYRE, Alasdair (1966), *A Short History of Ethics,* New York, 1966.

— (1971), *Against The Self-Images of the Age,* Londres, 1971.

MACKAY, Aeneas J. G. (1892) « The Life of the Author », in John Mair, *A History of Greater Britain,* trad. et éd. Archibald Constable, Édimbourg, 1892.

MACKENSEN, Heinz F. (1964), « Historical Interpretation dans Luther's Role in the Peasant Revolt », *Concordia Theological Monthly* 35 (1964), pp. 197-209.

MACKINNON, James (1925-1930), *Luther and the Reformation*, 4 vol., Londres, 1925-1930.

MACPHERSON, C. B. (1962), *The Political Theory of Possessive Individualism : Hobbes to Locke,* Oxford, 1962. *La Théorie politique de l'individualisme possessif,* Paris, Gallimard, 1971.

MAJOR, J. Russell (1951), *The Estates of 1560*, Princeton, N. J., 1951.
— (1960), *Representative Institutions in Renaissance France, 1421-1559,* Madison, Wisc., 1960.
— (1962), « The French Monarchy as seen through the Estates General », *Studies in the Renaissance* 9 (1962), pp. 113-125.

MAJOR, John M. (1964), *Sir Thomas Elyot and Renaissance Humanism,* Lincoln, Nebraska, 1964.

MALLETT, Michael (1974), *Mercenaries and their Masters,* Londres, 1974.

MANSCHRECK, Clyde L. (1957), « The Role of Melanchthon in the Adiaphora Controversy », *Archiv für Reformationsgeschichte* 48 (1957), pp. 165-182.
— (1958), *Melanchthon, the Quiet Reformer,* New York, 1958.
— (1965), « Preface » à *Melanchthon on Christian Doctrine,* New York, 1965, pp. VII-XXIV.

MARROU, H. -I. (1956), *A History of Education in Antiquity,* trad. G. Lamb, Londres, 1956. *Histoire de l'éducation dans l'Antiquité,* Paris, 2 vol., Seuil, 1981.

MARTIN, Jules (1906), *Gustave Vasa et la réforme en Suède,* Paris, 1906.

MARTIN, Kingsley (1962), *French Liberal Thought in the Eighteenth Century,* éd. J. P. Mayer, Londres, 1962.

MARTINES, Lauro (1963), *The Social World of the Florentine Humanists, 1390-1460,* Princeton, N. J., 1963.

MASSAUT, Jean-Pierre (1968), *Josse Clichtove l'humanisme et la réforme du clergé,* 2 vol., Paris, 1968.

MATTINGLY, Garrett (1961), « Some Revisions of the Political History of the Renaissance », in *The Renaissance,* éd. Tinsley Helton, Madison, Wisc., 1961.

MAUGIS, Édouard (1913-1914), *Histoire du Parlement de Paris : de l'avènement des rois Valois à la mort d'Henri IV,* 2 vol., Paris, 1913-1914.

MAZZEO, Joseph A. (1967), *Renaissance and Revolution : The Remaking of European Thought,* Londres, 1967.

McConica, James K. (1965), *English Humanists and Reformation Politics under Henry VIII and Edward VI*, Oxford, 1965.

McDonough, Thomas M. (1963), *The Law and the Gospel in Luther*, Oxford, 1963.

McFarlane, K. B. (1972), *Wycliffe and English Nonconformity*, Harmondsworth, 1972.

McGowan, Margaret M. (1974), *Montaigne's Deceits: the Art of Persuasion in the Essais*, Londres, 1974.

McGrade, Arthur S. (1974), *The Political Thought of William of Ockham*, Cambridge, 1974.

McKeon, Richard (1942), « Rhetoric in the Middle Ages », *Speculum* 17 (1942), pp. 1-32.

McNeil, David O. (1975), *Guillaume Budé and Humanism in the reign of Francis I*, Genève, 1975.

McNeill, John T. (1941), « Natural Law in the Thought of Luther », *Church History* 10 (1941), pp. 211-227.
 – (1949), « The Democratic Element in Calvin's Thought », *Church History* 18 (1949), pp. 153-171
 – (1954), *The History and Character of Calvinism*, New York, 1954.

McRae, Kenneth D. (1955), « Ramist Tendencies in the Thought of Jean Bodin », *The Journal of the History of Ideas* 16 (195 5), pp. 306-323.
 – (1962), « Introduction » à Jean Bodin, *The Six Books of a Commonweal*, Cambridge, 1962, pp. A3-A67.

Meier, Ludger (1955), « Contribution à l'histoire de la théologie à l'Université d'Erfurt », *Revue d'histoire ecclésiastique* 50 (1955), pp. 454-479 et 839-866.

Meinecke, Friedrich (1957), *Machiavellism*, trad. Douglas Scott, Londres, 1957.

Menut, Albert D. (1943), « Castiglione and the Nicomachean Ethics », *Publications of the Modern Language Association* 58 (1943), pp. 308-321.

Mercier, Charles (1934), « Les théories politiques des calvinistes en France au cours des guerres de religion », in *Bulletin de la société de l'histoire du protestantisme français* 83 (1934), pp. 225-260.

Mesnard, Pierre (1936), *L'Essor de la philosophie politique au XVIᵉ siècle*, Paris, 1936.
 – (1950), « Jean Bodin à Toulouse », *Bibliothèque d'humanisme et Renaissance* 12 (1950), pp. 31-59.

- (1955), « François Hotman (1524-1590) et le complexe de Tribonien », *Bulletin de la société de l'histoire du Protestantisme français* 101 (1955), pp. 117-137.
MICHAUD, Hélène (1967), *La Grande Chancellerie et les écritures royales au seizième siècle (1515-1589)*, Paris, 1967.
MILLER, Edward W. (1917), *Wessel Cansfort : life and writings*, 2 vol., New York, 1917.
MINIO-PALUELLO, L. (1956), « Remigio Girolamis *De Bono Communi* : Florence at the time of Dante's Banishment and the Philosopher's Answer to the Crisis », *Italian Studies* II (1956), pp. 56-71.
MITCHELL, Rosamund J. (1936), « English Law Students at Bologna in the Fifteenth Century », *The English Historical Review* 51 (1936), pp. 270-87.
- (1938), *John Tiptoft (1427-1470)*, Londres, 1938.
MOELLER, Bernd (1972), *Imperial Cities and the Reformation : Three Essays*, trad. et éd. H. C. E. Midelfort et Mark U. Edwards Jr, Philadelphie, 1972. *Villes d'Empire et Réformation*, trad. A. Chenou, Genève, Droz, 1966.
MOMMSEN, Theodor E. (1959a), « Petrarch's Conception of the "Dark Ages" », in *Medieval and Renaissance Studies*, éd. Eugene F. Rice, Ithaca, 1959, pp. 106-129.
- (1959b), « Petrarch and the Story of the Choice of Hercules », *Medieval and Renaissance Studies*, éd. Rice, pp. 175-196.
- (1959c), « St. Augustine and the Christian Idea of Progress : the Background of the *City of God* », *Medieval and Renaissance Studies*, éd. Rice, pp. 265-298.
MONFASINI, John (1976), *George of Trebizond*, Leyde, 1976.
MONTER, E. William (1969), « Inflation and Witchcraft. The Case of Jean Bodin », in *Action and Conviction in Early Modern Europe*, éd. Theodore K. Rabb et Jerrold E. Seigel, Princeton, N. J., 1969, pp. 371-389.
MONZANI, C. (1852), « Della vita e delle opere di Paolo Paruta », in *Opere politiche di Paolo Paruta*, 2 vol., Florence 1852 ; I, pp. V-C.
MORRALL, John B. (1960), *Gerson and the Great Schism*, Manchester, 1960.
MORRIS, Christopher (1953), *Political Thought in England : Tyndale to Hooker*, Londres, 1953.
MOSSE, G. L. (1948), « The Influence of Jean Bodin's *République* on English Political Thought », *Medievalia et Humanistica* 5 (1948), pp. 73-83.

MOUSNIER, Rolet (1945), *La Vénalité des Offices sous Henri IV et Louis XIII,* Rouen, 1945.

MOZLEY, J. F. (1937), *William Tyndale,* Londres, 1937.

– (1953), *Coverdale and his Bibles,* Londres, 1953.

MULLER, James A. (1926), *Stephen Gardiner and the Tudor Reaction,* New York, 1926.

MUNZ, Peter (1969), *Frederick Barbarossa : A Study in Medieval Politics,* Londres, 1969.

MURPHY, James J. (1971 a), *Medieval Rhetoric : A Select Bibliography,* Toronto, 1971.

– (1971 b), *Three Medieval Rhetorical Arts,* Berkeley, Calif., 1971.

– (1974), *Rhetoric in the Middle Ages,* Berkeley, Calif., 1974.

NAUDEAU, Olivier (1972), *La Pensée de Montaigne et la composition des Essais,* Genève, 1972.

NAUERT, Charles G. (1965), *Agrippa and the Crisis of Renaissance Thought,* in *Illinois Studies in the Social Sciences* 55, 1965.

NEALE, J. E. (1943), *The Age of Catherine de Medici,* Londres, 1943.

NIESEL, Wilhelm (1956), *The Theology of Calvin,* trad. Harold Knight, Philadelphie, 1956.

NOLHAC, Pierre de (1925), *Érasme et l'Italie,* Paris, 1925.

NORDSTRÖM, Johan (1933), *Moyen Âge et Renaissance,* trad. T. Hammar, Paris, 1933.

NOREÑA, Carlos G. (1970), *Juan Luis Vives,* La Haye, 1970.

OAKLEY, Francis (1962), « On the Road from Constance to 1688 : the Political Thought of John Major and George Buchanan », *The Journal of British Studies* 2 (1962), pp. 1-31.

– (1964), *The Political Thought of Pierre d'Ailly : the Voluntarist Tradition,* New Haven, Conn., 1964.

– (1965), « Almain and Major : conciliar Theory on the Eve of the Reformation », *The American Historical Review* 70 (1964-1965), pp. 673-690.

– (1969), « Figgis, Constance and the Divines of Paris », *The American Historical Review* 75 (1969-1970), pp. 368-386.

OBERMAN, Heiko A. (1963), *The Harvest of Medieval Theology,* Cambridge, Mass., 1963.

– (1966), *Forerunners of the Reformation,* New York, 1966.

OFFLER, H. S. (1956), « Empire and Papacy : the Last Struggle », *Transactions of the Royal Historical Society,* 5e Series, 6 (1956), pp. 21-47.

OGLE, Arthur (1949), *The Tragedy in the Lollards' Tower,* Oxford, 1949.
OYER, John S. (1964), *Lutheran Reformers against Anabaptists,* La Haye, 1964.
PACAUT, Marcel (1956), *Alexandre III. Étude sur la conception du pouvoir pontifical dans sa pensée et dans son œuvre,* Paris, 1956.
PAETOW, Louis J. (1910), *The Arts Course at Medieval Universities,* Urbana-Champaign, Ill., 1910.
PANOFSKY, Erwin (1960), *Renaissance and Renascences in Western Art,* Stockholm, 1960. *La Renaissance et ses avant-courriers dans l'art d'Occident,* Paris, Flammarion, 1976.
PARKER, T. H. L. (1975), *John Calvin : a biography,* Philadelphie, 1975.
PARKS, George B. (1954), *The English Traveler to Italy : the Middle Ages (to 1525),* Stanford, Calif., 1954.
PARRY, J. H. (1940), *The Spanish Theory of Empire in the Sixteenth Century,* Cambridge, 1940.
PARTNER, Peter (1972), *The Lands of St Peter : the Papal State in the Middle Ages and the Early Renaissance,* Londres, 1972.
PAS, P. (1954), « La Doctrine de la double justice au Concile de Trente », *Ephemerides Theologicae Lovanienses* 30 (1954), pp. 5-53.
PATCH, Howard R. (1922), *The Tradition of the Goddess Fortuna,* Northampton, Mass., 1922.
PATRY, Raoul (1933), *Philippe du Plessis-Mornay : un huguenot homme d'état,* Paris, 1933.
PELIKAN, Jaroslav (1968), *Spirit versus Structure : Luther and the Institutions of the Church,* Londres, 1968.
PETIT-DUTAILLIS, Charles (1902), *Charles VII, Louis XII et les premières années de Charles VIII (1422-1492),* in *Histoire de France,* éd. Ernest Lavisse, vol. IV, part. II, Paris, 1902.
PHILIPS, G. (1971), « La justification luthérienne et le concile de Trente », *Ephemerides Theologicae Lovanienses* 47 (1971), pp. 340-358.
PHILLIPS, Margaret Mann (1949), *Erasmus and the Northern Renaissance,* Londres, 1949.
– (1964), *The Adages of Erasmus : A Study with Translations,* Cambridge, 1964.
PHILLIPS, Mark (1977), *Francesco Guicciardini : the Historian's Craft,* Toronto, 1977.
PICKTHORN, Kenneth (1934), *Early Tudor Government : Henry VIII,* Cambridge, 1934.

PINEAS, Rainer (1962a), « William Tyndale's Use of History as a Weapon of Religious Controversy », *Harvard Theological Review* 55 (1962), pp. 121-141.
— (1962b), « John Bale's Nondramatic Works of Religious Controversy », *Studies in the Renaissance* 9 (1962), pp. 218-233.
— (1964), « Robert Barnes's Polemical Use of History », *Bibliothèque d'humanisme et Renaissance* 26 (1964), pp. 55-69.
— (1968), *Thomas More and Tudor Polemics,* Bloomington, Ind., 1968.
PINETTE, G. L. (1959), « Freedom in Huguenot Doctrine », *Archiv für Reformationsgeschichte* 50 (1959), pp. 200-234.
PLAMENATZ, J. P. (1963), *Man and Society*, 2 vol., Londres, 1963.
POCOCK, J. G. A. (1957), *The Ancient Constitution and the Feudal Law,* Cambridge, 1957. *L'Ancienne Constitution et le droit féodal,* trad. S. Reungoat et M. Vignaux, Paris, PUF, 2000.
— (1971), *Politics, Language and Time,* New York, 1971.
— (1975), *The Machiavellian Moment,* Princeton, N. J., 1975. *Le Moment machiavélien,* trad. L. Borot, Paris, PUF, 1997.
POPKIN, Richard H. (1968), *The History of Scepticism from Erasmus to Descartes,* 2ᵉ éd., New York, 1968. *Histoire du scepticisme d'Érasme à Spinoza,* trad. Ch. Hivet, Paris, PUF, 1995.
PORTER, H. C. (1958), *Reformation and Reaction in Tudor Cambridge,* Cambridge, 1958.
POST, Gaines (1964), *Studies in Medieval Legal Thought,* Princeton, N. J., 1964.
POST, R. R. (1968), *The Modern Devotion : Confrontation of Reformation and Humanism,* Leyde, 1968.
POUJOL, Jacques (1958), « Jean Ferrault on the King's Privileges », *Studies in the Renaissance* 5 (1958), pp. 15-26.
— (1961), « Introduction » à Claude de Seyssel, *La Monarchie de France,* éd. Jacques Poujol, Paris, 1961.
PREVITÉ-ORTON, C. W. (1929), « Italy, 1250-1290 », in *The Cambridge Medieval History,* éd. J. R. Tanner *et al.*, 8 vol., Cambridge, 1911-1936 ; vol. 6, pp. 166-204.
— C. W. (1935), « Marsilius of Padua », *Proceedings of the British Academy* 21 (1935), pp. 137-183.
PRICE, Russell (1973), « The Senses of *Virtù* in Machiavelli », *The European Studies Review* 3 (1973), pp. 315-345.
PULLAN, B. (1973), *A History of Early Renaissance Italy,* Londres, 1973.

PUTNAM, George H. (1906-1907), *The Censorship of the Church of Rome*, 2 vol., New York, 1906-1907.

QUIRK, Robert E. (1954), « Some Notes on a Controversial Controversy : Juan Ginés de Sepúlveda and natural Servitude », *Hispanic American Historical Review* 34 (1954), pp. 357-364.

RAAB, Felix (1964), *The English Face of Machiavelli*, Londres, 1964.

RABIL, Albert (1972), *Erasmus and the New Testament : The Mind of a Christian Humanist*, San Antonio, 1972.

RADOUANT, René (1908), *Guillaume du Vair. L'homme et l'orateur jusqu'à la fin des troubles de la Ligue (1556-1596)*, Paris, 1908.

RAGER, John Clement (1926), *Political Philosophy of Blessed Cardinal Bellarmine*, Washington, D. C., 1926.

RAND, E. K. (1929), « The Classics in the Thirteenth Century », *Speculum* 4 (1929), pp. 249-269.

RATHÉ, C. Edward (1965), « Innocent Gentillet and the First "Anti-Machiavel" », *Bibliothèque d'humanisme et Renaissance* 27 (1965), pp. 186-225.

— (1968), « Introduction », à Innocent Gentillet, *Anti-Machiavel*, Genève, 1968.

READ, Conyers (1953), *Social and Political Forces in the English Reformation*, Houston, Texas, 1953.

REDONDO, A. (1976), *Antonio de Guevara (1480 ?-1545) et l'Espagne de son temps*, Genève, 1976.

REEVES, Marjorie (1965), « Marsiglio of Padua and Dante Alighieri », in *Trends in Medieval Political Thought*, éd. Beryl Smalley, Oxford, 1965, pp. 86-104.

RENAUDET, Augustin (1922), *Le Concile gallican de Pise-Milan. Documents florentins (1510-1512)*, Paris, 1922.

— (1953), *Préréforme et humanisme à Paris pendant les premières guerres d'Italie (1494-1517)*, 2ᵉ éd., Paris, 1953.

REU, M. (1930), *The Augsburg Confession : a Collection of Sources with an Historical Introduction*, Chicago, 1930.

REYNOLDS, Beatrice (1931), *Proponents of Limited Monarchy in Sixteenth Century France : Francis Hotman and Jean Bodin*, New York, 1931.

REYNOLDS, Beatrice R. (1955), « Latin Historiography : a Survey 1400-1600 », *Studies in the Renaissance* 2 (1955), pp. 7-66.

REYNOLDS, E. E. (1955), *Saint John Fisher*, Londres, 1955.

RICE, Eugene F. (1952), « John Colet and the Annihilation of the Natural », *Harvard Theological Review* 45 (1952), pp. 141-163.

- (1958), *The Renaissance Idea of Wisdom*, Cambridge, Mass., 1958.
- (1962), « The Humanist Idea of a Christian Antiquity : Lefèvre d'Étaples and his Circle », *Studies in the Renaissance* 9 (1962), pp. 126-160.

RICHARDSON, Brian (1971), « Pontano's *De Prudentia* and Machiavelli's *Discorsi*», *Bibliothèque d'humanisme et Renaissance* 33 (1971), pp. 353-357.
- (1972), « The Structure of Machiavelli's *Discorsi* », *Italica* 49 (1972), pp. 460-471.

RIDLEY, Jasper (1968), *John Knox*, Oxford, 1968.

RIDOLFI, Roberto (1959), *The Life of Girolamo Savonarola,* trad. Cecil Grayson, Londres, 1959.
- (1963), *The Life of Niccolo Machiavelli,* trad. Cecil Grayson, Londres, 1963.
- (1967), *The Life of Francesco Guicciardini,* trad. Cecil Grayson, Londres, 1967.

RIESENBERG, Peter (1956), *Inalienability of Sovereignty in Medieval Political Thought,* New York, 1956.
- (1969), « Civism and Roman Law in Fourteenth-Century Italian Society », in *Explorations in Economic History* 9 (1969), pp. 237-254.

RITTER, Gerhard (1971), « Romantic and Revolutionary Elements in German Theology on the Eve of the Reformation », in *The Reformation in Medieval Perspective,* éd. Steven E. Ozment, Chicago, 1971, pp. 15-49.

ROBATHAN, Dorothy M. (1970), « Flavio Biondos *Roma Instaurata* », *Medievalia et Humanistica,* New Series, vol. 1 (1970), pp. 203-216.

ROBERTS, Agnes E. (1935), « Pierre d'Ailly and the Council of Constance : a study in "Ockhamite" Theory and Practice », *Transactions of the Royal Historical Society* 18 (1935), pp. 123-142.

ROBERTS, Michael (1968), *The Early Vasas : a History of Sweden, 1523-1611,* Cambridge, 1968.

ROBEY, David (1973), « P. P. Vergerio the Elder : Republicanism and civic values in the work of an early humanist », *Past and Present* 58 (1973), pp. 3-37.

ROBINSON, H. (1846), *Original Letters Relative to the English Reformation,* 2 vol., Cambridge, 1846.

ROMEYER, B. (1949), « La Théorie suarézienne d'un état de nature pure », *Archives de Philosophie* 18 (1949), pp. 37-63.

ROMIER, Lucien (1913-1914), *Les Origines politiques des guerres de Religion,* 2 vol., Paris, 1913-1914.

— (1922), *Le Royaume de Catherine de Médicis. La France à la veille des guerres de Religion*, 2 vol., Paris, 1922.

— (1924), *Catholiques et Huguenots à la cour de Charles IX*, Paris, 1924.

RONZY, Pierre (1924), *Un humaniste italianisant : Papire Masson (1544-1611)*, Paris, 1924.

ROTHKRUG, Lionel (1965), *Opposition to Louis XIV*, Princeton, N. J., 1965.

ROUSSEAU, G. S. (1965), « The Discorsi of Machiavelli : History and Theory », *Cahiers d'histoire mondiale* 9 (1965-6), pp. 143-161.

RUBINSTEIN, Nicolai (1942), « The Beginnings of Political Thought in Florence », *The Journal of the Warburg and Courtauld Institutes* 5 (1942), pp. 198-227.

— (1952), « Florence and the Despots some Aspects of Florentine Diplomacy in the fourteenth century », *Transactions of the Royal Historical Society* (1952), pp. 21-45.

— (1957), « Some Ideas on Municipal Progress and Decline in the Italy of the Communes », in *Fritz Saxl, 1890-1948 : A Volume of Memorial Essays*, éd. D. J. Gordon, Londres, 1957, pp. 165-183.

— (1958), « Political Ideas in Sienese Art. The Frescoes by Ambrogio Lorenzetti and Taddeo di Bartolo in the Palazzo Pubblico », *Journal of the Warburg and Courtauld Institutes* 21 (1958), pp. 179-207.

— (1960), « Politics and Constitution in Florence at the end of the Fifteenth Century », in *Italian Renaissance Studies*, éd. E. F. Jacob, Londres, 1960, pp. 148-183.

— (1965a), « Introduction » à Francesco Guicciardini, *Maxims and Reflections*, New York, 1965, pp. 7-32.

— (1965b), « Marsilius of Padua and Italian Political Thought of his Time », in *Europe in the Late Middle Ages*, éd. J. R. Hale, J. R. L. Highfield et B. Smalley, Londres, 1965, pp. 44-75.

— (1966), *The Government of Florence under the Medici (1434 to 1494)*, Oxford, 1966.

— (1968), « Florentine Constitutionalism and Medici Ascendancy in the Fifteenth Century », in *Florentine Studies*, éd. Nicolai Rubinstein, Londres, 1968, pp. 442-462.

— (1971), « Notes on the word *stato* in Florence before Machiavelli », in *Florilegium Historiale*, éd. J. G. Rowe et W. H. Stockdale, Toronto, 1971, pp. 313-326.

RUGGIERI, Paul G. (1964), *Florence in the Age of Dante*, Norman, Oklahoma, 1964.

RUNCIMAN, Steven (1958), *The Sicilian Vespers: a History of the Mediterranean World in the Later Thirteenth Century*, Cambridge, 1958.

RUPP, E. Gordon (1949), *Studies in the Making of the English Protestant Tradition*, Londres, 1949.

– (1951), *Luther's Progress to the Diet of Worms, 1521*, Londres, 1951.
– (1953), *The Righteousness of God*, Londres, 1953.

RYAN, Lawrence V. (1972), « Book Four of Castiglione's *Courtier*: Climax or Afterthought », *Studies in the Renaissance* 19 (1972), pp. 156-179.

SAARNIVAARA, Uuras (1951), *Luther Discovers the Gospel*, St Louis, Mo., 1951.

SABINE, George H. (1931), «The *Colloquium Heptaplomeres* of Jean Bodin», in *Persecution and Liberty: Essays in Honor of George Lincoln Burr*, New York, 1931, pp. 271-309.

– (1963), *A History of Political Theory*, 3ᵉ éd., Londres, 1963.

SAINT-LAURENT, J. de B. de (1970), *Les Idées monétaires et commerciales de Jean Bodin*, Paris, 1907 ; repr. New York, 1970.

SALMON, J. H. M. (1959), *The French Religious Wars in English Political Thought*, Oxford, 1959.

– (1973), « Bodin and the Monarchomachs », in *Bodin*, éd. H. Denzer, Munich, 1973, pp. 359-378.

– (1975), *Society in Crisis. France in the Sixteenth Century*, Londres, 1975.

SALVEMINI, Gaetano (1903), « Il *Liber de regimine civitatum* di Giovanni da Viterbo », in *Giornale Storico della Letteratura Italiana* 41 (1903), pp. 284-303.

SANDYS, John Edwin (1964), *A History of Classical Scholarship*, 3 vol., Cambridge, 1903-1908 ; repr. New York, 1964.

SAUNDERS, Jason L. (1955), *Justus Lipsius: the Philosophy of Renaissance Stoicism*, New York, 1955.

SAWADA, P. A. (1961), « Two Anonymous Tudor Treatises on the General Council », *The Journal of Ecclesiastical History* 12 (1961), pp. 197-214.

SAYCE, R. A. (1972), *The Essays of Montaigne: a Critical Exploration*, Londres, 1972.

SCARISBRICK, J. J. (1968), *Henry VIII*, Londres, 1968.

SCHEIBLE, Heinz (1969), *Das Widerstandsrecht als Problem der deutschen Protestanten, 1523-1546*, Gütersloh, 1969.

SCHELLHASE, Kenneth C. (1976), *Tacitus in Renaissance Political Thought*, Chicago, 1976.

SCHELVEN, A. A. van (1954), « Beza's *De Iure Magistratuum in Subditos* », *Archiv für Reformationsgeschichte* 45 (1954), pp. 62-83.
SCHENK, W. (1950), *Reginald Pole, Cardinal of England*, Londres, 1950.
SCHEVILL, Ferdinand (1936), *A History of Florence*, New York, 1936.
SCHIPA, Michelangelo (1929), « Italy and Sicily under Frederick II », in *The Cambridge Medieval History*, éd. J. R. Tanner *et al.*, 8 vol., Cambridge, 1911-1936 ; vol. VI, pp. 131-165.
SCHMIDT, Charles (1879), *Histoire littéraire de l'Alsace à la fin du XVe et au commencement du XVIe siècle,* 2 vol., Paris, 1879.
SCHUBERT, Hans von (1909), « Beiträge zur Geschichte der Evangelischen Bekenntnis und Bündnisbildung 1529-1530 », *Zeitschrift für Kirchengeschichte* 30 (1909), pp. 271-35.
SCHWARZ, W. (1955), *Principles and Problems of Biblical Translation*, Cambridge, 1955.
SCOTT, James Brown (1934), *The Spanish Origin of International Law. Part. I, Francisco de Vitoria and his Law of Nations*, Oxford, 1934.
SEIGEL, Jerrold E. (1966), « "Civic Humanism" or Ciceronian Rhetoric ? The Culture of Petrarch et Bruni », *Past and Present* 34 (1966), pp. 3-48.
— (1968), *Rhetoric and Philosophy in Renaissance Humanism*, Princeton, N. J., 1968.
SHAPIRO, Marianne (1975), « Mirror and Portrait : the structure of *Il libro del Cortegiano* », *The Journal of Medieval and Renaissance Studies* 5 (1975), pp. 37-61.
SHEEDY, Anna T. (1942), *Bartolus on Social Conditions in the Fourteenth Century*, New York, 1942.
SHENNAN, J. H. (1968), *The Parlement of Paris*, Londres, 1968.
— (1974), *The Origins of the Modern European State, 1450-1725*, Londres, 1974.
SHEPARD, M. A. (1930), « Sovereignty at the Crossroads : a Study of Bodin », *Political Science Quarterly* 45 (1930), pp. 580-603.
SHOENBERGER, Cynthia G. (1972), *The Confession of Magdeburg and the Lutheran Doctrine of Resistance* (Ph. D. Dissertation), Columbia University, New York, 1972.
SIDER, Ronald J. (1974), *Andreas Bodenstein von Karlstadt : the Development of his Thought*, Leyde, 1974.
SIGGINS, Ian D. Kingston (1970), *Martin Luthers Doctrine of Christ*, New Haven, Conn., 1970.
SIGMUND, Paul E. (1963), *Nicholas of Cusa and Medieval Political Thought*, Cambridge, Mass., 1963.

SIMON, Joan (1966), *Education and Society in Tudor England,* Cambridge, 1966.

SIMONE, Franco (1969), *The French Renaissance. Medieval Tradition and Italian Influence in Shaping the Renaissance in France,* trad. H. Gaston Hall, Londres, 1969.

SISMONDI, J. C. L. S. de (1826), *Histoire des Républiques italiennes du Moyen Âge,* 16 vol., Paris 1826.

SKINNER, Quentin (1965), « History and Ideology in the English Revolution », *The Historical Journal* 8 (1965), pp. 151-178.

– (1966), « The Limits of Historical Explanations », *Philosophy* 41 (1966), pp. 199-215.

– (1967), « More's *Utopia* », *Past and Present* 38 (1967), pp. 153-168.

– (1969), « Meaning and Understanding in the History of Ideas », *History and Theory* 8 (1969), pp. 3-53.

– (1970), « Conventions and the Understanding of Speech Acts », *The Philosophical Quarterly* 20 (1970), pp. 118-138.

– (1971), « On Performing and Explaining Linguistic Actions », *The Philosophical Quarterly* 21 (1971), pp. 1-21.

– (1972), « Conquest dans Consent : Thomas Hobbes and the Engagement Controversy », in *The Interregnum : the Quest for Settlement,* éd. G. E. Aylmer, Londres, 1972, pp. 79-98.

– (1972a), « "Social Meaning" and the Explanation of Social Action », in *Philosophy, Politics and Society,* Series IV, éd. Peter Laslett, W. G. Runciman et Quentin Skinner, Oxford, 1972, pp. 136-157.

– (1972b), « Motives, Intentions and the Interpretation of Texts », *New Literary History* 3 (1972), pp. 393-408.

– (1974a), « The Principles and Practice of Opposition : The Case of Bolingbroke *versus* Walpole », in *Historical Perspectives,* éd. Neil McKendrick, Londres, 1974, pp. 93-128.

– (1974b), « Some Problems in the Analysis of Political Thought and Action », *Political Theory* 2 (1974), pp. 277-303.

–(1975), « Hermeneutics and the Role of History », *New Literary History* 7 (1975-1976), pp. 209-232.

SMITH, Lacey Baldwin (1953), *Tudor Prelates and Politics, 1536-1558,* Princeton, N. J., 1953.

SMITH, Pauline M. (1966), *The Anti-Courtier Trend in Sixteenth Century French Literature,* Genève, 1966.

SMITH, Preserved (1911), *The Life and Letters of Martin Luther,* Londres, 1911.

– (1923), *Erasmus: A Study of his Life, Ideals, and Place in History*, Londres, 1923.

SORRENTINO, Andrea (1936), *Storia dell' Antimachiavellismo Europeo*, Naples, 1936.

SOUTHGATE, W. M. (1955), « Erasmus: Christian Humanism and Political Theory », *History* 40 (1955), pp 240-254.

SPINKA, Matthew (1941), *John Hus and the Czech Reform*, Chicago, 1941.

SPITZ, Lewis W. (1953), « Luther's Ecclesiology and his Concept of the Prince as *Notbischof* », *Church History* 22 (1953), pp. 113-141.

– (1957), *Conrad Celtis, The German Arch-Humanist*, Cambridge, Mass., 1957.

– (1963), *The Religious Renaissance of the German Humanists*, Cambridge, Mass., 1963.

STANKIEWICZ, W. J. (1960), *Politics and Religion in Seventeenth Century France*, Berkeley, Calif., 1960.

STARN, Randolph (1968), *Donato Giannotti and his* Epistolae, Genève, 1968.

– (1972), « "Ante Machiavel": Machiavelli and Giannotti », in *Studies on Machiavelli*, éd. Myron P. Gilmore, Florence, 1972, pp. 285-293.

STARNES, D. T. (1927), « Shakespeare and Elyot's *Governour* », *The University of Texas Bulletin: Studies in English* 7 (1927), pp. 112-132.

STAYER, James M. (1972), *Anabaptists and the Sword*, Lawrence, Kansas, 1972.

STEINMETZ, David C. (1968), *Misericordia Dei: the Theology of Johannes von Staupitz in its Late Medieval Setting*, Leyde, 1968.

STERNBERGER, D. (1975), *Machiavellis « Principe » und der Begriff des Politischen*, Wiesbaden, 1975.

STEVENS, Irma Ned (1974), « Aesthetic Distance in the Utopia », *Moreana* II (1974), pp. 13-24.

STOUT, Harry S. (1974), « Marsilius of Padua and the Henrician Reformation », *Church History* 43 (1974, pp. 308-318.

STRAUSS, Gerald (1966), *Nuremberg in the Sixteenth Century*, New York, 1966.

– (1971), *Manifestations of Discontent in Germany on the Eve of the Reformation*, Bloomington, Ind., 1971.

STRAUSS, Leo (1958), *Thoughts on Machiavelli*, Glencoe, Ill., 1958. *Pensées sur Machiavel*, Paris, Payot, 1982.

STROHL, H. (1930), « Le droit à la résistance d'après les conceptions protestantes », *Revue d'histoire et de philosophie religieuses* 10 (1930), pp. 126-144.

STRUEVER, Nancy S. (1970), *The Language of History in the Renaissance*, Princeton, N. J., 1970.

STRYPE, John (1821), *The Life of the Learned Sir John Cheke*, Oxford, 1821.

SURTZ, Edward (1957a), *The Praise of Pleasure*, Cambridge, Mass., Ill., 1957.

– (1957b), *The Praise of Wisdom*, Chicago, 1957.

– (1965), « Introduction » a Thomas More, *Utopia*, in *The Complete Works of St. Thomas More,* vol. 4, New Haven, Conn., 1965, pp. CXXV-CXCIV.

– (1967), *The Works and Days of John Fisher*, Cambridge, Mass., 1967.

SUTCLIFFE, F. E. (1967), « Introduction » à François de la Noue, *Discours politiques et militaires*, Genève, 1967, pp. VII-XXXV.

SUTHERLAND, N. M. (1962), *The French Secretaries of State in the Age of Catherine de Médicis*, Londres, 1962.

– (1973), *The Massacre of St Bartholomiew and the European Conflict, 1559-1572*, Londres, 1973

SYKES, Norman (1934), *Church and State in England in the XVIIIth Century*, Cambridge, 1934.

TENENTI, A. (1974), « Le Morr us dans l'œuvre de Leon Battista Alberti », in *Il Pensiero Politico* 7 (1974), pp. 321-333.

THICKETT, D. (1956a), *Bibliographie des œuvres d'Estienne Pasquier*, Genève, 1956.

– (1956b), *Estienne Pasquier: choix de lettres sur la littérature, la langue et la traduction*, Genève, 1956.

THOMSON, John A. F. (1965) *The Later Lollards, 1414-1520*, Oxford, 1965.

THOMSON, S. Harrison (1953), « Luther and Bohemia », *Archiv für Reformationsgeschichte* 44 (1953), pp. 160-180.

TIERNEY, Brian (1954), « Ockham, the conciliar theory and the Canonists », *The Journal of the History of Ideas* 15 (1954), pp. 40-70

– (1955), *Foundations of the Conciliar Theory*, Cambridge, 1955.

– (1966), « Medieval Canon Law and Western Constitutionalism », *The Catholic Historical Review* 52 (1966), pp. 1-17.

– (1975), « "Divided Sovereignty" at Constance : a Problem of Medieval and Early Modern Political Theory », *Annuarium Historiae Conciliorum* 7 (1975), pp. 238-256.

TILLEY, Arthur (1918), *The Dawn of the French Renaissance*, Cambridge, 1918.

TJERNAGEL, N. S. (1963), *The Reformation Essays of Dr Robert Barnes*, Londres, 1963.

TJERNAGEL, N. S. (1965), *Henry VIII and the Lutherans : a Study in Anglo-Lutheran Relations from 1521 to 1547*, St Louis, Mo., 1965.

TREVOR-ROPER, H. R. (1966), *George Buchanan and the Ancient Scottish Constitution (The English Historical Review*, Supplément 3), Londres, 1966.

TRINKAUS, Charles E. (1940), *Adversity's Noblemen : The Italian Humanists on Happiness*, New York, 1940.

– (1960), « A Humanist's Image of Humanism : the Inaugural Orations of Bartolommeo della Fonte », *Studies in the Renaissance* 7 (1960), pp. 90-147.

– (1970), « *In Our Image and Likeness* » : *Humanity and Divinity in Italian Humanist Thought*, 2 vol., Londres, 1970.

TROELTSCH, Ernst (1931), *The Social Teaching of the Christian Churches*, trad. Olive Wyon, 2 vol., Londres, 1931.

TUCK, Richard (1977), *Naturals Rights Theories before Locke* (Ph. D. dissertation), University of Cambridge, 1977.

TULLY, James H. (1977), *John Locke's Writings on Property in their seventies century Intellectual Context* (Ph. D. dissertation), University of Cambridge, 1977.

TYACKE, Nicholas (1973), « Puritanism, Arminianism and Counter-Revolution », in *The Origins of the English Civil War*, éd. Conrad Russell, Londres, 1973, pp. 119-143.

ULLMAN, B. L. (1941), « Some Aspects of the Origin of Italian humanism », *Philological Quarterly* 20 (1941), pp. 212-223.

– (1946), « Leonardo Bruni and Humanistic Historiography », *Medievalia et Humanistica* 4 (1946), pp. 45-61.

– (1963), *The Humanism of Coluccio Salutati*, Padoue, 1963.

ULLMANN, K. *(1855), Reformers Before the Reformation*, trad. Robert Menzies, 2 vol., Édimbourg, 1855.

ULLMANN, Walter (1948), *The Origins of the Great Schism*, Londres, 1948.

– (1949), « The development of the Medieval Idea of Sovereignty », *The English Historical Review* 64 (1949), pp. 1-33.

– (1962), « De Bartoli Sententia : Concilium repraesentat mentem populi », in *Bartolo da Sassoferrato : Studi e Documenti*, 2 vol., Milan, 1962, II, pp. 705-733.

– (1965), *A History of Political Thought : The Middle Ages*, Harmondsworth, 1965.

—(1972), *A Short History of the Papacy in the Middle Ages*, Londres, 1972.

ULPH, Owen (1947), « Jean Bodin and the Estates-General of 1576 », *The Journal of Modern History* 19 (1947), pp. 289-296.

VAN CLEVE, Thomas C. (1972), *The Emperor Frederick II of Hohenstaufen*, Oxford, 1972.

VAN DYKE, Paul (1913), « The Estates of Pontoise », *The English Historical Review* 28 (1913), pp. 472-495.

VIARD, Paul-Émile (1926), *André Alciat, 1492-1550*, Paris, 1926.

VIGNAUX, Paul (1934), *Justification et prédestination au XIVe siècle*, Paris, 1934.

– (1971), « On Luther and Ockham », in *The Reformation in Medieval Perspective,* éd. Steven E. Ozment, Chicago, 1971, pp. 107-118.

VILLEY, M. (1964), « La genèse du droit subjectif chez Guillaume d'Occam », *Archives de philosophie du droit* 9 (1964), pp. 97-127

– (1973), « La justice harmonique selon Bodin », in *Bodin,* éd. H. Denzer, Munich, 1973, pp. 69-86.

VILLEY, Pierre (1908), *Les Sources et l'évolution des Essais de Montaigne,* 2 vol., Paris, 1908.

– (1935), *Montaigne devant la postérité*, Paris, 1935.

VINOGRADOFF, Paul (1929), *Roman Law in Medieval Europe*, 2e éd., Oxford, 1929.

WAHL, J. A. (1977), « Baldus de Ubaldis and the Foundations of the Nation State », *Manuscripta* 21 (1977), pp. 80-96.

WALEY, Daniel (1952), *Medieval Orvieto: The Political History of an Italian City State, 1157-1334*, Cambridge, 1952.

– (1956), « Introduction » à Giovanni Botero, *The Reason of State,* trad. P. J. et D. P. Waley Londres, 1956, pp. VII-XI.

– (1961), *The Papal State in the Thirteenth Century*, Londres, 1961.

– (1969), *The Italian City-Republics*, Londres, 1969.

WALZER, Michael (1966), *The Revolution of the Saints*, Londres, 1966. *La Révolution des saints. Éthique protestante et radicalisme politique*, trad. V. Giroud, Paris, Belin, 1987.

WARING, Luther H. (1910), *The Political Theories of Martin Luther*, New York, 1910.

WATANABE, Morimichi (1963), *The Political Ideas of Nicholas of Cusa: with special reference to his De Concordia catholica*, Genève, 1963.

WATSON, Philips (1947), *Let God be God! An Interpretation of the Theology of Martin Luther*, Londres, 1947.

WATT, John A. (1965), *The Theory of Papal Monarchy in the Thirteenth Century*, Londres, 1965.

WEBER, Max (1968), *Economy and Society*, éd. Guenther Roth et Claus Wittich, 3 vol., New York, 1968. *Économie et société*, trad. J. Freund, P. Kamnitzer, P. Bertrand, É. de Dampierre, Paris, Plon, 1971.

WEILL, Georges (1892), *Les Théories sur le pouvoir royal en France pendant les guerres de Religion*, Paris, 1892.

WEINSTEIN, Donald (1970), *Savonarola and Florence: Prophecy and patriotism in the Renaissance*, Princeton N. J., 1970. *Savonarole et Florence: prophétie et patriotisme à la Renaissance*, trad. M.-F. de Poloméra, Paris, Calmann-Lévy, 1973.

WEISINGER, Herbert (1943), « The Self-Awareness of the Renaissance as a Criterion of the Renaissance », *Papers of the Michigan Academy of Science, Arts and Letters* 29 (1943), pp. 551-567.
— (1944), « Who Began the Revival of Learning? The Renaissance Point of View », *Papers of the Michigan Academy of Science, Arts and Letters* 30 (1944), pp. 625-638.
— (1945a), « The Renaissance Theory of the Reaction against the Middle Ages as a cause of the Renaissance », *Speculum* 20 (1945), pp. 461-467.
— (1945b), « Ideas of History during the Renaissance », *The Journal of the History of the Ideas* 6 (1945), pp. 415-435.

WEISS, Roberto (1938), « Cornelio Vitelli in France and Englet », *The Journal of the Warburg Institute* 2 (1938-1939), pp. 219-226.
— (1947), *The Dawn of Humanism in Italy*, Londres, 1947.
— (1951), « Lovato Lovati, 1241-1309 », in *Italian Studies* 6 (1951), pp. 3-28.
— (1957), *Humanism in England During the Fifteenth Century*, 2ᵉ éd., Oxford, 1957.
— (1964), *The Spread of Italian Humanism*, Londres, 1964.
— (1969), *The Renaissance Discovery of Classical Antiquity*, Oxford, 1969.

WERNER, Julius (1905), *Johann Eberlin von Günzburg*, Heidelberg, 1905.

WHITFIELD, J. H. (1943), *Petrarch and the Renascence*, Oxford, 1943.
— (1947), *Machiavelli*, Oxford, 1947.
— (1969), *Discourses on Machiavelli*, Cambridge, 1969.

WIERUSZOWSKI, Helene (1971a), « A Twelfth-Century *Ars Dictaminis* in the Barberini Collection of the Vatican Library », in *Politics and Culture in Medieval Spain and Italy*, Rome, 1971, pp. 331-345.

– (1971b), « *Ars Dictaminis* in the time of Dante », in *Politics and Culture in Medieval Spain and Italy*, pp. 359-377.
– (1971d), « Rhetoric and the Classics in Italian Education of the Thirteenth Century », in *Politics and Culture in Medieval Spain and Italy*, pp. 589-627.
– (1971c), « Arezzo as a Center of Learning and Letters in the Thirteenth Century », in *Politics and Culture in Medieval Spain and Italy*, pp. 387-474.

WILCOX, Donald J. (1969), *The Development of Florentine Humanist Historiography in the Fifteenth Century*, Cambridge, Mass., 1969.

WILENIUS, Reijo (1963), *The Social and Political Theory of Francisco Suarez*, Helsinki, 1963.

WILKINS, Ernest H. (1943), « The Coronation of Petrarch », *Speculum* 18 (1943), pp. 155-197.
– (1959), *Petrarch's Later Years*, Cambridge, Mass., 1959.
– (1961), *Life of Petrarch*, Chicago, 1961.

WILKS, Michael (1963), *The Problem of Sovereignty in the Later Middle Ages*, Cambridge, 1963.

WILLIAMS, George H. (1962), *The Radical Reformation*, Philadelphie, 1962.

WILMART, André (1933), « L'"Ars arengandi" de Jacques de Dinant », in *Analecta Reginensia*, Vatican City, 1933, pp. 113-151.

WITT, Ronald G. (1969), « The *De Tyranno* and Coluccio Salutati's view of Politics et Roman History », *Nuova Rivista Storica* 53 (1969), pp. 434-474.
– (1971), « The Rebirth of the Concept of Republican Liberty in Italy », in *Renaissance Studies in Honor of Hans Baron,* éd. Anthony Molho et John A. Tedeschi, Florence, 1971, pp. 173-199.
– (1976), « Florentine Politics and the Ruling Class, 1382-1407 », *The Journal of Medieval and Renaissance Studies* 6 (1976), pp. 243-267.

WOLFE, Martin (1968), « Jean Bodin on Taxes : the Sovereignty Taxes Paradox », *The Political Science Quarterly* 83 (1968), pp. 268-284.
– (1972), *The Fiscal System of Renaissance France*, New Haven, Conn., 1972.

WOLIN, Sheldon S. (1961), *Politics and Vision : Continuity and Innovation in Western Political Thought*, Londres, 1961.

WOOD, Neal (1967), « Machiavelli's Concept of *Virtù* Reconsidered », *Political Studies* 15 (1967), pp. 159-172.

WOODWARD, William H. (1906), *Studies in Education during the Age of the Renaissance, 1400-1600*, Cambridge, 1906.
— (1963), *Vittorino da Feltre and other Humanist Educators*, New York, 1963.

WOOLF, Cecil N. Sidney (1913), *Bartolus of Sassoferrato*, Cambridge, 1913.

WRIGHT, H. F. (1932), *Vitoria and the State*, Washington, D. C., 1932.

YOST, John K. (1970), « German Protestant Humanism and the Early English Reformation : Richard Taverner and Official Translation », *Bibliothèque d'humanisme et Renaissance*, 32 (1970), pp. 613-625.

YOUNG, Margaret L. M. (1961), *Guillaume des Auletz : a Study of his Life and Works*, Genève, 1961.

ZANTA, Léontine (1914), *La Renaissance du stoïcisme au XVIe siècle*, Paris, 1914.

ZEEVELD, W. Gordon (1948), *Foundations of Tudor Policy*, Cambridge, Mass., 1948.

ZEYDEL, Edwin H. (1967), *Sebastian Brant*, New York, 1967.

Index

absolutisme, Bodin et l', 738, 742-759, 814 ; et Contre-Réforme, 603-611, 816 ; montée de l', en France, 701-718, 759-760 ; et Réforme, 468-470, 517-519, 817
Acciaiuoli, Donato, 225
Accolti, Benedetto, 169-170
Accurse (Accursius), jurisconsulte, 162 ; 527
Adalbert de Samarie, 60 et n. 2, n. 3
Adda, bataille d' (1259), 40
Addio, Mario d', 542 n.
adiaphora, 381, 462, 507-509
Agathocle de Sicile, 179, 204
Agnadello, bataille d' (1509), 212
Agricola, Rudolf, 280, 411
Agrippa, Heinrich Cornelius, 311-312
Ailly, Pierre d', 109, 401, 423, 426, 428, 665, 787, 812
Alarm Bell, The, 764 n. 2
Albe, duc d', 648
Albéric, du Mont-Cassin, 60 n.
Albert de Hohenzollern, 397, 452
Albert le Grand, 89, 545
Alberti, Leon Battista, 113, 130, 258 ; détails biographiques, 117, 148 ; sur l'honneur, 155 ; les mercenaires, 122 ; les princes, 166-167 ; les républiques, 127 ; la richesse, 120 ; le travail, 153 ; la *virtus*, 146, 149-50, 155-156
Alberto della Scala, de Vérone, 55, 57
Alcalá, université d', 299, 547
Alciat, André, (Andrea Alciato), 162, 292, 673, 727, 783 ; détails biographiques, 289-291 ; à Bourges, 291-292, 720, 722 ; et l'humanisme juridique, 289-290 ; sur la souveraineté populaire, 541 et n.
Alemannus, Hermannus, 88
Alexandre III, pape, 39
Alexandre IV, pape, 40
Alexandre le Grand, 323, 341
Alexandre VI, pape, 172, 220
Alexandrie (Alessandria), 39
Allen, J. W., 214, 220 n. 1, 389, 712 n., 755 n. 1
Almain, Jacques, 109, 531, 564, 573, 600-601, 785, 808, 810, 814 ; sur l'Église, 426-427 et n., 429-432, 523 ; la résistance, 528-529, 603 ; la souveraineté populaire, 524-526
Altenburg, 397
Althusius, Johannes, 809 et n., 814, 821
Amboise, conspiration d', 647, 762

Ames, Russell, 362
Amsdorf, Nicolas von, 405, 477, 638
anabaptistes, les, 384, 462, 471-478, 569, 620. *Voir aussi sous radicalisme réformateur.*
Ancône (Ancona), siège d', 63-64
Anderson, Perry, 714 n.
Andraea, Lars, 489
Andrelini, Fausto, 276
anglicane, établissement de l'Église, 398, 508, 512-3
Anjou, duc d', 813
anticléricalisme, 406-409, 415-416, 436-440, 451-452
Anvers, 308, 356, 803
Apologie pour l'Édit du Roi, 697
Appels, Acte de restriction des (1533), 484 et n., 488
Aquin, saint Thomas d', 89-90, 99-101 et n., 154, 215, 374, 537, 545-547, 586, 784-785 et n.1, 810 ; sur le consentement, 582 ; les formes de gouvernement, 93-94 ; la guerre, 345 ; les lois, 563, 567-569 ; la paix, 97 et n. ; le statut des gouvernants, 104-105, 524-525, 610. *Voir aussi sous thomisme.*
Arezzo, 27, 57, 72-3, 133
Aristote, 13, 75 et n., 80, 84, 96-98, 101 n., 107, 122, 139, 142, 144, 167, 187, 220, 225, 233, 251, 277, 286, 341, 343, 390, 405, 554, 575, 591, 620, 710 n. 2, 759, 808, 811, 814, 819-821 et 820 n. 1 ; redécouverte des œuvres, 88-90 ; influence en Italie, 90-92
Arran, régent d'Écosse, 617
Arrowood, Charles F., 806 n. 1
Ars Dictaminis, l', 87, 282 ; et les classiques, 68-71 ; en France, 70, 284 ; en Italie, 59-63 ; et théorie politique, 63-68
Arthur, prince (frère d'Henri VIII), 453

Ascham, Roger, 301-302, 352
Aske, Robert, 490
Assise, 114
Auberino, Caio, 278
Auden W. H., 379 n. 1
Augsbourg, 397, 432, 473 ; Confession d' (1530), 625 ; Diète d' (1530), 624-5 ; (1548), 616 ; Intérim d' (1548), 616
Auguste, empereur romain, 323, 541
Augustin, saint, 145, 348, 374, 400, 503, 578, 662, 664, 819 ; sur la fortune, 148 ; la guerre, 345 ; l'histoire, 167 ; l'honneur, 154 ; étudié par Luther, 378, 404 ; la société politique, 88-9 ; la tyrannie, 394 ; la *virtus*, 142-3, 148
Avignon, 283, 291, 720 ; cour pontificale à, 283
Awakener, The, 764 n. 2
Aylmer, John, évêque de Londres, 513
Azo, jurisconsulte, 535, 623, 718, 727, 759, 779
Azzo d'Este de Ferrare, 55

Bacon, Sir Francis, 164
Balbi, Girolamo, 276
Baldo degli Ubaldi (Balde), 34, 37, 162, 784, 785 n., 822
Bâle, 405, 435 ; concile de, 417, 423, 785 et n. ; université de, 406, 690
Bale, John, 434-435, 502-503, 513
Baliol, John, 529-530
Banker James R., 70
Barbaro, Francesco, 79, 208
Barclay Alexander, 407
Barclay William, 759
Barlow, Jerome, 440, 451
Barnes Robert, 507-508 ; détails biographiques, 413-414, 458 et n. 2, 481 ; sur la désobéissance, 460-462 ; l'Église, 465-466, 502 ; l'obéissance, 458-462

INDEX

Baron, Hans, 13, 58, 78-79 ; 94 n., 95 n. 2, 69 et n., 114-6, 118 n., 124, 126, 130-131 et n., 157 et n., 158, 226 n., 230 n., 629, 634 n. 2, 666 n., 671 et n., 786-787

Bartole (Bartolo da Sassoferrato), 46, 92, 96-97, 126, 130, 213, 217 219, 223, 289, 291-292, 487, 538, 543, 603, 609, 712-713, 720, 745, 779, 784-785 et n., 787, 821 sur Aristote, 90 ; attaqué par les humanistes, 161-162 ; sur l'Empereur, 36-37 ; les factions, 99, 103 ; les cités italiennes, 35-38, 104 ; méthodologie de, 34-37, 161 ; sur la noblesse, 101-102 ; la souveraineté populaire, 104-109, 606-609 ; *sibi princeps*, 37-38, 540-541 et n.

Bartolomé de Lucques (Ptolémée de Lucques, Bartolommeo Fiadoni da Lucca), 91, 93-6, 100 n., 126 131, 213-5 et n., 217

Bartolomeo della Fonte, de Florence, 140

Bartolomeo della Scala, de Vérone, 55

Barzizza, Gasparino da, 279

Bataillon, Marcel, 299, 553

Baudouin, François, 162, 292, 720-721

Beaton, archevêque, 617

Becker, Marvin, 115

Becon, Thomas, 317-318, 414

Bekinsau, John, 506

Bellarmin, cardinal Robert, 547, 549-553, 557-561, 567, 575, 587-590, 597, 599, 604-605

Belloy, Pierre de, 759

Benert, Richard R., 537 n., 634 r. 1

Bénévent (Benevento), bataille de (1266), 40

Berlin, Isaiah, 200 n.

Bernard de Meung, 70

Beroaldo, Filippo, 276

Berthelet, Thomas, 494, 510

Bèze, Théodore, 7, 641, 645, 647, 649, 655, 687, 690, 757, 762, 764-765, 767, 777 et n. 1, 779, 783-784, 788-790, 794-799, 801-803, 805-808, 810-811

Bible, la, et les humanistes, 296-297 ; et la philologie, 297-300 ; polyglotte (Alcalá), 299 ; et la scolastique, 296 ; comme source de doctrine politique, 389-395, 460-461, 473-474, 496, 501, 517, 620, 623-624, 631-635 ; 644-647, 666-667, 812 ; traductions de, 298-300, 410, 412-413, 465, 481, 501, 617, 657, (dénoncées, 553-554, 561-562) *Ancien Testament*, 296, 298-299, 381-382, 496, 565 *Nouveau Testament*, 297-300, 381-382, 394-395, 412, 465

Biel, Gabriel, 402

bien commun, conception du, 80-86, 99-100, 100-108, 254-261

Bilney, Thomas, 413

Biondo, Flavio, 135, 168

Blackstone, Sir William, 445

Blackwood, Adam, 759

« Blancs », faction des, à Florence, 41-43, 54

Blanke, Fritz, 472

Blaurock, Georg, 472

Boccace (Boccaccio), Giovanni, 78, 166

Boccalini, Trajano, 245, 271-2

Bodin, Jean, 7, 162, 246, 294-295, 320 n., 733, 769, 773, 816, 822-823 ; sur le serment de la couronne, 725, 757-758, 773 ; l'État, 827-828, 831 ; l'histoire, 722, 745-759 ; les impôts, 754-5 et n., 757 ; les magistrats, 726-727, 758-759 ; la non-résistance, 738-744, 752 ; la propriété, 750-755 ; la souveraineté, 535-536, 741-746, 749-750 et n. 2, 751-760 ; la tolérance, 690-695, 699-700, 718 n., 823

Boehmer, Heinrich, 379, 471

Bohatec, Josef, 669 et n.
Bohême, Frères de, 433, 435-436
Boleyn, Anne, 453, 467, 485, 491 n.
Bologne, 27, 33, 41, 43 ; concordat de, 448 ; université de, 33, 41, 90, 117, 215, 289, 292, 554 (l'*Ars Dictaminis* à, 59-60, 62, 65, 70-71)
Bonaventura, Federigo, 349 n.
Bonaventure, saint 89
Boncompagno da Signa, 61-65, 69 et n.
Boniface VIII, pape, 41-42, 46-47, 520, 599
Bono de Lucques (Bono da Lucca), 71
Bonvesin della Riva, 74, 76-77, 79-80, 83
Bordeaux, 762, 807
Borgia, César, 180, 196
Bornkamm, Heinrich, 379 et n.
Bossuet, Jacques-Bénigne, 517, 605, 760, 816
Botero, Giovanni, 349 et n., 350
Botticelli, Sandro, 136
Boucher, Jean, 813
Bouchet, Jean, 307, 407
Boulainvilliers, comte de, 781 et n.
Bourg, Étienne de, 708
Bourges, 764 ; pragmatique sanction de, 448 ; université de, 291, 673, 720, 722, 783
Bouwsma, William J., 214
Bracton, Henry de, 442
Brandolini, Aurelio, 296
Brant, Sébastien, 406-407, 441
Brask, évêque de Linköping, 481
Braudel, Fernand, 705 n., 706 n.
Brême, 397
Brescia, 30, 114
Briçonnet, Guillaume, 410
Brinklow, Henry, 316, 318
Brismann, Johann, 433
Brucioli, Antonio, 226, 248
Brück, Grégoire, 625-629, 634, 651
Brunelleschi, Filippo, 113, 136

Bruni, Leonardo, 78-79, 113, 131, 157-158, 174, 176, 214, 221, 224, 236, 242, 248, 259, 277 ; détails biographiques, 117-118 et n. ; sur la corruption, 132-133 ; Florence, 118-9, 128, 132, 216 ; la liberté, 123-125, 127-128, 131-133 ; les mercenaires, 123-124 ; le *negotium*, 165-166 ; la Renaissance, 168-169 ; le républicanisme, 127, 166 ; la rhétorique, 139-140 ; la scolastique, 164 ; la *virtus*, 147, 166
Brunswick, duc de, 397
Brutus, Junius, 237
Bruxelles, 545
Bucer, Martin, 477, 479, 616, 638-640, 645, 673, 788-789 ; sur l'élection des gouvernants, 666-667 ; la non-résistance, 663-664 ; la résistance, 629-630, 633, 635 et n., 636 et n., 637, 671
Buchanan, George, 428, 759, 806 et n., 816-817 ; sur la condition naturelle de l'homme, 807-808 ; les origines de la société, 808-810 ; la résistance, 811-813 la souveraineté populaire, 810-811 et n., 812
Budé, Guillaume, 162, 276, 282, 286, 302 325 n., 712, 826-827 ; détails biographiques, 290-291, 305 ; sur l'éducation, 339, 341 ; l'État, 826-827 ; l'honneur et la gloire, 329, 348 ; la monarchie, 309 ; la science politique, 821 ; les vertus, 323, 353-354
Bueno de Mesquita, D. M., 32
Bugenhagen, Johann, 628
Bulle d'or, la, 538
Bullinger, Heinrich, 471, 615, 650
Buonacolsi, les, de Mantoue, 55
Buonaccorso da Montemagna, 129-130, 332
Burckhardt, Jacob, 143, 148, 157

Burgos, université de, 547
Burke, Edmund, 442, 737
Burnet, Gilbert, 817
Burns, J. H., 428 n., 806 n.
Bush, Douglas, 285
Bussi, Giovanni Andrea, 168
Butterfield, Herbert, 202, 247
Byretten, code de, 449

Cajetan, cardinal (Tommaso de Vio), 426-427, 430-431, 432 n.
Calvin, Jean, 7, 9, 616, 641, 645, 658, 762 ; sur l'anabaptisme, 620 ; la Bible, 382-3, 676 ; le covenant 661, 676 ; les éphores, 619, 668-73, 776 ; et Knox, 650 ; Mair, 783 ; sur la non-résistance, 618-622, 637, 741, 762 ; la résistance, 647 et n., 648, 653-655, 671-672 ; et Servet, 690. *Voir aussi sous calvinisme.*
calvinisme, le, et la justification de la révolution, 674-679, 681-684 ; et la théorie de la non-résistance, 618-622, 637, 762 ; et la théorie de la résistance, 14, 637, 640-651, 653-661, 664-679, 681-684, 701, 718-719, 771-80, 782-784, 786-788, 790-804, 805-812, 816-817 ; *voir aussi Calvin ; huguenots*
Cambrai, ligue de (1508), 212, 239, 426 ; paix de (1529), 622
Cambridge, université de, collèges de, 317, 427, 434 ; et l'humanisme, 278, 317-318, 412 ; et le protestantisme, 317, 412-414
Camille (Camillus), Marcus Furius, 131, 145, 237, 256
Campaldino, bataille de (1289), 58, 123
Cangrande della Scala, de Vérone, 56-57, 72-73, 80
Cano, Melchior, 546
Capito, Wolfgang, 411, 477, 479

Caprariis, Vittorio de, 641, 697 n., 718 n.
Carafa, Diomede, 177, 179 n.
Caraffa, nonce apostolique, 548
« cardinales », les vertus, 67, 84, 144, 188-9, 322
Carlstadt, Andreas, 405, 470-471, 476-477, 480
Casalecchio, bataille de (1402), 114
Casaubon, Meric, 304
Cassirer, Ernst, 233
Castellion, Sébastien, 689-690, 692-693, 695
Castiglione, Baldassar, 176, 303 et n. 2, 347 ; sur l'éducation, 183-184 ; la fortune, 180 ; l'honneur, 179, 191 ; la liberté, 185
Catherine d'Aragon, 453, 491 n.
Catherine de Médicis. *Voir Médicis, les.*
Caton, Marcus Porcius, 94-95, 131
Cecchi, Domenico, 218 et n.
Cecil, Sir William, 651
Celtis, Conrad, 281-282, 286
César, Jules, 95, 131, 236-237
Chabod, Federico, 216 et n.
Chambers, R. W., 358, 361 n.
Chambre ardente, la 618
Charlemagne, saint empereur romain, 28, 722-3
Charles IV, saint empereur romain, 538
Charles V (Charles Quint), saint empereur romain, 171, 174, 269, 303, 305, 547, 555, 615-616, 622, 625
Charles Ier, roi d'Angleterre, 817
Charles VIII, roi de France, 171, 212, 305
Charles IX, roi de France, 685-686
Charles Ier d'Anjou, 40, 57
Charles II d'Anjou (Charles le Boiteux), 41
Chasseneuz, Barthélemy de, 708, 710 et n. 2, 711 et n., 712, 716, 742
Chaucer, Geoffrey, 142, 385
Chaundler, Thomas, 278

Cheke, Sir John, 414
Chenevière, Marc-Édouard, 619, 671 et n.
chevaliers Teutoniques, les, 452
Chiaramonti, Scipio, 349 n.
Choppin, René, 714
chrétiennes, les vertus, 188-189, 326-328
Chrimes, S. B., 444
Chrisman, Miriam U., 479
Christian II, roi du Danemark, 398, 449, 480
Christian III, roi du Danemark, 398, 453
chroniques, des cités italiennes, 32, 43, 63-66, 72-81 ; *voir sous* histoire
Chrysostome, saint Jean, 573
Church, W. F., 710 n. 2, 711, 723
Cicéron, Marcus Tullius, 20, 74-75, 85, 94-5, 146, 165, 175, 277, 279, 288, 314, 808 ; et les humanistes, 133-140 ; comme rhétoricien, 69 et n., 70-71, 292-293
Ciompi, révolte des (1378), 118
cités et républiques italiennes, naissance des, 27-30, 53-55 ; l'empire, 28-32, 33-34, 37 ; et le pape, 39-43 ; et le républicanisme, 57-59, 76-86, 87, 92-109, 116-132, 207-268 ; et les *signori*, 53-57, 113-116, 171-178
Clarence, duc de, 491 n.
Claude, empereur romain, 297
Clément IV, pape, 40
Clément VII, pape, 174, 227, 241, 453, 510
Clemente, Claudio, 556 n.
Clericis laicos (bulle de 1296), 47
Clichtove, Josse, 302, 324, 333, 410
Coimbra, université de, 548
Coke, Sir Edward, 442, 716
Colet, John, 280-281 et n., 296-297, 299, 326, 327 n., 345, 414
Coligny, amiral de, 647, 685

Collingwood, R. G., 9 n.
Cologne, 437-438 ; université de, 400
Colonna, Pompei, 212, 220
Compagni, Dino, 43, 74, 78-80, 82-83, 151 et n., 263
Compiègne, édit de (1557), 618
Concile général de l'Église, le, 49, 50, 212, 418, 420, 422, 425, 430-432, 500, 509, 519, 530, 558, 812
conciliarisme, 417-432, 448, 519, 665, 674, 785, 812
Condé, prince de, 687, 761-762
Confession de foi de Schleitheim, la, 474, 620 et n.
Confession et défense (de Magdebourg), 638-641, 651-652, 660, 664 n.
Connan, François, 162
Conradin (fils de Frédéric II), 40
Conseil des Dix (Venise), 208
consentement, rôle du, dans la formation de la société politique, 580-586, 598, 783, 794-798, 809-810, 814-815
Consiglio Grande, à Florence, 213 et n., 219, 234, 249-250, 253 ; à Venise, 207-209, 249-250
Constance, concile de, 134, 417, 422-423, 665, 785 et n. ; paix de (1183), 30, 39
Constantin, empereur romain, 224, 287
Constantinople, 287
constitutionnalisme, et calvinisme, 640-651, 653-661, 664-679, 763, 771-780, 782-784, 790-804, 805-813, 816-817 ; et droit canon, 531-533, 626, 629, 634-635 ; et le mouvement conciliariste, 519-530 ; et luthéranisme, 391, 469-470, 622-626, 627-640, 651-653, 661-664 ; et la résistance, 527-530, 534-538, 602-603, 622-626, 627-637, 638-679, 763, 771-780, 782-783, 790-804, 805-817 ; et droit romain,

531-544, 609, 626-627, 629-634, 720-728, 783, 784-788, 789-790, 791-804 ; et thomisme, 562-571, 571-580, 581-586, 586-589, 597-603, 606-611
Contarini, Gasparo, 210 et n.
Contre-Réforme, la, et l'absolutisme, 605-611 ; attaques de la, contre l'humanisme, 552-556, 561-562, 589-596 ; attaques de la, contre le luthéranisme, 549-552, 560-561, 587-589 ; et le constitutionnalisme, 597-603 ; et la théorie de l'Église, 557-559, 597-603. *Voir sous concile de Trente.*
Conversino, Giovanni di, 140
Coornhert, Dirck, 732
Copenhague, 480
Cordatus, Conrad, 379
Cordoue, califat de, 88
corruption, causée par la chrétienté, 243-245 ; par la richesse, 78-79, 221, 237-238 ; identifiée à l'absence de sens public, 132-133, 240-245, 258-261, 313-314 ; en Angleterre, 316-321 ; en Italie, 245-246
Cortenuova, bataille de (1237), 30
Cortone, 114
coutume et droit coutumier, 630-640, 709-714, 720, 758, 771-775, 778-782
Covarrubias, Diego de, 546, 568
covenant, conception calviniste du, 676-679, 789-790, 796-797, 801, 804, 808-809
Coverdale, Miles, 414, 481, 501
Cranmer, Thomas, 434, 481, 485, 501, 512, 616
Crémone, 30
Crinito, Pietro, 162, 288-91 et n.
Crockaert, Pierre, 428, 545-546
Croft, H. H. S., 322 n.
Cromwell, Olivier, 817

Cromwell, Thomas, 482, 484, 487-488, 490 n., 492-495, 500-506
Crowley, Robert, 304, 316-318
Cujas, Jacques, 162, 292, 712, 720, 746

Danke, Nils, 489
Da Nono, Giovanni, 101 et n.
Dante Alighieri, 7, 30, 41, 44, 55-56, 91, 101-102, 129, 263 ; Bruni sur, 123, 165-166 ; sur la fortune, 149 ; sa *Monarchie*, 44-46 ; sur la noblesse, 82-3 ; la sagesse, 165
Daus, John, 641
Davis, Charles T., 95 n., 100
Decembrio, Pier Candido, 161, 176, 277
Decembrio, Uberto, 176
Déclaration, Une, 793
Décret concernant les Écritures canoniques (Trente), 557
Décret concernant l'édition et l'usage des Livres (Trente), 561
Décret concernant la justification (Trente), 551
Défense civile et militaire, 762, 783
Del Monte, Pietro, 277
D'Entrèves, A. P., 44 n., 97
Des Autels (Des Auletz), Guillaume, 706
Descartes, René, 565 n.
Desmarais, John, 282
despotes. *Voir signori.*
devotio moderna, la 399-400, 404-405
Dewar, Mary, 316 n., 321 n.
Dickens, A. G., 379 n., 397 n., 436 et n., 453 n., 494
dictatores, 60-63, 69-70 ; et humanisme, 116 et n., 117-118, 124-132, 158-159
Dinant, Jacques, 70
Discours politiques, 764-5 et n.1, 766, 791 n., 793, 807

Discours sur le bien commun, Un, 316 et n., 317-9
Discours, Un, 763
dogat, le (Venise), 207-9
Domandi, Mario, 267
dominicains, les, et la théorie politique, 89-90, 215, 545-64, 577-591, 597-611. *Voir aussi thomisme.*
Donatello, 113, 136
Donati, Corso, 54-5
Donation de Constantin, la, 224, 287-288, 292, 439
Doneau, Hugues, 292
Doni, Francesco, 175
Dreano, M., 734
droit canon, 41, 386, 450, 453, 483, 494, 497-499, 532-533, 558, 583, 626, 634, 658, 785
droit féodal, 538-539, 771-774, 778-779, 781-782, 797-798 ; attaques contre le, 711-714, 822-823
droit naturel. *Voir loi de nature.*
droit, notion d'un, 522 et n., 527-528, 600-603, 681-682 et n., 784 et n., 791-794, 801-805, 808-809, 812-813
droit positif, 525, 562-564, 568-575, 584, 586-594, 607-611, 742-745, 748-789, 751-752, 771-782
droit romain, le, et l'absolutisme, 532, 712-714, 716-718 ; et le constitutionnalisme, 534-544, 609, 720-728, 785-788 ; dénoncé en Angleterre, 441-442 ; et l'humanisme, 161-162, 286-290, 291-295, 720-724, 746-749 ; et la violence légitime, 533-535, 625-634, 639-640, 643 n., 651-661, 681-682, 782-784 ; et les post-glossateurs, 343-348
droits de propriété, 462, 568-570, 750-755, 784 et n., 792-794
Dryander, Johann, 616
du Fail, Noël, 706, 728

Du Haines, N., 641 et n., 642
Du Moulin, Charles, 708, 710 et n.1, 712-714, 716-718, 727, 742, 763, 772, 822-3
Du Vair, Guillaume, 355, 730-731 et n.2, 732, 735-737
Dubos, Abbé, 781 et n.
Duccio di Buoninsegna, 284
Dudley, Edmund, 341, 442-443
Duhamel, P. A., 358
Dunn, John, 9 n., 577 n., 582 n., 598 n., 682 n.
Duns Scotus, 401
Duprat, Antoine, 703
Duret, Jean, 759

Eberlin von Günzburg, Johannes, 405, 458-459
écharsage des monnaies, 320 et n., 321 et n.
Eck, Johann, 409, 432
Eckhart, Maître, 399
Édit des états généraux (Pays-Bas), 804
Édouard Ier, roi d'Angleterre, 529
Édouard VI, roi d'Angleterre, 316, 319-320, 398, 414
éducation, idéaux humanistes de l', 138-142, 183-184, 258, 338-342 ; traités sur l', 141, 301-302 et n. ; des princes, 301-303, 305, 310-311
Égalitaires, les, 569
Egidio Colonna, 105
Église, conception de l', dans la théologie catholique, *voir Église catholique* ; dans la théologie luthérienne, 383-388, 465-467, 478-479, 482-488, 497-500, 549-550, 559-562, 822 ; relations avec la société politique, 41-42, 47-50, 385-389, 406-409, 415-417, 436-440, 440-446, 446-455, 482-488, 491-493, 498-500, 502-503, 557-562, 586-589, 603-606

Église catholique, critiques envers l', avant la Réforme, 382-385, 386-388, 406-409, 415-417, 417-426, 426-432, 436-440, 440-446, 446-455 ; défense de, après la Réforme, 489-494, 557-562, 603-606. *Voir aussi papauté.*

Elisabeth Ire, reine d'Angleterre, 302, 316, 485, 493, 651, 807

Elton, G. R., 304 n., 308 n., 488 490, 492, 494 et n., 504, 505 n., 505

Elyot, Sir Thomas, 303 et n.2, 308, 359, 364 ; détails biographiques, 303 et n.1, 305 ; sur la corruption, 314 ; le conseil, 308 ; l'éducation, 312, 340-341 ; la noblesse, 324-325, 333-334 ; l'ordre et le « degré », 334, 337 ; les vertus, 322 et n. 323, 328-330

Empson, Richard, 442

Emser, Jerome, 433

éphores, *voir Sparte.*

Érasme, Desiderius, 7, 9, 276, 280, 285, 293, 303, 305, 339, 359 364, 366-367, 406, 411-412, 414, 427, 451, 466, 470 ; comme humaniste biblique, 299-300 ; sur le christianisme, 326-327 et n. ; la corruption, 313-314, 408 ; l'éducation, 339, 341 ; sur la guerre et la paix, 344 et n., 345-346, 348 ; et Luther, 374-375, 377 ; sur la noblesse, 333 ; et les thomistes, 552-554, 561 ; sur les vertus, 325-330 et n.

Erfurt, 378, 397 ; université d', 404, 409

Estienne, Henri, 769

état de nature, l', 571-580, 584-585, 587-588, 597-598, 791, 807-808, 814-815

État, notion d', 7, 8, 19, 37, 545 743-746, 819, 821-822, 823-831

états généraux, les, 696-697, 702-703, 706-707, 725, 754-757, 772-775, 795-796, 827

Eugène IV, pape, 172

« Eusebius Montanus », 648

Evora, université d', 548

Expilly, Claude, 730

Ezzelino da Romano, 40, 65, 73, 77

Faba, Guido, 62

factions, causes des, 98-9 ; moyens d'éviter les, 99-100, 102-107, 257-261 ; et perte de la liberté, 53, 77-78, 96-99, 118-119, 263

Faenza, 43

Farel, Guillaume, 410

Farnèse, Alexandre, 649, 803

Farnèse, cardinal, 684 n.

Ferdinand, roi d'Espagne, 179, 448

Ferdinand, roi de Naples, 177, 190

Ferguson, Arthur B., 315

Ferrare, 30, 32, 40, 55, 140, 215, 280

Ferrault, Jean, 707, 710 et n.1

Ferreti, Ferreto de, 56, 72, 176

Fiadoni, Bartolommeo. *Voir Bartolomé de Lucques.*

Fichet, Guillaume, 278 et n.2, 279-280

Ficin, Marsile, 174-175

Fife, Robert H., 378

Figgis, J. N., 389, 417 n., 469 n., 517, 531, 608 n., 764 n. 2

Filmer, Sir Robert, 518, 619, 760, 816

Fish, Simon, 440, 451

Fisher, John, 317, 467, 486, 490, 492, 506, 509

Florence, 31-2, 38, 40-43, 46, 54-55, 66, 70, 78, 91, 118, 125, 128, 131-132, 136, 139-40, 158-9, 166-167, 220, 228-229, 241-242, 249-250, 257, 280-281, 288, 769 ; Bartole sur, 35, 38 ; Compagni sur, 74, 78, 82 ; la guerre de, contre Milan, 114-116, 121-122, 171 ; Guichardin sur, 228-229, 257 ; les Médicis et, 173-174,

209, 212-213, 225-226, 228, 269 ; Palmieri sur, 113 ; résistance aux Médicis à, 173-174, 212-213, 225-226, 228 ; Savonarole sur, 215-219
Fontainebleau, édit de (1540), 618
Forli, 43, 115
Fortescue, Sir John, 442, 444
Fortuna, déesse de la chance, 148, 731
fortune, nécessité de la combattre, 148-152, 180-183, 268-272, 731-732 ; culte de la, 148 (dénonciation du, 148, 215-216)
Foxe, Edward, 495, 499-500, 506, 508-510
Foxe, John, 434-535, 513
Frachetta, Girolamo, 349 n.
Francfort, 397, 656 ; Diète de, 447
franciscains, les, 89, 405
François Ier, roi de France, 302, 305, 312, 616-618, 622, 702-703, 705, 707 n., 708, 758
François II, roi de France, 618, 686
Frankigena, Henricus, 61
Franklin, Julian H., 291 n., 707 n., 719 n., 739 n., 746 n., 755 n. 1, 756 n., 765 n. 4, 766 n., 772 n., 811 n.
Frédéric Barberousse, saint empereur romain, 29-30, 32-33, 39, 41, 64
Frédéric, duc d'Urbino, 191
Frédéric Ier, roi du Danemark, 398, 453, 480-481, 482
Frédéric II, saint empereur romain, 30, 39-40
Frédéric le Sage, Électeur de Saxe, 397, 470
Frères de la vie commune (de Zwolle), 400
Fribourg, université de, 292
Frith, John, 508
Frulovisi, Tito Livio, 277

Gaguin, Robert, 280-281
Gansfort, Johann Wessel, 400-401, 404
Gardiner, Stephen 506, 508, 510, 616, 656 ; et la Réforme henricienne, 482-483, 490 et n., 495-500 ; sur la raison d'État, 354 et n., 355
Garin, Eugenio, 13, 151, 268
Gênes, 31, 39, 114
Genève, 645, 651, 656, 676, 685, 689-690, 764-765 et n.2, 769 ; Bible de Genève, la, 657 et n., 658, 784 n.
Gentillet, Innocent, 202, 352, 699, 769
Georges de Trébizonde, 160, 208
Georges, margrave de Brandebourg-Ansbach, 397, 622, 634-635
Gerard, Cornélius, 285
Gérard, évêque de Padoue, 65
Gerardo da Cannino, 55
Geri d'Arezzo, 72
Gerrish, B. A., 375
Gerson, Jean, 109, 401, 428-430, 441, 519-586, 665, 785, 787, 811-812 ; sa défense du conciliarisme, 423-425, 519-523 ; sur les droits « subjectifs », 522-523, 527 ; les origines de la société, 521-522, 523 ; la résistance, 535 ; la simonie, 421-422 ; la souveraineté populaire, 521-523.
Gewirth, Alan, 98 n., 103, 104 n., 105
Ghiberti da Correggio, 55
Ghiberti, Lorenzo, 136
Giannotti, Donato, 209-210, 228, 234-235, 239, 251-252
Gibbon, Edward, 133, 168, 243
Gierke, Otto von, 549 n., 568 n. 2, 584, 750 et n.1, 809 n.
Giesey, Ralph, 751 n., 763 n. 1, 763 n. 2, 764 et n. 2, 765 et n.1
Gilbert, Felix, 193 n., 217 n., 227 et n., 255 n., 271
Gilson, Étienne, 45
Giovanni de Bonandrea, 62, 71
Girard, Bernard de, seigneur Du Haillan, 719 et n., 720, 722-727, 827

Glasgow, université de, 427
gloire, *voir honneur*
glossateurs, les, 33-5, 37, 527
Goodman, Christopher, 643 n., 672, 682-684, 701, 762, 783-784, 806 ; détails biographiques, 656 e n.3, 657 ; sur le covenant, 677-679 ; les droits « subjectifs », 784 et n. ; l'élection des gouvernants, 664-668 ; leur ordination, 657-658, 664-666 ; la résistance, 659-661, 673-675
Gotha, 397
Gough, J. W., 542 n.
Goulart, Simon, 765 et n.2, 768-770
grand schisme, le, 421, 519
Grands Rhétoriqueurs, les, 307, 407
Grandval, Marc de, 427
Grassaille, Charles de, 708
Gratien, canoniste, 41
Gratius, Ortus, 438
Gray's Inn, Londres, 440, 442
Grebel, Conrad, 472, 474-475 et n., 476
Green, Louis, 151 et n.
Grégoire de Rimini, 401, 564
Grégoire IX, pape, 39
Grégoire X, pape, 40-41
Grégoire, Pierre, 759
Gregorovius, Ferdinand, 212
Grimaudet, François, 759
Gringoire, Pierre, 407
Grocyn, William, 280-281
Groote, Gérard, 399-400
Grotius, Hugo, 567, 570-571, 583, 610, 741, 816
Gryphius, Peter, 449
Guarino da Verona, 140-141
guelfes, 39 ; Ligue guelfe, 40
guerre, dénoncée par les humanistes du Nord, 343-348 ; idée de guerre juste, 345
Guevara, Antonio de, 303 et n.1 304, 310, 312, 325, 340, 348

Guichardin, François (Francesco Guicciardini), 7, 120, 171, 212, 214, 221, 225, 245-246, 311 ; détails biographiques, 227-228 ; sur la chrétienté, 244-245 ; la fortune, 270-271 ; la liberté, 228-229 ; et Machiavel, 263, 267-268, 349 ; sur les mercenaires, 239 ; les milices, 251-252 ; le républicanisme, 232-233, 236, 250-251 ; la richesse, 237-238 et n., 248 ; la *virtù*, 257, 260, 270-271
Guido d'Arezzo, 73
Guido da Polenta, 55-6
Guidotto de Bologne (Fra Guidotto da Bologna), 71
Guillaume d'Ockham, 109, 376, 401-402, 405, 424, 427-428, 431, 522 n., 523-524, 526, 528, 531, 545, 562, 564, 573, 576, 582, 586, 600, 603-604, 606, 734, 787, 808 ; sur l'Église, 418-421, 520, 598-599 ; la résistance, 534-535, 537-538
Guillaume d'Orange (Guillaume le Taciturne), 641, 648, 803-804
Guillaume de Moerbeke, 88, 820 et n. 1
Guises, les, 618, 686-687, 761, 763 ; Marie de Guise, 617, 666 ; duc de, 687
Gustave Vasa, roi de Suède, 398, 412, 449, 453-454, 481
Guyenne, collège de, 807
Guyon, Louis, 730

Hales, John, 304, 316
Haller, William, 513
Hamilton, Bernice, 549 n., 568 n. 3
Hannibal, 145, 199, 267
Hanovre, 397
Harvey, Gabriel, 759
Haskins, Charles, 60 n. 2, n. 3
Hay, Denys, 20

Hazeltine, H. D., 87-8
Hegel, G. F. W., 207
Heidelberg, 281, 411
Heiserman, A. R., 407-408
Henri de Luxembourg, saint empereur romain, 30, 32, 43, 46
Henri V, roi d'Angleterre, 277
Henri VII, roi d'Angleterre, 442, 446
Henri VIII, roi d'Angleterre, 317, 375, 398, 413-414, 440, 444-445, 466, 490 n., 507-508, 616 ; sa rupture avec Rome, 445-446, 453-454, 485-486, 491-494
Henri II, roi de France, 618, 686, 702, 708, 718
Henri III, roi de France, 699, 754, 813
Henri IV, roi de France, 684 n., 732, 736, 813
Hésiode, 290
Hexter, J. H., 226 n., 308, 327 n., 329, 358 n., 363 n., 824 n. 2, 825 n. 3
Heywood, John, 333-334
histoire, comme cycle, 167, 270 ; et le libre arbitre, 150-151 ; comme évolution linéaire, 167 ; comme source de sagesse politique, 246-248, 310-312, 502-503, 720-722, 723-728, 746-749, 771-782 ; *voir aussi chroniques*
Hoadly, Benjamin, 484
Hobbes, Thomas, 156, 268, 565, 583, 584, 599, 602, 610, 742, 819
Hoeck, Jacob, 400
Hoffmann, Melchior, 477
Holcot, Robert, 401
Holl, Karl, 471
Hollis, Martin, 9 n.
Holmes, George, 31, 58, 94 n.
Homberg, 397
honneur, l', dénonciation de, 154-5 ; comme récompense de la *virtus*, 154-155, 178-180, 181-182, 195-197, 199, 258-261, 328-330, 362-365

Hooker, Richard, 509-510, 512
Hooper, John, 616
Horace, 82
Hotman, François, 7, 673, 720, 757, 765 785, 788 ; sur les éphores, 776 ; *Francogallia* : attaques contre, 780-782 ; composition, 763-764, 771 ; influence, 764 n. 1, 776-80 ; sur l'histoire, 772-774 ; la monarchie française, 773-74 ; la résistance, 762, 770 771 ; la jurisprudence scolastique, 721, 771-772 la souveraineté populaire, 772-775
Hubmaier, Balthasar, 472, 476
huguenots, les, 673, 683 et n., ; Bodin sur, 738-741 ; leur dénonciation, 732-737 ; leurs arguments juridiques et scolastiques, 771-780, 783 785-788, 789-90, 791-804 ; leur effectifs, 684 et n., 685 ; et les massacres de 1572, 685-686, 698, 701 ; pamphlétaires, 764-765 ; et la résistance, 701-702, 718-719, 771-780 782-785, 790-804, 807-813 ; et la révolution, 761-763 ; la tolérance, 685-688, 694-695, 697-700 ; le tyrannicide, 766-767
Hugues de Bologne, 61
Hull, James, 352 n.
humanisme, et corruption, 132-133, 240 245, 259-260, 313-315, 318-321 ; développement de l', en Italie, 68-76, 133-140, 157-159 ; en Europe du nord, 275-285 ; et conseils politiques, 301-306 ; et éducation, 138-141, 301-303, 305-311 ; et guerre, 343-348 ; et Réforme, 317, 406-414, 437-440, 451 452, 503-512 ; et Renaissance, 157 162-164, 167-170 ; et républicanisme, 224-72 ; et science biblique, 296-300 ; et science juridique, 286-95, 673, 711-713, 746-

INDEX

749 ; et scolastique, 160-167, 276, 553-554, 561-562, 589-590 ; signification du terme, 20 ; Thomas More et l', 361-317 ; et les vertus, 128-130, 154-156, 178-179, 258-261, 321-335, 348-57, 361
humanistes, *voir humanisme*
Hume, David, 81, 401
Humphrey, duc de Gloucester, 277-8
Humphrey, Lawrence, 334-335, 337, 341, 830
Hunne, Richard, 437-438, 440, 454, 482
Hurault, Jacques, 759
Hus, Jan, 416-417, 421, 433, 435, 590
hussites, les, 415-417, 435-436
Hutten, Ulrich von, 292-293, 439-440, 441, 451
Hyde, J. K., 58

Imperium, l', et l'absolutisme en France, 713-714, 716-718, 720, 722, 740-746, 749-750 et n.2, 751-760, 321-823, 826-827 ; dans la pensée politique huguenote, 779-782, 784-786, 796-800, 810-814, 816-817 ; dans les cités italiennes, 22-36, 821-822 ; dans la pensée politique de la Réforme, 484-488, 622-624, 635-637 ; dans la pensée politique scolastique, 526-530, 535-544, 598-599, 603-604, 606-611, 814-816
imprimerie, l', et la diffusion de l'humanisme, 278-279
Index des livres interdits, 180, 553, 605
indulgences, 385-386, 400
Ingolstadt, 282
Inner Temple, Londres, 444
Innocent III, pape, 42, 143, 145, 154
Innocent IV, pape, 39, 42, 532

Jacques Ier, roi d'Angleterre, 548, 601-602, 605, 716

Jean de Gand, 357
Jean de Garlande, 69
Jean de Jandun, 92 n.
Jean de Leyde (Jean Beukels), 478
Jean de Saxe (l'Électeur), 397, 476, 615-616, 622-624, 625-626
Jean de Ségovie, 423
Jean de Viterbe, 66-67, 75, 83-85
Jean, roi d'Angleterre, 502, 528
Jean XXII, pape, 419
Jedin, Hubert, 550, 566
jésuites, les, et la pensée politique, 518-519, 530-531, 547-548, 551-552, 570-596, 597-611, 815-816
Jonas, Juste, 628
Jones, William, 332
Jordan, W. K., 316 et n.
Josèphe, 296
Jules II, pape, 172, 212, 426
justification par la foi, 380-383, 386-388, 401-403, 410, 435-436, 550-551
Justinien, Code de, 33, 162, 286, 288, 293-294, 535, 568, 721, 821
Juvénal, 74

Kantorowicz, Ernst W., 99
Keen, M. H., 35
Kelley, Donald R., 286 n., 295 n., 310, 746 et n., 764 n. 2
Kiel, 481
King, Preston, 755 n. 2
Kingdon, Robert M., 640, 641 et n., 647 et n.1, 216 n. 2, 762-763
Knolles, Richard, 827, 831
Knowles, David, 89
Knox, John, 428, 615 et n., 617-618, 650, 656 n. 3, 672, 674, 682-4, 701, 750, 762, 784, 806 ; sur le covenant, 676-679, l'élection des gouvernants, 666-667, 668 et n. ; la résistance, 641, 643 et n., 644-645, 650-651

Kristeller, P. O., 20, 116 n., 157-159 et n.
Kuntz, Marion L. D., 718 n.

La Boétie, Étienne de, 734
La Noue, François de, 705-6, 768, 821
La Perrière, Guillaume de, 708, 710 et n. 2, 715 n.
La Renaudie, Jean du Barry, sieur de, 762
La Rochelle, 763-764, 770
Lagarde, Georges de, 102
Laínez, Jacob, 566
Landino, Cristofero, 130
Landriani, évêque, 134
Landucci, Luca, 213
Langres, 134
Languedoc, 685, 764
Languet, Hubert, 765 n. 4, 804
Las Casas, Bartolomé de, 591-593
Laski, H. J., 531, 766
Latimer, Hugh, 304, 317, 319-21, 481, 617
Latimer, William, 280-1, 317
Latini, Brunetto, 62, 120, 126, 131, 237, 263 ; détails biographiques, 70, 74 ; sur la fortune, 149 ; la liberté, 77-79, 95 n. ; comme rhétoricien, 74-75, 95 n. ; sur la science politique, 820 ; les vertus, 80-3, 84-85
Laubespine, Claude de, 702
Laurensson, Peder, 458 n.
Lausanne, 640
Lawson, George, 805 n.
Le Caron, Louis, 714
Le Douaren, François, 162, 292, 720
Le Jay, François, 759
Le Roy Ladurie, E., 705 n.
Le Roy, Louis, 170, 759, 782
Lecler, Joseph, 691 n. 2, 696 n., 697 n., 699 n.
Lefèvre d'Étaples, Jacques, 300, 302, 409-10

legibus solutus, le gouvernant en tant que, attaqué, 522-530, 535-544, 607-608, 798-799, 803-804, 810-816 défendu, 105, 609-611, 745, 752-753, 799
Legnano, bataille de (1176), 30
Lehmberg, Stanford E., 303 n. 1, 303 n. 2, 485 n. 1, 485 n. 2
Léon X, pape, 227
Léonard, E.-G., 683 n. 1
Lever, Thomas, 317, 319, 414
Lewkenor, Lewes, 210 n.
Lex Regia, la, 540-4, 582, 796-797, 809-811
Leyde, 356 ; université de, 730-1
L'Hospital, Michel de, 696-698, 700, 703-704, 827
liberté, la, comme autogouvernement, 31-32, 124 et n., 125, 207-208, 231-232, 245-246 ; garantie de, par la frugalité, 248 ; par les institutions, 102-108, 219, 222-224, 248-251 ; par les milices, 122-124, 193-5, 218-219, 222, 251-254 ; par la *virtùs* des citoyens, 80-86, 128, 131-133, 222-223, 254-261, 262-268 ; comme cause de grandeur, 127-128, 132-133, 211, 229-232 ; les humanistes et, 116-133, 207-214, 224-268 & 330 ; comme indépendance, 31-32, 124 et n., 125, 207-208, 230-231, 245-246 ; et les cités italiennes, 31-2, 92-93, 118-119, 125-126, 268-272, 284 ; menaces sur, par la chrétienté, 243-245 ; par la corruption, 132-133, 240-243 ; par les factions, 77-78, 96-99, 118-119, 219 ; par les mercenaires, 121-124, 218-219, 222, 239-240 ; par la richesse, 78-79, 120, 218, 237-239 ; (la liberté) naturelle de l'homme, 522, 571-580, 597-598, 791-794, 802-804, 807-809, 814-815 ; et la

paix, 109, 211 ; les rhétoriciens et, 65-66, 73, 76-86 ; les scolastiques et, 92-109, 214-224
Ligue catholique, la, 718 n., 813
Limentani, U., 44 n. 2
Linacre, Thomas, 279-80, 286
Linköping, 481
Lipse, Juste (Justus Lipsius), 356-357, 731 et n. 2, 732-733, 735-737, 821
Livre de la noblesse, le, 340-1, 347
Locke, John, 13, 573, 576-577 et n. 2, 583, 585, 759, 816-817 ; sur la loi de nature, 525, 597-598 ; la propriété, 569, 793 ; la résistance, 529, 681-682, 805
Lodi, 30, 134 ; paix de (1454), 207
loi, la, de Dieu, 461-3, 561-566, 635-637, 752 ; de nature, 375, 541 n., 555, 563-569, 571-572, 574, 578, 586-598, 611, 751-753, 783-784, 791-794, 796-797, 807-810, 814-815. *Voir aussi droit canon, coutume et droit coutumier, droit féodal,* legibus solutus, *droit positif, droit romain*
lollards, les, 415-416, 433-436
Lombard, Pierre, 402, 524, 526-7, 545, 792
lombarde, la Ligue, 29-30, 32, 39
Lombardie, 27, 28 n., 29, 34, 40 42-43, 114
Lorenzetti, Ambrogio, 100 n.
Lorenzo da Savona (Laurent de Savone), 278
Lortz, Joseph, 452
Lothaire, jurisconsulte, 535, 623, 718, 727, 759, 779
Louis de Nassau, comte, 641
Louis IV (de Bavière), saint empereur romain, 31, 419
Louis XII, roi de France, 171, 212, 407, 426, 707, 709
Louis XIV, roi de France, 517

Louvain, 299, 301, 377 n., 413, 731
Lovati, Lovato, 72
Luc de Prague, 435
Lucques (Lucca), 27, 54, 114, 117, 121, 125
Lucrèce, 134
Lupold de Bebenburg, 441
Luther, Martin, 7, 9, 245, 292, 298, 300, 397, 399, 402, 409, 439, 447, 449, 451-452, 457-459, 463-4, 479, 501, 517, 616, 620, 638-9, 662 ; et les anabaptistes, 470-471, 473-477 ; ses disciples, 409-414, 457-460 ; sur l'Église, 382-388, 415 ; évolution de sa pensée, 373, 377-380 ; sur les indulgences, 385-386 ; influences sur, 403-404, 409-413, 432-434 ; sur la justification par la foi, 380-383, 386-387 ; la nature humaine, 373-377, 380, 399 ; l'obéissance politique, 389-395, 624-625, 627-628, 661-662, 741 ; la résistance, 391-392, 469 et n.1 et n.2, 470 et n.1, 627-628 et n., 629-631, 651-653, 662-663 ; le salut, 381-382, 387-388
luthéranisme, attaqué, 473-7, 489-493, 547-548, 549-552, 555-556, 559-561, 586-589 ; et autorités séculières (1) désobéissance aux, 390-392, 463-464, 552, 587-589 ; (2) non-résistance aux, 392-395, 460-464, 468-470 et n., 510-512, 517-519, 624-625, 627-629, 637 ; (3) obéissance aux, 389-390, 393-395, 460, 463-465, 467-470, 489, 497-500, 510-512 ; (4) résistance aux, 392, 469-470, 622-624, 627-628 et n., 629-639, 651-653, 661-664, 668-669, 785 ; expansion du, 397-399, 408-414, 478-488 ; humanistes et, 406-414, 438-440, 451-452 ; influence du, sur le calvinisme, 469-470,

637-651, 651-661, 785 ; mise en œuvre du, 489, 493-513 ; précurseurs du, au regard (1) des défauts de l'Église, 406-408 ; (2) des privilèges du clergé, 436-440 ; de la chrétienté évangélique, 415-417 ; (4) de l'insuffisance de l'homme, 399-404 ; (5) de la papauté, 417-426, 427-432 ; (6) des autorités séculières, 442-446 ; principes du, 373-395, 457-468

Lyon, 689, 762

Macaulay, Thomas Babington, Lord, 202

Machiavel, Nicolas (Niccolo Machiavelli), 7, 9, 11, 14, 66, 81, 85-87, 96, 120, 149, 156, 172-173, 175, 209, 221, 225, 229-231, 245, 311, 326, 354-355, 359, 710 n. 2, 738, 744, 820 ; détails biographiques, 177-178, 212 n., 226-227 ; et ses contemporains, 192-205, 261-268 ; sur la corruption, 238-244, 258-260 ; datation de l'œuvre, 177 n. 2, 226 et n., 227 et n. ; défenses de, 354-357 ; dénonciations de, 352-353, 555-556, 593-596, 768-770 ; sur l'État, 825 ; la force, 193-195 ; la fortune, 180-181, 268 ; l'histoire, 246-249, 270 ; l'honneur, 179-180, 182, 195-197, 199 ; la liberté, 185-186, 230-232, 249, 261-268 ; les mercenaires, 194-195, 240 ; les milices, 252-254 ; moralité politique de, 199-201, 263-267, 349-352 ; sur le républicanisme, 233-237, 246-249 ; la richesse, 238-239, 248 ; les « tumultes », 262-263 ; la *virtù* et les vertus, 182-183, 187-188, 195-205, 233-234, 255 et n., 256-260, 262-268

MacIntyre, Alasdair, 9 n.

Macpherson, C. B., 817 n.

Madrid, 548

Magdebourg, 397, 404, 480, 638-641, 645 ; *voir aussi* Confession et défense *(de Magdebourg)*

magistrats subalternes, le rôle des, 535-537 623-624, 634 et n. 1-2, 635 et n., 636-641, 643-650, 652-653. 663 671-672, 681, 777 et n.1, 778, 782-783, 788-790

Mair, John, 109, 402, 457 n., 545, 564, 573 600, 783, 785, 807-808, 810-811, 814, 817 ; sur les droits « subjectifs », 527-529, 601, 792-793 ; l'Église, 429-432, 523 ; professeur de Calvin, 320 ; sur la résistance, 528-530, 603 ; la souveraineté populaire, 523-524, 526-527 et n., 528 ;

Major, J. Russell, 702 n.

Malatesta de Rimini, les, 56

Manetti, Antonio, 136

Manetti, Giannozzo, 113, 117, 145, 150, 153, 160

Manfred (fils de Frédéric II), 39-40, 57

Manilius, Marcus, 134

Mansfeld, comte de, 397

Mantegna, Andrea, 136

Mantoue, 55, 140, 177

Mantz, Felix, 472, 474, 476

Marc Aurèle, empereur romain, 348

Marcus, jurisconsulte romain, 288

Marguerite d'Angoulême, 617

Mariana, Juan de, 302, 594-595, 813-817

Marie de Guise, régente d'Écosse, *voir* Guises, les

Marie reine d'Angleterre, 354, 398, 435, 491 et n., 495, 616-7, 642, 645, 656, 666

Marie reine des Écossais, 617, 806

Marlowe, Christopher, 768

Marnix, Philippe de, 649

Marshall, William, 503-504

Marsile de Padoue (Marsiglio da Padova), 7, 46, 56, 87, 90, 95, 109, 213, 219, 223, 426, 444, 484, 523, 543, 550, 604-605 ; détails biographiques, 91-2 et n., 102-3 ; sur l'Église, 47-50, 419, 421 ; les factions, 98-99, 103 ; son influence, 419, 504 ; sur le *Législateur*, 45-50, 103-104 ; la souveraineté populaire, 103-109

Marthonie, président du Parlement de Paris, 703

Martin della Torre, 57

Martin IV, pape, 40

Martin V, pape, 422

Martines, Lauro, 115

Martyr, Pierre, 645-647 et n.1, 550, 655, 662-663 et n., 664 et n. 567, 672

Masaccio, 113

Massaut, Jean-Pierre, 410

Masson, Papire, 781-782

Mastino della Scala, de Vérone, 55

Matharel, Antoine, 781-782

Matthys, Jan, 478

Maurice de Saxe, 616, 638

Maximilien Ier, saint empereur romain, 227, 302, 447, 539

Maxwell, John, 530-531 et n.

Mazzeo, Joseph A., 143 n.

McDonough, Thomas M., 382

Meaux, entretiens humanistes de, 410, 617

Médicis, les, 173-174, 187, 209, 211-213, 225-226, 228 ; Alexandre, 174 ; Catherine (reine de France), 684-685, 697, 734, 763, 768-769, 781 ; Cosme (Cosimo), 115, 173, 225-226 ; Laurent (Lorenzo, dédicataire du *Prince* de Machiavel), 177, 226 ; Lorenzo (Laurent) *(Il magnifico)*, 173-174, 215, 241 ; Pierre (Piero), 174, 212-213

Meinecke, Friedrich, 349 n., 594 n.

Melanchthon, Philipp, 381, 410, 451, 458 et n.1, 469, 507-508, 550, 625, 627, 633, 659, 662 ; sur les anabaptistes, 477 ; les éphores, 669-670, 672 ; l'obéissance politique, 458-465, 632 ; la résistance, 469-470, 632-634, 651, 653, 660

mercenaires, défense des, 346 ; dénonciation des, 121-124, 194-195, 218, 222, 239-240, 284

merum Imperium, *voir Imperium*

Mesnard, Pierre, 7, 9, 629, 648 n., 689 n., 707 n.

Michelangelo Buonarotti (Michel Ange), 170

Milan, 29, 57, 134, 289 ; attaquée par les Français, 171-172, 212 ; Bonvesin sur, 74, 76-77, 79-80 ; guerre contre Florence, 114-116, 121-122, 171

milices, importance des, 122-124, 193-195, 218, 222, 251-254

Milton, John, 308, 513, 635 n.

Mino da Colle, 62

Modène, 30

Modestinus, jurisconsulte romain, 288

Moeller, Bernd, 437, 479

Molina, Luis de, 548, 552, 559, 565-567, 572-574, 578, 581, 589

Mommsen, Theodor E., 143 n.

« monarchomaques », les, 759

Montaigne, Michel de, 152, 766, 807 ; détails biographiques, 729-730 et n. 1 et n. 2 ; sur la coutume, 735-738 ; les guerres religieuses, 731-733, 736-737 ; la raison d'État, 355-356 ; stoïcisme de, 728-732 ; sur la vénalité, 706

Montaperti, bataille de (1260), 70, 73

Montecchi, les, de Vérone, 54

Montesquieu, Charles de Secondat, baron de la Brède et de, 81, 748-749, 781 et n.

Moray, comte de, régent d'Écosse, 806
More, Sir Thomas, 7, 9, 282, 304-305, 319, 331, 339, 408, 467, 486, 490, 506, 509, 710 n. 2, 744 ; sur le conseil aux princes, 306-308 et n.1 ; la chrétienté, 327 et n., 328 ; dénonciation de la Réforme, 413, 440, 464-466, 492-493 ; son exécution, 493 ; sur la guerre, 346-8 ; l'injustice sociale, 313, 315, 350, 361-363, 366-367 ; *L'Utopie* et l'humanisme, 357-367
Morison, Sir Richard, 491, 503-513
Mornay, Philippe du Plessis, 7, 699 et n., 765 et n.4, 777 n., 804-811 ; et l'argumentation scolastique, 783-785 et n.1, 789-801 ; sur le consentement, 794-796 ; le covenant, 789-790, 797 ; les droits, 792-794 ; les éphores, 777-778 ; la résistance, 766-767, 789-791, 800-804 ; la souveraineté populaire, 779-780, 797-801
Morton, cardinal, 307
Mühlberg, bataille de (1547), 616, 638
Mulhausen, 471
Münster, 400, 478
Müntzer, Thomas, 471-477
Muratori, Lodovico, 66
Murphy, J. J., 60 n. 2, 69 n.
Mussato, Alberto, 57, 72-73, 76, 79-80, 120, 126, 237-238 et n.
Myconius, Friedrich, 477

Naples, 40, 171, 276
Neale, J. E., 688
Necton, Robert, 451
negotium, préféré à l'*otium*, 164-165, 174-175, 308-309 ; *voir aussi otium*
Nenna, Giovanni, 332-333
Nevile, Henry, 255
Nicolas de Cuse, 422-423, 424 n.
Nicolas III, pape, 41
Nicolas IV, pape, 40
Nicolas V, pape, 172, 419
noblesse, identifiée à la vertu, 82-83, 128-130, 332-335, 361-364 ; négation de cette identité, 100-102, 333-335 337
« Noirs », faction des, à Florence, 43, 46, 54
non-résistance à l'autorité, doctrine de la, 389-390, 392-5, 460-470 et n., 618-622, 624-625, 732-738
Nord, la Renaissance au, et ses origines françaises, 282-284 ; italiennes, 275-281, 282-285, 343 ; sens du terme, 282 et n.
Nordström, Johan, 285
North, Sir Thomas, 303
Nuremberg, 397, 411, 480, 634

Oakley Francis, 531 et n.
Obizzo d'Este, de Ferrare, 55
Ockham, Guillaume d', *voir Guillaume d'Ockham*
Odense, 482
Œil pastoral, L', 66-68, 83, 85
Oldcastle, Sir John, 416, 434-435
Ordinaires, Supplication contre les, 482
Orléans, 70
Orti Oricellari (Jardins Oricellari), à Florence, 226-7, 248, 250
Orvieto, 40, 42
Osiander, Andreas, 411, 458, 469, 480, 634 et n. 2, 635, 639
Osorio Jeronimo, 302, 325 n., 334
Othon de Freising, 29
Othon Ier, saint empereur romain, 28
otium, préféré au *negotium*, 165, 174-175, 306-307, 729 ; *voir aussi negotium*
Oxford, université d', collèges d', 278, 281, 317, 434 ; et l'humanisme, 278-280 ; et la scolastique, 412

Padoue, 31, 40, 42-43, 46, 57 114, 176, 279-281, 304, 505 ; Marsile et, 91-92 et n. ; Mussato sur, 76-77, 79-80 ; cercle des pré-humanistes à, 56, 72-73, 133 ; Rolandino sur, 65-66

Paetow, Louis J., 68-69 et n., 70

paix, la, comme but de la vie civile, 56, 97-100, 109, 184-185, 209-211, 330-331 et n., 336-338, 342-348 ; et la liberté, 109, 207-214

Palmieri, Matteo, 113, 117-118, 120 et n.

Panofsky, Erwin, 134-135, 143

Panormitain, *voir* Tudeschis, Nicolaus de

papauté, la, attaquée par (1) les auteurs anticléricaux, 436-440, 451, 502-503 ; (2) les conciliaristes, 417-425, 426-432 ; (3) les hérétiques, 415-417 ; (4) les humanistes, 406-409, 508-511 ; (5) les juristes, 440-446, 498-500, 822 ; (6) Luther, 382-389, 415 ; (7) Marsile de Padoue, 47-50, 822 ; (8) les autorités séculières, 446-455, 482-488 ; défendue, 491-493 ; 557-562, 603-606 ; et les indulgences, 385-386, 400-401 ; et les cités italiennes, 39-43 ; et Rome, 171-173, 211-212

Pareto, Vilfredo, 749

Paris, 685, 730, 734, 761, 763, 784 ; université de, collèges de, 276, 423, 426-428, 523-524, 526, 545-546, 605, 688, 783, 785 et n.2 ; le conciliarisme à, 426-432 ; et l'humanisme, 275-280, 283, 412 ; et la scolastique, 89, 91, 402, 545-546

Parlement de Paris, le, 410, 703 715-717, 726-727, 734, 758, 772-773, 780

Parme, 55, 114

Paruta, Paolo, 211

Pasquier, Estienne, 697-698, 7 8 n., 720-727, 729, 734, 772-773

Patrizi, Francesco, 175, 177, 184, 225, 245, 339, 710 n. 2, 825 et n.1 ; sur l'éducation, 184, 258 ; son influence, 322 et n. ; sur les mercenaires, 239 ; les milices, 252 ; le républicanisme, 229, 232, 235-236 ; les vertus, 179, 181, 187-191, 255, 264

Patry, Raoul, 699 et n.

Paul III, pape, 500, 547, 616

Paul, saint, 143, 366, 410, 693 ; cité sur l'obéissance politique, 47-48, 99, 296-297, 389-395, 460-461, 473, 496, 518, 620, 623, 632-636, 644-647, 650, 664-665, 788, 812 ; leçons de Colet sur, 296-297, 326, 345 ; Luther sur, 373, 380, 389-390

Paulus, jurisconsulte romain, 288

Pavie, université de, 280, 289

Pedersen, Christian, 300, 412

Pèlerinage de grâce, le, 490, 501, 506, 510

Pérouse, 93, 114

Pétrarque, François (Francesco Petrarca), 72, 139-140, 149-150, 154-155, 165 et n., 168-169, 188, 277, 283 ; cité par Machiavel, 183 ; sur les mercenaires, 122 ; la rhétorique, 133, 137-140 ; la scolastique, 163 ; la *virtus*, 137, 143-146

Petri, Laurentius, 412, 486

Petri, Olaus, 300, 412-413, 458 n. 3, 481, 489

Pfefferkorn, Johann, 438

Philippe, archevêque de Ravenne, 40, 65-66

Philippe II, roi d'Espagne, 302, 354, 642, 667, 803

Philippe, landgrave de Hesse, 397, 452, 471, 616, 622-627, 634

Pic de la Mirandole (Pico della Mirandola), 145, 150-152, 174-175, 688

Piccinino, Niccolo, 122, 194

Piccolomini, Enea Silvio, 141

Pickthorn, Kenneth, 438
Pierre, saint, 421, 424, 430, 492, 558-559
Pietro de Muglio 117
Pindare, 290
Pirckheimer, Willibald, 281, 286, 409, 441
Pisano, Andrea, 284
Pise, 27, 42, 55, 114, 121, 125, 212, 222, 253, 426, 609
Pistoia, 43
Plaisance, 55 ; Diète de (1235), 30
Platina, *voir Sacchi, Bartolomeo*
Platon, 74, 175, 188, 208-209, 277, 309, 331, 341, 351, 366, 383, 710 n. 2, 735, 753
Plaute, dramaturge romain, 413
Plutarque, 134, 277, 305, 411
Pocock, J. G. A., 9 n., 13, 131 n., 157 n., 230 n., 237, 263, 295 n.
podestà, gouvernement des, 28-29, 53-54 ; livres de conseils pour les, 66-68, 75-86
Poggio Bracciolini, 113, 117, 120, 128, 130, 134, 150, 169, 214, 224, 277
Poissy, colloque de (1561), 687
Pole, cardinal Reginald, 304, 352, 490-492, 501, 504-505, 510-511, 561, 616
Pole, Geoffrey, 492
Pole, Sir Richard, 490, 491 n.
Politicien, Le, 764-765, 777 et n.2, 778-9, 791 n., 793, 797
Politiques en vue de rétablir ce Royaume d'Angleterre dans un état de prospérité, 321 et n.
politiques, les, et la tolérance, 688, 695-700, 823
Poliziano, Angelo (Politien), 162, 280, 288-290, 720
Pollaiuolo, Antonio (Pollaiolo), 136
Polybe, 167, 270, 744
Pompée le Grand, 323
Pomponazzi, Pietro, 160

Pomponio, Giulio, 223-224, 288, 290, 293, 720
Ponet, John, 414, 616, 643 n., 676, 678, 682-683, 701, 762, 821 ; détails biographiques, 656 et n.3 ; sur l'élection et l'ordination des gouvernants, 657-658, 664-668, 784 ; les éphores, 672 l'État, 829-830 ; la résistance, 658-660, 674-675, 784
Pontano, Giovanni, 177, 180-182, 190-191, 710 n. 2
Popkin, Richard H., 733 n.
Possevino, Antonio (Possevin), 547, 555 n., 556, 593-594
Post, Gaines, 824 et n.1
post-glossateurs, les, 34, 161, 289
Postel, Guillaume, 688-690, 692
Prague, Articles de, 417
Prato, 253
Préceptes de la Correspondance, 60
prédestination, 378, 403
Previté-Orton, C. W., 108
protestantisme, origine du terme, 622 ; *voir aussi calvinisme, luthéranisme*
Protestation, Une, 763
Provence, 685
providence, la, opposée à la fortune, 148-150, 215-216, 731 ; identifiée à la fortune, 151 ; son rôle dans la vie politique, 459-460, 464, 497, 550-552, 579-580, 622-624, 632-636, 661-612, 760, 788
Ptolémée de Lucques, *voir Bartolomé de Luccques*
Pufendorf, Samuel, 611, 816
Puritanisme, 308, 317, 483, 530
Pyhy, Conrad von, 486

Quintilen, 134

Rabelais, François, 275 et n., 314 et n., 706
radicale, la Réforme, 469-472 ; expansion de, 472-473, 477-478 ; et le

pacifisme, 474-476 ; et la révolution, 473-474, 477-478
raison d'état, notion de, attaquée 350-352, 555-556, 593-596 et n. ; défendue, 348-389 et n., 350 354-357
raison, la, les limitations de, 372-375, 376-367, 380, 402-403 ; et la loi de nature, 564-571, 586-598
Raleigh, Sir Walter, 830
Ramus, Pierre (Pierre de la Ramée), 164, 748
Ravenne, 30 ; université de, 33
Raymond de Tolède, 88
Rebuffi, Pierre, 708, 711, 716-717
Réforme, la, calviniste, *voir calvinisme* ; luthérienne, *voir luthéranisme* et le radicalisme, *voir anabaptistes, les*, et sous radicale, *la Réforme*
Regnum Italicum, 28 et n., 29-30, 32, 34, 39, 41, 43, 45-47, 51, 55-56, 98, 146, 171, 217, 822
Reinhard, Martin, 480
Remigio de Girolami, 91, 95, 97, 99-100 et n., 102, 131, 217, 256-263
Renaissance, la, et l'humanisme, 157-170 ; Kristeller sur, 157-160 ; et le contexte scolastique, 156-157, 159-167. *Voir aussi Nord, la Renaissance au*
« républicains », les, 316-321, 337
républicanisme, meilleure forme de gouvernement, 76-77, 92-94, 126-127, 166-167, 208-209, 232 234 ; défendu par (1) les humanistes 224-272 ; (2) les scolastiques, 214-224 ; à Florence, 118-133, 211-219, 225-272 ; à Rome, 211-212, 219-224 ; à Venise, 207-211, 249-251
république romaine, la, corruption de, 238-239, 241-243, 259-260 ; gouvernants de, 255-257, 265 266 ; liberté sous, 94, 230-232, 234-237, 241 ; la *virtus* dans la, 147, 246-248, 255-258, 262-263
Resby, James, 416
résistance à l'autorité légale, défendue par (1) les anabaptistes, 473-478 ; (2) les calvinistes, 640-651, 653-661, 664-679, 701-702, 718-719, 771-780, 782-783, 801-813, 816-817 ; (3) les catholiques, 528-530, 534-538, 601-603, 783-787, 791, 797-798, 813-817 ; (4) les juristes, 533-535, 625-627, 629-634, 639-640, 643 n., 651-661, 673-674, 681, 718-719, 771-780, 783-788, 789-790, 801-804 ; (5) les luthériens, 392, 469-470, 622-640, 651-653, 661-664. *Voir aussi révolution, la, défense de*
Reuchlin, Johannes, 298, 406, 411, 438-439
Réveille-matin, Le, 764 et n.2, 765 n. 1, 768, 777 et n.2, 778, 791 et n., 792, 797, 802
révolution, la, défense de, 674-679, 681-684, 701-702, 728, 762-763, 770-771, 782, 787-788, 801, 805-817 ; et le calvinisme, 13-14, 783-738. *Voir aussi résistance à l'autorité légale*
rhétorique, et littérature classique, 68-72 ; philosophie, 135-140, 162-163, 275-276 ; pensée politique, 61-68, 73-86 ; enseignement de la, 59-60
Ribadeneyra, Pedro, 302, 353, 548, 555 et n., 556, 593-5
Rice, Eugene F., 297
richesse, la, attaquée dans *L'Utopie*, 361-362, 364-366 ; comme source de factionnisme, 78-80, 221-222, 237-239 ; défense de, 120 et n.
Ridley, Jasper, 643 n.
Ridley, Nicholas, 616-617
Riesenberg, Peter, 93 n.
Rimini, 56

Rinuccini, Alamanno, 225, 229, 257-258
Robert Brus, 528-529
Roberts, Michael, 481
Robey, David, 158
Rochefoucauld, François de la, 156
Rodolphe de Habsbourg, saint empereur romain, 41
Rogers, John, 501
Rokycana, Jan, 417
Rolandino de Padoue, 65
Rolando da Piazzola, 72
Romagne, la, 41, 43, 55
Rome, 30, 40, 135, 279, 281, 378, 453, 548, 561 ; défense du républicanisme à, 172-173, 211-212, 219-224, 269
Romier, Lucien, 684 n.
Romuald de Salerne, 32
Romulus, 265
Roncaglia, décrets de (1158), 33 et n. ; Diète de (1158), 29
Rondinelli, Giovanni, 186-187
Rose, Guillaume, 813
Rostock, 479
Rousseau, Jean-Jacques, 577 et n., 580
Roy, William, 440, 451
Rubianus, Crotus, 409, 438-439
Rubinstein, Nicolai, 32, 58 n., 94 n., 100 n., 124 n.
Rucellai, Bernardo, 250
Rucellai, Cosimo, 226-7
Rupp, E. Gordon, 373

Saarnivaara, U., 379
Sacchi, Bartolomeo (Platina), 130, 177, 194
Sadoleto, Jacopo, 301, 305, 338-339
Sadolin, Jorgen, 458 n. 3
saint empereur romain, le, 33, 35, 38, 104, 535-537
Saint-Andrews, 617 ; université de, 416, 427, 807

Saint-Barthélemy, massacres de la (1572), 683, 685-686, 698, 739, 763-766, 768-770, 785
Saint-Gall, 134
Sainte Ligue, la (1512), 212
Salamanque, université de, 546-547
Salamonio, Mario, 238 et n., 289, 541 et n., 542 et n., 720, 784, 787, 814, 817 ; détails biographiques, 219-220 et n. 1 ; sur l'Italie, 220-222 ; la richesse, 221 ; la souveraineté populaire, 222-224, 541-514
salique, loi, 709, 750
Salluste, 72, 74, 79-80 et n., 238 et n., 239 279
Salmeron, Alfonso, 548, 566
Salmon, J. H. M., 702 n., 739 n., 742 n. 1 756 n., 763 n. 2, 764 n. 2
Salutati, Coluccio, 71-72, 113, 122 et n., 123 et n., 131, 134, 139, 157, 164 166-167, 169, 214, 219, 224, 277 ; détails biographiques, 117 ; sur le républicanisme, 124-127 ; la *virtus*, 146-147
Sampson, Richard, 491, 495, 498, 500, 506 508
San Marco, Florence, 215
Savonarole, Jérôme (Girolamo Savonarola), 214-219 et n., 221, 223 237, 250
Saxo, chroniqueur danois, 412
Schleswig Holstein, duc de, 397
Schmalkalden, ligue de, 481, 615, 638, 641
science politique, notion de, 294-295, 745-9, 808-809, 819-821
Scipion, Publius Cornelius, 145, 198, 237
scolastique et absolutisme, 603-611 ; et constitutionnalisme, 527-530, 534-538, 601-603, 783-788, 791-793, 797-798, 807-810, 813-817 ; et humanisme, 87-8, 160-167, 275-

276, 561-562 ; et luthéranisme, 405 ; et pensée politique républicaine, 214-224 ; dans les universités, 58, 64, 69-70, 87-88, 159-161, 276-267

Sebond, Raymond, 733

Seigel, Jerrold, 116 n., 118 n., 136-137 et n., 158-159

Seller, Abednego, 468-489 et n. 1

Sénèque, 72, 74, 324, 728, 730

Septime Sévère, empereur romain, 204, 267

Sepúlveda, Juan Ginés de, 554-555, 589, 591-592

Serveto, Miguel (Michel Servet) 645, 690

Servin, Louis, 759

Settala, Ludovico, 349 n.

Seyssel, Claude de, 709-711, 714-715, 717-720, 723-725, 727, 756 772, 775

Shakespeare, William, 336 ; *Hamlet*, 142 et n., 195 et n. ; *Henry IV*, I, 156 et n. ; *Jules César*, 137 et n. ; *Othello*, 347 et n. ; *Richard II*, 357 et n. ; *Roméo et Juliette*, 54 ; *Troïlus et Cressida*, 335 et n., 336

Shoenberger, C. G., 639 n.

Sidney, Sir Philip, 347

Sienne, 27, 41, 54-55, 70, 100 n. 114, 121

Sigebert, chroniqueur de France 781

signori, l'essor des, 53-57, 115-116, 171-178 ; à Florence, 124-125 173-174, 211-215 ; Milan, 57 ; Rome, 211-212 ; Venise, 207-209

S'il est légitime aux sujets de se défendre eux-mêmes, 770, 788

Simone, Franco, 283 et n.

Sismondi, J. C. L. Sismonde de, 53

Sixte IV, pape, 172, 177, 385, 443

Sixte V, pape, 605

Skara, évêché de, 449

Skelton, John, 337, 407-408

Sleiden, Johann, 641

Småland, 489

Smith, Sir Thomas, 304, 316 et n., 317-8

Soderini, Piero, 250, 253

Solway Moss, bataille de (1542), 398, 617

Somerset, duc de (le Protecteur), 316-317 et n., 616

Sorbonne, la, *voir Paris, université de, collèges de*

Soto, Domingo de, 546-547, 551-553, 562, 564-566, 568, 572-573, 575, 581, 586, 588, 591, 592 n., 600, 608

Soubise, gouverneur de Lyon, 762

Soumission du Clergé (1532), 483, 493

souveraineté, *voir Imperium*

souveraineté populaire, théorie de la, dans la pensée calviniste, 658-660, 673-675, 773-775, 779-780, 797-799, 803-813, 816-817 ; scolastique, 103-109, 521-523, 526-530, 563, 566-568, 813-817

Spalatin, Georg, 433, 627

Sparte, 235, 257, 827 ; les éphores à, 619, 668-672, 776-778, 783

Spengler, Lazarus, 630

Spire, Diète de (1529), 622, 634 n.

St German, Christopher, 444-446, 497, 508

Standonck, Jean, 427

Starkey, Thomas, 313-315, 317, 319, 337, 491, 504, 507-510 ; détails biographiques, 304 et n., 505-506 ; sur le conseil, 306, 309 ; l'État, 829 ; la vertu, 322, 330-331

Statius, Publius Papinius, 134

Staupitz, Johann von, 380, 402-404

Stockholm, 481

stoïcisme, 13, 78, 79 n., 81, 137-138, 237-239, 728-731, 733-738, 807-

808, 811, 814-815. *Voir aussi Cicéron*
Storch, Nicholas, 471
Strasbourg, 302, 397, 411, 473, 477, 479, 689
Straslund, 479
Strauss, Leo, 480
Strozzi, Nanni, 123-124, 127
Struever, Nancy, 124 n.
Strype, John, 414
studia humanitatis, voir humanisme
Sturm, Johann, 302
Suárez, Francesco, 7, 597, 787, 798, 811, 828n ; détails biographiques, 548-549 ; sur le droit, 564-571, 574, 577-578, 588-589, 589-590 ; l'Église, 556, 599-600, 605-606 ; le luthéranisme, 550-552, 587-589 ; Machiavel, 555-556, 593-596 ; les origines de la société politique, 571-580, 581-586 ; la résistance, 601-603 ; le statut des gouvernants, 606-611 ; les droits « subjectifs », 600-603
Succession, Acte de (1534), 485-486, 493
Suétone, 276
Suprématie, Acte de (1535), 486
Surigone, Stefano, 278
Sutherland, N. M., 702
Sydney, Algernon, 573
Sylvestre Ier, pape, 287
synode (de l'Église d'Angleterre), 449-450, 482-483, 485, 490 n.
Syrius, Publilius, 357

Tacitus, Cornelius (Tacite), 132, 134, 245, 441
Tagliacozzo, bataille de (1267), 40
Tauler, Johannes, 399, 404
Tausen, Hans, 398, 412, 458 n. 3, 481
Taverner, Richard, 501 n., 504
Térence, dramaturge romain, 413
Théologie allemande, La, 400, 404

Thicket, D. M., 697 n.
Thomas a Kempis, 400
thomisme, 405, 428, 430, 432, 520, 734, 798-799, 807, 816 ; et absolutisme, 605-611 ; attaqué, 374-376, 399-403, 524-525 ; et constitutionnalisme, 597-603 ; droit, 562-571, 586-589 ; Église, 557-560, 603-606 ; humanisme, 552-556, 561-562, 589-596 ; impérialisme, 589-591 ; luthéranisme, 549-552, 559-561, 586-569 ; origines de la société politique, 570-586 ; réveil du, 545-546
Thucydide, 123, 134, 290, 670
Tipherre, Grégoire de (Gregorio da Tiferna), 276, 280
Tiptoft, John, comte de Worcester, 129
Tite-Live, 72, 226, 276, 281
Todi, 117
Toledo, Francisco de, 548
tolérance religieuse, et guerres de Religion en France, 684-688 ; et *politiques*, 688, 695-700, 823 ; comme principe, 688-695
Tolomei, les, de Sienne, 55
Torgau, 628, 630
Torre, Felipe de la, 302
Toscane, 27, 30, 34, 36, 39-40, 42-43, 222
Toulouse, 746
Traité concernant les conciles généraux, 510
Trente, concile de, 547, 550, 553, 555, 557-558, 560-562, 566
Trévise, 55
Trevor-Roper, H. R., 806 n. 2
Troeltsch, Ernst, 382
Trutveter, Jodocus, 404
Tübingen, université de, 402
Tuck, Richard, 522 n., 600 n.
Tudeschis, Nicolaus de (Panormitain), 532-533, 609, 626

Tully, James H., 600 n.
Tyndale, 300, 413, 436, 451, 468, 481, 496, 501-502 ; détails biographiques, 412-413 ; sur l'Église, 465-468 ; la non-résistance, 460, 463-464 ; la providence, 459-460, 463-464
tyrannie, la, comme punition, 392-395, 464, 647-648, 661-665 ; *voir aussi résistance à l'autorité légale*

Ugolin (Ugolino), comte de Pise, 55
Uguccio, évêque de Pise, 37, 418 431
Ullmann, Walter, 87, 90, 108 n.
Ulm, 397
Ulpian, jurisconsulte romain, 288
Umbertino de Ferrare, 142
Unam Sanctam (Bulle de 1302), 42
Unwin, George, 317
Urbain IV, pape, 40
Usingen, Arnold von, 404

Vacherie, Pierre de la, 307
Valencia, Gregorio de, 548
Valla, Lorenzo, 113, 161-163, 169, 224, 279, 286-292, 297-299, 439, 720
Valladolid, conférence de, (1527), 553 ; (1550), 555, 591
Vasari, Giorgio, 170
Vasteras, Diète de (1527), 398, 482
Vaudois, les, 550
Vazquez, Fernando, 546
Vazquez, Gabriel, 548
Vegio, Maffeo, 141
Venise, 39, 207-214, 222, 228, 235, 249-51, 280-1, 330, 561, 691
Vergerio, Pier Paolo, 113, 117, 141-142, 158, 165, 176, 186, 208, 210
Vergil, Polydore (Polydore Virgile), 434
Vérone, 40, 54, 57, 65, 114
vertu, et honneur, 156, 179-180, 328-331, 361-362 ; seule noblesse, 81-83, 128-130, 332-333, 361-365

vertus, les, attaquées par Machiavel, 195-199, 200-202 ; chez le citoyen, 322-323 ; et la piété, 325-330 ; chez les nobles, 334-338 ; et le succès politique, 321-323, 327-331 ; chez les gouvernants, 66-67 ; les sujets, 187-188 ; et la *virtus*, 188-192, 195-196 ; *voir aussi vertus « cardinales », vertus chrétiennes, vertus princières*
vertus princières, notion de, 189-192, 197-202, 323-324
Vespasiano da Bisticci, 191
Vettori, Francesco, 177 et n. 2, 178 n. 1
via antiqua, la, *voir thomisme*
via moderna, la, *voir Guillaume d'Ockham*
Vicence (Vicenza), 30, 77, 114
Vienne, 622 ; université de, 282
Villani, Giovanni, 75 et n. 3
Villeroy, Nicolas de Neufville, seigneur de, 702
Villey, Pierre, 728-9
Vio, Tommaso de, *voir Cajetan, cardinal*
Viret, Pierre, 640, 762-3
Virgile, 288
virtù, et fortune, 268-72 ; liberté, 254-261 ; dans les *Discours* de Machiavel, 254-255 et n., 256-260, 261-262, 263-268 ; dans le *Prince* de Machiavel, 182-183, 192 n., 193-198 ; à Venise, 209. *Voir aussi virtus*
virtus, et *fortuna*, 147-148, 182-183 ; et honneur, 153-155, 178, 182, 187 ; et liberté, 216, 222-223, 254, 256-257 ; redécouverte de l'idéal, 137-147 ; et vertus, 137, 143-144, 188-92, 195 ; le *vir virtutis*, 137-138, 147-156, 178-179
Visconti, les, 31, 57, 76 ; Filippo Maria Visconti, 114, 128, 176 ; Giangaleazzo Visconti, 114-115, 124-125, 176 ; Otton Visconti, 57

Vitelli, Cornelio, 278 et n. 1, 280
Vitoria, Francisco de, 7, 553, 565, 607 ; détails biographiques, 545-546 et n.1 ; sur l'Église, 558-560, 598-600, 603-606 ; l'impérialisme, 590-593 ; le droit, 568 et n., 569-571 ; le luthéranisme, 549, 551-552, 587-588 ; les origines de la société politique, 571-576, 579-580 et n., 581-583, 586
Vittoria, 30
Vittorino da Feltre, 140
Vives, Juan Luis, 301, 308 n. 2, 310, 339, 359, 364
Vogelsang, Erich, 379
Volterra, 41, 123
Vortigerius, roi des Anglais, 354
Vrai avertissement, 803

Walzer, Michael, 678, 787
Warham, archevêque, 485
Wassy, massacre de (1562), 687, 769
Weber, Max, 8, 786
Weinstein, Donald, 216 et n.
Weiss, Roberto, 71 n., 72
Wenzel, saint empereur romain, 536, 623
Westminster, abbaye de, 135
Whitfield, J. H., 137 n., 820 n. 2
Whittingham, William, 657
Wieruszowski, Helene, 60 n. 1
Wilks, Michael, 88 n., 102, 104
Williams, G. H., 470 n.
Wimpfeling, Jacob, 302, 323, 406, 409, 441, 447, 450-451
Windesheim, 400

Witt Ronald, G., 76, 94 n.
Wittenberg, 373, 378, 387, 405, 410-411, 413, 432-433, 458, 470-471, 475 ; université de, 373, 404-405, 411-412
Wolfe, Martin, 755 n.
Wolin, Sheldon S., 193, 676 n.
Wolsey, cardinal Thomas, 337, 374, 407, 451, 504
Woolf, Cecil N. S., 90
Worms, Diète de (1521), 409, 411, 447, 450, 452, 622 ; édit de (1521), 622
Wurtemberg, duc de, 690
Wyclif, John, 415-416, 421, 434, 550, 552, 590

Ximenes de Cisneros, cardinal, 299

York, 806

Zabarella, Francesco, 422, 532
Zasius, Ulrich, 292-293, 538-540, 712
Zeeveld, W. Gordon, 504-505, 507-508
Zell, Matthaüs, 405, 479
Zizka, Jan, 417, 435
Zuccolo, Ludovico, 349 n.
Zuñiga, Diego López de, 553
Zurich, 471-2, 615, 670
Zutphen, bataille de (1586), 347
Zwickau, les prophètes de, 470-472, 475
Zwilling, Gabriel, 470
Zwingli, Huldreich, 471-473, 475-476, 615, 670-671
Zwolle, 400

Table

Préface 7
Remerciements 15
Notes sur le texte 17
Note des traducteurs 21

I. La Renaissance

Première partie : Les origines de la Renaissance 25
1. L'idéal de liberté 27
   La Cité et l'Empire 27
   La Cité et le Pape 39
2. Rhétorique et liberté 53
   L'essor des despotes 53
   Le développement de l'Ars Dictaminis 59
   La naissance de l'humanisme 68
   La défense de la liberté par la rhétorique 76
3. Scolastique et liberté 87
   L'influence de la scolastique 87
   La défense de la liberté par la scolastique 92

Deuxième partie : La Renaissance italienne 111

4. La Renaissance à Florence 113
   L'analyse de la liberté 116
   La redécouverte des valeurs classiques 133
   Le concept de virtus 138
   Les pouvoirs du Vir Virtutis 147
   Les humanistes et la Renaissance 156

5. L'ère des princes 171
   Le triomphe du gouvernement princier 171
   L'idéal humaniste du gouvernement princier 178
   La critique de l'humanisme chez Machiavel 192

6. La persistance des valeurs républicaines 207
   Les lieux de la pensée républicaine 207
   La contribution scolastique 214
   La contribution de l'humanisme 224
   Le rôle de Machiavel 261
   La fin de la liberté républicaine 268

Troisième partie : La Renaissance au Nord 273

7. La diffusion de l'enseignement humaniste 275
   La migration humaniste 275
   Humanisme et science juridique 286
   Humanisme et science biblique 296

8. L'influence de la pensée politique humaniste 301
   Les humanistes comme conseillers 301
   Les injustices du moment 312
   La centralité des vertus 321
   Les qualités du commandement 332
   Le rôle de l'enseignement 338

9. La critique humaniste de l'humanisme 343
   L'humanisme et la justification de la guerre 343
   Humanisme et « raison d'État » 348
   L'Utopie et la critique de l'humanisme 357

II. L'ÈRE DE LA RÉFORME

Première partie : Absolutisme et réforme luthérienne 371

1. Les principes du luthéranisme 373
   Les prémices théologiques 374
   Les implications politiques 385

2. Les précurseurs du luthéranisme 397
   L'insuffisance de l'homme 399
   Les insuffisances de l'Église 406
   Les pouvoirs de l'Église : un débat théologique 415
   Les pouvoirs de l'Église : la révolte des laïcs 436

3. L'expansion du luthéranisme 457
   Les premiers missionnaires 457
   La défection des radicaux 468
   Le rôle des autorités séculières 478
   La mise en œuvre de la Réforme 489

Deuxième partie : Constitutionnalisme et contre-Réforme 515

4. Le contexte du constitutionnalisme 517
   La tradition conciliariste 519
   La tradition juridique 530

5. Le réveil du thomisme 545
   Les thomistes et leurs ennemis 545
   Les thèses de l'Église 557
   La théorie de la société politique 562
   La réponse aux hérétiques 586

6. Les limites du constitutionnalisme 597
   La perspective radicale 597
   La perspective absolutiste 603

Troisième partie : Calvinisme et théorie de la révolution 613

7. Le devoir de résister 615
   Le développement du radicalisme luthérien 618

L'influence luthérienne sur les calvinistes 637
Le développement du radicalisme calviniste 661

8. Le contexte de la révolution huguenote 681
   Le projet de tolérance 684
   La montée de l'absolutisme 701
   Le retour du constitutionnalisme 718
   Montaigne et le stoïcisme 728
   Bodin et l'absolutisme 738

9. Le droit de résister 761
   Le rejet de la révolution populaire 761
   L'appel à la loi positive 770
   Le recours à la loi naturelle 780
   La défense de la révolution populaire 804

Conclusion 819

Bibliographie 833

Index 897

Éditions Albin Michel

22, rue Huyghens, 75014 Paris

www.albin-michel.fr

ISBN : 978-2-226-18710-9
ISSN : 1255-1287

Impression : Normandie Roto Impression s.a.s., août 2009
N° d'édition : 25761
N° d'impression : 092632
Dépôt légal : septembre 2009
Imprimé en France

4
20
9
12
8
12
(3) 60

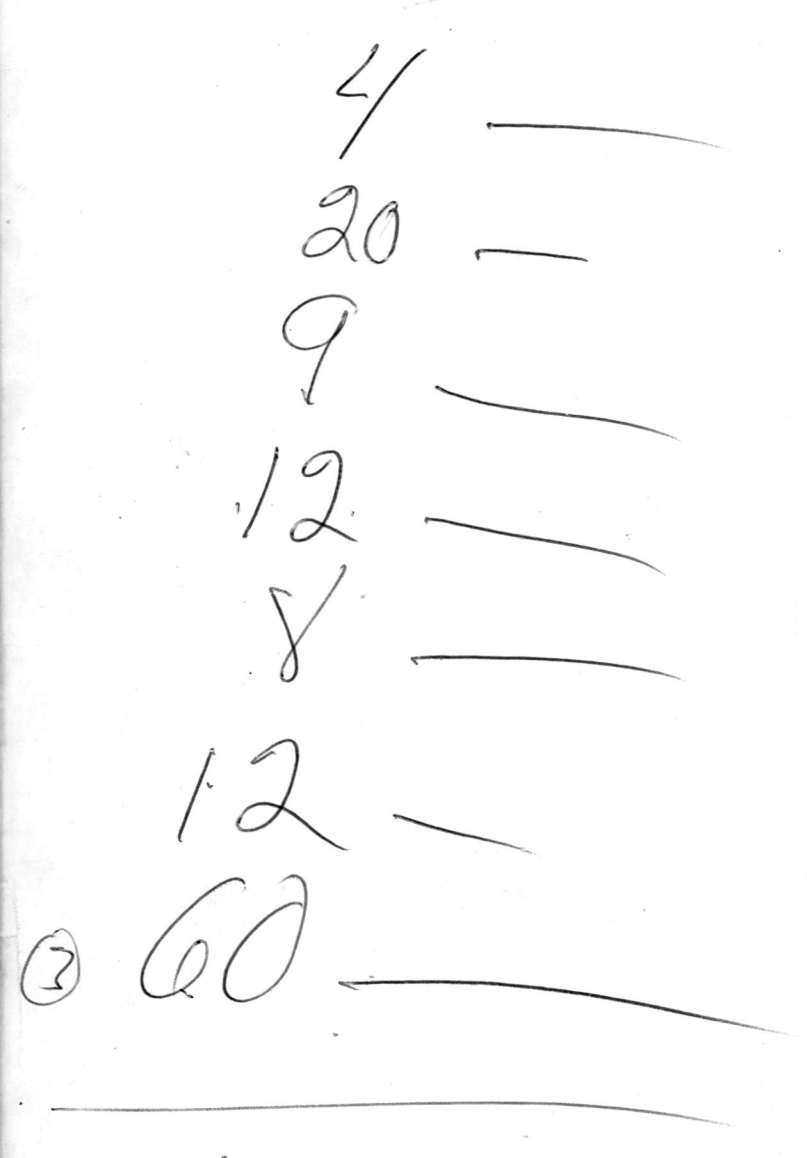

125